国家卫生健康委员会"十四五"规划教材

全国高等中医药教育教材

供护理学等专业用

外科护理学

第 3 版

护理

主　编　王俊杰　陆海英

副主编　孙　蓉　吕　静　康　华　王丽芹

人民卫生出版社

·北京·

图书在版编目（CIP）数据

外科护理学 / 王俊杰，陆海英主编 . —3 版 . —北
京：人民卫生出版社，2021.7（2024.7重印）
　ISBN 978-7-117-31615-6

　Ⅰ. ①外… 　Ⅱ. ①王… ②陆… 　Ⅲ. ①外科学 – 护理
学 – 医学院校 – 教材 　Ⅳ. ①R473.6

　中国版本图书馆 CIP 数据核字（2021）第 118708 号

| 人卫智网 | www.ipmph.com | 医学教育、学术、考试、健康，购书智慧智能综合服务平台 |
| 人卫官网 | www.pmph.com | 人卫官方资讯发布平台 |

外科护理学
Waike Hulixue
第 3 版

主　　编：王俊杰　　陆海英
出版发行：人民卫生出版社（中继线 010-59780011）
地　　址：北京市朝阳区潘家园南里 19 号
邮　　编：100021
E - mail：pmph @ pmph.com
购书热线：010-59787592　010-59787584　010-65264830
印　　刷：三河市宏达印刷有限公司
经　　销：新华书店
开　　本：850×1168　1/16　印张：40
字　　数：1048 千字
版　　次：2012 年 6 月第 1 版　　2021 年 7 月第 3 版
印　　次：2024 年 7 月第 5 次印刷
标准书号：ISBN 978-7-117-31615-6
定　　价：99.00 元
打击盗版举报电话：010-59787491　E-mail: WQ @ pmph.com
质量问题联系电话：010-59787234　E-mail: zhiliang @ pmph.com

◇◇◇ 数字增值服务编委会 ◇◇◇

◇◇◇ 修 订 说 明 ◇◇◇

为了更好地贯彻落实《中医药发展战略规划纲要(2016—2030年)》《中共中央国务院关于促进中医药传承创新发展的意见》《教育部 国家卫生健康委 国家中医药管理局关于深化医教协同进一步推动中医药教育改革与高质量发展的实施意见》《关于加快中医药特色发展的若干政策措施》和新时代全国高等学校本科教育工作会议精神,做好第四轮全国高等中医药教育教材建设工作,人民卫生出版社在教育部、国家卫生健康委员会、国家中医药管理局的领导下,在上一轮教材建设的基础上,组织和规划了全国高等中医药教育本科国家卫生健康委员会"十四五"规划教材的编写和修订工作。

为做好新一轮教材的出版工作,人民卫生出版社在教育部高等学校中医学类专业教学指导委员会、中药学类专业教学指导委员会和第三届全国高等中医药教育教材建设指导委员会的大力支持下,先后成立了第四届全国高等中医药教育教材建设指导委员会和相应的教材评审委员会,以指导和组织教材的遴选、评审和修订工作,确保教材编写质量。

根据"十四五"期间高等中医药教育教学改革和高等中医药人才培养目标,在上述工作的基础上,人民卫生出版社规划、确定了第一批中医学、针灸推拿学、中医骨伤科学、中药学、护理学5个专业100种国家卫生健康委员会"十四五"规划教材。教材主编、副主编和编委的遴选按照公开、公平、公正的原则进行。在全国50余所高等院校2 400余位专家和学者申报的基础上,2 000余位申报者经教材建设指导委员会、教材评审委员会审定批准,聘任为主编、副主编、编委。

本套教材的主要特色如下:

1. 立德树人,思政教育 坚持以文化人,以文载道,以德育人,以德为先。将立德树人深化到各学科、各领域,加强学生理想信念教育,厚植爱国主义情怀,把社会主义核心价值观融入教育教学全过程。根据不同专业人才培养特点和专业能力素质要求,科学合理地设计思政教育内容。教材中有机融入中医药文化元素和思想政治教育元素,形成专业课教学与思政理论教育、课程思政与专业思政紧密结合的教材建设格局。

2. 准确定位,联系实际 教材的深度和广度符合各专业教学大纲的要求和特定学制、特定对象、特定层次的培养目标,紧扣教学活动和知识结构。以解决目前各院校教材使用中的突出问题为出发点和落脚点,对人才培养体系、课程体系、教材体系进行充分调研和论证,使之更加符合教改实际、适应中医药人才培养要求和社会需求。

3. 夯实基础,整体优化 以科学严谨的治学态度,对教材体系进行科学设计、整体优化,体现中医药基本理论、基本知识、基本思维、基本技能;教材编写综合考虑学科的分化、交叉,既充分体现不同学科自身特点,又注意各学科之间有机衔接;确保理论体系完善,知识点结合完备,内容精练、完整,概念准确,切合教学实际。

4. 注重衔接,合理区分 严格界定本科教材与职业教育教材、研究生教材、毕业后教育教材的知识范畴,认真总结、详细讨论现阶段中医药本科各课程的知识和理论框架,使其在教材中得以凸显,既要相互联系,又要在编写思路、框架设计、内容取舍等方面有一定的区分度。

5. 体现传承,突出特色　本套教材是培养复合型、创新型中医药人才的重要工具,是中医药文明传承的重要载体。传统的中医药文化是国家软实力的重要体现。因此,教材必须遵循中医药传承发展规律,既要反映原汁原味的中医药知识,培养学生的中医思维,又要使学生中西医学融会贯通,既要传承经典,又要创新发挥,体现新版教材"传承精华、守正创新"的特点。

6. 与时俱进,纸数融合　本套教材新增中医抗疫知识,培养学生的探索精神、创新精神,强化中医药防疫人才培养。同时,教材编写充分体现与时代融合、与现代科技融合、与现代医学融合的特色和理念,将移动互联、网络增值、慕课、翻转课堂等新的教学理念和教学技术、学习方式融入教材建设之中。书中设有随文二维码,通过扫码,学生可对教材的数字增值服务内容进行自主学习。

7. 创新形式,提高效用　教材在形式上仍将传承上版模块化编写的设计思路,图文并茂、版式精美;内容方面注重提高效用,同时应用问题导入、案例教学、探究教学等教材编写理念,以提高学生的学习兴趣和学习效果。

8. 突出实用,注重技能　增设技能教材、实验实训内容及相关栏目,适当增加实践教学学时数,增强学生综合运用所学知识的能力和动手能力,体现医学生早临床、多临床、反复临床的特点,使学生好学、临床好用、教师好教。

9. 立足精品,树立标准　始终坚持具有中国特色的教材建设机制和模式,编委会精心编写,出版社精心审校,全程全员坚持质量控制体系,把打造精品教材作为崇高的历史使命,严把各个环节质量关,力保教材的精品属性,使精品和金课互相促进,通过教材建设推动和深化高等中医药教育教学改革,力争打造国内外高等中医药教育标准化教材。

10. 三点兼顾,有机结合　以基本知识点作为主体内容,适度增加新进展、新技术、新方法,并与相关部门制订的职业技能鉴定规范和国家执业医师(药师)资格考试有效衔接,使知识点、创新点、执业点三点结合;紧密联系临床和科研实际情况,避免理论与实践脱节、教学与临床脱节。

本轮教材的修订编写,教育部、国家卫生健康委员会、国家中医药管理局有关领导和教育部高等学校中医学类专业教学指导委员会、中药学类专业教学指导委员会等相关专家给予了大力支持和指导,得到了全国各医药卫生院校和部分医院、科研机构领导、专家和教师的积极支持和参与,在此,对有关单位和个人表示衷心的感谢!希望各院校在教学使用中,以及在探索课程体系、课程标准和教材建设与改革的进程中,及时提出宝贵意见或建议,以便不断修订和完善,为下一轮教材的修订工作奠定坚实的基础。

人民卫生出版社

2021 年 3 月

前　言

　　《外科护理学》第 3 版在继承前两版教材精华的基础上，密切结合护理实践发展现状，以人的健康为中心，以整体护理观为指导，以护理程序为框架，注重外科护理学的基本理论、基本知识和基本技能，同时吸纳国内外有关外科疾病与护理的最新进展，进一步体现科学性、先进性和适用性。教材面向全国高等中医药教育护理学等专业本科学生，力求做到知识、能力、素质的有机融合，着力培养学生的评判性思维能力和岗位胜任力。

　　本版教材在结构体例上进行了调整，将乳房疾病病人的护理、心脏疾病病人的护理与胸外科疾病分离，独立成章，使其更符合临床分科实际；腹部疾病病人的护理先介绍急性化脓性腹膜炎，然后按解剖结构顺序进行目录编排，以符合教学规律和教学顺序，反映学科知识的前后逻辑性和科学性。每一章均设定学习目标，帮助学生按照识记、理解、运用 3 个层次把握学习主次；章节内设置案例分析，启发学生学习兴趣和临床思维，起到抛砖引玉的作用；每一章节的重点疾病按照病因、病理生理、临床表现、辅助检查、治疗原则、护理评估、主要护理诊断/问题、护理措施、健康教育的框架详细编写，次要疾病则删除护理评估模块，以减少不必要的重复；章中插入知识链接，适当补充相关知识、新进展、人物、事件等，开拓学生视野；章末设立复习思考题，帮助学生梳理和巩固相关内容，并融会贯通本章知识要点。

　　本教材在编写内容方面也进行了完善，编写过程中参考国内外最新教材和疾病诊疗指南、规范、共识以及北美护理诊断协会（NANDA）的护理诊断等，对教材内容进行更新，使学校教学与学科、临床发展同步；把部分章节如水、电解质代谢紊乱和酸碱平衡失调病人的护理、外科感染病人的护理等按每个疾病分开编写，以保证内容的完整性和教材的可读性；作为高等中医药教育的本科教材，适当增加中医治疗、中医护理的内容，培养学生采用中医护理措施帮助病人解决问题的能力；在部分章节融入思政元素，弘扬传统文化，培养学生仁爱、奉献、进取的护理精神和人文关怀意识，实现立德树人的教育目标；书末增设中英文名词对照索引，有利于学生查找和掌握外科护理相关的专业词汇。此外，本书以融合教材的形式出版，在阅读纸质教材的同时，可以通过扫描书中二维码获取线上教学资源，包括 PPT 课件、模拟试卷、复习思考题答案等，方便教师教学和学生自主学习。

　　本教材由来自全国 20 余所院校从事外科护理教学和临床一线的骨干教师与护理专家共同编写，具有广泛的代表性和一定的权威性。各章执笔者如下：第一、十六及十八章由王俊杰编写，第二章由胡少华编写，第三、九章由陆海英编写，第四章由顾娇娇编写，第五、二十一章由孙蓉编写，第六章由岳树锦编写，第七章由单亚维编写，第八章和第十七章第四节由王丽芹编写，第十章和第十九章第十一节由刘金凤编写，第十一章和第二十二章第六、七、八节由康华编写，第十二、十三章由于淼编写，第十四章由李明杰编写，第十五章和第十九章第七节由王彩星编写，第十七章第一、二、三节由吕静编写，第十九章第一、二节由郭妍编写，第十九章第三节由沙凯辉编写，第十九章第四节由高擎擎编写，第十九章第五节和第二十二章第三、四节由胡晓晴编写，第十九章第六节由冷羽编写，第十九章第八节由李文娟编写，第十九章第九节和第二十章由刘芳编写，第十九章第十节和第二十二章第五节由刘梨编写，第二十二章第一节由郑桃云编写，第二十二章第二节由王旭编写。各编者完成初稿后,经主编与副主编相互审阅、反复修改、集中讨论后定稿,最后由主编全面整理、审校,完善成书。

本教材在编写过程中,得到浙江中医药大学、上海中医药大学各级领导的关心和大力支持,也得到编者所在院校、医院领导的支持;书中部分医疗、护理内容及插图参考了国内诸多版本的《外科学》《外科护理学》等教材,谨在此一并表示诚挚的谢意!

为保证教材编写质量,主编和编者们虽然竭尽全力、精益求精,但限于时间和水平,难免存在不足之处,恳请广大师生和读者及时予以批评指正!

编者

2021 年 3 月

◇◇◇ 目　　录 ◇◇◇

第一章

绪　论

📐 学习目标

1. 复述外科护理学、外科疾病的概念。
2. 理解外科护理学的范畴、任务和发展概况,阐明外科护士应具备的素质要求。
3. 运用外科护理学的学习方法学好本门课程。

外科护理学(surgical nursing)是阐述和研究如何对外科疾病病人实施整体护理的一门临床护理学科,是护理学的重要组成部分,也是护理学专业的核心课程之一。它是基于医学科学的整体发展而形成的,与外科学有着密切的关系,内容涵盖医学基础理论、外科学基础理论、护理学基础理论与技术,并涉及护理心理学、社会学等人文社会科学知识。

一、外科护理学的范畴与任务

外科疾病(surgical diseases)是指只有通过手术或手法整复处理才能获得最好治疗效果的疾病。根据病因大致分为五大类:一是损伤,如暴力或其他致伤因子引起的内脏破裂、烧伤、骨折等;二是感染,致病微生物侵入人体导致的局灶性感染或脓肿,如阑尾炎、胆囊炎、肝脓肿等;三是肿瘤,包括良性和恶性肿瘤;四是畸形,既有先天性畸形如先天性心脏病、肛管直肠闭锁,也包含烧伤后瘢痕挛缩等后天性畸形;五是其他类,譬如空腔脏器梗阻、结石病、血液循环障碍等疾病。

外科疾病根据其特点分属于不同的专科:按人体系统分属于神经外科、泌尿外科、血管外科、骨科等,其他归属于普通外科;按人体部位,可分入头颈外科、胸心外科、腹部外科;按年龄特点,有小儿外科、老年外科;按手术方式,有整复外科、显微外科、微创外科(腔镜外科)、移植外科。伴随医学科学的进步和外科学向专业化、精准化发展,各专科不断壮大,细分出很多亚专科,如普通外科分为甲状腺、乳腺外科,胃肠外科,肝胆外科;胸心外科分出胸外科和心脏外科。

关于外科疾病病人护理的理论知识和操作技能属于外科护理学的范畴,外科疾病往往以手术作为主要的治疗手段,因此围术期护理是外科护理学范畴最主要的内容。随着生物-心理-社会医学模式的提出和现代护理观的形成,外科护理学的研究任务也发生了很大变化,更关注以人的健康为中心,研究如何根据外科病人的生理、心理、社会和精神文化等需求提供个性化的整体护理;研究内容从疾病护理扩展到外科领域的疾病普查、协助诊断、咨询指导、康复锻炼和预防保健;研究对象从医院的外科病人,延伸到社区、家庭的高危人群和健康者。

二、外科护理学的形成与发展

外科护理学和外科学一样,其形成和发展经历了漫长的历程,两者相辅相成,且与社会各个历史时期的生产和科学技术的进步密切相关。

早在旧石器时代，我们的祖先就开始用砭石治疗伤病，用石针针刺排脓治疗脓肿，此为古代外科的萌芽时期。现代出土的殷商时期的甲骨文中已有"疥""疮"等外科病名的记载。在周代(公元前1046~公元前256年)，外科已独立成为一门专科，外科医生称为"疡医"，能够治疗肿疡、溃疡、金创等。秦汉时代我国最早的医学理论专著《黄帝内经》已有"痈疽"的外科专章，书中阐述的痈疽疮疡的病因病机，现在仍是外科疮疡类疾病证治的理论基础。东汉著名医家张仲景在《伤寒杂病论》及《金匮要略》中对肠痈、寒疝等外科病证的诊治做了详细的论述，所载大黄牡丹皮汤、薏苡附子败酱散等，至今仍为临床所采用。三国时期的名医华佗擅长外科技术，首创"麻沸散"用于病人，在令人无所知觉的情况下，施行剖腹手术、肠吻合术等。

中国古代医护不分，很多外科护理的论述和记载散在于历代医籍中。魏晋南北朝时期，我国现存第一部中医外科专著《刘涓子鬼遗方》问世，书中的"痈疽篇"有专论外科护理的内容，篇中写道："凡人痈疽发背至危甚者，因出脓毒，气多虚，易于惊悸，须于清净室中将息调理，不得涉及家务，不得宣啼，又瓮气钢铁之声，驴鸣马嘶，猫犬叫吠等项，皆须防之。"隋代巢元方著《诸病源候论》，记载了对于乳痈妇女可采用"手助捻，去其汁"的护理方法，从而排除郁积的乳汁，使乳痈得以消散；对肠损伤行肠吻合术的病人，提出不宜过早进食，如不善调摄，有"肠痛决漏的危险"。唐代著名医学家孙思邈，以其巨著《千金方》而闻名于世，采用葱管为尿潴留病人行导尿术，比1860年法国发明橡皮管导尿早1 200多年；此外，孙思邈对消毒术、引流术、换药术等操作也有详尽介绍。元代外科名医齐德之著《外科精义》一书，书中有"论将护忌慎法"篇，从环境、探视、心理护理、饮食护理等方面论述外科疾病的护理，堪称是世界上最早、内容最全面的外科护理专论。自东汉张仲景描述肠痈、阴吹起，至清末高文晋著《外科图说》，我国古代对外科疾病的认识、治疗、护理水平不断提高。

🦕 思政元素

史上最早的外科护理专论

《外科精义》是元代影响较大的一部外科学著作，为名医齐德之所撰。该书首次把26种脉象变化和外科临床紧密结合，强调外科整体观念，认为外科疾病是阴阳不和、气血凝滞所致，并提出"内外兼施"的治疗原则。书中"论将护忌慎法"篇从心理、环境、饮食等多方面论述护理，内容包括：病人应注重心理调摄，以"清静恬淡耐烦为宜"；病室环境须安静，"于患人左右，止息烦杂"；亲友探视宜有节，"不可久坐多言，劳倦病患"；强调饮食卫生，勿食"淹浥臭陈，自死病倒之类"，并对各种畜禽果蔬的宜忌进行说明；注重康复期护理，应"调节饮食，保摄以待"，直至精神如故，气力完全；针对护理人员，则要求具有"勤谨耐烦，仁慈智惠"的素质。该篇堪称是世界上最早、内容最全面的外科护理专论。

16世纪欧洲文艺复兴时期，人体解剖学的建立为外科学的发展奠定了基础，随后生理学、病理解剖学逐渐形成。19世纪中叶，麻醉镇痛、消毒灭菌、止血、输血等技术的问世，解决了手术疼痛、切口感染、出血等长期困扰外科学发展的三大难题，极大地提高了手术的安全性，扩大了外科手术的范围，促成了现代外科学的建立并得到飞速发展。同期，克里米亚战争爆发，弗洛伦斯·南丁格尔率领护理人员奔赴战地医院，通过采用清洁、消毒、包扎、换药、改善环境、增加营养等方法看护伤病员,短短数月内把伤员死亡率从 42% 降至 2.2%,充分证实了护理工作在外科创伤治疗中的重要作用,由此创建了现代护理学,并延伸出外科护理学。

现代外科学传入我国已有百余年的历史。新中国成立之后,经过几代人的不懈奋斗,逐渐建立了较为完整的外科体系,外科专业人员的队伍不断成长壮大,外科技术在普及的基础上有了显著的提高。1958 年我国首例大面积烧伤病人抢救成功,60 年代显微外科技术的发展推动了创伤、整复和器官移植外科的前进,1963 年世界首例断指再植在上海获得成功,既展示了外科学的发展,也彰显了外科护理学的长足进步。

尤其是近 40 年,外科疾病的诊断和治疗水平均有很大提高。超声、计算机断层成像(computed tomography,CT)、磁共振成像(magnetic resonance imaging,MRI)、数字减影血管造影(digital subtraction angiography,DSA)、正电子发射断层显像(positron emission tomography,PET)等检查以及影像的三维重建技术,既能确定病变部位又有助于确定病变性质。高新材料和人工脏器的涌现则为外科学的发展创造了条件,救治了很多以往无法治疗的病人。20世纪 80 年代中期以来,内镜技术、腔镜技术、介入放射学技术的广泛应用推动了微创外科的快速发展,大大减少了手术引起的创伤和疼痛,缩短了康复时间。手术机器人的出现,更是提高了手术的操控性、精准性和稳定性,同时也使远程手术成为可能。此外,医学分子生物学等学科的进展,特别是对癌基因的研究,使外科学沿着精准医学的方向不断前行。

现代外科学的快速发展和分科的日趋细化,有力地推动了外科护理学在广度和深度方面的发展。外科护士不但承担着术前准备、术中配合、术后监护、重症抢救、并发症预防和康复训练等护理工作,而且在新仪器设备的使用、新诊疗技术的护理配合、新服务领域的拓展等方面也发挥着重要作用。目前,外科护理专科化发展已成为衡量外科护理专业水平的重要标志,也对外科护士提出了更高的要求。近些年来,我国在伤口造口、疼痛管理、手术室、器官移植、癌症护理等领域,培养了一大批专科护士。这些精通相关领域护理的专家型临床护士,不仅有助于提高医疗护理质量,促进病人康复,而且还能指导和帮助其他护士提高专业水平,成为促进专科护理发展的重要力量。因此,外科护理学也将在不断发展完善的同时向更专、更深、更精的方向迈进。

知识链接

美国专科护士简介

专科护士是指在某一特殊或者专门的护理领域具有较高水平和专长的专家型临床护士,通常具有广博的相关领域理论知识、丰富的临床经验和精湛的护理技能。美国是世界上最早培养专科护士的国家,从 1954 年始,便将其定位于硕士以上水平的教育,并扩展到临床的很多领域,包括重症护理、急救护理、糖尿病护理、造口护理、癌症护理、临终护理、感染控制等,以提高临床护理水平。目前,美国已在 200 多个专科领域培养了 10 万余名专科护士。这些高素质的护理人才在医疗机构、社区保健、家庭护理以及护理科研等方面发挥着非常重要的作用。

三、外科护理学的学习方法

21 世纪以来,医学与现代科学的交叉融合更为密切,生命科学和生物技术飞速发展,人类基因组计划、干细胞技术、纳米技术等高新技术的广泛应用和日趋完善,手术机器人的迭代更新以及远程微创外科手术的成功,使外科学朝着更为精准化、信息化、专业化的方向前行,也给外科护理学的发展带来了新的机遇和挑战。要成为未来合格的外科护士,首先要明确全心全意为人类健康服务的护理使命,以现代护理观为指导,重视基本知识、基本技能和基础理论,坚持理论与实践相结合,学好外科护理学;同时,也应树立终身学习的理念,不断汲取本学科和相关学科的新理论、新知识、新技术,与时俱进,传承创新,为推动外科护理学的发展做出努力。

1. 树立正确的专业思想 作为护理学类专业的学生,应深刻认识本专业的价值,具有良好的专业和职业情感,明确学习外科护理学的根本目的是为人类健康服务。只有牢记护理的使命,热爱护理专业,乐于为护理事业无私奉献,才会有强烈的学习动机和浓厚的学习兴趣,舍得投入时间和精力,熟练掌握外科护理的基本理论知识和基本操作技能,并能将其运用于未来的临床护理实践,履行促进健康、预防疾病、恢复健康和减轻痛苦的护士职责。

2. 以现代护理观为指导 1977 年提出的新医学模式即"生物 - 心理 - 社会医学模式",强调疾病的发生和发展是多种因素相互作用的结果,要整体看待健康与疾病问题,既要考虑到病人自身的生物学特性,还要充分考虑心理因素及社会环境的影响。医学模式的转变带动了护理观念的变革,1980 年美国护士会指出"护理是诊断和处理人类现存的或潜在的健康问题的反应",以整体的人的健康为中心的现代护理观逐渐取代了原有的以疾病护理为中心的护理观。与其相应的还有护理服务对象、服务场所的扩大,以及护士角色、职能的拓宽。在外科护理学教材中,从护理评估、诊断、措施到健康教育,都涉及护理对象在生理、心理、社会等方面对健康问题的反应和护理需求。学习时就应注意相关内容,树立整体护理观,勤于思考、善于分析,同时也要加强心理学、社会学、教育学、管理学等人文社会科学知识的学习。在护理实践中,要充分考虑服务对象的具体情况,应用科学的护理程序工作方法,提供个性化的整体护理,使其达到最佳的健康状态。比如,针对手术前病人,除了做好身体方面的各项术前准备外,还要关注有无因疾病、手术引起的焦虑、恐惧心理,多与病人沟通,讲解术前检查的必要性、疾病与手术的相关知识,鼓励亲友给予必要的社会支持,加强病人对手术的信心和对医护人员的信任,使其主动参与和积极配合护理。手术之后,更需重视病情观察、切口和引流管护理、疼痛管理、营养支持以及并发症的预防,同时兼顾病人心理、社会、精神等需求,助其尽早恢复健康。临近出院时,则应提供相应的健康教育,增强病人对于疾病的自我管理能力,达到预防复发和维持健康的目的。

3. 重视基本知识、基本技能和基础理论 学习过程中,要强化基本知识的积累,并能融会贯通。基本知识包括医学基础知识、外科疾病及护理的基本知识和相关学科知识等。譬如,在学习胆道疾病病人护理时,就必须了解胆道系统的局部解剖生理情况,从而懂得胆总管结石病人为何会出现黄疸,为病情观察和健康教育打下基础;在学习胸膜腔闭式引流时,要明确人体的胸膜腔是密闭并呈负压状态的,因此护理时特别要注意保持引流管道的密闭性,以防开放性气胸。外科护理学的总论和分论之间,各种疾病之间都有一定的联系。如外科感染章中有全身性感染的介绍,而很多外科疾病如大面积烧伤、开放性骨折伴感染、急性弥漫性腹膜炎等都可能出现全身性感染,甚至导致感染性休克,因此学习时要注重知识的前后贯穿、横向思维,做到融会贯通、准确把握。

基本技能是未来护理实践所必备的基本功。首先要学会如何准确地对外科疾病病人进行术前、术后的护理评估,并能根据评估结果提出主要的护理诊断或问题,制定相应的护理措施。要重视外科常用护理技能的训练,如更换引流袋、更换胸膜腔闭式引流瓶、造口护理、外科换药等,还应掌握外科手消毒、穿无菌手术衣、戴无菌手套、准备无菌器械桌、安置手术体位,以及协助手术区铺单等一系列手术室专科护理技能。操作中严格遵守无菌原则,不可粗糙马虎,要以高标准要求自己,以免影响治疗和护理效果。

基础理论则有助于理解外科疾病的发生、发展情况,从而知晓病人可能出现的临床表现、并发症,并指导采取相应的护理措施进行预防、减轻病痛。例如,对于低血容量性休克的病人,要认识到有效循环血容量锐减、组织灌注不足等是其主要的病理生理基础,因而病人必然出现血压下降、脉搏加快等表现,严重者会因灌注不足而致重要脏器功能障碍;护理时首要的是迅速建立静脉通路,补充血容量,以防止病情恶化。如果只是死记硬背,知其然而不知其所以然,或是基础理论不扎实,既无法促进外科护理学的进步,也不利于自身的职业发展,甚至造成临床工作中的失误。

4. 坚持理论与实践相结合 外科护理学是一门实践性很强的应用学科,学习中既要认真理解书本上的理论知识,又必须积极参与实践活动,使二者有机结合。可以结合临床案例,灵活运用所学知识,对具体临床现象进行综合分析、逻辑推理,提出解决办法,提高理论知识的实际运用能力。积极参与各种学习活动,如以问题为基础的学习、案例讨论、护理查房、线上课程学习等,在拓展视野的同时训练自己的外科护理临床思维。要重视各项外科护理技能的练习,演练过程中应主动参与、积极动脑、勇于质疑、善于分析,改变单纯模仿的被动学习模式;经过反复实践,掌握操作要点。充分利用临床见习、毕业实习等机会,仔细了解外科病人的主诉、临床表现、治疗护理效果等,在错综复杂的信息中理顺关系,发现病人存在的健康问题,分析并思考如何帮助病人解决问题,从而进一步加深对理论知识的认识、理解和应用,不断提高自己的护理实践能力。

在认真学好现有理论知识和技能的基础上,学生还应树立终身学习的理念,培养自主学习和持续学习能力,充分利用互联网时代的信息资源,运用循证医学和循证护理的方法,主动获取和阅读文献,科学评价证据,以了解外科疾病诊断、治疗和护理的最新研究成果。同时,在传承精华的基础上,开拓思路、改革创新,随时准备以最佳的方法护理服务对象,满足人类日益增长的卫生保健需求,促进外科护理学的不断发展。

四、外科护士的素质要求

外科急诊多、抢救多、麻醉与手术均具有潜在风险,导致外科护理工作节奏快、强度大、难度高。外科疾病的突发性和病情演变的急、危、重常使病人承受巨大的躯体痛苦和心理压力,必须予以紧急处理。外科工作的上述特点对外科护士提出了更高的素质要求。

1. 高尚的职业道德 要充分认识外科护理工作的重要性,具备高度的责任心、严谨的工作作风和无私的奉献精神;对工作认真负责、一丝不苟,认真遵守规章制度,严格执行操作规范;避免粗心大意、草率从事、不负责任的工作态度,杜绝或减少不良事件的发生。注重人文关怀,常怀"仁者之心",崇尚生命至上、病人利益至上,把病人的健康放在首位;经常与病人沟通,及时了解他们的需求,为其提供体贴入微、技术娴熟的人性化服务;帮助病人理解生命的价值,保护病人的尊严和隐私。

2. 精湛的业务素质 外科护士不仅要掌握扎实、丰富的护理专业知识,还要有娴熟的操作技能、敏锐的观察能力、较好的评判性思维能力、过硬的应急处理能力以及健康教育能力;既要有独立完成工作的能力,还要有较强的人际沟通能力和团队协作精神。只有具备精湛的业务素质,才能在工作岗位上发挥作用,实现护士的职业价值。

科研是提高护理专业知识和技能、促进学科发展的有效途径。外科护士要有创新意识,熟悉护理研究的方法,在临床工作中,经常关注所从事领域的研究进展,善于发现临床中存在的护理问题,勤奋钻研、查阅文献,通过分析或研究帮助病人解决健康问题,推进护理质量的改善。专科化已成为外科护理发展的必然趋势,护士应重视自身专科方向的学习和提升,积极参加相关的国内外培训、进修,有机会进一步提升学历,拓展视野,力争成为某领域的专科护士或护理专家。

3. 良好的身心素质 外科疾病复杂多变,护理工作量大、突发事件多,要求护士拥有健康的体魄、充沛的精力、开朗的性格、稳定的情绪,勇于克服困难,从容应对各种压力,从而适应外科护理的工作特点。平时能善解人意、通情达理,适时有效地调节和控制不良情绪,融洽工作中的各种人际关系;遇到紧急、危重服务对象抢救等情况时,应沉着冷静、有条不紊,稳定服务对象及亲属的情绪,使其产生安全感和信任感。

4. 较强的法律意识 要认真学习国家的卫生政策与法律、法规,如《护士条例》《医疗事故处理条例》《护士执业注册管理办法》等,具有较强的政策意识和法律意识,明确自己在医疗卫生工作中享有的权利及应承担的义务,准确地了解职责的法律范围。遵纪守法,依法执业,维护病人及自身权益,树立良好的职业形象。

随着社会的发展、医学科学的进步、护理理念的转变,以及互联网、大数据、云计算的广泛应用,外科护士的工作内容、工作场所和工作方式等都发生了巨大变化。外科护理学科的发展,期待着不断涌现出德才兼备、具有扎实的业务素质和良好的身心素质、愿为人类健康服务、锐意进取、开拓创新的新一代外科护理接班人。

(王俊杰)

复习思考题

1. 外科护理学是一门实践性很强的临床护理课程,请思考在学习中如何理论联系实践?

2. 随着外科护理学在广度和深度方面的快速发展,外科护士向专科化发展成为必然,为成为未来的专科护士或护理专家,应该如何努力?

第二章

水、电解质代谢紊乱和酸碱平衡失调病人的护理

学习目标

1. 复述等渗性缺水、低渗性缺水、高渗性缺水、低钾血症和高钾血症、低钙血症和高钙血症、代谢性酸中毒、代谢性碱中毒、呼吸性酸中毒、呼吸性碱中毒的概念,并简述其病因。

2. 理解人体水、电解质和酸碱平衡的正常调节机制,解释并比较各种水、电解质紊乱和酸碱平衡失调的病理生理、临床表现、治疗原则和护理措施。

3. 综合运用相关知识对水、电解质代谢紊乱及酸碱平衡失调的病人实施整体护理。

第一节 概 述

机体水、电解质和酸碱的平衡是维持正常新陈代谢,实现细胞、器官生理功能的基本保证。人体新陈代谢在体液环境中进行,许多严重的创伤、感染、梗阻等外科疾病病人,常发生不同类型、不同程度的水、电解质代谢紊乱及酸碱平衡失调,这些紊乱或失调若超出其自身代偿能力时,便可影响疾病的转归甚至危及病人的生命。

案例分析

张先生,58 岁,农民,因急性腹膜炎入院。病人 2 小时前饱餐后突发上腹部剧烈疼痛,并伴恶心、呕吐,呕吐物多为胃内容物。既往有胃溃疡病史 2 年,近期胃痛频繁。

体格检查:T 39.0℃,P 121 次 /min,R 29 次 /min,BP 85/50mmHg,急性面容,呼吸深快,腹膜刺激征明显。

辅助检查:腹部 X 线检查可见膈下游离气体。血常规示 WBC 14.1×10^9/L,Hb 108g/L,RBC 5.5×10^{12}/L;血清电解质示 K^+ 3.3mmol/L,Na^+ 128mmol/L;动脉血气分析:pH 7.31,$PaCO_2$ 25mmHg,HCO_3^- 12mmol/L。

请问:

1. 该病人出现了哪些水、电解质代谢紊乱和酸碱平衡失调?

2. 病人目前主要的护理诊断 / 问题有哪些?

3. 针对该病人的护理诊断 / 问题,应采取哪些护理措施?

一、体液的量、分布和组成

（一）体液的量

体液是由水和溶解于其中的电解质、低分子有机化合物及蛋白质等组成。人体的体液量可因性别、年龄和胖瘦而有所差异。一般成年男性体液量较女性高，约为体重的 60%，而女性由于脂肪组织多，体液量约占体重的 50%；随着个体年龄的增长，体液的含量会有所下降。婴幼儿因脂肪少而体液比例高，约占体重的 70%~80%。

（二）体液的分布

体液主要分布于细胞内、外，分别称为细胞内液（intracellular fluid, ICF）和细胞外液（extracellular fluid, ECF）。细胞内液绝大部分存在于骨骼肌中，男性约占体重的 40%，由于女性的肌肉不如男性发达，故细胞内液约为体重的 35%；而男女细胞外液量均为体重的20%。细胞外液又包括血浆和组织间液两部分，其中血浆占体重的 5%，组织间液占体重的 15%。

体液的分布还可以按三个间隙表示：第一间隙容纳细胞内液，是细胞进行物质代谢的场所；第二间隙容纳细胞外液的主体部分，具有快速平衡水、电解质的作用，属功能性细胞外液；第三间隙是指存在于胸腔、腹腔、心包腔、脑室、脊髓腔、前房和关节腔等体腔的一小部分细胞外液，仅占体重的 1%~2%，虽有各自的功能，但其调节体液平衡的作用极小且慢，属无功能性细胞外液。

（三）体液的组成

体液的主要成分为水和电解质。细胞内、外液所含离子成分差异很大。细胞内液中主要阳离子是 K^+，其次是 Na^+、Ca^{2+}、Mg^{2+} 等；阴离子主要是 HPO_4^{2-} 和蛋白质，其次是 HCO_3^-、Cl^-、SO_4^{2-} 等。细胞外液中最主要阳离子是 Na^+，其次是 K^+、Ca^{2+}、Mg^{2+} 等；阴离子主要是 Cl^-、HCO_3^-、HPO_4^{2-}、SO_4^{2-} 和有机酸及蛋白质。细胞内、外液的渗透压相等，为正常血浆渗透压（280~310mmol/L）。保持渗透压的稳定，是维持细胞内、外液平衡的基本保证。

二、体液平衡和调节

（一）水平衡

保持人体内环境的稳态，有赖于体内水分的恒定。每日摄入一定的水量，同时也排出相应的水量，以达到每日出入水量的相对平衡（表 2-1）。

表 2-1 正常成人每日出入水量的平衡

摄入量（ml）		排出量（ml）	
饮水	1 000~1 500	尿量	1 000~1 500
固体食物含水	700	皮肤蒸发	500
代谢氧化生水	300	呼吸蒸发	350
		粪便	150
总入量	2 000~2 500	总出量	2 000~2 500

（二）电解质平衡

正常情况下，人体随食物摄入的电解质经消化道吸收，并参与体内代谢与排泄。维持电解质平衡相关的主要电解质是 Na^+ 和 K^+，正常值分别是血清钠 135~145mmol/L 和血清钾3.5~5.5mmol/L。一般情况下，成人每日需氯化钠 4~6g，每日需氯化钾 3~4g。体内钠、钾主要分别来自食盐和含钾食物，多余的钠和钾主要经尿液和汗液排出体外，以维持正常血清钠和钾水平。肾脏"保钠能力"远超过"保钾能力",若体内钠不足时,肾脏排钠随之减少,甚至停止排出;与之相比,体内钾不足时,肾脏不会停止排钾,故易引起低钾血症。

(三) 体液平衡的调节

体液平衡的调节主要通过神经-内分泌系统和肾脏进行。体内水分丧失时,细胞外液渗透压增高,刺激下丘脑-垂体后叶-抗利尿激素系统,先产生口渴感而使机体饮水增加,同时抗利尿激素分泌增加,使肾远曲小管和集合管上皮细胞对水的重吸收增多,水被保留于体内而降低细胞外液渗透压。反之,体内水过多时,细胞外液渗透压则降低,抗利尿激素的分泌减少,肾对水的重吸收减少,尿量增加,排出体内多余的水分,使已降低的细胞外液渗透压增至正常。抗利尿激素对体内水的变化十分敏感,只要血浆渗透压较正常有 ±2% 的变化,其分泌亦会有相应的变化,以维持人体水的动态平衡。

此外,肾素和醛固酮也参与体液平衡的调节。细胞外液减少,尤其在循环血容量减少致肾小球滤过率下降时,可刺激肾素分泌增加,进而刺激醛固酮的分泌。后者可促进远曲小管对 Na^+ 的重吸收和 K^+ 的排泄。随着钠重吸收的增加,水的重吸收也增多,细胞外液量增加至正常。循环血量增加和血压回升后,又可反馈抑制肾素的释放,使醛固酮分泌减少,从而减少对 Na^+ 的重吸收并使细胞外液量不再增加,维持内环境稳定。

当体液失衡时,多先通过下丘脑-垂体后叶-抗利尿激素系统恢复和维持体液的正常渗透压,再经肾素-血管紧张素-醛固酮系统恢复和维持血容量。但在血容量锐减时,人体则自行调节为优先恢复血容量,以保证重要脏器的血液供应。

三、酸碱平衡和调节

体液适宜的酸碱度是组织、细胞正常生命活动的重要保证。机体代谢过程中不断产生的酸性和碱性物质,使体液中 H^+ 浓度经常有所变动。为保持体液 H^+ 浓度的稳定,即保持动脉血 pH 为 7.35~7.45,机体主要通过血液缓冲系统、肺和肾等途径来完成对酸碱平衡的调节,从而维持机体正常的生理功能。

(一) 缓冲系统

体液中的缓冲系统是由弱酸及其盐组成,又称为缓冲对。人体内不同体液间隙有各自的缓冲系统。细胞内有磷酸盐缓冲对(HPO_4^{2-}/H_2PO_4),红细胞有血红蛋白缓冲对(Hb^-/HHb、$HbO_2^-/HHbO_2$),血浆有蛋白缓冲对(Pr^-/HPr),细胞外液中则存在碳酸-碳酸氢盐缓冲对(HCO_3^-/H_2CO_3)。血液中的缓冲对以 HCO_3^-/H_2CO_3 最为重要。当体内酸性物质过多时,HCO_3^- 立即与之中和;而当碱性物质过多时,H_2CO_3 随即与之中和。只要 HCO_3^-/H_2CO_3 的比值保持为 20:1,无论 HCO_3^- 及 H_2CO_3 绝对值的高低,血浆的 pH 仍能保持 7.40。首先发挥作用的是血液缓冲系统,其作用较快,但只能将酸性或碱性物质强度减弱,而不能根本地将其从体内清除。

(二) 肺

肺在酸碱平衡中的作用是通过调节呼吸运动的深度和频率控制 CO_2 的排出量,从而调节血中 H_2CO_3 浓度,使血浆中 HCO_3^- 与 H_2CO_3 比值接近正常,以保持 pH 相对恒定。血液中的 H_2CO_3 在碳酸酐酶的作用下,能迅速分解为 H_2O 和 CO_2。当 pH 降低,$PaCO_2$ 增高时,可刺激颈动脉体和主动脉体周围化学感受器,反射性的使延髓呼吸中枢兴奋,导致呼吸加深加快,加速 CO_2 排出,以减少血浆 H_2CO_3 缓解酸中毒;反之,当血 pH 升高,$PaCO_2$ 降低时,呼吸中枢抑制,呼吸变浅变慢,减少 CO_2 排出,以保存血浆 H_2CO_3,缓解碱中毒。如果机体的呼吸功能失常,本身就可引起酸碱平衡失调,也会影响其对酸碱平衡失调的代偿能力。肺虽能排出 CO_2,降低体液中挥发酸的含量,但对固定酸的调节作用弱。

（三）肾

肾通过改变排出固定酸及保留碱性物质的量，来维持正常的血浆 HCO_3^- 浓度，使血浆 pH 不变。主要通过 Na^+-K^+ 交换、HCO_3^- 重吸收增加碱储备、产生 NH_3 并与 H^+ 结合成 NH_4^+、尿的酸化四种方式排 H^+，调节体内酸碱平衡。肾对机体酸碱平衡的调节作用出现最迟，作用也最彻底，持续时间长，不论对酸或碱都有调节能力。肾在酸碱平衡的调节中起最重要作用，如果肾功能有异常，则不仅可影响其对酸碱平衡的正常调节，而且本身也会引起酸碱平衡失调。

此外，组织细胞内外离子交换的调节作用，也有助于防止细胞外液 pH 的急剧变化。例如：酸中毒时，细胞外 $1H^+$、$2Na^+$ 置换入细胞内，以缓解酸中毒；碱中毒时细胞内 $1H^+$、$2Na^+$，置换到细胞外，以缓解碱中毒。

第二节　水和钠代谢紊乱病人的护理

水和钠在体液中平衡的关系极为密切。细胞外液中水、钠代谢紊乱往往同时或相继发生，并相互影响。由于不同病因导致的失水和失钠的程度会有所不同，临床将水、钠代谢紊乱分为 4 种类型：等渗性缺水、低渗性缺水、高渗性缺水和水中毒。

一、等渗性缺水

等渗性缺水（isotonic dehydration）又称急性缺水或混合性缺水，其特点是水钠成比例丧失，但血清钠和细胞外液渗透压仍维持在正常范围内，血清钠 135~145mmol/L，是外科病人最常见的缺水类型。

【病因】

由体液急性丢失引起，常见的病因包括：①消化液的急性丧失，如大量呕吐、腹泻、肠瘘等；②液体在第三间隙积聚，如腹膜炎、胰腺炎形成腹水，肠梗阻导致肠液在肠腔内积聚等；③大量抽放胸水、腹水，大面积烧伤等。

【病理生理】

等渗性缺水时细胞外液量减少，刺激肾入球小动脉壁压力感受器及远曲小管致密斑的钠感受器，引起肾素 - 血管紧张素 - 醛固酮系统兴奋，醛固酮分泌增加，促进肾远曲小管对 Na^+ 和水的重吸收，使细胞外液量得以恢复。由于丧失的液体为等渗性，细胞内、外液的渗透压并无明显变化，故细胞内液量一般不发生明显改变。但若体液失衡持续时间长且未及时补充适当液体，细胞内液也将逐渐外移而出现细胞内缺水。

【临床表现】

病人有恶心、呕吐、厌食、乏力、唇舌干燥、眼窝凹陷、皮肤松弛及少尿等症状，但口渴不明显。若短时间内体液丧失达到体重的 5%（相当于细胞外液的 25%），病人则可出现脉搏细速、肢端湿冷、血压下降等血容量不足的表现。当体液继续丧失达体重的 6%~7%（相当于细胞外液的 30%~35%）时，则休克表现明显，且酸性代谢产物大量积聚，常伴代谢性酸中毒；若胃液丧失过多，可并发代谢性碱中毒。

【辅助检查】

血清钠尚在正常范围；红细胞计数、血红蛋白量及血细胞比容明显增高，血液浓缩；尿比重增大；动脉血气分析可判断是否伴有酸或碱中毒。

【治疗原则】

1. 积极治疗原发疾病。

2. 静脉输注平衡盐溶液或等渗盐水 首选平衡盐溶液,常用的有乳酸钠与复方氯化钠混合液(1.86% 乳酸钠溶液和复方氯化钠溶液之比为 1∶2)、碳酸氢钠与等渗盐水混合液(1.25% 碳酸氢钠溶液和等渗盐水之比为 1∶2)两种。平衡盐溶液内电解质的含量与血浆相似,而等渗盐水的 Cl^- 含量高于血清 Cl^- 含量,大量补充有导致高氯性酸中毒的危险,因此大量输液时选用平衡盐溶液更为合适。缺水纠正后易发生低钾血症,应注意监测和预防。

【护理评估】

1. 健康史 了解病人年龄、体重、饮食习惯、营养状况、生活环境等;评估病人有无大量呕吐、腹泻或肠瘘等引起等渗性缺水的常见病因,有无导致等渗性缺水的相关治疗如大量抽放胸水、腹水等。

2. 身体状况

(1) 局部:①皮肤弹性下降且干燥提示缺水,轻捏手背或前臂皮肤后再松开,若持续20~30 秒后才恢复原状,常提示严重体液不足;②口腔黏膜、舌、唇出现干燥、吞咽困难提示缺水;③眼眶凹陷提示缺水;④手背静脉在手下垂 5 秒钟内或颈静脉在去枕平卧时不见充盈,均提示细胞外液量明显减少。

(2) 全身:①生命体征:评估有无血容量不足的表现,如脉搏细速、心率加快、血压不稳或下降、体温过低等;②神经精神改变:评估病人的意识状况、有无乏力表现;③出入量:评估病人尿量有无减少。

(3) 辅助检查:了解病人血常规、血清电解质、渗透压及尿比重是否正常,以及中心静脉压(central venous pressure,CVP)的变化。

3. 心理 - 社会状况 了解病人对疾病的心理反应、认知程度,了解病人家庭经济支持情况,家属对本病及治疗的承受能力及配合程度。

【主要护理诊断 / 问题】

1. 体液不足 与大量呕吐、肠梗阻、腹膜炎、大面积烧伤等原因致体液急性丧失有关。

2. 有受伤的危险 与意识障碍和血压降低等有关。

3. 有口腔黏膜受损的危险 与体液不足、口腔黏膜干燥有关。

4. 有皮肤完整性受损的危险 与微循环灌注不足、皮肤干燥、长期卧床受压等有关。

5. 潜在并发症:休克、酸碱平衡失调、低钾血症等。

【护理措施】

1. 恢复正常的体液量

(1) 去除病因:配合医生积极处理原发疾病。

(2) 纠正体液不足:根据病人生理状况和各项实验室检查结果,遵医嘱及时给予液体疗法。补液时按定量、定性、定时的要求实施。

1) 定量:包括生理需要量、已经损失量和继续损失量 3 部分。①生理需要量:即正常日需量,一般成人生理需水量为 2 000~2 500ml/d,其计算方法为:体重的第 1 个 10kg × 100ml/$(kg·d)$ + 体重的第 2 个 10kg × 50ml/$(kg·d)$+ 其余体重 × 20ml/$(kg·d)$。65 岁以上的老年人或心脏病病人,实际补液量应少于计算所得量。小儿每日生理需要量平均为 100ml/$(kg·d)$,可根据年龄、体重进行适当增加或减少。②已经损失量:又称累积失衡量,指在制定补液计划前已经丢失的体液量。可依据缺水程度补充,每丧失体重的 1%,按补液 400~500ml 计算。由于机体自身具有一定的调节能力,对于累计丧失量一般第一日只补充计算量的 1/2,余量再根据病情及辅助检查结果进行补充。③继续损失量:又称额外损失量,包括外在性和内在性失液。内在性失液为丧失于第三间隙的体液,如胸、腹腔积液、胃肠道积液等,虽失液量多、症状重,但体重并不减轻,故应根据病情变化估计补液量;外在性失液为出汗、呕吐、腹泻、胃肠减压、体液引流、消化道瘘、创面渗出等丧失的体液，要严格记录其实际体液丧失量，其补充原则是"丢多少，补多少"。此外，体温每升高1℃，应按3~5ml/kg体重增补；中度出汗者，丢失的体液量可估算为500~1 000ml（含钠1.25g）；大量出汗，估计丢失体液1 000~1 500ml；湿透1套衬衣裤，按丢失1 000ml体液计算；气管切开者从呼吸道蒸发的水分24小时可达800~1 200ml。

2）定性：原则是缺什么，补什么。①生理需要量：成人对盐、糖的日需要量为氯化钠4~6g，相当于生理盐水500ml；氯化钾3~4g，相当于10%氯化钾30~40ml；5%~10%葡萄糖溶液1 500~2 000ml。②已经损失量：等渗性缺水以补充平衡盐溶液或等渗盐水为主，但大量输入等渗盐水有导致高氯性酸中毒的危险，应注意预防。③继续损失量：常根据实际丧失体液的成分补充。在输液治疗过程中，如仍有呕吐、腹泻或胃肠减压等情形存在时，可静脉补充等量的1∶1溶液，即1份5%或10%葡萄糖溶液+1份等量的生理盐水溶液。

3）定时：每日及单位时间内的补液量、速度，取决于体液丧失的量、速度及重要器官的功能状态。若各重要脏器功能良好，应遵循"先快后慢"的原则进行分配，即第1个8小时补充总量的1/2，剩余1/2在后16个小时内均匀输入。

2. 病情观察

（1）准确记录24小时出入水量：入水量包括经胃肠道和非胃肠道摄入的液体，如饮食、饮水、管饲和静脉输液量等；出水量包括大小便量、呕吐物、汗液、引流液以及从呼吸道、创面蒸发的液体量等。每日统计出入总量，危重者需每小时计量，以供临床医生参考并及时调整补液计划。其中尿量是反映微循环灌注的重要指标。

（2）治疗效果

1）缺水征象：评估眼窝内陷、皮肤弹性下降、口唇黏膜干燥、浅静脉塌陷等缺水征象有无改善；萎靡、嗜睡等精神症状有无好转。

2）生命体征：如血压、脉搏、体温的改善情况。

3）出入水量：24小时出入水量是否平衡；体重、尿量是否恢复。

4）辅助检查：如血液浓缩与稀释、尿比重、血清钠和尿钠浓度、血浆渗透压、中心静脉压等检查结果是否改善。

（3）输液反应：补液过程应监测中心静脉压，观察有无输液反应，以便及时处理异常情况。若出现局部肿胀、疼痛或全身发热、过敏反应、急性肺水肿等，应减慢滴速或停止输液，并做紧急处理。

3. 一般护理

（1）维持皮肤黏膜完整性

1）预防压疮：①对于体质虚弱或意识障碍者，应定期变换体位、使用气垫床，骨隆突部位可预防性使用水胶体敷料或泡沫贴，避免局部长期受压，促进血液循环；②汗多者，应及时擦浴、更衣及更单，保持皮肤清洁，床单干燥、平整，使皮肤处于完好状态。

2）预防口腔感染：鼓励病人主动漱口与饮水，唇、舌干燥者常以生理盐水棉球擦拭，以保持口腔湿润与清洁。

（2）减少受伤危险

1）监测血压：若血压偏低或不稳定者体位改变宜慢，防直立性低血压造成眩晕而跌倒受伤。

2）功能锻炼：指导病人在床上做主动及被动运动，与病人及家属共同制定活动时间、量及形式，建立安全的活动模式。根据病人肌张力的改善程度，逐步调整活动内容、时间、形式和幅度，以免长期卧床致失用性肌萎缩。

3）加强安全防护：①移去环境中的危险物品，减少意外受伤的可能；②对定向力差及意识障碍者，加床栏保护、适当约束及加强监护等，以免发生意外。

4. 并发症的护理　密切观察有无休克、酸碱平衡失调以及低钾血症的表现，一旦发现，及时与医师沟通，予以处理。

5. 心理护理　体液紊乱易致病人认知功能及心理承受力下降，加之需长时间输液及各种导管的应用，使病人活动受限而感到不适，出现紧张、恐惧、焦虑等心理反应，担心疾病预后。护士应给予足够的理解、支持与安慰，各项操作应适宜而安全，促进病人舒适与康复。

【健康教育】

1. 指导病人在日常生活中应注意均衡饮食，每日保证足够饮水。

2. 如果存在呕吐、腹泻等易致体液代谢紊乱的危险因素，应尽早检查和治疗。

3. 指导病人起床时的正确姿势，防止因体位性低血压而导致意外受伤。

二、低渗性缺水

低渗性缺水（hypotonic dehydration）又称慢性或继发性缺水，是水和钠同时丢失，但钠丢失多于失水，血清钠浓度 <135mmol/L，细胞外液呈低渗状态。

【病因】

由体液慢性丢失引起，常见的病因有：①胃肠道消化液持续丢失，如长期胃肠减压、反复呕吐或慢性肠瘘；②液体在第三间隙积聚，如腹膜炎、胰腺炎形成腹水、肠梗阻导致肠液在肠腔内积聚等；③治疗性原因，如长期使用排钠利尿剂、治疗等渗性缺水时过多补水而忽略补钠；④经皮肤丧失，如大量出汗、大面积烧伤的慢性渗液等。

【病理生理】

由于体内失钠多于失水，细胞外液呈低渗状态，机体通过抑制抗利尿激素分泌，使肾小管重吸收水分减少，促进排尿，以升高细胞外液渗透压。但此代偿调节会致细胞外液进一步减少，一旦循环血容量下降，机体将不再维持渗透压而优先保持和恢复血容量。一方面兴奋肾素-醛固酮系统，以增加远曲小管对钠和水的重吸收；另一方面刺激神经垂体，使抗利尿激素分泌增加，以增加水的重吸收，减少尿的生成。若循环血量的锐减超出机体的代偿能力，则将出现休克。严重缺钠时，细胞外液可向渗透压相对高的细胞内液转移，造成细胞肿胀和细胞内低渗状态，影响细胞功能，若累及脑细胞则将出现意识障碍。

【临床表现】

细胞外液减少所致的血容量下降是主要特点，临床表现随缺钠程度而异，一般无口渴感。

1. 轻度缺钠　血清钠 <135mmol/L。病人感到手足麻木、疲乏、头晕。尿量增多，尿钠减少。

2. 中度缺钠　血清钠 <130mmol/L。除上述表现外，还伴有恶心、呕吐、脉搏细速、血压下降或不稳、脉压变小、浅静脉塌陷、站立性晕倒等表现。尿量减少，尿中几乎不含钠和氯。

3. 重度缺钠　血清钠 <120mmol/L。病人抽搐、神志不清、甚至昏迷，腱反射减弱或消失，常发生休克。

【辅助检查】

血清钠 <135mmol/L；尿钠含量常明显减少，中度或重度缺钠者尿中几乎不含钠和氯，尿比重 <1.010；红细胞计数、血红蛋白量、血细胞比容及血尿素氮值均增高。

【治疗原则】

1. 积极治疗原发疾病。

2. 静脉补充含盐溶液或高渗盐水 ①轻、中度缺钠者：一般补充等渗盐水或 5% 葡萄糖盐溶液；②缺钠较重者：静脉输注 3%~5% 氯化钠溶液迅速提高其细胞外液的渗透压；③重度缺钠并出现休克者：先输晶体溶液（如复方乳酸氯化钠溶液、等渗盐水等），再输胶体溶液（羟乙基淀粉、右旋糖酐溶液和血浆等），最后输高渗盐水（3%~5% 氯化钠溶液），以补充血容量及纠正体液的低渗状态。

【主要护理诊断／问题】

1. 体液不足 与长期大量呕吐、胃肠减压等原因致慢性体液丧失有关。

2. 有受伤的危险 与意识障碍、低血压有关。

3. 潜在并发症：休克等。

【护理措施】

1. 恢复正常的体液量 在配合医生积极处理原发疾病、去除病因的基础上，及时补充液体和钠。

（1）输液种类：遵医嘱静脉输注含盐溶液或高渗盐水，以纠正细胞外液低渗状态和补充血容量。

（2）输液速度：输注高渗盐水时应严格控制滴速，每小时不超过 100~150ml，随后再根据病情及血钠浓度调整治疗方案。

（3）补钠量：低渗性缺水补钠量可按下列公式计算：需补钠量（mmol）=［正常血钠值（mmol/L）－ 测得血钠值（mmol/L）］× 体重（kg）×0.6（女性为 0.5），17mmol Na^+ 相当于 1g 钠盐。总输入量应分次完成，一般先补充缺钠量的 1/2 以解除急性症状，然后再根据临床表现、血钠浓度、动脉血气分析等指标完成剩余量。如将计算的补钠总量全部快速输入，会造成血容量过多，对心功能不全者带来很大危险。此外，仍需补给每日氯化钠正常需要量 4.5g。

2. 病情观察 注意观察病人的生命体征、低渗性缺水程度、24 小时出入水量、治疗和护理效果、有无并发症等，如有异常，及时联系医师。

3. 其他 参见本节等渗性缺水的护理措施。

【健康教育】

1. 出现反复呕吐、腹泻等情况应尽早就诊，及时治疗。

2. 长期胃肠减压者应注意观察引流液的量、颜色和性状，判断吸出量是否过多而影响体液平衡。

3. 对于长期使用排钠利尿剂的病人，应定期监测相关生化指标。

三、高渗性缺水

高渗性缺水（hypertonic dehydration）又称原发性缺水，是水和钠同时丢失，但失水多于失钠，血清钠 >150mmol/L，细胞外液呈高渗状态。

【病因】

由水摄入不足或排出过多引起，常见的病因有：①水分摄入不足，如吞咽困难、禁食、危重病人控制入水量等；②水分丧失过多，如高热、大量出汗、大面积烧伤暴露疗法、糖尿病病人因血糖未控制所致的高渗性利尿等；③中枢性或肾性尿崩症、大量使用脱水剂、昏迷病人鼻饲浓缩的高蛋白饮食、任何原因引起的过度通气等均可引起高渗性缺水。

【病理生理】

由于失水多于失钠，细胞外液呈高渗状态，刺激视丘下部的口渴中枢，病人出现口渴感而主动饮水，增加体内水分和降低细胞外液渗透压。此外，细胞外液高渗状态刺激抗利尿激素分泌增加，使肾小管重吸收水分增加，尿量减少，以恢复细胞外液量和渗透压。若病因未能有效去除,循环血容量则显著减少,刺激醛固酮分泌,从而加强肾远曲小管对钠和水的重吸收,以恢复和维持血容量。严重缺水,可使细胞内液移向细胞外液,导致细胞内、外液量都有减少。最后由于脑细胞缺水而导致脑功能障碍。

【临床表现】

高渗性缺水一般分为 3 度,临床表现随缺水程度而异。

1. 轻度缺水　缺水量占体重的 2%~4%。除口渴外,无其他临床表现。

2. 中度缺水　缺水量占体重的 4%~6%。有极度口渴、乏力、烦躁、口舌干燥、皮肤弹性差、眼窝凹陷、尿少和尿比重高。

3. 重度缺水　缺水量超过体重的 6%。除上述症状外,还出现躁狂、幻觉、谵妄甚至昏迷等脑功能障碍的表现。

【辅助检查】

血清钠 >150mmol/L;红细胞计数、血红蛋白、血细胞比容轻度升高;尿比重增高。

【治疗原则】

1. 积极治疗原发疾病。

2. 鼓励病人饮水或静脉补液　轻度缺水者鼓励自行饮水;中、重度缺水者可静脉滴注 5% 葡萄糖溶液或 0.45% 氯化钠溶液,监测血清钠,待缺水基本纠正后再补充适量的等渗盐水。对于严重症状性高钠血症者,首先应快速纠正细胞外液容量缺乏以改善组织灌注、休克,然后再逐步纠正水缺乏,包括补充持续的水丢失。

【主要护理诊断 / 问题】

1. 体液不足　与高热、大汗等有关。

2. 有口腔黏膜受损的危险　与体液不足、口腔黏膜干燥有关。

3. 有受伤的危险　与意识障碍有关。

【护理措施】

1. 恢复正常的体液量　在配合医生积极处理原发病、去除病因的基础上,遵医嘱及时补液。补液量的估算方法有 2 种:①根据临床表现估计失水量占体重的百分比,按每丧失体重的 1%,补液量为 400~500ml 计算;②根据血清钠浓度计算,补水量(ml)=[血清钠测定值(mmol/L)− 血清钠正常值(mmol/L)]× 体重(kg)× 4。计算所需补液量不宜在当日全部输入,一般可 2 日内补完,且速度不宜过快,一般不超过 0.5~1.0mmol/(L·h),以避免快速扩容导致脑水肿。此外,还需补充每日正常需要量 2 000ml。高渗性缺水病人体内实际的总钠量是减少的,因此在补液过程中,应注意监测血清钠浓度的动态变化,必要时适量补钠。

2. 病情观察　密切观察病人生命体征、高渗性缺水的程度、24 小时出入水量、治疗和护理效果等,如有异常,及时联系医师。

3. 其他　参见本节等渗性缺水的护理措施。

【健康教育】

1. 对于禁食或不能进食的病人,必须提供每日生理需要量、已经损失量和继续损失量,维持病人的体液平衡。

2. 鼓励高热病人多饮水,每日摄水量不少于 3 000ml。

四、水中毒

水中毒(water intoxication)又称稀释性低钠血症,指机体水分摄入量超过排出量,致血清钠 <110mmol/L,细胞外液渗透压低于正常范围,水渗透到细胞内,使细胞肿胀而发生功能障碍,尤以脑细胞水肿最快,导致颅内压增高。

【病因】

常见病因有：①肾功能不全，不能有效排出多余水分；②休克、心肾功能不全等原因引起的抗利尿激素分泌过多；③摄入水分过多，如大汗后大量饮用纯水、巨结肠病人大量低渗液灌肠、静脉输入不含盐或含盐少的液体过多。

【病理生理】

由于体内水分潴留，细胞外液量骤增，血清钠浓度因被稀释而使细胞外液渗透压下降，细胞内液的渗透压高于细胞外液，细胞外液向细胞内液转移而使细胞水肿，细胞内、外液渗透压均降低。细胞外液量的增加抑制醛固酮分泌，肾远曲小管则对钠和水重吸收减少，钠随尿排出增多，使血清钠浓度和细胞外液渗透压进一步降低。

【临床表现】

按起病急缓，水中毒分为急性和慢性 2 类。

1. 急性水中毒　以脑细胞水肿最快，引起颅内压增高，产生神经、精神症状，如头痛、呕吐、呼吸减慢、心率减慢、视力模糊、嗜睡、躁动、定向力障碍、谵妄、惊厥甚至昏迷，重者出现脑疝，危及生命。

2. 慢性水中毒　在原发疾病的基础上逐渐出现体重增加、软弱无力、恶心、呕吐、嗜睡、唾液和泪液增多等现象，但体格检查无凹陷性水肿表现。

【辅助检查】

血清钠 <110mmol/L；血红细胞计数、血红蛋白、血细胞比容、血浆蛋白量及血浆渗透压均降低，平均红细胞容积增加；尿比重降低。

【治疗原则】

1. 积极治疗原发疾病。

2. 停止水分摄入或脱水治疗　轻者只需限制水摄入，重者要严禁水摄入。病情严重者可静脉滴注高渗盐水(5% 氯化钠溶液)，改善体液的低渗状态；使用渗透性利尿剂(20% 甘露醇、25% 山梨醇或呋塞米)促进水分排出，减轻脑水肿，必要时透析排水。

【主要护理诊断/问题】

1. 体液过多　与水分摄入过多、排出不足或脏器功能不全有关。

2. 有皮肤完整性受损的危险　与体液过多致皮肤水肿、长期卧床等有关。

3. 有受伤的危险　与意识障碍有关。

4. 潜在并发症：脑水肿、颅内压增高、脑疝等。

【护理措施】

1. 恢复正常的体液量

(1) 去除病因：配合医生积极处理原发疾病。

(2) 纠正体液过多

1) 控制水的摄入量：①停止增加体液量的各项治疗，如静脉大量输入低渗液、清水洗胃或灌肠等；②对于急性肾衰竭、心力衰竭病人应严格限制水的摄入，预防水中毒；对易引起抗利尿激素分泌过多的病人，如疼痛、失血、休克、创伤、大手术或急性肾功能不全者等，补液切忌过速、过量；③每日摄入水量应限制在 700~1 000ml。

2) 促进水排出：①遵医嘱使用渗透性利尿剂或静脉输注高渗盐水缓解细胞外液的低渗状态和减轻细胞肿胀，促进水分自肾脏排出；②对严重水中毒、肾衰竭病人，可采取透析疗法。

2. 病情观察　①治疗期间动态观察病人的生命体征及病情变化，密切监测尿量；②注意观察病人有无肺水肿或脑水肿的表现，及时评估其进展程度。

3. 一般护理 参见本节等渗性缺水的护理措施。

【健康教育】

1. 大量出汗或剧烈运动后需补充水分者,应以少量、多次为原则,最好饮用淡盐水或含盐饮料。

2. 日常生活中做到及时、科学地饮水。对于已存在心、肾功能不全的病人需注意限制饮水,以免加重心脏及肾脏负担。

第三节 钾和钙代谢紊乱病人的护理

一、钾代谢紊乱

钾是人体细胞内主要的阳离子,细胞内液钾的含量约占体内总钾量的98%。机体钾的来源为食物,正常成人对钾的日需要量为3~4g,多余的钾主要经肾脏排出体外。正常血清钾浓度为3.5~5.5mmol/L。钾参与和维持细胞代谢、细胞内渗透压、酸碱平衡、神经肌肉兴奋性和心肌的生理功能。任何能使钾摄入、排出或分布异常的因素,均可引起钾代谢紊乱。主要包括低钾血症和高钾血症,前者较为多见。

(一)低钾血症

血清钾浓度低于3.5mmol/L 称为低钾血症(hypokalemia)。

【病因】

常见病因有:①钾摄入不足。如长期不能进食或进食不足、因疾病或手术需要禁食、静脉输液未补钾或补钾不足。②钾丧失过多。如频繁呕吐、腹泻、持续胃肠减压、肠瘘等导致钾丧失;急性肾衰竭多尿期、醛固酮增多症、应用排钾利尿剂及肾小管性酸中毒等导致肾排钾过多。③体内钾分布异常。如大量输入葡萄糖溶液和胰岛素,代谢性碱中毒或呼吸性碱中毒者。此外,遗传性少见病如低钾性周期性麻痹发作时,也可造成血清钾浓度下降。

【临床表现】

1. 肌无力 最早表现为四肢软弱无力,随病情加重可有腱反射减弱或消失、软瘫;后累及躯干肌和呼吸肌,可发生吞咽困难、饮水呛咳、呼吸困难甚至窒息。

2. 消化道功能障碍 有厌食、恶心、呕吐和腹胀、肠蠕动减弱或消失等肠麻痹表现。

3. 心脏功能异常 主要为窦性心动过速、传导阻滞和节律异常,病人可出现心悸、心律不齐、血压下降等,严重者心脏收缩期停搏。

4. 中枢神经系统表现 可有神志淡漠、精神萎靡、嗜睡或意识不清等抑制表现。

5. 代谢性碱中毒 血清钾过低时,细胞内 K^+ 向细胞外转移,细胞内的 3 个 K^+ 与细胞外的 2 个 Na^+ 和 1 个 H^+ 进行交换,使细胞外液 H^+ 浓度降低;其次,为保存 K^+,远曲肾小管 K^+-Na^+ 交换减少,H^+-Na^+ 交换增加,排 H^+ 增多,出现反常性酸性尿,两方面的原因导致低钾性碱中毒。

【辅助检查】

1. 实验室检查 血清钾浓度 <3.5mmol/L,可伴有代谢性碱中毒和反常性酸性尿。

2. 心电图检查 可作为辅助性诊断手段,典型的心电图改变为早期出现 T 波降低、变平或倒置,随后出现 ST 段压低、QT 间期延长和 U 波。

【治疗原则】

1. 积极治疗原发疾病 寻找和去除引起低钾血症的原因。

2. 合理补钾 根据血清钾浓度、是否存在低钾的症状和体征以及是否有钾的持续性丢失进行补钾。病情许可,尽量选择口服补钾,不能口服(如昏迷或术后禁食者)或病情较重者,则考虑 10% 氯化钾溶液稀释后静脉滴注。

【护理评估】

1. 相关健康史 评估病人的一般情况、既往史、家族史,了解病人有无引起低钾血症的诱因和疾病。

2. 身体状况

(1) 症状与体征:根据低血钾常见的临床表现,评估病人有无神经、肌肉兴奋性降低和肌力改变,如肌无力、腱反射减弱或消失、四肢软瘫等;有无胃肠道功能异常如厌食、腹胀、便秘、肠蠕动减弱或消失等;有无心脏功能异常如心动过速、心律失常、血压下降等;有无中枢神经异常表现如神志淡漠、倦怠、嗜睡或意识不清等。

(2) 辅助检查:了解血清钾浓度和心电图改变,以判断疾病的严重程度。

3. 心理 - 社会状况 评估病人及家属对疾病及其伴随症状的认知程度和心理反应。

【主要护理诊断 / 问题】

1. 活动无耐力 与低血钾致肌无力有关。

2. 有受伤的危险 与肌无力、感觉或意识障碍等有关。

3. 潜在并发症:呼吸困难、窒息、心律失常等。

【护理措施】

1. 恢复正常血清钾浓度

(1) 去除病因:配合医生积极处理原发疾病,给予止吐、止泻等治疗,减少钾的继续丢失。

(2) 遵医嘱补钾:病情许可,尽量口服补钾,常用 10% 氯化钾溶液、氯化钾缓释片、枸橼酸钾溶液。同时鼓励病人多进食含钾丰富的食物,如肉类、牛奶、香蕉、新鲜蔬菜等;不能口服者则静脉补钾。

为防止补钾过量导致高钾血症,临床静脉补钾应遵循以下原则:①不宜过早:即尿畅补钾。每小时尿量 >40ml 或每日尿量 >500ml 时方可补钾,以免钾蓄积在体内而引起高钾血症。②不宜过浓:即浓度适宜。静脉滴注液含钾浓度一般不超过 0.3%。即 500ml 溶液中最多加入 10% 氯化钾不能超过 15ml。③不宜过快:成人静脉补钾的速度不宜超过 60 滴 /min,严禁直接静脉注射氯化钾溶液,以免血钾突然升高导致心搏骤停。④不宜过多:依据血清钾水平,成人每日补钾 40~80mmol,约补氯化钾 3~6g/d(每克氯化钾相当于 13.4mmol 钾计算),严重缺钾补氯化钾可达 6~8g/d。

2. 病情观察 ①观察原发疾病是否得到有效控制;②监测病人生命体征、精神状态、四肢肌力、胃肠道功能等临床症状是否改善;③严密监测血清钾浓度,了解血清钾浓度是否恢复正常,补钾有无矫枉过正的情况;④补钾时应注意观察静脉穿刺处有无肿胀、渗液,若病人主诉穿刺部位疼痛不适,应减慢滴速,有渗漏者应更换穿刺部位;若发生血栓性静脉炎,应及时停止滴注,局部热敷。快速或大量补钾时应行心电监护,以保证病人安全。

3. 减少受伤的危险 参见本节等渗性缺水的护理措施。

【健康教育】

1. 长时间禁食或进食不足者以及近期有呕吐、腹泻、胃肠道引流者,应注意定期监测血清钾浓度并及时补钾,以避免发生低钾血症。

2. 指导病人进食含钾丰富的食物,如瘦肉、豆类、乳制品、蛋类、菠菜、番茄、香蕉、橘子、柠檬、紫菜等。避免过饱、饮酒等诱发因素,禁饮咖啡、茶等有兴奋作用的饮品。

3. 出现大量出汗的情况,不要马上饮用过量白开水或糖水,可适量饮用果汁或淡盐水,防止血钾过低。

（二）高钾血症

血清钾浓度高于 5.5mmol/L 称为高钾血症（hyperkalemia）。

【病因】

常见病因有：①钾摄入过多：如静脉补钾浓度过高、速度过快或总量过多及大量输入库存血等；②钾排出减少：如急、慢性肾衰竭少尿期、长期应用保钾利尿药（如螺内酯、氨苯蝶啶）、醛固酮分泌不足等；③体内钾分布异常：如严重挤压伤、大面积烧伤、严重感染、重度溶血及代谢性酸中毒时，可使细胞内钾转移至细胞外液，引起血清钾浓度增高。

【临床表现】

1. 神经、肌肉应激性改变　病人由兴奋转为抑制状态，表现为神志淡漠、肌肉轻度震颤、手足感觉异常、肢体软弱无力、腱反射减弱或消失，甚至出现延缓性麻痹；消化道可有腹胀、腹泻等症状。

2. 心血管系统表现　表现为窦性心动过缓、房室传导阻滞或快速性心律失常，甚至发生心室颤动或舒张期心搏骤停；因高钾刺激，使微循环收缩，可出现皮肤苍白、湿冷、发绀、低血压等表现。

3. 代谢性酸中毒　血清钾过高时，细胞外 K^+ 向细胞内转移，细胞外的 3 个 K^+ 与细胞内的 2 个 Na^+ 和 1 个 H^+ 进行交换，使细胞外液 H^+ 浓度增高；其次，为保存 Na^+，肾远曲肾小管 K^+-Na^+ 交换增高，H^+-Na^+ 交换减少，排 K^+ 增多，出现反常性碱性尿，两方面的原因导致高钾性酸中毒。

【辅助检查】

1. 实验室检查　血清钾浓度 >5.5mmol/L，可伴有代谢性酸中毒和反常性碱性尿。

2. 心电图检查　当血清钾浓度 >7mmol/L 时，均有 T 波高而尖、QT 间期延长、QRS 间期增宽和 PR 间期延长等典型心电图改变。

【治疗原则】

因高钾血症有导致心搏骤停的危险，故一经诊断应立即处理。

1. 积极治疗原发疾病　寻找和去除导致高血钾的根本原因。

2. 禁止钾摄入　禁止一切含钾的药物、食物等进入体内。

3. 使用拮抗剂　高钾血症有导致心搏骤停的危险，钙与钾有拮抗作用，故可用 10% 葡萄糖酸钙 20ml 加等量 25% 葡萄糖溶液缓慢静推，缓解钾对心肌的毒性作用，对抗心律失常。

4. 促钾转移　①碱化细胞外液：静脉给予 5% 碳酸氢钠溶液 100~200ml，促使钾转入细胞内；②促进糖原合成：用 10% 葡萄糖溶液 500ml+10U 胰岛素（每 5g 糖加胰岛素 1U）静脉滴注，必要时每 3~4 小时重复给予。

5. 促钾排泄　通过纠正酸中毒、导泻、灌肠及透析等疗法来促机体排钾。①可给予碳酸氢钠纠正酸中毒及使用排钾利尿剂，如呋塞米、依他尼酸和噻嗪类利尿药等，促进肾脏排钾；②可口服阳离子交换树脂或保留灌肠，促进肠道排钾；③血钾 >7mmol/L，必要时可通过腹膜或血液透析迅速排钾，并注意观察尿量、排便次数及体重变化。

【主要护理诊断/问题】

1. 活动无耐力　与高血钾致手足感觉异常、肌肉无力、软瘫等有关。

2. 有受伤的危险　与肌无力、感觉或意识障碍等有关。

3. 潜在并发症：心律失常、心搏骤停等。

【护理措施】

1. 恢复正常血清钾浓度　指导病人停用一切含钾的药物，避免进食含钾丰富的食物。

在配合医生积极治疗原发疾病的基础上,遵医嘱及时用药降低血清钾浓度,并做好相应护理。①使用钙剂时,注射速度宜缓慢并观察病人反应,防止出现心率增快及胸部发热等症状,且因钙的拮抗作用持续时间短(<1h),钙剂需重复给药,应注意用药间隔时间。②使用碳酸氢钠溶液时,滴速不宜过快,定期监测动脉血 pH 值、血碳酸氢盐离子总值、肾功能等,并观察有无不良反应。另外与排钾利尿药同时使用时,应注意有无低氯性碱中毒的发生。③使用葡萄糖＋胰岛素治疗高钾血症时,应密切监测血糖的变化。

2. 病情观察 ①观察原发疾病是否得到有效控制;②严密监测病人的生命体征、血清钾及心电图改变,了解血清钾浓度是否恢复正常,观察病人四肢肌力、意识状况等临床症状是否改善。③严密观察有无并发症的发生,一旦发生心律失常应立即通知医师,积极协助治疗。如发生心搏骤停,立即实施心肺复苏。

3. 减少受伤的危险 参见本节等渗性缺水的护理措施。

【健康教育】

1. 病人住院期间因病情需要输血者,尽量采用新鲜血液,少用库存血,以防发生高钾血症。

2. 告知肾功能减退和长期使用保钾利尿剂如螺内酯(安体舒通)、氨苯蝶啶等病人,应限制药物如枸橼酸钾、氯化钾等的使用和含钾食物的摄入,并定期复诊,监测血钾浓度,以防高钾血症。

3. 尽量选择含钾低的食物,如南瓜、冬瓜、葫芦等蔬菜,苹果、梨、菠萝、西瓜、葡萄等水果。另外,钾可溶于水,可通过焯水的方式,降低蔬菜、水果中钾的含量。

二、钙代谢紊乱

人体内约 99% 的钙以骨盐形式存在于骨骼和牙齿中,其余以溶解状态存在于体液和各种软组织中,细胞外液钙仅占总钙量的 0.1%。血清钙是指血清中所含的总钙量,成人正常浓度为 2.25~2.75mmol/L,主要以 3 种形式存在:①游离钙:也称离子钙,占 50%,具有维持神经肌肉稳定性的作用;②蛋白结合钙:占 40%;③可扩散结合钙:占 10%。钙代谢紊乱包括低钙血症和高钙血症 2 种,以低钙血症多见。

(一) 低钙血症

血清钙浓度 <2.25mmol/L 时称为低钙血症(hypocalcemia)。

【病因】

常见原因有:①维生素 D 缺乏:食物中维生素 D 摄入不足或光照不足;或由梗阻性黄疸、慢性腹泻、脂肪泻、肝硬化等疾病引起的维生素 D 吸收或羟化障碍等;②甲状旁腺功能减退或甲状腺手术误伤甲状旁腺、急性胰腺炎、坏死性筋膜炎、降钙素分泌亢进、血清白蛋白水平下降、高磷酸血症、肾衰竭、消化道瘘等均引起低钙血症。

【临床表现】

病人神经、肌肉兴奋性增强,表现为口周及指(趾)尖麻木及针刺感、肌肉抽动、手足抽搐、腱反射亢进及 Chvostek 征阳性,严重时可导致喉头与气管痉挛、癫痫发作甚至呼吸暂停。精神症状表现为烦躁不安、抑郁及认知能力减退。

【辅助检查】

血清钙浓度低于 2.25mmol/L 有诊断价值,部分病人可伴血清甲状旁腺素水平低于正常。

【治疗原则】

1. 积极治疗原发疾病。

2. 补充钙剂 可经静脉或口服补钙,治疗目标是维持血清钙浓度于正常值低限。

（1）静脉补钙：一般用 10% 葡萄糖酸钙 10~20ml 稀释后缓慢静脉注射，必要时 8~12 小时后重复使用。

（2）口服补钙：慢性低钙血症首先治疗原发疾病，通常推荐联合口服钙剂和维生素 D，临床应用较多的是骨化三醇加碳酸钙。

【主要护理诊断 / 问题】

1. 有受伤的危险　与低钙血症所致的肌肉抽动、手足抽搐有关。

2. 有窒息的危险　与喉头或气管痉挛等有关。

【护理措施】

1. 恢复正常血清钙浓度　在积极治疗原发疾病的基础上，遵医嘱静脉或口服补钙。静脉注射钙剂时速度宜慢，防止局部渗漏，注意有无心律失常出现。需长期口服补钙者指导其按医嘱正确用药。

2. 病情观察　动态监测血清钙浓度的变化，及时发现异常，通知医生。严重低钙血症者可累及呼吸肌，需加强呼吸频率及节律的监测，警惕窒息的出现，同时做好气管插管或气管切开的准备。

【健康教育】

指导病人增加户外活动，延长晒太阳时间，多吃含钙丰富的食物，如牛奶、鸡蛋、海产品等。

（二）高钙血症

血清钙浓度 >2.75mmol/L 时称为高钙血症（hypercalcemia）。

【病因】

常见原因包括：①甲状旁腺功能亢进症：以甲状旁腺腺瘤或增生较为常见；②恶性肿瘤或恶性肿瘤骨转移：如白血病、多发性骨髓瘤等；③其他原因：如维生素 D 中毒、甲状腺功能亢进、肾上腺皮质功能不全等。

【临床表现】

轻度高钙血症临床症状无特异性。随着血钙浓度进一步增高尤其是合并甲状旁腺功能亢进病人，可出现疲乏无力、精神不集中、失眠、抑郁、腱反射迟钝、肌力下降等，严重者可出现神志不清甚至昏迷。恶心、呕吐、便秘在高钙血症病人中十分常见，少数病人合并溃疡病及胰腺炎。当血清钙 >4.5mmol/L 时可发生高钙血症危象，表现为严重脱水、高热、心律失常、意识模糊等，病人易死于心搏骤停、肾衰竭等。

【辅助检查】

血清蛋白浓度正常时，血清钙高于 2.75mmo/L；常出现血清甲状旁腺素水平明显升高；部分病人尿钙增加；心电图表现为 Q-T 间期缩短。

【治疗原则】

1. 积极治疗原发疾病　甲状旁腺功能亢进者手术切除腺瘤或增生的腺组织可彻底治愈。

2. 降低血清钙浓度　常用的降低血钙方法有：①增加尿钙排出：高钙血症常有低血容量，补充血容量可增加尿钙排出；袢利尿剂可抑制钙重吸收而增加尿钙排泄；②抑制骨吸收：降钙素可抑制骨吸收，增加尿钙排泄；唑来膦酸盐是目前治疗恶性肿瘤骨转移的标准治疗；③减少肠道钙吸收：糖皮质激素通过抑制维生素 D 减少肠道对钙的吸收，增加肾脏排出钙；口服磷制剂可以降低肠道对钙的吸收；④透析治疗：对肾功能不全或心功能不全病人可采用透析治疗有效降低血钙浓度。

【主要护理诊断 / 问题】

1. 活动无耐力　与高钙血症所致的疲乏无力、肌力下降有关。

2. 潜在并发症：高钙血症危象。

【护理措施】

1. 恢复正常血清钙浓度　立即停用一切含钙的药物及食物，限制钙的摄入。在积极配合医生治疗原发疾病的基础上，遵医嘱用药促进钙的排出或降低肠道对钙的吸收，并做好相应护理。使用降钙素时注意观察病人有无恶心、呕吐、头晕及面部潮红等不良反应；使用糖皮质激素时要注意观察呼吸变化，长期服药者要注意有无消化道出血、骨质疏松、股骨头坏死等并发症。

2. 病情观察　了解血清钙浓度的动态变化，发现异常，及时通知医生；遵医嘱补液及用药，注意观察药物疗效及有无不良反应。

【健康教育】

1. 指导病人避免进食含钙丰富的食物，如乳制品、豆制品及动物内脏等。

2. 多饮水，多食粗纤维食物以利于排便。

知识链接

镁和磷代谢紊乱

	镁代谢紊乱		磷代谢紊乱	
	低镁血症	高镁血症	低磷血症	高磷血症
病因	摄入不足，经胃肠道丢失过多，经肾排出过多，肾小管重吸收减少	肾衰竭导致排出减少，镁排出障碍，补镁过多过快，分解代谢亢进疾病使镁移至细胞外	磷摄入不足或吸收减少，尿磷排泄增加，应用大量葡萄糖、胰岛素使磷向细胞内转移	服用过量维生素 D，尿磷排泄减少，酸中毒等使磷向细胞外转移，甲亢促进溶骨发生时
临床表现	与低钙血症相似，表现为手足抽搐、眼球震颤、腱反射亢进及 Chvostek 征阳性，严重者表现为癫痫大发作	可抑制内脏平滑肌功能和神经肌肉兴奋性传递，表现为嗳气、呕吐、便秘，乏力、腱反射减弱、血压下降，严重者昏迷、心搏骤停	轻者缺乏特异性；稍重者表现为头晕、厌食、肌无力，甚至呼吸肌无力而呼吸困难，神志障碍，昏迷	不典型，常为低钙血症表现；急性高磷血症者可引起肾衰竭
辅助检查	血清镁 <0.75mmol/L，常伴血清钾和钙降低	血清镁 >1.25mmol/L，常伴血清钾升高	血清磷 <0.8mmol/L，常伴血清钙升高	血清磷 >1.6mmol/L，常伴血清钙降低
治疗原则	轻者口服镁剂；重者肌内注射或静脉输注硫酸镁	停用镁剂；缓慢注射葡萄糖酸钙或氯化钙；使用利尿剂；必要时行透析治疗	轻者口服补磷；重者静脉补充磷酸盐	无症状者无需特殊治疗；明显高磷血症者使用磷结合剂如氢氧化铝、透析治疗
护理	监测血清镁浓度；口服高剂量镁剂时注意有无腹泻；肌注镁剂时应深部注射；静脉输注时避免过量、过速，防镁中毒和心搏骤停	遵医嘱停用镁剂、补钙、利尿及透析治疗等；定期监测血清镁浓度，发现异常，及时处理	监测血清磷浓度；观察药物疗效及有无抽搐、低血压、腹泻等反应；鼓励病人多摄入含磷丰富食物	监测血清磷浓度；告知病人磷结合剂不宜空腹服；观察药物疗效和反应；低钙血症及时补钙

第四节　酸碱平衡失调病人的护理

机体在病理状态下,自身产生的或由外部摄入的酸或碱过量,超出了机体自身的代偿能力,或机体对酸碱的调节作用出现紊乱,均可引起酸碱平衡失调。反映机体酸碱平衡的基本要素是血 pH、HCO_3^- 及 $PaCO_2$。其中,pH 反映体液酸碱度;HCO_3^- 反映代谢性因素,凡因代谢因素使体内血 HCO_3^- 浓度原发性减少或增加,称为代谢性酸中毒或代谢性碱中毒;$PaCO_2$ 反映呼吸性因素,凡因肺的呼吸改变造成 CO_2 排出不足或排出过多,以致血 $PaCO_2$ 增加或减少,则称为呼吸性酸中毒或呼吸性碱中毒。在疾病发展过程中,常因多器官受累易发生两种或两种以上的酸碱平衡失调,即混合性酸碱平衡失调。

一、代谢性酸中毒

代谢性酸中毒(metabolic acidosis)是指细胞外液 H^+ 增加和 / 或 HCO_3^- 丢失引起的 pH 下降,以血浆原发性 HCO_3^- 减少为特征,是临床上酸碱平衡失调最常见的类型。

【病因】

1. 代谢产酸过多　代谢性酸中毒的主要原因。任何原因引起的缺氧和组织低灌注时,无氧酵解增强产生大量乳酸,如高热、严重感染、严重创伤、休克等;糖尿病、严重饥饿或酒精中毒时,因脂肪分解代谢加速,形成过多的酮体而引起酮症酸中毒。

2. 碱性物质丢失过多　见于腹泻、胆瘘、肠瘘、胰瘘、肠梗阻等导致大量碱性消化液丧失,造成 HCO_3^- 排出过多。

3. 酸性物质摄入过多　如过多进食酸性食物或输入酸性药物等。

4. 肾排酸减少　肾衰竭少尿期、醛固酮缺乏或应用肾毒性药物(如碳酸酐酶抑制剂)等使 H^+ 排出或 HCO_3^- 重吸收减少。

5. 高钾血症　各种原因引起细胞外液 K^+ 增高,K^+ 与细胞内 H^+ 交换,引起细胞外 H^+ 增加,导致代谢性酸中毒。

【病理生理】

代谢性酸中毒时细胞外液增多的 H^+ 可迅速被体内 HCO_3^- 所缓冲,使 HCO_3^- 不断被消耗,反应过程中产生的 CO_2 由肺排出。此外,血 H^+ 浓度的增高可刺激颈动脉体和主动脉体化学感受器,反射性地引起呼吸中枢兴奋,表现为呼吸加深加快,使 CO_2 的排出增多,而降低血 $PaCO_2$,并使 HCO_3^-/H_2CO_3 的比值接近正常(20∶1)。与此同时,肾小管上皮细胞中的碳酸酐酶和谷氨酰胺酶活性增加,促进 H^+ 和 NH_3 的生成,两者形成 NH_4^+ 后随尿排出,致 H^+ 排出增多,HCO_3^- 回吸收增多,以保持血 pH 在正常范围。

【临床表现】

轻度代谢性酸中毒无明显症状,多被原发疾病掩盖,重者症状明显。

1. 呼吸代偿表现　最明显的表现为代偿性呼吸加深加快,呼吸频率可高达 40~50 次 /min,典型者称为 Kussmaul 呼吸。酮症酸中毒者呼出气体带有酮味。

2. 心血管系统表现　可出现面色潮红、心率加快、血压偏低及伴有缺水的症状。代谢性酸中毒可降低心肌收缩力和周围血管对儿茶酚胺的敏感性,又易发生心律失常、急性肾功能不全和休克,一旦产生很难纠正。

3. 胃肠道症状　病人常有轻微腹痛、腹泻、恶心、呕吐、胃纳下降等症状。

4. 中枢神经系统表现　重者可有疲乏、眩晕、嗜睡、感觉迟钝或烦躁不安,严重者可出现意识模糊或昏迷,伴对称性肌张力降低、腱反射减弱或消失。

【辅助检查】

主要监测动脉血气分析和血清电解质浓度。

1. 动脉血气分析　代谢性酸中毒代偿期,血 pH 可在正常范围内,但 HCO_3^-、剩余碱(BE)和 $PaCO_2$ 均有一定程度下降;失代偿期时血 pH<7.35,血 HCO_3^- 浓度明显下降,因呼吸代偿,$PaCO_2$ 正常或略下降。

2. 血清电解质浓度　血清 K^+ 浓度常升高。

【治疗原则】

1. 积极治疗原发疾病　如乳酸性酸中毒应首先纠正循环障碍、改善组织灌注、控制感染;糖尿病酮症酸中毒应及时输液、应用胰岛素、纠正电解质紊乱。

2. 对症治疗

(1) 轻症者:当血浆 HCO_3^- 浓度为 16~18mmol/L 时,经积极去除病因和补液后常可自行纠正,无需应用碱性药物。

(2) 重症者:当血浆 HCO_3^- 浓度 <10mmol/L 时,应立即输液和用碱剂治疗。首选 5% $NaHCO_3$ 溶液,一般成人给予 150~250ml,用药后 2~4 小时复查动脉血气分析和血清电解质浓度,根据其结果,指导后续治疗。

(3) 适当补钙、补钾:在纠正酸中毒时,易出现低钙血症和低钾血症,故应适当补钙、补钾。

【护理评估】

1. 相关健康史　了解病人有无引起代谢性酸中毒的诱因和疾病。

2. 身体状况

(1) 症状与体征:①呼吸:有无呼吸深而快,呼出气体是否有酮味;②循环系统症状:是否出现心率增快、血压偏低、心律紊乱等表现;③胃肠道症状:有无腹痛、腹泻、恶心、呕吐、胃纳下降等;④神经系统症状:有无疲乏、眩晕、嗜睡、感觉迟钝或烦躁不安,甚至意识模糊或昏迷,伴有对称性肌张力降低,腱反射减弱或消失等。

(2) 辅助检查:了解代谢性酸中毒的动脉血气分析结果和血清电解质水平等。

3. 心理 - 社会状况　了解病人及家属对疾病的认知程度、承受能力及心理反应。

【主要护理诊断 / 问题】

1. 低效性呼吸型态　与代谢性酸中毒所致的呼吸频率异常有关。

2. 焦虑 / 恐惧　与躯体不适、担心治疗效果及预后等有关。

3. 有受伤的危险　与意识障碍、低血压等有关。

4. 潜在并发症:休克、高钾血症等。

【护理措施】

1. 去除病因　配合医生积极治疗原发病,消除导致代谢性酸中毒的根本原因。

2. 用药护理　遵循逐步纠正酸中毒的原则。①补充碱剂:输入 5% 碳酸氢钠溶液时不宜过快、过多,首次用量需在 2~4 小时内输入,以免导致高钠血症和血浆渗透压升高。周围静脉输入时应避免药液渗漏引起局部软组织坏死,若局部有疼痛、肿胀应立即更换注射部位,并行 50% $MgSO_4$ 溶液热湿敷。②补钙和补钾:酸中毒纠正时容易导致低钙血症和低钾血症,故应适当补钙、补钾。

3. 病情观察　定期监测病人生命体征、意识状况、动脉血气分析、血清电解质的变化,每 4~6 小时监测一次,以便调整治疗方案。注意观察病人呼吸频率、深度及呼吸困难有无改善。同时注意有无高钾血症等症状出现,一旦发生,应及时对症处理。

4. 一般护理　维持适当体位及有效呼吸型态。对低血压、定向力差及意识障碍者,应做好安全防护,如使用床栏、约束带等,减少受伤的危险。注意补充水分,促进尿液的排出,纠正酸中毒。

5. 心理护理　加强与病人及亲属的交流与沟通,提供积极的心理支持,减轻紧张、焦虑、恐惧等心理反应,增强对治疗与护理的依从性,促进康复。

【健康教育】

1. 出现高热、腹泻等原发疾病或诱因时,应积极就诊,及时治疗。

2. 指导病人减少酸性食物的摄入,如蛋黄、乳酪、甜点、金枪鱼等。

二、代谢性碱中毒

代谢性碱中毒(metabolic alkalosis)是指细胞外液碱增多和 / 或 H^+ 丢失引起 pH 升高,以血浆原发性 HCO_3^- 增多为特征。

【病因】

1. 酸性物质丢失过多　如幽门梗阻或高位肠梗阻引起的严重呕吐、长期胃肠减压等致使 H^+、Cl^- 大量丢失,从而使肠液和胰腺中的 HCO_3^- 得不到 H^+ 中和而被重吸收入血,使血 HCO_3^- 增高,是外科病人发生代谢性碱中毒最常见的原因。

2. 碱性物质摄入过多　如过多进食碱性食物、长期服用碱性药物,或大量输注库存血后,其中所含抗凝剂可生成 HCO_3^-。

3. 低钾血症　低钾血症可使细胞内 K^+ 与细胞外 H^+ 进行交换,使细胞外 H^+ 减少;同时肾小管细胞内缺钾,K^+-Na^+ 交换减少,H^+-Na^+ 交换增加,H^+ 排出增多,病人出现反常性酸性尿,两方面均可引起低钾性碱中毒。

4. 利尿剂的作用　应用髓袢利尿剂(如呋塞米)或噻嗪类利尿剂可使肾小管重吸收 Na^+、Cl^- 减少,而使 HCO_3^- 重吸收增加,引起低氯性碱中毒。

【病理生理】

代谢性碱中毒时,血 H^+ 浓度下降使呼吸中枢受抑制,呼吸变浅变慢以减少 CO_2 排出,血浆 $PaCO_2$ 升高,使 HCO_3^-/H_2CO_3 的比值接近 20:1 以降低血 pH。同时肾小管上皮细胞中的碳酸酐酶和谷氨酰胺酶活性降低,使 H^+ 和 NH_3 分泌均减少,HCO_3^- 重吸收亦减少,从而使血 HCO_3^- 浓度降低。此外,代谢性碱中毒时细胞内液中的 H^+ 逸出增强,K^+ 进入细胞内,从而出现细胞外液 K^+ 浓度降低,故碱中毒时常伴有低钾血症。

【临床表现】

1. 呼吸改变　轻度代谢性碱中毒无明显症状,往往被原发病所掩盖。重者可有呼吸变浅变慢,换气量减少。

2. 中枢神经系统表现　表现为烦躁不安、精神错乱或谵妄,严重者可因脑代谢障碍而发生昏迷。

3. 心血管系统表现　可引起各种心律失常、心脏传导阻滞、血压下降甚至心搏骤停。

4. 其他表现　可伴有缺水和低钾血症的表现。

【辅助检查】

1. 动脉血气分析　代偿期血 pH 基本正常,HCO_3^- 和 BE 均有一定程度的增高;失代偿期血 pH>7.45,HCO_3^- 浓度明显增高,$PaCO_2$ 正常或略升。

2. 血清电解质　血 K^+、Cl^- 浓度降低。

【治疗原则】

1. 积极治疗原发疾病　对丧失胃液所致的代谢性碱中毒,可输注等渗盐水或葡萄糖盐水。既恢复了细胞外液的量又补充 Cl^-，使轻症低氯性碱中毒得到有效纠正。

2. 应用酸性药物　当血浆 HCO_3^- 浓度为 45~50mmol/L，pH>7.65 时，可应用 0.1~0.2mol/L 稀盐酸溶液（1mol/L 盐酸 100ml 溶入 0.9% NaCl 或 5% 葡萄糖溶液 1 000ml 中）迅速中和细胞外液中过多的 HCO_3^-，并每 4~6 小时复查动脉血气分析和血清电解质浓度，根据检查结果调节输注速度，以逐步纠正碱中毒。

3. 补钾　代谢性碱中毒者多伴有低钾血症，当尿量 >40ml/h 时，应给予氯化钾。

【主要护理诊断 / 问题】

1. 低效性呼吸型态　与代谢性碱中毒时呼吸中枢受抑制有关。

2. 有受伤的危险　与意识障碍、低血压等有关。

3. 潜在并发症：低钾血症、心律失常等。

【护理措施】

1. 去除病因　配合医生积极治疗原发病，消除导致代谢性碱中毒的根本原因。

2. 用药护理　稀释的盐酸溶液需经中心静脉导管缓慢滴入，速度控制在 25~50ml/h，严禁经周围静脉输入，以防酸性溶液渗漏致皮下组织坏死。

3. 病情观察　加强监测病人的生命体征、意识状态、动脉血气分析和血清电解质等。及时发现低钾血症、低钙血症等并发症，遵医嘱正确补钾或补钙。

【健康教育】

1. 严重呕吐者应尽早就诊，及时治疗。

2. 对于长期口服利尿剂或碱性药物的病人，应定期门诊随访，以防发生代谢性碱中毒。

三、呼吸性酸中毒

呼吸性酸中毒（respiratory acidosis）是指因肺泡通气及换气功能减弱，导致体内 CO_2 排出障碍或吸入过多，引起 pH 下降，以血浆 H_2CO_3 浓度原发性升高为特征。

【病因】

1. 肺通气障碍　如全身麻醉过深、镇静剂过量、中枢神经系统损伤、呼吸机辅助通气不足、喉或支气管痉挛、急性肺水肿、慢性阻塞性肺部疾病、严重气胸、胸腔积液、心搏骤停等因素，可引起急性或暂时性呼吸性酸中毒。

2. 肺换气障碍　如肺组织广泛纤维化、肺不张、肺炎及心源性肺水肿等因素，使肺换气量减少，更易产生呼吸性酸中毒。

3. 其他　环境中 CO_2 浓度过高，吸入 CO_2 过多。

【病理生理】

呼吸性酸中毒时，人体主要通过血液缓冲系统、肾及细胞内外离子交换进行调节。①血液缓冲系统的代偿调节：血液中 H_2CO_3 与 Na_2HPO_4 结合，形成 $NaHCO_3$ 和 NaH_2PO_4，后者从尿中排出，使 H_2CO_3 减少，HCO_3^- 增多，但此代偿能力较弱；②肾的代偿调节：肾小管细胞中的碳酸酐酶和谷氨酰胺酶活性增高，使 H^+ 和 NH_3 生成增加，H^+ 与 Na^+ 交换，与 NH_3 形成 NH_4^+，使 H^+ 排出增加，$NaHCO_3$ 重吸收增加，此代偿过程较慢；③细胞的代偿调节：是急性呼吸性酸中毒时的主要代偿方式，多伴高钾血症。三种代偿性调节机制，使血 HCO_3^-/H_2CO_3 的比值接近 20：1，保持 pH 在正常范围。

【临床表现】

1. 呼吸系统表现　主要有胸闷、气促、发绀和呼吸困难等。

2. 中枢神经系统表现　可出现视野模糊、躁动不安，进一步发展可出现震颤、神志不清、谵妄和昏迷等；因 CO_2 潴留及脑缺氧致脑水肿、颅内压增高，病人常有持续性头痛，甚至出现脑疝的表现。

3. 心血管系统表现　因 pH 下降及高 CO_2 血症可引起外周血管扩张,出现心律失常、血压下降等症状。

【辅助检查】

动脉血气分析结果显示血 pH 降低,$PaCO_2$ 增高,血 HCO_3^- 浓度可正常或代偿性增高。

【治疗原则】

改善通气功能,解除呼吸道梗阻;呼吸中枢抑制者使用呼吸兴奋剂;必要时行气管插管或气管切开术,并使用呼吸机辅助呼吸;同时积极治疗原发疾病,可针对性采取控制感染、扩张小支气管、促进排痰等措施,以减轻酸中毒程度。重症者可适当给予氨基缓冲碱类药物,如氨丁三醇。

【主要护理诊断/问题】

1. 低效性呼吸型态　与呼吸性酸中毒时肺泡的通气或换气功能障碍有关。

2. 有受伤的危险　与意识障碍、低血压等有关。

【护理措施】

1. 改善肺通气　①解除呼吸道梗阻,促进排痰;②协助医生行气管插管或气管切开,并做好相应护理;③呼吸机辅助通气者,正确调节好呼吸机模式及参数,严格执行呼吸机使用的护理常规;④给予低流量持续吸氧,避免氧浓度过高减弱呼吸中枢对缺氧的敏感性,而导致呼吸抑制。

2. 用药护理　重症者使用氨丁三醇时,输入速度宜慢,剂量不可过大,以免抑制呼吸及加重肾脏负担。

3. 病情观察　持续监测呼吸频率、深度和呼吸困难程度,定期监测病人生命体征、意识状态、动脉血气分析和血清电解质等,发现异常,及时通知医生。

【健康教育】

1. 指导慢性呼吸系统疾病病人进行呼吸功能锻炼。

2. 冬季炉火取暖时,注意开窗通风,降低环境中 CO_2 的浓度。

四、呼吸性碱中毒

呼吸性碱中毒(respiratory alkalosis)是指肺泡通气过度引起的 $PaCO_2$ 降低、pH 升高,以血浆 H_2CO_3 浓度原发性减少为特征。

【病因】

常见原因有癔症、高热、中枢神经系统疾病、创伤、疼痛、感染、低氧血症,以及呼吸机辅助通气过度等。

【病理生理】

血 $PaCO_2$ 降低可抑制呼吸中枢,使呼吸变浅变慢,CO_2 排出减少,血中 H_2CO_3 呈代偿性增高。此代偿过程时间较长,可致组织缺氧。肾的代偿调节主要表现为肾小管上皮细胞排泌 H^+ 和生成 NH_3 均减少,使 H^+-Na^+ 交换、NH_4^+ 的生成和 $NaHCO_3$ 的重吸收均减少。随着血 HCO_3^- 的代偿性降低,血 HCO_3^-/H_2CO_3 的比值及血 pH 接近于正常。

【临床表现】

大多数病人可有呼吸急促、心率加快的表现。呼吸性碱中毒可促进神经肌肉兴奋性增高,表现为手、足及口周麻木和针刺感,肌震颤、手足抽搐等。此外,因呼吸性碱中毒对脑功能的损伤作用以及低碳酸血症导致的脑血流减少,病人还可出现反应迟钝、晕厥、嗜睡、表情淡漠或意识障碍。危重病人发生急性呼吸性碱中毒常提示预后不良,或将发生急性呼吸窘迫综合征。

【辅助检查】

动脉血气分析结果显示血 pH 增高，$PaCO_2$ 和血 HCO_3^- 浓度下降。

【治疗原则】

1. 治疗原发疾病　积极处理原发疾病，及时去除诱因，是治疗呼吸性碱中毒的首要措施，如调节呼吸机参数，防止过度通气。癔症病人适当给予镇静药物以减少通气量。

2. 对症治疗　急性呼吸性碱中毒病人可用纸袋罩住口鼻，增加呼吸道死腔，以减少 CO_2 的呼出；或吸入含 5% CO_2 的混合气体；手足抽搐者，给予 10% 葡萄糖酸钙缓慢静脉推注。

【主要护理诊断/问题】

1. 低效性呼吸型态　与呼吸急促、呼吸机使用不当等有关。

2. 有受伤的危险　与脑功能损伤、脑血流减少等有关。

【护理措施】

1. 维持正常的气体交换　①指导病人屏气及正确使用纸袋呼吸的方法；②因呼吸机使用不当所造成的通气过度，应调整呼吸频率及潮气量；③危重病人或中枢神经系统病变所致的呼吸急促，可用药物阻断其自主呼吸，由呼吸机进行适当的辅助呼吸。

2. 病情观察　观察呼吸性碱中毒引起的各症状、体征及实验室检测结果有无改善，定时监测病人生命体征，及时发现低钙血症等并发症，遵医嘱补钙。

3. 一般护理及心理护理　参见本节代谢性酸中毒的护理措施。

【健康教育】

1. 提供心理支持，帮助癔症病人调整情绪，配合治疗。

2. 当出现呼吸性碱中毒相关症状时，指导病人正确屏气及正确使用纸袋呼吸的方法。

知识链接

混合性酸碱平衡失调

临床上有些病人不是单一的原发性酸碱失衡，而是存在两种以上混合性酸碱失衡。常见的双重性酸碱失衡类型有：①呼吸性酸中毒合并代谢性酸中毒；②呼吸性酸中毒合并代谢性碱中毒；③呼吸性碱中毒合并代谢性酸中毒；④呼吸性碱中毒合并代谢性碱中毒；⑤高阴离子间隙的代谢性酸中毒合并代谢性碱中毒。常见的三重性酸碱失衡类型有：①呼吸性酸中毒合并高阴离子间隙的代谢性酸中毒+代谢性碱中毒；②呼吸性碱中毒合并高阴离子间隙的代谢性酸中毒+代谢性碱中毒。混合性酸碱失衡的原因比较复杂，必须在充分了解病人原发病情基础上，结合实验室检查进行综合分析以做出正确的判断，制定相应的治疗及护理措施。

（胡少华）

复习思考题

1. 简述高钾血症的治疗原则。

2. 简述代谢性酸中毒的临床表现。

3. 简述对缺水病人实施液体疗法的护理措施。

第三章

外科休克病人的护理

学习目标

1. 简述休克的分类,复述休克的辅助检查和治疗原则。
2. 理解并比较休克各期的病理生理和临床表现。
3. 运用护理程序对休克病人实施整体护理。

第一节 概　　述

休克(shock)是机体受到各种强烈的致病因子侵袭,引起有效循环血容量锐减、组织灌注不足、细胞代谢紊乱、组织器官功能受损的病理生理改变综合征。

组织氧气供给不足和需求增加是休克的本质,产生炎症介质是休克的特征,故及时恢复对组织细胞的供氧,促进其有效的利用,重建氧的供需平衡和保持正常细胞的功能是治疗休克的关键环节。

【病因与分类】

引起休克的原因有很多,常见的有大出血、大量的体液丢失、严重创伤、严重感染、急性心力衰竭等。通常按照休克发生的原因进行分类,包括低血容量性休克(hypovolemic shock)、感染性休克(infectious shock)、心源性休克(cardiogenic shock)、神经源性休克(neurogenic shock)、过敏性休克(anaphylactic shock)等。其中低血容量性休克和感染性休克在外科临床上最常见。低血容量性休克又可分为失血性休克和创伤性休克。

【病理生理】

有效循环血容量的锐减、组织灌注不足以及炎症介质的释放是各类休克共同的病理生理基础。

1. 微循环变化

(1)微循环收缩期:又称缺血期。正常情况下,微循环的动静脉短路处于关闭状态,只有20%的毛细血管轮流开放,其关闭受毛细血管前括约肌调节。在休克早期,机体的有效循环血量锐减,此时机体通过一系列代偿机制,包括主动脉弓和颈动脉窦压力感受器引起血管舒缩中枢加压反射,交感神经-肾上腺髓质系统兴奋导致大量儿茶酚胺类激素释放,以及肾素-血管紧张素分泌增加等,引起机体心率加快、心输出量增加,并选择性收缩外周(皮肤、骨骼肌)和内脏(肝、脾、胃肠道)的小血管,以维持循环相对稳定。由于皮肤和腹腔内脏的小动脉、微动脉及毛细血管前括约肌受儿茶酚胺类激素影响而强烈收缩,同时动静脉短路开放,导致毛细血管血液灌流不足,组织缺血缺氧,此时如积极液体复苏,休克常较容易纠正。

(2) 微循环扩张期:又称淤血期。在休克中期,微循环动静脉短路和直捷通路进一步开放,组织灌注更加不足,组织严重缺氧处于无氧代谢状态,使乳酸等酸性产物积聚,组胺、缓激肽、氢离子等舒血管物质释放增加。这些物质使毛细血管前括约肌松弛,而毛细血管后括约肌因对其敏感性低仍处于收缩状态,微循环毛细血管网静水压升高、通透性增加,导致血浆外渗、血液浓缩和血液黏稠度增加。由于大量血液淤滞在微循环内使回心血量减少,心输出量进一步降低,加重休克的发展,进入休克抑制期。

(3) 微循环衰竭期:又称弥散性血管内凝血(disseminated intravascular coagulation,DIC)期。创伤和感染等强烈刺激引起机体应激反应,使血液内血小板和凝血因子增加。在休克后期,微循环的血液浓缩,血黏稠度增加,在酸性环境中血液处于高凝状态,使红细胞和血小板发生凝集,在毛细血管内形成微血栓,发生 DIC。DIC 使微循环障碍更加严重,加重组织缺氧,DIC 消耗大量凝血因子和血小板,激活纤溶系统,出现严重出血倾向,使血容量进一步减少。若病情继续发展,细胞发生严重甚至不可逆损害,从而引起大片组织、整个器官甚至多个器官的功能受损,给治疗带来极大的困难。

2. 细胞损伤和代谢障碍　在微循环障碍、组织灌注不足和细胞缺氧情况下,机体通过无氧代谢供能,产生的 ATP 大大减少,乳酸盐生成增多,丙酮酸盐下降,易出现代谢性酸中毒。

创伤和感染使机体处于应激状态,儿茶酚胺和肾上腺皮质激素明显增高,从而抑制蛋白合成,促进蛋白分解,并促进肝糖原分解,促进糖异生,导致血糖升高。应激时,脂肪分解代谢明显增加,成为危重病人机体获取能量的主要来源。

代谢性酸中毒和能量不足,导致细胞膜钠 - 钾泵、钙泵的功能失常。如钠、钙离子进入细胞内不能排出,而细胞外钾离子无法进入细胞内,导致血钠降低、血钾升高。细胞外液随钠离子进入细胞内,造成细胞外液减少,细胞肿胀、变性和坏死。细胞膜、线粒体膜、溶酶体膜等细胞器受损,释放水解酶引起细胞自溶和组织损伤,加重休克。

3. 炎症介质释放　严重创伤、出血、感染等刺激机体炎细胞产生多种促炎因子,而炎细胞多种促炎因子又可导致炎细胞进一步活化,两者常互为因果,形成炎症瀑布反应(inflammatory cascade)。通过持续自我放大的级联反应产生大量促炎介质,包括白介素、肿瘤坏死因子、干扰素等,各种细胞因子与细胞表面的信号结合,诱导细胞内发生一系列的细胞化学反应,引起失控性炎症反应和组织损伤。

4. 内脏器官的继发性损害　休克时,内脏器官持续缺血、缺氧,组织细胞变性、出血、坏死。若两个或两个以上重要脏器或系统同时或贯序发生功能障碍,称为多器官功能障碍综合征(multiple organ dysfunction syndrome,MODS),这也是休克病人死亡的主要原因。

(1) 肺:肺部缺血缺氧可损伤肺毛细血管的内皮细胞和肺泡上皮细胞。内皮细胞损伤使血管壁通透性增加而致肺间质水肿,肺泡上皮细胞损伤可影响肺泡表面活性物质的生成,使肺泡表面张力增高,肺顺应性降低,继发肺泡萎陷,局限性肺不张。进而出现氧弥散障碍,通气 / 血流比例失调,表现为进行性呼吸困难,称为急性呼吸窘迫综合征(acute respiratory distress syndrome,ARDS)。

(2) 肾:由于休克时血液重分布的特点,肾脏是早期易受损害的器官之一。休克时儿茶酚胺分泌增加,使肾血管收缩,肾血流量锐减,肾小球滤过率降低,尿量减少。肾内血流重新分布,主要转向肾髓质,使肾皮质血流明显减少,肾小管上皮细胞缺血坏死,引起急性肾衰竭。

(3) 心:非心源性休克早期,由于机体代偿,能够维持冠脉血流量,心功能一般不受明显影响。但随着休克的发展,血压进行性降低,冠状动脉血流减少,心肌因缺血缺氧而受损,若心肌微循环内血栓形成,可引起心肌局灶性坏死和心力衰竭。

(4)脑:休克早期,由于血液重新分布和脑循环的自身调节,可保证脑的血液供应。随着休克的发展,尤其休克晚期血压进行性下降,脑的血液供应不足,加上晚期出现 DIC,加重脑循环障碍,导致脑组织严重缺血、缺氧,脑细胞肿胀,引起脑水肿和颅内压增高。病人可出现神志淡漠甚至昏迷等意识障碍,严重者可发生脑疝。

(5)肝:休克时肝血流灌注减少,引起肝细胞缺血缺氧,肝小叶中心区可发生肝细胞坏死而引起肝解毒和代谢功能障碍,严重时出现肝性脑病和肝功能衰竭。

(6)胃肠道:休克早期腹腔内脏血管收缩,胃肠黏膜灌注明显不足,缺血缺氧使胃肠道上皮细胞的机械和免疫屏障功能受损,并发急性胃黏膜变性、坏死、糜烂,形成应激性溃疡。由于肠黏膜的屏障功能受损,导致肠内细菌或内毒素移位,引起肠源性感染。

【临床分期与表现】

按照休克的发病过程,可分为休克代偿期和休克失代偿期,也称休克早期和休克期,其表现如下(表3-1):

表 3-1　休克的临床表现

分期	程度	神志	口渴	皮肤黏膜色泽	体表温度	体表血管	脉搏	血压	尿量	估计失血量*
休克代偿期	轻度	神志清楚,表情痛苦,精神紧张	口渴	开始苍白	正常,发凉	正常	<100 次/min,尚有力	收缩压正常或稍有高,舒张压升高,脉压缩小	正常	<20%(<800ml)
休克失代偿期	中度	神志尚清楚,表情淡漠	很口渴	苍白	发冷	表浅静脉塌陷,毛细血管充盈迟缓	100~200 次/min	收缩压 70~90mmHg,脉压小	尿少	20%~40%(800~1 600ml)
	重度	意识模糊,甚至昏迷	已无主诉	显著苍白,肢端青紫	厥冷(肢端更明显)	表浅静脉塌陷,毛细血管充盈非常迟缓	速而细弱,或摸不清	收缩压<70mmHg 或测不到	尿少或无尿	>40%(>1 600ml)

*成人低血容量性休克

1. 休克代偿期　病人精神紧张,兴奋或烦躁不安;面色苍白,四肢湿冷;脉搏细速、呼吸增快、血压正常或稍高,但脉压缩小(<20mmHg),尿量正常或减少等。若处理及时,休克可以很快得到纠正。

2. 休克失代偿期　病人表情淡漠、反应迟钝,口唇青紫、四肢冰冷,脉搏细速(>120 次/min),呼吸急促,血压进行性下降,收缩压低于 90mmHg 以下,脉压进一步缩小,尿量减少。病人可出现代谢性酸中毒和脏器功能改变,但只要及时和正确抢救仍能好转。若病人病情继续恶化,可出现意识模糊或昏迷;全身皮肤、黏膜明显发绀,四肢厥冷;脉搏血压测不出,呼吸微弱,少尿或无尿。若皮肤黏膜出现淤点、淤斑或消化道出血,提示病情已发展至 DIC 阶段。若出现进行性呼吸困难、烦躁、发绀,一般吸氧不能改善时,可能并发急性呼吸窘迫综合征。休克失代偿期病人常常因继发多脏器功能衰竭而死亡。

【辅助检查】

1. 实验室检查

(1)血常规:血红细胞计数、血红蛋白和血细胞比容测定,有助于对失血性休克的诊断,以及对休克过程中血液浓缩和治疗效果的判断;白细胞计数和中性粒细胞比例增加是感染性休克诊断的重要依据。

(2) 血生化:肝肾功能和电解质检测对了解病情变化和指导治疗十分重要。尿素氮、肌酐有助于了解休克时肾功能情况,心肌标志物检测有助于了解休克对心肌代谢的影响及心源性休克的诊断,电解质检测有助于了解休克时电解质平衡紊乱。

(3) 凝血功能:当病人有出血倾向时,需要测定血小板、凝血因子等多项指标。下列五项检查中出现三项以上异常,结合休克临床表现、微血管栓塞症状和出血倾向,可诊断为 DIC。包括:血小板计数低于 80×10^9/L,血浆纤维蛋白原低于 1.5g/L 或呈进行性降低,凝血酶原时间较正常延长 3 秒以上,3P(血浆鱼精蛋白副凝)试验阳性及血涂片中破碎红细胞超过 2%。

(4) 动脉血气分析:动脉血 pH 值降低,提示休克时机体缺氧而无氧代谢致代谢性酸中毒。动脉血氧分压(PaO_2)正常值为 80~100mmHg,动脉血二氧化碳分压($PaCO_2$)正常值为 36~44mmHg。休克时,病人可因缺氧而出现肺换气不足,体内二氧化碳聚积致 $PaCO_2$ 明显升高;也可因过度换气导致 $PaCO_2$ 下降。若 $PaCO_2$ 超过 45~50mmHg,而通气良好,提示严重肺功能不全;PaO_2 低于 60mmHg,吸入纯氧仍无改善,提示有急性呼吸窘迫综合征。通过动态监测 pH、碱剩余(BE)、缓冲碱(BB)和标准碳酸盐(SB)的变化可了解休克时酸碱平衡的情况。碱缺失(BD)可反映全身组织的酸中毒情况,BD<-5mmol/L 是低血容量性休克早期诊断的重要指标。

(5) 动脉血乳酸盐:休克时病人因缺氧而无氧代谢,无氧代谢可导致高乳酸血症的发生,监测其变化有助于估计休克的程度和复苏的变化趋势。血乳酸是组织低氧的确切指标,在临床上也被作为反映组织灌注不足的敏感指标。正常值 1~1.5mmol/L,危重病人允许到 2mmol/L,乳酸盐值越高,预后越差。血乳酸 >2mmol/L 是低血容量性休克早期诊断的重要指标,持续的高乳酸血症往往表明病人的死亡率增高。持续动态监测血乳酸水平对休克的早期诊断、指导治疗及预后评估有重要意义,如每隔 2~4 小时动态监测血乳酸水平可判定液体复苏疗效及组织缺氧改善情况。

(6) 胃肠黏膜 pH(pHi)监测:胃肠道是体内最大的组织器官,其血液灌注较为丰富,同时对缺血缺氧较为敏感,因而易引起细菌移位,诱发脓毒症。pHi 的正常值为 7.35~7.45,测定胃肠黏膜内 pH,可反映组织缺血和缺氧的情况,也能发现隐匿性代偿性休克。

(7) 炎症因子:肿瘤坏死因子、白介素 -1、白介素 -6、C- 反应蛋白等均是反映创伤后炎症反应程度的敏感指标,与病人伤情密切相关,有条件时可进行监测。

2. 影像学检查 X 线、超声、CT、MRI 等检查可及时发现脏器损伤、感染等情况。对血流动力学不稳定的病人,超声是一种重要的检查方法,但结果阴性,也不能排除腹腔内或腹膜后出血,必要时动态检测。对血流动力学稳定的病人,建议行 CT 检查。

3. 血流动力学监测

(1) 中心静脉压(central venous pressure,CVP):CVP 代表了右心房或胸腔段腔静脉内压力的变化,可反映全身血容量与右心功能之间的关系。休克时,CVP 变化一般早于动脉压的变化。CVP 正常值为 5~12cmH_2O;当 CVP<5cmH_2O,表示血容量不足;当 CVP>15cmH_2O 时,提示心功能不全、静脉血管床过度收缩或肺循环阻力增加;当 CVP>20cmH_2O 时,提示出现充血性心力衰竭。CVP 受血容量、右心室排血功能、胸腔压力、心包压力及静脉血管张力等因素影响。临床上常连续动态监测 CVP 的变化。

(2) 心输出量(CO)和心脏指数(CI):CO 是心率和每搏排出量的乘积,可用 Swan-Ganz 漂浮导管测得,单位体表面积上的心输出量为 CI。成人 CO 正常值为 4~6L/min,CI 正常值为 2.5~3.5L/(min·m²)。休克时 CI 及 CO 多降低,但某些感染性休克者可见增高。CO 有助于判断中重度休克病人的血流动力学分型并对抢救治疗提供帮助。应用 Swan-Ganz 漂浮导管也可测得肺动脉压(PAP)和肺毛细血管楔压(PCWP),可反映肺静脉、左心房和左心室的功能状态。

(3) 脉搏指示连续心输出量(PiCCO)监测:能简便、精确、连续监测心排量和外周血管阻力及心搏量等变化,适用于感染性休克等病人的血流动力学监测,指导精准容量管理,使危重血流动力学监测与处理得到进一步提高。

4. 诊断性穿刺　对疑有腹腔内脏损伤者,可进行诊断性腹腔穿刺,以明确诊断。对疑有异位妊娠破裂出血者,可进行后穹窿穿刺,有助明确诊断。

【治疗原则】

休克的发生机制较为复杂,治疗中应根据不同的病因,采取相应的治疗措施。总的治疗原则:去除病因,恢复有效循环血容量,纠正微循环障碍,恢复组织灌注,改善心功能等。

1. 急救

(1) 积极处理原发病 / 伤:包括伤口的包扎固定、制动和控制大出血等。

(2) 保持呼吸道通畅和吸氧:清除呼吸道异物或分泌物,松解衣领,使头部仰伸,解除气道压迫,保持呼吸道通畅。早期鼻导管或面罩给氧,严重呼吸困难者,必要时气管插管或气管切开。

(3) 采取休克体位:即头胸部抬高 10°~20°,下肢抬高 20°~30°,有利于脑部血供和增加回心血量。也可根据病情采取平卧位。

(4) 其他:保持安静,减少搬动,注意保暖,可适当提高室温或加盖棉被,对剧烈疼痛者,必要时应用镇痛剂。

2. 补充血容量　是纠正休克引起的组织低灌注和缺氧的关键。补液原则是及时、快速、足量,并通过连续监测血压、CVP 和尿量,结合病人的神志、末梢循环、尿量等评估补充血容量的效果。通常先快速输入扩容作用迅速的晶体液如生理盐水或平衡盐溶液,再输入扩容作用持久的胶体液如白蛋白、人工胶体或血细胞。另外,3%~7.5% 高渗盐溶液能吸出组织间液和肿胀细胞内的水分起到扩容的效果。

3. 积极处理原发病　外科疾病引起的休克,多存在需手术处理的原发病,如内脏大出血、消化道穿孔、急性梗阻性化脓性胆管炎等。应在尽快恢复有效循环血量后,及时手术处理原发病,才能有效纠正休克。有时,应在积极抗休克的同时进行手术,以免延误抢救时机。

4. 纠正酸碱平衡失调　休克病人由于组织灌注不足和细胞缺氧常出现代谢性酸中毒,机体获得充足的血容量和微循环改善后,轻度酸中毒常可缓解而不需用碱性药物纠正。但重度休克合并酸中毒经扩容治疗不满意时,需用碱性溶液纠正,临床上常用 5% 碳酸氢钠溶液。

5. 合理应用血管活性药物　对各种休克病人经积极抢救处理和液体复苏后,若周围循环仍未改善,血压又不稳定,低血容量状态持续存在时,则应考虑应用血管活性药,增加心肌收缩力和心输出量,既能提高血压改善心脑血流灌注,又能改善肾和胃肠道等内脏血流灌注。

(1) 血管收缩剂:常用的血管收缩剂有多巴胺、去甲肾上腺素和多巴酚丁胺等。多巴胺是最常用的血管活性药,具有兴奋 α、$β_1$ 和多巴胺受体的作用。当剂量 <10μg/(min·kg)时,主要兴奋 $β_1$ 和多巴胺受体,增加心肌收缩力和增加心输出量,并扩张肾和胃肠道等内脏器官血管;当剂量 >15μg/(min·kg)时,主要兴奋 α 受体,使血管收缩、增加外周血管阻力。故抗休克时主要采用小剂量的多巴胺。去甲肾上腺素是常用的血管收缩剂,主要兴奋 α 受体,收缩血管、增加心肌收缩力、升高血压。多巴酚丁胺是以兴奋 $β_1$ 受体为主,对心肌的正性肌力作用较强,能增加心输出量。血管收缩剂可普遍收缩小动脉,虽可暂时升高血压,但可加重组织缺氧,需谨慎使用。

(2) 血管扩张剂:常用的血管扩张剂有酚妥拉明、酚苄明、阿托品、山莨菪碱、东莨菪碱等。酚妥拉明、酚苄明是 α 受体阻滞剂,能解除去甲肾上腺素引起的小血管收缩和微循环淤滞并增强左心室收缩力。阿托品、山莨菪碱、东莨菪碱是抗胆碱能药物。目前较多用于抗休克的是山莨菪碱(654-2),对抗乙酰胆碱所致平滑肌痉挛,使血管扩张,改善微循环。血管扩张剂可解除小动脉痉挛,改善微循环,但可使血管容量扩大,血容量相对不足而致血压下降,故在血容量已基本补足而微循环未见好转时可考虑应用。为兼顾脏器的灌注水平,临床上常将血管收缩剂和血管扩张剂联合应用。

(3) 强心药:具有增强心肌收缩力,减慢心率的作用。最常用的是强心苷,如毛花苷丙(西地兰),在输液量已充分补足但动脉压仍低而 CVP 提示前负荷已足够时可选用。

6. 治疗 DIC 改善微循环 对诊断明确的 DIC,可用肝素抗凝治疗,一般肝素 1.0mg/kg,每 6 小时一次。还可应用抗纤溶药如氨甲苯酸和抗血小板黏附和聚集的阿司匹林等。

7. 肾上腺皮质激素应用 肾上腺皮质激素可用于感染性休克和其他较严重的休克。肾上腺皮质激素可保护细胞内溶酶体,防止其破裂;阻断 α 受体的兴奋作用,使血管扩张,降低外周血管阻力,改善微循环;增强心肌收缩力,增加心输出量;促进糖异生,使乳酸转化为葡萄糖,减轻酸中毒。对感染性休克病人,在充分液体复苏和缩血管药物治疗仍不能维持血流动力学稳定时,可采用氢化可的松 200mg/d 静脉滴注。

【护理评估】

1. 相关健康史 了解引起休克的各种原因,如有无腹痛和发热,有无大量失血、失液、严重烧伤、损伤等,病人受伤后的救治情况等。

2. 身体状况

(1) 局部:有无皮肤、肌肉、软组织损伤,有无局部出血、骨折,腹部损伤者有无腹膜刺激征、移动性浊音等。

(2) 全身

1) 意识和表情:反映脑组织血液循环状况。休克早期病人呈兴奋状态,烦躁不安;休克加重时表情淡漠,意识模糊,反应迟钝甚至昏迷,提示脑组织循环血量不足。

2) 皮肤色泽和温度:反映体表灌流情况。休克早期皮肤黏膜苍白、四肢湿冷;休克加重时出现发绀,皮肤出现淤斑。如病人四肢温暖,皮肤干燥,轻压口唇,松压后苍白迅速转为红润,说明末梢循环已恢复。

3) 脉搏:脉率变化多出现在血压变化之前。休克早期脉率增快,休克加重时脉搏细弱,甚至摸不到。临床常用脉率(次/min)/收缩压(mmHg)来计算休克指数(shock index,SI),>1.0 提示有休克,>2.0 提示为严重休克。

4) 呼吸:休克加重时呼吸急促、变浅、不规则。呼吸增至 30 次/min 或低于 8 次/min,提示病情危重。

5) 血压:维持稳定的组织器官灌注压在休克治疗中十分重要。通常收缩压 <90mmHg、脉压 <20mmHg 是休克存在的表现。但血压并不是反映休克程度最敏感的指标。血压回升,脉压增大,提示休克好转。

6) 体温:一般偏低,但感染性休克病人可高热。体温突升 40℃ 以上或骤降至 36℃ 以下是休克危重的表现。

7) 尿量:是反映肾血液灌注情况的重要指标。少尿是早期休克和休克复苏不完全的表现。尿量 <25ml/h、尿比重增加,表明肾血管收缩或血容量不足;当血压正常而尿量减少、尿

比重偏低,提示急性肾功能不全可能;当尿量 >30ml/h,表明休克已逐步纠正。

（3）辅助检查:了解各项实验室检查和血流动力学监测结果,以便及时判断病情,调整治疗方案,制定相应的护理计划。

3. 心理 - 社会状况　病人和亲属有病情危重及面临死亡的感受,出现不同程度的紧张、焦虑或恐惧等,了解病人及亲属的情绪反应,对疾病治疗、预后的认识程度以及心理承受能力。

【主要护理诊断 / 问题】

1. 体液不足　与大量失血、失液等有关。

2. 组织灌注量改变　与有效循环血量不足、微循环障碍有关。

3. 气体交换受损　与肺循环障碍、肺功能受损有关。

4. 有感染的危险　与免疫力降低、侵入性治疗有关。

5. 潜在并发症:DIC,肺、肾、心、脑、肝等器官功能衰竭。

【护理措施】

1. 一般护理

（1）体位:取休克体位(头胸部抬高 10°~20°,下肢抬高 20°~30°),可增加回心血量,防止脑水肿,改善呼吸;也可根据病情取平卧位。尽量少搬动病人,保持病室安静、整洁、通风良好,控制室内温度。

（2）维持正常体温:休克病人常由于组织灌注不良,可有体表温度偏低、畏寒现象。低体温可引起外周血管收缩,改变血黏度,加重组织器官缺血,诱发心律失常等。要给予适当的保暖措施,改善微循环,增加组织灌流量,如调节室温至 20℃左右,或加盖棉被。禁忌用热水袋等方法提升体表温度,以避免表皮血管扩张,加重内脏重要脏器血流量进一步减少,也可防止体表组织耗氧量增加而致脏器缺氧加重。

对感染性休克的高热病人要给予物理降温,必要时遵医嘱药物降温,并做好相应的护理。若需输入低温保存的库存血时,应注意将库存血置于常温下复温后再输入,以防大量快速输血使病人体温降低。

（3）呼吸道护理:保持呼吸道通畅,病情允许条件下,鼓励病人做深、慢呼吸及有效咳嗽,鼓励或协助病人排出呼吸道分泌物,意识不清时将头偏向一侧。休克病人常全身组织缺氧,故常规吸氧提高动脉血氧含量。经鼻导管给氧,氧浓度为 40%~50%,氧流量为 6~8L/min,情况好转可间歇进行。定时观察病人的呼吸音变化,若闻及鼾声或肺部湿啰音,应及时清除呼吸道分泌物,保持呼吸道通畅。严重呼吸困难者,协助医生行气管插管或气管切开,并做好相应的气道护理。

（4）加强基础护理:由于病人自理能力下降,应做好口腔和皮肤护理,对神志不清或烦躁者,加床旁护栏以防坠床,必要时约束带固定四肢,避免病人将输液管或引流管等拔出。

2. 恢复有效循环血量

（1）建立静脉通路:迅速建立 2 条以上静脉通道,进行大量快速的补液(心源性休克除外),因周围血管萎陷而穿刺困难时,应立即行中心静脉置管,妥善固定,防止输液管脱落,同时监测 CVP。

（2）合理补液:休克病人一般先快速输入晶体液,如生理盐水、平衡盐溶液,后输入胶体液如全血、血浆、人体白蛋白、血浆代用品,能有效恢复血容量和维持胶体渗透压。原则上,失血量在 30% 以下者,不输全血,当急性出血量超过总量的 30%,可输全血和浓缩红细胞各半,再配合晶体液和胶体液以补充血容量。

根据血压、血流动力学监测情况和尿量等变化及时调整输液速度,临床上常以血压和

CVP 相结合,指导补液,见表 3-2。如血压和 CVP 均低时,提示全身血容量明显不足,需快速大量补液;如病人血压降低而 CVP 升高时,提示有可能心功能不全或血容量相对较多,此时应减慢输液速度,限制补液量,防止急性肺水肿和心功能衰竭。

表 3-2　CVP 与补液的关系

CVP	BP	原因	处理原则
低	低	血容量严重不足	充分补液
低	正常	血容量不足	适当补液
高	低	心功能不全或血容量相对过多	强心、纠酸、舒张血管
高	正常	容量血管过度收缩	舒张血管
正常	低	心功能不全或血容量不足	补液试验*

* 补液试验:取等渗生理盐水 250ml,于 5~10 分钟内静脉滴入,若血压升高,而 CVP 不变,提示血容量不足;若血压不变,而 CVP 升高 3~5cmH_2O,则提示心功能不全。

(3) 记录出入量:准确记录输入液体的种类和数量,并详细记录 24 小时出入量作为后续治疗的依据。休克时一般用药多而复杂,需专人记录,随时记录用药的名称、用药途径、液体出入量以及病人对治疗的反应。

(4) 严密监测病情变化:休克病情复杂多变,休克的监测对判断病情和预后、指导抢救等具有十分重要的意义。一般每 15~30 分钟监测病人的血压、脉搏、呼吸和 CVP 的变化,并观察病人的意识、面唇色泽、肢端皮肤温度、尿量等变化。血容量补足的依据是:动脉血压接近正常,脉压 >30mmHg;尿量 >30ml/h;CVP 正常;微循环好转,如面色红润、肢端温暖。若病人出现血尿、皮肤黏膜出血、注射部位大片淤斑出现,可能并发 DIC,及时报告医师处理。

3. 用药护理　休克时用药较多,根据医嘱给药,须注意配伍禁忌。

(1) 血管收缩和舒张药:应用血管活性药时应从低浓度、慢速度开始,一般用输液泵来控制滴速,并用心电监护仪每 5~10 分钟监测血压一次,血压平稳后每 15~30 分钟监测血压一次。根据血压的变化调整血管活性药的浓度和滴速,以防血压骤升或骤降引起的不良后果。血压平稳后要逐渐降低药物浓度、减慢速度后撤除,以防突然停药后引起的血压较大波动。

输液肢体适当制动,防止药物外渗致小血管收缩而引起皮肤及皮下组织坏死。注意观察局部注射部位有无红肿、疼痛等,一经发现,及时更换滴注部位,并用 0.25% 普鲁卡因封闭穿刺处。

(2) 强心苷类药:对心功能不全的病人,用药前需了解近两周有无强心苷类药物用药史;根据医嘱准备掌握药物的剂量;用药过程中,注意观察病人的心率变化和药物的副作用。

4. 防治感染　休克时机体处于应激状态,病人免疫力下降,容易继发感染。严重感染病人应及时控制感染。①休克病人的检查操作繁多,严格按照无菌操作原则执行各项护理操作;②注意观察病人有无发热、咳嗽、咳痰等,及时清除呼吸道分泌物,避免呼吸道分泌物误吸等引起肺部感染;③遵医嘱合理应用抗生素;④常规加强留置尿管的护理,注意观察有无尿频、尿急、尿痛等泌尿系感染症状;⑤观察创面或伤口有无红肿,及时更换敷料,保持创面或伤口清洁干燥。

5. 维持正常体温　休克病人常有体温的异常,每 4 小时监测体温,密切关注其变化。

(1) 低体温:休克病人常有体温降低,低体温被认为是严重创伤病人预后不良的独立危险因素。对创伤失血性休克病人,应尽量保温以减少持续的热量丢失。对体温 32~35℃的病人,通过提高环境温度、加温毯、加温输液来提高核心温度。对失血性休克需要快速大量输血者,若输入低温保存的库存血易引起病人体温降低,故输血前应注意将库血置于常温下复温后再输入。

（2）高热：对高热的感染性休克病人，应予以物理降温，必要时遵医嘱使用药物降温。同时注意病室内定时通风，调节室内温度，及时更换被汗液浸湿的衣、被等，并做好病人的皮肤护理，确保床单位的干燥、清洁。

6. 心理护理　不仅要做好病人和亲属的心理护理，护士自身的心理准备也很重要。①护士应保持镇静，沉着大胆，做到忙而不乱，快而有序，护理工作有预见性，积极参与抢救；②稳定病人和亲属的情绪，及时做好安慰和解释工作，指导病人和亲属配合抢救，树立战胜疾病的信心；③保持安静、整洁和舒适的病室环境，保证病人休息。

【健康教育】

1. 加强病人自我保护，避免意外损伤的发生。

2. 住院期间应指导病人和亲属正确应对疾病的发生，并积极配合治疗。

3. 学会意外受伤后的初步处理和自救方法，如学会加压包扎止血、固定等。

4. 出院后指导病人注意营养和休息，提高机体的调节代偿能力。

第二节　低血容量性休克病人的护理

案例分析

张先生，49岁，工人，被汽车撞伤左上腹1小时入院。1小时前，病人骑助动车时不慎被汽车撞倒，被路人送至急诊。受伤以来，病人无昏迷，无大小便失禁。

体格检查：T 36.5℃，P 116次/min，R 26次/min，BP 80/60mmHg；病人烦躁不安，面色苍白，唇青紫，四肢湿冷，脉搏细弱；腹肌紧张，有压痛和反跳痛，尤其左上腹部压痛明显，有移动性浊音，尿量减少。

辅助检查：腹腔穿刺抽出不凝固血液。

请问：

1. 该病人的初步诊断和治疗原则是什么？

2. 该病人的主要护理诊断或护理问题有哪些？

3. 应采取哪些相应的护理措施？

低血容量性休克（hypovolemic shock）常因大量出血或体液丢失，或液体积存于第三间隙，使有效循环血量降低所致。低血容量性休克的发生和严重程度，不仅与循环血容量的损失有关，还与血容量丢失的速度和病人基础疾病有关。低血容量性休克包括失血性休克和创伤性休克。

治疗休克的原则是尽早去除引起休克的病因，尽快恢复有效血容量，合理应用血管活性药，维持重要脏器功能，预防和控制感染。

一、失血性休克

【病因】

失血性休克（hemorrhagic shock）在外科休克中很常见。多见于大血管破裂、腹部损伤引

笔记栏

起的肝脾破裂、胃十二指肠溃疡大出血、门静脉高压症所致的食管和胃底曲张静脉破裂出血等。一般情况下应尽快纠正休克,待血压平稳后手术;如果不及时手术,休克不能得到纠正而威胁生命时,则应在积极抗休克同时及早进行手术,才不会耽误抢救时机。

【休克程度和临床表现】

休克按程度可分为轻度休克、中度休克和重度休克,不同程度的休克其临床表现可有不同,估计其失血量也不同(表3-1)。根据血压和脉率的变化来估计失血量,收缩压正常或稍高而脉率<100次/min,估计失血量为800ml以下;收缩压90~70mmHg,脉率100~200次/min,估计失血量800~1 600ml;收缩压<70mmHg,脉搏细速或触不清,估计失血量在1 600ml以上。有时创伤引起的失血失液可积聚在体腔或深部组织内,常对实际的失血量估计不足,如骨盆骨折伴腹膜后出血可超过2 000ml。通常迅速失血超过全身总血量的20%时,即出现休克。

【治疗原则】

1. 补充血容量　失血性休克的首选治疗措施是迅速补充血容量,根据病人血压和脉搏等的变化估计失血量。失血性休克时,丧失的主要是血液,但在补液时,不需要全部补充血液,可首先经静脉快速滴注平衡盐溶液和人工胶体液。

在休克纠正的过程中,注意纠正代谢性酸中毒,适当补充碳酸氢钠。补液过程中,也要监测血清钠、钾浓度,纠正电解质紊乱。

2. 处理原发病　积极纠正失血性休克的病因是治疗的基本措施,在补充血容量的同时给予止血药物并迅速止血。对出血部位明确,存在活动性失血的休克病人,应在补充血容量的同时尽快有效止血。一般先采用暂时性止血措施,如加压包扎止血,止血带止血,待休克缓解后再进行彻底的手术治疗。肝脾破裂等难以控制的急性活动性出血,应在积极补充血容量的同时及早进行手术治疗或介入止血。胃十二指肠溃疡大出血,应在积极补充血容量的同时内镜下止血,部分保守治疗无效者需手术治疗。门静脉高压症引起的食管胃底静脉曲张出血,首选内镜下食管静脉曲张套扎术,紧急情况下也可行三腔二囊管暂时控制出血。

近来研究发现,对未有效控制的活动性出血的失血性休克,不主张早期大量液体进行复苏,采用允许性低压复苏,并尽可能早期给予器官功能保护性措施,延长黄金救治的时间窗。复苏的目标血压控制在收缩压80~90mmHg,低压复苏时间不宜过长,最好不要超过120分钟。较高的血压加剧出血,并易冲开已形成的血栓,高容量使血液稀释,加剧缺氧和凝血障碍,而且高容量导致低温。低温与酸中毒、凝血障碍共同构成"死亡三角"。故提出对少量出血不进行复苏治疗,仅对意识恶化、脉搏微弱或摸不到的病人进行复苏,大出血并出现明显休克进行有限复苏,以维持较低的血压。

【护理措施】

补充血容量是关键,必须尽快建立两条有效的静脉通路。输液速度应足以迅速补充丢失的液体,以改善组织灌注,原则上先快后慢,先晶后胶,必要时补全血。在抗休克的同时,积极做好术前准备。

其余护理措施及健康教育参见本章第一节概述。

知识链接

复苏终点与预后评估指标

传统的临床指标对指导治疗有积极的临床意义,但不能作为复苏的终点指标。动脉血乳酸恢复正常的时间和血乳酸清除率在临床研究和实践中具有判断组织灌注和氧合状态的独特作用,与低血容量性休克的预后密切相关,评估复苏疗效应参考这两项指标。碱缺失水平与低血容量性休克的预后密切相关,复苏时应动态监测。目前低血容量性休克的死亡率仍然很高,及时评估休克状态和休克的复苏效果,对判断预后,调整治疗方案和改善预后都具有重要的意义。

二、创伤性休克

【病因】

创伤性休克(traumatic shock)多见于严重创伤,如交通事故伤、坠落等引起大血管破裂、复杂性骨折、挤压伤等,因机体血液或血浆丢失,损伤处炎性肿胀和体液渗出,导致有效循环血量减少,组织灌注不足的一组综合征。一方面由于组胺等血管活性物质释放,引起微血管扩张和通透性增高,使有效循环血容量进一步下降。另一方面,创伤可刺激神经系统,引起疼痛和神经 - 内分泌系统反应,影响心血管功能。创伤性休克相比失血性休克,具有以下明显特点:常见于严重创伤,尤其多发伤;较早发生弥漫性血管内凝血,更容易并发感染,更容易导致全身炎症反应综合征。

【治疗原则】

1. 补充血容量　创伤性休克也属于低血容量性休克,快速补充血容量也是治疗的关键,但创伤所致一些血块或渗液积聚于组织深部或体腔内,需仔细检查,以准确评估失血量。

2. 止痛　创伤后剧烈疼痛可加重应激反应,适当的镇静止痛是整体治疗中不可缺少的内容,使病人获得良好的休息,减少能量消耗。刺激严重者,需适当应用镇静镇痛药。

3. 急救　胸部损伤可能引起张力性气胸或开放性气胸,会严重抑制呼吸和循环,需紧急救治,排气减压或加压包扎伤口。肢体多处骨折,需紧急制动,以免加重进一步的损伤。

4. 手术　一般在血压稳定或血压初步回升后进行必要的手术治疗和其他处理。尽可能缩短创伤至手术的时间,解除危及生命的原发伤。如严重颅脑伤及时手术减压,清除血肿;气胸或血胸,充分引流;粉碎性长骨干骨折的复位固定等。

5. 预防感染　由于病情复杂,创伤和手术都可能继发感染,需及时应用抗生素。

【护理措施】

1. 急救护理　创伤性休克常合并多发性损伤,急救时分清轻重缓急,首先检查呼吸道情况,清理呼吸道并保持通畅。开放性损伤迅速控制外出血并包扎固定,受伤肢体妥善固定,采取休克体位以增加回心血量。需急诊手术者,积极做好术前护理。

2. 疼痛护理　诊断已明确者,可根据医嘱给予镇痛药或镇静药。

3. 心理支持　病人突然受伤,易产生紧张恐惧心理,应关心体贴,同情病人,做好安慰解释工作,使其情绪稳定,配合各项治疗。

其余护理措施及健康教育参见本章第一节概述。

第三节　感染性休克病人的护理

感染性休克即脓毒性休克(septic shock),指在严重感染基础上的低血压持续存在,经充分的液体复苏无法纠正。由于病原体如细菌、真菌或病毒等侵入体内,向血液内释放内毒素或外毒素,导致循环障碍,组织灌注不良等。感染性休克除具有一般休克的规律外,还具有其自身的特点。感染性休克常见于胆道感染、弥漫性腹膜炎、大面积烧伤、绞窄性肠梗阻、尿路感染以及医源性感染等。常继发于释放内毒素的革兰阴性杆菌和释放外毒素的革兰阳性杆菌为主的感染。感染性休克病人的预后极差,病死率高,是外科多见及治疗较困难的一类休克。

感染是感染性休克的起始病因,最终发展为 MODS,如呼吸窘迫综合征、急性肾衰竭、急性心功能衰竭、消化道应激性溃疡、DIC 等。由感染引起的全身炎症反应综合征(systemic inflammatory response syndrome,SIRS)是机体受到刺激产生的一系列全身性炎症反应。SIRS 的诊断标准是:①体温 >38℃,或 <36℃;②心率 >90 次 /min;③过度通气(呼吸 >20 次 /min,或 $PaCO_2<32mmHg$);④白细胞增多(>12×10^9/L),或白细胞减少(<4×10^9/L),或有超过 10% 的幼稚细胞。

【分类与病理生理】

感染性休克的血流动力学改变有两种类型。

1. 低动力型休克 又称低排高阻型休克,较常见,也较严重,常见于革兰阴性杆菌严重感染或休克晚期。外周血管收缩使外周血管阻力增高,心输出量减少。由于皮肤血管收缩、血流量减少,使皮肤温度降低,又称"冷休克"。临床表现为病人体温降低、烦躁不安、神志淡漠或嗜睡、面色苍白、皮肤发绀或有花斑、皮肤湿冷、脉搏细数、血压下降、脉压减小、尿量减少。

2. 高动力型休克 又称高排低阻型休克,外周血管扩张致外周血管阻力降低,心输出量正常或增加,由于皮肤血管扩张,血流量增多,使皮肤温度升高,又称"暖休克"。常见于革兰阳性菌感染引起的早期休克。表现为病人神志清楚、面色潮红、四肢温暖、血压下降、脉搏慢而有力,尿量不减。这类休克临床上较少见。

【临床表现】

感染性休克的临床表现(表 3-3)

表 3-3 感染性休克的临床表现

临床表现	冷休克(低动力型)	暖休克(高动力型)
神志	躁动、淡漠或嗜睡	清醒
皮肤色泽	苍白、发绀或花斑样发绀	淡红或潮红
皮肤温度	湿冷或冷汗	比较温暖、干燥
脉搏	细速	慢、搏动有力
脉压	<30mmHg	>30mmHg
尿量	<25ml/h	>30ml/h

【治疗原则】

感染性休克是病原微生物与机体相互作用的复杂、变化过程,从病原微生物感染,到早期的全身炎症反应综合征,具有高度的异质性,需要在不同阶段个体化调整和干预。

治疗原则为:休克未纠正前,在治疗休克的同时控制感染;休克好转后,着重治疗感染。有时由于感染灶未及时去除,致病菌和毒素仍不断释放,使休克难以好转或好转后再度恶化。此时,应在积极抗休克的同时及时进行手术,行切开减压,引流脓液等治疗。

1. 补充血容量 感染性休克病人因微循环障碍,有效循环血量减少,且病人可出现发热、呕吐等体液丧失,故早期快速扩容来补充血容量,纠正休克。补液以平衡盐溶液为主,适当补充血浆或全血。有条件可进行中心静脉压测定,以指导补液量和补液速度。

2. 控制感染 原发灶是引起休克的主要原因,应尽早处理,才能纠正休克。凡有手术指征者,如急性化脓性胆管炎、急性胃肠道穿孔等应及时切开引流,清除坏死组织,感染灶的引流对感染控制的重要性远远高于抗生素的应用。对未确定病原菌者,根据病人的现有疾病,经验性联合用药,但一般不超过 3~5 日。一旦病原菌的细菌培养和药敏试验确定,结合病人的临床情况,应用最恰当的单药治疗。

3. 纠正酸中毒 在感染性休克中,酸中毒发生较早。酸中毒可加重微循环的障碍,不利于血容量的恢复。补液过程中需注意血气分析,及时用碱性液体纠正酸中毒。

4. 保持呼吸道通畅 首选给予鼻导管给氧或面罩给氧、无创呼吸机辅助呼吸。如氧饱和度不稳定时,或存在难以纠正的酸碱平衡紊乱,立即给予气管插管呼吸机辅助呼吸,维持生命体征,确保全身各组织器官氧的供给。

5. 应用血管活性药物 感染性休克的病理生理过程复杂,经补充血容量休克未见好转时,考虑改善组织器官的血流灌注,恢复细胞的代谢和功能,常应用血管活性药,首选去甲肾上腺素,心功能不全或补液后仍存在低灌注,可加用多巴酚丁胺,注意密切观察血压变化。

6. 应用糖皮质激素 常用氢化可的松、地塞米松等,有助于感染性休克的治疗。一般主张早期、大剂量、短程治疗。

【护理措施】

将感染性休克病人立即安置在监护室,处休克体位,及时吸氧、开通静脉通路,监测重要生命体征,判断意识状态。

遵医嘱尽快开始液体复苏,纠正酸碱平衡失调和电解质紊乱。根据血细胞比容、中心静脉压和血流动力学监测选用补液的种类,调整输液速度。获取病原学标本及时送检,并尽早(1 小时内)开始抗菌药物的治疗。

准确记录出入量,出量包括大小便量、呕吐物量、引流量、出血量、创伤的渗血渗液量、皮肤出汗量、肺呼出量等;入量包括饮水量、饮食量、输入液体量等。严密监测血压的变化,每 10~30 分钟监测一次,并观察病人的皮肤颜色、温度、指压恢复时间等外周循环灌注情况。

其余护理措施及健康教育参见本章第一节概述。

知识链接

脓毒性休克尽早开展微生物培养

对于怀疑脓毒症或脓毒性休克病人,在不显著延迟启动抗菌药物治疗的前提下,推荐常规行微生物培养(至少包括两组血培养)。在抗菌药物治疗开始前如能及时采样,则先采集血样进行培养;如不能马上获取标本,尽快启动抗菌药物治疗。病人的标本来源包括血液、脑脊液、尿液、伤口、呼吸道分泌物及其他体液,一般不包括有创操作的标本来源。如果临床检查明确提示有感染部位,则不需要对其他部位进行采样(除血样外)。对于留置静脉导管超过 48 小时且感染部位不明的病人,建议至少进行两组血培养(需氧瓶和厌氧瓶)。对怀疑导管感染的病人,建议一组血标本经皮肤穿刺抽取,另一组由每个血管通路装置分别抽取。

(陆海英)

笔记栏

扫一扫，
测一测

复习思考题

1. 休克按病因分类有哪几种?

2. 休克代偿期和休克抑制期的临床表现各有哪些?

3. 如何对低血容量性休克病人进行身体状况的评估?

◆◆◆ 第四章 ◆◆◆

营养支持病人的护理

📝 **学习目标**

1. 简述营养风险筛查和营养评定的方法,列举外科营养支持的指征。
2. 比较肠内营养和肠外营养的定义、适应证、禁忌证及实施方法。
3. 解释肠内营养和肠外营养输注过程中的注意事项及并发症的护理。
4. 运用相关知识为肠内营养和肠外营养病人实施整体护理。

营养支持(nutritional support,NS)是指病人在饮食摄入不足或不能摄入的情况下,通过肠内或肠外途径补充或完全提供人体所需营养素的一种技术。它是 20 世纪临床医学中的重大发展之一,也是围术期病人治疗中不可或缺的措施。外科病人营养状态的好坏与疾病的治疗和预后密切相关,其常因疾病或手术等原因,存在膳食摄入不足或者不能摄入的情况,此时给予营养支持治疗有助于预防和纠正病人营养不良,改善术后临床结局,并有助于改善病人的疾病预后和生活质量。

第一节 概 述

能量是维持机体正常生命活动的必要条件,生命的基本特征就是不断进行物质代谢和能量代谢。正常情况下,机体需要不断地从摄入的食物或储存的物质中获得碳水化合物、蛋白质和脂肪等营养物质,经过代谢转化为生命活动过程中所需要的各种能量,并参与体内各种生理活动。生物体内碳水化合物、蛋白质和脂肪在代谢过程中所伴随的能量释放、转移和利用称为能量代谢。患病时,机体可发生一系列物质代谢和能量代谢的改变,以适应疾病状态或治疗需要。

(一)正常情况下的物质代谢

1. 碳水化合物(carbohydrate) 俗称糖类,是由碳、氢、氧三种元素组成的一大类化合物。碳水化合物是人类从膳食中获取能量的最经济和最主要的来源,也是构成机体组织的重要成分,并参与细胞的多种活动。1g 碳水化合物在体内氧化可产生能量约 16.7kJ(4.0kcal)。为了维持人体健康,中国营养学会建议我国成人碳水化合物摄入应占总能量的 50%~65%。小肠是糖类分解和吸收的主要场所,食物中的碳水化合物经消化吸收后以糖原、葡萄糖及含糖复合物三种形式存在。血中的葡萄糖称为血糖(blood sugar),正常情况下保持在一个恒定的范围内,空腹血糖浓度为 3.9~6.1mmol/L。血糖浓度保持相对恒定,是细胞进行正常代谢、维持器官正常功能的重要条件之一。影响血糖浓度的因素有很多,比如膳食摄入碳水化合物的含量和类型,肝脏、脂肪组织等器官组织的代谢功能等。

2. 蛋白质（protein） 蛋白质的主要生理功能是构成和修复人体组织器官，参与构成体内酶、抗体、激素等多种重要生理活性物质，在维持机体健康和调节生理功能方面发挥着重要作用。同时，蛋白质也可以供给能量（约占总能量的15%），1g蛋白质在体内约产生16.7kJ（4.0kcal）的能量。在一般生理情况下，机体主要利用碳水化合物和脂肪供能，但在某些特殊情况下，如长期不能进食时，机体内糖原和脂肪大量消耗，需依靠蛋白质分解提供能量。食物蛋白的消化从胃开始，主要在小肠完成。蛋白质消化后形成氨基酸或2-3个氨基酸构成的短肽后，在小肠内完成吸收。被吸收的氨基酸通过肝门静脉被运送到肝脏和其他组织细胞利用，完成其生理功能；其余通过粪便、尿液等被排泄。正常情况下，机体每天摄入蛋白质的量和排出的量之间保持平衡，即处于零氮平衡。

3. 脂肪（fat） 脂肪的主要生理功能是贮存和提供能量，同时参与构成身体组织如细胞膜，提供必需脂肪酸（亚油酸和α-亚麻酸）和脂溶性维生素，脂肪组织还可以维持体温的恒定和保护脏器。每1g脂肪可产生能量约37.6kJ（9.0kcal），中国营养学会建议我国成人脂肪的供能比为20%~30%。脂肪的消化和吸收主要在小肠进行，经过消化甘油三酯水解为甘油单酯和游离脂肪酸后被小肠吸收，经门静脉入血。部分甘油三酯与磷脂、胆固醇和载脂蛋白结合形成乳糜微粒，经淋巴系统入血。甘油三酯的水解速度与其链的长短和不饱和程度有关，短链、含不饱和键的脂肪酸消化更快。

（二）正常情况下的能量代谢

健康成人的能量消耗主要用于维持基础代谢、身体活动和食物热效应三个方面；孕妇、婴幼儿、儿童和青少年等特殊生理状况下个体的能量消耗还包括生长发育和新组织增加所需要的能量；手术、创伤等病人康复期间也需要额外的能量。

1. 基础能量消耗（basic energy expenditure，BEE） 指维持最基本生命活动所必需消耗的能量，即人体在安静和恒温条件下（25~30℃），禁食12小时后，静卧、放松、清醒时的能量消耗，用于维持体温、呼吸、心跳、各器官组织和细胞的基本功能等。基础能量消耗是人体能量消耗的主要部分，约占人体总能量消耗的60%~70%。BEE主要与个体的生理状况（年龄、性别、体表面积）、疾病（内分泌疾病、发热、创伤）及应激状态（环境温度、心理应激）等有关。由于设备或条件的限制，临床上常采用计算法对个体的BEE进行估计，Harris-Benedict公式是计算机体基础能量消耗的经典公式：

$$男性：BEE(kcal/d)=66.5+13.8W+5.0H-6.8A$$
$$女性：BEE(kcal/d)=655.1+9.6W+1.8H-4.7A$$

其中W为体重（kg），H为身高（cm），A为年龄（岁）。

Harris-Benedict公式是针对健康个体基础能量消耗的估算公式，而疾病状态下病人实际的能量消耗值与Harris-Benedict公式的估算值存在差异，比如多发性骨折或感染时可增加20%~30%，因此临床应用时需根据实际病情进行能量需要量的调整。

2. 身体活动能量消耗（active energy expenditure，AEE） 指从事各种身体活动时所消耗的能量，通常各种身体活动所消耗的能量约占人体总能量消耗的15%~30%。身体活动是指任何由骨骼肌收缩引起的伴有能量消耗的身体动作，可分为家务劳动、职业活动、交通活动和休闲活动。不同身体活动消耗的能量可有很大不同，目前国际上采用个体24小时内总能量消耗与其BEE的比值，即身体活动水平（physical activity level，PAL）来反映身体活动水平的高低，也可作为划分身体活动水平等级的依据。根据PAL值可将成人的身体活动水平分为轻、中、重三个等级，对应数值分别为1.50、1.75、2.00。

3. 食物热效应（thermic effect of food，TEF） 也称食物的特殊动力作用，是机体摄食后在消化、吸收、合成、代谢营养素过程中所额外增加的能量消耗。混合膳食时，约相当于基础能量的 10%。食物热效应的高低和食物成分、进食量、进食速度和进食频率等有关。蛋白质含量越多,进食量越多,进食速度越快,食物的热效应越高。计算能量需要量时不能忽视食物热效应所额外消耗的能量,以保持摄入能量和消耗能量的平衡。

(三) 外科病人的代谢变化

外科病人常因疾病或手术等原因,处于饥饿、感染和创伤等应激状态,此时机体会发生一系列以碳水化合物、脂肪、蛋白质等为主体的代谢及免疫改变,以维持机体疾病状态下组织、器官功能以及生存所需。

1. 禁食、饥饿状态下　饥饿时机体通过减少活动、降低基础代谢率、减少能量消耗从而减少分解代谢以维持生存。饥饿早期,机体首先利用肝脏及肌肉的糖原储备消耗以供能直至糖原耗尽,然后再依赖糖异生作用。此时,肝脏及肌肉蛋白分解以提供糖异生前体物质,蛋白质合成下降。然后,脂肪动员增加以减少蛋白质消耗,血浆葡萄糖及胰岛素浓度下降,血酮体及脂肪酸浓度增高,组织对脂肪酸利用增加。随着饥饿的持续,机体所有的重要器官都参与适应饥饿时的代谢改变,平衡有限的葡萄糖产生和增加游离脂肪酸及酮体的氧化,有助于保存机体的蛋白质,使生命延续得以实现。

2. 创伤、手术及感染等状态下　机体通过神经 - 内分泌系统发生一系列应激反应,使体内营养素处于分解代谢增强、合成代谢减弱的状态。碳水化合物代谢方面表现为创伤后糖异生活跃,葡萄糖生成明显增加;胰岛素分泌受抑制,机体对胰岛素反应降低,出现胰岛素抵抗,从而导致高血糖。手术、创伤后早期,中枢神经系统对葡萄糖的消耗基本维持在约 120g/d。蛋白质代谢方面主要是分解代谢加速,尿氮排出增加,出现负氮平衡,可能导致机体肌肉量和肌肉强度下降。此外,创伤应激时由于交感神经系统受到持续刺激,机体脂肪组织利用率增加,分解代谢增强,血浆中游离脂肪酸水平上升。

多数中、小型手术病人都能耐受术后轻至中度的分解代谢增强,并在术后短期内恢复。但较大的手术和多发性创伤病人往往难以经受明显增强的分解代谢,常引起营养不良。营养不良不仅可能影响手术等治疗的效果,还可增加并发症风险,影响病人的整体康复和预后,因此,应及时为此类病人提供合理的营养支持。

第二节　营养风险筛查和营养评定

规范化的营养支持治疗包括营养筛查(nutritional screening)、营养评定(nutritional assessment)、制定营养支持计划、实施营养支持和监测五个步骤。首先通过营养风险筛查发现病人是否存在营养支持治疗的适应证,进而对有营养风险的病人进行营养状况评定,从而为后续营养支持计划的制定提供依据。

【营养风险筛查】

(一) 营养风险

营养风险(nutritional risk)是指现存的或潜在的营养和代谢状况导致病人出现不良临床结局的风险,这些不良临床结局包括住院时间延长、感染性并发症发生率增加、成本 - 效益比增加、生活质量降低等。值得注意的是,营养风险强调因营养因素出现不良临床结局的风险,而不仅仅是出现营养不良的风险。我国已将营养筛查阳性设定为肠内、肠外营养制剂使用和医疗保险支付的前提条件。建议对每位住院病人均进行营养风险筛查,及时发现营养支持治疗的适应证,并给予规范化的营养支持治疗,以便改善病人临床结局和成本效益比。

（二）常用的营养风险筛查工具

临床上用于营养筛查的工具可分为营养风险筛查工具和营养不良筛查工具 2 类,各种方法均有其优点和不足,应根据被筛查对象的特点合理选用。

1. 营养风险筛查工具 2002(nutritional risk screening 2002,NRS 2002) 临床上最常用,由欧洲肠外肠内营养学会(ESPEN)开发,适用于 18 岁以上、住院时间超过 24 小时病人的营养风险筛查。该工具从病人的年龄、疾病严重程度和营养受损状况 3 个方面进行筛查,总分为 0~7 分,总评分≥3 分提示存在营养风险,需进行营养评定,并制定和实施营养支持计划(表 4-1)。对于总评分 <3 分者,每周重复一次营养风险筛查。

表 4-1 营养风险筛查 2002(nutritional risk screening 2002,NRS 2002)

	评分项目
A. 年龄评分	
1 分	年龄≥70 岁
B. 疾病严重程度评分(取最高分)	
1 分(任一项)	一般恶性肿瘤、髋部骨折、长期血液透析、糖尿病、慢性疾病(如肝硬化、慢性阻塞性肺病)
2 分(任一项)	血液恶性肿瘤、重症肺炎、腹部大手术、脑卒中
3 分(任一项)	颅脑损伤、骨髓转移、重症监护
C. 营养状态受损评分(取最高分)	
1 分(任一项)	近 3 个月体重下降 >5%;近 1 周内进食量减少 >25%
2 分(任一项)	近 2 个月体重下降 >5%;近 1 周内进食量减少 >50%
3 分(任一项)	近 1 个月体重下降 >5% 或近 3 个月体重下降 >15%;近 1 周内进食量减少 >75%;体重指数 <18.5 及一般情况差

注:NRS 2002 评分总分 =A+B+C,若评分总分≥3 分,提示病人存在营养风险,需进行营养评定。

2. 营养不良通用筛查工具(malnutrition universal screening tool,MUST) 由英国肠外肠内营养学会多学科营养不良咨询小组开发,主要用于蛋白质 - 热量营养不良及其风险的筛查,适用于社区、医院等不同医疗机构。该工具从三个方面进行筛查:①BMI;②体重下降程度;③疾病所致的进食量减少。根据最终总得分,分为低营养风险状态(0 分)、中等营养风险状态(1 分)和高风险状态(≥2 分)(表 4-2)。

表 4-2 营养不良通用筛查工具(malnutrition universal screening tool,MUST)

	评分项目
A. BMI	
0 分	>20kg/m^2
1 分	18.5~20kg/m^2
2 分	<18.5kg/m^2
B. 体重下降程度	
0 分	过去 3~6 个月体重下降 <5%
1 分	过去 3~6 个月体重下降 5%~10%
2 分	过去 3~6 个月体重下降 >5%
C. 疾病原因导致近期禁食	
2 分	≥5 天

3. 微型营养评定法(mini nutritional assessment,MNA) 主要用于社区和养老院老年病人的营养筛查,还可用于有营养风险病人的营养评定。新版 MNA 由营养风险筛查(6 个条目,总分 14 分)和营养评定(12 个条目,总分 16 分)2 个部分构成,临床评估时分两步进行,若第一部分得分≥12 分,则无营养不良风险,无需进行第二部分的评定;若第一部分得分≤11 分,提示可能存在营养不良,需进行第二部分的营养状况评定。

4. 主观全面评定法(subjective global assessment,SGA) 是由美国肠内肠外营养学会(ASPEN)推荐的临床营养不良筛查工具和营养评定工具;在此基础上设计了 PG-SGA,推荐用于肿瘤病人的营养评定。

【营养评定】

营养评定是由临床营养专业人员通过询问相关健康史、体格检查、人体测量、实验室检查等手段和指标,对病人的营养状况进行全面检查和评估,以确定营养不良的类型和程度,为营养支持计划的制定和疗效监测提供依据。

(一)临床检查

1. 相关健康史 包括询问病人病史,有无手术创伤、感染等应激状态,有无呕吐、腹泻等消化道症状,有无体重、进食量改变等情况。

2. 体格检查 重点关注病人是否有下述情况并判定其程度,同时与其他疾病鉴别:①恶病质;②毛发脱落;③皮肤改变;④肌肉萎缩;⑤水肿或腹水;⑥肝大;⑦必需脂肪酸缺乏体征;⑧维生素缺乏体征;⑨常量和微量元素缺乏体征等。

(二)人体测量指标

1. 体重 可从总体上反映人体的营养状况,是最简单、最直接的评定指标,住院病人测量体重时应选择晨起空腹、排空大小便后。通常采用实际体重占理想体重的百分比来衡量,我国常用理想体重的计算公式如下:

Broca 改良公式:理想体重(kg)= 身高(cm)–105

平田公式:理想体重(kg)= [身高(cm)–100] × 0.9

如果没有水钠潴留或脱水因素的影响,当实际体重不足理想体重的 90% 时,提示存在营养不良。

将体重改变的程度和时间结合起来分析,可以更好地评价病人的营养状况。一般来说,无主动控制体重情况下,病人 3 个月体重丢失 >5%,或 6 个月内体重丢失 >10%,即提示存在营养不良。

2. 体质指数(body mass index,BMI) 被公认为反映蛋白质 – 热量营养不良以及肥胖症的可靠指标。计算公式为:

$$BMI= 体重(kg)/ [身高(m)]^2$$

2002 年,国际生命科学学会中国办事处中国肥胖问题工作组提出:中国成人理想的 BMI 值在 18.5~23.9kg/m² 之间,若 <18.5kg/m² 为营养不良,≥24.0kg/m² 为超重,≥28.0kg/m² 为肥胖。此标准不适用于儿童、发育中的青少年、孕妇、乳母、老人及身形健硕的运动员。

3. 三头肌皮褶厚度(triceps skinfold thickness,TSF) 是反映体脂储备的指标,可直接显示皮下脂肪量和间接反映体内脂肪量。测量时,被测者上臂自然下垂,测定者在其肩峰与尺骨鹰嘴连线的中点上方约 2cm 处做标记,以左手拇指、示指、中指将该点皮肤连同皮下组织捏起,用皮脂计测量拇指下方的皮褶厚度,连续测量 3 次取平均值,即为 TSF。若测定值较标准值低 10% 以上,提示营养不良。我国目前尚无群体调查理想值,但可使用病人治疗前、后测量值进行自身对比。

4. 腰围(waist circumference,WC)、腰臀围比值(waist-hip ratio,WHR) 是反映脂肪

在腹部蓄积程度的实用指标。腰围的测量方法为:被测者空腹,着轻薄衣裤或裸腹,身体直立,双脚分开 30~40cm,腹部放松,自然呼吸,测量者将软尺固定于最低肋骨下缘与髂嵴连线两水平线间中点的水平位置,绕腹一周,在被测者呼气末记录其周长。中国成年人群男性腰围≥85cm、女性腰围≥80cm,提示腹部脂肪蓄积,可定为腹型肥胖。臀围测量方法基本同腰围,测量位置为臀部的最大伸展度处。腰臀围比值(WHR)则是腰围和臀围之比,即

$$WHR= 腰围(cm)/臀围(cm)$$

WHR 的参考值随年龄、性别、人种不同而异。我国建议男性 WHR>0.9、女性 WHR>0.8 为腹型肥胖。

(三) 实验室检测指标

1. 血浆蛋白 可反映机体蛋白质的营养状况,临床上常测定白蛋白、转铁蛋白、前白蛋白和视黄醇结合蛋白等。营养不良时,上述指标出现不同程度的下降。白蛋白浓度降低是营养不良最明显的生化特征,对于预测病人预后有参考意义,血浆白蛋白高的病人较低白蛋白血症者择期手术术后并发症风险降低。白蛋白的半衰期较长,为 14~20 日,而转铁蛋白和前白蛋白的半衰期分别为 8 日和 2 日,因此后者更能反映短期内的营养状态变化,是营养不良早期诊断和评价营养支持效果的敏感指标。需要注意的是,许多疾病状态如肾衰、肝脏疾病、透析等可对血清前白蛋白浓度产生影响,使其应用受限。

2. 氮平衡 是评价机体蛋白质营养状况可靠和常用的指标。当氮的摄入量大于氮的排出量时为正氮平衡,反之为负氮平衡,两者相等则维持氮的平衡状态。机体处于正氮平衡时,蛋白质的合成代谢大于分解代谢;负氮平衡时,分解代谢大于合成代谢。一般食物蛋白质的氮平均含量为 16%,住院病人大部分的排出氮为尿氮。氮平衡计算公式:

$$氮平衡(g/d)=24 小时摄入氮量(g)-24 小时排出氮量(g)$$
$$24 小时摄入氮量(g)=24 小时蛋白质摄入量(g)\div 6.25$$
$$24 小时排出氮量(g)=24 小时尿中尿素氮(g)+2~4(g)$$

其中常数 2~4 为粪便、汗液及其他排泄物中排泄的氮量。

3. 免疫指标 蛋白质热量营养不良常伴有免疫功能的降低,这会增加术后病人的感染率。①外周血总淋巴细胞计数:是反映机体细胞免疫状态的简易参数,计数 $<1.5 \times 10^9/L$ 常提示营养不良。但在严重感染时,该指标的参考价值受影响。②迟发性皮肤超敏试验:可基本反映人体的细胞免疫功能。通常用 5 种抗原各 0.1ml,于双前臂下端不同部位做皮内注射,24~48 小时后观察反应,皮丘直径>5mm 为阳性,即正常;直径<5mm 表示细胞免疫功能不良。但因其影响因素多,特异性差。

结合病人的健康史、人体测量和实验室指标检测结果,可以评定病人的营养状态(表4-3)。《中华医学会临床诊疗指南 - 肠外肠内营养学分册(2008 版)》提出营养不良(营养不足)的诊断标准为:①BMI 低于 $18.5kg/m^2$,伴一般情况差;②白蛋白低于 30g/L(无明显肝肾功能障碍病人)。

【营养不良的分类】

临床上的营养不良通常指蛋白质 - 能量营养不良(protein-energy malnutrition,PEM),即由于能量或蛋白质摄入不足或吸收障碍造成的特异性营养缺乏症状和体征,可分为三种类型。

1. 消瘦型营养不良(marasmus) 为能量缺乏型,主要因能量摄入不足引起,常见于长期饥饿或慢性疾病病人。临床主要表现为严重的脂肪和肌肉消耗,消瘦,人体测量指标值下降,血浆白蛋白可基本正常或降低。

表 4-3　营养状态的评定

评定指标	营养不良			正常范围
	轻度	中度	重度	
体重下降百分比(%)	10~20	20~40	>40	<10
血浆白蛋白(g/L)	30~35	25~30	≤25	35~55
血浆转铁蛋白(g/L)	1.5~2.0	1.0~1.5	≤1.0	2.0~4.0
血浆前白蛋白(g/L)	0.15~0.20	0.10~0.15	≤0.10	0.20~0.50
总淋巴细胞计数(×10^9/L)	1.2~2.0	0.8~1.2	≤0.8	2.5~3.0
氮平衡(g/24 小时)	−10~−5	−15~−10	<−15	0±1
迟发性皮肤超敏试验阳性反应(>5mm)	只对 1 种抗原有反应	只对 1 种抗原有反应	对抗原无反应	至少对 2 种抗原有反应

2. 低蛋白型营养不良(kwashiorkor)　为蛋白质缺乏型,主要因蛋白质摄入不足或应激状态下分解代谢增加而引起。临床表现为血浆蛋白测定值明显降低,总淋巴细胞计数及皮肤超敏试验结果异常,体重下降不明显。

3. 混合型营养不良(marasmus kwashiorkor)　为蛋白质 - 能量缺乏型,是长期慢性营养不良发展的结果,常见于消化道瘘或晚期肿瘤病人。临床表现兼有上述两种类型的特征。

【营养支持的指征】

当病人出现下列情况之一时,应提供营养支持:①无主动控制体重情况下,近期体重下降 >10% 者;②血清白蛋白 <30g/L 者;③连续 7 日以上不能正常进食者;④已明确为营养不良者;⑤可能产生营养不良或手术并发症的高危病人。

【能量和蛋白质需要量估算】

准确了解和评估临床上不同病人的能量和蛋白质需求,是合理有效地提供营养支持的前提和保证。

1. 能量需要量的估算　能量需要量是指能够满足机体总能量消耗,使人体能长期保持良好的健康状态,维持良好的体型、机体构成以及理想活动所需要的能量摄入量。临床上可根据病人的病情、基础能量消耗、活动程度和治疗目标来估算能量的需要量。

(1) 公式计算法:根据 Harris-benedict 公式计算 BEE,再乘以相应的系数计算得到实际能量消耗(actual energy expenditure, AEE),计算公式如下:

$$AEE = BEE \times AF \times IF \times TF$$

其中 AF 为活动系数(卧床为 1.1,卧床加活动为 1.2,正常活动为 1.3);IF 为手术等损伤应激系数(无应激因素为 1,中等手术为 1.1,骨折为 1.2,脓毒症为 1.3,腹膜炎为 1.4,多发性创伤为 1.5,多发性创伤 + 败血症为 1.6 等);TF 为体温系数(正常体温为 1.0,体温每升高 1℃,系数增加 0.1)。

(2) 简易估算法:根据病人性别和应激情况等进行估算,再根据病情和治疗目标增减。每日基本能量需要一般男性非应激状态下为 25~30kcal/kg(1kcal=4.184kJ),应激状态下为 30~35kcal/kg;女性非应激状态下为 20~25kcal/kg,应激状态下为 25~30kcal/kg。

总能量由碳水化合物、脂肪和蛋白质提供,分别占比 50%~60%、25%~30% 和 15%~20%,并根据病人的实际情况适当调整。在严重应激状态下,营养素供给中应增加氮量、减少热量,降低热氮比,调整蛋白质、脂肪和碳水化合物的供能比至 25%、30% 和 45%,从而给予相应的代谢支持。

2. 蛋白质需要量的估算　一般为 1.0~1.5g/(kg·d),亦可根据病情和治疗目标增减。

笔记栏

第三节　肠内营养病人的护理

案例分析

　　章先生,62岁,退休教师,因"反复口腔溃疡5年,腹痛、纳差2年,会阴部溃疡1年,腹部包块7月"入院,诊断为克罗恩病,行回肠末端造瘘术。术后以流质饮食为主,进食量较少。发病以来睡眠欠佳、食欲差,其余无不适。

　　体格检查:T 37.8℃,P 92次/min,R 17次/min,BP 125/82mmHg,身高170cm,体重49kg,近半年体重下降15kg,无水肿。

　　实验室检查:血生化检查示血红蛋白86g/L、白蛋白29g/L、尿素7.2mmol/L、肌酐33umol/L、尿酸143umol/L、钠123mmol/L、钾3.5mmol/L。

　　请问:

　　1. 通过营养评定,可对病人做出哪些营养问题的诊断?

　　2. 该病人是否需要进行肠内营养支持? 若需要,应选择何种途径?

　　3. 该病人在营养支持过程中,可能出现哪些并发症?

　　肠内营养(enteral nutrition,EN)是指经消化道提供人体代谢所需能量和营养素的一种营养支持方法,临床上多通过口服或管饲途径给予。其优点是:①肠内营养制剂经肠道吸收后,能很好地被机体利用,整个过程符合生理,且肝脏可发挥解毒作用;②食物的直接刺激有利于预防肠黏膜萎缩,维持肠屏障功能,防止细菌移位;③食物中的某些营养素(如谷氨酰胺)可直接被消化道黏膜利用,有利于黏膜代谢;④肠内营养给予方便、费用低廉,无严重并发症。因此,胃肠功能正常或存在部分功能者,营养支持应首选肠内营养。

【适应证与禁忌证】

　　1. 适应证　有营养支持指征,胃肠功能存在并可利用,但不能或不愿经口摄入足量食物者,包括:①不能正常经口进食者,如口腔、食管疾病与手术,严重颌面部损伤,破伤风,意识障碍等;②处于高分解代谢状态者,如严重感染、重大创伤、复杂大手术后、大面积烧伤病人等;③慢性消耗性疾病病人,如结核、肿瘤等;④消化道疾病稳定期,如消化道瘘、短肠综合征、急性坏死性胰腺炎等经肠外营养至病情稳定后,可逐步过渡到肠内营养;⑤纠正及预防手术前后营养不良。

　　2. 禁忌证　①完全性肠梗阻;②消化道活动性出血;③严重腹腔或肠道感染;④严重呕吐、腹泻、吸收不良;⑤术后消化道麻痹所致肠功能障碍;⑥严重感染、衰竭或休克等。

【肠内营养制剂】

　　肠内营养制剂具有特殊饮食目的,强调易消化吸收或不需消化即能吸收,需在医疗监护下使用。根据制剂成分和临床应用特点,可分为四类,其标准能量密度为4.18kJ/ml。

　　1. 非要素型制剂　即整蛋白型制剂,其氮源为整蛋白或蛋白质游离物,糖类来源为低聚糖、麦芽糖糊精或淀粉,脂肪来源为植物油,并含有维生素和矿物质,是临床应用最广泛的肠内营养制剂。优点是营养完全,渗透压接近等渗(约300mmol/L),口感好,口服或管饲途径均可,不易引起胃肠道反应,对肠黏膜屏障功能有较好的保护作用。适用于胃肠道功能正常或基本正常者,临床上有液体或者粉末状的营养配方可供使用。由于费用等原因,也可选用牛奶、鱼、肉、蛋、水果、蔬菜等天然食物由医院营养科或病人家庭自行加工制备匀浆。

2. 要素型制剂 渗透压较高(470~850mmol/L),其氮源为蛋白质水解产物如氨基酸或多肽,以部分水解的淀粉(双糖和麦芽糖糊精)作为糖类的主要来源,此外还含有脂肪酸、多种维生素和矿物质。其特点是营养成分全面,不需要消化即可直接或接近直接吸收,残渣少,不含乳糖。因其口感较差,应以管饲为宜,适用于胃肠道消化功能明显减弱、但吸收功能部分存在者,如短肠综合征、胰腺炎等病人。

3. 组件型制剂 是仅含某种或以某种营养素为主的肠内营养制剂,分为蛋白质组件、糖类组件、脂肪组件、维生素组件及矿物质组件等。组件型制剂可用于满足某些营养素缺乏病人的特殊需求,也可利用其对完全型肠内营养制剂进行补充和强化,使营养制剂配方更符合个体需求。但较多的不溶成分相加增加了物理不相容性,也有被微生物污染的危险性。

4. 疾病专用型制剂 是根据不同疾病特征设计的针对特殊病人的专用制剂,既能达到营养支持的目的,又能起到治疗疾病的作用。主要有以下几种:

(1) 肾病肠内营养制剂:为必需氨基酸配方,其氮源为 8 种必需氨基酸和组氨酸。使用此配方的目的在于重新利用体内分解的尿素氮合成非必需氨基酸,既能减少血液尿素氮的含量,缓解尿毒症症状,又可合成蛋白质,获得正氮平衡。

(2) 肝病肠内营养制剂:为高支链氨基酸配方,其氮源为 14 种氨基酸,支链氨基酸含量较高,占总氨基酸的 35%~40%,而芳香族氨基酸和蛋氨酸含量较低。支链氨基酸可经肌肉代谢,增加其浓度并不增加肝脏负担,并可与芳香族氨基酸竞争进入血 - 脑屏障,减少假性神经递质的释放,具有营养支持和防治肝性脑病的双重作用。

(3) 糖尿病肠内营养制剂:为低升糖指数、高膳食纤维配方,碳水化合物来源和脂肪构成适合糖尿病病人的需要。碳水化合物以低聚糖或多糖为主,并富含膳食纤维,可减缓血糖的上升速度及幅度;含相对高比例的不饱和脂肪酸,可减慢膳食在胃内的排空速度,延缓饥饿感出现。

(4) 肺病肠内营养制剂:为高脂肪、低碳水化合物配方,其产品能提供充分的能量和蛋白质,碳水化合物含量低,脂肪含量高,有利于减少二氧化碳的生成,从而减少慢性阻塞性肺病或急性呼吸衰竭所引起的二氧化碳潴留。

(5) 创伤肠内营养制剂:适用于大手术、烧伤、多发性严重创伤及脓毒症等高分解代谢病人。其蛋白质热量分配、热量密度及支链氨基酸的含量均较一般膳食高。部分创伤制剂富含精氨酸、谷氨酰胺及 ω-3 脂肪酸等,有助于提高创伤病人的免疫功能,称为免疫增强型肠内营养制剂。

【护理评估】

1. 相关健康史 了解病人既往和近期健康状况及导致营养不良的原因,有无肠内营养的适应证与禁忌证。

2. 身体状况

(1) 全身:评估病人有无腹胀腹痛、恶心呕吐、腹泻、压痛、反跳痛等;了解生命体征是否平稳,有无脱水或水肿、休克等征象;了解体重、BMI 等人体测量指标。

(2) 辅助检查:了解辅助检查结果如血浆白蛋白、细胞免疫功能等,以评估病人的营养状况和对肠内营养支持的耐受程度等。

3. 心理 - 社会状况 了解病人和亲属对营养支持重要性和必要性的认知及接受程度、

家庭经济状况及营养支持费用的承受能力等。

【主要护理诊断/问题】

1. 营养失调:低于机体需要量　与摄入不足、疾病消耗过多或高分解代谢等有关。

2. 有误吸的危险　与意识障碍、体位不当、喂养管移位及胃排空障碍等有关。

3. 有皮肤完整性受损的危险　与长期留置喂养管有关。

4. 潜在并发症:胃肠道并发症(恶心、呕吐、腹胀、腹泻)、感染、代谢性并发症(高血糖和低血糖、水电解质平衡失调、高碳酸血症)等。

5. 舒适度减弱　与长期留置喂养管有关。

【护理措施】

1. 建立输入途径　取决于疾病情况、喂养时间长短、病人精神状态及胃肠道功能。主要有经口营养补充和管饲营养支持两种,管饲又分为经鼻插管或造口途径,护士应做好相应管道的常规护理。

(1) 经口营养补充:首选,适合于可以口服摄食,但摄入量不足者。主要是在平时饮食的基础上,增加营养补充制剂。

(2) 鼻饲置管营养:是临床上使用较多的方法,根据导管末端位置不同,分为鼻胃、鼻十二指肠或鼻空肠置管。适合于短时间(<1个月)内需要营养支持的病人,优点是价格低,操作相对简单;缺点是有反流和吸入气管的危险,长期置管可引起咽部不适、红肿,出现呼吸系统并发症。

(3) 造口置管营养:常见的有胃造口、空肠造口,避免了对鼻腔的刺激,适合于需要长期进行肠内营养支持的病人,或消化道远端有梗阻无法置鼻饲管者,或不耐受鼻饲管者。主要通过外科手术造口或经内镜下造口。

2. 营养液的配制与存放　肠内营养制剂分液体和粉剂两种。液体制剂无需配制,直接应用。粉剂需在有刻度的容器中配制成一定浓度的溶液才能应用。营养液最好在无菌环境下配制,并分装500ml输液瓶中,置于4℃冰箱内保存,24小时内用完。

3. 营养液的给予方式　营养液在使用前应在室温下复温后再给予。

(1) 分次给予:适用于喂养管前端位于胃内且胃肠功能良好者。可将营养液用注射器在10~20分钟内缓慢地分次推注胃内,推注速度控制在30ml/min以内,每次200ml,每日6~8次;也可将营养液置于输液容器内,经输液管接喂养管缓慢滴注,每次250~500ml,每次入量在2~3小时内完成,每日4~6次。

(2) 连续给予:适用于喂养管前端位于十二指肠或空肠内、胃肠道功能和耐受性较差者。可应用肠内营养专用输注泵将营养液在12~24小时内连续输注,没有条件时也可采用重力滴注法。输注泵带有滴数计数器和加温功能,可准确控制输注速度和输液容量,是临床推荐的肠内营养输注方式,胃肠道不良反应较少,营养效果好。

肠内营养液输注时应循序渐进,开始时采用低浓度、低剂量、低速度的喂养方式,随后逐渐增加。一般第1日输入1/4总需要量,浓度可稀释一倍。如病人能耐受,第2日增加至1/2总需要量,第3~5日增加至全量约2 000ml。开始输注时速度宜慢,一般为25~50ml/h,以后每12~24小时增加25ml/h,最大滴速为100~150ml/h。输注时营养液温度保持在38~40℃,以免引起胃肠道并发症。

4. 喂养管的护理　应妥善固定喂养管,告知病人翻身时避免导管打折、受压、移位或滑脱;各导管接口每日用75%酒精消毒,喂养完毕用清洁纱布包裹;保持喂养管通畅,分次给予营养液前后或连续输注过程中每间隔4小时,均以20~30ml温开水脉冲式冲洗管道;给予药物时应研碎溶解再注入,并于前后冲管,防止堵塞。

5. 并发症的预防与护理

(1) 误吸：误吸常发生于经鼻胃管或胃造口途径行肠内营养者，与喂养管移位、胃排空迟缓、体位不当、咳嗽和呕吐反射减弱或消失、意识障碍等有关。预防误吸的护理措施包括：①输注营养液时，应安置病人于坐位或半卧位或将床头抬高 30°~45°；②每 4 小时或灌注前抽吸胃管，确定胃管是否在胃内，并观察有无胃潴留，若胃内残留量超过 100~150ml，应减慢或暂停输注，必要时遵医嘱加用促胃动力药物；③做好病情观察，一旦出现呛咳、呼吸急促或咳出类似营养液的痰液时，为误吸可能，应立即停止灌注，指导和刺激病人咳嗽，以排出吸入物，防止发生窒息和吸入性肺炎，必要时经吸痰管等清除误吸物。

(2) 黏膜、皮肤损伤：长期留置鼻胃管、鼻肠管者，鼻咽部黏膜因长时间受压可产生溃疡。护理措施包括：①每日用油膏涂拭润滑鼻腔；②胃、空肠造口者，应保持造口周围皮肤干燥、清洁，定时换药，防止皮炎发生。

(3) 腹泻、腹胀：主要原因有营养液输注速度过快、温度过低，营养液渗透压过高及营养液污染等。输注时应注意调节温度、速度、避免营养液污染、变质。

(4) 高血糖和低血糖：监测尿糖和酮体是发现高血糖症的有效方法，一旦发现，遵医嘱给予胰岛素治疗。低血糖多见于长期应用肠内营养而突然停止者，可适当补充葡萄糖。

(5) 血钠、钾代谢失衡：由于营养液总量内含钠、钾比例不当，可导致高钠、低钠或高钾、低钾，一旦发现，遵医嘱进行对因和对症处理。

(6) 感染

1) 吸入性肺炎：因误吸所致，预防措施参见预防误吸。

2) 急性腹膜炎：往往因胃、空肠造瘘管脱出，使营养液进入腹腔所致。应妥善固定造口管，一般采用缝线固定，同时注意观察造瘘管在体外的标记，以判断造瘘管是否保持在原位；叮嘱病人翻身、起床时防止拉脱造瘘管。若病人出现腹痛、造瘘管周围有营养液渗出、腹腔引流管引出类似营养液的液体时，应立即停止输注营养液，并配合医生尽可能清除渗漏的营养液，采用抗生素进行抗感染治疗。

6. 营养状况监测　①代谢状况：如血常规、尿常规、血糖、肝肾功能、电解质、体液出入量等。②营养状况：体重、三头肌皮褶厚度、血浆蛋白和氮平衡等。③胃肠道耐受性：有无腹胀、恶心、呕吐、腹泻等。

7. 心理护理　向病人及其亲属讲解营养不良的危害及肠内营养支持的意义，告知治疗期间需监测的内容、预计的治疗费用、营养实施途径、方法及可能发生的并发症等，消除病人和亲属顾虑，积极配合医疗与护理工作。

【健康教育】

1. 告知病人肠内营养的重要性和必要性，降低自行拔管的风险。

2. 指导携带喂养管出院的病人及亲属掌握居家喂养和自我护理方法，以改善营养状况。

3. 告知病人恢复经口进食将是循序渐进的过程，指导病人和亲属保持均衡饮食。

第四节　肠外营养病人的护理

案例分析

周女士，28 岁，公司职员，因腹痛、腹胀、便秘 1 个月入院。1 月前，病人无明显诱因出现腹痛、腹胀、停止排气排便，即来院就诊，诊断为肠梗阻，行左半结肠切除术。现术后第 4 天,予禁食、胃肠减压治疗,除使用抗生素外,仅每天补液 1 500ml。近 1 月来体重下降约 5kg,睡眠质量差,其余无不适。

体格检查:T 38.5℃,P 100 次/min,R 20 次/min,BP 106/78mmHg。腹部平软,无压痛、反跳痛,无肌紧张。

辅助检查:血清白蛋白 25g/L,血红蛋白术后第 1 天 100g/L、术后第 3 天 97g/L、术后第 4 天 95g/L;粪便隐血试验(+++)。

请问:

1. 该病人可实施哪种营养支持,为什么?

2. 该种营养支持方式输注营养制剂的途径有哪些,如何选择?

3. 该病人在营养支持过程中,可能出现哪些并发症,如何预防?

肠外营养(parenteral nutrition,PN)又称静脉营养,是指通过胃肠道以外(静脉)途径提供人体所需能量和营养素的一种营养支持方法。肠外营养是肠功能衰竭病人必不可少的治疗措施,疗效确切。它能使病人在不进食的情况下,获得足够的营养素,维持机体正常代谢和生命活动;还可使胃肠道处于功能性休息状态,有辅助治疗某些胃肠疾病的作用。肠外营养可分为完全胃肠外营养(total parenteral nutrition,TPN)和部分肠外营养,前者指所有营养素完全经肠外途径获得的营养支持方式。

【适应证与禁忌证】

1. 适应证　1 周以上不能或不宜经口进食者。包括:①无法从胃肠道进食者,如严重消化道瘘、短肠综合征、急性坏死性胰腺炎等;②消化道需要休息或功能障碍者,如肠道炎症性疾病、长期腹泻、消化道大出血;③处于高分解代谢状态者,如多发性创伤、腹部大手术,大面积烧伤等;④营养需求增加者,如营养不良病人的术前准备、放疗和化疗期间胃肠道反应重者;⑤肠内营养无法达到机体需要的目标量时亦可补充肠外营养。

2. 禁忌证　当病人有以下情况时,需先适当纠正或控制病症后再考虑肠外营养:①严重水、电解质和酸碱平衡失调;②凝血功能异常;③休克等。

【肠外营养制剂】

1. 葡萄糖溶液　是肠外营养的主要非蛋白质能量来源,健康成人一般需要量为 4~5g/(kg·d),PN 时葡萄糖供给量一般为 3~3.5g/(kg·d),约占总能量的 50%~60%,高血糖病人的葡萄糖供给量可降至 2~3g/(kg·d)。过多葡萄糖摄入会促进脂肪生成,每日葡萄糖的供给总量不宜超过 300~400g。为促进合成代谢和葡萄糖的利用,可在营养液中按比例添加胰岛素,一般 4~10g 葡萄糖给予 1U 胰岛素。

2. 脂肪乳剂　是肠外营养的另一种重要能量物质,多以鱼油、大豆油、椰子油或橄榄油为原料,具有良好的理化稳定性。PN 中脂肪的供给量约为 0.7~1.3g/(kg·d),约占总能量的 20%~30%。当脂肪与葡萄糖共同构成非蛋白质能量时更符合生理,二者的比例约为(1:2)~(2:3)。脂肪乳剂具有能量密度高、等渗、不从尿排泄、富含必需脂肪酸、对静脉壁无刺激、可经外周静脉输入等优点,但输注速度不宜过快,一般从 1ml/min 开始(<0.2g/min)。

临床常用的经静脉用脂肪乳剂分两类:一类由长链甘油三酯(long chain triglyceride,LCT)构成;另一类则是由 50% 中链甘油三酯(medium chain triglyceride,MCT)与 50%LCT 混合而成的中/长链甘油三酯(MCT/LCT)。不同链长脂肪酸对机体代谢和营养的影响不同。LCT 内包含人体所需的必需脂肪酸如亚油酸、亚麻酸及花生四烯酸,但需依赖肉毒碱作为载体进入线粒体氧化代谢和供能,代谢速度较慢;在肝功能不全或严重感染等状态下可因机体肉毒碱不足而影响 LCT 的代谢。MCT 不需要依赖肉毒碱,代谢速度较快,但其主要脂肪酸是辛酸及癸酸,不能提供必需脂肪酸,过量或快速输注具有较强的生酮效应。目前临床上第四代的经静脉用脂肪乳剂使用鱼油或鱼油和一种或几种植物油(橄榄油、大豆油、椰子油等)混合,富含 n-3 多不饱和脂肪酸,具有潜在的药理益处,有助于下调炎症反应。

3. 氨基酸制剂 是肠外营养配方中的氮源,用于合成人体蛋白质。健康成人氨基酸的需要量一般为 1.2~1.5g/(kg·d),根据病人病情和代谢情况的不同,蛋白质(氨基酸)供给量不同,一般约为 1~1.5g/(kg·d),手术创伤和危重症病人可提高蛋白质供给量至 1.5~2.5g/(kg·d)。

氨基酸溶液品种繁多,都按一定的模式配比而成,可归纳为通用型与疾病专用型两类,临床选择须以应用目的、病情、年龄因素为依据。通用型氨基酸溶液所含必需氨基酸(8 种)与非必需氨基酸(8~12 种)的比例符合正常机体代谢的需要,适用于大多数病人。疾病专用型氨基酸溶液的配方多针对某一疾病代谢特点而设计,兼有营养支持和治疗的双重作用,包括适用于肝脏疾病病人的高支链氨基酸注射液,适用于肾脏病人的必需氨基酸注射液等。另有单一氨基酸制剂:①谷氨酰胺:属于非必需氨基酸,在手术、创伤、感染等应激状态下,内源性产生的谷氨酰胺将不能满足机体需求,严重缺乏将影响器官功能,所以临床上看作条件必需氨基酸。谷氨酰胺是肠黏膜细胞、淋巴细胞和胰腺腺泡细胞的主要能源物质,有助于维持消化道的正常功能,还可帮助肝、肾清除体内废物,促进白细胞增殖,增强机体防御功能等。②精氨酸:具有免疫调节作用,有助于增强免疫功能,促进伤口愈合。

4. 维生素制剂 分水溶性维生素制剂和脂溶性维生素制剂两大类,也有水溶性和脂溶性混合的维生素制剂。水溶性维生素包括 B 族维生素、维生素 C 和生物素;脂溶性维生素包括维生素 A、D、E 和 K。水溶性维生素体内无储备,不能正常进食时则会缺乏;脂溶性维生素体内有一定储备,短期禁食者不致缺乏,禁食时间超过 2~3 周才需补充。复合维生素制剂中的各种维生素含量多根据每日膳食营养素推荐摄入量而定,一般每日 1 支加在肠外营养液或其他输液中应用。在感染、手术等应激状态下,人体对部分水溶性维生素如维生素 B、C 等的需要量增多,应适当增加供给量。

5. 电解质制剂 电解质是参与调节和维持人体内环境稳定所必需的营养物质,PN 时需补充钾、钠、钙、氯、镁及磷。有大量引流或额外丧失时,需根据血清电解质水平,调整和补充相应电解质,以避免电解质紊乱。常用电解质制剂有 10% 氯化钾、10% 氯化钠、10% 葡萄糖酸钙、25% 硫酸镁及甘油磷酸钠等。

6. 微量元素制剂 主要有锌、铜、铁、硒、铬、锰等,这些元素参与酶的组成、三大营养物质的代谢、上皮生长、创伤愈合等生理过程,TPN 超过 2 周时,需根据病人实验室监测结果和实际需要给予补充。

7. 预混式多腔袋 PN 配方制剂 是将各种营养制剂混合配制于单容器多腔式容器(简称多腔袋)中的一种即用型 PN 处方制剂。此产品带有分隔腔结构,每个腔室内含有不同的营养成分。输注前,适度挤压腔间的隔膜,即可使各腔的内容物混合,成为全营养混合液(total nutrients admixture,TNA)。此类产品分为两类:①分别含氨基酸和葡萄糖的双腔袋(2-in-1);②分别含氨基酸、葡萄糖和脂肪乳剂的三腔袋(3-in-1),3-in-1 中大多含有电解质,但不含维生素和微量元素,常需额外添加。

【护理评估】

1. 相关健康史 了解病人既往和近期健康状况及导致营养不良的原因,有无肠外营养的适应证与禁忌证。

2. 身体状况

(1) 全身:了解病人周围静脉状况是否良好,锁骨上区皮肤有无破损等影响静脉穿刺的因素；了解生命体征是否平稳，有无脱水或休克等征象；了解人体测量指标结果。

（2）辅助检查：了解实验室辅助检查结果如血浆白蛋白、细胞免疫功能等，以评估病人的营养状况和对肠外营养支持的耐受程度等。

3. 心理 - 社会状况　参见本章第二节肠内营养。

【主要护理诊断 / 问题】

1. 营养失调：低于机体需要量　与摄入不足、无法摄入、疾病消耗过多或高分解代谢等有关。

2. 舒适度减弱　与长时间输入肠外营养液所致活动受限有关。

3. 潜在并发症：气胸、血管损伤、胸导管损伤、空气栓塞、导管移位、血栓性浅静脉炎、感染、糖代谢紊乱、肝功能异常等。

【护理措施】

1. 建立输入途径　肠外营养输入途径包括中心静脉和外周静脉途径，其选择需视病情、营养支持时间、营养液组成、输液量等条件而定。外周静脉途径有利于减少与导管相关的并发症风险，适合于短期（<2 周）肠外营养支持的病人。中心静脉途径可避免高渗的营养液对血管内膜的刺激，适用于需长期肠外营养（>2 周）或高渗营养液（渗透压 >900mOsm/L）或周围静脉条件不好的病人。目前临床常用的中心静脉途径有：①锁骨下静脉途径；②颈内静脉途径；③经外周穿刺中心静脉置管（PICC）途径，其中 PICC 因其穿刺部位远离气管、口腔和鼻腔处分泌物，具有安全、并发症少、操作简单、带管时间长、护理方便、不影响病人日常生活等优点，是进行长期肠外营养的常用途径。

2. 营养液配制与存放　TNA 是将各种营养制剂混合配制于 3L 塑料袋中，又称全合一（all-in-one，AIO）营养液。为保证营养液中各成分的稳定性，配制时应按照一定的顺序：①将电解质和微量元素分别加入葡萄糖溶液或氨基酸溶液内；②将水溶性维生素加入葡萄糖溶液内；③脂溶性维生素加入脂肪乳剂内；④将葡萄糖与氨基酸溶液分别经输液管混入 3L 输液袋内；⑤最后把脂肪乳剂缓慢地混入 3L 输液袋内。为避免降解，营养液内不宜添加其他治疗用药等。营养液最好现配现用，若配制后暂时不用，须置于 4℃冰箱内保存，并在 24 小时内输完。目前，我国许多医院均建立了静脉药物配制中心，充分保证了肠外营养液配制的安全性。随着新技术、新材料的不断问世，现有将肠外营养袋制成内有分隔腔的产品（预混型标准化多腔袋），配置时可分装氨基酸、葡萄糖和脂肪乳剂等，临用前用手加压即可撕开隔膜，使各成分立即混合后输注，此种营养液可在常温下保存较长时间。

3. 营养液的输注方式

（1）TNA 或 AIO 输注：将每日所需营养物质，按照上述营养液配制方法配制好以后再输注。此种方法科学、合理，其优点是：①多种营养素同时进入体内，热氮比合理，增加节氮效果；②简化输液过程，节省护理资源；③降低代谢性并发症的发生率；④减少污染机会，降低感染性并发症风险。通常采用持续输注法或循环输注法。持续输注是指一日的营养液在 24 小时内持续均匀地输入体内，使机体氮源、能量及其他营养物质的供给处于持续状态，对机体的代谢及内环境影响较小。循环输注是缩短输注时间，使病人有一段不输液时间，适合于病情稳定、需长期肠外营养、营养素无变化的病人。

输注时注意事项：①对已有缺水或电解质紊乱者，应先补充部分平衡盐溶液或纠正紊乱；②TNA 或 AIO 的输注不宜超过 200ml/h，不可突然大幅度改变输液速度，以保证营养液匀速输入体内；③输注期间注意病人 24 小时出入量，维持水、电解质和酸碱平衡。

（2）单瓶输注：在不具备 TNA 输注条件时，可采用此方式输注。但由于各营养素非同步输入，不利于营养素的有效利用，且存在污染的风险，多不推荐使用。此外，单瓶输注葡萄糖或脂肪乳剂,可因单位时间内的葡萄糖或脂肪酸量较多而增加代谢负荷,甚至出现高糖或高脂血症。单瓶输注时,氨基酸溶液应与非蛋白质能量溶液合理地间隔输注。

4. 输液导管的护理　①妥善固定输液导管,每日查看体外导管长度,防止导管移位和滑脱;②保持导管通畅,避免导管折曲、受压,每次输液结束时应使用肝素稀释液封管,以防导管内凝血堵塞导管;③避免经输液导管采血、给药、输血等,以免增加感染和堵管的机会;④穿刺部位每周至少换药 1 次,观察并记录有无红肿热痛等感染征象,一旦发生感染,根据医嘱做相应处理,必要时拔除导管。

5. 并发症的预防与护理

(1) 置管相关并发症

1) 气胸:病人若于中心静脉穿刺时或置管后出现胸闷、胸痛、呼吸困难、同侧呼吸音减弱等表现时,应怀疑气胸的发生,胸部 X 线检查可明确诊断,需立即配合医生紧急处理。

2) 空气栓塞:少见,可发生于静脉穿刺置管过程中或导管的封管帽(塞)脱落时,是最危险的并发症。预防措施:进行锁骨下静脉穿刺时,病人应平卧并屏气;置管成功后及时连接输液管道;输注过程中和结束后仔细检查确认导管与输液管紧密连接,并旋紧封管帽(塞)。一旦发生空气栓塞,立即置病人于左侧卧位,并处于头低足高位,配合医生抢救。

3) 胸导管损伤:少见,多发生于左侧锁骨下静脉穿刺时。若穿刺时看到清亮或乳白色的淋巴液渗出,应立即退针或拔除导管。多数病人可自愈,少数需做引流或手术处理。若处理不及时,部分可发展为慢性乳糜瘘。

4) 血管损伤:不多见,主要与在同一部位反复穿刺血管出血或形成血肿有关。一旦发生应立即退针,并压迫局部;加强观察和局部护理。

5) 血栓性静脉炎:多见于外周静脉营养输注时,与营养液渗透压太高、输注静脉管径过小、导管材质等有关。一旦输注静脉出现红肿痛、条索状变硬等,应立即给予局部湿热敷、外涂药膏等,同时还须更换穿刺部位,忌局部按摩。

(2) 代谢性并发症

1) 血糖异常反应:是 PN 时常见并发症,多见于单瓶输注方式的病人。当单位时间内输入的葡萄糖超过机体的代谢能力时,病人可发生高血糖;反之可出现低血糖。高血糖者除表现血糖异常升高外,还伴有尿量突然增多、电解质紊乱、神志改变,甚至昏迷等情况,应考虑高渗性非酮性昏迷,应立即报告医生,停输葡萄糖溶液或营养液,输入低渗或等渗盐溶液,内加胰岛素降低血糖。低血糖则表现为头晕、乏力、面色苍白,甚至四肢湿冷和休克,应立即推注或输入葡萄糖溶液。PN 期间要加强血糖监测,控制血糖在 6.7~8mmol/L。

2) 高脂血症或脂肪超载综合征:多见于单瓶输注脂肪乳剂时。通常情况下,20% 的脂肪乳剂 250ml 大约需输注 4~5 小时。若脂肪乳剂输入速度过快或总量过多,超过人体代谢能力时,病人易发生高脂血症。表现为头痛、发热、肝脾大、黄疸、溶血、急性消化道溃疡、血小板减少、骨骼肌肉疼痛等,后期可出现脂肪超载综合征与脂肪肝等。一旦发现类似症状,应立即停输脂肪乳剂或含脂肪乳剂的 TNA 液,同时提供支持性治疗如输液、人体白蛋白等。

(3) 感染性并发症

1) 导管性脓毒症:与静脉穿刺置管技术缺陷、局部护理不当、病人免疫力降低、穿刺部位感染和营养液配制不规范等多种因素有关。应每日消毒静脉穿刺部位,观察穿刺局部有无红、肿、热、痛等感染征象,有无发热、寒战、反应淡漠、烦躁不安甚至休克等表现。若有上述表现疑为导管性感染者,须立即拔管,将导管尖端剪下两小段,并同时采取外周血,分别做细菌和真菌培养及药敏试验;重新建立静脉通道,更换输液系统和营养液,遵医嘱使用有效抗生素;或根据病情需要,在观察 12~24 小时后,更换部位重新穿刺置管。

2）肠源性感染：多见于长期 TPN 病人。长期禁食可导致肠黏膜上皮绒毛萎缩，肠黏膜上皮通透性增加，肠道屏障和免疫功能受损，肠道细菌易位而引发肠源性感染。肠源性感染方式较隐匿，容易被忽视。因此关键在预防，除使用抗生素外，还应尽可能应用肠内营养，或在肠外营养时增加经口饮食机会。

（4）肝功能异常：长期肠外营养可引起肝脏功能受损，病因尚不清楚，可能与长期禁食使肠内缺乏食物刺激、肠道激素的分泌受抑制、过高的能量供给等有关。一般通过对相关风险因素的控制预防其发生：①减少禁食时间；②根据病人实际情况合理配置 PN 营养液的葡萄糖与脂肪的比例、热氮比；③选择合适的脂肪乳剂；④加强 PN 期间的监测等。当病人胃肠功能恢复，应尽早开始肠内营养。

6. 心理护理 参见本章第三节肠内营养病人的护理措施。

【健康教育】

参见本章第三节肠内营养病人的健康教育。

（顾娇娇）

复习思考题

1. 营养风险筛查与营养评定有何区别和联系？
2. 肠外营养支持的常见置管相关并发症有哪些，应该如何预防？
3. 营养支持治疗时，EN 与 PN 方法的选择策略是什么？

第五章

手术室护理工作

> **学习目标**
>
> 1. 陈述手术室护士的职责,列举常用手术体位及适用范围。
> 2. 理解手术室工作环境的特殊性及手术室安全管理相关制度。
> 3. 严格执行手术室工作的无菌操作原则,掌握外科手消毒、穿脱无菌手术衣、戴无菌手套、手术区铺单、整理器械桌、传递常用手术器械等操作。

手术室护理工作是医院工作的重要组成部分,具有仪器设备多、技术要求高、工作节奏快、人员流动大的特点。手术室护士不仅要具有爱岗敬业的思想素质、娴熟严谨的业务素质,更要有敏捷沉稳的心理素质及科学艺术的管理能力,才能保证手术室护理工作的顺利进行。手术室专科护士的培养是我国手术室护理实践发展的策略和方向。

第一节 手术室的环境和要求

手术室(operating room)作为外科手术治疗和急危重症抢救的重要场所,应满足特定的建筑要求、设备要求和设置要求,并建立严格的管理制度。

【手术室的建筑要求】

手术室应安排在医院内环境幽静、大气含尘浓度较低的地方,避开有严重空气污染、交通频繁、人流集中的地方。手术室不宜设在高层建筑的顶层或首层,应靠近手术科室并与监护室、病理科、放射科、血库、中心化验室等相邻,最好有直接的通道及通讯联系设备。手术室的平面设计应符合布局合理、分区明确、洁污分流、功能流程短捷、无交叉污染的原则,手术病人、工作人员、无菌物品及污染物品由各自通道进出手术室,手术间、洗手间及无菌物品间设置于内走廊两侧,其宽度为 2.2~2.5m,以便于平车运送及人员走动。手术室外围设外走廊,以供术后污染器械及敷料的回收。手术室地面、墙壁和天花板选用坚硬、光滑、无孔隙、易清洗、耐消毒的材料整体铺设而成,地面、墙面和天花板交界处呈弧形,不易蓄积灰尘。手术室应配有空调及空气净化装置、医用气体装置、供水及排水装置、配电装置等基本设施,其中配电装置要求具有两路不同电网电源并能实现自动切换,以保证不因意外停电而影响手术。

【手术间的设备及要求】

手术间数与外科的实际床位数之比一般为 1:(20~25),可按不同洁净级别进行分类,以满足不同手术的需要。洁净级别要求高的手术间应设在手术室的尽端或干扰小的区域。手术间的面积以 30~40m² 为宜,用于心血管直视手术、器官移植手术等的手术间因辅助仪器设备较多,需 60m² 左右。封闭式手术间通常无窗,设有两个门分别通向内、外走廊,其中通向内走廊的门应为感应自动门,门净宽不小于 1.4m,以便于平车进出。手术间内的布置力求简洁,只放置手术必需的器具和物品,包括多功能手术床、麻醉机、大小器械桌、升降桌、无影灯、吸引器、输液轨、药品柜、敷料柜、踏脚凳、污物桶及各种扶托、固定病人的物品等,各种物品均应放置于固定地点以便于取用。现代化大型手术间内应安装中心供氧、中心负压吸引、中心压缩空气等设施及多功能控制面板(包括空调、无影灯、照明、计时器、呼叫系统、温湿度显示器及调节开关等),配备各种监护仪、X 线摄影及显微外科装置,以及电视录像装置以供教学、参观所需。各种管道、挂钩、电源、电线应以隐蔽方式安装在墙内或天花板上,以最大限度地减少地面物品。墙上应设有足够的电源插座,要求离地面 1m 以上,并有防火花、防水装置。手术间内光线宜均匀柔和,手术灯光应满足无影、低温、聚光、可调等条件。调节室内温度以 22~25℃、相对湿度以 40%~60% 为宜。

【辅助工作间的设置及要求】

手术室的辅助工作间较多,应根据不同功能进行整体设计、合理安置。如麻醉预备室是为病人进入手术间前进行麻醉诱导用,以缩短连台手术等待的时间;麻醉后恢复室用于手术已结束但尚未完全清醒病人的观察与护理,应备有必要的监护仪器和急救药品;物品准备间包括器械清洗间、器械准备间、敷料间、灭菌间等,应设计在合理的作业线上,以防止物品污染;无菌物品间用以存放无菌敷料、器械等;药品间用于存放各种药品;洗手间用于术前进行外科手消毒,其设备包括感应或脚踏式水龙头、清洁剂、无菌擦手巾、外科手消毒剂、手刷、计时装置等。其他附属工作间,如更衣室、病人接待处、多媒体教学室、护士办公室、值班室、厕所、沐浴间、污物间等亦应设置齐全、布局合理,以尽量减少交叉感染的可能。

【洁净手术室】

洁净手术室(clean operating room)是指通过采用特定的空气净化装置,使手术室内的细菌浓度控制在一定范围和空气洁净度达到一定级别,是现代化医院的重要标志之一。

洁净手术室不宜设在首层和高层建筑的顶层,以 2~5 层为佳。其空气净化技术是在三级过滤的基础上采用不同的气流方式(乱流或层流)和换气次数来实现,以垂直层流效果较好,也最常采用。根据手术区及周边区空气洁净度级别(表 5-1)及细菌浓度的不同,洁净手术室可分为 4 个等级,分别适用于不同的手术(表 5-2)。

表 5-1　空气洁净度分级标准

空气洁净度级别	≥0.5μm 微粒数(粒 /m³)	≥5μm 微粒数(粒 /m³)	备注
5	≤3 520	0	原 100 级
6	≤35 200	≤293	原 1 000 级
7	≤352 000	≤2 930	原 1 万级
8	≤3 520 000	≤29 300	原 10 万级
8.5	≤11 120 000	≤92 500	原 30 万级

【手术室的管理】

手术室需建立严格的规章管理制度,对环境、物品、人员等进行全方位的管理以保证手术室的洁净和安全。

(一) 手术室分区

按洁净程度将手术室划分为三个区域:非洁净区、准洁净区和洁净区。分区的目的是减少各区之间的相互干扰,控制无菌手术的区域及卫生程度,防止发生医院内感染。

表5-2　洁净手术室分级标准

等级	空气洁净度级别		沉降法(浮游法)细菌最大平均浓度		参考手术
	手术区	周边区	手术区	周边区	
I	5	6	0.2cfu/30min·Φ90 皿(5cfu/m³)	0.4cfu/30min·Φ90 皿(10cfu/m³)	假体植入、某些大型器官移植、手术部位感染可直接危及生命及生活质量的手术
II	6	7	0.75cfu/30min·Φ90 皿(25cfu/m³)	1.5cfu/30min·Φ90 皿(50cfu/m³)	涉及深部组织及生命主要器官的大型手术
III	7	8	2cfu/30min·Φ90 皿(75cfu/m³)	4cfu/30min·Φ90 皿(150cfu/m³)	其他外科手术
IV	8.5		6cfu/30min·Φ90 皿		感染和重度污染手术

1. 非洁净区　包括更衣室、更鞋室、办公室、会议室、值班室、医务人员休息室、多媒体教学室、资料室、标本室、污物室、手术病人接收区域及家属等候室等,设在手术室外侧。手术病人在接收区域由工作人员核对无误后,换成手术室专用平车进入手术间,以防止外来车轮带入细菌。

2. 准洁净区　是由非洁净区进入洁净区的过渡性区域,包括器械室、敷料室、洗涤室、消毒室、护士站、麻醉后恢复室、手术室外走廊等。手术室工作人员必须换好手术室鞋及衣裤、戴好帽子、口罩方可进入此区。已做好手臂消毒或已穿无菌手术衣者,不可再返回此区。

3. 洁净区　包括手术间、洗手间、手术室内走廊、无菌物品间、麻醉预备室、药品间等,设在手术室内侧,洁净要求最为严格。此区内一切人员及其活动必须严格遵守无菌原则。患有急性感染性疾病,尤其是上呼吸道感染者,不得进入此区。非手术人员或非在岗人员禁止入内。

(二) 手术间的清洁和消毒

手术间在手术过程中不可避免地受到血迹、分泌物、引流物等不同程度的污染,为保障手术的无菌环境,必须建立严格的清洁、消毒制度。手术间的清洁工作必须采用湿式打扫,要求每日于手术前、后用清水及含氯消毒液擦拭手术间无影灯、手术床、器械桌、壁柜表面及地面各1次;每周进行彻底清扫1次,刷地1次;每月再进行卫生大扫除1次,包括手术间墙壁的擦洗。洁净手术室应定期对空气净化系统进行维护及保养,在手术前1小时运行空气净化系统,术中持续净化运行,当日手术结束后的清洁工作也应在净化系统运行过程中进行,清洁工作完成后净化系统继续运行至恢复规定的洁净级别为止。每日用消毒液清洁回风口栅栏,每周清洗1次过滤网,每月进行1次空气洁净度和生物微粒监测。

(三) 建立健全各项规章管理制度

手术室各项规章管理制度包括:一般工作制度、手术间清洁消毒制度、手术安全核查制度、手术室器械清点制度、交接班制度、护理安全事件管理制度、危重手术病人抢救制度、离体标本管理制度、接送病人制度、手术室参观制度、手术安排制度、物品管理制度、手术室医院感染预防与控制管理制度等。建立健全各项规章管理制度是提高手术室工作效率、防止各种差错事故、保证病人手术安全的重要措施。

第二节　手术室物品及消毒灭菌

手术中需使用各类不同的物品或器械,所有物品及器械在使用前都必须严格灭菌处理。

【布单类】

包括洗手衣及洗手裤、手术衣和用于铺盖手术野或建立无菌区的各种手术单。应选择质地细柔且厚实的棉布,以深绿色或深蓝色为宜。也可选用无纺布制成的一次性手术衣及手术单,但不能完全替代棉质布单。

1. 洗手衣及洗手裤　供手术室工作人员穿着,有不同大小尺码选择。洗手衣通常设计为 V 领、短袖,V 领便于穿着,短袖便于参与手术的工作人员进行外科手消毒。

2. 手术衣　用于遮盖手术人员未经消毒的衣着和手臂,有不同大小尺码选择,要求穿上后能遮至膝下。手术衣前襟至腰部应双层,以防手术时被血水浸透。袖口制成松紧口,便于手套包裹。折叠时衣面向里,领子在最外侧,取用时不致污染无菌面。

3. 手术单　有大单、中单、剖腹单、桌单、手术巾、洞巾、袖套以及各种包布等,均有各自的规格尺寸和一定的折叠方法。可根据不同的手术需要,将各种布单打包成各种手术包,如胸部手术包、腹部手术包等,以方便使用。

布单类均采用高压蒸汽灭菌法进行灭菌,视保存环境不同其有效期为 1~2 周。使用后如需复用则统一由医院消毒供应中心回收处理。特殊感染手术建议选用一次性布类物品,手术结束后进行焚烧处理。

【敷料类】

包括纱布类和棉花类,采用吸水性强的脱脂纱布或脱脂棉花制成,用于术中止血、拭血及压迫、包扎等。

1. 纱布类　包括不同大小、尺寸的纱布垫、纱布块、纱布球及纱布条。干纱布垫用于遮盖伤口两侧的皮肤;盐水纱布垫用于保护显露的内脏,防止损伤和干燥;纱布块用于拭血;纱布球用于拭血及钝性分离;纱布条多用于填压止血。

2. 棉花类　常用的有棉垫、带线棉片、棉球及棉签。棉垫用于胸、腹部及其他大手术后的外层敷料,以吸收渗出及分泌物并保护伤口;带线棉片常用于颅脑或脊椎手术拭血或压迫止血;棉球用于消毒皮肤、洗涤伤口、涂拭药物;棉签用于涂擦药物或采集标本。

各种敷料制作后常包成小包进行高压蒸汽灭菌或用纸塑双层包装后采用射线灭菌。特殊敷料如碘仿纱布,因碘仿遇高温易升华而失效,故常选用厂家经射线灭菌处理的一次性包装。手术中使用过的敷料按医疗垃圾进行处理,特殊感染手术中使用的敷料应进行焚烧处理。

【器械类】

(一) 基本器械

按功能可分为切割及解剖器械、夹持及钳制器械、牵拉器械、探查及扩张器、吸引器头等,多为不锈钢制成。

1. 切割及解剖器械　有手术刀、手术剪、剥离器、骨凿和骨剪等,用于手术切割。

(1) 手术刀:由刀片和刀柄两部分组成(图5-1)。刀片有圆头、尖头之分,并有各种大小规格。其中圆头使用较多,可用于切开皮肤、皮下组织、肌肉等。尖头常用于较精细的分离、脓肿切开或空腔脏器的切开。使用时应先将刀片安装在合适的刀柄上,安装及拆卸刀片应使用持针钳(图5-2)。

(2) 手术剪:有线剪及组织剪(图5-3)之分。线剪用来剪断缝线、敷料、引流管等,刃较钝厚,

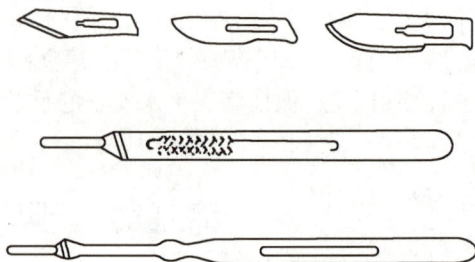

图 5-1　手术刀刀片、刀柄

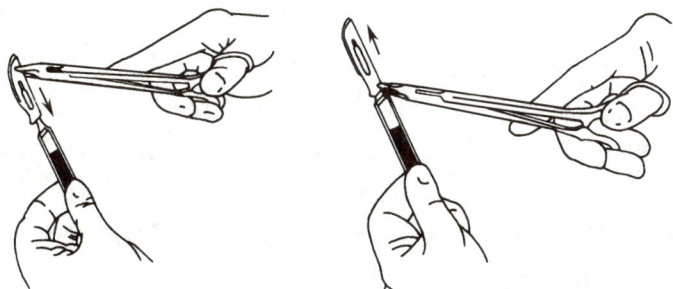

图 5-2 安装、拆卸刀片

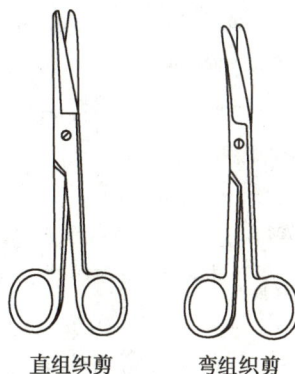

直组织剪   弯组织剪

图 5-3 组织剪

多为直剪;组织剪用于剪开组织,刃锐薄,多为弯剪。组织剪与线剪不可混用。

（3）高频电刀:是一种取代机械手术刀进行组织切割的电外科器械。其工作原理是通过有效电极尖端产生的高频高压电流与肌体接触时对组织进行加热,实现对肌体组织的分离和凝固,从而起到切割和止血的目的。与传统机械手术刀相比,高频电刀具有操作简单、切割速度快、止血效果好等优点,可明显缩短手术时间、减少术中出血量,广泛使用于各外科手术中。但因频率高、有效面积小、电流密度大等特点,应特别注意使用安全。

2. 夹持及钳制器械　包括钳类及手术镊。

（1）钳类(图5-4):①血管钳。也称止血钳,有大小、直弯不同规格,用于止血、分离、钳夹

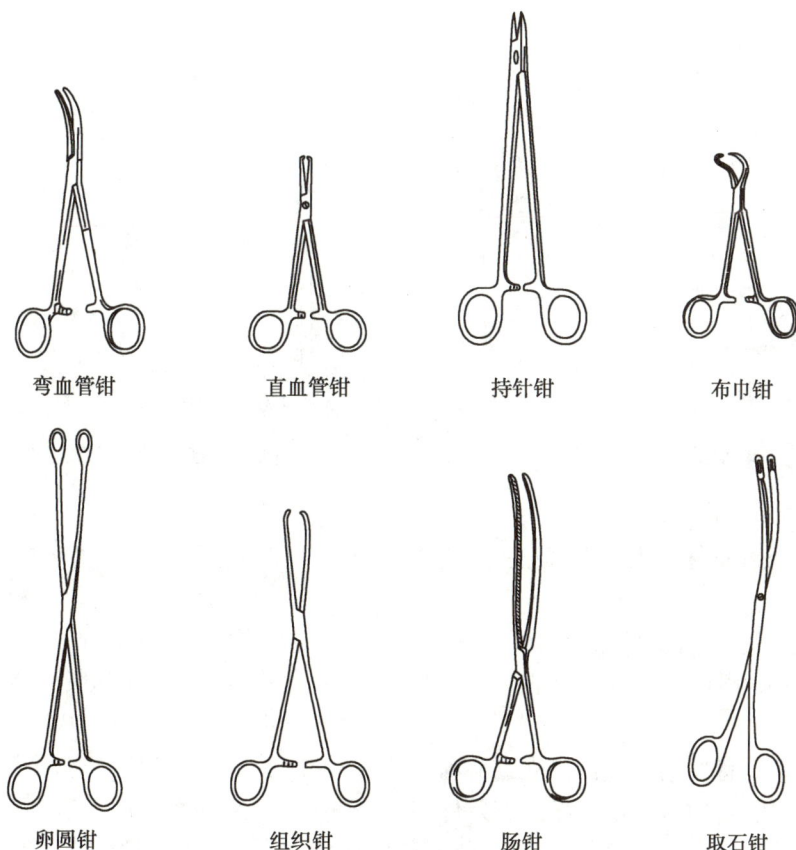

弯血管钳   直血管钳   持针钳   布巾钳

卵圆钳   组织钳   肠钳   取石钳

图 5-4 各种钳类

组织、夹持敷料等。其中直钳常用于皮下止血;弯钳常用于深部止血及钝性分离;蚊钳较小,用于精细操作,如眼外科及显微外科手术。②持针钳。用于夹持缝针、安装和拆卸刀片,有长、短不同规格。其特点是尖端粗短、柄较长,打开后可见钳叶内有交叉状齿纹,以使缝针夹持稳定而不易滑动。夹持缝针时应以持针钳开口的前 1/3 夹住缝针的后 1/3 处。③布巾钳。用于钳夹、固定手术巾。④卵圆钳。也称海绵钳,分有齿和无齿 2 种,并有大小、直弯等不同规格。有齿的常用于夹持敷料(如棉球)作皮肤消毒或夹器械、引流管等;无齿的因损伤较小,用于夹持和牵拉脏器。⑤组织钳。又称鼠齿钳或 Allis 钳,用于夹持皮肤、筋膜或牵拉需切除的组织。⑥肠钳。用于夹持肠管以进行肠切断或肠吻合。⑦其他。如膀胱或气管等专用异物钳、取石钳、活体组织取样钳等,用于夹取各部位异物及组织。

(2) 手术镊:分无齿和有齿 2 类(图 5-5),用于夹持或提起组织以便进行缝合操作。其中无齿镊用于夹持肠管、血管等较脆弱组织;有齿镊用于夹持皮肤、筋膜、肌腱等坚韧组织。

3. 牵拉器械　分手持拉钩和自动拉钩 2 类,用于牵开组织和脏器,暴露深部手术野,以便进行探查及操作。手持拉钩有各种不同形状和大小规格,可根据手术需要进行选择(图 5-6)。如爪形拉钩也叫皮肤拉钩,用于浅部手术的皮肤牵开;甲状腺拉钩也叫直角拉钩,用于甲状腺手术部位的牵拉暴露,也常用于其他手术,可牵开皮肤、皮下组织、肌肉和筋膜等;腹部拉钩用于牵开腹壁;"S" 形拉钩用于胸腹腔深部手术;压肠板用于牵拉肠管等。自动拉钩也称为自行固定牵开器,如二叶式或三叶式自动牵开器,腹腔、胸腔、盆腔、腰部、颅脑等部位的手术均可使用。

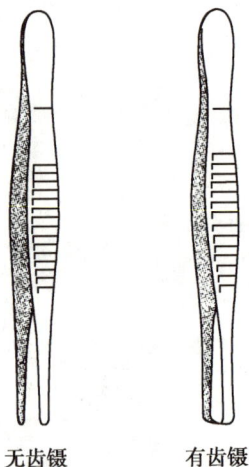

| 无齿镊 | 有齿镊 | 爪钩 | 小甲状腺拉钩 | 双头腹部拉钩 | S拉钩 |

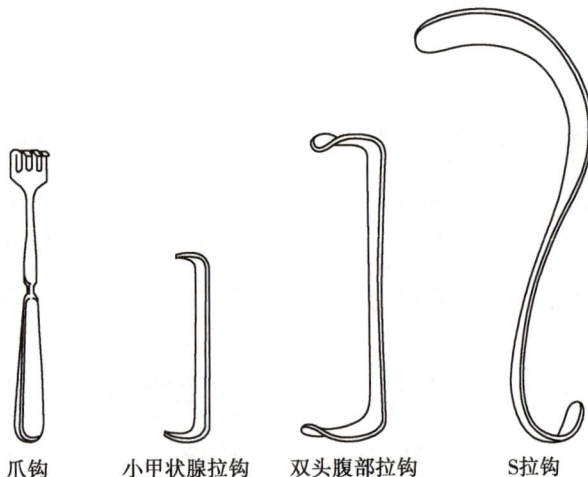

图 5-5　手术镊　　　　　　　　　图 5-6　各种拉钩

4. 探查及扩张器　如胆道探条、尿道探子和各种探针,用于空腔、窦道探查及扩大腔隙等。

5. 吸引器头　用于吸除手术野的积血积液、空腔脏器切开时流出的内容物及冲洗液等,以保证手术视野清晰,减少污染机会。使用时与吸引管相连后接负压吸引器或中心负压吸引装置。

手术结束后将使用过的器械先以流动水冲洗,再放入多酶溶液中浸泡、刷洗,去除器械上的血渍、油垢,再用流动水冲净。有条件的医院可采用超声清洗、压力清洗等方法。洗净的器械干燥后用水溶性润滑剂保护,分类打包后行高压蒸汽灭菌处理。特殊感染的手术器械应在医院感染控制部门指导下进行预先处理后,再按普通器械处理。

（二）特殊器械

1. 内镜类　有膀胱镜、腹腔镜、胸腔镜、纤维支气管镜和关节镜等。

2. 吻合器类　有食管、胃、直肠和血管等吻合器。

3. 其他精密仪器　如电锯、电钻、激光刀、取皮机、手术显微镜及心肺复苏仪器等。

特殊器械应根据材料选用不同的消毒灭菌方法。如内镜类可选用戊二醛浸泡灭菌法或等离子低温灭菌法，精密仪器可选用环氧乙烷灭菌法。

【缝线及缝针】

（一）缝线

用于结扎血管、缝合组织和脏器。其规格以号码标明，由粗至细常用的有 10 号、7 号、4 号、1 号。细线则以 0 标明，0 数越多表示线越细。缝线分不可吸收和可吸收 2 类。

1. 不可吸收缝线　此类缝线不会被组织酶消化。

（1）丝线：系优质蚕丝制成，用于缝合皮肤、皮下组织、腹膜、筋膜、肌肉、肠管等，也可用于结扎、缝合血管，具有组织反应小、质软不滑、拉力好、打结牢固、价廉、易于消毒等特点。多采用黑色，即使染血后也易于辨别。现多使用一次性线束，线长 60cm 或 70cm，出厂时已分别包装与灭菌，可在术中直接使用。使用前先浸湿可增加丝线张力以便于缝合。

（2）合成线：为高分子化合物，能长期保持张力和强度，组织反应小。有尼龙线、涤纶线、聚丙烯线等多种缝线。多用于心血管、整形及显微外科手术。

（3）金属线：如不锈钢丝、钽丝、银丝等，直径 0.1~1.5mm，拉力大、组织反应小，但价格较高。常用于骨折固定、缝合肌腱、软骨或腹部切口的减张缝合。

2. 可吸收缝线　此类缝线可经体内酶消化而被组织吸收，包括天然和合成 2 种。

（1）天然可吸收缝线：有肠线和胶原线 2 种。普通肠线（6~10 日可吸收）由羊肠或牛肠黏膜下层组织制成，吸收快，但组织反应较明显，多用于缝合胃肠、子宫、膀胱、胆管等。铬制肠线（经铬酸处理，10~20 日吸收）炎症反应比普通肠线轻微，一般多用于妇科及泌尿系统手术，是肾脏及输尿管手术常常选用的缝线。肠线均采用一次性灭菌包装，使用方便。目前大型综合医院使用肠线有逐渐减少的趋势，而被较理想的合成缝线取代。

（2）合成可吸收缝线：如聚乳酸羟基乙酸线（XLG）、聚二氧杂环己酮线（PDS）等，具有表面光滑、损伤小、吸收快、组织反应小的特点，且抗张强度维持时间超过伤口愈合时间，通常15 日后开始吸收，1 个月后大部分吸收，2~3 个月完全吸收，是目前较理想的一种缝线。常用于肠道、胆道、肌肉、关节囊、子宫、腹膜等组织、脏器的缝合，也可用于眼外科和烧伤整形科手术。

（二）缝针

按针尖形状分为三角针及圆针 2 种。三角针带有三角的刃缘因而较锋利，可用于缝合皮肤、韧带等坚韧组织；圆针对组织的损伤较小，可用于缝合血管、神经、脏器、肌肉等软组织。两类缝针均有弯、直 2 种，大小、粗细各异，可根据需缝合的组织类型选择适合的种类，以弯针最为常用。缝针应以大小合适的持针钳夹持于正确位置，以免缝合时出现弯曲或折断。经济条件好的地区可采用针线一体的无损伤缝针，缝针附于缝线的两端，对组织造成的损伤小，并可防止缝针在术中脱离。

【引流用物】

引流是指将人体组织间或体腔中积聚的脓液、血液或其他液体通过引流物导流于体外的技术。应根据手术的部位及深浅、引流液的量及性质等，选用合适的引流用物。可按橡胶类物品灭菌或高压蒸汽灭菌。

1. 乳胶片引流条　一般用于浅部切口及少量渗液的引流。

2. 纱布引流条 包括干纱条、盐水纱条、凡士林纱条、浸有抗生素的纱条等,用于浅表部位或感染创口的引流。

3. 烟卷式引流条 常用于腹腔内较短时间的引流。

4. 引流管 由橡胶、硅胶或塑料等原料制成,是目前品种最多、应用最广的引流物。包括普通引流管、双腔(或三腔)引流套管、T型引流管、蕈状引流管等,粗细不一,用途各异。普通的单腔引流管可用于创腔引流;双腔(或三腔)引流套管多用于腹腔脓肿及胃肠、胆或胰瘘等的引流;T型引流管用于胆道减压、胆总管引流;蕈状引流管用于膀胱及胆囊的引流。

第三节 手术人员配备及职责

手术是集体智慧和劳动的体现,手术医生、麻醉医生、手术室护士应明确分工、密切合作,保证手术有条不紊地完成。

【手术医生】

1. 手术者 对手术负全部责任。具体包括:术前根据病情制定手术方案;术中主持整个手术操作过程,并根据术中发现做出决定;手术结束后负责检查整个手术区无异常后关闭手术切口,确定术后医嘱,书写手术记录。手术者一般站在最方便操作的位置,如腹部手术时常站在病人的右侧。

2. 第一助手 术前指导护士安置手术体位,负责消毒手术区皮肤、铺手术单;术中协助手术者显露手术野、保护组织、止血、结扎、拭血、缝合等;术后负责包扎伤口。通常站在手术者的对面,如腹部手术时常站在病人的左侧。

3. 第二助手 术前协助第一助手进行各种准备;术中帮助显露手术野、拉钩、剪线等;术后协助包扎伤口、护送病人。通常站在手术者同侧。

大手术或疑难手术,还可设立第三助手。其主要职责是拉钩,必要时传递器械,维持手术区整洁。其站位可根据手术需要进行安排及调整。

【麻醉医生】

术前进行访视,了解病人病情,制定麻醉方案;术中负责病人的麻醉、给药、病情监测及处理,协助巡回护士做好输血、输液工作。如发现病人病情异常时,应及时报告手术者,并配合进行抢救处理;术后待病人清醒后协同手术室工作人员将其护送回病房,并向主管医护人员交代病情及注意事项。

【手术室护士】

1. 器械护士(scrub nurse) 又称洗手护士,直接参与手术,主要职责是负责手术全过程中所需器械、物品和敷料的供给,主动配合手术医生完成手术。其工作范围只限于无菌区内,具体包括:

(1) 术前访视:术前1日访视病人,了解病人病情和需求,根据手术种类和范围准备手术器械和敷料。

(2) 术前准备:术前15~20分钟洗手,穿无菌手术衣、戴无菌手套后整理无菌器械桌,检查各种器械、敷料等物品是否齐全完好。根据手术步骤及使用先后,将各种物品分类按顺序放置。

(3) 清点、核对物品:执行手术物品清点制度,分别于手术开始前、关闭体腔前、关闭体腔后、缝合切口后,与巡回护士共同准确清点各种器械、敷料、缝针等数目共4次,核对清楚后进行记录。术中用物如有增减,须反复核对清楚并及时记录。

（4）手术区皮肤消毒和铺单：协助第一助手完成手术区皮肤消毒和铺手术单。与巡回护士配合，连接好各种手术仪器，如电刀、吸引器、超声刀、冷光源等。

（5）主动、正确传递用物：密切关注手术进展，按手术常规及术中情况，主动迅速、准确无误地向手术医生传递器械、纱布、纱垫、缝针等手术用物。传递器械的方式应正确，以术者接过后无须调整方向即可使用为宜。如传递手术刀时应采用弯盘进行无触式传递（图5-7）；传递剪刀时应以右手握住剪刀中部，利用手腕部运动，适力将柄环部拍打在术者掌心上（图5-8）；传递持针钳时应以右手捏住持针钳的中部，针尖朝向手心，针弧朝向手背，缝线搭在手背上或握在手心中，利用手腕部适当力度，将柄环拍打在术者掌心上（图5-9）；传递弯止血钳时以右手握住止血钳前1/3处，弯曲侧朝向掌心，利用手腕部运动，适力将柄环部拍打在术者掌心上（图5-10）；传递镊子时应以右手握住镊子尖端，并闭合开口，水平式或直立式传递，让术者握住镊子中上部（图5-11）；传递拉钩时应以右手握住拉钩前端，将柄端水平传递给术者（图5-12）；徒手传递缝线时以左手拇指与示指捏住缝线的前1/3处并拉出缝线，右手持线

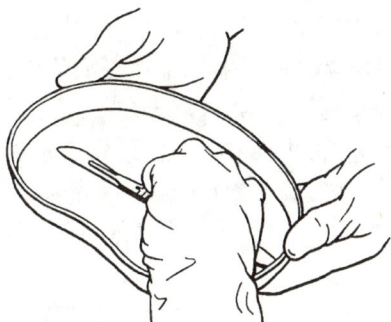

图5-7　无接触式传递手术刀

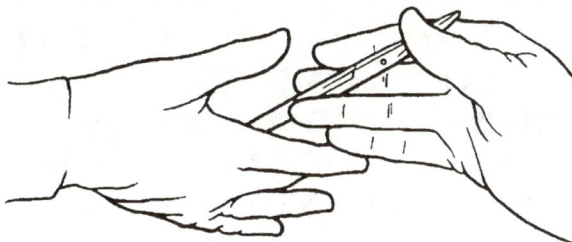

图5-8　传递剪刀

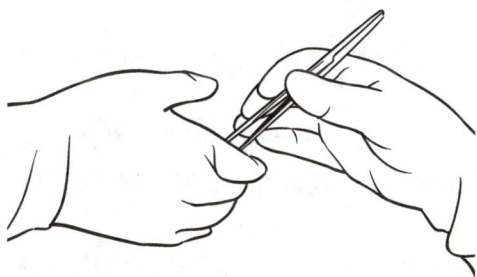

图5-9　传递持针钳

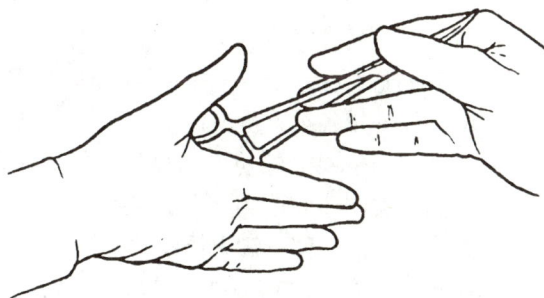

图5-10　传递弯钳

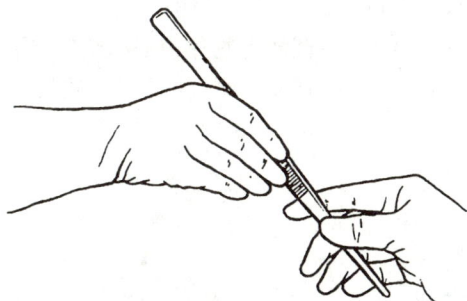

图5-11　传递镊子

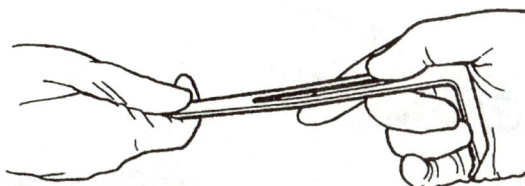

图5-12　传递拉钩

的中后 1/3 处,水平递给术者;血管钳带线传递时用止血钳纵向夹紧结扎线一端 2mm,传递时手持轴部,弯曲向上,以柄轻击术者手掌。

(6) 保持手术区域及用物的整洁:始终保持手术野、器械托盘及器械桌的整洁、干燥和无菌状态。器械使用后应及时取回擦净,做到"快递、快收"。及时清理缝线残端,以免带入手术创腔。随时整理器械及用物,排放整齐。暂时不用的器械可放在器械桌一角。用于不洁部位如肠道的器械要分开放置,以防污染扩散。

(7) 配合抢救:若病人出现大出血、心搏骤停等意外时,应立即准备好抢救用品,积极配合医生抢救。

(8) 存留标本:术中切除的任何组织、标本,均应妥善保管,根据标本的体积、数量,选择合适的容器盛装,防止标本干燥、丢失或污染无菌区。

(9) 协助包扎伤口:术毕协助手术医生处理、包扎伤口,固定好各种引流物。

(10) 整理用物:按要求分类处理手术器械及各种用物、敷料等。

2. 巡回护士(circulating nurse) 巡回护士又称辅助护士,并不直接参与手术操作,而是被指派在固定的手术间内,与器械护士、手术医生、麻醉医生配合,共同完成手术。其主要任务是在台下负责术中所需物品的准备及供给,配合手术及麻醉,完成输液、输血等治疗措施,按整体护理要求给予病人护理。其工作范围在无菌区以外,具体包括:

(1) 术前物品准备:检查手术间内各种药物、物品是否备齐,电源、吸引装置、供氧系统等设备是否安全有效,调试好术中需要的特殊器械如高频电刀等,调节适宜的室温及光线。

(2) 核对病人:热情接待手术病人,按手术通知单核对确认病人身份。严格执行《手术安全核查制度》,在麻醉前、手术开始前、病人离室前与麻醉医生、手术医生共同核对病人的相关信息,确保正确的病人、正确的手术部位、正确的手术方式。检查病人的术前准备是否充分,饰物、义齿及贵重物品是否取下。验证病人血型、交叉试验结果,做好输血准备。为病人开通静脉并输液。

(3) 安置体位:首先根据麻醉要求安置病人体位,之后再按照手术要求摆放手术体位并妥善固定,确保病人舒适安全。

(4) 协助进行手术准备:协助器械护士及手术医生穿手术衣,协助手术医生进行手术部位皮肤消毒,安排各类人员就位。

(5) 清点、核对用物:协助器械护士铺无菌器械桌,与器械护士共同分别于手术开始前、关闭体腔前、关闭体腔后、缝合切口后准确清点各种器械、敷料、缝针等数目共 4 次并认真记录,以防术中物品遗留于病人体内。

(6) 术中配合:保持手术间的安静整洁,密切关注手术进展,随时调整灯光,及时供应术中所需物品。观察病人病情变化,准确执行医嘱,保证输血、输液通畅。充分估计可能发生的意外,做好急救准备,主动配合抢救。用过的各种药物的安瓿、血袋等应保留在指定位置,术后再行处理。监督手术人员严格执行无菌操作技术,若有违反,及时予以纠正。

(7) 术后整理:协助手术医生包扎伤口,妥善固定引流物。整理病人物品,护送病人回病房,与病区护士就术中情况及物品进行交接。整理手术间,物品定位归原,进行手术间日常的清扫、空气消毒等。

知识链接

我国手术室专科护士培训现状

手术室专科护士是指在手术护理方面具有较强的操作能力以及专业水平的手术

68

室护理人员。最早在 2005 年卫生部发布的《中国护理事业发展规划纲要(2005~2010年)》中,就指出将重点发展手术室专科护士,并于 2007 年发布手术室专科护士培训大纲。2008 年我国第一本手术室专科护士培训教材《手术室护理学》出版,2009 年 6 月,中华护理学会开办首届手术室专科护士培训班,培训对象为具备护士执业资质,大专以上学历,并具有 5 年以上临床护理实践经验,包括 3 年以上手术室专科工作经验的护理骨干。2016 年国家卫生计生委出台的《全国护理事业发展规划(2016~2020 年)》中又再一次提出要发展专科护理队伍,提高专科护理水平。目前我国手术室专科护士的培训已日益规范,培训模式呈现多样化与有效性。随着临床外科医学向亚专科精细化发展,未来实施亚专科化护理是手术室护理发展的必然趋势。

第四节　手术病人的准备

手术病人须提前送达手术室,做好手术准备。一般根据麻醉方法和准备工作的复杂程度决定到达手术室的具体时间。全身麻醉或椎管内麻醉的病人应在术前 30~45 分钟到达,低温麻醉的病人需提前 1 小时到达。

【一般准备】

手术室护士应热情接待病人,认真执行《手术安全核查制度》,做好麻醉及手术前的各项准备工作,同时针对病人焦虑、恐惧等心理反应进行疏导,使病人配合,保证手术顺利进行。

【安置手术体位】

在病人完成麻醉后,由巡回护士根据其手术部位,通过调整手术床或利用体位垫、体位架、固定带等物品,安置病人于合适的手术体位。

(一) 手术体位安置原则

在减少对病人生理功能影响的前提下,充分显露手术野,同时注意保护病人隐私。合适的手术体位应满足以下要求:①保持人体正常的生理弯曲及生理轴线,维持各肢体、关节的生理功能位,防止过度牵拉、扭曲及血管神经损伤。②保证病人呼吸通畅、循环稳定。③注意分散压力,防止局部长时间受压,保护病人皮肤的完整性。④正确约束病人,松紧度适宜(以能容纳一指为宜)。维持体位稳定,防止术中移位、坠床。

(二) 常用手术体位

包括以下几种(图 5-13):

1. 仰卧位　是最常见的手术体位。

(1) 水平仰卧位:适用于胸腹部、颌面部、下肢等手术。病人仰卧于平置的手术床上,头部垫软枕,用中单固定两臂于体侧,掌面向下,膝下放一软枕并用较宽的固定带固定膝部,足跟部用软垫保护。

(2) 上肢外展仰卧位:适用于上肢、乳房手术。手术侧上肢尽量靠近台边,肩胛下垫以卷折的中单,上臂外展置于臂托上。对侧上肢仍用中单固定于体侧。余同普通仰卧位。

(3) 颈仰卧位:适用于甲状腺等颈前部手术。将手术床上部抬高 10°~20°,头板放下60°~70°,使颈部过伸,颈下垫一卷枕,头部两侧用沙袋固定。余同普通仰卧位。

2. 侧卧位　适用于胸、腰部及肾手术。

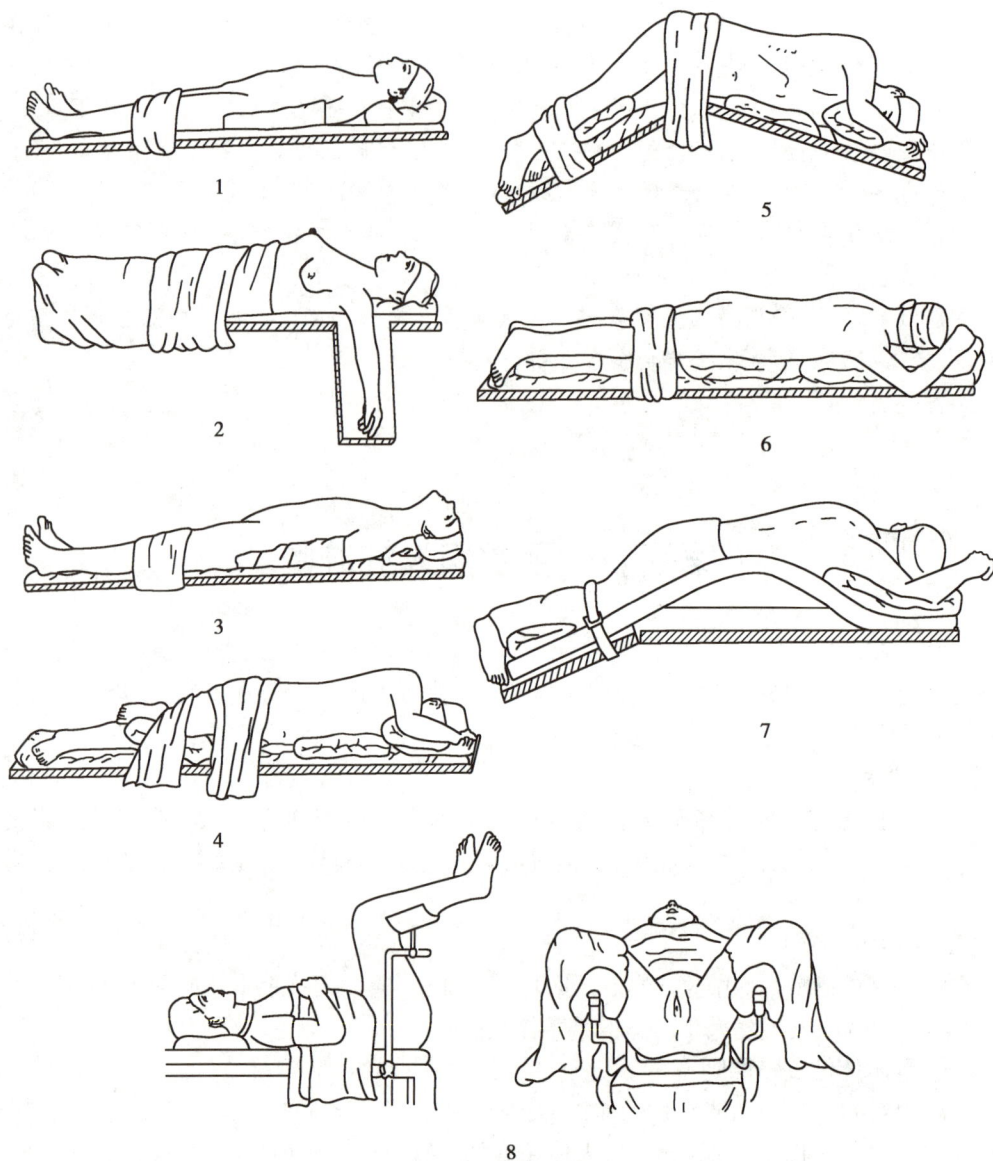

图 5-13　常用手术体位

1. 水平仰卧位；2. 上肢外展仰卧位；3. 颈仰卧位；4. 胸部手术侧卧位；5. 肾手术侧卧位；6. 背部手术俯
卧位；7. 腰椎手术俯卧位；8. 膀胱截石位

（1）胸部手术侧卧位：病人健侧卧 90°，背、胸、肋处各垫一软枕，使术野暴露，双手伸直固定于托手架上，上面一腿成 90°屈曲，下面一腿伸直，两腿间垫以软枕，用固定带固定髋部及膝部。

（2）肾手术侧卧位：病人健侧卧 90°，肾区对准手术床腰桥架，两手臂伸展固定于托手架上，腰部垫软枕，摇起手术床桥架，适当摇低头尾部，使腰部抬高，暴露手术野。用固定带约束臀部及膝部。

（3）半侧卧位：适用于胸腹联合手术。病人半侧卧（30°~50°）于手术床上，手术侧在上，肩背部、腰、臀部各放一软枕，术侧上肢固定于托手架上。

3. 俯卧位　适用于脊柱及其他背部手术。病人俯卧于手术床上，头侧向一边，双肘稍屈曲，置于头旁。胸部、耻骨下垫以软枕，使腹肌放松。足下垫小枕。颈椎部手术时，头面部应置于头架上,口鼻部位于空隙处,稍低于手术床面。腰椎手术时,在病人胸腹部垫一弧形拱桥,足端摇低,使腰椎间隙拉开,暴露手术野。

4. 膀胱截石位　适用于会阴部、尿道、肛门部手术。病人仰卧,臀部位于手术床尾部摇折处,必要时垫一小枕,两腿套上袜套,分别置于两侧搁腿架上。腘窝部垫以软枕,固定带固定。

5. 半坐卧位　适用于鼻、咽部手术。将手术床头端摇高 75°,足端摇低 45°,两腿半屈,头与躯干依靠在摇高的手术床上,整个手术床后仰 15°,两臂用中单固定于体侧。

【手术区皮肤消毒】

安置好手术病人的体位后,须对手术切口及周围皮肤进行消毒,目的是杀灭切口及其周围皮肤上的病原微生物,预防术后的切口感染。

1. 消毒范围　应超过手术切口周围 15cm 的区域。若估计手术时有延长切口的可能,则应适当扩大消毒范围。常用各手术部位皮肤消毒的范围如下:

(1) 头部手术:头部及前额。

(2) 颈部手术:上起下唇,下至乳头,两侧至斜方肌前缘。

(3) 胸部手术:上起锁骨及上臂上 1/3 处,下过肋缘,前后过正中线,包括同侧腋窝。

(4) 乳房手术:上起锁骨及上臂,下过脐平行线,前至对侧锁骨中线,后至腋后线,包括同侧腋窝。

(5) 上腹部手术:上起乳头、下至耻骨联合平面,两侧至腋后线。

(6) 下腹部手术:上起剑突、下至大腿上 1/3,两侧至腋中线。

(7) 肾脏手术:上起腋窝,下至腹股沟,前后过正中线。

(8) 会阴部手术:耻骨联合、肛门周围及臀、大腿上 1/3 内侧。

(9) 四肢手术:周圈消毒,上下各超过一个关节。

2. 消毒步骤及方法　检查手术区皮肤的清洁程度、有无破损及感染。手术医生(通常为第一助手)完成外科手消毒后(暂不穿无菌手术衣和戴无菌手套),用无菌卵圆钳夹持浸透0.5% 碘伏的纱球或棉球涂擦手术区域皮肤至少 2 次。消毒方式为小手术野采用环形或螺旋形消毒,大手术野采用平行形或叠瓦形消毒。消毒顺序为从清洁处向污染处涂擦,已接触污染处的药液纱球不可再返回擦清洁处。婴儿、碘过敏者以及面部、口腔、会阴、生殖器等部位的消毒,可选用 0.1% 氯己定(洗必泰)溶液进行消毒。用于自体皮肤移植的供皮区可用75% 酒精消毒 3 遍。

【手术区铺单】

手术区皮肤消毒完成后,由器械护士配合第一助手铺盖无菌手术布单。其目的是遮盖手术区以外的部分,防止手术中污染,同时建立无菌安全区。要求手术切口周围要有 4~6 层无菌布单遮盖,外周至少 2 层。以腹部手术为例,铺单的步骤及方法如下(图 5-14):

1. 铺切口巾　即用 4 块治疗巾遮盖切口周围。其步骤如下:①器械护士将切口巾折边1/3,第 1、2、3 块切口巾的折边朝向第一助手,第 4 块的折边朝向自己,按顺序传递给第一助手。注意第一助手未戴无菌手套的手不可触及器械护士的手。②第一助手接过折边的切口巾,按照"先污后洁"的原则,分别铺于切口下方、上方及对侧,最后铺近侧(或呈逆时针方向分别铺于切口下方、对侧及上方,最后铺近侧)。每块切口巾的内侧缘应距离切口 2~3cm 以内。已铺下的切口巾如需调整位置,只允许自内向外移动。③器械护士向第一助手传递 4把布巾钳,固定切口巾的四个交角。现临床多用无菌塑料薄膜粘贴,皮肤切开后薄膜仍黏附在伤口边缘,可防止皮肤上残存的细菌在术中进入伤口。④第一助手再次进行外科手消毒,穿无菌手术衣、戴无菌手套后再与器械护士铺置其他层次的无菌手术单。

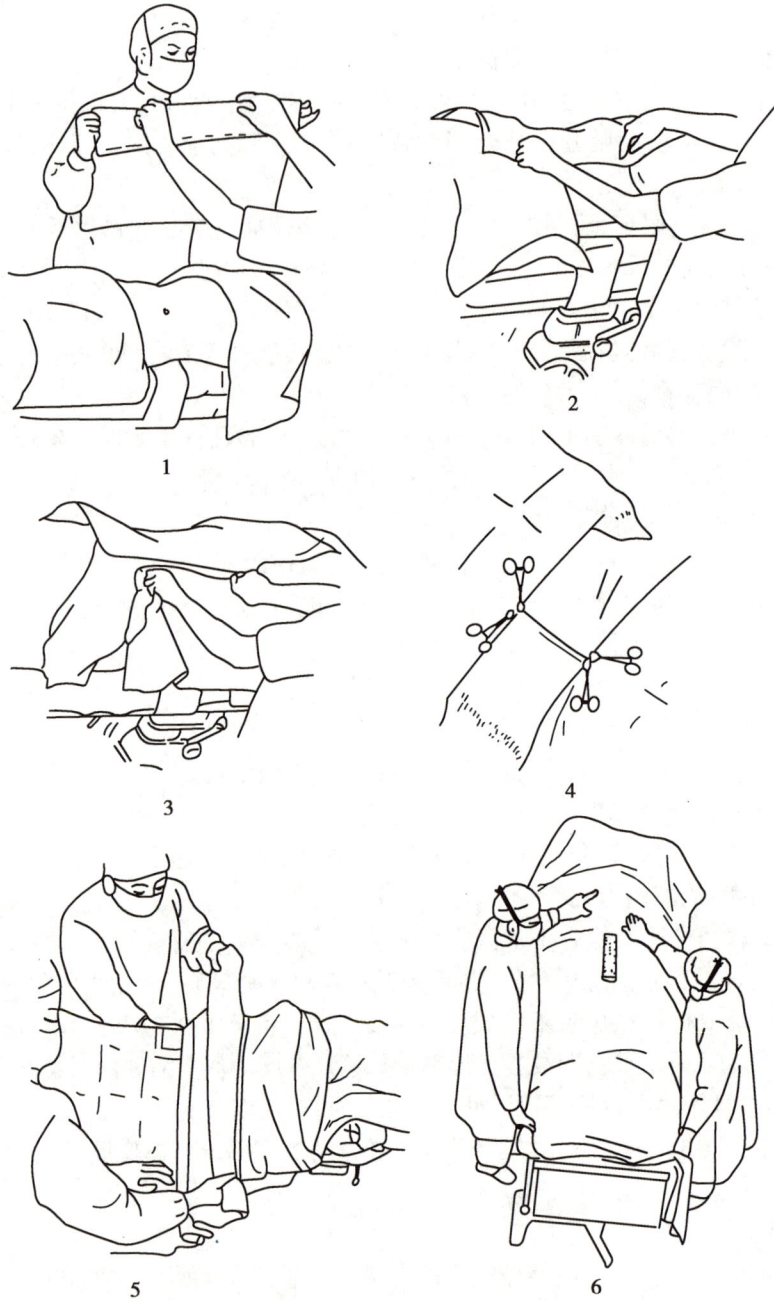

图 5-14　腹部手术铺单法

1.铺切口下 - 上 2 块切口巾并接第 3 块;2.第 3 块铺对侧;3.第 4 块铺近侧;4.布巾钳固定切口巾;5.铺手术中单;6.铺手术洞单

2. 铺手术中单　将 2 块无菌中单分别铺于切口的上、下方。铺巾者需注意避免自己的手或手指触及未消毒物品。

3. 铺手术洞单　将剖腹单的孔洞正对切口,短端朝向头部,长端朝向下肢,依次向上、向下展开,展开时手卷在剖腹单里面,以免污染。要求头端盖住麻醉架,足端盖住器械托盘,两侧和足端均应下垂至手术床边缘 30cm 以上。

第五节　手术人员的准备

手术人员的无菌准备是避免病人切口感染、确保手术成功的必要条件之一,其内容包括术前一般准备、外科手消毒、穿无菌手术衣、戴无菌手套。手臂皮肤的细菌可分为暂居菌和常居菌2类,暂居菌分布于皮肤表面,易被清除;常居菌则深居毛囊、汗腺及皮脂腺等处,不易被机械摩擦清除,且可在手术过程中逐渐移至皮肤表面。故完成外科手消毒后,还需穿无菌手术衣和戴无菌手套,以防止细菌进入手术切口。

【一般准备】

手术人员进入手术室后,首先在非洁净区更换手术室专用鞋及洗手衣、洗手裤,将上衣下摆扎入裤中,自身衣服不得外露,除去所有饰物。戴好专用手术帽和口罩,要求头发、口鼻不外露。修剪指甲并去除甲缘下积垢,检查手臂皮肤无破损及感染后,方可进入洗手间进行外科手消毒。

【外科手消毒】

外科手消毒是指外科手术前医务人员用皂液和流动水洗手,再用手消毒剂清除或杀灭手部暂居菌和减少常居菌的过程。外科手消毒可以有效抑制手术过程中手表面微生物的生长,减少手部皮肤细菌的释放,防止病原微生物在医务人员和病人之间的传播,有效预防手术部位感染的发生。其原则为"先洗手,后消毒"。具体步骤及方法为:

1. 洗手方法　将洗手衣衣袖卷至肘上 10cm 处,流动水冲洗双手、前臂和上臂下 1/3 后取适量皂液,按六步洗手法顺序揉搓清洗双手、前臂至上臂下 1/3。应注意清洁指甲下的污垢和手部皮肤的皱褶处。流动水冲洗手和手臂,使水流从手指到肘部沿一个方向冲洗。使用干手物品(无菌巾或一次性消毒纸巾)擦干双手、前臂和上臂下 1/3。

2. 手消毒方法　包括免刷手消毒法和刷手消毒法。

(1)免刷手消毒法

1)免冲洗手消毒法:取适量免冲洗外科手消毒剂涂抹至双手每个部位、前臂和上臂下 1/3,并认真揉搓直至消毒液干燥。具体涂抹步骤:①取免冲洗外科手消毒剂于一侧手心,揉搓一侧指尖、手背、手腕,将剩余手消毒剂环转揉搓至前臂、上臂下 1/3;②取免冲洗外科手消毒剂于另一侧手心,步骤同上;③最后取手消毒剂,按六步洗手法揉搓双手至手腕部,直至干燥。目前国内常用的免冲洗手消毒剂有爱护佳、洁肤柔等。手消毒剂的取液量、揉搓时间及使用方法应遵循产品的使用说明。

2)冲洗手消毒法:取适量手消毒剂揉搓至双手每个部位、前臂和上臂下 1/3,认真揉搓 2~6 分钟,用流动水冲净双手前臂和上臂下 1/3,用无菌巾彻底擦干。流动水的水质应符合生活饮用水卫生标准(GB5749),水质达不到要求时,手术医护人员应用醇类消毒剂再消毒双手后戴无菌手套。手消毒剂的取液量、揉搓时间及使用方法应遵循产品的使用说明。

(2)刷手消毒法:不建议常规使用。洗手后取无菌手刷,取适量洗手液或外科手消毒液,按顺序刷洗双手、前臂至上臂下 1/3,时间约 3 分钟(或根据洗手液说明)。刷时稍用力,先刷甲缘、甲沟、指蹼,再由拇指桡侧开始,渐次到指背、尺侧、掌侧,依次刷完双手手指。然后再分段交替刷左右手掌、手背、前臂至肘上 10cm。用流动水自指尖至肘部冲洗,不要在水中来回移动手臂。取无菌巾从手至肘上依次擦干,不可再向手部回擦。注意拿无菌巾的手不要触碰已擦过皮肤的巾面,无菌巾不要擦拭未刷过的皮肤。同法擦干另一手臂。

外科手消毒整个过程中应注意双手始终位于胸前并高于肘部,指尖朝上。冲洗时避免溅湿衣裤。戴无菌手套前避免污染双手。不同手术之间或手术过程中手被污染时,应重新进行外科手消毒。

【穿无菌手术衣】

穿无菌手术衣的目的是避免和预防手术过程中医务人员衣物上的细菌污染手术切口,同时保障手术人员安全,预防职业暴露。

1. 对开式无菌手术衣穿法　步骤为:①自器械桌上拿取折叠好的无菌手术衣,选择较宽敞处站立,手提衣领抖开,使手术衣另一端下垂。注意勿使手术衣碰触到其他物品或地面。②两手提住衣领两角,衣袖向前将手术衣展开,使手术衣的内面朝向自己。③将手术衣向上轻轻抛起,双手顺势插入袖中,两臂前伸。注意既不可高举过肩,也不可向左右侧展开,以免污染。④巡回护士在穿衣者背后抓住衣领内面,协助穿衣者将双手拉出袖口,并系好衣领及背部系带。⑤穿衣者双手交叉,身体略向前倾,用手指夹起腰带递向后方,由背后的巡回护士接住并系好。⑥穿好手术衣后,双手应保持腰以上、胸前及视线范围内(图5-15)。

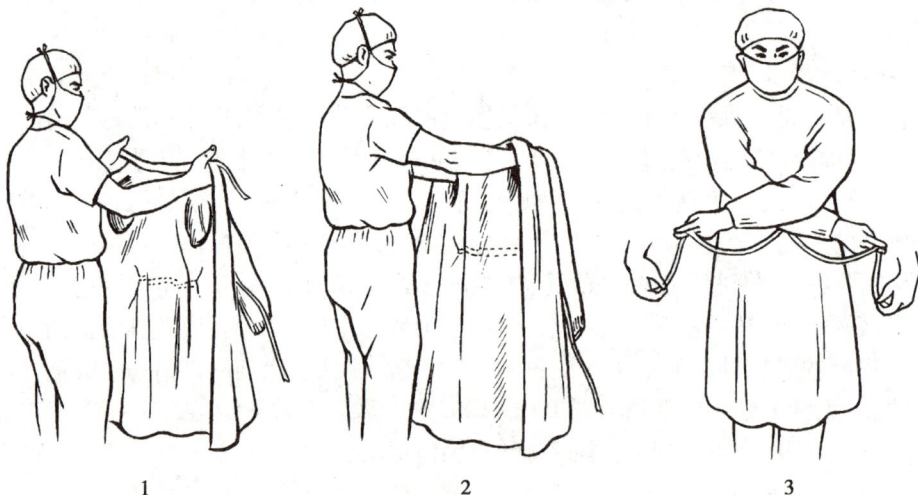

图5-15　对开式无菌手术衣穿法
1. 手提衣领两端抖开全衣;2. 二手伸入衣袖内;3. 提起腰带,由他人系带

2. 遮背式无菌手术衣穿法　步骤为:①前与对开式手术衣穿法相同,由巡回护士在穿衣者背后抓住衣领内面,协助将袖口后拉,并系好领口和背部的系带。②穿衣者戴无菌手套后解开腰间活结,将右侧腰带递向已戴好手套的手术人员或由巡回护士用无菌持物钳夹取,穿衣者旋转后将其与左侧腰带系于前方腰间,使手术衣右叶遮盖左叶(图5-16)。

【戴无菌手套】

分接触式和无接触式2种方法。穿遮背式手术衣时,通常选择无接触式戴无菌手套法。

1. 接触式戴无菌手套法　步骤为:①打开手套内包装袋,捏住手套口向外翻折的部分(即手套的内面)取出手套,调整两只手套拇指相对,分清左、右手。②左手捏住并显露右侧手套口,将右手插入手套,戴好手套。注意未戴手套的手不可触及手套的外面。③用已戴上手套的右手指插入左手手套翻折部的内面(即手套的外面),左手插入手套并戴好。④分别将左、右手套的翻折部翻回,包住手术衣的袖口。注意已戴手套的手只能接触手套的外面。⑤整理手套,使其服帖。如为有粉手套,用无菌生理盐水冲净手套外面的滑石粉(图5-17)。

2. 无接触式戴无菌手套法　步骤为:①穿无菌手术衣时双手不伸出袖口,在袖筒内将无菌手套内包装袋打开。注意手套应倒置。②一手隔衣袖抓持该手手套的反折边,将手套

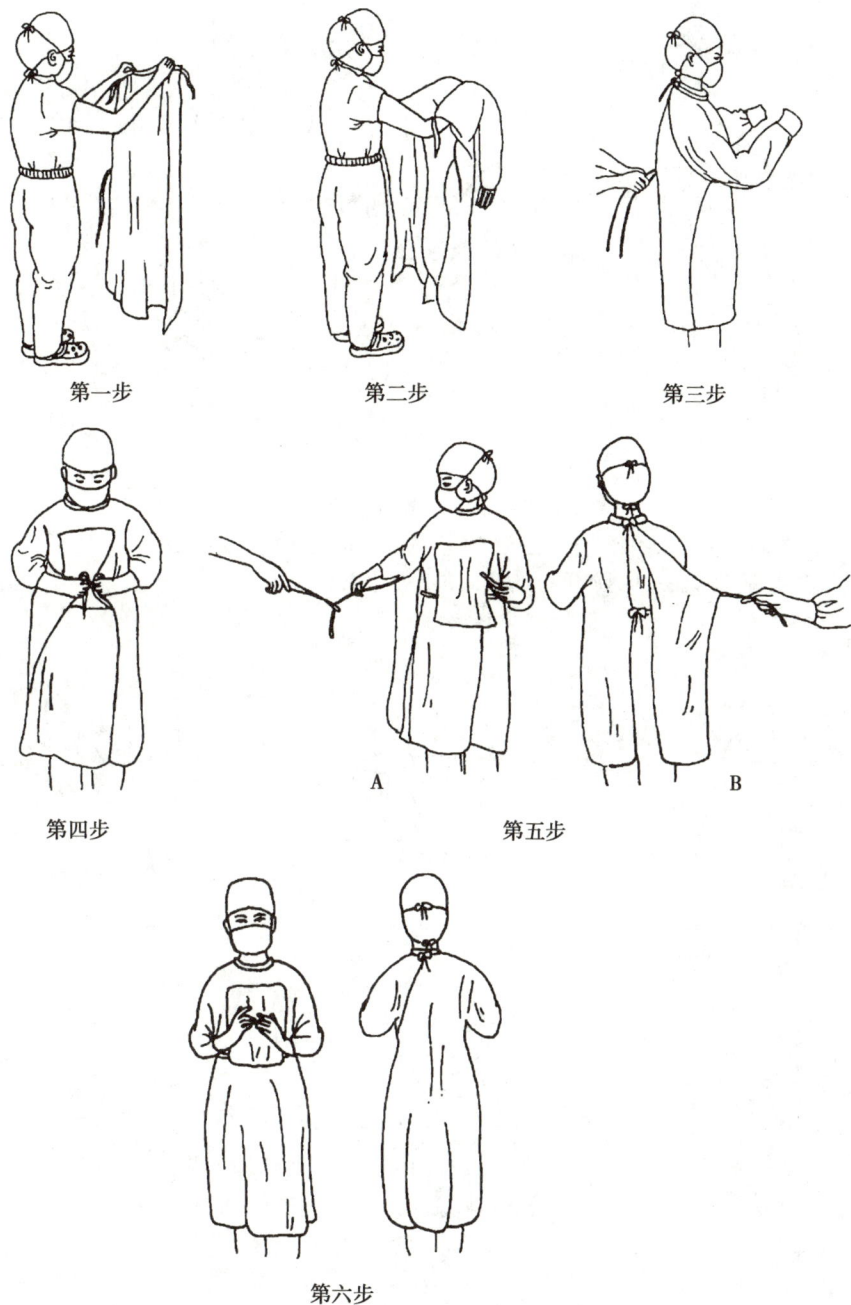

第一步　　　　　　　第二步　　　　　　　第三步

第四步　　　　　　　　　　第五步

第六步

图 5-16　遮背式无菌手术衣穿法

置于掌侧面,指端朝向手臂,拇指相对。③另一手隔衣袖抓住手套边缘并将之完全翻转,五指伸开,对准手套的手指。轻拉衣袖使手套包裹手及袖口。④用已戴好手套的手,同法戴另一手手套。⑤整理手套,使其服帖(图 5-18)。

3. 协助他人戴无菌手套法　被戴者的手自然下垂,由器械护士用双手撑开一手套,拇指对准被戴者,协助其将手伸入手套内并包裹于袖口上。

【脱手术衣及手套】

1. 脱手术衣法

(1) 他人帮助脱手术衣法:手术人员双手抱肘,巡回护士将手术衣自肩部向肘部翻转,再

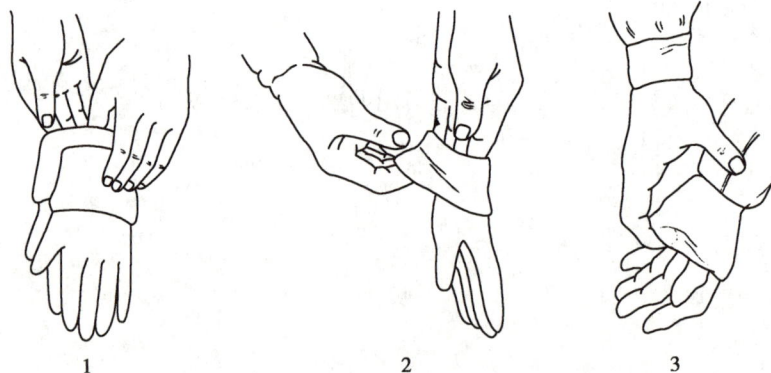

图 5-17　接触式戴无菌手套法

1. 先将右手插入手套内；2. 已戴好手套的右手指插入左手套的翻折部帮助左手插入手套内；3. 将手套翻折部翻回包住手术衣袖口

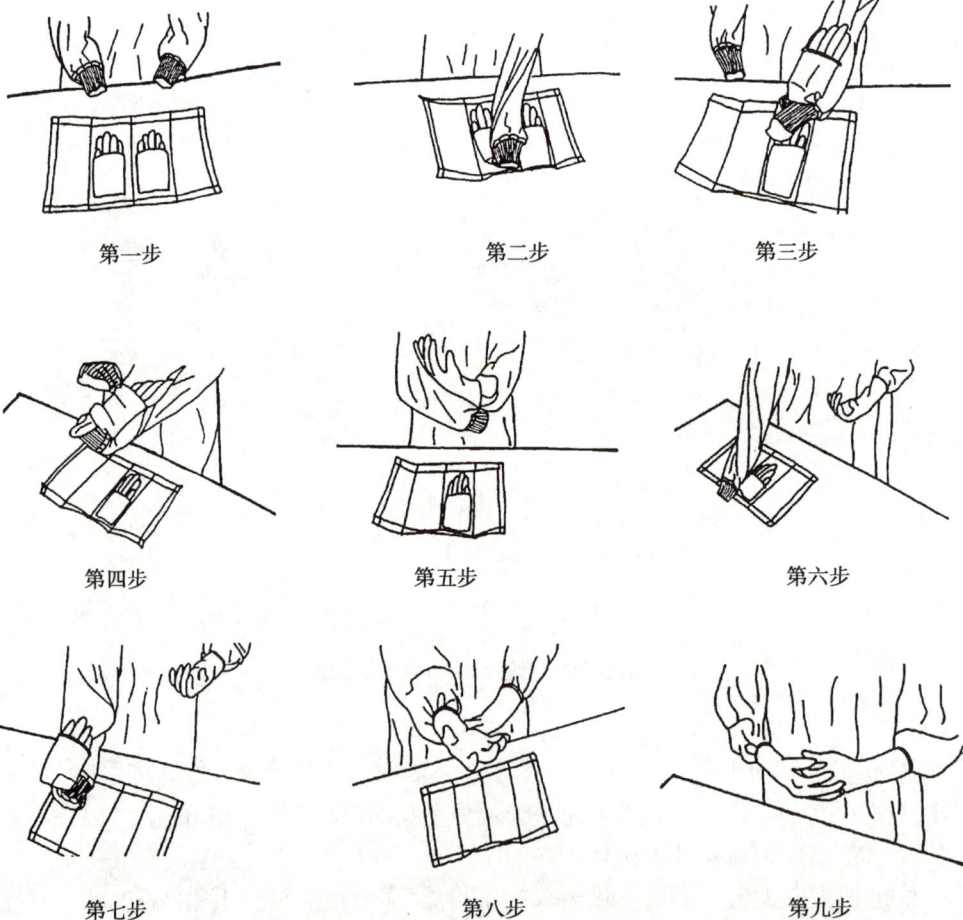

第一步　　　　　　　　第二步　　　　　　　　第三步

第四步　　　　　　　　第五步　　　　　　　　第六步

第七步　　　　　　　　第八步　　　　　　　　第九步

图 5-18　无接触式戴无菌手套法

向手的方向拉下手术衣。

（2）自行脱手术衣法：左手抓住手术衣右肩并拉下，使衣袖翻向外，同法拉下手术衣左肩，脱下手术衣，使衣里外翻，保护手臂及洗手衣、裤不被手术衣外面污染。

2. 脱手套法　用戴手套的手抓取另一手套的外面翻转脱下，再用已脱手套的拇指伸入另一手套的里面翻转脱下。注意保护清洁的手不被手套外面污染。

第六节　手术室无菌操作技术

手术中严格无菌操作是预防切口感染、保证病人安全的关键，也是影响手术成功的重要因素，所有参加手术的工作人员必须充分认识其重要性，严格执行无菌操作原则，并且贯穿手术的全过程。

【手术中的无菌操作原则】

1. 明确无菌区域

（1）手术人员一经洗手，手臂即不可再接触未经消毒的物品。穿好无菌手术衣及戴好无菌手套后，背部、肩部以上和腰部以下都应视为有菌区，不能再用手触摸。手术人员的手臂应保持在腰水平以上，肩部以下，两侧腋前线之间。

（2）器械桌桌缘平面以上属无菌区，器械护士不能接触桌缘平面以下区域。

（3）手术床边缘以下的布单不可接触，凡下坠超过手术床边缘以下的器械、敷料、导管、缝线等一概不可再拾回使用。

2. 保持无菌物品的无菌状态

（1）无菌区内所有的物品都必须先经严格灭菌处理。若无菌包破损、潮湿、可疑污染时均应视为有菌，不可使用。1 份无菌物品只能用于 1 位病人，打开后即使未用，也不能留给其他病人使用，需重新包装、灭菌后才能使用。

（2）术中手套若破损或接触到有菌物品，应立即更换。前臂或肘部污染应立即更换手术衣或加套无菌袖套。

（3）无菌区的布单若被水或血液浸湿，应加盖或更换新的无菌单。

（4）巡回护士取用无菌物品时须用无菌持物钳夹取，并与无菌区域保持一定距离。任何无菌包及容器的边缘均视为有菌，取用无菌物品时不可触及。

3. 保护皮肤切口　手术部位皮肤虽经消毒，但只能达到相对无菌，残存在毛囊中的细菌对开放的切口仍有一定威胁。保护皮肤切口的措施有：①切开皮肤前先用无菌聚乙烯薄膜覆盖，再经薄膜切开皮肤，以保护切口不被污染。切开皮肤和皮下脂肪层后，切口边缘以无菌大纱布垫或手术巾遮盖并固定，仅显露手术切口。②凡与皮肤接触过的刀片和器械不应再用。③延长切口或缝合前，需再用 75% 酒精消毒皮肤 1 次。④手术中途因故暂停时，应以无菌单覆盖手术切口。

4. 正确传递物品　不可在手术人员背后或头顶方向传递器械及手术用品。手术医生需要器械时，应由器械护士从器械升降台侧正面方向递给。

5. 正确调换位置　术中手术人员均须面向无菌区，并在规定区域内活动。同侧手术人员如需调换位置，应先退后一步，转身背对背转至另一位置，以防触及对方背部有菌区。

6. 污染手术的隔离技术　进行胃肠道、呼吸道、宫颈等污染手术时，切开空腔脏器前应先用纱布垫保护周围组织，准备好吸引器并随时吸除外流的内容物。被污染的器械和其他物品应放在专放污染器械的弯盘内，避免与其他器械接触。全部污染步骤完成后，手术人员应用无菌水冲洗或更换无菌手套,尽量减少污染的可能。

7. 减少空气污染　手术时门窗应关闭,尽量减少人员走动。手术过程中保持安静,避免不必要的谈话。尽量避免咳嗽、打喷嚏,不得已时须将头转离无菌区。请他人擦汗时,头应转向一侧。口罩若潮湿,应及时更换。每个手术间参观人数不宜超过2人,参观手术人员不可过于靠近手术人员或站得过高,也不可在室内频繁走动。

【无菌器械桌(台)的准备】

无菌器械桌(台)用于放置术中所需的各种器械及物品,要求结构简单、坚固、轻便,可推动且易于清洁。桌面四周有围栏,栏高4~5cm。一般分为大、小2种,可根据手术的性质、范围进行选择。无菌器械桌由巡回护士和器械护士共同准备,具体如下:①手术日晨,由巡回护士准备清洁、干燥、平整、合适的器械桌。将手术包放于桌上。用手打开外层包布(双层),注意只能接触包布的外面,手臂不可跨越无菌区。②用无菌持物钳打开内层包布,顺序为先打开近侧,检查包内灭菌化学指示物合格后再走到对侧打开对侧。要求保证铺在台面上的无菌巾为4~6层,四周无菌单垂于桌缘下30cm以上,并保证无菌单下缘在回风口以上。③器械护士完成外科手消毒、穿好无菌手术衣、戴好无菌手套后,对器械桌进行整理,即将器械、物品等按使用先后顺序、频率分类排放整齐,以便于术中拿取(图5-19)。铺置好的无菌器械桌原则上不应进行覆盖。

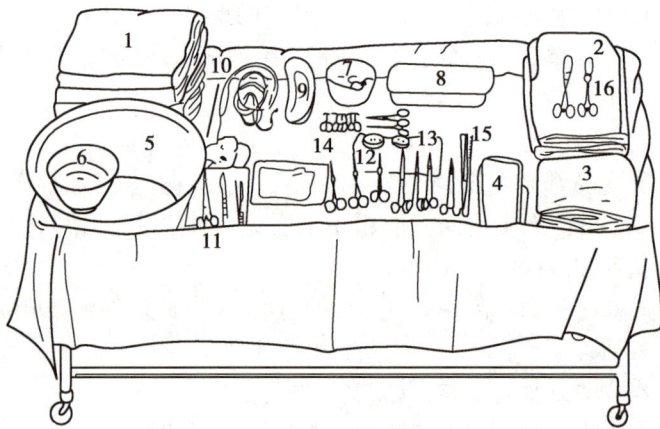

图5-19　器械桌无菌物品的摆放
1. 手术衣;2. 手术单类;3. 手术巾;4. 纱垫纱布;5. 大盆;6. 盐水碗;
7. 酒精碗;8. 标本盘;9. 弯盘;10. 吸引管及吸引器头;11. 手术刀、
剪子及镊子;12. 针盒;13. 持针钳及线剪;14. 手术钳;15. 大号无齿
镊及血管钳;16. 皮肤灭菌拭子

思政元素

慎　独

慎独,源自《礼记·中庸》中"莫见乎隐,莫显乎微。故君子慎其独也",是儒家讲求修养的一种非常重要的境界。从单字剖析来看,"慎"指小心、谨慎,"独"指独处,在现代汉语词典中解释为:"在独处时也能谨慎不苟",在现代医学中解释为:"医务人员在个人独处时,仍能坚持医学道德信念,严格按照医学道德要求行事的一种行为精神",是医务工作者应具备的基本职业素质与精神。手术室护理工作是手术室工作的重要组成部分,护理工作质量的高低对手术治疗的效果有直接影响。手术室护理工作任务繁重且紧张,职业风险高,技能专科性强且分工明确,大多数情况下各种工作任务都是独立完成的,尤其强调手术室护士必须具备很强的无菌观念,同时还是无菌操作的监督者和管理者。这些特点均要求手术室护士具备较高的慎独精神,并把慎独精神作为日常工作的基本原则,渗透于每一个行为之中,更好地为手术病人服务,提升手术室护理质量。

(孙　蓉)

复习思考题

1. 如何进行手术室的分区管理?
2. 李护士为某台手术的巡回护士,请列出其工作职责有哪些?
3. 张护士为某台手术的器械护士,请问其应遵循的无菌操作原则有哪些?

扫一扫,
测一测

第六章

麻醉病人的护理

学习目标

1. 复述全身麻醉、局部麻醉、椎管内麻醉、复合麻醉、蛛网膜下隙阻滞及硬脊膜外阻滞的概念;复述麻醉前常用药物的种类及用药目的。

2. 比较不同麻醉方式的特点;理解各类麻醉的主要并发症及其原因。

3. 运用相关知识,为各类麻醉病人实施麻醉前后护理和麻醉期间监护;识别麻醉病人出现的并发症,并协助医师处理。

第一节 概 述

麻醉(anesthesia)一词来源于希腊文,其原意是指应用药物或其他方法使病人整体或部分暂时失去感觉,从而消除疼痛,为手术治疗或其他检查提供保障。1846 年,Morton 医生在美国麻省总医院公开实施乙醚麻醉,标志着现代麻醉学的开始。随着外科技术和现代麻醉学的发展,麻醉的应用范围已扩展到临床麻醉、疼痛治疗、急救复苏、重症监测等多个领域。

临床麻醉是麻醉医师最主要的日常工作,其主要工作内容为:①麻醉前工作:评估病情,制定最适宜的麻醉方案,做好麻醉前准备;②麻醉期间工作:实施麻醉,为手术创造良好条件,做好手术期间麻醉过程的监测及记录;③麻醉后工作:将病人送至麻醉恢复室,做好交接班,并做好麻醉后的随访及记录。

【麻醉的分类】

麻醉的种类较多,按照麻醉作用的部位和所用药物的不同可分为 5 种。

1. 全身麻醉(general anesthesia) 简称全麻,指麻醉药经呼吸道吸入或静脉、肌内注射进入体内,产生中枢神经系统抑制,使病人意识消失、全身痛觉丧失、遗忘、反射抑制等。

2. 局部麻醉(local anesthesia) 简称局麻,指将局麻药应用于身体局部,使身体某一部位的感觉神经传导功能暂时阻断,运动神经传导保持完好或有不同程度被阻滞,病人局部无痛而意识清醒。

3. 椎管内麻醉(intrathecal anesthesia) 是将局部麻醉药物注入椎管内的某一腔隙,使部分脊神经的传导功能发生可逆性阻滞的麻醉方法。它包括蛛网膜下隙阻滞(subarachnoid block)和硬脊膜外隙阻滞(epidural block)。

4. 复合麻醉(combined anesthesia) 是合并或配合使用不同药物或(和)方法施行麻醉的方法。它包括静吸复合麻醉、全麻与非全麻复合麻醉等。

5. 基础麻醉(basal anesthesia) 是麻醉前使病人进入类似睡眠的状态以利于麻醉处理

的方法。

【麻醉前评估】

麻醉前评估是保障手术病人的围术期安全、增强其对手术和麻醉的耐受力、避免或减少围术期并发症的重要工作,护士应协调配合麻醉医生共同做好麻醉前评估工作。

麻醉医生一般在麻醉前1~3日对病人进行访视,了解病人的病情,解答病人对麻醉的疑问,使病人对麻醉有较全面的了解,减轻或消除其对麻醉和手术的恐惧心理。麻醉医生需要掌握病人的病史,对病人进行体格检查与实验室检查,此外,还需综合分析麻醉前访视所得信息,对病人全身情况和麻醉耐受力做出较全面的评估。

目前临床较常用的评估方法之一为美国麻醉医师协会(American Society of Anesthesiology,ASA)颁布的病人全身健康状况分级(表6-1)。一般认为,Ⅰ~Ⅱ级病人对麻醉和手术的耐受性良好,风险性较小;Ⅲ级病人的器官功能虽在代偿范围内,但对麻醉和手术的耐受能力减弱,风险性较大,若术前准备充分,尚能耐受麻醉;Ⅳ级病人因器官功能代偿不全,麻醉和手术风险性很大,即使术前准备充分,围术期的死亡率仍很高;Ⅴ级者为濒死病人,麻醉和手术都异常危险,不宜行择期手术。

表6-1 ASA病情分级

分级*	标准
Ⅰ	体格健康,发育良好,各器官功能正常
Ⅱ	除外科疾病外,有轻度并存疾病,功能代偿健全
Ⅲ	并存疾病较严重,体力活动受限,但尚能应付日常活动
Ⅳ	并存疾病严重,丧失日常活动能力,经常面临生命威胁
Ⅴ	无论手术与否,生命难以维持24小时的濒死病人
Ⅵ	确诊为脑死亡,其器官拟用于器官移植手术

* 急症病例在相应ASA分级后加注"急"或"E"(emergency),表示风险较择期手术增加

【麻醉前准备】

1. 病人的准备

(1)心理准备:手术前病人都会有紧张、焦虑的情绪反应,甚至感到恐惧,护士应向病人简单介绍麻醉实施方法和安全措施,耐心解答病人提出的问题,针对性消除病人思想顾虑和焦虑心理。过度紧张的病人,可采取药物辅助治疗。

(2)纠正或改善病理生理状态:手术前应积极纠正生理功能紊乱和治疗潜在的内科疾病,使病人各脏器功能处于较好状态,提高病人对手术的耐受能力。尽量改善病人的营养状况;有呼吸系统感染者,术前应积极抗感染治疗;有高血压者,合理控制血压;糖尿病病人应控制血糖。

(3)胃肠道准备:手术前应常规排空胃,以避免围术期间发生内容物的反流误吸,及由此而导致的窒息和吸入性肺炎。正常胃排空时间为4~6小时,但恐惧焦虑等情绪改变及严重创伤可使胃排空显著减慢。一般认为,择期手术病人,无论选择何种麻醉方法,术前都应禁食易消化固体食物或非母乳至少6小时;而禁食油炸食物、富含脂肪或肉类食物至少8小时;如果对以上食物摄入量过多,胃排空时间可延长,应适当延长禁食时间。新生儿、婴幼儿禁母乳至少4小时,易消化固体食物非母乳或婴儿配方奶至少6小时。所有年龄病人术前2小时可饮少量清水,包括饮用水、果汁(无果肉)、清茶等,但不包括酒精饮料。急症病人也应充分考虑胃排空问题。饱胃而又需立即手术者,无论选择全麻,还是区域阻滞或椎管内麻醉,

都有发生呕吐和误吸的危险。

2. 麻醉药品、设备和用具的准备　为了使麻醉和手术能安全顺利进行,麻醉前必须对麻醉药品、监测设备进行充分准备和检查,保证各类仪器设备功能正常。

3. 麻醉前用药

(1) 用药目的

1) 消除病人紧张焦虑及恐惧的情绪;增强全身麻醉药的效果,减少全麻药的副作用;对不良刺激可产生遗忘作用。

2) 提高病人的痛阈,缓解或解除原发疾病或麻醉前有创操作引起的疼痛。

3) 消除因手术或麻醉引起的不良反射,特别是迷走神经反射,抑制交感神经兴奋以维持血流动力学的稳定。

(2) 常用药物:一般来说,全麻病人以镇静药和抗胆碱药为主,有剧痛者加用麻醉性镇痛药。腰麻病人以镇静药为主,硬膜外麻醉者可酌情给予镇痛药。麻醉前用药一般在麻醉前 30~60 分钟肌内注射。精神紧张者,可于手术前晚口服镇静催眠药,以缓解病人的紧张情绪。

1) 安定镇静药:具有安定镇静、催眠、抗焦虑及抗惊厥的作用。常用地西泮 2.5~5mg 口服,或咪达唑仑 0.04~0.08mg/kg 肌内注射。

2) 催眠药:具有催眠、镇静及抗惊厥作用。常用药物为苯巴比妥 0.1~0.2g 肌内注射。

3) 镇痛药:具有镇痛、镇静作用。一般采用吗啡 0.1mg/kg 或哌替啶 1mg/kg 肌内注射。

4) 抗胆碱药:可抑制腺体分泌、解除平滑肌痉挛和迷走神经兴奋。常用阿托品 0.01~0.02mg/kg 或东莨菪碱 0.2~0.6mg 肌内注射。

📖 **知识链接**

麻醉护理发展现状

由护士为病人提供麻醉服务至今已有 100 多年的历史。1931 年美国成立了美国麻醉护士学会(American Association of Nurse Anesthetists,AANA),目前麻醉护士的教育已达硕士及博士水平。美国麻醉护士除负责围麻醉期的护理工作外,还承担着管理、教育及科研工作,部分州允许麻醉护士在没有医生监督的情况下进行独立操作。1989 年,国际麻醉护理联盟(the International Federation of Nurse Anesthetists,IFNA)正式宣告成立,它旨在促进全球麻醉护理的交流,建立麻醉护理实践及教育的国际性标准,提高麻醉护士的专业能力,从而为病人提供高质量的麻醉护理服务。2015 年,上海交通大学医学院附属第九人民医院成为中国第一个 IFNA 麻醉护理培训基地,并开展相应培训工作。在专科护理不断发展的时代背景下,我们应当有接受挑战的勇气,在国际麻醉护理联盟中争取更多话语权,让中国护理受世界瞩目。

第二节　局部麻醉病人的护理

局部麻醉简称局麻,是指将局部麻醉药(简称局麻药)作用于身体局部,使机体某一部位的感觉神经传导功能暂时被阻滞,运动神经传导保持完好或者同时有程度不等的被阻滞状态。这种阻滞是可逆的,不产生组织损害。主要包括表面麻醉、局部浸润麻醉、区域阻滞和神经阻滞麻醉。局麻是一种简便易行,安全有效,并发症较少的麻醉方法,并可保持病人意识清醒,适用于部位表浅、短时的手术。

【常用局麻药】

根据局部麻醉药的化学结构不同,可分为两大类:酯类局麻药和酰胺类局麻药。酯类局麻药包括普鲁卡因和丁卡因等,这类麻醉药在血浆内水解或被胆碱酯酶分解,产生的对氨基化合物可形成半抗原,引起变态反应。酰胺类局麻药包括利多卡因和布比卡因等,这类麻醉药在肝内被酰胺酶分解,不形成半抗原,一般不引起过敏反应。

1. 普鲁卡因 是一种弱效、短时效且较安全的常用局麻药。因其麻醉效能较弱,黏膜穿透力很差,故不用于表面麻醉。但因其毒性较小,适用于局部浸润麻醉。成人一次限量为1g。其代谢产物对氨苯甲酸有减弱磺胺类药物的作用,使用时应注意。

2. 丁卡因 是一种强效、长时效的局麻药。因其黏膜穿透力强,故适用于表面麻醉和神经阻滞麻醉。一般不用于局部浸润麻醉。成人一次限量表面麻醉为40mg,神经阻滞为80mg。

3. 利多卡因 是一种中等效能和时效的局麻药。它的组织弥散性能和黏膜穿透力都很强,可用于各种麻醉方法,使用时浓度有所差异。成人一次限量表面麻醉为100mg,局部浸润麻醉和神经阻滞为400mg。反复用药可产生快速耐药性。

4. 布比卡因 是一种强效、长时效的局麻药。常用于神经阻滞、腰麻及硬脊膜外阻滞,很少用于局部浸润麻醉。作用时间为4~6小时。成人一次限量为150mg。使用时应注意其心脏毒性。

5. 罗哌卡因 强度和时效与布比卡因类似,但它的心脏毒性较低。因其与血红蛋白结合率高,透过胎盘的量小,特别适用于硬膜外镇痛,如术后镇痛和分娩镇痛。成人一次限量为150mg。

【局麻方法】

1. 表面麻醉 表面麻醉是将穿透力强的局麻药作用于黏膜表面,使之透过黏膜而阻滞位于黏膜下的神经末梢,使黏膜产生麻醉现象的麻醉方法。常用于眼、鼻、咽喉、气管或尿道等部位的浅表手术或内镜检查。表面麻醉的给药方法,常因手术部位的不同而不同,如眼采用滴入法,鼻采用涂敷法,咽喉、气管采用喷雾法,尿道手术采用灌入法等。常用药物是1%~2% 丁卡因或2%~4% 利多卡因。

2. 局部浸润麻醉 局部浸润麻醉是将局麻药注射于手术区的组织内,阻滞神经末梢而达到麻醉作用的方法。它需在手术切口进行分层注射,使局麻药与阻滞内神经末梢广泛且均匀接触,产生麻醉效果。常用药物是0.5% 普鲁卡因或0.25%~0.5% 利多卡因。

3. 区域阻滞麻醉 区域阻滞麻醉是指在手术区四周和底部注射局麻药,以阻滞支配手术区域的神经纤维而达到麻醉作用的方法。常用于局部肿块切除术、活组织检查术等。它是在局部浸润麻醉的基础上,使局麻药向四周及深层组织扩大浸润,对手术区形成包围,从而阻断神经纤维的向心传导。该方法能避免穿刺病理组织,不会使手术区的局部解剖因注入麻醉药难以辨认。

4. 神经阻滞麻醉 神经阻滞麻醉是将麻醉药注入神经干、丛、节周围,阻滞其神经冲动传导,使其支配的区域产生麻醉作用的方法。常用的有颈丛神经阻滞(图6-1)和臂丛神经阻滞(图6-2)两种方法。颈丛神经阻滞是指将麻醉药注入颈神经丛区域,以阻滞其神经冲动传导,达到麻醉作用,包括深丛和浅丛阻滞,常用于颈部手术,如甲状腺手术、气管切开术

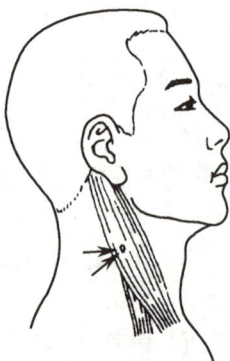

图 6-1　颈丛神经阻滞　　　　　图 6-2　臂丛神经阻滞

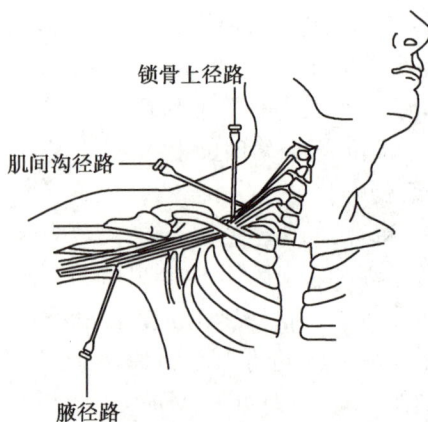

等。臂丛神经阻滞是将局麻药注入臂神经丛的鞘膜内,以阻滞其神经分支的传导,达到麻醉作用。常用于上肢手术和肩部手术。

【主要护理诊断 / 问题 】

1. 急性疼痛　与术中局麻效果不佳有关。

2. 潜在并发症:局麻药毒副反应、过敏反应。

【护理措施】

(一)麻醉前护理

小手术一般不要求禁食,但估计手术范围较大则需按常规禁食;协助病人摆放麻醉体位并注意保暖;准备好麻醉药和盐酸肾上腺素等药物,协助麻醉师或外科医生实施局部麻醉。

(二)麻醉期间监护

麻醉期间特别要注意局麻药不良反应的观察、预防和护理。

1. 毒性反应　毒性反应指单位时间内血中局麻药浓度超过机体耐受剂量而出现的一系列反应。所有局麻药,无论采用何种给药途径,一旦血药浓度超过一定阈值,就可能发生毒性反应。

(1)常见原因:①一次用量超过病人的耐受量;②局麻药误入血管内;③注药部位血供丰富,或由于局麻药液内未加用肾上腺素,导致药物吸收过快;④病人体质弱,对局麻药耐受性差。用少量局麻药即出现毒性反应症状者,称为高敏反应。

(2)临床表现:主要是对中枢神经系统和心血管系统的影响,且中枢神经系统对局麻药更为敏感。轻度毒性反应时,病人常出现眩晕、多语、嗜睡、寒战、惊恐不安和定向障碍等症状。严重者可出现意识不清、抽搐、惊厥、呼吸困难、血压下降、心率缓慢,甚至呼吸心跳停止。

(3)预防措施:①严格控制药物用量;②注药前回抽确定无血液;③局麻药内加入适量肾上腺素,延缓局麻药吸收;④给予麻醉前用药如地西泮或巴比妥类药物。

(4)护理要点:①一旦发生毒性反应,应立即停止用药,吸入氧气;②症状轻者可静脉注射地西泮 0.1mg/kg 或咪达唑仑 0.1~0.5mg/kg,可预防和控制抽搐;③症状重者除给予硫喷妥钠等药物外,必要时配合医生行气管插管术,如出现低血压,可用麻黄碱或间羟胺等维持血压;心率缓慢者可以静脉注射阿托品,一旦呼吸心跳停止,应立即进行心肺复苏。

2. 过敏反应　酯类局麻药过敏较为多见,酰胺类少见。主要表现为荨麻疹、血压下降、支气管痉挛和血管神经性水肿,严重者可危及生命。因假阳性率过高,以传统的局麻药皮肤试验来预测过敏反应并不可靠,因此不必进行常规局麻药皮试。预防过敏反应的关键在于针对有酯类局麻药过敏史的病人选用酰胺类局麻药。若发生过敏反应,首先停止用药;保持呼吸道通畅,吸氧;补充血容量维持循环稳定,适当选用血管加压药,同时应用糖皮质激素和抗组胺药。

（三）麻醉后护理

局麻手术后一般无需特殊护理。若术中用药多或手术时间长,应嘱咐病人术后留观休息 15~30 分钟,无不良反应后可离开医院。

第三节　椎管内麻醉病人的护理

椎管内麻醉是指将局部麻醉药注入椎管的蛛网膜下隙或硬脊膜外隙,使机体部分脊神经传导功能发生可逆性阻滞的麻醉方法。椎管内麻醉时,病人意识清醒,镇痛效果确切,肌松弛良好,但该方法对机体呼吸、循环及其他系统功能有一定的影响。椎管内麻醉是蛛网膜下隙阻滞、硬脊膜外隙阻滞和蛛网膜下隙 - 硬膜外隙联合阻滞的统称。

一、蛛网膜下隙阻滞

蛛网膜下隙阻滞是将局麻药注入蛛网膜下隙,阻断部分脊神经传导功能而引起相应支配区域受到阻滞的麻醉方法,又称脊麻或腰麻。

【适应证与禁忌证】

1. 适应证　腰麻适用于 2~3 小时以内的下腹部、盆腔、下肢和肛门会阴部手术,如阑尾切除、疝修补、半月板摘除、痔切除、肛瘘切除术等。

2. 禁忌证　①中枢神经系统疾病,如脑脊膜炎、脊髓前角灰白质炎、颅内压增高等;②凝血功能障碍;③休克;④穿刺部位有皮肤感染;⑤脓毒症;⑥脊柱外伤或结核;⑦急性心力衰竭或冠心病发作。对老年人、心脏病、高血压等病人应严格控制用药量和麻醉平面。不能合作者,如小儿或精神病病人,一般不用腰麻。

【分类】

可根据给药方式、麻醉平面和局麻药药液的比重分类。

1. 给药方法　根据给药方法的不同分为单次法和连续法。单次法是指穿刺后将导管插入蛛网膜下隙,一次注药维持手术时间的脊神经阻滞。连续法是指穿刺后导管插入蛛网膜下隙,分次注药,以维持长时间的脊神经阻滞。

2. 麻醉平面　根据脊神经阻滞平面的高低可分为高中低平面,阻滞平面达到或高于 T_4 为高平面,阻滞平面达到或低于 T_{10} 为低平面,高于 T_{10} 但低于 T_4 为中平面。

3. 局麻药液的比重　所用药液的比重高于脑脊液比重称为重比重腰麻,等于脑脊液比重称为等比重腰麻,低于脑脊液比重称为轻比重腰麻。

【常用麻醉药】

目前常用的药物是丁卡因、普鲁卡因和布比卡因。

1. 丁卡因　常将 1% 丁卡因溶液 1ml(10mg),加 10% 葡萄糖溶液和 3% 麻黄碱溶液各 1ml,配制成 1：1：1 重比重溶液。起效时间 5~10 分钟,作用时间 2~2.5 小时。将丁卡因 10mg 溶于注射用水 10ml 内,即配成 0.1% 的轻比重溶液。

2. 普鲁卡因　常将普鲁卡因 150mg 溶于 5% 葡萄糖溶液或脑脊液 3ml 中,配制成 5% 普鲁卡因重比重溶液。作用时间 1~1.5 小时。将普鲁卡因 150mg 溶于注射用水 10ml 内,即配成 1.5% 的轻比重溶液。

3. 布比卡因 常用浓度为 0.5%~0.75% 的布比卡因 2ml,加 10% 葡萄糖溶液 1ml 配成重比重溶液,起效时间和作用时间与丁卡因类似。以注射用水稀释成 0.2%~0.25% 浓度,即为轻比重溶液。

【麻醉方法】

1. 腰椎穿刺术 腰麻采用腰椎穿刺术实施麻醉,病人一般取侧卧位,其背部需与床面垂直,与床沿靠齐,嘱病人屈髋屈膝,头部向胸部屈曲,腰背部尽量向后屈曲,使棘突间隙张开以利于穿刺。常用穿刺部位是 L_{3-4} 和 L_{2-3} 间隙(图 6-3)。脊椎穿刺时,首先在穿刺点进行局部浸润麻醉,然后在棘突间隙中点垂直进针,经皮肤、皮下组织、棘上韧带、棘间韧带、黄韧带、硬脊膜和蛛网膜而进入蛛网膜下隙。穿刺成功后以针刺皮肤试痛测知阻滞平面。

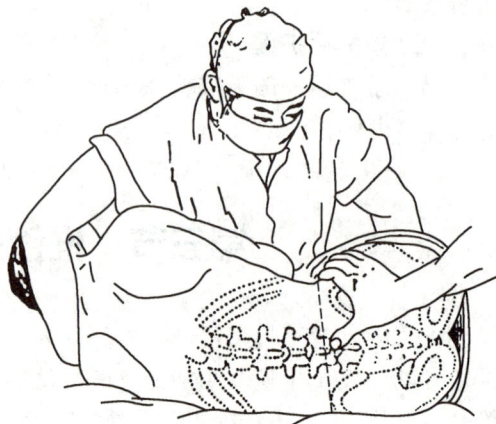

图 6-3 侧卧位脊椎穿刺时确定第 4 腰椎棘突的方法

2. 麻醉平面的调节 局麻药注入蛛网膜下隙以后,应设法在短时间内调节和控制麻醉平面。一旦超过药液与神经组织结合所需时间,就不容易调节平面。如果麻醉平面过低,则导致麻醉失败;平面过高对生理的影响较大,甚至危及病人的生命安全。影响麻醉平面的因素很多,如局麻药药液的比重剂量、容积、病人身高脊柱生理弯曲和腹腔内压力等,但药物的剂量是影响腰麻平面的主要因素,剂量越大,平面越高。假如这些因素不变,则穿刺间隙、病人体位和注药速度等是调节平面的重要因素。

(1)穿刺间隙:由于脊柱的生理弯曲,病人仰卧位时 L_3 位置最高,当在 L_{2-3} 间隙穿刺并注入重比重局麻药液,病人调整为仰卧位后,脑脊液中的药液向胸段流动,麻醉平面容易偏高。当在 L_{4-5} 间隙穿刺并注入重比重局麻药液,则病人仰卧后药液向骶段流动,麻醉平面容易偏低。

(2)病人体位:由于重比重药液在蛛网膜下隙向低处移动扩散,若平面过低,可将手术台调至头低位,使平面上升。因此,调控病人的体位对麻醉平面起着重要作用,一旦平面确定,则体位影响较小。

(3)注药速度:注药速度越快,麻醉范围越广,一般注药速度为每 5 秒注射 1ml。

【主要护理诊断 / 问题】

潜在并发症:血压下降、心率减慢、呼吸抑制、恶心呕吐、头痛、尿潴留等。

【护理措施】

(一)麻醉前护理

向病人讲解椎管内麻醉以及手术相关知识,重点是体位配合重要性。指导并教会病人配合时的体位摆放,并告知在麻醉实施过程中如有不适,及时与医生沟通。其余参见本章第一节中麻醉前准备相关内容。

(二)麻醉期间监护

1. 常规监测与护理

常规监测生命体征、皮肤和黏膜色泽、血氧饱和度、术中出血量、麻醉用药后反应等,建立静脉通道,遵医嘱补液,保证足够的循环血量。

2. 术中并发症的观察与护理

(1) 血压下降、心率减慢:常发生在高平面腰麻。因脊神经阻滞后,麻醉区域的血管扩张,回心血量减少,心排血量降低;心交感神经被阻滞,迷走神经相对亢进,引起心率过缓。若麻醉平面超过 T4,麻醉过程中密切观察血压和心率变化,一旦发现病人出现低血压,应调整麻醉深度,同时加快输液速度,增加血容量。若血压骤降,遵医嘱及时静脉滴注升压药收缩血管,维持血压;若心率过缓,可应用阿托品。

(2) 呼吸抑制:常见于胸段脊神经阻滞,表现为肋间肌麻痹,胸式呼吸减弱,胸闷、气短、咳嗽无力等。密切观察病人呼吸频率和节律的变化;若出现呼吸功能不全,应立即予以吸氧,同时采用面罩辅助呼吸;一旦病人发生呼吸停止,应立即行气管内插管并人工呼吸;若出现呼吸心跳停止,立即进行心肺复苏。

(3) 恶心、呕吐:常见原因:①麻醉平面过高,发生低血压和呼吸抑制,造成脑缺血缺氧而兴奋呕吐中枢;②迷走神经功能亢进,胃肠道蠕动增强;③术中牵拉腹腔内脏;④对术中辅助用药较敏感等。麻醉过程中密切观察病人有无恶心呕吐反应;若出现呕吐,积极寻找原因,采取针对性措施,如告知手术医生暂停手术以减少牵拉刺激,必要时给予昂丹司琼等止吐药物。

(三)麻醉后护理

1. 常规监测与护理

(1) 体位:为预防麻醉后头痛,术后常规去枕平卧 6~8 小时。

(2) 吸氧:麻醉平面超过第六胸椎水平的病人,应术后常规吸氧,提高血氧含量。

(3) 观察病情:监测血压、脉搏和呼吸功能的变化,直至麻醉作用完全消失;同时还要观察病人排尿、肢体感觉和运动情况,如有异常应及时报告医生,并做好记录。

2. 术后并发症的观察与护理

(1) 腰麻后头痛:主要原因是腰椎穿刺时刺破硬脊膜和蛛网膜,脑脊液流失,颅内压下降,颅内血管扩张刺激所致。大多出现在术后 2~7 日,常位于枕部、顶部和颞部,呈搏动性,抬头或坐立位时头痛加重,平卧时减轻或消失。发生头痛时,嘱病人卧床休息,每日补液或饮水 2 500~4 000ml,也可应用镇痛或安定类药物;严重头痛时可遵医嘱向硬脊膜外隙注入生理盐水或 5% 葡萄糖或右旋糖酐 15~30ml,必要时采用硬膜外自体血充填疗法。

(2) 尿潴留:主要由于支配膀胱的骶神经纤维较细,对局麻药敏感,被阻滞后恢复缓慢所致,也可能因下腹部手术刺激、膀胱会阴肛门手术疼痛以及病人不习惯卧位排尿引起。术后嘱其有尿意时,及时排尿;若排尿困难可采用热敷下腹部、膀胱区或针刺足三里、三阴交、阳陵泉等穴位促进排尿;若上述措施仍无效,应予以留置导尿管,解除尿潴留。

二、硬脊膜外隙阻滞

硬脊膜外隙阻滞是将局麻药注入硬脊膜外间隙,阻断部分脊神经传导功能而引起相应支配区域受到阻滞的麻醉方法,又称硬膜外阻滞或硬膜外麻醉。硬脊膜外隙阻滞麻醉有单次法和连续法两种,临床常用连续法。

【适应证与禁忌证】

1. 适应证 用于横膈以下的各种腹部、腰部和下肢手术,且不受手术时间的限制;还可用于颈部、上肢和胸壁手术。

2. 禁忌证 与腰麻相似。凡有穿刺点皮肤感染、凝血功能障碍、休克、脊柱结核或严重畸形、中枢神经系统疾病等均为禁忌。对老年、妊娠、贫血、高血压、心脏病、低血容量等病人,应减少用药剂量,加强监测管理。

【常用麻醉药】

硬脊膜外隙阻滞常用药物是利多卡因、丁卡因、布比卡因和罗哌卡因。利多卡因起效快,浸润扩散能力强,效果最好。临床上常用1%~2%利多卡因溶液。

【麻醉方法】

1. 硬膜外穿刺术　麻醉穿刺体位同腰麻,由于硬脊膜外隙无脑脊液,注药后依赖本身的容积向两端扩散,因此一般选择手术区域中央的相应棘突间隙进行穿刺,穿刺成功后,若用单次法,可注入试验剂量,确定未进入蛛网膜下隙后,即可分2~3次将所需局麻药全量注入。若用连续法,则将硬膜外导管插入穿刺针口3~5cm,然后边拔针边固定导管,直至将针体拔出皮肤(图6-4,图6-5)。

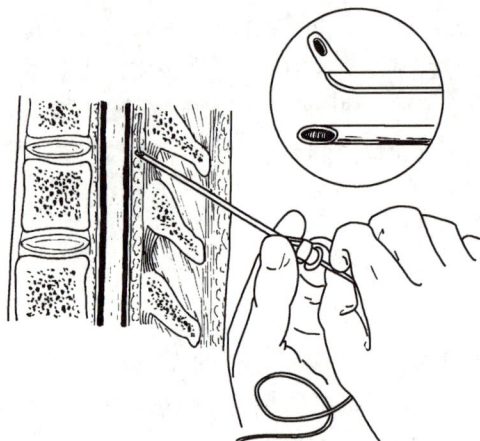

图6-4　硬脊膜外隙内插入导管

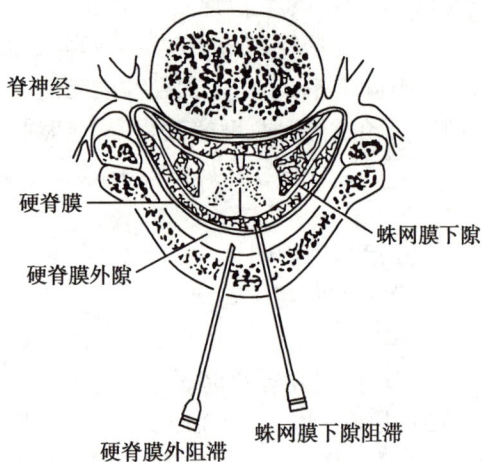

图6-5　脊髓穿刺层次的横断面

2. 麻醉平面的调节　硬膜外阻滞的麻醉平面与腰麻不同,呈节段性。影响平面的主要因素有:

(1) 局麻药容积:硬膜外间隙药液的扩散与容积有关。注入容积愈大,扩散愈广,麻醉范围愈宽。

(2) 穿刺间隙:麻醉上、下平面的高低取决于穿刺间隙的高低。如果间隙选择不当,有可能上或下平面不符合手术要求而导致麻醉失败,或因平面过高而引起呼吸循环的抑制。

(3) 导管方向:导管向头端置入,药液易向胸、颈段扩散;向尾端置管,则易向腰、骶段扩散。

(4) 注药方式:药量相同,如一次集中注入则麻醉范围较广,分次注入则范围缩小。通常颈段注药的扩散范围较胸段广,而胸段又比腰段广。

(5) 病人情况:老年、动脉硬化、妊娠、脱水、恶病质等病人,注药后麻醉范围较一般人为广,故应减少药量。

(6) 其他:如药液浓度、注药速度和病人体位等也可产生一定影响。

【主要护理诊断/问题】

潜在并发症:全脊髓麻醉、局麻药毒性反应、硬膜外血肿和截瘫、血压下降、呼吸抑制、心率减慢、恶心呕吐等。

【护理措施】

(一)麻醉前护理

参见本节蛛网膜下隙阻滞的麻醉前护理。

（二）麻醉期间监护

1. 常规监测与护理

常规监测生命体征、皮肤和黏膜色泽、血氧饱和度、术中出血量、麻醉用药后反应等,建立静脉通道,遵医嘱补液,保证足够的循环血量。

2. 术中并发症的观察与护理

（1）全脊椎麻醉:是硬脊膜外隙阻滞最危险的并发症。由于硬脊膜外隙阻滞所用局麻药全部或部分注入蛛网膜下隙,导致全部脊神经被阻滞。病人可在注药后几分钟内发生呼吸困难、血压下降、意识模糊,继而呼吸停止。预防措施是严格遵守操作规程,注药前先回抽有无脑脊液,注射时先用试验剂量,确定未入蛛网膜下隙后方可继续给药。一旦发生立即停药,给予面罩正压通气,必要时行气管插管维持呼吸,同时加快输液速度,遵医嘱给予升压药,维持循环功能。

（2）局麻药毒性反应:如果穿刺针或导管误入血管,局麻药便会直接注入血管而发生毒性反应,出现抽搐或心血管症状,需维持通气和有效循环,立即吸氧,惊厥发作者立即遵医嘱静脉注射地西泮或硫喷妥钠。

（3）血压下降:由于交感神经被阻滞而引起阻力血管和容量血管扩张,导致血压下降。多发生于胸段硬膜外阻滞。由于交感神经阻滞范围较广,可引起心动过缓和低血压。一旦发现病人出现低血压,应加快输液速度,增加血容量。若血压骤降,遵医嘱及时应用升压药收缩血管,提升血压。

（4）呼吸抑制:与肋间肌及膈肌的运动抑制有关。为减轻对呼吸的抑制,可降低用药浓度以减轻对运动神经的阻滞。严密观察病人的呼吸,常规采用面罩给氧;一旦病人发生呼吸停止,应立即行气管内插管;若出现呼吸心跳停止,立即进行心肺复苏。

（5）恶心、呕吐:参见蛛网膜下隙阻滞。

（三）麻醉后护理

1. 常规监测与护理

（1）体位:硬膜外麻醉后常规平卧 4~6 小时,不必去枕;因麻醉穿刺不进入蛛网膜下隙,不会引起头痛,但交感神经阻滞后,血压会受影响,故在生命体征平稳后可按术后需要取适当卧位。

（2）观察病情:参见蛛网膜下隙阻滞相关内容。

2. 术后并发症的观察与护理

（1）神经损伤:主要原因是穿刺针直接创伤或因导管质硬损伤脊神经根或脊髓。当穿刺或置管时,若病人有电击样异感并向肢体放射,说明已触及神经,会出现与神经分布相关的感觉或（和）运动障碍。一旦出现症状,立即停止进针,调整进针方向,以免加重损伤;穿刺时应选择质地柔软的导管,避免损伤脊神经根或脊髓;若异感持续时间长者,可能损伤严重,应放弃阻滞麻醉;脊神经根损伤者,应对症治疗,数周或数月即自愈。

（2）硬膜外血肿:主要原因是硬膜外穿刺和置管时损伤血管所致。表现为剧烈背痛,进行性脊髓压迫症状,伴肌无力、尿潴留,血肿压迫脊髓可并发截瘫。应配合医生尽早行硬膜外穿刺抽出血液,必要时手术清除血肿。

（3）导管拔除困难或折断:常见于椎板、韧带以及椎旁肌群强直,置管技术不当,导管质地不良,拔管用力不当等。表现为导管难以拔除或拔除过程中受阻折断。若拔管受阻,可热敷或在导管周围注射局麻药,有利于导管拔出;若导管折断,无感染或神经刺激症状者,可不取出,但应密切观察。

第四节　全身麻醉病人的护理

案例分析

赵先生,53岁,因右上腹胀痛不适半月余,加重3天入院。病人3天前进食油腻食物后突然出现右上腹疼痛,并向右肩部放射,发病后呕吐2次。

体格检查:T 38.1℃,P 90次/min,R 21次/min,BP 126/87mmHg;皮肤巩膜无黄染,右上腹压痛、反跳痛及肌紧张,Murphy征(+)。

辅助检查:血常规RBC 4.2×10^{12}/L,Hb 112g/L,WBC 11.4×10^9/L;腹部B超示胆囊大小正常,胆囊壁增厚,囊腔内见一大小3cm的强回声团,肝内外胆管未见扩张。

请问:

1. 护士术前可以从哪些方面评估病人?

2. 针对该病人,护士术后应采取哪些护理措施?

全身麻醉是指麻醉药经呼吸道吸入或静脉、肌内注射进入体内,产生中枢神经系统的抑制,临床表现为神志消失、全身痛觉丧失、肌肉松弛和反射抑制的麻醉方法,简称全麻。麻醉药对中枢神经系统的抑制是完全可逆的,当药物被代谢或从体内排出后,病人神志和各种反射逐渐恢复。全麻是临床上最常用的麻醉方法,其安全性和舒适性均优于局部麻醉和椎管内麻醉。

【分类】

1. 吸入麻醉　指病人吸入气体或挥发性液体麻醉药物产生全身麻醉作用。

2. 静脉麻醉　指将麻醉药直接注入静脉后进入血液循环,作用于中枢神经系统,产生全身麻醉作用。

3. 复合麻醉　指两种或两种以上的麻醉药或(和)方法联合应用,彼此取长补短,以达到最佳临床麻醉效果,是目前临床应用最多的方法。

(1) 全静脉复合麻醉:指在静脉麻醉的诱导后,采用多种短效静脉麻醉药复合应用,以间断或连续静脉注射维持麻醉。

(2) 静吸复合麻醉:指在静脉麻醉的基础上,于麻醉减浅时间段吸入挥发性麻醉药,既可以维持麻醉的稳定,又可以减少吸入麻醉药的用量,有利于麻醉后的苏醒。

【常用全麻药物】

1. 吸入麻醉药　指经呼吸道吸入进入人体内并产生全身麻醉作用的药物。可用于全身麻醉的诱导和维持。常用吸入麻醉药有:

(1) 氧化亚氮(笑气):是一种无色、无刺激性的气体。贮存于钢瓶内备用,吸入浓度为50%~70%。氧化亚氮镇痛效果较弱,须与其他麻醉药复合应用。该气体毒性很小,对呼吸、循环、肝、肾功能影响较小。

(2) 恩氟烷:为无色透明液体,性质稳定。麻醉性能较强,麻醉诱导和苏醒迅速且平稳。恩氟烷对心肌和呼吸有抑制作用,对肝、肾功能有轻度影响。

(3) 异氟烷:是恩氟烷的异构体,为无色透明液体,有刺激性气味,性质稳定,麻醉性能强,诱导快,苏醒迅速。对循环、呼吸及肝、肾功能的影响都比恩氟烷轻。因其有刺激味,易引起病人呛咳和屏气,不宜用于麻醉诱导,主要用于麻醉维持。

(4)七氟烷:为无色透明液体,具有特殊芳香气味,无刺激性,性质稳定。麻醉诱导与苏醒速度均较快。具有一定的呼吸抑制作用,肌松效果较好。用面罩诱导时,呛咳和屏气的发生率很低。七氟烷常用于小儿的麻醉诱导。

(5)地氟烷:麻醉性能较弱,但麻醉后苏醒非常迅速,特别适用于小手术和门诊手术。因其有较强的呼吸道刺激作用,不宜用于全身麻醉的诱导。地氟烷几乎全部由肺排除,对肝、肾无毒性作用。

2. 静脉麻醉药 指经静脉注射进入体内,通过血液循环作用于中枢神经系统而产生全身麻醉作用的药物。与吸入麻醉药相比,其优点为诱导快、对呼吸道无刺激、无环境污染、术后恶心呕吐发生率低。常用静脉麻醉药有:

(1)硫喷妥钠:为速效巴比妥类静脉麻醉药,呈强碱性,不能与其他药物混合,容易透过血脑屏障。该药对呼吸中枢、交感神经和心肌均有抑制作用,可引起血压下降。主要用于麻醉诱导、配合肌松药进行气管插管、短小手术的麻醉、控制惊厥和小儿基础麻醉。

(2)丙泊酚:是超短效静脉麻醉药,不宜与任何药物混合,具有镇静催眠作用,停药后苏醒快而完全。该药对心血管和呼吸有明显的抑制作用。临床主要用于全麻静脉诱导,也可静脉持续输注与其他全麻药复合应用于麻醉维持。

(3)氯胺酮:属分离性强镇痛静脉麻醉药,镇痛作用显著。对心肌呈现明显抑制作用,用量过大或注射速度过快可引起呼吸抑制。主要用于小儿基础麻醉,也可用于全麻诱导。主要副作用有一过性呼吸暂停、幻觉、噩梦及精神症状。

(4)依托咪酯:短效催眠药,起效快。对呼吸的影响明显轻于硫喷妥钠。临床主要用于麻醉诱导,适用于年老体弱病人的麻醉。

(5)咪达唑仑:具有较强的镇静、催眠、抗焦虑及降低肌张力作用。对呼吸的抑制作用与剂量及注射速度有关。可作为麻醉前用药和麻醉辅助用药,也可用于全麻诱导。

3. 肌肉松弛药 简称肌松药,能阻断神经-肌肉传导功能而使骨骼肌松弛。肌松药只能使骨骼肌麻痹,不产生麻醉作用,但肌松药的使用不仅便于手术操作,也有助于避免深麻醉带来的危害。常用肌松药有:

(1)琥珀胆碱:是去极化肌松药,起效快,肌松完全且短暂。主要用于全麻时气管内插管,需静脉快速注入。

(2)泮库溴铵:是非去极化肌松药,肌松作用强,作用时间长。可用于全麻时的气管内插管和术中维持肌肉松弛。对于高血压、心肌缺血及肝肾功能障碍者应慎用,重症肌无力病人禁忌使用。

(3)维库溴铵:是非去极化肌松药,肌松作用是泮库溴铵的1~1.5倍,但作用时间较短。可用于全麻气管内插管和术中维持肌肉松弛。

4. 麻醉性镇痛药

(1)吗啡:麻醉性镇痛药,能引起欣快感,有成瘾性。对呼吸中枢有明显的抑制作用。常作为麻醉前用药和麻醉辅助药,也可与催眠药和肌松药配伍进行全静脉麻醉。成人用量为5~10mg,皮下或肌内注射。

(2)哌替啶:具有镇痛、催眠、解除平滑肌痉挛的作用。常作为麻醉前用药,也可与异丙嗪或氟哌利多合用作为麻醉辅助用药。用于术后镇痛时,成人剂量为50mg,肌内注射,间隔4~6小时可重复用药。

(3)芬太尼:具有镇痛作用,作用效应是吗啡的75~125倍,对呼吸有抑制作用。常用于麻醉期间的辅助用药。

【全身麻醉的实施】

1. 全身麻醉的诱导　全身麻醉的诱导是指病人接受全麻药物后,由清醒状态到神志消失,并进入全麻状态后进行气管内插管,这一阶段为全麻诱导期。全麻诱导方法主要有:

(1) 吸入诱导法:将麻醉面罩扣于病人口鼻部,开启麻醉机内麻醉药蒸发器并逐渐增加吸入浓度,待病人意识消失时,静脉注射肌松药后进行气管内插管。

(2) 静脉诱导法:先通过麻醉面罩吸入纯氧 2~3 分钟,根据病情选择合适的静脉麻醉药及剂量,如硫喷妥钠,立即应用麻醉面罩进行人工呼吸,然后进行气管内插管,成功后立即与麻醉机相连进行机械通气。与吸入诱导法相比,静脉诱导较迅速,病人也比较舒适,无环境污染;但麻醉深度的分期不明显,对循环的干扰较大。

2. 全身麻醉的维持

(1) 吸入麻醉药维持:经呼吸道吸入一定浓度的吸入麻醉药,以维持适当的麻醉深度。

(2) 全静脉麻醉维持:在全麻诱导后,采用多种短效静脉麻醉药复合应用,以间断或连续静脉注射法维持麻醉。

(3) 静吸复合麻醉维持:由于全静脉麻醉的深度缺乏明显标志,难以把握给药时机,因此在静脉麻醉的基础上,在麻醉变浅时间段吸入挥发性麻醉药来保持麻醉的稳定。

【护理评估】

(一) 麻醉前和麻醉中评估

1. 健康史

(1) 个人史:病人年龄、性别、职业等一般资料,有无吸烟、饮酒等嗜好及药物成瘾史。

(2) 既往史:既往手术史、麻醉史;近期有无呼吸道或肺部感染;有无影响完成气管内插管的因素,如颈椎病等;有无中枢神经系统、呼吸系统或心血管系统疾病。

(3) 用药史:目前用药情况及不良反应,有无过敏史。

(4) 其他:婚育史,家族史等。

2. 身体状况

(1) 全身:评估病人意识状态、精神状态及配合能力,有无营养不良、发热、脱水及体重减轻,有无皮肤、黏膜出血及水肿等。

(2) 局部:有无活动性义齿或松动牙齿。

(3) 辅助检查:了解血、尿、便常规,血生化检查,血气分析,心电图及影像学检查结果。

3. 心理 - 社会状况　评估病人及家属对麻醉方式、麻醉前准备、麻醉中护理配合和麻醉后康复知识的了解程度,是否存在焦虑、恐惧等不良情绪,了解其担心的问题及其社会支持情况等。

(二) 麻醉后评估

1. 术中情况　评估麻醉方式、麻醉药种类和用量,了解术中失血量、输血量和补液量,术中有无异常情况发生。

2. 术后情况

(1) 身体状况:病人生命体征、意识状况,基本生理反射是否存在,感觉是否恢复,有无麻醉后并发症征象。

(2) 辅助检查:血、尿常规,血生化检查,血气分析及其他检查结果。

(3) 心理 - 社会状况:病人情绪状况及社会支持情况。

【主要护理诊断 / 问题】

1. 焦虑　与术前担心手术情况及术后担心恢复情况有关。

2. 潜在并发症:呕吐与误吸、呼吸道梗阻、低氧血症、低血压、高血压、心律失常、高热、抽搐和惊厥等。

【护理措施】

(一) 麻醉前护理

参见本章第一节中麻醉前准备的相关内容。

(二) 麻醉期间监护

1. 严密观察病情　常规监测生命体征、呼吸和循环功能。

(1) 监测呼吸功能:监测呼吸的频率、节律、幅度和呼吸运动的类型,监测脉搏血氧饱和度(SpO_2)、PaO_2、$PaCO_2$ 和 pH 的变化,监测潮气量和每分通气量等情况。

(2) 监测循环功能:监测脉搏、血压、中心静脉压、心电图、失血量、尿量等。

(3) 其他:注意神志变化,严重缺氧和低血压可导致病人表情淡漠和意识丧失;密切监测体温,特别是小儿,体温过高可导致高热惊厥和代谢性酸中毒,体温过低可导致循环抑制和麻醉后苏醒时间延长。

2. 并发症的防治与护理

(1) 反流与误吸:常因意识和咽反射消失,反流物被吸入呼吸道,引起急性呼吸道梗阻,若抢救不及时,可导致窒息甚至死亡;若胃液误吸可引起肺损伤和支气管痉挛,导致肺水肿和肺不张,肺损伤程度与吸入的胃液量和 pH 有关。为预防反流和误吸,可减少胃内容物滞留,降低胃内压和胃液 pH,同时加强对呼吸道的保护。

(2) 呼吸道梗阻:分为上呼吸道梗阻和下呼吸道梗阻两种。

上呼吸道梗阻常见于舌后坠、口腔分泌物及异物阻塞、喉头水肿、喉痉挛等;不全梗阻表现为呼吸困难并有鼾声;完全梗阻者有鼻翼扇动和三凹征。当发生梗阻时,迅速将下颌托起,放入口咽或鼻咽通气管,清除咽喉部分泌物和异物。喉头水肿者,给予糖皮质激素,严重者行气管切开。喉痉挛时应解除诱因,加压给氧,无效时静脉注射琥珀胆碱,面罩吸氧维持通气,必要时气管插管。

下呼吸道梗阻常见于气管导管扭折、导管斜面过长或紧贴在气管壁上,分泌物或呕吐物误吸以及支气管痉挛病人。轻者出现肺部啰音,梗阻严重者可出现呼吸困难、潮气量降低、血压下降。一旦发现,立即报告医生并协助处理。

(3) 通气量不足:主要原因是麻醉药、麻醉性镇痛药和肌松药产生的中枢性或外周性呼吸抑制所致。表现为 CO_2 潴留或(和)低氧血症,可给予机械通气维持呼吸直至呼吸功能完全恢复。

(4) 低氧血症:主要原因是吸入氧浓度过低、气道梗阻、弥漫性缺氧、肺不张、肺水肿、误吸等,表现为病人吸空气时,$SpO_2<90\%$,$PaO_2<60mmHg$ 或吸纯氧时 $PaO_2<90mmHg$,呼吸急促、发绀、心律不齐、血压升高等,一旦发生,及时给氧,必要时行机械通气。

(5) 高血压:除原发性高血压者外,多与麻醉浅、镇痛药物用量不足、手术刺激引发应激反应有关。常表现为麻醉期间收缩压高于 160mmHg 或收缩压高于基础值的 30%。术中应密切观察血压变化,解除诱发血压增高的各种因素,保证麻醉深度适宜。对因麻醉过浅或镇痛剂用量不足所致高血压者,可根据手术刺激强度调整麻醉深度和镇痛剂的用量。

(6) 低血压:常见的原因是麻醉过深,术中失血过多或手术牵拉脏器等因素所致。常表现为麻醉期间收缩压低于 80mmHg 或下降超过基础值的 30%。术中应密切观察病人的意识、血压、尿量、心电图及血气分析变化,尽早发现并处理;对因手术刺激所致低血压者,及时调整麻醉深度,快速补充血容量;若血压骤降,应立即遵医嘱给予血管收缩药,维持血压;必要时暂停手术,待血压平稳后再继续手术。

(7) 心律失常:由于心肺疾病和麻醉药对心脏起搏系统的抑制、麻醉和手术刺激造成的全身缺氧和心肌缺血所致,常表现为窦性心动过速和房性早搏,一旦发现,立即配合医生救治;因麻醉过浅引起的心动过速可通过适当加深麻醉给予缓解;因低血容量、缺氧引起的心率增快,可遵医嘱补充血容量、输血和吸氧;若心搏骤停,应立即进行心肺复苏。

(8) 高热、抽搐和惊厥:可能与全身麻醉药引起中枢性体温调节失调有关,或与脑组织细胞代谢紊乱、病人体质有关。婴幼儿由于体温调节中枢尚未完全发育成熟,体温易受环境温度的影响,若高热处理不及时,可引起抽搐甚至惊厥。一旦发生体温升高,应积极进行物理降温,特别是头部降温,以防脑水肿。

(三) 麻醉恢复期护理

1. 常规监测与护理

(1) 体位:麻醉未清醒前取去枕平卧位,头偏向一侧;麻醉清醒后,根据手术部位取相应合适体位,如腹部手术可取半卧位。

(2) 密切观察病情:麻醉清醒前专人护理,定时监测血压、呼吸、脉搏和SpO_2等,并做好详细记录,直至完全清醒。

(3) 维持正常体温:大多数病人由于手术暴露过久、输液输血等原因,发生体温过低,要注意保暖。对小儿发生的高热和惊厥,应积极物理降温,特别是头部降温,并给予吸氧。

(4) 防止意外伤害:全麻未清醒前,对躁动不安病人和小儿需加上床档,或给予适当约束,以防止坠床和受伤。

2. 维持呼吸功能 常规给氧;保持呼吸道通畅,术后去枕平卧,头偏向一侧,及时清除口咽部分泌物,对于痰液黏稠、量多者,应鼓励有效咳嗽,并使用抗生素、雾化吸入帮助排痰和预防感染;手术结束后,一般应等待病人意识恢复,拔除气管插管后再送回病房,意识障碍病人需带气管插管返回病房。

气管插管的拔管条件:①能根据指令完成睁眼、张口、握手等动作,且意识及肌力恢复;②鼻腔、口腔及气管内无分泌物;③自主呼吸恢复良好,无呼吸困难表现;④咽喉反射恢复。

3. 维持循环功能 在手术结束麻醉恢复期间,体位变化也可影响循环功能,血压容易波动,低血压常见于低血容量、静脉回流障碍、血管张力降低等,高血压常见于术后疼痛、尿潴留、低氧血症、颅内压增高等,应严密监测血压变化,出现异常及时通知医生,对症处理。

4. 麻醉苏醒返回病房的条件 病人尚需恢复为:①神志清醒,能准确定向,回答问题正确;②呼吸平稳,能咳嗽和深呼吸,$SpO_2>95\%$;③血压及脉搏稳定30分钟以上,心电图无严重的心律失常等其他异常改变。

5. 安全运送病人 转运前应补足血容量,合理搬动病人;转运中有呕吐可能者,将其头偏向一侧,妥善固定各种管道,防止脱出。麻醉未醒者,应在人工辅助呼吸状态下进行转运;危重病人、心脏及大手术病人,在人工呼吸及监测呼吸和循环下转运。

知识链接

全麻术后卧位的选择

目前,尚没有确切的标准来规范去枕平卧至自由体位的转换时间,这使得全麻术后卧位护理的发展受到一定限制。我国教科书及临床实践中多沿用传统观点,即全麻术后6小时内取去枕平卧、头偏一侧卧位,目的主要是防止病人呕吐引起吸入性肺炎或误吸。然而,长时间采取去枕平卧位会增加病人紧张感,导致疼痛敏感性提高、头晕、恶心等不适;此外,头偏一侧卧位使得颈内及颈外静脉回流减少、颅内压增高、造成颜面部水肿等。因此,有研究显示,自主复苏体位可以提高全麻病人的舒适度,《加速康复外科中国专家共识及路径管理指南(2018 版)》推荐术后清醒即可半卧位或适量床上活动,无须去枕平卧 6 小时。

(岳树锦)

复习思考题

1. 麻醉前,护士应做哪些准备?
2. 腰麻术后病人可能出现的并发症是什么? 护理措施有哪些?
3. 全麻病人术中及术后可能出现哪些并发症? 如何做好全麻病人麻醉恢复期护理?

扫一扫,
测一测

PPT 课件

第七章

围术期病人的护理

学习目标

1. 复述围术期、围术期护理的概念;陈述术前适应性训练的具体内容;列举手术分类方法、常见术后不适和并发症。

2. 理解术前病人的一般准备、术前特殊健康状态的护理要点;解释术后病人的一般护理,归纳术后不适和并发症的原因、临床表现。

3. 应用相关知识为围术期病人实施术前、术后的整体护理,并开展健康教育。

第一节 概　　述

手术是外科治疗的重要方法,为病人去除病变,重建组织与器官,具有修复与损伤的双重属性。围术期是手术前、中、后三个阶段的融合概念,期间各类型的应激会对病人的生理与心理产生不良影响,导致并发症、后遗症等不良健康结局。因此,应高度重视围术期病人生理、心理、社会等各层面的需求,优化围术期护理,减轻手术应激,预防和减少术后并发症,促进病人全面康复。

【围术期的概念】

围术期(perioperative period)是指从病人决定手术治疗之日起,至与本次手术相关的治疗基本结束为止的一段时间,包括手术前期、手术期、手术后期三个阶段。①手术前期(preoperative phase),简称"手术前",指从病人确定接受手术治疗之日到将其送入手术室的时期。②手术期(intraoperative phase),简称"手术中",指从病人被送入手术室到手术后被送入麻醉恢复室、监护室或外科病房的时期。③手术后期(postoperative phase),简称"手术后",指从病人被送入麻醉恢复室、监护室或外科病房至康复出院的时期。

围术期护理(perioperative nursing care)是指在围术期,对病人开展全面的评估、做好充分的手术准备、采取有效的措施,为病人提供全程、整体的护理。围术期护理工作因病人在手术前、中、后三个阶段的健康需求不同,护理工作的重点不同。①手术前期:系统评估病人各器官与组织功能和心理状况,识别潜在风险,做好充分准备。②手术期:主要由手术室护士完成,包括手术环境与用品的准备、术中病人的观察与护理、麻醉病人的护理。③手术后期:识别病人术后健康问题,解除不适、防治并发症,促进病人康复进程。

知识链接

加速康复外科的历史与现状

加速康复外科(enhanced recovery after surgery,ERAS)是基于循证医学的最佳实践证据提出的关于手术期管理的一系列优化措施,以减少围术期病人的生理及心理应激与创伤,减少病人机能损伤,促进快速康复。1993 年,丹麦外科病理生理学家 Kehlet 基于应激所致"丘脑 - 垂体 - 肾上腺素轴"活性增高,提出应激所致围术期机体病理生理改变的理论。通过优化围术期处理,如缩短禁食时间、减少导管刺激、优化镇痛方案、开展早期活动等,从而降低术后并发症、减少术后住院时间、节省医疗消耗。20 多年来,通过多学科实践,ERAS 得到了学界的广泛认可和接受,加速康复外科护理实践已成为多学科交叉合作中的重要力量。

【手术分类】

1. 根据手术时限分类

(1) 急症手术(emergency operation):病情危急,需在最短的时间内进行必要的术前准备后立即实施手术。如胃穿孔、开放性外伤、急性阑尾炎等。当病情危及病人生命时,应开放急救绿色通道,完成必要的术前准备后紧急手术,以抢救病人生命,如胸、腹腔大血管破裂,外伤性肝脾破裂等。

(2) 限期手术(confine operation):手术时间虽可选择,但有一定限度,不宜过久而延误手术时机,应在限定的时间范围内做好术前准备。如各种恶性肿瘤的根治术等。

(3) 择期手术(selective operation):手术时间选择不限,可进行充分的术前准备。如一般的良性肿瘤切除术、腹股沟疝修补术等。

同一种外科疾病在不同的发展阶段,手术的种类可能会发生变化。如消化道溃疡可接受择期手术;若发生癌变,转为限期手术;若并发急性穿孔及腹膜炎,则变为急症手术。

2. 根据手术目的分类

(1) 诊断性手术:以明确疾病诊断为目的,如活体组织检查、腹腔镜检查术等。临床上诊断性手术往往会伴随着治疗性手术实施,如乳房肿块活检术,一旦术中病理检查确诊为恶性肿瘤后,随即进行乳腺癌根治性手术。

(2) 治疗性手术:以彻底根治疾病为目的,对已确诊的病变、受损或畸形的组织及器官进行修补或切除,如阑尾切除术、胃癌根治术、骨折复位内固定术等。

(3) 姑息性手术:以减轻症状为目的,而非根治疾病,以提高病人生活质量,如实施胃空肠吻合术以解除胃癌病人幽门梗阻症状。

(4) 美容性手术:以改善外观,增加美感与自信为目的,如重睑手术、隆胸手术等。

3. 按专业学科分类　根据外科学专业分类,分为胃肠外科手术、关节外科手术、泌尿外科手术、胸外科手术等。

【外科手术切口分类】

1. 清洁切口(Ⅰ类切口)　手术未进入感染炎症区,未进入呼吸道、消化道、泌尿生殖道及口咽部位,如乳房切除术、甲状腺近全切除术等。

2. 清洁 - 污染切口(Ⅱ类切口)　手术进入呼吸道、消化道、泌尿生殖道及口咽部位,但不伴有明显污染,如肺切除术、食管癌切除术等。

3. 污染切口(Ⅲ类切口)　手术进入急性炎症但未化脓区域,如阑尾穿孔的阑尾切除术、胃溃疡急性穿孔的穿孔修补术;开放性创伤手术;胃肠道、尿路、胆道内容物及体液有大量溢出污染;术中有明显污染(如开胸心脏按压)。

【切口愈合等级】

1. 甲级愈合　切口愈合优良,无不良反应。
2. 乙级愈合　切口处有炎症反应,如红肿、硬结、血肿、积液等,但未化脓。
3. 丙级愈合　切口化脓需切开引流处理。

第二节　手术前病人的护理

案例分析

周先生,31岁,公司职员。1月前体检超声发现甲状腺左叶结节,遂来院就诊。近来睡眠欠佳、食欲下降。

体格检查:T 37.2 ℃,P 69 次/min,R 16 次/min,BP 119/82mmHg;甲状腺左下极 1cm×1cm 肿块,质地硬,随吞咽上下移动;双侧颈部、锁骨上未及肿大淋巴结;无声音嘶哑、吞咽困难、多汗消瘦,无心悸发热等不适。

辅助检查:超声示左侧甲状腺下极背侧结节伴钙化(T1-RADS:4B),左侧甲状腺下极近峡部结节(T1-RADS:3)。细针穿刺示:倾向甲状腺乳头状癌,*BRAF* 基因第 15 外显子呈突变型。

医生建议完善术前各项检查后行左侧甲状腺癌根治术。周先生非常担心。

请问:

1. 周先生手术前需常规接受哪些检查项目,为什么?
2. 护士如何缓解周先生的不良情绪?

手术前要对病人进行全面的评估,不仅要关注疾病本身,还要详细了解病人的机体功能状况。对重要脏器与合并症的评估是发现影响手术耐受与康复进程的的基础环节,评估内容包括循环系统、呼吸系统、消化系统、血液系统、内分泌系统、神经系统及营养、感染、精神、心理状态等。因此,需详细询问病史,完善体格检查与辅助检查,纠正或控制术前健康问题,保证手术安全,促进术后康复。

【护理评估】

(一) 相关健康史

1. 一般资料　包括病人年龄、性别、职业、民族、宗教信仰、生活习惯、受教育程度、烟酒嗜好等。
2. 现病史　外科疾病的发生、发展及应对情况。
3. 既往史　了解有无合并症、过敏史、外伤手术史等。
4. 用药史　了解有无使用对手术或术后恢复有影响的药物:①抗凝药易导致病人手术中、手术后出血,如华法林等;②抗生素与麻醉药物合并使用是造成肾衰竭的危险因素,如氨基糖苷类抗生素、非甾体抗炎药物等;③镇静、安定类药易造成血压降低而致休克的发生;④大量使用利尿剂可致体内钾丢失,造成低钾血症;⑤甾体类化合物(类固醇)可诱发术后消化道出血等。

5. 月经、婚育史 女性病人的月经情况,妊娠分娩情况等。

6. 家族史 家族成员有无同类疾病或遗传病史。

(二)身体状况

了解病人的临床症状与体征,进行全面的体格检查,评估机体各系统功能状况,做好术前的手术风险系数评估。

📖 知识链接

手术风险评估

《手术安全核查表与手术风险评估表》是中国医院协会(医协[2009]7号)发布和实施的。在国际医疗质量指标体系中是按照美国"医院感染监测手册"中的"手术风险分级标准(NNIS)"将手术风险分为四级,分别为 NNIS-0、NNIS-1、NNIS-2、NNIS-3。需要手术医生、麻醉师、手术室护士在术前、术中、术后,根据手术切口清洁度、麻醉分级、手术持续时间这三个关键变量进行评分,并将三项分值相加,得到的数值(0~3)越高,手术风险级别就越高,手术危险性就越大。对病人的手术风险进行评估,目的是保障手术病人安全,避免和减少手术后的并发症发生。

1. 主要器官及系统功能情况

(1)感染性疾病或潜在感染灶:排查有无社区获得性肺炎、泌尿系统感染、皮肤或软组织感染等感染性疾病或潜在感染灶。

(2)营养状况:进行营养风险评估与营养评定,了解有无营养过剩或贫血、低蛋白血症等营养障碍。

(3)循环系统:①了解心率、脉率的节律和强度有无异常;②血压是否维持在 160/100mmHg 以下;③皮肤色泽、温度及有无水肿;④体表血管有无异常,有无血栓形成、颈静脉和四肢浅静脉曲张等病史;⑤有无心肌炎、心瓣膜病、缺血型心脏病和心力衰竭等心脏疾病。

(4)呼吸系统:有呼吸系统病史或预期行肺部手术、食管或纵隔肿瘤切除术的病人,术前应对呼吸系统功能进行全面的评估:①胸廓形状、呼吸运动是否对称;②呼吸频率、深度、节律和形态(胸式或腹式呼吸);③有无呼吸困难、发绀、胸痛、咳嗽、咳痰、哮鸣音等;④有无急性上呼吸道感染、肺炎、肺结核、支气管扩张、慢性阻塞性肺疾病及长期吸烟史。必要时术前应行血气分析、肺功能检查、胸部摄片检查等。

(5)泌尿系统:①有无排尿困难、尿路刺激征(尿急、尿频、尿痛)等;②尿液的量、颜色、透明度及比重,有无少尿、无尿、血尿、蛋白尿等症状;③有无肾功能不全、前列腺肥大或急性肾炎等。

(6)神经系统:①有无头晕、头痛、眩晕、耳鸣、瞳孔不对等、步态不稳和抽搐;②有无意识障碍或颅内高压;③有无难以控制的癫痫或严重的帕金森疾病。

(7)血液系统:①有无出血性疾病、血栓栓塞史、相关家族史及输血史;②是否有使用影响凝血机制的药物情况,如阿司匹林等。

(8)内分泌系统:①糖尿病病人术前应了解血糖控制情况,并评估病人有无糖尿病慢性并发症(如心血管、肾疾病),是否伴有酮症酸中毒;②甲状腺功能亢进病人手术前应监测血压、脉率、体温、基础代谢率;③对垂体功能、肾上腺皮质功能以及醛固酮和儿茶酚胺分泌情况进行围术期的评估和处理。

2. 辅助检查

(1) 实验室检查:了解血常规、尿常规、粪常规、血型、凝血功能以及血生化(肝功能、肾功能、血清电解质、血糖、血浆蛋白等)检查结果。

(2) 影像学检查:如 X 线、超声检查、CT 及 MRI 等。

(3) 其他相关检查:心电图、内镜检查、肺功能检查等。

(4) 传染病学检查:肝炎、梅毒、艾滋病等病毒学检查结果。

(三) 心理 - 社会状况

1. 心理状况　绝大多数病人在术前会有紧张、焦虑等情绪,部分病人会产生恐惧、悲观甚至抑郁,影响手术的进行及术后的康复。导致病人术前不良心理反应的原因有:①对手术效果的担忧、对手术疼痛的恐惧、对麻醉及手术过程和风险的认知不足、以往手术的负性经历等,具体表现为睡眠型态紊乱,如失眠、睡眠质量下降等;②语言和行为的改变,如沉默寡言、注意力无法集中、依赖性增加、无耐心、易怒、易激动或哭泣,拒绝面对现实;③生活习惯的改变,如食欲下降、尿频、疲劳和虚弱感明显,呼吸、脉搏加快,血压升高,多汗等。

2. 社会状况　了解亲属及朋友对病人的关心程度、对手术的认知程度,以及家庭经济承受能力和照顾能力。

【主要护理诊断 / 问题】

1. 焦虑 / 恐惧　与担心手术、麻醉、疾病的预后效果及对医院环境陌生等有关。

2. 疼痛　与疾病有关。

3. 营养失调:低于机体需要量　与禁食或进食不足、慢性消耗性疾病、持续呕吐、严重腹泻等因素有关。

4. 知识缺乏:缺乏疾病、术前准备、手术和麻醉、预后等相关知识。

5. 睡眠型态紊乱　与疾病导致的不适、环境改变和担忧有关。

6. 体液不足　与疾病所致体液丢失、液体摄入量不足或体液在体内分布转移有关。

【护理措施】

(一) 心理护理

1. 建立良好的护患关系　了解病人的需求,合理运用沟通技巧,对病人术前的焦虑给予同情、理解、鼓励、安慰;建立信任的合作关系,帮助其适应新环境。

2. 心理支持与疏导　鼓励病人倾诉不良情绪,向病人讲解情绪与疾病的关系;通过鼓励、保证与指导,增强病人的治疗信心;动员病人的家庭与社会支持系统,请手术恢复期病人现身说法,促进交流,减轻术前焦虑,并使其感受到关心与尊重。

3. 认知行为干预　加强术前宣教,减轻病人对手术的不确定感,使病人对治疗有科学、客观的认识,并促进参与医疗、护理活动的自觉性和积极性。术前宣教内容包括:手术的必要性、手术方式、术前准备程序、各种置管的目的和注意事项;手术室环境、麻醉方式、手术团队组成;术中、术后可能面临的问题及解决措施、疾病预后等。

(二) 一般准备与护理

1. 活动与休息　指导并督促病人活动与休息相结合,减少明显的体力消耗,消除引起不良睡眠的诱因,为病人创造安静舒适的环境。对睡眠型态明显紊乱的病人,可遵医嘱给予安眠药物如地西泮、水合氯醛等,但呼吸衰竭的病人慎用。

2. 完善各项检查与试验　向病人讲解各项检查的目的、要求及注意事项,确保检查结果的准确性,检查项目包括心、肺、肝、肾功能及血常规、凝血功能检查;根据手术用药情况做好药物过敏试验,如麻醉药物或抗生素等。

3. 补液与备血　术前存在水、电解质及酸碱平衡失调或贫血者,术前予以纠正。拟行中、大手术前,遵医嘱做好血型鉴定和交叉配血试验,备好一定数量的血液制品。

4. 控制和预防感染　对确诊的社区获得性肺炎、泌尿系统感染、皮肤或软组织感染等情况,在积极处理后择期手术。应综合考虑病原菌、感染部位、感染程度和病人的生理、病理状态,合理制定抗菌治疗方案并遵医嘱给药,方案应包括抗菌药物的品种、剂量、给药次数、给药途径、疗程等。遵医嘱术前预防性抗生素治疗,其主要适用于:①涉及感染灶或切口接近感染区域的手术;②胃肠道手术;③预计操作时间长、创面大的手术;④开放性创伤、创面已污染、清创时间长或难以彻底清创者;⑤癌肿手术;⑥涉及大血管的手术;⑦假体植入手术;⑧器官移植术。

知识链接

术前抗生素应用和感染防治最佳实践证据

院内发生的外科感染中最常见的是手术部位感染(surgical site infection,SSI),发生率达2%~5%,是发生率最高、治疗耗费最大的医疗相关感染,且是最可预防的外科感染。目前国外循证指南及国内专家共识对术前抗生素的运用形成以下推荐意见:①术前预防性使用抗生素,可降低SSI的发生率,必要时应在切皮前120分钟内静脉给予抗生素预防感染;根据使用抗生素的半衰期决定用量,有效覆盖时间应包括手术过程。②预防性使用抗生素应同时包括针对需氧菌和厌氧菌的药物。

5. 手术区皮肤准备　临床上常称之为"备皮"。是指通过清除手术区皮肤的毛发、皮脂和污垢,减少细菌数量,达到预防手术切口感染的目的。

(1) 备皮范围:切口周围至少15cm的区域,不同手术部位的备皮范围见表7-1和图7-1。

表7-1　不同手术部位的备皮范围

手术部位	备皮范围
颅脑	去除全部头发和颈项部毛发;除前额手术外,其他手术均可保留眉毛(图7-1)
颈部	上起下唇,下至乳头,两侧至斜方肌前缘(图7-2)
乳房	上起锁骨上部,下至脐水平,前至对侧锁骨中线,后至同侧后正中线,包括同侧上臂和腋窝部(图7-3)
胸部	上起锁骨上及肩上,下至脐水平线,前后胸壁范围均超过正中线5cm以上(图7-4)
上腹部	上起乳头连线,下至耻骨联合及会阴部,两侧至腋后线(图7-5)
下腹部	上起剑突水平,下至大腿上1/3,两侧至腋后线,包括会阴部(图7-6)
腹股沟	上起脐平线,下至大腿上1/3内侧,两侧至腋后线,包括会阴,剃除阴毛(图7-7)
肾脏	上起乳头连线,下至耻骨联合,前后均过中线(图7-8)
会阴、肛周	自髂前上棘至大腿上1/3前、内、后侧,包括会阴部、臀部、腹股沟、耻骨联合(图7-9)
四肢	以切口为中心,上下超过20cm以上的整段肢体,累及两个关节为整个肢体备皮(图7-10)

(2) 注意事项:①备皮时间以术前2小时为宜,若超过24小时,应重新准备。②手术区若毛发细小,不影响手术操作,可不必去除;备皮应采用保持皮肤完整的方法,如剪除法;备皮后应检查皮肤,如有割痕、裂缝及发红等异常情况,应立即通知医生并做好详细记录。③手术部位及周围区域应使用消毒皂液(氯己定)进行皮肤准备,通常于术前2~3小时开始消毒

图 7-1　颅脑手术

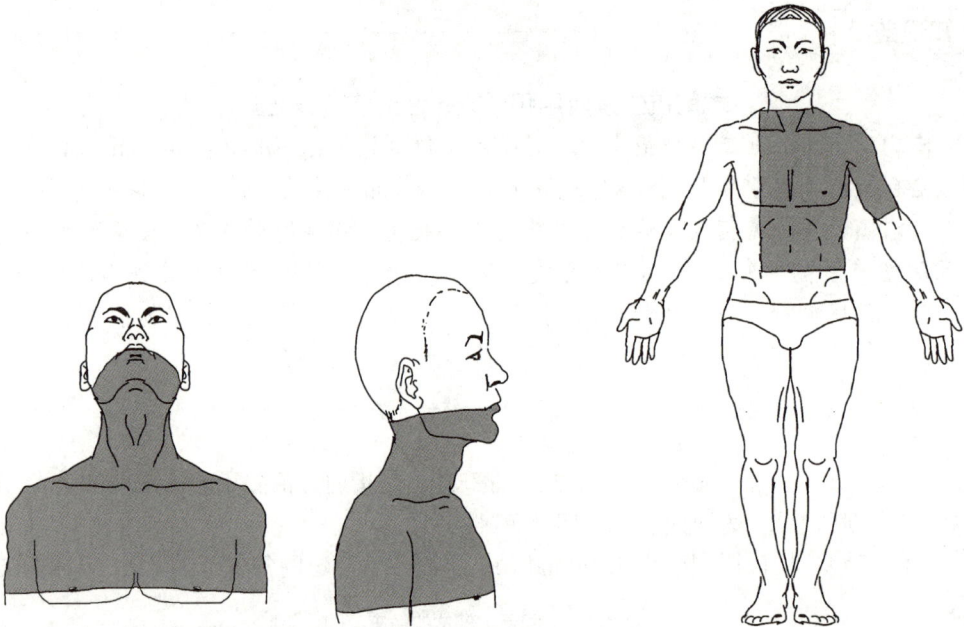

图 7-2　颈部手术

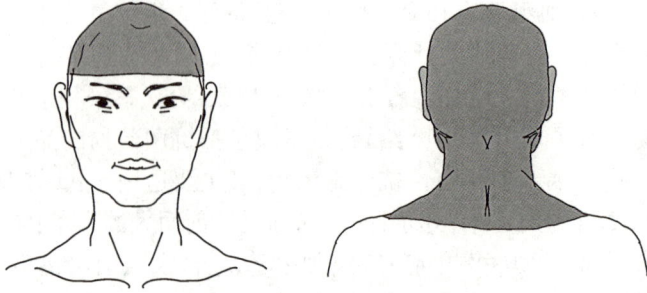

图 7-3　乳房手术

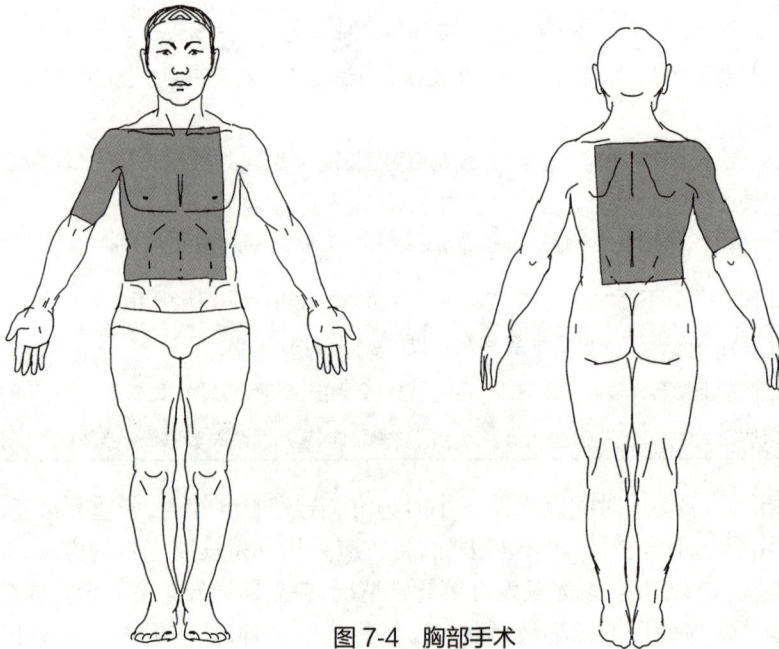

图 7-4　胸部手术

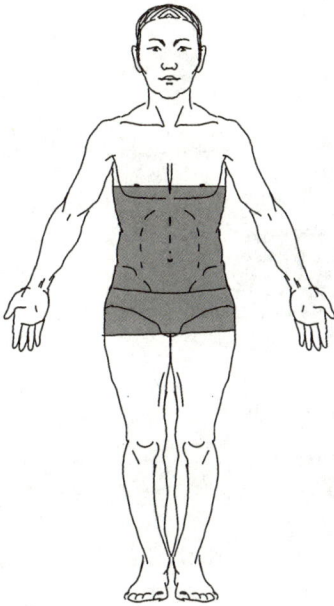

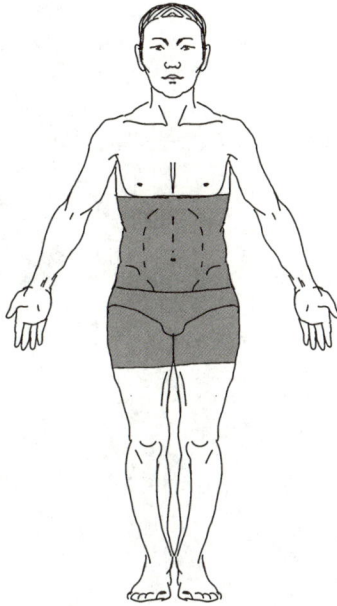

图 7-5　上腹部手术　　　　　　图 7-6　下腹部手术　　　　　　图 7-7　腹股沟手术

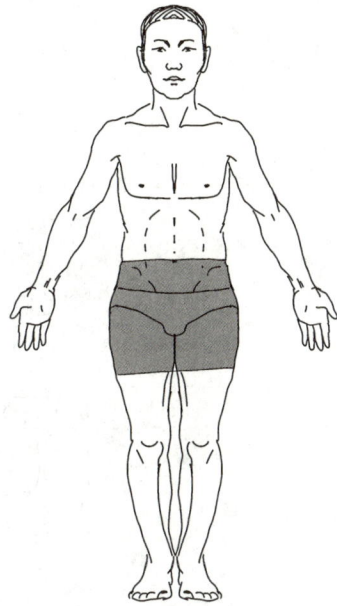

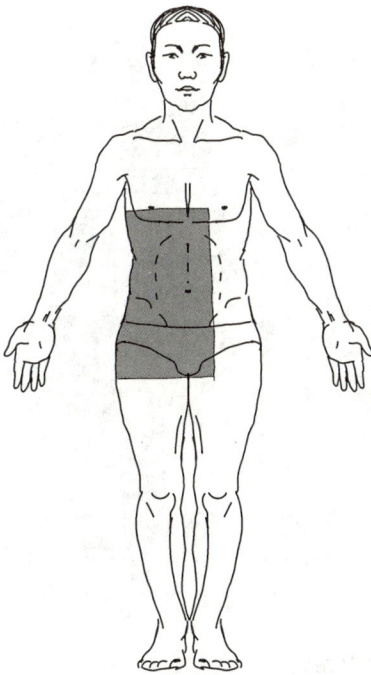

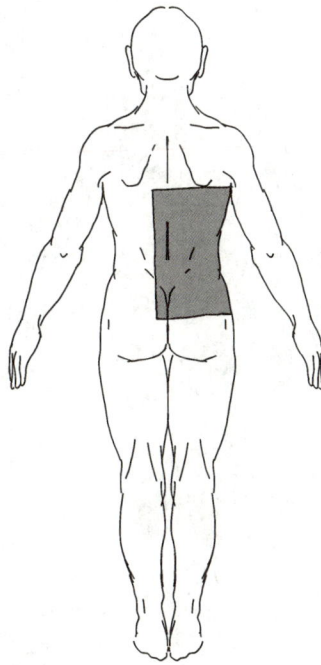

图 7-8　肾区手术

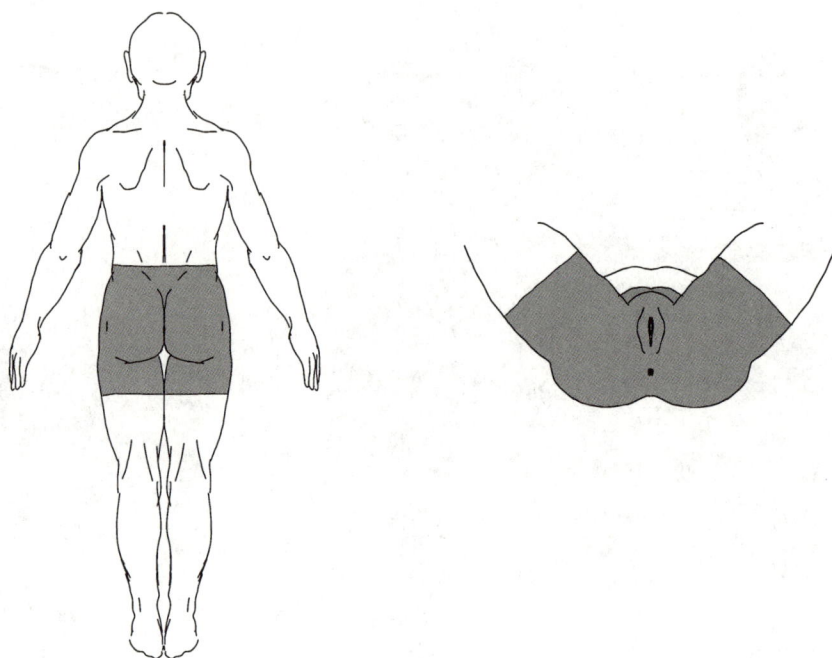

图 7-9　会阴及肛周手术

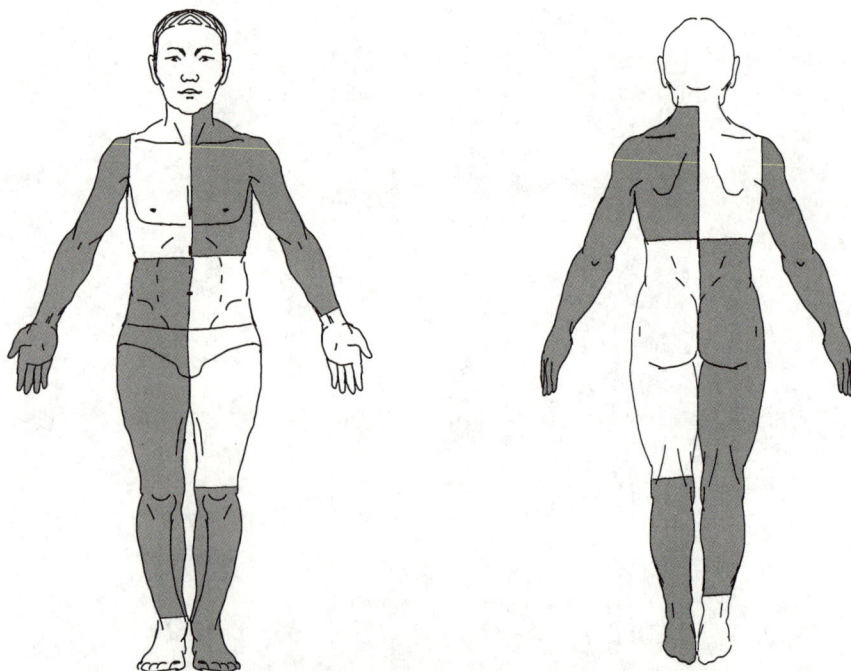

图 7-10　四肢手术

沐浴,以降低皮肤菌落数。④对腹部手术病人的脐部及手术区域的皮肤上有油脂或胶布痕迹的病人,需用松节油或 75% 乙醇溶液擦净。⑤颅脑手术病人头部毛发较长,手术前 1 日剪短毛发至 1cm 左右,清洗头部皮肤;术前 2 小时内使用电动剃毛器推除毛发,用温水洗净手术区皮肤及脱落毛发,再用碘伏溶液涂擦手术区皮肤,并更换清洁衣物。⑥骨科四肢手术病人,术前应检查手癣或足癣等四肢感染,及早使用药物治疗;骨科手术切口由于术中临时延伸、术中复位入手牵引、术中体位变动,皮肤准备范围较广;有石膏或牵引者,要清洁皮肤后进行备皮,并协助重新包石膏或维持牵引。

6. **呼吸道准备** ①戒烟:吸烟者术前戒烟至少 2 周,防止呼吸道分泌物过多引起窒息。②深呼吸运动:指导胸部手术病人进行腹式呼吸训练,腹部手术进行胸式呼吸训练。③指导术后有效咳嗽:指导病人取坐位或半坐卧位,双手交叉,手掌根部放于切口两侧,向切口方向按压以保护切口;先轻咳几次,使痰松动,后深呼吸用力咳嗽,排出痰液。痰液黏稠病人可服用药物使痰液稀薄,或行雾化吸入,利于痰液咳出。④控制呼吸道感染:已有呼吸道感染者,术前给予有效治疗。

7. **胃肠道准备**

(1) 禁食禁饮:目的是为了避免围术期发生胃内容物的反流误吸,从而导致窒息或吸入性肺炎。传统观念认为择期手术病人一般术前需禁食 8~12 小时,禁饮 4~6 小时。但长时间禁食使病人处于代谢应激状态,抑制胰岛素分泌,促使分解代谢增强,可导致胰岛素抵抗,增加病人的不适感,并有可能引起病人的血容量不足,尤其是婴幼儿、老年人等。因此,目前认为,无胃肠道动力障碍的择期手术病人,术前应禁食易消化固体食物或非母乳至少 6 小时;禁食油炸食物、富含脂肪或肉类食物至少 8 小时;新生儿、婴幼儿禁母乳至少 4 小时;所有年龄病人术前 2 小时可饮少量清水,包括饮用水、果汁(无果肉)、清茶等。局麻手术如眼科、整形等手术病人的饮食不需严格控制。

(2) 放置胃管:一般无需放置胃管。胃肠道手术、上腹部手术及某些特殊疾病的病人需放置胃管以便于术后胃肠减压,引流胃内积液及胃肠道内积气,减轻腹胀及腹部手术切口缝合张力。

(3) 肠道准备:①接受全麻或椎管麻醉的非肠道手术者,术前一日晚用肥皂水灌肠或开塞露通便,以排空直肠,防止麻醉后肛门括约肌松弛,粪便排出而增加术后感染机会;②肠道手术病人,需术前 3 日开始进行肠道准备,如导泻、灌肠等,使肠腔处于空虚状态,利于术中手术区域的暴露,避免损伤肠管;术前 3 日开始口服肠道抑菌剂,如新霉素、甲硝唑等,减少肠道内的细菌数量,有利于吻合口的愈合,减少并发感染的机会。

(4) 洗胃:幽门梗阻病人术前 3 日用温盐水洗胃,减轻胃黏膜的水肿。

8. **适应性训练**

(1) 床上排泄训练:指导病人床上使用尿壶和便盆的方法,尤其是老年男性病人,减少术后尿潴留和便秘的发生。

(2) 床上体位调整训练:指导病人术后自行调整卧位和床上翻身的方法,防止术后深静脉血栓、压疮及肺部感染的发生,如脊椎手术的病人应指导其轴式翻身的方法。

(3) 术中体位训练:为确保特殊体位下手术的顺利进行,应指导病人进行术中体位的练习,如甲状腺手术的颈后仰卧位,术前应给予肩部垫枕、头部后仰的体位训练。

(4) 呼吸功能训练:指导病人进行正确的深呼吸、有效咳嗽的方法并协助练习,防止术后肺不张及肺部感染的发生。

(5) 肢体功能锻炼:教会病人术后卧床期间自我功能锻炼的方法,尤其是下肢的功能锻炼,以防深静脉血栓的形成,维持肢体的功能,如股四头肌等长舒缩运动等。

9. **术日晨护理**　①认真检查各项手术准备工作的落实情况;②测量体温、脉搏、呼吸、血压,如有体温升高或女性病人月经来潮等情况应通知医生,推迟手术日期;③嘱病人进入手术室前排空膀胱,估计手术持续时间 >4 小时,且为下腹部或盆腔内手术者给予留置导尿;④胃肠道及上腹部手术病人遵医嘱放置胃管;⑤嘱病人拭去指甲油、口红等化妆品,便于监测血氧饱和度、观察末梢血运及面色;⑥取下义齿、眼镜(包括隐形眼镜)、摘除耳环、项链、戒指、手表、发夹等饰物及贵重物品,交给亲属妥善保管;⑦遵医嘱给予术前用药;⑧备好病人病历、影像学资料及药品等,随病人带入手术室;⑨与手术室接诊人员严格核对病人的相关信息,如姓名、科室、住院号、床号、血型、过敏史、手术部位及名称、麻醉方式等,并填写交接记录;⑩根据手术类型及麻醉方式准备好麻醉床,备齐术后床旁用物,如输液架、胃肠减压装置、吸氧装置及心电监护仪等,必要时准备吸痰装置、气管切开包等急救设备及药品。

(三) 特殊准备与护理

1. **急症手术**　急症手术病人往往病情危急,需在最短的时间内做好必要的术前准备,如改善水、电解质及酸碱平衡失调状况;休克病人应立即建立 2 条以上静脉通路,维持有效的循环血量;外伤病人应尽快处理伤口。病情严重、危及生命的病人,应开放急救绿色通道,挽救生命。

2. **营养不良与贫血**　创伤和外科手术会引发身体成分改变和应激代谢等一系列反应,甚至导致炎症反应综合征。营养不良是术后并发症的独立预测因素。营养筛查与治疗营养不良,是术前准备的重要内容,具体措施:①根据病人的手术种类、方式、部位及范围,给予饮食指导,开展肠内或肠外营养支持,补充热量、蛋白质和维生素;②因疾病等原因不能进食或摄入不足的病人,应根据经口进食和消化功能情况,给予肠内或外营养支持;③明确贫血原因,进行对因治疗。贫血病人 Hb<70g/L 时,术前可通过输血进行纠正和治疗;④血浆白蛋白值在 30~35g/L 的病人,术前应尽可能通过饮食补充能量和蛋白质;若低于 30g/L,术前可输入血浆或人体白蛋白制剂。

3. **高血压**　非心脏手术病人,若血压在 180/110mmHg 以下且保持平稳,可不推迟手术。血压若过高,可因麻醉诱导和手术应激并发脑血管意外和充血性心力衰竭,可使用快速起效的静脉内药物,血压控制在数小时内可当天手术。①术前应选择合适的降压药,如钙通道阻滞剂、β- 受体阻滞剂等;②利血平易造成术中的顽固性低血压,需术前 2 周停用;③对于进入手术室后血压急骤升高的病人,外科医生应与麻醉师共同决策,必要时延缓手术。

4. **心脏病**　伴有心脏疾病的病人,术中死亡率与术后心血管并发症明显高于非心脏病病人。必要时术前需联合外科医生、麻醉医生和内科医生对病人心脏危险因素进行评估和处理。①长期低盐饮食或使用利尿药物,易导致水、电解质和酸碱平衡失调,应于术前纠正;②心律失常病人,单纯的房性或室性期前收缩无须特殊处理,应对因治疗;慢性房颤应控制心室率,若心室率≥100 次 /min,遵医嘱用毛花苷丙(西地兰)0.4mg 加等渗溶液稀释至 20ml 后,缓慢静脉推注,或口服普萘洛尔(心得安)10mg,3 次 /d;老年冠心病者,如有心动过缓、心室率≤50 次 /min,遵医嘱给予阿托品 0.5~1mg,必要时术前放置临时心脏起搏器;③急性心肌梗死病人发病后 6 个月内不行择期手术;6 个月以上且无心绞痛发作者,可在严密监护下手术;④心力衰竭病人应在病情控制 3~4 周后再考虑实施手术。

5. **肺功能障碍**　预防并控制术后肺部并发症不但决定了手术的成败,也影响病人的术后康复。有肺病史或预期行肺切除术、食管或纵隔肿瘤切除术者,术前尤应评估肺功能。若术前肺功能显示,第 1 秒最大呼气量 (forced expiratory volume in 1s,FEV_1)<2L,可能发生呼吸困难;FEV_1<50%,提示重度肺功能不全,可能需要术后机械通气和特殊监护。①对有支气管哮喘、肺气肿等疾病病人术前应常规进行血气分析和肺功能检查,以评估其对手术的耐受能

力；②急性呼吸系统感染者，择期手术应推迟至治愈后 1~2 周；③喘息正在发作者，可口服地塞米松，以减轻支气管黏膜水肿，择期手术应推迟；如为急症手术，需加用抗生素，尽可能避免吸入麻醉；④阻塞性呼吸道疾病病人，应给予支气管扩张药。

6. 肝脏疾病　部分肝病病人无明确肝病史及明显临床表现，因此术前应做各项肝功能和肝炎病毒学检查。肝功能轻度损害者一般不影响手术耐受力；肝功能严重受损者或濒于失代偿者因手术创伤和麻醉会加重肝脏负担，手术耐受力明显减弱。有明显的腹水、黄疸或急性肝炎病人，除急症手术外，需经过充分的术前准备和治疗再行手术，如给予高糖、适量优质蛋白、高维生素饮食，并给予保肝护肝药物，增加肝糖原储备；补充维生素 C、维生素 B 和维生素 K，输注人体白蛋白，以纠正低蛋白血症和凝血功能异常；有腹水的病人，应限制钠盐的摄入，并使用利尿剂。

7. 肾脏疾病　肾功能不全病人围术期最重要的是保持内环境稳定，避免由于手术创伤引起的急性肾功能损伤。实验室检查血钠、钾、钙、磷，血尿素氮、肌酐等是评价肾功能的重要指标。根据病人 24 小时内肌酐清除率及血尿素氮测定值将肾功能损害分成轻度、中度和重度。对轻、中度肾功能损害的病人，需适当的内科治疗，尽可能改善肾功能再行手术。重度肾功能损害的病人需行有效的透析治疗，最大限度的改善肾功能后安排手术。主要的处理措施包括维持水、电解质、酸碱平衡；纠正严重肾功能不全病人的贫血与凝血功能异常；密切观察药物不良反应，尤其是经肾脏排泄药物；术前严禁使用肾毒性药物。

8. 糖尿病　糖尿病病人易发生感染和伤口愈合不良，术前应控制血糖及相关并发症，血糖水平控制在轻度升高状态(5.6~11.2mmol/L)：①仅以饮食控制病情者，术前无需特殊准备；②使用口服降糖药物治疗者，应服用降糖药至手术前 1 日晚上，如服用长效降糖药，应在术前 2~3 日停服；③使用胰岛素者，术前应以葡萄糖和胰岛素维持正常糖代谢，在术日晨停用；④伴有酮症酸中毒的病人，及时纠正酸中毒、血容量不足和电解质失衡；⑤手术当日应尽早安排手术，急症手术者，应缩短术前禁食时间，避免酮症酸中毒的发生，并在禁食期间及术中进行血糖监测。

9. 凝血障碍　包括异常出血与血栓栓塞症。应仔细询问病人及其家族成员有无出血和血栓栓塞病史、输血史；有无出血倾向，如手术和月经期有无严重出血，是否易发生皮下淤斑、鼻出血、牙龈出血等；是否有服用阿司匹林等易导致维生素 K 缺乏的药物；是否在接受抗凝治疗等。查体应注意皮肤黏膜出血征象，常规检查凝血功能。如有凝血功能障碍者，遵医嘱进行治疗，如输注血小板或使用抗凝药。对于使用抗凝药物者，应综合评估、权衡术中出血和术后血栓的利弊，遵医嘱进行处理，应注意：①术前 7 日停用阿司匹林，术前 2~3 日停用非甾体类药物，术前 10 日停用抗血小板药物；②术前使用华法林抗凝者，若国际标准化比值维持在接近正常水平，可实施小手术；大手术前 4~7 日停用华法林，但血栓栓塞的高危病人在此期间继续使用肝素；③择期大手术病人在术前 12 小时内不使用大剂量低分子肝素，4小时内不使用大剂量普通肝素；心脏外科手术 24 小时内不使用低分子肝素；④在抗凝治疗期间需急症手术者，一般需停止抗凝治疗；用肝素抗凝者，可用鱼精蛋白拮抗；用华法林抗凝者，可用维生素 K 和 / 或血浆或凝血因子制剂拮抗。

10. 下肢深静脉血栓形成的预防　深静脉血栓形成是术后最常见的并发症之一，常发生于下肢，一旦血栓脱落可致肺动脉栓塞而危及生命。术前需常规进行静脉血栓形成风险评估与预防，目前临床常采用《住院病人静脉血栓栓塞症风险评估表(Caprini 评分)》进行评估，危险因素包括年龄大于 40 岁、肥胖、有血栓形成病史、静脉曲张、大手术、长时间全身麻醉和凝血功能异常等。

11. 神经系统疾病　认知障碍、精神障碍、癫痫、脑血管疾病等会对手术预后产生不利影响,应完善术前评估与处理,如癫痫病人择期手术者应该术前5~7日口服抗癫痫药物,避免术后严重不良事件的发生;近期有脑卒中史者,择期手术应至少推迟2周。

12. 妊娠 由于外科疾病及治疗对母体、胎儿都会产生影响,可能会引发流产和早产,因此除外科医生,还应有产科医生共同参与:①全面评估母体各系统、器官的功能,如心脏、肾脏、肝脏和呼吸系统,如果病情允许可以将手术放在妊娠中期;②需禁食时,应以静脉补液的方式进行营养补充,如糖类和氨基酸,以保证胎儿的正常发育;③确有必要做放射线检查时,应加强必要的防护措施,辐射剂量低于0.05~0.1Gy;④应避免选择对孕妇和胎儿影响较大的药物,如吗啡对胎儿有持久的呼吸抑制作用,可用哌替啶替代,但应控制剂量,在分娩前2~4小时内停用。青霉素类抗生素目前认为对胎儿无毒性,其他抗生素则应慎用或忌用。

【健康教育】

健康教育是改善病人术前不良情绪、促进围术期治疗与护理的重要环节,对病人的健康教育应贯穿在围术期全过程,并延续至出院随访。宣教的内容有:①告知病人麻醉和手术相关内容,减轻病人的恐惧和焦虑,保障良好的睡眠;②加强术前营养,注意休息与活动,提高机体免疫力;③告知围术期管理的具体内容,包括感染的预防或治疗、手术区皮肤准备、呼吸道准备、禁食与肠道准备、适应性训练,以及特殊疾病状态的准备与护理等,增加病人对治疗与护理的依从性;④告知病人预设的出院标准,使病人对手术有客观、科学的认知。

第三节 手术后病人的护理

术后切口疼痛、禁食、出血、活动障碍等不良体验,会引起病人生理与心理创伤应激。术后护理的重点是减少痛苦与不适、防治并发症、尽快恢复生理功能,促进康复。

【护理评估】

(一)术中情况

了解手术名称、麻醉方式、手术过程,术中出血量、尿量、输入血液制品及补液量、术中用药、手术体位及皮肤受压情况,以及术后诊断等。

(二)术后情况

1. 麻醉恢复情况 评估病人神志、肢体运动及皮肤温度、色泽,判断麻醉苏醒程度。

2. 生命体征 评估病人的体温、脉搏、呼吸、血压,全麻病人注意呼吸频率、深度和节律,防舌后坠及喉痉挛发生。

3. 切口状况 了解切口部位,检查切口敷料有无渗血、渗液。

4. 引流管与引流液 了解引流管的部位、种类、数目、正负压状况及通畅情况;了解引流液的颜色、性状和量等。

5. 出入量 评估术后病人失血量、各种引流的丢失量、尿量等,并了解术后补液量和种类。

6. 营养状态 开展常规营养风险筛查与营养评定,评估术后病人每日摄入营养素的种类、量和途径。

7. 术后不适 评估疼痛、恶心、呕吐、腹胀、尿潴留等不适反应。

8. 术后并发症 评估有无术后出血、感染、切口裂开、深静脉血栓形成等术后并发症或发生风险。

9. 肢体功能 评估肢体感觉、肌张力恢复情况、四肢活动度等情况。

10. 辅助检查 了解血常规、尿常规、生化检查、血气分析等实验室结果,尤其注重尿比重、血清电解质、血清白蛋白及转铁蛋白的变化。

11. 心理-社会状况　了解病人及亲属对手术的看法、疾病预后的认识及家庭与社会支持程度。了解术后心理状态及其原因,如:①担心不良的病理检查结果对预后或生存时间的影响;②担心手术导致的正常躯体结构和功能的改变会影响到生活质量;③因术后伤口疼痛等不适、躯体恢复缓慢、术后并发症等引起的焦虑、恐惧、甚至抑郁;④因疾病经济负担,担心难以维持后续治疗。

【主要护理诊断/问题】

1. 疼痛　与手术创伤、特殊体位等因素有关。

2. 舒适度减弱　与麻醉反应、留置引流管、术后卧床等有关。

3. 有体液不足的危险　与手术创伤、失血、体液丢失、术后禁食或摄入不足等有关。

4. 低效性呼吸型态　与疼痛、卧床、活动量少、呼吸运动受限及镇静剂的使用有关。

5. 营养失调:低于机体需要量　与术后禁食、创伤后机体分解代谢增强有关。

6. 活动无耐力　与手术创伤导致疼痛、疲乏、机体处于负氮平衡状态有关。

7. 焦虑　与术后不适、预后差及担心住院费用等有关。

8. 知识缺乏:缺乏术后治疗、护理和康复等方面的知识。

9. 潜在并发症:术后出血、切口感染或裂开、呼吸及泌尿系统感染、深静脉血栓形成、术后谵妄等。

【护理措施】

(一) 一般护理

1. 接收与安置　①与麻醉师及手术室护理人员做好交接;②搬运病人时注意保护病人头部、手术部位、输液管道、各种引流管、导尿管等;③注意保暖,由于麻醉后病人存在感觉障碍,应避免贴身放置热水袋等取暖物品而造成烫伤;④遵医嘱安置床边心电监护仪、吸氧等;⑤妥善固定并正确连接各引流装置。

2. 体位　术后病人的体位安置应首先考虑麻醉方式,待麻醉清醒、血压平稳后再根据病人的手术部位及全身情况进行安置。

(1) 麻醉后体位:①全麻未清醒者,取平卧位,头偏向一侧,避免误吸;②蛛网膜下隙阻滞病人,去枕平卧6~8小时;③硬脊膜外隙阻滞病人,平卧6小时。

(2) 不同手术部位的体位:①颅脑手术:无休克或昏迷者,可取15°~30°头高脚低斜坡卧位,以减轻脑水肿;②颈、胸部手术:多采用高半坐卧位,便于呼吸和引流;③腹部手术:多采用低半坐卧位或斜坡卧位,既能降低腹壁张力,减轻切口疼痛,又利于呼吸;④腹腔内有感染者,若病情许可,应尽早改为半坐位或头高脚低位,以利于炎性渗出物积聚于盆腔,使炎症局限,防止形成膈下脓肿,便于有效引流;⑤脊柱或臀部手术:多采用仰卧或俯卧位;⑥肥胖病人:可采取侧卧位,有利于呼吸和静脉回流。

3. 病情观察　中、小型手术者,术后应每小时测量体温、脉搏、呼吸、血压,同时注意观察意识及瞳孔等变化,至生命体征平稳后,改为每4小时观察一次;大手术者、病情危重或可能出血多的病人,应使用床边心电监护仪连续监测或每15~30分钟测量生命体征一次,病情稳定后改为每1~2小时测定一次或根据医嘱定时测定,并做好观察和记录。

(1) 体温:严密监测并记录体温。因为麻醉药物均可明显损害自主神经系统的温度调控能力,并抑制体温调节中枢的反射性调节功能,麻醉期间不慎造成的低体温(hypothermia)是围术期最常见的温度失调。所有的全麻病人都可能出现低体温,低体温与围术期心肌缺血、凝血功能异常及切口感染等并发症有关。深度低体温通常与大手术,特别是多处创伤手术,输注大量冷的液体和库存血有关。因此,低体温预防重在术中控制,如提高手术室室温至

25℃,减少病人皮肤暴露,术中使用液体加温装置,将静脉输注液体或冲洗液加温至37℃左右;同时注意病人转运途中及病房安置后的保温。

(2) 呼吸:①保持病人呼吸道通畅,及时清理呕吐物以防误吸,呼吸道分泌物较多时,予以吸痰;②观察呼吸的频率、深度和节律,关注血氧饱和度,是否有呼吸困难、窒息、呼吸功能不全的表现;③若全麻病人舌后坠及喉反射未恢复,应给予置入人工口咽通气道;④甲状腺术后切口出血、血肿压迫气管可有窒息的危险;⑤胸、腹带包扎过紧可影响呼吸,应及时调整。

(3) 血压与中心静脉压:①术后血压监测多用无创血压监测,有创血压监测适用于危重病人;②术中大量失血、体液丢失的病人,应监测中心静脉压。

(4) 脉搏:失血、失液导致循环容量不足时,脉搏可增快、细弱,同时伴有血压下降、脉压变小;但脉搏增快、呼吸急促,也可为心力衰竭的表现。

(5) 其他:特殊检测项目需根据原发病及手术情况而定。呼吸功能及心脏功能不全的病人可采用 Swan-Ganz 导管监测肺动脉压、肺动脉楔压及混合静脉血氧分压;胰岛素瘤病人术后需定时监测血糖、尿糖;颅脑手术病人监测颅内压及复苏程度;血管疾病病人术后定时监测指(趾)端末梢循环状况等。

思政元素

细心观察、责任重于泰山

后半夜交班完,护士小王放心不下病人,再巡视了一遍病房。当她来到李阿婆床边时,瞳孔检查发现其双侧瞳孔已出现不等大、不等圆的现象,第一反应是阿婆可能发生了颅内高压,随有生命危险。她立即通知床位医生,并第一时间联系 CT 检查,结果显示脑室出血。

医生决定为王阿婆做脑室引流手术,小王也主动请缨留下来帮忙。在抢救过程中,她以娴熟的技术为病人迅速开放静脉通路,配合医生完成各项治疗工作,最终使得李阿婆脱离了危险。等妥善安置病人,协助完成各项护理工作,天色渐亮……

评析:即使一班的工作完成,出于责任心,护士小王又巡视了一次病房,并发现了睡眠中李阿婆的病情变化。当检查结果为脑室出血后,她又主动提出留下来协助抢救,使阿婆脱离危险。正是由于高度负责的态度,才使护士们能在日常工作中细致入微地观察病人的病情变化,及时抢救危重病人,保障病人生命安全。

4. 静脉补液　术后病人常需补液的原因包括:手术前、后的禁食禁饮,造成液体摄入量不足;手术中解剖及组织创伤,导致体液分布到第三间隙;手术野的不显性液体丢失等。应遵医嘱补充水、电解质和营养物质,必要时输入全血或血浆,维持有效循环血量;根据病人器官功能状态、疾病严重程度和病情变化,确定输液种类、调整输液量和速度,防止短时间大量输液导致肺水肿和心力衰竭,必要时监测 24 小时液体出入量。

5. 饮食与营养　术后病人建议尽早恢复经口进食,以降低感染风险及术后并发症。若预计病人围术期超过 5 日无法经口进食,或经口摄入量少、不能维持推荐摄入量的 50% 以上超过 7 日,应遵医嘱给与肠内或(和)肠外营养支持。以下为各类手术常规禁食时间。

(1) 非腹部手术:视手术大小、麻醉方法和病人反应决定饮食的时间。①局部麻醉后无任何不适者术后即可按需进食,如体表或肢体的手术;②椎管内麻醉术后 3~6 小时,无恶心、呕吐等症状,可进食;③全身麻醉者,应完全清醒,无恶心、呕吐后方可进食,先给予流质饮食,再视病人状况改为半流质或普食。

(2)腹部手术:胃肠道手术后通常需禁食24~48小时,待肠道功能恢复、肛门排气后开始饮水或进少量流质,再逐步递增至全量流质;术后第5~6日进食半流质;第7~9日可过渡到软食;术后第10~12日开始普食。禁食期间,需注意维持水、电解质平衡和营养素的补充,必要时早期提供肠内、外营养支持,做好口腔护理。进食后,可选择高蛋白和富含维生素C的食物,以刺激消化液分泌和肠蠕动。

(3)手术损伤大,全身反应较明显,涉及腹腔多脏器的病人,需术后2~4日进食。

6. 切口护理

(1)切口观察与换药:①观察切口敷料有无渗液、渗血,如有应及时更换,保持敷料的清洁、干燥;②注意观察切口有无红、肿、痛等情况,及早发现切口感染及切口裂开等异常状况;③采用外科手术切口分类、切口愈合等级方法,对切口类型和愈合级别做好记录,如甲状腺大部分切除术后切口愈合优良,可记为"Ⅰ/甲";穿孔性阑尾炎术后切口化脓,则记为"Ⅱ/丙"等;④换药后包扎松紧度要适宜,不能限制胸腹部呼吸运动或影响肢端的血液循环。对烦躁及不合作病人,可适当使用约束带防止敷料脱落。

(2)缝线拆除:拆线时间应依据病人年龄、切口部位、营养状况、局部血供及修复时间而决定。①头、面、颈部手术后4~5日拆线;②胸部、上腹部、背部、臀部为术后7~9日;③下腹部、会阴部为术后6~7日;④四肢为术后10~12日(靠近关节处可适当延长);⑤减张缝线约为术后14日,必要时可间隔拆线,1~2日内拆除剩余缝线;⑥青少年病人因新陈代谢旺盛,愈合快,可适当缩短拆线时间;⑦年老体弱、营养不良、糖尿病者则宜酌情延迟拆线时间;⑧骨科手术缝合后并加石膏固定的病人,拆线时间为石膏拆除之后;⑨可吸收性缝线可不拆线。

7. 引流管护理　因疾病治疗需要,术中可在病人体腔以及空腔脏器内放置不同类型的引流管,如脑室引流管、胃肠减压管、胸膜腔闭式引流管、腹腔引流管等。各种引流共同的护理要点有:

(1)引流管的标识与固定:区分各种引流管放置的部位和作用,做好相应标记并妥善固定,防止滑入体腔或脱出。

(2)保持引流通畅:确保管道无扭曲、受压或阻塞,阻塞时可用挤压或无菌冲洗的方法解除,注意压力的大小。

(3)观察和记录:严密观察并记录引流液的量、颜色和性状的变化,判断有无出血、感染或其他并发症的发生。

(4)防止感染:遵医嘱更换引流袋,要求严格无菌操作;引流管和引流袋的位置需低于引流口(尤其是病人下床活动时),以防逆行感染。

(5)拔管的护理:掌握各种引流管的拔管指征,通常根据引流量和病情决定能否拔管。①浅表部位的乳胶片引流一般在术后1~2日拔除;②烟卷引流一般在术后3日拔除;③预防性引流渗血的腹腔引流管,引流量少时,可在1~2日拔除;④预防性引流渗液的腹腔引流管,需术后5~7日,即并发症可能发生时间之后拔除;⑤胸膜腔闭式引流若24小时引流量<50ml,经胸部X线证实肺膨胀良好,可在术后48~72小时拔管,但肺部手术则需延迟至48~96小时拔管;⑥胃肠减压管可在胃肠功能恢复、肛门排气后拔除。

8. 早期活动　长期卧床可能导致胰岛素抵抗、血栓形成、骨骼肌萎缩、坠积性肺炎、压疮等问题,且影响消化系统、呼吸系统等多系统功能恢复,延迟术后恢复时间。除具有活动禁忌证病人,如术后合并休克、心力衰竭、严重感染、出血、极度虚弱、有特殊固定或制动要求(如脊柱术后)的病人,均建议早期活动。

笔记栏

（1）早期卧床活动:麻醉解除后,病人即可进行适当的床上活动,包括间歇翻身、肌肉的等长舒缩运动等。

（2）早期下床活动:大部分病人可在术后 24~48 小时内试行下床活动,督促其逐渐增加离床活动的次数、时间和范围等。活动时应妥善安置好各种引流管道,扶好病人防止摔倒,并密切观察活动时病人的反应,以免发生意外。

9. 排尿护理　监测病人术后首次排尿时间、尿量、性状及颜色等,尤其未行留置导尿管的病人,注意有无尿潴留的发生。尿量能反映身体脏器血液灌注情况,危重病人观察每小时尿量,若 <30ml/h,应及时通知医生并协助处理。留置导尿管者,妥善固定尿管并保持引流通畅,综合判断病人情况,尽早拔除导尿管以防增加尿路感染的风险。

知识链接

手术区域引流管的最佳实践证据

传统观念认为手术后由于术野创面可能存在一定时间的持续渗出,或者在淋巴清扫过程中造成淋巴管开放导致术后一定时间内淋巴液漏出,放置引流管可使积液或积血及时引流至体外,避免血液或淋巴液积聚甚至继发感染而形成脓肿。对于一些消化道吻合或闭合手术,为防止吻合口或闭合残端发生溢漏,继发出血或感染等并发症,因此,常规在吻合口或封闭残端附近放置引流管。

近年来,大样本随机对照试验和系统评价的研究发现,术野常规放置引流管并不能降低术后并发症的发生率,相反,由于引流管可能导致腹腔内粘连的发生,同时,留置引流管造成的疼痛与活动受限,影响病人的早期活动,最终延长术后恢复时间。因此,加速康复外科理念下,多不主张常规放置引流管,而应根据手术复杂程度、术野止血满意程度、吻合脏器质地、吻合满意程度等情况,综合判断引流管的放置和早期拔除指征。

（二）术后不适的护理

1. 疼痛　麻醉作用消失后,病人开始感觉切口疼痛,以术后 24 小时内最为剧烈,2~3 日后逐渐减轻。术后疼痛一方面造成病人术后痛苦、焦虑,影响生活质量;另一方面加重病人手术应激反应,增加术后并发症的发生率;更重要的是,未能充分缓解的术后疼痛可能导致神经敏感,引发术后慢性疼痛。

原因:手术直接造成的创伤是疼痛的主要原因,切口大,组织损伤严重者,疼痛更剧。另外,病人咳嗽、深呼吸、活动等均可加剧疼痛;术中留置引流管,活动或更换导致的导管牵拉,可带来牵拉痛;若切口持续性疼痛或疼痛减轻后再度加重,则提示有切口血肿或脓肿形成的可能。

护理:①客观、全面地评估和记录疼痛部位、性质、程度、时间和规律,可采用视觉模拟评分法、数字评分法、面部表情疼痛量表、McGill 疼痛评估量表等;②安置病人舒适体位,减少压迫,妥善固定引流管;③指导病人在翻身、深呼吸或咳嗽时,用手按压切口部位,减少切口张力性刺激;④鼓励病人表达疼痛感受,给予心理疏导,可采用按摩、放松或听音乐等方法分散病人注意力,减轻对疼痛敏感性;⑤遵医嘱给予镇静、止痛药物,控制术后 24~48 小时内的剧烈疼痛,如地西泮、哌替啶等,用药期间密切监测病人的血压和呼吸;⑥病人自控镇痛泵(patient controlled analgesia,PCA)的使用:多用于创伤性大的病人术后 1~2 日内,尤其是经静脉或硬膜外置管的病人。

知识链接

围术期疼痛管理最佳证据

加速康复外科中围术期疼痛管理的目标是无痛。传统的围术期疼痛管理存在三大误区:①观念错误,认为术后疼痛不可避免、镇痛药物副反应大、无法承受的剧烈疼痛才需处理;②时机错误,镇痛措施滞后于疼痛发生的时间;③镇痛错误,以阿片类药物为主的单一管理模式或担心阿片类药物不良反应而选择低剂量给药,导致镇痛不充分。

有效的疼痛管理,不仅可减轻疼痛所致的应激,缓解病人的紧张和焦虑情绪,也可促进病人早期活动,促进胃肠道功能恢复,减少并发症的发生,加速病人术后康复。因此,要优化围术期疼痛管理,在保证病人安全的前提下,最大限度增进病人舒适。具体包括三项疼痛管理原则:①术前疼痛宣教,帮助病人积极参与疼痛管理计划。宣教应包括疼痛的重要性、治疗目标、可能经历的疼痛类型、种类和个体差异,鼓励病人主动报告疼痛状态;②超前镇痛,可在术前 1~3 日使用能有效通过血脑屏障的非甾体类抗炎药,发挥预防性镇痛作用;③多模式镇痛,采用不同的镇痛方式(中枢区镇痛、区域性镇痛、局部镇痛、系统性镇痛)与不同镇痛药物的联合应用。

2. 恶心、呕吐

原因:①最常见原因为麻醉反应,主要发生在术后 24~48 小时,少数病人可持续至术后 3~5 天;②使用环丙沙星类抗生素或静脉单用复方氨基酸及脂肪乳等药物;③严重的腹胀;④腹部手术对胃肠道的刺激、幽门持续痉挛、急性胃扩张或肠梗阻等。

护理:①术后禁食、禁水 6 小时,术后饮食根据手术类型和病人情况合理恢复;②观察病人恶心、呕吐的时间和频率,呕吐物的量、颜色、性质并做好记录;③稳定病人情绪,协助其取合适体位,头偏向一侧,防止发生吸入性肺炎或窒息,及时清除呕吐物;④持续性呕吐病人,应查明原因,对因处理;⑤对呕吐频繁者可遵医嘱给予镇静、止吐及解痉的药物,如甲氧氯普胺(胃复安)10mg 静脉或肌内注射;也可遵医嘱给予针灸内关穴、透皮电神经刺激等。

3. 发热

原因:发热是术后病人最常见的症状之一。由于手术创伤反应,术后病人体温可略升高 0.1~1℃,一般不超过 38℃,临床称之为外科手术热或吸收热;术后 24 小时内体温过高(>39℃),常由于代谢或内分泌异常、低血压、肺不张和输血反应等所致;若术后 3~6 日持续发热(>39℃)或体温降至正常后再度发热,则提示继发感染可能,如切口感染、尿路和肺部感染等。感染性发热的危险因素包括病人体弱、高龄、营养不良、糖尿病、吸烟、肥胖或原已存在感染灶。

护理:①监测体温及伴随症状;②及时检查切口部位有无红、肿、热、痛及波动感;③结合病史进行血尿常规、胸部 X 线、超声、伤口分泌物的涂片和培养、血培养等检查,以明确诊断;④遵医嘱给予物理降温和药物降温,保证足够的液体摄入量。

4. 腹胀

原因:术后早期腹胀是胃肠道蠕动受抑制,肠腔内积气过多无法排出所致。通常随着病人胃肠蠕动功能的恢复,肛门排气后,症状可自行缓解。若术后数日仍无肛门排气,且伴明显腹胀,应注意有无腹腔内炎症或其他原因所致肠麻痹、肠粘连及机械性肠梗阻等。

护理:①鼓励病人床上翻身、活动,早期下床活动;②遵医嘱胃肠减压、肛管排气;③遵医嘱给予促进肠蠕动的药物,如新斯的明肌内注射;④可给予针灸治疗,如针刺足三里;⑤如因腹腔内感染、机械性肠梗阻等引起的腹胀,非手术治疗无法缓解者,应完善术前准备,再次行手术治疗。

5. 尿潴留　若术后 6~8 小时仍未自行排尿,或虽排尿但尿量少、次数频繁者,询问其是否有尿意,检查膀胱的充盈程度,叩诊耻骨联合上区为明显浊音区,明确为尿潴留。

原因:①多见于前列腺增生的老年病人;②麻醉造成排尿反射受到抑制;③肛门直肠、会阴部或盆腔术后的病人,由于切口疼痛,引起膀胱和后尿道括约肌反射性痉挛所致;④病人不适应床上排尿的习惯,有尿意但无法排出;⑤手术对膀胱神经的刺激;⑥大量使用镇静药物或低血钾。

护理:①安抚病人,病情允许时可协助其改变体位(侧卧、半卧位或立位)利于排尿;②诱导排尿法:听流水声后流水清洗外阴,可于膀胱区进行理疗、热敷或轻柔按摩等;③遵医嘱给予药物或针灸治疗,以促进膀胱壁肌肉收缩;④必要时需行无菌导尿术,一次导尿尿量不超过 1 000ml,尿潴留时间久或导尿尿量超过 500ml 者,应留置导尿管 1~2 日;⑤骶前神经损伤、前列腺增生或会阴部手术病人,需要留置导尿管 4~5 日。

6. 呃逆

原因:可能为神经中枢或膈肌直接受刺激所致,多为暂时性。

护理:①手术后早期发生者可压迫眶上缘,或短时间内吸入一定量的二氧化碳气体;②抽吸胃内积气和积液;③给予镇静或解痉药物;④上腹部手术后如出现顽固性呃逆,应警惕吻合口瘘或十二指肠残端瘘,以及膈下积液或感染的可能,应作 CT、X 线或超声检查明确诊断。

(三) 术后并发症的护理

术后由于疾病和手术对机体造成的创伤、原有疾病的复发等原因引起的病症总称为术后并发症(postoperative complications)。术后并发症分为两类:一类为各种手术后都可能发生的并发症,如出血、切口感染、切口裂开、肺部感染、尿路感染和深静脉血栓形成等;另一类为与手术方式相关的特殊并发症,如胃、肠、食管术后的吻合口瘘等,将在相应章节中予以介绍。

1. 术后出血　常发生于术后 24~48 小时内,可发生在手术切口、空腔脏器及体腔内。

常见原因:术中止血不完善或创面渗血、术中痉挛的小动脉断端舒张、术后结扎线脱落、凝血障碍等。

临床表现:①手术切口出血时,覆盖切口的敷料可被渗血浸湿;②体腔内出血可通过观察引流管内引流液的性状、量和色泽协助判断;如未放置引流管,则需密切观察病人有无低血容量性休克的早期表现,如烦躁、脉率持续增快、中心静脉压 <5cmH_2O、脉压减小、尿量 <25ml/h 等;③腹腔手术后 24 小时内出现的休克,在输入足够的液体和血液后,若休克仍未改善或加重,提示有术后出血,可行超声检查或腹腔穿刺明确诊断;④胸腔手术后若胸腔引流管持续引出血性液体 >100ml/h,提示有内出血,胸部 X 线常显示肋膈角消失。

预防措施:①凝血异常者,术前可考虑输入凝血因子、血小板等予以纠正;②术中严密止血,血管结扎规范、牢靠;③切口关闭前确认手术野无活动性出血;④术中渗血较多者,术中、术后应用止血药物;⑤部分手术如肝切除术为预防肝断面出血,应避免剧烈咳嗽、打喷嚏或早期下床活动。

护理措施:①严密观察病情变化,包括生命体征、中心静脉压、尿量、伤口敷料、引流的量、颜色和性状等;②少量出血时,可更换切口敷料、加压包扎或用止血剂即可;大量出血时,立即给予病人平卧位、吸氧,并汇报医生进行处理;③遵医嘱应用止血药物,行抗休克治疗,并做好紧急手术止血的准备。

2. 切口并发症

(1) 切口感染

常见原因:①全身因素包括病人合并贫血、糖尿病、营养不良或肥胖等问题;②局部因素有细菌入侵,且可能存在局部引流不畅、组织损伤严重,或切口内留有无效腔、血肿、异物或局部组织血供不良等。

临床表现:常发生于术后 3~5 日,病人自述切口疼痛加重或减轻后又加重,局部出现红、肿、热、压痛或有波动感,并伴有体温升高、脉率加快及白细胞计数增高等全身表现。

预防措施:①改善营养,控制合并症;②执行有效的无菌技术、空气处理、环境表面清洁等;③术前完善皮肤或(和)肠道准备;术中和术后换药时严格执行无菌技术操作;④缩短手术时间,进行手术引流,术中维持病人血氧和体温。仔细、合理处理组织,减少组织损伤,关闭无效腔;⑤保持切口敷料清洁、干燥,敷料覆盖伤口至少 24~28 小时;⑥严格按照相关指南预防性使用抗生素;炎症早期应及时发现并使用有效抗生素,控制感染以防发展至脓肿。

护理措施:①感染早期可局部热敷或理疗,促使炎症消散和吸收;②做好细菌培养及药敏试验、合理应用抗生素;③一旦脓肿形成需及时拆除部分切口缝线、开放并清理伤口或切开排脓,加强换药、促进引流,待创面清洁后,做好术前准备行二期缝合。

(2) 切口裂开:多见于腹部及邻近关节处,常发生于术后 1 周左右或拆除皮肤缝线 24 小时内,分全层裂开和部分裂开两种。

常见原因:①全身因素包括年老体弱、肥胖、糖尿病、营养不良病人,组织愈合能力差等;②局部因素包括切口张力大、缝合不当、切口感染及腹内压突然增高等。

临床表现:病人在突然增加腹压,如起床、用力排便、咳嗽、呕吐时,或者有切口的关节伸屈幅度较大时,自觉切口剧痛和松开感,随即有淡红色液体溢出并浸湿敷料。腹部切口全层裂开时,可有肠管和网膜脱出。

预防措施:①术前营养支持、处理合并症;②保持术中良好的麻醉效果,在肌肉松弛的条件下缝合切口,必要时切口全层减张缝合;③适当使用腹带及胸带加压包扎,减轻局部张力;④避免和及时处理腹内压增高的因素,如咳嗽时平卧;⑤合理安排拆线时间,拆线后避免大幅度动作;⑥预防切口感染、减少术后腹胀。

护理措施:①消除病人的恐惧,给予安慰,取得病人的配合;②立即嘱病人平卧,并告之勿咳嗽、勿进食进饮;③用无菌生理盐水纱布覆盖切口,可用腹带轻轻包扎;④立即通知医生,送往手术室重新缝合;⑤若有内脏脱出,切勿盲目回纳以免造成腹腔内感染。

(3) 切口血清肿:血清肿使伤口愈合延迟,增加感染的危险。

常见原因:伤口的液体积聚而非血或脓液,与手术切断较多的淋巴管有关。

临床表现:常出现于手术创面周边、原疝囊部位、原组织或器官切除位置及置入材料周边,封闭组织间隙形成无菌性液体团块,液体周围由无分泌性纤维软组织假包膜包裹。

护理措施:皮下的血清肿可用空针抽吸,敷料压迫,以阻止淋巴液渗漏和再积聚。腹股沟区域的血清肿多在血管手术后,空针抽吸有损伤血管和增加感染的危险,可让其自行吸收。若血清肿继续存在,或通过伤口外渗,需在手术室探查切口,结扎淋巴管,应遵医嘱做好术前准备。

3. 肺部并发症

（1）肺部感染

常见原因：老年人、胸腹部大手术、长期吸烟、已存在急、慢性呼吸道感染、术后呼吸运动受限、呼吸道分泌物积聚及排出不畅等。

临床表现：①术后早期发热、呼吸心率增快、颈部气管向患侧偏移、患侧呈现局限性湿啰音、呼吸运动减弱或管状呼吸音；②血气分析有动脉血氧分压下降及二氧化碳分压升高；③X线显示肺不张征象；④继发感染时，体温明显增高，白细胞和中性粒细胞计数增多。

护理措施：①对术前已存在急、慢性呼吸道感染者，合理应用抗生素；②术前指导深呼吸锻炼，根据手术部位指导病人进行腹式呼吸或胸式呼吸；③吸烟者术前2周戒烟，减少肺泡及支气管内的分泌物；④注意保暖，防止呼吸道感染，保持病室内适宜的温度（18~22℃）及湿度（50%~60%），维持每日液体摄入量（2 000~3 000ml）；⑤术后避免限制呼吸运动的固定或绑扎；⑥全麻病人防止呕吐物和分泌物吸入肺内；⑦协助病人采取半坐卧位，并鼓励早期活动；⑧术后卧床期间鼓励病人深呼吸运动，有效咳嗽、咳痰，帮助其翻身，叩背，体位引流，促进分泌物及时排出；⑨痰液黏稠不易咳出者，可将抗生素和糜蛋白酶经超声雾化吸入，必要时可经支气管镜吸痰或考虑行气管切开术；⑩一旦肺炎出现，应做痰液细菌培养，并遵医嘱给予抗生素、祛痰药等。

（2）肺膨胀不全

常见原因：多见于上腹部手术病人，主要由分泌物引起气道阻塞、呼吸肌活动减少和呼吸储备容量减少引起。与老年、肥胖、长期吸烟、呼吸系统疾病有关，常发生于术后48小时之内。

临床表现：呼吸加快，胸部X片示患部肺野不透光，支气管镜检示气管内异物或痰块。

预防措施：①指导和协助病人翻身，病情允许的情况下抬高床头，或采取前倾坐位或站立；②深呼吸训练；③呼吸清洁技术：有效咳嗽、体位引流、振动、叩击等；④经鼻气管吸引分泌物，严重慢性阻塞性肺疾病病人，雾化吸入支气管扩张剂和溶黏蛋白药物。

护理措施：有气道阻塞时，协助医生行支气管镜吸引。

4. 尿路感染

常见原因：尿潴留导致的膀胱炎最为常见。长期留置导尿管或经尿道进行器械操作或检查也可引起尿路感染，有既往尿路感染史的病人更易发生。感染可继续上行，引起急性肾盂炎或肾盂肾炎。

临床表现：急性膀胱炎主要表现为尿频、尿急、尿痛，可伴有排尿困难，一般无全身症状，尿检有较多红细胞和脓细胞。急性肾盂肾炎多见于女性，表现为畏寒发热、肾区疼痛、白细胞计数增高、中段尿镜检见大量白细胞，尿液培养多数为革兰阴性的肠源性细菌。

护理措施：①术前完善尿常规检查，处理泌尿系统感染；②防止术后尿潴留的发生，一旦发生则应及时处理；③指导病人术后床上排尿、自主排尿的方法；④残余尿量超过500ml时，给予留置导尿管持续引流，并严格执行无菌技术；⑤一旦出现感染，嘱病人多饮水或静脉补液，维持充分的尿量（>1 500ml/d），保持排尿通畅；⑥根据尿培养和药敏试验结果选用有效抗生素控制感染。

5. 深静脉血栓

常见原因：①术后腹胀、长期卧床、活动减少，引起下腔及髂静脉回流受阻、下肢血流缓慢；②手术造成的组织破坏、癌细胞分解和体液丢失使血液呈高凝状态；③因手术、外伤、反复穿刺置管或输注高渗性液体、刺激性药物等致血管壁和血管内膜损伤。老年病人、经历较大手术、肥胖、吸烟、静脉曲张、有血栓性静脉炎或肺动脉血栓史等均是发生深静脉血栓的危险因素。

临床表现：多见于下肢深静脉。开始病人自觉腓肠肌疼痛和紧束，向上蔓延可累及髂股静脉，继之下肢出现凹陷性水肿、皮肤发白、浅静脉曲张、沿着静脉走行有触痛，可扪及索状变硬的静脉,腘窝或股管部位有压痛。并发感染的病人,可出现畏寒、发热、心率加快及白细胞升高等症状。一旦发生血栓脱落可造成肺动脉栓塞,导致病人死亡。

预防措施:①综合考虑静脉血栓栓塞风险与出血风险,低风险者应早期离床活动,卧床期间抬高下肢,多进行双下肢的屈伸活动,可对下肢肌肉进行按摩,促进血液循环;②中等风险病人,若不伴高出血风险,可采用低分子肝素或间歇气囊压迫(Intermittent pneumatic compression,IPC);若伴有高出血风险,使用间歇气囊压迫;③高风险病人,若不伴有高出血风险,联合使用低分子肝素和间歇气囊压迫;若伴高出血风险,使用间歇气囊压迫直至出血风险消失后启用药物预防;④补充足够的水分减轻血液浓缩、降低血黏度。

护理措施:①一旦深静脉血栓形成,应抬高患肢并制动,严禁局部按摩,以防血栓脱落;②严禁在患肢进行静脉输液;③局部可用50%硫酸镁湿敷或理疗;④遵医嘱输入低分子右旋糖酐和复方丹参溶液,及时补充足够的水分,从而降低血液黏稠度;⑤发病3日以内者,可用尿激酶等溶栓剂及抗凝剂治疗。

6. 术后谵妄　是外科病人急性精神障碍的主要形式,指术前或伤前无精神异常者在严重创伤或手术后数日内出现大脑功能活动紊乱,导致认知、情感、行为和意志等不同程度的障碍。

常见诱因:其发生机制尚不明确,高龄、疼痛、严重创伤、大量失血、术中或术后发生血压波动和缺氧、术前或伤前心理因素等是术后谵妄发生的诱因。

临床表现:常发生在创伤、手术后第1~3日,多出现于夜间,有晨轻夜重的特点,通常持续1~2日。主要表现为意识障碍、幻觉、被害妄想及兴奋状态,伴有躁狂和恐惧行为。

预防措施:①术前纠正营养不良(如低白蛋白血症、贫血等)和水、电解质、酸碱平衡紊乱;②积极治疗代谢性疾病、中毒、颅脑疾病等;③实施支持性心理治疗。

护理措施:①严密观察病人,谨防坠床、跌倒、意外拔管等不良事件的发生;②吸氧;③补充能量和营养;④纠正水和电解质、酸碱平衡紊乱,保持内循环稳定;⑤充分镇痛,合理镇静,如使用氟哌啶醇,用药期间监测生命体征、血氧饱和度。

(四) 心理护理

建立良好的护患关系,鼓励病人表达;分析心理反应的原因,给予适当的心理安慰,满足其合理需求,稳定情绪,缓解焦虑和恐惧;协助病人建立康复的信心,积极配合治疗,加强生活自理能力,正确面对疾病预后;根据病人的社会背景、性格及接受手术的种类,实施支持性心理治疗。

【健康教育】

1. 休息和活动　注意休息,劳逸结合;适量活动,活动量从小到大,一般出院后2~4周仅从事一般性工作和活动。为保护切口,术后6周内不宜抬举重物。

2. 饮食与营养　根据手术类型与术后康复情况,合理饮食摄入,如胃大部切除术后病人应少量多餐,并保证营养均衡。

3. 用药指导　需继续治疗者,遵医嘱按时、按量服药,如心脏瓣膜置换术后嘱病人按时按量服用华法林抗凝,并告之定期检测凝血功能的必要性。

4. 切口护理　切口拆线后用无菌纱布覆盖1~2日。若带有开放性切口出院者,应告知病人门诊换药时间、次数和注意事项。若有造口的病人,应做好造口护理指导。

5. 定期复诊　告知病人康复期可能出现的症状,如有异常应立即就医。一般病人于术后1~3个月到门诊复诊1次,了解机体的康复程度及切口愈合的情况。肿瘤病人术后2~4周应门诊复诊,以制定继续治疗方案。

（单亚维）

复习思考题

1. 如何根据手术切口分类与愈合等级，记录病人切口的愈合情况？
2. 手术区皮肤准备的范围和注意事项是什么？
3. 请简述预防围术期感染的护理要点。

第八章

外科感染病人的护理

学习目标

1. 简述外科感染的类型、病因及健康教育等内容。
2. 理解并比较常见外科感染疾病的临床特点,说明其治疗原则。
3. 运用所学知识和技能对外科感染病人实施整体护理。

第一节 概 述

外科感染(surgical infection)是指需要外科治疗的感染,包括组织创伤、手术、有创检查、空腔器官梗阻、留置导管等并发的感染。外科感染的一般特点有:①多数与创伤或手术有关。②大部分是由几种细菌引起的混合感染,一部分即使开始由单一细菌引起,但常发展为几种细菌的混合感染。③多数有明显而突出的局部症状,严重时可有全身表现。④病变常集中在局部,可引起化脓、坏死及组织结构破坏,常需手术或换药处理。⑤愈合后形成瘢痕,严重者影响功能。

【分类】

1. 按致病菌种类和病变性质分类 可分为非特异性感染和特异性感染。

(1) 非特异性感染(nonspecific infection):又称化脓性感染或一般性感染,较多见。这类感染的病理过程、临床表现、治疗以及护理等方面有相同之处。常见的致病菌有葡萄球菌、链球菌、大肠埃希菌、铜绿假单胞菌、变形杆菌、拟杆菌等(表8-1)。常见的感染包括疖、痈、丹毒、急性淋巴结炎、急性乳腺炎、急性阑尾炎、急性腹膜炎等。

(2) 特异性感染(specific infection):较少见。在致病菌、病程演变、治疗以及护理等方面各有特点。常见的致病菌有结核杆菌、破伤风梭菌、梭状芽胞杆菌等,这些细菌可引起较为独特的病变。常见的特异性感染包括结核、破伤风、气性坏疽、炭疽等。

2. 按病程分类 可分为急性、亚急性与慢性感染三种。急性感染的病程在3周以内,大多数非特异性感染属于此类;病程超过2个月为慢性感染;病程介于两者之间为亚急性感染。亚急性感染常与急性感染迁延、致病菌的耐药性强,或与宿主抵抗力弱等因素有关。

3. 按感染发生情况分类 由伤口直接污染引起的感染为原发感染(primary infection);在伤口愈合过程中发生的感染为继发感染(secondary infection);外源性感染是病原菌从体表或外界环境侵入人体内造成的感染;内源性感染是由原存体内的病原菌,经肠道、胆道、阑尾等空腔脏器引起的感染。近年来,越来越多的研究关注到细菌移位与外科感染的关联。

感染亦可按照发生条件分为二重感染(菌群交替症)(superinfection)、条件性(机会性)感

119

表 8-1　常见化脓性致病菌与外科感染

致病菌	寄生部位	致病性	引起的感染及脓液的特点
金黄色葡萄球菌	鼻、咽部黏膜 皮肤	致病力强 溶血素 杀白细胞素 血浆凝固酶	可引起疖、痈、淋巴结炎、脓肿、骨髓炎、伤口感染、脓毒症等。表皮葡萄球菌也能引起化脓性感染,特别是人造瓣膜、人造血管等置换术后,但致病力较弱。感染容易局限。脓液稠厚、黄色、无臭,也能引起全身感染,由于局限化特性,常伴有转移性脓肿
溶血性链球菌	口、鼻腔黏膜 皮肤	溶血素 透明质酸酶 链激酶 链道酶	可引起蜂窝织炎、丹毒、淋巴管炎、脓毒症等。其产生的毒素和酶能溶解细胞间质的透明质酸、纤维蛋白和其他蛋白质,破坏纤维所形成的脓肿壁,使感染容易扩散。脓液稀薄、量大、淡红色
大肠埃希菌	结肠	单独致病力不大 多为混合感染	可引起尿路感染、胆道感染、腹膜炎、阑尾炎、胃肠手术后感染、脓毒症等。单纯大肠埃希菌感染脓液并无臭味,与厌氧菌混合感染时,脓液稠厚、灰白色、粪臭或恶臭
铜绿假单胞菌	肠腔 皮肤皱褶	对抗生素不敏感 继发感染	常引起大面积烧伤创面感染、脓毒症、尿路感染等。脓液淡绿色,有特殊的甜腥臭味
脆弱拟杆菌	口腔、结肠 生殖道	生殖道 需氧菌 混合感染	可引起腹膜炎、胃肠手术后的感染、深部脓肿、静脉炎、脓毒症等。脓液恶臭味,有产气性,涂片可见到革兰染色阴性的杆菌,但普通培养无细菌生长
变形杆菌	肠道、尿道	对抗生素耐药 混合感染可变 单纯感染	可引起大面积烧伤创面的感染、腹膜炎、尿路感染等。脓液有特殊恶臭味

染(opportunistic infection)、医院内感染(nosocomial infection)等。

【病因】

导致外科感染的综合性因素包括侵入人体致病菌的毒素、毒力、数量和机体的易感性。

1. 病原菌的致病因素

(1) 黏附因子:病菌侵入人体后产生的黏附因子能附着于人体组织细胞以利入侵;许多病菌的荚膜或微荚膜,能够抗拒吞噬细胞的吞噬作用而在组织内生存繁殖,导致组织病变、损伤。

(2) 病菌毒素:病菌释放的多种胞外酶、外毒素和内毒素统称病菌毒素。这些毒素可导致感染扩散、组织结构破坏、细胞功能损伤和代谢障碍等,引起发热、休克、白细胞增多或减少等全身反应。

(3) 病菌数量与增殖速度:侵入人体组织的病菌数量越多,导致感染的几率越高。在健康个体,伤口内污染的细菌数超过 10^5 个常可引起感染。

2. 机体的易感因素　人体存在天然的和获得的感染防御机制,若某些因素导致这些防御机制受损,则可能发生感染。

(1) 局部因素:①皮肤、黏膜损伤:如开放性创伤、烧伤、胃肠穿孔或手术等。②体内管腔阻塞:如肠梗阻、胆道梗阻、尿路梗阻、乳房导管梗阻等。③留置导管:如静脉导管及各种引流管等。④局部血供障碍或积液:如血栓闭塞性脉管炎、大隐静脉曲张、切口积液等。⑤局部异物残留:如外伤性异物、内固定器材、假体植入等。

(2) 全身因素:①严重营养不良、贫血、低蛋白血症等。②严重创伤、休克或糖尿病、尿毒症、肝功能障碍等。③长期使用大剂量肾上腺糖皮质激素或免疫抑制剂、抗肿瘤的化疗和放疗等。④先天性或获得性免疫缺陷综合征。

(3) 条件因素:在人体局部或(和)全身的抗感染能力降低的条件下,本来栖居于人体未致病的菌群可以变成致病微生物,而引起条件性感染。另外,感染也与致病菌的耐药性有关,在使用广谱抗生素或联合使用抗生素治疗感染的过程中,原有的致病菌被抑制,但耐药株,如金黄色葡萄球菌或白色念珠菌等大量繁殖,可引起二重感染。

【病理生理】

非特异性感染的主要病理变化是因致病菌入侵在局部引起急性炎症反应,使入侵微生物局限化,最终被清除。当致病菌侵入组织并繁殖,产生多种酶与毒素,可以激活凝血、补体、激肽系统以及血小板和巨噬细胞等,导致炎症介质的生成,引起血管扩张与通透性增加,白细胞和吞噬细胞进入感染部位发挥吞噬作用,单核 - 巨噬细胞通过释放促炎细胞因子协助炎症及吞噬过程。

感染的演变受致病菌的种类、侵入组织的数量与增殖速率、毒力、机体的抵抗力、其产生的病菌毒素、感染途径及治疗措施是否正确等重要因素的影响,可能出现的结局有:

1. 炎症消退　当机体的抵抗力较强并得到及时、有效的抗菌药物等治疗,吞噬细胞和免疫成分能快速地制止病原菌的生长、繁殖,消除组织细胞崩解产物与病菌,使炎症消退,感染痊愈。

2. 局部化脓　当机体的抵抗力占优势,但病菌数量又较多,炎症反应较重,感染可局限化,组织细胞崩解可形成脓性物质,出现在创面或积聚于组织间隙,形成脓肿,需排除脓液(引流或吸出)方能使感染好转。

3. 感染扩散　病菌毒性大、数量多或(和)机体抵抗力明显不足时,感染病变势必迅速扩展,引起全身性外科感染。

4. 转为慢性感染　原病菌大部分消灭,但尚有少量残存,此时中性粒细胞浸润减少而成纤维细胞增加,变为慢性炎症。在某种条件下病菌可再次繁殖,炎症又重新变为急性过程。

【临床表现】

1. 局部表现　局部红、肿、热、痛、功能障碍是急性感染的典型表现。慢性感染疼痛不明显,可有局部肿胀或硬结肿胀。体表病变脓肿形成时,触诊可有波动感。

2. 全身表现　轻者可无全身症状,感染较重者可出现发热、精神不振、头痛、乏力、食欲减退等一系列全身不适的表现,严重脓毒症时可发生少尿、乳酸血症等器官灌注不足的表现,甚至出现感染性休克和多器官功能障碍。

3. 器官系统功能障碍　感染侵及某一器官或系统时,该器官或系统会出现功能异常,如泌尿系统感染可有尿急、尿频及尿痛,腹腔内脏器发生急性感染常有恶心、呕吐、腹痛、腹泻等表现。

4. 特异性表现　特异性感染的病人,可因致病菌的不同而有各自特殊的临床表现,如破伤风病人可有肌肉强直性收缩和阵发性痉挛;气性坏疽和其他产气菌感染,可出现皮下捻发音等。

【辅助检查】

1. 实验室检查

(1) 血常规检测:①白细胞计数 $>12 \times 10^9/L$,中性粒细胞的比例增多。②或白细胞计数 $<4 \times 10^9/L$。③或有明显的核左移,发现未成熟的白细胞。④白细胞中出现中毒颗粒。上述情况提示病情严重。病程较长的重症感染病人可出现红细胞和血红蛋白的减少。

(2) 生化检查:可了解病人营养状况及各器官功能状态。

(3) 细菌鉴定:对浅表感染灶可取脓性分泌物、渗出液,较深感染灶可行穿刺抽脓,全身感染可取血、尿或痰液等做涂片染色检查,或常规细菌培养及药物敏感试验。

2. 影像学检查

(1) 超声检查:可确定实质脏器有无感染灶,如有脓肿存在时,可见有"液性暗区"。还可发现胸腔、腹腔、关节腔等体腔有无积液。

(2) X 线、CT、MRI 检查:X 线适用于检查胸腹部或骨关节病变,如胸腔积液或积脓、肺部感染等。CT、MRI 有助于诊断实质性器官的病变,如肝脓肿等。

【治疗原则】

祛除病因,控制病菌生长,增强机体抗感染能力及促进组织修复。

1. 局部治疗

(1) 非手术治疗:①患肢制动:避免感染部位受压,可有助于炎症吸收与消退。②局部用药:急性浅表感染未成脓前可外敷鱼石脂软膏、金黄散等,组织肿胀者可用 50% 硫酸镁湿热敷。③物理疗法:炎症初期,可局部超短波或红外线照射,以改善局部血运循环,促进炎症消散或局限。

(2) 手术治疗:感染形成脓肿时,需手术切开引流,深部脓肿可在超声引导下穿刺引流。脏器感染或已发展为全身感染时应积极处理感染病灶或切除感染组织。

2. 全身治疗

(1) 抗生素治疗:感染严重或已发展为全身化脓性感染时,应积极使用有效抗生素。

(2) 支持治疗:①保证病人有充足的休息和睡眠,可适当使用镇静止痛剂。②给予高能量、高维生素、高蛋白、易消化饮食。对不能进食者应提供肠内或肠外营养支持,维持体液平衡。③严重感染者可输血浆、人血清白蛋白、丙种球蛋白或多次少量输入新鲜血等,以提高机体免疫力。

(3) 对症治疗:全身中毒症状严重者,在应用抗生素的同时,可短期使用糖皮质激素;出现感染性休克者,及时给予抗休克治疗;体温过高者可行物理或药物降温,体温过低者应给予保暖;疼痛剧烈者,给予镇痛药物;抽搐者给予镇静解痉药物;合并糖尿病者,给予降糖药物以控制血糖。

3. 中医治疗

(1) 内治法:初期以清热解毒为主,辅以扶正托毒,可服五味消毒饮、透毒散;后期体虚者,可服四君子汤予以调理。

(2) 外治法:①肿疡期:宜箍毒消肿,外敷金黄散。②脓疡期:宜切开排脓。③溃疡期:宜提脓祛腐,用含丹药线引流并扩创,排净脓液后涂生肌散生肌愈合。

第二节　浅部软组织急性化脓性感染病人的护理

案例分析

李先生,29 岁,公务员,因左小腿红肿、疼痛 3 天就诊。病人 3 天前感左小腿红肿、疼痛,并逐渐加重,无发热,无外伤史,无足踝部水肿。

体格检查:T 38.2℃,P 88 次 /min,R 24 次 /min,BP 136/75mmHg;神志清楚,步入病室;左下肢无浅静脉迂曲扩张,无皮肤破溃;左小腿内侧见片状皮肤红斑,微隆起、色鲜红、界限尚清楚,按压可褪色,红肿区皮温高,触痛明显,无明显波动感。

辅助检查：白细胞 $15.08 \times 10^9/L$，中性粒细胞 $8.15 \times 10^9/L$，C-反应蛋白 13.0mg/L。左下肢动静脉彩超提示左侧下肢动静脉声像图未见明显异常，左侧小腿内侧皮肤及软组织肿胀（考虑局部感染性病变），左侧股内侧区多发低回声结节，考虑肿大淋巴结。

请问：

1. 该病人首先考虑的医疗诊断是什么？

2. 目前主要的护理诊断是什么？应采取哪些护理措施？

3. 健康教育的重点是什么？

浅部软组织急性化脓性感染是指发生于皮肤、皮下组织、淋巴结、肌间隙及其周围疏松结缔组织等处的由化脓性细菌引起的急性感染。

一、疖与痈

疖（furuncle）与痈（carbuncle）都是毛囊及其周围组织的急性化脓性炎症，致病菌多为金黄色葡萄球菌，偶可见表皮葡萄球菌或其他致病菌。疖是单个毛囊及其周围组织的急性化脓性感染，俗称"疔疮"。痈是多个相邻毛囊及其所属皮脂腺或汗腺的急性化脓性感染，或由多个疖融合而成，常见于成年人尤其是糖尿病及免疫力低下的病人。

【病因和病理】

疖多发生于毛囊和皮脂腺丰富的部位，如头面、颈项、背部、腋窝及腹股沟等处，常与皮肤不洁、擦伤、环境温度较高或机体抵抗力降低有关。因金黄色葡萄球菌能产生血浆凝固酶，可使感染部位的纤维蛋白原转变为纤维蛋白，从而限制细菌的扩散，炎症多较局限且有脓栓形成。

痈好发于皮肤较厚的项部和背部，俗称"对口疔"和"搭背"（图8-1）。炎症常从毛囊底部开始，并向阻力较小的皮下组织蔓延，再沿深筋膜浅层向外周扩散，进入毛囊群而形成多个脓头。痈的炎症范围比疖大，全身反应重。

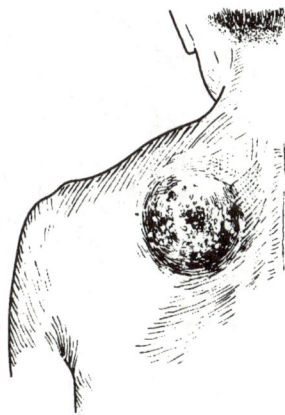

图 8-1　背部痈

【临床表现】

疖初起为红、肿、热、痛的小硬结，以后渐增大呈圆锥形隆起，数日后硬结中央因组织坏死而变软，出现黄白色小脓栓，之后脓栓脱落排出脓液，炎症逐渐消失而痊愈。疖一般无明显的全身症状。多个疖同时或反复发生在身体不同部位，称为疖病，与病人抗感染能力较低（患有糖尿病）或皮肤不洁等有关。

痈初起时局部小片皮肤硬肿、热痛，肤色暗红，其中有数个凸出点或脓点。随着皮肤硬肿范围增大，周围呈现浸润性水肿，局部疼痛加剧。病变部位脓点增大增多，中心处破溃流脓、组织坏死脱落，使疮口呈蜂窝状，如同"火山口"（图8-2）。周围皮肤因组织坏死呈紫褐色，

图 8-2　痈的"火山口"样改变

疮口肉芽增生较少见,很难自行愈合。还经常伴有相应部位的淋巴结肿大,且有压痛。痈的自行破溃较慢,病人多有明显的全身症状,如畏寒、发热、食欲减退和全身不适。

　　发生在鼻、上唇及周围"危险三角区"的面疖和唇痈如果被挤压或处理不当时,细菌容易沿内眦静脉和眼静脉进入颅内的海绵状静脉窦,引起颅内化脓性海绵状静脉窦炎,出现颜面部进行性肿胀,寒战、高热、头痛、呕吐、昏迷,严重者威胁病人生命。

　　【治疗原则】

　　1. 局部治疗

　　(1) 疖:早期未化脓者可局部外敷中药金黄散、玉露散或鱼石脂软膏,也可用热敷、红外线或超短波等理疗。疖顶见脓尖或有波动感时用碘伏或碘酊点涂脓尖,或用针头、刀尖将脓栓剔出。对发生于鼻及上唇等"危险三角区"的疖,严禁挤压,以免导致细菌随血流进入海绵窦,引起化脓性海绵状静脉窦炎。脓液流出后,局部湿敷呋喃西林纱条,或涂抹化腐生肌的中药膏,至红肿消退。

　　(2) 痈:病变初期仅有红肿时,可用 50% 硫酸镁湿敷,或金黄散、鱼石脂软膏等外敷,以争取缩小病变范围。已出现多个脓头、表面呈紫褐色或已破溃流脓时,需要及时切开引流。在静脉麻醉下作"+"或"++"形切口切开引流(图 8-3),切口线应超过病变边缘皮肤,清除已化脓和已失活的组织,然后填塞生理盐水、碘伏或凡士林纱条,外加干纱布包扎。

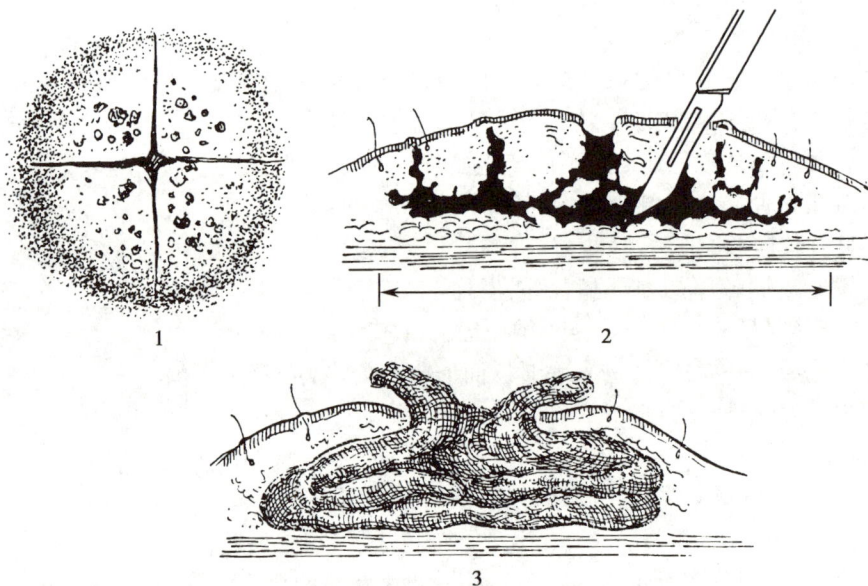

图 8-3　痈的切开引流
1. 十字切口;2. 切口的长度、深度;3. 伤口内填塞纱布条

　　2. 全身治疗　及时使用抗菌药物,可选用青霉素类、头孢类、大环内酯类或喹诺酮类抗生素,以后根据细菌培养及药敏试验结果选用敏感抗生素。必要时应静脉给药。中医应辨证施治,选用清热解毒方剂,以及其他对症药物。有糖尿病者给予适合的降糖药物以降低血糖。

　　【主要护理诊断/问题】

　　1. 体温过高　与细菌感染有关。

　　2. 疼痛　与炎症刺激有关。

　　3. 潜在并发症:颅内化脓性海绵状静脉窦炎、脓毒症等。

【护理措施】

1. 预防感染　保持周围皮肤清洁,避免挤压面部"危险三角区"的疖和痈(上唇疖、鼻疖、唇痈),防止感染扩散;对于脓肿切开引流者,在严格无菌条件下操作,及时更换伤口敷料。

2. 缓解疼痛　对持续疼痛者可适当给予镇痛剂,以保证病人休息和睡眠。

3. 监测体温　高热者可行物理降温或药物降温。注意补充机体所需的液体量和热量,纠正水、电解质和酸碱失衡,并监测24小时出入水量。

4. 切开引流的护理　选择合适的引流方法,避免脓液残留。对于痈切开引流,一般术后24小时改用呋喃西林纱布湿敷创面,以后每日更换敷料,待炎症控制后,可用生肌散涂于伤口内,促使肉芽组织生长。

【健康教育】

注意个人卫生,保持皮肤清洁,炎热环境要勤洗澡,及时更换衣服;嘱病人切勿挤压危险三角区的疖、痈,以免引起颅内感染;对免疫力差的老年人及婴幼儿应加强营养,增强抵抗力。

二、急性蜂窝织炎

急性蜂窝织炎(acute cellulitis)是发生于皮下、筋膜下、肌间隙或深部蜂窝组织的急性弥漫性化脓性感染。致病菌主要为溶血性链球菌,其次为金黄色葡萄球菌、大肠埃希菌等。

【病因和病理】

本病是由于皮肤、黏膜受损或有其他病变使皮下疏松结缔组织发生感染引起。由于溶血性链球菌感染后可释放毒性较强的溶血素、链激酶、透明质酸酶等,炎症不易局限,与正常组织分界不清、易扩散,可迅速引起广泛的皮下组织炎症、渗出、水肿,进一步可导致全身炎症反应综合征(SRIS)和内毒素血症,但血培养常为阴性。若由金黄色葡萄球菌引起的感染,则因细菌产生的凝固酶作用使炎症较为局限。

【临床表现】

1. 病变表浅者　初起时局部明显红、肿、热、痛,指压可稍退色;随之炎症向四周迅速扩散不易局限,肿胀更加明显,疼痛更为剧烈,并出现大小不同的水疱。病变区与正常皮肤无明显界限,病变中央常因缺血而发生坏死。

2. 深部感染者　局部皮肤表现多不明显,可有局部水肿和深部压痛,多伴有寒战、发热、疼痛、全身无力和白细胞计数增高等全身症状,严重者有明显的脓毒症。

由于致病菌的种类与毒性、病人的状况、感染原因和部位不同,可有以下几种特殊类型。

(1) 产气性皮下蜂窝织炎:致病菌以厌氧菌为主。多发生在会阴部或下腹部,常因皮肤受损处严重污染而发生。病变主要局限于皮下结缔组织,不侵犯肌层。早期表现类似一般性蜂窝织炎,但病变进展快,局部可触及皮下捻发感,蜂窝组织和筋膜出现坏死,且伴进行性皮肤坏死,脓液恶臭,全身症状严重。

(2) 新生儿皮下坏疽:多发生在背部、臀部等经常受压的部位。初起时皮肤发红,触之稍硬,随后病变范围扩大,中心部分变暗变软,皮肤与皮下组织分离,可有皮肤漂浮感或波动感,甚至皮肤坏死,呈灰褐色或黑色,可破溃流脓。患儿出现发热、拒奶、哭闹不安或嗜睡等症状。

(3) 口底、颌下蜂窝织炎:多见于小儿,感染起自口腔或面部。除红、肿、热、痛等局部症状和高热、乏力、精神萎靡等全身症状外,还可发生喉头水肿和气管受压,引起呼吸困难,甚至窒息。

【治疗原则】

1. 局部治疗 早期急性蜂窝织炎,可用50%硫酸镁湿敷,或金黄散、鱼石脂软膏等中药外敷,促进炎症消散。若已形成脓肿应切开引流;发生于颌下、口底部的急性蜂窝织炎,应及早切开减压,以防止喉头水肿、压迫气管;对产气性皮下蜂窝织炎,用3%过氧化氢溶液冲洗和湿敷伤口;对其他各型皮下蜂窝织炎,可在病变处做多个小切口,用浸有药液的湿纱条引流。

2. 全身治疗 一般先用青霉素或头孢菌素类抗生素,合并有厌氧菌感染时加用甲硝唑。根据临床疗效、细菌培养和药敏试验结果调整用药。

【主要护理诊断/问题】

1. 体温过高 与细菌感染有关。

2. 疼痛 与炎症刺激有关。

3. 组织完整性受损 与感染扩散及组织坏死有关。

4. 皮肤完整性受损 与感染扩散等有关。

5. 潜在并发症:呼吸困难或窒息、脓毒症等。

【护理措施】

1. 观察病情 注意观察病人的局部和全身炎症反应。高热时可行物理降温;发生于颌下、口底、颈部的急性蜂窝织炎可影响病人呼吸,应注意观察有无呼吸急促、呼吸困难,甚至窒息,警惕发生喉头水肿,做好气管插管等急救准备。

2. 换药护理 脓肿切开引流后,伤口需定时换药。对产气性皮下蜂窝织炎,伤口应以3%过氧化氢液冲洗。

3. 加强营养 鼓励病人摄入高蛋白、高热量、富含维生素的饮食,多饮水,以增加机体的代谢,促进毒素的排泄。进食困难者输液维持营养和体液平衡。

4. 其他 参见本节疖与痈的护理措施。

【健康教育】

重视皮肤日常清洁卫生,防止损伤,受伤后及早医治。对于老年人和婴幼儿应加强抗感染护理。

三、急性淋巴管炎和淋巴结炎

急性淋巴管炎(acute lymphangitis)是指致病菌经破损的皮肤、黏膜,或其他感染灶侵入淋巴管,引起淋巴管及其周围组织的急性炎症。浅部急性淋巴管炎发生在皮下结缔组织层内,沿集合淋巴管蔓延,很少发生局部组织坏死或化脓。急性淋巴管炎波及所属淋巴结时,即为急性淋巴结炎(acute lymphadenitis)。浅部急性淋巴结炎好发于颈部、腋窝和腹股沟,也可见于肘内侧或腘窝等处。致病菌主要有乙型溶血性链球菌、金黄色葡萄球菌等。浅部急性淋巴结炎可化脓形成脓肿。

【病因和病理】

致病菌可来源于口咽部炎症、足癣、皮肤损伤以及各种皮肤、皮下化脓性感染灶。淋巴管炎可引起管内淋巴回流障碍,并使感染向周围组织扩散。淋巴结炎为急性化脓性感染,病情加重可向周围组织扩散,其毒性代谢产物可引起全身性炎症反应。若大量组织细胞崩解液化,可集聚成为脓肿。

【临床表现】

1. 急性淋巴管炎 分为网状淋巴管炎(丹毒)和管状淋巴管炎。

(1)网状淋巴管炎:又称丹毒(erysipelas),起病急,病人有畏寒、发热、头痛、全身不适等症状。皮肤出现鲜红色片状红疹,略隆起,中间颜色稍淡,周围较深,边界清楚。局部有烧灼样疼痛,红肿区可有水疱,附近淋巴结常肿大、有触痛,感染加重可导致全身性脓毒症。丹毒可复发,下肢丹毒反复发作可引起淋巴水肿,甚至发展成"象皮肿"。

(2) 管状淋巴管炎:分为浅、深 2 种。①皮下浅层急性淋巴管炎:表现为伤口近侧表皮下有一条或多条"红线",质硬有压痛。②皮下深层淋巴管炎:无"红线"表现,但可出现患肢肿胀,有条形压痛区。两种淋巴管炎都可引起畏寒、发热、头痛、乏力、全身不适、食欲减退等全身症状。

2. 急性淋巴结炎　轻者仅有局部淋巴结肿大、触痛,与周围组织分界清楚,多能自愈。重者可有多个淋巴结肿大,可融合形成肿块,疼痛加重,表面皮肤发红发热,并伴有全身症状。淋巴结炎可发展为脓肿,脓肿形成时有波动感,少数可破溃流脓。

【治疗原则】

急性淋巴管炎应着重治疗原发感染病灶。发现皮肤有红线条时,可用 50% 硫酸镁湿敷;如果红线条向近侧延长较快,可在皮肤消毒后用较粗的针头,在红线的几个点垂直刺入皮下,再局部湿敷以控制感染。

急性淋巴结炎未形成脓肿时,应积极治疗如疖、痈、急性蜂窝织炎等原发感染,使淋巴结炎消退。若已形成脓肿,除应用抗菌药物外,还需切开引流。一般可先试行穿刺脓腔,了解脓腔表面组织厚度,然后在局部麻醉下切开引流,注意避免损伤邻近神经血管。

【主要护理诊断 / 问题】

1. 体温过高　与细菌感染有关。

2. 疼痛　与炎症刺激有关。

3. 潜在并发症:脓毒症等。

【护理措施】

1. 预防医院内感染　病室应通风良好,空气清新;病人的床单、被罩、枕套、病服要经常更换,以保持清洁。丹毒具有传染性,应予以接触隔离,在接触丹毒病人或换药后,应当洗手消毒;病人的换药用具使用后,用 0.2% 过氧乙酸浸泡 30 分钟后,再清洗消毒;换下的敷料进行焚烧处理,防止医源性传染。

2. 积极治疗原发病　如有原发感染如扁桃体炎、手足癣、疖、痈、急性蜂窝织炎等,应积极治疗原发感染灶,以免转变为淋巴结的慢性炎症而迁延难愈。

3. 其他　参见本节疖与痈的护理措施。

【健康教育】

保持皮肤清洁,常沐浴,勤更衣;注意生产安全,组织损伤后应及时就诊处理伤口;指导病人局部用药及换药,有效处理污染的敷料,预防感染;积极治疗其他疾病,如足癣、糖尿病、免疫功能低下及营养不良性疾病。

第三节　手部急性化脓性感染病人的护理

案例分析

王先生,52 岁,环卫工人,4 天前不慎刺伤示指末节指腹,当时仅有少量出血,为予以处理。前一日发现手指明显肿胀、皮肤苍白,自感搏动性跳痛,病人彻夜难眠,并出现寒战、高热。

体格检查:T 38.3℃,P 84 次 /min,R 18 次 /min,BP 128/85mmHg;左手示指指节明显肿胀,有压痛,手指皮肤发红、温度升高,示指呈半屈位,被动屈曲疼痛加重,大鱼际肿胀,压痛,拇指对掌疼痛。

辅助检查:血常规 WBC $11.5×10^9$/L,N 83.4%,RBC $41.6×10^{12}$/L,Hb 117g/L。

请问:

1. 该病人可能的医疗诊断是什么?
2. 若该病人突感疼痛减轻,皮色由红转白,提示什么?
3. 对该病人应采取的护理措施有哪些?

临床上常见的手部急性化脓性感染有甲沟炎(paronychia)、脓性指头炎(felon)、化脓性腱鞘炎、滑囊炎和手掌深部间隙感染。致病菌主要是金黄色葡萄球菌,大多由针刺、剪指甲过深、逆拔倒刺等轻微外伤引起。严重的手部急性化脓性感染会影响手功能,甚至致残,因此及时处理手部损伤非常重要。

由于手部解剖结构的特殊性,其感染具有以下临床病理特点:①手背皮肤薄而松弛,手掌皮肤厚而坚韧,因此,掌侧皮下脓肿很难向掌面破溃,而是通过淋巴管或直接反流到手背,易误诊为手背感染。②手的掌面皮下组织在大鱼际与小鱼际处比较疏松,而掌心部的皮下组织则甚为致密,并且有许多垂直的纤维束将皮肤与掌腱膜紧密相连,把皮下组织分隔成许多坚韧密闭的小腔隙。当掌心发生感染时,炎症不易向周围扩散,而向手掌深部组织蔓延,导致腱鞘炎、滑囊炎和手掌深部间隙感染(图 8-4)。③手部的腱鞘、滑囊与筋膜间隙相互沟通,发生感染后常蔓延至全手,甚至累及前臂。④手指末节皮肤与指骨骨膜间存在许多纵行纤维束,将皮下组织分隔成多个致密小腔隙,发生感染后组织内张力较高,压迫神经末梢而导致剧烈疼痛,并可压迫末节手指滋养血管而造成指骨缺血、坏死和骨髓炎。⑤肌腱与腱鞘感染后导致病变部位的缩窄或瘢痕,手部运动和感觉等功能将受到严重影响。

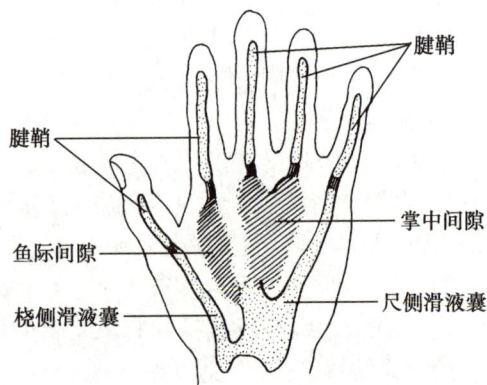

图 8-4 手掌侧的腱鞘、滑液囊和深间隙

一、甲沟炎和脓性指头炎

甲沟炎是甲沟及其周围组织的感染。脓性指头炎是指手指末节掌面皮下的急性化脓性感染。

【病因】

甲沟炎多因微小刺伤、挫伤、拔倒刺或剪指甲过深等损伤而引起。脓性指头炎多因手指末节皮肤、指尖刺伤或甲沟炎加重引起。

【临床表现】

1. 甲沟炎 发病初期指甲一侧的皮下组织红肿,并有轻微疼痛,有的可自行消失,有的感染可蔓延到甲根部的皮下和对侧甲沟,形成半环形脓肿。如不切开引流,脓肿向下蔓延可形成甲下脓肿,在指甲下可见到黄白色脓液,使该部指甲与甲床分离,继续向深层蔓延会导致指头炎或慢性甲沟炎。甲沟炎多无全身症状。

2. 脓性指头炎 起初指尖有针刺样疼痛,继而组织肿胀,压力增高,疼痛剧烈。当指动脉受压,疼痛转为搏动性跳痛,患肢下垂时加重。剧痛常使病人烦躁,彻夜不眠。多伴有发热、白细胞升高等全身症状。感染进一步加重时,指头疼痛反而减轻,皮色由红转白,反映局部组织趋于坏死;化脓指头皮肤破溃,溢脓后,用一般的换药法难以使其好转,多因末节指骨坏死或有骨髓炎,使创口经久不愈,直至死骨脱出方能愈合。

【治疗原则】

1. 甲沟炎 感染初期局部热敷或超短波、红外线理疗,亦可用金黄散等外敷,并口服抗生素。已形成脓肿时,应行手术处理,在甲沟旁纵行切开引流(图 8-5)。甲下脓肿或甲根脓肿则需要拔除指甲,或将脓腔上的指甲剪去,以利脓液充分引流。

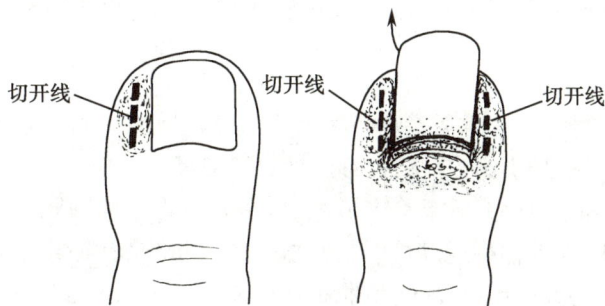

图 8-5 甲沟炎及切开引流

2. 脓性指头炎 初期应将前臂悬吊,平置患手,避免疼痛加剧;给予抗菌药物,外敷中西药。一旦出现指头剧烈跳痛、明显肿胀,应及时切开减压引流,不能等待波动出现后才手术,以免引起指骨坏死和骨髓炎。一般采用指神经阻滞麻醉,在末节指侧面作纵切口,远端不超过甲沟的 1/2,近端不应超过指节横纹,分离切断皮下纤维条索,通畅引流;脓腔较大则宜作对口引流,有死骨片应除去;不宜做"鱼口形"切口,以免术后瘢痕影响手指功能。(图 8-6)。

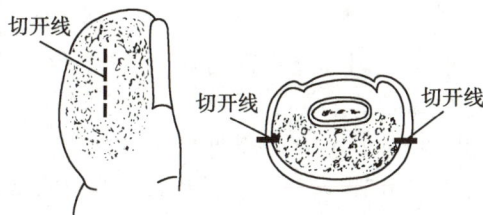

图 8-6 脓性指头炎及切开线

【主要护理诊断/问题】

1. 疼痛 与化脓性感染,脓腔内压力升高有关。
2. 体温过高 与细菌感染有关。
3. 潜在并发症:指骨坏死等。

【护理措施】

1. 缓解疼痛 患肢抬高、制动,有利于改善局部血液循环,促进静脉和淋巴回流,减轻炎症充血、水肿,缓解疼痛;创面换药动作轻柔,减少刺激,必要时遵医嘱给予镇痛剂;在炎症进展期,疼痛反而减轻者,应警惕腱鞘组织坏死或感染扩散。

2. 控制感染 根据细菌培养、药敏试验结果及创面变化,选用抗生素,并及时调整用药。脓肿切开者应保持引流通畅,观察引流物的量、色及性状等,敷料渗湿应及时更换。

3. 维持正常体温 密切观察病人生命体征变化,高热时给予物理或药物降温。保证休息和睡眠,多饮水,加强营养,增强病人抵抗力。

【健康教育】

炎症消退或切开引流 1 周左右,指导病人进行手部功能锻炼,以防肌肉萎缩、肌腱黏连等手功能失用性改变,促进手功能尽早恢复;保持手部清洁,加强劳动保护,预防手部外伤。

二、急性化脓性腱鞘炎、滑囊炎和手掌深部间隙感染

急性化脓性腱鞘炎、滑囊炎和手掌深部间隙感染均为手掌深部化脓性感染,致病菌多为金黄色葡萄球菌。

【病因】

1. 急性化脓性腱鞘炎、滑囊炎　手的屈指腱鞘炎多为局部刺伤后继发细菌感染,也可由掌部感染蔓延而来,手伸指腱鞘感染少见。拇指、小指的腱鞘炎可蔓延到桡侧、尺侧滑囊,示指、中指与环指的腱鞘感染一般局限于各自腱鞘,但可扩散至手深部间隙。

2. 急性手掌深部间隙细菌感染　可以由腱鞘炎感染蔓延而引起,也可因直接刺伤而引起。

【临床表现】

1. 急性化脓性腱鞘炎、滑囊炎　病情发展迅速,24小时即可出现明显的局部和全身症状,患指疼痛剧烈,伴发热、头痛、脉快、白细胞计数增加等。

(1) 急性化脓性腱鞘炎:①患指除末节外,呈明显的均匀性肿胀,皮肤极度紧张。②患指关节仅能轻度弯曲,被动伸指运动可引起剧烈疼痛,一般置于腱鞘松弛位置,以减轻疼痛。③如腱鞘感染不及时切开引流减压,可致肌腱缺血坏死。④感染也可蔓延至手掌深部间隙,甚至经滑囊到腕部和前臂。

(2) 滑囊炎:由于拇指与小指腱鞘分别与桡、尺侧滑囊相通,因此,此两处化脓性腱鞘炎可迅速发展为桡、尺侧化脓性滑囊炎。尺侧滑囊炎:①小鱼际和小指腱鞘区肿胀、压痛。②小指和环指呈半屈曲状,被动伸直时可引起剧痛。桡侧滑囊炎:①大鱼际和拇指腱鞘区肿胀、压痛。②拇指肿胀、微屈、不能外展和伸直。

2. 急性手掌深部间隙细菌性感染　包括掌中间隙感染和鱼际间隙感染。①掌中间隙感染时手掌正常凹陷消失,呈肿胀、隆起,皮肤紧张、发白,压痛明显,手背部水肿;中指、环指和小指呈半屈位,被动伸指可引起剧痛。②鱼际间隙感染可见掌心凹陷仍在,鱼际和拇指指蹼明显肿胀,示指半屈,拇指外展略屈,活动受限不能做对掌运动。全身症状有发热、头痛、脉快、白细胞计数增加等。

【治疗原则】

1. 急性化脓性腱鞘炎、滑囊炎　积极使用抗生素,感染早期外敷金黄散、理疗,平放患肢前臂和手;感染严重时,需切开减压引流(图8-7)。

2. 急性手掌深部间隙感染　使用大剂量抗生素静脉滴注,其他处理同急性化脓性腱鞘炎,如无好转应及早切开引流(图8-7)。手的掌面皮肤表皮层厚韧,掌面的皮下感染化脓后可穿透真皮在表皮角化层形成"哑铃状"脓肿,治疗时仅切开表皮难以达到充分引流。

【主要护理诊断/问题】

参见本节甲沟炎和脓性指头炎的主要护理诊断/问题。

【护理措施】

1. 观察和预防指骨坏死　密切观察患指的局部症状。注意有无指头皮色由红转白、剧烈疼痛突然减轻等指骨坏死的征象。对经久不愈的创面,应警惕骨髓炎的发生。

2. 其他　参见本节甲沟炎和脓性指头炎的护理措施。

【健康教育】

指导病人保持手部皮肤清洁,剪指甲不宜过短,加强劳动保护,预防手部损伤;注意生产、生活中的操作安全,对于手部轻微损伤要予以重视并及时处理,伤后应用碘伏消毒,无菌

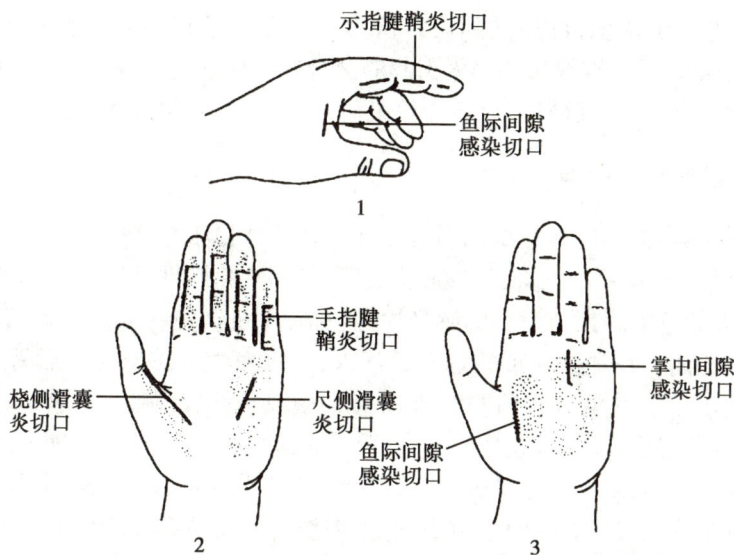

图 8-7　手指屈肌腱鞘炎、滑囊炎、掌深间隙感染的手术切口
1.示指掌侧腱鞘炎与鱼际间隙感染的切开线;2.手指腱鞘炎与桡、尺侧滑囊炎的切开线;3.掌深间隙感染的切口

纱布包扎,以防发生感染;手部脓肿切开引流术后,应注意早期功能锻炼。

第四节　全身性感染病人的护理

案例分析

　　李女士,61 岁,退休工人。因右足跟注射泼尼松龙 6 日,出现肿胀、疼痛、发热 2 日,前来就诊。6 日前,病人因右足跟疼痛在私人诊所接受泼尼松龙加利多卡因封闭治疗,4 日前出现注射侧足底肿胀、疼痛,伴发热(T 38.5℃)、头痛、头晕、恶心、全身不适、食欲减退等症状。遂又到该私人诊所就诊,给予静脉输注抗生素治疗,病情仍不见好转。现到正规医院治疗。

　　体格检查:T 39.6℃,P 105 次/min,R 22 次/min,BP 124/80mmHg。病人精神萎靡,右足掌面严重肿胀、皮温升高、张力较大、压痛明显。腹股沟可触及多个肿大淋巴结,有触痛。

　　实验室检查:血白细胞 14×10^9/L,中性粒细胞占 85%,血红蛋白 110g/L,血糖 13.6mmol/L。B 超检查显示右足掌深部脓肿形成。

　　请问:

　　1. 如何判断病人病情?

　　2. 病人可能的发病原因是什么?对你的启发是什么?

　　3. 目前的治疗原则是什么?主要的护理问题及护理措施有哪些?

　　全身性感染(systemic infection)是指致病菌侵入人体血液循环,并在体内生长繁殖或产生毒素而引起的严重的全身性感染中毒症状。随着分子生物学的发展,对感染病理生理机制有了进一步认识,目前国际通常认为全身性感染包括脓毒症(sepsis)和菌血症(bacteremia)。脓毒症是指因致病菌因素引起的全身性炎症反应,体温、循环、呼吸、神志有明显的改变者。细菌侵入血液循环,血培养检出病原菌者,称为菌血症,病人常有明显的感染症状。

【病因】

全身性外科感染常继发于严重创伤后的感染和各种化脓性感染,如大面积烧伤创面感染、开放性骨折合并感染、急性弥漫性腹膜炎、急性梗阻性化脓性胆管炎、绞窄性肠梗阻等。

全身性感染的危险因素及潜在的感染途径包括:①机体免疫力低下者,如糖尿病、尿毒症、长期或大量应用糖皮质激素或抗癌药的病人,一旦发生化脓性感染后易导致全身性感染。②持续应用广谱抗生素导致菌群失调,非致病菌或条件致病菌大量繁殖,转为致病菌引发感染。③静脉留置导管,尤其是中心静脉置管,护理不慎或留置时间过长,很容易成为病原菌直接侵入血液的途径。④局部病灶处理不当,脓肿未及时引流或清创不彻底,伤口存留异物、死腔或引流不畅等。⑤肠源性感染,严重创伤病人肠黏膜屏障功能受损或衰竭时,肠内致病菌和内毒素可经肠道易位而导致肠源性感染。

常见致病菌:①革兰阴性菌,如大肠埃希菌,铜绿假单胞菌、变形杆菌、克雷伯菌、肠杆菌等;②革兰阳性菌,如金黄色葡萄球菌、表皮葡萄球菌、溶血性链球菌、肠球菌等;③无芽胞厌氧菌,如脆弱拟杆菌、梭状杆菌、厌氧葡萄球菌、厌氧链球菌等;④真菌,如白色念珠菌、曲霉菌、毛霉菌、新型隐球菌等。

【临床表现】

全身性感染的表现包括原发感染病灶、器官灌注不足和全身炎症反应3个方面。其共性的表现主要为:①起病急,骤起寒战,继之高热,体温可高达40~41℃,年老体弱者可体温不升。②头痛、头晕、恶心、呕吐、腹胀、腹泻、面色苍白或潮红、出冷汗、神志淡漠、烦躁、谵妄,甚至昏迷。③脉搏细速、心跳加快、呼吸急促。④严重者肝、脾大,甚至发生感染性休克,如感染未能控制,可发展为多器官功能不全或衰竭。

【治疗原则】

1. 处理感染灶　及时、彻底地处理原发感染病灶,包括清除坏死组织和异物,脓肿引流,消灭死腔,解除血循环障碍及梗阻等。

2. 应用抗生素　抗生素的使用应及早、联合、足量。根据感染灶性质、细菌培养及药敏试验结果,选择抗生素。对真菌性脓毒症,应停用广谱抗生素,或改用窄谱抗生素,并全身应用抗真菌药。

3. 全身支持疗法　补充血容量,纠正水、电解质和酸碱平衡失调;必要时采取输注新鲜血液、血浆,纠正低蛋白血症,给予营养丰富易消化饮食或行肠内、肠外营养等对症治疗措施。

【辅助检查】

1. 实验室检查

(1) 血常规检查:白细胞计数明显升高或降低,中性粒细胞核左移、幼稚型粒细胞增多,出现中毒颗粒。大多数病人有贫血征象,且呈进行性加重。

(2) 尿液常规检查:可见蛋白、血细胞、酮体和管型等。

(3) 生化检查:可有不同程度的酸中毒、代谢紊乱和肝肾功能受损征象。

(4) 细菌学检查:病人寒战、发热时采血进行细菌培养,较易发现致病菌。

2. 影像学检查　X线、超声、CT等检查有助于对原发感染灶的情况作出判断。

【主要护理诊断/问题】

1. 体温过高　与致病菌毒素吸收有关。

2. 营养失调:低于机体需要量　与机体代谢量升高有关。

3. 潜在并发症:感染性休克、水电解质酸碱失衡、多器官功能障碍等。

【护理措施】

1. 密切观察病情　严重脓毒症病人易发生感染性休克、多器官功能障碍或衰竭,应进行重症监护。监测生命体征、血氧饱和度以及心电图的变化,并评估病人意识、记录 24 小时出入量等;定期进行分泌物、血液细菌培养及药敏试验,以指导抗生素的使用;血培养应在病人用药前,高热、寒战时抽血,提高阳性检出率;厌氧菌培养,应先排尽空针内的空气,抽取血标本后应与空气隔绝并及时送检。还应观察有无因长期大量使用抗生素而引起的二重感染。

2. 控制感染　有感染性休克时应首先纠正休克,按休克护理常规进行护理;积极配合医生处理原发病灶。静脉导管感染时,首要措施是拔出导管;遵医嘱应用抗生素;多种药物联合应用时,应注意配伍禁忌,用药期间注意观察药效和不良反应。

3. 加强支持疗法　遵医嘱积极补充血容量,纠正水、电解质和酸碱平衡失调;给予高蛋白、高维生素、高热量、易消化饮食,鼓励病人多饮水;对进食不足或无法进食者,可给予肠内或肠外营养;有贫血、低蛋白血症或全身消耗性疾病者,应输入新鲜血液、血浆或免疫球蛋白等,增加机体抗感染能力,促进康复。

4. 对症护理　体温过高者,行物理或药物降温;疼痛者,患处制动并适当给予镇痛剂;乏力者,安置适宜体位,促进舒适与睡眠;意识不清或昏迷者,须设专护,适当使用约束带、床档等保护,防止意外。

5. 切开引流护理　对有脓肿切开引流者,应保持引流通畅;并注意观察切口,及时更换敷料,保持局部清洁干燥。

6. 预防并发症　脓毒症病人生活不能自理,需按时给予口腔护理、皮肤护理,预防坠积性肺炎、压疮等并发症。

7. 心理护理　脓毒症病人常有紧张与焦虑情绪,应多给予体贴与安慰,解释病情,促进病人和亲属配合治疗与护理。

知识链接

抗菌药物治疗性应用的基本原则

1. 尽早确定病原菌　尽早采集标本培养,分离致病菌,并进行抗菌药敏试验。

2. 根据抗菌药物的作用特点及其体内代谢过程选用药物　选择药物时,应考虑药物效应及药代动力学特点要符合临床诊断和细菌学检查。选择疗效高、毒性小、应用方便、价廉易得的药物。

3. 抗菌药物治疗方案应结合病人病情、病原菌种类及抗菌药物特点制定　从给药剂量、途径、次数、疗程等方面制定。

4. 联合用药需要有明确的指征　包括病因未明的严重感染;单一药物不能控制的混合型感染或重症感染;需长期治疗,有易产生耐药性的感染;选用协同或相加抗菌作用的药物,减少用药剂量,降低药物的毒性和不良反应。

5. 抗菌药物的经验治疗　诊断为细菌性感染的病人,在未获知细菌培养及药敏结果前,可根据病人感染部位、基础疾病、发病情况既往抗菌药物用药史及其治疗反应等推测可能的病原体,先给予抗菌药物经验治疗。

【健康教育】

加强营养、锻炼身体,提高机体抵抗力;加强饮食卫生,避免肠源性感染;注意劳动保护,避免损伤,对已有损伤者,要积极采取措施防止感染;有明显感染病灶者,应及时就医,防止感染进一步发展;对于隐匿的病灶应尽早查明并作适当处理。

第五节　特异性感染病人的护理

一、破伤风

破伤风(tetanus)是由破伤风梭菌经体表破损处侵入人体,并生长繁殖、产生毒素,所引起的一种以肌肉强直性收缩和阵发性痉挛为特征的急性特异性感染。破伤风常与创伤相关联,除了发生在各种创伤后,还可以发生于不洁条件下分娩的产妇和新生儿。

【病因】

破伤风梭菌是专性厌氧、革兰染色阳性菌。破伤风梭菌广泛存在于人畜的肠道,随粪便排出体外,以芽胞状态分布于自然界,尤以土壤中最为常见。此菌可通过伤口或其他皮肤黏膜病损处侵入人体,并在缺氧的环境中生长繁殖而致病。因此,任何开放性损伤均可为破伤风梭菌侵入人体创造机会。较小的损伤如针刺或树枝刺伤,甚至未被察觉的微小伤口,亦有可能使芽胞进入体内。新生儿脐带残端消毒不严格、产褥期感染和不洁的人工流产均可发生破伤风,偶见于胃肠道手术后或摘除留在体内多年的异物后。

引起破伤风必须具备 3 个条件:①破伤风梭菌直接侵入人体伤口内。②人体抵抗力降低。③伤口有厌氧环境,如有窄而深的伤口、局部缺血、组织坏死、异物存留、死腔引流不畅并混合有其他需氧菌感染造成局部缺氧时,破伤风的发病率极高。

【病理生理】

破伤风梭菌的芽胞在缺氧的环境中发育为增殖体,迅速繁殖并产生大量外毒素(包括痉挛毒素和溶血毒素),主要是痉挛毒素导致病人一系列临床症状和体征。痉挛毒素被吸收至脊髓、脑干等处,与联络神经细胞的突触相结合,抑制突触释放抑制性传递介质。运动神经元因失去中枢抑制而兴奋性增强,致使随意肌紧张与痉挛。破伤风毒素还可阻断脊髓对交感神经的抑制,导致交感神经过度兴奋,引起血压升高、心率增快、体温升高、大汗等症状。溶血毒素可引起局部组织坏死和心肌损害。

【临床表现】

1. 潜伏期　一般为 7~8 日,最短 24 小时,最长可达数月。潜伏期越短,病人临床症状愈重,预后也愈差。新生儿破伤风一般在断脐后 7 日左右发生,故俗称"七日风"。

2. 前驱期　以张口不便为特点。病人感觉乏力、头晕、头痛、咀嚼无力、烦躁不安、打哈欠、局部肌肉紧张、酸痛、反射亢进等。

3. 发作期　典型症状是在肌肉紧张性收缩(肌强直、发硬)的基础上,阵发性强烈痉挛。

(1) 肌肉强直性收缩:最先受影响的肌群是咀嚼肌,病人感觉咀嚼不便,张口困难,随后牙关紧闭。病情进一步发展,影响面肌、颈项肌、背腹肌、四肢肌群、膈肌和肋间肌,出现苦笑面容、颈项强直、角弓反张;四肢肌收缩时,肢体可出现屈膝、弯肘、半握拳的姿势;膈肌或肋间肌痉挛时,病人可出现呼吸困难,甚至窒息。膀胱括约肌痉挛时,病人可出现尿潴留。破伤风所致的肌肉痉挛是阵发性的,痉挛停止时,肌肉强直仍存在,这是破伤风的一大临床特征。

（2）阵发性痉挛：在肌肉持续性收缩的基础上，任何刺激如光、声、风、震动或碰触病人身体等都能诱发全身肌群强烈的阵发性痉挛。发作时病人面色发绀、大汗淋漓、口吐白沫、流涎、牙关紧闭、磨牙、头频频后仰、四肢抽搐不止，但意识清楚。每次发作持续数秒或数分钟不等，间歇时间越短，持续时间越长，病情越严重。

（3）并发症：强烈的肌痉挛可使肌肉断裂，甚至骨折；膀胱括约肌痉挛可引起尿潴留；持续的呼吸肌群和膈肌痉挛可导致呼吸骤停，严重者窒息；由于喉头痉挛、呼吸道不畅、支气管分泌物聚积，可并发肺部感染；肌痉挛及大量出汗可导致水、电解质和酸碱平衡失调，严重病人出现心力衰竭。这些并发症是造成病人死亡的重要原因，临床应高度重视、积极防治。

病程一般为 3~4 周，痉挛发作通常在 3 日内达高峰。如积极治疗，未发生特殊并发症者，自第 2 周起发作的程度可逐步减轻，缓解期平均约 1 周。发病期间病人神志始终清楚，表情痛苦。一般体温正常或仅有低热，如有肺部感染时，体温可有升高。

【治疗原则】

破伤风是一种极为严重的疾病，死亡率高，故应采取积极的综合治疗措施，包括清除毒素来源，中和游离毒素，控制和解除痉挛，保持呼吸道通畅和防治并发症。

1. 彻底清创　伤口内存留坏死组织、引流不畅者，应在抗毒血清治疗后，在良好麻醉、控制痉挛下进行彻底清创，清除异物和坏死组织，充分引流，局部用 3% 过氧化氢溶液冲洗。对伤口已愈合者，须仔细检查痂下有无窦道或死腔。

2. 中和游离毒素　注射破伤风抗毒素（TAT）的目的是中和游离毒素，只有在早期有效，若毒素已与神经组织结合，则难以收效。一般用量是 10 000~60 000IU，肌内注射或稀释于 5% 葡萄糖溶液中，缓慢静脉滴入。用药前应作皮内过敏试验。连续应用或加大剂量并无意义，且易导致过敏反应或血清病。注射破伤风人体免疫球蛋白在早期有效，剂量为 3 000~6 000IU，一般只需一次肌内注射。

3. 控制并解除肌痉挛　是治疗的重要环节。作用是使病人镇静，降低其对外界刺激的敏感性，控制或减轻痉挛和痛苦。可交替使用镇静及解痉药。常用药物有：10% 水合氯醛，保留灌肠，每次 20~40ml；苯巴比妥钠肌内注射，每次 0.1~0.2g；或地西泮 10~20mg 肌内注射或静脉滴注，一般每日一次。病情较重者，可用冬眠 1 号合剂（由氯丙嗪、异丙嗪各 50ml，哌替啶 100ml 加入 5% 葡萄糖 250ml 配成）静脉缓慢滴入，低血容量时忌用。痉挛发作严重者，可用 2.5% 的硫喷妥钠，每次 0.25~0.5g 缓慢静注，但需警惕喉头痉挛和呼吸抑制的发生。

4. 防治并发症　主要有呼吸道并发症，如窒息、肺不张、肺部感染；防止发作时坠床、骨折、舌咬伤等。对频繁抽搐、药物不易控制的严重病人，应尽早进行气管切开。严格无菌操作，防止交叉感染。

5. 维持体液平衡及营养　调节水、电解质及酸碱平衡，必要时给予肠外营养支持。

知识链接

人工免疫

人工免疫包括主动免疫和被动免疫。

1. 主动免疫　注射破伤风类毒素抗原，使人体产生抗体以达到免疫的目的。

2. 被动免疫　对伤前未接受主动免疫者，尽早皮下注射破伤风抗毒素（TAT）1 500~3 000U 或人体破伤风免疫球蛋白。因为破伤风的发病有潜伏期，尽早注射 TAT 有预防作用，但其作用短暂，有效期为 10 日左右，因此，对深部创伤、有潜在厌氧菌感染者，可在 1 周后追加注射 1 次。TAT 易致过敏反应，注射前必须做过敏试验，阳性者按脱敏法注射。每次注射后需观察有无面色苍白、皮疹、皮肤瘙痒、打喷嚏、关节疼痛和血压下降等症状；一旦发生，立即停止注射，同时皮下注射肾上腺素 1mg 或肌内注射麻黄碱 50mg（成人剂量）。目前最佳的被动免疫是肌内注射 250~500 破伤风免疫球蛋白（TIG），一次注射后在人体可存留 4~5 周，免疫效能强于破伤风抗毒素约 10 倍。人体破伤风免疫球蛋白是由人体血浆中免疫球蛋白提纯而成，因无血清反应，故不需做过敏试验，早期应用有效。

【主要护理诊断 / 问题】

1. 清理呼吸道无效　与喉头、呼吸肌痉挛有关。
2. 有窒息的危险　与呼吸肌痉挛、痰液堵塞气道等有关。
3. 有受伤的危险　与剧烈抽搐造成肌肉撕裂或骨折等有关。
4. 有体液不足的危险　与肌痉挛消耗、大量出汗有关。
5. 潜在并发症：肺部感染、肺不张、尿潴留、心力衰竭等。

【护理措施】

1. 严格消毒隔离　病人住隔离病房，谢绝探视，室温 15~20℃，湿度 60% 左右；护士接触病人时应穿隔离衣、戴帽子、口罩和手套等，身体有伤口者不可参与护理；使用后的器械用 1% 过氧乙酸溶液浸泡 30 分钟，冲洗后再高压蒸汽灭菌；病房空气、地面、用物和排泄物应消毒，更换的敷料应予焚烧，防止交叉感染。

2. 良好的休养环境　①病室门窗应有帘，避免强光刺激。②保持安静，说话、走路、操作、关门要轻。③诊疗与护理工作尽量集中安排，最好安排于使用镇痛剂后，减少对病人的刺激。④重症破伤风病人应专人护理，随时采取措施排除尿潴留、伤口疼痛、呼吸道分泌物增多等诱发痉挛的因素。

3. 伤口护理　协助医生施行清创术。用 3% 过氧化氢或 1∶5 000 高锰酸钾溶液冲洗和湿敷伤口，伤口敞开，保持引流通畅，及时更换敷料，抑制厌氧菌生长繁殖及其他细菌感染。

4. 遵医嘱用药　①及时、准确使用 TAT、破伤风人体免疫球蛋白，TAT 用前须作过敏试验，以防发生过敏性休克。②病情轻者用地西泮、苯巴比妥钠和水合氯醛，病情重者用冬眠药物，以解痉与镇静。③应用有效的抗生素，如大剂量青霉素和甲硝唑以抗感染。

5. 保持呼吸道通畅　①应经常鼓励、协助病人咳痰，备好气管切开包及氧气吸入设备，必要时可用吸痰器，但应注意减少吸引管的噪声刺激。②对于痉挛发作频繁、持续时间长、抽搐时有发绀现象且分泌物不易咳出者，应及早作气管切开，以便改善通气，清除呼吸道分泌物，并按气管切开护理常规进行护理。③对抽搐频繁者，不能从口进食，以防误吸。

6. 营养支持和维持体液平衡　能进食者，给予高热量、高蛋白、高维生素、易消化的饮食，不能进食者行鼻饲或肠外营养；遵医嘱行静脉输液，维持水、电解质和酸碱平衡。

7. 加强基础护理　严密观察病情，监测生命体征、意识，记录 24 小时出入量；病人生活多不能自理，应加强口腔、皮肤及留置导尿管等护理；使用带护栏的病床，拉上床栏防止坠床，必要时使用约束带；在关节部位放置软垫保护，防止肌腱断裂或骨折；使用合适的牙垫，防止舌咬伤。

8. 心理护理　观察心理反应，体现对病人的理解、关怀与尊重，及时传达病情好转信息，减轻恐惧、焦虑情绪，促进康复。

【健康教育】

1. 加强宣传教育　加强劳动保护，避免受伤。

2. 及时就医　下列情况应及时到医院就诊,注射破伤风抗毒素:①凡有破损的伤口,如锈钉或木刺刺伤的较深伤口。②伤口虽浅,但污染了人畜粪便。③医院外的急产或流产,未经消毒处理者。④陈旧性异物摘除术前。

3. 加强预防　破伤风重在预防,创伤后早期、彻底清创,改善局部血循环是预防的关键。因此,创伤后应及时就诊,正确处理伤口,尽早注射破伤风抗毒素或破伤风人体免疫球蛋白。

4. 提倡新法接生　预防新生儿破伤风。

二、气性坏疽

气性坏疽(gas gangrene)属厌氧菌感染的一种,即梭状芽胞杆菌所引起的一种以肌坏死或肌炎为特征的急性特异性感染,发展快,预后差。

【病因】

致病菌为革兰阳性的厌氧梭状芽胞杆菌,引起气性坏疽的主要有产气荚膜杆菌、水肿杆菌等。这类细菌在人畜粪便与周围环境中(特别是泥土中)广泛存在。故伤后污染此菌的机会很多,但发生感染者不多。人体是否发病取决于抵抗力的强弱和伤口缺氧与否,如果人体抵抗力低下,同时存在开放性骨折伴有血管损伤,挤压伤伴有深部肌肉损伤、上止血带时间过长或石膏包扎过紧,邻近肛周、会阴部位的严重创伤,则继发此类感染的几率较高。

【病理生理】

梭状芽胞杆菌可产生多种有害于人体的外毒素与酶。有的酶是通过脱氮、脱氨、发酵的作用而产生大量不溶性气体积聚在组织间;有的酶能溶解组织蛋白,使组织细胞坏死、渗出、产生恶性水肿。由于气、水夹杂,急剧膨胀,皮肤表面可变得硬如“木板样”,筋膜下张力急剧增加,压迫微血管导致循环不畅,进一步加重组织的缺血、缺氧与失活,更有利于细菌繁殖生长,形成恶性循环。这类细菌还可产生卵磷脂酶、透明质酸酶等,使细菌易于穿透组织间隙,快速扩散。病变一旦开始,可沿肌束或肌群向上、下扩展,肌肉外观如熟肉,呈砖红色,失去弹性。

【临床表现】

1. 局部表现　患肢呈“胀裂样”剧痛,为最早出现的症状,止痛剂不能奏效;因组织分解、液化、腐败和大量产气(硫化氢等),伤口中有大量浆液性或浆液血性渗出物,可渗湿厚层敷料,当移除敷料时有时可见气泡从伤口中冒出。伤口周围皮肤肿胀、苍白、发亮,迅速转为紫红色,继而呈紫黑色,并出现大小不等的水疱。轻压常有气泡从伤口逸出,并有稀薄、恶臭的浆液性或血性液体流出。皮下若有积气,手触可有捻发感。伤口内肌肉坏死,呈暗红或土灰色,刀割时肌纤维不收缩,也无出血。

2. 全身表现　全身症状出现最早为创伤后8~10小时,最迟为5~6日,通常在伤后1~4日。临床特点为病人神志清醒,但软弱无力、表情淡漠或烦躁不安,常可伴有恐惧或欣快感,并出现高热、脉速、呼吸急促、皮肤和口唇苍白、大汗和进行性贫血。晚期病人可出现中毒症状,如溶血性贫血、黄疸、感染性休克、酸中毒和多器官功能衰竭等。全身情况可在12~24小时内全面迅速恶化。

【治疗原则】

一经诊断,需立即开始积极治疗,以挽救病人的生命,减少组织的坏死或截肢率。

1. 彻底清创　应在积极抗休克和防治严重并发症基础上,行清创术,术前准备时间应尽量缩短。深部病变往往超过表面显示的范围,故病变区应作广泛、多处切开,包括伤口周围水肿或皮下气肿区,术中应充分显露探查,彻底清除变色、不收缩、不出血的肌肉。因细菌扩散的范围常超过肉眼病变的范围,所以应整块切除肌肉,包括肌肉的起止点。如感染限于某一筋膜腔,应切除该筋膜腔的肌群。如整个肢体已广泛感染,应果断进行截肢以挽救生命。如感染已部分超过关节平面,其上的筋膜腔应充分敞开,术后用氧化剂冲洗、湿敷,经常更换敷料,必要时还要再次清创。

2. 应用抗生素 静脉滴注大剂量青霉素。常见产气荚膜梭菌对青霉素大多敏感,但需大剂量,每日应在 1 000 万 ~2 000 万 U。大环内酯类(如琥乙红霉素、麦迪霉素等)和硝唑类(如甲硝唑、替硝唑)也有一定疗效。

3. 高压氧治疗 提高组织间的含氧量,抑制梭状芽胞杆菌的生长繁殖,降低伤残率。

知识链接

高压氧治疗

高压氧治疗能有效调节细胞功能和代谢活动,增加酶活性,降低无氧代谢产物,减轻细胞水肿,加快损伤修复,改善功能及抑制体内致病菌生长。高压氧治疗是将病人置身于特制的高压氧舱内,通过向舱内输入高压氧或高压空气,使舱内形成一个高压环境,病人在舱内吸氧治疗,向缺氧机体提供有效、充足的氧,增加组织中的氧储量,可用于多种疾病治疗,尤其对某些临床急症具有良好的疗效,如急性一氧化碳中毒、气性坏疽、破伤风、心肺复苏后的脑功能障碍、急性脑外伤、急性脑血管疾病、急性肺水肿、急性药物中毒、急性减压病、断肢(指、趾)再植术后等。高压氧治疗必须经过加压、稳压、减压三个阶段。入舱前病人应排空大小便,更换纯棉质外衣、拖鞋,严禁携带易燃易爆物品。加压时,鼓膜内陷,嘱病人做咀嚼或吞咽动作。同时舱温上升,适当宽衣。有引流管者要夹闭,防止高压反流。减压时,温度下降注意保暖、开放引流管。工作人员应全程观察病人的反应。

4. 全身支持疗法 包括输血,纠正水、电解质及酸碱平衡失调,营养支持和对症处理等。

【主要护理诊断/问题】

1. 疼痛 与局部组织创伤、炎症刺激及肿胀有关。
2. 体温过高 与细菌感染、坏死组织和毒素吸收有关。
3. 体像紊乱 与失去部分组织、截肢有关。

【护理措施】

1. 消毒隔离、营养支持 参见本节破伤风相关内容。
2. 病情观察 严密观察生命体征、意识、尿量,记录 24 小时出入量;观察患肢疼痛、伤口渗出及周围皮肤颜色、肿胀等情况;注意有无感染性休克的征象,若发现病人有意识障碍、体温降低或升高、脉搏及心率加快、呼吸急促、面色苍白或发绀、尿量减少、血白细胞计数明显升高等表现时,应立即报告医生,积极配合救治。
3. 加强伤口护理 注意观察伤口周围皮肤的色泽、局部肿胀程度和伤口分泌物性质等;对切开或截肢后的敞开伤口,应用 3% 过氧化氢溶液冲洗并湿敷,及时更换伤口敷料;对接受高压氧治疗的病人,需注意观察其氧疗后的伤口变化情况。
4. 疼痛护理 注意观察局部疼痛的性质、程度和特点;对疼痛剧烈者遵医嘱给予麻醉镇痛剂或采用自控镇痛泵;对截肢后出现幻觉疼痛者,应耐心解释,消除其幻觉。

5. 促进自我形象的认可

（1）心理护理：向病人及亲属解释截肢术的必要性、重要性。介绍截肢典型病例，帮助其接受截肢术，鼓励正确看待肢体残障。

（2）适应性训练：指导病人安装和使用义肢，进行截肢后的适应性训练，教会其自我护理的技巧，缓解疼痛，使其逐渐达到生活自理。

6. 加强基础护理　做好口腔护理、皮肤护理、高热护理等。

【健康教育】

加强气性坏疽发病原因和预防知识的普及和宣教；加强劳动保护，避免创伤；伤后及时、正确处理伤口并及时就诊；指导病人进行患肢按摩及功能锻炼，增进患肢功能；指导截肢者正确安装、使用义肢和进行适当的肢体功能训练。

（王丽芹）

复习思考题

1. 请结合无菌观念，思考在护理工作中如何预防外科感染？

2. 浅部软组织化脓性感染具有传染性吗？在护理工作中如何预防？

3. 全身性感染常可继发于哪些疾病？护理过程中应该如何控制感染？

扫一扫，
测一测

◇◇◇ 第九章 ◇◇◇

损伤病人的护理

学习目标

1. 复述创伤的分类,简述创伤的临床表现和急救原则;简述烧伤的临床表现和治疗原则。

2. 解释创伤和烧伤的病理生理。

3. 运用所学知识对烧伤病人进行伤情评估,并实施整体护理。

各种致伤因素作用于机体,引起组织结构破坏或功能障碍统称为损伤(injury)。损伤有广义和狭义之分,广义的损伤由机械、物理、化学、生物等因素引起;狭义的损伤主要由机械性因素引起的,也称创伤。在日常生活中,后者更为多见,常在各种交通事故、工伤事故、自然灾害等环境下导致病人皮肤和软组织的损伤、内脏的破裂、四肢的骨折或脱位等。损伤通常可以分为四类。

1. 机械性损伤 又称创伤(trauma)。常由机械性外力作用于机体后所引起的损伤,为动力作用造成的局部组织损害和功能障碍,如撞击、挤压、牵拉、切割、枪弹伤等,是损伤最为常见的原因。

2. 物理性损伤 由物理性因素如声、光、电、热、磁等作用于机体导致的损伤,主要包括烧伤、冻伤、电击伤、放射性辐伤。

3. 化学性损伤 由强酸、强碱、毒气等因素造成的损伤。

4. 生物性损伤 由动物如毒蛇、狂犬、毒虫等咬、抓、蜇等引起的损伤,除造成机械性损伤外,还可经伤口侵入毒素和致病菌等。

第一节 机械性损伤病人的护理

【病因与分类】

机械性损伤的分类是便于及时对伤员做出正确的伤情判断,以便得到及时有效的救治。分类方法很多,主要有以下几种。

1. 按皮肤完整性分类

(1) 闭合性损伤(closed injury):损伤部位皮肤和黏膜保持完整,无开放性伤口称为闭合性损伤。多由钝性暴力引起,闭合性损伤主要包括以下几种:

1) 挫伤:多为钝器所致,引起浅表软组织损伤,临床上最为常见。局部组织充血、水肿或血肿等。

2) 扭伤:多在关节部位受到强大的牵张力作用而异常扭转,造成关节囊、韧带、肌腱、肌肉等组织的撕裂破坏,局部表现青紫、肿胀和关节活动障碍。

3) 挤压伤:机体大范围的皮下组织或肌肉组织受暴力或长时间挤压后所引起的损伤,压力解除后即可出现广泛的出血、血栓形成、组织坏死和严重的炎症反应。当四肢或躯干肌肉丰富的部位被外部重物长时间挤压,或长期固定体位的自压,解除压迫后出现以肢体肿胀、肌红蛋白尿、高钾血症为特点的急性肾衰,称挤压综合征(crush syndrome)。挤压综合征是挤压伤的严重后果。

4) 震荡伤(冲击伤):爆炸产生的强烈冲击波引起胸腹部内脏器官或鼓膜发生破裂、出血或水肿等,而体表可无明显的伤痕。常为多处伤、多发伤,伤情复杂、发展迅速。

(2) 开放性损伤(opened injury):受伤皮肤或黏膜的完整性遭到破坏,深部组织或器官与外界相通,称开放性损伤。多由锐器引起,常见的开放性损伤有以下几种:

1) 擦伤:粗糙物摩擦表层皮肤,创面有小出血点及少量血浆渗出,创缘不整齐。

2) 刺伤:尖锐器具刺入组织,伤口深而小,有时可伤及深部器官,易发生破伤风。

3) 挫裂伤:钝性暴力冲击皮肤组织造成破裂和污染,伤口创缘多不整齐。

4) 切割伤:常由锐器切割所致,切口整齐,深浅不一,周围组织损伤较少,可伤及血管、神经、肌肉或肌腱等深部组织。

5) 撕脱伤:常由高速机器卷拉、暴力撕拉造成皮肤、皮下组织、肌肉、肌腱等组织的剥脱分离。伤口多不规则,大片创面暴露,出血明显,污染严重。

6) 火器伤:枪弹或弹片等击中人体所致。伤口小,但可致体腔开放,大出血,内脏器官破裂或穿孔、异物滞留等。有入口和出口的称贯通伤,只有入口无出口的为盲管伤。

2. 按受伤部位分类 分为颅脑伤、颌面部伤、颈部伤、胸(背)部伤、腹(腰)部伤、骨盆伤、脊柱脊髓伤、四肢伤等。由单一因素所造成的多部位、多脏器严重损伤,为多发伤,常伴有大出血、休克和严重的功能紊乱,危及生命。同一部位或同一脏器的多处损伤,如小肠的多处穿孔,体表的多处裂伤等,为多处伤。两种以上的致伤因素同时或相继作用于人体所造成的损伤,称复合伤,如烧伤复合机械性损伤等。

3. 按伤情轻重分类 一般分为轻、中等和重伤。轻伤主要是局部软组织伤,无生命危险;中等伤指广泛软组织伤、上下肢开放性骨折、肢体挤压伤、创伤性截肢及一般腹腔器官伤,丧失作业能力和生活能力,需手术治疗,但一般无生命危险;重伤指危及生命或治愈后有严重残疾者。

🔍 知识链接

创 伤 评 分

现代创伤学将相对量化的创伤评分广泛用于临床实践中,进行科学化、计量化管理,在指导快速有效的救治、并发症的预防、预后的判断等方面均有积极的意义。创伤评分是对创伤严重程度、结局与救治质量进行评估,指导创伤病人分类救治的客观手段之一。

创伤评分系统经过30年的发展与完善,目前已形成院前和院内两大创伤评分系统。院前分类指数(prehospital index,PHI),应用收缩压、脉搏、呼吸和意识4个生理指标作为评分参数,是目前院前创伤评分体系中最好的一种定量分类法,国际广泛应用。其他还包括创伤评分法(trauma score,TS)、创伤指数(trauma index,TI)、简明损伤定级(abbreviated injury scale,AIS)格拉斯哥昏迷评分法(Glasgow Coma Scale,GCS)、损伤严重度评分法(injury severity score,ISS)等。创伤病人的损伤严重程度应采用创伤评分进行规范评估。

【病理生理】

1. 局部反应　无论损伤轻重,伤后数小时内由于局部组织断裂、胶原纤维暴露和细胞破坏引起创伤炎症反应,临床上表现为局部的红、肿、热、痛等,伤后 24~48 小时达高峰,3~5 日逐渐消退。局部反应的轻重与致伤因素的种类、作用时间、组织损害程度和性质、污染轻重和是否有异物等有关。创伤性炎症是非特异性防御反应,有利于组织修复,但较广泛或剧烈的创伤性炎症使机体渗出过多,组织严重肿胀,甚至发生血液循环障碍,影响组织修复。

2. 全身反应　是伤后机体的应激性反应,损伤愈严重,全身反应愈显著。

(1) 神经-内分泌系统变化:失血、失液、疼痛等创伤刺激,通过下丘脑-垂体-肾上腺轴和交感神经-肾上腺轴产生大量的儿茶酚胺、肾上腺皮质激素、抗利尿激素、生长激素、胰高血糖素,同时肾素-血管紧张素-醛固酮系统被激活,醛固酮分泌增加等。这些激素对调节和维持重要脏器的灌注和功能起着重要的作用,但其代偿机制具有一定的限度,当损伤严重或救治不及时,即可发生休克和器官功能衰竭。

(2) 代谢变化:由于神经内分泌系统的作用,伤后机体多处于分解代谢的状态,表现为基础代谢率增高,能量消耗增加,引起糖、蛋白质、脂肪分解加速,糖异生增强。伤后病人出现高血糖、高乳酸血症,血游离脂肪酸和酮体增加,尿素氮排出增加,呈现负氮平衡。病人可伴有体重下降、疲乏、反应迟钝,水钠潴留、低钾、低钙血症等表现。

3. 损伤修复和愈合　组织损伤修复过程不一。理想的修复是组织缺损完全由原来性质的细胞修复,并完全恢复原组织的结构和功能,称完全恢复。但心肌、骨骼肌等细胞的再生增殖能力弱,组织损伤不能由原来性质的细胞修复,而是由其他性质的细胞如成纤维细胞增生替代修复,称不完全修复。

(1) 损伤修复过程:大致分为三个既相互区别又相互联系的阶段。

1) 局部炎症反应阶段:在伤后即刻发生,常持续 3~5 日。主要是血管和细胞反应、免疫应答、血液凝固和纤维蛋白溶解以清除损伤坏死组织。伤口先由血凝块填充,后由纤维蛋白填充,起止血和封闭创面的作用。

2) 细胞增殖分化和肉芽组织生成阶段:新生的毛细血管、成纤维细胞和内皮细胞等增殖、分化、迁移,分别合成、分泌胶质等组织基质和形成新生毛细血管,并共同构成肉芽组织。浅表的损伤一般通过上皮细胞的增殖、迁移,达到覆盖创面而修复的作用。但大多数软组织损伤需要通过肉芽组织生成来填充。

3) 组织塑形阶段:主要是胶原纤维交联增加、强度增加;多余的胶原纤维被胶原蛋白酶降解;过度丰富的毛细血管网消退及伤口黏蛋白和水分减少等,最终达到损伤部位结构和功能的改善。

(2) 伤口愈合类型:包括两种类型。

1) 一期愈合:又称原发愈合。组织修复以原来的细胞为主,仅含少量纤维组织,局部无感染、血肿或坏死组织。见于组织缺损少、无感染、创缘整齐,经缝合后创面对合严密的伤口。如手术切口的愈合是典型的一期愈合。

2) 二期愈合:又称瘢痕愈合。以纤维组织修复为主,不同程度地影响结构和功能的恢复,见于组织缺损较大、创缘不整、移位、无法整齐对合,或伴有感染的伤口。这类伤口只有在感染被控制,坏死组织消除后,再生才能开始,形成的瘢痕较大,愈合时间长。

(3) 影响损伤愈合的因素

1) 局部因素:①感染:伤口感染是影响损伤愈合最常见的原因,细菌感染可损害组织细胞和基质,导致化脓性感染并抑制愈合;②异物:存留在伤口内的异物或坏死组织可引起异物反应和局部感染,并使伤缘不能直接对合,影响伤口的愈合;③局部血液循环障碍:如休克、伤口包扎过紧、局部制动不足等,伤后愈合慢;局部血供良好时,可保证再生所需的氧和营养,并吸收坏死物质,利于感染控制,再生修复较为理想。

2) 全身因素:①年龄:青少年组织再生能力强、愈合快;老年人则相反,皮肤萎缩、动脉硬化、蛋白合成障碍等影响愈合;②营养不良:缺乏蛋白质、维生素 C 及铜、锌等微量元素,会使伤口愈合迟缓;③慢性疾病:如糖尿病、结核、肿瘤等;④药物:糖皮质激素的应用会抑制炎症渗出,抑制细胞增生,影响愈合;⑤全身严重并发症:如免疫功能低下或出现多器官功能衰竭等。因此,在处理损伤时,要重视影响损伤愈合的影响因素,促进损伤的早日愈合。

【临床表现】

1. 局部表现

(1) 疼痛:疼痛和压痛最明显处,常是致伤部位,一般在伤后 2~3 日疼痛缓解;如疼痛持续或加重,提示可能继发感染。

(2) 局部肿胀:为局部出血及液体渗出所致,皮肤可发红、青紫、淤斑、血肿等。

(3) 活动或功能障碍:疼痛、肿胀常使病人活动受限,神经、肌肉、骨骼损伤可出现功能障碍。

(4) 伤口和出血:为开放性创伤所共有征象,伤口特征因损伤类型不同而各异,擦伤表浅,刺伤小而深,切割伤创缘整齐,撕裂伤多不规则;出血状况可随受损程度而异,有渗血、涌血、喷血等。

2. 全身表现

(1) 发热:伤口坏死组织分解产物可引起外科吸收热,一般不超过 38.5℃;若并发感染可引起高热;脑损伤可致中枢性高热,体温可达 40℃。

(2) 全身炎症反应综合征(SIRS):严重损伤可使交感神经 - 肾上腺髓质系统兴奋,大量儿茶酚胺及其他炎症介质释放、疼痛、精神紧张和血容量减少等因素,可致体温、心血管、呼吸和血细胞等方面异常。

(3) 其他:病人可有口渴、尿少、疲倦等体液不足的表现。

3. 并发症

(1) 感染:开放性损伤一般均有伤口污染。如果细菌数量较多,免疫功能降低,更易发生感染。闭合性损伤,如果有消化道或呼吸道破裂,也容易发生感染。化脓性感染是损伤后最常见的并发症。

(2) 休克:因严重创伤、失血过多、神经系统受强烈刺激或严重感染等因素,导致有效循环血量减少和微循环障碍,早期可发生低血容量性休克,晚期可出现感染性休克。

(3) 脂肪栓塞综合征:成人长骨骨折,由于骨折处髓腔内血肿张力过大,骨髓被破坏,脂肪滴进入破裂的静脉窦,栓塞肺动脉引起呼吸困难,发绀,严重者猝死。

(4) 应激性溃疡:多见于胃、十二指肠溃疡,呈多发性,发病率较高,有的溃疡面积较大,位置较深,可达肌层甚至浆膜层,引起穿孔或大出血。

(5) 凝血功能障碍:创伤等引起凝血因子消耗,抗凝系统激活,低体温和酸中毒等常引起凝血功能障碍,常表现出血倾向。凝血功能障碍、低体温和酸中毒被称为"死亡三角",是严重创伤死亡的重要原因之一。

(6) 器官功能障碍:严重创伤及继发的低血容量性休克、感染、再灌注损伤、免疫力低下等可诱发多脏器功能障碍。

【辅助检查】

1. 实验室检查　血常规可了解血液的浓缩、失血和感染情况;尿常规可了解泌尿系有无损伤;血生化检查可了解肝肾功能;血电解质检查和动脉血气分析可了解水、电解质及酸碱是否失衡;疑有胰腺损伤时,作血或尿淀粉酶检查。

2. 诊断性穿刺和置管灌洗检查 胸腔、腹腔诊断性穿刺对诊断内脏受损有重要的参考价值。操作简单、安全,可以在急诊室内进行,尤其对伤情重,不便作复杂检查的伤员意义更大。穿刺结果阳性,可快速确诊,如胸腔穿刺可明确有无气胸或血胸,腹腔穿刺可明确有无腹腔实质脏器损伤,心包穿刺可证实心包积液或积血。但有时出现假阴性,需调整穿刺部位,必要时重复穿刺。对穿刺不能明确诊断的,可穿刺后置入导管进行灌洗,再抽取灌洗液做检查。

3. 影像学检查 超声检查可了解胸腹腔实质脏器的损伤,动态超声检查可以发现隐匿性或延迟性脏器损伤;X线摄片可明确是否骨折、气胸、腹腔空腔脏器损伤;CT和MRI常用于颅脑、脊髓、腹腔实质脏器损伤,可进行损伤脏器的定位诊断。

4. 导管术或腔镜检查 胸腔闭式引流、腹腔内留置导管、放置导尿管等,对于胸、腹腔内脏器和尿道、膀胱等损伤有重要帮助。对诊断不明确,又高度怀疑胸、腹腔脏器损伤者,可考虑腔镜检查,不仅可进一步明确诊断,还可以在明确诊断的基础上,进行相应治疗。

【治疗原则】

1. 现场急救 遵循抢救生命第一,保护功能第二的原则。对心搏骤停发生的关键因素进行管控,包括窒息、张力性气胸、心包填塞、低血容量性休克、挤压综合征、颅脑损伤和脑疝等,以减少病死率。急救成功与否时间是关键,急救是否得当,有赖于伤情的评估,能否在短时间内对伤情做出全面、详细而准确的评估。抢救和诊断必须同步进行。常用的急救技术有心肺复苏、止血、包扎、固定和搬运等。

(1) 复苏:包括基本生命支持、进一步生命支持和延续生命支持。当心跳呼吸骤停时,需争分夺秒进行胸前按压和口对口人工呼吸,可用呼吸囊面罩正压通气,如有条件,可行自动体外除颤或电击除颤。严重骨折、多发伤、失血性休克病人死亡的危险因素依次是呼吸障碍、快速大出血及周围循环衰竭等。急救首先恢复和维持有效的通气,包括通畅的气道、充足的潮气量及吸入氧气,其次补充液体及止血,以扩充血容量,预防低血容量性休克,恢复血流动力学稳定。

(2) 通气:伤员呼吸道发生梗阻,可在很短时间内因窒息死亡,故需尽快解除梗阻,保持呼吸道畅通。一般引起呼吸道梗阻的主要原因有头颈部损伤,异物堵塞气道、颅脑损伤昏迷后舌根后坠、呕吐分泌物误吸、吸入性损伤引起喉头气道水肿等。开通气道的方法有仰头抬颌、仰头举颏等手法开通气道,口咽通气道、鼻咽通气道辅助开通气道,以及气管插管或气管切开等,急救时应以最简单、最迅速有效的方式通气。

(3) 止血:现场应急止血包括指压法、包扎法、填塞法、止血带法等。

1) 指压法:指压动脉止血是经体表皮肤指压动脉与邻近骨面上,以阻断血流,达到迅速止血目的。如手指头出血,可指压两侧手指根部;颜面部出血,可指压面动脉或颌动脉,但指压止血只是应急措施,难以持久,需及时改用其他止血方法。

2) 加压包扎法:是控制四肢、体表出血最简便和有效的方法。常用无菌敷料填塞于伤口处,外加纱布垫,再外用绷带或三角巾加压包扎,如肢体大血管出血不易控制,可在包扎肢体的近心端加用止血带。

3) 填塞法:适用于颈部、臀部等部位较大较深的伤口,用无菌纱布等填塞伤口内,如仍止不住血,再用纱布、绷带等包扎。一般3~4日后缓慢取出纱布,过早取出易再出血,过晚可增加感染的危险。

4) 止血带法:能阻断动脉血流,止血效果有效,使用恰当可挽救大出血伤员的生命,使用不当可带来严重并发症,以致肢体坏死,肾衰竭,甚至死亡。①常见的止血带分充气型、卡带式、布条式及旋压式,一般在上臂中上 1/3 处或大腿近腹股沟处用止血带;②止血带捆扎前应在皮肤表面包裹衬垫,松紧度以刚达到远端动脉搏动消失、阻断动脉出血为度;③必须准确记录使用止血带的时间,并在醒目位置做好标记;④持续止血 1 小时,放松 2~3 分钟,且使用时间一般不超过 3 小时,以防止肢体坏死。在松解止血带前,注意做好输液或输血的准备,准备好止血用器材,防止大出血。

(4) 包扎:目的是保护伤口、减少污染、压迫止血、固定骨关节损伤和缓解疼痛。对开放性伤口,用绷带、三角巾包扎,也可就地寻找包扎材料,如衣服或围巾等。其包扎前充分暴露伤口,敷料接触伤口面应尽量相对干净,敷料应超过伤口 5cm 左右,进行包扎时动作轻巧、松紧度适宜,不可影响肢体血液循环。对于骨折断端外露或腹腔内脏脱出,可用保鲜膜或干净器皿保护后再包扎,为防止继发感染,原则上不可回纳。

(5) 固定:合并骨、关节及脊柱损伤的病人,在搬运前需做好临时固定,防止搬运时骨折端移位损伤周围血管、神经和内脏并加重疼痛。开放性伤口一般先包扎伤口,再固定骨折处。夹板固定时长度需超过骨折的远近端 2 个关节,夹板与皮肤之间须有衬垫物,防止软组织受压损伤。固定时指(趾)端应暴露在外面以便于观察末梢血液循环;疑有脊柱骨折须固定于硬板上,颈椎骨折则须用颈托或沙袋固定好颈部两侧,防止头部左右扭转和前屈、后伸;有明显畸形并伴重要血管、神经损伤危险的骨折,可现场适当牵引、拉直患肢后,用木板、木棍或树枝固定患肢。若无可利用的材料,上肢骨折者可将其伤肢暂时固定于胸部,下肢骨折者将伤肢与健肢捆绑固定。

(6) 搬运:在搬运脊柱骨折的伤员时,严禁 1 人抬头 1 人抬足,或用搂抱的方法搬运,以免造成或加重脊髓损伤。应采用 3 人平托法或滚动法将病人移至硬板上。搬运颈椎损伤者应有专人牵引伤员头部,搬运时沿纵轴向上略加牵引力放置硬板上。搬运时用布带固定好病人肩部、臀部等,防止跌落。在转运过程中尽量避免受伤部位负重、受压、扭曲。昏迷伤者需将头转为一侧,以保持呼吸道通畅,并尽快将病人转至附近医院进一步治疗。

2. 全身治疗 院内急救是指病人从进入急诊室到进行急诊手术期间的救治措施。

(1) 确保气道通畅:对有气道阻塞的病人,立即行气管插管或气管切开,建立可靠的气道通路,给予高流量氧气吸入。

(2) 建立静脉通路:及时建立静脉双通路,保证液体和药物进入体内;建立外周静脉通路时,应避开有严重创伤和伤口出血的肢体以避免输入的液体从伤口漏出而无效输液。

(3) 监测血气分析:动脉采血进行血气分析,了解酸碱失衡情况。

(4) 积极抗休克、保护器官功能、加强营养支持、预防继发性感染等支持治疗。

3. 局部治疗 一般软组织闭合性损伤多不需特殊处理;开放性损伤需视伤口情况而定,若为清洁伤口可直接缝合,污染伤口需清创后再缝合,感染伤口一般行引流和换药处理。

(1) 伤口的分类:可分为三种。①清洁伤口:一般指无菌手术的切口,也包括经清创术处理的无明显污染的伤口;②污染伤口:指有细菌污染,但尚未构成感染的伤口,适用于清创术,一般指伤后 8 小时内的伤口;③感染伤口:伤口有脓液、渗出液或坏死组织等,周围皮肤常红肿,适用于换药术。浅表的小伤口,可以酒精或碘伏消毒后,包扎处理。清洁伤口可以直接缝合。开放性伤口早期为污染伤口可清创后直接缝合或延期缝合。开放性伤口后期继发感染,需先引流或换药处理。开放性伤口应及时注射破伤风抗毒素。

(2) 清创术(debridement):是在无菌操作下处理污染伤口的一种方法。是处理开放性损伤最重要、基本、有效的手段。其目的是将污染伤口变成清洁伤口,为组织愈合创造良好条件。清创时间越早越好,应争取在伤后 6~8 小时内施行,若伤口污染严重,4~6 小时即可变为感染伤口,清创有可能促进感染扩散;若伤口污染轻,或局部血液循环丰富,清创缝合时间可延长至伤后12小时或更长。其步骤是:

1) 清洁去污:根据损伤部位和损伤程度选择合适的麻醉方式。无菌敷料覆盖伤口,用肥皂水刷洗伤口周围皮肤,生理盐水冲洗皮肤。去除伤口内敷料,用3%过氧化氢和生理盐水反复冲洗伤口。

2) 清创:伤口周围皮肤常规消毒铺巾,仔细检查伤口,清除血凝块和异物,切除失活组织,修剪创缘皮肤1~2mm,使创缘整齐,彻底止血,随时用生理盐水冲洗伤口。根据伤口情况,必要时扩大切口,行骨折内固定、血管吻合、肌腱缝合、脏器切除等手术。

3) 缝合:对清创彻底的新鲜伤口可按组织层次将伤口缝合,即一期缝合。如仍有少量渗液,可留置引流条或引流管。如伤口污染严重或已超过伤后8~12小时,清创后仍有可能感染者,清创后不予缝合或只缝合深层组织,观察1~2日无感染征象后缝合,即二期缝合。

4) 包扎:有利于保护伤口,减少污染,固定敷料和加压止血。包扎时注意松紧适度,以便观察和固定引流物。

(3) 换药术(dressing exchange):是外科的一项基本操作技术。能动态观察伤口的变化,保持引流通畅,清除伤口分泌物、异物及坏死组织,控制局部感染,使伤口尽快愈合。

1) 换药前准备:①换药环境和时间:换药前半小时内不可铺床及清扫。换药一般在换药室,也可在床边进行。一般不在晨间护理时、病人就餐时、病人睡眠时、亲属探视时及手术人员上手术台之前进行换药。②换药顺序:根据伤口情况安排换药顺序,先换清洁伤口,再换污染伤口,最后换感染伤口。根据伤口情况安排换药次数,清洁伤口一般术后2~3日换药1次;分泌物不多,肉芽组织生长良好的伤口,每日或隔日换药1次;引流伤口渗出较多时应及时换药,保持外层敷料不被分泌物浸湿。③换药者准备:按要求着装,戴好口罩和帽子,操作前须清洗双手。④换药用物准备:换药者先了解病人伤口情况,了解伤口性质和准备伤口敷料,并对病人做好解释沟通工作,取得病人的配合。按伤口情况,准备无菌弯盘1副,内置无菌敷料、消毒棉球、盐水棉球等若干,镊子2把,另备胶布等。

2) 换药步骤:①揭去伤口敷料:外层绷带和敷料用手取下,内层敷料用镊子揭去,撕胶布时动作轻柔,揭敷料的方向与伤口的纵轴平行,如分泌物干结使敷料与创面黏着,可取生理盐水棉球将黏着的敷料浸湿后再轻轻揭除,以免增加病人痛苦和伤口损伤。②处理伤口:双手执镊操作,一把镊子用于传递无菌物品,另一把镊子用于接触伤口。消毒时一般消毒范围稍大于敷料范围,一般伤口由创缘向外消毒,化脓性伤口则由外向创缘消毒。可用生理盐水棉球清洁伤口分泌物,剪除坏死组织和痂皮,视伤口深度和创面情况置入适宜的引流物。③敷料覆盖及固定:消毒周围皮肤后,无菌敷料覆盖伤口,用胶布或绷带固定。如创面渗液多,可加用棉垫包扎。

3) 换药后整理用物:将换下的敷料和一次性用物倒入医用垃圾桶,将金属器械集中送供应室高压灭菌处理。注意特殊感染伤口的敷料如破伤风、铜绿假单胞菌敷料应焚烧,器械须特殊灭菌处理。

【护理评估】

由于致伤原因不同,伤情轻重差异很大。严重损伤病人,尤其是两个以上部位同时或相继发生严重损害的多发性损伤病人,随时有生命危险。

1. 相关健康史

(1) 了解受伤史:向病人或护送人员了解致伤原因,受伤的时间和地点。暴力作用部位、受伤时的体位等。

(2) 了解伤后症状及其演变过程:颅脑损伤,了解有无意识丧失、喷射样呕吐;胸部损伤,了解有无胸闷、呼吸困难;腹部损伤,了解腹痛部位,程度、性质、范围等。伤后经过何种处理及处理时间。

(3)了解伤前情况:了解病人既往健康状况,如有无高血压、糖尿病、血液病等,有无药物过敏史等。

2. 身体状况

(1)症状与体征:整体观察伤员状态,区别伤情轻重。伤情较重者,先急救,在抢救过程中逐步检查。了解病人受伤部位,是否为开放性损伤,伤口有无出血、血肿、淤斑、疼痛、活动障碍等;有无多发伤、复合伤;评估生命体征、意识、尿量,了解有无创伤性休克等并发症。

(2)辅助检查:了解实验室检查、影像学检查、诊断性穿刺或导管试验、内镜检查等各项检查有无异常。

3. 心理-社会状况　了解病人及亲属的心理反应,家庭经济的承受能力。

知识链接

伤 情 评 估

对危及生命的伤情进行初次评估:判断有无致命性损伤并进行实施干预。一般要求在 2 分钟内快速有序地完成。评估内容可以用 ABCDE 口诀协助记忆。A-airway,评估气道是否通畅,可以通过听来判断是否有异常呼吸音,如听到鼾声,提示舌根后坠;通过看来判断头面部、颈部有无开放性损伤;同时检查有无呼吸困难、烦躁不安等。B-breathing,评估呼吸是否正常,观察有无自主呼吸,了解呼吸速率,特别注意有无开放性气胸、张力性气胸或连枷胸。C-circulation,评估脉搏和血压变化,有无活动性出血和失血性休克。D-disability,评估神志状况,有无意识障碍。E-exposure/environment,暴露伤员身体,以利于进行全面评估伤情,注意保护伤员隐私和保暖,并评估救治环境是否安全。F-facture,评估有无骨折。

经紧急处理后,在生命体征稳定情况下,及时进行全面伤情评估,可按 CRASH PLAN 程序,即心脏、呼吸、腹部、脊柱、头部、骨盆、四肢、动脉和神经进行有序地检查,以减少漏诊、误诊。

【主要护理诊断 / 问题】

1. 急性疼痛　与局部受伤和创伤性炎症反应有关。
2. 组织完整性受损　与组织器官受损伤、结构破坏有关。
3. 体液不足　与损伤导致失血、失液过多有关。
4. 躯体活动障碍　与躯体或肢体受伤骨折、疼痛有关。
5. 潜在并发症:伤口出血,感染,挤压综合征等。

【护理措施】

1. 闭合性损伤的护理

(1)观察病情:病情较重者,需密切观察生命体征的变化,注意有无合并内脏损伤,同时关注局部症状和体征。若为挤压伤病人需重点观察尿液,注意是否继发肾衰竭。

(2)局部制动:病情较重病人应卧床休息,局部制动,抬高患肢,以利静脉回流,减轻肿胀。骨折、关节脱位时,先行复位,再固定制动,以缓解疼痛。

(3)局部治疗:一般病情稳定的局部软组织挫伤,伤后早期局部冷敷,以收缩血管减少组织内出血和肿胀,24 小时后改用热敷和理疗,促进炎症消退。血肿较大者,须在严格无菌操作下穿刺抽吸并加压包扎。遵医嘱合理使用镇静镇痛药,缓解疼痛,使病人安静休息。

2. 开放性损伤的护理

(1) 做好术前准备:按急症手术的要求,做好一切术前准备,生命体征不稳定者如失血性休克病人,边快速补液,边行术前准备。必要时边抗休克边行手术。

(2) 配合清创术:尽早清创处理,使污染伤口转变或接近清洁伤口,争取一期愈合。

(3) 术后护理:①病情观察:观察术后生命体征,注意术后出血等。观察伤口情况,如有引流,妥善固定引流管,并观察引流液的色、质、量。②伤口护理:定期伤口换药,伤口早期有红肿、化脓等征象,应尽早理疗,甚至剪开缝线,敞开伤口引流。③预防感染:根据伤情选用合理抗生素预防感染,对伤口感染重、伤口深、异物存留等,注意及时注射破伤风抗毒素,预防发生破伤风。④支持治疗:提供高热量、高蛋白、易消化的饮食,保持体液平衡。病情稳定后,早期下床活动,进行功能锻炼。

3. 并发症的护理

(1) 伤口感染:浅部伤口感染,局部有脓性引流物、红肿热痛等症状。深部感染,深部软组织有脓性引流物,出现发热等症状,影像学检查可协助确诊。伤后严密观察伤口情况,全身有无感染中毒症状,遵医嘱应用抗生素促进炎症吸收。如已形成脓肿,协助医师做好脓肿切开引流术的准备。

(2) 挤压综合征:现场急救时,及时解除挤压伤员身体的重物,嘱病人伤肢制动,禁忌抬高伤肢,禁忌对伤处进行按摩、热敷和活动,以免加快毒素吸收,损伤肾功能。24 小时内观察尿液有无异常,如出现茶色尿、血尿等改变,提示出现急性肾衰竭,应严格控制补液量,遵医嘱应用碳酸氢钠纠正酸中毒,纠正高钾血症等电解质紊乱,抗感染治疗,必要时配合医师做好血液透析的相应护理。

【健康教育】

加强安全生产、劳动保护教育,告知病人注意保持伤口清洁干燥,督促病人身体各部位的功能锻炼,保持良好的心态,促进尽早康复。

第二节　烧伤病人的护理

案例分析

王先生,40 岁,工人。因车间着火烧伤伴口渴、疼痛 1 小时就诊。1 小时前,病人所在的车间突发火灾,王先生没来得及脱离,被他人救出。无骨折和其他外伤史,无大小便失禁。

体格检查:T 37.4℃,P 124 次 /min,R 26 次 /min,BP 因肢体肿胀未测出。病人烦躁,表情痛苦,头面部肿胀,鼻毛烧毁,嘴呈鱼嘴状,双上肢可见小水疱,基底发白,双下肢可见树枝状血管栓塞,皮肤呈皮革状。

请问:

1. 该病人目前的伤情如何?

2. 该病人目前的主要护理诊断 / 问题是什么?

3. 该病人主要的护理措施有哪些?

烧伤(burn)是由热力(沸液、蒸汽、火焰等)所引起的组织损伤。热力是烧伤最常见的原因。此外,电能可致电烧伤,化学物质可致化学性烧伤,放射线可致放射性烧伤。烧伤是平时和战时常见的损伤,与自然灾害、突发事件、生产事故及交通意外等事件密切相关。烧伤不仅是局部组织的损伤,而且也可导致全身性反应或损害,严重烧伤常危及生命。

【病理生理与临床分期】

根据烧伤的病理生理特点,一般将烧伤临床发展过程分为4期,各期常相互交错。

1. 急性体液渗出期　组织烧伤后立即出现体液渗出,一般以伤后6~12小时最快,持续24~36小时,严重烧伤者可延至48小时以上。

由于热力作用,以及组胺、五羟色胺等释放增加,使毛细血管扩张、血管通透性增加,血浆样液体渗出至组织间液表现为组织水肿,渗出至体表表现为创面渗液或水疱。在一定烧伤面积下,渗液量与烧伤面积成正比,烧伤面积愈大,烧伤愈严重,渗出速度愈快。一般在伤后6~12小时达高峰,至48小时渐趋恢复,渗出于组织间液的水肿液开始回收。故烧伤48小时内,最大的危险是低血容量性休克,临床称之为休克期。

2. 急性感染期　急性感染期是指在伤后2周内的局部或全身感染。烧伤局部创面的感染是难免的,重点是避免全身性感染的发生。烧伤后皮肤生理屏障的破坏,血液循环障碍,以及烧伤创面存在大量变性坏死组织和富含蛋白的渗出液,有利于病原微生物的繁殖和入侵,故创面成为感染的主要来源。大面积深度烧伤后,感染不仅发生在创面,还可发生在肠道、静脉导管、尿管等介入性治疗和有创操作的部位。当合并吸入性损伤的肺部感染或其他组织损伤的感染都可成为感染的来源。严重烧伤后,尤其早期伴有较严重休克的病人,由于机体免疫力低下,细菌或毒素进入体内诱导机体炎症反应,易导致烧伤后脓毒症发生。

3. 创面修复期　创面修复在伤后不久已开始,不同深度烧伤的修复过程不同。深度创面修复的过程要经过局部炎症、细胞增殖、创面收缩、瘢痕形成各阶段,修复过程较复杂。Ⅰ度和浅Ⅱ度烧伤靠基底细胞的再生或增殖修复。深Ⅱ度烧伤需由残留的附件上皮结构增殖延伸形成皮岛,以后扩展融合,才能完成上皮覆盖,需3周左右。Ⅲ度烧伤创面皮肤附件已完全破坏,一般没有再生表皮的基础,约3~4周焦痂溶解脱落后,露出大块肉芽组织创面,此时不仅利于细菌入侵,而且使体液和营养物质大量丢失,机体抵抗力和创面修复能力大大降低,成为发生全身性感染的又一高峰时机。此时关键是加强营养支持,增强机体抵抗力和创面修复能力。

4. 康复期　严重烧伤遗留的瘢痕,常常影响病人外观和功能,需要依靠锻炼、整形等一系列的康复措施逐渐恢复。对于大面积且深度烧伤者,在创面愈合后也常有种种不适,如瘙痒、疼痛、水疱及破溃感染等"残余创面"反应,汗腺损毁后的散热不良,并发的机体功能不全及心理障碍等,常需要2~3年的恢复、调整和适应过程。

【伤情判断和临床表现】

影响烧伤严重程度的因素很多,如烧伤的面积与深度、病人的年龄、健康状况、有无复合伤、有无中毒等,其中烧伤面积和烧伤深度是伤情判断最基本的因素,是诊断、治疗和估计预后的依据。

1. 烧伤面积的估计

(1) 手掌法:不论年龄、性别,病人手指并拢,其单掌面积为其体表总面积的1%,常用以估计小面积或散在的烧伤面积(图9-1)。

(2) 中国九分法:为便于计算和估计,根据国人身

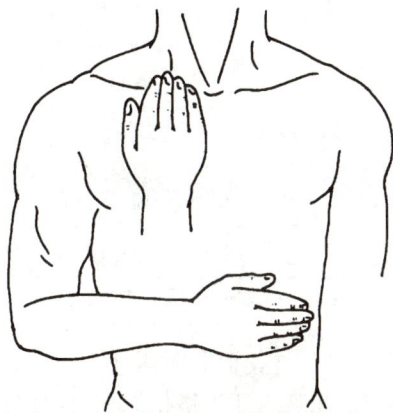

图9-1　手掌法
(手指并拢,单掌面积为体表面积的1%)

笔记栏

体实测结果,将人体体表总面积分为11个9%,再加1%,构成100%。包括头颈部、双上肢、躯干、双下肢。小儿头大,下肢小,并随年龄增长有所改变,故12岁以下儿童的头和下肢有适当修正(图9-2,表9-1)。九分法常用以估计大面积烧伤。

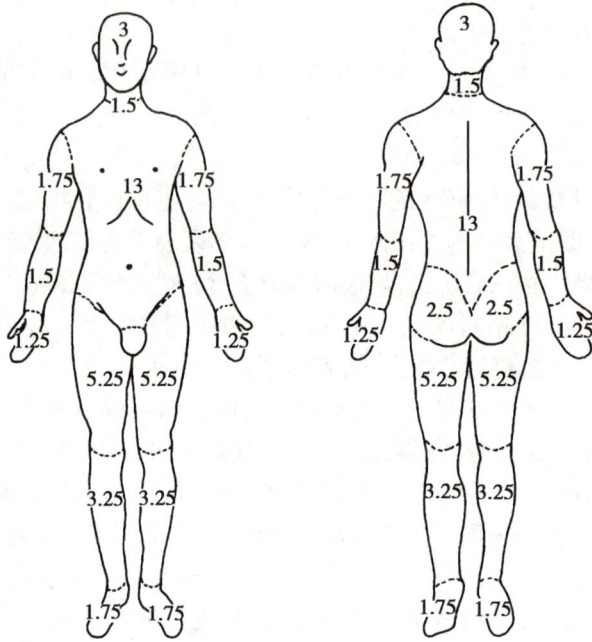

图 9-2 成人体表面积示意图

表 9-1 中国新九分法

部位		占成人体表面积(%)		占儿童体表面积(%)
头颈	发部	3	9	9+(12- 年龄)
	面部	3		
	颈部	3		
双上肢	双手	5	9×2	9×2
	双前臂	6		
	双上臂	7		
躯干	躯干前	13	9×3	9×3
	躯干后	13		
	会阴	1		
双下肢	双臀	5*	9×5+1	9×5+1-(12- 年龄)
	双足	7*		
	双小腿	13		
	双大腿	21		

* 成年女性的双臀和双足各占6%

估计烧伤面积时需注意:①Ⅰ度烧伤不计入烧伤面积;②大面积烧伤可估计其未烧伤的皮肤,扣除后即为烧伤面积,这样较为便捷;③对严重烧伤病人,不应为了准确详细估计面积而反复翻动伤员,以免加重损伤,延误治疗。

2. 烧伤深度的估计 目前在临床上普遍采用的是三度四分法(图9-3),即Ⅰ度、浅Ⅱ度、深Ⅱ度和Ⅲ度。一般将Ⅰ度、浅Ⅱ度称为浅度烧伤;深Ⅱ度和Ⅲ度为深度烧伤。不同深度的烧伤类型有其不同的临床表现(表9-2)。

(1) Ⅰ度烧伤:又称为红斑性烧伤,仅伤及表皮浅层,生发层健在。表面红斑状,微肿而红,烧灼感,局部干燥,无渗出或水疱。3~5日后脱屑愈合,短期内可有色素沉着,不留瘢痕。

(2) 浅Ⅱ度烧伤:又称水疱性烧伤,伤及表皮的生发层、真皮的乳头层。局部红肿明显,有大小不一的水疱形成,内含淡黄色澄清液体。水疱破裂后,可见潮红的创面,温度较高,疼痛剧烈,如无感染10~14日愈合,不留瘢痕,多有色素沉着。

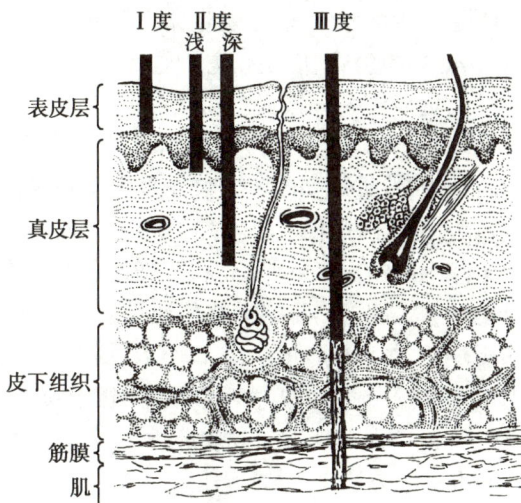

图9-3　烧伤深度示意法

表9-2　不同烧伤深度与临床表现

分度	损伤部位	创面外观	感觉	温度	愈合过程
Ⅰ度 红斑	表皮层	红斑,微肿,无水疱	烧灼感	微增	2~3日症状消退,3~5日脱屑,无瘢痕
浅Ⅱ度 水疱	真皮浅层	渗出多,水疱饱满,基底潮红,明显水肿	疼痛剧烈	增高	无感染者2周内愈合,不留瘢痕,有短期色素愈合
深Ⅱ度 水疱	真皮深层,有皮肤附件残留	水疱小,基底水肿,白中透红或有小红点和网状血管	痛觉迟钝,拔毛痛	略低	无感染者3~4周愈合,有轻度瘢痕和色素沉着
Ⅲ度 焦痂	皮肤全层,或皮下组织,肌肉和骨骼	创面蜡白或焦黄干燥,皮革样	痛觉消失	发凉	3~5周焦痂脱落呈现肉芽创面,难愈合,愈合后留有瘢痕

(3) 深Ⅱ度烧伤:伤及皮肤的真皮层,局部肿胀,表皮较白或棕黄,间或有较小的水疱。去除坏死皮后,创面微湿,微红或红白相间,感觉迟钝,温度较低,拔毛痛。干燥后如见蜘蛛网样血管栓塞或散在红色小点,常表示深Ⅱ度烧伤较深。无感染者常3~4周愈合,常留有瘢痕和色素沉着。

(4) Ⅲ度烧伤:又称焦痂性烧伤。伤及全皮层甚至达皮下、肌肉和骨骼。由于损伤程度不同,局部表现可为蜡白、黄褐、焦黄,甚至炭化,皮肤失去弹性,触之硬如皮革,创面干燥,无渗液,发凉,针刺和拔毛无痛觉。四肢可见粗大树枝状血管栓塞。因皮肤和附件全部烧毁,创面修复需植皮,4周以上才可能愈合。愈合后多形成瘢痕,常造成畸形。

上述烧伤的临床表现在估计烧伤深度时应注意,烧伤深度有时难以截然分开,不同深度之间可有移行、混合和交错,主要靠主观观察,在诊断上难免存在差异。烧伤尤其是化学性烧伤,创面会因时间推移而加深,需经最后校正。

3. 烧伤严重程度分类　烧伤的严重程度分类较为困难,但在处理成批烧伤时,有重要的指导意义。我国常用下列分类:

(1) 轻度烧伤:Ⅱ度烧伤面积10%以下。

(2) 中度烧伤:Ⅱ度烧伤面积11%~30%,或Ⅲ度烧伤面积不足10%。

(3) 重度烧伤:烧伤总面积31%~50%;或Ⅲ度烧伤面积11%~20%;或Ⅱ度、Ⅲ度烧伤面积不足上述百分比,但已发生休克等并发症、合并较重的吸入性损伤或复合伤等。

(4) 特重度烧伤:烧伤总面积 50% 以上;或Ⅲ度烧伤 20% 以上。

大批烧伤病人被紧急送入医院就诊时,应根据伤情进行分类并给予相应处理。如轻度烧伤可在门诊治疗;中度烧伤治疗较简单且无需特殊手术;重度烧伤需收治烧伤病房,进行专科处理;特重烧伤收治于烧伤病房重病区,采取积极有效措施,预防并发症及死亡发生。

4. 吸入性损伤　是由热力和 / 或烟雾引起的呼吸道损伤,发病率和病死率都很高。由于治疗手段的提高,因休克和感染死亡的烧伤病人减少,而脏器功能衰竭尤其是呼吸道功能衰竭和吸入性损伤是当前烧伤死亡的主要原因。有以下情况应考虑吸入性损伤的可能:①烧伤现场相对密闭;②面、颈、口鼻有深度烧伤;③鼻毛烧焦,口唇肿胀,口腔、口咽部红肿有水泡或黏膜发白;④刺激性咳嗽,咳出炭末痰;⑤声嘶、吞咽困难;⑥呼吸困难有哮鸣音;⑦纤维支气管镜检查发现气道黏膜充血、水肿,黏膜苍白、坏死、剥脱等,这是诊断吸入性损伤最直接和准确的方法。

5. 全身表现　小面积浅度烧伤没有全身表现,大面积、重度烧伤后 48 小时内易出现低血容量性休克,表现为神志淡漠、呼吸急促、脉搏细速、血压下降、肢端湿冷等。病人体温骤升或骤降,波动较大超过 1~2℃,心率加快,呼吸急促,创面骤变出现干枯、坏死等,血中白细胞计数骤升或骤降等,均提示有全身性感染可能。

🔍 知识链接

化 学 烧 伤

化学烧伤损害程度与化学物质的性质、剂量、浓度和接触时间长短有关。

1. 酸烧伤　高浓度硫酸、硝酸、盐酸等与皮肤接触后,很快引起细胞脱水,使组织蛋白凝固,一般不起水疱,迅速成痂皮,一定程度上限制了向深部侵蚀。

2. 碱烧伤　氢氧化钠、氢氧化钾、生石灰(氧化钙)等与皮肤接触后,除了使组织细胞脱水,与组织蛋白结合形成碱性蛋白盐,并可使脂肪皂化和溶解。皂化时产生的热量,可使深层组织继续坏死,烧伤加深。氢氧化钠烧伤创面呈黏滑或皂状焦痂,色潮红,有小水疱,焦痂或坏死组织脱落后,创面凹陷,边缘潜行,往往经久不愈。生石灰烧伤创面较干燥呈褐色,遇水形成氢氧化钙并释放能量,可加重烧伤。

施救者做好自身防护,如穿戴防护衣,防护手套、防护眼镜、防护手套等。强酸皮肤损伤,先用大量清水冲洗 10~30 分钟,再用 2%~4% 碳酸氢钠溶液冲洗 10~20 分钟,或用 1% 氨水、肥皂水、石灰水等冲洗,再用 0.1% 苯扎溴铵、生理盐水或清水冲洗创面,直到干净。强碱皮肤损伤,先用大量清水反复冲洗 1 小时以上,直至创面无油腻感,再用 1% 醋酸、3% 硼酸、5% 氯化钠或 10% 枸橼酸钠中和,或用 2% 醋酸湿敷皮肤损伤处。

【治疗原则】

1. 现场急救　当伤员受伤后,迅速脱离致伤源,并进行必要的紧急救护,是现场救护的基本原则。急救是否及时有效,对减轻损伤程度,减轻病人痛苦,减少烧伤后的并发症和降低病死率等都有十分重要的意义。

(1) 迅速脱离致伤源:火焰烧伤应尽快脱离火场,脱去燃烧衣物,立即就地翻滚压灭火焰,用衣被扑盖灭火。切忌奔跑呼叫或用手扑打火焰,以免增加头面部烧伤、吸入性损伤和双手烧伤。热液烫伤应立即冷水冲淋后剪开衣裤取下,以免强力剥脱而撕破水疱皮。酸、碱、磷等化学烧伤,先将浸有化学物质的衣服迅速脱去,并立即用大量水冲洗,冲洗时间适当延长。生石灰烧伤应先用干布擦净生石灰颗粒,再用水冲洗,以免生石灰遇水产热,加重损伤。磷烧伤时立即将烧伤部位浸入水中或用大量的水冲洗,同时在水中擦去磷颗粒,不可将创面暴露在空气中,以免剩余磷燃烧,忌用油质敷料覆盖创面,以免磷在油中溶解吸收而发生磷中毒。电烧伤应立即切断电源,切忌在未切断电源时接触伤员,以免自身被电击伤。

(2) 抢救生命:优先处理窒息、心跳呼吸骤停、大出血、开放性气胸等危急情况,需立即抢救。对头颈部或疑有吸入性烧伤者,要保持呼吸道通畅,必要时协助医生做气管切开。

(3) 保护创面:防止创面再损伤和污染。轻度四肢烧伤可立即用冷水持续冲洗或浸泡半小时以上,可迅速降温,有助于止痛和减轻烧伤创面的深度。创面用无菌敷料或清洁被单、衣物包裹,以免进一步污染和再损伤。忌用有色药物涂抹创面,以免影响对烧伤深度的判断。

(4) 预防休克:镇静止痛、稳定病人情绪。烧伤后多有不同程度疼痛和躁动,应适当给予镇静止痛。伤后 2 小时内,由于毛细血管渗出加剧,导致血容量不足。轻者可口服含盐饮料防治,烧伤面积大者易导致低血容量性休克,需尽早静脉补充平衡盐等溶液。但不宜单纯喝白开水或糖水,否则导致细胞外液低渗,引起低渗性脑水肿。

(5) 转运:严重烧伤病人不宜搬动和长途转运,可能加重病情,最好就地抢救,建立静脉输液通道,进行抗休克治疗,保持呼吸道通畅,必要时做气管切开,待病情平稳再转运。

2. 抗休克　烧伤休克是严重烧伤的常见并发症,可危及生命。治疗措施包括容量补充、动力扶持和其他方面治疗,液体疗法是防治烧伤休克的主要措施。

(1) 容量补充:口服补液安全方便、副作用小。口服含盐饮料、少量多次,成人每次不超过 200ml,有呕吐或胃潴留者不宜口服,口服效果差者改为静脉补液。建立可靠的静脉通路,常采用公式来指导复苏补液治疗。补液公式只是预估量,实际补液如电解质液和胶体液,按治疗反应随时调整补液量。电解质液如生理盐水、平衡盐溶液、碳酸氢钠溶液等,输入后短期内能明显扩充血浆容量;胶体液如全血、血浆、人体白蛋白和血浆代用品,可增加血浆胶体渗透压,维持有效循环血量。

(2) 动力扶持:使心肌和其他细胞免受缺血缺氧的损害。在充分补充血容量后,应用小剂量舒张心肌微血管的药物减轻心肌缺血。使用极化液(葡萄糖、胰岛素、ATP、氯化镁混合液)改善细胞代谢。应用血管活性药物,可更好地改善微循环。应用中药如复方丹参注射液、生脉注射液、黄芪注射液、三七总皂苷注射液等改善心肌缺血。

(3) 其他治疗:适当镇静止痛,促进病人休息,减少能量消耗。应用甘露醇、维生素 C 等清除体内氧自由基堆积。采用有效抗生素防治感染。在严重烧伤休克时,冲击给药糖皮质激素可提高机体的耐受力。针对性保护重要脏器的功能。

3. 处理创面　主要是清洁、保护创面,控制感染,促进愈合。主要包括清创手术、包扎疗法、暴露疗法、手术植皮等措施。

4. 防治感染　烧伤创面的感染可导致全身性感染,而全身性感染是烧伤的主要死因。创面感染常见的致病菌有金黄色葡萄球菌、铜绿假单胞菌、真菌等。应积极使用有效抗生素,严格控制创面及全身性感染。对于创面分泌物多,脱痂后准备植皮的细菌感染创面,可采用湿敷疗法。将浸有抗菌药液的湿纱布 4~8 层敷于创面,外覆盖凡士林纱布,再用干纱布包扎。对严重铜绿假单胞菌感染的创面,早期应采取暴露疗法,创面涂 1% 磺胺嘧啶银霜剂等,待感染控制后再行湿敷处理。

小面积浅表烧伤按外科原则,清创、保护创面,促进愈合。大面积深度烧伤可引起全身性反应,其处理原则是:迅速补充血容量,保持呼吸道通畅,防治低血容量性休克;及时清创,必要时植皮,正确处理创面是感染期关键措施;同时合理应用抗生素,加强支持治疗,预防全身性感染和多系统功能衰竭,减少并发症发生。酌情使用破伤风抗毒素。

【护理评估】

1. 相关健康史　了解致伤原因、时间和环境,现场是否采取过急救措施;转运情况,做过哪些处理;既往病史、药物过敏史等。

2. 身体状况

(1) 呼吸功能:有无声音嘶哑、刺激性咳嗽、咳炭末样痰、呼吸困难等。

(2) 循环功能:生命体征是否平稳、有无口渴、面色苍白、发绀、四肢湿冷、尿量减少、烦躁不安、神志淡漠、意识障碍等血容量不足的表现。

(3) 创面:评估烧伤面积和深度,尤其颜面部、手、生殖器、关节等处的烧伤情况。

(4) 有无寒战、高热、体温不升等全身性感染的表现。

(5) 复合伤:有无合并骨折、颅脑损伤、胸腹部脏器损伤、软组织损伤等。

(6) 辅助检查:主要包括血尿常规、肝肾功能、电解质、血气分析等。

3. 心理 - 社会状况　大面积烧伤,尤其头面部烧伤造成的功能障碍给病人的生活和工作带来影响,易出现害怕、恐惧、悲哀等不良情绪,了解病人接受现实的心理承受程度,对伤情、治疗情况和康复的认知程度,评估家人对治疗和预后的认知程度等。

【主要护理诊断 / 问题】

1. 有窒息的危险　与吸入性损伤有关。

2. 皮肤完整性受损　与烧伤导致组织破坏有关。

3. 体液不足　与大量体液渗出,循环血容量不足有关。

4. 有感染的危险　与烧伤后皮肤屏障功能丧失,机体抵抗力下降有关。

5. 焦虑　与担心预后、畸形、功能障碍有关。

【护理措施】

1. 维持有效呼吸

(1) 严密观察呼吸情况:头面部严重烧伤或疑有吸入性烧伤的病人,床旁备气管切开包,严密观察呼吸变化,如出现进行性上呼吸道梗阻征象,立即报告医生,行气管插管或气管切开。

(2) 保持呼吸道通畅:注意清洁气道,清除气道分泌物,保持气道通畅。鼓励病人定期深呼吸和咳嗽,经常翻身,行体位引流,拍打胸背部,以利痰液排出。雾化吸入含抗生素的液体,以控制炎症、湿化气道。

(3) 吸氧:根据病人缺氧程度予以氧气吸入,氧浓度一般为 40%,氧流量为 4~5L/min;合并一氧化碳中毒者可经鼻导管予以高浓度氧或纯氧吸入,有条件的应行高压氧治疗。

2. 维持有效循环　烧伤后 2 日内,因创面大量渗液导致体液不足,引起低血容量性休克,液体治疗是烧伤休克的主要措施。

(1) 密切观察病情:专人护理,密切监测意识、生命体征、末梢循环、中心静脉压、氧饱和度、尿比重、尿量等。

(2) 补液治疗:我国应用的补液公式是按照成人的烧伤面积和体重计算,伤后第 1 个 24 小时的补液量为每千克体重、每 1% 烧伤面积(Ⅱ度、Ⅲ度)应补充胶体和电解质液共 1.5ml(小儿 2.0ml),以及水分 2 000ml(小儿按年龄、体重计算)。胶体(血浆)和电解质液(平衡盐溶液)比例一般为 1∶2,大面积深度烧伤与小儿烧伤其比例为 1∶1。有研究表明,渗出最快的时间为伤后 0.5~2 小时,补液速度应先快后慢,故入院后应快速输液,伤后第一个 8 小时输入总量的一半,第二个和第三个 8 小时分别输入总量的 1/4。第 2 个 24 小时,胶体和电解质液为第 1 个 24 小时的一半,水分 2 000ml。

举例:成年烧伤病人,体重 50kg,烧伤面积 60%,第一个 24 小时的补液总量 60×50×1.5+

2 000=6 500ml,其中胶体 60×50×0.5=1 500ml,电解质液 60×50×1=3 000ml,水分 2 000ml。胶体首选血浆,电解质液首选平衡盐溶液,水分选 5%~10% 葡萄糖溶液。迅速开放静脉,建立有效的周围或中心静脉通路。电解质液、胶体、水分三者交替输入。维持体温在正常范围是抢救休克的基本条件,特别是在环境温度较低时。使用输液恒温器加温输液可防止体温不升、寒颤、减少机体耗氧量,减轻心肺负担,改善微微循环。

(3)补液观察:抗休克期间,应严密观察病人病情,其补液有效的指标有:①一般成人维持尿量 50~70ml/h,小儿 1~2ml/(h·kg),老年人和合并心脑疾病者尿量不超过 50ml/h;②病人安静、无烦躁及无明显口渴;③脉搏心跳有力,脉率 100~120 次 /min,收缩压维持在 90mmHg 以上,脉压维持在 20mmHg 以上;④呼吸平稳。

3. 创面护理 创面处理贯穿于烧伤治疗的全过程,是烧伤治疗的关键环节。通过创面处理能保护和清洁创面,及时清除坏死组织,减少创面感染的发生,加快创面的愈合速度。Ⅰ度烧伤损伤轻微,无需特殊处理;浅Ⅱ度烧伤,肢体和躯干部位以包扎疗法为主,面部和会阴部以暴露疗法为主;深Ⅱ度和Ⅲ度烧伤,积极切痂、削痂和植皮,消灭创面。

(1)早期清创:中小面积烧伤,无休克者,入院后即可进行清创。如水疱完整者,应予保存;水疱大者,可用消毒空针抽去水疱液,然后消毒包扎;如水疱已经撕破,用无菌纱布、油性纱布包扎。伴有休克或有复合伤,应先积极抗休克和治疗复合伤,待病情平稳后再进行清创。清创时注意保暖,室温保持在 30~36℃,操作动作轻柔,迅速。

(2)包扎疗法:用灭菌吸水的厚敷料包扎创面,使之与外界隔离,保护创面,同时创面渗液被敷料吸收,以达到引流的目的。适用于四肢等部位的烧伤。清创后用油纱布覆盖创面,再用多层消毒纱布与棉垫覆盖,包扎敷料宜厚(3~5cm),吸水性好,再用绷带从远心端均匀包扎。注意指(趾)端外露,关节保持在功能位。适当抬高患肢,定时翻身,每日检查肢体末梢循环情况,敷料是否浸湿,有无疼痛和伤口异味,定期更换敷料。

(3)暴露疗法:将烧伤创面暴露于干热空气中,不用敷料覆盖或包扎,使创面渗液及坏死组织干燥结痂,暂时保护创面。适用于大面积、面部和会阴部烧伤。注意消毒隔离制度,定期空气消毒。室温维持在 28~32℃,湿度维持在 40%~50%。创面有渗液时,及时用消毒棉球或棉签吸干,尤其是头部,注意无菌操作,保持创面干燥。适当约束肢体,防止无意抓伤。创面不应覆盖任何敷料或被单。床单或纱布垫如有浸湿,及时更换,注意大小便污染。避免创面受压,定时翻身,大面积烧伤要使用翻身床或悬浮床。

翻身床是烧伤病房治疗大面积烧伤的重要设备,由双层床片、支撑架和旋转盘三个主要部件构成(图9-4)。翻身时在床的两端以旋转盘为轴心上下翻转床片互换位置(图9-5)。

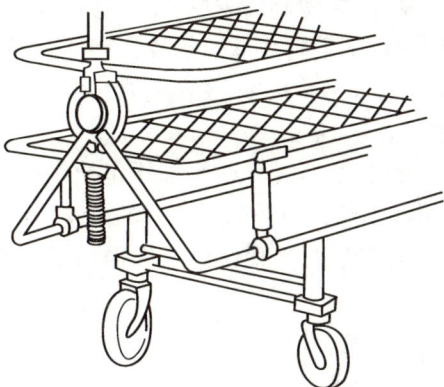

图9-4 翻身床

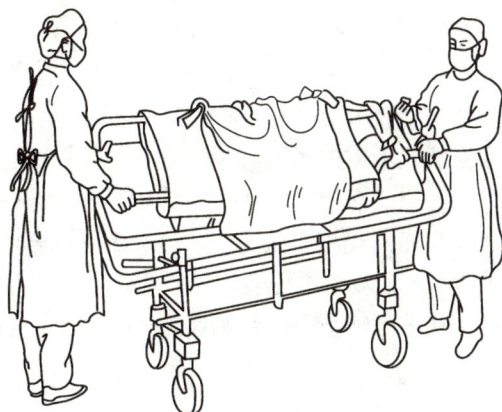

图9-5 翻身床的使用

知识链接

翻身床的使用要求

护理大面积烧伤病人使用翻身床需注意:①翻身前向病人说明使用翻身床的意义、方法和安全性,消除病人的恐惧和顾虑,取得病人的合作;②严重伤员在翻身前需准备急救用品及药物;③一般在休克期度过后开始使用翻身床,首次翻身俯卧位时间一般为半小时,翻身后密切观察脉搏和呼吸等变化,一旦出现呼吸困难,立即翻身仰卧,并相应处理,以后俯卧时间逐渐延长至4~6小时;④使用翻身床前要仔细检查床的性能是否良好,各部件是否灵活、牢固、安全;⑤翻身前妥善安置好各种管道和仪器;⑥翻身时检查两个床片松紧是否合适,要求两人合作,于骨隆突处垫好无菌棉垫、消毒大单和消毒海绵床垫,然后将2个床片合拢,旋紧螺钮固定床片,系好安全带,防止病人坠床,放下支撑架,安置好输液架,翻转床片,翻身后检查支撑架是否固定好床片,去掉上面的床片,即完成翻身;⑦将病人的四肢放于功能位,充分暴露创面,在俯卧时注意足背勿受压,以免产生足背过伸下垂畸形;⑧检查管道是否通畅,仪器是否正常;⑨昏迷、休克、吸入性损伤、严重心功能不全和应用冬眠药物的病人禁用翻身床。

最新高效辐射烧伤翻身床由辐射架体和翻身床两部分组成,有手拉暖帘,可分区控温,并可对创面进行辐射治疗。

(4)半暴露疗法:是介于包扎和暴露疗法之间,它是用单纯抗菌湿纱布或薄的油纱布或其他生物敷料贴在清洁的创面上,可减轻感染、保护创面,并促进愈合。适用于Ⅱ度创面、深Ⅱ度坏死组织脱落后较清洁的创面和不适于包扎部位的Ⅱ度创面,如面、颈、臀、会阴部等。护理时保持创面干燥,预防感染。

(5)去痂:焦痂切开减压术,是对躯干和肢体的环形焦痂做纵行切开,解除躯干部焦痂对呼吸运动的限制以及肢体环形焦痂对肢体血循环的限制和压迫。焦痂切除术是将坏死焦痂切除,清除病灶,以控制感染,减少并发症。中小面积的Ⅲ度烧伤切痂时间越早越好,大面积Ⅲ度烧伤切痂时间取决于病人的全身情况,病情稳定后,争取在一周内完成。削痂是以滚轴式取皮刀将烧伤坏死组织削除,保留下层有生机的真皮或正常脂肪组织,促进深Ⅱ度创面愈合。对Ⅲ度烧伤,创面削痂后以自体皮片移植修复。

(6)植皮:深度烧伤创面经去痂后,多采用自体皮移植。

1)术前准备:做好供皮区皮肤准备,剃净供皮区毛发,注意勿剃破皮肤,用肥皂水和温水洗净,用75%的酒精消毒,不宜用碘伏等刺激性大的消毒剂消毒皮肤。植皮区同样剃净毛发,清洁创面周围正常皮肤,用松节油清除皮肤上的污垢,如瘢痕皮肤,更需特别仔细地清除瘢痕凹陷内的污垢。

2)术后观察:了解手术供皮区有无渗血,如有新鲜渗血,及时无菌敷料加压包扎止血。植皮区如出现渗血较多时,需监测生命体征,防止失血过多引起休克。保持包扎的敷料清洁干燥,防止大小便污染。四肢手术后,妥善固定,制动,抬高患肢,观察肢体末端循环情况。禁止在术区输血、输液、测血压等,以免导致皮下血肿。

知识链接

喷补皮肤获"新脸"

英国女孩阿布尔·比托尔3岁时被开水烫伤,面部及全身皮肤落下难看瘢痕。虽然历经数次痛苦的植皮手术,她仍然被学校的同学们戏称为"怪物"。纽卡斯尔的医生们为她做了一台史无前例的先锋手术:先从她的耳后提取一小块邮票大小的表皮,然后送入实验室加以培养。数周后,利用一种特殊的酶,将分离出来的单个细胞制作成一种悬浮液,把这种悬浮液吸到一个针管里,再在针管一端安上一个喷雾装置。轻轻一按,把这个细胞悬浮液以细颗粒的雾状形式,喷到烧伤部位。由于是自体植皮,所以她没有出现任何免疫排斥反应。几周过去后,奇迹出现了,阿布尔瘢痕累累的脸上竟然长出了光滑细嫩的新皮肤,如同换了一个"新脸"。她是英国首位接受喷补皮肤手术的人。喷补皮肤之后,阿布尔烧伤的面容已接近完全恢复。

4. 特殊部位烧伤的处理

(1) 头面部烧伤　其处理包括四个方面。

1) 急救:头面部烧伤易合并吸入性损伤,需密切观察病人的呼吸情况,防止出现呼吸道梗阻、窒息而死亡。床旁备气管切开包等急救物品。

2) 清洁:头面部为暴露部位,容易烧伤。头皮层含有大量的汗腺、皮脂腺及毛囊组织,血供丰富,生长愈合好,故烧伤后较早愈合。但同时也是病原菌容易寄生的部位,尤其是枕部、头顶等常受压部位,创面潮湿,创面渗出物与头发黏着,易继发感染,且经久不愈。故清洁创面很重要。剃除烧伤部位的头发,使之不与渗出物黏着,创面用盐水或消毒液清洗,减少脓液渗出,争取痂下愈合,并成为自体皮的重要供应来源。

3) 体位:无休克者采取半卧位,以利水肿吸收。枕部和头顶烧伤,病情稳定,可采取坐位,减少创面受压。大面积烧伤者,用翻身床翻身,避免长时间压迫同一部位。

4) 补液:头面部血管、神经和淋巴组织丰富。烧伤后渗出较其他部位多,易出现水肿,严重者出现休克症状。故头面部烧伤需补液的量较其他部位多。

(2) 手部烧伤:烧伤时多以双手扑打灭火,极易烧伤。①体位:浅度烧伤应抬高患肢,高于心脏水平,以利水肿消退。②包扎:手部烧伤包扎时应将手置于功能位,包扎不可过紧,有利于血液循环。③功能锻炼:早期应开始主动及被动锻炼,促进水肿消退。

(3) 会阴部烧伤:伴外生殖器烧伤,由于该处血液循环丰富,烧伤后水肿明显,且创面易被大小便污染,而继发感染。①体位:双下肢外展60°,使创面充分暴露,外用1%磺胺嘧啶银糊剂。②清洁:成人应剃净阴毛,保持创面干燥,便后用0.02%呋喃西林、0.05%洗必泰液冲洗,并吸干。大面积烧伤者,常留置导尿管,每日冲洗导尿管,每周更换导尿管。

5. 全身性感染护理　全身性感染是烧伤的主要死因之一,也可诱发脓毒性休克、多脏器功能衰竭。①积极处理创面:烧伤创面特别是深度烧伤创面是主要的感染源。定时翻身,避免创面长期受压,及时更换敷料。创面外用1%磺胺嘧啶银霜剂、碘伏等。②抗生素的应用:应针对性地应用抗生素。全身性感染时,参照血培养或创面细菌培养,选用敏感度高的抗生素。

6. 营养支持　烧伤病人的代谢增加,需要补充高热量、高蛋白、富含维生素的营养物质,提高机体的免疫力。烧伤病人的营养补充以胃肠道营养为主,严重烧伤,胃肠道不能满足营养需要时,可通过静脉进行营养支持。大面积烧伤时,遵医嘱输入适量的血浆或全血等抗休克治疗。

笔记栏

7. 心理护理　烧伤病人心理压力大,担心死亡、疼痛及治疗费用,担心残疾不能适应正常生活和工作等,常不能接受现实,甚至出现悲观厌世的情绪,影响治疗。应针对不同时期病人不同心理,有针对性地给予心理支持。以诚恳的态度与病人沟通,了解病人的心理状况,鼓励病人倾诉其担心、顾虑。对各种烧伤疗法和创面愈合等情况,耐心细致地予以解释,取得理解和支持。对颜面部烧伤的病人,沟通应避免负面言语,维护病人尊严。介绍烧伤救治成功案例,增加治疗与康复的信心。鼓励病人自理,早日回归社会。

8. 康复护理　指导病人做功能锻炼,促进创面早期愈合,预防关节挛缩和肥厚性瘢痕的形成。

(1) 治疗性体位:对抗烧伤部位瘢痕的收缩所引起的皮肤、肌肉和关节的挛缩倾向。烧伤早期就应注意维持烧伤部位的合理摆放,如颈部取后伸位,躯干取伸直位,髋部取伸展位,膝部取全伸位。

(2) 下床活动:创面愈合后,鼓励病人尽早下床活动,必要时可使用辅助性支具辅助病人活动,减少长期卧床的并发症。

(3) 夹板支具:重度烧伤的病人小心置于正确体位后,还需及时应用夹板支具以助于对抗关节挛缩,并保持关节正常位置和活动范围。

(4) 功能锻炼:是烧伤后重建和功能恢复非常重要的措施,可防止严重挛缩畸形,改善关节活动范围,增强肌力。功能锻炼需早期制定计划,长期坚持锻炼。可以主动活动、被动活动和助力活动相结合。

【健康教育】

1. 普及烧伤预防和急救知识。

2. 介绍预防感染的方法,保护伤口。

3. 与病人和亲属共同制定早期康复计划,指导病人坚持进行功能锻炼。

4. 介绍烧伤容貌、形体改变的应对策略。严重瘢痕挛缩畸形病人,鼓励做整形术和功能重建术,以便尽早修善容貌和促进功能恢复。

5. 促进心态调整,提高自理能力,积极回归家庭和社会。

思政元素

成功抢救大面积烧伤病人

1958 年 5 月 26 日 23 点,上海第三钢铁厂发生了工人邱财康被严重烧伤的重大事故,全身皮肤 89.3% 深Ⅱ度,23% 皮肤Ⅲ度灼伤。当时烧伤治疗极限是烧伤总面积占体表面积的 80%,也就是说邱财康的伤情,没有救治成功的先例。在上海第二医学院和广慈医院(今瑞金医院)抢救小组的不懈努力之下他成功地活了下来。

这次成功抢救创造的医学奇迹及其相关成果,成为"20 世纪新中国医学对世界医学的八大贡献之一"。也正是在这次成功抢救的基础上,瑞金医院烧伤科总结出了"瑞金休克补液公式""冬眠疗法""皮肤混合移植"三大危重烧伤救治的核心技术,奠定了现代中国烧伤治疗基础,这是一件令人骄傲的事情。感谢那些医护人员无私的科学献身精神,当然也与医护人员的责任心、仁爱心,以及坚守职业精神分不开。

如今距离成功抢救大面积烧伤病人邱财康已然过去几十年,而抢救邱财康敢于打破权威、敢于突破创新的精神并没有过时,历久弥新。我们医护人员将汲取这种知难而上的精神,面对更多不曾面对的医学难题,不断进步、不断发展。

第三节 冻伤病人的护理

冻伤(cold injuries)是低温寒冷侵袭所引起的损伤,包括非冻结性冻伤和冻结性冻伤。前者由10℃以下至冰点以上的低温加潮湿条件所造成,如冻疮、战壕足、水浸手、水浸足等。后者由冰点以下的低温(一般在-50℃以下)所造成,包括局部冻伤和全身冻伤,一般全身冻伤极少见。

【病理生理】

1. 非冻结性冻伤 最常见的是冻疮,好发于肢体末端和暴露部位,如手背、脚趾、面部、耳廓等处。这些部位由于持续暴露在寒冷潮湿的环境中,其局部血管长时间收缩、痉挛而导致毛细血管扩张,通透性增强,血浆渗入组织间隙,出现局部淤血和肿胀。

2. 冻结性冻伤 寒冷使血管收缩,组织缺血。当外界温度处于零下较低温度时,组织温度逐步下降,组织被冻结。快速冻结时,细胞内外同时形成冰晶体颗粒,出现细胞内脱水,渗透压增高,细胞结构和功能损伤,蛋白质变性,细胞器损伤。在冻结组织的融化过程中,细胞可遭受二次损伤,导致细胞膜破坏,细胞内容物外溢,细胞线粒体肿胀、代谢产物堆积,能量耗竭。

冻伤是一个复杂的病理过程。一方面,低温对组织细胞可直接造成损伤而导致细胞代谢障碍;另一方面,低温对血管的损伤可直接导致局部循环障碍。两者互为因果,相互影响,导致组织、细胞坏死。

【临床表现】

1. 非冻结性冻伤 冻疮常见于儿童、妇女等,在初冬、早春季节好发。初起表现为红或紫红色的淤血性红斑,患处皮肤温度降低,并出现瘙痒、燥热和疼痛感。常在春暖后自愈,但往往次年冬季复发,可能与患部皮肤的抵抗力下降有关。

2. 冻结性冻伤 受冻初期局部有寒冷感,随后有痒感,隐痛感,针刺样疼痛,随后皮肤呈苍白色,出现麻木感或感觉消失。当病人脱离寒冷环境复温时,肢体软化,血管舒张,出现反应性充血等炎症反应。根据冻伤的程度、范围、反应的轻重、临床表现和结局不同,分以下四种。

(1) Ⅰ度冻伤(红斑性冻伤):伤及表皮层,受冻早期皮肤苍白,复温后皮肤红肿、充血,自觉灼热、发痒和疼痛。无水疱形成,一般在数日后症状消失,愈合后只留表皮脱屑,不留瘢痕。

(2) Ⅱ度冻伤(水疱样冻伤):损伤达真皮层,皮肤呈红或粉红色,压之变白,红肿更明显,伴水疱。水疱大,有的水疱融合成片,疱液呈浆液性,无色透明,少数可呈血性。局部疼痛明显,但感觉迟钝,对针刺、冷、热感觉消失。如无并发感染,则在5~7日后水肿减轻,水疱逐渐吸收,而后结痂、脱落,2~4周内自愈,愈合后一般少有瘢痕。

(3) Ⅲ度冻伤(焦痂样冻伤):损伤达全皮层,并累及皮下组织。皮肤呈青紫或紫红色,皮温下降,有明显水肿和水疱,水疱内液体多为血性。受冻皮肤全层变黑坏死,一般多为干性坏死,痂皮脱落后形成溃疡,常需清创植皮,创面愈合后遗留瘢痕。触痛觉迟钝,复温后有时肢体疼痛难以忍受。

(4) Ⅳ度冻伤(坏疽性冻伤):损伤累及全层皮肤、皮下组织、肌肉及骨骼。皮肤呈苍白色、青灰色、蓝紫色,甲床呈黑灰色,冻伤组织固化,血流中断,代谢停止,皮温很低,冰冷如石。皮肤触觉消失或明显迟钝,复温后出现剧痛,之后感觉消失。冻区水分蒸发后干化,即干性坏死,组织呈木乃伊化;也可并发感染,呈湿性坏死。如肌肉、骨骼等发生坏死,多导致残疾,治愈过程需3~4月以上。

全身冻伤初起常伴寒战、苍白、发绀、疲乏、无力和打哈欠等表现,随后出现肢体僵硬、出现幻觉、意识模糊甚至昏迷、心律失常、呼吸抑制、心搏骤停等。如及时抢救,心搏可恢复,但常伴有心室颤动、低血压、休克、多脏器功能衰竭等。

【治疗原则】

1. 急救和复温　迅速使病人脱离低温环境和冷冻物体,衣服和鞋袜等不易脱下者,可立即用温水(40℃)融化冰冻衣物后脱下或解开。最好立即采用快速复温方法,用40~42℃的温水浸泡肢体或全身。切忌用火烤,以免造成局部冻区温度骤升,局部组织代谢增加,加重缺氧,加速局部组织坏死。搬运途中注意保暖防护,搬入温暖的室内或采用相应的保暖措施,输入液体时需适当加热,清醒者给予热饮料。如病人有疼痛,可用镇痛剂对症治疗。

2. 局部冻伤的治疗　Ⅰ度冻伤保持创面清洁干燥,可数日后自行愈合。Ⅱ度冻伤经复温消毒后,创面干燥者用纱布包扎,有较大水疱者,可将疱内液体吸出后,用干纱布包扎或涂冻疮膏后暴露。Ⅲ度和Ⅳ度冻伤都采用暴露疗法,保持创面清洁干燥,待坏死组织边界清楚时予以切除,保持患肢抬高,促进静脉和淋巴回流。如出现感染,应充分引流,并使用抗生素。

3. 全身冻伤的治疗　复温后首要措施是防止休克和维护呼吸功能。为防治脑水肿和肾功能不全,可使用利尿剂。保持呼吸道通畅,给予氧疗,预防肺部感染。此外,还需纠正酸碱失衡,补充营养。

【主要护理诊断/问题】

1. 体温过低　与低温侵袭有关。

2. 组织完整性受损　与低温所致的组织坏死有关。

3. 疼痛　与组织冻伤有关。

4. 潜在并发症:休克、多器官功能障碍。

【护理措施】

1. 复温护理　冻伤的手、足、四肢等浸入40~42℃的温水中,注意水量充足,浸没局部肢体,水温保持恒定。一般浸泡0.5~1小时左右,皮肤颜色恢复,组织变软,皮温达36℃左右为止,面、耳、颈部不宜浸泡的部位,采用热毛巾外敷或红外线灯加温保暖。浸泡时可轻轻按摩未损伤的皮肤,促进血液循环。注意严禁火烤、雪搓、冷水浸泡或猛力捶打患部。复温后注意保暖,密切监测意识、体温、呼吸、脉率、血压等变化。用恒温输液泵静脉滴注温热液体(约为37℃),以提高体温,利于改善微循环。

2. 疼痛护理　病人在复温中和复温后有剧烈疼痛时,应遵医嘱立即给予镇痛剂。对手、足、肢体冻伤病人,抬高患肢平或高于心脏,促进静脉回流以减轻胀痛。按摩周围健康组织或活动健康肢体,分散注意力,提高痛阈。

3. 心理护理　安慰体贴病人,减轻紧张、恐惧,让病人了解病情及创面愈合情况,尤其是使需截肢病人面对现实,接受手术。

【健康教育】

在寒冷环境中工作,需注意做好防寒防湿措施。①防寒,衣服应松软而不透风,尽可能减少暴露在低温环境中的体表面积,用口罩、手套等保暖。②防湿,保持衣服和鞋袜的干燥,沾湿者及时更换。③防静,在寒冷环境中要适当活动,避免久站或蹲地不动。适当进高热量的饮食,不宜饮酒,因酒后会增加体热散失而不利于保暖。

第四节　咬伤病人的护理

一、犬咬伤

被患有狂犬病的犬、猫等动物咬伤后,其唾液中携带的致病病毒可以引发狂犬病。狂犬病是国家乙类传染病,具有很强的传染性。潜伏期可长可短,一旦发病,死亡率达100%。目前尚无有效的治疗方法。

【病理生理】

感染狂犬病毒的动物,其唾液中含有狂犬病毒,被咬后,唾液中病毒经伤口进入人体引起感染。自狂犬咬伤到发病一般有10日至数月不等的潜伏期,平均3~8周。与咬伤部位有关,伤口越深越大、越靠近头部者,潜伏期越短。

【临床表现】

1. 前驱期　已愈合的伤口重新出现痒、痛、麻木等局部症状并伴全身症状,如头痛、乏力、失眠、食欲缺乏、低热、恶心、心慌等。对风、声、光刺激敏感,引起喉部紧缩感。

2. 狂躁期　1~2日后出现烦躁、发狂,对风、声、光刺激更加敏感,轻微刺激即可引起抽搐。闻水声、见到水、甚至谈到水,均会咽喉痉挛,呈恐水现象,又称"恐水症"。病人有时在惊厥时突然因呼吸、循环衰竭而死亡。

3. 麻痹期　病人由烦躁转安静状态,恐惧感消失,痉挛停止,出现全身瘫痪,呼吸短促,数小时内可迅速死亡。

【治疗原则】

治疗原则是立即处理伤口、注射狂犬病被动免疫制剂和接种狂犬病疫苗。

1. 伤口处理　包括伤口冲洗和消毒处理。局部伤口处理越早越好,就诊时如伤口已结痂或者愈合则不主张进行伤口处理。清洗或者消毒时如果疼痛剧烈,可给予局部麻醉。

(1) 伤口冲洗:用20%的肥皂水和流动清水交替彻底清洗至少15分钟以上,再用生理盐水将伤口洗净,最后用无菌干棉球将伤口残留液吸尽,避免伤口处残留肥皂水。较深伤口冲洗时,用注射器或高压脉冲器械伸入伤口深部进行彻底灌注清洗。

(2) 消毒处理:彻底冲洗后,用2%~3%碘伏或75%酒精涂擦伤口周围。如伤口失活组织较多,首先予以清除。如伤口情况允许,应避免缝合。伤口的缝合和抗生素的预防性使用,应在了解暴露动物类型、伤口大小、位置及暴露时间的基础上区别对待。

(3) 特殊部位伤口处理:①眼部的伤口,用无菌生理盐水冲洗,一般不用任何消毒剂;②口腔的伤口,冲洗时注意保持头低位,以免冲洗液流入咽喉部;③外生殖器或肛门部黏膜伤口同皮肤的处理,注意冲洗方向应向外,避免污染深部黏膜。

2. 注射狂犬病免疫球蛋白(RIG)　包括动物源性RIG和人用RIG两种。伤口特别大时,在咬伤的部位局部注射RIG。动物源性RIG先做过敏试验,阳性者需先肌内注射肾上腺素,然后在伤口周围注射RIG。人用RIG不必做过敏试验。狂犬病RIG是被动免疫,它可中和侵入人体的狂犬病毒,从而抑制病毒繁殖,延长潜伏期。

3. 狂犬病疫苗接种　疫苗接种应当越早越好。接种程序:一般咬伤者于受伤当日、3、7、14和28日各注射狂犬病疫苗1个剂量,共5剂。狂犬病疫苗不分体重和年龄,每针次均接种1个剂量。

【主要护理诊断 / 问题】

1. 有窒息的危险　与咽喉肌痉挛有关。

2. 有感染的危险　与伤口污染有关。

3. 恐惧　与担心预后有关。

4. 知识缺乏：缺乏犬咬伤后的处理知识。

【护理措施】

1. 一般护理　隔离病房,保持病房安静,专人护理,各种护理操作尽量按顺序集中进行,避免光、声、风刺激,以免诱发病人肌痉挛发作。

2. 保持呼吸道通畅　注意及时清除口腔分泌物,保持呼吸道通畅,呼吸困难时及时行气管插管或气管切开。

3. 伤口的护理　及时、彻底清洗伤口,是预防狂犬病的重要手段之一,应积极协助医生进行伤口冲洗和消毒。伤口一般不缝合,严禁包扎,保持伤口引流通畅。

4. 注射被动免疫制剂的护理　注射抗狂犬病血清前要仔细询问既往有无过敏史,并做血清过敏试验,如血清试验阳性者,可改用人用狂犬病免疫球蛋白或血清行脱敏注射。被动免疫制剂应严格按照体重计算注射剂量,并一次性足量注射。在伤口周围浸润注射被动免疫制剂,将剩余制剂远离疫苗注射部位作深部肌内注射,如头部咬伤者可注射于背部肌肉。

5. 注射狂犬病疫苗的护理　叮嘱病人疫苗接种必须全程、足量、按时。注意不可把被动免疫制剂和狂犬病疫苗注射在同一部位,并禁止使用同一注射器注射狂犬病疫苗和被动免疫制剂。成人注射在上臂三角肌肌内,2 岁以下婴幼儿可在大腿前外侧肌肉内注射。注意禁止臀部注射。疫苗接种无禁忌证,少数人接种后出现局部红肿、硬结等,不需做特殊处理。

6. 饮食护理　加强营养支持,禁忌辛辣食物、浓茶、酒、咖啡等。

7. 用物处理　接触伤口的敷料,弃于专用密闭垃圾桶内,经过消毒处理后,送指定的地点毁形、焚烧。接触伤口的器械要严格消毒,接种疫苗的注射针头用后,不能回套针套,应弃于专用密闭的锐器收集箱内,减少锐器暴露时间,避免针刺伤。

8. 心理护理　病人受到犬咬刺激,易惊吓、发怒,应给予安慰、解释,并尽早注射狂犬病被动免疫制剂及疫苗,积极做好预防工作。

【健康教育】

加强犬类管理,定期接种疫苗;普及狂犬病的预防知识,提高人群的防病意识;犬咬伤后要立即用大量清水反复冲洗伤口,及时到正规医院处理伤口、注射狂犬病疫苗。

二、蛇咬伤

蛇咬伤(snake bite)多发生在夏秋季。蛇分无毒蛇和毒蛇两类。在我国有 50 余种毒蛇,主要分布在长江以南地区。主要的毒蛇种类有蝮蛇、银环蛇、金环蛇、五步蛇、眼镜蛇、竹叶青、烙铁头、海蛇等。无毒蛇咬伤在人体伤处皮肤留下细小或成排的齿痕,轻度刺痛,有的可有小水疱,无全身反应。毒蛇头部呈三角形,色彩斑纹鲜明,毒蛇有毒腺和毒牙。毒蛇咬伤后,在人体伤处留下一对较深的齿痕,蛇毒通过毒牙注入皮下或肌组织内,并进入淋巴和血流,引起严重的中毒症状,必须及时抢救,否则将危及生命。

【病理生理】

蛇毒是一种多肽混合物,主要含磷脂酶 A、透明质酸酶、腺苷三磷酸酯酶等,磷脂酶 A 毒性最强,它能使卵磷脂转变为对组织破坏性极强的溶血卵磷脂,导致溶血反应并对伤口局部产生损害。蛇毒大致可分为神经毒素、溶血毒素和混合毒素三类。金环蛇、银环蛇的毒素主要以神经毒素为主,作用于延髓和脊髓神经中枢,引起肌肉瘫痪。五步蛇、竹叶青等主要含有溶血毒素,有强烈的溶解组织、破坏凝血过程、溶血作用,可引起机体广泛的出血、溶血、休克等。混合毒素兼有神经毒素和血液毒素的特点,如蝮蛇、眼镜蛇等。

【临床表现】

1. 局部表现 病人就诊时患肢留有蛇齿痕迹,咬伤周围皮肤紫灰色并有血性水肿,患肢肿胀、麻木、疼痛、出血、局部组织坏死。

2. 全身表现 病人可能出现不同程度的全身中毒症状,包括全身虚弱、口周感觉异常、肌肉震颤、畏寒发热、烦躁不安、头晕眼花、胸闷心悸、眼睑下垂、恶心呕吐、吞咽困难、呼吸急促甚至呼吸抑制,导致呼吸循环衰竭。部分病人可出现皮肤黏膜出血、肺水肿、心脏衰竭和休克等,或出现少尿、无尿、血尿等急性肾衰竭的表现。

【治疗原则】

1. 现场急救

(1) 稳定病人情绪,应当避免奔跑:伤后患肢剧烈运动,可加速毒邪内攻,故伤后切忌奔跑,尽可能观察并认清蛇的形状、颜色及其他可能的特征。

(2) 减少蛇毒吸收:现场立即在被咬肢体近心端,距伤口 5~10cm 处,用止血带或就地取材加以缚扎。

(3) 烧灼法排毒:用火柴头 5 个左右放在伤口上点燃,烧灼 1~2 次,以破坏蛇毒。

(4) 针刺法排毒:伤后患肢肿胀时,可用三棱针或粗针点刺八邪穴,沿皮肤平行刺入1cm,从近心端向远心端挤压排毒。

(5) 转运病人:患肢下垂位,伤处浸入凉水中,或伤口周围给予冰敷,使血管及淋巴管收缩,减慢蛇毒的吸收。转运途中患肢不宜抬高,伤口应低于心脏水平。夹板固定患肢,以限制其活动。

2. 病情观察 密切监测生命体征、神志、尿量改变。对含溶血毒素的毒蛇咬伤者,主要观察病人的凝血功能情况。对含神经毒素的毒蛇咬伤者,应观察呼吸情况,注意呼吸肌麻痹引起的急性呼吸衰竭。

3. 伤口处理

(1) 伤口清创排毒:去除毒牙与污物,先用大量清水、肥皂水冲洗伤口及周围皮肤,再用3% 过氧化氢或 1：5 000 高锰酸钾反复冲洗伤口,冲洗时可用负压吸引。局部皮肤可切开排毒,以牙痕为中心,作十字切口,深达皮下,但不伤及肌膜,使淋巴液和血液外渗。还可通过拔火罐、吸乳器及注射器等反复抽吸促使毒液排出。伤口深并污染者,或伤口组织有坏死者,应切开清创,伤口扩大后,继续作局部的冲洗。

(2) 局部封闭:在伤口周围用胰蛋白酶、普鲁卡因作局部封闭。宜早用,可酌情重复使用,因胰蛋白酶是蛋白水解酶,能迅速破坏蛇毒蛋白质。

4. 全身治疗

(1) 注射抗蛇毒血清:是毒蛇咬伤抢救的特效药,其疗效与用药时间关系密切,愈早应用疗效愈好。抗蛇毒血清有单价和多价之分,单价抗毒素血清对已知毒蛇种类的咬伤有较好的疗效。在处理伤口的同时,迅速做皮试,皮试阴性者可静脉滴注抗蛇毒血清,皮试阳性者则采用脱敏注射。

(2) 解蛇毒中成药:利用中药清热解毒的功效,有南通(季德胜)蛇药、上海蛇药、广州蛇药等,可以口服或敷贴局部,有的为注射剂。另外,一些新鲜的草药对毒蛇咬伤有效,如半边莲鲜草 50g,捣烂外敷伤口,每日 3 次;樟树叶或柚树叶 300g,煎汤湿热外敷,每日 3 次等。

(3) 利尿排毒:可肌注呋塞米 20~40mg 或静脉滴注 20% 甘露醇 250ml,以排除血中蛇毒,缓解中毒症状。中医素有"活蛇不泄,蛇毒内结,二便不通,蛇毒内攻"的观点。泄蛇毒、通二便为毒蛇咬伤的治疗原则。

(4) 对症治疗:溶血、贫血严重者应输新鲜血;呼吸困难者及时氧气吸入;预防感染,常规使用破伤风抗毒素和抗生素;加快补液速度,预防休克的发生,保护各器官功能。

【主要护理诊断/问题】

1. 恐惧 与毒蛇咬伤后生命受到威胁有关。

2. 急性疼痛 与毒蛇咬伤、组织破坏有关。

3. 潜在并发症:感染、脏器功能衰竭。

4. 知识缺乏:缺乏毒蛇咬伤后的急救知识。

【护理措施】

1. 心理护理 毒蛇咬伤后病人精神紧张、恐惧,应及时给予解释和安慰,消除病人的不良情绪。急救过程中要镇定,动作敏捷,以增加其信任感和安全感。

2. 伤口护理 伤口清创要彻底,清创后用凡士林纱布覆盖,再用无菌纱布包扎。对于感染伤口,肿胀明显者给予切开引流,并保持引流通畅。患肢下垂或制动,每日换药,及时清除坏死组织,以达到预防感染的目的。

3. 密切监护 对于危重和昏迷者,应严密观测生命体征、神志变化。在伤口处理同时,应及时给予吸痰、吸氧、导尿等。

4. 保持呼吸道通畅 对于呼吸急促或呼吸困难者,迅速配合医生开放气道,建立人工气道,应用呼吸机进行抢救。

5. 维持体液平衡 密切观察尿液颜色,准确记录24小时尿量;检查肝、肾功能及血清电解质,以制定治疗方案。

6. 防止DIC 注意观察局部伤口有无出血、皮下有无出血点、鼻衄、咯血、呕血、便血、血尿,注射针眼处皮肤有无出血,肢体缚带局部有无皮下淤斑等。

7. 用药护理 破伤风抗毒素、抗蛇毒血清均为异体蛋白,使用前应先做皮试,皮试阴性者也需备好抗过敏药物及物品,如地塞米松、氯苯那敏、盐酸肾上腺素、盐酸异丙嗪、氧气、吸引器、气管插管盘等,做好抢救准备。

【健康教育】

1. 宣传毒蛇的危害,高度重视毒蛇咬伤,争取时间,积极救治,防止病情发展。

2. 教会毒蛇咬伤后的现场急救方法,切忌慌乱奔跑。

3. 指导自救或互救的方法,发生蛇咬伤后,应注意:①患肢下垂;②立即取坐位或卧位;③立即移除肢体上的束缚物,如戒指、手镯等,以免加重患肢肿胀;④立即在伤口的近心端5cm以上扎止血带,阻止静脉血液和淋巴液回流,以控制蛇毒扩散;⑤忌饮咖啡、浓茶、酒等刺激性饮料,以防血液循环加快而促进毒液吸收;⑥立即送医院就诊。

4. 忌食辛辣、荤腥食物,可用半边莲、半枝莲泡水代茶饮。

(陆海英)

复习思考题

1. 如何对损伤病人进行快速而有序的评估?

2. 如何对烧伤病人进行伤情评估?

3. 如何对吸入性损伤病人进行行急救护理?

扫一扫,
测一测

10章PPT

PPT 课件

第十章

器官移植病人的护理

学习目标

1. 复述器官移植、同种异体移植术、移植免疫、排斥反应的概念,简述器官移植前供者的选择、器官的切取和保存、受者的准备、受者病室的准备。

2. 理解移植免疫的机制,能阐明免疫治疗原则。

3. 运用相关知识对肾移植、肝移植的病人实施整体护理和健康指导,提高病人的生存质量。

第一节　概　　述

移植(transplantation)是指将某一个体有活力的细胞、组织或器官通过手术或介入等其他方法,移植到自体或另一个体的体内,以替代或增强原有细胞、组织或器官功能的技术。移植的细胞、组织或器官称为移植物(graft),提供移植物的个体称供者(donor)或供体,接受移植物的个体称受者(recipient)或受体。根据植入的移植物不同,分为细胞移植、组织移植和器官移植。

器官移植(organ transplantation)是指通过手术的方法将某一个体实体器官的整体或部分移植到另一个体的体内,并重建该器官所属的血管及其他功能性管道,使其继续发挥原有功能的移植。该技术已成为治疗器官终末期疾病的有效手段,如今已涉及除脑和脊髓外的几乎所有器官,如肾、肝、心脏、肺、胰腺、小肠、脾脏的移植,以及心肺、肝肾、胰肾联合移植和腹腔器官簇移植等。

知识链接

器官移植简史

现代人类移植学是 20 世纪医学发展的最大成就之一。血管吻合技术的创立以及移植免疫理论的证实,为现代移植外科奠定了基础。1954 年同卵双生兄弟之间进行的活体肾移植获得成功,标志着器官移植进入了临床应用阶段。20 世纪 60 年代第一代免疫抑制剂(硫唑嘌呤、泼尼松、抗淋巴细胞血清)的问世、器官保存技术和血管吻合技术的改进,使器官移植获得稳步发展。20 世纪 70 年代,免疫抑制剂环孢素 A 的问世,大大提高了移植物的存活率和器官移植的疗效。20 世纪 80 年代初,新型器官保存液的使用延长了移植器官的保存时间,实现了器官的远距离运送。异种之间的器官移植要真正走向临床仍然存在许多障碍,但目前基因编辑技术的愈加成熟,使异种器官移植领域取得了巨大的进步。同时,再生医学也培养出多种人体器官,并于 2011 年 7 月成功实施了世界首例人造气管的移植,人造器官有望成为供者器官的重要来源。

【器官移植的分类】

1. 根据供、受者间遗传学关系分类

(1) 同质移植:基因完全相同的不同个体之间的移植,如同卵双生子,移植后不会发生排斥反应,又称同系移植或同基因移植。

(2) 同种异体移植:种系相同而基因不同,如人与人之间的不同个体之间的移植,是目前临床应用最广泛的移植方式,移植后会发生排斥反应。

(3) 异种移植:供、受者双方分属不同种族,由于严重的免疫排斥反应、凝血问题、跨物种感染问题的存在,移植后会引起强烈的免疫排斥反应,目前仅处于动物实验研究阶段。

2. 根据移植物植入的位置分类

(1) 原位移植:移植物植入到受者的原器官所在的解剖位置。

(2) 异位移植:移植物植入到受者的原器官解剖位置以外的部位,如肾脏移植到髂窝内。

3. 根据移植物是否保持活力分类

(1) 活体移植:移植物始终保持着活力,术后即能恢复其原有功能。本章所讲器官移植均为活体移植。

(2) 结构移植:又称支架移植,移植物已丧失活力,如骨、软骨、血管、筋膜等,移植后提供支持性基质和机械解剖结构,无排斥反应。

4. 根据供者是否存活分类

(1) 尸体供者移植:移植物来自心肺、脑死亡的供者。

(2) 活体供者移植:移植物来源于依法自愿捐献自身器官的自然人,有活体亲属和活体非亲属之分。

5. 根据移植器官的数量分类

(1) 单一或单独移植:仅移植单个器官,如肾、肝或心脏移植。

(2) 联合移植:两个器官同时移植到某一个体的体内,如肝与小肠、胰肾、肝肾、心肺联合移植等。

(3) 多器官移植:三个或更多的器官同时移植到一个体内。

(4) 器官簇移植:在联合移植或多器官移植中,若两个或多个器官只有一个总血管蒂,整块切除后植入时,只需吻合主要动静脉主干,称为器官簇移植,如肝肠联合移植以及肝、胰、胃、肠联合移植。此种移植较单一器官移植排斥反应轻,具有免疫学方面的优势。

【移植免疫】

同种异体器官移植成功的最大障碍是移植后供、受者之间的移植排斥问题,英国学者通过皮肤移植的研究,证实这种移植排斥是一种免疫反应。移植免疫反应是指移植术后受者免疫系统与供者移植物相互作用而产生的特异性免疫应答,也称移植排斥反应(transplantation rejection),主要包括 T 淋巴细胞介导的细胞免疫反应和抗体介导的体液免疫反应,所以在器官移植之前,选择的供、受者必须符合免疫学原则,移植后,应用免疫抑制剂抑制受者的免疫系统来维持移植物的存活和功能也是遵循这一免疫特征。

1. 移植抗原　引起移植排斥反应的抗原称为移植抗原,在移植中已被鉴别出来的抗原有 3 类。

（1）主要组织相容性复合体抗原（major histocompatibility complex antigen，MHCA）：组织相容性是指不同个体间器官移植时，供、受者双方相互接受程度。MHC 分子首先是用血清学方法在白细胞上发现的，所以又称人类白细胞抗原（human leucocyte antigen，HLA）。MHC 具有广泛多态性，供、受者间的 MHC 差异是发生急性排斥反应的主要原因。

（2）次要组织相容性抗原（minor histocompatibility antigen，MHA）：通过移植物细胞表面的 MHC 分子呈递给 T 细胞，被 T 细胞识别，引起较弱的排斥反应。

（3）其他参与排斥反应的抗原：包括 ABO 血型抗原和组织特异性抗原等。ABO 血型抗原主要分布于红细胞表面，也位于肝肾等血管内皮细胞表面，移植违反血型配伍原则时，可与受者血液中原已存在的血型抗体结合，通过激活补体引起血管内皮细胞损伤和血管内凝血，发生超急性排斥反应。

2. 免疫排斥反应 移植排斥反应的本质是同种异体移植物作为一种"异己成分"被免疫系统识别，免疫细胞攻击、破坏和清除移植物的过程。根据其发生的时间和强度、免疫机制、病理表现的不同，可分为两种不同类型的排斥反应。一种是宿主抗移植物反应（host versus graft reaction，HVGR），包括超急性排斥反应、急性排斥反应和慢性排斥反应；另一种是移植物抗宿主反应（graft versus host reaction，GVHR）。

（1）超急性排斥反应（hyperacute rejection，HAR）：典型的体液免疫反应，通常是由于受者预先存在抗供者抗原的抗体，如 ABO 血型不相容、再次移植、反复输血、多次妊娠或长期血液透析的病人，在移植器官的血管吻合接通后 24 小时内，甚至数小时、数分钟内迅速与移植物内皮细胞结合，激活补体而直接破坏靶细胞。同时，也激活凝血反应，使移植物微血管系统广泛微血栓形成。可见移植器官明显水肿、出血和血管内凝血，功能迅速衰竭。一旦出现，免疫抑制剂治疗无效，唯一措施是尽快摘除移植物，进行再移植。近年来人类白细胞抗原（human lymphocyte antigen，HLA）分子配型和移植前血浆置换技术的应用，降低受者致敏程度，使得移植后这种排斥反应发生的影响程度大大降低。

（2）急性排斥反应（acute rejection，AR）：是临床上最常见的一种移植免疫反应，由 T 细胞介导和抗体介导，由于目前临床强效免疫抑制剂的应用，可见于移植后的任何时间段。其典型的临床表现为发热、移植物肿大而引起局部胀痛、移植器官功能减退等，排斥反应程度轻微时无特征性临床表现，目前也尚无可靠的生化或免疫学指标协助早期诊断，确诊需要病理学检查。一旦发生要尽早治疗，大剂量激素冲击疗法、应用抗淋巴细胞免疫球蛋白制剂或调整免疫抑制剂方案通常有效。

（3）慢性排斥反应（chronic rejection，CR）：可发生在移植术后数周、数月至数年，穿刺活检可确诊。目前发生机制尚不完全清楚，可能是抗体介导的排斥反应和 T 细胞介导的排斥反应反复发作，再加上多种非免疫因素，如免疫抑制剂药物毒性的长期作用，其临床表现为移植器官功能缓慢减退，免疫抑制药物治疗常难以奏效，是影响移植物长期存活的主要原因。

（4）移植物抗宿主反应：是移植物中的特异性淋巴细胞识别宿主（受者）抗原而发生的排斥反应，其严重程度主要取决于供受者间 HLA 的配型程度，也与次要组织相容性抗原显著相关，一旦发生，可引发多器官功能衰竭和受者死亡。常见于小肠移植、造血干细胞移植。

3. 免疫抑制治疗 免疫抑制治疗的基本原则是联合用药，即选择数种作用不同的药物组成治疗方案，增加药物的协同作用，减少单一药物的剂量，从而减轻其毒副作用。理想的免疫抑制剂治疗既能保证移植物不被排斥，又尽可能降低免疫抑制剂的毒副作用，还要对受者免疫系统的影响减至最小程度。

免疫治疗分为基础治疗和挽救治疗。基础治疗是指应用免疫抑制剂有效预防排斥反应的发生，术后早期免疫抑制剂用量较大，称为诱导阶段。随后逐渐减量，一直到维持量，以预防急性排斥反应的发生,称为维持阶段,通常免疫抑制剂需终身服用,少数病人在使用较长时期后,可极少剂量维持或完全停用免疫抑制剂。当出现急性排斥反应,则需加大免疫抑制剂的用量或者调整免疫抑制剂方案来逆转排斥反应,称为挽救治疗。

临床常用的免疫抑制剂主要分为免疫诱导用药和免疫维持用药。常用的免疫诱导药物主要是抗淋巴细胞免疫球蛋白制剂,包括多克隆抗体和单克隆抗体。免疫维持药物包括糖皮质激素、抗增殖类药物(硫唑嘌呤、吗替麦考酚酯)、钙调磷酸酶抑制剂(环孢素 A、他克莫司)、哺乳动物雷帕霉素靶蛋白(西罗莫司、依维莫司)。

【移植前准备】

(一)供者的选择

1. 免疫学检测　为了提高移植效果,应选择与受者组织相容性抗原无差异或差异小的供者获取移植物,临床常用的检测方法有以下几种:

(1) ABO 血型测定:同种异体间移植供受者血型应相同或相容,我国《人体器官移植条例》原则上规定不相容者不能捐献,但在日本、韩国等以活体肾移植为主的国家,ABO 血型不相容肾移植已较为成熟。国内由于器官短缺,只有在没有血型相容供者,且受者情况不允许等待尸体移植时可考虑血型不相容肾移植,但要充分告知风险。

(2) 淋巴细胞毒交叉配合试验:采用供者活淋巴细胞作为抗原,加入受者的血清,在补体作用下,发生抗原抗体反应。交叉配型试验阳性(>10%)是器官移植的禁忌证,尤其是肾移植和心脏移植。肝移植可相对放宽,但仍以 <10% 为佳。

(3) HLA 配型:国际标准是测定供、受者 HLA-A、B 位点及 HLA-DR、DQ 位点的相容程度,应尽量选择 HLA 相配的供者,一般认为 HLA-DR 对移植排斥反应的产生最为重要,其次是HLA-B、HLA-A 和 HLA-DQ。

(4) 群体反应性抗体(panel reactive antibody,PRA)检测:用于检测受者体内预存的 HLA抗体,超过 10% 即为致敏。移植、输血、妊娠均可能使受者致敏。

2. 非免疫学检测

(1) 移植器官功能正常:供者无血液病、结核病、恶性肿瘤、全身性感染伴血培养阳性和人类免疫缺陷病毒(HIV)感染等疾病。移植前要进行病理学评估,目前已经建立了国际统一的各移植器官病理学诊断标准,准确评估供者器官质量和预测移植效果,这对于扩大标准供者(expanded criteria donor,ECD)至关重要。

(2) 供者年龄:较年轻者当属最好,小于 50 岁最佳。但由于器官短缺,随着移植技术的提高和经验的积累,供者年龄的界限不断放宽。如供肺、胰腺者不超过 55 岁,供心、肾、肝分别不超过 60 岁、65 岁、70 岁。

(3) 生理匹配程度:供、受者之间身高、体重、体重指数等应接近。移植前要进行解剖学评估,如供肾的大小与髂窝深浅是否匹配、BMI>35kg/m^2 为肾脏捐献的禁忌证等。

3. 器官来源　同种器官目前主要来源于活体供者(主要为亲属捐赠,如供肾、供肝)与尸体供者,前者以同卵双生间最佳,然后依次是异卵双生、同胞兄弟姊妹、父母子女、血缘相关的亲属及无血缘者。后者是目前国内移植器官的主要来源,供者为心脑死亡的病人。活体器官捐献者必须自愿、无偿,年满 18 周岁且具有完全民事行为能力,并要征得"人体器官移植技术临床应用和伦理委员会"的同意。

4. 知情同意　充分的知情同意和保证供者安全是活体移植伦理评估的重要原则。医疗机构在摘取捐赠者器官前,应当充分告知以下内容:

(1) 医务人员必须履行充分的移植相关事项的告知义务。包括治疗方式、可以选择尸体供者或其他替代治疗、手术的近远期风险、移植的近远期效果、以及可能造成对供者就业、保险、家庭以及社会适应性的影响,捐赠者有权在捐赠器官前的任何时间中止捐赠意愿。

(2)告知途径是书面资料和多次正式面对面交流,捐献者和受者及相关人员必须能够理解被告知的所有内容,并且签署《知情同意书》、捐赠者需填写《自愿捐献书》和《手术同意书》等相关文件。

(二)器官的切取与保存

供者类型不同或所需器官不同,其切取和保存的方法也不同。获取器官的过程包括手术切开探查、原位灌注、切取器官、保存器官和运送。可从一个尸体供者获取多个器官,如心、肺、肾、肝、胰腺等器官,分别移植于多个受者。

切取时,阻断器官的血液供应后,细胞在 35~37℃温度下短时间内即开始失去活力。器官从供者血液循环停止或局部血供中止到冷灌注开始,这一间隔时间称为热缺血时间,此期间对器官损害最为严重,一般不应超过 10 分钟。从供者器官开始冷灌注到移植后血供开放前所间隔的时间,期间包括器官保存阶段,称为冷缺血时间。冷缺血时间过长,不利于移植器官的功能恢复和长期存活。此外,切取时应尽量避免对器官的机械损伤和破坏,保证移植物的质量。所以为保障供者器官的质量和功能,保证移植后器官的存活率,就要尽量缩短热、冷缺血时间,遵循低温保存、预防细胞肿胀和避免生化损伤的器官保存原则极为重要。但是在低温条件下,细胞新陈代谢降低,由于细胞代谢的主要能量来源不断减少,维持细胞内高钾低钠状态的钠 - 钾泵失活,这些终将导致细胞肿胀,因此器官离体后如何保存也是保持器官活力的又一重要因素。

1. 常用的器官灌洗及保存液

(1)器官灌洗:用特制的 0~4℃的器官灌洗液,灌洗压力保持在 5.9~9.8kPa(60~100cmH$_2$O),肝脏灌注量约需 2~3L,肾和胰腺约需 200~500ml,快速进行器官冷灌注,尽可能将血液冲洗干净,直至其表面呈均匀的灰白色,静脉流出的液体清澈,然后保存于 2~4℃的保存液中直至移植。

(2)灌洗液及保存液:UW 液(the University of Wisconsin solution)、HTK 液(histidinetryptophan-keto glutarate)、Hartmann 液、高渗枸橼酸腺嘌呤液(hypertonic citrate adenine,HCA)为目前临床应用最广泛的器官灌洗保存液,如肾脏摘取后,可用 4℃高渗枸橼酸腺嘌呤液(HCA)约 500ml 冲洗、浸泡并保存。

2. 器官保存时限 为使移植器官尽可能存活,结合其病理生理特点,不同器官的保存时限为:心脏 5 小时,肝脏 12~15 小时,胰腺 10~20 小时,肾脏 40~50 小时。超低温保存技术用于实体器官的研究正在进行,如能成功,将大大延长器官的保存时间。

(三)受者预处理

当受者 ABO 血型不相容及交叉配型试验阳性时,为逾越 ABO 血型屏障和 HLA 致敏屏障进行器官移植,需要对受者预处理:血浆置换去除受者血液内预存的特异性抗体,利妥昔单抗清除 B 淋巴细胞和抗体介导的排斥反应,大剂量静脉注射免疫球蛋白中和抗体等。

(四)病室的准备

1. 病室设施 光线及照明充足,通风良好。室内除一般配备(空调、中心供氧及负压吸引)外,还应配备空气流层设备或其他空气消毒设施。有条件的医院可配置闭路电视监视系统、电视机、冰箱和可视电话等。

2. 消毒隔离

(1)消毒:术前一日和手术当日用 0.5% 过氧乙酸或其他消毒液擦拭病室内一切物品、地板、门窗等,然后用乳酸熏蒸、臭氧机或其他方法(按每立方米用 40% 甲醛 12ml、高锰酸钾 6g、加水 60ml,熏蒸 12~24 小时)进行空气消毒。

（2）隔离：实施保护性隔离，病室门口张贴隔离提示，有条件的医院术后病人安置在有空气层流设备的单间洁净病室。医护人员和病人家属进入移植隔离病房应洗手、穿隔离衣和鞋套、戴口罩、帽子等。

3. 物品准备

（1）灭菌物品：被套、枕套、大单、中单、病人衣裤和腹带等。

（2）仪器：准备体温计、血压计、听诊器、吸引器、输液泵、微量泵、监护仪、呼吸机等。

（3）设专用药柜：准备相关药品，如止血药、抗生素、免疫抑制剂、降压药、利尿药、清蛋白及急救药品等。

（4）其他：精密度尿袋、体外引流袋、量杯、便器和体重秤等；在隔离病房的外间准备隔离衣、口罩、帽子、鞋、鞋套等，以备医护人员进入隔离病房时更换。

第二节　肾移植病人的护理

案例分析

成先生，24岁，职员，膜性肾病8年余，血液透析1年10个月。

病人8年前因"浮肿、尿常规异常"行肾穿刺，病理示肾小球膜性病变。经内科反复治疗，1年11个月前病情加重，出现乏力、发热，伴头晕、心悸，HGB 44g/L，血肌酐1 022μmol/L，予以输注红细胞纠正贫血，并行cuff颈静脉透析导管置入，进行血液透析治疗，每周三次，以"慢性肾脏病5期"，计划行肾移植收入院。病人近一年来，饮食、睡眠可，大小便正常，体重无明显变化，近期偶尔咳嗽，夜间咳嗽频繁。

体格检查：T 36.5℃，P 80次/min，R 20次/min，BP 110/74mmHg，体重57kg，身高175cm；神志清，精神欠佳，营养可，发育正常，查体合作；右侧颈部有透析管；胸廓对称无畸形，双侧呼吸幅度相等，双肺呼吸音清，未闻及明显干湿性啰音；心前区无隆起，律规整，各瓣膜听诊区未闻及病理性杂音；双肾区无压痛，无叩痛，双输尿管行径无压痛，耻骨上膀胱区无压痛、无叩痛，双下肢无浮肿。

辅助检查：血尿素氮27mmol/L，肌酐1 177μmol/L，尿酸469μmol/L，血红蛋白110g/L；胸腹盆CT显示双肺少许纤维灶，双肺轻度炎症，双肺小结节、考虑增殖灶；双侧胸腔积液；心包增厚，心脏增大；双肾萎缩。

1. 病人目前存在的主要护理诊断/问题有哪些？

2. 针对主要的护理诊断/问题，应该对病人做如何的干预才能进行肾移植？

3. 肾移植后对其主要的护理措施有哪些？

肾移植（renal transplantation）是临床各类器官移植中开展最早、最多、最成熟、疗效最显著的器官移植，终末期肾病治疗当中肾移植是疗效最好的治疗手段，病人可恢复良好的工作、生活、心理和精神状态，其长期寿命、生活质量、医疗费用等方面肾移植明显优于尿毒症透析治疗，肾衰竭病人接受透析时间越长，其长期预后越差，所以在没有禁忌证的前提下，要尽早接受肾移植，但肾脏来源缺乏是现在肾脏移植的最大障碍。活体肾移植，其肾长期存活率明显优于尸体肾移植，正因为活体肾移植的诸多优势，使其在世界各国得以广泛开展。我国肾移植的数量已位居全球第二位，截至2018年，我国施行活体肾移植数量超过10 000例，多数移植中心移植肾 5 年存活率显著好于美国的总体水平。

【适应证】

原则上任何急慢性肾病导致的不可逆性终末期肾病（end stage renal disease,ESRD）均是肾移植的适应证。但由于原发病变性质、病人年龄、机体免疫状态以及影响移植肾功能有关的危险因素，并不是所有 ESRD 病人均适宜接受肾移植手术。受者年龄一般以 4~70 岁较为合适。

1. 肾小球肾炎　最常见的肾移植适应证。其中某些原发病有移植术后复发倾向，可以在病情稳定的非活动期行肾移植术，如局灶节段性肾小球硬化（focal segmental glomerulosclerosis,FSGS）、膜性肾病、膜增生性肾小球肾炎（Ⅰ、Ⅱ型）、IgA 肾病、抗肾小球基底膜性肾炎、过敏性紫癜性肾小球肾炎。

2. 慢性肾盂肾炎、慢性间质性肾炎　易导致慢性肾衰竭，可择期肾移植。

3. 遗传性疾病　遗传性肾炎，如 Alport 综合征；多囊肾；肾髓质囊性变。常染色体显性成人多囊肾病（autosomal dominantpolycystic kidney disease,ADPKD）是最常见的遗传性肾病，选择亲属肾移植有可能增加肾病复发的风险，需在术前与供、受者沟通说明。

4. 代谢性疾病　如糖尿病性肾病、原发性高草酸尿症、胱氨酸肾病、Fabry 病、肾淀粉样变、痛风性肾病。

5. 血管性肾病　如高血压肾病、肾血管性高血压、小动脉性肾硬化症等。

6. 中毒性肾损害　如止痛药性肾炎、阿片滥用性肾病、重金属中毒。

7. 系统性疾病　如系统性红斑狼疮性肾炎、血管炎性肾炎、进行性系统硬化病性肾炎、溶血性尿毒症综合征。

8. 肿瘤　如肾胚胎肿瘤、肾细胞瘤、骨髓瘤。

9. 其他　先天性畸形，如先天性肾发育不全、马蹄肾；急性不可逆性肾衰竭；肾严重外伤等。

【禁忌证】

绝对禁忌证包括肝炎病毒复制期、近期心肌梗死、活动性消化性溃疡、体内有活动性慢性感染病灶，如获得性免疫缺陷综合征（acquired immunodeficiency syndrome,AIDS）、活动期结核病、泌尿系统感染及透析管路感染等；未经治疗的恶性肿瘤；各种进展期代谢性疾病，如高草酸尿症等；心、肺、肝衰竭的受者（器官联合移植除外）；尚未控制的精神病，以及一般情况差，不能耐受肾移植手术的受者。相对禁忌证包括极端肥胖或严重营养不良、癌前期病变、依从性差、严重周围血管病变，尤其是伴有糖尿病的病人，要仔细筛查是否存在髂动脉病变和腹主动脉瘤等。

【辅助检查】

1. 实验室检查

（1）一般检查：血尿粪常规、血型检测（ABO 及 Rh 血型）、凝血全套、肝肾功能、电解质、血脂、空腹血糖。

（2）感染性疾病筛查：乙型肝炎病毒（hepatitis B virus,HBV）、丙型肝炎病毒（hepatitis C virus,HCV）、人类免疫缺陷病毒（human immunodeficiency virus,HIV）抗体、梅毒血清学；巨细胞病毒（cytomegalovirus,CMV）；EB 病毒抗体等。

（3）免疫学检测：①群体反应性抗体（panel reactive antibody,PRA）检测，PRA 是肾移植术前筛选致敏受者的重要指标。②供、受者间补体依赖淋巴细胞毒性试验（complement-dependent cytotoxicity,CDC）<10% 为阴性，但 CDC 对抗体检测的灵敏度较低。供、受者间流式细胞术交叉配型（flow cytometric cross-matches,FCXM）的灵敏度和特异度均较高。③HLA

测定,推荐应用 DNA 分型技术,至少对受者的 HLA-A、HLA-B、HLA-DR 和 HLA-DQ 位点进行分型。

2. 其他常规检查 髂血管超声检查、心电图检查、X 线胸片或肺部 CT、腹部及盆腔超声检查。

【治疗原则】

1. 手术方式 肾移植手术最常采用异位移植,移植肾放在腹膜后的髂窝内,一般首选右髂窝,其次为左髂窝。成人供肾移植给小儿时,因髂窝容积有限,可在腹膜后下腰部位或者在下腹部腹腔内进行。肾动脉与髂内或髂外动脉吻合,肾静脉与髂外静脉吻合,输尿管经过一段膀胱浆肌层形成的短隧道与膀胱黏膜吻合(图10-1),输尿管内一般留置支架管(双 J 形支架管),便于减轻输尿管膀胱吻合口的张力,预防尿漏和输尿管梗阻等并发症的发生。肾移植术后局部渗出较多,一般肾上、下极分别放置一根有侧孔的引流管,或在移植肾旁放置 1 根多孔引流管。

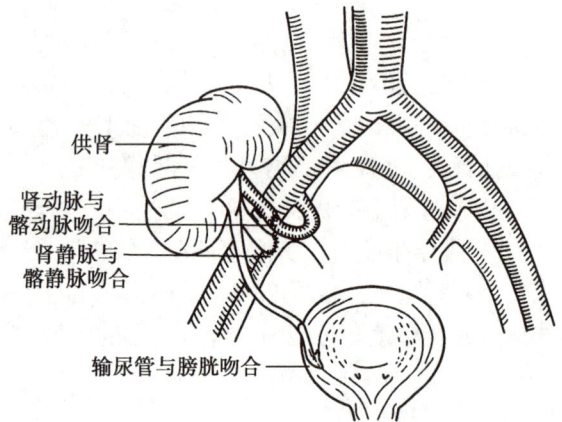

供肾

肾动脉与
髂动脉吻合

肾静脉与
髂静脉吻合

输尿管与膀胱吻合

图 10-1 肾移植

2. 免疫抑制治疗 参见本章第一节概述相关内容。

【护理评估】

(一) 术前评估

1. 相关健康史 按常规采集病史外,应重点搜集以下病史,包括既往器官移植史、透析史、输血史、孕产史、药物依赖和吸毒史、免疫接种史、吸烟饮酒程度。了解有无家族史,是否有肾脏疾病家族史。

2. 身体状况

(1) 局部:评估肾区有无疼痛、压痛、叩击痛及疼痛的性质、范围、程度。评估病人的尿量情况,是否留置透析置管或动静脉内瘘。评估病人周围血管是否有病变,注意下肢动脉搏动情况或是否有血管杂音。对成年型多囊肾病人要仔细检查双肾的大小。

(2) 全身:评估病人生命体征是否平稳、评估有无营养不良、贫血,有无水肿,评估病人各器官功能状况,有无其他合并症及伴随症状。

(3) 辅助检查:评估术前常规实验室及影像学检查是否完善,尤其是供受者免疫学检查情况和髂血管超声检查情况。

3. 心理 - 社会状况 肾移植病人由于长期受透析、服药及经济等多方面因素的影响,其生活质量下降,加之担忧治疗效果和预后,病人普遍存在不同程度的焦虑。评估病人及家属对肾移植手术相关知识的了解和接受程度,对肾移植高额医疗费用、手术风险的承受能力等。

(二) 术后评估

1. 术中情况 了解术中生命体征是否平稳,尤其是血压和中心静脉压;了解术中补液及尿量情况,血管吻合情况、切口及出血情况。

2. 术后情况 评估移植肾的功能,如病人的尿量、血肌酐、肌酐清除率及水电解质的变化;管道的评估,检查各管道是否有效固定、是否引流通畅,评估引流液的颜色、性状和量;评估病人及家属对移植肾功能与状况的认知程度,对术后恢复相关知识的掌握情况。

【主要护理诊断/问题】

1. 焦虑/恐惧　与担心手术能否成功、移植后治疗、康复及昂贵的医疗费用有关。

2. 营养失调:低于机体需要量　与长期低蛋白饮食、食欲缺乏、胃肠道吸收不良等有关。

3. 有体液不足的危险　与术前透析过度或术后多尿期体液排出过多有关。

4. 潜在并发症:排斥反应、出血、感染、尿漏、尿路梗阻等。

【护理措施】

(一) 术前护理

1. 皮肤准备　术前保持皮肤及毛发的清洁卫生,术前一日全身清洁处理,如理发、剪指甲等。做好植入区域的皮肤准备,范围上起剑突下,下至大腿上 1/3,两侧至腋后线。

2. 加强营养　由于病程长和长期透析,大部分病人存在不同程度的营养不良和贫血,根据肾功能及营养状况,给予易吸收的低钠、高维生素、高碳水化合物、优质蛋白饮食,必要时遵医嘱给予肠外营养,纠正水、电解质及酸碱平衡失调。纠正贫血状况时,应尽可能避免输血,可以根据病情适当应用促红细胞生成素、铁剂、叶酸及维生素 B_{12} 来改善贫血状况,必要时术前备血和肠道准备。

3. 透析护理　根据病人情况,移植前 24 小时透析 1 次,减少体内过多的毒素,减轻水钠潴留,改善病人的全身状况,提高手术耐受力。术晨测量体重,记录出入液量。

4. 药物及环境准备　术前常规准备免疫抑制剂、抗菌药物、利尿剂、抢救药品等,遵医嘱预防性应用抗生素,注意防寒保暖,及时处理皮肤、口腔、耳鼻咽喉、肺部、肝胆胃肠及泌尿生殖道等潜伏感染病灶。常规给予免疫诱导治疗,以预防排斥反应。术前 1 日和手术当日对病室内物体表面用消毒液擦拭,室内空气可用紫外线灯管消毒。有条件的可以术后将病人安置在有空气层流设备的洁净病房或监护室。

5. 心理护理　给病人和家属讲解肾移植手术方式、术后治疗方案、常见并发症等相关知识,对肾移植手术预后有心理准备和客观的认识,增加手术的信心,并以积极的心态配合治疗和护理。

(二) 术后护理

1. 严密病情观察

(1) 生命体征:监护仪监测血压、脉搏、呼吸、心率、血氧饱和度、中心静脉压等,并做好记录。体温是观察是否发生排斥反应或感染征象的重要指标之一,如出现异常,应及时鉴别并处理。术后收缩压不应低于 140mmHg,以保证移植肾的有效血流灌注量,促进其功能恢复。

(2) 移植肾区的观察:可通过触诊、听诊、超声检查来判断移植肾的大小、质地、肾周有无积液、积血等情况,早期发现有无排斥反应、移植肾延迟恢复、肾周出血等并发症,并尽早处理。注意观察伤口敷料有无渗血、渗液,伤口有无红、肿、热、痛及分泌物,根据情况给予换药,换药时注意无菌操作。

(3) 监测术后排斥反应的指标:应每日采集血、尿标本,监测肌酐、肾小球滤过率(glomerular filtration rate,GFR)、尿蛋白和供者特异性抗体(donor specific antibody,DSA)等,以了解移植肾功能恢复情况并监测有无水电解质紊乱。

(4) 引流管的观察与护理:观察引流液的量、颜色和性状,妥善固定,保持引流通畅,定期更换引流袋,注意无菌操作。搬动病人或更换引流袋时,应先夹住引流管,防止引流液反流导致逆行感染。要注意观察是否有出血、尿漏或淋巴瘘等情况,若持续有鲜红血液浸湿敷料、髂窝引流管持续引流出较多新鲜血性液体(>100ml/h),应警惕有活动性出血可能;如果引流出尿液样液体,则提示尿漏的可能;如果引流出乳糜样液体则提示淋巴漏,要及时报告医生。对于尸体捐献的肾移植,引流液的微生物培养对监测供者来源的感染十分重要,当连续 2~3 次培养阴性时,引流管方可于术后 5~7 日拔除。

(5)尿管的观察与护理:留置期间,做好会阴部护理,防止泌尿系统感染。如出现尿量突然下降,应注意检查尿管是否通畅、有无血块阻塞等情况。

2. 体位与活动　病人返回病房时全麻卧位,清醒后可抬高床头 30°,以减轻伤口疼痛,降低血管吻合口张力。术后 1~2 日绝对卧床休息,需在护士协助下进行床上翻身、四肢屈伸、踝泵运动等,以预防压疮和深静脉血栓的形成。术后 3 日协助病人移坐在床边 10~20 分钟,无不适后可协助下地行走,改变体位时应动作轻柔,禁忌突然改变体位,以防血管吻合口破裂出血。

3. 液体管理

(1)部位选择:一般不选择手术侧下肢、血液透析所用的动静脉造瘘肢体建立静脉通道;术后第 1 日应保证两条静脉通道,并保证一条通路能供输血或快速输液用。

(2)补液量和速度控制:术后早期应严格监测和控制出入量,输液应遵循"量出为入"的原则,根据尿量、血压、中心静脉压及时调整补液速度和量。对于血压高、术前透析不充分、心功能较差的病人,补液量要酌情减少或减慢补液速度。

4. 用药护理　指导病人正确区分免疫抑制剂及辅助用药。按时、定量服用免疫抑制剂,服药时间为餐前 1 小时或餐后 2 小时,早晚间隔 12 小时。不宜服用对免疫抑制剂有拮抗作用的药品和食品,遵医嘱定期监测免疫抑制剂药物浓度,以防血药浓度过高或过低而引起药物中毒或排斥反应。

5. 饮食护理　肾移植术后病人肠蠕动恢复后即可进食,按流质、半流质、普通饮食循序渐进的原则,给予高热量、高维生素、优质蛋白(动物蛋白)、低钠、易消化饮食,忌生、冷、辛辣及刺激性食品。术后禁食有提高免疫力作用的补气、补肾类保健食品,如蜂王浆、党参等,以防引起排斥反应。

6. 并发症的观察与护理

(1)出血:术后早期并发症之一,与取肾、修肾、血管吻合及术前血液透析肝素化导致凝血功能异常等因素有关。应密切监测病人生命体征、神志、伤口及各引流管引流情况,严格记录 24 小时出入量。当伤口大量渗血、局部肿胀、心率加快、血压及中心静脉压下降时,应及时报告医生,并配合进行相应处理。

(2)移植肾破裂:肾移植术后早期严重的并发症之一。最常见原因有急性排斥反应、供肾损伤、骤然腹压增高(如用力排便、咳嗽)等,密切观察病人生命体征、伤口敷料、引流液情况,移植肾区有无肿胀、疼痛等情况。如病人突然出现移植肾区剧痛或胀痛,同时伴有血压下降、心率加快、大汗、手术切口或引流管有大量鲜红色液体流出,应警惕是否发生移植肾破裂,立即嘱病人严格卧床制动,积极配合医生做好抢救及手术探查准备。

(3)感染:是最常见的致命并发症,常发生在伤口、肺部、尿路、皮肤和口腔等部位,以肺部感染居多。感染发病隐匿、种类繁多、进展迅猛、病情危重,是导致肾移植病人死亡的主要原因之一。临床以预防为主,常规痰液、咽拭子、尿液行细菌、真菌培养;密切监测体温;加强保护性隔离,严格探视制度;做好各项基础护理,协助病人翻身、叩背,指导有效咳嗽、咳痰、深呼吸训练,加强预防肺部感染。

(4)急性排斥反应:当病人出现尿量明显减少、体重增加、体温上升甚至寒战、血压升高、移植肾胀痛等症状,实验室检查血肌酐升高、肌酐清除率下降,则提示可能发生排斥反应,积极配合医生正确、及时执行冲击疗法,并观察用药效果及不良反应,尤其注意观察病人大便颜色,警惕应激性消化道溃疡的发生。

(5)其他:肾移植术后早期还要观察有无尿瘘、肾动脉血栓、输尿管狭窄或梗阻等。由于免疫抑制剂长期大剂量的使用,可能会出现的远期并发症,包括高血压、糖代谢紊乱、高尿酸血症、骨质疏松、恶性肿瘤等。

【健康教育】

1. 心理疏导 指导病人正确认识肾移植治疗,保持心情愉悦,服用激素的病人处于易激惹状态,应多给予体贴、关心和理解。

2. 自我监测 指导病人每日测量体温、血压、尿量、体重等并做好记录。每日晨起和午睡后自测体温,在晨起大小便后、早餐前测体重。指导病人识别排斥反应的信号。

3. 预防感染 少到公共场所,外出戴口罩;注意保暖,防止受凉感冒;加强饮食和口腔卫生,注意个人卫生;不宜饲养宠物,防止动物传播的病原体感染等。

4. 用药指导 肾移植术后病人需终生服用免疫抑制剂,讲解坚持服用免疫抑制剂的目的及重要性,严格遵守服药的方法、时间及剂量,说明注意事项及可能的不良反应,切勿擅自增减药量或停服,要定期复查药物浓度,根据医生的意见方可调整。忌用提高机体免疫功能的食品及保健品。

5. 活动与休息 指导病人养成良好的生活习惯,适当体育锻炼,避免强体力劳动,移植肾多置于髂窝内,位置表浅,易受到外力的撞击发生损伤,应特别注意保护。

6. 定期复查 肾移植术后的排斥监测是一个长期的过程,出院后第1个月内每周复查1次,第2个月每2周复查1次;术后第3个月至半年,每个月复查1次;以后视情况延长复查间隔时间,如有不适及时就诊。

第三节 肝移植病人的护理

肝移植(liver transplantation)是治疗终末期肝病最有效的方法,儿童肝移植术后的存活率较成人更为理想,心脏死亡器官捐献已成为我国肝移植供肝的主要来源。1963年,美国学者 Thomas Starzl 完成了世界首例肝移植术,我国是在 1977 年开展了首例临床肝移植,经过半个世纪不断发展与创新,肝移植技术逐渐趋于成熟,术后病人存活时间不断延长。米兰(Milan)标准或美国加州大学旧金山分校(UCSF)标准已经成为肝癌肝移植的金标准,而我国"杭州标准"也在不断扩大肝癌肝移植适应证,改善肝癌病人的生存质量,受到国内外同行的广泛关注。

【适应证】

1. 肝实质性疾病

(1)终末期肝硬化:肝移植的主要适应证,如病毒性肝炎肝硬化(乙型肝炎后肝硬化是我国肝移植的主要适应证)、酒精性肝硬化、自身免疫性肝炎肝硬化。

(2)急性肝功能衰竭:急性肝功能衰竭是指起病 4 周内发生的肝功能衰竭,以肝性脑病为重要特征。

(3)终末期非酒精性脂肪性肝病:肝移植后仍会复发,仅作为延长病人生命的一种选择。

(4)其他:如先天性肝纤维化、囊性纤维化肝病、多囊肝、新生儿肝炎、肝棘球蚴病(包虫病)、布加综合征和严重的复杂肝外伤等。

2. 胆汁淤积性肝病 包括行 Kasai 手术无效的先天性胆道闭锁、Caroli 病、原发性胆汁性肝硬化、原发性硬化性胆管炎、家族性胆汁淤积病、广泛肝内胆管结石和继发性胆汁性肝硬化等。

3. 先天性代谢性肝病 病人多为儿童,诊断明确后行肝移植多可治愈。

4. 肝脏肿瘤 肝脏良性和恶性肿瘤。肝细胞癌是最多见的原发性肝脏恶性肿瘤,其早期是肝移植的主要适应证,但术后肿瘤复发转移是影响肝移植开展的主要障碍之一。

【禁忌证】

绝对禁忌证包括:难以根治的肝外恶性肿瘤、难以控制的感染(包括细菌、真菌和病毒感染)、严重的心、肺、脑和肾等重要器官实质性病变、难以控制的心理或精神疾病、难以戒除的酗酒或吸毒。相对禁忌证包括:年龄 >70 岁、依从性差、门静脉血栓形成或门静脉海绵样变、HIV 感染、既往有精神疾病史。

【辅助检查】

1. 实验室检查 血型(ABO 和 Rh 系统)、血尿粪常规、肝肾功能、电解质、血糖和血脂、凝血功能、血气分析、HBV 标志物和 HBV-DNA 检测、抗 HCV 和 HCV-RNA、HIV- 抗体、梅毒抗体等。

2. 影像学检查 心电图、胸部 X 线、心脏和腹部彩色多普勒超声(含门静脉血流测定)、腹部增强 CT、胃十二指肠镜,肿瘤病人行胸部 CT、头颅 MRI 或 CT 及全身骨扫描等排除肝外转移。

【治疗原则】

按供肝植入部位不同,可分为原位肝移植和异位肝移植,目前临床上为了解决供肝短缺和儿童肝移植的问题,又出现了活体肝移植、减体积肝移植、劈离式肝移植以及辅助性肝移植。

1. 原位肝移植 更符合人体的解剖生理特征,目前临床肝移植基本采用该术式,根据供肝肝静脉与受者下腔静脉的吻合方式不同,又分为经典肝移植(图 10-2)和背驮式肝移植(图 10-3)。病肝切除是肝移植的关键步骤,通常采用双肋缘下"人"字形切口或倒"T"形切口,供肝植入后,根据情况放置 T 管,充分止血后,放置引流管(置管位置如右膈下、左肝下和网膜孔)。

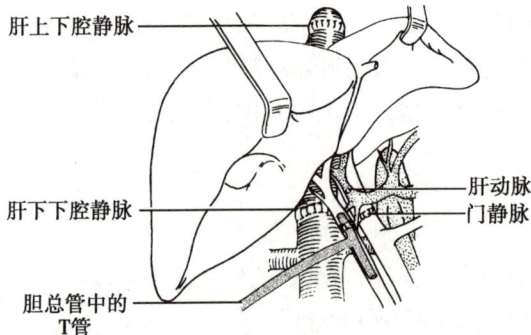

图 10-2 经典肝移植

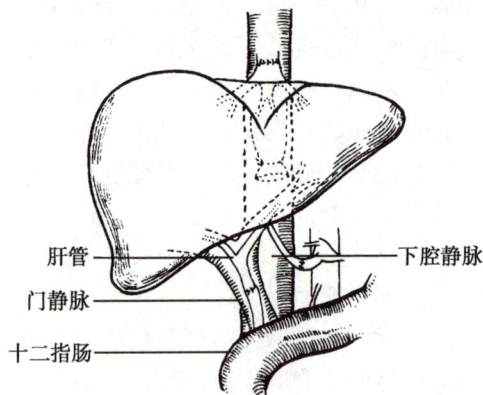

图 10-3 背驮式肝移植

2. 异位肝移植 将供肝移植于脾窝、髂窝、右肝下间隙、肾区等处。

3. 免疫抑制剂等综合治疗 参见本章第一节概述的相关内容。

【护理评估】

(一) 术前评估

1. 相关健康史 按常规采集病史外,应重点评估肝脏疾病诊疗史,有无糖尿病、心血管疾病等其他病史。了解饮食习惯、有无烟酒茶饮嗜好等。

2. 身体状况

（1）局部：评估肝区有无压痛或疼痛，肝功能代偿情况，有无腹水及消化道出血的症状，皮肤、巩膜有无黄疸或出血点等，评估病人外周血管情况。

（2）全身：评估病人的生命体征、营养状况，有无肝性脑病及合并其他疾病的情况。

（3）辅助检查：评估常规检查是否完善外，还要重点评估相关免疫学情况、抗排斥反应药物基因检测、肿瘤基因测序等。

3. 心理-社会状况 评估病人及家属对肝移植手术相关知识了解程度、心理承受能力、家庭经济情况及家庭对其手术的支持程度。

（二）术后评估

1. 术中情况 了解手术过程、麻醉、出血、输血、补液情况，评估生命体征、中心静脉压、肺毛细血管楔压、呼吸机参数等。

2. 术后情况 评估切口及各引流管的位置及引流情况，通过各种监测指标评估移植肝脏的功能。

【主要护理诊断/问题】

1. 焦虑/恐惧 与担心手术效果、家庭和社会地位及经济状况改变有关。

2. 营养失调：低于机体需要量 与慢性肝病消耗及摄入量减少等有关。

3. 体液过多或不足 前者与大量输液和肝功能障碍有关，后者与大量放腹水、利尿、手术时体液流失及术后引流有关。

4. 潜在并发症：出血、感染、肝性脑病、急性排斥反应、胆道并发症等。

【护理措施】

（一）术前护理

常规术前准备外，肝移植病人还需做好以下特殊准备。

1. 心理护理 由于配型、肝源等问题，对于肝移植病人来说及时救治概率较低，术前需要等待时间较长，肝移植等待手术期病人的心理问题较为严重，尤其病人常因原发病而并发其他临床相关问题，如肝硬化腹水、低钠血症、呼吸性碱中毒、肾功能不全、凝血功能异常等，让其更加焦虑和恐惧，医务人员要及时缓解病人的负面情绪，以防影响病人的预后。

2. 改善营养状况 病人由于长期肝代谢功能障碍，糖、蛋白质和脂肪代谢紊乱，大多存在不同程度的营养不良。适量优质蛋白质、低脂和充足维生素饮食有助于缓解病情，防止肝性脑病并保护胃肠道黏膜屏障功能。可以输入血浆、白蛋白等，为了防止发生肝昏迷，补充氨基酸应以支链氨基酸为主。必要时给予肠内营养和肠外营养，维持血红蛋白 >90g/L，白蛋白 >30g/L。

3. 纠正凝血异常 术前积极纠正凝血功能障碍，防止术中广泛渗血。补充凝血因子应在术前 1 日和手术当日早晨进行，根据凝血功能检查结果，可输注血小板、纤维蛋白原、凝血酶原复合物或新鲜血浆。术前常规备血 4 000ml 以上，血浆 3 000~4 000ml，以及一定数量的凝血因子、血小板、清蛋白等。

4. 积极处理各种并发症

（1）感染：尤其是隐匿性感染，一旦发现，及时处理，以降低移植后受者病死率。如自发性细菌性腹膜炎、肺部、上呼吸道、泌尿系统和皮肤感染（疖、痈）以及感染性腹泻等。

（2）上消化道出血：肝移植受者术前常见并发症之一，也是术前死亡的主要原因之一。

（3）肝昏迷：肝昏迷是终末期肝病较为严重的并发症，也是导致肝移植受者术前死亡的重要原因。给予支持疗法，人工肝治疗，同时消除诱因、减少肠内毒素的生成和吸收。

笔记栏

5. 皮肤准备　沐浴后,皮肤准备范围从锁骨水平至大腿上 1/3 前内侧及外阴部,两侧至腋后线,尤其注意脐部的清洁,可用液体石蜡棉签清洁脐孔。

6. 其他　必要时肠道准备,外周血管条件较差者,术前置入经外周留置中心静脉导管(peripherally inserted central catheter,PICC),减轻反复穿刺的痛苦。

(二) 术后护理

1. 术后重症监护　带气管插管返移植层流 ICU,连接呼吸机辅助通气,连接多功能心电监护仪,妥善固定并标记各种动、静脉通路及各种引流管。

2. 严密病情观察　严密观察生命体征、肝肾功能、免疫抑制剂血药浓度的变化,动态监测并评估肝动脉、肝静脉、门静脉血供情况。严格遵医嘱按时执行肝功能采血医嘱,行彩色多普勒超声监测移植肝血流时,嘱咐病人禁食 4 小时,静卧休息 15 分钟后进行。

3. 维持有效呼吸功能　病人术后早期需呼吸机辅助呼吸,使用呼吸机辅助呼吸时床头应抬高 30°。动态监测动脉血气分析指标,拔管后,给予持续低流量吸氧,监测血氧饱和度,做好雾化,有效排痰,正确指导病人进行呼吸功能锻炼。

4. 维持体液平衡　保证静脉通路的通畅,做好 PICC 管的维护,术后血浆和白蛋白的输注量大,要根据监测情况合理安排各类液体的输注顺序和速度。肝移植术后由于急性应激反应、免疫抑制剂的作用、类固醇类激素药物的使用,都会引发移植术后早期血糖升高,要定时监测血糖,做好胰岛素静脉泵调节。

5. 引流管护理　肝移植术后,病人往往带有多根引流管,如胃肠减压、腹腔引流、留置导尿等管路,标注管道名称、置管时间,固定各引流管、保持通畅,观察引流物的量、颜色、性状,严格无菌操作。注意评估管道滑脱风险,发现异常情况及时报告医生。

(1) 胃管:特别注意胃肠减压液中是否含有胆汁,以了解肝功能恢复情况,未放置 T 管者更重要。如引流出血性液体超过 100ml/h,提示有活动性出血的可能。经胃管给予抗免疫抑制药物后应夹闭胃管引流至少 1 小时,保证药物的吸收。

(2) 腹腔引流管:注意观察各引流液的颜色、性状和量,如引流出血性液体超过 100ml/h,提示有活动性出血的可能;如引流出胆汁样液体,则提示有胆漏的可能。

6. 加强营养　待胃肠功能恢复、胃管拔出后可开始进食,从少量流质饮食,逐渐到普通饮食。对肝功能恢复较好的病人,可给适量蛋白、高热量、高维生素、低脂肪饮食,保证病人的能量供应,适当输入新鲜血液和白蛋白、血浆及维生素 B 和维生素 C,改善和恢复肝功能。

7. 并发症的观察与护理

(1) 出血:出血多发生在术后 72 小时内,多见于胃肠道出血和腹腔出血。密切监测病人意识、生命体征、中心静脉压、血常规及凝血功能,观察切口敷料有无渗血,胃液、腹腔引流液颜色、性状及量。如有出血征兆,加快输液速度,给予止血、输血、升压等治疗。遵医嘱急查血常规、凝血功能,配合行床边彩超或其他相关检查,必要时行手术止血。

(2) 感染:术后感染重在预防。肝移植术后安置病人在层流隔离病房,每日对房间物体表面及仪器设备使用消毒液擦拭消毒。严格落实无菌操作及手卫生制度,防止交叉感染。严密监测病人的体温变化,加强生活护理,指导有效咳嗽、咳痰,雾化吸入,防止肺部感染的发生。

(3) 胆道并发症:肝移植术后胆道并发症的发生率高达 10%~30%,主要为胆漏、胆道狭窄或梗阻、胆道感染。术后胆道并发症的早期发现、诊断和治疗是提高肝移植术后生存率、防止移植肝失活的重要途径。正常腹腔引流液为淡黄色或淡血性,当病人腹腔引流液为黄褐色或黄绿色时,同时黄疸加重、肝功能异常,要警惕胆漏的发生。结合彩色多普勒超声检查,应动态监测体温变化,遵医嘱留取引流液送检培养,合理使用抗菌药物,有胆汁外渗时注意保护引流管周围的皮肤。

(4) 排斥反应:发生率较低且程度较轻,多发生在术后 1~4 周。移植肝脏血液循环良好是保证其功能的前提条件,术后 1 周内每日行移植肝彩色多普勒超声检查,监测肝脏及其血管(门静脉、肝动脉、肝静脉、下腔静脉)的血流动力学变化。还要监测肝功能、凝血功能、免疫抑制剂的血药浓度。排斥反应的表现包括食欲减退、乏力、体温骤升、皮肤巩膜黄染、皮肤瘙痒、大便陶土色、移植肝区肿胀疼痛;同时化验指标提示胆红素和转氨酶升高、肝功能减退。协助医生完成移植肝病理活检,遵医嘱准确调整免疫抑制剂的用量。

【健康教育】

参见本章第二节肾移植病人的健康教育。

(刘金凤)

扫一扫,
测一测

复习思考题

1. 结合所学知识,请说明如何最大限度地保持移植器官的活力?
2. 简述肝移植术后移植肝脏功能的监测和护理。

PPT 课件

第十一章

肿瘤病人的护理

学习目标

1. 简述恶性肿瘤的病因,列举常用的辅助检查。
2. 理解肿瘤的临床表现及治疗原则。
3. 运用所学知识,能准确评估肿瘤的性质,对手术治疗、化学治疗、放射治疗的恶性肿瘤病人实施准确的护理,能开展恶性肿瘤三级预防的健康教育。

肿瘤(tumor)是人体正常细胞在不同的始动与促动因素长期作用下,引起细胞遗传物质基因表达失常,细胞异常增殖而形成的新生物。肿瘤细胞失去正常生理调节功能,具有相对的自主性,即使致瘤因素已消除,仍能持续生长,对机体有害无益。肿瘤是一类常见病、多发病,特别是恶性肿瘤,已成为严重危害人类健康的疾病之一。

根据肿瘤的生物学特性及其对身体的危害程度,将肿瘤分为良性肿瘤、恶性肿瘤及介于良、恶性肿瘤之间的交界性肿瘤。

1. 良性肿瘤(benign tumor)一般称为"瘤"。良性肿瘤多有包膜或边界清楚,肿瘤细胞分化好,异型性小,少有核分裂象,生长缓慢,呈膨胀性生长,停留于局部,不浸润,不转移。彻底切除后少有复发,对机体的影响相对较小。

2. 恶性肿瘤(malignant tumor)上皮组织为"癌";间叶组织为"肉瘤";胚胎组织为"母细胞瘤"。恶性肿瘤多无包膜或边界不清,肿瘤细胞分化不成熟,异型性大,核分裂象多,生长速度快,向周围组织呈浸润性生长,常继发组织坏死、溃疡和出血等。多因转移、易复发而危及生命。

3. 交界性肿瘤(borderline tumor)组织形态改变和生物学行为介于良性与恶性之间的肿瘤,又称为"临界性肿瘤"。

第一节　恶性肿瘤病人的护理

案例分析

刘先生,50岁,工人,右季肋胀痛伴低热3个月入院。病人于3个月前开始感右季肋下胀痛不适,偶有低热。自服消炎利胆片效果不明显,否认其他病史。半个月前无明显诱因出现右上腹疼痛,呈持续性钝痛,以夜间为明显,疼痛不向肩背部放射,不伴有恶心、呕吐等表现。病人自发病以来疼痛逐渐加重,且出现乏力、腹胀、食欲不佳,体重下降约 4kg,无黄疸、腹泻,无呕血、黑便等。

体格检查:T 37.7℃,P 82 次 /min,R 21 次 /min,BP 110/80mmHg。皮肤、黏膜无黄染,全身浅表淋巴结无肿大,心肺检查无异常。腹部平坦,未见腹壁静脉曲张,腹软,肝肋下 5cm,质硬,有结节。

辅助检查:B 超示肝有占位性病变,CT 报告肝癌。

请问:

1. 该病人的护理评估重点是哪些?

2. 该病人目前主要的护理诊断 / 问题有哪些?

3. 该病人最有效的治疗方法是什么?

　　恶性肿瘤是机体在各种致病因素长期作用下,某一正常组织细胞异常分化和过度增生而形成的新生物。大多数恶性肿瘤的生长方式为浸润性生长,还可以通过多种途径转移到全身其他部位,其生长速度与机体免疫功能有关。随着疾病谱的改变,恶性肿瘤对人类的威胁日益突出,已成为常见的死亡原因之一。

【病因】

　　恶性肿瘤的病因,迄今尚不清楚。目前认为其发生是由于外界多种致癌因素和机体内在促癌因素长期相互作用所引起。

1. 外界因素

(1) 物理因素:如电离辐射可致皮肤癌、白血病;紫外线过度照射可引起皮肤癌,长期吸入放射性粉尘可致骨肉瘤和甲状腺肿瘤;石棉纤维与肺癌发生有关。

(2) 化学因素:如烷化剂(有机农药、硫芥等)可致肺癌和造血器官肿瘤;多环芳香烃类化合物与皮肤癌、肺癌有关;氨基偶氮类染料易诱发膀胱癌、肝癌;亚硝胺类与食管癌、胃癌和肝癌有关;黄曲霉类易污染食物而致肝癌、胃癌等。

(3) 生物因素:主要为病毒,如人乳头状瘤病毒与宫颈癌有关;EB 病毒与鼻咽癌、伯基特淋巴瘤有关;乙型肝炎病毒与肝癌有关。少数寄生虫和细菌也可导致肿瘤,如华支睾吸虫与肝癌有关;日本血吸虫病与大肠癌有关;幽门螺杆菌感染与胃癌的发生有关。

(4) 慢性刺激与炎症:经久不愈的窦道和溃疡可因长期局部刺激而发生癌变,如皮肤慢性溃疡可恶变为皮肤鳞癌;慢性胃溃疡、萎缩性胃炎、胃息肉可恶变为胃癌;慢性溃疡性结肠炎也有可能发展为结肠癌。

(5) 不良生活方式:如吸烟可致肺癌、膀胱癌;不良的饮食习惯如进食霉变、腌制、烟熏、煎炸食物或高脂肪、低纤维、低维生素饮食及大量饮酒等与消化系统的恶性肿瘤有关。

2. 内在因素

(1) 遗传因素:临床观察发现乳腺癌、胃癌、肝癌、鼻咽癌等有家族史,说明肿瘤具有遗传倾向性。

(2) 内分泌因素:与肿瘤发生有关的激素,较为明确的是雌激素、催乳素与乳腺癌发生有关;长期服用雌激素可引起子宫内膜癌;生长激素可以刺激肿瘤的发展。

(3) 免疫因素:先天或后天免疫缺陷者易发生恶性肿瘤,如艾滋病病人易患恶性肿瘤;丙种球蛋白缺乏症病人易患白血病;器官移植后长期使用免疫抑制剂的病人,肿瘤发生率也高于正常人群。

(4) 心理 - 社会因素:人的性格、情绪、工作压力及环境变化等,可引起人体内分泌和免疫功能的变化而诱发恶性肿瘤。流行病学调查发现,经历重大精神刺激、严重心理压力或情绪抑郁者较其他人群易患恶性肿瘤。

【病理生理】

1. 分类 临床上分为实体瘤和非实体瘤。实体瘤是指有明确的肿块,主要的治疗方法为外科手术治疗。非实体瘤大多数为血液系统的恶性肿瘤,在临床上常无明确肿块,治疗方法上以化疗为主。

2. 发生发展 包括癌前期、原位癌及浸润癌三个阶段。癌前期指上皮增生明显,伴有不典型增生。原位癌指癌变细胞局限于上皮层,未突破基膜的早期癌。浸润癌指原位癌突破基膜向周围组织浸润、发展,破坏周围组织的正常结构。

3. 分期

(1) 病理分期:根据肿瘤细胞的分化程度不同,其恶性程度和预后亦不一。肿瘤细胞可分为高分化、中分化和低分化(或未分化)三类。高分化细胞接近正常分化程度,显示恶性程度低,预后好;未分化显示恶性程度高,核分裂较多,预后差;中分化细胞的恶性程度和预后介于二者之间。

(2) 临床分期:为了合理制定治疗方案,正确评价治疗效果,判断预后,国际抗癌联盟(UICC)提出了TNM分期法。

T是指原发肿瘤(tumor)、N为淋巴结(lymph node)、M为远处转移(metastasis),再根据肿块大小、浸润深度在字母后标注0~4的数字,表示肿瘤的发展程度。0代表无,1代表小,4代表大;有远处转移为M_1,无远处转移为M_0;临床上无法判断肿瘤体积时则以Tx表示。

根据TNM的不同组合,临床将肿瘤分为Ⅰ、Ⅱ、Ⅲ、Ⅳ期。各类肿瘤TNM分期的具体标准由各专业会议协定。

4. 转移方式 恶性肿瘤易发生转移,其转移方式主要有4种。

(1) 直接蔓延:肿瘤细胞由原发部位直接侵入邻近组织,如子宫颈癌侵及骨盆壁。

(2) 淋巴转移:多数情况下,肿瘤细胞侵入淋巴管,沿淋巴管累及区域淋巴结;也可出现"跳跃式"越级转移,即不经区域淋巴结而转移至"第二、第三站"淋巴结;此外,还可以发生皮肤淋巴管转移,有些可形成卫星结节。

(3) 血行转移:由血液循环将原发病灶的肿瘤细胞转移到远处部位,如腹内肿瘤可经门脉系统转移到肝。

(4) 种植转移:肿瘤细胞脱落后在体腔或空腔内脏器官内发生的转移,如肝癌种植转移到盆腔。

5. 肿瘤细胞增殖周期 肿瘤细胞增殖分裂依次经G_1期、S期、G_2期和M期4期。每期细胞均有不同的生物化学活动。DNA的复制在S期进行,细胞的分裂在M期进行,G_1期为S期做准备,G_2期为M期做准备,静止期(G_0期)细胞为暂时静止细胞,一旦条件成熟,很快进入细胞增殖周期。恶性肿瘤形成初期,细胞分裂繁殖活跃,随着肿瘤的继续生长,不断有肿瘤细胞发生分化,大多数肿瘤细胞进入G_0期,停止分裂繁殖。

有些抗肿瘤的化疗药物是通过干扰细胞增殖起作用的,如果肿瘤细胞中增殖期细胞数量较多,它对化疗药物的敏感性较高;反之,若非增殖期细胞数量较多,则敏感性较低。对于后者,可先做放射治疗或手术治疗,缩小或除去大部分瘤体,这时残余的G_0期肿瘤细胞可再进入增殖期,从而达到增加肿瘤对化疗敏感性的目的。

【临床表现】

1. 局部表现

(1) 肿块:为肿瘤细胞不断增殖所形成,是病人就诊的主要原因。恶性肿瘤肿块生长较快,多有伴随症状,肿块边界不清,表面凹凸不平或有结节感,质地坚硬,可有压痛,与基底组织粘连,使肿块活动度小或固定不动。位于深部或内脏的肿块不易触及,但可出现脏器受压或空腔器官梗阻症状。

(2) 疼痛:早期一般疼痛不明显。随着肿块的膨胀性生长、破溃或感染等使末梢神经或神经干受刺激或压迫,可出现局部刺痛、跳痛、灼热痛、隐痛或放射痛。空腔脏器肿瘤可致痉挛、梗阻,产生绞痛,常难以忍受,尤以夜间疼痛更明显。

(3) 溃疡:体表或空腔脏器的恶性肿瘤因生长过快、血供不足而出现继发性坏死,或因继发感染导致溃疡,溃疡常呈菜花或火山口状,边缘隆起,基底凹凸不平,有较多坏死组织,分泌物常呈血性并有恶臭气味。

(4) 出血:肿瘤生长破溃或侵犯血管,可致出血。上消化道肿瘤可有呕血或黑便;下消化道肿瘤可有血便或黏液血便;胆道和泌尿道肿瘤,除血便和血尿外,常伴有局部绞痛;肺癌可有血痰或咯血;子宫颈癌可有血性白带或阴道出血;肝癌破裂可引起腹腔内出血等。

(5) 梗阻:肿瘤可致空腔内脏器官阻塞,不同部位的梗阻可出现不同症状。如胰头癌、胆管癌可压迫胆总管出现黄疸;胃癌伴幽门梗阻可致呕吐;肠肿瘤可致肠梗阻等。

(6) 转移症状:淋巴转移者可出现区域淋巴结肿大;骨转移可有疼痛或触及硬结,甚至发生病理性骨折;肺转移者可有咳嗽、咯血、血痰及胸痛等;肝转移者可表现为肝大、黄疸、腹水、肝性脑病等。

2. 全身表现 早期恶性肿瘤多无明显的全身症状。恶性肿瘤中、晚期,可有慢性消耗和中毒症状,表现为消瘦、乏力、低热、贫血等症状,甚至全身衰竭呈恶病质。

【辅助检查】

1. 实验室检查 血、尿及粪常规检查的异常发现常可提供诊断线索;血清学检查因特异性较差,多用作辅助诊断;免疫学检查特别是肿瘤标志物检测,可为肿瘤的筛查、诊断、预后判断提供参考(见表 11-1);流式细胞分析术与基因诊断技术,因其敏感性和特异性较高,有助于诊断和判断预后。

表 11-1 常见肿瘤标志物与相关肿瘤

肿瘤标志物	相关肿瘤
甲胎蛋白(AFP)	肝癌和精原细胞癌
癌抗原 19-9(CA19-9)	胰腺癌、胆囊癌
癌抗原 15-3(CA15-3)	乳腺癌
癌抗原 72-4(CA72-4)	胃癌
癌抗原 125(CA125)	卵巢癌
癌胚抗原(CEA)	大肠癌、胰腺癌、胃癌
神经元特异性烯醇化酶(NSE)	小细胞肺癌
前列腺特异性抗原(PSA)	前列腺癌
人绒毛膜促性腺激素(β-HCG)	绒毛膜上皮癌

2. 影像学检查 应用 X 线、超声、各种造影、核素、电子计算机断层扫描(CT)、磁共振成像(MRI)、正电子发射断层显像(positron emission tomography,PET)等检查,可明确有无肿块、肿块部位、形态、大小等,有助于肿瘤的诊断及其性质的判断。

3. 腔镜和内镜检查 应用金属或光导纤维内镜直接观察空腔脏器、胸腹腔及纵隔等部位的病变,同时可取细胞或组织行病理学检查,对肿瘤的诊断有重要价值。此外,还能对小的病变如息肉行摘除治疗。常用的内镜有食管镜、胃镜、直肠镜、结肠镜、气管镜、腹腔镜、膀胱镜等。

4. 病理学检查 是目前确定肿瘤直接而可靠的依据,包括细胞学与病理组织学两部分。

(1) 细胞学检查:该法取材方便,被临床广泛应用。包括体液自然脱落细胞、黏膜细胞、细针穿刺涂片或超声导向穿刺涂片等。

(2) 病理组织学检查:根据肿瘤所在部位、大小及性质等采用不同的取材方法。如经小手术能完整切除者则行全肿块送检;位于深部或体表较大的肿瘤宜行超声或 CT 导向下穿刺活检,或于术中切取组织行快速冷冻切片诊断。由于此类检查有可能促使恶性肿瘤扩散,应在术前短期内或术中施行。

5. 肿瘤分子诊断 可以检测肿瘤相关基因、基因甲基化、RNA 转录谱或相关蛋白质,肿瘤组织、血液或血浆都可以作为检测标本。

(1) 病理组织免疫组织化学检查:已成为诊断病理学上重要的常规技术,利用抗原-抗体的特异性结合反应原理,用已知抗体或抗原检测和定位组织中的待测物质。具有特异性强、敏感性高、定位准确、形态与功能相结合等优点,对提高肿瘤诊断准确率、判别组织来源、发现微小癌灶、正确分期及恶性程度判断等有重要意义。

(2) 病理组织的基因检查:利用目前的基因测序技术对病理组织中的相关基因进行直接测序以了解其突变的情况并指导临床相关治疗。目前应用于肺癌、乳癌、结肠癌等病理组织的基因检查。

(3) 液体活检:从血液、尿液和唾液等标本中获得肿瘤分子诊断的手段称为液体活检,是肿瘤无创诊断和实时监测的新手段。液体活检具有创伤小,可重复进行的优点。但目前液体活检的方法无法完全替代传统的病理组织活检。

【治疗原则】

恶性肿瘤具有转移特征,应采取局部和全身综合治疗措施,包括手术、放射线、抗癌药、生物治疗及物理治疗等疗法,具体治疗方法应根据肿瘤性质、发展程度和全身状态而选择。

1. 手术治疗 目前手术切除肿瘤是最常用和最有效的治疗方法。依据治疗目的不同,手术治疗方式分为以下几种。

(1) 预防性手术:是对癌前期病变的切除治疗,防止其发生恶变或发展为进展期癌,如切除黏膜白斑、大肠肿瘤性息肉等。

(2) 诊断性手术:可采用不同方式获取肿瘤组织标本,如组织活检或剖腹探查术,经病理学检查明确诊断后再进行相应的治疗。

(3) 根治性手术:适用于早、中期肿瘤。手术切除范围包括原发肿瘤所在器官的部分或全部并连同周围正常组织和区域淋巴结的一次性整块切除。手术中应采用"无瘤技术",防止肿瘤细胞发生播散。在原根治范围基础上扩大到习惯范围以外,即适当切除附近器官及区域淋巴结,称为扩大根治术。

(4) 姑息性手术:对于较晚期的恶性肿瘤,由于病变广泛或有远处转移而不能根治切除术者,采取肿瘤部分切除术,可缓解症状、减轻痛苦、提高生存质量,如晚期胃癌伴幽门梗阻者行胃空肠吻合术,可解决病人进食的问题。

(5) 减瘤手术:对于肿瘤体积较大,手术无法根治的恶性肿瘤,作大部切除术后给予其他非手术治疗,如化疗、放疗、生物治疗等控制残留的肿瘤细胞,称为减瘤手术(减量手术)。仅适用于原发病灶大部切除后,其他治疗方法能有效控制残余肿瘤者,如卵巢癌、Burkitt 淋巴瘤、睾丸癌等。

(6) 复发或转移肿瘤的手术治疗:近年来对复发和转移肿瘤的手术治疗已受到重视。复发肿瘤的治疗应依据其具体情况及手术、化疗、放疗对其疗效而定,凡能手术者应考虑再行手术。如乳癌术后局部复发可再行局部切除术。转移性肿瘤的手术治疗适用于原发灶已得到较好控制,仅有单个转移性病灶者。

(7) 重建和康复手术:外科手术在肿瘤病人术后的重建和康复,提高其生活质量方面起着独特而重要的作用。乳癌改良根治术后经腹直肌皮瓣转移乳房重建,头颈部肿瘤术后局部组织缺损的修复等均能提高肿瘤根治术后病人的生活质量。

2. 化学药物治疗 简称化疗。指用抗癌药物治疗肿瘤,主要适用于中、晚期恶性肿瘤的综合治疗。目前已能单独应用化疗治愈绒毛膜上皮癌、睾丸精原细胞瘤、急性淋巴细胞白血病等;对某些肿瘤可获得长期缓解,如颗粒细胞白血病、肾母细胞瘤、乳腺癌等;对其他恶性肿瘤,化疗可辅助手术和放疗。由于化疗药物只能杀灭一定比例的肿瘤细胞,所以化疗后仍可能出现临床复发,因此应根据肿瘤特性、病理类型选用敏感的化疗药物并制定合理的联合化疗方案,达到控制肿瘤复发的目的。

(1) 药物分类:主要有两大类。

1) 按来源和作用机制分:①细胞毒素类:由其氮芥基团作用于肿瘤细胞的 DNA 或 RNA、酶、蛋白质,导致细胞死亡,如烷化剂类(环磷酰胺、氮芥等)。②抗代谢类药物:对核酸代谢物与酶结合反应有相互竞争作用,影响与阻断了核酸的合成,如甲氨蝶呤、5- 氟尿嘧啶、阿糖胞苷等。③抗生素类:有抗肿瘤作用的抗生素,如丝裂霉素、放线菌素 D、阿霉素、平阳霉素等。④生物碱类:主要干扰细胞内纺锤体的形成,使细胞停留在有丝分裂中期,常用的有长春新碱、羟喜树碱、高三尖杉酯碱等。⑤激素类:能改变内环境进而影响肿瘤生长,有的可增强机体对肿瘤侵害的抵抗力,常用的有他莫昔芬、己烯雌酚、黄体酮、丙酸睾酮、甲状腺素、泼尼松及地塞米松等。⑥其他:如顺铂、卡铂等。⑦分子靶向类:以肿瘤相关的特异分子作为靶点,化学特性上为单克隆抗体和小分子化合物,其作用靶点可以是细胞受体、信号转导和抗血管生成等。单抗类常用的有:赫赛汀、美罗华、西妥昔和贝伐单抗等;小分子化合物大多为各种磷酸激酶的抑制剂,目前常用的有:伊马替尼、吉非替尼等。由于分子靶向药物有较明确的作用靶点,因此治疗的选择性较强,副作用较轻。

2) 按对肿瘤细胞增殖周期作用不同分:①细胞周期非特异性药物:对增殖或非增殖细胞均有作用,如氮芥类、抗生素类。②细胞周期特异性药物:作用于细胞增殖的整个或大部分周期时相,如 5- 氟尿嘧啶等抗代谢类药物。③细胞周期时相特异药物:药物选择性作用于某一时相,如阿糖胞苷、羟基脲抑制 S 期,长春新碱对 M 期的抑制作用。

(2) 化疗方式:从理论上讲化疗药物只能杀灭一定比例的肿瘤细胞,仍有复发的可能性。临床上通过多药物的联合应用控制复发的可能。根据化疗在治疗中的作用和治疗对象的不同,其临床应用主要有以下四种。

1) 诱导化疗(induction chemotherapy):常为静脉给药,用于可治愈肿瘤或晚期播散性肿瘤,此时化疗是首选的治疗或唯一可选的治疗。应用化疗希望达到治愈或使病情缓解后再选用其他治疗。

2) 辅助化疗(adjuvant chemotherapy):又名保驾化疗。常为静脉给药,用于肿瘤已被局部满意控制后的治疗,如在肿瘤根治术后或治愈性放疗后,针对可能残留的微小病处选行治疗,以达到进一步提高局部治疗效果的目的。

3) 初始化疗(primary chemotherapy):也被称为新辅助化疗(neoadjuvant chemotherapy),用于尚可选用手术或放疗的局限性肿瘤,应用初始化疗后常可使肿瘤缩小,进而缩小手术范围、减少放疗剂量或提高局部治疗的疗效。

4) 特殊途径化疗:化疗药物的用法一般是全身性用药,如静脉滴注或注射、口服、肌内

笔记栏

注射。为了提高药物在肿瘤局部的浓度,可将有效药物作腔内注射、动脉内注入、动脉隔离灌注或者门静脉灌注。

(3) 化疗禁忌证:①血白细胞总数 $<3.0 \times 10^9/L$ 或血小板计数 $<80 \times 10^9/L$ 者或有出血倾向;②年老、体弱、营养状况差或恶病质;③肝肾功能障碍或严重心血管疾病;④骨髓转移;⑤贫血、血浆蛋白低下。

3. 放射治疗 简称放疗。是利用各种放射线直接抑制或杀灭肿瘤细胞,是治疗恶性肿瘤的主要方法之一。

(1) 放射线及放射治疗机的种类:临床上应用的放射线分为两大类:①电磁辐射包括由电能产生的 X 线和来自天然或人工的放射性核素的 γ 线;②粒子辐射包括 α 射线、β 射线、质子射线、中子射线、重离子射线、负 π 介子射线。放射治疗机主要有以下三类:①加速器:医疗上使用最多的是电子感应加速器和电子直线加速器,既可产生电子束,又可产生高能 X 线,目前,直线加速器在临床上的应用尤为广泛。②^{60}Co 远距离治疗机:在 20 世纪 60 年代起了主导作用,至今在不发达国家及发展中国家仍被广泛使用。③^{137}Cs 中距离治疗机:^{137}Cs是人工放射性核素,它放出的 γ 线半衰期长达 33 年,适合作为腔内照射放射源。

(2) 放射治疗技术:临床上常用的放射治疗技术包括远距离治疗、近距离治疗、适形放射治疗、X(γ)刀立体定向放射治疗、全身放射治疗、半身放射治疗、等中心治疗等。

1) 远距离治疗:又称外照射,是指放射源位于体外一定距离,集中照射人体某一部位,是最常用的放疗技术。

2) 近距离治疗:将放射源直接放入病变组织或人体的天然管道内,如舌、鼻咽、食管、宫颈等部位进行照射,又称组织间放疗或腔内放疗。

3) 立体定向治疗:是指采取立体定向技术,通过三维空间将高能放射线(X 线或 γ 线)聚焦在病灶,实施单次或多次大剂量照射,在肿瘤靶区内形成高剂量发生放射性坏死,达到既摧毁病灶又不损伤周围正常组织和重要器官的目的,犹如外科手术刀切除的效果。放射源为 X 线者称之为 X 刀,放射源为 γ 线者则为 γ 刀。适合位置固定而体积较小的肿瘤,通常 X 刀可用于治疗直径在 5cm 以下的肿瘤,γ 刀则不宜用于治疗直径大于 3cm 的病灶。

4) 三维适形放疗和调强放疗技术:是肿瘤放疗技术上的重大革新,是计算机技术和影像学发展及放射物理剂量计算方法改进的结果。它使高照射剂量分布区的三维形态与病变形状一致,最大限度地将剂量集中到病灶内,而使其周围正常组织器官少受或免受不必要的照射。为达到剂量分布的三维适形,必须满足两个条件:①每个照射野形状与肿瘤靶区形状一致;②照射野内的剂量强度按一定要求进行调节,即根据肿瘤靶区形状和靶区周围重要器官对束流强度进行调节,以达到最佳剂量分布。满足条件①者称之为三维适形放射治疗,同时满足以上两个条件者称之为调强放射治疗。调强放射治疗适用于鼻咽癌、头颈肿瘤、肺癌、直肠癌等。

(3) 放疗的选择:放疗的疗效与肿瘤对放射线的敏感性有关。

1) 高度敏感:低分化肿瘤如淋巴造血系统肿瘤、性腺肿瘤、多发性骨髓瘤、肾母细胞瘤等适合放疗。

2) 中度敏感:鳞状上皮癌及一部分未分化癌如基底细胞癌、宫颈鳞癌、鼻咽癌(未分化癌、淋巴上皮癌)、乳腺癌、食管癌、肺癌等可为综合治疗的一部分,适当选择。

3) 低度敏感:胃肠道腺癌、软组织及骨肉瘤等放疗效果不佳,尽量不选择。

(4) 放疗禁忌证:①晚期肿瘤伴严重贫血、恶病质者;②骨髓抑制导致血白细胞总数 $<3.0 \times 10^9/L$,血小板计数 $<80 \times 10^9/L$,血红蛋白 $<90g/L$ 者;③伴严重心、肺、肾疾病者;④接受放疗的皮肤、黏膜、组织及器官已有放射性损伤者。

4. **免疫治疗**　肿瘤的免疫疗法是利用人体免疫系统来抑制或杀伤肿瘤细胞,是近年来肿瘤治疗领域最具潜力的新方向。目前的肿瘤免疫治疗分为三种,细胞免疫疗法、抗体药物阻断异常免疫检查点疗法以及肿瘤治疗性疫苗。

(1) 细胞免疫疗法:是指利用病人血液或肿瘤组织中的免疫细胞,进行体外改造至病人体内,实现杀灭肿瘤细胞的目的。

(2) 抗体免疫检查点抑制剂:免疫系统可以识别人体内正常细胞和外来异物。因此免疫细胞在进攻外来细胞的同时能准确地保证正常细胞不受损害。为了实现这种识别,免疫系统使用了某些免疫细胞上被激活(或灭活)的分子来启动免疫反应,这种分子被称为"检查点"。肿瘤细胞有时会利用这些检查点,逃避免疫系统的攻击。免疫检查点抑制剂就是阻断免疫检查点蛋白的活性,增加其杀灭肿瘤细胞的能力。

(3) 肿瘤治疗性疫苗:通过加强人体对抗癌症的天然防御来治疗肿瘤。

(4) 免疫相关疗效评价:免疫治疗作用需要一个免疫激活过程,在一段时间后才能建立起免疫应答,进而转化为长期的临床效应,此现象称为免疫治疗延迟效应。免疫相关疗效评价(immune-related response criteria,irRC)是目前常用的免疫治疗疗效评价标准。irRC 采用 SPD(the sum of the perpendicular diameters)评价肿瘤大小,以所有可测量的病灶总的肿瘤负荷进行比较,肿瘤负荷降低 50% 定为 irPR,肿瘤负荷增加 >25% 定为 irPD,其他定义为 irSD。

5. **基因治疗**　是应用基因工程技术,干预存在于靶细胞的相关基因的表达水平以达到治疗目的,包括直接或间接地抑制或杀伤肿瘤细胞为目的的肿瘤治疗。

6. **内分泌治疗**　某些激素依赖性肿瘤可采用内分泌治疗,如增添激素或内分泌去势治疗等。作用机制是改变机体内分泌状态,竞争性抑制肿瘤受体,直接抑制肿瘤细胞的生长或诱导肿瘤细胞凋亡。

7. **中医药治疗**　运用扶正祛邪、化瘀散结、清热解毒、通经活络、以毒攻毒等原理,以中药补益气血、调理脏腑,配合放、化疗或术后治疗,可减轻不良反应,促进病人康复。

【护理评估】

(一) 术前评估

1. 相关健康史

(1) 一般情况:了解病人的年龄(老年人的恶性肿瘤发展速度相对较慢,儿童则发展迅速)、性别、婚姻、职业,女性病人还需了解月经史、生育史和哺乳史等。

(2) 个人史及既往史

1) 有无明显的癌前期病变或相关疾患的病史。如乙肝与肝癌相关,鼻咽癌与 EB 病毒反复感染有关,萎缩性胃炎、慢性胃溃疡、胃息肉与胃癌有关等。

2) 行为与环境相关的情况,如吸烟、长期饮酒、饮食习惯或职业因素有关的接触与暴露史,致癌药物、放射线接触史等。

3) 有些肿瘤有家族史或遗传史,如胃癌、大肠癌、食管癌、乳腺癌、鼻咽癌等。

4) 其他部位肿瘤史、手术治疗史、用药史和过敏史等。

(3) 发病情况:良性肿瘤病程较长,恶性肿瘤则较短。但良性肿瘤伴出血或感染时可突然增大,如有恶变可表现增长迅速,低度恶性肿瘤发展较慢。

2. 身体状况

(1) 局部:包括肿块的部位、性状及淋巴结转移情况。

1) 肿块的部位:炎症、增生、畸形或肿瘤等均可致肿块,故应加以鉴别。不同组织好发肿瘤不一,明确肿块所在解剖部位,有助于分析肿块的组织来源与性质,较大肿块需结合病史判断其始发部位。

2）肿块的性状：了解局部有无肿块以及肿块的部位、大小、形状、质地、边界、活动度、血管分布、有无包膜以及肿块部位皮肤温度；有无梗阻、溃疡、出血及坏死等继发症状；肿块部位有无疼痛及其性质、范围与程度。良性者大多有包膜，质地同相应的组织，如骨瘤质硬、脂肪瘤软可呈假囊性感。恶性者多无包膜，表面血管丰富或表面温度较相应部位高，生长迅速扩展快，局部紧张而质感硬，浸润生长者边界不清且肿块固定。恶性肿瘤可有溃疡、出血、坏死、液化等继发症状，少数巨大良性肿瘤，亦可出现浅表溃疡与出血。

3）区域淋巴结的转移：检查颈部、腋窝、锁骨上、腹股沟区等处有无肿大的淋巴结。如乳腺癌检查腋下与锁骨上淋巴结；咽部肿瘤，需自上而下检查颈部深群淋巴结；肛管或阴道癌检查腹股沟淋巴结。

（2）全身：了解有无消瘦、乏力、低热、贫血、精神萎靡、低蛋白血症、水肿，甚至全身衰竭等恶病质表现。除肿瘤局部及全身一般常规体检外，对于肿瘤转移多见部位如颈、腹股沟淋巴结，对于腹腔内肿瘤，肝触诊及直肠指诊等不可疏漏。

（3）辅助检查：包括肿瘤的定性、定位诊断检查以及有关内脏器官功能的检查。了解病人实验室检查、影像学检查以及各种造影、内镜检查、病理组织检查的结果、营养评价指标、心、肺、肝、肾等重要脏器功能情况。

3. 心理 - 社会状况

（1）认知程度：了解病人及亲属对肿瘤的病因、常见症状的认识；了解病人对拟采取的检查和治疗方案的接受及配合程度；了解病人对可能的并发症、疾病预后及康复的认知程度。

（2）心理反应：了解病人常见的心理反应，其可归纳为以下 5 期：

1）震惊否认期：当病人初悉患有癌症时，会出现短暂的震惊反应，表现为暂时性感知觉功能下降，目光呆滞，沉默不语，甚至晕倒；继而否认、怀疑诊断的正确性，存在侥幸心理，拒绝治疗，并多方求医确诊。否认心理是病人面对疾病应激产生的自我保护反应，如过分强烈，可延误治疗时机。

2）愤怒期：确信患癌症后，病人认为极不公平，感到愤怒，表现为易怒、恐慌、哭泣、烦躁不安，常迁怒于亲属及医护人员，甚至无理取闹。此期属于适应性心理反应，表明病人已开始正视现实。

3）磋商期：病人心存幻想，寻求名医，使用秘方、偏方，希望能够治愈疾病、延长生命。进入此期，病人开始树立与疾病抗争的信念，能主动配合治疗。

4）忧郁期：治疗开始后，如效果不佳、症状加重或肿瘤复发，病人会对治疗失去信心，感到无助和绝望，严重者意志消沉，表现为悲观、抑郁、沉默、哭泣、拒绝治疗，甚至产生轻生念头。

5）接受期：经过一段时间激烈的内心挣扎，病人能够接受事实，不再自暴自弃，能理性地对待治疗和预后，坦然面对人生的最后阶段。此期病人多处于消极、平静、无望的心理状态。

应注意上述分期不是绝对的，病人的心理反应可同时或反复出现，且分期上可存在很大差异，各期持续时间、出现顺序也有不同。评估时应该把握病人实际心理状况。

（3）家庭与社会支持：了解病人亲属对疾病及其治疗方法、预后的认知程度及心理承受力；家庭对手术、化疗、放疗的经济承受能力及社会的支持状况等。

（二）术后评估

1. 术中情况　了解手术及麻醉方式、肿瘤临床分期及预后、病灶切除情况、术中出血、补液、输血情况、生命体征。

2. 术后情况　了解术后康复情况、化疗和放疗的不良反应等。

(1) 化疗后不良反应:由于化疗药物对正常细胞也有一定的损害,特别是对生长增殖的正常细胞,所以用药后可能出现各种不良反应。常见的有:①白细胞、血小板减少;②消化道反应,如恶心、呕吐、腹泻、口腔溃疡等;③毛发脱落、色素沉着、过敏反应;④心、肺、肝、肾等器官功能损害以及神经系统毒性;⑤骨髓抑制、免疫功能降低,容易并发细菌或真菌感染等;⑥静脉炎、静脉栓塞、药物外渗引起的皮肤软组织损伤。

(2) 放疗后不良反应:有骨髓抑制、皮肤黏膜改变及胃肠道反应等。

【主要护理诊断/问题】

1. 焦虑/恐惧　与担心手术、放疗、化疗及疾病预后、治疗费用及生活形态改变等有关。

2. 营养失调:低于机体需要量　与肿瘤所致的高分解代谢状态,化、放疗副反应所致的摄入减少及吸收障碍等有关。

3. 疼痛　与肿瘤侵犯神经、肿瘤压迫和手术造成的组织损伤有关。

4. 知识缺乏:缺乏恶性肿瘤治疗及康复等相关知识。

5. 潜在并发症:感染、出血、皮肤黏膜受损、骨髓抑制、静脉炎、静脉栓塞及多器官功能障碍等。

【护理措施】

(一) 术前护理

1. 心理护理　根据病人不同时期的心理反应,进行有效的心理疏导与支持。①震惊否认期:要给予情感支持和生活上的关心,使其逐渐了解和接受病情。②愤怒期:应多交谈和沟通,纠正其错误感知,教育和引导病人正视现实。③磋商期:使病人有良好的遵医行为,注意维护其自尊,尊重其隐私。④抑郁期:给予更多关爱和抚慰,诱导其发泄,鼓励家人陪伴,满足各种需求。⑤接受期:应加强与病人交流,尊重其意愿,尽可能提高生命末期的生活质量。

2. 加强营养　制定合理的饮食计划,纠正营养不良,提高病人对手术的耐受性。增加富含蛋白质、维生素、矿物质及碳水化合物食物的摄入。

3. 疼痛护理　癌性疼痛多系肿瘤迅速生长、浸润神经或压迫邻近脏器所致。应注意观察疼痛的部位、程度、性质及规律,采用有效的减轻疼痛的方法。

(1) 三级阶梯止痛方案:①一级止痛法:疼痛较轻者,可用阿司匹林等非阿片类解热消炎镇痛药;②二级止痛法:适用于中度持续性疼痛者,用可待因等弱阿片类药物;③三级止痛法:疼痛强烈持续,改用强阿片类药物,如吗啡、哌替啶等。

(2) 用药基本原则:①按三阶梯给药;②按时给药而非按需给药;③给药剂量应由小到大,做到个体化用药;④以口服为主,无效时直肠给药,最后注射给药。

(二) 术后护理

1. 营养支持　术后应鼓励病人自行进食,给予高蛋白、高维生素、高碳水化合物等清淡、易消化饮食;不能进食或进食不足者,可给予肠内或肠外营养支持。

2. 化疗病人的护理

(1) 化疗前的准备:向病人耐心解释拟定的化疗方案、应用的化疗药物及常见的不良反应等,使其做好心理准备,配合化疗的进行。

(2) 化疗药物的使用与护理

1) 药物准备:①配制化疗药物,护士需做好自我防护;②严格执行无菌操作原则,做好三查七对;③根据药性选用适宜的溶媒稀释,剂量准确;④药物应现配现用,按要求输注,根据药性选用避光罩,防止药效降低。

笔记栏

知识链接

化疗药的配制与个人防护

接触化疗药物的护理人员应注意自我防护。应使用特制防毒层流柜配药,操作过程中穿专用长袖防护衣、戴好帽子、口罩、双层聚氯乙烯手套和防护镜。打开安瓿时应垫以无菌纱布,以防止划破手套;溶解药物时,溶媒应沿着安瓿缓慢注入瓶底,待药粉浸透再搅动;如为小瓶药物,在注入溶媒时,要防止瓶内压力过高造成药液外溢;如注入溶媒量过少,则要抽出适量空气后再注入溶媒;使用较大的针头抽取药液时,所抽药液不宜超过注射器容量的 3/4,防止药液外溢;药液不慎溅入眼内或皮肤上,应立即用0.9% 氯化钠溶液或大量清水反复冲洗。配药完毕后,脱去手套用肥皂及流水彻底洗手。长期从事化疗工作的护理人员应定期体检,若有不良反应,应及时治疗。

2) 给药途径及方法:化疗药常用给药途径为静脉注入。静脉输注时应先行试穿刺,确保针梗在血管内方可注药,以防药液外漏。

(3) 减轻化疗不良反应

1) 骨髓抑制:是化疗最严重的毒性反应。应定期检查血常规,一般每周 1~2 次,若白细胞 $<3 \times 10^9/L$,血小板 $<80 \times 10^9/L$,应暂停化疗,使用升血细胞类药物及给予成分输血;若白细胞、血小板进一步减少,应对病人行保护性隔离,必要时安置于层流空气过滤的无菌室。观察有无牙龈和鼻出血、皮肤淤斑、血尿和便血等出血征象及感染征象。

2) 胃肠道反应:病人常出现厌食、恶心、呕吐、腹痛、腹泻等不适,可使用镇静、止吐、止泻剂;同时要预防水、电解质和酸碱代谢失衡,及时补充体液及电解质;增进食欲,可给予清淡易消化饮食,少量多餐,注意调整食物的色香味。

3) 肝肾毒性反应:化疗可致肝、肾功能损害,应密切观察尿量、黄疸、转氨酶等情况,严重者应停止化疗。采取保肝、护肾措施,应用碳酸氢钠碱化尿液及护肝药,鼓励多饮水。

4) 脱发:为常见化疗反应,应做好解释工作;化疗期间可适当地采用冰帽局部降温,保护毛囊;脱发者可戴发套,以改善外观。

5) 组织坏死:一旦发生药液外渗,局部常有刺痛、烧灼及水肿;应立即停止注入,迅速注射生理盐水或 0.5% 普鲁卡因 5ml 于外渗的局部;冷敷 24 小时,外涂氢化可的松软膏;局部注射解毒剂,若为氮芥、丝裂霉素外渗则注射硫代硫酸钠;如为阿霉素、长春新碱外渗应注射碳酸氢钠。

6) 静脉炎、静脉栓塞:应注意配药浓度,注入的速度及时间;注入化疗药前后,均应注入生理盐水 5~10ml,减轻药物对血管壁的刺激;静脉选择应左右交替,由远及近,保护好静脉;一旦浅静脉出现发红、变硬、肿胀和触痛等,应及时给予硫酸镁热湿敷或理疗,促进血管损伤修复。若长期静脉化疗,最好采用中心静脉置管(PICC)化疗。

3. 放疗病人的护理

(1) 病人准备:放疗前取下金属饰品,减少射线的吸收;放疗前、后静卧 30 分钟,避免各种干扰;评估病人活动耐力。

(2) 照射野的护理:放疗前做好定位标志,注意保持照射界限清楚;保持照射野皮肤清洁干燥,防止破损;若头颈部放疗,照射前有龋齿者应及时治疗或予以拔除等。

1) 皮肤护理:皮肤损害常发生在腹股沟、腋窝、会阴等皱褶及潮湿处,损害程度分 3 度。Ⅰ 度:干反应(干性皮炎),皮肤出现红斑、烧灼或刺痒感、脱屑。Ⅱ 度:湿反应,皮肤高度充血、水肿、水疱、渗出、糜烂。Ⅲ度:皮肤溃疡形成或坏死,侵犯到真皮引起放射性损伤,难以愈合。

病人应穿着宽松、柔软、吸湿性强的棉质衣物,勤换内衣;照射野皮肤保持清洁干燥,避免摩擦及药物、阳光、冷热等刺激。

2)黏膜护理:病人口、鼻腔黏膜出现充血、水肿、出血点、白斑或白膜,远期可出现黏膜干燥和萎缩,引起食管狭窄、阴道黏膜粘连、闭锁等。应加强局部黏膜清洁,如口腔含漱、阴道冲洗、鼻腔滴药等;避免口腔黏膜刺激,如使用软毛牙刷、避免刺激性食物等。

(3)照射器官反应:肿瘤器官接受射线照射后,可发生一系列反应。如食管、胃肠道、膀胱、肺、脊髓等照射后均会出现放射性炎症,如出现吞咽困难、腹痛、腹泻、血便、血尿、气急、干咳、感觉减退、四肢无力、瘫痪等症状。应加强对照射器官功能状态的观察,若有不适应及时对症处理,反应严重者应暂停放疗。

(4)预防感染:注意个人防护,外出应注意戴帽子、口罩及保暖,避免感冒诱发肺部感染;若白细胞计数过低应给予升白细胞药物治疗;做好保护性隔离,室内空气紫外线消毒每日 2 次,限制人员探视;严格执行各项无菌操作,有感染征象者应及时抗感染治疗。

【健康教育】

1. 心理指导 动员家庭及社会支持系统的力量,给予病人更多的关心、照顾和支持,避免情绪波动,保持心情舒畅。

2. 营养与休息 在治疗的各个阶段均应摄入营养丰富、均衡的饮食,保证休息与睡眠,以利于病人康复。

3. 加强功能锻炼 应尽早鼓励并指导病人进行身体相关功能锻炼,注意适量、适时的训练,劳逸结合,提高病人的自理能力,促进社会角色功能的恢复。

4. 坚持治疗及按时复查 介绍后续治疗(如化疗、放疗)方案,督促病人按时接受治疗。通常术后最初 3 年内至少每 3 个月复查 1 次,随后则每半年复查 1 次,5 年后可每年复查 1 次,以及时发现复发或转移征象。

5. 加强宣教 肿瘤的发生与饮食、环境、遗传、病原微生物的感染和不良生活方式等因素有着密切关系,是外在因素与机体的内在因素相互作用的结果。尽管如此,但有 1/3 的肿瘤能够得到预防,1/3 的肿瘤能早期诊断及治疗,1/3 的肿瘤可以减轻痛苦、延长生命。积极开展肿瘤的三级预防将有助于人体健康的维护。

(1)一级预防:即病因预防。目的是消除或减少可能致癌的因素,降低癌症的发病率。主要措施包括:①保护环境,如控制大气、水源与土壤等污染;②改变不良的饮食习惯和生活方式,如忌食霉变食物、戒烟酒等;③减少职业性暴露于致癌物,如石棉、苯及某些重金属等;④接种疫苗等。

(2)二级预防:即诊断预防。目的是降低癌症的死亡率。主要措施是对高发区及高危人群定期进行检查,对肿瘤病人做到早发现、早诊断、早治疗。

(3)三级预防:即康复预防。目的是降低复发率,提高生存质量,减轻痛苦、延长生命。

第二节　良性肿瘤病人的护理

良性肿瘤可发生于全身不同组织和器官。由于肿瘤的来源和发生部位的不同,其病理生理改变和临床表现也各不相同。临床上将良性肿瘤分为各脏器良性肿瘤和体表良性肿瘤,各脏器良性肿瘤因发生器官不同而有不同的临床特点和治疗原则。体表良性肿瘤来源于皮肤、皮肤附件、皮下组织等浅表软组织,在此仅简述几种常见体表良性肿瘤。

1. 皮肤乳头状瘤(skin papilloma)　系表皮乳头样结构的上皮增生所致,同时向表皮下乳头状伸延,有蒂,单发或多发,表面常角化,伴溃疡,易恶变为皮肤癌,好发于躯干、四肢及会阴,如阴茎乳头状瘤极易癌变为乳头状鳞状细胞癌。手术切除为首选治疗方法。

2. 黑痣(pigment nevus)　为色素斑块。可分为:①皮内痣:痣细胞位于表皮下、真皮层,可高出皮面,表面光滑,有汗毛,较稳定,很少恶变;②交界痣:痣细胞位于基底细胞层,向表皮下延伸,痣体扁平,色素较深,多位于手和足,该痣细胞易受激惹,刺激后易恶变;③混合痣:皮内痣与交界痣同时存在,当黑痣色素加深、痣体变大,或有瘙痒、疼痛时,为恶变可能,应及时将其完整切除并送做病理检查。切忌做不完整的切除或化学烧灼。

3. 脂肪瘤(lipoma)　为正常脂肪样组织的瘤状物,好发于四肢、躯干。多为单发,也可多发。质软、境界清楚,呈分叶状,可有假囊性感、无痛、生长缓慢。位于深部者可恶变,应及时切除。多发者瘤体常较小,常呈对称性,有家族史,可伴疼痛(称痛性脂肪瘤)。

4. 纤维瘤(fibroma)　位于皮肤及皮下纤维组织肿瘤。呈单个节结状,瘤体不大,质硬,边界清楚,生长缓慢,活动度大,不易恶变,可手术切除。

5. 神经纤维瘤(neurofibroma)　来源于神经纤维束内的神经轴及轴外的神经鞘细胞与纤维细胞,包括神经鞘瘤与神经纤维瘤。前者由鞘细胞组成,后者为特殊软纤维,具有折光的神经纤维细胞并伴有少量神经索。

(1) 神经鞘瘤(schwannoma):位于体表者,可见于四肢神经干的分布部位。分为:①中央型:源于神经干中央,故其包膜即为神经纤维,肿瘤呈梭形。手术不慎易切断神经,故应沿神经纵行方向切开,在包膜内剥离出肿瘤;②边缘型:源于神经边缘,神经索沿肿瘤侧面而行,易手术摘除,较少损伤神经干。

(2) 神经纤维瘤(neurofibroma):可夹杂有脂肪、毛细血管等,为多发性,且常对称。大多无症状,但也可伴明显疼痛、皮肤常伴咖啡样色素斑,肿块可如乳房状悬垂。本病可伴有智力低下,或原因不明头痛、头晕,有家族聚集倾向。神经纤维瘤还可呈象皮样改变,好发于头顶或臀部。临床似法兰西帽或狮臀,肿瘤由致密的纤维成分组成。其中为血管窦,在手术切面因血窦开放而渗血不易控制,故手术时应从正常组织切入,创面大者常需植皮修复。

6. 血管瘤(hemangioma)　多为先天性,生长缓慢,血管瘤按其结构分为 3 类,其临床过程和预后各不相同。

(1) 毛细血管瘤(capillary hemangioma):多见于婴儿的面部,大多为女性。出生时或生后早期见皮肤有红点或小红斑,逐渐增大、红色加深并可隆起。如增大速度比婴儿发育更快,则为真性肿瘤。瘤体边界分明,压之可稍褪色,释手后恢复红色。大多数为错构瘤,1 年内可停止生长或消退。早期瘤体较小时容易治疗,施行手术切除或以液氮冷冻治疗,效果均良好。瘤体增大时仍可用手术或冷冻治疗,但易留有瘢痕。亦可用或 X 线照射,使毛细血管栓塞,瘤体萎缩。个别生长范围较广的毛细血管瘤,可试用泼尼松口服治疗。

(2) 海绵状血管瘤(cavernous hemangioma):由小静脉和脂肪组织构成。多数生长在皮下组织内,也可在肌肉,少数可在骨或内脏等部位。皮下海绵状血管瘤可使局部轻微隆起。皮肤色泽正常或呈青紫色,或有毛细血管扩张。肿块质地软,边界不太清,可有钙化结节和触痛。肌海绵状血管瘤常使肌肥大,局部下垂,在下肢者久站或多走时有发胀感。应及早施行手术治疗,以免增长过大,影响功能且增加治疗困难。

(3) 蔓状血管瘤(hemangioma racemosum):由较粗的迂曲血管构成,大多数为静脉,也可有动脉或动静脉瘘。除了发生在皮下和肌肉,还常侵入骨组织,范围较大,甚至可超过一个肢体。外观常见蜿蜒的血管,有明显的压缩性和膨胀性。应争取手术切除,术前作血管造影检查,详细了解病变范围,充分做好前准备,包括准备术中控制失血及大量输血等。

7. 囊性肿瘤及囊肿

（1）皮样囊肿（dermoid cyst）：为囊性畸胎瘤，浅表者好发于眉梢或颅骨骨缝处，囊肿可与颅内交通呈哑铃状，呈圆珠状，质地硬。以手术摘除为主。

（2）皮脂囊肿（sebaceous cyst）：非真性肿瘤，为皮脂腺排泄受阻形成的潴留性囊肿。多见于皮脂腺分布密集部位，如头面及背部。表面可见皮脂腺开口的小黑点。囊内为皮脂与表皮角化物集聚的油脂样"豆渣物"，常并发感染，一般是在控制感染后再行手术切除。

（3）表皮样囊肿（epidermoid cyst）：由外伤致表皮基底细胞层进入皮下生长而成的囊肿。囊肿壁由表皮所组成，囊内为角化鳞屑。多见于易受外伤或磨损部位，如臀部、肘部，有时发现于注射部位。应采取手术切除。

（4）腱鞘或滑液囊肿（synovial cyst）：为非真性肿瘤，由浅表滑囊经慢性劳损导致的黏液样变。多见于手腕、足背肌腱或关节附近，屈曲关节时有坚硬感。可加压击破或抽出囊液，但治疗后易复发，手术切除治疗较彻底。

（康　华）

复习思考题

1. 简述恶性肿瘤的三级预防措施。
2. 恶性肿瘤的治疗有何新进展？

扫一扫，测一测

◇◇◇ 第十二章 ◇◇◇

微创手术病人的护理

学习目标

1. 简述微创的概念,微创外科的应用范围及未来发展。
2. 理解内镜技术、腔镜外科技术、介入放射学技术的临床应用。
3. 运用相关知识为微创手术病人实施整体护理。

第一节 概　述

手术是外科治疗疾病的主要方法,同时也会对机体局部或全身造成较大的损伤或破坏,甚至产生严重并发症而导致死亡。因此,尽可能降低或减少手术操作对机体造成的不良后果,实现"微创"便成为外科医生努力追求的境界。

【微创的概念】

理论上"微创"是指把手术对人体局部或全身的损伤控制到最小的程度,又能取得最好的治疗效果。实际上,外科"微创"的概念已远非外科技术本身,更涉及医疗过程中的人文关怀。其实,历代外科学家都一直强调手术中应尽量保护正常的组织结构不受损伤与破坏,要求手术时不用粗线做大块组织的结扎,不用有损伤的器械对内脏组织夹持;强调手术切口应选择在最接近病变的部位,在满足充分显露病变的前提下,采用小切口,不要任意扩大切口;能用简单的手术达到治愈病人,绝不采用大而复杂的手术方法来处理。诸如此类,都属外科手术的"微创"范畴,也是长期以来外科学必须遵循的基本原则。随着人类文明的不断进步,以及现代科学技术的迅猛发展,先进的医疗设备和器材大量在临床应用,使外科"微创"技术所涉及的领域更为广泛,手术的方式更加创新,手术技巧也越来越高。

【微创外科的发展简史】

"尽可能少或小的创伤"使病人达到和保持最佳的内环境稳态,是外科医生不断追求的目标。1985年英国泌尿外科医生 Payne 和 Wickham 用内镜治疗泌尿系结石的报道中,首次使用 minimally invasive procedure 一词,即中文的"微侵入"或"微侵袭操作";微创外科(minimally invasive surgery,MIS)这个新概念,到1986年德国外科医生 Muhe 完成了世界上首例腹腔镜下胆囊切除术后,被广泛采用。当前微创外科的概念是指单独使用腔镜、内镜、导管等为工具,进行的各个专业领域的外科手术。因此,在微创操作、微创外科的基础上,又提出"微创医学(minimally invasive medicine,MIM)"的概念。微创医学是将社会人文思想和医学微创理念融为一体的现代医学观念。前者强调医学要以人为本,病人至上,从人文关怀出发,在不违背医疗原则的基础上,确立以病人为中心的医疗方案;后者强调在诊疗过程中,尽可能减轻或不损害机体的内环境稳定。

【微创外科的研究范畴】

应用对机体产生较传统外科手术创伤尽可能小的治疗手段治疗疾病,并能达到甚至超过传统外科手术疗效的一切治疗手段都属于微创外科范畴。微创外科应符合对机体造成的局部和全身创伤尽可能小、内环境尽可能稳定、手术切口尽可能小、炎症反应尽可能轻、伤口愈合尽可能美观的原则。从目前发展来看,微创外科涵盖各种内镜(通过各自然孔道如胃镜、十二指肠镜、膀胱镜、结直肠镜等),腔镜(通过人为的腔隙如腹腔镜、胸腔镜、关节镜、脑室镜等),介入放射学技术(超声、X线、CT、MRI引导下的栓塞、支架治疗),γ刀,射频消融,立体放射外科等多种微创技术,应用范围涉及普通外科、心胸外科、骨外科、神经外科、泌尿外科、整形外科、血管外科、妇科、耳鼻喉科、肿瘤科等领域。微创外科是高科技造就的产物,但微创外科发展中出现的新问题反过来也促使高新技术向新的高度跃进。随着科学技术的发展,必定有更新、更有效的治疗手段和相应的更精密的手术器械出现,使传统外科无法或难以治疗的疾病得到治疗,缓解症状,提高病人生活质量,延长生存期。

【微创外科的现状与未来】

微创外科技术现已广泛应用于临床各学科,并取得了长足的发展,有的已在逐渐替代某些传统外科手术(如腔镜下胆囊切除术和内镜下十二指肠乳头切开术等)。就现阶段而言,微创外科技术和传统外科手术各有利弊,需要根据医生的经验和医院的设备条件,严格把握手术适应证,合理地选择应用。目前我国微创外科技术发展仍不平衡,微创手术仍不能完全替代传统外科手术,二者在治疗恶性肿瘤的选择上仍存在争议。同时微创外科的护理也急需发展,主要包括熟悉高新设备的特点、工作原理、使用方法,手术适应证、麻醉选择、器械的选择、消毒与保养,病人的术前术后护理、健康教育等。

微创外科的未来有赖于微创医学的进一步发展,其包括微创医学理论体系的完善和人员专业技术水平的提高。微创外科将是21世纪持续的热点,将对现代医学的发展起重要的推动作用。随着医学模式的转变,微创外科将展现更加广阔的前景,必然会使外科疾病的治疗达到外科医生努力追求的的理想境界。

第二节 内镜技术及护理

从1805年德国人Bozzini提出内镜的设想以来,迄今已有200余年。医学内镜经过不断发展和改进已逐步趋于完善。初期的硬式内镜灵活度差,而后研制出了由目测部硬管和可曲部软管构成的半可曲式胃镜。1957年纤维胃-十二指肠镜的研制标志着进入了纤维内镜发展阶段。1983年借助于微型CCD图像传感器将图像显示至电视屏上的电子内镜研制成功,具有图像逼真、清晰度高、避免视疲劳和可供多人同时观看等特点。内镜技术的发展对消化系统、泌尿系统疾病的诊断和治疗起到了革命性的推动作用。

【内镜的组成】

包括三个主要部分:内镜系统、手术设备和手术器械。

1. 内镜系统 包括内镜、主机-光源和内镜监视器。根据用途内镜可分为胃镜、结肠镜、胆道镜、纤维气管镜等;根据光传导性质不同分为纤维胃镜光学内镜和电子内镜。内镜具有单工作通道或双工作通道,近端开口接近手控操作部,远端开口于镜端。用于诊断和手术的各种器械经过内镜工作通道进入人体内,不同用途内镜的通道内径有所不同。内镜通道的大小和多少(单通道或双通道)决定可选用器械的种类、多少及可完成手术的类型。超声内镜是一种集内镜和超声为一体的特殊内镜,在镜端安装有一个微型超声探头,既具有内镜的基本结构和功能,同时又能进行局部超声检查,由此可观察到内镜直视下看不到的深部及邻近结构。内镜所使用的光源为冷光源,无组织损伤性。

2. 手术设备 基本设备包括高频电发生器、氩气刀(argon plasma coagulation,APC)和水刀(water jet)。其他设备有液电碎石器、微波机、激光器、热凝器和内镜冷冻机及其辅助探头等。

3. 手术器械 常用器械包括活检钳、注射针、息肉圈套器、抓钳、多连发曲张静脉结扎器、狭窄扩张器、止血夹、胃石碎石器、造影管、十二指肠乳头切开刀、取石网篮和气囊、导线、囊肿穿刺器、穿刺针、机械碎石器等。治疗用的各种支架和引流管,如食管支架、胆道内引流管、管内引流管、鼻 - 胆管外引流管及呼吸道支架等。

【内镜外科基本技术】

内镜手术一般在咽部局麻下或全身麻醉下进行。主要包括以下技术:

1. 注射术 使用内镜注射针,在内镜直视下对准目标,如出血点、肿瘤基底、肿瘤瘤体内等,穿刺注射相应的制剂,以达到止血、托起病灶、使肿瘤坏死和封闭小穿孔等目的。注射用制剂包括生理盐水、硬化剂、组织黏合剂、凝血酶及生物胶等。

2. 钳夹术 使用内镜止血夹,对准出血点、创面基底部或黏膜裂开的边缘进行钳夹,起到止血、闭合创面或预防出血等作用。

3. 切除术 使用内镜切除器械,直接剖开病灶表面的黏膜后将病灶套住,接通高频电流切除病灶。

4. 导线置入术 内镜直视下将导线前端对准狭窄的腔道口,"捻动"导线,依据阻力感觉在盲视下或在 X 线透视监视下使导线通过狭窄段,而后根据不同情况行下一步操作。

(1)扩张术:通过置入导线引导探条扩张器或气囊扩张器对内脏器官腔道的狭窄段逐渐进行扩张,以解除狭窄和重建通道。

(2)支架/引流管置放术:在狭窄段管腔内置入支架以维持腔道的通畅性。

(3)引流术:经导线引导放置引流管,对经内镜下穿刺的液性囊腔或梗阻段以上的积液进行引流。

5. 碎石术 使用专用机械碎石器、激光碎石器、水刀及超声碎石器等特殊设备,在内镜直视下或辅以 X 线透视下破碎各种结石、粪石等。

6. 氩气刀凝切术 使用 APC 探头,在内镜下对准目标物(肿瘤、狭窄环、出血点及异物等)进行凝切,使得目标物凝固、坏死和气化。

7. 十二指肠乳头切开术 内镜下选择性管道插管成功后,切开十二指肠乳头括约肌,或先行乳头剖开,再做切开术,以打开进入胰管或胆管的通路。

8. 超声内镜穿刺术 使用内镜穿刺针,在超声内镜下确定目标物,在单独超声内镜或联合 X 线监视下对目标物进行穿刺。以针吸组织、注射药物或建立通道。

【临床应用】

1. 胃镜

(1)诊断方面:①凡有上腹部不适,疑有食管、胃疾病者,需胃镜明确诊断;②X 线检查发现食管、胃病变,但性质未明,需取病理标本明确诊断。

(2)治疗方面:①食管、胃疾病治疗或手术后随访;②治疗某些食管、胃疾病,如上消化道出血的止血、异物取出、息肉切除、狭窄的扩张等。止血方法有:硬化止血术、栓塞止血术、套扎止血术、电刀止血术等方法;③晚期胃肠道肿瘤的治疗,如硬化剂注射坏死术、热凝坏死术、狭窄扩张术、支架置放术等。

2. 十二指肠镜

(1) 经内镜逆行性胰胆管造影(endoscopic retrograde chalangiaopancricgraph,ERCP):能显示胰胆管结构从而有助于诊断胰胆管结石、胆道良恶性梗阻、胰腺占位等胰胆系统疾病。

(2) 内镜下十二指肠乳头括约肌切开术(endoscopic sphincterotomy,EST):①清除肝外胆管内异物,可用于治疗胆道结石、胆道蛔虫、胆管内坏死性癌栓、胆道内黏液(黏液性肿瘤)、肝移植术后的铸型胆栓和胆肠短路术后的盲端综合征;②化脓性胆管炎;③急性胆源性胰腺炎和胰腺结石的治疗。

3. 支气管镜

(1) 诊断方面:①原因不明的咯血或血痰,需明确诊断及出血部位;②原因不明的顽固性咳嗽、气道阻塞、声带麻痹、呼吸困难需查明原因者;③胸部 X 线检查发现团块影、阻塞性肺炎及肺不张,或痰癌细胞阳性而胸片未见异常需进一步明确诊断者;④肺弥漫性病变或支气管病变需进行活检者;⑤需做叶、段支气管选择性碘造影者;⑥肺叶切除前后检查,确定切除范围及判断手术效果者;⑦长期气管切开,可通过纤维支气管镜定期观察气管黏膜情况;⑧对结节病、肺蛋白沉积症等疾病需做肺泡灌洗检查者。

(2) 治疗方面:①对支气管有大量分泌物而无论咳嗽或引起肺不张者,可用纤维支气管镜进行深部吸痰,改善通气,利于肺复张;②镜下对病变局部注药及激光照射治疗;③清除支气管内小异物;④对咯血不止者可通过纤维支气管镜送入气囊导管填塞止血。

4. 胆道镜

(1) 术中检查:术中出现以下情况,需行术中纤维胆道镜检查(IOCS):①胆总管切开后胆汁混浊或呈泥沙样胆汁,或不明原因的肝内胆管出血;②肝胆管内触及结石或硬结;③需对胆管内病变组织进行活检;④胆道取石前后检查结石的位置以及结石是否取尽。

(2) 术后治疗:术后胆道镜用于胆道残余结石的治疗。

5. 泌尿系统内镜 主要有经皮肾镜、输尿管镜、膀胱镜,其检查和治疗的适应证包括:①膀胱尿道病变不能明确或肯定诊断,需要直接观察内部者;②需要分别收集两侧肾盂尿做检查,分别测定两侧肾功能及做逆行肾盂造影者;③需要在输尿管内置输尿管导管以了解 X 射线片上阴影位置关系或手术时辨认输尿管者;④需要做膀胱内操作,如膀胱内活检、摘取异物、碎石、电灼肿瘤者;⑤需要进行输尿管扩张或输尿管肾盂镜检查及治疗者;⑥明确原因不明的血尿来源等。

内镜在消化、泌尿系统疾病的诊断和治疗中的应用尤为广泛,下面主要介绍胃镜检查和治疗病人的护理。

【主要护理诊断/问题】

1. 知识缺乏:缺乏胃镜检查、治疗的相关知识。

2. 舒适度减弱 与胃镜经咽喉部进入上消化道有关。

3. 潜在并发症:出血、穿孔、咽部黏膜损伤、下颌关节脱位等。

【护理措施】

(一)术前护理

1. 心理准备 促使病人正确认识并接受胃镜检查及治疗方法,消除恐惧感。

2. 禁食禁饮 检查、治疗前 1 日吃易消化饮食,检查、治疗前禁食禁饮 12 小时,禁烟 24 小时。有胃潴留者,检查、治疗前 2 日给予流质食物并在术前 1 晚洗胃,以排空胃内容物,使治疗时视野清楚。已做钡剂检查者,一般 3 日后再行胃镜检查、治疗,术前排空小便。

3. 常规准备 活动义齿应取下妥善保存;准备好检查、治疗用物及药物;前 30 分钟口服胃镜润滑胶浆一支,使咽部及食管充分润滑,以便胃镜顺利插入。

（二）术中配合

1. 插入胃镜 病人侧身躺下，弯曲腿部。嘱病人含上口垫，轻轻咬住，护士左手固定口垫，右手持镜立于病人身前端20cm处，嘱病人以鼻深呼吸，头不能动，全身放松，胃镜经过口垫进入口腔，当插入舌根部至食管入口时，嘱病人做吞咽动作，胃镜可顺利通过咽部。在插镜过程中若有阻力，不能强行插管，可让病人休息片刻，然后再借吞咽动作将前端送入。在插镜过程中密切观察病人的呼吸、面色等情况，同时不断向病人做简单解释，指导其做深呼吸，不能吞下口水，让其自然流出弯盘内。

2. 钳取或切除病灶组织 要稳、准、轻并小心取出，放入10%甲醛溶液中固定，并及时送病理活检。

3. 止血 胃镜下采用硬化、栓塞、套扎、电刀等止血方法时，应准确递送物品，有效配合医生操作。

（三）术后护理

1. 一般护理 术后病人咽部有轻微疼痛不适，嘱病人不要紧张，一般检查2小时可试饮水，如无呛咳，则可进食，当日宜进流食。若行活检、微小病变切除或止血术后，应观察病人胃部反应，若无不适，可酌情给予低温的流质饮食，4小时后可逐渐给予半流质饮食。

2. 并发症的观察与护理 ①观察有无出血、穿孔、下颌关节脱位等，术后如有咽部疼痛或声嘶，嘱咐病人不要用力咳嗽，以免损伤咽喉部黏膜。术后1日内避免剧烈活动。②注意观察病人有无腹痛情况，观察粪便的颜色。

【健康教育】

1. 向病人提供胃镜检查治疗的相关知识，及检查治疗前应做的准备，消除病人恐惧感，以配合检查与治疗。

2. 合理饮食，注意活动与休息，保持规律生活。

3. 检查治疗后应学会自我病情监测，观察腹痛、出血等情况，有异常应及时就医。

第三节 腔镜外科技术及护理

1987年法国人Mouret在使用腹腔镜为妇女治疗妇科疾病的同时切除了病变的胆囊。从此，开启了以腹腔镜手术为代表的微创外科时代。进入21世纪，腔镜手术已在外科各个专业领域得到了广泛的应用，且将随着经验的积累与设备的更新而不断发展。

一、腹腔镜

目前，临床应用的腔镜较多，有腹腔镜、胸腔镜、宫腔镜和关节镜等，其基本构件和操作原理相似。此处主要介绍腹腔镜。

【腹腔镜外科手术设备及器械】

1. 图像显示与存储系统 该系统由腹腔镜、高清微型摄像头、数模转换器、高分辨率显示器、全自动冷光源和图像存储系统等组成。

2. CO_2气腹系统 建立CO_2气腹的目的是为手术提供足够的空间和视野，是避免意外损伤其他脏器的必要条件。整个系统由全自动大流量气腹机、CO_2供气系统、带保护装置的穿刺套管鞘、弹簧安全气腹针组成。

3. 手术设备与器械 设备主要有高频电凝装置、激光器、超声刀、腹腔镜B超、冲洗吸引器等。器械主要有电钩、分离钳、抓钳、持钳、肠钳、吸引管、穿刺针、扇形牵拉钳、持针钳、术中胆道造影钳、打结器、施夹器、各类腔内切割缝合与吻合器等。

4. 特殊物品　随着微创手术发展的越来越迅速,辅助材料也越来越成熟,比如腹腔镜、胸腔镜手术中使用的闭合器、吻合器,既能够保证吻合口处的严密缝合又缩短了手术时间,大大减少了病人的手术风险。

5. 一体化整合手术室　由于手术特殊设备和信息集中的需要,对手术室的功能提出了更高的要求,因而出现了一体化整合手术室或称整体手术室。这种设计整合了腔镜、内镜视频设备以及安装在顶棚上的吊臂系统,不需要台车、电线和电缆,增加了手术室环境的安全与便利,提高了手术人员的工作效率。并可与医院内各科室乃至世界各地区相连接,将数字动态视频和静态影像资料集成到互联网上,达成数据共享,完成远程手术。

【腹腔镜基本技术】

1. 建立气腹

(1) 闭合法:在脐下缘作弧形或纵形切口,长约10mm达皮下,在切口两侧用巾钳或手提起腹壁,将气腹针经切口垂直或向盆腔斜行刺入腹腔,针头经过筋膜和腹膜时有两次突破感,穿刺进腹后可采用抽吸试验、负压试验或容量试验证实气腹针进入腹腔,即可注入二氧化碳气体,至预设压力13mmHg,完成气腹。

(2) 开发法:在脐下缘作弧形或纵形切口,长约10mm深达筋膜,在直视下打开腹膜,用手指明确进入腹腔及腹壁下没有粘连后,置入套管连接充气管建立气腹。

2. 腹腔镜止血　电凝止血是腹腔镜手术的主要止血方式,包括单极和双极电凝两种。

3. 腹腔镜下组织分离与切开　腹腔镜手术组织分离主要有电凝切割、剪刀锐性剪开、超声刀凝固切割、分离钳钝性分离、高压水柱分离等。

4. 腹腔镜下缝合　缝合是腹腔镜手术中操作难度较大的技术,传统的缝合技术一样可以在腹腔镜下应用。

5. 标本取出　小于套管鞘标本可直接取出,较大标本可将操作孔扩大取出。

【腹腔镜的应用】

(一) 腹部外科

1. 诊断性腹腔镜技术(diagnostic laparoscopy)　可以弥补一些实验室检查与影像学检查的不足,有利于早期诊断、早期治疗,并可免除不必要的剖腹探查。

(1) 出血:出血量不大,病人生命体征稳定,可考虑应用腹腔镜检查及治疗。常在了解病人病史、相关检查结果的基础上,利于腹腔镜快速查找出血部位并及时在镜下止血。若为肝、脾、胰、胃、肠等多器官损伤出血,且伴胆漏、肠漏者,应迅速中转行开腹手术处理。

(2) 炎症病变:急腹症探查可发现腹腔炎性渗出、脓液、肠内容物等。常见的病变有十二指肠溃疡穿孔、急性阑尾炎、急性盆腔炎、急性胆囊炎等。一旦明确诊断,大部分情况可行腔镜下手术治疗。

(3) 结节性肿块:腹腔镜探查发现肝、腹膜、盆腔等部位的结节,可取病理活检,并可结合腹腔镜超声对腹部肿瘤,如肝癌、胃癌、胰腺癌等进行诊断及分期,并决定能否做根治性手术。

(4) 腹腔内粘连:腹腔探查时发现小肠与腹壁有粘连,随着体位的改变或肠胀气时病人感觉有牵拉感或钝痛,是慢性腹痛的原因,一般在镜下分离粘连部位后可改善症状。

2. 治疗性腹腔镜手术　以下介绍几种常见手术。

(1) 腹腔镜胆囊切除术(laparoscopic cholecystectomy,LC):是目前腹腔镜技术在外科手术中应用最广泛、效果最显著的手术(图12-1)。其是在电视腹腔镜监视下,通过腹壁的3~4个小戳孔,将带有光导纤维的腹腔镜及配套手术器械插入腹腔行胆囊切除的微创手术。该术

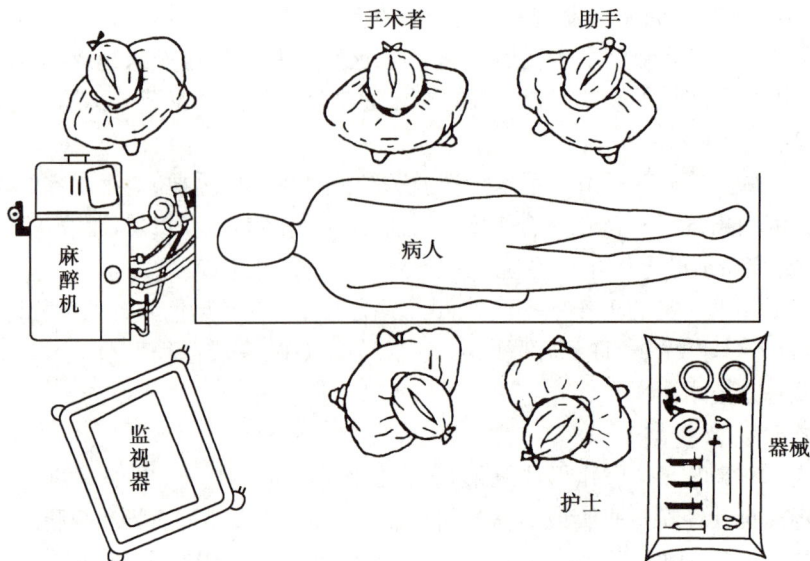

图 12-1 腹腔镜胆囊切除术时手术室设置与病人体位

式具有创伤小、对病人全身及腹腔局部的干扰少、病人痛苦轻、恢复快、瘢痕小等优点。腹腔镜胆囊切除术的手术指征与开腹手术相同,绝对禁忌证较少,相对禁忌证包括肝硬化、凝血障碍、妊娠、胰腺炎、病理性肥胖、严重的心肺功能不全等。

(2) 胃底折叠手术(Nissen 手术):药物治疗不能控制的反流性食管炎病人,特别是合并食管裂孔疝者,需行 Nissen 手术。其优点是时间短、创伤小、切口美观,同时具有传统手术的疗效。

(3) 腹外疝修补术:1992 年 Dion 和 Morin 报道了腹腔镜经腹横筋膜补片植入术(transverse fascia patch implement,TFPI),McKeman 报道了腹腔镜完全经腹膜外途径补片植入术(extraperitneal completely patch implement,ECPI),这两种技术操作合理,复发率低,是目前应用最广泛的腹腔镜疝修补术。

(4) 肝胆胰手术:包括腔镜下肝囊肿开窗引流术、肝腺瘤切除术等;腔镜下脾切除术已成为特发性血小板减少性紫癜病人行脾切除的首选方法,还用于门静脉高压症及外伤性脾破裂的手术。胰十二指肠切除术、肝叶切除术等技术也已逐渐成熟,已成为临床首选的手术方式。

(5) 结直肠癌手术:是腹腔镜外科中最成熟的手术方式之一。多项关于腹腔镜与开腹结直肠癌手术远期疗效随机对照试验(RCT)的研究结果证明,腹腔镜组的总体生存率、无瘤生存率以及局部复发率与开腹手术组比较均无显著差异。

(6) 胃手术:包括穿孔修补术、胃大部切除术、胃癌根治术以及胃减容术(LVBG)。腹腔镜胃癌根治手术操作复杂,无论是游离胃体、切除标本或消化道重建,还是清扫淋巴结,操作步骤及操作平面都较多。研究显示,腹腔镜手术与开腹手术具有相同的肿瘤根治效果。

(7) 腹腔镜+内镜手术:随着内镜和腔镜的逐渐发展,一些以前需要做两次手术的病人可以在手术室同时完成腔镜手术和内镜手术,比如胆囊结石合并胆管内结石的病人,可在腹腔镜下切除胆囊后,在术中使用胆道镜对胆道进行探查并取石,减少病人二次手术的痛苦。

(二) 泌尿外科

1. 肾脏手术

（1）单纯性肾切除术：可经腹腔或经腹膜后进行，随着技术的成熟和经验的积累，腹腔镜单纯性肾切除的适应证范围不断扩大，几乎适合于需外科手术切除的所有肾脏良性病变，如各种原因所致的肾萎缩，需要切除的积水肾、结核肾、多囊肾或肾结石、肾发育不良、慢性肾盂肾炎等。

（2）根治性肾切除术：适用于原位肾脏肿瘤，其手术效果与开放手术相当。切除的肾脏标本，有整块取出或粉碎后取出两种方法，完整取出利于对肿瘤进行准确病理分期，从而为下一步治疗及判断预后提供依据。

（3）肾部分切除术：主要适合于位于肾脏一极的良性病变，包括良性肿瘤；因畸形、结石、慢性炎症所致肾脏一极功能丧失；对侧肾无功能或孤立肾脏实质性占位；双侧肾肿瘤；直径≤3cm 的局限于肾脏一极的小肾癌。

2. 肾上腺切除术　腹腔镜肾上腺切除术的手术时间较开放性手术明显缩短，同时具有出血少，组织损伤小，术后疼痛轻，病人住院时间短，并发症少等优点，被视为肾上腺手术的金标准。其手术适应证很广，肾上腺良性疾病几乎所有病理类型均可腹腔镜切除，但对于肾上腺恶性肿瘤和大体积肾上腺肿瘤（直径 >6cm）是否适合于行腹腔镜切除目前尚存在争议。

3. 膀胱癌根治术　腹腔镜膀胱癌根治性切除术目前已逐渐取代开放膀胱癌根治性切除术，腹腔镜手术具有独特的优势：视野清晰、出血少、创伤小的优点，有助于精细的观察盆地解剖结构、保留血管神经束，保护尿道括约肌。适用于较大的、多发的、反复复发的以及 T2、T3 期的膀胱肿瘤。

4. 前列腺癌根治术　前列腺癌根治术切除范围包括整个前列腺，双侧精囊及髂血管周围淋巴结，开放手术创伤较大，腹腔镜前列腺癌根治术较传统开放手术具有明显的优越性，对于有手术指征的前列腺癌病人，首选腹腔镜手术。

【护理评估】

（一）术前评估

1. 相关健康史　评估病人年龄、性别、体重、营养状况，既往的健康状况；既往有无腹部疾病和手术史；有无糖尿病、高血压、心脏病、病毒性肝炎等。

2. 身体状况

（1）症状与体征：评估病人有无疾病的相关症状、体征，如腹痛部位、性质、持续时间，有无牵涉痛等；了解手术局部皮肤完整性等。

（2）辅助检查：了解常规实验室检查（如血气分析、凝血时间）、心电图、影像学检查（特别是逆行胰胆管造影检查）及心、肝、肾、肺功能检查等结果。

3. 心理-社会状况　了解病人及亲属对腹腔镜技术的认识、接受程度、心理反应及经济承受能力。

（二）术后评估

1. 术中情况　了解麻醉和手术方式、术中出血、补液、输血、生命体征情况，以及术后诊断等。

2. 术后情况　评估病人意识、生命体征、切口情况，了解引流管是否通畅，引流液颜色、性状和量；有无 CO_2 气腹相关并发症（高碳酸血症、酸中毒、皮下气肿、气胸、气体栓塞等）、肺部感染、泌尿系感染、出血、吻合口瘘等发生；评估病人对术后康复保健相关知识了解程度；了解病人的心理状态等。

【主要护理诊断/问题】

1. 知识缺乏：缺乏疾病和腹腔镜手术相关知识。

2. 舒适度减弱　与手术创伤、人工气腹引起疼痛、腹胀或肩背酸痛等有关。

3. 潜在并发症:高碳酸血症、酸中毒、皮下气肿、出血、内脏损伤、感染等。

【护理措施】

（一）术前护理

1. 心理准备　能正确认识并接受手术,消除病人对手术的恐惧感。

2. 术前准备　①皮肤准备:常规备皮,尤其注意脐部的清洁。于术前1日,用棉签蘸取肥皂水或沐浴液软化脐部污垢、清洁脐孔,再用温水清洗并擦干。②胃肠道准备:合理饮食,术前2日禁食豆类、牛奶等易产气食物。术前禁食禁饮时间参照围术期病人护理。③呼吸道准备:手术时需要建立人工CO_2气腹,因此术前应进行深呼吸、有效咳嗽等练习,避免感冒,且戒烟。④泌尿道准备:术前排空膀胱,必要时留置导尿。

（二）术后护理

1. 一般护理　①体位:术后卧床6小时后取半卧位,生命体征平稳者可下床活动。②饮食:非胃肠道手术术后6小时,如病人肛门排气,无胃肠道症状,可进食流质或半流质饮食;胃肠道手术者需禁食、留置胃肠减压,直至肛门排气后恢复饮食。③吸氧:给予氧气吸入,促进CO_2排出,监测血氧饱和度。

2. 病情观察　注意病人意识、生命体征、伤口、引流管情况的观察,有无术后不适和并发症的发生等。

3. 伤口护理　保持伤口敷料清洁干燥,如有渗湿及时更换。

4. 腹腔引流管护理　若使用腹腔引流管,需妥善固定,保持引流管通畅,观察并记录引流液的量、颜色及性状,防止逆行感染。

5. 常见不适的护理　腹腔镜术后易引起肩背部酸痛、恶心、呕吐和腹胀等不适,应注意及时观察与处理。

（1）肩背部酸痛:为术中CO_2气腹刺激腹肌及术后腹腔内残留气体积聚于膈肌下,刺激膈神经反射所致。术毕腹壁应轻轻加压,尽可能减少腹腔、盆腔内气体残留,以减轻肩背部酸痛。护理上可通过调整体位、改变残留气体聚集方向以减少对膈肌的刺激,也可轻拍或按摩肩背部以减轻疼痛。

（2）恶心、呕吐:主要与术中使用麻醉药物、术后使用抗生素如甲硝唑等有关。可停用对消化道刺激性大的药物,必要时可用甲氧氯普胺。

（3）腹胀:与麻醉诱导期托抬下颌不当致使O_2进入胃腔造成胃膨胀、胃黏膜血流灌注不足等原因有关。可适当按摩腹部,促进积气排出。

6. 并发症的观察与护理

（1）高碳酸血症:表现为呼吸浅慢、$PaCO_2$升高。术后常规给予低流量吸氧,鼓励病人深呼吸、有效咳嗽,促进体内CO_2排出。

（2）皮下气肿:观察皮下和阴囊有无气肿及气肿范围、大小。若有气肿,局部按压有捻发感,可给予按摩或理疗,增加局部血液循环,一般能自动吸收。

（3）出血:多为腹腔内手术部位的出血。术后应严密观察生命体征及腹腔引流情况。若引流出较新鲜血液超过100ml/h,提示有活动性出血,一旦发现应立即报告医生,并配合积极处理。

（4）内脏损伤、感染:术后3~5日,病人突然出现剧烈腹痛、恶心、呕吐,并伴有高热、血中白细胞计数及中性粒细胞比例增高等,应考虑内脏损伤和继发感染,需及时处理。

（5）胆瘘:如腹腔镜术后腹腔引流量超过150ml,且为胆汁性液体,应考虑有胆瘘,表现为腹痛、压痛、反跳痛、腹肌紧张伴有恶心、呕吐等。应及时联系医生并行手术处理。

【健康教育】

1. 活动指导 术后 3 周内避免负重活动,注意劳逸结合、适当运动、保持规律生活。

2. 饮食指导 若为胃肠道手术,术后逐步恢复饮食,如 LC 术后早期继续低脂饮食,部分病人可有腹泻、脂肪泻,一般在 3~6 个月后可自行消失。

3. 复诊指导 如出现腹痛、发热、黄疸等情况,应及时就医。

知识链接

手术机器人的临床应用

机器人手术系统是集多项现代高科技手段于一体的综合体,在世界微创外科领域是当之无愧的革命性外科手术工具。外科医生可以远离手术台操纵机器进行手术,完全不同于传统的手术概念。达芬奇手术机器人是目前世界上最有代表性可以在腹腔手术中使用的手术机器人系统。它的组成包括三部分,即医师操作台、床旁机械臂手术系统、3D 成像系统。其优势在于改善手术操作的掌控性,提高医师手术舒适度,增加手术的精确度,提高手术的灵活度,可以提供远程手术的可能性,目前已广泛应用于外科的各个领域。

二、胸腔镜

胸腔镜手术是将腔镜器械经胸壁的 2~4 个戳孔进入胸腔内,在显示器下完成胸腔内的手术操作。其优点是胸壁切口小,不撑开肋骨,不影响胸廓完整性,术后疼痛轻,对呼吸影响小,术后恢复快等。

【适应证】

1. 诊断性手术 对于临床诊断不明确的胸部疾病,胸腔镜探查活检有助于获得病理诊断,包括不明原因的胸腔积液、胸膜结节、弥漫性肺病变、肺结节、心包疾病、多发纵隔占位、胸外伤探查等。胸腔镜还用于部分胸部恶性肿瘤的临床分期,判断手术切除的可能性。

2. 治疗性手术 包括以下几种疾病。

(1) 胸膜疾病:胸膜病变是最适合经胸腔镜进行诊断和治疗的胸外科疾病,包括外伤及自发性血气胸、脓胸、胸膜间皮瘤、其他胸膜肿瘤、恶性胸腔积液等。

(2) 肺部疾病:肺良性肿块切除、肺气肿的肺减容手术,胸部非肿瘤性病变切除如支气管扩张症、肺囊肿、支气管囊肿、肺脓肿、肺真菌病、肺结核、肺发育不良以及部分肺癌等。

(3) 食管疾病:包括食管平滑肌瘤、食管憩室、贲门失弛缓症、部分食管癌等。

(4) 纵隔疾病:基本所有纵隔良性肿瘤或囊肿都可考虑胸腔镜手术,实性肿瘤直径大于 5cm 切除较困难。

(5) 心脏疾病:目前已可在股动脉、股静脉插管不开胸体外循环下,通过胸腔镜完成房间隔缺损修补、室间隔缺损修补、二尖瓣置换等心脏手术。

(6) 其他:如乳糜胸的胸导管结扎、手汗症的胸交感神经干切断、漏斗胸矫治、胸脊柱侧弯的矫正等。

【常见胸腔镜手术】

1. 肺叶切除术 胸腔镜下肺叶切除一般采用 1 个腔镜孔、2 个操作孔。可按常规手术方法先切开肺根部周围纵隔胸膜,依次游离处理肺叶的动脉和静脉,最后离断支气管;肺裂发育不全时采用切割缝合器先行切开。对肺癌切除,应行纵隔淋巴结清扫。目前胸腔镜肺癌切除的指征为肿瘤 <5cm、无纵隔淋巴结转移,手术效果不低于传统开胸手术。

2. 食管癌切除术　腔镜下食管癌切除一般经右侧胸腔,采用 1 个腔镜孔、3 个操作孔。最常使用超声刀游离食管周围软组织,奇静脉可以离断或不离断。可采用开腹或腹腔镜技术游离胃。食管和胃游离完成之后,一般将胃拉至颈部行胃食管吻合。随着技术和器械的改进,已能在胸腔内完成胃食管吻合。

3. 胸腺切除术　重症肌无力及胸腺瘤需切除胸腺和前纵隔的脂肪软组织。体位为半侧卧位,腋中线偏后第 5 肋间做 1 个腔镜孔,在腋前线第 3 和第 6 或第 7 肋间做 2 个操作孔。使用超声刀或电凝钩游离胸腺和纵隔软组织。重症肌无力的围术期处理与开胸手术相同,由于切口小,围术期皮质激素的使用对切口的愈合影响不大。

【主要护理诊断 / 问题】

1. 知识缺乏:缺乏疾病和胸腔镜手术相关知识。

2. 潜在并发症:出血、肺部感染、肺不张、心律失常等。

【护理措施】

（一）术前护理

1. 心理护理　向病人讲解胸腔镜手术特点、麻醉方法、手术体位、术后治疗与护理等,解除病人顾虑,减轻其焦虑情绪。

2. 术前准备　指导病人进行呼吸功能锻炼,同时练习适应术中体位及床上大小便。

（二）术后护理

1. 一般护理　①体位与活动:麻醉清醒前去枕平卧;麻醉清醒后如生命体征平稳可半卧位,病情允许鼓励早期下床活动。②饮食:非胃肠道手术术后 6 小时,肛门排气,无消化道反应可恢复饮食。③吸氧:2~4L/min。

2. 病情观察　注意意识、生命体征、伤口及引流管情况,有无并发症发生。

3. 疼痛护理　评估病人疼痛程度,指导其采取非药物镇痛的方法,如深呼吸、放松训练和音乐疗法,遵医嘱给予止痛药物。

4. 呼吸道护理　加强呼吸功能锻炼,可采取雾化吸入、叩背、有效咳嗽等方法促进排痰。

5. 伤口护理　保持伤口敷料清洁干燥,如有渗湿及时更换。

6. 胸腔闭式引流管的护理　妥善固定引流管,保持引流通畅,严格无菌操作,注意观察引流情况,及时处理意外事件,加强拔管后管理。

7. 并发症的观察与护理　注意是否出现出血、肺部感染、肺不张、心律失常等并发症,一旦发生,及时联系医生协助处理。

三、神经内镜

神经内镜自 20 世纪 60 年代开始应用于神经外科疾病的诊疗,现已广泛应用于神经外科疾病的治疗。

【临床分类】

1. 水环境神经内镜手术　以脑脊液为光束媒介,应用鞘式内镜及与之配套的微型内镜器械操作;器械通过鞘内通道与内镜同轴平行到达术区;操作区域在脑室内或脑脊液样囊肿腔内。典型手术如:处理脑积水的神经内镜第三脑室造瘘术和处理颅内蛛网膜囊肿的内镜囊肿 - 脑池穿通术等。

2. 空气环境神经内镜手术　以空气为光束媒介,应用观察内镜和显微神经外科器械或特制的内镜器械操作;器械在镜体之外与内镜分离成角到达术区;操作区域在脑表面或颅底。典型手术如:内镜经鼻蝶垂体瘤切除术、内镜脑内血肿清除术等。

【适应证】

1. 脑室脑池积水　如肿瘤、导水管狭窄、出血、梗死等引起的梗阻性脑积水。

2. 颅内蛛网膜囊肿　治疗蛛网膜囊肿常为先天性,可发生于幕上或幕下,一般为单发。症状与囊肿的大小和位置有关,有些病人可终身无症状。常见症状有:颅内压增高,由囊肿占位和脑积水引起;局灶性神经功能障碍,囊肿压迫产生癫痫、轻度运动和感觉障碍。手术适应证:囊肿形成占位性病变,引起颅内压升高,并有相应的症状和体征,如头痛、癫痫等。影像学检查显示病变有占位效应。对于无症状但有显著占位效应的病人,特别是儿童,也应考虑手术治疗。

3. 脑室内肿瘤　脑室内肿瘤位置深,且周围毗邻丘脑、尾状核、穹窿等重要结构。因此手术治疗多采用显微外科技术。然而在一些经过选择的病例中,使用神经内镜技术亦能取得与显微外科技术相同的疗效,且侵袭性小于后者。

4. 颅底肿瘤　治疗单鼻孔经鼻蝶内镜手术切除垂体瘤等鞍区颅底肿瘤,是内镜颅底手术取代手术显微镜、不再以内镜辅助显微镜观察,独立发展的起点。术中不使用牵开器和将内镜作为照明和观察设备,是内镜经鼻蝶手术的重要特征。它与经鼻蝶显微外科手术的重要区别就是不需广泛分离鼻黏膜、无鼻中隔移位,能够最大限度地减少对鼻腔结构的损伤,保护鼻腔的正常结构。其另一优势体现在能够充分显露病灶,这也是安全有效完整切除肿瘤的保证。内镜经鼻蝶手术使手术创伤明显降低、术后病人鼻腔不适感最轻微、住院时间也明显缩短。

5. 脑内血肿　神经内镜应用于脑内血肿清除具有损伤小、止血彻底等特点,目前已逐渐取代传统开颅手术。

四、关节镜

关节镜是一种观察滑膜、软骨、半月板及韧带等关节内部结构的内镜,主要用于关节内疾病的诊疗,具有诊断明确、手术快捷、术后恢复快的特点。

【关节镜构成】

关节镜设备系统主要包括关节镜与冷光源、灌注部分、摄像监视系统、动力系统、专用手术器械与设备。关节镜手术通常需使用止血带。

【适应证】

1. 用于关节损伤的诊断和治疗,包括:①关节软骨损害;②韧带损伤(关节镜下韧带重建);③骨、软骨损伤与骨折;④创伤后不明原因的持续性疼痛;⑤关节内异物存留;⑥关节内游离体;⑦关节粘连;⑧某些关节骨折(治疗与辅助治疗)等。

2. 适合关节疾病的治疗,包括:①类风湿关节炎;②关节化脓性感染;③关节结核性感染;④关节软组织肿瘤;⑤骨关节炎(骨关节病)等。

3. 对关节功能及病理变化需行动态观察或对关节创伤疾病治疗后需行随诊和复查者。

4. 用于某些关节外伤病的手术,例如弹响髋的髂胫肌束松解、跟腱断裂缝合修复等。

第四节　介入放射学技术及护理

介入放射学技术(interventional radiology technique)是指在现代影像设备(X线、CT、MRI

笔记栏

或 B 超等)引导下,利用穿刺针、导管、导丝及其他介入器材,对疾病进行诊断或治疗的微创技术。这种技术具有创伤小、操作简便、定位准确、并发症少等优点,虽不能完全取代外科手术,但将其应用于临床极大地丰富了外科治疗的内容。

【分类】

1. 血管内介入治疗(technique of intravascular interventional therapy)　包括:①经导管血管内药物灌注术;②经导管动脉化疗栓塞术;③经导管动脉栓塞术;④经皮血管腔内血管成形术;⑤经颈静脉肝内门体静脉分流术;⑥经皮血管内导管药盒系统植入术;⑦经皮血管内支架置入术;⑧经皮血管内异物和血栓取出术;⑨心血管瓣膜成形术。

2. 血管外介入治疗(technique of extravascular interventional therapy)　包括:①经皮经肝穿刺胆道外引流术;②经皮胆管球囊扩张术;③经皮经肝胆道内支架置入术;④植入式微波组织凝固治疗技术;⑤超低温冷冻消融术;⑥射频消融术;⑦经皮无水乙醇注射疗法;⑧恶性肿瘤的电化学治疗技术;⑨腹腔内积液的经皮穿刺置管引流术等。

【常用介入治疗技术】

1. 选择性动脉栓塞术(transcatheter arterial embolization,TAE)　经导管血管栓塞术是介入放射学的最重要基本技术之一,具体是指在 X 线透视下将栓塞剂通过导管注入血管内而使之阻塞以达预期治疗目的的技术。该技术具有微创性、全程影像引导和选择性靶血管插管技术,使得栓塞的准确性和可控性大大增强。TAE 在介入放射学中的作用就像结扎术和切除术在外科的作用一样重要。TAE 治疗消化道出血,肝、脾、肾以及腹膜后骨盆外伤性出血及咯血具有一定的疗效;也可用于脾功能亢进、动静脉畸形、动静脉瘘或动脉瘤的治疗;也作为某些手术前的处理,以减少手术出血。

2. 经皮血管腔内成形术(percutaneous transluminal angioplasty,PTA)　是指经皮穿刺将球囊导管置入血管腔内,对狭窄段血管进行扩张成形的一系列技术。其基本原理是通过球囊扩张时对狭窄血管内膜、中膜的撕裂,使管腔扩大,扩大的管径由血压维持。损伤的血管内膜、中膜处有血小板、纤维沉积,再由血管内皮覆盖而修复。目前 PTA 常配合血管内支架治疗血管狭窄。PTA 存在的问题是术后再狭窄率高,平均可达 30%。

3. 血管内支架置入术(intravascular stenting)　血管支架是指在管腔球囊扩张成形的基础上,在病变段置入内支架以达到支撑狭窄闭塞段血管,减少血管弹性回缩及再塑形,保持管腔血流通畅的目的。部分内支架还具有预防再狭窄的作用。血管支架的分类:①血管支架依照材质分为金属钽、医用不锈钢及镍钛合金等;②血管支架按照在血管内展开的方式分可分为自展式和球囊扩张式两种;③血管支架按照表面处理情况分可分为裸露型、涂层型和覆膜型;④血管支架按照功能分可分为单纯支撑型支架和治疗型支架。临床上主要应用于冠脉、脑血管、肾动脉、大动脉的狭窄。

4. 经颈静脉肝内门体静脉分流术(transjugular intrahepatic portacaval stent shunt,TIPS)是使用可扩张性金属支架建立肝内门体静脉分流的治疗方法。主要用于顽固性腹水和肝硬化门静脉高压症、食管胃底静脉曲张破裂大出血的治疗。它创伤小,较安全,特别适用于肝功能为 Child C 级病人的治疗。其方法是经颈内静脉插管,在肝内肝静脉与门静脉主要分支间建立通道,置入支架,从而形成肝内门腔静脉分流,可明显降低门静脉的压力,对控制出血,特别对腹水的消失有较好的效果。因此,国外多用于肝移植前暂时性门静脉减压治疗。TIPS 主要的缺点是再出血和门静脉 - 肝静脉通道再狭窄或阻塞的发生率较高,分别为4.5%~3.1% 和 40%~50%,约 25% 的病例术后肝功能恶化,肝性脑病发生率可达 20%~40%。

5. 经导管血管内药物灌注术(transcatheter intravascular infusion,TII)　经血管内将局部灌注的药物直接进入治疗靶组织能够显著提高局部药物浓度、延长药物与病变组织接触时间、发挥药物的最大效能,达到提高疗效和减少副作用的目的。临床上常用于恶性肿瘤、上消化道出血、局部血栓溶解和血管痉挛性疾病的治疗。

6. 经皮穿刺内外引流术

(1) 经皮经肝穿刺胆道外引流术(percutancous transhepatic biliary drainage,PTBD):是在经皮经肝胆管造影基础上建立的治疗梗阻性黄疸的有效手段。此法常作为肝门部胆管癌的术前治疗,以减轻黄疸,改善肝功能,提高手术的安全性。对于不能切除的胆管癌,在通过此方法减轻黄疸的同时经导管进行放疗。可取得较好的姑息性治疗效果。

(2) 经皮穿刺置管引流术(percutaneous catheter drainage,PCD):腹腔内脓肿和局限性积液可在 B 超或 CT 引导下使用针头穿刺,一旦抽出少量液体或脓液后,则证明穿刺针进入局限性积液腔或脓腔内;插入导丝,抽回针头后扩张通道,然后放置引流管,引流管的大小应根据引流液的性质和黏度而确定。也可采用其他穿刺方法置管引流。采用这种方法,可使大多数腹腔内脓肿或局限性积液病人避免开腹手术。

外科常用介入技术种类较多,下面主要介绍经股动脉穿刺血管内介入治疗的护理。

【主要护理诊断/问题】

1. 焦虑/恐惧　与所患疾病、担心治疗效果和预后有关。

2. 知识缺乏:缺乏所患疾病和介入治疗相关知识。

3. 潜在并发症:出血、疼痛等。

【护理措施】

(一) 术前护理

1. 术前检查　完成血尿常规、出凝血时间、肝肾功能、心电图及病变部位的 X 线、CT、MRI 等检查。

2. 术前准备

(1) 解释说明:向病人及亲属解释病情及介入治疗技术,以取得有效配合。

(2) 胃肠道准备:术前 8 小时禁食、禁饮。

(3) 常规备皮:范围为上起脐水平,下至大腿上 1/3,双侧至腋中线及双侧腹股沟区。

(4) 局部检查:检查双侧足背动脉搏动情况,了解双下肢血液循环情况,也便于手术前、后的对比。

(5) 术前用药:术前 30 分钟给予苯巴比妥钠 0.1g 肌注,以减轻病人的紧张情绪。

(二) 术后护理

1. 安置体位　术后平卧 8 小时,穿刺侧下肢伸直制动 12 小时,卧床 24 小时。

2. 观察局部穿刺部位　术后穿刺部位需用 2kg 沙袋压迫至少 6 小时。并每 2 小时观察 1 次,了解有无出血及血肿形成,需连续监测 24 小时,应做好记录。

3. 观察肢端血循环　了解双下肢末端皮肤温度、色泽,并监测双侧足背动脉搏动,一般在足部第 1、2 跖骨间与内、外踝经足背连线的中点相交处测量,测量时注意双侧动脉搏动强弱对比。每 2 小时测量 1 次,连续监测 24 小时,并做好记录。

4. 监测生命体征　常需连续观察 24 小时,有异常应及时报告医生处理。

5. 促进造影剂代谢　嘱咐病人多饮水,日饮水量 >1 000ml。

6. 做好基础护理　对于意识障碍或肢体瘫痪的病人,应勤拍背促排痰,预防肺部感染;做好口腔护理,促进营养状况改善;加强皮肤护理,要勤翻身按摩,防止压疮产生;对于气管切开的病人,按气管切开护理常规护理,保持呼吸道通畅。

【健康教育】

1. 向病人介绍疾病相关知识及治疗方法应用情况,消除病人恐惧感,以配合治疗。

2. 戒烟戒酒,合理饮食,保证充足的睡眠,保持情绪稳定,适当锻炼。

3. 按医嘱定时服用抗血管痉挛等药物,促进肢体血液循环。

4. 按时复查,若有异常,应及时就诊,预防并发症。

(于　淼)

复习思考题

1. 简述腹腔镜在临床诊断与治疗中的应用。

2. 腹腔镜术后常见并发症及处理措施有哪些?

第十三章

显微外科手术病人的护理

13章PPT

PPT 课件

📏 学习目标

1. 简述显微外科概念,能列举显微外科的应用范围。
2. 理解断肢(指)再植概念、分类、急救处理、基本原则。
3. 运用相关知识为断肢(指)再植病人实施整体护理。

第一节 概 述

显微外科(microsurgery)是指在光学放大设备下(即手术放大镜或手术显微镜),应用精细的显微手术器械和材料进行操作的一项专门外科技术。在手术野放大的情况下进行外科手术操作,可以超越人类视力的自然限制,从宏观进入微观,使手术更加精细致,从而降低组织创伤,有利于组织愈合,大大提高手术的质量。同时亦扩大了外科手术的治疗范围,使过去无法在肉眼下进行的手术,通过手术放大设备而得以清晰地辨认和精确地操作。经过半个世纪的发展,显微外科技术已趋于成熟,各手术学科(如手外科、整形外科、神经外科、泌尿外科及五官科)均已采用。

显微外科手术适应证选择的原则:①采用常规简单手术可达到同样效果者,不宜应用相对复杂的显微外科手术;②采用不吻合血管的邻近组织转移修复能达到相同手术效果者,就不宜应用吻合血管的游离组织移植;③用外形和功能相对次要部位的组织作为供区来移植修复重要受区部位;④既要考虑受区的功能与外观形态,同时尽可能地减少供区功能与外观形态的损失。

🔍 知识链接

显微外科的发展

1921 年瑞士耳科医生 Nylen 首次使用手术显微镜为病人进行内耳手术。1950 年 Perritt 将手术显微镜应用于角膜缝合,使显微外科手术由单纯的扩大视野发展为显微外科缝合技术。1960 年美国人 Jacobson 利用手术显微镜成功地对直径 1.6~3.2mm 的小血管进行吻合。1963 年我国在世界上首次报告断肢再植成功。1965 年 Komatsu 和 Tamai 完成首例断指再植,使再植外科取得突破性进展。1966 年我国杨东岳应用显微外科技术进行世界首例第二足趾移植再造拇指,使显微外科技术进入了一个崭新的发展阶段。1972 年之后,吻合血管的游离皮瓣、肌肉、骨膜和神经移植相继成功,使吻合血管的组织移植迅速发展。随着对显微外科解剖学的深入研究,显微外科技术临床应用范围日趋扩大。目前我国的显微外科技术居于世界领先水平。

【显微外科的设备和器材】

1. 显微外科设备　包括手术显微镜和手术放大镜。

(1) 手术显微镜:供显微外科手术使用的手术显微镜和一般显微镜不同,应具备以下几点要求:①放大倍数在 6~15 倍,个别情况要求 25~30 倍,可随意变换倍数,使用手及脚踏控制变倍、变焦距和位置;②工作距离在 20cm 左右,有时要调到 30cm,以适应深部手术操作的需要;③包括主、副两套双筒双目镜,能分别调节屈光度和瞳孔间距,视野较大;④镜内有同轴照明的冷光源,光亮度大,可调节光度;⑤图像清晰,机械部分灵活、轻便,电动系统稳定;⑥最好具有连接参观镜、照相机和摄像系统的接口,以供教学和参观手术用(图 13-1)。

显微镜使用时要选择适当的放大目镜和物镜。要根据手术精细程度,调整放大倍数。还应调节好瞳孔间距和两眼在同一水平上,使两眼视物清晰,具有立体感。双人双目手术显微镜,因为每个人的视力与瞳孔间距不同,使用时除了单人调节以外,还必须两个人调整到同一视点上,同时看清才便于配合操作。

(2) 手术放大镜:常用于 3~4mm 以上血管、神经及一般不十分精细的显微手术操作。额带式放大镜及望远镜式放大镜,可放大 1~6 倍,工作距离 20~30cm,使用方便,大大节省了手术时间。但手术视野稍小,头部需要固定姿势,眼睛容易疲劳为其不足(图 13-2)。

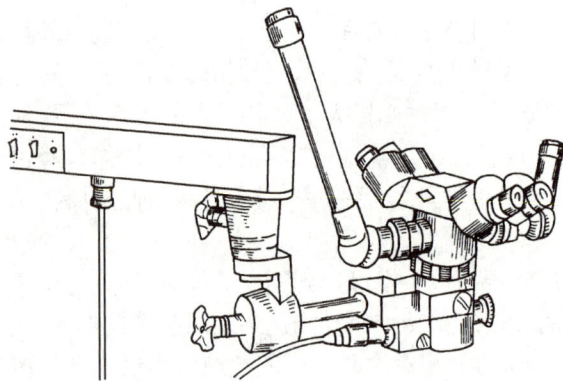

图 13-1　双人双目镜手术显微镜　　　　　图 13-2　镜组式手术放大镜

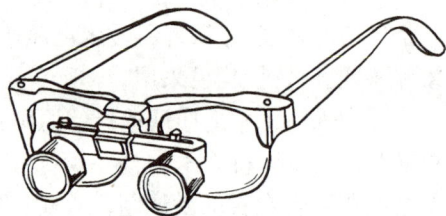

2. 显微手术器械　主要包括:显微镊子、显微剪刀、显微持针器、微血管钳、血管夹、合拢器及双极电凝等(图 13-3)。这些器械的特点是小型、轻巧、尖、细、不反光、无磁性。由于比较容易损坏,要求在使用时特别注意保护,最好放置在一个特制的盒子里,以防碰坏。

(1) 镊子:尖端应尖而不锐,边缘无棱角,对合好,能牢固地夹住汗毛。可用来提取、分离微细组织和夹提缝线打结。

(2) 持针器:咬合面光滑无齿,宽窄适宜,对合紧密,能稳固地夹持 7-0、11-0 显微缝合针线。

(3) 剪刀:有弯、直两种,弯剪用来分离组织,直剪用来修剪组织和剪线。

(4) 血管夹:有大小不同的各种血管夹,适用于不同口径的血管,要求在不损伤血管壁的条件下阻断血流。

3. 显微缝合线　常用的缝线有 7-0、8-0、9-0、10-0 和 11-0 五种规格,可根据需要选择应

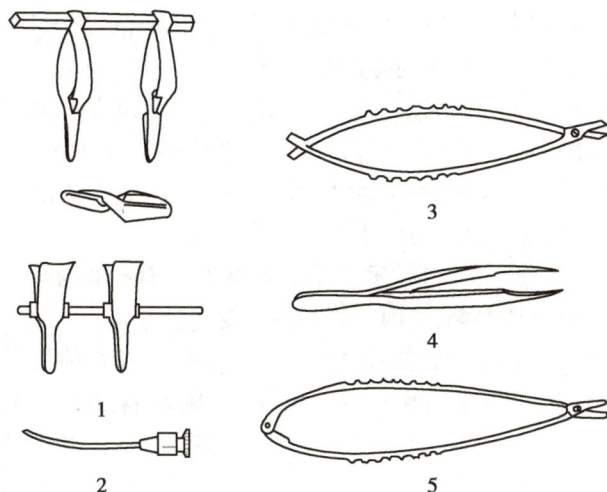

图 13-3　显微手术器械
1. 血管夹和合拢器；2. 冲洗平头针；3. 弹簧柄式显微钳；4. 血管镊；5. 持针器

用。7-0 的缝线适用于缝合直径 3mm 以上的动、静脉以及神经和肌腱；8-0 或 9-0 的缝线适用于吻合直径 1~3mm 的血管；10-0 缝线适合于吻合直径 1mm 左右的血管；11-0 的缝线适用于吻合直径 1mm 以下的血管和淋巴管。

【显微镜及显微器材的保养】

1. 手术显微镜的保养　每次用完后，将各个关节臂收拢，旋紧制动手轮（新型显微镜多为电子锁制动关节），底座刹车刹紧，罩上专用清洁布套，放于清洁干燥的储藏室内。及时清除手术显微镜上的血迹或污物。透镜表面宜先用橡皮球吹去灰尘，然后用脱脂棉浸 5% 乙醚或 95% 乙醇轻轻擦拭，完全清除透镜上的灰尘和水渍，切勿使用硬物擦拭镜头。

2. 显微外科器械的保养　显微外科器械比较精细，需精心养护才能延长其使用寿命。在使用或保养过程中，应放置于专门器械盒内，以免器械尖刃部位受损。使用后及时清除血迹，擦干后涂抹一层金属保护液，放置好备用。显微外科器械常用高压蒸汽灭菌。

【显微外科的临床应用】

1. 断肢（指）再植　是显微外科临床应用的重要内容之一。我国在断肢（指）再植的临床应用方面一直处于国际领先地位。

2. 吻合血管的组织移植　是显微外科技术应用最为广泛的领域，以吻合直径小于 3mm 的小血管为主。常见术式有吻合血管的皮瓣和肌皮瓣移植、吻合血管的骨和骨膜移植、吻合血管神经的肌肉移植、吻合血管的大网膜移植等。随着显微外科技术水平的不断提高，可行复合组织移植和组合组织移植。前者为 1 个血管蒂供应的多种组织移植，如骨皮瓣、肌骨瓣等。后者为移植两块不同血管蒂供应的组织，将两个血管蒂连接成 1 个血管蒂再与受区血管吻合，同时进行移植，如皮瓣与皮瓣组合移植、足趾与皮瓣组合移植或取自两足的多个足趾组合移植等。

3. 足趾移植再造拇指或手指　是采取自体的足趾应用显微外科技术缝接血管和神经，移植到拇指或手指缺损处，基本可恢复拇指或手指的外形和功能。

4. 吻合血管的空肠移植重建食管　利用空肠修复颈段及胸段食管瘢痕性狭窄、先天性食管缺损或闭锁、上中段食管癌切除术后的食管重建。

5. 周围神经显微修复　包括神经外膜缝合术、神经束膜缝合术、神经松解术及神经移植术。显微外科技术使神经外膜和神经束膜缝合的准确性增加，提高了手术效果。近年来吻合血管的神经移植术,即移植的神经带有该神经血液供应的动、静脉,为长段神经缺损的修复,特别是血液供应不良者提供了更好的修复条件。

6. 显微淋巴管外科 淋巴管细小、壁薄、透明无色、肉眼难见。淋巴管的病变可引起肢体慢性淋巴水肿、象皮肿和乳糜尿等,治疗困难。显微外科手术可将淋巴管远侧端与邻近小静脉近侧端进行端端吻合,使淋巴液直接引入静脉,对消除肢体肿胀、改善乳糜尿有较好效果。也可用于乳腺癌根治术后上肢淋巴水肿的治疗。

7. 小管道显微外科 显微外科技术可明显提高人体小管道吻合术后的通畅率。目前最常用于输精管吻合、输卵管吻合、鼻泪管断裂的修复等。

8. 吻合血管的小器官移植 包括:①自体小器官移植,如自体睾丸移植用于治疗精索太短而可以复位的隐睾;患子宫恶性肿瘤的青年妇女,放疗前将卵巢带血管蒂移至腹膜后较高位置,避免放射线对卵巢的损害,以保留卵巢的内分泌功能。②吻合血管的异体小器官移植,如异体睾丸移植治疗外伤性双侧睾丸缺失;行吻合血管的胎儿甲状腺和甲状旁腺的异体移植,治疗甲状旁腺功能不全;吻合血管的异体肾上腺移植治疗肾上腺皮质功能减退症等。

9. 神经外科的应用 包括颅内外动脉搭桥、颅内肿瘤切除、颅内动脉瘤夹闭、脑血管畸形切除等。

第二节 断肢(指)再植病人的护理

案例分析

李先生,32 岁,工人。因 4 小时前在工作中右手中指被机器压断入院。病人 4 小时前工作中右手中指被机器压断后由同事送达医院。发病来神志清,精神状态欠佳,余无不适。

体格检查:T 36.8℃,P 92 次/min,R 20 次/min,BP 134/84mmHg;右手活动性出血,手绢包扎,离断手指用纸巾包裹。

诊疗经过:入院后给予断指再植急症手术。术后 7 小时,发现病人断指肿胀明显,颜色变暗紫色,指腹张力高,皮温高于健侧。

请问:

1. 该病人离断手指应如何保存?

2. 目前该病人可能的并发症是什么? 相应的护理措施是什么?

断肢(指)再植(replantation of severed limb or finger)是指将完全或不完全断离的肢(指)体,在放大镜或手术显微镜的帮助下,重新接回原位,恢复血液循环,使之存活并最大程度地恢复其功能的高精细手术。

【病因与分类】

1. 根据肢(指)断离的程度分类

(1) 完全性断离:指断离的肢(指)体与人体完全分离,无任何组织相连者;或断离肢(指)只有极少损伤的组织与人体相连,但这些相连组织在再植前清创时必须将其切断者。

(2) 不完全性断离:指患肢(指)体大部分已断离,患肢(指)远侧部分不能为断离肢(指)

体提供足够血运,致使断离肢(指)处于严重缺血或无血状态。

(3) 多发性断离:完全性断离或不完全性断离的肢(指)体,其远端又发生一处或多处不完全性或完全性断离,称为多发性断离,损伤极为严重。

2. 根据断肢(指)的损伤性质分类

(1) 切割性断离:多因切纸机、菜刀等锐器致伤。其特点是断面整齐,再植成活率较高,功能恢复较好。

(2) 碾轧性断离:由车轮等钝器碾轧所致。其特点是断面多不整齐,断面处软组织损伤范围较大,成活后功能恢复尚好。

(3) 挤压性断离:由铁板等重物挤压打击或被搅拌机绞轧所致。其特点是断面不整齐,组织损伤、污染严重,再植成活率低,功能恢复较差。

(4) 撕裂性断离:由连续急速转动的皮带或滚筒转轴卷断肢(指)体所致。其特点是断面不规则,组织损伤严重。再植成活后肢(指)体功能恢复不理想。

【再植条件】

1. 全身情况　伤者全身情况良好是断肢(指)植的首要条件。若有重要器官损伤应先进行抢救,可将断肢(指)暂置于4℃冰箱内,待全身情况稳定后再实施再植。

2. 断肢(指)伤情　切割伤断面整齐,污染较轻,血管、神经、肌腱等重要组织挫伤轻,再植成活率高,效果较好。对于碾压伤,若范围不太广泛,在切除碾压部分后可使断面变得整齐,在肢体(指)一定范围缩短后再植成功率仍可较高。若为撕裂伤或挤压伤,组织损伤范围广泛且血管、神经、肌腱从不同平面撕脱时。常需复杂的血管移植或移位方能再植,再植的成功率较低且功能恢复也较差。

3. 再植手术时限　虽然各种组织对缺血的耐受性不一,但缺血引起的组织学变化均随时间延长而加重。另外,其耐受缺血的时限与断肢的平面有明显关系。再植手术原则上越早施行越好,应分秒必争。一般以外伤后6~8小时为限,如伤后早期开始冷藏保存或处于寒冷季节,其再植术的时限可适当延长。上臂和大腿离断时,再植手术时限应严格控制在6~8小时之内;而对于断指再植,其时限可适当延长至12~24小时。

4. 肢(指)体离断平面　其与再植时限对于术后全身情况的影响及功能恢复有明显关系,应特别注意。末节断指再植的成功,使目前断指再植已无明显的平面限制。多段离断的断指亦可再植,而且越是远端的断指,其再植术后功能恢复得越好。

【现场急救】

现场急救的原则是抢救生命,保存断肢(指),分秒必争,迅速转运,以使病人尽快得到救治。主要的急救措施包括止血、包扎、保存断肢和转运。如果断肢(指)仍在机器中,应立即停机,拆机取出断肢,禁止将肢(指)体强行拉出或倒转机器,否则会加重损伤,降低再植成活率。

1. 止血　断肢(指)残端若有出血,应首先止血,如加压包扎、指压等,防止休克。

2. 包扎　完全性断离近端的断面用无菌敷料或现场当时认为最清洁的布类加压包扎,断面上禁止涂用药水或撒敷消炎药物。不完全性断离的肢(指)体,千万不可为包扎方便而自行剪断,应将肢(指)体用木板固定,妥善包扎,防止血管扭曲、伸。

3. 保存断肢(指)　受伤地点在医院附近,可将离体的肢(指)体用无菌敷料或清洁布类包好,连同病人一起送往医院;如受伤地点距医院较远或在炎热季节,须采用干燥冷藏法保存,即将离体的肢(指)体用无菌或清洁敷料包好,先放入塑料袋中,再将塑料袋放入加盖的容器内,然后在容器周围放置冰块,保持在4℃左右(图13-4)。断肢(指)不可直接与冰块接触,也不能用任何液体浸泡。

4. 迅速转运　采用最快的运输工具,迅速转运病人到有再植条件的医院进行紧急处理。转送途中注意观察病人的生命体征、意识变化,防止休克,确保病人生命安全。

图 13-4　断手的保护法

【再植的基本原则和过程】

1. 彻底清创　清创既是手术的重要步骤,又是对离断肢(指)组织损伤进一步了解的过程。一般应分两组,对肢体的近、远端同时进行。清创时除遵循一般的清创原则外,还需仔细寻找和修整需要修复的重要组织,如血管、神经、肌腱,并分别予以标记。手指的清创应在显微镜下进行。

2. 重建骨的连续性,恢复其支架作用　仔细修整和适当缩短骨骼,其缩短的长度应以血管与神经在无张力下缝合、肌腱或肌肉在适当张力下缝合、皮肤及皮下组织能够覆盖为标准。对骨骼内固定的要求是:简便迅速、固定可靠、利于愈合。可根据情况选用螺丝钉、克氏针、钢丝、髓内针或接骨板内固定。

3. 缝合肌腱　重建骨支架后,先缝合肌腱后吻合血管。一方面缝合的肌腱或肌组织可作为血管床,有利于保护血管及吻合血管张力的调节;另一方面,可避免先吻合血管再缝合肌腱时的牵拉对血管吻合口的刺激和影响。缝合的肌肉和肌腱应以满足手部和手指主要功能为准,不必将断离的所有肌腱缝合。如前臂远端可缝合拇长屈肌、指深屈肌、腕屈肌和拇长伸肌、拇长展肌、指总伸肌和腕伸肌等,其他肌腱可不予缝合。断指再植时需缝合指伸肌腱和指深屈肌腱。

4. 重建血液循环　血管吻合均需在显微镜下进行。确认动、静脉的解剖部位,在无扭曲、无张力下吻合,如有血管缺损应行血管移位或移植。主要血管均应予以吻合,如尺、桡动脉和手指的双侧指固有动脉。吻合血管的数目尽可能多,动脉、静脉比例以 1 : 2 为宜。一般先吻合静脉,后吻合动脉。

5. 缝合神经　神经应尽可能一期显微缝合,并保持在无张力状态,如有缺损应行神经移植修复。可采用神经外膜缝合或束膜缝合。

6. 闭合创口　断肢(指)再植的创口宜一期完全闭合,不应遗留任何创面。这一点在清创时应充分估计,可适当缩短骨骼,来满足皮肤创面闭合的需要。皮肤直接缝合时,为了避免形成环形瘢痕,可采用"Z"字成形术,使直线创口变为曲线创口。若有皮肤缺损,可采用中厚或全厚皮片覆盖创面,或采用局部皮瓣转移修复。

7. 包扎　用温生理盐水洗去血迹,以便与健侧对比观察再植肢(指)体皮肤颜色。用多层敷料包扎,包扎时防止过紧,指间分开,指端外露,便于观察血液循环。敷料包扎后,通常再以石膏托固定。

【护理评估】

(一) 术前评估

1. 相关健康史　了解病人的受伤情况,包括受伤时间、受伤机制、部位、急救处理情况、离断肢(指)体保存情况等;有无慢性病史、有无出血倾向者;是否有吸烟嗜好等。

2. 身体状况

(1) 局部:离断者患肢(指)断面是否可见骨折、部分软组织相连,主要血管是否断裂,远端肢体血液循环情况;完全离断者肢体与人体完全分离,近端可否有急性大出血,是否继发感染;远端是否发生严重损毁而使再植发生困难。

(2) 全身:损伤严重者是否因急性大出血、失液而发生休克。

3. 心理 - 社会状况　了解病人心理反应及程度,如恐惧、焦虑、悲哀等;了解病人及亲属是否了解术后康复的重要性及手术意愿;经济承受能力。

(二) 术后评估

1. 术中情况　了解手术、麻醉方式,术中出血、补液、输血、生命体征等情况。

2. 术后情况　评估再植肢(指)体皮肤颜色、温度、毛细血管充盈时间以及动脉搏动情况,有无血管危象和感染征象等;了解患肢(指)感觉及运动功能恢复程度,关注肢(指)体功能锻炼情况。

【主要的护理诊断 / 问题 】

1. 恐惧 / 焦虑　与突发肢(指)体断离、担心残疾有关。

2. 疼痛　与组织损伤有关。

3. 体液不足　与血管损伤导致的失血过多、创伤有关。

4. 躯体活动障碍　与肢(指)体离断、手术、疼痛、外固定有关。

5. 潜在并发症:肾衰竭、脂肪栓塞、周围神经或血管功能障碍、脓毒症、休克等。

【护理措施 】

(一) 术前护理

严密观察生命体征,给予全身支持治疗,迅速完成相关检查、备血、备皮、麻醉前用药等术前准备工作。

(二) 术后护理

1. 消毒隔离和预防感染　病人安置单间病房,室内空气和用物均予以消毒;室温保持在 20~25℃,湿度应在 50%~60%;有专人护理,限制探视;应用抗生素预防感染,但尽量肌内注射,以防止产生静脉血栓。

2. 观察病情　了解病人神志、生命体征、尿量等变化,记录 24 小时出入量,必要时监测 CVP,及时了解血容量,判断失血性休克是否纠正。了解有无急性肾衰竭的表现。

3. 再植肢(指)的护理

(1) 妥善包扎固定:再植肢(指)包扎不能过紧,末节应予外露,以便观察血循环。

(2) 抬高再植肢(指):促进静脉回流,以减轻患肢肿胀。

(3) 观察再植肢(指)血循环:①皮肤颜色由红润变苍白,提示动脉痉挛或栓塞;皮肤出现散在淤斑,提示静脉部分栓塞;皮肤如出现大片或全部暗紫色,说明静脉完全栓塞。②术后 10 日内,应每 1~4 小时测皮温 1 次;再植肢(指)皮温应高于正常侧 1~2℃;如皮温突然下降,患侧与健侧相差 3℃以上,提示动脉血栓;如缓慢下降,在 1~2 日内相差 3℃以上,则静脉栓塞。③毛细血管充盈时间少于 1 秒,皮肤青紫,患肢(指)肿胀,为静脉回流障碍;如毛细血管充盈时间延长 2 秒以上,皮肤苍白、发凉、干瘪,为动脉供血不足。④如肢体肿胀,应监测肢体中径,并找寻原因及时处理,预防肢体坏死。

4. 预防并发症

(1) 血容量不足:大多发生在大肢体、多肢体或双手多指离断时。病人早期表现为脉搏快而弱,脉压减小,尿量减少等。应严密观察病人血压、脉搏,以便及时发现休克,但应慎用升压药,以免造成再植肢(指)体坏死和急性肾衰竭的发生。

(2) 急性肾衰竭:是断肢(指)再植病人最为严重的并发症,可导致病人死亡。早期表现为少尿或无尿、尿比重降低等。应避免使用损害肾功能的药物,及时利尿或血液透析。

(3) 脂肪栓塞综合征:术后 72 小时内应注意观察病人的意识,一旦出现头痛、谵妄或昏迷,心率达 140 次 /min,血压下降,应立即通知医生处理。

(4) 切口感染:是断肢(指)再植术的常见并发症。术前应妥善包扎断肢(指)并进行彻底清创；术后保持切口敷料干燥、清洁，严格遵守无菌操作。

（5）血管危象：多发生于术后 48 小时内，包括血管痉挛和栓塞。

1）血管痉挛：主要表现为再植肢（指）体皮温下降。①应加强再植肢（指）体保暖，以利肢体血管扩张，术后 1 周内可用烤灯照射再植肢体，但照射时应避免灼伤；②适当应用抗凝解痉药物，静脉滴注右旋糖酐；③嘱病人绝对禁烟。

知识链接

吸烟与断肢（指）再植

尼古丁是吸烟的主要危害因素，它刺激损伤的血管内皮细胞，吸附血小板，形成血栓。吸烟后易发生再植肢（指）的动脉痉挛而导致血管危象。术后吸烟或被动吸烟时间越早，越易发生血管危象。吸烟后出现血管危象多见于 10~30 分钟以内，最快的仅 30 秒，表现为再植肢（指）皮肤苍白、皮温低、张力差、毛细血管反应消失。有研究显示：95% 动脉危象发生在术后 14 日内，故要求术后 6 周内绝对戒烟，鼓励病人戒烟。

2）血管栓塞：多因血管的清创不彻底、吻合血管的质量低劣引起。如单纯因肿胀引起的静脉栓塞可手术探查；因感染或静脉栓塞应采用放血疗法。

5. 功能锻炼　解释早期活动的重要性，并制订康复计划。断肢（指）再植最终目的是恢复肢体功能，功能锻炼应从术前开始，一直贯穿到术中、术后整个治疗和护理过程。

【健康教育】

1. 安全教育　应进行安全劳动宣传，提高劳动保护意识。

2. 活动　3 个月内避免重体力劳动，避免再植肢（指）体过度用力。

3. 康复训练　循序渐进地进行功能锻炼，促进再植肢（指）体的功能康复。

4. 禁止吸烟　解释主动及被动吸烟对再植肢（指）的危害，取得病人及亲属的配合。

5. 定期复查　功能康复是断肢（指）再植术最终的目的，要求病人按时到医院复诊，以便及时调整康复措施。

（于　森）

复习思考题

1. 简述显微外科技术的临床应用范围。

2. 再植肢（指）常见并发症及预防措施有哪些？

扫一扫，
测一测

第十四章

颅脑疾病病人的护理

第一节　颅内压增高病人的护理

一、概述

颅内压增高（increased intracranial pressure）是神经外科常见的临床综合征。颅脑损伤、血管病、炎症等多种病理损害发展至一定阶段，均可能导致颅内压持续超过正常上限，从而引起相应的临床表现。了解颅内压形成的物质基础和调节有助于理解颅内压增高的发生机制。

【解剖概要】

颅腔是由颅骨形成的半封闭体腔，借枕骨大孔与椎管相通，成年后其容积固定不变，约1 400~1 500ml。颅腔被大脑镰、小脑幕分隔为三个彼此相通的分腔。小脑幕以上为幕上腔，幕上腔又分左、右两个分腔，分别容纳大脑左、右半球；小脑幕以下为幕下腔，容纳脑桥、延髓。中脑在小脑幕切迹裂孔中通过，紧邻海马回和沟回。动眼神经自中脑腹侧的大脑脚内侧发出，也通过小脑幕切迹，在海绵窦的外侧壁上前行至眶上裂。

【颅内压形成与正常值】

颅内压（intracranial pressure，ICP）是指颅腔内容物对颅腔壁所产生的压力。颅腔内容物包括脑组织、脑脊液和血液，三者与颅腔容积相适应，使颅内保持一定的压力。由于颅内的脑脊液介于颅腔壁和脑组织之间，一般以脑脊液的静水压代表颅内压力，可通过侧卧位腰椎穿刺或直接脑室穿刺来测定。正常颅内压成年人为70~200mmH$_2$O（0.69~1.96kPa），儿童为50~100mmH$_2$O（0.49~0.98kPa）。临床上还可以通过颅内压监护装置，对颅内压进行持续地动态观察。

【颅内压调节与代偿】

正常颅内压可随血压和呼吸而有细微波动。颅内压的调节主要依靠脑脊液量的增减变化来实现。当颅内压 >70mmH$_2$O（0.69kPa）时，部分脑脊液被挤入脊髓蛛网膜下腔并被吸收，与此同时，脑脊液分泌减少，从而代偿增加的颅内压。相反，当颅内压 <70mmH$_2$O（0.69kPa）时，脑脊液的分泌增加、吸收减少，使颅内脑脊液量增多，以维持颅内压在正常范围。脑脊液的总量约占颅腔总容积的10%，血液约占总容积的2%~11%。当颅内容积超过5%的临界

范围,或颅腔容量缩减超过颅腔容积的 8%~10%,则会导致颅内压增高。

二、颅内压增高

当颅内压持续升高,成人超过 $200mmH_2O$(1.96kPa)、儿童超过 $100mmH_2O$(0.98kPa),并出现相应的临床综合征时,即称为颅内压增高。它是许多颅脑疾病共有的综合征,如不及时救治往往危及病人生命。

【病因】

1. 颅腔内容物体积或量增加

(1)脑体积增大:如脑组织损伤、炎症、缺血缺氧、中毒等导致脑水肿。

(2)脑脊液增多:脑脊液分泌过多、吸收障碍或脑脊液循环受阻导致脑积水。

(3)脑血流量增加:如高碳酸血症时,血液中二氧化碳分压增高,引起脑血管扩张致脑血流量灌注增多、颅内静脉回流受阻等。

2. 颅内空间相对变小　如颅内血肿、脑肿瘤、脑脓肿等颅内占位性病变或大片凹陷性骨折,使颅内空间相对变小。

3. 颅腔容积缩小　如狭颅症、颅底凹陷症等先天性畸形,使颅腔容积缩小。

【类型】

1. 根据颅内压增高的范围分类

(1)弥漫性颅内压增高:由于颅腔狭小或脑实质的体积增大而引起。其特点是颅腔内各部位及各分腔之间压力均匀升高,不存在明显的压力差,因此脑组织无明显移位。常见弥漫性脑膜脑炎、静脉窦血栓等。

(2)局灶性颅内压增高:因颅内有局限的扩张性病变(如颅内血肿、肿瘤等),病变部位压力增高,造成颅内各腔隙间的压力差,可导致脑室、脑干及中线结构移位,造成局部脑组织受压、缺血。

2. 按病变发展的快慢分类

(1)急性颅内压增高:见于急性颅脑损伤引起的颅内血肿、高血压性脑出血等。此型病情发展快,颅内压增高引起的症状和体征严重,生命体征变化剧烈。

(2)亚急性颅内压增高:多见于发展较快的颅内恶性肿瘤、转移瘤及各种颅内炎症等。此型病情发展较快,但没有急性颅内压增高紧急,颅内压增高的反应较轻或不明显。

(3)慢性颅内压增高:多见于生长缓慢的颅内良性肿瘤、慢性硬脑膜下血肿等。此型病情发展较慢,可长期无颅内压增高的表现。

【病理生理】

颅内压持续增高可引起一系列病理生理变化及临床综合征。

1. 脑血流量减少　正常成人每分钟约有 1 200ml 血液进入颅内并自行调节颅内血流量,即脑血流量=脑灌注压/脑血管阻力。其中,脑灌注压=平均动脉压−颅内压。颅内压增高时,可使脑灌注压下降,机体通过扩张脑血管及减少脑血管阻力来维持脑血流量的稳定。但当颅内压急剧增高时,脑血管自动调节功能失效,可致脑血流量急剧下降,引起脑缺血。当颅内压接近平均动脉压时,脑灌注压几乎为零,脑组织严重缺血缺氧,最终导致脑死亡。

2. 脑疝　颅内压增高达到一定程度时,可推移脑组织,使部分脑组织被挤入颅内生理性空间或裂隙形成脑疝。脑疝是颅内压增高病人的主要死亡原因。

3. 库欣反应　当颅内压增高时,机体通过自主神经系统的反射作用出现库欣反应,即血压升高,尤其是收缩压增高,脉搏增大;脉搏缓慢、洪大有力;呼吸加深减慢的三联反应。若颅内压持续增高或超过临界值时,代偿反应消失,病人表现血压降低、脉搏加快、呼吸浅促、节律紊乱及体温升高等失代偿变化。

知识链接

库 欣 反 应

库欣(Cushing)是一个美国外科医生,专长于脑外科,并在神经系统、血压、垂体和甲状腺领域有重大发现。1900 年,库欣在狗身上做了一个实验,即向狗的蛛网膜下腔灌注等渗盐水以致颅内压增高。库欣发现,当狗的颅内压增高到接近动脉血压时,即出现血压升高、脉压增大、脉搏减慢,继之出现潮式呼吸、血压下降、脉搏细弱,最终呼吸停止、心跳停止而死亡。这一实验结果与临床上急性颅内压增高病人的反应极为相似,故将急性颅内压增高病人出现的生命体征变化称为库欣反应。

4. 胃肠功能紊乱及消化道出血 颅内压增高可引起下丘脑自主神经中枢缺血,导致功能紊乱,也可使消化道黏膜血管收缩,造成黏膜缺血,引起胃肠道功能紊乱、胃肠溃疡及出血、穿孔等变化。

5. 神经源性肺水肿 颅内压增高时,下丘脑、延髓受压,导致肾上腺素能神经活性增强,血压反应性增高,左心室负荷过重,左心房及肺静脉压增高,肺毛细血管压力增高,液体外渗,引起肺水肿。急性颅内压增高的病人,约有 5%~10% 可出现神经源性肺水肿。

【临床表现】

1. 局部表现 颅内压增高的"三主征"即头痛、呕吐、视神经乳头水肿,是颅内压增高的典型表现。三者出现的时间早晚不一,常以其中一项为首发症状。

(1) 头痛:为最常见的症状之一,因颅内压增高使脑膜血管和神经受到刺激与牵拉所致。以清晨和晚间多见,多位于前额及颞部,可从颈枕部向前放射至眼眶。头痛程度随颅内压增高而呈进行性加重,咳嗽、打喷嚏、用力、弯腰、低头时可加重,性质以胀痛和撕裂痛多见。

(2) 呕吐:头痛剧烈时,可出现呕吐,多呈喷射状。易发生于餐后,可伴有恶心。呕吐后头痛可有所缓解。

(3) 视神经乳头水肿:是颅内压增高的客观征象,因视神经受压、眼底静脉回流受阻引起。表现为视神经乳头充血、边缘模糊、中央凹陷变浅或消失,视网膜静脉怒张、迂曲、搏动消失,动、静脉比例失调,静脉管径增粗,严重时视神经乳头周围可见火焰状出血。早期多不影响视力,长期、慢性颅内压增高引起视神经萎缩可导致失明。

2. 全身表现

(1) 意识障碍:慢性颅内压增高病人往往神志淡漠,反应迟钝;急性颅内压增高病人常有明显的进行性意识障碍甚至昏迷。

(2) 生命体征变化:出现典型的库欣反应,病情严重者可因呼吸、循环衰竭而死亡。

(3) 其他表现:出现复视、头晕、猝倒等;婴幼儿颅内压增高时可见囟门饱满、头皮静脉怒张、骨缝分离等;此外,还可有消化道出血、神经源性肺水肿等并发症的表现。

【辅助检查】

1. 影像学检查 CT、MRI、头颅 X 线摄片、数字减影血管造影(DSA)等,可显示颅内压增高的征象,有助于判断病因和确定病变性质。

2. 腰椎穿刺 可直接测量颅内压,并可取脑脊液进行检查。若颅内压增高明显,因腰穿可能引起脑疝,应避免进行。

3. 颅内压监测　需要监测颅内压者,可植入颅内压力传感器,持续监测,指导临床药物治疗和手术时机选择。

4. 眼科检查　包括眼底检查、光学相关断层扫描(OCT)。观察视神经乳头,视网膜动、静脉的情况。

【治疗原则】

1. 非手术治疗　适用于原因不明或一时不能解除病因者。

(1) 脱水治疗:通过脱水和利尿,使脑组织间的水分排出体外,达到缩小脑体积和降低颅内压的目的。常用注射药物有:①20% 甘露醇 250ml,快速静脉滴注,每日 2~4 次。②20% 尿素转化糖 200ml,静脉滴注,每日 2~4 次。③呋塞米 20~40mg,肌内或静脉注射,每日 1~2 次。此外,也可使用浓缩 2 倍血浆 100~200ml 或 20% 人体白蛋白 20~40ml 静脉注射。常用口服药物有:①氢氯噻嗪 25~50mg,每日 3 次。②乙酰唑胺 250mg,每日 3 次。③氨苯蝶啶 50mg,每日 3 次。

(2) 激素治疗:肾上腺皮质激素可通过稳定血 - 脑屏障、预防和缓解脑水肿达到改善病人症状的目的。常用药物有:①地塞米松 5~10mg 静脉或肌内注射,每日 2~3 次。②氢化可的松 100mg 静脉注射,每日 1~2 次。

(3) 脑脊液引流:脑室穿刺体外引流、颞肌下减压术以及各种脑脊液分流术,均可降低颅内压。

(4) 辅助过度换气:持续或间断给氧可增加血液中的氧分压,排出 CO_2,使脑血管收缩,减少脑血流量,使颅内压相应下降。

(5) 亚低温冬眠疗法:应用药物和物理方法降低病人体温,维持体温在 33~34℃,以降低脑耗氧量和脑代谢率,减少脑血流量,改善细胞膜通透性,增加脑对缺血缺氧的耐受力,防止脑水肿的发生和发展。

(6) 对症治疗:疼痛可适量给止痛剂,抽搐发作者给抗癫痫药物,烦躁者给镇静剂。

2. 手术治疗　目的是去除引起颅内压增高的原因。如颅内占位性病变行病变手术切除术,脑积水者行脑脊液分流术,颅内血肿者行血肿清除术等。

【护理评估】

(一) 术前评估

1. 相关健康史　了解病人脑部病史、引起颅内压升高的相关因素、颅内压增高出现的时间及病情发展情况;评估既往有无肝性脑病、酸碱平衡失调等。

2. 身体状况

(1) 局部:评估头痛的部位、性质、程度、持续时间及变化情况。

(2) 全身:评估有无水电解质紊乱及营养不良;有无生命体征变化、视力及意识障碍等。

(3) 辅助检查:了解影像学、腰椎穿刺、颅内压监测等检查的结果。

3. 心理 - 社会状况　了解病人及亲属的心理反应、对疾病的认识程度、家庭的经济承受能力及社会支持状况等。

(二) 术后评估

1. 术中情况　了解手术类型、麻醉方式;术中生命体征、出血、补液情况。

2. 术后情况　评估病人生命体征、意识、瞳孔及颅内压变化情况;评估伤口以及引流情况;评估病人心理状态及有无并发症发生。

【主要护理诊断/问题】

1. 疼痛　与颅内压增高有关。

2. 有脑组织灌注无效的危险　与颅内压增高导致脑血流量下降有关。

3. 有体液不足的危险 与颅内压增高致频繁呕吐、控制摄入量及应用脱水剂有关。

4. 潜在并发症:脑疝、心脏骤停等。

【护理措施】

（一）非手术治疗的护理/术前护理

1. 体位 抬高床头 15°~30°,以利于颅内静脉回流,减轻脑水肿。

2. 给氧 持续或间断吸氧,可改善脑缺氧,收缩脑血管,减少脑血流量,减轻脑水肿。

3. 饮食与补液 神志清醒者,可给予普食,但应限制钠盐的摄入;不能进食者可静脉补液,维持水、电解质和酸碱平衡。成人每日补液总量不宜超过 2 000ml,其中含钠溶液不超过 500ml,并保持每日尿量不少于 600ml。

4. 防止颅内压骤然升高

(1) 休息:劝慰病人安心休养,避免情绪激动,必要时给予镇静剂。

(2) 保持呼吸道通畅:及时清除呼吸道分泌物和呕吐物;舌根后坠者,可托起下颌或放置口咽通气管;防止颈部过曲、过伸或扭曲;对意识不清的病人及咳痰困难者,必要时行气管切开术;定时为病人翻身拍背,预防肺部并发症。

(3) 避免剧烈咳嗽和便秘:剧烈咳嗽和用力排便均可使胸腹腔内压力骤然升高而导致脑疝。及时治疗感冒、咳嗽。鼓励病人多吃蔬菜和水果,并给缓泻剂以防止便秘。对已有便秘者,予以开塞露或低压小剂量灌肠,禁忌高压灌肠。

(4) 及时控制癫痫发作:遵医嘱定时定量给抗癫痫药物,发作时应协助医生及时处理。

(5) 正确处理躁动:对于躁动病人寻找并解除引起躁动的原因,不能盲目使用镇静剂或强制性约束。如病人变安静或由原来安静变躁动,常提示病情发生变化。

5. 药物治疗的护理

(1) 脱水治疗:常用高渗性脱水剂,如20% 甘露醇 250ml,在 30 分钟内快速滴注完,每日 2~4 次。用药后 10~20 分钟颅内压开始下降,约维持 4~6 小时。若同时使用利尿药,降低颅内压效果更好,如呋塞米 20~40mg,静脉注射每日 1~2 次。观察脱水治疗的效果,尤应注意儿童、老人及心肺功能不良者;为防止颅内压反跳现象,脱水药物应按医嘱定时、反复使用,停药前逐渐减量或延长给药间隔时间。准确记录 24 小时液体出入量,注意观察疗效。

(2) 激素治疗:遵医嘱给予糖皮质激素,如地塞米松或氢化可的松静脉注射,用药期间注意观察有无应激性溃疡出血、继发感染等不良反应。

6. 辅助过度换气的护理 根据需要调整呼吸机的参数,监测动脉血气分析,维持 PaO_2 于 12~13.33kPa(90~100mmHg)、$PaCO_2$ 于 3.33~4.0kPa(25~30mmHg)的适宜水平。持续过度换气不宜超过 24 小时,以防止脑血流量减少,加重脑缺氧。

7. 亚低温冬眠疗法的护理

(1) 环境和物品准备:将病人安置于单人病房,室内光线宜暗,室温 18~20℃。室内备氧气、吸引器、血压计、听诊器、体温计、冰袋或冰毯、导尿包、集尿袋、吸痰盘、冬眠药物、急救药物、器械和护理记录单等,由专人护理。

(2) 降温方法:根据医嘱给予冬眠药物,常用冬眠Ⅰ号(氯丙嗪和异丙嗪各 50mg,哌替啶 100mg)或冬眠Ⅱ号(哌替啶 100mg、异丙嗪 50mg、二氢麦角碱 0.3~0.9mg)加入 5% 葡萄糖液或生理盐水 250ml 中静脉滴注。待病人自主神经被充分阻滞、御寒反应消失、进入昏睡状态后,方可实施物理降温。为增强冬眠效果,减轻御寒反应,可酌情使用苯巴比妥或水合氯醛。物理降温方法可采用头部戴冰帽或在颈动脉、腋动脉、肱动脉等主干动脉表浅部位放置冰袋。此外,还可采用降低室温、减少被盖、体表覆盖冰毯或冰水浴巾等方法。降温速度以每小时下降 1℃为宜,体温以降至肛温 32~34℃较为理想。冬眠药物最好经静脉滴注,便于调节给药速度、药量及控制冬眠深度,使病人体温稳定在治疗要求的范围内,避免体温大起大落。

(3) 严密观察病情:在治疗前观察并记录生命体征、意识状态、瞳孔和神经系统体征,作为治疗后观察对比的基础。冬眠低温期间,若脉搏超过 100 次 /min,收缩压低于 13.3kPa(100mmHg),呼吸次数减少或不规则时,应及时通知医生。

(4) 饮食:随着体温的降低,机体代谢率也降低,对能量及水分的需求量也相应减少。每日液体入量不宜超过 1 500ml,可根据病人意识状态、胃肠功能情况确定饮食种类。管饲者流食或肠内营养液的温度应与当时体温接近。低温时病人肠蠕动减弱,应观察病人有无胃潴留、腹胀、便秘、消化道出血等症状,管饲者注意防止反流和误吸。

(5) 预防并发症:①肺部感染:保持呼吸道通畅,定时为病人翻身拍背、雾化吸入。②低血压:冬眠药物使周围血管阻力降低而致血压下降,低温使心输出量减少。因此,在搬动病人或为其翻身时,动作要缓慢、轻稳,以防发生体位性低血压。③冻伤:冰袋外加用布套并定时更换放置部位,注意观察放置冰袋处的皮肤及肢体末端,如手指、脚趾、耳廓等处的血液循环情况,定时进行局部按摩。④其他:加强病人皮肤、口腔、眼睛等护理,防止压疮、感染及损伤等发生。

(6) 缓慢复温:冬眠低温治疗时间一般为 2~3 日,必要时可重复治疗。停用冬眠低温治疗时,应先停物理降温,再逐步减少药物剂量或相同剂量的药物延长维持时间直至停用。为病人加盖被毯,让体温自然回升,必要时加用电热毯或热水袋复温,温度应适宜,严防烫伤。复温不可过快,以免出现颅内压"反跳"、体温过高或酸中毒等。

8. 病情观察 需密切观察病人的意识、生命体征、瞳孔和肢体活动变化,警惕颅高压危象的发生。有条件时还应对颅内压进行持续监测。

(1) 意识状态:意识能反映大脑皮质和脑干的功能状况,意识障碍的程度、持续时间和发展变化是分析病情进展的重要指标。目前临床对意识障碍的分级方法有二种。①传统方法:将意识障碍分为清醒、模糊、浅昏迷、昏迷和深昏迷 5 级(表 14-1)。②Glasgow 昏迷评分法:评定病人的睁眼、语言及运动反应,三者得分相加表示意识障碍程度。最高 15 分,表示意识清醒;8 分以下为昏迷;最低 3 分。分数越低表明意识障碍越严重(表 14-2)。

表 14-1 意识状态的分级

意识状态	语言刺激反应	痛刺激反应	生理反应	大小便能否自理	配合检查
清醒	灵敏	灵敏	正常	能	能
模糊	迟钝	不灵敏	正常	有时不能	尚能
浅昏迷	无	迟钝	正常	不能	不能
昏迷	无	无防御	减弱	不能	不能
深昏迷	无	无	无	不能	不能

表 14-2 Glasgow 昏迷评分法

睁眼反应(E)	语言反应(V)	运动反应(M)
自动睁眼 4	回答正确 5	按吩咐动作 6
呼唤睁眼 3	回答错误 4	※ 刺痛能定位 5
刺痛睁眼 2	吐字不清 3	※ 刺痛时回缩 4
不能睁眼 1	有音无语 2	※ 刺痛时屈曲 3
	不能发音 1	※ 刺痛时过伸 2
		※ 无动作 1

※ 指痛刺激时的肢体运动反应

（2）生命体征：观察的顺序为先呼吸，次脉搏，再血压，最后体温，以防止病人受刺激后出现躁动而影响观察结果的准确性。应注意呼吸节律和深度、脉搏快慢和强弱，以及血压和脉压的变化。若血压上升、脉搏缓慢有力、呼吸深慢，提示颅内压升高。

（3）瞳孔：正常瞳孔等大、等圆，在自然光线下直径 3~4mm，直接、间接对光反射灵敏。若瞳孔出现大小、形态变化，对光反射减弱或消失，提示颅内压增高并伴有脑神经或脑干损伤，或继发了脑受压、脑疝等。

（4）颅内压监护：可早期发现颅内压增高，给予及时治疗。方法：将导管或微型压力感受器探头安置于颅腔内，另一端与颅内压监护仪连接，将颅内压的变化转变为电信号，显示于示波器上，直接监测颅内压。监护过程中应严格无菌操作防止感染，并防止管道阻塞、扭曲、折叠及传感器脱出。监护时间通常不超过 1 周。病人保持平卧或头抬高 10°~15°，保持呼吸道通畅，躁动病人适当使用镇静药，避免外来因素干扰颅内压的监护。成人颅内压持续超过 200mmH$_2$O 即为增高，270~350mmH$_2$O 为中度增高，530mmH$_2$O 以上为重度增高。颅内压持续重度增高，提示预后差；进行性增高，提示有引发脑疝的可能。

临床上颅内压除了上述有创监测外，还有新型的无创监测法，其更为方便且准确。

知识链接

无创颅内压监测技术

无创颅内压监测主要方法有：①眼压测定法：当颅内压力影响到海绵窦的静脉回流时，房水回流会受到影响，进而影响到眼压，因此提示眼压可反映颅内压。②经颅多普勒超声检查法：通过监测脑底大动脉血流量速度间接反映颅内压。③闪光视觉诱发电位（FVEP）：采用闪光眼罩对人眼发出标准光刺激信号，经视网膜光感受后转换成神经电信号，颅内压升高时，神经电信号传导阻滞，FVEP 波峰潜伏期延长，延长时间与颅内压成正比。监测中不论病人合作与否，均能完成检查，尤其适合重症病人的监护。

9. 对症护理　头痛及躁动者，保护病人防止意外伤害，必要时给予镇静止痛药，但注意尽可能不使用吗啡或哌替啶，防止影响通气或抑制呼吸；高热者，给予降温措施；呕吐者，防误吸，并做好口腔护理。

（二）术后护理

1. 病情观察　①监测生命体征，观察神志、瞳孔、肢体活动、呼吸道通畅等情况。②妥善连接并固定颅外引流管，观察引流液性质和量。③必要时监护颅内压、心电和血氧饱和度等。④准确记录 24 小时液体出入量。

2. 卧位　术后卧位应根据病人意识状况和手术部位而定。全麻未清醒前，取侧卧位，以利于呼吸道分泌物排出；意识清醒、血压平稳后，抬高床头 15°~30°，以利于颅内静脉回流，减轻脑水肿；幕上开颅术后，取健侧卧位，以防止伤口受压；幕下开颅术后，早期宜取去枕侧卧位或侧俯卧位；若后组脑神经受损，只能取侧卧位，防止口咽分泌物误入气管；较大肿瘤切除术后，24 小时内应保持手术区在高位，勿翻动病人，以免脑组织移位引起颅内出血或脑干衰竭。安置或变动体位时，应有专人负责托头部，保证头颈与躯干在同一轴线上，避免扭曲。

3. 营养与补液　一般手术可于术后 1 日进流质饮食，第 2~3 日半流质饮食，再逐渐过渡到普食；较大手术或全麻术后，应禁食 1~2 日，待病情稳定后再逐步进食，禁食期间给予静脉补液；术后长期昏迷者，可采取肠内、肠外营养支持。因术后病人有脑水肿反应，故每日应限制补液总量在 2 000ml 以内,且生理盐水不超过 500ml;术后有脑室引流、气管切开、高热、呕吐及使用脱水剂者,应注意补充体液的丢失量,以保持水、电解质和酸碱平衡。

4. 对症护理　颅脑术后病人常出现头痛、躁动及发热等反应,应遵医嘱给予对症治疗与护理,参见术前对症护理。

5. 脑室引流的护理　脑室引流是指经侧脑室穿刺或于开颅术结束前将引流管置于侧脑室将脑脊液引流至体外。其目的是:①抢救因脑脊液循环受阻所致的颅内高压危急状态,紧急降颅内压,挽救生命。②引流血性脑脊液,减轻脑膜刺激症状及蛛网膜粘连。③经脑室引流管注入抗生素控制颅内感染。④自引流管注入造影剂行脑内检查,协助诊断。护理措施有:

(1) 妥善固定引流管:在严格无菌条件下将引流管与引流袋(瓶)连接,并妥善固定,悬挂于床头。引流管开口应高于侧脑室平面 10~15cm,以维持正常的颅内压。适当限制病人头部活动范围,活动及翻身时避免牵拉引流管。

(2) 控制引流速度:术后早期尤应注意控制引流速度,若引流过快过多,可使颅内压突然降低,导致意外发生。①脑积水者,可因快速引流脑脊液且量大而使脑室塌陷,在硬脑膜与脑或与颅骨内板之间产生负压,引起硬脑膜下或硬脑膜外血肿。②脑室肿瘤者,可因一侧脑室的压力突降,使脑室间压力不平衡而引起肿瘤出血。③后颅窝占位性病变者,可因幕上压力突减,诱发小脑中央叶向上疝入小脑幕切迹。因此,术后早期应适当抬高引流管的高度,以减慢流速,待颅内压力平衡后再降低引流袋(瓶)。每日引流量以不超过 500ml 为宜,颅内感染脑脊液分泌增多时,引流量可适当增加。

(3) 保持引流通畅:防止引流管受压、扭曲、成角、折叠。若引流管无脑脊液流出,应查明原因,及时处理。可能的原因及处理措施:①颅内压低于 120~150mmH$_2$O,若将引流袋放低,有脑脊液流出即可证实。②引流管放入脑室过深过长,在脑室内盘曲成角。可对照 X 线片,将引流管缓慢向外抽出至有脑脊液流出,然后重新固定。③管口吸附于脑室壁,可将引流管轻轻旋转,使管口离开脑室壁。④若怀疑引流管被小血块或挫碎的脑组织阻塞,可在严格消毒管口后,用无菌注射器轻轻向外抽吸。切不可注入生理盐水冲洗,以免管内阻塞物被冲至脑室系统狭窄处,引起脑脊液循环受阻。经上述处理后若仍无脑脊液流出,必要时更换引流管。

(4) 观察引流液的颜色、量和性状:正常脑脊液无色透明,无沉淀。术后 1~2 日脑脊液可略呈血性,以后转为橙黄色。若脑脊液中有大量新鲜血液或血色逐渐加深,常提示脑室内出血;若脑脊液混浊,呈毛玻璃状或有絮状物,提示有颅内感染,均应及时处理。若 24 小时引流量超过 500ml,应及时调整引流管高度。

(5) 预防感染:按无菌操作原则,每日定时更换引流管口处敷料及引流袋(瓶)。更换引流袋(瓶)或搬动病人时,应将引流管暂时夹闭,防止脑脊液反流引起逆行性感染。注意保持整个引流装置无菌,必要时做脑脊液常规检查或细菌培养。

(6) 拔管:开颅术后一般脑室引流时间为 3~4 日。时间过长有可能发生颅内感染,因此不宜超过 5~7 日。拔管前 1 日,试行抬高引流袋(瓶)或夹闭引流管,以了解脑脊液循环是否通畅。若病人无头痛、呕吐等症状,即可拔管。否则,需重新放开引流。拔管后还应观察切口处有无脑脊液漏出。

6. 心理护理　鼓励病人和亲属说出心理感受,帮助病人接受疾病带来的改变。指导其学习康复的知识和技能。

【健康教育】

1. 健康指导　病人及亲属了解预防颅内压升高的措施,如避免剧烈咳嗽、用力、情绪过度激动、便秘等;遵医嘱服药控制癫痫发作等。如头痛进行性加重应及时就诊。

2. 康复训练 对有神经系统后遗症的病人,根据病人状况制订康复计划,尽早地进行语言、运动、智力等功能康复训练,以改善其生活自理能力和社会适应能力。

三、急性脑疝

当颅腔内某一分腔有占位性病变时,该分腔的压力高于邻近分腔,使脑组织由高压区向低压区移动,部分脑组织被挤入颅内生理空间或裂隙,产生相应的临床症状和体征,称为脑疝(brain herniation)。

【病因】

颅内任何部位占位性病变发展至一定程度时,均可导致颅内各分腔压力不均衡而引起脑疝。常见原因有颅内血肿、颅内脓肿、颅内肿瘤、颅内寄生虫病及各种肉芽肿性病变等。

【分类】

根据脑组织移位及其通过的硬脑膜间隙和孔道不同,可将脑疝分3类(图14-1)。临床上小脑幕切迹疝和枕骨大孔疝最为常见。

1. 小脑幕切迹疝 颞叶海马回、沟回被挤入小脑幕裂孔下方,又称颞叶沟回疝。

2. 枕骨大孔疝 小脑扁桃体及延髓被挤向枕骨大孔并进入椎管内,又称小脑扁桃体疝。

3. 大脑镰下疝 大脑半球的扣带回通过镰下孔向对侧移位,又称扣带回疝。

【病理生理】

当发生脑疝时,移位的脑组织在小脑幕切迹或枕骨大孔处挤压脑干,脑干受压移位可致其实质内血管受牵拉,严重时基底动脉进入脑干的中央支可被拉断致脑干内部出血。由同侧

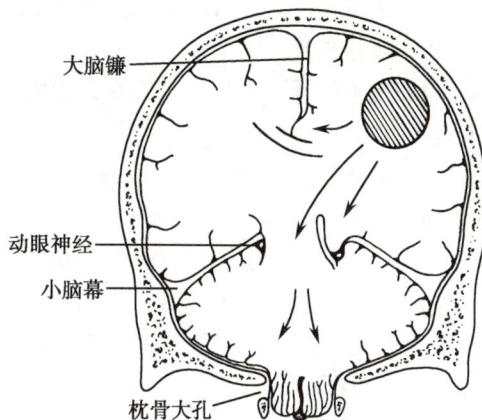

图14-1 大脑镰下疝(上)、小脑幕切迹疝(中)、枕骨大孔疝(下)示意图

的大脑脚受到挤压而造成病变对侧偏瘫,同侧动眼神经受到挤压可产生动眼神经麻痹症状。小脑幕切迹裂孔及枕骨大孔被移位的脑组织堵塞,使脑脊液循环通路受阻,则进一步加重了颅内压增高,形成恶性循环,病情迅速恶化。

【临床表现】

1. 小脑幕切迹疝

(1)颅内压增高症状:剧烈头痛,进行性加重,伴烦躁不安;频繁呕吐,与进食无关。

(2)进行性意识障碍:由于阻断了脑干内网状结构上行激活系统的通路,随脑疝的进展,病人出现嗜睡、浅昏迷、深昏迷。

(3)瞳孔改变:脑疝初期,由于患侧动眼神经受刺激导致患侧瞳孔变小,随病情进展患侧动眼神经麻痹,患侧瞳孔逐渐散大,直接和间接对光反射均消失,并有上眼睑下垂及眼球外斜。晚期,对侧动眼神经因脑干移位受到挤压,也相继出现类似的变化。

(4)运动障碍:沟回直接压迫大脑,锥体束受累后,病变对侧肢体肌力减弱或麻痹,病理征阳性。当脑干严重受损时,可出现双侧肢体自主活动消失,甚至去大脑强直发作。

(5)生命体征变化:由于脑干受压,导致生命中枢功能紊乱或衰竭,可表现为高热(体温>41℃)或体温不升,心率减慢或不规则,血压忽高忽低,呼吸不规则,大汗淋漓或汗闭,面色潮红或苍白等,最终因呼吸、心跳相继停止而死亡。

2. 枕骨大孔疝　由于颅后窝容积较小,对颅内高压的代偿能力也小,病情变化更快。病人常出现剧烈头痛,频繁呕吐,颈项强直或强迫头位;生命体征紊乱出现较早,意识障碍出现较晚;因脑干缺氧,瞳孔可忽大忽小;位于延髓的呼吸中枢严重受损时,病人早期可突发呼吸骤停而死亡。

【治疗原则】

1. 对症治疗　立即给予脱水治疗以缓解病情。

2. 手术治疗　病因明确后,尽快手术去除病因,如清除颅内血肿、切除颅内肿瘤等。若病因难以确诊或虽确诊但病变无法切除者,可行姑息手术,以迅速降低颅内压,缓解病情。常用的姑息手术有脑脊液分流术或减压术(小脑幕切迹疝行患侧颞肌下减压术、枕骨大孔疝行枕肌下减压术)等。

【主要护理诊断/问题】

1. 有脑组织灌注无效的危险　与颅内压增高、脑疝有关。

2. 潜在并发症:意识障碍、呼吸及心搏骤停。

【护理措施】

1. 快速降低颅内压　遵医嘱静脉快速输注甘露醇、山梨醇、呋塞米等脱水剂,并观察脱水效果。

2. 维持呼吸功能　立即吸氧,并保持呼吸道通畅。对呼吸功能障碍者,配合医生行气管插管、气管切开和人工辅助呼吸。

3. 病情观察　密切观察病人意识、呼吸、脉搏、血压、体温及瞳孔变化。

4. 做好术前准备　如胃肠道准备、备血、皮肤准备等。

5. 其他　参见颅内压增高病人的护理措施。

【健康教育】

避免一切可能引起血压、颅内压增高的因素。保持病室安静,减少探视。

第二节　颅脑损伤病人的护理

学习目标

1. 简述脑损伤机制,陈述颅脑损伤分类。

2. 理解并比较颅脑损伤的临床特点,复述脑损伤病人的急救处理原则。

3. 运用相关知识为颅脑损伤病人实施整体护理。

案例分析

张女士,47岁。因"头外伤致意识不清3小时"来院就诊。家属述病人由高空落物击中头部后倒地,呕吐出红色液体,右侧耳部及鼻部有少量流血。以"急性硬膜外血肿"收入院。

体格检查:T 36.7℃,P 52次/min,R 20次/min,BP 140/70mmHg;查体不合作,格拉斯哥昏迷评分为睁眼反应1分、语言反应1分、运动反应3分;胸骨及肋骨未闻及明显骨擦音,四肢无明显畸形;病理反射未引出。

辅助检查:头颅 CT 见左侧颅骨内板下方见大面积双凸透镜形高密度出血影像,左侧脑室受压,中线明显右移。

请问:

1. 该病人的护理诊断/问题有哪些?

2. 如何为病人实施整体护理?

颅脑损伤(craniocerebral trauma,head injury)约占全身损伤的 15%~20%,仅次于四肢损伤。常与身体其他部位的损伤复合存在,其致残率及致死率均居损伤的首位。多见于交通、工矿事故、自然灾害、爆炸、火器伤、跌倒、坠落以及锐器或钝器对头部的伤害。颅脑损伤可分为头皮损伤(scalp injury)、颅骨损伤(skull injury)与脑损伤(brain injury),三者可单独或合并存在,其中脑损伤的严重程度及救治效果对预后起决定性作用。

一、头皮损伤

头皮损伤是最常见的颅脑损伤,均由直接外力造成,包括头皮血肿、头皮裂伤和头皮撕脱伤。

头皮由浅入深分为皮肤、皮下组织、帽状腱膜、帽状腱膜下层和骨膜共 5 层(图 14-2)。其中皮肤、皮下组织和帽状腱膜层紧密结合在一起,临床上可同时发生损伤,因此常被看为一层。头皮血供丰富,动、静脉伴行,各分支间有广泛吻合支,故抗感染及愈合能力较强。

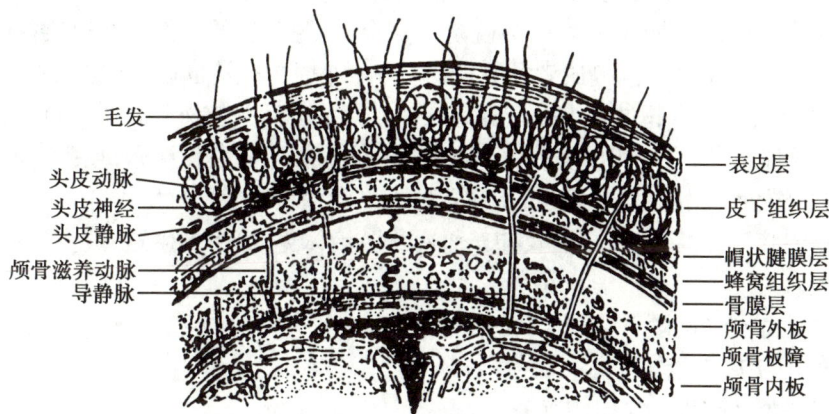

图 14-2 头皮各层示意图

【病因与分类】

1. 头皮血肿(scalp hematoma)多由钝器伤所致。按血肿出现于头皮的层次分为:

(1) 皮下血肿:血肿位于头皮和帽状腱膜之间,因皮肤借纤维隔与帽状腱膜紧密连接,血肿不易扩散,范围局限。

(2) 帽状腱膜下血肿:位于帽状腱膜和骨膜之间,常因头皮遭受斜向暴力而发生剧烈滑动,引起层间血管破裂、出血。其帽状腱膜下层组织疏松,血液可扩散至整个头部。

(3) 骨膜下血肿:位于骨膜和颅骨外板之间,常因钝性损伤时头颅发生明显变形之后引起,如新生儿产伤、婴幼儿乒乓球样颅骨骨折、成人颅骨线性骨折等。

2. 头皮裂伤(scalp laceration) 可由锐器切割、刺伤或钝器打击所引起。利器切割引起者,切缘整齐,切口深浅不一;钝器打击引起者创缘不规则,常同时引起皮肤、皮下组织和帽状腱膜损伤。

3. 头皮撕脱伤(scalp avulsion) 是最严重的头皮损伤,多因发辫受机械力牵拉,使大块头皮自帽状腱膜下层或连同骨膜一并撕脱,可分为不完全撕脱和完全撕脱两种。有时可合并颈椎损伤。病人可因剧烈疼痛、急性失血而导致休克。

【临床表现】

1. 头皮血肿

(1) 头皮下血肿:血肿体积小、张力高、压痛明显,有时周围组织肿胀隆起,中央反而凹陷、稍软,易误认为凹陷性颅骨骨折。

(2) 帽状腱膜下血肿:血肿张力低,波动明显,疼痛较轻,婴幼儿巨大帽状腱膜下血肿有引起休克的可能。

(3) 骨膜下血肿:血肿局限于某一颅骨范围内,血肿张力介于皮下血肿和帽状腱膜下血肿之间,可有波动感。

2. 头皮裂伤 头皮伤口大小、形状、深度不一,可有组织缺损。由于头皮血管丰富,血管破裂后不易自行愈合,故出血量较大,有引起失血性休克的可能。

3. 头皮撕脱伤 创面头皮缺失,颅骨外露,出血量大,常伴有休克。

【治疗原则】

1. 局部治疗

(1) 头皮血肿:血肿较小者无须特殊处理,1~2 周可自行吸收;较大血肿可在无菌操作下,穿刺抽出积血,再加压包扎。

(2) 头皮裂伤:立即加压包扎止血,尽早清创缝合。

(3) 头皮撕脱伤:根据伤后时间、撕脱是否完全、撕脱头皮的条件、颅骨是否裸露等采用不同的方法处理:①对不完全撕脱者争取在伤后 6~8 小时内行清创后头皮瓣复位再植。②对头皮已完全撕脱,时间未超过 6 小时,条件允许时,则清创后头皮血管显微外科吻合、头皮原位缝合;亦可将撕脱的头皮切成皮片,行自体皮移植术。③对颅骨裸露,且撕脱的皮瓣已不能利用,需行多处颅骨钻孔至板障层,待钻孔处长出肉芽组织后再行植皮。

2. 全身治疗 及时止血、止痛及补充血容量防治休克;给予抗生素、破伤风抗毒素预防感染。

【主要护理诊断/问题】

1. 疼痛 与头皮损伤有关。

2. 组织完整性受损 与损伤有关。

3. 体像紊乱 与头皮撕脱伤后致头发缺失有关。

4. 潜在并发症:失血性休克、感染。

【护理措施】

1. 急救护理 头皮血肿应及时加压包扎,以阻止继续出血。头皮裂伤时出血较多,加压包扎止血,并尽早协助医生施行清创缝合。注意骨膜下血肿伴有颅骨骨折者不宜加压包扎,以防止血液经骨折缝流入颅内。头皮撕脱伤者应用无菌敷料覆盖创面后,加压包扎止血,同时使用抗生素和止痛剂。完全撕脱的头皮应注意保存,避免污染,可用无菌敷料包裹后隔水放置于有冰块的容器内,随病人一起速送医院,争取清创后再植。

2. 局部护理 头皮血肿经加压包扎后 24 小时内冷敷。头皮裂伤或头皮撕脱伤,经清创缝合后,遵医嘱使用抗生素和破伤风抗毒素。保持敷料清洁、干燥,注意伤口有无渗血。若创口内放有橡皮引流片,应在术后 24~48 小时拔除。

3. 病情观察 头皮损伤如合并颅骨骨折或颅内血肿,应注意有无颅内压增高的症状。

头皮血肿经加压包扎后,如血肿范围进行性增大,应及时通知医生。

4. 心理护理　给予病人心理支持,消除紧张情绪,配合有效治疗。

【健康教育】

告知病人及家属若出现头痛、呕吐、发热、意识模糊等,应及时就诊。

加强安全教育,增强生产安全防护意识。

二、颅骨骨折

颅骨骨折(skull fracture)指颅骨受暴力作用所致颅骨结构的改变。其严重性不在于骨折本身,而在于骨折所引起的脑膜、脑、血管和神经的损伤,可合并脑脊液漏、颅内血肿及颅内感染等,从而危及生命。

颅骨分为颅盖和颅底两部分。颅盖由内、外骨板和板障构成,外板厚,内板较薄,内、外骨板表面有骨膜覆盖。在颅骨的穹隆部,内骨膜与颅骨板结合不紧密,故颅顶部骨折时易形成硬脑膜外血肿。颅底被蝶骨嵴和岩骨嵴分为颅前窝、颅中窝和颅后窝。颅骨的气窦,如额窦、筛窦及乳突气房等均贴近颅底,颅底骨折越过气窦时,相邻硬脑膜常被撕裂,形成脑脊液漏。

【病因与分类】

颅骨损伤的病因为外界暴力。当颅骨受外界暴力作用时,着力点局部下陷变形,并使整个颅腔也随之变形,先是颅骨内板折断,外力持续作用,外板也随之折裂,形成凹陷性或粉碎性骨折。当外力引起颅骨整体变形,常在较薄弱的颞骨鳞部或颅底发生线性骨折,骨折线沿暴力作用方向或颅骨脆弱处延伸,造成脑血管或脑组织损伤,颅底硬脑膜撕裂,引起脑脊液鼻漏或耳漏。

颅骨骨折按骨折部位分为颅盖骨折(fracture of skull vault)和颅底骨折(fracture of skull base);按骨折形态分线性骨折(linear fracture)、凹陷性骨折(depressed fracture)、洞形骨折(ballistic fracture);按骨折部位是否与外界相通分为开放性骨折(open fracture)和闭合性骨折(closed fracture)。

【临床表现】

1. 颅盖骨折

(1) 线形骨折:包括颅缝分离。多数线形骨折为颅骨全层骨折,少数为内板断裂。局部疼痛、肿胀,可伴有局部头皮血肿、头皮裂伤、出血;若骨折线跨越脑膜中动脉或静脉窦,则可继发形成硬膜外血肿并出现相应临床症状。

(2) 凹陷性骨折:好发于额、顶部,着力点往往有擦伤、挫伤或挫裂伤;多为全层凹陷,局部可扪及颅骨凹陷,成人多为粉碎性骨折,部分仅有内板凹陷。严重时骨折片损伤脑膜、血管和脑组织,可出现偏瘫、失语、癫痫等神经系统定位体征。婴幼儿可呈"乒乓球凹陷样骨折"。

2. 颅底骨折　常为线形骨折,多因颅盖骨折延伸到颅底,也可由间接暴力所致。颅底部的硬脑膜与颅骨贴附紧密,故颅底骨折时易撕裂硬脑膜产生脑脊液外漏而成为开放性骨折。按其骨折的部位,分为颅前窝、颅中窝和颅后窝骨折(图 14-3),临床表现各异(表 14-3),多因脑

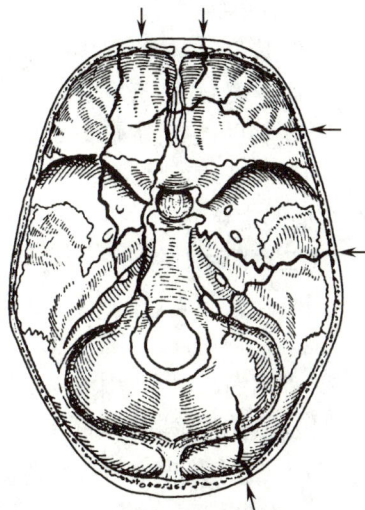

图 14-3　常见颅底骨折线位置

脊液漏而确诊。

表 14-3 颅底骨折的临床表现

骨折部位	脑脊液漏	淤斑部位	可能累及的脑神经
颅前窝	鼻漏	眶周、球结膜下（熊猫眼征）	嗅神经、视神经
颅中窝	鼻漏和耳漏	乳突区（Battle 征）	面神经、听神经
颅后窝	无	乳突部、咽后壁、枕下部	少见

【辅助检查】

颅骨骨折主要通过影像学检查进行诊断。①X 线检查:颅盖骨折主要依靠颅骨 X 线摄片确诊。颅底骨折 X 线检查意义不大。②CT 检查:有助于了解骨折类型、有无合并脑损伤。③MRI 检查:T_2 加权像有助于发现脑脊液漏的漏口。

【治疗原则】

1. 颅盖骨折

(1) 单纯线性骨折:本身无需特殊处理,可行止痛、镇静等对症治疗。关键是处理因骨折而引起的脑损伤或颅内出血。

(2) 凹陷性骨折:是否常需手术治疗,意见尚不一致。对凹陷不深、范围不大者,可考虑择期手术;如合并脑损伤,或大面积的骨折片陷入颅腔,有颅内压增高导致脑疝可能者,应行急诊手术;若骨折位于脑重要功能区表面,有脑受压症状或颅内压增高表现、开放性粉碎性骨折时,应手术复位或全部摘除碎骨片;若位于大静脉窦处的凹陷性骨折,如未引起神经症状或颅内压增高,即使陷入较深,也不宜手术。

2. 颅底骨折　主要针对骨折引起的并发症和后遗症进行治疗。大部分脑脊液漏在伤后 1~2 周可自愈,4 周以上未自行愈合者,需做硬脑膜修补手术。如骨折片压迫视神经,则尽早行手术减压。出现脑脊液漏时给予抗生素预防感染,并注射破伤风抗毒素。

【护理评估】

(一) 术前评估

1. 相关健康史　重点了解病人遭受外力的性质、打击的方式、部位、大小和方向;受伤时有无意识障碍及口鼻流血、流液等情况。

2. 身体状况

(1) 局部:评估局部疼痛、颅骨凹陷,有无局部头皮血肿、裂伤等情况。

(2) 全身:评估有无脑脊液漏及偏瘫、失语等表现。

(3) 辅助检查:了解头颅 CT、MRI、X 线摄片等检查的结果。

3. 心理 - 社会状况　了解病人紧张、恐惧或焦虑等心理反应的程度;了解其需要得到哪些方面的指导。

(二) 术后评估

1. 术中情况　了解手术方式,颅脑减压、术中出血、补液、生命体征等情况。

2. 术后情况　评估病人意识、生命体征、颅内压力等情况;评估有无脑脊液漏、偏瘫、失语等;评估病人对术后康复知识了解程度及心理状态等。

【主要护理诊断 / 问题】

1. 恐惧 / 焦虑　与伤痛及担心预后有关。

2. 有感染的危险　与脑脊液外漏有关。

3. 潜在并发症:颅内出血、颅内压增高、颅内低压综合征。

【护理措施】

1. 预防颅内感染 开放性颅骨骨折,遵医嘱应用抗生素预防感染,并注射破伤风抗毒素,注意观察用药疗效。

2. 病情观察 及时发现病情变化并处理并发症。

(1) 意识、生命体征、瞳孔、肢体活动:参见本章第一节相关内容。

(2) 明确有无脑脊液外漏:为鉴别脑脊液与血液,可将血性液滴于白色滤纸上,若血迹外周有月晕样淡血色浸渍圈,则为脑脊液漏。由于脑脊液含糖而鼻腔分泌物不含糖,用尿糖试纸测定或葡萄糖定量检测以鉴别脑脊液和鼻腔分泌物。

(3) 颅内低压综合征:若脑脊液外漏多,可因颅内压过低、脑血管扩张而出现剧烈头痛、眩晕、呕吐、厌食、反应迟钝、血压偏低等表现。应遵医嘱大量补液以缓解症状。

3. 脑脊液漏的护理

(1) 体位:采取床头抬高 30° 患侧卧位,凭借重力作用使脑组织移到颅底硬脑膜裂口处,使局部粘连而封闭漏口,维持此体位至停止漏液后 3~5 日,以后可变换其他体位。

(2) 保持局部清洁:保持外耳道、鼻腔、口腔清洁,每日 2~3 次清洁、消毒,但不可滴药、冲洗和堵塞。

(3) 防止颅内压骤然增高:告知病人避免打喷嚏、用力咳嗽、擤鼻涕、用力排便等,以免颅内压骤然升高导致气颅或脑脊液逆流。

(4) 预防颅内逆行感染:有脑脊液漏者,禁止腰穿;脑脊液鼻漏者,禁止鼻饲、经鼻吸痰或行鼻导管给氧等。遵医嘱使用抗生素和破伤风抗毒素。

(5) 估计脑脊液漏出量:在鼻前庭或外耳道口放置松的干棉球,随湿随换,记录 24 小时浸湿的棉球数,以估计脑脊液漏出量。

4. 心理护理 向病人及亲属讲解颅骨骨折相关知识,减轻恐惧与焦虑情绪,指导正确面对损伤,积极配合治疗。

【健康教育】

1. 指导病人维持适宜的体位,促进脑脊液漏闭合。

2. 勿用力排便、咳嗽、擤鼻涕或打喷嚏等以防颅内压骤升。勿挖鼻、抠耳以防颅内感染。

3. 嘱病人定期复查,颅骨缺损者应注意保护头部,避免碰撞。

三、脑损伤

脑损伤是指脑膜、脑组织、脑血管以及脑神经在受到外力作用后所发生的损伤。

【病因与分类】

1. 根据脑损伤病理改变的先后分类

(1) 原发性脑损伤:暴力作用于头部后立即发生的脑损伤,主要有脑震荡和脑挫裂伤。

(2) 继发性脑损伤:指头部受伤一段时间后出现的脑受损病变,主要有脑水肿和颅内血肿(intracranial hematoma)(图 14-4)。

2. 根据血肿引起颅内压增高及早期脑疝症状的出现时间分类

(1) 急性型:伤后 3 日内出现症状。

(2) 亚急性型:伤后 3 日至 3 周内出现症状。

(3) 慢性型:伤后 3 周以上才出现症状。

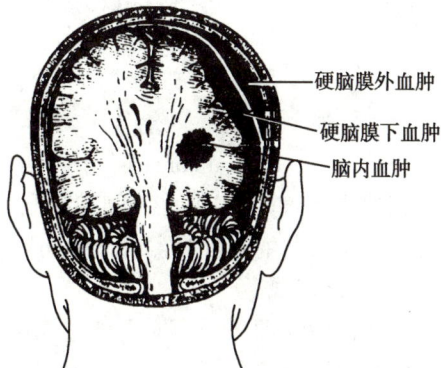

硬脑膜外血肿
硬脑膜下血肿
脑内血肿

图 14-4 颅内血肿的部位

3. 根据受伤后脑组织是否与外界相通分类

(1) 开放性脑损伤(open brain injury):多由锐器或火器直接造成,常伴有头皮裂伤、颅骨骨折和硬脑膜破裂,可伴有脑脊液漏。

(2) 闭合性脑损伤(closed brain injury):由头部接触钝性物体或间接暴力所致,头皮、颅骨和硬脑膜完整,脑组织与外界不相通,无脑脊液漏。

【损伤机制】

脑损伤的发生机制甚为复杂,可简单概括为由两种因素作用所造成。①接触力:暴力作用于头部时,由于颅骨内陷和回弹或骨折引起的脑损伤,这种损伤常发生在着力点,称冲击伤(impact lesion)。②惯性力:来源于头部遭受暴力后的瞬间,脑与颅骨之间的相对运动造成的损伤。这种损伤发生在着力点对侧脑组织,称对冲伤(contrecoup lesion)。由于枕骨内面和小脑幕表面比较平滑,而颅前窝底与颅中窝底的骨面凹凸不平。因此,在各种不同部位和方式的头部外伤,均易在额叶、颞叶前部和底面发生惯性力的脑损伤(图14-5)。

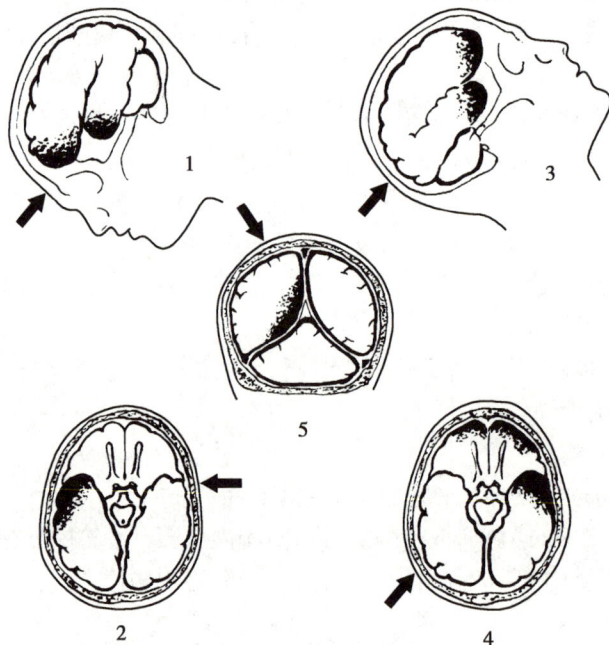

图14-5 闭合性脑损伤时脑挫裂伤的形成机制与好发部位

箭头示外力的方向和作用部位,黑区示伤灶

1. 前额受力所致的额颞叶伤灶;2. 颞部受力所致的对侧颞叶伤灶;3. 枕部受力所致的额颞叶伤灶;4. 颞枕部受力所致的额颞叶伤灶;5. 顶盖部受力所致的颞枕叶内侧伤灶

(一) 脑震荡

脑震荡(cerebral concussion):为最常见的轻度原发性脑损伤。指头部受伤后出现的一过性脑功能障碍,无肉眼可见的神经病理改变,但在显微镜下可见神经组织结构紊乱,其特点为伤后即刻发生短暂的意识障碍和近事遗忘。

【临床表现】

在伤后立即出现短时间的意识障碍,持续数秒或数分钟,一般不超过30分钟。有的仅表现为瞬间意识混乱或恍惚,并无昏迷。清醒后大多不能记忆受伤前及当时的情况,称为逆行性遗忘(retrograde amnesia)。神经系统检查无阳性体征。常伴有头痛、头昏、恶心、呕吐、皮肤苍白、出冷汗、血压下降、心动缓慢、呼吸微弱、肌张力减低、各种生理反射迟钝或消失等伴随症状。

【辅助检查】

神经系统检查多无阳性体征;脑脊液检查示颅内压和脑脊液均在正常范围;CT 检查颅内无异常发现。

【治疗原则】

一般不需要特殊治疗,卧床休息 5~7 天,多数病人 2 周内可恢复正常。少数病人存在头痛、头晕等症状,可适当给予止痛、镇静、营养支持等处理。

【主要护理诊断 / 问题】

1. 疼痛　与颅脑外伤有关。

2. 焦虑　与担心疾病预后有关。

【护理措施】

1. 镇静镇痛　遵医嘱对疼痛明显者给予镇静、镇痛药物。

2. 病情观察　观察病人意识状态、生命体征、瞳孔和神经系统体征,及时发现病情变化。

3. 心理护理　及时解答病人疑问,帮助其正确认识疾病。伴有焦虑情绪的病人,加强心理疏导。

【健康教育】

嘱病人保证充足的睡眠。指导病人适当增加体育锻炼,以舒缓运动为主,避免疲劳。结合病因,做好安全教育和指导。

(二) 脑挫裂伤

脑挫裂伤(cerebral contusion and laceration)是常见的原发性脑损伤,包括脑挫伤及脑裂伤,前者指脑组织遭受破坏较轻,软脑膜完整;后者指软脑膜、血管和脑组织同时有破裂,伴有外伤性蛛网膜下腔出血(traumatic subarachnoid hemorrhage)。由于两者常同时存在,合称为脑挫裂伤。脑挫裂伤既可发生在着力部位,也可在对冲部位;可单发,也可多发,好发于额极、颞极及其基底。

【临床表现】

1. 意识障碍　是脑挫裂伤最突出的临床表现之一。伤后可立即出现昏迷,持续时间由数分钟、数小时至数天不等,严重者可长期持续昏迷。

2. 局灶症状和体征　脑皮质功能区受损时,伤后立即出现与伤灶区相应的神经功能障碍或体征,如语言中枢损伤出现失语,运动区损伤出现锥体束征、肢体抽搐、偏瘫等。但额叶和颞叶前端等“哑区”损伤后,可无明显局灶症状和体征。

3. 头痛、恶心、呕吐　疼痛可局限于某一部位(多为着力部位),也可为全头性疼痛,呈间歇或持续性,伤后 1~2 周内明显,以后逐渐减轻。可能与颅内压增高、脑血管运动功能障碍或外伤性蛛网膜下腔出血有关。早期的恶心、呕吐可由受伤时第四脑室底的脑干呕吐中枢受到脑脊液冲击、蛛网膜下腔出血对脑膜的刺激或前庭系统受刺激等原因引起,较晚发生的呕吐可能是颅内压增高所致。

4. 生命体征变化　轻度和中度脑挫裂伤病人的血压、脉搏、呼吸多无明显改变。严重脑挫裂伤,出现血压升高、脉搏缓慢、呼吸深而慢。伴有下丘脑损伤者,可出现持续高热。

【辅助检查】

1. 影像学检查　CT 是目前较常用且最有价值的检查方法,能清晰地显示脑挫裂伤的部位、范围和程度。但较轻的脑挫裂灶,MRI 优于 CT。X 线检查能了解有无骨折。

2. 腰椎穿刺 检查脑脊液是否含血,与脑震荡鉴别。同时可测定颅内压或引流血性脑脊液以减轻症状。但对颅内压明显增高者,禁用腰椎穿刺。

【治疗原则】

1. 非手术治疗 保持呼吸道通畅,防治脑水肿;营养支持;处理高热等对症治疗。

2. 手术治疗 手术能及时去除颅内压增高的原因。常用手术方法包括脑挫裂伤灶清除、额极或颞极切除、去骨瓣减压术或颞肌下减压术。

【护理评估】

1. 术前评估

(1) 相关健康史:详细了解病人的受伤史;伤后有无昏迷和近事遗忘,昏迷持续的时间及有无中间好转或清醒期;有无口、鼻、外耳道出血或脑脊液漏出等情况;了解现场急救的情况。

(2) 身体状况

1) 局部:评估头部外伤、瞳孔及神经系统体征等变化情况。

2) 全身:评估病人生命体征、意识状态;有无继发性脑损伤、颅内压增高、脑疝等表现;评估病人营养状态。

3) 辅助检查:了解头颅 CT、MRI、X 线摄片等检查的结果。

(3) 心理 - 社会状况:脑损伤者多有不同程度意识障碍。伤后神志清醒者有短暂的"情绪休克",病人对周围事物反应冷淡,答话简单,此为心理防卫反应。"情绪休克"期过后,病人烦躁、焦虑不安,随颅内压增高出现表情淡漠、嗜睡等症状。恢复期病人由于失语、偏瘫等原因不能顺利回归社会,往往出现悲观和自卑心理。评估家属对病人的支持能力。

2. 术后评估

(1) 术中情况:了解手术、麻醉方式,伤灶清除、减压术效果及术中出血、输血、补液、生命体征等情况。

(2) 术后情况:评估病人意识、瞳孔、生命体征、神经系统病症等;评估引流管是否通畅,引流液颜色、量;评估有无颅内压增高及术后并发症等;评估病人心理状态;评估家属对病人的支持能力。

【主要护理诊断 / 问题】

1. 清理呼吸道无效 与意识障碍有关。

2. 意识障碍 与脑损伤、颅内压增高有关。

3. 营养失调:低于机体需要量 与脑损伤后高代谢、呕吐、高热等有关。

4. 有废用综合征的危险 与脑损伤后意识和肢体功能障碍及长期卧床有关。

5. 潜在并发症:颅内压增高、脑疝。

【护理措施】

1. 术前护理

(1) 现场急救:首先抢救心搏骤停、窒息、开放性气胸、大出血等危重病人。

1) 保持呼吸道通畅:及时清除呼吸道异物;开放气道,维持呼吸;加强呼吸道管理。

2) 抗休克:应快速补充血容量,注意保暖,协助医生检查有无头部以外的合并伤。

3) 包扎伤口:开放性损伤有脑组织从伤口膨出时,可在外露的脑组织周围用消毒纱卷保护,再用纱布架空包扎,避免脑组织受压。

4) 记录:详细记录生命体征、意识、瞳孔;受伤经过、初期检查、阳性体征;急救处理和应用的药物等,为进一步的处理提供参考。

(2) 病情观察:动态观察病情变化,尤其是伤后 3 日左右,及时发现继发性脑损伤、脑疝等,不失抢救时机。

1) 意识障碍:意识障碍是最常见的变化之一,意识障碍的程度可反映脑损伤的程度,其出现的早晚及有无加重是判断原发或继发脑损伤的依据。伤后立即昏迷是原发性脑损伤;伤后清醒转为昏迷或意识障碍不断加深,是颅内压增高或脑疝形成的表现;躁动病人突然昏睡怀疑病情恶化。

2) 生命体征:伤后可出现持续的生命体征紊乱。为避免躁动对测量结果的影响,在测量时应先测呼吸、再测脉搏后测血压。①体温:伤后早期,由于组织创伤反应,可出现中等程度发热,为吸收热;若间脑或脑干损伤,可导致体温调节紊乱,出现体温不升或中枢性高热;伤后即发生高热,多系视丘下部或脑干损伤;伤后数日体温升高,常提示有感染性并发症。②呼吸、脉搏、血压:若出现血压上升、脉搏缓慢而有力、呼吸深而慢,应警惕颅内血肿或脑疝发生。若病人突然发生呼吸停止,应怀疑枕骨大孔疝。若闭合性脑损伤者出现失血性休克征象,应检查有无内脏出血,如脾破裂、消化道出血等。

3) 瞳孔:观察两侧瞳孔、眼球的位置、运动和震颤情况;注意对比两侧瞳孔的形状、大小和对光反射。伤后立即出现一侧瞳孔散大,考虑原发性动眼神经损伤;伤后一侧瞳孔先缩小,继之进行性散大,伴对侧肢体瘫痪、意识障碍,提示脑受压和脑疝;双侧瞳孔散大、对光反射消失、眼球固定,伴深昏迷或去大脑强直,多为原发性脑干损伤或临终表现;双侧瞳孔大小多变、光反应消失,伴眼球分离,多为中脑损伤所致。

4) 锥体束征:原发性脑损伤时,伤后立即出现一侧上下肢运动障碍而且相对稳定,多为对侧大脑皮质运动区损伤所致。继发性脑损伤时,伤后一段时间出现的一侧肢体运动障碍且进行性加重,多为幕上血肿引起的小脑幕切迹疝,是中脑受压、锥体束受损所致。

5) 其他:剧烈头痛、频繁呕吐是颅内压增高的表现,尤其是躁动、脉搏增快,应警惕脑疝的形成。注意 CT 检查及颅内压(ICP)等监测结果的变化,以指导临床治疗。

(3) 保持呼吸道通畅:及时清除呼吸道分泌物,分泌物黏稠不易排出时,行超声雾化吸入;呕吐时将头偏向一侧;深昏迷病人应抬起下颌或置入口咽通气道,以免舌后坠阻碍呼吸;若短期不能清醒者,宜行气管插管或气管切开,必要时使用呼吸机辅助呼吸,并做好气管插管、气管切开的护理。

(4) 对症护理:针对颅脑损伤后出现的症状、体征,进行相应护理。

1) 颅内压增高和脑疝:参见本章第一节相关内容。

2) 蛛网膜下隙出血:病人出现头痛、发热、颈强直等表现,应遵医嘱给予解热镇痛药物对症处理。在病情稳定,排除颅内血肿以及颅内压增高、脑疝后,再协助医生行腰穿,放出血性脑脊液,以减轻头痛。

3) 癫痫:脑损伤常导致癫痫发生。发作时应遵医嘱,立即给予地西泮静脉注射,控制发作状态;平时应给予苯妥英钠口服,以防发作。

4) 躁动护理:应适当予以约束和保护,防止发生意外损伤;积极查找躁动原因,如有无颅内压增高、缺氧、膀胱过度充盈、排便反射及冷、热、饥饿等因素存在,并应及时消除病因。原因不明的躁动病人,禁止使用镇静剂,防止掩盖病情,也不可强行约束,防止病人挣扎导致颅内压迅速增高。

(5) 并发症的预防及护理:昏迷病人长期卧床可引起多种并发症,应加强观察与护理。①压疮:保持皮肤清洁干燥、床单平整无皱褶;定时翻身,消瘦者伤后初期及高热者常需每小时翻身,长期昏迷、一般情况较好者可每 3~4 小时翻身一次;受压部位使用减压垫、软枕等,防止皮肤长时间受压。②泌尿系感染:昏迷病人常有排尿异常,须给予导尿。导尿时应严格执行无菌操作原则,留置尿管期间应做好导尿管及会阴部护理,并每 3~4 小时放尿一次,训练膀胱功能。③暴露性角膜炎:眼睑闭合不全者,可涂眼药膏保护或用生理盐水湿纱布遮盖上眼睑,必要时行眼睑缝合术。④肺部感染:加强呼吸道护理,定期翻身拍背促进排痰;防止呕吐物误吸。⑤废用综合征:脑损伤病人因意识不清或肢体功能障碍,可发生关节挛缩和肌萎缩。应保持病人肢体于功能位,每日做四肢关节被动活动及按摩 2~3 次。

(6) 做好术前准备:重点是皮肤准备(剃去全部头发、清洗头皮、涂擦 75% 酒精后用无菌巾包扎)、交叉配血、抗生素过敏试验、麻醉前用药等。

2. 术后护理

(1) 体位:全麻未清醒者,应取平卧位、头偏向一侧;意识清醒、血压平稳后,改为床头抬高 15°~30° 斜坡卧位;小脑幕上开颅术后,取健侧或仰卧位,避免切口受压;小脑幕下开颅术后可取侧卧或侧俯卧位。昏迷病人或吞咽功能障碍者宜取侧卧位或侧俯卧位维持头与脊柱在同一直线上,减轻术后脑水肿。

(2) 观察病情:严密观察意识、生命体征、瞳孔、神经系统体征等;必要时做颅内压、心电图等监护。

(3) 营养支持:创伤后的应激反应使机体处于高分解代谢状态,应给予营养支持。术后病情平稳可进食者,由流质、半流质饮食逐步过渡到普食。吞咽困难、不能进食者,可行肠内、肠外营养。营养支持期间,应定期测量病人的体重、氮平衡、血浆蛋白、血糖、血电解质等,以便及时调整治疗方案。

(4) 做好引流管及切口的护理:严格无菌操作,妥善固定,保持引流通畅,准确记录引流量及性质。

(5) 并发症的护理:①感染:术后切口、颅内及肺部感染常发生,遵医嘱给予抗生素治疗。②上消化道出血:为手术创伤引起的应激性溃疡出血,病人可呕出咖啡色胃内容物。按上消化道出血护理常规进行。③外伤性癫痫:遵医嘱定时给药预防发作,并防止发作时意外损伤。④中枢性高热:多因体温调节中枢功能紊乱所致,常在术后 2 日内发生。给予物理降温并注意观察体温变化。

【健康教育】

1. 心理指导　鼓励病人或亲属树立战胜疾病的信心,争取家庭和社会的支持。

2. 安全防护　指导外伤性癫痫病人遵医嘱按时服药,不可突然中断服药;癫痫病人不宜单独外出或做危险的活动;防止跌倒、碰撞、坠落等。去骨瓣减压者,外出时需戴安全帽,以防意外事故损伤减压窗。

3. 生活指导　鼓励病人坚持正确康复训练;树立正确的人生观,养成良好的生活习惯;指导家属生活护理方法及注意事项。

(三) 颅内血肿

颅内血肿是颅脑损伤中最多见、最危险、却又是可逆的继发性病变。由于血肿直接压迫脑组织,引起局部脑功能障碍及颅内压增高,如不及时处理,形成脑疝危及生命。

【分类】

1. 根据颅内血肿症状出现的时间分　急性血肿(伤后 3 日内出现症状)、亚急性型(伤后 3 日至 3 周内出现症状)、慢性型(伤后 3 周以上才出现症状)。

2. 按血肿所在部位分　硬脑膜外血肿(epidural hematoma,EDH)、硬脑膜下血肿(subdural hematoma,SDH)和脑内血肿(intracerebral hematoma,ICH)

【病因与病理】

1. 硬脑膜外血肿　出血积聚于颅骨与硬脑膜之间。与颅骨损伤有密切关系,多见于穹隆部线形骨折。常因颞部骨折或颅骨的短暂变形撕破硬脑膜中动脉或静脉窦而引起出血或骨折的板障出血。常见于颅盖骨折,以颞部、额顶部和颞顶部多见。

2. 硬脑膜下血肿　急性和亚急性硬脑膜下血肿的出血来源主要是脑皮质血管,出血积聚在硬脑膜下腔,多见于额部、颞部及其底面,常继发于对冲性脑挫裂伤。慢性硬脑膜下血肿的出血来源和发病机制尚不完全清楚。

3. 脑内血肿　出血积聚在脑实质内,有浅部和深部血肿两种类型。浅部血肿出血均来自脑挫裂伤灶,部位与颅骨凹陷性骨折或严重的脑挫裂伤一致,好发额叶和颞叶,常与硬脑膜下和硬膜外血肿并存。深部血肿由脑深部血管破裂引起,血肿位于白质深部,脑表面可无明显挫伤。

【临床表现】

主要表现为头部外伤后,若有原发性脑损伤者,先出现脑震荡或脑挫裂伤的症状,当颅内血肿形成后压迫脑组织,出现颅内压增高和脑疝的表现。不同部位的血肿有其各自的特点。

1. 硬脑膜外血肿　约占外伤性颅内血肿的30%,大多属于急性型。

(1)意识障碍:进行性意识障碍是主要症状,其变化过程由原发性脑损伤的轻重和血肿形成的速度有关。原发性损伤轻,伤后无原发性昏迷,待血肿形成后出现意识障碍(清醒—昏迷)。原发损伤略重,伤后一度昏迷,随后完全清醒或好转,不久又昏迷,有典型"中间清醒期"(昏迷—中间清醒或好转—昏迷),其原因为原发性昏迷时间较短,在血肿形成前意识清醒或好转,一段时间后颅内血肿形成,颅内压增高或导致脑疝,病人再度出现昏迷。原发性损伤较重,伤后昏迷进行性加重或持续昏迷。

(2)颅内压增高和脑疝表现:病人在昏迷前或中间清醒期常有头痛、呕吐等症状。颅内压增高到一定程度,便可形成脑疝。颞区的血肿大多先形成小脑幕切迹疝,再合并出现枕骨大孔疝。额区和枕区的血肿则可直接发生枕骨大孔疝。

(3)神经系统体征:伤后即出现局灶症状和体征,多为原发脑损伤的表现。单纯硬脑膜外血肿,除非血肿压迫脑功能区,否则早期较少出现体征。引起小脑幕切迹疝时,可出现对侧锥体束征。脑疝发展,脑干受压严重时导致去大脑强直。

2. 硬脑膜下血肿　急性或亚急性硬脑膜下血肿表现为伤后持续昏迷或昏迷进行性加重,少有"中间清醒期",较早出现颅内压增高和脑疝症状。慢性硬脑膜下血肿进展缓慢,临床表现差异很大,可分为三种类型:①以慢性颅内压增高症状为主,缺乏定位症状。②以偏瘫、失语、局限性癫痫等病灶症状为主。③以头昏、记忆力减退、精神失常等智力和精神症状为主。

3. 脑内血肿　比较少见,与伴有脑挫裂伤的复合性硬脑膜下血肿的症状相似,且事实上两者常同时存在。以意识障碍进行性加重为主要表现,由凹陷性骨折所致。

【辅助检查】

CT检查有助于明确诊断。

1. 硬脑膜外血肿　表现为颅骨内板与硬脑膜之间的双凸镜形或弓形高密度影,CT检查还可了解脑室受压和中线结构移位的程度及并存的脑挫裂伤等,用于疑有颅内血肿病人的检查。

2. 硬脑膜下血肿　急性或亚急性硬膜下血肿:表现为脑表面新月形高密度、混杂密度或等密度影,多伴有脑挫裂伤和脑受压。慢性硬脑膜下血肿:CT见脑表面新月或半月形低密度或等密度影。

3. 脑内血肿　脑挫裂伤区附近或脑深部白质内类圆形或不规则高密度影,周围有低密度水肿区。

【治疗原则】

1. 硬脑膜外血肿

(1) 非手术治疗:适用于脑组织损伤较轻、病情稳定的病人。严密观察病情变化,采用脱水降颅压等非手术方法对症处理。治疗期间出现颅内压增高,脑疝早期症状应及时手术。

(2) 手术治疗:急性硬脑膜外血肿原则一经确诊立即手术。目前多采用 CT 定位钻孔加尿激酶溶解血肿碎吸引流术。血肿清除后,如硬脑膜张力高或疑有硬脑膜下血肿时,应切开硬脑膜探查。少数病人来不及做 CT 检查,应直接手术钻孔探查,再扩大成骨窗清除血肿。

2. 硬脑膜下血肿 急性和亚急性硬膜下血肿的治疗与硬脑膜外血肿相似。慢性硬膜下血肿行颅骨钻孔引流术,术后在包膜内放置引流管继续引流,利于脑组织膨出和消灭死腔,必要时冲洗。

3. 脑内血肿 治疗与硬脑膜下血肿相同,多采用骨瓣或骨窗开颅。

【主要护理诊断 / 问题】

1. 意识障碍 与脑损伤、颅内压增高有关。

2. 躯体活动障碍 与脑神经受损有关。

3. 潜在并发症:脑疝等。

【护理措施】

颅内血肿为继发性脑损伤,在护理中首先根据病情做好原发性脑损伤的相关护理措施。此外,根据颅内血肿的类型做好以下护理。

1. 病情观察 密切观察生命体征、意识状态、瞳孔变化和肢体活动等。出现颅内压增高表现时,降低颅内压,并做好术前准备。术后病人观察血肿清除效果。

2. 加强引流管护理 ①病人取平卧位或头低足高患侧卧位,以利引流。②保持引流通畅,引流袋低于创腔 30cm。③保持无菌,预防逆行感染。④观察引流液颜色、性质和量。⑤术后 3 日左右行 CT 检查,血肿消失后即可拔管。

【健康教育】

参见本节脑挫裂伤病人的健康教育。

第三节 脑血管疾病病人的护理

> **学习目标**
>
> 1. 简述脑血管疾病分类,临床表现及辅助检查。
> 2. 解释脑血管疾病的处理原则。
> 3. 运用相关知识为脑血管疾病病人实施整体护理及健康教育。

一、颅内动脉瘤

颅内动脉瘤(intracranial aneurysm)是颅内局部血管壁异常产生的囊性膨出,主要见于 40~60 岁的中老年人,易发生在大脑动脉环(Willis)的前部及其邻近的动脉干上。颅内动脉瘤破裂出血占蛛网膜下腔出血 75%~80%。

【病因与分类】

病因尚不清楚。动脉壁先天缺陷学说认为 Willis 环动脉分叉处动脉壁先天性平滑肌层缺乏;后天性退化学说认为是动脉内弹力板发生破坏,渐渐形成囊性膨出。另外,体内感染病灶脱落的栓子,侵蚀脑动脉壁可形成感染性动脉瘤,头部外伤也能导致动脉瘤形成。依动脉瘤位置将其分为颈内动脉系统动脉瘤(90%)和椎基底动脉系统动脉瘤(10%)。

【临床表现】

1. 全身表现 小的动脉瘤可无症状。动脉瘤破裂出血多突然发生,部分病人有运动、情绪激动、用力排便、咳嗽等诱因,有的病人则无明显诱因或在睡眠中发生。动脉瘤破裂出血,血液流至蛛网膜下腔,病人可出现剧烈头痛、呕吐、意识障碍、脑膜刺激征等,严重者引发枕骨大孔疝导致呼吸骤停。蛛网膜下腔内的血液可诱发脑动脉痉挛,在出血后 3~15 日多发,广泛脑血管痉挛可导致脑梗死。

2. 局部表现 较大的动脉瘤可压迫邻近结构出现相应的局灶症状,如颈内动脉 - 后交通支动脉瘤可出现病侧的动眼神经麻痹,表现为单侧眼睑下垂、瞳孔散大,不能内收、上、下视,直接和间接对光反射消失。大脑中动脉瘤出血形成血肿,可出现偏瘫和 / 或失语。巨型动脉瘤压迫视路时,可有视力视野障碍。

【辅助检查】

数字减影脑血管造影(DSA)是确诊颅内动脉瘤所必需的检查,对判断动脉瘤的位置、形态、大小、数目和确定手术方案都十分重要。头部 MRI 扫描及 CT 检查也有助诊断。

【治疗原则】

1. 围术期治疗 病人置 ICU 监护,绝对卧床。对症处理,控制血压,降低颅内压。防止出血或再出血,控制动脉痉挛,给予氨基己酸,钙拮抗剂。

2. 手术治疗 动脉瘤颈夹闭术可彻底消除动脉瘤,保持动脉瘤的载瘤动脉通畅。孤立术是在动脉瘤的两端夹闭载瘤动脉,但在未能证明脑的侧支供血良好情况下应慎用。也可采用动脉瘤栓塞治疗。

【护理评估】

(一)术前评估

1. 相关健康史 了解病人有无高血压、动脉硬化等病史及既往诊治情况,评估有无诱因导致出血。

2. 身体状况

(1)局部:评估有无单侧眼睑下垂、瞳孔散大、偏瘫、失语等表现。

(2)全身:有无头痛、呕吐、意识障碍、脑膜刺激征等表现。

(3)辅助检查:了解脑血管造影、MRI 扫描及 CT 等检查的结果。

3. 心理 - 社会状况 了解病人及亲属焦虑、紧张等心理反应的程度,了解其需要得到哪些方面的指导。

(二)术后评估

1. 术中情况 了解手术、麻醉方式,病灶处理情况,术中出血、补液、输血、生命体征等情况。

2. 术后情况 评估病人意识、生命体征、神经系统情况,评估有无出血、头痛、呕吐等情况;评估病人心理状态及需要哪些康复护理知识。

【主要护理诊断 / 问题】

1. 知识缺乏:缺乏颅内动脉瘤破裂相关知识。

2. 潜在并发症:颅内出血、颅内压增高、脑疝、脑缺血等。

【护理措施】

（一）术前护理

1. 预防颅内动脉瘤破裂　如避免情绪激动；保持血压稳定；防止便秘；注意安全，不单独外出活动，洗澡时勿锁门，防止发生意外；有头疼、呕吐、意识障碍及偏瘫应及时就诊。

2. 预防再出血　出血发生后应卧床休息，保持安静。遵医嘱给予止血剂、镇静剂、脱水剂等药物，降低颅内压。

3. 颈动脉压迫训练　颅内动脉瘤位于 Willis 环前部的病人，术前行此训练，以建立侧支循环。方法是用特制的颈动脉压迫装置或用手指按压患侧颈总动脉，直到同侧颞浅动脉搏动消失。开始每次压迫 5 分钟，以后逐渐延长压迫时间，直至持续压迫 20~30 分钟病人仍能耐受，不出现头昏、眼黑、对侧肢体无力和发麻等表现时，才可实施手术治疗。

（二）术后护理

1. 体位　清醒后抬高床头 15°~30°，避免压迫手术伤口，介入栓塞治疗术后穿刺点加压包扎，病人卧床休息 24 小时，术侧髋关节制动 6 小时。

2. 病情观察　密切监测生命体征，血压监测尤为重要。观察病人意识、颅内压及有无出血迹象等。

3. 并发症护理

（1）脑梗死：由术后血栓形成或血栓栓塞引起。病人出现一侧肢体无力、偏瘫、失语甚至意识障碍等。病人绝对卧床休息，保持平卧。遵医嘱给予扩血管、扩容、溶栓药物。

（2）脑血管痉挛：由动脉瘤栓塞治疗或手术刺激脑血管引起。病人出现一过性神经功能障碍，如头痛、短暂的意识障碍、肢体瘫痪和麻木及失语症等。应密切观察病情，早期发现及时处理。

（3）穿刺点局部血肿：常发生于介入栓塞治疗术后 6 小时内，应做好体位护理。

【健康教育】

1. 告知病人和亲属预防颅内压增高的方法；合理饮食；遵医嘱用药；注意安全。

2. 嘱病人定期复查，如有头痛、呕吐、意识障碍时，及时诊治。

二、颅内动静脉畸形

颅内动静脉畸形（arteriovenous malformations，AVM）属先天性脑血管发育异常，发病年龄多在 20~40 岁。动静脉畸形是由一支或几支发育异常的供血动脉、引流静脉形成的病理性脑血管团，动脉直接与静脉交通，其间无毛细血管网。畸形血管周围的脑组织因缺血而萎缩，呈胶质样增生。

【临床表现】

1. 出血　畸形血管破裂致脑内、脑室内和蛛网膜下隙出血，出血后病人出现意识障碍、头痛、呕吐等症状。

2. 癫痫　额、颞部 AVM 的病人多以癫痫为首发症状，可在颅内出血时发生，也可单独出现。

3. 头痛　头痛呈单侧局部或全头部疼痛，间断性发生。

4. 神经功能障碍及其他症状　如肢体运动、感觉及语言进行性功能障碍等。婴儿和儿童可因颅内血管短路，出现心力衰竭和脑积水。

【辅助检查】

全脑血管造影能确定畸形血管团大小、范围、供血动脉、引流静脉及血流速度。头部 MRI 扫描及 CT、脑电图检查也有助于诊断。

【治疗原则】

介入治疗、γ-刀放射治疗及手术切除是目前治疗颅内 AVM 的最基本方法,根据 AVM 复杂程度可考虑联合治疗、分期治疗。

【主要护理诊断/问题】

1. 意识障碍 与颅内出血有关。

2. 潜在并发症:颅内出血、颅内压增高、脑疝、癫痫发作、术后血肿等。

【护理措施】

生活规律,避免激动、暴饮暴食和酗酒。对有高血压和癫痫者,遵医嘱按时服用降压药及抗癫痫药。其他护理措施参见颅内动脉瘤。

【健康教育】

嘱病人择期复查脑血管造影,了解畸形血管是否消失。

📖 知识链接

脑血管疾病一站式手术

将诊断性血管病造影、介入和/或手术治疗、治疗后复查血管造影在多功能手术室一次完成一站式手术。多功能复合手术室具备微创神经外科手术和脑血管造影两套设备,能同时满足开颅和介入治疗之需,可以避免病人多次辗转于手术室和放射治疗室之间,治疗后立即复查数字减影血管造影,发现问题即时弥补,是现代脑、心血管病治疗的新模式。

三、脑卒中

脑卒中(brain stroke)是因各种原因引起的脑血管疾病急性发作,造成脑的供应动脉狭窄、闭塞或非外伤性的脑实质出血,并引起相应临床症状和体征。包括缺血性脑卒中和出血性脑卒中,前者发病率高于后者。部分脑卒中病人需要外科手术治疗。

【病因与分类】

1. 缺血性脑卒中 约占脑卒中的 60%~70%,多见于 40 岁以上者。主要原因是在动脉粥样硬化基础上血栓形成,导致脑的供应动脉狭窄和闭塞。某些使血流缓慢和血压下降的因素是本病的诱因,病人常在夜间睡眠中发病。

2. 出血性脑卒中 约占脑卒中的 15%~30%,多见于 50 岁以上的高血压及动脉粥样硬化的病人,男性多见。出血是因粟粒状微动脉瘤破裂所致脑实质内出血。血肿压迫脑组织,发生颅内压增高甚至脑疝,是高血压病人主要死亡原因。常因激烈活动或情绪激动而引发。

【病理生理】

1. 缺血性脑卒中 栓塞部位以颅内颈内动脉虹吸段和大脑中动脉、前动脉的起始段为多;也可发生于颅外的颈内与颈外动脉的分叉处或颈内动脉的颅底段。脑动脉闭塞后,该动脉供血区的脑组织可发生缺血性坏死,同时出现相应的神经功能障碍及意识改变。

2. 出血性脑卒中 近年经手术证实,脑淀粉样血管病变(CAA)脑出血,约占脑出血 10%。CAA 是由于 β-淀粉样蛋白的病理性沉积引起的,常沉积于脑膜或皮层小血管的中膜内。出血多位于基底核壳部,可向内扩展至内囊部。大的出血可形成血肿,压迫脑组织,造成颅内压增高甚至脑疝。在早期清除血肿后可恢复,脑干内出血或血肿可破入相邻脑室,后果严重。

【临床表现】

1. 缺血性脑卒中　根据脑缺血的程度和持续时间分为三种类型：①短暂性脑缺血发作（transient ischemic attack，TIA），神经功能障碍持续时间不超过 24 小时。病人表现为突发单侧肢体无力、感觉麻木、一时性黑蒙及失语等大脑半球供血不足的表现，或以眩晕、复视、步态不稳、耳鸣及猝倒为特征的椎基底动脉供血不足表现。症状可反复发作，自行缓解，大多不留后遗症。②可逆缺血性神经功能障碍（reversible ischemic neurological deficit，RIND），发病似TIA，但神经功能障碍持续时间超过 24 小时，可达数日，也可完全恢复。③进展性卒中（PS）或完全脑卒中（complete stroke，CS），症状较上述 2 种类型严重，神经功能障碍长期不能恢复。

2. 出血性脑卒中　病人突然剧烈头痛、头晕、呕吐、语言不清、一侧肢体无力、半身麻木，很快出现意识障碍及生命体征紊乱。血肿破入脑室常有脑膜刺激征和体温明显升高。

【辅助检查】

对于缺血性卒中头部 MRI 检查较 CT 扫描更为优越。脑血管造影或 CT 血管造影（CTA）、磁共振血管造影（MRA）能确定阻塞血管的具体位置，对于脑出血诊断 MRI 不及 CT。经颅多普勒超声检查，对了解血管狭窄和血流情况有帮助。

【治疗原则】

1. 缺血性脑卒中　一般先行非手术治疗，包括休息、扩血管、抗凝、血液稀释疗法及扩容治疗等。脑动脉完全闭塞者，应在 24 小时内及时手术治疗，可行颈动脉内膜切除术。技术条件纯熟可做颈动脉支架成形术。

2. 出血性脑卒中

（1）手术治疗：根据病人年龄、神经功能、出血部位和出血量，以及病人家属对治疗结果的期盼而定。手术清除血肿适宜：①年轻病人；②血肿和脑水肿占位效应明显，CT 扫描脑中线结构移位，有早期脑疝迹象；③大脑半球的脑叶皮层出血、非优势半球，血肿体积中等（10~30ml）适于手术；④出血后出现症状早期或恶化后 4 小时内。手术禁忌证：高龄，糖尿病、心、肺、肝、肾等功能严重不全的病人不宜手术；优势半球深部出血、血肿量大；深昏迷；神经功能损害严重；脑干功能消失。

（2）非手术治疗：病人清醒，症状轻微，可观察治疗。急性期病人应绝对卧床休息，并给予止血、脱水、降低血压及颅内压等治疗。

【护理评估】

（一）术前评估

1. 相关健康史　了解病人此次发病经过和特点；既往有无动脉硬化、高血压病史；有无情绪激动等诱因。

2. 身体状况

（1）局部：评估瞳孔、肌力及肌张力、感觉功能、神经反射等。

（2）全身：评估生命体征、意识状态；有无神经系统功能障碍；有无颅内压增高及脑疝等表现。

（3）辅助检查：了解脑血管造影、经颅多普勒超声、MRI 扫描及 CT 等检查的结果。

3. 心理 - 社会状况　了解病人及亲属焦虑、恐惧、悲观等心理反应的程度，了解其对手术的心理反应或对急诊手术有无思想准备，有何要求和顾虑。

（二）术后评估

1. 术中情况　了解手术和麻醉方式，生命体征、出血、补液、输血等情况。

2. 术后情况　评估病人意识、生命体征及神经系统症状等；评估引流管位置及管道是否通畅；评估有无并发症、病人心理状态及需要哪些康复护理知识。

【主要护理诊断/问题】

1. 躯体活动障碍　与脑组织缺血、受压有关。

2. 疼痛　与开颅手术有关。

3. 潜在并发症：脑脊液漏、颅内压增高及脑疝、颅内出血、感染、中枢性高热、癫痫发作等。

【护理措施】

(一) 术前护理

1. 心理护理　调整病人心理状态，树立战胜疾病的信心。

2. 术前准备　除坚持内科相应治疗和护理外，同时做好手术前常规的准备。

(二) 术后护理

1. 病情观察　参见本章第二节中脑挫裂伤的相关内容。

2. 对症护理

(1) 颅内高压及脑疝：脑手术后均有脑水肿反应，故应适当控制输液总量，成人每日以1 500~2 000ml 为宜，其中含盐溶液 500ml，注意维持水、电解质的平衡。

(2) 头痛：因颅内压增高引起，多发生在术后 2~4 日脑水肿高峰期，应用脱水剂和激素降低颅内压。术后血性脑脊液刺激脑膜引起的头痛，引流血性脑脊液，头痛自行消失。

(3) 出血：颅内出血是脑手术后最危险的并发症，多发生在术后 24~48 小时。一旦发现病人有颅内出血征象，应及时报告医生，并做好再次手术止血的准备。

(4) 感染：脑手术后常见的感染有切口感染、脑膜脑炎及肺部感染。应严格无菌操作，加强营养及基础护理。

(5) 中枢性高热：中枢性高热多于术后 12~48 小时出现，体温达 40℃以上，常同时伴有意识障碍、瞳孔缩小、脉搏增快及呼吸急促等自主神经功能紊乱症状，需及时采用冬眠低温治疗和护理。

(6) 抽搐：多发生在术后 2~4 日脑水肿高峰期，当脑水肿消退、脑循环改善后可缓解。癫痫发作时，应及时给予抗癫痫药物；吸氧；病人卧床休息，避免情绪激动；注意保护病人；详细记录发作情况。

3. 生活护理　吞咽困难者，应防止进食时误入气管；不慎咬伤舌头者，注意口腔护理；肢体瘫痪者应防止坠床或跌、碰伤，并做好皮肤护理；以低盐、低脂、低胆固醇饮食为宜，切忌生冷、油腻食物及烟酒，可多食黑木耳、芹菜、山楂等。

【健康教育】

指导病人控制不良情绪，保持心态平稳。向脑卒中病人及亲属介绍疾病康复相关知识，指导病人正确进行康复训练。告知安全防护措施。

第四节　颅内和椎管内肿瘤病人的护理

学习目标

1. 简述颅内、椎管内肿瘤分类、病因，陈述其常用辅助检查。

2. 理解并比较常见颅内、椎管内肿瘤临床表现，说明其治疗原则。

3. 能运用相关知识为病人实施整体护理。

案例分析

　　陈女士,33 岁,公司职员。因突发抽搐持续 10 分钟后自行缓解前来就诊,拟左额叶脑胶质瘤收治入院。既往无明显诱因间断头痛 1~2 年,偶而头晕,无一过性意识不清,无恶心及呕吐,四肢活动良好。

　　体格检查:T 36.2℃,P 80 次 /min,R 22 次 /min,BP 104/74mmHg;颈软,四肢肌力 V 级,双巴氏征(-),心肺腹部未见异常。

　　辅助检查:CT 示左侧额叶不规则片状低密度灶,边界欠清,中线居中。

　　请问:

　　1. 该病人目前的护理诊断 / 问题是哪些?

　　2. 该病人术后可能的并发症有哪些?

　　3. 该病人术后护理措施是什么?

一、颅内肿瘤

　　颅内肿瘤(intracranial tumors)指位于颅腔内的肿瘤,可以发生于颅骨、脑膜组织、脑血管以及其他系统肿瘤的颅脑内转移,即包括原发性和继发性两大类。原发性中枢神经系统肿瘤的年发病率为 16.5/10 万,其中近半数为恶性肿瘤,约占全身恶性肿瘤的 1.5%,可发生在任何年龄,但以 20~50 岁常见。继发性中枢神经系统肿瘤系身体其他恶性肿瘤的转移性病变,多来自肺部、乳房、甲状腺、消化道等部位的恶性肿瘤。

【病因】

　　颅内肿瘤的病因至今不明确,潜在危险因素包括电磁辐射、神经系统致癌物、过敏性疾病和病毒感染等。

【病理学分类】

　　2016 年 WHO 中枢神经系统肿瘤分类参照血液 / 淋巴系统诊断体系,将肿瘤分子遗传学特征纳入病理学分类,建立了组织学病理诊断 + 基因特征的"综合诊断"新模式,如"弥漫星形细胞瘤 -IDH 突变型""髓母细胞瘤 -WNT 激活型"等。

　　1. 弥漫性胶质瘤　2016 年 WHO 中枢神经系统肿瘤分类将星形细胞和少突胶质细胞瘤统称为弥漫性胶质瘤。胶质瘤年发病率为(5~8)/10 万,是目前发病率最高、治疗复杂和难以治愈的脑肿瘤。包括星形细胞瘤(WHO Ⅱ /Ⅲ级)、少突胶质细胞肿瘤(WHO Ⅱ /Ⅲ级)、胶质母细胞瘤(WHO Ⅳ级)和儿童相关弥漫性胶质瘤。临床上习惯将 WHO Ⅱ级胶质瘤称为低级别胶质瘤,将 WHO Ⅲ/Ⅳ级称高级别胶质瘤。

　　(1)低级别星形细胞瘤(WHO Ⅱ级):发病高峰是 25~45 岁。多位于大脑半球,多见额叶、颞叶,次之顶叶,枕叶少见。病情呈缓慢进行性发展,平均病史 2~3 年。癫痫常为首发症状。CT 上有低密度脑内病灶;MRI 增强扫描后肿瘤一般不强化,与脑实质分界不清,少数可表现为囊性。手术切除是主要治疗措施。

　　(2)高级别星形细胞瘤(WHO Ⅲ/Ⅳ级):主要发于中老年,包括:间变性星形细胞瘤,发病常见 46 岁;胶质母细胞瘤(GBM)是恶性程度最高的星形细胞瘤,发病常见 56 岁左右。肿瘤细胞生长迅速,病程短,间变肿瘤平均病程 15.7 个月,GBM 为 5.4 个月。颅高压症状与局灶性神经症状为常见,癫痫发作相对少见。CT 呈低密度或不均匀密度的混杂病灶,伴有瘤周水肿;MRI 上呈明显不均匀强化,可伴囊变、出血、肿瘤形态不规则。常用综合治疗法,即手术联合术后辅助放疗和化疗的治疗。

（3）少突胶质细胞肿瘤（WHOⅡ/Ⅲ级）：发病高峰 30~40 岁。肿瘤细胞生长较缓慢,平均病程 4 年。常以癫痫为首发症状。90% 病例最显著的影像学特征是钙化,肿瘤有浸润性生长倾向,灰红色,界限较清楚。此肿瘤对化疗敏感,推荐的治疗方案是手术切除加化疗的联合治疗。常用的化疗药物有丙卡巴肼、洛莫司汀、长春新碱等。

2. 脑膜瘤　系脑外肿瘤,占颅内原发肿瘤 14.4%~19.0%,平均高发年龄 45 岁。通常为良性,起源于蛛网膜。60%~70% 位于矢状窦旁,大脑凸面、蝶骨和鞍结节。多发 CT 显示肿瘤密度均匀一致,可伴有钙化,有或无脑水肿,基底较宽,常附着在硬脑膜,增强扫描后肿瘤明显强化。MRI T_2 加权像可显示肿瘤和脑膜窦通畅情况,增强后可见“硬脑膜尾征”。有症状者应手术彻底切除,可预防复发。偶发无症状小脑膜瘤,且高龄病人可定期 MRI 随访,某些肿瘤可能会逐渐停止生长。对于恶性脑膜瘤（WHOⅢ级）和复发的不典型脑膜瘤（WHOⅡ级）建议放疗。

3. 蝶鞍区肿瘤

（1）垂体腺瘤：来源于腺垂体的良性肿瘤,约占颅内肿瘤 10%~15%,起病年龄多为 30~50 岁。垂体按照肿瘤体积可将垂体腺瘤分为垂体微腺瘤（直径 <1cm）、大腺瘤（直径 ≥1cm）和巨大腺瘤（直径 >4cm）。根据肿瘤是否侵犯海绵窦、神经、脑组织和鞍区骨质,可分为侵袭性垂体腺瘤和非侵袭性垂体腺瘤。根据临床症状分为功能性和无功能性两类。功能性腺瘤可分为：①泌乳素细胞瘤：常出现女性停经泌乳综合征,男性阳痿及无生育功能。②生长激素细胞瘤：在青春期前发病者表现为巨人症,成年后发病表现为肢端肥大症。③促肾上腺皮质激素细胞腺瘤：表现为库欣病,可引起全身脂肪、蛋白质代谢和电解质紊乱;促甲状腺激素细胞腺瘤。无功能性垂体腺瘤常无内分泌功能亢进的症状,包括促性腺激素细胞腺瘤和裸细胞细胞瘤等。临床常有因垂体功能改变导致相应内分泌症状,腺瘤体积较大时可产生占位症状。MRI 是检查的首选方式。多数垂体腺瘤先选择手术治疗,再配合药物等其他治疗。

（2）颅咽管瘤：约占颅脑肿瘤的 2.5%~4%,发病高峰 5~10 岁。多为良性肿瘤,颅咽管瘤发自颅咽管残余垂体结节部即垂体茎鳞状上皮细胞,多位于蝶鞍隔上。肿瘤阻塞脑脊液通路常导致脑积水、颅内压增高;肿瘤影响垂体腺及下丘脑功能,表现为发育迟缓、性功能减退;鞍上肿瘤多引起双颞偏盲,可有视神经乳头萎缩或水肿。CT 扫描可见肿瘤钙化和囊性变。手术治疗解除颅内高压,术后多需激素补充与替代治疗。颅咽管瘤为良性肿瘤,但治愈困难的特点使得它们表现为恶性肿瘤的生物学行为。

4. 前庭神经施万细胞瘤　发生于第Ⅷ脑神经前庭支,临床习惯称为听神经瘤,占颅内肿瘤 8%~10%,为良性肿瘤,40 岁以下听神经瘤病人应注意排除神经纤维瘤病。多以单侧高频耳鸣隐匿性起病,逐渐丧失听力。早期表现为同侧神经性听力下降、耳鸣和平衡障碍三联征。大型听神经瘤压迫脑干和小脑,堵塞脑脊液循环出现颅内压增高。CT 扫描可见内听道扩大呈喇叭状,伴骨质破坏。治疗以手术切除为主,直径小于 3cm 者可用 γ- 刀治疗。

5. 髓母细胞瘤　属胚胎肿瘤,是儿童常见恶性肿瘤,占儿童颅内肿瘤 15%~20%,多在 10 岁前发病。肿瘤多起自小脑蚓部,位于Ⅳ脑室顶。表现颅内压增高和共济失调。CT 和 MRI 扫描可见颅后窝中线实性肿瘤。手术尽量切除肿瘤,术后辅以放疗和化疗。

6. 转移性肿瘤　多来自肺部、乳房、甲状腺、消化道等部位的恶性肿瘤。

【临床表现】

颅内肿瘤因病理性质、类型和所在部位不同,有不同的临床表现,但颅内压增高和局灶症状是其共同的表现。

1. 颅内压增高表现 主要为头痛、呕吐和视神经乳头水肿三主征。还可出现视力减退、黑蒙、复视、猝倒、意识障碍、大小便失禁及血压增高等征象,症状常呈进行性加重。

2. 局灶表现 不同部位的肿瘤对脑组织直接刺激、压迫和浸润破坏引起不同的表现。如中央前、后回肿瘤表现为对侧肢体运动和感觉障碍;额叶肿瘤主要表现为精神异常,如淡漠、情绪欣快、注意力不集中、记忆力和智力减退等;颞叶肿瘤有视野的改变和不同程度的幻觉;顶叶下部角回和缘上回可导致失算、失读、失用及命名性失语等;枕叶肿瘤可出现视觉障碍;鞍区肿瘤会引起视力改变和内分泌功能障碍;小脑肿瘤会引起共济失调等。

3. 癫痫 脑肿瘤病人癫痫发病率达 30%~50%,缓慢生长的脑肿瘤其癫痫发生率明显高于迅速生长的恶性脑肿瘤。

4. 老年和儿童颅内肿瘤特点 老年脑萎缩,颅内空间相对大,发生脑肿瘤时颅内压增高不明显易误诊。儿童以中线区肿瘤多见,常出现脑积水症状而掩盖肿瘤定位体征,应与胃肠道疾病相鉴别。

【辅助检查】

1. 影像学检查 包括 CT、MRI、脑超声波探测、脑血管造影及脑室造影检查等。正电子发射断层显像(PET)能反映组织代谢和功能的图像,对早期发现肿瘤、确定脑肿瘤恶性程度及脑功能有一定价值。

2. 活检 立体定向或神经导航技术获取标本,做组织学检查,确定肿瘤性质。

【治疗原则】

1. 对症治疗 主要措施包括:①降低颅内压:应用脱水、激素药物、冬眠低温和脑脊液体外引流等。②药物抗癫痫治疗:术前有癫痫病史者术后一般应用癫痫药物 3 个月,若无癫痫发作,且复查脑电图阴性可逐渐减量停药。术前无癫痫发作病史的病人无需预防性使用抗癫痫药物,术后一般用药 2 周。

2. 手术治疗 切除肿瘤,降低颅内压和解除对脑神经的压迫。微骨窗入路、神经导航、术中磁共振、术中电生理监测等微创神经外科技术,可实现病人脑功能最小损伤前提下切除肿瘤。

3. 放射治疗 是多数恶性肿瘤切除术后的辅助治疗或少数特殊肿瘤的主要治疗手段。包括:全脑、全脊髓照射;瘤内放射治疗;立位定向放射治疗。

4. 化学药物治疗 替莫唑胺是治疗胶质母细胞瘤和间变性星形细胞瘤的一线化疗药物。卡氮芥(BCNU)或环己亚硝脲(CCNU)、VP16、VM26 及铂类药物等常作为恶性胶质瘤的二线化疗药物。在化疗过程中需预防颅内压升高、肿瘤坏死出血及其他不良反应。

5. 其他治疗 如免疫治疗、中药治疗等。

【护理评估】

(一)术前评估

1. 相关健康史 评估既往有无其他系统肿瘤、过敏性疾病、头部外伤、接触神经系统致癌物和病毒感染等病史;了解病人病情特点和经过。

2. 身体状况

(1)局部:评估颅脑肿瘤的局灶表现。

(2)全身:评估是否有颅内压增高、癫痫等表现;了解化疗药物、放射治疗后身心反应,全身营养状况。

(3)辅助检查:了解影像学检查、活检、腰椎穿刺及脑脊液等检查的结果。

3. 心理 - 社会状况 了解病人和亲属可能出现的心理反应及对手术治疗的期盼程度等。了解其需要得到哪些方面的指导。

（二）术后评估

1. 术中情况　评估病人手术方式、麻醉方式,病灶切除情况,生命体征,术中出血、补液、输血,以及术后诊断。

2. 术后情况　评估病人意识、生命体征、神经系统等情况;评估引流管是否通畅,引流液颜色和量;评估有无并发症,病人心理状态、家属支持程度等。评估病人和家属需要哪些康复护理知识。

【主要护理诊断 / 问题】

1. 焦虑 / 恐惧　与担心疾病及手术预后有关。

2. 有受伤的危险　与神经系统功能损害导致的视力、肢体感觉运动障碍有关。

3. 有体液不足的危险　与呕吐、进食少、应用脱水剂等有关。

4. 潜在并发症:颅内压增高、脑疝、脑脊液漏、尿崩症。

【护理措施】

（一）术前护理

1. 心理护理　耐心倾听病人诉说,帮助病人及亲属面对现实,配合治疗和护理。

2. 术前准备　完善各项术前检查,注意补充营养。

3. 安全护理　根据病情采取相应措施,预防意外损伤;指导病人掌握配合治疗的注意事项;教会亲属对病人的特殊照料方法。

（二）术后护理

1. 体位　手术后体位应避免压迫减压窗及切口,以免引起颅内压增高。全麻未清醒的病人,取侧卧位。体积较大的肿瘤切除后,因颅腔有较大空隙,24 小时内手术区应保持高位。搬动或翻身时,应有人扶持头部,使头颈部成一直线,防止头颈部过度扭曲或震动。

2. 严密观察病情　严密观察生命体征、瞳孔、意识、肢体活动等情况;注意观察切口敷料有无浸透、脱落,及时更换敷料并保持清洁干燥;观察有无脑脊液漏。

3. 营养和补液　术后 24 小时进流质饮食。第 2~3 日给予半流饮食,逐渐过渡到普通饮食。颅后窝手术易发生舌咽、迷走神经功能障碍,术后出现吞咽困难、饮水呛咳者,应严格禁食禁饮,采用鼻饲供给营养,待吞咽功能恢复后逐渐练习进食。

4. 呼吸道护理　及时清除呼吸道分泌物及口腔呕吐物,保持呼吸道通畅。

5. 创腔引流的护理　在肿瘤切除后的创腔内放置引流物,一般 3~4 日后拔除引流管。

6. 并发症的观察与护理

（1）出血:多发生在手术后 24~48 小时内,一旦发现病人有颅内出血征象,应及时报告医生,并做好再次手术准备。

（2）尿崩症:垂体腺瘤等手术累及下丘脑而影响抗利尿激素分泌,病人出现多尿、多饮、口渴,每日尿量大于 4 000ml,尿量增多 >200ml/h,尿比重低于 1.005。在给予垂体后叶素治疗时,应根据液体出入量和血清电解质含量调节用药剂量。

（3）脑脊液漏的护理:参见本章二节相关内容。

7. 放疗、化疗的护理　手术后 7~10 日即可开始放射治疗,放疗结束后进行化疗,如病人体质好,也可与放疗同时进行。

【健康教育】

遵医嘱用药;指导病人养成健康生活习惯;做好相应功能康复训练;按时复诊。

二、椎管内肿瘤

椎管内肿瘤（intraspinal tumor）是指发生于脊髓、神经根、脊膜和椎管壁组织的原发和继发肿瘤,发生率占原发性中枢神经系统肿瘤的 15%。肿瘤可发生于自颈髓至马尾的任何节段,其胸段者最多,其次在颈、腰段。

【分类】

根据肿瘤与硬脊膜及脊髓的关系分为三大类:

1. 髓外硬脊膜下肿瘤　占 51%,绝大部分为良性肿瘤。常见脊膜瘤、神经鞘瘤、神经纤维瘤,少见皮样囊肿,表皮样囊肿、畸胎瘤和由髓内侵入的脂肪瘤。

2. 髓内肿瘤　占 24%,星形细胞瘤和室管膜瘤各占 1/3,其他为海绵状血管畸形、皮样或表皮样囊肿、脂肪瘤、畸胎瘤等。

3. 硬脊膜外肿瘤　占 25%,多为恶性肿瘤,起源于椎体或硬脊膜外组织,包括肉瘤、转移癌、侵入瘤和脂肪瘤,其他还有软骨瘤和椎体血管瘤(图 14-6)。

【临床表现】

随着肿瘤增大,脊髓和神经根受到进行性压迫和损害,临床表现分为四期:根性痛期、脊髓半侧损害期、不全截瘫期和截瘫期。

1. 根性痛　早期常见症状,神经根痛常为髓外占位病变的首发症状,其中颈段和马尾部肿瘤更多见,疼痛部位沿神经根分布区域扩散。咳嗽、打喷嚏和用力大便时加重,部分病人可出现"夜间痛"和"平卧痛"。硬脊膜外转移瘤疼痛严重。

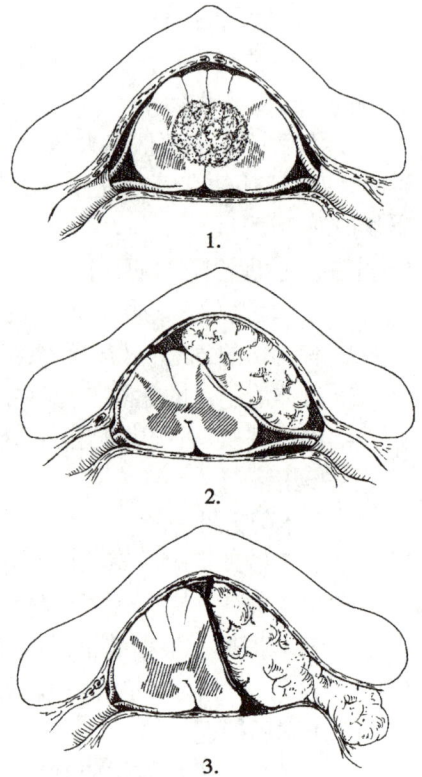

图 14-6　椎管内肿瘤三种部位

1. 髓内肿瘤;2. 髓外硬脊膜下肿瘤;3. 硬脊膜外肿瘤

2. 感觉障碍　感觉纤维受压时表现感觉减退和错乱,被破坏后则感觉丧失。髓外肿瘤从一侧挤压脊髓移位,构成脊髓半侧损害综合征。表现为病变节段以下,同侧肢体瘫痪及深感觉消失,对侧痛温觉丧失。髓内肿瘤沿脊髓前、后中线生长对称压迫脊髓,一般不出现脊髓半侧损害综合征。

3. 肢体运动障碍及反射异常　肿瘤压迫神经前根或脊髓前角,出现支配区肌群下位运动元瘫痪,即肌张力低,腱反射减弱或消失,肌萎缩,病理征阴性等。肿瘤压迫脊髓,出现上位运动神经元瘫痪,即为肌张力高,腱反射亢进,无肌萎缩,病理征阳性等。圆锥及马尾部肿瘤因只压迫神经根,也出现下位神经元瘫痪。

4. 自主神经功能障碍　膀胱和直肠功能障碍常见。膀胱反射中枢位于腰骶节脊髓内,故腰骶节段以上肿瘤压迫脊髓时,膀胱反射中枢仍存在,膀胱充盈时可有反射性排尿;腰骶节段的肿瘤使反射中枢受损产生尿潴留,但当膀胱充盈过度后出现尿失禁。骶节以上脊髓受压时产生便秘,骶节以下脊髓受压时肛门括约肌松弛,稀便不能控制流出。肿瘤平面以下躯体少汗或无汗,胸 2 以上因睫状脊髓中枢受损还可引起同侧霍纳综合征。

【辅助检查】

1. 实验室检查　脑脊液检查示蛋白质含量增加,在 5g/L 以上,但白细胞数正常,是诊断椎管内肿瘤的重要依据。

2. 影像学检查　可行脊髓 MRI,X 线脊柱平片,脊髓造影、CT 等检查。

【治疗原则】

手术切除是有效的治疗手段。髓外良性肿瘤全切除,神经功能恢复满意;分界清晰的髓内肿瘤如室管膜瘤、星形细胞瘤也可能全切肿瘤而保存脊髓功能;恶性椎管内肿瘤经手术大部切除并做充分减压后辅以放疗,可使病情得到一定程度的缓解。

【主要护理诊断/问题】

1. 疼痛　与脊髓肿瘤压迫脊髓、神经有关。

2. 潜在并发症:截瘫。

【护理措施】

1. 缓解疼痛　了解并避免加重病人疼痛的因素,如指导病人采取适当体位,减少神经根刺激,减轻疼痛。遵医嘱适当应用镇痛剂缓解疼痛。

2. 病情观察　注意病人的肢体感觉、运动及括约肌功能状况。对于肢体功能障碍者应注意满足其日常生活需求。出现截瘫时做好相应护理。

3. 对症护理　做好基础护理,密切观察病情变化。

【健康教育】

1. 绝对卧床 2~3 个月,根据脊柱稳定性,遵医嘱执行下床活动、劳动的时间。3 个月至半年内禁负重及剧烈活动。

2. 加强营养,进食高蛋白、高维生素、高热量的饮食,多食蔬菜、水果。

3. 加强腰背肌功能锻炼。定期复查,随诊。

(李明杰)

复习思考题

1. 简述预防颅内压增高的护理措施。

2. 头皮损伤时,如何进行急救护理?

3. 脑室引流的目的是什么? 护理措施有哪些?

4. 椎管内肿瘤的临床表现有哪些?

扫一扫,
测一测

第十五章

颈部疾病病人的护理

学习目标

1. 简述甲状腺肿瘤的病因、病理，陈述其常用辅助检查。

2. 理解并比较常见甲状腺肿瘤的临床特点，说明其治疗原则；解释甲状腺功能亢进的外科治疗。

3. 运用相关知识为颈部疾病病人实施整体护理。

第一节 概 述

甲状腺疾病主要有甲状腺肿瘤、甲状腺功能亢进，其中甲状腺癌的发病率呈逐年上升趋势。

【解剖概要】

甲状腺（thyroid）位于颈前区甲状软骨下方、气管的两旁，由左右两侧叶和中央峡部构成，峡部可向上伸出一锥状叶与舌骨相连。两侧叶的上极平甲状软骨，下极多位于第 5~6 气管环。成人甲状腺重约 30g，由内层甲状腺固有被膜和外层甲状腺外层被膜（又称外科膜）所包裹，腺体借外层被膜固定于气管和环状软骨，并借左、右两叶上极内侧的甲状腺悬韧带悬吊于环状软骨。故做吞咽运动时，甲状腺可随之上下移动。在甲状腺两叶的背面、两层被膜间隙间，一般附有 4 个甲状旁腺。甲状旁腺分泌甲状旁腺素（PTH），调节体内钙的代谢，维持血钙和磷的平衡。

甲状腺的血液供应非常丰富，主要来源于甲状腺上动脉和甲状腺下动脉。甲状腺上、下动脉的分支间及分支与喉部、气管、咽部和食管的动脉分支都有广泛吻合和沟通，故手术结扎两侧甲状腺上、下动脉后，残留腺体和甲状旁腺仍有足够的血液供应。甲状腺有三条主要静脉，即甲状腺上、中、下静脉。甲状腺上、中静脉血液流入颈内静脉，甲状腺下静脉血液直接注入无名静脉。甲状腺的淋巴液汇入颈深淋巴结（图 15-1）。

甲状腺附近的神经主要有喉返神经和喉上神经，均来自迷走神经。喉返神经穿行于甲状腺下动脉的分支之间。喉上神经分内支和外支。内支（感觉支）分布于喉黏膜；外支（运动支）行走同甲状腺上动脉贴近，支配环甲肌，使声带紧张（图 15-2）。

【生理功能】

甲状腺有合成、贮存和分泌甲状腺素的功能。甲状腺素分三碘甲状腺原氨酸（T_3）和四碘甲状腺原氨酸（T_4）两种。合成完毕后便与甲状腺球蛋白结合，贮存于甲状腺滤泡中，释放入血的甲状腺素与血清蛋白结合，其中 90% 为 T_4，10% 为 T_3。甲状腺素主要参与人体物质

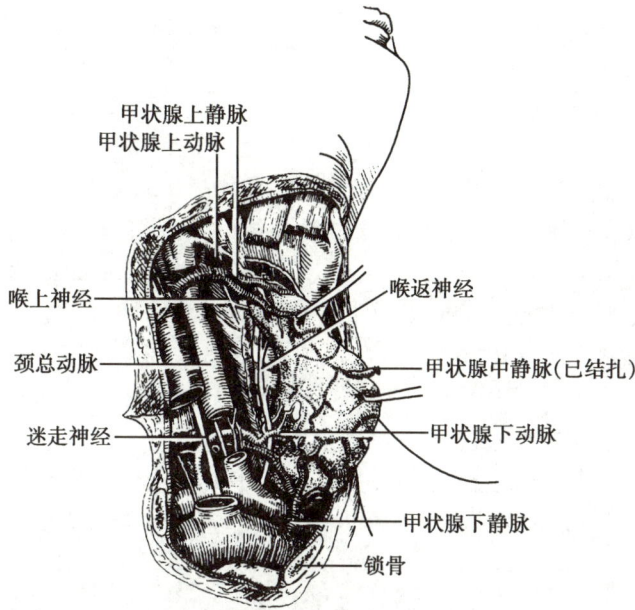

图 15-1　甲状腺解剖示意图

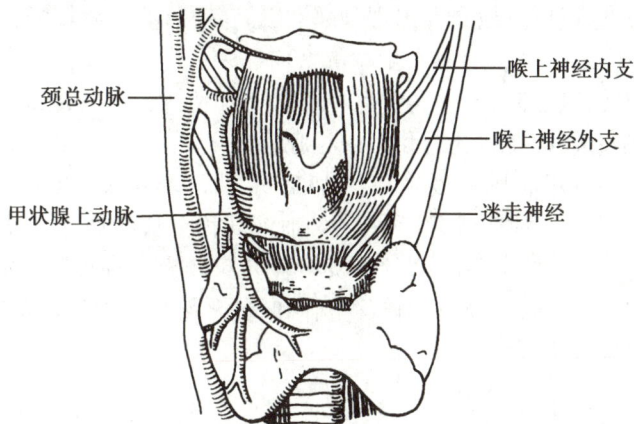

图 15-2　甲状腺上动脉和喉上神经的解剖关系

和能量的代谢,作用包括:①增加全身组织细胞的氧消耗和产热;②促进蛋白质、脂肪和糖类的分解;③促进人体的生长发育和组织分化;④影响体内水和电解质的代谢等。甲状腺功能的主要调节机制包括下丘脑 - 垂体 - 甲状腺轴控制系统和甲状腺腺体内的自身调节系统。

第二节　甲状腺肿瘤病人的护理

甲状腺肿瘤分为良性和恶性两大类。甲状腺腺瘤是最常见的甲状腺良性肿瘤,常见的恶性肿瘤为甲状腺癌。

一、甲状腺癌

甲状腺癌(thyroid carcinoma)是最常见的甲状腺恶性肿瘤,约占全身恶性肿瘤的 1%,近年来呈上升趋势。

案例分析

孙先生,60岁,公务员。因发现颈部肿块3天入院。3天前,病人无意中发现颈部有一无痛性肿块,即来院就诊。发病以来睡眠欠佳,其余无不适。

体格检查:T 36.7℃,P 76次/min,R 18次/min,BP 125/70mmHg;甲状腺质软,可扪及1.2cm×2.3cm肿块,质硬,无痛,表面不光滑,活动度差。

辅助检查:血常规示WBC $6.5×10^9$/L、中性粒细胞62%。

请问:

1. 该病人目前主要的护理诊断/问题有哪些?

2. 该病人拟行甲状腺近全切除术,护士如何对其进行术后评估?

3. 该病人术后可能的并发症有哪些?相应的护理措施是什么?

【病理分型】

1. 乳头状癌 约占成人甲状腺癌的60%和儿童甲状腺癌的全部,多见于中青年女性。肿瘤生长较缓慢,恶性程度低,较早即出现颈部淋巴结转移,但预后较好。

2. 滤泡状腺癌 约占甲状腺癌发生率的20%,多见于中年人。肿瘤生长较迅速,恶性程度中等,可经血液转移至肺、肝、骨和中枢神经系统,预后较乳头状腺癌差。

乳头状癌和滤泡状腺癌统称为分化型甲状腺癌。

3. 未分化癌 约占甲状腺癌发生率的15%,多见于老年人。发展迅速,恶性程度高。肿瘤除侵犯气管和/或喉返神经或食管外,常经血液转移至肺和骨,预后很差。

4. 髓样癌 仅占甲状腺癌发生率的7%,常伴有家族史。癌细胞来源于滤泡旁细胞(C细胞),较早出现淋巴结转移,可经血行转移至肺和骨,恶性程度中等。预后比乳头状腺癌和滤泡状腺癌差,但略好于未分化癌。

【临床表现】

发病初期多无明显症状,仅在颈部出现单个、质硬、固定、表面高低不平,腺体在吞咽时上下移动性小、肿块生长速度快。晚期癌肿因喉返神经、气管或食管受压而出现声音嘶哑、呼吸困难或吞咽困难等,如颈交感神经受压可引起Horner综合征。若颈丛浅支受累可出现耳、枕和肩等部位疼痛。甲状腺癌远处转移多见于扁骨(颅骨、椎骨、胸骨、盆骨等)和肺。未分化癌肿块可在短期内迅速增大,并侵犯周围组织。因髓样癌组织可产生降钙素、前列腺素等,病人可出现腹泻、心悸、脸面潮红、多汗等类癌综合征,并伴其他内分泌失调的表现。

【辅助检查】

1. 实验室检查 除血生化和尿常规检查外,髓样癌可测定甲状腺功能和血清降钙素。甲状腺球蛋白检查一般用于曾做手术或核素治疗的分化型癌病人,检测是否存在早期复发。

2. 影像学检查

(1)超声检查:是分化型甲状腺癌的首选检查方法,可测定甲状腺大小,探测结节的位置、大小、数目及与邻近组织的关系。结节若为实质性且呈不规则反射,则恶性程度可能大。

(2)X线检查:颈部X线片可了解有无气管移位、狭窄、肿块钙化及上纵隔增宽。胸部及骨骼摄片有助于排除肺和骨转移的诊断。

3. 放射性核素扫描 放射性 ^{131}I或 ^{99m}Tc扫描多呈冷结节,边缘较模糊。

4. 活组织病理学检查　细针抽吸细胞学检查是明确甲状腺结节性质的有效方法,诊断正确率可达 80% 以上。

【治疗原则】

除未分化癌外,手术是各型甲状腺癌的基本治疗方法,并辅以放射性核素、TSH 抑制和外放射等治疗。

1. 手术治疗　根据肿瘤病理类型和侵犯范围的不同,其手术方法也不同。甲状腺癌的手术治疗包括甲状腺本身的切除,以及颈淋巴结清扫。分化型甲状腺癌甲状腺的切除范围目前虽有分歧,但最小范围为腺叶切除已达共识,国内也有不少学者建议甲状腺全切或近全切除术。手术是髓样癌最有效的治疗手段,较多采用甲状腺全切或近全切。

2. 放射性核素治疗　甲状腺组织和分化型甲状腺癌细胞具有摄 ^{131}I 的功能,利用 ^{131}I 发射出的 β 射线的电离辐射生物效应的作用可破坏残余甲状腺组织和癌细胞,从而达到治疗目的。主要适用于乳头状癌和滤泡状腺癌病人,术后有残留甲状腺组织存在、其摄 ^{131}I 率 >1%,甲状腺组织显像甲状腺床有残留甲状腺组织显影者。

3. TSH 抑制治疗　甲状腺癌行近全或全切除者应终身服用甲状腺素片或左甲状腺素,以预防甲状腺功能减退和抑制 TSH。剂量以保持 TSH 低水平但不引起甲亢为原则。

4. 放射外照射治疗　主要适用于未分化型甲状腺癌。其恶性程度高,发展迅速,常在发病 2~3 个月后即出现局部压迫或远处转移症状,该类病人通常以外放射治疗为主。

5. 中医药治疗　调整病人阴阳平衡,扶正固本,提高免疫力及抗癌能力。

【护理评估】

(一) 术前评估

1. 相关健康史　了解病人年龄、性别、饮食习惯、营养状况、生活环境、发病过程、病程长短、肿瘤生长速度;评估有无甲状腺既往疾病史、甲状腺癌家族史等。

2. 身体状况

(1) 局部:了解局部有无肿块及疼痛;结节的位置、大小、质地及活动度;肿块表面是否光滑;边界是否清楚;肿块与深部组织的关系。

(2) 全身:评估病人是否有远处转移征象,颈部淋巴结有无肿大、数目、质地及活动度等;有无咳嗽、胸痛、气急、骨痛等肺、骨远处转移症状;有无声音嘶哑、呼吸困难或吞咽困难等喉返神经、气管或食管受压症状;了解病人营养状况,是否有消瘦、贫血、乏力及恶病质表现;了解病人心、肺、肝、肾等重要器官功能状态。

(3) 辅助检查:了解血常规、超声、MRI、放射性核素扫描、活组织病理学检查结果,以及重要脏器相关检查的异常发现。

3. 心理 - 社会状况　了解病人及亲属对本病认知程度、心理反应,了解家庭支持状况。

(二) 术后评估

1. 术中情况　了解手术、麻醉方式,病灶切除情况,术中出血、补液、输血、生命体征情况,以及术后诊断。

2. 术后情况　评估病人意识、生命体征、切口、引流情况;了解引流管是否通畅,引流液颜色、性状和量;评估有无并发症发生;评估病人对术后康复保健相关知识了解程度。

【主要护理诊断 / 问题】

1. 焦虑 / 恐惧　与环境改变、担心手术及预后等有关。

2. 清理呼吸道无效　与咽喉部及气管受刺激、分泌物增多及切口疼痛有关。

3. 知识缺乏:缺乏有关甲状腺癌疾病治疗及康复的相关知识。

4. 潜在并发症:呼吸困难和窒息、喉返神经损伤、喉上神经损伤、甲状旁腺功能减退等。

【护理措施】

（一）术前护理

1. 加强营养　给予营养丰富的饮食，提高病人对手术及术后放、化疗的耐受能力，为术后康复创造有利条件。

2. 适应性训练　让病人了解手术体位，指导做颈部过伸位练习，以适应手术过程。指导病人学会深呼吸、有效咳嗽的方法，以保持呼吸道通畅。

3. 心理护理　针对焦虑与恐惧心理，护士要关心体贴、耐心倾听，向病人及亲属详细介绍手术的过程，提高对疾病的认识程度，并获得他们的理解、接受与支持，尽可能消除不良的心理反应，帮助病人树立战胜疾病的信心，积极配合治疗与康复训练。对于因过度紧张、焦虑及恐惧而失眠的病人，可遵医嘱给予镇静剂。

4. 做好术前准备　协助病人进行心、肝、肾、肺等器官功能检查和其他相关检查，以了解病人对手术的耐受能力。做好备皮、配血、药物过敏试验等手术前护理常规准备。

（二）术后护理

1. 体位　病人麻醉清醒，血压平稳后取半卧位，以利于呼吸和引流。

2. 饮食　术后6小时起可进少量温或凉流质食物，禁忌过热食物，以免诱发手术部位血管扩张，加重创口渗血。

3. 病情观察　严密观察生命体征的变化，尤其注意呼吸、脉搏变化，有无声音嘶哑、呛咳、呼吸困难、窒息等。

4. 保持呼吸道通畅　鼓励病人深呼吸和有效咳嗽，必要时行超声雾化吸入以稀释痰液。因切口疼痛而影响咳嗽排痰者，可遵医嘱应用止痛剂。

5. 伤口和引流管护理

(1) 保持敷料清洁干燥：观察伤口敷料有无渗血、渗液，敷料湿透应及时更换。

(2) 加强引流管护理：对手术野放置橡皮片或引流管者，护士要告知病人，引流目的是便于观察切口内出血情况和及时引流切口内的积血，预防术后气管受压。引流管护理时应注意：①妥善固定，防止滑出；②保持引流通畅；③观察记录引流液颜色、性状和量；④引流一般会持续24~48小时，24小时引流量少于5ml时即可拔管。

6. 并发症的观察与护理

(1) 呼吸困难和窒息：是术后最危急的并发症，多发生于术后48小时内。常见原因：①切口内出血形成血肿，压迫气管，因术中止血不彻底或结扎线脱落所致，可有颈部肿胀、切口渗出鲜血等表现；②喉头水肿，由手术创伤或气管插管引起；③气管塌陷，因甲状腺体大部切除后，软化的气管壁失去支撑所致；④双侧喉返神经损伤；⑤痰液堵塞，临床表现为进行性呼吸困难、烦躁、发绀，甚至窒息。

护理措施：积极协助医生，针对病因进行处理。①血肿压迫者，立即拆除缝线、清除血肿、手术止血；②喉头水肿者，给予大量激素；③痰液堵塞气道者，应首先吸痰；④对上述措施无效或由双侧喉返神经损伤引起者，行气管插管或气管切开，因此术后常规在病人床旁放置无菌气管插管和气管切开包以备急用。

(2) 喉返神经损伤：大多数是手术处理甲状腺下极时，喉返神经被误钳夹、牵拉、切断、缝扎而引起。少数可因术后血肿压迫或瘢痕组织牵拉引起。单侧喉返神经损伤表现为声音嘶哑，双侧喉返神经损伤出现失音、呼吸困难或窒息。

处理措施：双侧喉返神经损伤引起的呼吸困难或窒息，应立即行气管插管或气管切开；对声音嘶哑、失音者，可给予理疗、神经营养药物等，如为钳夹、牵拉或血肿压迫所致的暂时性损伤，一般在术后6个月内可逐渐恢复；切断、缝扎而引起的永久性损伤，可由健侧声带向

254

患侧过度内收而代偿,但往往不能恢复原音色。

(3) 喉上神经损伤:多在处理甲状腺上极时损伤喉上神经内支(感觉支)或外支(运动支)所致。外支损伤,可使环甲肌瘫痪,声带松弛、音调降低;内支损伤,喉部黏膜感觉丧失,在进食、特别是饮水时,病人因喉部反射性咳嗽的丧失而易发生误咽、呛咳。

护理措施:要加强病人进食过程的观察和护理,鼓励其多食固体类食物,一般经理疗后可自行恢复。

(4) 甲状旁腺功能减退:主要因手术时误切、误伤甲状旁腺或其血液供应受累,致甲状旁腺功能低下、血钙浓度下降、神经肌肉应激性增高而引起。常在术后 1~3 日出现。临床表现为面部、唇或手足部的针刺、麻木或强直感;少数严重者可出现面肌和手足伴有疼痛的持续性痉挛,每日发作多次,每次持续 10~20 分钟或更长,严重者可发生喉、膈肌痉挛,引起窒息。

护理措施:抽搐发作时,应立即静脉注射 10% 葡萄糖酸钙或氯化钙 10~20ml;轻症病人口服补充钙剂;症状较重或长期不能恢复者,可加服维生素 D_3,以促进钙在肠道内的吸收。最有效的治疗是口服双氢速甾醇(双氢速变固醇)油剂,能明显提高血钙含量。

7. 急救准备和配合 常规在病床旁放置无菌气管切开包和手套,一旦发现有窒息的危险,立即配合行气管切开术及床边抢救,待病情好转,再送手术室做进一步检查、止血和其他处理。

8. 功能锻炼 鼓励病人在切口愈合后逐渐进行颈部活动,促进颈部功能恢复。颈淋巴结清扫术者,注重肩关节的功能锻炼,并随时保持患侧上肢高于健侧的体位,以防肩下垂。功能锻炼至少坚持至出院后 3 个月。

【健康教育】

1. 营养与活动 加强营养,多食高蛋白、高维生素、高热量的食物,以增强机体的抵抗力。

2. 心理支持 甲状腺癌病人术后存有不同程度的心理问题,鼓励亲属、朋友、同事给予病人关心、体贴与接纳,以帮助病人正确面对现实,积极配合治疗。

3. 坚持治疗与随访 甲状腺全切除者应遵医嘱坚持服用甲状腺素制剂,以预防肿瘤复发;术后需加做放射治疗者应按时治疗,放疗期间应注意观察病人是否有副作用发生。告之随访时间,定期复查,若发现结节、肿块或异常应及时就诊。

4. 指导自我检查 教会病人颈部自查方法,定期自我检查。

二、甲状腺腺瘤

甲状腺腺瘤(thyroid adenoma)临床以 20~40 岁女性多见。

【病因与病理】

目前尚无明确原因,有认为部分病例与地方性甲状腺肿有关。可分为滤泡状和乳头状囊性腺瘤两种病理类型,临床以前者多见。甲状腺腺瘤周围有完整包膜。

【临床表现】

多数病人无不适症状,常在无意间或体检时发现颈部有圆形或椭圆形结节,多为单发,质地较软,表面光滑,边界清楚,包膜完整,无压痛,随吞咽上下移动。腺瘤一般生长缓慢,但乳头状囊性腺瘤因囊壁血管破裂引起囊内出血时,瘤体在短期内可迅速增大,伴局部胀痛。

【辅助检查】

1. 超声检查 属无创性检查,可发现甲状腺内的肿块、肿块的位置和大小;若伴囊内出血,提示囊性变。

2. 放射性 ^{131}I 或 ^{99m}Tc 扫描 放射性 ^{131}I 或 ^{99m}Tc 扫描多呈温结节,伴囊内出血时可为冷结节或凉结节,边缘较清晰。

【治疗原则】

甲状腺腺瘤可诱发甲亢(发生率约为20%)和恶变(发生率约为10%),故应早期手术治疗,手术方式一般行包括腺瘤的患侧甲状腺大部或部分(腺瘤小)切除。切除标本需即刻行病理学检查,以明确肿块病变性质。若为恶性病变应按甲状腺癌治疗。

【主要护理诊断/问题】

1. 焦虑/恐惧 与环境改变、担心手术及预后等有关。

2. 潜在并发症:呼吸困难和窒息、喉返神经损伤、喉上神经损伤、甲状旁腺功能减退等。护理措施和健康教育参见本节甲状腺癌的相关内容。

第三节 甲状腺功能亢进病人的护理

甲状腺功能亢进(hyperthyroidism)简称甲亢,是由各种原因导致甲状腺素分泌过多而出现的以高代谢症状群为主要特征的临床综合征。女性多于男性,男女发病比例为1:4。

【分类】

1. 原发性甲亢 临床最常见,病人在甲状腺肿大的同时出现功能亢进症状。因常伴有眼球突出,故又称突眼性甲状腺肿(exophthalmic goiter)。

2. 继发性甲亢 病人先有结节性甲状腺肿多年,以后逐渐出现功能亢进症状。临床较少见,一般认为是结节内的滤泡群无抑制地自主分泌甲状腺激素,从而抑制垂体前叶促甲状腺激素的分泌,以致结节周围的甲状腺组织功能被抑制而呈现萎缩改变。

3. 高功能腺瘤 腺体内有单个的自主性高功能结节,结节周围的甲状腺组织呈现萎缩性改变,放射性碘扫描显示结节的聚碘量增加,呈现"热结节",临床少见。

【病因与病理】

目前认为原发性甲亢是一种自身免疫性疾病,病人体内淋巴细胞能产生多种G类免疫球蛋白,这些球蛋白能抑制垂体前叶分泌促甲状腺激素(TSH),并能与甲状腺滤泡壁细胞膜上的TSH受体相结合,从而增强甲状腺细胞功能,分泌大量甲状腺激素。继发性甲亢和高功能腺瘤的发病原因尚未完全明确。

【临床表现】

1. 甲状腺激素分泌过多

(1) 高代谢综合征:多食易饿、疲乏无力、体重减轻;怕热多汗、皮肤温暖湿润,低热(危象时高热);血糖升高,血总胆固醇降低;月经失调和阳痿;极个别病人伴有局限性胫骨前黏液性水肿。

(2) 神经系统:性情急躁,易于激动,烦躁多虑,紧张失眠,多言好动,腱反射活跃,平举双手及伸舌有细震颤。

(3) 心血管系统:心悸,脉快有力(脉率常在100次/min以上,休息和睡眠时仍快),脉压增大。脉率增快及脉压增大常作为判断病情程度和治疗效果的重要指标。合并甲状腺功能亢进性心脏病时,可有心律失常、心脏增大和心力衰竭等表现。

2. 甲状腺肿大 原发性甲亢表现为不同程度的弥漫性、对称性甲状腺肿大,肿大程度与甲亢轻重无关系,多无局部压迫症状。由于腺体内血管扩张、血流加速,左、右叶上下极可扪及震颤感和闻及血管杂音。继发性甲亢则表现为结节性肿大,两侧不对称。

3. 眼征 典型表现为双侧眼球突出,眼裂增宽,严重者上下眼睑难以闭合。但突眼的严重程度与甲亢轻重无明显关系。

【辅助检查】

1. 基础代谢率　用基础代谢率测定器测定,结果较为可靠。临床常根据脉率和脉压进行计算,较为简便。计算公式为:基础代谢率 %=(脉率＋脉压)–111,测定须在清晨、空腹和静卧时进行。正常值为 ±10%,+20%~+30% 为轻度甲亢,+30%~+60% 为中度甲亢,+60%以上为重度甲亢。

2. 促甲状腺激素(TSH)　血清 TSH 浓度的变化是反映甲状腺功能最敏感的指标,常作为甲亢诊断的重要指标之一,甲亢时 TSH 通常 <0.1mU/L。

3. 血清 T_3、T_4　甲亢时 T_3 值的上升较早而快,约是正常值的 4 倍;T_4 上升较迟缓,仅是正常的 2.5 倍,故测定 T_3 对甲亢的诊断具有较高的敏感性。

4. ^{131}I 摄取率　正常甲状腺 24 小时内 ^{131}I 摄取率为人体总量的 30%~40%,若 2 小时内甲状腺 ^{131}I 摄取率超过人体总量的 25%,或 24 小时内超过人体总量的 50%,且 ^{131}I 摄取高峰提前出现,均提示有甲亢,但不反映甲亢的严重程度。

5. 超声检查　可确定甲状腺体积的大小及结节数目、大小、位置等。

📖 知识链接

血清 TSH 测定

血清促甲状腺激素(TSH)测定技术经历了放射免疫法(RIA)、免疫放射法(IRMA)后,目前已经进入第三代和第四代测定方法,即敏感 TSH(sTSH,监测限达到 0.005mU/L),sTSH 成为筛查甲亢的第一线指标,甲亢时 TSH 通常 <0.1mU/L。sTSH 使得诊断亚临床甲亢成为可能,因为后者甲状腺激素水平正常,仅有 TSH 水平的改变。传统的 ^{131}I 摄取率和促甲状腺素释放激素(TRH)刺激试验诊断不典型甲亢的方法已经被 sTSH 测定所取代。

【治疗原则】

1. 抗甲状腺药物治疗　是甲亢的首选治疗方法。抗甲状腺药物主要为硫脲类衍生物,目前国内使用较多的是丙硫氧嘧啶和甲巯咪唑(他巴唑)。全部疗程为 1.5 年或更长,最短不能少于 1 年。

2. 放射性碘治疗　是目前治疗甲亢的重要方法之一,安全、简便、经济、有效。^{131}I 大量聚集在甲状腺,使甲状腺受到集中辐射,腺体功能受到抑制,甚至部分坏死、机化而使甲状腺缩小。

3. 手术治疗　双侧甲状腺次全切除术是目前治疗中度以上甲亢的一种常用而有效的方法,有传统手术和腔镜手术两种方式。

(1) 适应证:①继发性甲亢或高功能腺瘤;②中度以上的原发性甲亢;③腺体较大的甲亢,伴有压迫症状或胸骨后甲状腺肿;④抗甲状腺药物或 ^{131}I 治疗后复发者;⑤妊娠早、中期的甲亢女病人具有上述指征者,手术治疗可以不终止妊娠。

(2) 禁忌证:①青少年甲亢病人;②症状较轻者;③老年病人或有严重器质性疾病不能耐受手术者。

【护理评估】

(一)术前评估

1. 相关健康史　了解发病过程、病程长短,既往有无单纯性甲状腺或甲状腺瘤病史;有无甲状腺疾病家族史;患病后做过何种检查,采用过何种治疗、效果如何;既往健康情况如何,是否伴有其他自身免疫性疾病;有无手术史等。

2. 身体状况

(1) 局部:评估有无甲状腺肿大,肿块的位置、大小、质地、边界、活动度、疼痛等。

(2) 全身:评估病人有无怕热多汗、血糖升高、易于激动,有无腱反射活跃、平举二手及伸舌有细震颤和突眼征症状,了解病人营养状况,重要器官功能状态。

(3) 辅助检查:了解血常规、超声、甲状腺^{131}I 摄取率、血清 T_3、T_4 测定检查结果。

3. 心理 - 社会状况　了解病人对疾病的心理反应、认知程度;了解病人情绪是否稳定,是否容易激动,是否因外形改变及面临手术而出现紧张、烦躁、焦虑等心理反应;了解亲属对本病及治疗、预后的认知程度;了解家庭经济支持状况。

(二) 术后评估

1. 术中情况　了解手术、麻醉方式,病灶切除情况,术中出血、补液、输血、生命体征情况,以及术后诊断。

2. 术后情况　评估病人意识、生命体征、切口、引流情况;了解引流管是否通畅,引流液颜色、性状和量;评估病人对术后康复保健相关知识了解程度。

【主要护理诊断 / 问题】

1. 营养失调:低于机体需要量　与甲亢高代谢和消化吸收障碍有关。

2. 睡眠型态紊乱　与交感神经过度兴奋有关。

3. 体像紊乱　与甲状腺肿大等有关。

4. 知识缺乏:缺乏甲亢治疗及疾病康复的相关知识。

5. 潜在并发症:呼吸困难和窒息、喉返神经损伤、喉上神经损伤、甲状旁腺功能减退、甲状腺危象等。

【护理措施】

(一) 术前护理

1. 休息与饮食　指导病人进食高热量、高蛋白、高维生素且易消化的食物,减少活动,避免体力消耗;保持病室内安静、光线柔和、温度适宜,避免外来刺激,保持病人情绪稳定,精神过度紧张或失眠者,适当给予镇静剂和安眠药。

2. 心理护理　关心、体贴病人,耐心解答其提出的问题,对有恐惧、焦虑心理者,要鼓励其配合治疗,打消顾虑。

3. 完善术前检查　除常规的术前检查外,还需做内分泌专科检查了解甲亢程度,有无心脏并发症及甲状旁腺的功能。进行心、肝、肾、肺等器官功能检查及其他相关检查,以了解病人对手术的承受能力。

4. 药物准备　药物准备是术前准备的重要环节。

(1) 单用碘剂:适合症状不重、继发性甲状腺功能亢进和高功能腺瘤病人。开始即用碘剂,2~3 周后甲亢症状得到基本控制(病人情绪稳定、睡眠良好、体重增加、脉率 <90 次 /min,基础代谢率 <+20%),即可进行手术。常用的碘剂是复方碘化钾溶液,每日 3 次;从每次 3 滴开始,逐日每次增加 1 滴,至每次 16 滴为止,然后维持此剂量。碘剂的作用在于抑制蛋白水解酶,减少甲状腺球蛋白的分解,从而抑制甲状腺素的释放;碘剂还能减少甲状腺的血流量,使腺体充血减少,因而缩小变硬。由于碘剂只抑制甲状腺素释放,而不抑制其合成,因此一旦停服后,贮存于甲状腺滤泡内的甲状腺球蛋白大量分解,甲亢症状可重新出现甚至更为严重。因此,凡不准备施行手术者不宜服用碘剂。

(2) 抗甲状腺药物加碘剂:可先用硫脲类药物 2~4 个月,待甲亢症状得到基本控制后,改服 2 周碘剂再进行手术。由于硫脲类药物能使甲状腺肿大和动脉性充血,手术时极易发生出血,因此,必须使用碘剂,待甲状腺缩小变硬,血管数减少后手术。

(3) 碘剂加用硫脲类药物后再加用碘剂:少数病人服用碘剂 2 周后,症状改善不明显,此时,可加用硫氧嘧啶类药物,直至症状基本控制、停用硫氧嘧啶类药物后,继续单独服用碘剂 1~2 周,再进行手术。

(4) 普萘洛尔:对于常规应用碘剂或合并应用硫氧嘧啶类药物不能耐受或无效者,可单用普萘洛尔或与碘剂合用作术前准备。

5. 其他准备

(1) 测定基础代谢率,了解甲亢程度。

(2) 体位训练:指导每日数次进行头颈过伸体位训练(将软枕垫于肩部,保持头低、颈过伸位),以适应手术时体位的改变,减轻手术后颈肩部的酸痛。

(3) 突眼的护理:指导其戴眼罩,睡前用抗生素眼膏敷眼,以预防角膜过度暴露和干燥而引起角膜溃疡,头部抬高,以减轻眼部肿胀。结膜发生充血水肿时,用 0.5% 醋酸可的松滴眼剂滴眼。

(4) 麻醉前用药:不宜使用阿托品,以防术中心动过速。

(5) 铺麻醉床,床旁备气管切开包、拆线包及无菌手套。

(二) 术后护理

1. 体位　术后先取平卧位,待麻醉作用消失、血压平稳后取半坐卧位,以利于呼吸和切口引流。

2. 病情观察　密切监测体温、脉搏、呼吸、血压和意识等变化,注意有无并发症,及时排痰,保持呼吸道通畅。

3. 饮食与营养　病人清醒后即可少量饮水,但不宜饮热水,以免手术部位血管扩张,加重切口渗血;若无呛咳,可给予微温流质饮食,以后逐渐过渡到半流质饮食和高热量、高蛋白质、高维生素的软质饮食。

4. 特殊用药　术后继续服用复方碘化钾溶液,自每日 3 次、每次 16 滴开始,逐日每次减少 1 滴至每次 3 滴为止。

5. 切口和引流的护理　术后手术部位常规放置引流管或橡皮片引流 24~48 小时,保持引流管通畅,避免因引流管阻塞导致颈部积血、积液,压迫气管而引起呼吸不畅。观察并记录引流液的颜色、性状和量,发现切口有渗血、颈部有肿胀或引流管中有多量新鲜血液引出,应及时报告医生进行相应处理。

6. 并发症的观察与护理　除与甲状腺癌相似并发症外,还可能出现甲状腺危象。

甲状腺危象:是甲亢术后的严重并发症,多发生在术后 36 小时内。主要与术前准备不充分、甲亢症状未能很好控制及手术应激有关。临床表现为高热(>39℃)、脉快而弱(>120 次/min)、大汗、烦躁不安、谵妄,甚至昏迷,常伴有呕吐和腹泻。处理不及时或处理不当,可致死亡。一旦发生甲状腺危象,应立即配合治疗。

护理措施:①口服复方碘化钾溶液以降低循环血液中甲状腺素水平,紧急时将 10% 碘化钠 10ml 加入 10% 葡萄糖 500ml 中静脉滴注;②氢化可的松分次静脉滴注,以拮抗过多甲状腺素的反应;③利血平肌内注射或普萘洛尔静脉滴注,以降低周围组织对肾上腺素的反应;④苯巴比妥钠肌内注射,每 6~8 小时 1 次,以产生镇静作用;⑤采用退热药物、冬眠药物、物理降温等措施,使体温保持在 37℃ 左右;⑥给氧,减轻组织缺氧;⑦静脉输入大量葡萄糖溶液以补充能量;⑧心力衰竭者,加用洋地黄制剂。

【健康教育】

1. 心理支持　引导病人正确面对疾病,鼓励亲属、朋友、同事给予病人关心、体贴与接纳,稳定情绪,配合治疗。

2. 营养与活动 加强营养,多食高蛋白、高维生素、高热量的食物,以增强机体的抵抗力。劳逸结合,充足睡眠,术后 3 个月后可恢复正常工作。

3. 功能锻炼 鼓励病人在切口愈合后可逐渐进行颈部活动,促进颈部功能恢复。功能锻炼至少坚持至出院后 3 个月。

4. 坚持治疗与随访 告知病人颈部自查方法,随访时间,嘱其定期复查甲状腺功能。如出现心悸、手足抽搐等情况要及时就诊。

● (王彩星)

复习思考题

1. 甲状腺功能亢进病人术前碘剂如何应用?

2. 甲状腺癌术后病人主要的护理诊断/问题是什么?

3. 甲状腺危象的临床表现及急救护理措施有哪些?

第十六章

乳房疾病病人的护理

PPT 课件

学习目标

1. 简述急性乳腺炎和乳腺癌的病因、病理,陈述其常用辅助检查。
2. 理解并比较常见乳房疾病的临床特点,说明其治疗原则。
3. 运用相关知识为乳房疾病病人实施整体护理。

第一节 概 述

乳房疾病是女性常见病,主要有急性乳腺炎、乳腺囊性增生病和乳房良、恶性肿瘤等,其中乳腺癌的发病率呈逐年上升趋势,影响妇女生活质量。

【解剖生理概要】

成年女性乳房是两个半球形的性征器官,位于胸大肌浅面,约在第 2~6 肋骨水平的浅筋膜的浅、深层之间。乳房内侧缘达胸骨旁,外上方形成乳腺腋尾部伸向腋窝。乳头位于乳房的中心,周围的色素沉着区称为乳晕。

乳房主要由乳腺、结缔组织和脂肪组织等构成。每侧乳房有 15~20 个腺叶,每个腺叶又分若干个腺小叶,腺小叶由小乳管和腺泡组成,是乳腺的基本单位。每一腺叶有单独的导管(乳管),腺叶和乳管均以乳头为中心呈放射状排列。小乳管汇至乳管,乳管开口于乳头,乳管靠近开口的 1/3 段略为膨大,是乳管内乳头状瘤的好发部位。腺叶间有许多与皮肤垂直的纤维束,称 Cooper 韧带(乳房悬韧带),连接浅筋膜的浅层和深层,起支持和固定作用。

乳腺是许多内分泌腺的靶器官,其生理活动受腺垂体、卵巢及肾上腺皮质等分泌的激素影响。妊娠及哺乳期乳腺明显增生,乳管延长,腺泡分泌乳汁。在月经周期的不同阶段,乳腺的生理状态在各种激素影响下呈现周期性变化。绝经后腺体逐渐萎缩,被脂肪组织代替。

乳房具有丰富的淋巴网,其淋巴液输出主要通过四条途径(图 16-1):①乳房大部分淋巴液经胸大肌外侧缘淋巴管流至同侧腋窝淋巴结,再流向锁骨下淋巴结,继之到锁骨上淋巴结;部分乳房上部淋巴液可直接流向锁骨下淋巴结;②部分乳房内侧的淋巴液通过肋间淋巴管流向胸骨旁淋巴结,继而流向锁骨上淋巴结;③两侧乳房间皮下有交通淋巴管,一侧乳房的淋巴液可流向另一侧乳房;④乳房深部淋巴网可沿腹直肌鞘和肝镰状韧带流向肝脏。

目前,通常以胸小肌为标志将腋区淋巴结分为三组(图 16-2):①Ⅰ组,是指胸小肌外侧的腋窝淋巴结;②Ⅱ组,指胸小肌后方的腋窝淋巴结和胸大、小肌间淋巴结(Rotter 淋巴结);③Ⅲ组,即胸小肌内侧的锁骨下淋巴结。

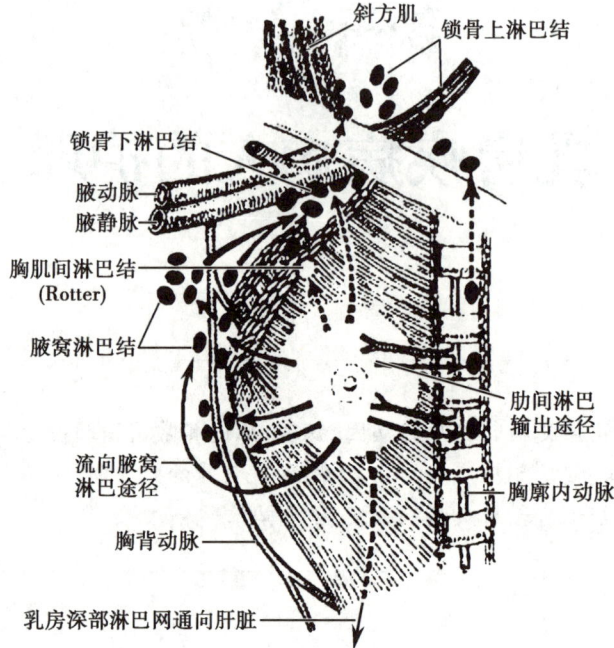

图 16-1　乳房淋巴液输出途径

【乳房检查】

女性乳房检查一般选择月经周期的第 7~10 日，或月经结束后 2~3 日，此时乳房组织最松软，病变容易被检出。病人取端坐或仰卧位，充分显露两侧乳房，并注意隐私保护。

(一) 视诊

观察两侧乳房的形状、大小是否对称，有无局限性隆起或凹陷，皮肤有无红肿、橘皮样变，浅表静脉是否扩张。两侧乳头是否在同一水平，如有乳房癌肿，乳头会被牵向癌肿侧；乳头内陷可为发育不良所致，若是一侧乳头近期出现凹陷，则有临床意义；还应注意乳头、乳晕有无湿疹样改变。

(二) 触诊

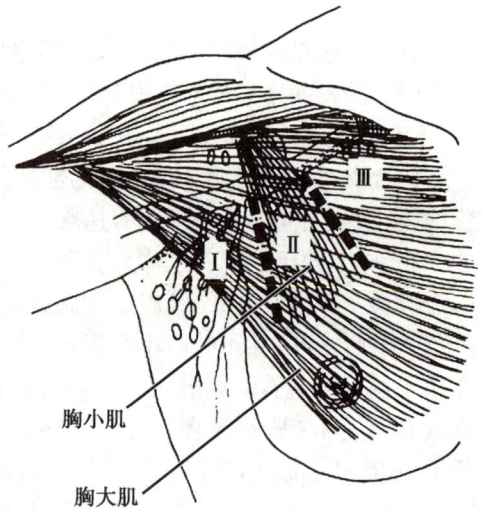

图 16-2　腋区淋巴结分组

检查者采用手指掌面，循序对乳房外上（包括腋尾部）、外下、内下、内上各象限及中央区做全面检查。先检查健侧，后查患侧。

1. 乳房肿块　若发现乳房肿块，应注意肿块部位、大小、硬度、表面是否光滑、边界是否清楚、活动度以及有无压痛等。轻捻起肿块表面皮肤，明确肿块是否与皮肤粘连，如有粘连而无炎症表现，应警惕乳腺癌可能。一般良性肿瘤边界清楚，活动度大；恶性肿瘤边界不清，质硬，表面不光滑，活动度小。肿块较大者，还应检查肿块与深部组织的关系。可让病人两手叉腰，使胸肌保持紧张状态，若肿块活动度受限，表示肿瘤侵及深部组织。

2. 乳头溢液　轻挤乳头，如有溢液，依次挤压乳晕四周，明确来自哪一乳管。

3. 淋巴结　检查时，最好采用直立位，检查者面对病人，以右手扪其左腋窝，左手扪其右腋窝。先让病人上肢外展，以手伸入其腋顶部，手指掌面压向病人胸壁；然后嘱咐病人放松上肢，搁置在检查者的前臂上，用轻柔的动作自腋顶部从上而下扪查腋顶部淋巴结；然后

262

将手指掌面转向腋窝前壁,扪查胸大肌深面淋巴结;站在病人背后,扪查背阔肌前内侧淋巴结;最后检查锁骨下及锁骨上淋巴结。当发现有肿大淋巴结时,应注意其大小、质地、有无压痛、有无融合以及活动度。

第二节　急性乳腺炎病人的护理

急性乳腺炎(acute mastitis)是乳腺组织的急性化脓性感染,好发于产后哺乳期妇女,尤其以初产妇多见,常常发生在产后第3~4周。

【病因】

1. 乳汁淤积　主要原因有:①乳汁分泌过多、婴儿吸乳过少,导致乳房排空不完全;②乳管不通畅,乳腺小叶增生、纤维囊肿等压迫乳管,使乳汁排出困难;③乳头发育不良,如乳头过小或内陷,妨碍正常哺乳。

2. 细菌入侵　乳头破损或皲裂是细菌沿淋巴管入侵造成感染的主要原因;婴儿患口腔炎症,易致细菌直接侵入乳管,继而上行至腺小叶而引起感染。致病菌以金黄色葡萄球菌最常见,其次为溶血性链球菌。

【临床表现】

1. 局部表现　初期主要有患侧乳房胀痛,局部红肿、皮温升高,有压痛性肿块。一般在数天后可形成单房或多房性脓肿。表浅脓肿可向外破溃或破入乳管自乳头流出;深部脓肿可缓慢向外破溃,也可发展至乳房与胸肌间的疏松组织中,形成乳房后脓肿(图16-3)。表浅脓肿局部可触及波动感,而深部脓肿波动感不明显,常不易发现。病人常有病变侧腋窝淋巴结肿大和压痛。

2. 全身表现　随着炎症发展,病人可有寒战、高热、脉搏加快、头痛、乏力、食欲下降等,感染严重者可并发脓毒症。

【辅助检查】

1. 实验室检查　血常规显示白细胞计数及中性粒细胞比例升高。

2. 超声检查　可确定有无脓肿及脓肿的位置、大小等。

3. 诊断性穿刺　在压痛最明显处或超声定位下进行穿刺,抽出脓液即可确诊脓肿形成,脓液应做细菌培养及药物敏感试验。

图16-3　乳房脓肿的不同部位
1. 表浅脓肿;2. 乳晕下脓肿;
3. 深部脓肿;4. 乳房后脓肿

【治疗原则】

原则是消除感染,排空乳汁。

(一) 非手术治疗

1. 局部治疗　患乳停止哺乳并用吸乳器吸尽乳汁,局部外敷金黄散、鱼石脂软膏,皮肤水肿明显者用25%硫酸镁湿热敷,亦可采用红外线、超短波理疗,以促进炎症消散吸收。

2. 全身治疗　主要措施有:①应用抗生素,首选青霉素,或用耐青霉素酶的苯唑西林钠(新青霉素Ⅱ),也可根据细菌培养及药物敏感试验结果进行选择;②可选用蒲公英、野菊花等清热解毒类中药煎汤口服;③若感染严重或脓肿引流后并发乳瘘,应停止哺乳,可口服溴隐亭、己烯雌酚或肌内注射苯甲酸雌二醇等药物终止泌乳,亦可采用中药炒麦芽煎汤口服以回乳。

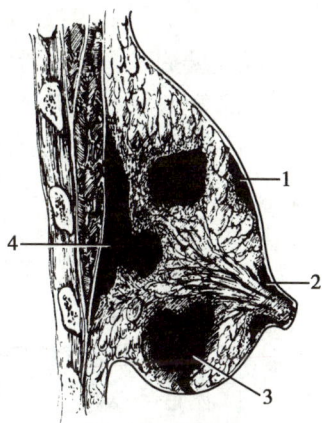

(二) 手术治疗

乳房脓肿形成后,及时在超声引导下穿刺抽吸脓液,必要时作脓肿切开引流。

手术时为避免损伤乳管而形成乳瘘,应作放射状切开(图 16-4);乳晕下脓肿应沿乳晕边缘作弧形切口;深部脓肿或乳房后脓肿可沿乳房下缘作弧形切口,经乳房后间隙引流。脓腔较大时,可在脓腔的最低部位另加切口作对口引流(图 16-5)。

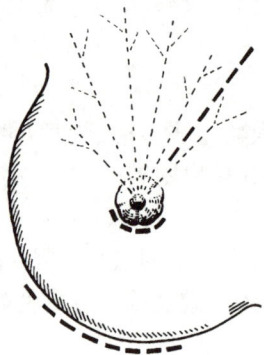

图 16-4　乳房脓肿的切口　　　　　图 16-5　乳房脓肿对口引流

【主要护理诊断/问题】

1. 急性疼痛　与乳汁淤积、乳房急性炎症、乳房内压力增高等有关。
2. 体温过高　与乳房的急性炎症、毒素吸收等有关。
3. 知识缺乏:缺乏正确的哺乳方法及乳房保健知识。
4. 有皮肤完整性受损的危险　与脓肿破溃或切开引流有关。
5. 潜在并发症:乳房脓肿、脓毒症等。

【护理措施】

(一) 非手术治疗的护理/术前护理

1. 休息与饮食　适当休息,避免过度疲劳和紧张,保持室内温、湿度适宜,注意个人卫生。进食富有营养且易消化的清淡饮食,补充足够的液体。

2. 对症护理　患乳停止哺乳,并用吸乳器吸出积乳,以排空乳汁、减少细菌滋生;选用合适的乳罩托起乳房,以减轻疼痛和肿胀;给予局部热敷、药物外敷或理疗,促进炎症消散;对于高热者,及时给予物理或药物降温。

3. 病情观察　定时监测生命体征,观察乳房局部红、肿、热、痛情况;了解白细胞计数及分类变化,及时做脓液细菌培养及药物敏感试验;注意观察药物疗效和不良反应。

4. 心理护理　对烦躁、焦虑者,给予安慰与鼓励,使其配合治疗,并指导婴儿喂养。

(二) 术后护理

脓肿切开引流后,注意保持引流通畅,密切观察引流液的颜色、性状、量及气味的变化;保持切口敷料的清洁干燥,如有渗湿,及时更换。

【健康教育】

急性乳腺炎的预防关键在于对孕、产妇进行乳房保健知识的宣教。

1. 矫正乳头内陷　乳头内陷者自妊娠后期,应进行手法矫正。方法为:每日清晨或睡前用一手在乳晕处向下压乳房组织,另一手将乳头向外牵拉,待乳头稍突后,改用手指捏住乳头根部轻轻向外提拉,并揉捏乳头数分钟,坚持 3~4 个月可使内陷乳头突起。亦可采用吸乳器吸引,每日 1~2 次,使乳头外突。

2. 养成良好哺乳习惯 产后尽早开始哺乳,按需哺乳,婴儿不含乳头睡觉。哺乳前、后用温水清洗乳房,保持乳头清洁;哺乳时避免手指压住腺管,以免影响乳汁排出;每次哺乳时应尽量吸空乳房,剩余乳汁用吸乳器吸净。

3. 保持婴儿口腔卫生 婴儿口腔有炎症时要及时治疗,控制感染。

4. 预防和处理乳头破损 妊娠后期可每日用温水擦洗乳头和乳晕,增加局部皮肤的坚韧度;哺乳时让婴儿用正确姿势含接乳头和乳晕,哺乳后用自身乳汁涂抹乳头皮肤,以防止乳头皲裂。若乳头、乳晕发生破损或皲裂,应暂停哺乳,用吸乳器吸出乳汁哺育婴儿;局部用温水清洗后,涂以抗生素软膏,待破损愈合后再行哺乳。

第三节 乳腺癌病人的护理

案例分析

　　蒋女士,57 岁,公务员,因发现右乳无痛性肿块 5 天入院。5 天前,病人沐浴时无意中发现右乳外上方有一无痛性肿块,即来院就诊。发病以来睡眠欠佳、食欲下降,其余无不适。

　　体格检查:T 37.2℃,P 80 次/min,R 20 次/min,BP 128/84mmHg;右乳外上象限 10 点钟距乳头 3cm 处可及一大小约 3cm×2cm 肿块,质硬,无痛,表面不光滑,活动度差,乳头无溢液;右侧腋窝扪及 2 个 1cm×1cm 大小淋巴结,质地较硬,可推动。

　　辅助检查:钼靶 X 线检查示右乳外上象限 2.8cm×1.8cm 的肿块影,高密度,边缘不规则并伴有毛刺,内见细小钙化。

　　请问:

　　1. 该病人目前主要的护理诊断/问题有哪些?

　　2. 该病人拟行右乳腺癌改良根治术,护士如何对其进行术后评估?

　　3. 该病人术后可能的并发症有哪些? 相应的护理措施是什么?

　　乳腺癌(breast cancer)是女性常见的恶性肿瘤,在我国占全身各种恶性肿瘤的 7%~10%,发病率逐年上升,部分大城市报告乳腺癌已位居女性恶性肿瘤的第一位,严重影响妇女身心健康。

【病因】

乳腺癌的病因尚不清楚,目前认为与以下因素有关:

1. 内分泌因素 乳房是多种内分泌激素的靶器官,其中体内雌酮、雌二醇含量增高与乳腺癌的发生有直接关系,20 岁以后发病率上升,45~50 岁较高。

2. 月经婚育史 月经初潮年龄早、绝经晚、初产迟、未育、未哺乳女性与乳腺癌发病相关。

3. 家族史 乳腺癌的发生呈家族聚集倾向,其一级亲属中有乳腺癌病史者,发病危险性是普通人群的 2~3 倍。研究发现,携带 BRCA1/2 基因突变的女性乳腺癌发病风险增加。

4. 乳房良性疾病 如乳房纤维腺瘤、乳腺囊性增生病、乳管内乳头状瘤等与乳腺癌的发生有一定关系。

5. 饮食与营养　营养过剩、肥胖和高脂饮食可增加乳腺癌发病机会。

6. 环境与生活方式　长期接触放射线、致癌化学物，与乳腺癌发生呈正相关；不同地域因生活方式不同,其乳腺癌发病率有明显差异,如北欧、北美显著高于亚洲、非洲等地区。

知识链接

常见的乳房良性疾病

1. 乳腺囊性增生病　与体内雌、孕激素比例失调或部分乳腺实质成分中女性激素受体的质和量异常,导致乳腺增生过度和复旧不全有关。多见于中年女性,表现为一侧或双侧乳房胀痛和肿块,部分病人具有周期性。胀痛在月经来潮前明显,月经后减轻,有时整个周期都有疼痛。体检可扪及大小不一、质韧的单个或多个结节,可有触痛,与周围组织分界不清,亦可为弥漫性增厚。少数病人伴乳头溢液,为黄绿色、无色或血性液。治疗可用逍遥散、他莫昔芬口服,并定期复查,对有恶变可疑者,应手术并做病理检查。

2. 乳房纤维腺瘤　病因与小叶内纤维细胞对雌激素的敏感性异常增高有关。多发生于 20~25 岁的青年女性,表现为单发(75%)或多发的无痛性肿块,表面光滑,质似硬橡皮球的弹性感,易于推动。肿块生长缓慢,月经周期对其大小无明显影响。手术切除是唯一有效的治疗方法,肿块常规做病理检查。

3. 乳管内乳头状瘤　与乳房纤维腺瘤同属乳房良性肿瘤,见于 40~50 岁的经产妇,最常见的症状是乳头溢液,为血性、暗棕色或黄色液体,由于肿块小常不能触及。恶变率为 6%~8%,治疗以手术为主,并常规行病理检查。

【病理生理】

1. 病理分型　乳腺癌有多种分型方法,目前国内多采用以下病理分型。

(1) 非浸润性癌:又称原位癌,此型属早期,预后较好。包括导管内癌(发生于导管上皮、癌细胞未突破导管壁基底膜)、小叶原位癌(癌细胞未突破末梢乳管或腺泡基底膜)、乳头湿疹样乳腺癌(伴发浸润性癌者除外)。

(2) 浸润性特殊癌:此型分化程度高,预后尚好。包括乳头状癌、髓样癌(伴大量淋巴细胞浸润)、小管癌(高分化腺癌)、腺样囊性癌、黏液腺癌、鳞状细胞癌、大汗腺样癌等。

(3) 浸润性非特殊癌:为乳腺癌最常见类型,约占 80%,此型分化程度低,预后较差,但判断预后尚需结合临床分期等因素。包括浸润性导管癌、浸润性小叶癌、硬癌、单纯癌、髓样癌(无大量淋巴细胞浸润)、腺癌等。

(4) 其他罕见癌:如炎性乳腺癌、乳头湿疹样乳腺癌。

2. 转移途径

(1) 局部浸润:癌细胞沿导管或筋膜间隙蔓延,侵犯皮肤、胸肌、胸膜等周围组织。

(2) 淋巴转移:可沿乳房淋巴液的输出途径扩散,主要有:①乳头、乳晕区及乳房外上象限的病灶癌细胞沿胸大肌外侧缘淋巴管侵入同侧腋窝淋巴结,继而侵入锁骨下淋巴结以至锁骨上淋巴结,后经胸导管(左)或右淋巴导管侵入静脉血流,发生远处转移;②乳房内侧病灶癌细胞沿内侧淋巴管侵入胸骨旁淋巴结,继而到达锁骨上淋巴结,再经同样途径侵入静脉血流而发生远处转移。上述两条途径,以前者多见,约占 60%,其转移率与原发部位有一定关系。

(3) 血运转移:癌细胞可经淋巴管进静脉,也可直接侵入血液循环发生远处转移,最常见的远处转移器官依次为肺、骨、肝、脑。有研究发现,乳腺癌早期亦可发生血运转移。

3. 临床分期

目前多采用国际抗癌联盟(International Union Against Cancer,UICC)和美国癌症联合会(American Joint Committee on Cancer,AJCC)制定的第 8 版乳腺癌 TNM 分期标准进行乳腺癌的临床分期(表 16-1,表 16-2),对判断病情、选择治疗方案、估计预后具有重要意义。

表 16-1　乳腺癌国际 TNM 分期标准第 8 版(UICC/AJCC,2018)

分类	标准
T	原发肿瘤
T_X	原发肿瘤无法评估
T_0	无原发肿瘤证据
T_{is}	导管原位癌(DCIS),或乳头 Paget 病不伴随乳腺实质中的浸润性癌和 / 或原位癌
T_1	肿瘤最大直径≤20mm
T_2	肿瘤最大直径 >20mm 而≤50mm
T_3	肿瘤最大直径 >50mm
T_4	任何大小的肿瘤,直接侵犯胸壁和 / 或皮肤(溃疡或肉眼可见结节或皮肤水肿);或炎性乳腺癌
N	区域淋巴结
N_X	无法评估区域淋巴结(已切除)
N_0	无区域淋巴结转移(影像学或临床检查)
N_1	同侧腋窝Ⅰ、Ⅱ组淋巴结转移,可推动
N_{1mi}	前哨淋巴结微转移(约 200 个细胞,转移灶最大直径 >0.2mm 而≤2mm)
N_2	同侧腋窝Ⅰ、Ⅱ组淋巴结转移,固定、融合,或同侧内乳淋巴结转移而无腋窝转移
N_3	同侧锁骨下(腋窝Ⅲ组)淋巴结转移,伴或不伴腋窝Ⅰ、Ⅱ组淋巴结转移;或同侧内乳及腋窝淋巴结转移;或同侧锁骨上淋巴结转移
M	远处转移
M_0	临床或影像学检查未见远处转移
M_1	临床和影像学检查发现远处转移,和 / 或组织学证实转移灶 >0.2mm

表 16-2　乳腺癌的临床分期

临床分期	T 分期	N 分期	M 分期
0 期	Tis	N_0	M_0
ⅠA 期	T_1	N_0	M_0
ⅠB 期	T_0,T_1	N_{1mi}	M_0
ⅡA 期	T_0,T_1	N_1	M_0
ⅡB 期	T_2	N_0	M_0
	T_2	N_1	M_0
	T_3	N_0	M_0
ⅢA 期	T_0,T_1,T_2	N_2	M_0
ⅢB 期	T_3	N_1,N_2	M_0
	T_4	N_0,N_1,N_2	M_0
ⅢC 期	任何 T	N_3	M_0
Ⅳ期	任何 T	任何 N	M_1

【临床表现】

(一) 常见乳腺癌

1. 乳房肿块　常为早期表现。

(1) 早期:患侧乳房出现单发的、无痛性小肿块,多在洗澡、更衣时无意中发现。肿块多位于乳房外上象限,质硬、表面不光滑、与周围组织分界不清,在乳房内不易被推动。

(2) 晚期:①肿块固定:癌肿侵入胸筋膜和胸肌时,固定于胸壁不易推动。②卫星结节和铠甲胸:癌细胞侵入大片乳房皮肤时,可出现多个坚硬的小结节或条索,呈卫星样围绕原发病灶;若结节相互融合,弥漫成片,可延至背部及对侧胸壁,使胸壁紧缩呈铠甲状,影响呼吸。③皮肤溃烂:癌肿侵犯皮肤并破溃形成溃疡,常有恶臭,容易出血。

2. 乳房外形改变　随着肿瘤增大而出现外形改变。①酒窝征:若肿瘤侵犯 Cooper 韧带,可使其缩短而致肿瘤表面皮肤凹陷;②橘皮征:癌细胞堵塞乳房皮下淋巴管,导致淋巴回流障碍,而引起真皮水肿,毛囊处出现点状凹陷,皮肤呈"橘皮样"改变;③乳头改变:邻近乳头或乳晕的肿瘤因侵入乳管使之收缩,可将乳头牵向癌肿侧,进而使乳头扁平、回缩,甚至凹陷。

3. 转移征象　①淋巴转移:最初多见于患侧腋窝淋巴结,有少数散在、肿大的淋巴结,质硬、无痛、可被推动,继而逐渐增多并融合成团,可与皮肤或深部组织粘连。②血运转移:癌细胞转移至肺、骨、肝时,可出现相应症状。如肺转移可有咳嗽、胸痛、气急,骨转移可出现局部骨痛、病理性骨折,肝转移可有肝大、黄疸等;同时会出现消瘦、贫血、乏力等恶病质表现。

(二) 特殊类型乳腺癌

1. 炎性乳腺癌(inflammatory breast carcinoma)　发病率低,妊娠期及哺乳期年轻女性多见。表现为患侧乳房局部皮肤呈炎症样改变,包括发红、水肿、增厚、粗糙、表面温度升高等,但无明显肿块。本病发展迅速,开始比较局限,短期内即扩展至乳房大部分皮肤,常累及对侧乳房。本病恶性程度高,早期即可发生转移,预后极差,病人常在发病数月内死亡。

2. 乳头湿疹样乳腺癌(Paget's carcinoma of the breast)　初发症状为乳头瘙痒、烧灼感,继而出现乳头和乳晕发红、潮湿、糜烂,如同湿疹样,进而形成溃疡,有时覆盖黄褐色鳞屑样痂皮。病变皮肤较硬,部分病人于乳晕区可扪及肿块。本病少见,恶性程度低,发展慢,腋窝淋巴结转移较晚,预后良好。

【辅助检查】

1. 影像学检查

(1) 乳房 X 线摄影(mammography):又称钼靶 X 线检查,常用于乳腺癌普查,可检出微小病灶,是早期发现乳腺癌的最有效方法。表现为高密度肿块影,边界不规则或呈毛刺状,或见细小钙化灶。并可参照美国放射学会的乳腺影像报告和数据系统(Breast Imaging Reporting and Data System,BI-RADS)分类标准进行分类。

(2) 超声:属无创性检查,通过对病变形态、内部结构及周围组织改变等特征的观察,结合彩色多普勒检查观察病灶血液供应情况,可有效鉴别囊性与实质性肿块,是乳房 X 线摄影检查的有效补充。

(3) 磁共振(MRI):对软组织分辨率高,能显示多病灶、多中心或双侧乳腺癌病灶,并能同时显示肿瘤与胸壁的关系、腋窝淋巴结转移情况等,是乳房 X 线和超声检查的有效补充。

2. 活组织病理学检查　常用的活检方法有影像引导下空芯针穿刺活检、真空辅助乳腺定向活检系统活检、钢丝定位手术活检,以及细针针吸细胞学检查等,前三者诊断准确率可达 90%~97%,后者为 70%~90%。若上述方法无法确诊,可在术中将肿块连同周围乳腺组织一并切除,做冰冻活检或快速病理检查。乳头溢液者可行溢液涂片细胞学检查,怀疑乳头湿疹样乳腺癌时,可作乳头糜烂部刮片或印片细胞学检查等。

3. 免疫组织化学检测 对乳腺组织中雌激素受体(ER)、孕激素受体(PR)、人表皮生长因子受体2(HER2)和Ki-67进行免疫组织化学检测,有助于乳腺癌治疗方案的选择及疗效观察。

【治疗原则】

以手术治疗为主,辅以化学药物、放射、内分泌、生物等综合治疗措施。

1. 手术治疗 对早期乳腺癌病人,手术是首选的治疗方法。全身情况差、主要脏器有严重疾病、年老体弱不能耐受手术者则属于手术禁忌证。

(1) 保留乳房的乳腺癌切除术(breast-conserving surgery):完整切除肿块及其周围1~2cm的组织,适用于临床Ⅰ、Ⅱ期乳腺癌病人,且乳房有适当体积,术后能保持外观效果者。术后必须辅以放疗和化疗。随着病人对美容要求的提高,保乳手术开展逐年增加。

(2) 乳腺癌改良根治术(modified radical mastectomy):在根治术基础上进行改良,有两种术式,一是保留胸大肌,切除胸小肌;二是保留胸大、小肌。该术式因保留胸肌而使术后外观效果较好,且与乳腺癌根治术的术后生存率无明显差异,是目前常用的手术方式。适用于第Ⅰ、Ⅱ期乳腺癌病人。

(3) 乳腺癌根治术(radical mastectomy)和乳腺癌扩大根治术(extensive radical mastectomy):前者切除整个乳房,以及胸大肌,胸小肌,腋窝Ⅰ、Ⅱ、Ⅲ组淋巴结。后者还需同时切除胸廓内动、静脉及其周围淋巴结(即胸骨旁淋巴结)。这两种术式现已少用。

(4) 全乳房切除术(total mastectomy):切除整个患侧乳房,包括腋尾部及胸大肌筋膜。该术式适用于原位癌、微小癌及年迈体弱不宜做根治术者。

(5) 前哨淋巴结活检术(sentinel lymph node biopsy)及腋淋巴结清扫术(axillary lymph node dissection):对临床腋淋巴结阴性的病人,可先行前哨淋巴结活检术。前哨淋巴结是指接受乳腺癌病灶引流的第一站淋巴结,可采用示踪剂显示后切除活检,根据病理结果预测腋淋巴结是否有转移,对前哨淋巴结阴性的病人一般不作腋淋巴结清扫。如果临床检查发现腋窝淋巴结肿大,或是前哨淋巴结阳性的乳腺癌病人则常规进行腋淋巴结清扫术,范围包括Ⅰ、Ⅱ组腋淋巴结。

2. 化学药物治疗 乳腺癌是实体瘤中应用化疗最有效的肿瘤之一,化疗在治疗中占重要地位。术后化疗可降低术后复发率,提高生存率。浸润性乳腺癌伴腋淋巴结转移者是应用辅助化疗的指征;一般认为腋淋巴结阴性而有高危复发因素者,如原发肿瘤直径>2cm,组织学分级差,雌、孕激素受体阴性,HER-2有过度表达者,应采用术后辅助化疗。化疗方案根据病人年龄、绝经与否、病理类型、免疫组化结果等不同而异,常用的有:①以蒽环类为主的方案,如CAF、A(E)C方案,其中C为环磷酰胺,A为多柔比星,F为氟尿嘧啶,E为表柔比星;②蒽环类与紫杉类联合方案,如TAC,T为多西他赛;③蒽环类与紫杉类序贯方案,如AC→T/P等,P为紫杉醇。

术前化疗又称新辅助化疗,多用于局部晚期的病例,目的在于缩小肿瘤,降低肿瘤临床分期,提高切除率和保乳率。常采用蒽环类与紫杉类联合方案,一般用4~8个疗程。

3. 内分泌治疗(endocrinotherapy) 若肿瘤细胞内雌激素受体(ER)、孕激素受体(PR)含量高,则称为激素依赖性肿瘤,此类病人对内分泌治疗敏感。

(1) 他莫昔芬(tamoxifen):又称三苯氧胺,为抗雌激素药物,可在靶器官内与雌二醇争夺ER,从而抑制肿瘤细胞生长,降低乳腺癌术后复发及转移,适用于ER和/或PR受体阳性的绝经前妇女。用量为每日20mg,一般服用5~10年。该药安全有效,副作用有潮热、恶心、呕吐、静脉血栓形成、眼部副作用、阴道干燥或分泌物多等。

(2) 芳香化酶抑制剂:如阿那曲唑、来曲唑、依西美坦等,这类药物能抑制肾上腺分泌的雄激素转变为雌激素过程中的芳香化环节,从而降低雌二醇,达到治疗乳腺癌的目的,在乳腺癌术后辅助治疗中疗效显著,且优于他莫昔芬,适用于 ER 和 / 或 PR 受体阳性的绝经后妇女。

4. 放射治疗(radiotherapy)　属于局部治疗。原则上保留乳房的乳腺癌手术后病人、手术时已有淋巴结转移的病人均需接受放射治疗,全乳切除术后根据病人年龄、疾病分期分类等情况,决定是否应用放疗。通常采用直线加速器等外照射患侧乳腺、瘤床、腋窝、锁骨上、胸骨旁等部位,目前推荐使用三维适形放疗和调强放疗技术。

5. 生物治疗　对 HER2 过度表达的乳腺癌病人,可采用通过转基因技术制备的曲妥珠单抗注射液,具有一定疗效。

6. 中医治疗　内伤情志、痰瘀互结、正气亏虚是乳腺癌的主要病因病机,中医常用中药汤剂进行治疗,采取疏肝解郁、化痰散瘀、调补气血、滋补肝肾等治法。此外,中药汤剂还有助于减轻放疗、化疗和内分泌治疗等的副作用,调节免疫功能和体质状况,改善相关症状,延长生存期。

【护理评估】

(一) 术前评估

1. 相关健康史　了解病人年龄、婚姻、饮食习惯、营养状况、生活环境、月经史、生育史、哺乳史;评估既往有无乳房良性疾病、乳腺癌家族史等。

2. 身体状况

(1) 局部:评估有无乳房肿块,肿块的位置、大小、质地、边界、活动度、疼痛,周围有无卫星结节等;有无酒窝征、橘皮征、乳头内陷、皮肤破溃等乳房外形改变。

(2) 全身:评估病人腋窝等部位淋巴转移情况,淋巴结有无肿大、数目、质地及活动度等;有无咳嗽、胸痛、气急、骨痛、肝大、黄疸等远处转移表现;了解病人营养状况,是否有消瘦、贫血、乏力等恶病质表现。

(3) 辅助检查:了解钼靶 X 线摄片、超声、MRI、活组织病理学检查结果,以及重要脏器相关检查的异常发现。

3. 心理 - 社会状况　了解病人对疾病的心理反应、认知程度;了解亲属尤其是配偶对本病及治疗、预后的认知程度及心理承受能力;了解家庭经济支持状况。

(二) 术后评估

1. 术中情况　了解手术、麻醉方式,病灶切除情况,术中出血、补液、输血、生命体征情况,以及术后诊断。

2. 术后情况　评估病人意识、生命体征、胸部弹力绷带包扎松紧度、肢端血液循环;了解引流管是否通畅,引流液颜色、性状和量;评估有无患侧上肢肿胀、皮瓣下积液等并发症发生;评估病人对术后康复保健相关知识了解程度;评估病人术后有无因疾病和胸部外形改变而引起的焦虑、恐惧、悲伤等,是否对家庭婚姻生活产生影响。

【主要护理诊断 / 问题】

1. 焦虑 / 恐惧　与担心疾病预后、家庭婚姻生活等有关。

2. 有组织完整性受损的危险　与乳房手术、留置引流管、淋巴和静脉血液回流障碍等有关。

3. 体像紊乱　与乳房手术后胸部外形改变、化疗脱发等有关。

4. 知识缺乏:缺乏有关乳腺癌疾病治疗及康复的相关知识。

5. 潜在并发症:切口感染、患侧上肢肿胀、皮瓣下积液及皮瓣坏死等。

【护理措施】

(一) 术前护理

1. 终止妊娠和哺乳　若为妊娠或哺乳期的病人,应立即终止,以免因体内性激素水平高而加速癌肿生长。

2. 心理护理　针对焦虑与恐惧心理,应关心体贴病人,耐心倾听病人的诉说;向病人及亲属详细介绍手术的必要性及目前乳腺癌治疗、康复的新进展,安排治疗成功的病人现身说法,提高病人对疾病的认识程度,并获得亲属的理解与支持;尽可能消除不良的心理反应,鼓励病人树立信心,积极配合治疗与康复。

3. 做好术前准备　协助病人进行心、肺、肝、肾等器官功能检查及其他相关检查,以了解病人对手术的耐受能力。按手术要求进行常规备皮,对手术范围大、拟行植皮的病人,应同时做好供皮区(如腹部或同侧大腿区)的皮肤准备。

4. 加强营养　给予高蛋白、丰富维生素饮食,提高病人对手术及放、化疗的耐受能力,为术后康复创造有利条件。

(二) 术后护理

1. 体位　病人麻醉清醒,血压平稳后取半卧位,有利于呼吸和引流。

2. 病情观察　严密观察生命体征变化,切口敷料渗血、渗液情况等。病人若出现胸闷、呼吸困难,可检查胸带包扎是否过紧;乳腺癌扩大根治术有损伤胸膜的可能,应注意有无气胸的发生。观察放、化疗病人有无放射性皮炎、骨髓抑制、恶心呕吐等反应。

3. 伤口护理

(1) 维持皮瓣良好血供:①加压包扎:皮瓣及伤口敷料用弹力绷带(或胸带)加压包扎,使皮瓣与胸壁紧密贴合,防止积液积气。包扎松紧度以能容纳一手指、能保持正常血运、不影响呼吸为宜。绷带加压包扎一般维持 7~10 日,若绷带松脱,应及时重新加压包扎。②观察皮瓣:正常皮瓣的温度较健侧略低,颜色红润,并与胸壁紧贴;若皮瓣边缘颜色暗红或发黑,则提示血供不良,要及时处理。③观察患侧上肢末梢循环:术后若胸带包扎过紧,可导致患肢手指发麻、皮肤青紫、皮温降低、动脉搏动减弱或不能扪及,提示腋窝部血管受压,应及时进行调整。

(2) 加强引流管护理:为减少伤口积液、积血,术后皮瓣下常规放置引流管并接负压引流球或负压引流器,应做好相应的护理。①妥善固定:引流管长度适宜,卧床时固定于床头或床旁。②有效引流:保持负压引流球或负压引流器于压缩状态,负压大小适宜,并定时更换。③保持通畅:定时挤捏引流管,以免管道堵塞,防止引流管受压和扭曲;若发现皮瓣不能紧贴胸壁且有波动感,应联系医师及时处理。④观察记录:注意观察引流液的颜色、性状和量,术后 1~2 日,引流液呈血性,量约 50~200ml,以后颜色逐渐变浅、量减少。⑤拔管:术后 4~5 日,引流液转淡黄色,量少于 10~15ml,皮瓣与胸壁紧贴时考虑拔除引流管。

(3) 保持伤口敷料清洁干燥:观察敷料有无渗血、渗液,如有应及时更换。

4. 并发症的观察与护理

(1) 患侧上肢肿胀:主要因患侧腋窝淋巴结切除、头静脉被结扎、腋静脉栓塞或局部积液等因素导致上肢淋巴回流不畅、静脉回流障碍所致。

护理措施包括:①抬高患侧上肢:平卧时患肢下方垫枕抬高 10°~15°,肘关节轻度屈曲;半卧位时屈肘 90° 放于胸腹部;下床活动时用吊带托或用健侧手将患肢抬高于胸前,他人搀扶时需扶健侧,以防腋窝皮瓣滑动而影响愈合;另外应避免患肢长时间下垂。②避免损伤患肢:禁止在患侧上肢测血压、抽血、注射或输液,勿让患肢负重和过度活动。③促进肿胀消退:

按摩患侧上肢或进行握拳、屈肘、伸肘运动,以促进淋巴回流;肢体肿胀严重者,可戴弹力袖或使用空气压力泵辅助患肢静脉和淋巴回流;局部感染者,使用抗生素治疗。

(2) 皮瓣下积液和皮瓣坏死:前者可由术后包扎不妥、引流不畅引起。若弹力绷带松弛或脱落应重新包扎;发现局部积液者,应推迟拔管时间;已经拔管者,可用无菌注射器穿刺抽液,然后加压包扎。皮瓣坏死与皮瓣过薄、缝合张力过大、术后绷带包扎过紧过松有关,应注意观察绷带松紧度,并及时处理皮瓣下积液。

(3) 切口感染:与无菌操作不严、病人免疫力低下等有关,一旦出现感染应增加换药次数、配合理疗及全身使用抗生素。

5. 功能锻炼　由于手术切除了胸部肌肉、筋膜和皮肤,使患侧肩关节活动明显受限。术后加强功能锻炼,可增强肌力,松解和预防粘连,最大程度地恢复肩关节活动范围。具体方法为:

(1) 术后 24 小时内:活动手指及腕部,可做握拳、伸指、屈腕等锻炼。

(2) 术后 1~3 日:由屈肘、伸臂逐渐过渡到肩关节的小范围前屈(<30°)后伸(<15°)运动,一般由健侧上肢或他人协助患侧上肢完成。

(3) 术后 4~7 日:鼓励病人用患侧手洗脸、刷牙、进食等,并以患侧手触摸对侧肩部、同侧耳朵(可用健肢托患肢)。

(4) 术后 1~2 周:术后 1 周皮瓣基本愈合后,以肩部为中心,做前后摆臂。术后 10 日左右,皮瓣与胸壁已黏附牢固,可开展以下锻炼。①抬高患侧上肢:将患侧的肘关节伸直、手掌置于对侧肩部,直至患侧肘关节与肩平;②手指爬墙:每日标记高度,逐渐递增幅度,直至患侧手指能高举过头;③梳头、摸耳:患侧手越过头顶梳对侧头发或摸对侧耳朵。

指导病人做患肢功能锻炼时,应根据病人实际情况决定锻炼内容和活动量,一般以每日 3~4 次,每次 20~30 分钟为宜。遵循 7 日内不上举,10 日内不外展肩关节的原则,循序渐进,争取在 1~2 个月内使患侧肩关节功能达到术前或对侧同样的状态。

知识链接

患侧上肢肿胀的中西医干预

目前普遍认为患侧上肢肿胀主要与淋巴回流障碍有关,因此又称乳腺癌相关淋巴水肿(Breast Cancer Related Lymphedema,BCRL),是乳腺癌术后常见的并发症,影响病人生活质量。国际上建议使用综合消肿疗法(Comprehensive Detumescence Therapy,CDT)改善症状,包括皮肤护理、手法淋巴引流、多层绷带加压包扎和运动康复。中医将其归属于"水肿""脉痹"等范畴,病机主要是手术导致血络瘀阻、水湿停聚、气血亏虚、气机不畅而引起。近年来报道,艾灸或按摩天泉、曲泽、尺泽、间使、内关等穴能温经通络、散瘀消肿,亦可采用活血利湿、温阳利水、益气温通的中药汤剂口服、湿热敷或熏洗患侧上肢,对减轻肿胀具有一定作用。

【健康教育】

1. 避免妊娠　术后 5 年内应避免妊娠,以免乳腺癌复发。

2. 营养与活动　加强营养,饮食宜高蛋白、丰富维生素,避免高热量、高脂肪食物。出院后近期禁止患侧上肢负重,继续加强功能锻炼。

3. 坚持治疗与随访　告知病人遵医嘱坚持放、化疗或内分泌治疗等的重要性,注意副作用的观察和积极预防,如有不适及时就诊。术后 3 年内每 3 个月复查 1 次,3~5 年每半年复查 1 次,5 年后每年 1 次,直至终身。

4. 介绍改善自我形象的方法　对因术后乳房缺失或乳房外形毁损的病人,可提供乳房重建与整形的相关知识;平时生活中亦可佩戴义乳,以改善形象。

5. 指导乳房自我检查　定期的乳房自我检查有助于早期发现乳房病变,因此,对 20 岁以上女性,特别是高危人群,应每月自查乳房 1 次。术后病人也应每月自查,以早期发现复发征象。检查方法具体如下。

(1) 视诊:站立镜前,两臂自然下垂对着镜子观察,注意两侧乳房的大小和外形是否对称,有无局限性隆起、凹陷或皮肤橘皮样改变,观察有无乳头回缩、或偏向一侧等。然后更换姿势,先双手上举置于头后,接着双手叉腰并收紧胸肌,从不同角度再看乳房外形有无改变。

(2) 触诊:平卧或侧卧,肩下垫软薄枕或将被查侧手臂置于枕后。一侧手的示指、中指和无名指并拢,用指腹轻施压力,扪摸对侧乳房。依次检查外上、外下、内下、内上象限,然后检查乳头、乳晕,最后检查腋窝有无肿块、乳头有无溢液。若发现肿块和乳头溢液,应及时到医院就诊。

🔍 知识链接

乳腺癌病人生活方式指南

　　越来越多的循证医学证据表明,乳腺癌病人的膳食营养状况、体重、体力活动及吸烟饮酒等个人生活方式与肿瘤转移复发、无病生存率和病死率相关,因此中华预防医学会妇女保健分会乳腺学组提出针对其日常生活的推荐。包括:①达到和保持健康的体重:尽量使体重指数保持在 18.5~23.9kg/m^2,或者按照《中国成人超重和肥胖症预防控制指南》达到正常体重标准。②有规律地参加体力活动:避免静坐;年龄 18~64 岁的病人,坚持每周 5 次、每次 30 分钟的中等强度有氧运动,每周至少 2 次的大肌群抗阻运动。③调整膳食结构:按照《中国居民膳食指南 2016》合理安排饮食,富含蔬菜水果、全谷物、禽肉和鱼类,避免高热量、高脂肪食物。④戒烟禁酒。⑤根据医师建议使用保健品。

●(王俊杰)

复习思考题

1. 如何指导产妇预防急性乳腺炎的发生?
2. 乳腺癌的发病率逐年上升,如何进行乳腺癌的筛查?
3. 乳腺癌术后病人主要的护理诊断/问题是什么?相应的护理措施有哪些?

扫一扫,
测一测

第十七章

胸部疾病病人的护理

第一节　胸部损伤病人的护理

学习目标

1. 复述反常呼吸运动、连枷胸、纵隔扑动、闭合性气胸、开放性气胸、张力性气胸、血胸的概念。

2. 理解并比较闭合性气胸、开放性气胸和张力性气胸的临床特点，并说明其抢救和治疗原则；解释胸腔闭式引流的原理、适应证和方法。

3. 应用所学知识，能够配合胸部损伤的抢救，对胸部损伤病人实施整体护理。

一、概述

胸部损伤（chest trauma or thoracic trauma）无论是平常生活还是在战场上，其在创伤中均占有很大比重，发生率约占全身损伤的 1/4，胸部损伤的严重性不仅取决于骨性胸廓和胸内器官的损伤范围与程度，还取决于损伤所致的呼吸和循环功能紊乱程度，严重的胸部损伤可导致急性呼吸、循环衰竭，甚至危及生命。

【解剖生理概要】

胸部由胸壁、胸膜及胸腔内器官组成。

1. 胸壁　由胸椎、胸骨和肋骨组成的骨性胸廓及附着在其外面的肌群、软组织和皮肤构成。骨性胸廓具有一定弹性，起着支撑、保护胸腔内器官和参与呼吸的作用。

2. 胸膜　胸膜是附着于胸壁内面和覆盖于肺表面的浆膜。包裹肺并深入肺叶间隙的是脏胸膜，而遮盖胸壁、横膈和纵隔的是壁胸膜，二者在肺门处相连接，形成左右两个互不相通的胸膜腔。胸膜腔为一密封的潜在腔隙，内有少量浆液起润滑作用。正常情况下，胸膜腔内呈负压状态，其负压大小随呼吸而变化，吸气时为 $-10\sim-8\text{cmH}_2\text{O}$，呼气时为 $-5\sim-3\text{cmH}_2\text{O}$。正常胸膜腔内负压可保持肺的膨胀和通气，促进静脉血液回流，具有重要的生理意义。

3. 胸腔　分为右肺间隙、左肺间隙和纵隔三部分。纵隔在胸腔中央，上为胸腔入口，下为膈肌，两侧为左、右肺间隙，前有胸骨，后抵胸椎。其间有食管、气管、大血管、心脏和心包。纵隔位置的恒定依赖于两侧胸膜腔压力的平衡。

【病因与分类】

胸部损伤多由暴力挤压、硬物撞击、跌倒、高处坠落、钝器打击、锐器刺伤所致，出现胸壁软组织挫伤、肋骨骨折、胸膜腔积气积血、胸内组织与器官裂伤，严重者导致呼吸、循环衰竭而死亡。根据损伤后胸膜腔是否与外界相通可分为两种。

1. 闭合性胸部损伤　又称钝性胸部损伤。是指损伤未造成胸膜腔与外界相通,多因暴力挤压、冲撞或钝器碰击胸部所致,损伤机制复杂。伤后早期临床表现隐匿,容易误诊或漏诊,多数钝性伤病人不需要开胸手术治疗。

2. 开放性胸部损伤　又称穿透性胸部损伤。是指损伤造成胸膜腔与外界相通,多因锐器或子弹穿透胸壁所致。损伤机制较清楚,损伤范围与伤道有直接关系,早期诊断较容易。组织器官裂伤导致的进行性出血是伤情进展快,病人死亡的主要原因,大多数穿透性胸部损伤病人需要开胸手术治疗。

上述两种胸部损伤,无论有无膈肌破裂,都可能同时伤及腹部脏器,这种同时累及胸、腹部的多发性损伤,称为胸腹联合伤(thoracic-abdominal injury)。

📖 知识链接

创伤性窒息

创伤性窒息是指钝性暴力作用于胸部导致的上半身广泛皮肤、黏膜、末梢毛细血管淤血及出血性损害。原因:当胸部与上腹部受到暴力挤压时,病人声门紧闭,胸内压骤增,右心房血液经上腔静脉逆流,造成上半身末梢静脉及毛细血管过度充盈扩张并破裂出血。临床表现:伤员面颈、上胸部皮肤出现针尖大小的紫蓝色淤斑,以面部及眼眶部为明显。口腔、球结膜、鼻腔黏膜淤斑甚至出血,视网膜或视神经出血可产生短暂性或永久性视力障碍。鼓膜破裂可致外耳道出血、耳鸣,甚至听力障碍。多数病人伤后有暂时性意识障碍,烦躁不安,头晕,谵妄甚至四肢痉挛性抽搐,瞳孔可扩大或极度缩小,可能与脑内轻微点状出血和脑水肿有关,若有颅内静脉破裂,病人可发生昏迷或死亡。

二、肋骨骨折

肋骨骨折(rib fracture)是指肋骨的完整性和连续性中断,是最常见的胸部损伤。肋骨骨折多见于第4~7肋,因其长而薄,最易折断;第1~3肋则因较粗短,且有锁骨、肩胛骨及胸肌保护而较少发生骨折,一旦骨折,常提示致伤暴力巨大,而且往往合并锁骨、肩胛骨骨折和颈部、腋部血管神经损伤;第8~10肋虽然长,但其前端肋软骨形成肋弓,与胸骨相连,弹性大,不易骨折;第11~12肋前端游离,弹性较大,故也较少发生骨折,若发生骨折,应警惕合并腹内脏器和膈肌损伤。

【病因】

1. 外来暴力　多数肋骨骨折系外来暴力所致。外来暴力又分为直接和间接两种。直接暴力引发的骨折常发生于暴力打击处,导致骨折端向内弯曲折断,可刺破胸壁及肺组织,导致气胸和血胸;间接暴力引发的骨折端常向外,损伤胸壁及肺组织的危险性相对较小,如胸部前后受压时,肋骨在腋中线附近向外过度弯曲而折断(图17-1)。

2. 病理因素　部分肋骨骨折见于恶性肿瘤发生肋骨转移或严重骨质疏松的病人。此类病人可因咳嗽、打喷嚏或病灶肋骨处轻度受力而发生骨折。

【病理与分类】

根据肋骨骨折断端是否与外界相通,可分为开放性肋骨骨折和闭合性肋骨骨折;根据肋骨损伤程度,可分为单根单处肋骨骨折、单根多处肋骨骨折、多根单处肋骨骨折和多根多处

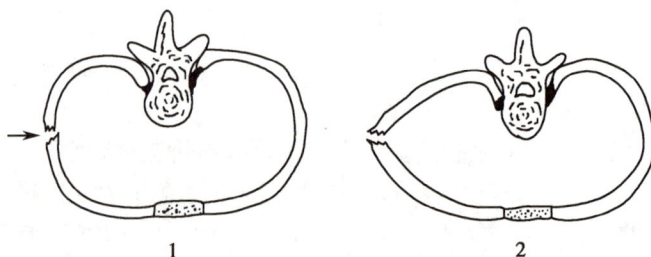

图 17-1 肋骨骨折
1. 直接肋骨骨折;2. 间接肋骨骨折

肋骨骨折。

1. 单根或多根肋骨单处骨折 若上、下仍有完整的肋骨支撑胸廓,对呼吸功能影响不大。但若尖锐的肋骨断端内移刺破壁胸膜和肺组织时,可导致气胸、血胸、皮下气肿、血痰、咯血等。若刺破肋间血管,尤其是动脉,可引起大量出血,致病情迅速恶化。

2. 多根多处肋骨骨折 是指在两根以上相邻肋骨各自发生 2 处或以上骨折。可使局部胸壁失去完整肋骨的支撑而软化,产生反常呼吸运动(paradoxical respiration motion)(图17-2),即吸气时软化区胸壁内陷,呼气时软化区胸壁相对外突,又称连枷胸(flail chest)。反常呼吸时两侧胸膜腔的压力不平衡,使纵隔发生左右摆动,称为纵隔扑动。纵隔扑动影响气体交换,引起体内缺氧和二氧化碳潴留,影响静脉血液回流,严重时可发生急性呼吸和循环功能衰竭。

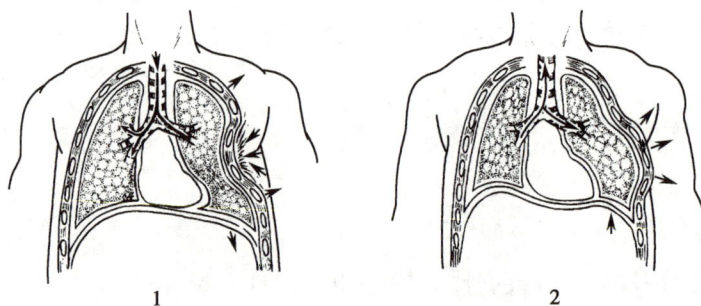

图 17-2 胸壁软化区的反常呼吸运动
1. 吸气;2. 呼气

【临床表现】

1. 症状

(1) 胸痛:骨断端刺激肋间神经产生局部疼痛,且在深呼吸、咳嗽、变换体位时加剧,为肋骨骨折的主要症状。

(2) 呼吸改变:疼痛和反常呼吸运动限制胸廓活动,病人呼吸变浅,或自觉胸闷和呼吸困难。

(3) 咳嗽、咳血:肺组织有挫伤时,出现咳嗽、咳血性泡沫样痰或咯血。

(4) 循环改变:合并内脏损伤者,出现血压下降甚至休克等。

2. 体征 ①闭合性肋骨骨折局部胸壁有肿胀、青紫、淤斑。多根多处肋骨骨折可见胸壁畸形和反常呼吸现象,局部明显压痛。挤压胸部疼痛加重,甚至触及骨断端、骨擦感。②开放性肋骨骨折胸壁有伤口,有时可见突出的骨断端。③骨断端刺破壁层胸膜、肋间血管,可出现皮下气肿、气胸或血胸等相应表现。

【辅助检查】

1. 实验室检查　骨折伴有血管损伤出血者,血常规可显示血红蛋白和血细胞比容下降。

2. 影像学检查　胸部 X 线和 CT 检查可显示骨折线和骨折移位征,并可判断有无气胸、血胸及纵隔移位等并发症,但 X 线不能显示肋骨与肋软骨连接处的骨折和肋软骨骨折。

【治疗原则】

1. 闭合性肋骨骨折　闭合性肋骨骨折一般均能自行愈合,即使断端对位不佳,愈合后也不影响胸廓的呼吸功能。因此,单根单处和多根单处肋骨骨折的治疗目的是镇痛,使病人能正常呼吸和有效排痰,预防肺部并发症;多根多处肋骨骨折者应做详细检查,排除胸腔内其他脏器受损,再根据伤情给予相应处理。

(1) 固定胸廓:能有效减少骨折断端活动,避免局部刺激和再损伤,减轻疼痛。①单根单处肋骨骨折:因有上下健肋和肋间肌支撑,骨折常无明显移位,多可自行愈合。常采用多头胸带或弹性绷带,在病人呼气末由下至上包扎固定胸廓。②多根多处肋骨骨折:固定胸廓软化区能有效控制反常呼吸,改善呼吸和循环功能。胸壁软化区较小、反常呼吸不明显者,可用胸带固定胸廓。大块胸壁软化且反常呼吸严重者,现场急救可迅速用厚棉垫或衣物压迫胸壁软化区,然后加压包扎固定。入院后处理可依病情选择软化区胸壁牵引支架外固定(图17-3)或常规手术或电视胸腔镜下肋骨内固定术,术中可采用不锈钢丝、克氏针或 Judet 夹板等固定肋骨断端。

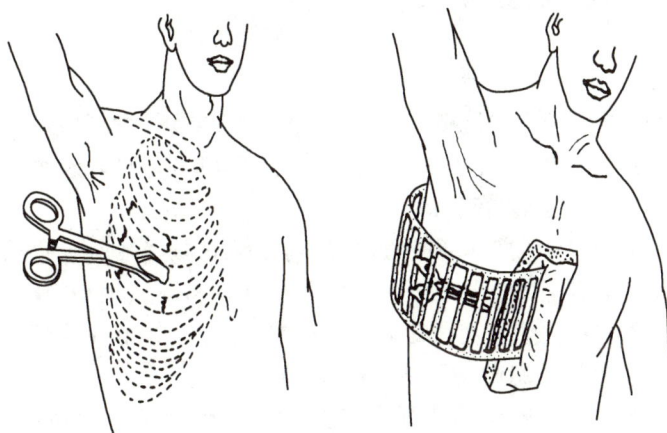

图 17-3　胸壁软化区牵引固定

(2) 镇静、止痛:理想的镇痛治疗具有降低肺部并发症,减少机械通气,缩短 ICU 停留和住院时间,促进病人早期下床活动并降低相关治疗费用等优点。一般肋骨骨折可口服或肌内注射地西泮、吲哚美辛等镇静止痛药物或云南白药、三七片等中成药;多根多处肋骨骨折可应用病人自控镇痛装置、2% 利多卡因肋间神经封闭。肋间神经封闭的范围应包括骨折区所有的肋间神经和骨折区上下各两根肋间神经,可连续封闭数天以维持镇痛效果。

(3) 预防并发症:重点是预防呼吸道梗阻及肺部感染。鼓励病人咳嗽,咳痰,及时清除呼吸道分泌物,对咳嗽无力、不能有效排痰者给予吸痰。必要时行气管插管、气管切开或呼吸机辅助呼吸。合理使用抗生素。

2. 开放性肋骨骨折　无论单根或多根肋骨开放性骨折,均应尽早实施清创术。去除游离的碎骨片、修整肋骨断端,以免刺伤周围组织,分层缝合胸壁后包扎固定。及时注射破伤风抗毒素及常规应用抗生素预防感染。对合并气胸、血胸及胸内脏器损伤者,需行胸腔穿刺、引流或开胸探查术。

知识链接

胸 骨 骨 折

　　胸骨骨折在胸外伤中所占比例小于5%,但在连枷胸病人中,其发生率可高达16%。多数由强暴力所致,往往伴有多根肋骨骨折,产生胸廓反常呼吸运动,影响呼吸和循环功能,大多数病人还伴有胸内脏器损伤或胸椎骨折,应多加注意。胸骨骨折后,下段胸骨可向前或向后移位,局部剧烈疼痛,伴皮下血肿和畸形。胸部触诊骨折部位明显压痛,侧位或斜位 X 线胸片可明确诊断。胸骨骨折的治疗重点应放在处理胸内脏器的并发伤上,对位良好的胸骨骨折一般不需要手术治疗。有明显移位,且伴有连枷胸或胸内脏器损伤的胸骨骨折,多主张在剖胸探查时予以一并处理,骨折部位在复位后用钢丝或金属板做内固定。

【主要护理诊断 / 问题】

1. 疼痛　与肋骨骨折和胸壁软组织损伤有关。

2. 气体交换受损　与肋骨骨折导致疼痛、胸廓运动受限、反常呼吸运动有关。

3. 恐惧　与严重肋骨骨折导致极度窘迫感,担心病情及预后有关。

4. 潜在并发症:肺部和胸膜腔感染。

【护理措施】

(一) 现场急救

　　对于严重肋骨骨折出现大块胸壁软化且反常呼吸严重者,现场可迅速用厚棉垫或衣物压迫胸壁软化区,然后加压包扎固定,控制反常呼吸,预防呼吸、循环衰竭。

(二) 非手术治疗的护理 / 术前护理

　　1. 保持呼吸道通畅　及时清除呼吸道分泌物,鼓励病人深呼吸、咳嗽排痰。对气管插管、气管切开或呼吸机辅助呼吸者,应加强气道管理,定时湿化气道与吸痰。

　　2. 减轻疼痛　①协助医生妥善固定胸壁;②遵医嘱给予镇静止痛药;③病人咳嗽、咳痰时,协助或指导其用双手按压患侧胸壁,以缓解疼痛。

　　3. 观察病情　①严密观察生命体征及神志:病情严重者应予以持续监测,尤其注意呼吸和血压变化,病人出现气促、发绀、呼吸困难应增加吸氧流量。若出现烦躁、面色苍白、四肢湿冷、脉搏细弱、血压下降时应给予抗休克治疗。②观察胸部症状、体征:有无气胸、血胸等并发症;观察咳嗽、咳痰及胸痛改善情况,若咳嗽、咳痰多伴体温增高,应警惕肺部感染。③监测血氧饱和度:维持 $SaO_2>95\%$,防止缺氧。

　　4. 心理护理　给予病人与亲属安慰与解释,减轻紧张与恐惧,促使病人接受相应的治疗和护理。

　　5. 术前常规准备　禁食水,尽快做好血型鉴定、交叉配血试验及药物过敏试验。完成术区备皮、术前给药及术中必要用物的准备。

(三) 术后护理

　　1. 体位与饮食　麻醉清醒,血压平稳后取半卧位,有利于病人呼吸。术后 6 小时,病人无恶心呕吐可恢复经口进食。

　　2. 观察病情　①观察呼吸、血压、心率及神志的变化,了解呼吸、循环功能改善情况;②观察胸壁牵引、胸腔引流效果,了解胸部活动及胸痛改善情况。

　　3. 预防感染　①监测体温,若体温持续超过 38.5℃,提示有感染发生,应及时报告医生并进行协助处理;②鼓励病人深呼吸、并助咳排痰,防止肺部感染;③及时更换创口敷料,保持敷料清洁与干燥;④遵医嘱使用抗生素。

【健康教育】

1. 安全教育　加强生产与交通安全,避免意外损伤,一旦发生应及时就医,以防延误病情。

2. 饮食指导　进食清淡且富有营养的食品,避免油腻、辛辣刺激、生冷食物,以防助湿生痰。多食蔬菜水果,保持大便通畅。

3. 出院指导　病人出院早期系好肋骨固定带,循序渐进增加活动量,适当肺功能锻炼、禁止吸烟。

4. 定期复查　3个月后复查胸部 X 片,了解骨折愈合情况等。

三、气胸

案例分析

李先生,28 岁,国企职工。因左侧胸部外伤由 120 急送入院。30 分钟前病人左侧胸部被匕首刺伤,出现左胸剧痛、呼吸费力、头晕、心慌等症状。

体格检查:T 36.8℃,P 120 次 /min,R 38 次 /min,BP 70/40mmHg;口唇发绀,气管向健侧移位。左侧胸壁有一处伤口,呼吸时能听到空气出入伤口的响声,叩诊呈鼓音,听诊呼吸音减弱。

请问:

1. 该病人目前首要的医疗诊断及可能危及生命的并发症是什么?

2. 受伤现场应采取的急救措施有哪些?

3. 该病人目前主要的护理诊断 / 问题及护理措施有哪些?

胸膜腔内积气称为气胸(pneumothorax)。胸部创伤累及胸膜、肺、气管或食管,使空气经胸壁或肺及气管的破口进入胸膜腔,称为创伤性气胸。一些医源性因素,如锁骨下静脉穿刺、肺穿刺活检等也有可能引发气胸,胸部无明显外伤史而发生的称为自发性气胸。在胸部损伤中,气胸的发生率仅次于肋骨骨折。本节主要介绍创伤性气胸。

【病因与分类】

根据创伤闭合性或开放性及胸膜腔内压力变化情况,气胸分为以下三类:

1. 闭合性气胸(closed pneumothorax)　多并发于胸部闭合伤,如肋骨骨折,由于肋骨断端刺破肺,空气进入胸膜腔所致。或见于胸壁小的创口,空气进入胸膜腔后创口迅速闭合,气体不再增多。

2. 开放性气胸(open pneumothorax)　多并发于因刀刃、锐器、弹片或火器等导致的胸部穿透伤。胸膜腔通过胸壁伤口与外界大气相通,外界空气可随呼吸自由出入胸膜腔。

3. 张力性气胸(tension pneumothorax)　闭合性或穿透性胸部损伤均可引起张力性气胸。主要原因是较大的肺泡破裂、较深较大的肺裂伤或支气管破裂,还可见于火器、利器造成的胸壁小活瓣式伤口。

【病理生理】

1. 闭合性气胸　系空气经肺或胸壁的伤道进入胸膜腔后,伤道立即闭合,不再有气体进入胸膜腔,胸腔内负压被部分抵消,但胸膜腔内的压力仍小于大气压,使患侧肺部分萎陷,有效气体交换面积减少,影响肺的通气和换气功能。

2. 开放性气胸　胸部损伤后伤口呈开放状,胸膜腔与外界相通,外界空气可随呼吸自由进出胸膜腔。此时,病人胸膜腔内压力几乎接近大气压,患侧肺完全被压缩。由于两侧胸膜腔存在压力差,使得纵隔明显移向健侧。吸气时,两侧胸膜腔压力差加大,纵隔进一步移向健侧。呼气时,两侧压力差减小,纵隔摆向患侧,但不能回到正常位置,这种随呼吸纵隔左右摆动的现象称为纵隔扑动(图 17-4)。患侧胸膜腔压力增大和纵隔扑动使胸膜腔内压升高,静脉血液回流受阻,造成严重的循环功能障碍。同时,此类病人在吸气时健侧肺扩张,不仅吸入从气管进入的空气,而且吸入由患侧肺排出的含氧低的气体;而呼气时健侧肺气体不仅排出体外,同时亦排至患侧支气管和肺内,使低氧气体在双侧肺内重复交换而致病人严重缺氧。由伤口进出的冷空气刺激肺门处神经,还可引起胸膜休克肺。开放性气胸病人由于经伤口散失大量体温和体液,加之胸膜腔内有细菌经伤口进入和异物残留,增加了感染的机会,容易并发脓胸。

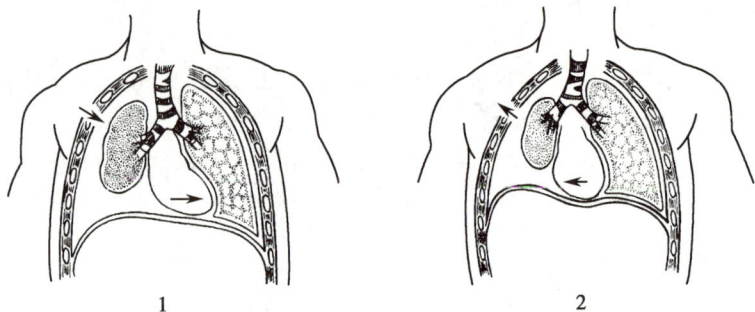

图 17-4　开放性气胸的纵隔扑动
1. 吸气;2. 呼气

3. 张力性气胸　又称高压性气胸,是指胸部损伤后局部伤口呈活瓣状,吸气时活瓣开放,气体进入胸膜腔。呼气时活瓣关闭,气体不能排出,胸膜腔内的压力持续增高甚至超过大气压。患侧胸膜腔压力升高后压迫肺组织,并将纵隔推向健侧,导致通气量和回心血量减少,使呼吸和循环功能严重障碍。胸膜腔内高压的气体可经支气管、气管周围疏松结缔组织或壁层胸膜裂伤处进入纵隔或胸壁软组织,并向皮下扩散,导致纵隔气肿或颈、面、胸部等处的皮下气肿。皮下气肿形成后,可暂时缓解胸膜腔内压力,起到自动减压的作用。

【临床表现】

1. 闭合性气胸　病人有胸闷、胸痛、气促和呼吸困难等症状,其程度随胸膜腔积气量和肺萎陷程度而不同。肺萎陷在 30% 以下者为小量气胸,病人可无明显呼吸和循环功能紊乱的症状;肺萎陷在 30%~50% 者为中量气胸;肺萎陷在 50% 以上者为大量气胸。后两者均可出现明显的低氧血症的症状。胸部检查:视诊可见病人表情痛苦,患侧肋间隙饱满,气管向健侧移位;触诊患侧呼吸活动度降低、语颤减弱;叩诊患侧呈鼓音;听诊呼吸音减弱或消失。

2. 开放性气胸　病情常较严重,病人有气促、烦躁不安、明显呼吸困难,严重者出现发绀、休克等。胸部检查:视诊可见患侧肋间隙明显增宽,胸壁有伤口,随呼吸有气体进出胸膜腔,并可在伤口处听到"嘶嘶"声;触诊语颤明显减弱,叩诊呈鼓音,听诊呼吸音消失。

3. 张力性气胸　病人表现极度呼吸困难、口唇和面部发绀、烦躁不安、大汗淋漓或濒死感、脉快而细弱、血压下降甚至休克。胸部检查:气管明显向健侧移位,患侧肋间隙增宽,颈静脉怒张,可伴有面部、颈部或上胸部皮下气肿;触诊语颤消失,叩诊呈高度鼓音,听诊呼吸音消失。胸腔穿刺有高压气体向外冲出,可将注射器活塞自动推出。

【辅助检查】

1. 影像学检查　在伤情允许的情况下,疑有气胸时应首选胸部 X 线检查。

(1) 闭合性气胸:患侧肺萎缩、胸膜腔积气或伴有少量积液。

(2) 开放性气胸:患侧胸膜腔大量积气,肺脏明显萎缩,气管和心脏等纵隔器官向健侧移位,X 线透视条件下可见纵隔扑动现象。

(3) 张力性气胸:患侧胸膜腔严重积气,肺完全萎缩并被推向肺门,纵隔明显移向健侧,健侧肺受压,并可能有纵隔和皮下气肿。

2. 诊断性胸膜腔穿刺　既可明确有无气胸存在,又能抽出气体减轻胸膜腔内压力,缓解症状。张力性气胸穿刺时有高压气体向外冲出,可将注射器活塞自动推出,抽气后症状减缓但很快又加剧,如此反复。

【治疗原则】

1. 闭合性气胸　小量气胸积气可在 1~2 周内自行吸收,无需特殊处理。中量、大量气胸应迅速胸腔穿刺抽气减压或放置胸腔引流排出残余积气,促使肺尽早复张。同时注意镇痛与预防肺内感染。

2. 开放性气胸　所有开放性气胸均可危及病人生命,一经发现,必须紧急处理。

(1) 现场急救:紧急封闭伤口,立即使其变为闭合性气胸。可用厚棉垫或就地取材(如清洁衣物、毛巾、塑料袋等)在伤员用力呼气末封闭胸壁伤口,再用胶带、绷带或绳子加压包扎固定,并迅速转往医院。在转送医院过程中,如伤员呼吸困难加重或有张力性气胸表现,应立即在伤员呼吸时开放密闭敷料,排出高压气体。

(2) 院内处理:①气管插管维持正常呼吸功能,这是严重损伤时最好的治疗方法;②及时清创、缝合胸壁伤口;③安置胸腔引流,排出残余积气,促进肺复张;④补充血容量,预防休克;⑤注射破伤风抗毒素和应用抗生素,预防感染;⑥鼓励病人深呼吸、咳嗽及排痰,保持呼吸道通畅;⑦疑有胸腔内器官损伤或活动性出血者,应尽早开胸探查。

3. 张力性气胸　是可迅速危及病人生命的危急重症,需紧急处理。

(1) 现场急救:原则是迅速排气减压。不论在院前或院内,均应迅速在患侧锁骨中线第2 肋间处,用粗针头穿刺胸膜腔排气减压,并外接单向活瓣装置(图 17-5),即针栓上系一末端剪有小口的橡胶指套或小气球、柔软塑料袋,形成单向活瓣作用,呼气时胸膜腔内气体排出,吸气时外界空气不能进入,以保持有效的排气。

(2) 院内处理:①安置胸膜腔闭式引流装置,可在排气孔处外接可调节恒定负压吸引器,以加快积气排出,促进肺复张。②遵医嘱给予镇静、止痛药及抗生素,以缓解紧张情绪、减轻疼痛和预防感染。③若引流管内持续不断排出大量气体及血液,呼吸困难未改善,提示可能有肺和支气管的严重损伤,应及早行开胸探查术并修补裂口。

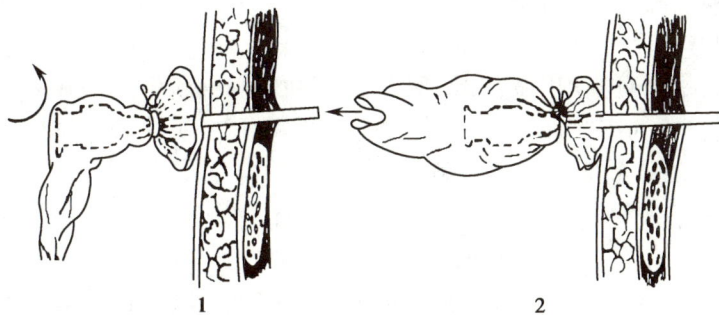

图 17-5　张力性气胸穿刺排气
1.吸气时;2.呼气时

知识链接

自发性气胸

　　自发性气胸是指胸部无明显外伤史,当剧烈运动或用力咳嗽时气体经破裂的肺泡进入胸膜腔。多见于慢性肺部疾病,也有原因不明者。而剧烈咳嗽、哮喘持续状态、机械通气、活动时突然用力等为常见的诱因。自发性气胸根据造成气体逸入胸膜腔的原因,分为特发性气胸和继发性气胸。特发性气胸多见于青少年,体形瘦高,在 X 线胸片上甚至在开胸手术直视下,在脏层胸膜表面往往见不到明确病灶。继发性气胸在中老年人中较多见,往往由于肺内原有的病灶破裂所致,如肺大疱、肺结核、肺脓肿、肺癌等。自发性气胸的临床表现与损伤性气胸类似。

【护理评估】

(一) 术前评估

　　1. 相关健康史　重点评估受伤史,询问病人或目击者了解受伤时间及经过,受伤部位,外力性质及大小,当时有无恶心、呕吐及昏迷等表现;受伤后的处理,致伤物的性质等。

　　2. 身体状况

　　(1) 全身:观察生命体征是否平稳,有无呼吸急促、发绀、心率增快、血压下降、意识障碍等表现。有无咳嗽、咳痰、痰中带血、咯血等肺或支气管损伤的表现等。

　　(2) 局部:检查受伤胸部有无肿胀、开放性伤口及活动性出血,了解疼痛的程度及性质,是否有肋骨骨折、反常呼吸运动、呼吸音减低,是否有气管位置偏移、颈静脉怒张及皮下气肿等体征。

　　(3) 辅助检查:了解 X 线检查结果,了解损伤的严重程度,是否并发胸内器官损伤等。

　　3. 心理 - 社会状况　评估病人损伤后焦虑、恐惧的程度,对损伤及预后的认知程度、心理承受能力及应对方式,能否获得家庭、社会的有效支持。

(二) 术后评估

　　1. 术中情况　了解手术及麻醉的方式和效果。术中出血、补液、输血的情况。引流方式及其装置。了解术后诊断。

　　2. 术后情况　评估病人生命体征是否平稳,有无胸闷、呼吸困难、发绀,伤口有无渗血、渗液,胸腔引流管是否通畅等,了解病人术后焦虑、恐惧的程度;能否进行术后早期活动和肺功能的康复训练;是否了解后续治疗与护理方案。

【主要护理诊断 / 问题】

　　1. 气体交换受损　与气胸所致肺萎陷、疼痛、胸廓活动受限有关。

　　2. 疼痛　与组织损伤、气胸及引流管刺激胸膜有关。

　　3. 心输出量减少　与大出血、气胸所致纵隔移位、静脉血液回流受阻有关。

　　4. 焦虑 / 恐惧　与突然面对意外创伤、缺乏疾病认识、担心生命危险有关。

　　5. 潜在并发症:肺不张、胸膜腔或肺部感染、休克等。

【护理措施】

(一) 现场急救

　　严重的气胸可迅速导致呼吸、循环衰竭而危及生命,必须第一时间给予紧急救护。①开放性气胸者,应立即封闭胸壁伤口变为闭合性气胸;②张力性气胸者,应立即胸腔穿刺以排气减压,促进肺复张,改善呼吸循环功能(具体方法见治疗原则)。

（二）非手术治疗的护理／术前护理

1. 维持有效呼吸　①给予氧气吸入；②血压平稳者取半坐卧位；③指导病人有效咳嗽、排痰、做深呼吸运动，协助翻身、拍背、变换体位；④及时清除口腔、呼吸道内血液、痰液及呕吐物；⑤痰液黏稠不易咳出时，应用祛痰药、超声雾化吸入；⑥必要时，可行气管插管、气管切开或呼吸机辅助呼吸，以保持呼吸道通畅，防止窒息。

2. 维持循环功能　对伤情严重、有休克危险或已经发生休克者，应建立两条静脉通路，遵医嘱补充液体、使用有效药物，予以抗休克治疗。

3. 减轻疼痛　①指导病人咳嗽、咳痰时用双手按压患侧胸壁，以缓解因咳嗽胸壁震动而加剧的伤口疼痛。②遵医嘱应用镇痛剂，一般在给药后 20~30 分钟镇痛效果最佳，应安排病人在此时段咳嗽、咳痰和深呼吸运动。③指导病人腹式呼吸。

4. 观察病情　①观察血压、脉搏、神志、面色、尿量等变化，有无脉搏细速、血压下降、休克及意识障碍等；②观察呼吸的频率、节律、幅度，有无呼吸急促、呼吸困难、发绀或缺氧等症状；③观察胸部症状和体征，了解气管移位、皮下气肿、呼吸活动度、语颤、呼吸音等有无改善；④监测动脉血气分析、中心静脉压，了解呼吸和循环功能；⑤观察腹部体征及肢体活动，警惕复合伤。

5. 预防感染　密切观察体温变化，保持呼吸道通畅，保持胸腔引流通畅。对开放性气胸者，除及时清创缝合包扎伤口外，还应遵医嘱注射破伤风抗毒素及常规使用抗生素。

6. 术前准备　尽快完成术前各项检查及备皮、用药等准备，病情危重者，应边抢救边准备，尽量简化环节，以迅速送入手术室为宜。

7. 心理护理　加强与病人和亲属之间的沟通，解释病情，说明各项检查、治疗和护理措施的目的及必要性，减轻病人紧张、恐惧与焦虑，保持镇静，增强信心，以有效配合治疗与护理。

（三）术后护理

1. 一般护理　①体位：麻醉清醒且生命体征平稳者，取半坐卧位，以利于呼吸和胸膜腔引流。②术后疼痛：协助病人取舒适体位，妥善固定引流管，避免胸内管口端刺激胸膜，变换体位、深呼吸及咳嗽时按压胸部伤口，适当给予镇痛药。③饮食：术后 6 小时，麻醉作用消失后即可恢复饮食，应指导病人摄取营养丰富、易消化的食物。④活动：引流管拔除后应尽早下床活动，促进肺复张、肠蠕动，利于术后康复。

2. 观察病情　①生命体征：定时监测生命体征直至病情平稳，注意呼吸道梗阻、胸内出血的早期征象，了解呼吸循环改善情况。②引流：观察引流是否通畅、有效，记录引流液的量、颜色及性质。③伤口：观察伤口有无渗血、渗液及红、肿、痛等感染征象。④观察胸部活动及胸痛改善情况。

3. 预防感染　①监测体温，若体温持续超过 38.5℃，提示有感染发生，应及时报告并处理。②卧床期间应坚持深呼吸、有效咳嗽、翻身、肢体活动等，预防肺不张及肺部感染。③及时更换伤口敷料，保持敷料清洁与干燥，防止伤口感染。④遵医嘱使用有效抗生素。

4. 做好胸膜腔闭式引流的护理　参见本节胸膜腔闭式引流。

【健康教育】

1. 休息与营养　指导病人合理休息和饮食，加强营养，提高机体免疫力。

2. 肢体功能锻炼　患侧肩关节应尽早开展循序渐进的功能锻炼，促进功能恢复。但在气胸痊愈 1 个月内，嘱病人不要参加剧烈的体育活动，如打球，跑步，举重物等。

3. 呼吸功能锻炼　教会病人腹式深呼吸和有效咳嗽、咳痰的方法，嘱病人出院后继续坚持腹式深呼吸，咳嗽时双手按压患侧胸壁，以免切口疼痛。

4. 定期复诊 胸部损伤严重者,出院后需定期来院复诊,发现异常及时治疗。伴有肋骨骨折病人,术后 3 个月应复查胸部 X 线,了解骨折愈合情况。

四、血胸

胸膜腔内积血,称为血胸(hemothorax)。多与气胸同时存在,称为血气胸(hemopneumothorax)。

【病因】

多因胸部损伤所致。肋骨断端或利器可刺破肺、心脏、血管而导致胸膜腔积血。

【病理】

胸膜腔内积血后,随着胸膜腔内血液积聚和压力的增高,使患侧肺受压萎陷,纵隔被推向健侧,致健侧肺也受压,从而阻碍腔静脉血回流,严重影响呼吸和循环功能。肺组织血管破裂,因肺循环压力低,出血量小且缓慢,多可自行停止。若胸壁肋间动脉、胸廓内动脉或胸内大血管损伤,由于血管压力高,出血量大、出血速度快,出血不易自行停止,常在短时间内引起失血性休克或死亡。

【分类】

按照病理生理特点,血胸分为 4 种类型。

1. 进行性血胸(progressive hemothorax) 指持续大量出血致胸膜腔积血。

2. 凝固性血胸(coagulating hemothorax) 当血液在胸膜腔迅速积聚且积血量超过心包、肺和膈肌运动产生去纤维蛋白作用的血量时,胸腔内积血发生凝固称凝固性血胸。当胸膜腔内凝血块机化后,使患侧肺、胸壁以及膈肌的活动受限称为机化性血胸。

3. 迟发性血胸(delayed hemothorax) 受伤一段时间后,因活动致肋骨骨折断端刺破肋间血管或血管破裂处血凝块脱落,发生延迟出现的胸腔内积血,称为迟发性血胸。

4. 感染性血胸(infective hemothorax) 血液是良好的培养基,经伤口侵入的细菌,可在积血中迅速生长繁殖,形成感染性血胸,并最终导致脓血胸(pyohemothorax)。

【临床表现】

临床表现常因出血量、出血速度、持续时间及是否并发感染而有不同。

1. 症状 小量血胸(成人出血 <500ml)多无明显症状。中量(500~1 000ml)和大量(>1 000ml)血胸,尤其是急性出血,有低血容量性休克表现,出现面色苍白、脉搏细速、血压下降、四肢湿冷、尿量减少等。如有进行性出血,症状逐渐加重,持续脉搏加快,血压下降。血胸并发感染,出现寒战、高热、出汗、乏力等全身表现。积血压迫肺,胸膜腔内压增高,表现为胸闷、呼吸困难等。

2. 体征 视诊气管向健侧移位,患侧胸廓饱满、肋间隙增宽;触诊语颤减弱;叩诊呈浊音;听诊呼吸音减弱或消失等。

【辅助检查】

1. 实验室检查 血常规可见血红蛋白、血细胞比容下降;继发感染后,白细胞计数、中性粒细胞比例显著增高。胸腔积血涂片或细菌培养可见感染病菌。

2. 影像学检查 ①胸部 X 线摄片:少量血胸仅见患侧肋膈角变钝或消失,大量血胸则显示患侧胸膜腔大片积液阴影和纵隔向健侧移位;合并气胸时,显示气液平面。②超声:可判断积血位置和积血量。

3. 诊断性穿刺 可在超声引导下进行胸膜腔穿刺,抽出血液即可确诊。但凝固性血胸时则不易抽出,或抽出的血量很少,胸部 CT 检查能帮助进一步明确诊断。

【治疗原则】

应以控制出血、尽快排出积血、促进肺复张和预防并发症为治疗重点。

1. 非进行性血胸　①极少量血胸,仅有肋膈角变钝者不需要进行治疗,血液多可自行吸收,不需特殊处理,但需要严密观察;②少量血胸可做胸穿,必要时可重复进行;③中量或大量血胸早期行胸腔引流,以促进肺复张,改善呼吸功能;④应用抗生素预防感染。

2. 进行性血胸　及时补充血容量抗休克,迅速开胸探查、止血。

3. 凝固性血胸　在出血停止后数日内,行开胸手术或胸腔镜,清除积血和血凝块,预防机化和感染。对已机化的血胸,于伤后 4~6 周行血块和胸膜表面纤维组织剥除术。电视胸腔镜用于凝固性血胸处理,具有创伤小、疗效好、费用低、住院时间短等优点。

4. 感染性血胸　按脓胸处理。

【主要护理诊断/问题】

1. 体液不足　与进行性血胸导致血容量减少有关。

2. 组织灌注量不足　与失血导致血容量减少有关。

3. 气体交换受损　与胸部损伤、肺组织受压有关。

4. 潜在并发症　低血容量性休克、感染。

【护理措施】

(一) 现场急救

异物刺入胸部致伤者,现场不宜拔除异物,以免大出血不止,应随同伤者一起转送医院,运送途中做好护理,减轻震动。

(二) 非手术治疗的护理/术前护理

1. 病情观察

(1) 严密监测生命体征,尤其注意呼吸型态、频率、节律及呼吸音的变化,了解缺氧征象。

(2) 观察有无进行性血胸征象:①观察胸腔引流液的量、颜色及性状,若出现每小时引流量超过 200ml,持续 3 小时以上,提示进行性出血;②引流出的血液迅速凝固;③持续脉搏加快,血压下降,经输血补液后血压仍不稳定;④血常规显示红细胞计数、血红蛋白量和血细胞比容进行性降低;⑤胸部 X 线显示胸腔积液阴影不断增大。

(3) 观察有无感染性血胸征象:①病人有畏寒、高热等感染的全身表现;②抽出胸腔积血1ml,加 5ml 蒸馏水,如出现混浊或絮状物提示感染;③胸腔积血白细胞计数明显增加,比例达 100:1 可确定为感染性血胸;④胸腔积血做涂片和细菌培养发现致病菌。

2. 做好术前准备　对有活动性出血、血压持续降低者,须迅速建立静脉双通路,遵医嘱快速补充血容量,在纠正休克的同时,做好开胸探查、手术止血的准备。

(三) 术后护理

1. 一般护理　①体位:病人麻醉清醒,生命体征平稳者取半坐卧位,以利于呼吸和引流。②给予氧气吸入,促进肺通气与换气。③给予营养支持,促进术后恢复。

2. 病情观察　①严密监测生命体征、动脉血气、中心静脉压,了解呼吸循环功能;②观察胸腔引流状况,及时发现出血征象等。

3. 维持呼吸功能　①保持呼吸道通畅,及时清除口腔、呼吸道内的血液、痰液和呕吐物;②痰黏稠者,应及时稀释痰液;③必要时行气管插管、气管切开或呼吸机辅助呼吸。

4. 预防并发症　①及时清除积血,预防胸内感染;②合理使用抗生素;③观察胸部体征,鼓励病人深呼吸及有效咳嗽,促进胸腔引流;④病人高热、头痛、乏力和白细胞计数升高,且胸穿抽出脓液,应行脓胸护理。

【健康教育】参见本节气胸病人的健康教育。

五、胸膜腔闭式引流

胸膜腔闭式引流是指通过胸壁置管,一端进入胸膜腔,另一端连接闭式引流装置,以引流胸膜腔积液或积气的方法。适用于气胸、血胸、脓胸或开胸术后的引流等。胸膜腔置管通常在手术室实施,紧急情况下可在急诊室或病人床旁进行。

【原理】

胸膜腔闭式引流是根据胸膜腔的生理特点设计的,依靠水封瓶中的液体使胸膜腔与外界隔离。当胸膜腔内因积气或积液形成高压时,其中的气体或液体排至引流瓶内;当胸膜腔负压恢复时,水封瓶内液体被吸至引流瓶下端形成负压水柱,阻止空气进入胸膜腔。由于引流管有足够的垂直长度,负压水柱仅位于引流管的下端,不会被吸进胸膜腔内。

【目的】

1. 引流胸膜腔内积气、积液和积血。

2. 重建胸膜腔的负压,促进肺复张。

3. 平衡两侧胸膜腔的压力,维持纵隔的正常位置。

【胸管选择与置管位置】

1. 胸管选择 可根据胸膜腔引流物性质选择。

(1) 排气:应选择质地较软、管径为 1cm 的塑胶管,既可引流气体,又可减轻局部刺激与疼痛。

(2) 排液或排脓:宜选择质地较硬、管径为 1.5~2cm 的橡皮管,因其不易折叠、扭曲和堵塞,有助于引流通畅。

2. 置管位置 常根据病人的体征和胸部 X 线检查结果确定。

(1) 积气:由于积气多向上积聚,宜在前胸膜腔上部引流,故常选患侧锁骨中线第 2 肋间隙置管。

(2) 积液:一般于腋中线和腋后线第 6~8 肋间置管。

(3) 积脓:常选择脓液积聚的最低位置置管。

🔍 知识链接

胸膜腔置管方法

病人一般采取半卧位,在腋中线插管时,病人可取健侧卧位,头转向对侧,上肢抬高抱头。①局部常规消毒、铺洞巾、麻醉,穿刺确定置管部位,在置管部位切开约 1.5~2.0cm 小口,用血管钳分开肌层,沿肋骨上缘进入胸膜腔。②引流管末端用血管钳夹闭,头端用长血管钳平行夹持,经胸壁切口插入胸膜腔。③退回长血管钳,引流管继续伸入胸膜腔 4~5cm,切口处缝合以防漏气,并将缝合线打结固定引流管于胸壁皮肤上,末端用两把血管钳夹持封闭,待接水封瓶。

【引流装置】

传统的胸膜腔闭式引流装置由胸膜腔引流管和水封瓶两部分组成(图 17-6),其水封瓶有三种类型:单瓶、双瓶和三瓶(图 17-7)。

1. 单瓶水封闭式引流 集液瓶(即水封瓶)橡胶瓶塞上有两个孔,分别插入长、短玻

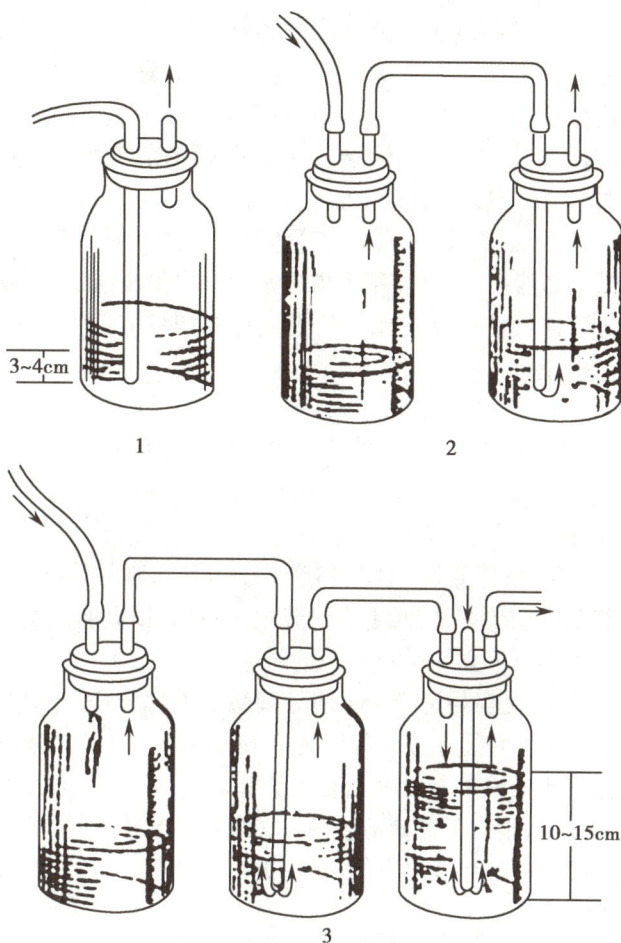

图 17-7　传统水封瓶装置
1. 单瓶；2. 双瓶；3. 三瓶

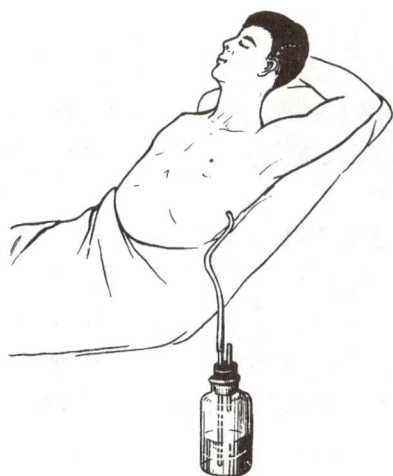

图 17-6　胸膜腔闭式引流

璃管,瓶内装无菌生理盐水约 500ml。长玻璃管的下端插入液面下 3~4cm,短玻璃管下端则远离液面,使瓶内空气与外界大气相通。使用时,将长玻璃管上的橡皮管与病人的胸膜腔引流管相连接,引流瓶置于胸膜腔引流出口下方 60~100cm 处,以利引流。接通后即可见管内水柱上升,高出液平面 8~10cm,并随呼吸上下移动。

2. 双瓶水封闭式引流　即将单瓶的引流瓶作为集液瓶,增加一个水封瓶,使胸膜腔引流液只进入集液瓶,而水封瓶密闭系统将不受引流液量的影响。

3. 三瓶水封闭式引流　在双瓶的基础上,再增加一个施加抽吸力的控制瓶。其抽吸力的大小通常由通气管没入水面的深度而决定。若没入水面的深度是 15~20cm,则对该病人所施加的负压抽吸力为 15~20cmH_2O(1.47~1.96kPa)。目前各种一次性使用胸膜腔引流装置已被临床广泛应用,其结构与传统的闭式引流装置一致,只是水封瓶为塑料材质,瓶盖可旋转且与长、短管成为一体,使用时需将瓶盖旋紧(图 17-8)。双瓶或三瓶为整体设计制成,使用更加便利。

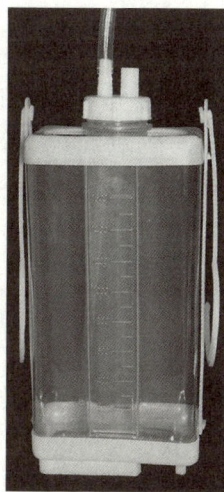

图 17-8　一次性使用水封瓶引流装置

【护理措施】

1. 保持管道密闭　①按要求连接引流管,检查整个装置密闭性;②胸壁引流切口处应覆盖凡士林油纱布及敷料并包扎,防止漏气;③水封瓶长玻璃管应没入水面下 3~4cm,并始终保持直立;④更换引流瓶或搬运病人时,应先用两把止血钳双向夹闭引流管近端,更换后应检查引流管无脱出,装置连接处无松动,方可松开止血钳,以防空气进入胸膜腔;⑤随时检查引流装置是否密闭,防止引流管脱落。

2. 妥善固定　①引流管应留有足够的长度,以免翻身受牵拉而脱出;②若引流管自胸壁切口脱出,应立即用手指捏紧切口周围皮肤,并用胶布封闭切口,再做进一步处理;③遇有导管连接处松脱或引流瓶破损,应立即将引流管近端钳夹或折叠捏紧,消毒连接处后再连接新引流瓶。

3. 保持引流通畅　①病人生命体征平稳即可取半坐卧位,以利于引流;②定时由上至下挤压引流管,促进管内引流物排入瓶中;③嘱咐病人床上翻身时,应防止引流管受压、扭曲、堵塞或漏气等;④鼓励病人主动做咳嗽和深呼吸运动,以促进气体、液体排出及肺复张。

4. 预防感染　①保持胸壁引流切口敷料清洁、干燥,渗湿应及时更换敷料;②保持引流装置无菌状态,定时更换引流瓶,一般每日更换一次,严格无菌技术操作;③引流瓶始终置于引流出口下方 60~100cm 处,防逆行感染。

5. 观察与记录　①注意观察长玻璃管中的水柱波动情况,判断引流管是否通畅,一般情况下水柱上下波动幅度为 4~6cm。若水柱波动幅度过大,提示肺不张。若无波动,提示引流管不通畅或肺已完全复张。此时嘱咐病人咳嗽,如有水柱波动,说明肺已完全复张;如仍无波动,则为引流管不通畅。②观察引流液的量、颜色和性状等,并详细记录。若引流量多、持续呈现红色或伴有凝血块,提示胸膜腔内有活动性出血,应立即报告医生并做好开胸术前准备。

6. 拔管

(1) 拔管指征:引流管放置 48~72 小时后,观察发现引流瓶内无气体逸出,引流液颜色变浅,24 小时引流液量 <50ml,脓液 <10ml,病人无呼吸困难,听诊呼吸音恢复,胸部 X 线提示肺复张良好,可考虑拔管。

(2) 拔管方法:协助医师拔管。病人取半坐卧位或健侧卧位,局部消毒,剪去胸壁皮肤的固定缝线,一手持凡士林纱布置于胸壁引流口处,嘱病人深吸一口气后屏气,迅速将引流管拔除,并立即用凡士林纱布和厚敷料封闭胸壁伤口,胶布固定。拔管后 24 小时内应注意病人有无胸闷、呼吸困难、发绀、切口漏气、出血、渗液和皮下气肿等,如有异常应及时报告和处理。

第二节　脓胸病人的护理

学习目标

1. 复述脓胸的概念,列举脓胸的病因及分类。

2. 阐述急、慢性脓胸的临床表现及处理原则。

3. 运用相关知识对脓胸病人实施整体护理。

脓胸(empyema)是指化脓性感染导致的胸膜腔积脓,可分为单侧或双侧。根据病变波及范围可分为局限性脓胸和全脓胸;根据致病菌不同可分为化脓性、结核性和特异性脓胸;根据病理发展过程可分急性脓胸和慢性脓胸。

【病因】

原发性脓胸临床极为罕见,绝大多数是胸膜腔内继发感染所致。

1. 急性脓胸 原发病灶最主要来自肺部,少数是胸内和纵隔内其他脏器或身体其他部位感染病灶。因抗生素的普遍应用,现今常见的致病菌主要为葡萄球菌,尤其是耐药性金黄色葡萄球菌引起的脓胸明显增多,尤以 2 岁以下小儿最为多见,且感染不易控制。另外,由大肠杆菌、产气杆菌、真菌、铜绿假单胞菌、厌氧菌等引起的脓胸虽然少见,但发病率也在逐步提高。致病菌侵入胸膜腔并引起感染的主要途径有:①化脓病灶直接侵入或破入胸膜腔,如肺脓肿或邻近组织脓肿破裂。②外伤、手术污染、异物存留、血肿或食管、支气管胸膜瘘引起继发感染。③淋巴途径感染,如膈下脓肿、肝脓肿、纵隔脓肿、化脓性心包炎等,通过淋巴管侵犯胸膜腔。④致病菌经血液循环进入胸膜腔。

2. 慢性脓胸 脓胸的急性期和慢性期没有截然的分界线,通常急性脓胸经历 4~6 周的病程后即进入慢性脓胸期。形成慢性脓胸的主要原因有:①急性脓胸未及时治疗或治疗不当,如引流太迟、引流管过细、引流管拔除过早、引流管位置不恰当等导致排脓不畅。②脓腔内有异物存留,如弹片、死骨等,使感染难以控制。③合并支气管胸膜瘘或食管胸膜瘘未及时处理,污染物质及细菌不断进入胸膜腔。④与胸膜腔邻近组织的慢性感染病灶,如膈下脓肿、肝脓肿、肋骨骨髓炎等感染的反复侵入。⑤某些特殊感染如结核菌、放线菌等慢性炎症,使脓腔长期不愈。

【病理生理】

脓胸的病程进展是一个渐进性的过程,病理改变虽有不同阶段之分,但并无明确时间界限,临床表现也不一致。

1. 急性脓胸 主要表现为渗出液的形成。感染侵入胸膜后,引起大量炎性胸水渗出。早期渗出液稀薄,呈浆液性,在胸膜腔内可自由流动,白细胞计数低,无病原微生物生长。此时如能有效引流渗液,肺组织容易复张。随着病程进展,脓细胞及纤维蛋白增多,渗出液逐渐由浆液性转为脓性,胸液中脓细胞及纤维蛋白增多,纤维蛋白逐步沉积在脏、壁胸膜表面形成纤维素层,将胸液分隔成许多小腔。脓液内含有大量中性粒细胞,培养可发现细菌。病变广泛,脓液充满一侧胸膜腔或大部分胸膜腔有脓液者,称全脓胸。当胸液中脓细胞及纤维蛋白增多,纤维蛋白逐步沉积在脏、壁胸膜表面形成纤维素层,将胸液分隔成许多小腔。脓液逐渐机化,纤维组织使脏、壁两层胸膜发生粘连,部分胸膜腔闭塞,则成为局限性脓胸或包裹性脓胸,常位于肺叶间、膈肌上方、胸膜腔后外侧及纵隔面等处(图 17-9)。脓液被分割为多个脓腔时称多房性脓胸;若伴有气管食管瘘,则脓腔内可有气体,称脓气胸。脓胸严重者也可穿破胸壁,成为自溃性脓胸或外穿性脓胸。

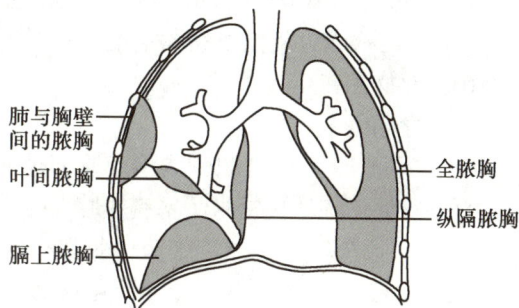

图 17-9 脓胸的类型

肺与胸壁间的脓胸
叶间脓胸
膈上脓胸
全脓胸
纵隔脓胸

2. 慢性脓胸 在急性脓胸的病理基础上,随着纤维素层不断增厚,在壁层和脏层胸膜表面形成瘢痕组织。随着病情发展,晚期毛细血管及炎症细胞形成肉芽组织,纤维蛋白发生沉积机化并在壁、脏胸膜上形成纤维板,构成脓腔壁。纤维板日益增厚,紧束肺组织,使肺膨胀受到限制,损害肺功能并形成一个可能持续感染的脓腔。脓胸的并发症可以出现在脓胸病程中的任何时间,但以脓胸的慢性期最为多见。脓胸的最终结果是脓液从胸壁软组织分离,可穿透胸壁皮肤形成窦道;若脓液侵蚀穿破肺组织,经支气管内引流,则形成支气管胸膜瘘;其他少见的并发症还有肋骨骨髓炎、椎骨骨髓炎、纵隔脓肿等。

【临床表现】

1. 急性脓胸

(1) 症状:常有高热、脉快、胸痛、呼吸急促、咳嗽、全身乏力、食欲减退等症状,由于大多数脓胸继发于肺部感染,通常都有急性肺炎病史。严重者可出现发绀和休克。

(2) 体征:患侧呼吸运动减弱,肋间隙饱满;语颤减弱;叩诊呈浊音,脓气胸者上胸部叩诊呈鼓音,下胸部叩诊呈浊音;听诊呼吸音减弱或消失。

2. 慢性脓胸

(1) 症状:多有长期低热、食欲减退、消瘦、贫血、低蛋白血症等慢性全身中毒症状;积脓较多者可有胸闷、咳嗽、咳脓痰等症状。

(2) 体征:患侧胸壁塌陷,肋间隙变窄,呼吸运动减弱,支气管及纵隔偏向患侧;听诊呼吸音减弱或消失;可有杵状指(趾),严重者有脊柱侧凸。

【辅助检查】

1. 实验室检查

(1) 急性脓胸:表现为血液白细胞计数及中性粒细胞比例增高。

(2) 慢性脓胸:表现为红细胞计数、血细胞比容和血清蛋白量均降低。

2. 影像学检查

(1) 胸部超声检查:是目前最常用的检查方法,能够明确脓胸范围和准确定位,有助于胸腔积液穿刺定位和实施干预治疗。

(2) 胸部CT检查:可评估胸膜腔受累情况,评估胸管放置位置,发现是否存在脓腔分隔,是否存在肺实质改变和支气管病灶,并有助于区分脓胸和肺脓肿。

(3) 胸部X线检查:①急性脓胸:可显示胸腔积液,合并有支气管瘘、食管瘘可出现气液平面,局限性脓胸于相应部位呈包裹阴影。②慢性脓胸:可见胸壁及肺表面有增厚阴影或钙化,肋间隙变窄及大片密度增强模糊阴影,支气管及纵隔向患侧移位,可见气液平面。

3. 胸膜腔穿刺　抽出脓液送检即可确诊。首先观察脓液性状、质地稀稠、有无臭味等,其次做涂片染色镜检找到致病菌,可为细菌定性及选用有效抗生素提供依据。

4. 内镜检查　支气管镜检查有助于明确是否有支气管胸膜瘘,排除气管、支气管内有无肿瘤、异物存在。

【治疗原则】

1. 急性脓胸　急性脓胸的治疗原则是全身和局部应用抗生素控制感染;充分引流排净胸腔积液;促使肺尽快复张闭塞胸膜腔。

(1) 控制感染:根据脓液细菌培养及药敏试验结果,合理选用有效抗生素。

(2) 及时排尽胸腔积脓,促使肺复张:为急性脓胸治疗的关键措施,既可减轻感染中毒症状,又可促使肺复张及肺功能恢复。排脓常用方法有:①胸腔穿刺:适用于局限性脓胸或胸腔积液较少者,同时向胸膜腔内注入抗生素。②胸腔闭式引流:适用于脓液稠厚不易抽出、或经过治疗脓液量未减少、病人症状未改善,或出现大量气体,疑似伴有气管 - 食管瘘或腐败性脓胸等,亦可在脓腔顶部置管行抗生素冲洗。③早期脓胸廓清或纤维膜剥除术:脓液排出后肺逐渐膨胀,脏壁两层胸膜靠拢使脓腔逐渐闭合。若脓腔闭合缓慢,可早期行手术治疗。目前多采用胸腔镜微创术,其优点是可以在直视下清除所有脓液和坏死胸膜组织,消除分离,加速肺复张和脓腔闭合。

笔记栏

知识链接

急性脓胸与胸腔镜微创术

　　胸腔镜能早期彻底清除胸膜腔内脓液和坏死组织,并剥除附着于肺表面的纤维板,使肺充分复张消灭脓腔;可直视下于最优位置放置胸腔闭式引流管,能建立有效胸腔引流,防止引流不畅转为慢性脓胸;还可直接获取病理学检查和细菌培养标本,以提供指导临床治疗的依据;另外胸腔镜具有手术创伤小(胸壁只有 3 个 1~2cm 的创口)、术中出血少、创口愈合美观、住院时间短且病人易于接受等特点。

　　(3) 支持治疗:补充营养,给予高维生素、高蛋白饮食;体质衰弱及贫血病人,可行少量多次输新鲜血,纠正贫血和增加机体免疫力,同时注意维持水、电解质和酸碱平衡等。

　　2. 慢性脓胸　慢性脓胸的治疗原则是改善病人的全身状况,增强病人体质;消灭胸内残腔,保持肺的呼吸功能。

　　(1) 支持治疗:同急性脓胸。

　　(2) 消除病因:针对引起脓胸的原发病治疗,如气管、食管瘘,肺脓肿,肺结核等。

　　(3) 手术治疗:慢性脓胸多需要外科手术治疗,以清除异物,闭合脓腔,恢复肺功能。常见的手术方式有胸膜纤维板剥除术、胸廓成形术、胸膜肺切除术等。

知识链接

胸膜纤维板剥除术

　　胸膜纤维板剥除术是治疗慢性脓胸的主要方法之一,是通过剥除脓腔壁胸膜和脏胸膜表面的纤维板,使肺得以复张从而消灭脓腔,改善肺功能和胸廓呼吸运动。目前常采用胸腔镜手术,创伤小,对于大部分病例与开胸手术效果相同,但对于病史过长,纤维板过厚的病人不适合。

【主要护理诊断/问题】

1. 气体交换受损　与脓胸压迫肺组织或胸膜纤维板形成致肺不张有关。
2. 疼痛　与炎症刺激胸膜有关。
3. 体温过高　与胸膜腔感染有关。
4. 营养失调:低于机体需要量　与营养摄入不足、代谢增高、消耗增加有关。

【护理措施】

(一) 非手术治疗的护理/术前护理

1. 改善呼吸功能

　　(1) 保持呼吸道通畅:痰多者协助病人排痰或体位引流,遵医嘱使用抗生素控制感染。

　　(2) 体位:取半坐卧位,利于呼吸与体位引流;支气管胸膜瘘取侧卧位,以免脓液流向健侧或产生窒息;胸廓成形术后取术侧向下卧位。

（3）吸氧:根据病情酌情给予氧气吸入,氧流量 2~4L/min,改善缺氧状况。

2. 胸腔穿刺抽脓的护理 ①急性脓胸应每日或隔日 1 次行胸腔穿刺抽脓,抽脓后胸腔内注入抗生素。②穿刺中及穿刺后应观察病人反应。③每次抽脓量不超过 1 000ml,以防纵隔移位过快或引起复张性肺水肿。④每次抽脓后应做胸部 X 线检查,以了解胸膜腔积液程度及治疗效果。⑤脓液稠厚不易抽出,或经治疗脓液未减少,病人症状无明显改善,疑有气管、食管瘘等,应尽早给予胸膜腔闭式引流术。行胸膜腔闭式引流术者,若脓腔大、脓液黏稠、引流通畅性差、胸腔粘连、纵隔固定,可改为胸腔插管开放引流。待脓腔引流量少于10ml 时,可拔出引流管,瘘管自然愈合。

3. 病情观察 监测生命体征和胸部症状的改善;了解白细胞计数及分类,观察疗效及不良反应。

4. 对症护理 高热病人,给予物理降温或药物降温,并鼓励多饮水;胸痛较重者,指导病人做腹式呼吸,减轻疼痛,或遵医嘱给予镇痛剂。

5. 加强营养 进食高蛋白质、高热量及富含维生素的饮食;必要时遵医嘱给予少量多次输血或肠内、外营养支持,纠正贫血与低蛋白血症,增加机体抵抗力。

6. 心理护理 关心体贴病人,满足生活上的需要;经常与病人沟通,解释疾病相关治疗、检查及护理的意义,鼓励病人积极配合,消除紧张、焦虑心理。

（二）术后护理

1. 保持引流通畅 彻底排出胸膜腔内脓液可明显减轻病人的中毒症状。①急性脓胸病人如能及时彻底排出脓液,使肺逐渐膨胀,脓腔闭合,一般可治愈。②慢性脓胸病人应注意引流管不能过细,引流位置适当,勿插入过深,以免影响脓液排出,若脓腔明显缩小,脓液不多,纵隔已固定,可将闭式引流改为开放式引流,注意保持局部清洁,及时更换敷料,妥善固定引流管,防止其滑脱,引流口周围皮肤涂氧化锌软膏,防止发生皮炎。

2. 维持有效呼吸 指导病人做呼吸训练,鼓励病人有效咳嗽、吹气球、使用深呼吸训练器,使肺充分膨胀,增加肺通气容量。

3. 预防并发症

（1）反常呼吸运动:对行胸廓成形术病人,因切除多根肋骨,使胸廓失去支持,可出现反常呼吸运动。因此,术后用厚棉垫、胸带加压包扎,并根据肋骨切除范围在胸廓下垫一硬枕或加沙袋 1~3kg 压迫,以控制反常呼吸。一般应保持 3~4 周,定时检查、调整胸带,胸带松紧度适宜才能起到治疗作用。残腔内放置的引流管应保持通畅,必要时可加压吸引。

（2）出血:对行胸膜纤维板剥除术病人,术后易发生大量渗血,应注意观察生命体征及引流液的性状和量。若出现血压下降、烦躁不安、脉搏增快、尿量减少或胸腔闭式引流术后 2~3 小时内引流量 >100ml/h 且呈鲜红色,应及时报告医生,遵医嘱快速输新鲜血,给予止血药,必要时做好再次开胸止血的准备。

4. 康复训练 指导胸廓成形术后病人,在生活、工作中注意保持直立姿势,减少脊柱侧弯和术侧肩下垂的发生。坚持练习头部前后左右回转运动,练习上半身的前屈运动及左右弯曲运动。自术后第 1 日起即开始上肢运动,如上肢屈伸、抬高上举、旋转等,使之恢复到健康时的活动水平。

【健康教育】

1. 生活指导 教会脓胸病人自我保健的知识和方法,合理安排休息与活动,保证充足睡眠,加强营养,注意保暖,预防上呼吸道感染。

2. 活动指导 指导病人进行呼吸功能训练及有氧运动,如深呼吸、吹气球、太极拳、八段锦、散步等以增加肺活量,改善肺功能,注意劳逸结合,避免劳累。

3. 定期复诊　遵医嘱按时服药,定期复查肺功能。积极治疗身体各部位的感染,尤其是胸腹腔脏器的化脓性感染,防止感染蔓延而形成脓胸。

第三节　肺癌病人的护理

学习目标

1. 复述肺癌的病因、病理分型,陈述其常用辅助检查。
2. 理解肺癌的临床表现和治疗原则。
3. 运用相关知识为肺癌病人实施整体护理。

案例分析

柳先生,50 岁,农民。半年前出现干咳、痰中带血丝,当地县医院给予抗感染、止咳等治疗,效果不佳。近 2 周出现胸痛、咳嗽加重、咳中等量白痰,痰中带血来我院就诊。既往身体健康,无药物过敏史,否认家族癌症病史。平时嗜烟酒,吸烟近 30 年(烟 2 包 /日,酒 5 两 / 日)。近 2 个月来,食欲下降,浑身无力,体重下降近 10 斤,大小便正常。

体格检查:T 37℃,P 84 次 /min,R 19 次 /min,BP 120/86mmHg;左侧锁骨上淋巴结肿大,余未见异常。

辅助检查:血常规示 Hb 130g/L,WBC 8.5×10^9/L;胸部 CT 示右上肺有一个 2cm ×3cm 大小的高密度影,可见肿块周围毛刺征。

请问:

1. 病人最可能的医疗诊断是什么?
2. 如何对该病人进行术前指导?

肺癌(lung cancer)又称原发性支气管肺癌(bronchopulmonary carcinonma),是指起源于支气管黏膜上皮或肺泡上皮的恶性肿瘤,是呼吸系统最常见的原发性恶性肿瘤,近年来,全球肺癌的发病率和病死率有明显的上升趋势。很多工业发达国家中肺癌占男性恶性肿瘤的第一位,我国城市居民患有肺癌的增长速度已跃居所有恶性肿瘤的首位。肺癌发病年龄多在40 岁以上,男性居多,目前女性肺癌的发病率也明显增高。

【病因】

肺癌的病因至今尚不完全明确,目前认为与下列因素有关。

1. 吸烟　长期大量吸烟是肺癌的重要致病因素。烟草内含有苯并芘等多种致癌物质。吸烟量越多、时间越长、开始吸烟年龄越早,患肺癌的几率越大,被动吸烟女性较配偶不吸烟者肺癌发病率高 2 倍以上。资料表明,多年每日吸烟达 40 支以上者,肺鳞癌和小细胞癌的发病率比不吸烟者高 4~10 倍。

2. 职业因素　某些工业部门和矿区职工,肺癌发病率高,可能与长期接触石棉、铬、镍、铜、锡、砷及放射性物质等有关。

3. 空气污染　大城市和工业区肺癌的发生率和死亡率都较高,主要与交通工具或工业排放的废气或粉尘污染空气密切相关,污染的空气中 3,4- 苯并芘,二乙基亚硝酸胺及砷等致癌物的含量均较高。

4. 人体内在因素　如免疫状态、代谢活动、遗传因素、肺部慢性感染、支气管慢性刺激、结核病史等,也可能对肺癌的发生产生影响。近年来分子生物学方面的研究表明,*P53* 基因、*nm23-H* 等基因表达的变化及基因突变与肺癌的发生有密切的联系。

5. 其他　饮食因素、烹饪油烟等与肺癌相关。

【病理与分类】

肺癌起源于支气管黏膜上皮或肺泡上皮。肺癌可向支气管腔内外、邻近的肺组织生长,并可通过淋巴、血行或经支气管转移扩散。肺癌的分布一般右肺多于左肺,上叶多于下叶。传统上把起源于主支气管、肺叶支气管的癌肿,位置靠近肺门的称为中心型肺癌;起源于肺段支气管以下的癌肿,位置在肺的周围部分,称为周围型肺癌(图 17-10)。

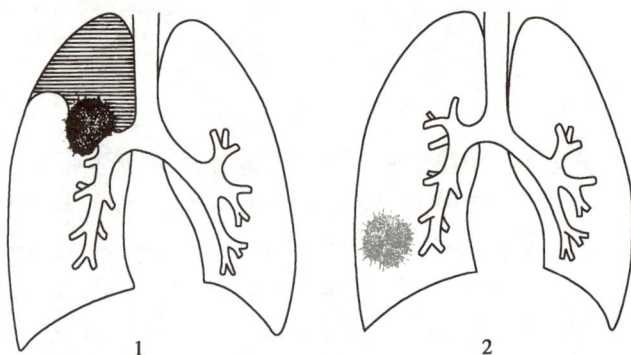

图 17-10　肺癌的分型
1. 右上叶中心型肺癌并肺不张;2. 右下叶周围型肺癌

(一) 分类

1. 大体类型　可分为以下几种:①管内型:肿瘤局限于支气管管腔内,可以有管壁侵犯,管壁外的肺组织内无肿瘤浸润。有些肿瘤呈菜花样或息肉样,并可有蒂。②管壁浸润型:此型不形成肿块,而是浸润破坏支气管壁,并侵入周围肺组织。③球型:肿瘤形成球样肿块,与周围组织分界清楚,直径 <5cm,边缘可呈小分叶状。④块型:肿块直径 >5cm,形状不规则,分叶较大,周围可有卫星灶,可形成空洞或坏死空腔。⑤弥漫型:肿瘤呈弥漫性生长,常以多个大小不等的散在结节分布在多个肺叶内,甚至两侧肺内。

2. 组织学类型　分为非小细胞癌(non-small cell lung cancer,NSCLC)和小细胞癌(small cell lung cancer,SCLC)两大类。因小细胞肺癌在生物学行为、治疗、预后等方面与其他类型肺癌差别巨大,因此将小细胞肺癌以外的肺癌统称为非小细胞肺癌。根据 2015 年世界卫生组织(WHO)修订的肺癌病理分型标准,其中较常见的肺癌病理类型有以下几种。

(1) 非小细胞肺癌:主要包括以下 3 种组织类型。

1) 鳞状细胞癌:50 岁以上的男性多见,与吸烟关系密切。大多起源于较大支气管,多为中心型肺癌。虽然鳞癌分化程度不一,但在常见的各型肺癌中此型生长速度较缓慢,病程较长。对放疗、化疗比较敏感,因此其 5 年生存率相对较高。通常先经淋巴途径转移,血行转移较晚。

2) 腺癌:发病率明显上升,是最常见的肺癌类型。发病年龄普遍低于鳞癌和小细胞癌,多数起源于较小支气管,仅少数起源于大支气管,约 75% 的腺癌为周围型肺癌。早期往往无症状,多在胸部 X 线或 CT 检查时发现,表现为圆形或类圆形分叶状肿块。一般生长较慢,但富含血管,故局部浸润和血行转移在早期即可发生,淋巴转移发生较晚。细支气管肺泡癌是腺癌的一种特殊类型,发病率低,以女性多见。分化程度较高,生长慢。显微镜下可见癌肿沿细支气管、肺泡管和肺泡壁生长,不侵犯肺泡间质。影像学呈特征性的磨砂玻璃样病灶(ground-glass opacity,GGO)。淋巴和血性转移较晚,但可侵犯胸膜或经支气管形成肺内播散。

3)大细胞癌:大细胞癌少见,约占1%,约半数起源于大支气管,多为中心型肺癌。生长速度较快,分化程度低,恶性程度较高。

(2)小细胞癌:与吸烟关系密切,老年男性多见。发病率比鳞癌低,约占20%,多为中心型肺癌。分化极差,生长快,恶性程度高,较早出现淋巴和血行广泛转移。一般发现3~6个月死亡,5年生存率1%~3%,对放射和化学疗法虽较敏感,但在各型肺癌中预后最差。

此外,少数肺癌病人同时存在不同组织类型的肺癌,如腺癌内有鳞癌组织,鳞癌内有腺癌组织或鳞癌与小细胞癌并存。

(二)转移途径

1. 直接扩散　肺癌形成后,癌肿沿支气管壁向管腔内或腔外生长,可以造成支气管管腔部分或全部阻塞;癌肿亦可直接扩散侵入邻近肺组织,并穿越肺叶侵入相邻的其他肺叶;癌肿的中心部分可以坏死液化形成癌性空洞;此外,随着癌肿不断生长扩大,还可以侵及胸内其他器官及胸壁。

2. 淋巴转移　是肺癌的主要转移途径。小细胞肺癌和鳞癌较多见。癌细胞经支气管周围和肺血管周围的淋巴管,侵入邻近的肺段或肺叶支气管旁淋巴结,然后再到达肺门或气管隆突下淋巴结,或侵入纵隔和气管旁淋巴结,最后锁骨上前斜角肌淋巴结和颈部淋巴结受累。纵隔和气管旁以及颈部淋巴结转移一般发生在肺癌同侧,但也可以在对侧,即所谓交叉转移。肺癌侵入胸壁和膈肌后,可向腋下或上腹部主动脉旁淋巴结转移。

3. 血行转移　是肺癌晚期的表现。小细胞癌和腺癌较鳞癌更多发生血行转移。一般是癌细胞直接侵入肺静脉,然后经左心随体循环血流转移到全身各处器官和组织,常见的转移部位有肝、骨骼、脑、肾上腺等。

【临床分期】

目前依据国际抗癌联盟(UICC)2016年提出的第8版肺癌TNM分期标准进行肺癌的临床分期(表17-1,表17-2),对临床治疗方案的选择具有重要的指导意义。不同分期的预后差别较大,非小细胞肺癌ⅠA期5年生存率为80%~90%,而Ⅳ期肺癌的5年生存率小于10%。

表17-1　肺癌国际TNM分期标准第8版(UICC,2016)

分期	定义
T	原发肿瘤
T_x	未发现原发肿瘤,或通过痰细胞学或支气管灌洗发现癌细胞,但影像学及支气管镜无法发现
T_0	无原发肿瘤证据
Tis	原位癌
T_1	肿瘤最大径≤3cm,周围包绕肺组织及脏层胸膜,支气管镜见肿瘤侵及叶支气管,未侵及主支气管;不常见的表浅扩散型肿瘤,不论体积大小,侵犯限于支气管壁时,虽可能侵犯主支气管,仍为T_1 T_{1a}:肿瘤最大径≤1cm;T_{1b}:肿瘤最大径>1cm且≤2cm;T_{1c}:肿瘤最大径>2cm且≤3cm
T_2	肿瘤最大径>3cm且≤5cm;或侵及主支气管,但未侵及隆突;或侵及脏胸膜;或有阻塞性肺炎或部分肺不张,不包括全肺不张 T_{2a}:肿瘤最大径>3cm且≤4cm;T_{2b}:肿瘤最大径>4cm且≤5cm

续表

分期	定义
T_3	肿瘤最大径>5cm且≤7cm。直接侵犯以下任何一个器官,包括:胸壁(包含肺上沟瘤)、膈神经、心包;或全肺不张或阻塞性肺炎;或同一肺叶出现孤立性癌结节
T_4	肿瘤最大径>7cm,无论大小,侵及以下任何一个器官:纵隔、心脏、大血管、隆突、喉返神经、主气管、食管、椎体、膈肌;或同侧不同肺叶内孤立性癌结节
N	区域淋巴结
N_x	区域淋巴结无法评估
N_0	无区域淋巴结转移
N_1	同侧支气管周围和/或同侧肺门淋巴结以及肺内淋巴结有转移,包括直接侵犯而累及的
N_2	同侧纵隔内和/或隆突下淋巴结转移
N_3	对侧纵隔、对侧肺门、同侧或对侧前斜角肌及锁骨上淋巴结转移
M	远处转移
M_x	远处转移不能被判定
M_0	无远处转移
M_1	有远处转移 M_{1a}:局限于胸腔内,包括胸膜播散(恶性胸腔积液、心包积液或胸膜结节)以及对侧肺叶出现癌结节; M_{1b}:多个或单个器官多处转移

表 17-2　肺癌国际 TNM 分期第 8 版(UICC,2016)

临床分期	T 分期	N 分期	M 分期
隐匿性癌	T_x	N_0	M_0
0 期	Tis	N_0	M_0
ⅠA 期	T_1	N_0	M_0
ⅠB 期	T_{2a}	N_0	M_0
ⅡA 期	T_1	N_1	M_0
	T_{2b}	N_0	M_0
ⅡB 期	T_{2a}	N_1	M_0
	T_{2b}	N_1	M_0
	T_3	N_0	M_0
ⅢA 期	T_1,T_2	N_2	M_0
	T_3	N_1,N_2	M_0
ⅢB 期	T_4	N_0,N_1	M_0
	T_4	N_2	M_0
	任何 T	N_3	M_0
Ⅳ 期	任何 T	任何 N	M_1

【临床表现】

肺癌的临床表现与癌肿的部位、大小、对支气管的影响、是否压迫和侵犯邻近器官及有无转移等密切相关。

(一) 早期

通常指Ⅰ期和Ⅱ期非小细胞肺癌。早期肺癌特别是周围型肺癌往往没有任何症状,大多在胸部X线或胸部CT检查时发现。肺癌的症状没有特异性,因此,凡是超过两周经治疗不愈的呼吸道症状,尤其是干咳、血痰,或原有的呼吸道症状发生改变者,均要警惕肺癌的可能性。

1. 咳嗽　最常见,多为刺激性干咳、无痰或少痰,抗炎治疗无效。当癌肿继续长大引起支气管狭窄时,咳嗽加重,呈高调金属音。若继发肺部感染,可有脓性痰,痰量增多。

2. 咯血　以中心型肺癌多见,多为间断性发作,痰中带血点、血丝,或断续地少量咯血,大咯血较少见。

3. 胸痛　早期表现为胸部不规则隐痛或钝痛。晚期疼痛剧烈常为肿瘤侵犯胸膜、胸壁、肋骨及其他组织所致。

4. 气短　早期系肿物堵塞支气管造成肺段或肺叶不张,经过短期的适应,气短可缓解。如气短严重则提示胸腔或心包腔积液、气管或隆突受压或病变有广泛肺转移,病程已晚。

5. 发热　肿瘤阻塞支气管造成堵塞部远端节段、叶甚至全肺不张。如继发感染,也可发热不退。这种阻塞性肺炎,有时X线显示如大叶性肺炎,抗炎治疗可见效,易误诊为单纯性肺炎,但往往时隔不久再次复发。炎症反复出现于肺的某一固定部位,应警惕是由肿瘤阻塞支气管腔所引起。

(二) 晚期

除发热、食欲减退、体重下降、乏力等全身症状外,癌组织压迫侵犯邻近器官组织或发生远处转移时,则产生下列表现:

1. 压迫或侵犯邻近组织、器官时的表现

(1) 压迫或侵犯膈神经:引起同侧膈肌麻痹。

(2) 压迫或侵犯喉返神经:引起声带麻痹、声音嘶哑。

(3) 压迫上腔静脉:引起上腔静脉压迫综合征,表现为上腔静脉回流受阻,面部、颈部、上肢和上胸部静脉怒张,皮下组织水肿,上肢静脉压升高,可出现头痛、头昏或晕厥。

(4) 侵犯胸膜及胸壁:可引起剧烈持续的胸痛和胸腔积液,侵犯胸膜时出现大量血性胸腔积液可引起气促。

(5) 侵入纵隔、压迫食管:可引起吞咽困难。

(6) 肺上沟瘤:亦称Pancoast瘤。癌细胞侵入纵隔和压迫位于胸廓上口的器官或组织,如第1肋骨、锁骨下动静脉、臂丛神经、交感神经等而产生剧烈胸肩痛、上肢静脉怒张、上肢水肿、臂痛和上肢运动障碍,也可引起同侧眼睑下垂、瞳孔缩小、眼球内陷、面部无汗等颈交感神经综合征(Horner综合征)等。

2. 远处转移征象　①脑:头痛最为常见,出现呕吐、视觉障碍、性格改变、眩晕、颅内压增高、脑疝等。②骨:局部疼痛及压痛较常见,转移至椎骨等承重部位则可引起骨折、瘫痪,血液碱性磷酸酶或血钙增高。③肝:肝区疼痛最为常见,出现肝大、黄疸、腹水、食欲减退,碱性磷酸酶、谷草转氨酶、乳酸脱氢酶或胆红素升高等。④皮下转移:可在皮下触及结节。

(三) 副瘤综合征

少数肺癌病人,由于癌肿产生一些内分泌物质,临床上出现非转移性全身症状,表现多种多样:如骨关节病综合征(杵状指、骨关节痛、骨膜增生)、Cushing综合征、男性乳房肥大、重症肌无力、多发性肌肉神经痛等,这些症状在切除肺癌后可能缓解或消失。

【辅助检查】

(一) 影像学检查

1. X线检查　胸部正侧位片是临床常用的检查方法,可发现较典型的肺内病灶。

(1) 中心型肺癌:若癌肿阻塞支气管,远端肺组织发生感染,受累的肺段或肺叶可出现肺炎征象。支气管管腔被癌肿完全阻塞后,可以产生相应的肺叶一侧、全肺不张或肺段实变等。

(2) 周围型肺癌:最常见肺野周围孤立性圆形或椭圆形块影,块影轮廓不规则,常呈现小的分叶或切迹,边缘模糊毛糙,发出细短的毛刺。少数病例在块影内偶见钙化点。周围型肺癌长大阻塞支气管管腔,可出现节段性肺炎或肺不张。较大的肿瘤中心部分坏死液化,可显示厚壁偏心空洞,内缘凹凸不平呈虫蚀状。

2. CT 检查　低剂量胸部 CT 是目前肺癌筛查最有效的手段,可显示直径更小、密度更低的早期病变,亦可发现一般 X 线检查隐藏区的病变(如肺尖、脊柱旁、心脏后、纵隔)。肺癌 CT 常见征象有毛刺征、分叶征、空泡征等。中心型肺癌 CT 可见肺门块状阴影,支气管内占位、管腔狭窄、阻塞、管壁增厚,同时伴有肺门增大、阻塞性肺炎或肺不张等改变。一部分早期肺腺癌 CT 表现为磨玻璃样病灶。CT 不但可以显示病灶局部影像特征,还能评估肿瘤范围、肿瘤与邻近器官的关系、淋巴结转移状况,为制定肺癌治疗方案提供重要依据。

3. PET 检查　是利用肿瘤细胞与正常细胞对放射性核素标记的脱氧葡萄糖的摄取不同而显像。恶性肿瘤细胞的糖代谢高于正常细胞,表现为局部放射性浓聚。PET 检查可用于肺结节的鉴别诊断、肺癌分期、转移灶检测、评价疗效、肿瘤复发监测等。近年来发展的 PET-CT 结合了 PET 与 CT 的优点,弥补了 PET 对病灶精确定位的困难,提高了诊断的疗效及准确性。

4. MRI 检查　能较好区分软组织和周围血管影,对明确纵隔淋巴结肿大有一定意义,但其对肺内组织分辨率不如 CT 效果好。对碘过敏不能做增强 CT 扫描的病人可行 MRI 检查。

5. 超声　对肺癌分期具有重要意义。对胸腔积液定位、锁骨上区淋巴结等检查也是重要的辅助检查手段。

6. 骨扫描　利用 ^{99m}Tc 标记的二磷酸盐进行骨代谢显像是肺癌骨转移筛查的重要手段。

(二) 有助于明确病理的检查方法

1. 痰细胞学检查　是肺癌简便有效的早期诊断方法,尤其是伴有血痰的中心型肺癌,脱落的癌细胞随痰咳出,早晨痰液中找到癌细胞即可明确诊断。对临床可疑肺癌者,要连续送检痰液 3 次或 3 次以上做细胞学检查。

2. 支气管镜检查　对中心型肺癌的诊断有很大意义。大部分中心型肺癌可通过纤支镜检查直接观察到肿瘤的大小、部位等,同时获得组织学或细胞学标本,进一步确诊。近年来出现的自发荧光电子支气管镜技术能进一步提高对肉眼未能观察到的原位癌或隐性肺癌的诊断。

3. 支气管内超声引导针吸活检术(endobronchial ultrasound-guided transbronchial needle aspiration,EBUS-TBNA)　在超声引导下,通过气管镜对纵隔或肺门淋巴结进行细针穿刺针吸活检,用于肺癌病理获取和淋巴结分期。与纵隔镜检查相比,具有更加微创的优势。

4. 其他　如胸腔镜、纵隔镜、经胸壁针吸细胞学或组织学检查、胸腔积液检查、转移病灶活检等也有助于肺癌的诊断。

【治疗原则】

临床上常采用个体化的综合治疗。小细胞癌和非小细胞癌在治疗原则上有很大的区别,一般非小细胞癌以手术治疗为主,辅以化学治疗等综合治疗方法;小细胞癌除早期($T_{1-2}N_0M_0$)的病人适用于手术治疗外,其他应以非手术治疗为主。

1. 手术治疗　早期肺癌外科手术治疗常能达到治愈效果。手术治疗的适应证是 Ⅰ、Ⅱ

期和部分经过选择的ⅢA期的非小细胞肺癌。已经出现纵隔淋巴结转移的（N₂）病人，手术可在行新辅助化疗或放疗后进行。

肺癌手术方式首选解剖性肺叶切除和淋巴结清扫，根据肿瘤或病人耐受性因素又有局部切除术和扩大切除术之分。扩大切除是指需要切除范围不仅局限于一个肺叶的式式，如双肺叶切除、支气管袖状肺叶切除术、一侧肺切除等。扩大切除术的风险远高于标准肺叶切除，因此，手术适应证的筛选要谨慎。局部切除术是指切除范围小于一个肺叶的式式，包括肺段切除术和楔形切除术。其优点是手术风险低，但与标准的肺叶切除术相比局部复发率增高，主要用于非常早期的肺癌和耐受不良的老年病人。

目前常用的手术方式，包括传统的开胸直视手术和胸腔镜手术。胸腔镜手术仅用1~3个1~3cm长切口替代传统开胸直视手术的20~30cm的切口，具有创伤小，恢复快且效果好的优点，已成为我国肺癌外科治疗的主要手术方法。

2. 放射治疗　是肺癌局部治疗手段之一。在各种类型肺癌中，小细胞癌对放射治疗敏感性较高，鳞癌次之，腺癌最差。手术后放射治疗，用于处理术后的切缘残留或局部晚期的病例；对有纵隔淋巴结转移的肺癌，全剂量放射治疗联合化疗是其主要的治疗模式；对有远处转移的肺癌放射治疗，一般用于对症治疗，属姑息治疗方法；一些早期肺癌病人因高龄或心肺等重要器官不能耐受手术者，放射治疗也可作为一种局部治疗手段。

3. 化学治疗　肺癌的化学治疗包括新辅助化疗（术前化疗）、辅助化疗（术后化疗）和系统性化疗。化疗对分化程度低的肺癌，尤其是小细胞癌疗效较好，鳞癌次之，腺癌最差。化疗亦可单独用于晚期肺癌以缓解症状，或与手术、放疗综合应用，防癌肿转移复发。辅助化疗疗程一般是4~6个周期，标准化疗方案是由包含铂类药（顺铂或卡铂）联合另一药物（紫杉醇、多西他赛、吉西他滨、长春瑞滨）方案，化疗方案的选择取决于病理类型和病人情况，身体耐受性差也可用单药化疗。

4. 生物治疗　具体方法包括：①特异性免疫疗法，用经过处理的自体肿瘤细胞或加用佐剂后，做皮下接种进行治疗（肿瘤疫苗）。②非特异性免疫疗法，用卡介苗、短小棒状杆菌、转移因子、干扰素、胸腺肽等生物制品以激发和增强人体免疫功能。

5. 靶向治疗　针对肿瘤特有的基因异常进行的治疗称为靶向治疗，它具有针对性强，对该肿瘤具有较好的疗效、副作用轻的优点。目前在肺癌领域得到应用的靶点有表皮生长因子受体（EGFR），血管内皮生长因子（VEGF）和间变淋巴瘤激酶（ALK）。对中国非小细胞肺癌病人最重要的靶向药物是EGFR的小分子抑制剂，如厄洛替尼、吉非替尼。对携带EGFR基因异常的肺癌病人，接受EGFR抑制剂治疗的有效率和疾病控制时间远高于传统化疗。

6. 中医药治疗　采用中医辨证论治法则，通过扶正固本、清热解毒、活血化瘀等治法，达到抑制癌细胞生长，减轻放化疗不良反应，提高生存质量，延长生命的作用。

【护理评估】

(一) 术前评估

1. 相关健康史　了解病人年龄、性别、婚姻和职业、有无吸烟和被动吸烟史、吸烟的时间和数量等；了解家庭中有无肺部疾患、肺癌或其他肿瘤病人、有无其他部位肿瘤病史或手术治疗史；有无传染病史，如肺结核等；有无其他伴随疾病，如糖尿病、冠状动脉粥样硬化性心脏病（冠心病）、高血压、慢性支气管炎等。

2. 身体状况

(1) 局部：评估病人有无咳嗽，是否为刺激性；有无咳痰，痰量及性状；有无痰中带血或咯血，咯血的量、次数；有无疼痛，疼痛的部位和性质；有无呼吸困难等。

（2）全身：病人有无食欲减退、消瘦、乏力或呈恶病质；病人有无发热，肿瘤组织坏死可引起癌性发热，体温在38℃以下，抗生素治疗无效；而肿瘤组织引起阻塞性肺炎或癌性脓肿时，体温多在38℃以上；病人有无发绀、贫血、杵状指（趾）。

（3）辅助检查：了解 X 线、CT、MRI、支气管内镜及其他有关检查的异常结果。

3. 心理 - 社会状况　了解病人及亲属对肺癌手术、放化疗等治疗的认知程度、心理反应，家庭支持和经济承受能力等。

（二）术后评估

1. 术中情况　了解病人手术、麻醉方式与效果、病变组织切除情况，术中出血、补液、输血情况。

2. 术后情况　评估病人生命体征是否平稳，是否清醒，末梢循环、呼吸状态如何，有无胸闷、呼吸浅快、发绀及肺部痰鸣音等；评估伤口是否干燥，有无渗液、渗血；各引流管是否通畅，引流量、颜色与性状等。

【主要护理诊断 / 问题】

1. 焦虑 / 恐惧　与担心疾病的治疗、预后等因素有关。

2. 气体交换受损　与肺组织病变、手术、麻醉、肿瘤阻塞支气管、肺膨胀不全、呼吸道分泌物潴留、肺换气功能降低等因素有关。

3. 清理呼吸道无效　与术后切口疼痛、痰液黏稠不易咳出有关。

4. 营养失调：低于机体需要量　与机体的消耗和手术创伤等有关。

5. 潜在并发症：出血、感染、肺不张、心律失常、哮喘发作、支气管胸膜瘘、肺水肿、成人呼吸窘迫综合征等。

【护理措施】

（一）术前护理

1. 呼吸道准备　重点是改善肺泡的通气与换气功能，预防手术后感染。

（1）戒烟：吸烟是致癌的主要因素，还会使气管、支气管分泌物增加，妨碍纤毛的清洁功能，影响痰液咳出，引起肺部感染。应指导并劝告病人术前戒烟2周以上。

（2）保持呼吸道通畅：支气管分泌物较多者，行体位引流；痰液黏稠不易咳出者，行超声雾化，必要时经支气管镜吸出分泌物。注意观察痰液的量、颜色、黏稠度及气味。

（3）机械通气治疗：呼吸功能失常者，根据需要应用机械通气治疗。

（4）促进排痰和控制感染：伴有老年慢性支气管炎或因肿瘤阻塞产生的肺不张或肺炎，应及时采集痰液及咽部分泌物做细菌培养，可结合痰液的细菌培养，应用抗生素。

（5）指导训练：指导病人练习腹式深呼吸、有效咳嗽和翻身，使用深呼吸训练器。介绍胸腔引流设备，并告诉病人在手术后安放胸腔引流管的目的及注意事项。

2. 饮食护理　为病人提供高热量、高蛋白与高维生素的食物，改善机体营养状况。术前伴营养不良者，经肠内或肠外途径补充营养，如脂肪乳剂和复方氨基酸等，以改善其营养状况，增强机体抵抗力并利于术后恢复。

3. 心理护理　向病人及亲属讲解病情、治疗及护理相关知识，给予关心体贴，减轻恐惧、焦虑反应。

（二）术后护理

1. 密切观察病情变化　术后每15分钟测生命体征一次，麻醉苏醒，且脉搏和血压平稳后改为0.5~1小时测量一次。术后24~36小时，血压常有波动现象，须严密观察。若血压持续下降，应考虑是否存在心功能不全、出血、疼痛、组织缺氧或循环血量不足等情况。定时观察呼吸并呼唤病人，防止因麻醉副作用引起的呼吸暂停。

2. 安置适宜体位

（1）一般体位：麻醉清醒、血压平稳后改为半卧位，以利于呼吸和引流。

（2）特殊情况下病人体位：①肺段切除术或楔形切除术者，宜选择健侧卧位，以促进患侧肺组织扩张；②一侧肺叶切除者，如呼吸功能尚可，可取健侧卧位，以利于手术侧残余肺组织的膨胀与扩张；如呼吸功能较差，则取平卧位，避免健侧肺受压而限制肺的通气功能；③全肺切除术者，避免完全侧卧，以预防纵隔移位和压迫健侧肺而致呼吸循环功能障碍，可取 1/4 侧卧位；④有血痰或支气管瘘管者，宜取患侧卧位。

3. 维持呼吸道通畅

（1）吸氧：常规给予鼻导管吸氧 2~4L/min，术后缺氧主要由肺通气量和弥散面积减少、麻醉不良反应、伤口疼痛及肺膨胀不全等原因引起。可根据血气分析结果调整给氧浓度。

（2）观察呼吸情况：术后带气管插管返回的病人，严密观察导管的位置，防止滑出或移向一侧支气管，造成通气量不足。观察呼吸深度、频率、动脉血氧饱和度是否正常。

（3）指导病人做深呼吸及有效咳嗽：病人清醒后立即鼓励并协助其深呼吸和咳嗽，每 1~2 小时 1 次。拍背时由下向上，由外向内轻叩震荡，使肺叶、肺段处的分泌物松动流至支气管中并咳出。术后早期由护士助咳排痰，方法：①病人咳嗽时取坐位或半坐卧位。②护士站于病人患侧，一手放在患侧肩膀上并向下压，另一手置于伤口下支托胸部协助。当病人咳嗽时，护士的头转向病人身后，免受飞沫及气流冲击；也可在咳嗽后听诊背部，如无啰音，即可停止咳嗽。③护士站于病人健侧，双手紧托伤口部位以固定胸部伤口。固定胸部时，手掌张开，手指并拢，注意不要压住胸骨及限制膈肌的活动。指导病人在缓慢轻咳几次、痰液松动后，再深吸一口气，将呼吸道分泌物用力排出（图 17-11）。

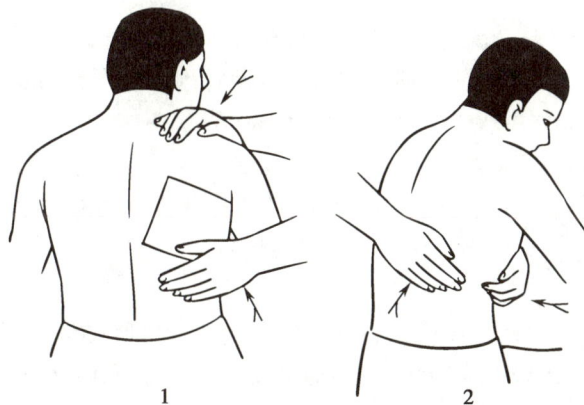

图 17-11　协助排痰固定病人的正确姿势
1. 于患侧一手置患肩向下压，另一手置伤口下支托胸部；
2. 于健侧双手紧托伤口部位以固定胸部伤口

（4）雾化吸入：其目的是稀释痰液有利于痰液排出，如在超声雾化吸入液体中加入抗生素和激素，效果更佳。

（5）呼吸道管理：对于术前心肺功能差，术后动脉血氧饱和度过低者，术后早期可短时间使用呼吸机辅助呼吸。机械通气时，应及时清除呼吸道分泌物。吸痰操作宜轻柔敏捷，每次吸痰时间不超过 15 秒，吸痰前吸氧浓度调至 70% 以上。给予气道加温、湿化，分泌物多且黏稠时，滴入糜蛋白酶稀释痰液。气管导管气囊每 4~6 小时放气一次，防止气管长时间受压发生溃疡和出血。如需长时间辅助呼吸，最好行气管切开。当病人呼吸平稳，心肺功能正常，血液氧合良好，可脱离呼吸机。当病情稳定，呼吸平稳，可拔除气管插管。

知识链接

振动排痰机

近年来,临床护理人员借助振动排痰机帮助病人排痰获得了满意的效果。其原理是通过物理定向叩击作用,来促进呼吸道分泌物的排出。振动排痰机可同时产生垂直于和平行于身体表面的两种力,垂直力对痰液等分泌物具有松动作用,水平力则有促使痰液按选择的方向排出的作用。该方法具有穿透性强、易操作、力度均匀、频率稳定等优点,排痰效果显著,对生命体征影响较小,有效降低胸部手术后肺部感染率,同时也减轻了护理人员的工作强度。

4. 做好胸膜腔闭式引流护理

(1) 病情观察:一般术后 24 小时内引流量 500ml 左右,是手术创伤引起的渗血、渗液及术中冲洗胸腔残余的液体。密切观察胸腔引流管是否通畅,注意水封瓶内水柱波动情况,定期挤压胸管,防止堵塞。

(2) 全肺切除术后胸腔引流管的护理:全肺切除术后病人的胸腔引流管一般呈钳闭状态,以保证术后患侧胸壁有一定的渗液,减轻或纠正纵隔移位。若气管明显向健侧移位,在排除肺不张后,可酌情放出适量的气体或引流液,维持气管、纵隔于中立位。每次放液量不应超过 100ml,且速度宜慢,避免快速多量放液引起纵隔突然移位,导致心搏骤停。

(3) 拔管:术后 24~72 小时病人病情平稳,血性引流液逐渐变淡、无气体及液体流出后即可拔除胸腔引流管。

5. 维持体液平衡　肺切除后,严格掌握输液量和速度。因肺组织可储存大量的血液,切除部分肺组织后会使得心脏前负荷增加导致急性肺水肿。全肺切除术后应控制钠盐摄入量,24 小时补液量控制在 2 000ml 内,速度以 20~30 滴 /min 为宜。

6. 补充营养　拔除气管插管后 4~6 小时,无禁忌即可饮水,逐渐进食流质、半流质至普食。左肺切除术后的病人,因胃体升高而影响其消化和排空功能,甚至出现胃扩张,因此术后可予禁食 1~2 日,待胃肠功能恢复后进食清淡流质。

7. 活动与休息

(1) 活动:鼓励病人早期离床活动,预防肺不张,改善呼吸循环功能。术后第 1 日,生命体征平稳,应鼓励及协助病人下床活动,活动量及时间逐渐增加,若出现心动过速、头晕、气短、心悸或出汗等症状,应立即停止活动并卧床休息。

(2) 康复锻炼:早期手臂和肩关节的康复运动可预防肺不张、术侧胸壁肌肉粘连、肩关节强直及失用性萎缩。

8. 并发症的观察与护理

(1) 胸腔内出血:手术时胸膜粘连紧密、止血不彻底或血管结扎线脱落,胸腔内大量毛细血管充血及胸腔内负压等因素均可导致胸腔内出血。护理过程中密切观察病人生命体征变化、手术切口及引流管周围有无渗血、胸膜腔引流液的颜色和性状以及引流量。当引流的血性液体量多(100~200ml/h),同时有血压下降、脉搏细速、尿量减少等表现时,提示为活动性出血,需要及时通报医生,遵医嘱加快输液、输血速度,给予止血药,保持胸腔引流管的通畅,确保胸内积血能及时排出,必要时做好开胸探查止血的准备。

(2) 肺炎和肺不张:多发生于术后 48 小时内,多因术后伤口疼痛、全麻使膈肌抑制、胸部包扎过紧、术中肺受牵拉、支气管分泌物增多等引起。病人可出现烦躁不安、不能平卧、心动过速、体温增高、哮鸣、发绀、呼吸困难等症状,血气分析显示为低氧血症、高碳酸血症。预防措施为术后早期协助病人深呼吸、咳痰及床上活动,避免限制呼吸的固定和包扎。发生肺不张或感染后,病人痰液黏稠不易咳出,应用雾化吸入并协助排痰,或用支气管镜吸痰,同时给予抗生素。

(3) 心律失常:多发生于术后 4 日内,与缺氧、出血、水电解质酸碱失衡有关。术后应持续心电监护,密切观察心率、心律、血压、血氧饱和度的变化,及时去除并发心律失常的诱因。频发的室性早搏需尽早处理,以减少或避免出现室速、室颤而危及生命。遵医嘱酌情应用抗心律失常药,严格掌握药物剂量、浓度、给药方法、速度,观察药物的疗效及副反应,控制静脉输液量和速度。

(4) 支气管胸膜瘘:多发生在术后 1 周。发生的原因有:支气管缝合不严密,支气管残端血运不良,支气管缝合处感染、破裂等。术后 3~14 日仍持续从胸腔引流管排出大量气体,病人出现呼吸困难、发热、咳嗽、咳血痰、呼吸音减弱等,应疑为支气管胸膜瘘。可用亚甲蓝注入胸膜腔,病人咳出带有亚甲蓝的痰液即可确诊。空气经瘘管进入胸膜腔,可造成气胸、皮下气肿;支气管分泌物流入胸腔,继发感染可引起脓胸;胸腔内积液,可经瘘孔被吸入支气管内,引起窒息。一旦发现上述症状,应立即取患侧卧位,以防漏出液流向健侧;使用抗生素预防感染;继续行胸腔闭式引流。小瘘口可自行愈合,但应延长胸腔引流时间。必要时再次开胸手术修补。

(5) 肺水肿:与病人原有心脏疾病或病肺切除、余肺膨胀不全或输液量过多、速度过快有关,尤以全肺切除病人更为明显。病人表现为呼吸困难、发绀、心动过速、咳粉红色泡沫痰等。一旦发生,立即减慢输液速度,控制液体入量;给予吸氧,氧气以 50% 乙醇湿化;注意保持呼吸道通畅;遵医嘱给予心电监护、强心、利尿、镇静及激素治疗,安抚病人的紧张情绪。

(6) 肺栓塞:内源性或外源性栓子阻塞肺动脉,引起肺循环功能障碍。原因主要与原有周围血管疾病、术后血液高凝、长期卧床以及术中肺血管壁的损伤等因素有关,病人表现为突然发生不明原因的呼吸困难、咳嗽、咳血、虚脱、面色苍白、出冷汗等症状。对存在高危因素的病人遵医嘱给予药物抗凝,预防血栓形成,指导病人早期下床活动促进血液回流,增强血液循环。一旦发生肺栓塞应绝对卧床休息,根据情况给予中心静脉压监测,控制输液入量及速度、镇静镇痛、抗休克治疗及护理。抗凝治疗或溶栓治疗需注意监测病人的凝血功能,观察病人皮肤黏膜是否有出血征象。

【健康教育】

1. 早期诊断　40 岁以上人群应定期进行胸部 CT 普查,尤其是反复呼吸道感染、久咳不愈或咳血痰者,应提高警惕,做进一步的检查。

2. 功能锻炼　适时早期活动可以促进呼吸运动、防止肺不张和患侧肩关节僵硬及手臂挛缩。术后早期开展肩关节的上举、后伸、外展、内收、外旋等活动(图 17-12),范围逐步增加。

3. 保持良好生活习惯　戒烟。出院返家后数周内,活动量逐渐增加,以不出现心悸、气短、乏力等症状为标准。术后半年内不从事重体力劳动或剧烈运动。

4. 预防感染　让病人清楚预防呼吸道感染的重要性。术后 1 个月内避免出入公共场所或与上呼吸道感染者接触,避免与烟雾化学刺激物的接触,一旦发生呼吸道感染,应尽早返院就医。

5. 复诊指导　出现伤口疼痛加重、剧烈咳嗽及咯血等症状时,应返院治疗。术后需要化疗或放疗时,应使病人理解治疗意义,并按时接受治疗。

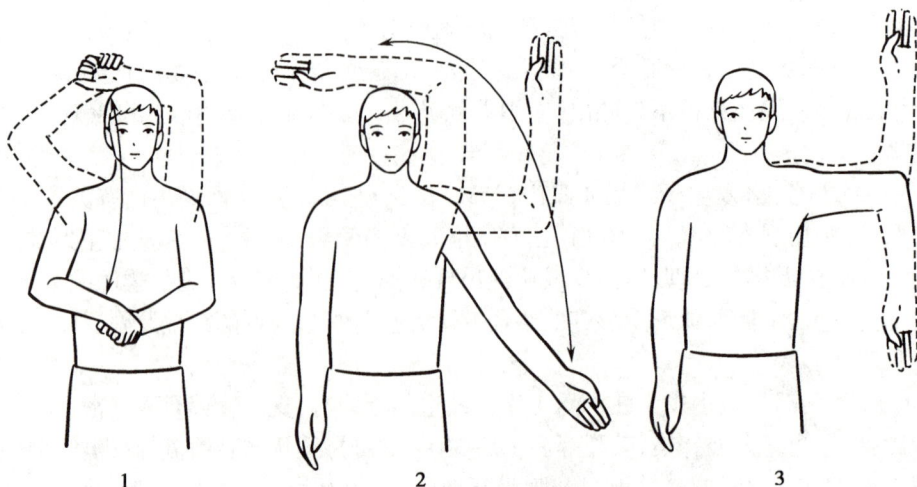

图 17-12　开胸术后手臂与肩关节的运动训练
1.肩关节上举、后伸;2.肩关节外展、内收;3.肩关节内旋、外旋

第四节　食管癌病人的护理

学习目标

1. 简述食管癌的病因及病理生理,并陈述其常用辅助检查。
2. 理解食管癌病人的临床表现,说明其治疗原则。
3. 运用相关知识为食管癌病人实施整体护理。

案例分析

王先生,55 岁,农民,因进食有哽咽感伴胸骨后疼痛 2 月余入院就诊。病人目前只能进半流质食物,发病以来大小便正常,食欲欠佳,体重减轻 5kg。病人嗜烟酒,平均每日吸烟 1 包左右,白酒 1 斤。

体格检查:T 36.7℃,P 86 次/min,R 18 次/min,BP 110/70mmHg;皮肤、巩膜苍白,消瘦,锁骨上未扪及肿大的浅表淋巴结。

辅助检查:红细胞计数 4.0×10^{12}/L,血红蛋白 82g/L;食管吞钡 X 线显示食管中下段有 4cm 长的局限性管壁僵硬,黏膜部分中断,有小龛影,钡剂尚能通过。

请问:
1. 首先考虑的医疗诊断是什么?应进一步做什么检查?
2. 该病人目前主要的护理问题是什么?
3. 该病人的术前准备有哪些?

食管癌(esophageal carcinoma)是常见的上消化道恶性肿瘤,目前被列为全球第八大癌症。发病率有明显的地域差异,国外以中亚、非洲、法国北部、中南美洲等为高发地区;我国以太行山区、四川盆地、大别山区、闽南及广东潮汕地区为高发地区。发病年龄多在 40 岁以上,以 60~64 岁年龄组发病率最高,男性多于女性。

【解剖生理概要】

食管是一长管状的肌性器官。成人食管长约 25~30cm,上连咽部,约起于第六颈椎平面,下段在膈下与贲门相连。

食管分为颈、胸、腹三段(图 17-13)。①颈段:自食管入口(环状软骨水平)至胸廓入口处(胸骨切迹)。②胸段:又分为上、中、下三段。胸上段为胸廓入口至气管分叉平面;胸中段为气管分叉至贲门口全长的上一半;胸下段为气管分叉至贲门口全长的下一半。③腹段:为食管裂孔至贲门。临床常将腹段包括在胸下段。

食管有三处生理性狭窄:第一处在食管与咽部相连处,即食管入口处;第二处在食管与左主支气管交叉处;最后一处在食管下端,即食管穿过膈肌裂孔处。该三处狭窄虽属生理性,但常为肿瘤、憩室、瘢痕性狭窄等病变所在的区域。在进行食管镜或胃镜检查时,必须小心通过狭窄处,以免造成损伤。

食管壁自管腔向外由黏膜、黏膜下层、肌层和外膜构成。食管外膜仅为疏松结缔组织,无浆膜层,这给食管吻合手术带来一定困难,是术后发生吻合口瘘的重要原因。食

图 17-13　食管的分段

管的血液供应来自不同的动脉,呈节段性分布。尽管这些动脉间有交通支,但不丰富,特别是主动脉弓以上的部位血液供应差,故食管手术后愈合能力较差。

食管有丰富的黏膜及黏膜下淋巴网。胸导管起于腹主动脉右侧的乳糜池,向上经主动脉裂孔进入胸腔的后纵隔,位于椎骨和食管间。胸导管较粗,食管癌手术引起破裂时将会有大量乳糜液流入胸腔。食管的主要功能是将食物迅速输送入胃内,因此食管疾病,无论是器质性的还是功能性的,吞咽困难往往成为最突出的症状。食管的横纹肌由喉返神经支配,平滑肌由迷走神经和交感神经支配。

【病因】

食管癌的病因目前尚不完全清楚,但一般认为可能与下列因素有关:

1. 化学因素　亚硝胺类化合物及其前体致癌性强,长期进食亚硝胺含量较高的食物,可使食管上皮细胞发生增生性改变,是食管癌重要的致病因素。

2. 生物因素　某些真菌能促使亚硝胺及其前体形成,导致肿瘤的发生。

3. 营养缺乏　如饮食中缺乏某些微量元素(钼、铁、锰、锌、氟、硒等)和维生素 A、B_2、C、叶酸等,维生素 A、B_2 的缺乏与上皮增生有关。

4. 不良生活习惯　重度饮酒、吸烟;食物过硬、过热,进食过快;口腔卫生不良;喜食熏、烤、油炸类食物等不良生活习惯也是食管癌的诱发因素。

5. 遗传因素　我国食管癌高发区有显著的家族聚集现象,如河南临县食管癌有阳性家族史者占 60%;在高发病家族中,染色体数目及结构异常者显著增多,会发生某些癌基因激活的现象等。

6. 其他因素　如食管白斑、瘢痕狭窄、食管憩室、贲门失弛缓症等食管疾病均有癌变危险。

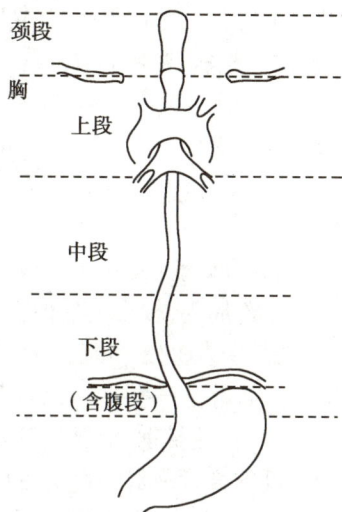

【病理生理】

1. 病理分型　以中段食管癌较为多见,下段次之,上段较少。

(1) 组织学分型:鳞状上皮癌占95%以上,腺癌少见,偶见未分化的小细胞癌。

(2) 大体病理分型:可分4型。

1) 髓质型:最常见,约占食管癌的60%。病变向腔内外发展,管壁增厚,癌块的上下端边缘呈坡状隆起。多累及食管周径的全部或绝大部分,形成腔内不规则缩窄和梗阻,也易累及邻近器官。恶性程度高,切除率低,对放疗敏感性差,预后不良。

2) 蕈伞型:约占15%。瘤体呈椭圆形扁平肿块状,向腔内生长呈蘑菇样,其边缘与周围的黏膜界限清楚,外侵和梗阻的表现常不明显,表面常形成溃疡,切除率高,预后较好。

3) 溃疡型:占10%左右。瘤体的黏膜面呈深陷而边缘清楚的溃疡,常深入肌层,累及周围组织,易导致穿孔,梗阻症状较轻,预后不佳。

4) 缩窄型:又称硬化型,约占10%。瘤体纤维组织增生,形成明显的环形狭窄,多累及食管全部周径,较早出现梗阻,预后较差。

2. 转移途径　淋巴转移是食管癌最主要的转移途径;血行转移发生较晚,主要转移至肝、肺、骨等。

(1) 直接扩散:癌肿逐渐增大侵及肌层,并沿食管向上下、全周及管腔内外发展,出现不同程度的食管梗阻。晚期癌肿穿透食管、侵入纵隔或心包。

(2) 淋巴转移:先进入黏膜下淋巴结,通过肌层到达与肿瘤部位相应的区域淋巴结。上段食管癌可侵犯喉后、颈深与锁骨上淋巴结;中段食管癌侵犯相应的食管旁淋巴结后,向上侵犯颈淋巴结,向下可累及胃贲门周围的膈下淋巴结,或沿气管、支气管旁淋巴结向肺门扩展;下段食管癌除侵犯局部淋巴结外,常侵犯胃贲门旁、胃左动脉旁和腹腔淋巴结。

(3) 血行转移:常见于晚期病人,通过血液循环向远处转移。虽然食管的黏膜下层有丰富的薄壁静脉丛,而且食管外周及附近都有大静脉,但食管癌的血行转移并不多见。

3. 临床分期

国际抗癌联盟(UICC)与美国癌症联合会(AJCC)于2017年联合发布第8版食管癌TNM分期标准(表17-3),对原发肿瘤(T)、区域淋巴结(N)、远处转移(M)以及分化程度(G)进行了修订,新增了鳞癌的位置分类(L)。第8版食管癌国际TNM临床分期(cTNM)具体见表17-4。

表 17-3　食管癌国际 TNM 分期标准第 8 版(UICC,2017)

分期	定义
原发肿瘤(T)	
T_X	原发肿瘤不能确定
T_0	无原发肿瘤证据
T_{is}	重度不典型增生
T_1	侵犯黏膜固有层、黏膜肌层或黏膜下层:T_{1a}:侵犯黏膜固有层或黏膜肌层,T_{1b}:侵犯黏膜下层
T_2	侵犯食管肌层
T_3	侵犯食管纤维膜
T_4	侵犯食管周围结构:T_{4a}:侵犯胸膜、心包、奇静脉、膈肌或腹膜,T_{4b}:侵犯其他邻近结构如主动脉、椎体、气管等

续表

分期	定义
区域淋巴结（N）	
N_X	区域淋巴结无法评估
N_0	无区域淋巴结转移
N_1	1~2 枚区域淋巴结转移
N_2	3~6 枚区域淋巴结转移
N_3	≥7 枚区域淋巴结转移
远处转移（M）	
M_0	无远处转移
M_1	有远处转移
位置分类（L）——食管鳞癌	
L_X	无法评估
上段	颈部食管下至奇静脉弓下缘水平
中段	奇静脉弓下缘至下肺静脉水平
下段	下肺静脉下至胃,包括食管胃交界
分化程度（G）——食管鳞癌	
G_X	分化程度不能确定
G_1	高分化癌:角质化为主,伴颗粒层形成和少量非角质化基底样细胞成分,肿瘤细胞排列成片状、有丝分裂少
G_2	中分化癌:组织学特征多变,从角化不全到低度角化。通常无颗粒形成
G_3	低分化癌:通常伴有中心坏死,形成大小不一巢样分布的基底样细胞。巢主要由肿瘤细胞片状或路面样分布组成,偶见角化不全或角质化细胞。"未分化"癌组织进一步检测为鳞状细胞组分,或仍为未分化癌,属于此类
分化程度（G）——食管腺癌	
G_X	分化程度不能确定
G_1	高分化癌:大于 95% 肿瘤细胞为分化较好的腺体组织
G_2	中分化癌:50%~95% 肿瘤细胞为分化较好的腺体组织
G_3	低分化癌:肿瘤细胞成巢状或片状,小于 50% 有腺体形成;"未分化"癌组织的进一步检测为腺体组织,属于此类

表 17-4　食管癌国际 TNM 临床分期（cTNM）第 8 版

	鳞癌					腺癌				
	N_0	N_1	N_2	N_3	M_1	N_0	N_1	N_2	N_3	M_1
T_{is}	0					0				
T_1	I	I	III	IVA	IVB	I	IIA	IVA	IVA	IVB
T_2	II	II	III	IVA	IVB	IIB	III	IVA	IVA	IVB
T_3	II	III	III	IVA	IVB	III	III	IVA	IVA	IVB
T_{4a}	IVA	IVA	IVA	IVA	IVB	III	III	IVA	IVA	IVB
T_{4b}	IVA	IVA	IVA	IVA	IVB	IVA	IVA	IVA	IVA	IVB

【临床表现】

1. 早期　常无明显症状,多数病人仅在吞咽粗硬食物时偶有不适,包括:①进食时的哽噎感,饮水可缓解。②吞咽时可有胸骨后食管内烧灼样、针刺样或者牵拉摩擦样疼痛。③食物通过食管时缓慢,并有停滞感或异物感,饮水可缓解或消失。④时轻时重的胸骨后胀闷感。⑤吞咽干燥粗糙食物时咽喉部紧缩感较为明显。

2. 进展期　其典型表现为进行性吞咽困难。先出现进食干硬食物时困难,后进食半流质困难,逐渐进食流质困难,最后水都无法下咽,到后期常有频繁呕吐黏液。当癌肿梗阻引起的炎症水肿暂时消退,或部分癌肿脱落后,梗阻症状可暂时减轻,但病程发展仍呈进行性加重。病人可有消瘦、乏力、贫血及营养不良等体征,触诊可触及锁骨上淋巴结肿大。

3. 晚期　常发生压迫及转移症状:①癌肿侵犯喉返神经时,可出现声音嘶哑。②癌肿侵犯气管时,可形成食管 - 气管瘘。③食管梗阻严重时可致食物反流入呼吸道,引起呛咳或肺部感染。④癌肿侵犯主动脉时,可引起大量呕血或因大量失血而危及生命。⑤癌肿侵犯脊神经时可出现持续性胸痛或背痛。⑥出现远处转移者可有锁骨上淋巴结肿大。⑦肝转移者可有肝区疼痛、肝大、黄疸,严重时出现腹水等症状。⑧伴有消瘦、低热、贫血、乏力及营养不良等恶病质表现,且出现时间较其他恶性肿瘤早。

【辅助检查】

1. 影像学检查

(1) X 线检查:多采用食管气钡双重造影,可见:①食管黏膜皱襞紊乱、增粗迂曲、中断或消失。②小的充盈缺损或龛影。③管腔舒张度减低、消失,甚则管壁僵硬,蠕动中断。④中、晚期表现有不规则的狭窄和充盈缺损,有时狭窄以上食管有不同程度的扩张。

(2) CT 检查:胸、腹部 CT 扫描可帮助确定肿瘤有无外侵及远处转移,辅助判断能否手术切除。

2. 内镜检查

(1) 纤维食管镜:可了解肿瘤的部位、形态、大小,且可行病变部位组织活检。对于食管黏膜浅表性病变可行碘染色检查法鉴别良恶性病变,正常食管鳞状上皮因含糖原,与碘反应呈黑棕色,而癌组织因癌细胞内的糖原消耗殆尽,故仍呈碘本身的黄色。

(2) 超声内镜检查:可用于判断肿瘤侵犯深度、食管周围组织及结构有无受累,以及局部淋巴结转移情况。

【治疗原则】

临床上常采取以手术(内镜)治疗为主,辅助以放射治疗、化学药物、免疫治疗、中医药治疗等综合治疗方法。食管癌一经发现多为中、晚期,故强调早发现、早诊断、早治疗。

1. 内镜治疗　早期食管癌及癌前病变可以采用内镜下治疗,包括射频消融、冷冻治疗、内镜黏膜切除术(EMR)或内镜黏膜下剥离术(ESD)治疗,但应严格掌握手术适应证。

2. 手术治疗　手术是食管癌病人的首选治疗手段。①根治性手术:适用于早期全身状况良好、病变局限者,切除包括肿块在内的上下至少 5cm 的食管,食管切除后可用胃、结肠或空肠来代替(图 17-14、图 17-15)。②姑息性手术:适用于晚期或已有远处转移征象,不能进行根治术且有吞咽困难者,如食管腔内置管术、食管胃转流吻合术、食管结肠转流吻合术和胃肠造瘘术等,以达改善营养状况、延长生命的目的。

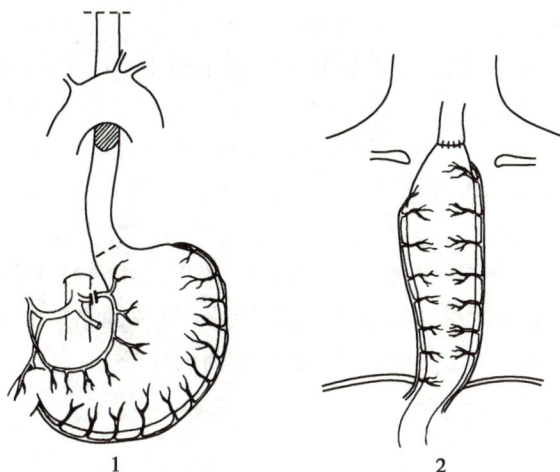

图 17-14 食管癌切除后胃代食管术

1.上、中段食管癌的切除食管的范围;2.胃代食管颈部吻合术

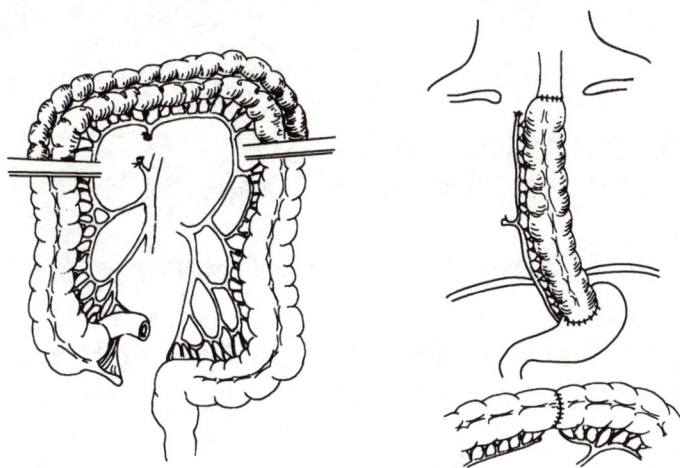

图 17-15 横结肠代食管术

📖 **知识链接**

胸腹腔镜联合食管癌根治手术

胸腹腔镜联合食管癌根治手术(horacoscope-laparscopie esophagee-tomy,TLE)是微创食管癌根治手术(minimally invasive esophagee-tomy,MIE)的其中一种。这种技术可以完成全部的食管游离和淋巴结清扫,减少食管切除的死亡率,因此成为食管癌手术治疗的发展趋势。主要分为胸腹腔镜联合 Ivor-Lewis 手术和 Ivor Lewis-McKeown 手术。

1. 胸腹腔镜联合 Ivor-Lewis 手术 仅适用于累及贲门和食管下段的肿瘤。此类病人为了保证残端阴性,需要切除下端距肿瘤 5cm 的范围,如此可能需要切除近端贲门,有时还要包括胃底。这可能会导致吻合口张力过高,在此情况下无法进行颈部吻合,张力过大还可引起吻合口瘘,而仅在胸部进行胃食管吻合则更为合适。

2. 胸腹腔镜下 Ivor Lewis-McKeown 手术 适用于食管癌位于胸部食管中上段或有局部淋巴结转移而肿瘤可以切除者。该术式可完成食管大部分切除加上胸、腹、颈三个区域淋巴结清扫,是对肿瘤实现局部控制的理想手术方式,但该术式创伤较大且手术中需要两次改变体位,手术操作上具有一定的困难。

3. 放射治疗　对颈段及胸上段癌,手术难度大及有手术禁忌的病人,可给予单纯性放疗。术前放疗可使肿瘤缩小,提高手术切除率以及远期生存率;对术后有"高危"复发转移和切除不彻底的病人应在术后 3~6 周进行放疗。肿瘤有明显外侵、淋巴结发生转移,或不宜手术时,则放疗为食管癌主要的治疗手段。对于已出现恶病质、完全梗阻、有穿孔可能或形成瘘管、远处转移等情况则不宜放疗。

4. 化学治疗　食管癌对化疗药物敏感性差,单独应用效果欠佳,与其他方法联用常可提高疗效。主要用于:①不宜手术或放疗的病人,抗癌药物治疗可使晚期病人症状缓解。②手术或放疗前后的辅助治疗。③手术或放疗后复发、转移的姑息性治疗。

5. 其他治疗　如生物治疗、内分泌治疗及中医药治疗等。

【护理评估】

(一) 术前评估

1. 相关健康史　了解病人的性别、年龄、职业、居住地环境及饮用水有无特殊;有无不良饮食习惯(如烟酒嗜好、喜食过热、过硬及熏、烤、腌制食物等);有无导致食管癌的食管前期病变(如慢性食管炎、胃食管反流、食管息肉、憩室、狭窄);是否生活在食管癌的高发区及有无家族史。

2. 身体状况

(1) 局部:了解病人吞咽困难程度及食管癌局部浸润症状;有无疼痛,疼痛部位、性质,是否影响睡眠;目前能否正常进食,饮食性质。

(2) 全身:评估营养状况,包括体重下降情况、有无贫血、脱水或衰竭;有无扩散或转移症状;评价重要器官功能。

(3) 辅助检查:了解食管吞钡造影、纤维内镜及超声内镜检查、CT 检查等结果,以判断肿瘤的位置、有无扩散或转移。

3. 心理 - 社会状况　了解病人对疾病的认知程度,对手术有何顾虑和思想负担;了解病人亲属的关心与支持程度、家庭经济承受能力等情况。

(二) 术后评估

1. 术中情况　了解手术、麻醉方式及病变组织切除情况,术中出血、输血输液情况等。

2. 术后情况

(1) 生命体征:评估病人麻醉是否清醒,生命体征是否平稳,呼吸型态是否存在异常等。

(2) 切口及引流管情况:了解病人手术伤口有无渗液、渗血,胸腔闭式引流及胃肠减压引流是否通畅,引流量及引流液颜色及性状等。

(3) 并发症:评估是否出现吻合口瘘、出血、感染及乳糜胸等并发症。

(4) 心理状况:评估病人术后有无因疾病引起的焦虑、恐惧、悲伤等,是否对病人及其家庭产生影响。

【主要护理诊断 / 问题】

1. 营养失调:低于机体需要量　与肿瘤消耗、饮食摄入不足有关。

2. 体液不足　与吞咽困难、水分摄入不足有关。

3. 潜在并发症:出血、肺不张、肺炎、乳糜胸、吻合口瘘、吻合口狭窄等。

【护理措施】

(一) 术前护理

1. 心理护理　病人往往因进行性加重的症状焦虑不安,求生欲望强烈,希望早日手术切除病灶。护士应及时发现病人现存和潜在的心理问题,对病人的焦虑或恐惧表示理解,加强与病人和亲属的沟通,了解其对疾病和手术的认知程度,鼓励其树立战胜疾病的信心。根据其具体情况,进行心理疏导,讲解手术及护理的意义、方法、配合与注意事项等内容,以减轻不良心理反应。对病人的疑问耐心做出解释,减轻其思想负担,以最佳心理状态迎接手术。

2. 营养支持　病人因进食困难而出现营养不良及水、电解质失衡,导致对手术的耐受性下降,从而增加了术后并发症的危险。故术前应指导病人进食高热量、高蛋白、富含维生素的流质或半流质饮食,避免进食过硬、过冷、过热或刺激性强的食物;不能进食且营养状况较差的病人,静脉补充液体、电解质、血浆等;必要时遵医嘱给予肠内、肠外营养,以保证病人的营养摄入。

3. 注意口腔卫生　应保持口腔清洁,指导病人早晚刷牙,进食后漱口,禁食者定时做好口腔护理,以免影响术后吻合口愈合。

4. 术前准备

(1) 呼吸道准备:①嘱病人戒烟,以改善肺功能,对慢性支气管炎、肺气肿、肺功能较差的病人,术前使用抗生素、支气管扩张剂。②预防术后肺炎、肺不张,可训练病人有效咳痰和腹式深呼吸,减轻术后伤口疼痛,以增加肺通气量,改善缺氧状况。

(2) 胃肠道准备:①食管癌导致不同程度梗阻和炎症,术前1周常规口服抗生素可起到局部抗感染作用。②术前3日改流质饮食,术前禁食12h,禁饮8h。③对进食后有滞留或反流者,术前1日晚给予生理盐水100ml加抗生素溶液,经鼻胃管冲洗食管及胃,可减轻局部充血水肿、减少术中污染、防止出现吻合口瘘。④结肠代替食管手术病人,术前3~5日口服肠道抗生素,术前2日进食无渣流质,术前晚行清洁灌肠或全肠道灌洗后禁饮禁食。⑤术晨常规置胃管,遇梗阻部位时不可强行插入,可置管于梗阻部位上端,待术中直视下再置于胃内。

(二) 术后护理

1. 体位　病人麻醉清醒、血压平稳后即取半卧位,以利于呼吸、引流、排痰,预防肺部并发症。

2. 病情观察　术后麻醉未清醒前,密切监测病人体温、血压、脉搏、呼吸及意识、尿量等状况,并详细记录,若有异常应及时处理。麻醉清醒且病情平稳后,每30分钟至1小时测量生命体征一次。

3. 引流管护理

(1) 胃肠减压护理:①妥善固定胃管、防止脱出,若有胃管脱出,应严密观察病情,不应盲目插入,以免戳穿吻合口,造成吻合口瘘。②观察引流液的量、颜色、性状并准确记录,术后6~12小时内从胃管内吸出少量血性液或咖啡色液体,以后引流液颜色逐渐变浅。若引流出大量鲜血或血性液体,病人出现烦躁、脉搏增快、血压下降、尿量减少等表现,应考虑吻合口出血,应立即报告医生及时处理。③保持引流管通畅,经常挤压胃管,防止引流管堵塞。如有胃管不通畅,可用少量生理盐水液低压冲洗并及时抽回冲洗液,避免吻合口张力增大,导致吻合口瘘。④术后3~4日胃肠蠕动或肛门排气后,可考虑拔除胃管。

(2) 胸腔闭式引流护理:①观察引流液的量、性状,并及时记录,若引流液中有食物残渣,提示有食管吻合口瘘;若引流液量多,由清亮渐转浑浊,提示有乳糜胸,应及时处理。②观察病人有无活动性出血,若术后3小时内胸腔闭式管引流量达100ml/h,呈鲜红色并有较多血凝块,病人出现烦躁不安、脉搏增快、血压下降、尿少等血容量不足等表现,及时报告医生给予处理。

4. 饮食护理　①术后3~4日吻合口处于充血水肿期,应禁食且禁食期间应避免唾液下咽,以防口腔内的细菌进入食管,引起感染导致吻合口瘘。②禁食期间持续胃肠减压,应通过静脉补充营养。③拔除胃管24小时后,若无呼吸困难、胸内剧痛、患侧呼吸音减弱及高热等吻合口瘘症状时,可开始进食。先试饮少量温水,术后 5~6 日可给少量全清流质,每 2 小时给 100ml,每日 6 次。术后 2 周后可进半流质,术后 3 周若无特殊不适可进普食,但应注意少食多餐,细嚼慢咽,进食不宜过快、过多。避免进食生、冷、硬及粗糙的食物,以免导致吻合口瘘。④进食后出现呕吐,多因吻合口处水肿所致,应禁食,给予静脉营养,待 3~4 日水肿消退后再继续进食。⑤食管 - 胃吻合术后的病人,由于胃部分拉入胸腔,压迫肺而引起胸闷,进食后可出现呼吸困难,应建议病人少食多餐,1~2 个月后,症状多可自行缓解。⑥食管癌贲门切除术后,可发生胃液反流,病人可有反酸、呕吐等症状,平卧时加重,应嘱病人餐后 2 小时内勿平卧,睡眠时将床头抬高。

5. 呼吸道护理　食管癌病人因年龄偏大且有肺部慢性疾病;开胸手术创伤大,使肺通气功能受损;术中肺受挤压与牵拉而有损伤;手术刺激迷走神经兴奋使呼吸道分泌物增加;食管 - 胃吻合术使肺受压影响肺膨胀;术后切口疼痛及虚弱使排痰受限等因素,病人术后易出现呼吸困难、缺氧、肺不张、肺部感染等表现,甚至发生呼吸衰竭。护理:①密切观察呼吸型态、频率和节律,听诊双肺呼吸音是否清晰,有无缺氧征兆。②气管插管的病人,应随时吸痰,保持呼吸道通畅。③术后第 1 日每 1~2 小时鼓励病人深呼吸、吹气球、使用深呼吸训练器,促使肺膨胀。④对于痰多、咳痰无力的病人出现呼吸浅快、发绀、呼吸音减弱等气道阻塞现象,应立即行鼻导管深部吸痰,必要时行纤维支气管镜吸痰或气管切开吸痰。⑤每日给予超声雾化吸入 4~6 次,促排痰和防肺部感染。

6. 胃肠造瘘术后护理　①妥善固定造瘘管,防止脱出或阻塞;②造瘘管周围有胃液漏出或敷料渗湿时,应及时更换敷料并在瘘口周围皮肤涂氧化锌软膏,防止发生皮炎;③肠内营养液输注时应循序渐进,开始时采用低浓度、低剂量、低速度,然后再逐渐增加营养液浓度、滴注速度以及投给剂量,并随时观察病人有无不良反应;④输注时保持营养液温度接近体温;⑤如需配制营养液,应现配现用,配制时遵守无菌原则。

7. 结肠代食管(食管重建)术后护理　①保持结肠袢内的减压管通畅;②注意观察结肠袢是否出现坏死,若减压管内引出大量血性液或呕吐大量咖啡色液体,伴有全身中毒症状,应立即报告医生并配合抢救;③观察结肠逆蠕动情况,结肠代替食管病人常嗅到粪臭味,应向病人解释原因,加强口腔卫生,一般半年后能逐渐消失。

8. 并发症的观察与护理

(1) 出血:观察并记录引流液的性状、量。若引流量持续 2 小时超过 4ml/(kg·h),伴血压下降、脉搏增快、躁动、出冷汗等低血容量表现,应考虑有活动性出血,及时报告医师,并做好再次开胸的准备。

(2) 吻合口瘘:是食管癌术后最严重的并发症,多发生在术后 5~10 日。

1) 产生原因:食管结构无浆膜层覆盖,肌纤维纵行走向,易产生撕裂;食管血液供应呈节段性,易出现吻合口缺血;吻合口张力过大、吻合口周围感染;低蛋白血症、营养不良、贫血等。

2) 临床表现:呼吸困难、胸腔积液、全身中毒症状,如高热、寒战、白细胞计数升高,甚至休克。

3) 护理措施:①嘱病人立即禁食,直至吻合口愈合。②行胸腔闭式引流。③加强抗感染治疗及肠外营养。④注意生命体征,积极抗休克治疗。⑤需要手术者配合医生做好术前准备。

(3) 乳糜胸:常发生于术后 2~10 日。

1) 产生原因:多由于术中损伤胸导管所致,术后早期由于禁食,乳糜液含脂肪少,引出的液体为淡红色或淡黄色液体,量较多;病人恢复进食后,乳糜液漏出量增多,大量积聚于胸腔内,可压迫肺及使纵隔向健侧移位。

2)临床表现:病人出现胸闷、心悸、气促、甚至血压下降。由于乳糜液中 95% 是水,并含有大量的蛋白质、胆固醇、脂肪、酶、抗体和电解质,若不及时治疗,病人可在短时间内引起全身消耗、衰竭而死亡。

3)护理措施:应严密观察病情,注意有无乳糜胸的症状,发现后立即报告医生;行胸膜腔闭式引流,充分引流出胸腔内乳糜液,改善呼吸功能;禁食,给予肠外营养支持;输血,血浆及清蛋白,纠正营养失衡及水、电解质的紊乱。

(4)放射治疗、化学治疗病人的护理:放疗期间因病变部位水肿使进食困难加重,应预先向病人做好解释工作。放疗 2~3 周时易出现放射性食管炎,表现为进食时烧灼痛,此时病人应避免进干、硬食物,以免发生食管穿孔。化疗病人常出现恶心、呕吐、脱发、骨髓抑制等,要鼓励病人坚持完成化疗的全过程。

【健康教育】

1. 疾病预防　避免接触引起癌变的因素,如减少饮用水中亚硝胺及其他有害物质、防霉去毒;应用维 A 酸类化合物及维生素等预防药物;积极治疗食管上皮增生;加大防癌宣传教育,在高发区人群中做普查和筛检。

2. 饮食指导　少食多餐,食物应由稀到干,逐渐增加食量,并注意进食后的反应;忌食过硬、过辣、过烫等刺激性食物,避免进食花生、豆类、碳酸饮料等产气食物,以免导致吻合口瘘;病人餐后可取半卧位,防进食后出现反流、呕吐。

3. 坚持定期复查及后续治疗　出院后继续完成化学治疗、放射治疗计划,并注意有无不良反应;定期监测血象和肝功能等;若术后 3~4 周再次出现吞咽困难,可能为吻合口狭窄,应及时就诊。

4. 留置胃肠造瘘管者　应教会病人及家属对造瘘管的护理及管饲方法。

5. 活动与休息　劳逸结合,保证充足的睡眠,逐渐增加活动量。

（吕　静　王丽芹）

复习思考题

1. 如何观察胸膜腔闭式引流管是否通畅? 出现堵塞时如何护理?

2. 简述急性脓胸病人抽脓后的护理措施。

3. 谈谈肺癌病人术前呼吸道准备包括哪些措施? 意义何在?

4. 肺癌病人术后如何进行早期活动?

5. 食管癌术后发生乳糜胸的原因是什么? 如何进行预防以及护理?

扫一扫,
测一测

◆◆◆ 第十八章 ◆◆◆

心脏疾病病人的护理

学习目标

1. 复述体外循环、Beck 三联征的概念,简述体外循环后的病理生理变化。

2. 理解体外循环的实施方法,阐明体外循环的护理措施;比较各类先天性、后天性心脏病的临床表现和治疗原则。

3. 运用相关知识为各类接受外科手术治疗的先天性、后天性心脏病病人实施整体护理。

第一节 概 述

心脏外科的常见病包括先天性心脏病、瓣膜性心脏病、冠心病及大动脉病等,与其他器官疾病相比,心脏疾病的致死率较高,而且手术复杂、危险性大、并发症多,护理时应做好充分的术前准备,控制原发病,术后严密监测病情变化,预防并发症的发生。本章重点介绍由于先天性和后天获得性原因引起的心脏畸形和瓣膜病变而需要外科手术治疗的心脏疾病。

一、解剖生理概要

心脏外形近似一个前后略扁的圆锥体,位于纵隔中部,为双肺所覆盖。心脏接受来自静脉系统未经氧合的血液,并将已氧合的血液泵入动脉系统,以供给全身组织代谢所需的氧气与营养。

心脏被心包所包裹,心包由内向外分为脏层和壁层,两层之间为心包腔,内含 10~20ml 浆液,起润滑作用,可减少心脏搏动时与心包壁层的摩擦。心脏由内向外分为三层并构成心壁,依次是心内膜、心肌和心外膜,心外膜即心包脏层。

心脏由室间隔和房间隔分为左右两部分,每一部分的上部是心房,下部是心室,分别称左、右心房和左、右心室。心脏共有四个瓣膜,分为房室瓣和半月瓣两类。左心房室之间的瓣膜称为二尖瓣,右心房室之间为三尖瓣;两个半月瓣是主动脉瓣和肺动脉瓣,位于与主动脉和肺动脉相连的左心室和右心室。

心脏的传导系统由特殊的心肌细胞构成,这些细胞可以自发地发生动作电位,具有自律性、兴奋性和传导性。窦房结产生的节律性兴奋,通过结间束、房室结、房室束、左右束支和浦肯野纤维,扩布到心房肌和心室肌,引起心房和心室的节律性收缩。

心脏有节律地收缩和舒张及瓣膜的开放与关闭,使来自上、下腔静脉的血液经右房室进入肺进行气体交换,氧合血经肺静脉流回左房室,经主动脉到达全身。血液由右心室泵出,在肺内进行气体交换后回左心称为肺循环。由肺循环回心的动脉血通过左心室经主动脉到达全身,再将组织中的二氧化碳及代谢废物运回上、下腔静脉称为体循环。

心脏的血液由左冠状动脉和右冠状动脉供应。左冠状动脉起于升主动脉根部左侧,向左下方分出前降支、回旋支,负责供应室间隔前部、左心室大部、右心室前部和左心房的血液;右冠状动脉起于升主动脉右侧,供应室间隔后部、右心房和右心室的血液(图 18-1)。

正常心脏搏动时产生四个心音。第一心音主要由于心室收缩时二尖瓣、三尖瓣骤然关闭的振动所产生,标志心室收缩开始,呈浊音,音调较第二心音为低,持续时间较第二心音长,在心尖部听诊最清楚。第二心音主要由于心室舒张开始时主动脉瓣、肺动脉瓣突

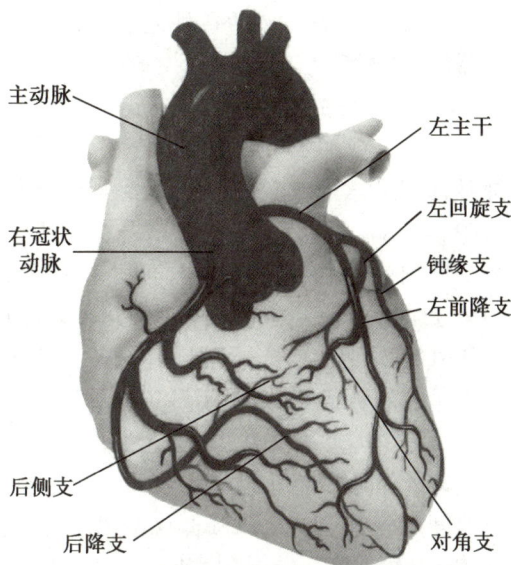

图 18-1　冠状动脉解剖示意图

然关闭时的振动所产生,音调较第一心音高而清脆,持续时间短,在心尖搏动之后出现,心底部听诊最清楚。第三心音是心室舒张早期、血液从心房急流入心室使心室振动而产生。第四心音在第一心音开始前 0.1 秒出现,是由于心房收缩振动而产生的。通常情况下听不到第三心音和第四心音。

杂音主要由于血流加速形成漩涡、导致心壁或血管产生振动而产生,如血流通过狭窄的瓣膜口、瓣膜关闭不全导致血液反流、心脏内或大血管之间存在异常通路时都可产生杂音。

二、体外循环

体外循环(extracorporeal circulation or cardiopulmonary bypass,CPB)是指利用特殊人工装置将回心的静脉血从上、下腔静脉和右心房引出体外,在人工心肺机内进行氧合并排出二氧化碳,经过调节温度和过滤后,再由血泵输回体内动脉,继续血液循环的生命支持技术。由于特殊的人工装置取代了人体心肺功能,故又称心肺转流术。体外循环可以为实施心内直视手术提供无血或少血的手术野。

【人工心肺机的基本装置】

1. 血泵　即人工心,是代替心脏泵血功能的主要部件,驱使体外氧合器内的氧合血回输入体内动脉,继续参与血液循环。常用的有转压泵和离心泵。前者利用泵头转子交替转压弹性泵管,驱使泵管内血液单向流动;后者利用驱动马达和磁性连接带动泵内多层旋转椎体或叶轮高速旋转,产生离心力驱动单向血流,具有减少血液成分破坏的优点。

2. 氧合器　即人工肺,是代替肺进行气体交换的部件,具有氧合静脉血,排出二氧化碳的功能。常用的有鼓泡式氧合器和膜式氧合器。前者将引出体外的静脉血和氧气混合成血气泡,直接由红细胞膜进行气体交换,再经过除泡过滤后成为氧合血;后者利用聚丙烯中空纤维高分子薄膜材料分隔氧气与红细胞,氧合过程中血液与氧气不直接接触,能明显减少血液成分破坏和微气栓产生,目前临床应用广泛,尤其适用于复杂重症和婴幼儿手术。

3. 变温器　是利用循环水温与导热薄金属隔离板,降低或升高血液温度的装置。

4. 滤器　是由高分子材料滤网组成的装置,用于有效滤除血液成分或气体等形成的微栓,如血栓、微气栓、脂肪栓及微小组织块等。

5. 附属装置 包括各种血管插管、连接管道、贮血器以及检测系统等。

【体外循环的实施】

心内直视手术一般经胸骨正中切口进入,由中心静脉注射肝素 300~350U/kg,维持全血活化凝血时间(ACT)≥480~600 秒。顺序插入升主动脉导管、上 - 下腔静脉引流管(或腔静脉 - 右心房引流管),与预充好的人工心肺机管道连接后,即可开动心肺机转流,建立体外循环(图 18-2)。心肺转流开始,心内直视术常需束紧腔静脉阻断带,钳闭升主动脉并在心脏停搏下进行。

体外循环多与低温相结合,即在开始转流时将血液温度降至 26~35℃,以降低代谢率、保证机体有氧代谢、避免血液成分受损和心肌损伤;待心内手术即将结束,再将血液温度回升至常温。心肺转流结束后,静脉注射适量鱼精蛋白以对抗肝素的抗凝作用,按顺序拔除上、下腔静脉和主动脉插管。

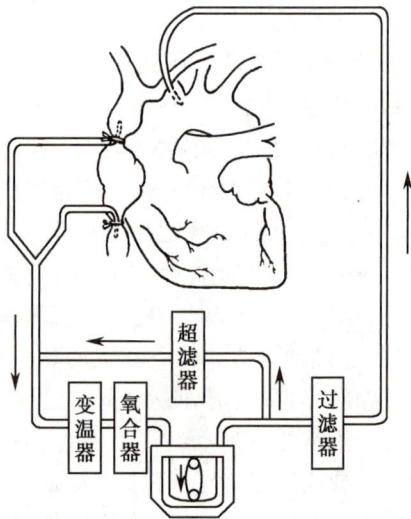

图 18-2 体外循环装置示意图

知识链接

体外循环时的心肌保护

体外循环下行心内直视手术时,为保证无血、清晰的手术视野,必须暂时钳闭升主动脉,阻断冠状动脉血液循环,将造成心脏缺血缺氧及再灌注损伤,表现为心肌氧化产能和氧利用障碍、高能磷酸盐缺乏、钙离子超负荷和氧自由基损伤,此时应给予心肌保护。心脏停搏液是心肌保护的重要措施,常用的是细胞外液型心脏停搏液,包括 St.Thomas 医院为代表的晶体停搏液(内含氯化钠、氯化钾、氯化镁、氯化钙、碳酸氢钠和盐酸普鲁卡因)和稀释冷血停搏液。其作用机制主要是:①使用高钾化学诱导法,使心脏迅速停搏,减少能量消耗;②降低心脏温度,减缓心肌代谢率;③提供氧和能量底物;④一般为偏碱性、高渗和细胞膜剂,以保护缺血心肌适宜的代谢环境、完整的细胞结构和细胞膜质子泵功能。临床较多采用 4℃心脏停搏液经升主动脉或冠状动脉开口顺行灌注。

【体外循环后的病理生理变化】

1. 凝血机制紊乱 主要为红细胞破坏、血红蛋白下降、溶酶激活、纤维蛋白原和血小板减少等,后者可引起凝血机制紊乱,导致术后大量渗血。

2. 水、电解质与酸碱失衡 低血钾较常见,多见于术前长期服用强心、利尿药物且转流过程中尿量又较多者。代谢性酸中毒与组织灌注不足有关,过度换气则可引起呼吸性碱中毒。

3. 重要脏器功能减退 体外循环可对心肌细胞产生损害;长时间的低血压、低灌注、酸中毒会引起脑循环障碍和脑损伤;低灌注量和大量的游离血红蛋白等可影响肾脏的排泌功能,甚至导致肾衰竭;微栓、氧自由基等毒性物质的释放、炎性反应引起的肺间质水肿、出血和肺泡萎缩等可造成呼吸功能不全,甚至呼吸衰竭。

【体外循环后的治疗原则】

保持血流动力学稳定和血容量平衡,应用呼吸机辅助呼吸,及时纠正水、电解质和酸碱平衡失调,应用抗生素预防感染。

【护理评估】

(一)术前评估

1. 相关健康史　了解病人一般资料,如年龄、身高、体重、发育、营养状况和饮食习惯;了解既往史和家族史,有无出血性疾病和凝血功能的异常,有无颅脑外伤史或其他伴随疾病,家族中有无心脏疾病病人;了解手术史和用药史,近期是否服用抗凝药或其他药物,有无过敏史等。

2. 身体状况

(1)症状与体征:评估病人有无心悸、胸闷、气短、乏力、呼吸困难、发绀等表现,评估生命体征和重要器官功能状态,评估病人的活动耐力和自理能力等,以估计可能采取的手术方式和病人对手术的耐受力,提供针对性护理。

(2)辅助检查:了解病人实验室检查、心电图检查、影像学检查(胸部 X 线、超声心动图)、心导管检查结果等。

3. 心理 - 社会状况　了解病人和家属对疾病、手术方案、可能导致的并发症、术前配合、术后康复知识的了解和掌握程度;了解病人的心理反应、家庭经济状况、对手术的期望值、对手术预后的承受能力等。

(二)术后评估

1. 术中情况　了解手术和麻醉方式,术中出血、补液、输血情况,术中有无意外和特殊处理,以及术中转流、循环阻断时间和各器官功能状况等。

2. 术后情况　了解术后病人的意识和对疼痛的耐受力;观察病人心功能状况,心电监护指标的动态变化,皮肤色泽、温度、末梢血管充盈和动脉搏动情况等;评估病人有无缺氧、呼吸和肺部呼吸音情况,呼吸机的工作状态和各项参数是否正常;观察伤口与各种引流管引流情况;了解病人术后有无不良心理反应并分析其原因。

【主要护理诊断 / 问题】

1. 焦虑与恐惧　与心脏疾病、体外循环手术、使用呼吸机等仪器有关。

2. 心输出量减少　与心脏疾病、心功能减退、血容量不足、心律失常等有关。

3. 低效性呼吸型态　与麻醉、手术、体外循环、人工辅助呼吸和术后切口疼痛有关。

4. 潜在并发症:出血、急性心脏压塞、肾功能不全、感染、脑功能障碍等。

【护理措施】

(一)术前护理

1. 心理护理　在体外循环下开展的手术一般比较复杂、危险性大、并发症多;病人既忍受了疾病的长期折磨,还承担着来自家庭、社会、经济等多方面的压力,护理人员应根据病人的心理特点给予针对性的疏导:①鼓励病人表达自己的心理感受;②介绍疾病和手术相关知识,术前、术后注意事项,监护室环境,以缓解病人的疑虑和焦虑;③促使其与手术成功的病人交谈,以增强对手术的信心;④指导家属尽可能帮助病人缓解来自各方面的压力。

2. 控制原发病　①术前多休息、少活动,保证充足睡眠,遵医嘱服用改善心功能的药物,如洋地黄类制剂和利尿药等。若有心悸、气喘、浮肿、尿少者,先内科治疗,待心功能改善后,考虑手术治疗。呼吸困难、心悸气短者应取半卧位并吸氧。②严重发绀型先天性心脏病病人术前 1 周间断吸氧,氧流量 4~6L/min,每日 2~3 次,每次 20~30 分钟;注意休息,警惕缺氧性晕厥发作;防止腹泻、感冒等引起的脱水。③冠心病病人应密切观察其胸痛的部位、性质、程度等,遵医嘱使用硝酸甘油等药物,术前 3~5 日停用阿司匹林等抗血小板聚集类药,以防止术中出血不止。④对伴有高血压、高血脂、糖尿病者,应控制血压、血脂或血糖。⑤避免术前头颅外伤,以免引起体外循环时颅内出血。

3. 预防和控制感染　口腔黏膜、皮肤以及呼吸道感染是导致心血管病人发生感染性心内膜炎的危险因素,故术前应加强口腔、皮肤护理,避免黏膜和皮肤破损,积极治疗感染病灶;指导病人戒烟 3 周以上;指导病人进行深呼吸和有效咳嗽训练;注意保暖,防止呼吸道感染。

4. 饮食与营养支持　摄入高热量、高蛋白及丰富维生素食物,以增强对手术的耐受力;进食较少者,可静脉补充营养。冠心病病人宜低脂、低胆固醇饮食;心功能欠佳者,限制钠盐摄入,钠盐 <3g/d;低蛋白血症和贫血严重者,术前可给予白蛋白、新鲜血浆、全血等。

5. 加强术前监测　测量身高、体重,计算体表面积;每日监测生命体征。

6. 完善术前检查　包括血、尿常规,定血型、交叉配血、肝肾功能、凝血功能、血清电解质、心电图、胸部 X 线、超声心动图,以及心导管检查等。

(二) 术后护理

1. 体位与活动　麻醉未清醒时取平卧位,头偏向一侧;有气管插管及辅助通气者,头颈保持平直位,防止气管插管扭曲影响通气;麻醉清醒后,生命体征平稳者可采用半坐卧位,以利引流和呼吸。一般术后第 1 日,鼓励病人在床上活动;术后 2~3 日,视病情可下床活动,拔除各引流管后可增加下床活动次数及活动量。

2. 循环系统护理

(1) 监测血压:体外循环后常经桡动脉、肱动脉插管进行动脉测压,其结果比袖带式间接测压更为精确。术后宜控制平均动脉压在 70~90mmHg,若收缩压低于 80mmHg 或降至原先值的 2/3 时属低血压,应结合意识、尿量、末梢循环变化,给予相应处理。动脉测压时应注意:①严格执行无菌操作,防止发生感染;②测压前调整好零点;③在测压、取血或调零点等操作过程中,严防空气进入而造成气栓;④观察动脉穿刺部位有无肿胀、出血,导管有无脱落,肢体远端的皮肤颜色、温度等;⑤拔管后压迫局部,防止出血。

(2) 监测心功能:术后 48 小时内连续监测生命体征,每 15 分钟 1 次,待平稳后改为每 30 分钟 1 次;监测左房压、右房压、肺动脉和肺动脉楔压,为术后维持和恢复正常的血流动力学提供客观依据。在测定以上各种压力时应注意:①保持管道通畅;②防止导管折断或导管接头脱落、出血;③若病人有咳嗽、呕吐、躁动、抽搐或用力时均影响测量结果,应安静 10~15 分钟后再行测定;④拔管后局部压迫止血,并监测心律、心率之变化。余同动脉测压。

(3) 观察周围循环情况:严密观察病人皮肤的颜色、温湿度,口唇、甲床毛细血管充盈和动脉搏动情况,及早发现微循环灌注不足和组织缺氧,注意保暖。

(4) 补充血容量:体外循环后,由于病人凝血功能较差,失血量较多且时间长,容易出现血容量不足,应补充液体,必要时输新鲜血、血小板浓缩液、血浆等。应用血管活性药物时,严格遵医嘱配制药物浓度和剂量,并应用输液泵控制输液速度和用量。

(5) 监测体温:术后每 30 分钟测体温 1 次,体温低于 35℃时应保暖复温;体温逐渐回升至常温时,及时撤除保暖措施。若术后体温升至 38℃,应立即采取物理降温;若高达 39℃以上,应通知医生予以药物降温等。

3. 呼吸系统护理　体外循环术后病人常规采用机械通气,支持呼吸功能,同时可以改善氧合,减少呼吸作功,降低肺血管阻力,促进心脏功能恢复。

(1) 密切观察呼吸情况:观察和记录病人的呼吸频率、节律和幅度,双肺呼吸音、血氧饱和度、神志,有无发绀、鼻翼扇动、点头状或张口呼吸等,发现异常及时处理。观察呼吸机是否与病人呼吸同步,监测动脉血气分析,根据结果调整呼吸机参数。

(2) 给氧:给予病人氧疗,维持充分的氧合状态。

(3) 妥善固定气管插管:定时测量气管插管至门齿的距离并做好标记,防止气管插管脱出或移位。

(4) 保持呼吸道通畅:及时清除呼吸道分泌物、呕吐物,预防肺不张;吸痰前可将氧浓度调大至 70% 以上,每次吸痰时间不超过 15 秒,以防机体缺氧;呼吸道分泌物多且黏稠者,气管内先滴入糜蛋白酶稀释痰液后再行吸痰;若心电图异常,血氧饱和度持续下降时应立即停止吸痰。

(5) 拔除气管插管后护理:协助病人取半坐卧位并吸氧;定时翻身、拍背,鼓励病人深呼吸及有效咳嗽排痰;给予雾化吸入,以减轻喉头水肿,降低痰液的黏稠度;指导病人吹气球、应用深呼吸训练器,以促进肺膨胀。

4. 维持水、电解质和酸碱平衡　准确记录病人 24 小时出入量或每小时尿量,评估血容量是否充足;遵医嘱及时补钾,纠正低钾血症;代谢性酸中毒或呼吸性碱中毒病人可通过静脉输注 5% 碳酸氢钠溶液或调节呼吸机的呼吸频率、潮气量参数予以纠正。

5. 引流管护理　心包纵隔引流管护理时应妥善固定引流管,评估其是否在正常位置;保持引流通畅,每 2 小时挤压 1 次;定期局部消毒;观察和记录引流液的颜色、性状和量,若单位时间内突然引流量减少,且有中心静脉压升高、血压下降,提示心包引流不畅、心脏压塞,立即联系医师并协助处理;病情允许,尽早拔除引流管。胸膜腔闭式引流管按常规进行护理。

6. 并发症的观察与护理

(1) 出血:若术后 3~4 小时内,10 岁以下小儿的心包、纵隔引流出的血性液 > 50ml/h,成人 >100ml/h,且颜色鲜红,有较多血细胞凝集块,伴血压下降、脉搏增快、躁动和出冷汗等低血容量的表现,应考虑有活动性出血的可能,需立即报告医师做好手术止血的准备。

(2) 急性心脏压塞:体外循环破坏血小板,使纤维蛋白原、凝血因子损耗增多造成凝血功能障碍,以及应用止血药物后形成血凝块等因素均可造成心包腔内积血、血块凝聚,从而引起急性心脏压塞。术后应保持心包纵隔引流管通畅,观察并记录引流液的色、质、量;密切观察病情变化,监测中心静脉压,使其保持在 5~12cmH$_2$O。若病人出现静脉压升高(CVP≥25cmH$_2$O,颈静脉怒张),心音遥远、心搏微弱,脉压小、动脉压降低的 Beck 三联征,则提示心脏压塞,应通知医师及时处理。

(3) 低心排血量综合征:由于心脏疾病、心功能减退,再加体外循环过程中阻断心脏循环,心脏缺血、缺氧以及再灌注损伤,使心肌收缩不全,病人术后易出现低心排血量综合征,表现为血压下降、脉压变小、心率加快、尿量减少、末梢循环差、四肢发冷等。①护士应密切监测心输出量(CO)、心排指数(CI)、体循环阻力(PVR)等数值的变化,及早发现低心排血量,联系医师处理;②补充血容量,纠正低氧血症;③遵医嘱给予正性肌力药物和血管活性药物,以恢复心脏和其他重要器官的供血供氧;④当药物治疗效果不佳或反复发作室性心律失常时,可行经皮主动脉内球囊反搏(intra-aortic balloon pumping,IABP)。

(4) 感染:若病人术前存在口腔黏膜、皮肤和呼吸道感染,则术后容易发生感染性心内膜炎,病人出现不明原因的高热或持续低热,可伴寒战、食欲不振、头痛、胸痛、呼吸困难等表现,因此除了加强术前护理之外,术后要遵医嘱应用抗生素预防感染。术后如出现上述症状,可抽血做血培养和药敏试验,以明确诊断和针对性用药。

(5) 肾功能不全:由于体外循环的影响、肾毒性药物的大量应用等,病人容易发生肾功能不全,而出现少尿、无尿、高血钾、尿素氮和血清肌酐升高等,因此应密切监护肾功能:①术后留置导尿管,每小时测尿量1次,每4小时测尿pH和比重,若尿量减少应分析原因,及时处理;②保持尿量在1ml/(kg·h),观察尿色变化;③出现血红蛋白尿者,给予高渗性利尿或静脉滴注4%碳酸氢钠碱化尿液,防止血红蛋白沉积在肾小管导致肾功能损害;④疑有肾衰竭者,协助医师完成各项检查;记录出入液量,限制水和电解质摄入;控制摄入高钾食物,如香蕉、橘子等;停用对肾有毒性的药物;⑤若确诊为急性肾衰竭,应考虑透析治疗。

(6)脑功能障碍:术后应密切观察意识、瞳孔、运动和感觉有无异常。若病人出现神志不清、烦躁、头痛、呕吐等异常表现,以及偏瘫、失语等定位体征,应及时通知医师,协助处理。原因多由长时间体外循环及灌注压过低造成脑缺血缺氧,以及体外循环中产生的各种微血栓、气栓等所致。

7. 抗凝治疗的护理 瓣膜置换术后,为预防人工瓣膜血栓形成,置换机械瓣者需终身抗凝治疗,置换生物瓣者需抗凝3~6个月。一般术后24~48小时即给予华法林抗凝治疗,抗凝治疗效果以凝血酶原时间活动度国际标准比值(INR)保持在2.0~2.5之间为宜。定期抽血查看INR,调整华法林的剂量。同时注意观察有无牙周出血、皮下出血点或淤斑、柏油样便、尿色变红、月经增多或头痛等症状,出现异常及时和医生联系。

8. 心理护理 护士在进行操作时要体现关心和爱护,动作要敏捷熟练,以获得病人的信任感;通过交流,帮助病人正确认识疾病及预后;提供病人所需的信息与知识,指导病人积极配合;鼓励家属给予病人心理上的支持,以增强战胜疾病的信心与勇气。

【健康教育】

1. 饮食 摄入高蛋白、高维生素的均衡饮食,少食多餐,避免因进食过量而增加心脏负担;冠心病者宜低脂、低胆固醇饮食,心功能欠佳者限制钠盐摄入;服用抗凝药者应少食维生素K含量高的食物,如菠菜、胡萝卜、猪肝等。

2. 自我保健 注意防寒保暖,避免呼吸道感染,以防加重心脏负担。指导病人养成规律排便习惯,保持大便通畅。

3. 活动与休息 根据心功能恢复情况逐渐增加活动量,注意劳逸结合,术后1年内避免重体力劳动、剧烈运动,避免外伤等意外情况的发生。

4. 药物指导 遵医嘱服用强心、利尿、抗凝等药物,指导病人按时、按量、连续服药,不可随意减药、停药、加药、中途擅自换药。瓣膜置换术后半年内,应每月定期复查凝血酶原时间(PT)和国际标准比值(INR),根据检查结果遵医嘱调整药物剂量,半年后置入机械瓣的病人每6个月复查1次;注意与其他药物的反应,如苯巴比妥类药物、阿司匹林、双嘧达莫(潘生丁)、吲哚美辛(消炎痛)等药物能增强抗凝作用,维生素K等止血药则降低抗凝作用,应在医师指导下使用;注意观察有无出血倾向或下肢厥冷、疼痛、皮肤苍白等抗凝剂不足表现,如有异常及时就诊。

5. 监测与复查 平时自我监测有无胸闷、胸痛、心悸、气促、发绀、呼吸困难、水肿、尿量减少,有无高热或持续低热等,并遵医嘱定期复查。

第二节 先天性心脏病病人的护理

先天性心脏病(congenital heart disease,CHD)简称先心病,主要包括动脉导管未闭、房间隔缺损、室间隔缺损和法洛四联症,由胎儿期心脏和大血管在母体内发育异常、部分停顿等所造成。近年研究认为,引起胎儿心脏发育畸形的主要原因为胎儿发育的宫内环境因素(如感染、胎儿局部周围机械压迫)、母体情况和遗传基因等。

先心病的种类很多,可有两种以上畸形并存,根据是否存在体循环和肺循环之间的分流可将其分为三大类。

1. 左向右分流型(潜伏发绀型) 正常情况下由于体循环压力高于肺循环,血液从左向右分流而不会出现发绀,当大哭或病理情况下导致肺动脉或右心室压力增高并超过左心时,血液可自右向左分流而出现暂时性发绀,常见于动脉导管未闭、房间隔缺损和室间隔缺损。

2. 右向左分流型(发绀型) 如果右心室流出道狭窄,会使右心压力增高并超过左心,导致血流从右向左分流;或者大动脉起源异常,使大量静脉血流入体循环,则可出现持续性发绀,如法洛四联症和大动脉转位等。

3. 无分流型(非发绀型) 此种类型往往在体循环和肺循环之间没有分流,因此不会发绀,如先天性主动脉瓣狭窄、先天性二尖瓣狭窄等。

近年来,随着医疗技术的不断发展,很多新技术已应用在先天性心脏病的外科治疗,如采用介入治疗关闭动脉导管、房间隔和室间隔缺损,应用球囊导管扩张狭窄的瓣膜和血管。此外,体外循环、深低温麻醉下心脏直视手术的发展等,使手术时间提早到婴儿期和新生儿期成为可能,同时也大大提高了手术治疗效果。

一、动脉导管未闭

动脉导管未闭(patent ductus arteriosus,PDA)是指存在于主动脉和肺动脉之间的先天性异常通道,位置在左锁骨下动脉远侧的主动脉峡部和左肺动脉根部之间。85% 的足月产婴儿在出生后 2 个月内动脉导管闭合,如逾期不闭合者即成动脉导管未闭。发病率占先天性心脏病的 12%~15%。

【病理生理】

动脉导管未闭使压力高的主动脉血液分流进入压力较低的肺动脉内,形成左向右的分流,导致肺循环血量增加。为维持全身血循环,左心室不得不增加排血量,左心容量负荷加重,导致左心室肥大、肺充血,甚至左心衰竭。血液分流入肺动脉后肺循环血量增加,使肺动脉压力升高,右心负荷加重,导致右心肥大甚至右心衰竭。肺小动脉承受大量分流血液后发生反应性痉挛,久之导致其管壁增厚和纤维化,使肺动脉压力持续升高,若接近或超过主动脉压力,可以逆转为右向左分流,患儿出现发绀,导致艾森曼格综合征(Eisenmenger syndrome),终因肺动脉高压、右心衰竭而死亡。

知识链接

艾森曼格综合征

艾森曼格综合征一词多用以指心室间隔缺损合并肺动脉显著高压伴有右至左分流的患儿。推而广之,动脉导管未闭、房间隔缺损等先天性心脏病随着病情的发展,发生肺动脉显著高压而有右至左分流时,均可出现此综合征。因此本综合征又称为肺动脉高压性右至左分流综合征。患儿可出现发绀,于劳累后加重,逐渐出现杵状指(趾)、气急、乏力、头晕,甚至右心衰竭等临床表现。若为先天性心脏病后期,已失去手术治疗机会,唯一有效的治疗方法是行心肺联合移植或肺移植的同时矫治心脏畸形。

【临床表现】

1. 症状 ①导管细、分流量小者,多无自觉症状;②导管粗、分流量大者,可出现气促、咳嗽、乏力、多汗、心悸等症,因肺充血而易感冒或发生呼吸道感染,早产儿易致呼吸窘迫症;③若肺血管发生器质性变化并出现双向分流时,患儿轻度活动就可发生左心衰竭而死亡。

2. 体征 ①心脏杂音:在胸骨左缘第 2 肋间可闻及粗糙响亮的连续性机器样杂音,并向颈部或背部传导,局部可触及震颤。肺动脉高压明显者可闻及收缩期杂音,肺动脉瓣区第二心音亢进;分流量大者,心尖部可闻及柔和的舒张中期隆隆样杂音。②周围血管征:脉压增大,颈动脉搏动加强,有甲床毛细血管搏动、水冲脉,股动脉闻及枪击音,并会随着分流量的下降而消失。

【辅助检查】

1. 心电图 导管细小、分流量小者心电图可正常或电轴左偏;分流量大者表现为左心室高电压或左心室肥大;肺动脉高压明显者表现为左、右心室肥大。

2. 胸部 X 线 心影随分流量增加而增大,左心缘向左下外延长;纵隔阴影增宽;主动脉结突出,可呈漏斗状;肺动脉圆锥平直或隆出;肺门血管阴影增粗。

3. 超声心动图 左心房、左心室内径增大,二维切面可显示未闭的动脉导管,多普勒超声能发现异常血液信号。

【治疗原则】

主要为手术治疗,最适当的手术年龄是学龄前。

1. 适应证与禁忌证 早产儿、婴幼儿反复发生肺炎、呼吸窘迫、心力衰竭、喂养困难或发育不良者应及时手术治疗,但并发艾森曼格综合征者禁忌手术。

2. 手术方法

(1) 动脉导管结扎 / 钳闭术、切断缝合术:经左后外侧第 4 肋间切口或电视胸腔镜技术进入左侧胸腔,解剖动脉导管三角区纵隔胸膜,保护迷走神经、喉返神经,游离动脉导管,控制性降压后粗丝线双重结扎或钛钉钳闭动脉导管,此法最常用。如导管粗大、术中损伤出血,可用两把导管钳钳闭动脉导管,在两钳之间边切边连续缝合主动脉和肺动脉边缘。

(2) 导管封堵术:介入封堵是经皮穿刺股动脉和股静脉,在 X 线或食管超声引导下,右心导管经肺动脉和动脉导管,进入降主动脉,确定位置后释放封堵器或弹簧圈封闭动脉导管,适用于年龄稍大的病例。外科经胸封堵是采用胸骨左缘第 2 肋间小切口,在食管超声引导下穿刺肺动脉到达动脉导管及主动脉,释放封堵器,适用于全部年龄段病例。

(3) 体外循环下结扎导管或内口封闭术:适用于合并其他心脏畸形需同期手术,导管粗短、钙化、瘤样变伴有严重肺动脉高压、感染性心内膜炎,或结扎术后再通的病例。体外循环下,在心包腔内游离并结扎动脉导管,或者切开肺动脉,直接缝闭或补片修补导管内口。

【主要护理诊断 / 问题】

1. 有感染的危险 与心脏疾病引起肺充血和机体免疫力低下有关。

2. 生长发育迟缓 与先天性心脏病引起缺氧、疲乏、心功能减退、营养摄入不足有关。

3. 低效性呼吸型态 与麻醉、手术、体外循环、人工辅助呼吸和术后切口疼痛等有关。

4. 潜在并发症:高血压、喉返神经损伤、出血、急性心脏压塞、肾功能不全、感染、脑功能障碍等。

【护理措施】

参照本章第一节体外循环的护理措施之外,还要注意术后特殊并发症的观察与护理。

1. 高血压 手术结扎导管后,体循环血流量突然增加,术后可出现高血压,甚至导致高血压危象,所以术后应密切监测血压变化,并观察患儿有无烦躁不安、头痛、呕吐等表现。若血压偏高,遵医嘱及时给予降压药物。给药后,密切观察血压变化、疗效和不良反应,准确记录药物用量;根据血压变化随时调整剂量。使用降压药硝普钠时应现配现用,注意避光,静滴 4 小时后,每小时观察 1 次,如果溶液由红色变为红棕色或蓝色,立即更换,以免药物分解影响疗效。

2. 喉返神经损伤 左侧喉返神经自迷走神经分出后,紧绕导管下缘,向后沿食管、气管沟上行,手术中极易误伤。术后应密切观察患儿发音情况,若术后 1~2 日出现单纯性声音嘶哑,则可能是术中牵拉、挤压喉返神经或局部水肿所致,应告知患儿禁声和休息,应用激素和营养神经药物,一般 1~2 个月后可逐渐恢复。

【健康教育】

参见本章第一节体外循环的相关内容。

二、房间隔缺损

房间隔缺损(atrial septal defect,ASD)系指因左、右心房之间的间隔先天性发育不全、遗留缺损而导致的、存在于两心房之间的异常通路,发病率占先天性心脏病的 5%~10%。房间隔缺损可分为原发孔型和继发孔型两类,以后者多见,也可两种同时存在。原发孔型房间隔缺损位于冠状静脉窦前下方,常伴二尖瓣大瓣裂缺;继发孔型房间隔缺损位于冠状静脉窦后上方。

【病理生理】

由于左心房压力比右心房高,左心房血通过缺损向右心房分流,分流量取决于两侧心房压力差和缺损大小。幼儿阶段,两心房压力接近,分流量不大;随年龄增大,房压差增加,左向右分流量渐多,右心负荷加重,致使右心房、右心室和肺动脉逐渐扩张,肺动脉压力升高,久之导致肺动脉高压。右心房室压力随之增高,分流量减少,甚至发生右心房向左心房的逆流,引起艾森曼格综合征,最终可死于右心衰竭。

【临床表现】

1. 症状 原发孔型主要为轻度活动后气急、心悸或反复呼吸道感染等;也有的患儿症状出现早而重,早期就出现明显的心脏扩大和严重的肺部充血等现象。继发孔型多至青年期才开始出现症状,包括劳力性气促、心悸、乏力、心房颤动,肺循环血量增多时易发生呼吸道感染和右心衰竭。

2. 体征 由于右心室明显肥大,患儿左侧前胸廓略膨隆,可触及心搏增强,少数可触及震颤。听诊时,肺动脉瓣区可闻及Ⅱ~Ⅲ级吹风样收缩期杂音,伴第二心音亢进和分裂;分流量大者可闻及柔和的心尖部舒张期杂音;肺动脉高压者,肺动脉瓣区收缩期杂音减轻,第二心音更加亢进和分裂;原发孔型房间隔缺损伴二尖瓣裂缺者,心尖部可闻及Ⅱ~Ⅲ级收缩期杂音。有右向左分流者可出现发绀、杵状指(趾)。

【辅助检查】

1. 心电图 原发孔型电轴左偏,P-R 间期延长,左心室肥大。继发孔型电轴右偏,呈不完全性或完全性右束支传导阻滞、右心室肥大。

2. 胸部 X 线 可见右心增大,呈梨形心。原发孔型可见左心室扩大,肺门血管影增粗。

3. 超声心动图 准确显示缺损位置、大小和房间隔水平分流信号,以及缺损与上腔、下腔静脉及二尖瓣、三尖瓣的位置关系。继发孔型显示右心增大,原发孔型可见右心、左心扩大和二尖瓣裂缺、反流。

4. 右心导管检查 主要用于测定肺动脉压力并计算肺血管阻力,当右心房血氧含量超过上腔、下腔静脉血氧含量 1.9vol%,或者右心导管进入左心房,提示存在房间隔缺损。

【治疗原则】

以手术治疗为主,即使无症状但有右心房室扩大者应手术治疗,房间隔缺损合并肺动脉高压者也应尽早手术,并发艾森曼格综合征者禁忌手术。

在体外循环直视下,切开右心房,直接缝合或使用补片材料修补缺损;原发孔型应先修复二尖瓣裂缺,再用补片修补房间隔缺损。介入封堵和经胸封堵是在 X 线或食管超声引导下植入封堵器封闭缺损,无需体外循环,创伤小,恢复快,适用于继发孔型且房间隔缺损大小、位置适宜的病人。

【主要护理诊断/问题】

1. 生长发育迟缓　与先天性心脏病引起缺氧、疲乏、心功能减退、营养摄入不足有关。

2. 心输出量减少　与心脏疾病、心功能减退、血容量不足、心律失常等有关。

3. 气体交换受损　与缺氧、麻醉、手术、体外循环、人工辅助呼吸和术后切口疼痛有关。

4. 潜在并发症:急性左心衰竭、心律失常、出血、急性心脏压塞、肾功能不全、感染、脑功能障碍等。

【护理措施】

参照本章第一节体外循环的护理措施之外,还要注意术后特殊并发症的观察与护理。

1. 急性左心衰竭　由于长期左向右分流,病人左心发育较差,房缺修补术后,左心血容量增加;若术中、术后输液过多或过快,易发生急性左心功能不全。病人可出现呼吸困难、咳嗽、咳粉红色泡沫样痰等急性肺水肿症状。护理时需严格控制输液量和输液速度以减轻左心前负荷;术前可疑左房高压(>20~25mmHg)或左心功能不全者,需 24 小时监测左房压,注意是否出现肺静脉高压;加强观察,出现急性肺水肿表现,需及时通知医师处理;遵医嘱给予强心、利尿、扩张血管药物等治疗;应用呼气末正压辅助呼吸(PEEP),并及时清理气道内分泌物。

2. 心律失常　与缺损距窦房结、房室结等心脏传导系统较近以及手术操作等原因有关,术后病人可出现期前收缩、房室传导阻滞等。护士应严密监测动态心电图,观察心率、心律的变化;维持静脉输液通畅,发现异常,及时通知医生,协助使用抗心律失常药物。经对症处理一般均可恢复正常。

【健康教育】

参见本章第一节体外循环的相关内容。

三、室间隔缺损

室间隔缺损(ventricular septal defect,VSD)是指室间隔在胎儿期因发育不全,在左右心室之间形成的异常通道,是我国所有先天性心脏病中发病率最高的先心病,约占 20%~30%。根据缺损的解剖位置不同,通常分为膜部缺损、漏斗部缺损和肌部缺损三大类(图 18-3)。其中以膜部缺损最为多见,绝大多数缺损为单个,偶而为多个。

【病理生理】

室间隔缺损时,左心室血液向右分流,分流量取决于左右心室的压力差、缺损大小和肺血管阻力。肺动脉压力随右心负荷增大而逐渐上升。早期肺小动脉痉挛,管壁内膜和中层增厚,阻力增加,形成阻力性肺动脉高压,左至右分流明显减少;后期出现右向左分流,导致艾森曼格综合征。

【临床表现】

1. 症状　缺损小者无症状,缺损大者在出生 2~3 个月后即开始出现症状。婴儿期易反复发生呼吸道感染、充血性心力衰竭、喂养困难、发育迟缓,随着生长发育缺损逐渐缩小,症状亦逐渐减轻。能度过婴幼儿期的较大缺损者,表现活动后心悸、气促,逐渐出现发绀和右心衰竭。

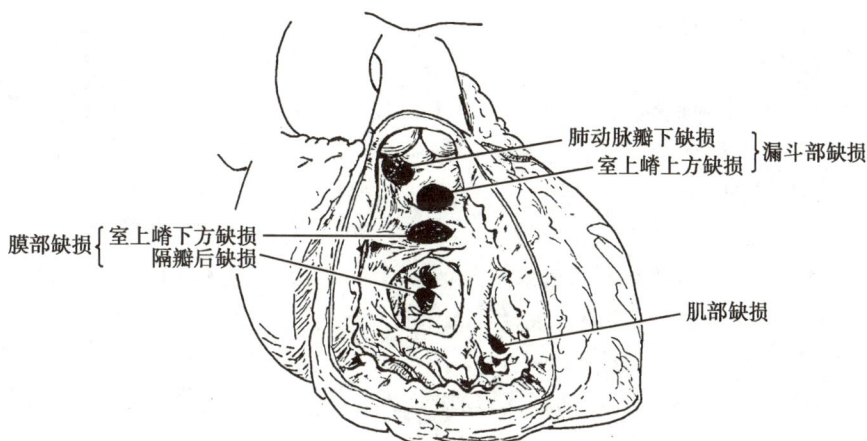

图 18-3　室间隔缺损的各种类型

2. 体征　心前区常有轻度隆起。胸骨左缘第 2~4 肋间闻及Ⅲ级以上粗糙响亮的全收缩期杂音，并扪及收缩期震颤。高位漏斗部缺损者，杂音和震颤位于第 2 肋间。分流量大者心尖部可闻及柔和的、舒张期杂音。肺动脉高压导致分流量减少时，收缩期杂音逐渐减轻，甚至消失，而肺动脉瓣区第二心音亢进，并可伴肺动脉瓣关闭不全的舒张期杂音。

【辅助检查】

1. 心电图　缺损小者心电图正常或电轴左偏，缺损大者左心室高电压、肥大。肺动脉高压时，双心室均肥大，右心肥大伴劳损。

2. 胸部 X 线　中度以上缺损，心影轻到中度扩大，肺动脉段突出，肺野充血；阻力性肺动脉高压时，左、右心室扩张程度反而减轻，肺血管影呈"残根征"。

3. 超声心动图　左心房、左心室扩大，或双室扩大。二维超声可显示缺损部位和大小。多普勒超声可判断血液分流方向和分流量，并可了解肺动脉压力。

【治疗原则】

缺损小、无血流动力学改变者，可暂观察，部分病例可自行闭合。缺损大、分流量大或伴肺动脉高压的患儿，应尽早手术；缺损较小，已有房室扩大者，需在学龄前手术；合并心力衰竭或感染性心内膜炎者，需控制病情后才能手术；并发艾森曼格综合征者禁忌手术。

低温体外循环下心内直视手术仍然是治疗室间隔缺损的主要方法。根据缺损位置选择右心房、右心室或肺动脉切口显露室间隔缺损，缺损小者直接缝合，缺损大者用自体心包片或人工补片材料修补。对于室间隔缺损大小、位置适宜的病人，可采用介入封堵和外科经胸封堵术。

主要护理诊断 / 问题、护理措施和健康教育参见本节房间隔缺损的相关内容。

四、法洛四联症

法洛四联症（tetralogy of Fallot, TOF）是包括肺动脉狭窄、室间隔缺损、主动脉骑跨和右心室肥厚在内的联合心脏畸形，是一种最常见的发绀型先天性心脏病，约占所有先心病的 12%~14%。狭窄多见于漏斗部，可以是单处，也可以是多处；室间隔缺损较大，且呈椭圆形；主动脉向右移位骑跨于室间隔缺损上方。

【病理生理】

肺动脉狭窄使右心室排血受阻，右心室压力上升并超过左心室，使得部分血液经过室间隔缺损处从右向左分流，导致动脉血氧饱和度降低和肺循环血量减少。由于机体缺氧，红细胞和血红蛋白代偿性增加。

【临床表现】

1. 症状　由于动脉血氧饱和度降低,新生儿即可发绀,哭闹时更为显著,且逐年加重。患儿活动后气促,喜蹲踞,蹲踞时发绀和呼吸困难有所减轻。严重患儿可在活动后出现缺氧性昏厥和抽搐,甚至死亡。

2. 体征　患儿多伴发育障碍,口唇、甲床发绀,杵状指(趾)。胸前区心搏增强。胸骨左缘第2~4肋间可闻及Ⅱ~Ⅲ级喷射性收缩期杂音,有时可扪及震颤;肺动脉瓣区第二心音减弱或消失。严重肺动脉狭窄者,杂音很轻或无杂音。

【辅助检查】

1. 实验室检查　血常规中红细胞计数、血红蛋白量、血细胞比容增高,且与发绀程度成正比;动脉血氧饱和度降低。

2. 心电图　电轴右偏,右心室肥大。

3. 影像学检查

(1) 胸部X线:心影正常或稍大,肺血减少,肺血管纹理纤细;肺动脉段凹陷,心尖钝圆,呈"靴状心",升主动脉增宽。

(2) 超声心动图:右心室流出道、肺动脉瓣或肺动脉主干狭窄;右心室增大,右心室壁肥厚;室间隔连续性中断;升主动脉内径增宽,骑跨于室间隔上方。多普勒超声示室间隔水平右向左分流信号。

(3) 右心导管检查:发现右心室压升高,肺动脉压力低,右心室、左心室和主动脉收缩压基本相同。

(4) 心血管造影术:可显示主动脉与肺动脉的位置关系,肺动脉狭窄的部位和程度,肺动脉分支和左心室发育情况等。

【治疗原则】

主要为手术治疗,包括矫治手术和姑息手术。绝大多数左心室、肺动脉及左、右分支发育正常的法洛四联症患儿均应力争在1岁内行矫治术。即在低温体外循环下,经右心房或右心室切口,疏通右心室流出道,用补片修补室间隔缺损,将骑跨的主动脉隔入左心室,同时矫正其他合并的心内畸形。

婴儿期若严重缺氧、屡发呼吸道感染和昏厥者,可先行姑息手术,即行锁骨下动脉-肺动脉吻合术或右心室流出道补片扩大术,以增加肺循环血流量,改善缺氧,等条件成熟后再行矫治手术。

【主要护理诊断/问题】

1. 生长发育迟缓　与先天性心脏病引起缺氧、疲乏、心功能减退、营养摄入不足有关。

2. 活动无耐力　与氧的供需失调有关。

3. 低效性呼吸型态　与缺氧、麻醉、手术、体外循环、人工辅助呼吸和术后切口疼痛等有关。

4. 潜在并发症:灌注肺、低心排血量综合征、出血、急性心脏压塞、肾功能不全、感染、脑功能障碍等。

【护理措施】

参照本章第一节体外循环的护理措施之外,还要注意术后特殊并发症的观察与护理。

灌注肺是法洛四联症矫治术后的一种严重并发症。可能与肺动脉发育差、体-肺侧支多或术后液体输入过多有关。患儿表现为呼吸道分泌物增多或有血痰,出现急性进行性呼吸困难、发绀、低氧血症。护理时应注意:①应给予呼气末正压辅助呼吸;保持呼吸道通畅,及时清除分泌物;吸痰时注意观察痰液的颜色、性质和量,以及血氧饱和度、心率、血压等;拔除气管插管后,吸氧 3~5 日,并协助患儿拍背排痰。②严格限制液体入量,维持血浆胶体渗透压在正常水平,必要时遵医嘱补充血浆和白蛋白。

【健康教育】

参见本章第一节体外循环的相关内容。

第三节　心脏瓣膜病病人的护理

案例分析

　　章女士,48 岁,农民,因活动后胸闷、气促 5 年,加重 3 个月入院。病人 5 年前出现活动后胸闷不适,伴气促、心慌,间断有咳嗽、咳白色黏痰,量不多,当地医院以"肺炎"诊治。3 个月前病人感冒后自觉活动后胸闷明显加重,夜间时有憋醒,端坐可以缓解,为求进一步诊治而就诊。病人 12 年前有风湿热病史。

　　体格检查:T 37℃,P 88 次 /min,R 20 次 /min,BP 120/84mmHg;面颊和口唇轻度发绀,颈静脉稍充盈,两肺呼吸音清晰;心界不大,心前区未及抬举性搏动,HR 88 次 /min,律齐,心尖部闻及舒张中期隆隆样杂音,余无殊。

　　辅助检查:超声心动图示风心、重度二尖瓣狭窄,瓣叶增厚、僵硬、开闭受限,瓣口面积 0.8cm²,左心房直径 42mm,左心室舒张末直径为 54mm,左心室射血分数为 56%。心电图检查示窦性心律,左心房增大。胸部 X 线片示两肺纹理稍粗。

　　请问:

　　1. 该病人的医疗诊断依据有哪些?

　　2. 入院后病人将在体外循环下行二尖瓣机械瓣膜置换术,围术期主要的护理诊断 /问题有哪些?

　　3. 针对病人的护理诊断 /问题,相应的护理措施是什么?

　　后天性心脏瓣膜病是临床常见的心脏病之一,其中由于风湿热所致的瓣膜病约占我国心脏外科病人的 30%。风湿性心脏瓣膜病最常累及二尖瓣,其次为主动脉瓣,较少见于三尖瓣,肺动脉瓣则极为罕见。风湿性病变可单独累及 1 个瓣膜区,也可同时累及几个瓣膜区,以二尖瓣合并主动脉瓣病变比较多见。

一、二尖瓣狭窄

　　二尖瓣狭窄(mitral stenosis)指二尖瓣瓣膜受损害、瓣膜结构和功能异常所导致的瓣口狭窄。

【病理生理】

　　二尖瓣由瓣环、瓣叶、腱索、乳头肌和相关的左心室肌构成,质地柔软。风湿病反复发作累及二尖瓣后引起瓣叶在交界处相互粘连、融合,造成瓣口狭窄。瓣叶增厚、挛缩、变硬和钙化等进一步加重瓣口狭窄,并限制瓣叶活动。

　　正常成人二尖瓣瓣口面积为 4~5cm²,若 <1.5cm²,即可出现血流障碍,若瓣口面积≤1cm² 时,血流障碍更为严重,导致左心房压力增高、左心房逐渐扩大;继之,肺静脉和肺毛细血管

扩张、淤血,造成肺部慢性梗阻性淤血,影响肺泡换气功能,严重者可发生急性肺水肿。晚期肺小动脉和肺动脉压力明显增高,使右心室排血负荷加重,右心室逐渐肥厚、扩大,最终导致右心衰竭。

【临床表现】

1. 症状 当瓣口面积小于 $1.5cm^2$ 时,病人可出现气促、咳嗽、咯血、发绀、心悸、乏力和心前区闷痛等症状。气促通常出现在活动时,与活动量大小密切相关;在剧烈的体力活动、情绪激动、妊娠、呼吸道感染、房颤等情况下,均可诱发阵发性气促、端坐呼吸或急性肺水肿。咳嗽多见于活动、夜间入睡后或肺淤血加重时,咯血的发生率是 10%~20%。

2. 体征 病人常呈现面颊和口唇轻度发绀的"二尖瓣面容"。并发房颤时,脉律不齐;右心室肥大时,心前区可扪及收缩期抬举样搏动;多数病人在心尖部可触及舒张期震颤,闻及第一心音亢进和舒张中期隆隆样杂音;在胸骨左缘第 3、4 肋间常可闻及二尖瓣开瓣音;重度肺动脉高压伴肺动脉瓣功能性关闭不全时,可闻及胸骨左缘第 2、3 或第 4 肋间舒张早期高音调吹风样杂音,在吸气末增强,呼气末减弱;右心衰竭时可出现肝大、腹水、颈静脉怒张和踝部水肿等。

【辅助检查】

1. 心电图 中度以上狭窄者可呈现电轴右偏、P 波增宽、呈双峰或电压增高;肺动脉高压病例可示右束支传导阻滞或右心室肥大;病程长者常提示房颤。

2. 胸部 X 线 中度、重度狭窄者常可见到左心房扩大,食管吞钡检查显示左房向后压迫食管,心影右缘出现左、右心房重叠的双心房阴影,以及二尖瓣型心特征,即主动脉结缩小、肺动脉段隆出、左心房隆起、肺门区血管影纹增粗。肺间质性水肿者在肺野下部可见横向线条状阴影,称为 Kerley B 线。长期肺淤血者由于肺组织含铁血黄素沉着,可出现致密的粟粒形或网形阴影。

3. 超声心动图 M 型超声心动图可示瓣叶活动受限,前瓣叶正常活动波形消失,代之以城墙垛样的长方波,前、后瓣叶呈同向活动;左心房前后径增大。二维或切面超声心动图可显示二尖瓣瓣叶增厚和变形、活动异常、瓣口狭小、左房增大,还可明确左房内有无血栓、瓣膜有无钙化,估算肺动脉压力增高的程度,排除左心房黏液瘤等情况。

【治疗原则】

无症状或心功能Ⅰ级者,不主张手术。应避免剧烈活动,加强休息、控制钠盐摄入和预防感染等,6~12 个月复查 1 次;呼吸困难者在减少体力活动,限制钠盐摄入的基础上,口服利尿剂、避免和控制各种诱发急性肺水肿的因素,如急性感染、贫血等。

有症状且心功能Ⅱ级以上者均应手术治疗。重度狭窄伴心力衰竭或心房颤动者,术前应给予强心、利尿、纠正电解质失衡等措施,待全身情况和心脏功能改善后再进行手术。对狭窄较轻、瓣叶活动好、没有钙化,同时没有房颤、左房内无血栓时,目前多进行经皮穿刺球囊导管二尖瓣交界扩张分离术,或在全身麻醉下开胸闭式二尖瓣交界分离术。若二尖瓣狭窄伴有关闭不全或明显的主动脉瓣病变,或瓣叶病变严重、挛缩或有钙化,或有房颤、左房内有血栓的病例,应在体外循环直视下,切除全部或部分瓣膜,行人工瓣膜二尖瓣置换术。

临床上使用的人工瓣膜有机械瓣膜、生物瓣膜两大类(图 18-4,图 18-5),各有其优缺点,应根据情况选用。机械瓣膜适用于绝大多数需瓣膜置换的病人,它具有耐久性好的优点,但抗感染性差,无生长扩大的能力,并可诱发血栓形成,术后需终身抗凝治疗。生物瓣膜的优点是中心性血流、血流动力学优于机械瓣膜,无需终身抗凝治疗;缺点是耐久性差,易钙化毁损,并且无生长性、抗感染能力差。生物瓣膜主要适用于 65 岁以上的病人和育龄期妇女。

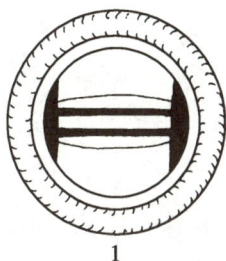

图 18-4　机械瓣膜

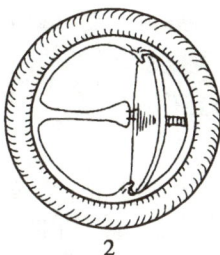

图 18-5　生物瓣膜

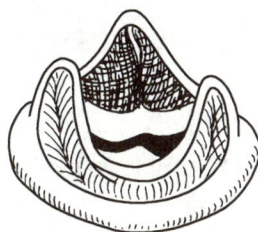

【主要护理诊断 / 问题】

1. 活动无耐力　与氧的供需失调有关。

2. 低效性呼吸型态　与缺氧、麻醉、手术、体外循环、人工辅助呼吸和术后切口疼痛有关。

3. 潜在并发症：动脉栓塞、出血、急性心脏压塞、肾功能不全、感染、脑功能障碍等。

【护理措施】

参照本章第一节体外循环的护理措施之外，还要注意术后特殊并发症的观察与护理。

动脉栓塞是因人工瓣膜本身的原因和抗凝不足等导致血栓形成，血栓脱落而引发。护理时应注意观察病人有无突发晕厥、偏瘫等脑栓塞症状或下肢厥冷、疼痛、皮肤苍白等血栓形成或肢体栓塞现象，如有异常及时通知医师处理。

【健康教育】

参见本章第一节体外循环的相关内容。

二、二尖瓣关闭不全

二尖瓣关闭不全（mitral regurgitation）指二尖瓣瓣膜受损害、瓣膜结构和功能异常导致的瓣口关闭不全。半数以上的二尖瓣关闭不全病人常合并二尖瓣狭窄。

【病理生理】

二尖瓣瓣叶和腱索增厚、挛缩、瓣膜面积缩小和瓣叶活动受限，导致二尖瓣瓣环扩大。由于两个瓣叶闭合不全，左心室收缩时部分血液反流入左心房，使左心房负荷增加，压力升高，逐渐发生代偿性扩大或肥厚。舒张期，左心房过多的血量流入左心室，使之负荷加重，也逐渐扩大和肥厚。随着左心房、左心室的扩大，二尖瓣瓣环也相应扩大，加重了关闭不全，并导致肺静脉淤血、肺循环压力升高，引起右心衰竭。左心室长期负荷过重，最终导致左心衰竭。

【临床表现】

1. 症状　心功能代偿良好者可无明显症状；但病人一旦出现临床症状，病情可在短时间内迅速恶化。病变重、病程较长者可出现心悸、乏力、劳累后气促等症状，急性肺水肿和咯血的发生率比二尖瓣狭窄者少。

2. 体征　心尖搏动增强并向左下移位。心尖区可闻及全收缩期杂音，常向左侧腋中线传导。肺动脉瓣区第二心音亢进，第一心音减弱或消失。晚期病人可出现右心衰竭以及肝大、腹水等体征。

【辅助检查】

1. 心电图　重者呈现电轴左偏、二尖瓣型 P 波、左心室肥大和劳损。

2. 胸部 X 线　左心房、左心室均明显扩大，钡餐 X 线检查可见食管受压向后移位。

3. 超声心动图　M 型检查显示二尖瓣大瓣曲线呈双峰或单峰型，上升和下降速率均增快。左心房和左心室前后径明显增大，左房后壁出现凹陷波；合并狭窄者可呈现城墙垛样长方波。二维或切面超声心动图可显示心脏收缩时二尖瓣瓣口未能完全闭合。多普勒超声示舒张期血流湍流,可估计关闭不全的轻重程度。

合并冠心病危险因素或年龄 50 岁以上者应行冠状动脉造影排除冠心病。

【治疗原则】

症状明显、心功能受影响、心脏扩大者应及时在体外循环下实施直视手术。手术方法有 2 种:①二尖瓣修复成形术:即利用病人自身的组织和部分人工代用品修复二尖瓣装置,使其恢复功能,适用于瓣膜病变轻、活动度较好者。②二尖瓣置换术:适用于二尖瓣严重损坏,不能施行修复成形术者。

主要护理诊断 / 问题、护理措施和健康教育参见本节二尖瓣狭窄的相关内容。

三、主动脉瓣狭窄

主动脉瓣狭窄(aortic stenosis)是指主动脉瓣膜受损害导致的瓣叶增厚粘连和瓣口狭窄,多合并主动脉瓣关闭不全和二尖瓣病变等。

【病理生理】

正常成人主动脉瓣瓣口面积为 $3cm^2$,当面积小于 $1cm^2$ 时,左心室排血受阻、左心室收缩压升高、排血时间延长,主动脉瓣闭合时间也延迟。左心室和主动脉间的压力差增大,其大小可反映主动脉瓣狭窄的程度。左心室壁逐渐肥厚,最后导致左心衰竭。重度狭窄者,因左心室高度肥厚,心肌耗氧量增加,而主动脉平均压又低于正常,进入冠状动脉的血流量减少,常常导致心肌供血不足。

【临床表现】

1. 症状 中度和重度狭窄者可出现乏力、眩晕或昏厥、心绞痛、活动后气促、急性肺水肿等症,可并发感染性心内膜炎或猝死。

2. 体征 胸骨右缘第 2 肋间能扪及收缩期震颤。主动脉瓣区可闻及粗糙喷射性收缩期杂音,向颈部传导,第二心音延迟并减弱。重度狭窄者常出现脉搏细弱、血压偏低、脉压小。

【辅助检查】

1. 心电图 可见电轴左偏,左心室肥大、劳损,T 波倒置,部分病人可出现左束支传导阻滞、房室传导阻滞或心房颤动。

2. 胸部 X 线 病变较重者可呈现左心室扩大,心脏左缘向左向下延长,升主动脉显示狭窄后扩大。

3. 超声心动图 M 型检查示主动脉瓣叶开放振幅减小,瓣叶曲线增宽,舒张期可呈多线;二维或切面超声心动图显示主动脉瓣叶增厚、变形或钙化,活动度减小和瓣口缩小等。

4. 心导管检查 怀疑冠心病的病人需要行冠状动脉造影排除冠状动脉病变,可同时行左心导管检查测定左心室和主动脉之间的收缩压差,明确狭窄程度。

【治疗原则】

出现心绞痛、昏厥或心力衰竭等症状且狭窄严重者应尽早实施手术,因其有较高的猝死发生率,手术方法主要是人工瓣膜主动脉瓣置换术。经心尖或经皮支架瓣膜植入术在近年得到应用,但仅在不适合手术的病人才考虑选用。

主要护理诊断 / 问题、护理措施和健康教育参见本节二尖瓣狭窄的相关内容。

四、主动脉瓣关闭不全

主动脉瓣关闭不全(aortic regurgitation)是指主动脉瓣膜受损害引起的瓣叶纤维化、增厚和缩短等,影响瓣叶边缘对合,导致瓣口关闭不全,常伴有不同程度的主动脉瓣狭窄。风湿热、感染性心内膜炎、马方综合征（Marfan's syndrome）、先天性主动脉瓣畸形、主动脉夹层动脉瘤等是临床上造成主动脉瓣关闭不全的原因。

【病理生理】

主动脉瓣关闭不全时，由于左心室在舒张期同时接受来自左心房和主动脉反流的血液，因而过度充盈、肌纤维伸长、收缩力相应增强，并逐渐扩大、肥厚。在心功能代偿期，左心室排血量可高于正常；当左心室功能失代偿时，心排血量减少、左心房和肺动脉压力升高，可致左心衰竭。由于舒张压低，冠状动脉灌注量减少，而左心室高度肥厚、耗氧量增加，可导致心肌供血不足。

【临床表现】

1. 症状　早期病人可出现心悸、心前区不适、头部强烈搏动感。重者常有心绞痛、气促，并可出现阵发性呼吸困难、端坐呼吸或急性肺水肿。

2. 体征　心界向左下方增大，心尖部可见抬举性搏动。胸骨左缘第 3、4 肋间和主动脉瓣区可闻及叹息样舒张早、中期或全舒张期杂音，向心尖部传导。重度关闭不全者可出现水冲脉、动脉枪击音、毛细血管搏动等征象。

【辅助检查】

1. 心电图　电轴左偏，左心室肥大、劳损。

2. 胸部 X 线　左心室明显增大，向左下方延长。主动脉结隆起，升主动脉和弓部增宽，左心室和主动脉搏动幅度增加。逆行升主动脉造影可示造影剂在舒张期从主动脉反流入左心室，根据反流量多少可估计关闭不全的程度。

3. 超声心动图　提示主动脉瓣关闭和开放速度均增快，舒张期呈多线。由于舒张期血液反流入左心室时冲击二尖瓣，可见二尖瓣前瓣叶高速颤动。左心室内径增大，流出道增宽。二维或切面超声心动图可显示主动脉瓣叶未能在舒张期对拢闭合。多普勒超声检测可估计反流程度。

【治疗原则】

出现心绞痛、左心室衰竭症状的病人，可在数年内病情恶化或猝死，应尽早施行人工瓣膜置换术或瓣膜修复术。

主要护理诊断/问题、护理措施和健康教育参见本节二尖瓣狭窄的相关内容。

第四节　冠状动脉粥样硬化性心脏病病人的护理

冠状动脉粥样硬化性心脏病（atherosclerotic coronary artery disease）简称冠心病，是由于冠状动脉内膜脂质沉着、局部结缔组织增生、纤维化或钙化，形成粥样硬化斑块，造成管壁增厚、管腔狭窄或阻塞，导致心肌供血不足和缺氧而引起的心脏病。主要侵及冠状动脉主干及其近段分支，左冠状动脉的前降支和回旋支的发病率高于右冠状动脉。此病多见于中年以上人群，男性发病率和死亡率均明显高于女性。

【病因】

本病病因尚未完全明确，目前认为是多种因素作用于不同环节所致，公认的高危因素有高脂血症、高血压、吸烟、糖尿病、肥胖、缺少体力活动等。

【病理生理】

心肌细胞氧分压是调节冠状动脉血流量的主要因素。当情绪激动或体力活动时，心搏次数增加，收缩力增强，心室壁张力增高，导致心肌需氧量增加，动脉血氧分压降低，冠状动脉血流量就会相应增多,以满足心肌对氧的需要。若冠状动脉管腔狭窄、心肌需氧量增加,而冠状动脉供血量不能相应增多时,即可导致心肌缺血。心肌长时间严重缺血,可导致心肌细胞坏死。

【临床表现】

1. 心绞痛　病人在情绪激动、体力劳动或饱餐等情况下,可出现心绞痛,表现为心前区疼痛、胸闷、胸骨后压榨样疼痛,并放射至左肩、左臂内侧等部位,休息或口服硝酸甘油后可缓解。

2. 心肌梗死　冠状动脉长时间痉挛或急性阻塞,血管腔内血栓形成,可造成心肌梗死。病人心绞痛剧烈,有濒死感,持续时间长,可伴恶心、呕吐、大汗、发热、发绀、血压下降、心律失常、心源性休克、心力衰竭,甚至猝死。发生过心肌梗死者,由于坏死心肌被瘢痕组织代替,病变的心室壁薄弱,日后可形成室壁瘤。若病变累及乳头肌,或腱索坏死断裂,可并发二尖瓣关闭不全。若病变累及室间隔,可因穿孔而形成室间隔缺损。

3. 心功能不全　心肌长期缺血缺氧,引发心肌广泛变性和纤维化,导致心脏扩张。临床出现一组以心功能不全为主的综合征,包括心脏增大、心力衰竭和心律失常,称之为缺血性心肌病,预后较差。

【辅助检查】

1. 实验室检查　急性心肌梗死早期心肌肌钙蛋白I或T、肌酸激酶及同工酶、肌红蛋白等均出现异常改变。

2. 心电图　心绞痛时心电图以R波为主的导联中可见ST段压低、T波低平或倒置的心肌缺血性改变,以及室性心律失常或传导阻滞。心肌梗死时,显示病理性Q波、损伤性ST段和缺血性T波改变。

3. 超声心动图　可对冠状动脉、心肌、心腔结构以及血管、心脏的血流动力学状态提供定性、半定量或定量的评价。

4. 冠状动脉造影术　可准确了解粥样硬化的病变部位、血管狭窄程度和狭窄远端冠状动脉血流通畅情况。

【治疗原则】

冠心病的治疗包括内科药物治疗、介入治疗和外科手术治疗三类,应根据病人具体病情选择,几种治疗宜互相配合应用,以提高疗效。冠心病外科治疗主要是通过冠状动脉旁路移植手术(简称"搭桥")为缺血心肌重建血运通道,改善心肌的供血和供氧,缓解和消除心绞痛等症状,改善心肌功能,延长生存期。

1. 手术适应证　心绞痛经内科治疗不能缓解,影响生活和工作,经冠状动脉造影显示冠状动脉主干或主要分支明显狭窄,但狭窄远端冠状动脉血流通畅,供作吻合处的冠状动脉分支直径在1.5mm以上,适宜施行手术治疗。左冠状动脉主干狭窄和前降支狭窄者因容易发生猝死,需及早手术。冠状动脉前降支近端狭窄,同时合并有回旋支和右冠状动脉有两支以上明显狭窄者,功能性检查显示有心肌缺血征象,或者左心功能不全、合并有糖尿病等都是"搭桥"的首选适应证。

2. 手术方式　冠状动脉旁路移植术通常需要重建多根狭窄冠状动脉的血运,较多采用体外循环下,胸廓内动脉与狭窄段远端的冠状动脉分支进行端侧吻合术(图18-6);或取一段自体的大隐静脉,将静脉的近心端和远心端分别与狭窄段远端的冠状动脉分支和升主动脉作端侧吻合术(图18-7),以增加心肌的血液供应量;对于有多根或多处冠状动脉狭窄者,可采用单根大隐静脉或桡动脉等与邻近的数处狭窄血管作序贯或蛇形端侧和侧侧吻合术(图18-8)。

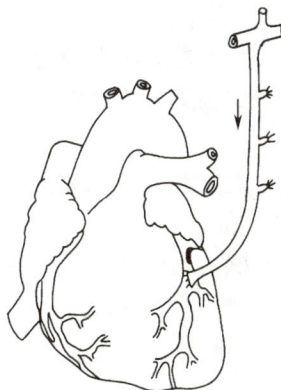

图 18-6 胸廓内动脉远端与左冠状动脉吻合术

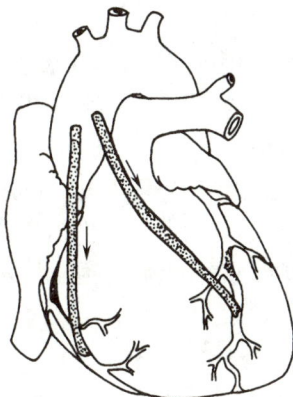

图 18-7 升主动脉 - 冠状动脉的大隐静脉旁路移植术

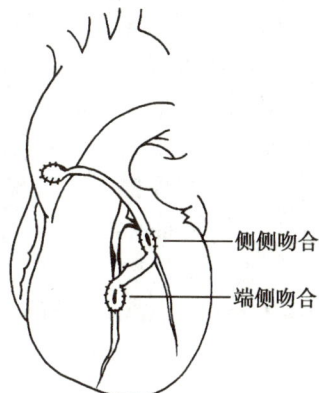

图 18-8 序贯吻合术

侧侧吻合

端侧吻合

近年来由于经皮冠状动脉内植入支架材料的改进,支架植入的远期通畅率已接近静脉桥。因此,选择小切口下胸廓内动脉至前降支搭桥联合支架植入治疗非前降支病变的复合技术(Hybrid)应运而生,成为未来发展的一个新方向。

【主要护理诊断 / 问题】

1. 活动无耐力 与心绞痛和心功能不全有关。

2. 焦虑与恐惧 与心脏疾病、体外循环手术及术后经历等有关。

3. 有心输出量减少的危险 与术后低心输出量综合征有关。

4. 知识缺乏:缺乏有关冠心病围手术期护理的相关知识。

5. 潜在并发症:心肌梗死、出血、肾衰竭、急性心脏压塞、感染、脑功能障碍等。

【护理措施】

(一)术前护理

参见本章第一节体外循环的术前护理。

(二)术后护理

1. 体位与活动 ①搭桥术后应将取血管的肢体抬高,保持功能位,用弹力绷带包扎,以预防水肿、出血等。②注意观察取血管肢体远端的动脉搏动和皮肤颜色、温度、水肿情况。③取静脉术后 2 小时即可开始被动活动,行患侧下肢、脚掌和脚趾的功能锻炼,以促进侧支循环的建立;病人取坐位时,注意抬高患肢,避免足下垂;取站立姿势时,勿持续时间过久。

2. 抗凝药物的护理 术后常规使用抗凝、抗血小板聚集类药物,如肝素、阿司匹林、双嘧达莫,防止搭桥血管堵塞。注意观察药物反应,有无胃肠道不适和全身出血情况,定期检测凝血酶原时间,评估有无胸内出血或心脏压塞预兆,如有异常及时通知医师并协助处理。

3. 并发症的观察与护理 术后可能发生心肌梗死等并发症,护理时应注意:①密切观察胸痛的有无、部位、性质、程度,遵医嘱使用硝酸甘油等药物,观察心电图变化,注意有无心律失常和心肌梗死的发生。②嘱病人卧床休息,精神紧张、睡眠不佳者,给予适量镇静剂;便秘时给予开塞露。③遵医嘱应用扩张冠状动脉的药物,防止因术后冠状动脉痉挛而致心肌梗死。

4. 其他 参见本章第一节体外循环的术后护理。

【健康教育】

1. 倡导健康生活方式 ①饮食宜低盐、低脂、低胆固醇、高蛋白质、高维生素,多吃蔬菜水果,少食多餐;②控制体重,适当锻炼;③规律生活,不熬夜,不抽烟,少饮酒;④合理安排工作和生活,学会放松和积极应对压力。

2. 用药指导 术后病人需终身服用阿司匹林、双嘧达莫等药物,详细告知病人用药目的、服药方法、作用和副作用、注意事项等,出院后如服药出现异常应及时就诊。嘱病人外出时随身携带硝酸甘油类药物,以备急用。

3. 自我保健 术后胸骨愈合大约需 3 个月时间,在恢复期内避免举重物、抱小孩等。平时尽量保持上半身挺直,两肩后展,亦可做上肢水平抬高,避免肩关节僵硬。

4. 定期复诊 出院 3~6 个月复查 1 次,之后根据病情调整复查时间。如出现心绞痛发作或心功能不全时及时就诊。

（王俊杰）

复习思考题

1. 心脏外科手术病人常需进行有创动脉压监测,护理时要注意哪些问题?

2. 体外循环术后有哪些常见的并发症? 如何观察与护理?

3. 针对风湿性心脏瓣膜病机械瓣膜置换术后服用抗凝药物的病人,如何进行用药指导?

第十九章

腹部疾病病人的护理

第一节　急性化脓性腹膜炎病人的护理

学习目标

1. 简述急性化脓性腹膜炎的病因和分类。
2. 理解急性化脓性腹膜炎的病理生理、临床表现,陈述其常用辅助检查。
3. 运用相关知识为急性化脓性腹膜炎病人实施整体护理。

案例分析

李先生,35岁,司机。有胃溃疡病史,近1年出现空腹或夜间上腹部烧灼感,近日自觉症状加重,进食2小时后,病人突发上腹部刀割样疼痛,很快遍及全腹,伴恶心、呕吐。

体格检查:T 36.1℃,P 112次/min,R 24次/min,BP 90/60mmHg;神志清,面色苍白,出冷汗,腹式呼吸消失,板状腹,全腹压痛及反跳痛,肝浊音界消失,移动性浊音(+),肠鸣音消失。

辅助检查:腹部X线检查膈下可见游离气体。

请问:

1. 该病人目前的医疗诊断是什么?
2. 该病人还应做的辅助检查有哪些?
3. 目前应采取的护理措施有哪些?

急性化脓性腹膜炎(acute pyogenic peritonitis)是指由化脓性细菌包括需氧菌、厌氧菌或两者混合引起的腹膜及腹膜腔急性炎症,是外科最为常见的急腹症。

【解剖生理概要】

腹膜是由间皮细胞组成的一层很薄的质膜,分为相互连续的壁腹膜和脏腹膜两部分。壁腹膜贴附于腹壁内面,脏腹膜覆盖在腹腔脏器的表面,构成内脏的浆膜层。壁腹膜和脏腹膜相互延续形成的潜在间隙,称为腹膜腔,在男性完全密闭,在女性经输卵管、子宫、阴道与外界相通。腹膜的动脉来自于肋间动脉和腹主动脉的分支,静脉血回流入门静脉和下腔静脉,故门静脉或下腔静脉循环受阻时,可发生腹腔积液。

壁腹膜主要受躯体神经支配,故痛觉敏感,定位准确,受炎症刺激后可引起腹肌紧张;脏腹膜受内脏交感和副交感神经支配,痛觉定位差,对膨胀、牵拉及压迫等刺激较为敏感。大网膜是连接胃大弯至横结肠的腹膜,呈围裙状遮被小肠。大网膜活动度大,能够移动到所及的病灶处并将其包裹,使炎症局限。腹膜的生理作用有:①润滑作用:腹膜表面渗出的少量液体可减少胃肠道蠕动与其他脏器的摩擦作用;②吸收和渗出作用:腹膜既可吸收大量的渗液、血液、空气和毒素,也可渗出大量的电解质和非蛋白氮。上腹部腹膜吸收能力强,下腹部腹膜吸收能力差,当腹腔有炎性渗液时积于下腹部可减少毒素吸收;③防御作用:炎症发生时腹膜能渗出大量的吞噬细胞,吞噬进入腹腔的异物颗粒和细菌;④修复作用:可使炎症局限并修复受损组织,但也可因此形成粘连性肠梗阻。

【分类】

腹膜炎按发病机制可分为原发性腹膜炎和继发性腹膜炎;按病因可分为细菌性腹膜炎与非细菌性腹膜炎;按临床过程可分为急性、亚急性和慢性腹膜炎;按累及的范围可分为弥漫性腹膜炎和局限性腹膜炎。急性化脓性腹膜炎累及整个腹腔时称为急性弥漫性腹膜炎。

【病因】

1. 原发性腹膜炎(primary peritonitis) 又称为自发性腹膜炎,指腹腔内无原发病灶,致病菌由血行、泌尿道、女性生殖道等途径播散至腹腔引起的腹膜炎。致病菌多为溶血性链球菌、肺炎双球菌或大肠埃希菌。致病菌可从呼吸道或泌尿系的感染灶通过血行播散至腹膜,婴幼儿原发性腹膜炎多属此类。女性易发生细菌经生殖道的上行性感染,细菌可通过输卵管直接扩散到腹腔。当泌尿系感染时,细菌可通过腹膜直接扩散到腹腔。在某些情况下,肠腔内细菌可通过肠壁进入腹腔,形成透壁性感染,引起腹膜炎。

2. 继发性腹膜炎(secondary peritonitis) 临床常见,主要致病菌是肠道内的常驻菌群,其中以大肠埃希菌最常见,其次是厌氧杆菌、链球菌等;大多为混合性感染。常继发于(图19-1):①腹腔空腔脏器穿孔、损伤:腹部损伤、胃及十二指肠溃疡急性穿孔是最常见的原因,常先引起化学性腹膜炎,继发细菌感染后引起化脓性腹膜炎,胆囊壁的坏死穿孔常引起极为严重的胆汁性腹膜炎;②腹内脏器缺血:如绞窄性肠梗阻等;③脏器炎症扩散:急性阑尾炎、肠梗阻等使含细菌的渗出液在腹腔内扩散,引起腹膜炎;④其他:如腹部手术时污染腹腔、腹部开放性损伤等。

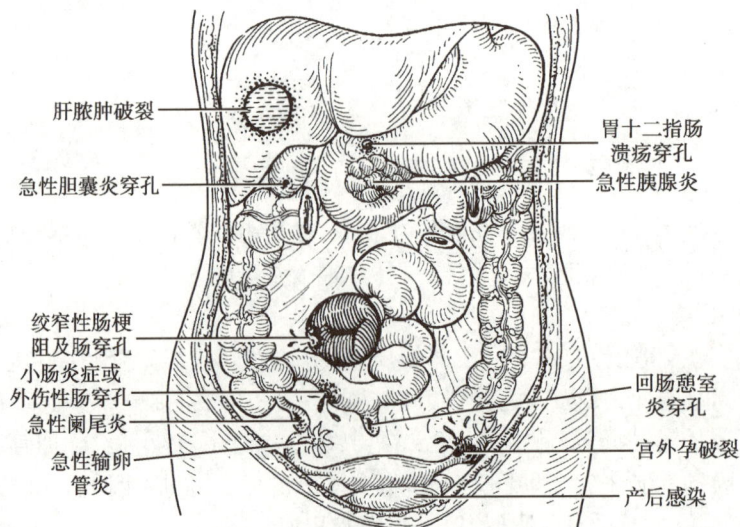

图 19-1 继发性腹膜炎常见病因

【病理生理】

腹膜受细菌或肠道内容物的刺激,发生充血、水肿等反应,继而产生大量浆液性渗出液以稀释毒素。渗出液中的大量巨噬细胞、中性粒细胞以及坏死组织、细菌和凝固的纤维蛋白使渗出液变浑浊成为脓液。继发性腹膜炎的脓液多呈黄绿色、稠厚并有粪臭味。腹膜炎的转归与病人的抵抗力和细菌数量、毒力等有关。

1. 炎症趋于恶化　若病人病情严重,年老体弱,细菌毒力强或救治不当,感染可迅速扩散并加重。细菌及其内毒素刺激机体防御机制,激活多种炎性介质,可导致全身性炎症反应。腹膜的严重充血水肿可引起水、电解质紊乱;腹腔内脏器官浸泡在脓液中可形成麻痹性肠梗阻;肠腔大量积液可使血容量明显减少;细菌入侵和毒素吸收导致感染性休克;严重者可导致死亡。

2. 炎症局限和消散　若病人抵抗力强,致病菌毒力弱,则病变组织与大网膜和邻近肠管粘连,可使病变局限成为局限性腹膜炎;若脓液在腹腔内积聚并由肠管、网膜或肠系膜等粘连包裹,与游离腹腔隔开可形成腹腔脓肿(abdominal abscess),如膈下脓肿、盆腔脓肿和肠间脓肿(图 19-2)。

3. 肠梗阻形成　渗出液逐渐被吸收,炎症消散而痊愈,但有不同程度的纤维性粘连,导致机械性肠梗阻,即粘连性肠梗阻。

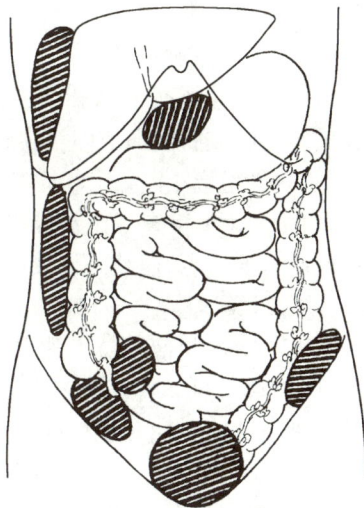

图 19-2　腹腔脓肿的常见部位

【临床表现】

1. 急性腹膜炎

(1) 症状:根据病因不同,腹膜炎的症状可突然发生,如空腔脏器破裂或穿孔引起的腹膜炎。也可逐渐出现,如阑尾炎、胆囊炎等引起的腹膜炎一般先有原发病症状,后逐渐出现腹膜炎表现。

1) 腹痛:是最主要的表现,呈持续性且程度剧烈,常不能忍受,咳嗽、变动体位时加重。疼痛范围多自原发病部位开始,随炎症扩散而波及全腹,但仍以原发病灶最为显著。

2) 恶心、呕吐:最初为腹膜受刺激引起的反射性恶心、呕吐,较轻微,并发麻痹性肠梗阻时可发生持续性呕吐,呕吐物常含黄绿色胆汁,甚至呈粪样肠内容物。

3) 体温变化:骤然发病的病人,开始时体温正常,后逐渐升高。原有炎性病变者,发病时体温已上升,继发腹膜炎后更趋增高。但年老体弱者体温可不升。

4) 全身表现:随着病情进展,病人可相继出现寒战、高热、脉搏细速、呼吸急促、面色苍白、口唇发绀、血压下降、神志不清等一系列感染中毒症状。

(2) 腹部体征:视诊腹部膨隆、腹式呼吸减弱或消失。触诊腹部有明显的腹膜刺激征,以原发病灶处最明显。胃肠、胆囊穿孔时可由于胃酸及胆汁的强烈化学性刺激引起剧烈腹肌紧张,呈现"板状腹"。因胃肠胀气叩诊呈鼓音,胃肠穿孔时肠内气体移至膈下,可使肝浊音界缩小或消失。腹腔内积液较多时,可有移动性浊音。若直肠指诊直肠前窝饱满并有触痛,提示盆腔感染或脓肿形成。局限性腹膜炎时,腹膜刺激征局限于病灶部位。听诊肠鸣音减弱,肠麻痹时肠鸣音消失。

2. 腹腔脓肿

(1) 膈下脓肿:脓液积存于膈肌下、横结肠及其肠系膜上方的间隙内,称为膈下脓肿。可发生在一个或两个以上的间隙内,以右膈下脓肿多见,常继发于阑尾炎、胃十二指肠溃疡及胆囊炎穿孔或肝脓肿破溃后。病人可出现明显的全身症状,而局部症状隐匿。病人可有发热,初为弛张热,脓肿形成后为持续高热,体温高达 39℃左右。脉率快,舌苔厚腻,逐渐出现乏力、消瘦、厌食。肋缘或剑突下可有持续性钝痛,深呼吸时加重,可伴有颈肩部牵涉痛。脓肿刺激膈肌可引起呃逆;感染扩散至胸膜、肺时,出现气促、咳嗽、胸痛等胸腔积液表现。

(2) 盆腔脓肿:盆腔位于腹腔最低位置,腹腔内炎性渗出及脓液易积于此形成盆腔脓肿。常发生在急性腹膜炎治疗过程中,或阑尾穿孔、结肠手术后。因盆腔腹膜面积较小,吸收能力较低,所以盆腔脓肿的特点是局部症状明显而全身中毒症状较轻。表现为病人腹部手术后体温下降后又升高,出现典型的直肠或膀胱刺激症状,如里急后重、排便次数增多而量少、黏液便或尿急、尿频、排尿困难等。直肠指检直肠前壁有触痛,有时有波动感,超声检查可明确脓肿位置和大小。

(3) 肠间脓肿:指脓液包围在肠管、肠系膜与网膜之间的脓肿。脓肿可能是单发的,也可能是多个大小不等的脓肿。主要表现为发热、腹痛、腹胀,腹部压痛或扪及包块。脓肿自行穿破至肠腔或膀胱形成内瘘,脓液随大、小便排出。

【辅助检查】

1. 实验室检查　血常规可显示白细胞计数和中性粒细胞比例增加。病情危重或机体反应能力低下者,白细胞计数可不升高。

2. 影像学检查

(1) X 线:腹部立位平片显示,当空腔脏器穿孔时,70%~80% 可见膈下游离气体。肠梗阻、肠麻痹可见其特征性表现。膈下脓肿时可见患侧膈肌升高,肋膈角或胸腔积液;肠间脓肿腹部立位 X 线可见肠壁间距离增宽、局部肠管积气及小肠液气平面。

(2) 超声或 CT:有助于判断原发病变部位,显示腹腔内积液,但不能鉴别液体的性质。当腹腔胀气明显,超声检查难以明确诊断时,应选择 CT 检查。临床检查辅以 CT 检查诊断准确率可达 95%。

3. 诊断性腹腔穿刺或腹腔灌洗　可在超声引导下行诊断性腹腔穿刺(图 19-3)或腹腔灌洗帮助诊断。根据抽出液的性质来判断病情,胃十二指肠急性穿孔时抽出黄色、混浊、含胆汁、无臭味液体,饱食后穿孔时可含食物残渣。急性重症胰腺炎时抽出液呈血性,且胰淀粉酶含量高。急性阑尾炎穿孔时抽出液呈稀薄脓性略有臭味。绞窄性肠梗阻时抽出液呈血性、臭味重。如抽出液为不凝血,应考虑腹腔内出血。抽出液还可做涂片镜检或细菌培养。

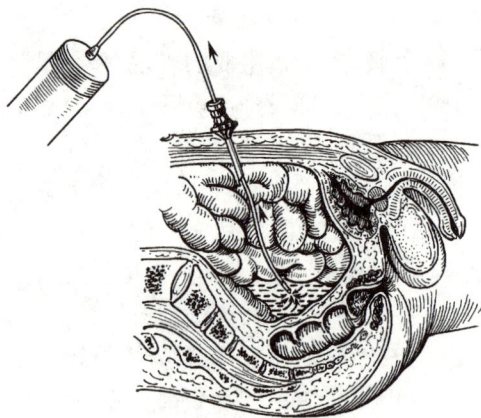

图 19-3　诊断性腹腔穿刺抽液方法

【治疗原则】

1. 非手术治疗

(1) 急性化脓性腹膜炎:禁食禁饮、胃肠减压;补充热量、给予营养支持;纠正水、电解质失衡及代谢性酸中毒;应用抗生素;镇静、止痛、吸氧;严密观察病情变化,若不见好转或有加重倾向,即应中转手术治疗。

(2) 膈下脓肿:感染早期脓肿尚未形成时,采用非手术治疗。应用大量抗生素,控制感染;加强支持疗法,必要时输新鲜血或血浆。

（3）盆腔脓肿：脓肿较小或尚未形成时，可采用非手术治疗，如应用抗生素、热水坐浴、温盐水保留灌肠及物理透热等，多数病人的炎症能吸收消散。

（4）肠间脓肿：首选非手术治疗，应用抗生素、物理透热及全身支持治疗。

2. 手术治疗　非手术治疗无效，则应剖腹探查清除脓液并行引流术。

（1）继发性腹膜炎：以手术治疗为主。应尽早去除引起腹膜炎的病因；积极改善全身状况及控制感染性休克；清理或引流腹腔积液，促进腹腔炎症尽早局限、吸收、消散。

（2）腹腔脓肿：膈下脓肿一旦形成，需定位后引流。目前多采用经皮穿刺置管引流术，其具有创伤小、引流效果好的优点，约 80% 的膈下脓肿可以治愈。肠间脓肿可在 B 超定位下穿刺抽吸脓液并留置引流管，必要时行剖腹探查术。

【护理评估】

（一）术前评估

1. 相关健康史　了解病人年龄、性别、婚姻、职业及日常生活情况；急性腹膜炎的发生情况；了解既往疾病史，判断腹膜炎发生原因，急性化脓性腹膜炎常继发于腹腔内脏的炎症、穿孔、损伤或腹部手术后污染，应详细询问相关病史、外伤史及手术史。

2. 身体状况

（1）局部：了解病人腹痛发生的诱因、时间、部位、性质、程度、范围；有无恶心、呕吐、发热、口渴等伴随症状；有无压痛、肌紧张和反跳痛及其部位、程度和范围；肠鸣音有无减弱和消失；有无移动性浊音。

（2）全身：生命体征是否平稳；观察意识、皮肤黏膜的颜色和温度、口渴、尿量等，注意有无感染中毒症状，有无水、电解质及酸碱失衡或休克表现等。

（3）辅助检查：了解实验室、X 线、超声、CT、诊断性腹腔穿刺和腹腔灌洗等检查结果，有助于对腹膜炎病因和及严重程度的判断。

3. 心理 - 社会状况　了解病人对疾病的认识程度及心理反应。往往因发病急，发展快且疼痛剧烈，病人常有紧张和焦虑情绪，且常因诊断不明而未给予镇痛处理，会出现怨恨、愤怒等情绪反应。了解亲属的态度及家庭经济状况。

（二）术后评估

1. 术中情况　了解麻醉方式、手术类型、原发病变类型，腹腔内炎症情况等。

2. 术后情况　评估术后病人生命体征；腹部症状与体征变化；重点了解腹腔引流管的情况，如引流管的位置、引流管是否通畅、引流液性状及拔管时间等，皮肤及切口愈合情况等。

【主要护理诊断 / 问题】

1. 急性疼痛　与腹膜受炎症刺激或手术创伤等有关。

2. 体液不足　与腹膜大量渗出、高热、禁食及胃肠减压等体液丢失有关。

3. 体温过高　与腹腔内感染、毒素吸收有关。

4. 焦虑 / 恐惧　与知识缺乏、疼痛和感染中毒等有关。

5. 潜在并发症：中毒性休克、腹腔脓肿、粘连性肠梗阻等。

【护理措施】

（一）非手术治疗的护理 / 术前护理

1. 病情观察　密切观察腹痛、腹胀情况；定时监测生命体征；监测血清电解质及血气分析；必要时留置尿管，密切观察尿量，并准确记录 24 小时液体出入量。

2. 体位与活动　休克病人取休克体位。无休克时采用半卧位，促使腹内渗出液流向盆腔，以减少毒素吸收，有利于引流和感染局限，同时半卧位时膈肌下降和腹肌松弛，有助于呼吸和减轻腹肌紧张引起的腹胀等不适。尽量减少搬动和按压病人腹部,以减轻疼痛和避免加重病情。

3. 禁食、胃肠减压　禁食、胃肠减压可以减轻胃肠内积气,减少消化道内容物流入腹腔,减轻疼痛刺激,减少毒素吸收,降低肠壁张力,改善胃肠壁的血供,有利于炎症局限和吸收以及胃肠功能的恢复。

4. 维持体液平衡　维持水、电解质平衡,遵医嘱补充液体,保持静脉通畅。必要时输新鲜血或血浆、白蛋白等,以增强机体抵抗力。记录液体出入量,保持液体出入量平衡。

5. 防治感染和降温　根据细菌药敏试验结果选用抗生素控制感染,抗生素应足量、联合使用。高热病人,给予物理或药物降温。

6. 镇静镇痛　遵医嘱给予镇静、止痛、吸氧,减轻病人痛苦和恐惧心理。但在诊断不明时,不可使用镇静止痛药,以免掩盖病情。已经确诊和治疗方案已确定者,可用哌替啶类镇痛剂。

7. 心理护理　做好病人及其家属的沟通和解释,稳定病人情绪,减轻焦虑;向病人及其家属介绍疾病相关知识,提高其认识并配合治疗和护理;帮助其面对和接受疾病带来的变化,尽快适应病人的角色,增加战胜疾病的信心和勇气。

8. 术前准备　积极做好腹部急症手术前常规准备。

(二) 术后护理

1. 密切观察病情　观察生命体征、腹部体征、切口及引流液的量、颜色及性状等。密切观察生命体征的动态变化,对于危重病人,尤其注意其循环、呼吸及肾功能的监测和维护;观察有无腹腔脓肿如膈下或盆腔脓肿的表现;观察切口敷料是否干燥,有无渗血、渗液,敷料渗湿应及时更换;观察切口愈合情况,及早发现切口感染的征象并给予处理。

2. 体位　病人术后回病房应先置平卧位,待麻醉完全清醒且血压、脉搏平稳后改为半卧位。

3. 禁食、胃肠减压　术后病人继续禁食、胃肠减压,待其肠蠕动恢复、肛门排气,拔除胃管后,方可进食。先进食流质饮食,若无恶心、呕吐、腹胀、腹痛等不适,则逐渐恢复正常饮食。

4. 维持体液平衡　遵医嘱补液,纠正水、电解质及酸碱平衡失调,补液时根据病人丢失的液体量和生理需要,安排好各类液体输注的顺序,并根据病人临床表现和补液的监测指标及时调整输液的成分和速度。

5. 控制感染　术后继续使用抗生素,控制感染。

6. 早期活动　术后早期协助病人翻身、床上活动肢体;若病情许可,鼓励病人早期活动,以促进肠蠕动恢复、减轻腹胀,预防肠粘连发生。

7. 引流管护理　正确连接和妥善固定各引流管,对于有多根腹腔引流管者,贴上标签注明位置及功能,以免混淆。防止脱出和受压,定时挤压,保持通畅;记录引流液的量、颜色、性状,预防腹腔内残余感染。当引流液量减少、色清、病人全身状况好转,体温及白细胞计数正常,超声检查显示阴性,可考虑拔管。

【健康教育】

1. 饮食指导　指导病人进食高蛋白、高热量、高维生素、易消化食物。

2. 运动指导　解释术后半卧位和早期活动的重要意义。

3. 生活指导　出院后要注意休息,注意饮食卫生、避免餐后剧烈活动,以避免并发粘连性肠梗阻。保持心情愉快,劳逸结合。出院后若出现腹痛并逐渐加重或呕吐时,及时就诊。

第二节　腹部损伤病人的护理

学习目标

1. 简述腹部损伤的病因和分类。
2. 理解腹部损伤的临床表现,陈述其常用辅助检查。
3. 运用相关知识为腹部损伤病人实施整体护理。

腹部损伤(abdominal injury)是指由于各种原因所致的腹壁和/或腹腔内脏器结构完整性受损,同时或相继出现一系列功能障碍。腹部损伤在平时和战时都是较常见的外科急症。

【病因与分类】

1. 根据腹壁有无伤口分类

(1) 开放性腹部损伤:多由利器或火器损伤所致,如刀刺、枪弹、弹片等。根据腹膜是否破损,开放性损伤又分为:

1) 穿透伤:腹壁伤口穿破腹膜,多伴腹腔内脏损伤。其中致伤物有入口和出口者为贯通伤;有入口无出口者为盲管伤。

2) 非穿透伤:腹壁伤口未穿破腹膜,可偶伴腹腔内脏损伤。

(2) 闭合性腹部损伤:常因挤压、碰撞、坠落、冲击等钝性暴力引起。损伤可能仅累及腹壁,也可兼有腹腔内脏器损伤,但腹壁上无伤口。

2. 根据损伤腹腔脏器类型分类

(1) 实质性脏器损伤:肝、脾、肾、胰等位置比较固定,组织结构脆弱、血流丰富,在受到暴力打击之后,比其他内脏更容易破裂。临床上最常见的是脾破裂,其次为肾、肝和胰的损伤。

(2) 空腔脏器损伤:上腹部受挤压、碰撞时,胃窦、十二指肠等可被压至脊柱上而破裂;上段空肠、末段回肠因属肠道的固定部分,更易受损;充盈的空腔脏器(饱餐后的胃、充盈的膀胱等)比空虚时更易破裂。临床上常见的是小肠、胃、结肠和膀胱的损伤破裂,直肠因位置低而深,在腹部损伤时较少受损。

【临床表现】

1. 单纯性腹壁损伤　多为局限性腹壁肿胀、压痛,有时可见皮下淤斑。经过休息和对症治疗后疼痛的程度和范围可逐渐缓解和缩小。全身症状轻,一般情况尚好。

2. 腹腔内脏器损伤

(1) 实质性脏器破裂:脾、肾、肝、胰等实质脏器破裂以腹腔内出血表现为主。病人可出现面色苍白、脉搏细弱、血压下降、四肢湿冷等休克症状。腹痛相对较轻,多呈持续性,受损处有压痛,可伴有轻、中度反跳痛,无明显腹肌紧张。但肝脏破裂伴有大量胆汁外溢,或胰腺损伤胰液溢入腹腔时,则有明显的腹痛和腹膜刺激征。大量出血病人可有腹胀和移动性浊音,并可伴有放射痛,如肝损伤可向右肩部放射,脾破裂则向左肩部放射。

(2) 空腔脏器破裂:肠、胃、胆囊、膀胱等空腔脏器破裂以腹膜炎表现为主。病人可出现持续性剧烈腹痛。继而出现恶心、呕吐、呕血、便血等胃肠道症状及稍后出现的体温升高、脉搏增快、呼吸急促等全身性感染症状。腹膜刺激征是空腔脏器损伤病人突出的特征,其程度因空腔脏器内容物不同而异,通常胃液、胆汁、胰液对腹膜的刺激最强,肠液次之,血液的刺激最轻。胃肠道破裂时腹腔内可有游离气体,导致肝浊音界缩小,肠鸣音减弱或消失,继而可因肠麻痹而出现腹胀,严重时可发生感染性休克。

【辅助检查】

1. 实验室检查

(1) 实质脏器破裂:可见红细胞、血红蛋白、血细胞比容等数值下降,白细胞计数可略有增高。胰腺损伤时,血、尿淀粉酶数值升高。

(2) 空腔脏器破裂:可见白细胞计数增高,中性粒细胞比例增高。

2. 影像学检查

(1) X 线:胸部及腹部 X 线可发现脏器破裂的征象,如若观察到膈下积气、腹内积液,可作为胃肠道破裂的证据。需要注意的是,凡腹腔内脏损伤诊断已经明确且病情严重者,不必再进行 X 线检查,应尽快处理,以免延误治疗。

(2) 超声:其优点是安全、简便、无创、可重复。对肝、脾、肾等实质性脏器损伤,确诊率达90% 左右。可探测某些内脏的外形及大小,并了解腹腔内是否有积液,也可发现腹腔内积气,有助于空腔脏器破裂的诊断。

(3) CT:对诊断实质脏器损伤及其范围程度有重要的价值。对软组织和实质性脏器的分辨率高,CT 影像比超声更为精确,有高度的敏感性、特异性和准确性,可清晰显示腹腔和各脏器的情况,是选择治疗方案的重要依据。

3. 诊断性腹腔穿刺和腹腔灌洗　是腹部外伤最常用的辅助检查方法。

(1) 诊断性腹腔穿刺:若腹腔穿刺抽到液体,应肉眼观察其性状,如血液、胃肠内容物、混浊腹水、胆汁或尿液等,必要时还可做液体的涂片检查或实验室检查,借以推断哪类脏器受损。①若抽出不凝固的血液,提示是实质性器官破裂出血,因腹膜的脱纤维作用而使血液不凝;②若抽出血液迅速凝固,多因穿刺针误刺血管或血肿所致;③若腹腔穿刺抽出混浊的液体,发现胃肠道内容物,可以确诊有胃肠等空腔脏器破裂;④疑有胰腺损伤时,可测定其淀粉酶含量。需要注意的是,即使诊断性腹腔穿刺抽不到液体也不能完全排除脏器损伤的可能,应持续密切观察病情,可重复穿刺或在超声检查引导下行腹腔穿刺,必要时改行腹腔灌洗术。

(2) 诊断性腹腔灌洗:对疑有内脏损伤而腹腔穿刺无发现者,还可行腹腔灌洗。有下列情况之一时,应做好手术准备:①肉眼见灌洗液为血性、含胆汁、胃肠内容物或证明是尿液;②镜检红细胞计数 $>100 \times 10^9/L$ 或白细胞计数 $>0.5 \times 10^9/L$;③淀粉酶 >100 苏氏(Somogyi)单位;④灌洗液涂片发现细菌。

4. 诊断性腹腔镜检查　可用于一般状况良好而不能明确是否有或有何种腹内脏器损伤的病人。腹腔镜可直接看到而明确腹内脏器损伤的受伤部位和程度,尤其是可以确诊损伤的器官有无活动性出血。有些损伤可在腹腔镜下进行治疗。

【治疗原则】

1. 现场急救原则　评估伤情,优先处理对生命威胁最大的损伤。开放性腹部损伤应妥善处理伤口,及时止血,并用干净的毛巾、被单等包扎腹部伤口。对有内脏脱出者,可用清洁的器皿覆盖保护后包扎固定,并迅速转运,切忌将脱出器官强行回纳腹腔内,以防加重腹腔污染。

2. 非手术治疗　适用于腹部损伤较轻,生命体征较平稳者。

(1) 预防休克:补充血容量,维持有效血液循环,维持病人收缩压在 90mmHg 以上。若经积极的抗休克治疗仍无改善,提示腹腔内有进行性大出血,应在抗休克同时尽快剖腹探查并止血。

（2）禁食及胃肠减压：诊断未明确或疑有空腔脏器破裂时，应嘱病人禁食禁饮，并及时行胃肠减压。

（3）镇静止痛：腹痛剧烈且明确诊断者，可给予镇静止痛剂，缓解病人精神紧张与疼痛。

（4）预防感染：应用广谱抗生素，预防或治疗可能存在的腹腔内感染，尤其是空腔脏器破裂者应使用足量抗生素。

3. 手术治疗　对于严重的腹部损伤，应尽早手术。

（1）清创术：适用于开放性腹部损伤。单纯非穿透伤，行腹壁清创缝合。穿透性腹壁伤合并有内脏损伤时，在腹壁伤口清创后，另做切口行剖腹手术，以免发生切口愈合不良；有内脏脱出时，将内脏消毒后，无菌操作下还纳腹腔后，再清创。

（2）剖腹探查术：包括止血、修补、切除、清理腹腔和引流。适用于：①开放性、穿透性腹部损伤并确诊或高度疑有内脏损伤；②经非手术治疗休克不见好转；③腹膜炎有扩大趋势；④全身情况恶化等。

【护理评估】

（一）术前评估

1. 相关健康史　了解病人年龄、性别、婚姻、职业、饮食情况等。了解病人受伤的时间、地点、部位、伤情；了解致伤物的性质、暴力的强度、速度、硬度、着力部位和作用方向等因素；询问伤后救治情况，注意观察有无内脏的损伤；对严重昏迷病人，应询问陪同者或现场目击者。了解既往健康状况，有无高血压、冠心病及腹腔脏器疾病等。了解有无家族遗传病，如血友病等。

2. 身体状况　了解病人局部及全身症状、体征及病情严重程度等。

（1）局部：①腹痛情况：评估腹部损伤后是否发生腹痛及腹痛的特点、部位、持续时间、伴随症状、有无放射痛和进行性加重，有无腹部压痛、反跳痛和肌紧张及其程度和范围；②腹壁伤口情况：评估腹壁有无伤口及其部位、大小，自腹壁有无脏器脱出等；③腹腔内脏器损伤情况：评估腹部有无移动性浊音，肠蠕动是否减弱或消失。

（2）全身：①生命体征；②早期休克征象：评估病人有无面色苍白、出冷汗、脉搏细速、血压不稳等；③感染表现：评估有无很快出现体温升高、脉搏增快等全身中毒症状；④其他损伤：评估有无合并胸部、颅脑、四肢及其他部位损伤。

（3）辅助检查：了解实验室、X线、超声、CT、诊断性腹腔穿刺术和腹腔灌洗术等各项检查的结果，以便更准确地判断损伤的部位和脏器，估计损伤的严重程度。

3. 心理 - 社会状况　了解病人及亲属对腹部损伤相关知识的认知程度、对意外伤害的心理反应及承受能力。病人及亲属多表现为紧张、恐惧等心理反应，尤其腹壁有伤口、流血、内脏脱出或被告之需急症手术时，其反应更为强烈。

（二）术后评估

1. 术中情况　了解麻醉方式、手术类型、术中情况、术后生命体征、切口、引流等情况。

2. 术后情况　密切观察生命体征；评估腹部症状和体征的变化；观察体腔引流管的留置、引流液情况以及伤口、手术切口的愈合情况；评估病人及家属对手术的心理应对情况，病人及家属对术后护理与康复的认知程度。

【主要护理诊断 / 问题】

1. 急性疼痛　与腹腔内脏器官破裂、手术有关。

2. 体液不足　与创伤后失液、失血、呕吐、禁食等有关。

3. 焦虑 / 恐惧　与意外创伤刺激、出血、内脏脱出、担心手术及预后等有关。

4. 潜在并发症：急性腹膜炎、失血性休克、腹腔脓肿等。

【护理措施】

（一）现场急救

腹部损伤可合并多发性损伤,应根据轻重缓急,做好急救的护理配合。根据病人的具体情况,可行以下措施:①心肺复苏:持续的胸外心脏按压和保持呼吸道通畅是关键;②处理张力性气胸:配合医师行胸腔穿刺排气;③止血:迅速采取止血措施;④补液:迅速建立2条以上静脉输液通路,遵医嘱及时输液,必要时输血;⑤腹部伤口处理:有开放性腹部损伤者,妥善处理伤口。

（二）非手术治疗的护理／术前护理

1. 密切观察病情　每15~30分钟监测体温、脉搏、呼吸、血压;观察病人神志、面色、肢体温度、尿量;每30分钟检查腹部症状及体征,注意腹膜刺激征的程度和范围;观察有无腹腔内出血症状,协助医生行腹腔穿刺;记录24小时出入水量。

2. 休息与体位　对于肝、脾等包膜下血肿的病人,应卧床休息,尽量少移动病人,以防包膜下血肿破裂发生大出血。腹痛剧烈且无休克者,可取半卧位,使腹肌松弛,缓解疼痛。

3. 禁食及胃肠减压　病情严重、疑有内脏损伤或有明确腹胀者,需禁食并行胃肠减压,以防腹腔污染,加重病情。禁食期间积极补液,以维持水、电解质平衡及营养供给。胃肠减压者按胃肠减压常规护理。

4. 预防感染　遵医嘱及时、足量使用抗生素。开放性损伤应常规注射破伤风抗毒素。

5. 镇静镇痛　诊断未明确之前,禁用镇痛药,可通过分散病人注意力、改变体位、控制环境因素等方法缓解疼痛;诊断明确者,可根据病情遵医嘱给予镇静解痉药或镇痛药。

6. 心理护理　关心安慰病人及亲属,耐心解释病情,使其情绪稳定。告知相关的各项检查、治疗和护理的目的、注意事项及手术治疗的必要性,使病人配合治疗与护理。

7. 术前准备　按术前护理常规做好准备,若为大出血的病人,需要充足备血。

（三）术后护理

1. 病情观察　术后每15~30分钟监测生命体征直至麻醉清醒,并观察病人的意识状况、皮肤黏膜弹性及颜色、腹部症状及体征、尿量等情况,同时做好记录。当麻醉作用消失,术后24小时内腹部疼痛剧烈,可遵医嘱给予镇痛剂或使用镇痛泵,以减轻疼痛。

2. 体位与活动　全麻清醒或硬膜外麻醉平卧6小时后,血压平稳者改为半卧位,以利于腹腔引流、减轻腹痛、改善呼吸循环功能。术后多翻身,鼓励病人早期下床活动,以促进肠蠕动恢复、预防肠粘连。

3. 饮食护理　遵医嘱继续禁食及胃肠减压,注意保持胃肠减压管通畅。禁食期间,可给予肠外营养支持。肛门排气、胃肠蠕动恢复后,可拔除胃管。视腹腔损伤脏器修复状况,逐渐恢复饮食。

4. 维持体液平衡　有效执行医嘱,及时、准确给予静脉补液,维持水、电解质及酸碱平衡。监测和记录24小时出入量。

5. 抗感染　继续使用有效抗生素,预防腹膜炎、腹腔脓肿、切口感染等并发症。

6. 切口护理　观察切口有无渗血、渗液。严格遵守切口换药原则,敷料浸湿应及时更换,保持切口敷料清洁干燥。注意观察切口愈合情况,有无感染征象,有异常及时处理,促进伤口愈合。

7. 引流管护理　腹部术后常会留置多根引流管,注意正确连接引流装置,并标明各引流管位置,防混淆。妥善固定,防受压、扭曲或脱出、滑入,保持引流管通畅。对使用负压引流者,应注意及时调整负压,维持有效引流。观察并记录引流液的量、颜色及性状。当引流量明显减少时,病人体温及白细胞计数恢复正常时,可考虑拔管。

8. **心理护理**　多与病人及亲属沟通,稳定其情绪。解释术后可能出现的并发症,使其认识术后康复与配合的重要性。

【健康教育】

1. **安全和急救知识**　针对各种外伤原因,积极宣传相应预防措施,包括工作安全、交通安全等。普及各种急救方法,在发生意外事故时,能进行简单的急救或自救,降低死亡率。

2. **生活和复诊指导**　出院后要注意休息,增加营养,适度锻炼,促进康复,按时复查。

第三节　胃十二指肠疾病病人的护理

学习目标

1. 简述胃十二指肠溃疡和胃癌的病因、病理,陈述其常用辅助检查。
2. 理解并比较胃十二指肠溃疡和胃癌的临床特点,说明其治疗原则。
3. 运用相关知识为胃十二指肠疾病病人实施整体护理。

案例分析

　　王先生,65岁,退休工人。因上腹部不适、消瘦、乏力3个月入院。病人消化性溃疡10余年,近3个月经常出现上腹部隐痛、反酸、嗳气、食欲减退、消瘦、乏力、贫血等表现,即来院就诊。

　　体格检查:T 36℃,P 76次/min,R 20次/min,BP 118/82mmHg,左锁骨上淋巴结肿大、皮肤黄染、腹水明显、腹部可触及一个约2cm×2cm×1.5cm大小的肿块,质硬、边缘不规则。

　　辅助检查:胃镜下见黏膜层巨大溃疡,直径大于2cm,边缘隆起,底部凹陷,呈火山口样改变。

　　请问:

　　1. 目前该病人主要护理问题有哪些?

　　2. 该病人拟行胃大部切除术,术前护理措施包括哪些?

　　3. 该病人术后的饮食护理有哪些?

　　胃十二指肠疾病常见的有溃疡病、胃癌、先天性肥厚性幽门狭窄、十二指肠憩室、良性十二指肠淤滞症等。其中,除胃癌和先天性肥厚性幽门狭窄首选手术治疗外,其他均可采用非手术治疗,当非手术治疗无效时,则考虑手术治疗。本节主要介绍胃十二指肠溃疡和胃癌病人的护理。

一、概述

【胃的解剖生理】

1. **胃的解剖**　胃是消化管最膨大的部分,上接食管,下连十二指肠。胃入口为贲门,出口为幽门,大小两弯和前后两壁。胃分为贲门部、幽门部、胃底、胃体四部分(图19-4)。幽门

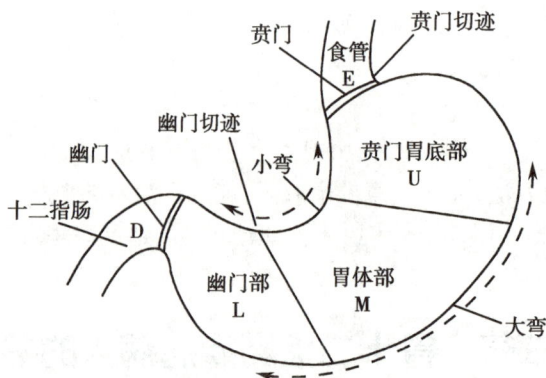

图 19-4　胃的解剖

部分为幽门窦和幽门管,幽门窦通常位于胃的最低部,是胃溃疡和胃癌的好发部位,临床上常称"胃窦"。胃壁从外向内分为四层:即浆膜层、肌层、黏膜下层和黏膜层。胃浆膜层即腹膜脏层。肌层为平滑肌,在贲门和幽门处环行肌增厚形成贲门和幽门括约肌。黏膜下层由疏松结缔组织构成,内含丰富的血管、淋巴管及神经丛。黏膜层有丰富的腺体,由功能不同的细胞组成:①主细胞:分泌胃蛋白酶和凝乳酶原;②壁细胞:分泌盐酸和内因子;③黏液细胞:分泌碱性黏液,有对抗胃酸腐蚀、保护胃黏膜的作用,胃底和胃体腺由主细胞、壁细胞和黏液细胞组成,而胃窦只含黏液细胞;④胃窦部有 G 细胞:分泌促胃液素。

　　胃的血液供应非常丰富。动脉由腹腔动脉发出分支,在胃小弯和胃大弯分别组成动脉弓供血。胃小弯的动脉弓由胃左动脉和胃右动脉(肝固有动脉分支)组成;胃大弯的动脉弓由胃网膜左动脉(脾动脉分支)和胃网膜右动脉(十二指肠动脉分支)组成。胃底部尚有胃短动脉(脾动脉分支)。上述动脉之间有丰富的吻合,呈网状分布(图 19-5)。胃的各静脉基本与同名动脉伴行,彼此之间有丰富的交通支,最后均注入门静脉系统。

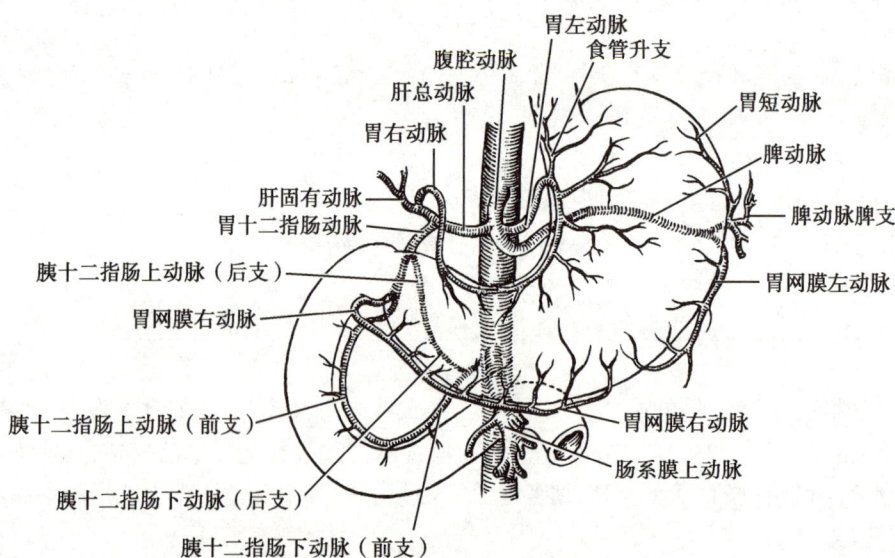

图 19-5　胃和十二指肠动脉的血液供应

　　胃的淋巴极为丰富,任何部分的病变都可以累及所有淋巴结。胃周共有 16 组淋巴结,按淋巴的主要引流方向分为以下四群:①腹腔淋巴结群:引流胃小弯上部淋巴液;②幽门上淋巴结群:引流胃小弯下部淋巴液;③幽门下淋巴结群:引流胃大弯右侧淋巴液;④胰脾淋巴结群:引流胃大弯上部淋巴液。胃的淋巴液均经腹腔淋巴结入乳糜池,再经胸导管入左颈静脉,故胃癌淋巴转移常在左锁骨上凹触及质硬的淋巴结。

胃的神经属于自主神经系统,包括交感和副交感神经两部分。交感神经的主要功能是抑制胃的分泌和运动,并传出痛觉;副交感神经即迷走神经,其主要功能是促进胃的分泌和运动。两种神经纤维共同在肌层和黏膜下组成神经网,以协调胃的分泌和运动功能。迷走神经的胃前、后支分别进入胃前、后壁,其终末支在距幽门约 5~7cm 处进入胃窦,形似"鸦爪",可作为高选择性胃迷走神经切断术的标志。

2. 胃的生理功能　胃是贮存、消化食物的重要脏器,具有运动和分泌两大功能。①胃的运动:胃通过运动完成胃内食物的混合、搅拌及有规律的排空。其运动方式包括近端胃的经常而缓慢的紧张性收缩(简称"慢缩")和远端胃的蠕动。胃的排空取决于近端胃慢缩程度、远端胃的蠕动强度和幽门的开闭状况。混合性食物从进食至胃完全排空约需 4~6 小时。②胃的分泌:胃腺分泌胃液,正常成年人每日分泌量约 1 500~2 500ml。胃液的主要成分为胃酸、胃酶、电解质、黏液和水分等。胃液分泌可分为基础分泌(消化间期分泌)和餐后分泌(消化期分泌)。基础分泌是指不受食物刺激时的自然胃液分泌,量甚小。餐后胃液分泌量明显增加,食物是胃液分泌的自然刺激物。餐后分泌可分三个时相:即迷走相、胃相、肠相。

【十二指肠的解剖生理】

1. 十二指肠的解剖　十二指肠位于幽门和十二指肠悬韧带(Treitz 韧带)之间,是小肠最粗、最固定的部位,呈"C"形,包绕胰头,长约 25cm,分为四部分。①球部:长约 4~5cm,大部分由腹膜覆盖,活动度大,是十二指肠溃疡的好发部位;②降部:长约 7~8cm,与球部呈锐角下行,固定于后腹壁,内侧紧贴胰头,其后内侧中下 1/3 交界处为十二指肠乳头,胆总管和胰管共同开口于此;③水平部:长约 10cm,自降部向左走行,完全固定于腹后壁,肠系膜上动、静脉在水平部的末端前方下行;④升部:长约 2~3cm,先向上行,然后急转向下、向前,与空肠相接,形成十二指肠空肠曲,由十二指肠悬韧带固定于后腹壁,此韧带是确定空肠起端的重要标志。十二指肠的血液供应来自胰十二指肠上、下动脉,两者分别起源于胃十二指肠动脉与肠系膜上动脉。胰十二指肠上、下动脉的分支在胰腺前后吻合成动脉弓。

2. 十二指肠的生理功能　十二指肠接受胃内食糜及胆汁、胰液。十二指肠黏膜内有十二指肠腺(Brunner 腺),分泌碱性十二指肠液,内含多种消化酶,如肠蛋白酶、脂肪酶、麦芽糖酶、蔗糖酶等。十二指肠黏膜内的内分泌细胞可分泌肠道激素,如促胃液素、促胰液素、抑胃肽、缩胆囊素等。

二、胃十二指肠溃疡

胃十二指肠溃疡(gastro-duodenal ulcer)是消化系统的常见病、多发病。胃酸 - 胃蛋白酶对黏膜的消化作用是溃疡形成的基本因素,故又称为消化性溃疡(peptic ulcer)。本病多见于男性青壮年,大部分病人经内科治疗可以痊愈,只有少部分需要手术治疗。外科治疗适应证包括:①内科治疗无效的顽固性溃疡;②胃十二指肠溃疡急性穿孔;③胃十二指肠溃疡大出血;④胃十二指肠溃疡瘢痕性幽门梗阻;⑤胃溃疡恶变。

【病因】

1. 幽门螺杆菌(helicobacter pylori,HP)感染　HP 感染与消化性溃疡的发病密切相关。90% 以上的十二指肠溃疡与约 70% 的胃溃疡病人中检出 HP 感染,约 17% 的 HP 感染者发展为消化性溃疡。清除 HP 感染,可以明显降低溃疡病的复发率。HP 为革兰阴性杆菌,胃黏膜是 HP 的自然定植部位。HP 可产生多种酶,约 50% 的 HP 菌株还可产生毒素,作用于胃黏膜,降解胃黏液层的脂质结构及黏蛋白,损害胃黏液层的屏障功能,使胃酸分泌调节机

笔记栏

制发生障碍,最终导致消化性溃疡。

2. 胃酸分泌过多　溃疡只发生在与胃酸相接触的黏膜处,抑制胃酸分泌可促进溃疡愈合,充分说明胃酸分泌过多是胃十二指肠溃疡的病理生理基础。胃酸过多的情况下,激活胃蛋白酶,可使胃十二指肠黏膜发生"自身消化"。十二指肠溃疡除与迷走神经张力及兴奋性过度增高有关外,还与壁细胞数增多以及壁细胞对胃泌素、组胺、迷走神经刺激的敏感性增高有关。

3. 胃黏膜屏障损害　是溃疡产生的重要环节。非甾体抗炎药、皮质类固醇、胆汁酸盐、乙醇等均可破坏胃黏膜屏障,造成 H^+ 逆流入黏膜上皮细胞,引起胃黏膜水肿、出血、糜烂,甚至溃疡。长期使用非甾体类抗炎药(NSAID)者,胃溃疡的发生率显著增高。

4. 其他因素　包括遗传、吸烟、心理压力和咖啡因等。

【病理生理与分型】

本病属慢性溃疡,多为单发。胃溃疡多发生于胃小弯,以胃角多见,胃窦部与胃体也可见,胃大弯、胃底少见。十二指肠溃疡主要发生在球部,球部以下的溃疡称为球后溃疡。典型的胃十二指肠溃疡呈圆形或椭圆形,直径通常小于2cm,可深达肌层,较难愈合。若溃疡向深层侵蚀,可引起大出血或急性穿孔。幽门处较大溃疡愈合后可形成瘢痕性的幽门狭窄。

根据胃溃疡发生的部位和胃酸的分泌量,可分为四型。Ⅰ型:最为常见,约占50%~60%,低胃酸,溃疡位于胃小弯角切迹附近;Ⅱ型:约占20%,高胃酸,胃溃疡合并十二指肠溃疡;Ⅲ型:约占20%,高胃酸,溃疡位于幽门管或幽门前;Ⅳ型:约占5%,低胃酸,溃疡位于胃上部1/3、胃小弯高位接近贲门处,常为穿透性溃疡,易发生出血或穿孔,多见于老年人。

【临床表现】

主要表现为慢性病程、周期性发作、节律性上腹部疼痛,与饮食关系密切。

1. 症状

(1) 十二指肠溃疡:多见于青壮年。主要表现为餐后延迟痛(餐后3~4小时)、饥饿痛或夜间痛,进食后腹痛可缓解,服用抗酸药物能止痛。疼痛性质多为烧灼痛或钝痛。腹痛具有周期性发作的特点,秋冬、冬春季好发。溃疡病每次发作时,症状持续数周后好转,间歇1~2个月再发。若缓解期缩短,发作期延长,腹痛程度加重,则提示溃疡病变加重。

(2) 胃溃疡:发病年龄较十二指肠溃疡平均晚十年。腹痛的节律性不如十二指肠溃疡明显,主要表现为餐后0.5~1小时疼痛,持续1~2小时。进食后疼痛不能缓解,有时反而加重,服用抗酸药物疗效不明显。经内科治疗后较十二指肠溃疡容易复发,除易发生大出血、急性穿孔等严重并发症外,约有5%胃溃疡可发生恶变。

2. 体征　溃疡活动期可有局限性的固定轻压痛,十二指肠溃疡压痛点位于脐部偏右上方,胃溃疡压痛点位于剑突与脐间的正中线或略偏左。缓解期无明显体征。

3. 并发症　常见的有急性穿孔、急性大出血、瘢痕性幽门梗阻、胃溃疡恶变。

(1) 急性穿孔:活动期溃疡逐渐向深部侵蚀、穿破浆膜发生急性穿孔。90%的十二指肠溃疡穿孔发生在壶腹部前壁,而60%的胃溃疡穿孔发生在胃小弯。前壁溃疡发生急性穿孔后,引起化学性腹膜炎,可转变为化脓性腹膜炎,甚至出现休克;后壁溃疡则形成慢性穿透性溃疡,临床表现为:①腹痛:病人于夜间空腹或饱食后,突发上腹部刀割样剧痛,并迅速波及全腹,但仍以上腹为重;②急性面容:病人表情痛苦,面色苍白,强迫体位,伴有冷汗、恶心、呕吐;③感染征象:病人可出现发热、脉快、白细胞计数及中性粒细胞增高;④腹部体征:全腹有明显压痛、反跳痛和肌紧张,腹肌高度强直呈"木板样";肝浊音界缩小或消失,可有移动性浊音;肠鸣音减弱或消失。

(2) 急性大出血:溃疡侵蚀基底血管并导致破裂引起急性大出血。胃溃疡大出血多位于胃小弯,出血来自胃左、右动脉及其分支;十二指肠溃疡大出血通常发生于壶腹部后壁,出血源自胃十二指肠动脉或胰十二指肠上动脉及其分支。出血一般能自行停止,约30%的病例可发生再次出血。临床表现为:①呕血和黑便:呕血和排柏油样黑便是主要症状。多数病人只有黑便而无呕血,迅猛的出血则表现为大量呕血与排黑紫色血便。呕血前病人常有恶心,便血前多突然有便意。呕血或便血前后常有心悸、目眩、无力甚至昏厥。②休克:短期内失血量超过400ml时,可出现循环系统代偿征象,表现为面色苍白、咽干口渴、脉搏快速有力、血压正常或略偏高等;当失血量超过800ml时,可出现休克症状,表现为烦躁不安、四肢厥冷、脉搏细速、呼吸急促及血压下降等。③腹部体征:上腹部可有轻度压痛、稍胀、肠鸣音亢进。

(3)瘢痕性幽门梗阻:幽门痉挛、炎性水肿和瘢痕三种原因导致幽门梗阻,后者常见于十二指肠壶腹部溃疡和幽门的胃溃疡。梗阻初期,胃壁肌层代偿性增厚,随病情发展,胃蠕动减弱甚至消失,胃内容物潴留,出现顽固性呕吐,引起水、电解质及酸碱失衡。临床表现为:①呕吐:是最为突出的症状,常发生在晚间或下午。呕吐量大,一次可达1 000~2 000ml,易引起缺水、低钾低氯性碱中毒,呕吐物多为宿食,且有酸臭味,不含胆汁,呕吐后病人自觉胃部舒适,故常自行诱发呕吐,以缓解症状;②上腹不适:表现为进食后上腹饱胀不适并出现阵发性胃痉挛性疼痛,伴恶心、嗳气,嗳气带有酸臭味;③营养障碍:消瘦、脱水、营养不良、面色苍白、皮肤干燥、弹性消失等表现;④腹部体征:上腹部可见胃型和胃蠕动波,用手轻拍上腹部可闻及振水声。

(4)胃溃疡恶变:多见于年龄较大的慢性胃溃疡病人,主要表现为胃痛从有规律转变成无规律或持续性疼痛并逐渐加重,用抗酸药效果不好;体重下降、食欲减退;出现呕血或黑便。

【辅助检查】

1. 内镜检查 胃镜检查是确诊胃十二指肠溃疡的首选检查方法,可明确溃疡、出血和梗阻的部位与原因,并可在直视下取活组织做幽门螺杆菌检测及病理学检查;若有溃疡出血可在胃镜下止血治疗。

2. 实验室检查 急性穿孔者,血白细胞计数及中性粒细胞比例增高;急性大出血者,红细胞计数、血红蛋白值、血细胞比容均呈进行性下降;幽门梗阻者,血清K^+、Na^+、Cl^-可明显降低。

3. 影像学检查

(1)X线:X线钡餐检查可在溃疡部位显示一周围光滑、整齐的龛影或见十二指肠壶腹部变形。急性穿孔和大出血者,不宜行钡餐检查。幽门梗阻者,服用水溶性造影剂后,可见胃扩大,张力减低,钡剂入胃后即下沉,24小时后仍有钡剂滞留;若已确诊为幽门梗阻者,避免作此检查。急性穿孔者,行立位腹部X线检查,80%可见膈下新月状游离气体影。

(2)血管造影:选择性腹腔动脉或肠系膜上动脉造影,可明确出血部位和病因;并可采取动脉注射垂体加压素或栓塞治疗等介入性止血措施。

4. 胃酸测定 溃疡病病人行迷走神经切断术前、术后均应测定胃酸,对评估迷走神经切断是否完整有帮助,成功的迷走神经切断术后最大胃酸排出量(maximal acid output,MAO)应下降70%。胃酸测定前,必须停服抗酸药物。

5. 诊断性腹腔穿刺 临床表现不典型的病例,必要时可行诊断性穿刺检查以协助诊断,腹腔穿刺抽出液可含胆汁、食物残渣或血性液体。

【治疗原则】

治疗原则是治愈溃疡、消灭症状、防止复发。

(一) 非手术治疗

1. **一般治疗**　生活规律、合理膳食、劳逸结合、避免过劳和精神紧张。

2. **药物治疗**　应用清除幽门螺杆菌(HP)、抑制胃酸分泌和保护胃黏膜的药物。

3. **并发症治疗**

(1) 急性穿孔

1) 禁食禁饮、持续胃肠减压：减少胃肠内容物继续外漏。

2) 维持体液平衡：静脉补液，纠正水、电解质和酸碱失衡，同时给予营养支持，提高机体抵抗力。

3) 防治感染：遵医嘱及时、合理地应用全身性抗生素。

4) 应用抑酸药物：如 H_2 受体拮抗剂或质子泵抑制剂等药物。

5) 病情观察：若经非手术治疗 6~8 小时后，症状和体征仍未见好转反而加重者，应立即改行手术治疗。

(2) 急性大出血

1) 一般处理：禁食禁饮，卧床休息，吸氧，遵医嘱应用镇静剂和抗生素等。

2) 补充血容量：迅速建立静脉通道，快速输注平衡液，并做好输血准备工作，严密观察血压、脉搏、尿量及周围循环等情况。

3) 药物止血：经胃管灌注 200ml 含 8mg 去甲肾上腺素的冰生理盐水，以发挥药物和物理的双重作用使血管收缩，从而达到止血的目的；应用 H_2 受体拮抗剂、质子泵抑制剂(奥美拉唑)或生长抑素(奥曲肽)等。

4) 急诊胃镜止血：胃镜检查在明确出血病灶的同时，亦可行电凝、激光、注射或喷洒药物、钛夹夹闭血管等局部止血措施。

(3) 瘢痕性幽门梗阻

1) 禁饮食、胃肠减压。

2) 改善营养状况：遵医嘱静脉补液、输血或其他血制品等。

3) 维持体液平衡：及时纠正脱水、低氯低钾性碱中毒等代谢紊乱。

(二) 手术治疗

1. **胃十二指肠溃疡**

(1) 胃大部切除术：是国内最常用的术式，传统的胃大部切除术的切除范围是胃远侧 2/3~3/4，包括胃体大部、整个胃窦部、幽门和部分十二指肠球部。胃大部切除术治疗溃疡的原理是：切除了整个胃窦部，减少 G 细胞分泌的胃泌素所引起的体液性胃酸分泌；切除了大部分胃体，减少了分泌胃酸、胃蛋白酶原的腺体数量，使神经性胃酸分泌也有所减少；切除了溃疡本身及其好发部位。胃大部切除术的消化道重建术式主要有 3 种。

1) 毕 I 式胃大部切除术(图 19-6)：即胃大部切除后，将残胃与十二指肠吻合。多适用于胃溃疡。优点是重建后的胃肠道接近正常解剖生理状态，胆汁、胰液反流入残胃较少，术后因胃肠功能紊乱而引起的并发症也较少；缺点是有时为避免残胃与十二指肠吻合口的张力过大致使切除胃的范围不够，增加了术后溃疡复发机会。

2) 毕 II 式胃大部切除术(图 19-7)：即胃大部切除后，将残胃与空肠吻合，十二指肠残端关闭；十二指肠溃疡切除困难时可行溃疡旷置。适用于各种消化性溃疡，特别是十二指肠溃疡者。优点是即使胃切除较多，胃空肠吻合口也不致张力过大，术后溃疡复发率低；缺点是吻合方式改变了正常的解剖生理关系，术后发生胃肠道功能紊乱的可能性较毕 I 式多。

3) 胃空肠 Roux-en-Y 吻合术(图 19-8)：即胃大部切除后，关闭十二指肠残端，在距十二

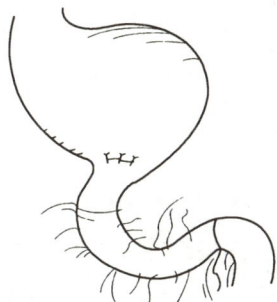

图 19-6　毕 I 式胃切除术　　　　图 19-7　毕 II 式胃切除术

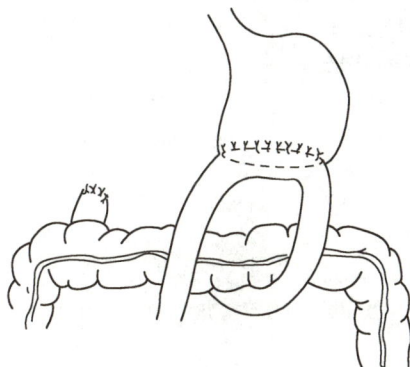

指肠悬韧带 10~15cm 处切断空肠,将残胃和远端空肠吻合,距此吻合口以下 45~60cm 处将空肠与空肠近侧断端吻合。此法临床使用较少,优点是防止术后胆汁、胰液反流入残胃。

（2）胃迷走神经切断术:其治疗溃疡的原理:阻断迷走神经对壁细胞的刺激,从根本上消除了神经性胃酸分泌;阻断迷走神经引起的胃泌素分泌,减少了体液性胃酸分泌。但此种术式目前临床已较少应用。

2. 急性穿孔

（1）单纯穿孔修补术:即缝合穿孔处,并加大网膜覆盖。适用于穿孔小,全身情况差者。优点是操作简便易行,手术时间短,安全性高。但有 2/3 病人,因溃疡未愈而需施行第二次彻底性溃疡切除手术。

（2）彻底性溃疡切除手术:适用于一般情况较好、有幽门梗阻或出血史、穿孔在 8~12 小时以内、腹腔内炎症

图 19-8　胃空肠 Roux-en-Y 吻合术

和胃十二指肠壁水肿较轻者。除胃大部切除术外,对十二指肠溃疡穿孔可选用穿孔缝合术 + 高选择性迷走神经切断术或选择性迷走神经切断术 + 幽门成形术,优点是一次手术可以同时解决溃疡和穿孔两个问题。

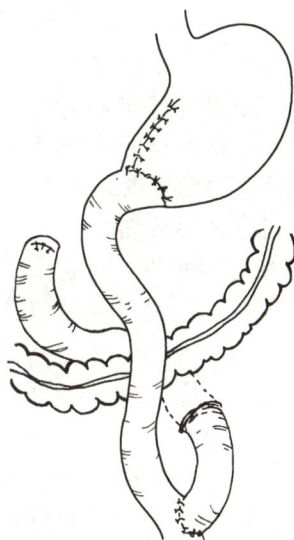

3. 急性大出血

（1）手术指征:①经非手术治疗仍出血不止或暂时血止后又复发;②严重大出血,短期内出现休克;③ 60 岁以上伴血管硬化症者,自行止血机会较小;④胃镜检查显示动脉搏动性出血或溃疡底部血管显露、再出血危险大;⑤同时合并溃疡穿孔或幽门梗阻。

（2）手术方式:①胃大部切除术:适用于大多数溃疡出血的病人;②贯穿缝扎:在病情危急,不能耐受胃大部切除术时,可采用此法止血,对切除溃疡有困难而予以旷置时,应贯穿缝扎溃疡底部出血的动脉或结扎其主干;③在贯穿缝扎处理溃疡出血后,行迷走神经干切断 + 胃窦切除或幽门成形术。

4. 瘢痕性幽门梗阻　是外科手术的绝对适应证,最常用的术式是胃大部切除术。高胃酸、溃疡疼痛剧烈的年轻人,可行迷走神经切断 + 胃窦切除术或胃大部切除术;年龄较大、身体情况极差或合并其他严重内科疾病者,可行胃空肠吻合 + 迷走神经切断术。

5. 胃溃疡恶变　按胃癌治疗,争取行胃癌根治术。

【护理评估】

(一) 术前评估

1. **相关健康史** 了解病人的一般资料,如年龄、性别、性格特征、生活环境、饮食习惯及营养状况等;有无非甾体抗炎药和皮质类固醇等用药史;有无典型溃疡病史、出血、呕吐及手术史等。

2. **身体状况**

(1) 局部:有无突发上腹部刀割样剧痛;全腹有无明显的压痛、反跳痛及肌紧张;肝浊音界有无缩小或消失;有无移动性浊音;肠鸣音有无减弱或消失;是否可见胃型和蠕动波,能否闻及振水音。

(2) 全身:有无发热、脉快等感染征象;有无面色苍白、脉搏细速、血压下降、四肢厥冷等休克表现;有无剧烈呕吐、消瘦、脱水、皮肤干燥、营养不良等表现。

(3) 辅助检查:了解血常规、血生化、纤维胃镜等辅助检查结果,以判断病人的营养状况及各脏器的功能状态。

3. **心理-社会支持状况** 评估病人和亲属对疾病诊断的心理反应,焦虑、恐惧的程度及心理承受能力;对所患疾病的治疗方案、护理措施及预后状况的认知程度;亲属对病人关爱、理解与支持的程度。

(二) 术后评估

1. **术中情况** 了解手术类型、麻醉方式、手术进程及术中出血、输血、补液及引流管安置情况等,以判断手术对机体的影响程度。

2. **术后情况** 评估意识状况、生命体征及腹部体征;观察切口愈合、各种引流情况;是否出现切口疼痛、恶心、呕吐、腹胀等术后不适;有无术后出血、十二指肠残端破裂、吻合口梗阻等并发症发生;病人有无焦虑、猜疑或敏感等不良心理反应;了解病人和亲属对手术治疗的满意程度和对术后康复计划的认知程度。

【主要护理诊断/问题】

1. **焦虑/恐惧** 与突发剧烈腹痛、急性大出血及大量呕吐等有关。

2. **急性疼痛** 与急性穿孔后消化液对腹膜的强烈刺激及手术切口有关。

3. **体液不足** 与剧烈呕吐、大量出血等有关。

4. **营养失调:低于机体需要量** 与禁饮食、摄入不足及消耗增加等有关。

5. **知识缺乏:**缺乏消化性溃疡治疗及康复的相关知识。

6. **潜在并发症:**术后出血、十二指肠残端破裂、吻合口梗阻等。

【护理措施】

(一) 非手术治疗的护理/术前护理

1. **心理护理** 根据病人的需求和接受能力提供相关信息,注意语言沟通技巧,避免不良刺激;同时,还应多关心体贴病人,并教会其自我放松技巧,对精神过度紧张者,遵医嘱适当给予镇静剂。向病人和亲属耐心解释手术治疗的必要性和重要性,鼓励他们表达内心感受,消除思想顾虑,增强战胜疾病的信心,积极配合治疗与护理。

2. **体位与镇痛** 禁饮食、持续胃肠减压,以减少胃肠内容物继续流入腹腔;休克者取平卧位或休克体位;病情平稳或休克改善后改为半卧位,以减轻腹壁张力和疼痛;明确诊断后,遵医嘱适当应用止痛剂。

3. **维持体液平衡** 根据医嘱和血生化检测结果,合理安排输液种类和速度;静脉补充水和电解质。

4. **术前准备** 除常规准备外,幽门完全梗阻者须行术前胃的准备,即术前3日,每晚用

300~500ml 温生理盐水洗胃,以减轻胃黏膜充血、水肿,有利于术后吻合口愈合。

(二) 术后护理

1. 一般护理

(1) 卧位与镇痛:术后取平卧位;麻醉清醒,血压平稳后取低半卧位,以减轻腹部切口张力,缓解疼痛,有利于呼吸与循环。针对术后病人不同程度的疼痛,遵医嘱给予止痛药物;使用自控止痛泵者,注意观察并处理可能发生的不适,如恶心、呕吐及尿潴留等。

(2) 营养支持:禁食期间,遵医嘱合理地静脉补液及各种营养素,维持体液平衡;必要时遵医嘱输注新鲜全血或血浆,以提高机体抵抗力,预防或减少术后并发症的发生。

(3) 防治感染:遵医嘱及时、合理、有效地应用敏感的抗生素,以预防和控制感染。

(4) 饮食护理:胃大部切除术后,肠蠕动恢复可拔除胃管,拔除胃管后当日可少量饮水或米汤;若无不适,第 2 日进半量流质饮食,每次 50~80ml;第 3 日进全量流质饮食,每次 100~150ml,以菜汤、蛋汤、藕粉等为宜;若进食后无腹痛、腹胀等不适,第 4 日可进半流质饮食,如稀饭、面条等;第 10~14 日可进软食,食物宜温、软、易于消化吸收,少量多餐。开始每日 5~6 餐,以后逐渐减少进餐次数,并增加每次进食量,逐步恢复正常饮食。

(5) 早期活动:鼓励病人术后早期活动,以利于切口愈合,促进呼吸与血液循环,恢复肠功能,减少术后并发症。按床上、床边、室内、室外活动的顺序,根据病人的具体情况,逐渐增加活动量。

2. 病情观察

(1) 监测生命体征:密切监测病人神志、血压、脉搏、呼吸、体温变化,麻醉清醒前,每 15~30 分钟测量 1 次生命体征;病情平稳后,改为每 1~2 小时测量 1 次,若发现异常情况,及时报告医生。

(2) 切口护理:保持局部敷料清洁、干燥;观察切口有无渗血、渗液,若敷料湿透及时更换;切口正常愈合,术后 7~9 日拆线。

(3) 引流管护理:妥善固定胃肠减压管,保持引流通畅,以利于减轻腹胀,促进吻合口愈合。胃肠减压期间做好口腔护理,每日 2 次。术后 48~72 小时,肠蠕动恢复、肛门排气后,可拔除胃肠减压管。留置腹腔引流管者,注意保持引流口周围皮肤清洁、干燥。观察记录引流液的颜色、性状和量,警惕吻合口出血。

3. 胃大部切除术后并发症

(1) 术后胃出血:多发生于术后 24 小时内,常因术中止血不彻底;术后 4~6 日发生的出血,常为吻合口黏膜坏死脱落所致;术后 10~20 日发生的出血,与吻合口缝线处感染、腐蚀血管有关。胃大部切除术后,因术中残留或缝合创面少量渗血,胃管内可引流出 100~300ml 暗红色或咖啡色胃液,24 小时内自行停止属于正常现象。若术后短期内从胃管引流出大量鲜血,持续不止,无论血压是否下降,皆可定为术后出血。术后胃出血大多数采用非手术疗法,包括禁饮食、应用止血药物和输新鲜血。若非手术疗法不能达到止血效果或出血量大于 500ml/h 时,应积极做好术前准备,再次行手术止血。

(2) 十二指肠残端破裂:一般发生在术后 24~48 小时,是毕 II 式胃大部切除术后的早期严重并发症。常因十二指肠溃疡切除困难,溃疡大,瘢痕水肿严重,使缝合处愈合不良;或因胃肠吻合口输入袢梗阻,使十二指肠腔内压力升高而致残端破裂。临床表现为突发性上腹部剧痛、发热和腹膜刺激征,白细胞计数增加,腹腔穿刺可抽出胆汁样液体。应立即行手术处理,留置腹腔引流管,术中可行空肠造瘘。术后可涂氧化锌软膏保护引流管及造瘘管周围皮肤。

(3) 胃肠吻合口破裂或瘘:较少见,一般发生在术后 5~7 日,是胃大部切除术后的早期严重并发症之一。多数与缝合不当、吻合口处张力过大、低蛋白血症及组织水肿等因素有关。若病人出现明显的弥漫性腹膜炎症状和体征,应立即行手术治疗;若已形成脓肿或外瘘者,应行局部引流,同时给予胃肠减压和支持疗法;若经久不愈者,须再次行手术治疗。

(4) 残胃蠕动无力或胃排空延迟:常发生在术后7~10日。可能与含胆汁的十二指肠液进入残胃,干扰残胃功能;输出袢空肠麻痹,功能紊乱及变态反应等有关。多为进流质饮食数日、状况良好者,突发上腹饱胀、钝痛和呕吐,呕吐物含胃液和胆汁,甚至呈不完全性高位小肠梗阻的表现。轻者3~4日可自愈;严重者可持续20~30日,除按肠梗阻的非手术处理外,还应给予促胃动力药物,如多潘立酮(吗丁啉)、甲氧氯普胺(灭吐灵)等;若经非手术处理后,梗阻症状仍不能缓解,应及时做好术前准备。

(5) 术后梗阻:根据梗阻部位可分为输入袢梗阻、输出袢梗阻和吻合口梗阻,前两者多见于毕Ⅱ式胃大部切除术后。

1) 输入袢梗阻:可分为急、慢性两类。①急性完全性输入袢梗阻:典型症状是突发上腹部剧痛、频繁呕吐,量少,不含胆汁,呕吐后症状不缓解;上腹偏右有压痛,可扪及包块;病情进展快,短时间内即可出现休克表现。系输出袢系膜悬吊过紧压迫输入袢,或输入袢过长穿入输出袢与横结肠系膜的间隙孔形成内疝所致(图19-9),属闭袢性肠梗阻,易发生肠绞窄,应行紧急手术治疗。②慢性不完全性梗阻:表现为进食后15~30分钟左右,右上腹突感胀痛或绞痛,喷射状呕大量含胆汁液体,不含食物,呕吐后症状消失。多因输入袢过长扭曲或过短在吻合口处形成锐角,使输入袢内胆汁、胰液和十二指肠液排空不畅而滞留(图19-10),也称"输入袢综合征"。若症状在数周或数月内不能缓解,亦需手术治疗。

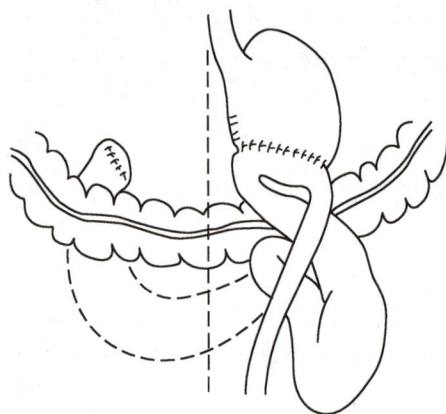

图 19-9 输入袢过长、穿入输出段与横结肠系膜的间隙孔,造成内孔疝

2) 输出袢梗阻:表现为上腹饱胀,呕吐食物和胆汁。多因大网膜水肿、炎性肿块压迫、肠粘连等所致。若经非手术治疗仍无改善,应行手术解除梗阻。

3) 吻合口梗阻:表现为进食后出现上腹饱胀和呕吐,呕吐物为食物,不含胆汁。一般系

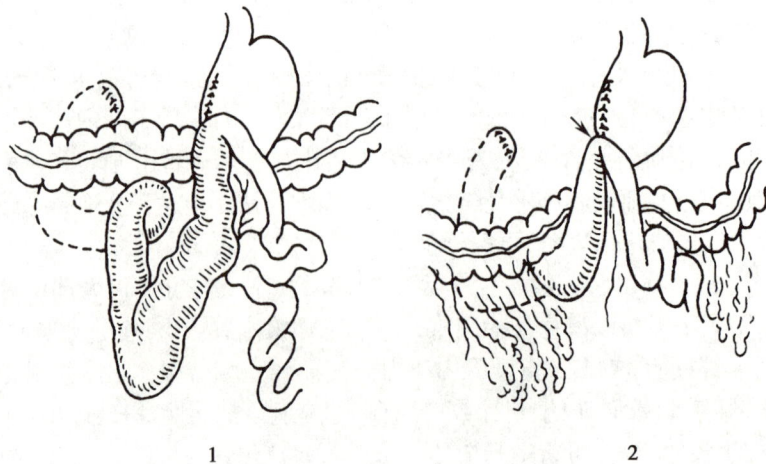

图 19-10 慢性不完全性输入袢梗阻

1.输入端过长、扭曲;2.输入端过短、过紧,在吻合口处形成锐角

吻合口过小或吻合口的胃肠壁内翻过多所致,或术后吻合口炎症水肿所致的暂时性梗阻。X线钡餐检查,可显示造影剂完全停留在胃内。若非手术治疗效果不佳,需行手术解除梗阻。

(6) 倾倒综合征(dumping syndrome):一般认为是由于胃大部分切除术后,丧失了幽门括约肌,导致胃排空过速所产生的一系列综合征,主要表现为胃肠道和心血管两大系统症状,根据进食后症状出现的时间可分为 2 种。

1) 早期倾倒综合征:一般发生在餐后 10~30 分钟内,多与餐后大量高渗性食物快速进入空肠,将大量细胞外液吸入肠腔,使循环血量骤减有关;也与肠道受刺激后大量分泌肠源性血管活性物质,如 5- 羟色胺、血管活性肽等有关。病人表现为面色潮红或苍白、大汗淋漓、全身无力、头昏、心悸;上腹饱胀不适、腹痛、恶心呕吐、腹泻等。大多数病人通过饮食调整后,症状可减轻或消失,包括少食多餐,避免过咸、过甜、过浓的流质饮食;宜进高蛋白饮食、低碳水化合物;餐时限制饮水、喝汤;进餐后平卧 10~20 分钟。大多数病人在术后 1 年内能逐渐自愈,极少数症状严重而持久者需行手术治疗。

2) 晚期倾倒综合征:又称为低血糖综合征,一般发生在餐后 2~4 小时,主因高渗性食物迅速进入小肠、快速吸收、引起高血糖而刺激胰岛素大量释放,继之发生反应性低血糖。病人出现头昏、心慌、乏力、出冷汗、脉搏细弱,也可导致虚脱。通过术后合理的饮食指导,可避免晚期倾倒综合征发生,饮食宜少量多餐、增加蛋白质比例、减少碳水化合物含量;出现症状时稍进饮食,尤其是糖类即可缓解。

(7) 碱性反流性胃炎:一般发生在胃大部切除术后数月至数年。常因术后胆汁、胰液和肠液反流入胃,胃黏膜屏障作用遭受破坏,导致胃黏膜充血、水肿和糜烂。表现为顽固性上腹或胸骨后烧灼痛,呕吐胆汁样液,且吐后疼痛不减轻,常伴体重减轻或贫血。对症状轻者,遵医嘱给予促胃动力药、胃黏膜保护剂及胆汁酸结合药物(如考来烯胺等);对症状严重者,需择期行手术治疗。

【健康教育】

1. 饮食指导　胃大部切除术后 1 年内胃容量受限,饮食宜少量多餐、定时定量。选择高热量、高蛋白、富含维生素的食物;少食腌制、烤制、煎炸食品;避免过热、过冷、过辣等食物。

2. 心理护理　指导病人自我调节情绪,保持心情舒畅;教会病人缓解生活、工作压力的方法,强调保持乐观心态的重要性。

3. 用药指导　详细说明药物服用的时间、方式、剂量及不良反应。避免服用对胃黏膜有损害性的药物,如阿司匹林、吲哚美辛、皮质类固醇等。

4. 休息与运动　在病情和体力允许的情况下,指导病人进行适量运动;术后 6 周内,避免从事重体力劳动或举起过重物品。

5. 就诊指导　定期门诊随访。一旦出现切口红肿或疼痛、腹胀、恶心、呕吐、停止排气排便等症状,应及时就诊。

三、胃癌

胃癌(gastric carcinoma)是我国最常见的恶性肿瘤,发病年龄以 40~60 岁多见,男性发病率明显高于女性,男女比例约为 2:1。胃癌起病隐匿,临床表现缺乏特异性,早期确诊率不足 10%,我国的年死亡率达 27.4/10 万。

【病因】

胃癌的病因至今尚未完全明确,目前认为与下列因素有关。

1. 内在因素　包括遗传、种族、体质和血型等。有研究显示 A 型血型者的胃癌发病率较其他血型者高。胃癌有明显的家族聚集倾向,有胃癌家族史者的发病率高于普通人群2~3倍。目前有研究资料表明,胃癌是一个多因素、多步骤、多阶段的发生发展过程,涉及癌基因、抑癌基因、凋亡相关基因与转移相关基因等改变,遗传素质使易感者对致癌物质更为敏感。

2. 外在因素　包括地域环境、生活习惯、饮食习惯及不良嗜好等。胃癌的发病有明显的地域差别,中国、日本、智利和北欧等国家和地区的发病率较高,而北美、西欧和印度的发病率则较低。我国西北与东部沿海地区是胃癌的高发区,均有冬季长期食腌制、熏制和烤制食品的饮食习惯,这些食物中含有多种致癌物质,如亚硝酸盐、真菌毒素及多环芳烃化合物等;吸烟者胃癌的发病危险较不吸烟者高50%。

3. 癌前病变和癌前状态　癌前状态是指易发生癌变的疾病或状态,如慢性萎缩性胃炎、胃息肉、胃溃疡及残胃炎等;癌前病变是指较易转变成癌组织的病理学改变。癌前病变常伴有不同程度的长期慢性炎症过程、胃黏膜肠上皮化生或非典型增生。胃黏膜上皮细胞的异型增生属于癌前病变,根据异型程度可分为轻、中、重三度,重度异型增生中有75%~80%的病人可能发展成胃癌。

4. 幽门螺杆菌感染　是发生胃癌的主要因素之一。HP感染的人群中,胃癌的发生率是HP感染阴性者的3~6倍。HP能促使硝酸盐转化成亚硝酸盐及亚硝胺而致癌;HP感染引起胃黏膜慢性炎症并通过加速黏膜上皮细胞的过度增殖导致畸变致癌;HP的代谢产物CagA、VacA可能直接损害胃黏膜细胞的DNA而诱发基因突变。

【病理生理与分型】

胃癌好发于胃窦部,约占50%,其次为贲门部,发生在胃体者较少。

1. 大体分型　根据胃癌的发展阶段可分为早期胃癌和进展期胃癌。

(1) 早期胃癌:指病变仅侵及黏膜和黏膜下层,不论病灶大小或是否有淋巴转移。癌灶局限在黏膜内者为原位癌;癌灶直径在5mm以下称微小胃癌,10mm以下称小胃癌;癌灶更小仅在胃镜黏膜活检时诊断为胃癌、但切除后的胃标本未见癌组织,称"一点癌"。早期胃癌的形态可分为三型(图19-11):①Ⅰ型(隆起型):癌灶突出黏膜约5mm以上;②Ⅱ型(表浅型):癌块微隆或低陷5mm以内,有三个亚型:Ⅱa型(表浅隆起型),Ⅱb型(浅表平坦型),Ⅱc型(表浅凹陷型);③Ⅲ型(凹陷型):深度超过5mm。此外,还有混合型(Ⅱa+Ⅱc、Ⅱa+Ⅱc+Ⅲ等)。

(2) 进展期胃癌:包括中、晚期胃癌。癌灶超出黏膜下层侵及胃壁肌层为中期胃癌;癌灶达浆膜下层或是超出浆膜向外浸润至邻近脏器或有转移者为晚期胃癌。国际多按传统的Borrmann分类法将其分为四型(图19-12)。①Ⅰ型(结节型):为边界清楚、突入胃腔的菜花状肿块;②Ⅱ(溃疡局限型):为边界清楚、略隆起而中央凹陷的溃疡状癌灶;③Ⅲ(溃疡浸润型):为边缘模糊不清的溃疡状癌灶,并向周围浸润;④Ⅳ(弥漫浸润型):边界不清,癌肿沿胃壁各层向四周弥漫浸润生长,可累及胃的一部分或全部,使胃壁变厚、僵硬,胃腔缩小,呈革袋状。此型恶性程度最高,转移较早,预后最差。

2. 组织学分型　世界卫生组织于2000年将胃癌分为:①腺癌(肠型和弥漫型);②乳头状腺癌;③管状腺癌;④黏液腺癌;⑤印戒细胞癌;⑥腺鳞癌;⑦鳞状细胞癌;⑧小细胞癌;⑨未分化癌;⑩其他。胃癌绝大部分为腺癌。

3. 转移途径

(1) 淋巴转移:是胃癌的主要转移途径,早期胃癌即有淋巴转移,进展期胃癌的淋巴转移率高达70%左右。胃癌的淋巴转移率与癌灶浸润胃壁组织的深度呈正相关。胃周共有16组淋巴结,根据其与胃的距离分为三站,淋巴结转移通常循第1站—第2站—第3站的顺序,但恶性程度较高的胃癌也可发生跳跃式转移,即超越上述常规顺序,而直接侵及远

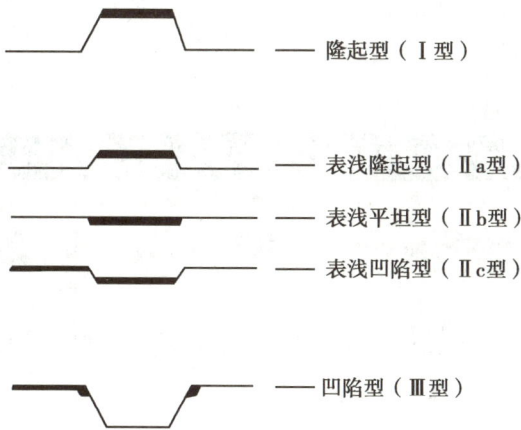

图 19-11　早期胃癌各型模式图

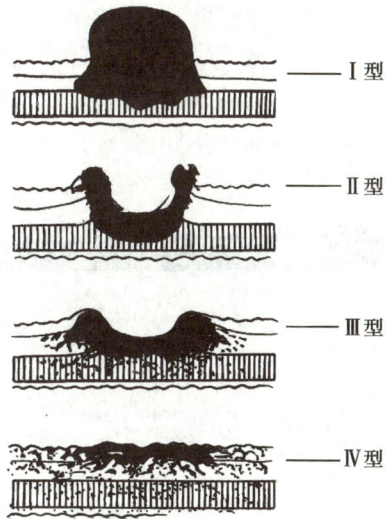

图 19-12　胃癌 Borrmann 分型

处淋巴结,最常见的有两处:①经胸导管转移到左锁骨上淋巴结;②经肝圆韧带淋巴管转移到脐周。

(2) 血行转移:多发生于晚期,最常见的是肝转移,其他有肺、脑、肾、骨等处。

(3) 直接蔓延:胃癌可由原发部位向纵深浸润,穿破浆膜后,可直接侵犯大网膜、结肠、肝、胰、脾和横膈等邻近器官。贲门胃底癌易侵及食管下端,胃窦癌可向十二指肠浸润。

(4) 腹腔种植:癌肿浸润穿透浆膜层,癌细胞可种植于腹腔、大网膜或其他脏器表面。癌细胞广泛播散时,可形成血性腹水。女性病人可发生卵巢转移性肿瘤,如 Krukenberg 瘤。

4. 临床分期　国际抗癌联盟(UICC)和美国癌症联合会(AJCC)于 2016 年共同公布的胃癌 TNM 分期。是目前通用的分期标准,对治疗方法的选择有重要意义。

T 代表原发肿瘤浸润胃壁深度(图 19-13):

T_{1a}:肿瘤侵犯黏膜固有层或黏膜肌层;T_{1b} 肿瘤侵犯黏膜下层;T_2:肿瘤侵犯固有肌层;T_3:肿瘤侵及浆膜下层结缔组织而未侵犯脏腹膜或邻近结构;T_{4a}:肿瘤穿透浆膜层(脏层腹膜);T_{4b}:肿瘤侵犯邻近组织或脏器。

N 代表局部淋巴结的转移情况:

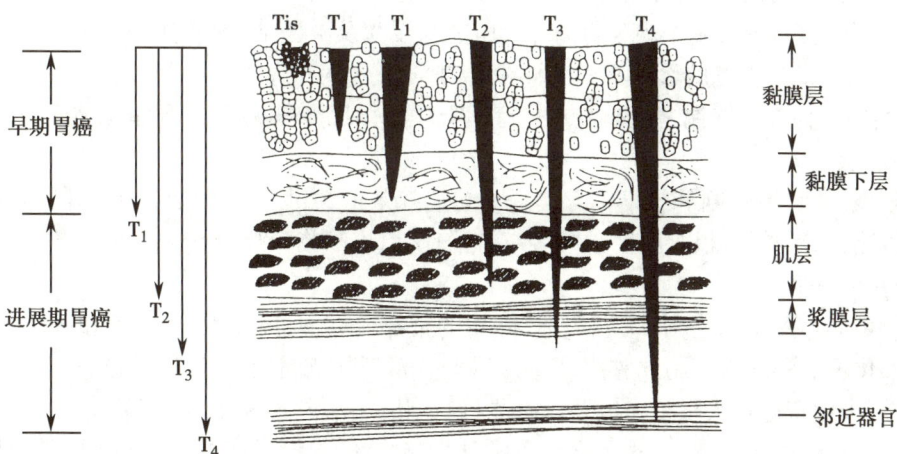

图 19-13　胃癌的浸润程度

N_0:无淋巴结转移(受检淋巴结个数≥15 个);N_1:1~2 个区域淋巴结转移;N_2:3~6 个区域淋巴结转移;N_{3a}:7~15 个区域淋巴结转移;N_{3b}:16 个以上区域淋巴结转移。

M 代表肿瘤远处转移:M_0 无远处转移;M_1 有远处转移。

根据 TNM 的不同组合可将胃癌划分为Ⅰ~Ⅳ个临床病理分期(表 19-1)。

表 19-1 胃癌的临床病理分期

	N_0	N_1	N_2	N_{3a}	N_{3b}
T_1	ⅠA	ⅠB	ⅡA	ⅡB	ⅢB
T_2	ⅠB	ⅡA	ⅡB	ⅢA	ⅢB
T_3	ⅡA	ⅡB	ⅢA	ⅢB	ⅢC
T_{4a}	ⅡB	ⅢA	ⅢA	ⅢB	ⅢC
T_{4b}	ⅢA	ⅢB	ⅢB	ⅢC	ⅢC
M_1	Ⅳ				

【临床表现】

1. 症状 早期胃癌多无明显症状,部分病人可有上腹部隐痛、反酸、嗳气及食欲减退等消化道症状,无特异性。随病情进展,症状日益渐重,常有上腹部疼痛,食欲缺乏、体重减轻、营养不良等症状。不同部位的胃癌有其特殊表现:①贲门胃底癌:可有胸骨后疼痛和进行性哽咽感;②幽门癌:可有餐后饱胀、恶心、呕吐,呕吐物为胃液和宿食;③癌肿破溃或侵及血管:可出现呕血和黑便。

2. 体征 早期胃癌无明显体征,可仅有上腹部深压不适或疼痛;晚期胃癌可出现消瘦、贫血、营养不良甚至恶病质等表现,可扪及上腹部肿块;若出现远处转移时,可有肝大、腹水、黄疸及左锁骨上淋巴结肿大等。

【辅助检查】

1. 内镜检查 胃镜检查是诊断早期胃癌的有效方法。纤维胃镜检查可直接观察病变的部位和范围,并可直接取病变组织行病理学检查;超声胃镜有助于了解癌肿浸润深度以及周围脏器和淋巴结有无转移,使术前临床分期的准确率达 70%~90%。

2. 影像学检查

(1) X 线钡餐检查:气钡双重造影可发现直径小于 1cm 的早期胃癌。结节型胃癌可见凸向腔内的充盈缺损;溃疡型胃癌可显示胃壁内"龛影";浸润型胃癌呈狭窄的"革袋状胃"。

(2) 腹部超声:主要用于观察胃的邻近脏器受浸润及淋巴结转移的情况。

(3) CT:有助于胃癌的诊断和术前临床分期。

3. 实验室检查 粪便隐血试验常呈持续阳性;胃液游离酸测定多显示酸缺乏或减少。

【治疗原则】

早期发现、早期诊断和早期治疗是提高胃癌疗效的关键。手术治疗仍是首选方法。对中晚期胃癌,术后积极辅以化疗、放疗等综合治疗,以提高临床疗效。

1. 手术治疗

(1) 根治性手术:按癌肿部位整块切除胃的全部或大部,以及大、小网膜和区域淋巴结,并重建消化道。切除端应距癌肿边缘 5cm 以上。若癌肿范围较大或已穿透浆膜并侵及邻近脏器时,可采用胃癌扩大根治术或联合脏器(包括胰体、胰尾及脾在内)切除术。

(2) 微创手术:近年来,胃癌的微创手术已日趋成熟,包括早期胃癌胃镜下胃黏膜病灶切除、腹腔镜下胃楔形切除、胃部分切除甚至是全胃切除。

（3）姑息性手术：适用于原发灶无法切除，针对由于胃癌导致的梗阻、穿孔、出血等并发症而做的手术，如胃切除术、胃空肠吻合术、空肠造口术、胃肠吻合术、穿孔修补术等。

2. 化学治疗　是最主要的一种辅助治疗方法，目的在于杀灭残留的微小癌灶或术中脱落的癌细胞，提高综合治疗效果。常用的化疗方法有全身化疗、动脉介入治疗等。为了提高化疗效果、减轻毒副反应，一般联合用药，临床上常用的化疗方案有：FAM 方案（5- 氟尿嘧啶、多柔比星、丝裂霉素）、ELP 方案（叶酸钙、5- 氟尿嘧啶、依托泊苷）、MF 方案（丝裂霉素、5- 氟尿嘧啶）。

3. 其他治疗　包括放疗、免疫治疗、基因治疗及中医药治疗等。

知识链接

胃癌的中医药治疗

胃癌的中医药治疗，根据辨证分型不同，应用不同的中草药。内治：①肝胃不和证，治法：疏肝和胃，降逆止痛，方药：逍遥散合旋覆代赭汤；②脾胃虚寒证，治法：温中散寒，健脾和胃，方药：附子理中汤；③胃热伤阴证，治法：养阴清热，和胃止痛，方药：竹叶石膏汤合玉女煎；④脾虚痰湿证，治法：健脾化湿，软坚散结，方药：参苓白术散合二陈汤；⑤气血两虚证，治法：补气养血，方药：十全大补汤；⑥瘀毒内阻证，治法：活血散结，解毒祛瘀，方药：失笑散合桃红四物汤。外治：①开郁消积膏上腹部外敷；②阿魏化痞膏上腹部外敷。

【护理评估】

（一）术前评估

1. 相关健康史　了解病人的一般资料，如年龄、性别、职业、性格特征、饮食习惯、生活与工作环境等；有无上腹或胸骨后疼痛、反酸、嗳气、食欲缺乏；既往有无慢性萎缩性胃炎、胃溃疡等病史；家族中有无胃癌或其他肿瘤病史等。

2. 身体状况

（1）局部：腹部有无压痛或肿块，肿块大小、质地、是否活动；有无腹水征。

（2）全身：有无贫血、消瘦及恶病质表现；有无胃癌远处转移的迹象，如左锁骨上淋巴结肿大和黄疸。

（3）辅助检查：了解各项检查的结果，以判断病人各脏器功能状态和胃癌的分期等。

3. 心理 - 社会状况　了解病人对诊断的心理反应，焦虑 / 恐惧程度及心理承受能力；评估病人和亲属对疾病相关知识、治疗方案及预后的认知程度。

（二）术后评估

1. 术中情况　了解麻醉方式、手术类型；术中出血、输血、补液和引流管放置情况等。

2. 术后情况　评估意识状况、生命体征及腹部体征；观察切口愈合、引流情况；是否出现吻合口梗阻、倾倒综合征和营养障碍等并发症。了解病人有无焦虑、猜疑或敏感等不良心理反应；亲属对病人理解、关心和支持的程度；病人和亲属对手术治疗的期望程度。

【主要护理诊断 / 问题】

1. 焦虑 / 恐惧　与对癌症的恐惧、担心治疗效果和预后状况有关。

2. 营养失调：低于机体需要量　与摄入不足、术后禁食及肿瘤慢性消耗有关。

3. 疼痛　与癌细胞侵及末梢神经、癌肿压迫或刺激神经干及手术切口有关。

4. 潜在并发症:切口出血、吻合口瘘和倾倒综合征等。

【护理措施】

(一) 术前护理

1. 心理护理 护士应主动与病人交谈,解释胃癌手术治疗的必要性和重要性,鼓励病人表达自身感受并掌握自我放松的方法;根据病人的实际情况进行针对性的心理护理,以增强病人对手术治疗的信心。此外,护士还应取得病人亲属的理解与支持,使病人积极配合治疗和护理。

2. 营养支持 根据病人的饮食和生活习惯,合理制订食谱。能进食者,给予高热量、高蛋白、高维生素、低脂肪、易消化和少渣食物,宜少食多餐。对不能进食者,遵医嘱静脉补液,必要时输血浆或全血,以改善病人的营养状况,提高其对手术的耐受性,预防或减少术后并发症的发生。

3. 促进舒适 为病人创造良好的休息环境,保证充足的睡眠;维持有效的胃肠减压,减少胃内积气、积液;明确诊断后,疼痛剧烈者遵医嘱给予镇痛剂。

4. 胃肠道准备 术前 3 日给予少渣饮食,术前 1 日进流质饮食;术前 12 小时禁食、4 小时禁饮;术前晚给予清洁灌肠;术日晨放置胃管,防止麻醉及手术过程中呕吐、误吸,便于手术,减少术中腹腔污染。

(二) 术后护理

1. 一般护理

(1) 卧位与镇痛:麻醉清醒,血压平稳后取半卧位,以后视具体情况而定;术后病人常有不同程度的疼痛,遵医嘱合理应用镇痛剂。

(2) 饮食和胃肠减压:术后早期禁食、行胃肠减压,以减少胃内积气、积液,以利于吻合口愈合。

(3) 防治感染:遵医嘱及时、有效地应用抗生素,以预防和治疗术后感染。

2. 病情观察 密切监测生命体征、腹部体征、切口愈合及各种引流等,一旦发现异常情况,应立即通知医生,并积极配合处理。

3. 营养支持

(1) 肠外营养支持:术后病人因禁食、留置胃肠减压管等,易造成体液失衡及营养缺乏。因此,应遵医嘱静脉补充水、电解质和各种营养素,必要时输注全血或人体白蛋白制剂,以改善营养状况,有利于机体康复。同时详细记录 24 小时出入液量,为制订补液计划提供科学的参考依据。

(2) 早期肠内营养支持:对胃癌根治术后留置空肠喂养管者,术后早期经喂养管实施肠内营养支持,以改善病人的营养状况、增加机体免疫力、维护肠道屏障结构、促进肠功能恢复、促进切口及肠吻合口的愈合。应根据病人的身体状况,合理制定营养支持方案。

(3) 饮食指导:术后禁食、胃肠减压,目的是减轻胃肠道张力,促进吻合口的愈合。肛门排气后即可拔除胃管,逐步恢复饮食。少食产气性食物,如牛奶、豆类等;忌生、冷、硬和刺激性食物。注意少量多餐,开始时每日 5~6 餐,以后逐渐减少进餐次数并增加每次进餐量,逐步恢复正常饮食。全胃切除术后,肠管替代胃后容量较小,开始全流质饮食时宜少量、清淡,每次饮食后需观察病人有无腹部不适。

4. 并发症的观察与护理 参见本节胃十二指肠溃疡的相关内容。

【健康教育】

1. 疾病预防 定期进行健康体检,积极预防和治疗胃的各种癌前病变和癌前状态,如慢性萎缩性胃炎、胃息肉、胃溃疡及残胃炎等;养成良好的饮食习惯、卫生习惯;保持积极向上的乐观情绪。

2. 知识宣教　术前向病人解释术前准备的重要性及配合方法,使其能够积极主动地予以配合,以提高手术耐受性,减少术后并发症的发生。术后向病人讲解术后并发症的预防措施,指导其合理安排饮食,适量运动,保持心情舒畅。

3. 定期复诊　术后化疗、放疗期间定期门诊随访,检查肝功能、血常规等,注意预防感染。术后 3 年内每 3 个月复查 1 次,3~5 年每半年复查 1 次,5 年后每年 1 次。一旦出现腹部不适、胀满、肝区肿胀等表现,应及时就诊。

第四节　小肠疾病病人的护理

学习目标

1. 简述肠梗阻和肠瘘的定义、病因、分类、临床表现。

2. 阐明肠梗阻和肠瘘的病理生理变化,解释肠梗阻和肠瘘的治疗原则,理解并比较不同类型肠梗阻的临床特点。

3. 运用相关知识为肠梗阻和肠瘘病人实施整体护理。

案例分析

张先生,46 岁,IT 工程师,现因阵发性腹痛、腹胀、肛门停止排气排便 5 日,伴呕吐胃内容物数次入院。发病以来食欲下降、睡眠欠佳,其余无不适。既往有胃溃疡出血手术史。

体格检查:T 38.6℃,P 98 次 /min,R 26 次 /min,BP 110/70mmHg;腹部膨隆且不对称,可见肠型和蠕动波,腹部有压痛、无反跳痛,未触及包块,墨菲征阴性,叩诊呈鼓音,移动性浊音阴性,肠鸣音 3 次 /min,有气过水声,肛门指诊未触及包块,指套退出无染血。

辅助检查:腹部 X 线摄片提示中下腹处见小肠有数个液平面,盲肠胀气。白细胞计数 16.3×10^9/L,中性粒细胞 78.6%。

请问:

1. 该病人目前主要的护理诊断 / 问题有哪些?

2. 该病人最佳的治疗方案是什么?

3. 该病人的护理观察要点有哪些?

小肠上始于胃幽门十二指肠球部,下止于回盲瓣,分为十二指肠、空肠及回肠,一般成人全长约 3~5m。十二指肠呈 C 形,位置深而固定;空肠、回肠间没有明确的标志,小肠上 2/5 段为空肠,小肠下 3/5 段为回肠。空、回肠通过小肠系膜附着于腹后壁,活动性较大。空肠和回肠的血液供应来自于腹主动脉的分支肠系膜上动脉,小肠的静脉汇合成肠系膜上静脉并与脾静脉汇合而成门静脉。小肠淋巴管始于黏膜绒毛中央的乳糜管,淋巴液汇集于肠系膜根部的淋巴结,再经肠系膜上动脉周围淋巴结、腹主动脉前的腹腔淋巴结而达乳糜池。小肠接受交感和副交感神经的双重支配。交感神经兴奋引起肠蠕动减弱,血管收缩及肠腺分泌减少;迷走神经兴奋使肠蠕动加快、肠腺分泌增加、回盲部括约肌松弛。小肠的痛觉由内脏神经的传入纤维传导。

小肠是食物消化和吸收的主要部位,胰液、胆汁和胃液可继续在小肠内起消化作用,小肠黏膜腺体也分泌含多种酶的碱性肠液,其中最主要的是多肽酶(肠肽酶),将多肽分解为可被肠黏膜吸收的氨基酸。除食物外,小肠还吸收水、电解质、各种维生素及胃肠道分泌液、脱落的消化道上皮细胞构成的大量内源性物质。正常成人经小肠重吸收液体量可达 800ml/d,若小肠发生疾病如肠梗阻、肠瘘等,可在短时间内丢失大量液体,从而引起严重的营养障碍和水、电解质及酸碱平衡失调。小肠作为一个重要的内分泌器官,能分泌多种胃肠激素参与肠道功能调节。小肠还具有重要的免疫功能,产生以抗体介导和细胞介导的免疫防御反应。小肠还发挥着重要的屏障功能,肠屏障能阻止肠道内细菌及毒素移至肠道外。

一、肠梗阻

肠梗阻(intestinal obstruction)是指各种原因引起肠内容物不能正常运行、顺利通过肠道,导致肠内容物通过障碍。肠梗阻是外科常见的急腹症之一,其病因复杂,病情多变,发展迅速,不但能引起肠管本身形态和功能的改变,而且可导致全身性病理生理改变,严重时可危及病人生命。

【病因与分类】

1. 按肠梗阻发生的原因分类

(1) 机械性肠梗阻(mechanical intestinal obstruction):最为常见,系多种原因引起肠腔狭窄,肠内容物通过发生障碍。主要病因包括:①肠壁病变:如先天性肠道闭锁、肠道畸形、肠套叠、肿瘤等;②肠管受压:如腹腔内肿瘤压迫、肠扭转、肠粘连、嵌顿疝等;③肠腔内堵塞:如结石、异物、寄生虫等。

(2) 动力性肠梗阻(dynamic intestinal obstruction):肠道本身没有器质性肠腔狭窄,而是由于神经反射或毒素刺激引起肠壁肌肉功能紊乱、肠蠕动消失或肠管痉挛等导致肠内容物无法正常通行。包括麻痹性肠梗阻和痉挛性肠梗阻两类,前者常见于急性腹膜炎、腹部大手术后、低钾血症和细菌感染等;后者较少见,可继发于肠道功能紊乱或尿毒症等。

(3) 血运性肠梗阻(vascular intestinal obstruction):由肠系膜血管栓塞或血栓形成,导致肠管血循环障碍,使肠管失去蠕动能力,肠内容物停止通行,可归入动力性肠梗阻。但其可迅速继发肠坏死,在处理上截然不同。

2. 按肠壁有无血运障碍分类

(1) 单纯性肠梗阻:仅有肠管内容物通行受阻,而无肠管血运障碍。

(2) 绞窄性肠梗阻:不仅有肠管内容物通过受阻,同时伴有肠管血运障碍。

3. 其他分类　按梗阻的部位可分为高位性肠梗阻(空肠上段)和低位性肠梗阻(回肠末段和结肠);按梗阻的程度分为完全性肠梗阻和不完全性肠梗阻;按病情发展的缓急可分为急性肠梗阻和慢性肠梗阻。当发生肠扭转、结肠肿瘤时,病变肠袢两端完全阻塞,称为闭袢性肠梗阻。

以上肠梗阻的分类随着病情发展史可以互相转换的。例如,单纯性肠梗阻不及时治疗可发展成为绞窄性肠梗阻;慢性不完全性肠梗阻可因炎性水肿转变为急性完全性肠梗阻。

【病理生理】

1. 局部变化

(1) 肠蠕动增强:机械性肠梗阻时,梗阻部位以上肠管蠕动增强,以克服肠内容物通过障碍。

(2) 肠腔膨胀和瘪陷:急性完全性肠梗阻时,梗阻部位以上肠腔内液体和气体积聚,导致肠管迅速膨胀,肠壁变薄,肠腔压力升高。梗阻部位越低,时间越长,肠膨胀越明显。梗阻部位以下肠管则空虚、瘪陷或仅存少量粪便。肠梗阻部位即为膨胀肠管和瘪陷肠管交界处。

(3) 肠壁血运障碍:最初表现为肠壁静脉回流受阻,肠壁充血、水肿、呈暗红色。随着血运障碍的继续发展,出现动脉血运受阻,形成血栓,肠壁变成黑紫色。又由于肠壁缺血缺氧、通透性增加,最后使肠管坏死而溃烂穿孔。

2. 全身变化

(1) 水、电解质及酸碱平衡失调:急性肠梗阻时,病人由于不能进食及频繁呕吐,丢失大量胃肠液,导致代谢性碱中毒,高位肠梗阻更为明显;低位肠梗阻时,大量液体不能被吸收,而潴留在肠腔内,同时肠管因过度膨胀,影响肠壁静脉回流,使大量血浆渗入肠壁、肠腔及腹腔,即丢失于第三间隙;大量碱性消化液丢失加上灌注不良导致酸性代谢产物增加,容易引起严重的代谢性酸中毒。

(2) 感染和中毒:低位性肠梗阻表现显著。细菌在梗阻以上的肠腔内明显增加,并大量繁殖产生多种强烈的毒素;加之肠壁血运障碍、活力消失,细菌及毒素渗透到腹腔引发严重的腹膜炎和中毒。

(3) 休克:严重的缺水、血容量减少、电解质紊乱、酸碱平衡失调、细菌感染、中毒等均可引起休克。当肠坏死、肠穿孔或腹膜炎发生时,全身中毒尤为严重,可引起严重的低血容量性休克和感染性休克。

(4) 呼吸和循环功能障碍:肠腔膨胀使腹压增高,膈肌上升,影响肺内气体交换,阻碍下腔静脉血液回流,从而导致呼吸和循环功能障碍。

【临床表现】

由于肠梗阻的部位、原因、发病急缓以及病变程度的不同,临床表现也不尽相同,但腹痛、呕吐、腹胀及停止排便排气等是所有肠梗阻的共同表现。

(一) 症状

1. 腹痛　单纯性机械性肠梗阻时,由于梗阻部位以上肠管强烈蠕动,病人多表现为腹中部阵发性绞痛,可伴有高亢的肠鸣音,肠腔内有积气或积液时,肠鸣音呈气过水声或高调金属音。疼痛发作时,病人常自觉腹内有"气块"窜动,并受阻于某一部位。如腹痛间歇期缩短,呈持续性剧烈腹痛,应警惕有绞窄性肠梗阻的可能。麻痹性肠梗阻的肠壁肌肉呈瘫痪状态,其腹痛的特点是全腹持续性胀痛或不适。闭袢性肠梗阻多表现为持续性绞痛并阵发性加剧。肠蛔虫堵塞多为不完全性,以阵发性脐周腹痛为主。

2. 呕吐　肠梗阻初期呕吐多呈反射性,呕吐物以胃液及食物为主,后期呕吐随梗阻部位的不同而各异。梗阻部位越高,呕吐出现越早、越频繁,呕吐物主要为胃及十二指肠内容物。梗阻部位越低,呕吐出现越晚且量少,初为胃内容物,后期为积蓄在肠内并经过发酵、腐败呈粪样的肠内容物。梗阻在结肠部位时,呕吐出现的更晚。绞窄性肠梗阻时,呕吐物为棕褐色或血性液体。麻痹性肠梗阻时,呕吐呈溢出性。若呕吐出蛔虫,多为蛔虫团引起的肠梗阻。

3. 腹胀　腹胀发生时间较腹痛、呕吐晚,其程度与梗阻部位有关。高位性肠梗阻由于呕吐频繁,腹胀不明显。低位性肠梗阻腹胀明显。麻痹性肠梗阻表现为均匀全腹腹胀。闭袢性肠梗阻表现为不均匀腹部隆起。

4. 停止排便排气　高位肠梗阻早期,梗阻以下肠腔内仍残存粪便及气体,可自行或在灌肠后排出,但不能因此而排除肠梗阻。完全性肠梗阻肠停止排便排气。不完全性肠梗阻可有多次少量排便排气。绞窄性肠梗阻可排出血性黏液样便。

(二)体征

1. **局部** 视诊:肠扭转时腹部多不对称,机械性肠梗阻常可见肠型和蠕动波。触诊:单纯性肠梗阻因肠管膨胀,无腹膜刺激征,但可有轻度压痛。绞窄性肠梗阻可有腹膜刺激征和固定压痛。蛔虫性肠梗阻时,在腹中部常可触及条索状团块。肠套叠时可扪及腊肠样肿块。叩诊:绞窄性肠梗阻时,腹腔有渗出液,移动性浊音可呈阳性。听诊:机械性肠梗阻肠鸣音亢进,有气过水音或金属音。麻痹性肠梗阻肠鸣音减弱或消失。

2. **全身** 肠梗阻初期,病人全身情况无明显变化。梗阻晚期或绞窄性肠梗阻因呕吐、缺水及电解质紊乱,病人可有唇干舌燥、皮肤弹性消失、眼窝凹陷、尿少或无尿等明显缺水体征,或可出现面色苍白、四肢发冷、脉搏细速、血压下降等休克和中毒征象。

【辅助检查】

1. **实验室检查** 肠梗阻病人随着病情的发展,出现缺水、血液浓缩时,可引起血红蛋白、血细胞比容、尿比重均升高。绞窄性肠梗阻病人多有白细胞计数和中性粒细胞明显增高。检查血气分析、血清电解质、血尿素氮及肌酐可了解是否存在电解质、酸碱失衡或肾功能障碍等情况。呕吐物和粪便检查有大量红细胞或潜血试验阳性,应考虑肠管有血运障碍的危险。

2. **影像学检查** 由于肠梗阻的位置不同,X线表现也各有不同。空肠梗阻时,空肠黏膜环状皱襞可显示"鱼肋骨刺"状改变。结肠胀气位于腹部周边,可显示结肠袋形。正常情况下,小肠内容物运行很快,气体和液体充分混合,故在腹部X线片上只显示胃和结肠内气体,小肠内气体不明显。一般在梗阻4~6小时后,腹部立位或侧卧位透视或摄片可见多个气液平面及胀气肠袢(图19-14)。当怀疑肠套叠、乙状结肠扭转或结肠肿瘤时,可行钡剂灌肠或CT检查,以辅助诊断。

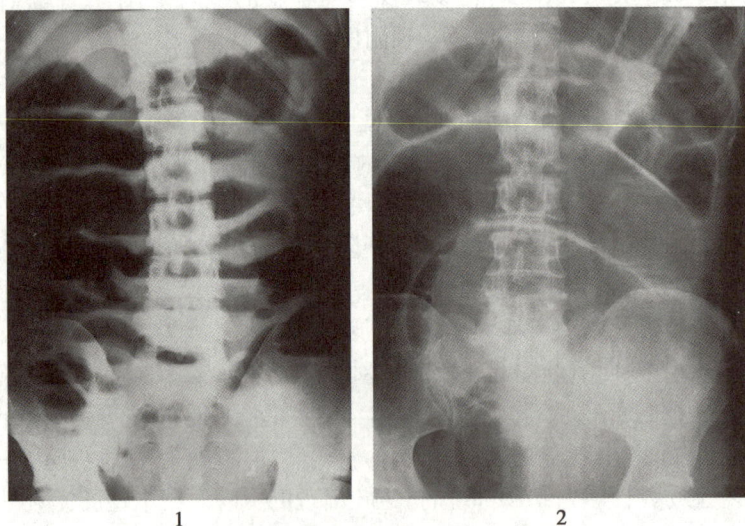

图 19-14 肠梗阻的 X 线表现
1.阶梯样气液平面;2.胀气肠袢

【治疗原则】

肠梗阻的治疗原则是矫正肠梗阻所致的全身性生理紊乱和解除梗阻。具体治疗方法要根据梗阻的病因、类型、部位、病情严重程度和病人全身情况而定。

1. **非手术治疗** 适用于粘连性、麻痹性或痉挛性肠梗阻,蛔虫堵塞或肠结核等引起的不完全性肠梗阻。主要措施包括禁食,胃肠减压,纠正水、电解质及酸碱失衡,应用抗生素防治细菌感染和中毒,口服生植物油,针刺疗法,低压空气和钡剂灌肠等方法解除梗阻,还可酌情使用解痉剂和镇静剂。在非手术治疗期间,应严密观察病人的病情变化,如若症状加重,应及时手术治疗。

2. 手术治疗 适用于绞窄性肠梗阻、先天性肠道畸形或肿瘤引起的肠梗阻以及非手术治疗无效的肠梗阻。常用的手术方式有:①解除梗阻病因:如粘连松解术、肠套叠或肠扭转复位术、肠切开取异物等。②肠切除肠吻合术:如肠管因肿瘤或炎症性狭窄,或局部肠管已失活坏死时,应做肠切除肠吻合手术。③肠短路吻合术:当晚期肿瘤已浸润固定或粘连成团,无法分离解除梗阻时,可作梗阻近端与远端肠袢的短路吻合术。④肠造口术或肠外置术:若病人情况严重,不能耐受复杂手术治疗时,可进行此类手术方式来解除肠梗阻。主要是用于低位性肠梗阻。

3. 中医治疗 中医认为肠为"传化之腑",以通降下行为顺,饮食、劳倦、寒凝、热郁、湿阻、燥屎内结或虫聚等因素,均可使胃肠通降功能失调,滞塞不通而发肠梗阻。《内经·灵枢》中描述肠梗阻为"饮食不下……腹中肠鸣,气上冲胸,喘不能久立,邪在大肠",其病因为痰瘀互结,脏腑不通,属本虚标实之证,肠腑气机阻滞是关键病机。中医常用中药内服、中药灌肠、中药穴位贴敷、针灸等进行治疗,以扶正祛邪,行气通腑为治疗原则。近年来,中医治疗在恶性肿瘤导致的肠梗阻中也有较多应用,可以有助于减轻病人恶心、呕吐、腹痛、腹胀等症状,提高病人生存质量。

【常见的肠梗阻】

1. 粘连性肠梗阻 是肠粘连或腹腔内粘连所致的肠梗阻,是肠梗阻最常见的一种类型,占各类肠梗阻的40%~60%。粘连性肠梗阻多发生在小肠,主要由腹腔内手术、炎症、创伤、出血、异物等引起,临床上以手术后导致的粘连性肠梗阻最为多见。在上述病变基础上,饮食不当、体位突然改变、肠功能紊乱、剧烈活动等常可诱发。腹腔内广泛粘连引起单纯性或不完全性肠梗阻,而局限性的粘连带可使肠管扭曲成锐角,或粘连带压迫肠管(图19-15),引起肠扭转等闭袢性绞窄性肠梗阻。若病人突然出现急性肠梗阻症状,腹痛加重,并有腹部压痛、腹肌紧张,应考虑为粘连带引起的绞窄性肠梗阻。粘连性肠梗阻一般选用非手术治疗,不见好转甚至病情加重,或怀疑为绞窄性肠梗阻则需尽早手术,以免发生肠坏死。对反复频繁发作的粘连性肠梗阻也应该考虑手术治疗。

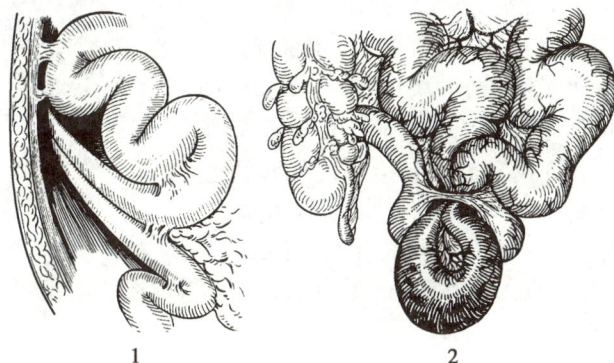

图 19-15 粘连带压迫肠管
1.粘连牵扯肠管成角;2.粘连带压迫肠管

2. 肠扭转 是一段肠袢及系膜沿系膜长轴旋转形成的闭袢性肠梗阻。既有肠管的梗阻,又有肠系膜血液循环障碍,属绞窄性肠梗阻,是发展迅速、病情凶险的肠梗阻类型。其病因是系膜根部附着处粘连或肠系膜及肠袢过长,当饱食后剧烈运动、小肠内容物突然增加等诱发造成肠扭转。常见有部分小肠、全部小肠(图 19-16)和乙状结肠扭转(图 19-17)。小肠扭转多见于青壮年,常因饱食后剧烈活动而发病。病人表现为突发脐周剧烈绞痛,持续性疼痛并阵发加重,可有腰背牵涉痛,往往不敢平卧,取膝胸位或蜷曲侧卧位;频繁呕吐;腹部有时可扪及压痛性包块。乙状结肠扭转多见于老年男性,病人有习惯性便秘。表现为突然发生左下腹绞痛伴明显腹胀,呕吐症状轻。腹部平片显示"马蹄状"巨大的双腔充气肠袢,圆顶向上,两肢向下。钡剂灌肠 X 线检查见扭转部位钡剂受阻,钡影尖端呈"鸟嘴"状。肠扭转极易发生绞窄、坏死,应及时手术治疗。

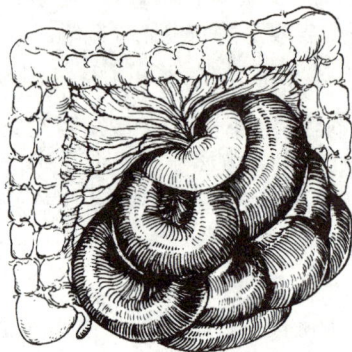

图 19-16　全小肠扭转

图 19-17　乙状结肠扭转

3. 肠套叠　是指由于各种原因使近端肠管蠕动、压缩套入其相连的远端肠管腔内。其病因多与肠功能失调、盲肠活动过大、肿瘤以及蠕动异常有关。肠套叠多见于婴幼儿,一般发生在 2 岁以内。以回盲部套叠(回肠套入结肠)最多见(图 19-18),还有小肠套叠和结肠套叠。腹痛、血便和腹部肿块是其三大典型症状。患儿常表现为突然发作的阵发性腹痛,阵发性哭闹,面色苍白、出冷汗,伴有呕吐及果酱样血便。腹部可扪及表面光滑、可稍活动、有压痛的腊肠样肿块,肿块位于右上腹部,右下腹扪诊空虚感。腹胀等其他肠梗阻症状可随病程进展而逐渐出现。X 线空气或钡剂灌肠检查可见套叠远端受阻,呈"弹簧状"或"杯口状"阴影。早期可用空气

图 19-18　回肠套入结肠

或钡剂灌肠复位。若复位不成功或病程超过 48 小时,怀疑有肠坏死或肠穿孔,或空气灌肠后出现腹膜刺激征及全身情况恶化者,应立即手术治疗。

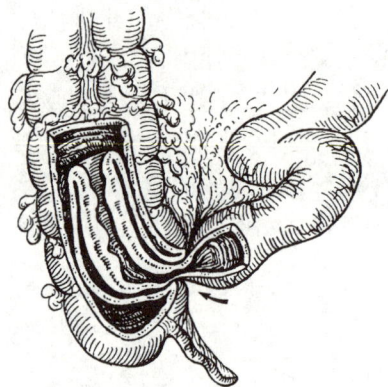

【护理评估】

(一) 术前评估

1. 相关健康史　了解病人的一般情况,包括年龄、性别,发病前有无饮食不当、体位不当、饱餐后剧烈活动、过度劳累等诱因;既往有无外伤史、腹部手术、各种急慢性肠道疾病史及个人卫生情况等。

2. 身体状况

(1) 局部:评估腹痛、腹胀、呕吐、停止排气排便等症状出现的时间、程度,有无进行性加

重;呕吐物、排泄物、胃肠减压抽出液的性状及量;有无腹膜刺激征及其范围。评估梗阻的类型,单纯性还是绞窄性,机械性还是动力性,完全性还是不完全性。

(2) 全身:评估生命体征的变化情况;有无眼窝凹陷、皮肤弹性下降、尿少等明显的缺水体征;有无出现水、电解质及酸碱失衡;有无面色苍白、四肢湿冷等休克征象。

(3) 辅助检查:实验室检查是否提示有水、电解质及酸碱失衡及其类型,腹部 X 线平片检查是否有异常变化。

3. 心理 - 社会状况　评估病人及亲属的心理状况,有无焦虑或恐惧,是否了解围手术期的相关知识内容;了解病人家庭、社会支持情况,包括亲属对肠梗阻相关知识的掌握程度,对病人心理和经济的支持情况等。

(二) 术后评估

1. 术中情况　了解病人的麻醉方式、手术方式及术中输血、输液等情况。

2. 术后情况　评估病人神志、生命体征及切口情况;了解病人有无切口疼痛、腹胀、恶心呕吐等不适;评估腹腔引流管是否通畅有效,引流液的颜色、量和性状;评估病人术后有无发生切口感染、肠粘连、腹腔内感染或肠瘘等并发症;评估切口愈合及术后康复等情况。

【主要护理诊断 / 问题】

1. 急性疼痛　与梗阻的肠内容物不能正常通过导致肠蠕动增加或肠壁缺血有关。

2. 体液不足　与频繁呕吐、大量液体积聚腹腔及肠腔、胃肠减压等有关。

3. 潜在并发症:肠粘连、腹腔感染、术后切口感染或裂开、肠瘘等。

【护理措施】

(一) 非手术治疗的护理 / 术前护理

1. 缓解疼痛与腹胀

(1) 禁食、胃肠减压:对于单纯性和麻痹性肠梗阻,有效的胃肠减压可达到解除梗阻的目的。通过胃肠减压,可减少胃肠道聚集的气体、液体,减轻肠管膨胀,有利于肠壁血液循环的恢复,减轻肠壁水肿。还可以降低腹内压,改善因膈肌抬高而导致的呼吸和循环障碍。应先将胃内容物抽空后,再行持续低负压吸引。保持持续有效的负压和减压管通畅,注意观察引流液的性质、量和颜色,并准确记录。如发现血性液体,应警惕绞窄性肠梗阻的可能。经减压管注入生植物油或药物后,需夹闭鼻胃管 1~2 小时,可以起到润滑肠管或者刺激肠蠕动恢复的作用。中药应浓煎,每次 100ml 左右,防止过量引起病人呕吐、误吸。

(2) 体位:生命体征平稳的病人取半卧位,有利于减轻腹痛、腹胀对膈肌的压迫,也有利于改善呼吸及循环功能。休克病人取休克体位,并将头偏向一侧,防止呕吐物误吸。

(3) 用药护理:确定无肠绞窄后,遵医嘱使用阿托品、654-2 等抗胆碱类解痉药,解除胃肠道平滑肌痉挛,抑制胃肠道腺体的分泌,缓解腹痛。但禁用吗啡类镇痛药物,以免掩盖病情。遵医嘱使用抗生素以防治感染,减少毒素吸收,减轻中毒症状。注意观察用药后的疗效及副作用。

(4) 按摩或针刺疗法:若为痉挛性、不完全性或单纯蛔虫所致的肠梗阻,可适当顺时针轻柔按摩腹部,缓解病人疼痛。或遵医嘱选取胃经、脾经、小肠经的相关腧穴进行中医针刺疗法,选足三里、上巨虚、下巨虚、阴陵泉、公孙等穴位,亦可以有扶正祛邪,行气消胀,降逆止呕,缓解腹痛等效果。

2. 维持体液与营养平衡

(1) 补液:严密观察病情,如呕吐次数、量及呕吐物的性状、皮肤弹性、尿量及血电解质、血气分析等变化。根据病情及实验室检查结果来决定补充液体的量与种类。

(2) 饮食与营养支持:肠梗阻时需禁食、禁饮,在此期间可提供胃肠外营养,待病人梗阻解除,有排气、排便,腹痛、腹胀消失 12 小时后,方可进流质饮食。但忌食易产气的食物,如甜食、豆浆、牛奶等。如无不适,24 小时后进半流质饮食;3 日后进软食。

3. 呕吐护理　呕吐时嘱病人坐起或头偏向一侧,并及时清除口腔内呕吐物,以免误吸导致吸入性肺炎或窒息。呕吐后给予漱口,保持口腔清洁,增加病人舒适度。观察并记录呕吐物颜色、量和性状。

4. 严密观察病情变化,警惕绞窄性肠梗阻的发生　定时测量体温、脉搏、呼吸和血压,观察腹痛、腹胀和呕吐等情况,及时了解病人各项实验室检查指标。若出现以下情况应警惕发生绞窄性肠梗阻的可能:①腹痛发作急骤,发病开始即表现为持续性剧痛,或持续性疼痛伴阵发性加重,有时出现腰背部痛。②腹胀不对称,腹部有局部性隆起或压痛性肿块。③有明显的腹膜刺激征,肠鸣音可不亢进或由亢进转为减弱甚至消失。④呕吐出现早、剧烈且频繁。⑤呕吐物、胃肠减压液或肛门排出物为血性,或腹腔穿刺抽出血性液体。⑥体温升高、脉率增快、白细胞计数升高。⑦病情进展迅速,早期出现休克,抗休克治疗不明显或无效。⑧经积极非手术治疗而症状体征未见明显改善。⑨腹部 X 线检查可见孤立、突出胀大的肠袢,呈位置固定不变的阴影,或肠间隙增宽,提示腹腔积液。

5. 术前准备　病人病情危重,应在抗休克、抗感染治疗的同时,积极做好手术准备。急症手术者,紧急做好备皮、配血、补液等术前准备。慢性不完全性肠梗阻病人,需要做肠切除手术,除一般术前准备,应按要求做肠道准备。

(二) 术后护理

1. 体位　全麻术后未清醒或生命体征不平稳的病人,暂时给予平卧位,头偏向一侧;完全清醒、血压平稳后给予半卧位。

2. 饮食　术后暂禁食、禁水,在此期间通过静脉补充营养,维持水、电解质平衡。待肠蠕动恢复、肛门排气后可开始进少量流质食物。进食后若无不适,逐步恢复饮食,应提供易消化的高蛋白、高热量和高维生素的食物。

3. 并发症的观察与护理

(1) 粘连性肠梗阻:由于广泛性肠粘连不能分离完全,或手术后胃肠道处于暂时麻痹状态,加上腹腔炎症、重新引起粘连而导致的肠梗阻。鼓励病人术后早期活动,如病情稳定,术后 24 小时即可床上活动,72 小时后下床活动,以促进胃肠道功能和机体功能的恢复,防止发生肠粘连。一旦出现阵发性腹痛、腹胀、呕吐等,应尽早采取非手术治疗措施,大多可以缓解。

(2) 腹腔内感染及肠瘘:应妥善固定引流管并保持通畅,观察、记录引流液的性质、量和颜色。更换引流袋时要严格无菌操作。监测生命体征变化,观察切口愈合及敷料情况。若术后 3~5 日出现体温升高、切口红肿及剧痛时应怀疑切口感染的可能;若出现局部或弥漫性腹膜炎表现,腹腔引流管周围流出粪臭味液体时,应警惕腹腔内感染及肠瘘的可能。应根据医嘱积极地进行局部双套管负压引流,以及全身营养支持和抗感染治疗。引流不畅或感染不能局限者需考虑再次手术处理。

【健康教育】

1. 饮食指导　注意饮食卫生,养成饭前、便后洗手的良好习惯;忌食刺激性强的辛辣食物等;宜进高蛋白、高维生素、易消化吸收的食物;避免暴饮暴食、饭后剧烈活动等;不吃不洁食物,减少肠道寄生虫病。

2. 保持排便通畅　老年或胃肠功能差者应注意通过调节饮食、腹部按摩等方法保持大便通畅,无效者可适当给予缓泻剂协助排便,避免用力排便。

3. 自我监测　指导病人自我监测腹部表现,若出现腹痛、腹胀、呕吐、停止排便等症状,应及时就医。

二、肠瘘

肠瘘（intestinal fistula）是指肠管之间、肠管与其他脏器、体腔或体表之间存在病理性通道，使肠内容物经此进入其他脏器、体腔或至体外，引起严重感染、体液失衡、营养不良等改变。肠瘘是腹部外科常见的重症疾病，可导致一系列病理生理变化及严重并发症产生，甚至会危及病人生命。

【病因】

1. 先天性　与胚胎发育异常有关，如卵黄管未闭所致脐肠瘘。

2. 后天性　占肠瘘发生率的 95% 以上。常见病因：①腹部手术损伤：肠瘘绝大多数是由手术创伤所致，如术中误伤肠壁或吻合口愈合不良。②腹部创伤：腹部开放性或闭合性损伤均可导致肠管受损，若未及时处理极易发展为肠瘘。③腹腔或肠道感染，如腹腔脓肿、肠系膜缺血性疾病、溃疡性结肠炎、憩室炎、克罗恩病（Crohn's disease）、肠结核等。④腹腔内脏器或肠道的恶性肿瘤等。

【分类】

1. 按瘘管所在的部位　高位瘘是指位于距离 Treitz 韧带 100cm 以上的消化道瘘，如胃十二指肠瘘、十二指肠空肠瘘；低位瘘是指位于距离 Treitz 韧带 100cm 以下的消化道瘘，如空肠下段瘘、回肠瘘与结肠瘘。

2. 按肠腔是否与体表相通　肠外瘘指瘘管开口于腹壁皮肤，较多见。肠外瘘又根据瘘口的形态分为管状瘘及唇状瘘。前者是指肠壁瘘口与腹壁外口之间存在一瘘管，较常见；后者可直接在创面观察到破裂的肠管在瘘口处外翻成唇状的肠黏膜。肠内瘘指肠腔通过瘘管与腹内其他脏器或肠管相通，如直肠阴道瘘、直肠膀胱瘘、胆囊横结肠瘘、空肠肠瘘等。

3. 按肠道连续性是否存在　侧瘘指肠壁瘘口范围小，仅有部分肠壁缺损，肠腔仍保持其连续性。端瘘又称为完全瘘，很少见，多为治疗性瘘，即肠腔连续性完全中断，其近侧端与体表相通，肠内容物全部流出体外。

4. 按肠瘘的日排出量　高流量瘘指每日消化液排出量在 500ml 以上。低流量瘘指每日消化液排出量在 500ml 以内。

【病理生理】

肠瘘病理生理随着瘘口形成位置的高低、大小、数目等改变。一般而言，高位肠瘘的全身病理生理变化较大，以水、电解质及营养失衡较为严重；而低位肠瘘则以继发性感染更为明显。

1. 水、电解质及酸碱失衡　正常成人每天分泌约 800ml 的消化液绝大多数经由肠管回吸收。发生肠瘘时，消化液可经瘘管排出体外、其他器官或间隙，回吸收率大大降低，导致消化液大量丢失，如不及时补充，可导致周围循环衰竭和肾衰竭。消化液的流失，可导致相应电解质的丧失。例如：丢失肠液丧失的电解质主要为 Na^+、K^+ 及 HCO_3^-，病人常出现代谢性酸中毒及低钠、低钾血症；丢失胃液丧失的电解质主要为 H^+、Cl^- 和 K^+，病人可出现低氯低钾性碱中毒。

2. 营养不良　消化液大量流失导致消化酶随之丢失，从而影响消化吸收功能，加之大量蛋白质的丧失，以及炎症、创伤的额外消耗，均可导致蛋白质的分解代谢增加，引起负氮平衡及多种维生素缺乏。病人表现为体重骤减，并发贫血、低蛋白血症等，若未及时纠正，终可因恶病质而死亡。

3. 消化液腐蚀及感染　排出的消化液中含有大量消化酶可消化腐蚀瘘管周围的组织、皮肤，导致局部糜烂、出血及继发感染。另外，消化液若流入腹膜腔或其他器官内，还可导致弥漫性腹膜炎、腹腔内脏器感染,腹腔脓肿等,甚至引发脓毒症。

【临床表现】

肠瘘可因瘘管部位及不同病理阶段而有不同的临床表现。

1. 腹膜炎期　为创伤或手术后 3~5 日。

(1) 局部:肠内容物对周围组织器官产生强烈刺激,病人可表现为腹痛、腹胀、恶心呕吐,或由于麻痹性肠梗阻而停止排便、排气。肠外瘘病人,可在体表的瘘口看到消化液、肠内容物及气体排出,瘘口周围皮肤被腐蚀,出现红肿、糜烂、剧烈疼痛,甚至继发感染,破溃出血。

瘘口排出物的性状与瘘管所处的位置有关。高流量的高位小肠瘘漏出的肠液中因含有大量胆汁、胰液等,多呈蛋花样、刺激性强,腹膜刺激征明显;结肠瘘等低位肠瘘,因瘘口小,排出量少,可形成局限性腹膜炎,而因漏出液内含有粪渣,臭味较浓。

(2) 全身:病人有继发感染时体温升高,达 38℃ 以上;可出现严重水、电解质及酸碱失衡,严重缺水者可出现低血容量性休克。若未给予及时、有效的处理,则有可能并发脓毒症、多器官功能衰竭,甚至死亡。

2. 腹腔内脓肿期　多发生在瘘形成后 7~10 日。排至腹腔的肠内容物引起腹腔炎性反应,若腹腔内漏出物和渗出液得以局限,则会形成腹腔内脓肿。不同部位的脓肿会引起病人恶心、呕吐、腹泻、里急后重等不同的临床表现;瘘口可排出大量的脓性液体或脓血性液体。全身可继续表现为发热,若处理得当,引流通畅,全身症状可逐渐减轻。

3. 瘘管形成期　在引流通畅、有效的情况下,腹腔脓肿逐渐缩小,沿肠内容物排出途径而形成瘘管。此时病人的感染情况基本得以控制,仅有瘘口局部刺激症状及肠粘连表现,全身症状减轻或消失,营养状况逐渐恢复正常。

4. 瘘管闭合期　病人瘘管炎症反应消失,瘢痕愈合,临床症状消失。

【辅助检查】

1. 实验室检查　血常规检查可见白细胞计数及中性粒细胞比例升高,血红蛋白值、红细胞计数下降。血生化检查可有血清 Na^+、K^+ 浓度降低,反映营养及免疫状态的转铁蛋白、血清清蛋白、前清蛋白水平和总淋巴细胞计数下降,肝酶谱(GPT、GOT、AKP、r-GT 等)及胆红素值升高。

2. 影像学检查　①超声及 CT 检查:有助于了解腹腔内深部脓肿、积液、占位性病变及其与胃肠道的关系等,还可在超声引导下经皮穿刺引流。②瘘管造影:适用于瘘管形成的病人。有助于明确瘘的长度、部位、大小、走向、脓腔范围及引流通畅程度,还可了解其周围肠管或与其相通的肠管情况。③消化道造影:有利于了解全消化道情况,尤其是瘘远端肠管有无占位及梗阻。

3. 特殊检查　①口服染料或药用炭:通过口服或胃管内注入亚甲蓝、骨炭末等染料后,观察并记录其从瘘口排出的情况,包括排出量、部位及时间等,以初步判断瘘的部位和瘘口大小。适用于肠外瘘形成初期,是最简单实用的检查手段。②瘘管组织活检及病理学检查:可明确诊断结核、肿瘤等病变。

【治疗原则】

1. 非手术治疗

(1) 补充体液与营养:及时补液,纠正水、电解质及酸碱失衡,在瘘管发生早期或胃肠功能未恢复期,应给予肠外营养。

(2) 控制感染:根据肠瘘的常见菌群或药敏试验结果选择有效抗生素。

(3) 经皮穿刺置管引流:对少数脓肿形成而全身情况差、不能耐受手术引流者,或者肠瘘后腹腔感染比较局限的病人,可在超声或 CT 引导下,经皮穿刺置管引流。

（4）药物治疗：使用奥曲肽等生长抑素制剂，能明显降低胃肠分泌量，从而减少瘘口肠液的排出量及体液丢失。当肠液显著减少时，改用生长激素，可促进蛋白质合成，加速机体组织修复。

（5）封堵处理：对于唇状瘘或瘘口大、瘘管比较短直的管状瘘，可用胶片、医用胶等材料进行封堵瘘口，可起到机械性关闭瘘口的作用。

2. 手术治疗　根据肠管的位置及病变情况选择合适的术式。

（1）腹腔引流术：适用于肠瘘发生后，腹膜炎症状明显，或有明显中毒症状者，及有局限性腹腔内脓肿或瘘管形成早期经皮穿刺置管引流有困难者。术中在瘘口附近放置引流管，以有效引流外漏肠液，促进局部炎症消退、组织修复及瘘管愈合。

（2）瘘口造口术：对于瘘口大、腹腔污染严重、肠液流出量较多、情况复杂、全身状况不能耐受一次性彻底手术治疗的病人，可行瘘口造口术。待全身情况好转后再行二次手术，切除瘘口，肠管行端端吻合。

（3）肠段部分切除吻合术：是切除瘘管附近肠袢后行肠段端端吻合的术式。适用于空回肠和结肠部的肠外瘘，最常用且效果好，可根治肠瘘。

（4）肠瘘局部楔形切除缝合术：适用于瘘口较小，肠壁周围组织正常者，比较简单。

【护理评估】

（一）术前评估

1. 相关健康史　有无外伤史及手术史；有无腹腔内器官的化脓性疾病等；有无其他伴随疾病，如糖尿病、心血管疾病等。

2. 身体状况

（1）局部：评估瘘口，有无肠液、气体、胆汁或食物等排出物；瘘口部位皮肤有无出血或糜烂。

（2）全身：评估病人意识状态、生命体征，有无腹痛、腹胀以及体温升高等感染性腹膜炎的症状；评估病人的营养状况，有无体重明显下降等。

（3）辅助检查：了解有无水、电解质紊乱、酸碱平衡失调及贫血等情况。

3. 心理 - 社会支持　评估病人及亲属对疾病的认识程度及心理承受能力；亲属对病人的关心、安慰程度，对治疗疾病的经济负担能力；社会医疗保障系统对病人的保障程度等。

（二）术后评估

评估病人麻醉和手术方式、术中情况；评估引流管是否通畅有效，引流液的颜色、性状和量；评估切口愈合情况及术后康复情况等。

【主要护理诊断 / 问题】

1. 体液不足　与禁食、大量肠液外漏有关。

2. 体温过高　与腹腔感染有关。

3. 营养失调：低于机体需要量　与肠液大量外漏、炎症和创伤致机体高消耗状态有关。

4. 皮肤完整性受损　与瘘口周围皮肤被消化液腐蚀所致糜烂有关。

5. 潜在并发症：出血、腹腔感染、粘连性肠梗阻。

【护理措施】

（一）非手术治疗的护理 / 术前护理

1. 维持体液平衡　严密观察生命体征及病情变化；准确记录出入液量；遵医嘱及时、准确采集血尿标本，通过血清电解质、血气分析结果及皮肤弹性、口渴程度、尿量及生命体征变化，及时调整补液的种类、速度，从而纠正水、电解质及酸碱失衡。

2. 控制感染 ①选择合适的体位:宜取低半坐卧位,使漏出液积聚于盆腔,减少毒素吸收,利于炎症局限。②抗感染治疗:遵医嘱合理应用有效抗生素。

3. 腹腔灌洗与引流的护理

(1) 负压引流的护理:在手术切口或瘘管内放置双套管行腹腔灌洗并持续负压吸引,一般负压以 75~150mmHg 为宜,具体应根据肠液黏稠度及日排出量而调整。避免因负压过小致引流不充分,或负压太大造成肠黏膜吸附于管壁引起损伤、出血。应充分稀释肠液,减少肠液的溢出,减轻瘘口周围组织的侵蚀程度,促进局部肉芽组织生长、炎症消散,为瘘管的愈合创造良好的条件。当瘘管形成、漏出液少时,应注意降低吸引负压。

(2) 保持引流管通畅:妥善固定引流管,保持各处连接紧密,避免扭曲、脱落。定时挤压引流管,及时清除双腔套管内的积血块及坏死组织等,避免堵塞。评估引流效果,可通过灌洗的声音判断引流效果,若冲洗过程中听到明显气过水声,表明引流效果好。若出现管腔堵塞,可向顺时针方向缓慢旋转松动外套管,若无效,应通知医生,及时更换引流管。

(3) 调节灌洗液的量与速度:根据引流液的量及性状调整灌洗液的量与速度。一般每日的灌洗量为 2 000~4 000ml,速度约 40~60 滴 /min。若引流量多而黏稠,应适当加大灌洗的量及速度。当瘘管形成、肠液溢出量减少后,灌洗量也应适当减少。灌洗液以等渗盐水为主,若有脓腔形成或腹腔内感染严重,灌洗液中可加入敏感抗生素。灌洗液的温度应保持在30~40℃,避免过冷对病人造成不良刺激。

(4) 观察和记录:观察并记录引流液的量及性状,计算每日肠液排出量时应减去灌洗量。多发瘘者常采用多根引流管同时冲洗和引流,应分别标识冲液瓶和引流瓶,并分别观察和记录。通过灌洗量和引流量判断进出量是否平衡。若灌洗量大于引流量,常提示有堵管现象,需及时处理。灌洗过程中应观察病人有无畏寒、心慌气急、面色苍白等不良反应,一旦出现应立即停止灌洗,并给予对症处理。

4. 营养支持 因肠瘘大量营养物质的流失、疾病消耗增加及禁食,若不及时补充营养,身体很快进入衰竭状态。因此,疾病早期可通过中心静脉置管行全胃肠外营养。随着病情逐步稳定,漏液量的减少和胃肠功能的恢复,逐渐建立肠内营养,可通过鼻胃管或空肠营养管给予要素饮食,以促进肠蠕动及胃肠激素分泌,增强肠黏膜屏障功能。

5. 瘘口周围皮肤的护理 由于瘘管渗出的肠液具有较强的腐蚀性,会导致周围皮肤糜烂、溃疡及出血。故须保持腹腔引流管通畅,减少肠液漏出;及时清除漏出的肠液,保持局部皮肤清洁干燥;可选用中性皂液或 0.5% 氯己定(洗必泰)清洗皮肤,并涂抹复方氧化锌软膏或覆盖皮肤保护膜;可采取红外线或超短波等物理治疗,以促进局部皮肤损伤的修复。

6. 瘘口堵塞的护理 对采用堵片治疗的病人,应注意观察堵片是否发生移位或松脱。有异常应及时通知医生,给予调整或更换合适的堵片。

7. 心理护理 肠瘘多发生于术后,且在疾病初期。病人的局部及全身症状严重,病情较复杂、易反复,因此易产生焦虑、悲观情绪。应对病人及亲属解释肠瘘的发生、发展过程和治疗方法,并介绍肠瘘疗效好的病人,促进病人间交流,以消除顾虑,增强对肠瘘的认知与治疗信心,以积极配合各项治疗与护理。

8. 术前准备 在胃肠道术前常规准备的基础上,还应加强以下相关护理:①注意口腔卫生:病人因治疗的需要而禁食,致口腔细菌大量繁殖,易发生口腔炎症、溃疡等,应定时给予口腔护理,及时处理口腔病变。②肠道准备:术前 3 日进少渣半流质饮食,并口服肠道抑菌剂;术前 2 日进无渣流质;术前 1 日禁食。术前 3 日起每日用生理盐水灌洗瘘口 1 次,术日晨从肛门及瘘管行清洁灌肠。③皮肤准备:术晨认真清除瘘口周围皮肤的污垢及油膏,保持局部清洁。

(二) 术后护理

1. 饮食护理　术后可适当延长禁食时间至 4~6 日,以避免再次发生肠瘘。禁食期间继续给予全胃肠外营养支持,并做好相应护理。

2. 引流管护理　肠瘘术后全身留置的引流管较多,包括胃肠减压管、腹腔负压引流管、导尿管等。应妥善固定并标识各种管道,避免扭曲、滑脱,并保持各处连接紧密;更换引流袋时要严格无菌操作;定时挤压引流管,保持各管道引流通畅;负压引流管应根据引流情况及时调整负压;观察并记录各引流液的量、颜色和性状。

3. 并发症的观察与护理

(1) 术后出血:常见原因有术中止血不佳致创面渗血、创面感染侵蚀血管致出血、吸引负压过大损伤肠黏膜等。应注意观察切口渗血、渗液情况及各引流管的引流量、颜色和性状;监测生命体征,有异常应及时通知医生并协助处理。

(2) 腹腔感染:肠瘘病人由于营养物质的大量流失,全身状况往往较差,术后容易发生切口及腹腔感染。应注意观察切口有无红肿、发热;腹部有无腹胀及压痛、反跳痛、肌紧张等腹膜刺激征表现;有无生命体征的变化;保持引流通畅并合理应用抗生素。

(3) 粘连性肠梗阻:肠瘘病人术后常伴有营养不良,加之卧床时间长,或并发腹腔感染,均易导致肠粘连。故病人术后麻醉反应消失、生命体征平稳,应给予半坐卧位;指导病人早期床上运动,如多翻身、肢体伸屈等;在病情许可时,鼓励病人尽早下床活动,以促进胃肠蠕动,减少术后肠粘连。观察病人有无腹痛、腹胀、恶心、呕吐、停止排便排气等肠梗阻症状,若有异常,应及时通知医生,遵医嘱给予相应的处理。

【健康教育】

1. 指导病人进食　开始进食时以低脂、适量蛋白质、高糖类、低渣饮食为主,随肠功能恢复,逐渐增加蛋白质和脂肪量。

2. 鼓励和指导病人早期活动　在瘘口封闭后进行活动,先开始肢体被动活动、深呼吸;随着体质增强,指导病人自行床上活动,当瘘口愈合,可指导病人早期离床活动。

3. 定期随访　若出现腹痛、腹胀、排便不畅应及时就医。

第五节　急性阑尾炎病人的护理

学习目标

1. 简述急性阑尾炎的病因和病理,陈述急性阑尾炎病人的分类。
2. 理解急性阑尾炎的临床特点,说明其治疗原则。
3. 运用有效的护理措施解决急性阑尾炎病人的护理问题。

案例分析

王女士,30 岁,营业员,5 小时前上腹及脐周疼痛,为阵发性,伴恶心、呕吐,呕吐物为黄色内容物,现右下腹持续性疼痛。

体格检查:T 38.2℃,P 108 次 /min,R 26 次 /min,BP 100/60mmHg;右下腹压痛,位置固定;右下腹压痛、反跳痛,腹肌紧张。

辅助检查：WBC 17.62×10⁹/L，N 37.4%。胸部 CT 未见明显异常，腹部 CT 提示阑尾粪石伴阑尾炎（急性水肿型）。

请问：

1. 该病人的主要护理诊断是什么？

2. 该病人的主要护理措施有哪些？

急性阑尾炎（acute appendicitis）是外科常最见的急腹症。多发生于 20~30 岁的青年人，男性发病率较高。

【解剖生理概要】

阑尾起于盲肠根部，附于盲肠后内侧壁，三条结肠带的汇合点。外形呈蚯蚓状，长约5~10cm，直径 0.5~0.7cm。其体表投影约在脐与右髂前上棘连线中外 1/3 交界处，称为麦氏点（McBurney）。麦氏点是选择阑尾手术切口的标记点。沿三条结肠带向盲肠末端追踪可寻找到阑尾根部。阑尾的解剖位置可以其根部为中心，可位于 360° 范围内的任何位置。此位置决定了病人临床症状及压痛部位的不同。

阑尾系膜内的血管主要由阑尾动、静脉组成。阑尾动脉是回结肠动脉的分支，是一种无侧支的终末动脉，当血运障碍时，易导致阑尾坏死。阑尾静脉与阑尾动脉伴行，最终回流入门静脉。当阑尾炎症时，菌栓脱落可引起门静脉炎和细菌性肝脓肿。阑尾的神经由交感神经纤维经腹腔丛和内脏小神经传入，由于其传入的脊髓节段在第 10、11 胸节，因此当急性阑尾炎发病开始时，常表现为脐周的牵涉痛，属内脏性疼痛。

【病因】

阑尾易发生炎症是由其自身解剖特点决定的，其解剖结构为一细长盲管，腔内富含微生物，肠壁内有丰富的淋巴组织，容易发生感染。一般认为阑尾炎有以下因素综合造成。

1. 阑尾管腔梗阻　是急性阑尾炎最为常见的原因。而阑尾管腔梗阻常见原因是淋巴滤泡的明显增生，约占 60%。粪石阻塞，约占 35%。食物残渣、异物、炎性狭窄、寄生虫、肿瘤等，较少见。阑尾管腔细，开口狭小，系膜短使阑尾卷曲。阑尾管腔阻塞后，腔内压力上升，血运发生障碍，使阑尾炎症加重。

2. 细菌侵入　致病菌通常为肠道内的革兰阴性杆菌或厌氧菌。当阑尾发生梗阻后，腔内细菌大量繁殖并分泌内毒素和外毒素，损伤黏膜上皮，形成溃疡，细菌经溃疡面达阑尾肌层引起炎症，继之阑尾壁张力增高，导致阑尾缺血、梗死和坏疽。

3. 其他　阑尾先天畸形，如阑尾过长、过度扭曲、管腔细小、血运不佳等都是急性炎症的病因，胃肠道功能障碍引起内脏神经反射，导致肠管肌肉和血管痉挛，黏膜受损，细菌入侵而致急性炎症。

【病理生理】

1. 病理类型

（1）急性单纯性阑尾炎：是轻型阑尾炎的早期病变，炎症仅限于黏膜及黏膜下层，镜下表现为阑尾黏膜表面溃疡和出血点，周围有中性粒细胞浸润。阑尾外观轻度水肿，浆膜充血并失去正常光泽，表面及腔内有少量纤维性渗出物。临床症状、体征较轻。

（2）急性化脓性阑尾炎：亦称急性蜂窝织炎性阑尾炎。由单纯性阑尾炎发展而来。阑尾明显肿胀，浆膜高度充血，表面覆有脓性渗出物。镜下阑尾黏膜的溃疡面扩大并深达肌层和浆膜层，管壁内有小脓肿形成，腔内也有积脓，阑尾周围的腹腔内有积脓而形成局限性腹膜炎。临床症状、体征较重。

（3）坏疽性、穿孔性阑尾炎：为重型阑尾炎。病变进一步加重，阑尾管壁坏死或部分坏死，呈暗紫色或黑色。阑尾腔内积脓增多，压力升高，发生血运障碍，易发生穿孔。如穿孔阑尾不被大网膜包裹，脓液流入腹腔，炎症继续扩散，可引起急性弥漫性腹膜炎。

（4）阑尾周围脓肿：急性阑尾炎化脓、坏疽或穿孔，如过程进展缓慢，大网膜可移至右下腹部，将阑尾包裹形成粘连，形成炎性肿块或阑尾周围脓肿。

2. 转归

（1）炎症消退：一部分单纯性阑尾炎，若治疗及时，炎症消退可痊愈。大部分即使采用药物治疗，炎症消退，仍出现管壁增厚，管腔变窄，阑尾粘连扭曲等病理改变，转为慢性阑尾炎，且易复发。

（2）炎症局限：化脓、坏疽或穿孔性阑尾炎，阑尾被大网膜包裹粘连，炎症局限，形成炎性包块或局限性脓肿。

（3）炎症扩散：阑尾炎症严重，未得到及时手术治疗，又未能被大网膜包裹局限，炎症扩散形成弥漫性腹膜炎、化脓性门静脉炎或感染性休克等。

【临床表现】

1. 症状

（1）腹痛：是急性阑尾炎的主要症状，起始于脐周或上腹部，呈阵发性腹痛，程度较轻。约6~8小时后疼痛转移并固定于右下腹部，称转移性右下腹疼痛，是急性阑尾炎的典型症状，为持续性疼痛并逐渐加重。但有少数病人在开始即出现右下腹疼痛。不同位置的阑尾炎，其腹痛的部位有所区别。腹痛的性质及程度与急性阑尾炎的类型有关，单纯性阑尾炎为轻度到中度的隐痛或钝痛；化脓性阑尾炎为剧烈的胀痛；坏疽性阑尾炎为持续性剧烈腹痛；而阑尾炎穿孔后因阑尾腔内的压力骤减，腹痛可暂时减轻，但可随着腹膜炎的加重，腹痛又会加重，可发展为持续性的全腹痛。

（2）胃肠道症状：病人可有恶心、呕吐，发生早于腹痛。开始为程度较轻的反射性疼痛，后因弥漫性腹膜炎导致麻痹性肠梗阻，症状逐渐加重。部分病人可有便秘、腹泻等胃肠功能紊乱症状，多不严重。盆腔位阑尾炎出现盆腔脓肿时，可有腹泻、里急后重、黏液便等直肠刺激症状。

（3）全身症状：早期有轻微的乏力，体温正常或稍高（38℃左右），炎症加重时可出现口渴、多汗、心率加快、高热等症状。若并发门静脉炎时，病人还可表现出黄疸、肝大、触痛，甚至形成肝脓肿，严重者可导致感染性休克。急性化脓性、坏疽性阑尾炎未经及时治疗，脓性分泌物可经腹膜吸收导致急性腹膜炎，若形成腹腔脓肿，可表现为腹膜刺激征、压痛包块和全身中毒症状等。

2. 体征

（1）右下腹固定压痛：是急性阑尾炎最常见的体征。压痛固定，通常位置在麦氏点（McBurney点）（图19-19），但压痛也可随阑尾位置不同而有所不同。发病早期，疼痛还未转移到右下腹时，右下腹就有固定压痛。压痛的程度和范围与病变类型有关。阑尾炎穿孔后，疼痛可波及全腹，但仍以阑尾所在的位置最明显。

（2）腹膜刺激征：壁层腹膜受炎症刺激后，可有腹肌紧张、压痛、反跳痛、肠鸣音减弱或消失等反应，常提示阑尾炎已化脓、坏疽或穿孔。应注意孕妇、肥胖、年老、虚弱、小儿病人及盲肠后位阑尾炎病人，腹膜刺激征可不明显。

（3）右下腹包块：体格检查可见右下腹饱满，扪及压痛性

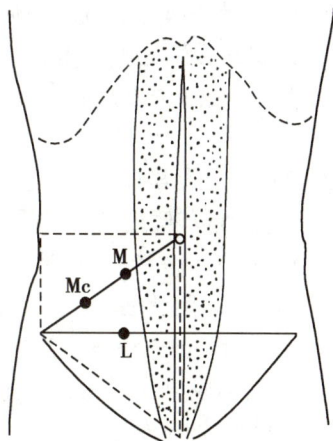

图 19-19　阑尾炎压痛点

Mc：McBurney点；M：Morris点

包块,边界不清且固定,应考虑阑尾周围脓肿形成。

(4) 特殊体征:①结肠充气试验(Rovsing 征):病人取仰卧位,先用一手压住左下腹,用另一手反复挤压近侧结肠部,结肠积气可传至盲肠和阑尾部位,引起右下腹疼痛者,为结肠充气试验阳性;②腰大肌试验(Psoas 征):病人取左侧卧位,将右下肢向后过伸,若出现右下腹疼痛者为阳性,提示阑尾位置较深,位于腰大肌前方,为盲肠后位或腹膜后位;③闭孔内肌试验(Obturator 征):病人取仰卧位,右髋右膝均屈曲 90°,再将右髋被动内旋,若引起右下腹疼痛者为阳性,说明阑尾位置较低,靠近闭孔内肌,为盆位阑尾炎;④直肠指检:盆腔位阑尾炎常在直肠右前方有触痛。若阑尾穿孔,炎症波及盆腔时,直肠前壁有广泛触痛。若发生盆腔脓肿,可触及痛性肿块。

【辅助检查】

1. 实验室检查　大多数急性阑尾炎病人的白细胞计数和中性粒细胞比例增高。白细胞计数可高达 $10 \times 10^9/L \sim 20 \times 10^9/L$。中性粒细胞比例显著增高,且核左移,老年病人白细胞计数增高不明显。

2. 影像学检查　腹部平片可见盲肠扩张和液气平面,偶见钙化的粪石异物影,可助诊断;超声检查可见肿大的阑尾或脓肿;CT 检查有助于阑尾周围脓肿的诊断。

3. 腹腔镜检查　可以直观观察阑尾情况,也能分辨与阑尾炎有相似症状的其他脏器疾病,对明确诊断具有决定性作用。明确诊断后,同时可经腹腔镜做阑尾切除术。

【治疗原则】

一旦确诊,绝大多数急性阑尾炎应尽早手术治疗。

1. 手术治疗　根据急性阑尾炎的临床类型,选择不同手术方法。

(1) 急性单纯性阑尾炎:行阑尾切除术,切口一期缝合。有条件可采用腹腔镜阑尾切除术。

(2) 急性化脓性或坏疽性阑尾炎:行阑尾切除术,若腹腔已有脓液,应冲洗腹腔,吸净脓液后关闭腹膜。注意保护切口,一期缝合。可采用腹腔镜阑尾切除术。

(3) 穿孔性阑尾炎:手术切除阑尾,术中注意保护切口,清除腹腔脓液或冲洗腹腔后,冲洗切口,一期缝合,根据情况留置腹腔引流管。可采用腹腔镜阑尾切除术。

(4) 阑尾周围脓肿:阑尾脓肿尚未破溃穿孔时应按急性化脓性阑尾炎处理。如阑尾穿孔已被包裹形成阑尾周围脓肿,病情较稳定,宜应用抗生素治疗或同时联合中药治疗促进脓肿吸收消退,也可在超声引导下穿刺抽脓或置管引流。如脓肿扩大,无局限趋势,宜先行超声检查,确定切口部位后行手术切开引流。手术目的以引流为主。如阑尾显露方便,也应切除阑尾,阑尾根部完整者施单纯结扎。如阑尾根部坏疽穿孔,可行 U 字缝合关闭阑尾开口的盲肠壁。术后加强支持治疗,合理使用抗生素。

2. 非手术治疗　主要治疗是选择有效的抗生素进行补液治疗。适用于单纯性阑尾炎或急性阑尾炎早期,适当药物治疗可恢复正常;病人全身情况差或者客观条件不允许,或伴有其他严重器质性疾病有手术禁忌者。

【护理评估】

(一) 术前评估

1. 相关健康史　了解病人有无急性肠炎、慢性炎性肠病、蛔虫病史等;了解有无暴饮暴食、生活不规律、不洁饮食、过度疲劳等诱发因素。

2. 身体状况

(1) 症状:评估腹痛发生的诱因、时间、部位、性质、程度及范围;有无转移性右下腹痛;有无恶心、呕吐、便秘、腹泻等胃肠道功能紊乱的表现;有无发热、寒战等感染症状。

（2）体征：评估病人有无右下腹固定压痛，是否有压痛、反跳痛、肌紧张等腹膜刺激征；评估压痛的范围和程度；右下腹有无扪及痛性包块；结肠充气试验、腰大肌试验、闭孔内肌试验及直肠指检是否呈阳性。但应注意孕妇、肥胖、年老、虚弱、小儿病人及盲肠后位阑尾炎病人，腹膜刺激征可不明显。

（3）辅助检查：了解病人的实验室检查及影像学检查的结果。

3. 心理-社会状况　了解病人和亲属对急性阑尾炎的诊断、治疗和预后的认识程度；是否有焦虑、恐惧心理；对麻醉和治疗的心理承受能力。

（二）术后评估

评估病人麻醉类型、手术方式及术中情况；了解引流管放置的位置、是否通畅；评估引流液的颜色、性状、量等；评估术后切口愈合情况，是否发生并发症等。

【主要护理诊断/问题】

1. 急性疼痛　与阑尾炎症反应或手术创伤有关。

2. 体温过高　与腹腔感染毒素吸收和切口感染有关。

3. 焦虑/恐惧　与对疾病缺乏了解，担心预后有关。

4. 潜在并发症：急性腹膜炎、腹腔脓肿、腹腔内出血、切口感染、粘连性肠梗阻等。

【护理措施】

（一）非手术治疗的护理/术前护理

1. 病情观察　监测生命体征；观察病人的腹部症状和体征，尤其注意腹痛的变化；若出现右下腹痛加剧、发热、血白细胞计数和中性粒细胞比例上升，应做好急症手术的准备。

2. 体位　协助病人取半坐卧位，可使腹肌放松，减轻腹壁张力，缓解腹痛。

3. 避免肠内压力增高　给予清淡饮食或禁食，甚至胃肠减压，同时给予胃肠外营养支持。禁服导泻剂和灌肠，以免增加肠蠕动及肠内压力，导致阑尾穿孔或炎症扩散。

4. 控制感染　遵医嘱合理应用抗生素；脓肿形成者可配合医生行脓肿穿刺抽液，并根据脓液的药敏结果选用抗生素，有效控制感染。

5. 镇痛　已明确诊断的病人，可遵医嘱给予止痛药或解痉剂，以缓解疼痛。

6. 并发症的观察与护理

（1）腹腔脓肿：若阑尾炎未经及时、有效的治疗，容易导致腹腔脓肿。以阑尾周围脓肿最常见，也可在盆腔、膈下或肠间隙等处形成脓肿。表现为压痛性肿块、腹胀及全身中毒症状等。超声和CT检查可协助定位。可在超声引导下穿刺抽脓、冲洗或置引流管。必要时做好急症手术的准备。

（2）化脓性门静脉炎（pylephlebitis）：较少见。急性阑尾炎时阑尾静脉中的感染性血栓，可沿肠系膜上静脉至门静脉，导致化脓性门静脉炎症。病人表现为寒战、高热、轻度黄疸、肝大、剑突下压痛等。若进一步加重可致全身性感染及细菌性肝脓肿。一旦出现，除大剂量抗生素治疗外，遵医嘱做好手术前的准备。

（3）内、外瘘形成：阑尾周围脓肿如未及时引流，少数病例脓肿可向小肠或大肠内穿破，亦可向膀胱、阴道或腹壁穿破，形成各种内瘘或外瘘，此时脓液可经瘘管排出。X线钡剂检查或者经外瘘置管造影可协助了解瘘管走行，有助于选择相应的治疗方法。

（二）术后护理

1. 病情观察　密切监测生命体征并准确记录；加强巡视，观察病人腹部症状、体征和切口的变化，发现异常及时通知医生。

2. 体位　麻醉清醒血压平稳者改为半卧位，有利于呼吸和引流、降低腹壁张力、减轻切口疼痛，避免炎症扩散，并可预防腹腔脓肿形成。

3. 腹腔引流管的护理　阑尾切除术后较少留置引流管,对留置引流管者要妥善固定,防止扭曲、受压,保持引流通畅;间断从近端至远端挤压引流管,防止因血块或脓液而堵塞;观察并准确记录引流液的颜色、性状及量。

4. 饮食　术后暂禁食,可给予静脉补液和营养。肛门排气后,逐步恢复进食。

5. 应用抗生素　正确选择抗生素,控制感染。

6. 活动　术后鼓励病人尽早下床活动,以促进胃肠蠕动恢复,减少肠粘连的发生。

7. 并发症的预防与护理

(1) 切口感染:若术后 3 日左右,切口出现红肿、压痛、波动感及发热等,应考虑切口感染。多见于化脓性或穿孔性阑尾炎,是阑尾切除术后最常见的并发症。感染切口渗出液较多时,应及时更换敷料,保持清洁干燥。或行穿刺抽脓液,拆除缝线敞开引流,定期换药。

(2) 腹腔出血:多因阑尾系膜血管结扎线松脱而出血。病人有腹痛、腹胀和失血性休克的表现。应立即通知医生,紧急手术止血。

(3) 粘连性肠梗阻:因局部炎性渗出、术后长期卧床等引起,不完全梗阻者行胃肠减压,完全性肠梗阻者则应手术治疗。

(4) 粪瘘:较少见。原因有残端结扎线脱落、术中损伤盲肠壁、盲肠原有结核或癌肿病变等。术后数日可见切口处流出粪臭分泌物,并有阑尾周围脓肿的表现。经换药多可自行愈合,少数需手术处理。

(5) 阑尾残株炎:阑尾残端保留过长超过 1cm 时,或者肠石残留,术后残株可炎症复发,仍表现为阑尾炎的症状。应行钡剂灌肠透视检查以明确诊断。症状较重时应再次手术切除阑尾残株。

【健康教育】

1. 生活指导　指导病人生活有规律,劳逸结合。注意饮食卫生,避免腹部受凉,防止胃肠功能紊乱。

2. 早活动　术后尽早下床活动,避免肠粘连、肠梗阻发生。

3. 复诊　告知病人定期复诊,当发生右下腹疼痛等不适时,应及时就诊。

知识链接

特殊类型阑尾炎

1. 新生儿急性阑尾炎　新生儿阑尾呈漏斗状,不易发生。由淋巴滤泡增生或者肠石所致阑尾管腔阻塞。早期临床表现无特殊性,仅有厌食、恶心、呕吐、腹泻和脱水等,发热和白细胞升高均不明显,因此术前难以早期确诊,穿孔率高达 80%,死亡率也很高。诊断时应仔细检查右下腹部压痛和腹胀等体征,并应早期手术治疗。

2. 小儿急性阑尾炎　其临床特点是病情发展较快且较重,早期即出现高热、呕吐等症状,右下腹体征不明显、不典型,但有局部压痛和肌紧张,是小儿阑尾炎的重要体征,穿孔率和死亡率较高,并发症也较多。治疗原则是早期手术。

3. 妊娠期急性阑尾炎　较常见。炎症发展易致流产或早产,威胁母子生命安全。治疗以早期阑尾切除术为主。临产期的急性阑尾炎如并发阑尾穿孔或全身感染症状严重时,可考虑经腹剖宫产术,同时切除病变阑尾。

4. 老年人急性阑尾炎　因老年人对疼痛感觉迟钝,腹肌薄弱,所以主诉不强烈,体征不典型,临床表现轻而病理改变却很重,体温和白细胞升高均不明显,容易延误诊断和治疗。一旦诊断应及时手术,同时注意处理伴发的内科疾病。

5. AIDS/HIV 感染病人的阑尾炎　其临床症状及体征与免疫功能正常者相似,此类病人 WBC 不高,超声或 CT 检查有助于诊断。阑尾切除术是主要的治疗方法,因此,不应将 AIDS 和 HIV 感染者视为阑尾切除的手术禁忌证。

第六节　大肠、肛管疾病病人的护理

学习目标

1. 简述大肠癌、痔、直肠肛管周围脓肿、肛瘘、肛裂的概念、病因、病理与分型。
2. 理解大肠癌、痔、直肠肛管周围脓肿、肛瘘、肛裂的临床表现、辅助检查,说明其治疗原则。
3. 运用相关知识为大肠和肛管疾病病人实施整体护理。

一、概述

【结、直肠与肛管的解剖】

1. 结肠　结肠在右髂窝内续于盲肠,在第 3 骶椎平面连接直肠,整体呈"M"形,将空肠、回肠包绕,有结肠袋、结肠带及肠脂垂三个解剖标志。正常成人的结肠长度约为 150cm,分为升结肠、横结肠、降结肠和乙状结肠四部分,升结肠与横结肠交界处称为肝曲;横结肠与降结肠交界处称为脾曲。结肠肠壁组织由内至外分为四层,即黏膜、黏膜下层、肌层和浆膜。在盲肠入口处,有黏膜和环行肌折叠成单向开放的回盲瓣,可阻止食物残渣过快进入大肠,保证食物在小肠内充分消化吸收,并防止大肠内容物反流入小肠,因回盲瓣的存在,结肠梗阻易发展为闭袢性肠梗阻。因升结肠和降结肠是腹膜间位器官,只有前面和两侧有腹膜包裹,当结肠后壁穿孔时,可引起严重的腹膜后感染。

结肠左、右侧的血液供应不同。左半结肠由肠系膜下动脉供应,右半结肠由肠系膜上动脉供应。结肠的静脉与动脉相伴行,分别经肠系膜上、下静脉汇入肝门静脉。

结肠的淋巴结分为四组,即结肠上淋巴结、结肠旁淋巴结、中间淋巴结和中央淋巴结。左、右半结肠的淋巴分别汇入位于肠系膜上、下动脉周围的中央淋巴结后,再引流至腹主动脉周围的腹腔淋巴结。

结肠受交感和副交感神经双重支配。支配左、右半结肠的副交感神经不同,迷走神经支配右半结肠,盆腔神经支配左半结肠,交感神经起源于腰交感神经节,通过肠系膜上、下神经丛支配左、右半结肠。

2. 直肠　直肠位于盆腔的后部,上接乙状结肠,下连肛管,与肛管形成约 90° 弯曲的肛直角,长约 12~15cm。直肠上端管径与结肠相似,下部则扩大成直肠壶腹,是粪便暂存的部位。直肠以腹膜返折为界,分为上、下两段。上段直肠的前面和两侧有腹膜包裹,前面的腹膜返折成直肠膀胱陷凹(男性)或直肠子宫陷凹(女性),为腹膜腔的最低位,下段直肠全部位于腹膜外。直肠的肌层分为内、外两层,内层环肌在直肠下端增厚成为肛管内括约肌,属不随意肌,可协助排便,但无括约肛门的功能;外层纵肌下端与肛提肌和内、外括约肌相连。直

笔记栏

肠黏膜较厚,在壶腹部有上、中、下3个半月状皱襞,称直肠瓣,有阻止粪便排出的作用。

3. 肛管　肛管的上端在盆膈平面与直肠相接,下端止于肛门,长约3~4cm。在肛管内面有8~10条纵行隆起的黏膜皱襞,称为肛柱,当直肠扩张时,肛柱消失。相邻的两肛柱下端的半月形黏膜皱襞,称为肛瓣。肛柱和肛瓣所围成的向上开口的小窝,称为肛窦或肛隐窝,肛隐窝底部有肛腺的开口。肛窦内有肛门腺开口,窦内往往积存粪屑,易于感染而形成肛周脓肿。在肛柱下端,有纤维结缔组织组成的三角形乳头状隆起,称肛乳头。肛瓣边缘和肛柱下端在直肠和肛管交界处形成一条锯齿形的环状线,称齿状线。位于齿状线上、下的组织结构、血液供应、神经和淋巴来源都不同,有重要的临床意义(表19-2)。环绕肛管周围的肌肉有肛门内、外括约肌。内括约肌属平滑肌,是肠壁环行肌增厚而成;外括约肌为横纹肌,围绕在肛门内括约肌的外面,根据其纤维所在部位,分为皮下部、浅部和深部。内括约肌与外括约肌的皮下部交界处在肛管内形成一环形浅沟,称肛管白线。肛门内括约肌、直肠纵肌的下部、肛门外括约肌的浅、深部以及耻骨直肠肌共同构成肛管直肠环,具有收缩肛门的功能,若手术过程中不慎完全切断,可致大便失禁。

表 19-2　肛管齿状线上、下部的比较

	齿状线以上	齿状线以下
组织	黏膜	皮肤
动脉来源	直肠上、下动脉及骶正中动脉	肛管动脉
静脉回流	直肠上静脉→肠系膜下静脉→脾静脉→肝门静脉	直肠下静脉及肛管静脉→阴部内静脉→髂内静脉→髂总静脉→下腔静脉
淋巴引流	向上:直肠上动脉、肠系膜下动脉旁淋巴结→腹主动脉旁淋巴结 两侧:直肠下动脉旁淋巴结→髂内淋巴结 向下:坐骨肛管间隙淋巴结→髂内淋巴结	向下:会阴及大腿皮下→腹股沟淋巴结→髂外淋巴结 周围:坐骨直肠间隙→经闭孔动脉旁→髂内淋巴结
神经支配	自主神经,无痛觉	阴部内神经,痛觉敏感

4. 直肠肛管周围间隙　在直肠与肛管周围有数个充满脂肪结缔组织的间隙,是易发生感染、形成肛周脓肿的常见部位。①骨盆直肠间隙:位于直肠两侧、肛提肌以上、盆腔腹膜之下。②直肠后间隙:位于肛提肌之上、直肠和骶骨之间。③坐骨肛管间隙:位于肛提肌以下,坐骨肛管横膈以上。④肛门周围间隙:位于坐骨肛管横膈以下至肛门周围皮肤之间,两侧于肛管后相通。

【结、直肠与肛管的生理】

1. 结肠　结肠的主要生理功能是吸收水分、储存和转运粪便,还能吸收部分电解质和葡萄糖,其吸收功能主要在右半结肠;结肠分泌的碱性黏液,有保护肠黏膜和润滑粪便的作用;结肠内有大量的细菌,能分解和发酵肠内物质,合成维生素K、维生素B复合物和短链脂肪酸等,以供体内代谢需要。

2. 直肠　直肠的主要生理功能是排便,还可吸收少量水、电解质、葡萄糖和一部分药物,并能分泌黏液,润滑肠道,有利于排便。

3. 肛管　肛管的功能主要是控制排便,不排便时,肛管关闭,粪便储存于乙状结肠内,直肠内基本无粪便。直肠下端是排便反射发生的主要部位,若将直肠全部切除,即使保留括约肌,仍可因排便反射丧失而出现大便失禁。

二、大肠癌

案例分析

张女士,58岁,工人,于2个月前无明显诱因出现大便带血,量少,且覆于大便表面,呈鲜红色,未予重视。近3月以来,出现黏液血便,大便次数增多,4~5次/d,伴肛门坠胀,体重减轻约4kg。

体格检查:T 37℃,P 96次/min,R 18次/min,BP 128/82mmHg;直肠指诊示距肛缘4cm处直肠前壁扣及高低不平硬块,活动度好,无触痛,退出指套染血。

辅助检查:结肠镜检查示距肛缘4cm处直肠前壁可见一直径约3cm×3cm肿块,呈菜花状,表面糜烂坏死;病理检查示:直肠腺癌。

请问:

1. 该病人目前主要的护理诊断/问题有哪些?

2. 该病人最佳的治疗方案是什么?

3. 如何为该病人实施护理?

大肠癌是消化道常见的恶性肿瘤,包括直肠癌(carcinoma of rectum)和结肠癌(carcinoma of colon),发生率比例约1.5:1,好发年龄为41~65岁,性别差异不大。大肠癌的发病率有明显的地域差异,西方发达国家高于其他发展中的国家,欧美国家以结肠癌为多,我国直肠癌比结肠癌的发生率高,约占60%,但近年来结肠癌发生率明显增高。结肠癌好发于乙状结肠,其次为盲肠、升结肠、横结肠和降结肠。直肠癌中低位直肠癌所占的比例高,为60%~75%。

【病因】

目前大肠癌病因尚未阐明,据流行病学调查结果和临床观察分析,可能与下列因素有关。

1. 饮食习惯　高脂肪、高蛋白饮食可使肠内的胆酸和胆固醇量增加,此二者的代谢产物甲基胆蒽可诱发大肠癌;低纤维饮食可使粪便在肠内停留时间延长,增加大肠癌的发生率;过多摄入腌制、烤制及熏制等食品,可增加肠道中致癌物质,诱发大肠癌;维生素、微量元素及矿物质的缺乏,均可增加大肠癌的发病几率。

2. 遗传因素　流行病学调查发现,10%~15%的大肠癌病人有家族史,常见的有家族性腺瘤性息肉病(familial adenomatous polyposis,FAP)及遗传性非息肉病性结直肠癌。两者皆为常染色体显性遗传性疾病。此类人群发生大肠癌的机会远高于正常人。

3. 癌前病变　临床实践与病理学均已证实,腺瘤恶变是发生大肠癌最危险的因素之一,其中以绒毛状腺瘤及家族性肠息肉病癌变率最高。近年来,大肠某些慢性炎症的改变,如溃疡性结肠炎、克罗恩病及血吸虫性肉芽肿等也被列为癌前病变。

4. 其他　放射线、亚硝胺类化合物等也被认为与大肠癌的发病有关。

【病理与分型】

1. 大体分型

(1) 溃疡型:肿瘤体小,向肠壁深层生长并向四周浸润,可穿透肠壁达到邻近组织和器官;早期即可发生溃疡,表面易糜烂、出血;细胞分化程度低,恶性程度高,转移较早,预后差,是结肠癌最常见的类型。

(2) 隆起型:肿瘤体大、柔软,呈菜花状向肠腔内突出,生长较慢,表面易溃烂、出血、感染和坏死;细胞分化程度高,恶性程度较低,向周围组织浸润较少,恶性程度较低,预后较好;多发于右侧结肠,尤其盲肠。

(3) 浸润型:肿瘤沿肠壁各层呈环状浸润,易致肠腔狭窄或梗阻;细胞分化程度低,转移较早,预后差;多发生于左侧结肠,特别是乙状结肠及其与直肠交界处。

2. 组织学分型

(1) 腺癌:癌细胞主要是柱状细胞、黏液分泌细胞和未分化细胞。主要为管状腺癌与乳头状腺癌,占75%~85%;其次为恶性程度较高的黏液腺癌,占10%~20%;另外还有恶性程度高且预后差的印戒细胞癌。

(2) 腺鳞癌:由腺癌细胞和鳞癌细胞构成,其分化多为中分化至低分化。主要见于直肠下段和肛管,较少见。

(3) 未分化癌:癌细胞成不规则片状或团块状浸润性生长,易侵犯小血管和淋巴管,形状较小,形态较一致,恶性程度高,预后差。

3. 扩散与转移方式

(1) 直接浸润:癌细胞可向三个方向浸润扩散:肠壁深层、环形浸润及沿纵轴浸润。癌细胞向肠壁深部浸润,穿透浆膜层侵犯邻近器官,如膀胱、子宫等,甚至形成内瘘。下段直肠癌由于缺乏浆膜层的屏障作用,易向四周浸润,侵及输尿管、前列腺等。

(2) 淋巴转移:是大肠癌最常见的转移方式。

1) 结肠癌:可沿结肠壁淋巴结、结肠旁淋巴结、肠系膜血管周围的中间淋巴结、肠系膜血管根部的中央淋巴结依次转移或跳跃性转移至腹主动脉旁的淋巴结,并向上转移;晚期病人可转移至左锁骨上淋巴结。

2) 直肠癌:最常见的是向上转移,上段直肠癌主要沿直肠上动脉、肠系膜下动脉及腹主动脉周围淋巴结向上转移;下段直肠癌可向上方和两侧转移;直肠癌向下可转移至腹股沟淋巴结,较少见。

(3) 血行转移:是大肠癌发生远处转移的主要途径。癌细胞向深层浸润后,常侵入肠系膜血管。常见为癌细胞沿门静脉系统转移至肝,甚至进入体循环向远处转移至肺,少数可侵犯脑或骨骼。

(4) 种植转移:癌肿穿透肠壁后,癌细胞脱落种植于腹膜或其他器官表面。当发生广泛腹膜种植转移时,病人可出现血性腹水,并可在腹水中找到癌细胞。直肠癌病人较少发生种植性转移。

4. 临床分期 目前常用的是国际抗癌联盟(UICC)和美国癌症联合委员会(AJCC)于2017年修改的第8版大肠癌 TNM 分期。

T 代表原发肿瘤。T_X 为原发肿瘤无法评价;无原发肿瘤证据为 T_0;原位癌,黏膜内癌(侵犯固有层,未穿透黏膜肌层)为 T_{is};肿瘤侵及黏膜下层为 T_1;肿瘤侵及固有肌层为 T_2;肿瘤穿透固有肌层至浆膜下为 T_3;肿瘤穿透脏腹膜(包括通过肿瘤的肠穿孔和通过内脏腹膜表面的炎症区域的连续侵入)为 T_{4a};肿瘤直接侵入或者黏附于邻近器官和结构为 T_{4b}。

N 代表区域淋巴结。N_X 代表区域淋巴结无法评价;无区域淋巴结转移为 N_0;1~3 个区域淋巴结转移(转移灶≥0.2mm)或者任何数量的癌结节存在且所有可识别的淋巴结均为阴性为 N_1;1 个区域淋巴结阳性为 N_{1a};2~3 个区域淋巴结阳性为 N_{1b};4 个及 4 个以上区域淋巴结转移为 N_2;4~6 个区域淋巴结转移为 N_{2a};7 个以上区域淋巴结转移为 N_{2b}。

M 为远处转移;影像学检查未发现有远处转移为 M_0。M_1 分为 3 个级别:M_{1a} 为有 1 个位置或 1 个器官转移,无腹膜转移;M_{1b} 为有 2 个或更多的位点 / 器官转移,无腹膜转移;M_{1c} 为有腹膜转移,伴 / 不伴其他器官转移。

【临床表现】

1. 结肠癌　早期多无明显特异性表现或症状，易被忽视。其常见症状为：

（1）排便习惯和粪便性状改变：常为最早症状，多表现为大便次数增多、粪便不成形或腹泻，便中带脓、血或黏液。随病程发展出现部分肠梗阻时，腹泻与便秘则可交替出现。

（2）腹痛：也是常见的早期症状。疼痛部位常不确定，程度多较轻，为持续性隐痛或仅为腹部不适或腹胀感。当癌肿并发感染或肠梗阻时腹痛加剧，甚至出现阵发性绞痛。

（3）肠梗阻：多为中晚期症状。一般呈慢性低位不完全性肠梗阻，表现为便秘、腹胀，可伴腹部胀痛或阵发性绞痛，进食后症状加重。当发生完全性梗阻时，症状加剧，病情较重，部分病人可出现呕吐，呕吐物为肠内容物。

（4）腹部肿块：多数肿块质较硬，位于横结肠或乙状结肠的癌肿可有一定活动度。当癌肿穿透肠壁并发感染时，可表现为固定压痛性肿块。

（5）全身症状：因长期慢性失血、癌肿破溃、毒素吸收及感染等，可出现消瘦、乏力、贫血、低热等全身性表现。晚期可出现肝大、腹水、黄疸、锁骨上淋巴结肿大及恶病质等。

由于癌肿病理类型和部位不同，其临床表现也存在差异：①右半结肠肠腔较大，癌肿多呈肿块型，突出于肠腔，且粪便稀薄，病人往往腹泻、便秘交替出现，便血与粪便混合。临床以全身症状、贫血、腹部包块为主要表现。②左半结肠肠腔相对较小，癌肿多倾向于浸润型生长引起环状缩窄，且此段肠腔中的水分已经基本吸收，粪便成形。因此，临床以肠梗阻、便秘、便血等症状为显著。

2. 直肠癌　好发于壶腹部。早期仅有少量便血或排便习惯改变，易被忽视。当病程发展并伴感染时，才出现显著症状。

（1）直肠刺激症状：癌肿刺激直肠产生频繁便意，引起排便习惯改变，便前常有里急后重、肛门下坠和排便不尽感；晚期可有下腹痛。

（2）黏液血便：最常见，80%~90% 病人在早期即出现便血，出血量由少到多。癌肿破溃后，可出现血性和 / 或黏液性大便，多附于粪便表面；严重感染时可出现脓血便。

（3）粪便变细和排便困难：随着癌肿增大和 / 或累及肠管引起肠腔变窄，表现为腹胀、腹痛或阵发性绞痛，肠鸣音亢进，排便困难等慢性肠梗阻症状。

（4）转移症状：当癌肿穿透肠壁，侵犯前列腺、膀胱时可发生尿频、尿急、尿痛及排尿困难等；侵犯骶前神经则发生骶尾部、会阴部持续性剧痛、坠胀感；女性直肠癌若侵及阴道后壁，可引起白带增多；若穿透阴道后壁，则可导致直肠阴道瘘，可见粪质及血性分泌物从阴道排出。发生远处脏器转移时，可出现相应脏器的临床症状。

【辅助检查】

1. 直肠指诊　是诊断直肠癌简便而又最重要的方法。直肠癌好发于直肠下段，75%~80% 病人只需通过直肠指诊，便可初步了解癌肿与肛缘的距离、大小、硬度、形态及其与周围组织的关系。女性直肠癌病人，应行阴道检查及双合诊检查。

2. 实验室检查

（1）大便隐血试验：可作为高危人群的初筛及普查手段。持续阳性者应行进一步检查。

（2）肿瘤标志物：测定癌胚抗原（carcino-embryonic antigen，CEA）对大肠癌诊断有一定价值，但特异性不高，有助于判断病人的疗效、预后及复发情况等。一般而言，术前测 CEA 明显升高者术后复发率较正常者高，预后差。

3. 内镜检查　是诊断大肠癌最有效、最可靠的方法。可通过肛门镜、乙状结肠镜或纤维结肠镜检查，可直接观察癌变的部位、形态、大小及肠腔狭窄的程度等，并可在直视下获取活组织行病理学检查。

4. 影像学检查

（1）钡剂灌肠造影：是诊断结肠癌的重要检查方法，可观察到结肠壁僵硬、皱襞消失、存在充盈缺损及小龛影，但对直肠癌诊断价值不大。

（2）超声和 CT：有助于了解癌肿的部位、大小、浸润深度及局部淋巴转移情况，还可提示是否发生远处转移等。

（3）MRI：可显示肿瘤在肠壁内的浸润深度，对中低位直肠癌的诊断和分期有重要价值。

（4）PET-CT：主要用于排除远处转移及评价手术价值。

【治疗原则】

手术切除是大肠癌主要的治疗方法，同时辅以化疗、放疗等进行综合治疗。

1. 手术治疗　根据癌肿的部位、范围、大小、活动度和细胞分化程度等选择手术方式。

（1）根治性手术：适用于瘤体小、分化程度高、局限于黏膜或黏膜下层的早期癌肿。目的在于切除癌肿，治疗疾病。

1）结肠癌根治术：切除范围包括癌肿及两端不少于 10cm 的结肠和其所属的系膜及区域淋巴结。常用术式有左半结肠切除术（图 19-20）、右半结肠切除术（图 19-21）、横结肠切除术（图 19-22）和乙状结肠切除术（图 19-23）。

2）直肠癌根治术：切除范围包括癌肿、两端足够的肠段、受累器官的全部或部分、周围可能被浸润的组织与全直肠系膜。①局部切除术：适用于早期瘤体小、T_1、分化程度高的直肠癌。手术方式包括经肛门局部切除术、骶后径局部切除术。②腹会阴联合直肠癌根治术（Miles 手术，图 19-24）：原则上适用于腹膜反折以下的直肠癌，切除全部直肠、肠系膜下动脉及其区域淋巴结、全直肠系膜、肛提肌、坐骨直肠窝内脂肪、肛管及肛周 3~5cm 的皮肤、皮下组织及全部肛门括约肌，并于左下腹行永久性乙状结肠造口。③经腹腔直肠癌切除术（直肠低位前切除术，Dixon 手术，图 19-25）：对于肿瘤距齿状线 5cm 以上者，可在腹腔镜下或经腹切除乙状结肠端端吻合。④经腹直肠癌切除、近端造口、远端封闭术（Hartmann 手术）：适用于全身一般情况

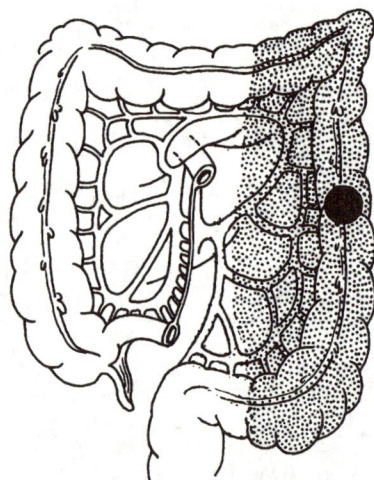

图 19-20　左半结肠切除范围

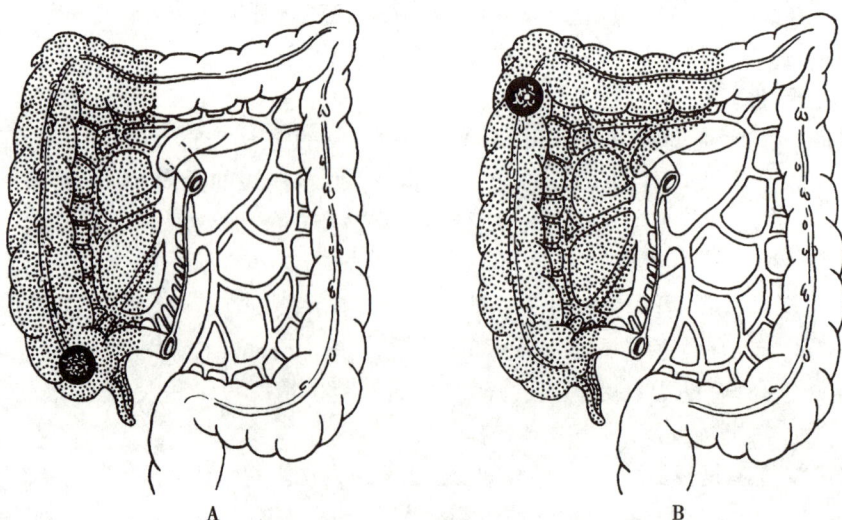

图 19-21　右半结肠切除范围

384

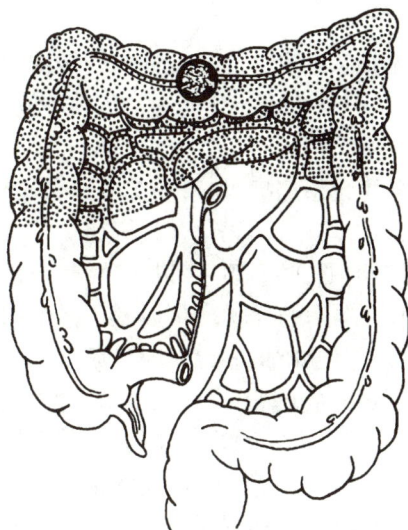

图 19-22 横结肠切除范围

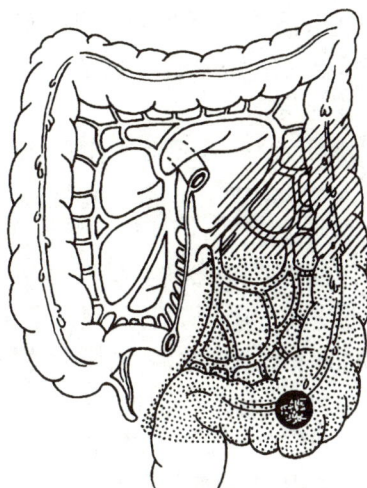

图 19-23 乙状结肠切除范围

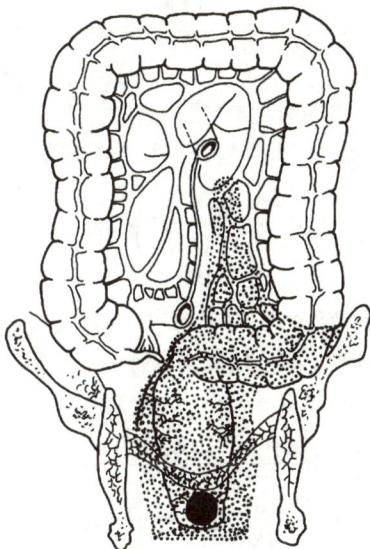

图 19-24 Miles 手术

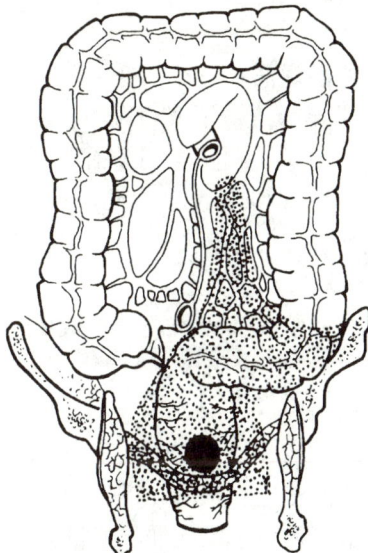

图 19-25 Dixon 手术

很差,不能耐受 Miles 手术或急性梗阻下不宜行 Dixon 手术的直肠癌病人。⑤其他手术:直肠癌侵犯子宫时,可将受侵犯的子宫一并切除,称为后盆腔脏器清扫术;若直肠癌浸润膀胱,可行直肠和膀胱(男性)或直肠、子宫和膀胱(女性)切除,称为全盆腔清扫术。

(2) 姑息性手术:适用于局部癌肿尚能切除,但已发生远处转移的晚期癌肿病人。可根据病人的全身情况和局部病变程度,行短路手术、结肠造口术、局部肠段切除及肠吻合术等,以缓解症状、延长病人生存时间,提高生活质量。

(3) 大肠癌并发急性肠梗阻的手术:结肠癌病人并发急性闭袢性肠梗阻,需在积极术前准备后行紧急手术,解除梗阻。右半结肠癌可行一期切除肠吻合术,若病人全身情况差,可先行癌肿切除、肠道造瘘或短路手术以解除梗阻,待病情稳定后再行二期根治性手术;左半结肠癌可行分期手术。

2. 化学治疗 是大肠癌的辅助治疗方法之一。通过动脉、静脉或术后腹腔置管灌注给药等,以杀灭或清除残存癌细胞或隐性病变,提高术后 5 年生存率。化疗通常以 5- 氟尿嘧啶为主,采用多疗程联合用药。

3. 放射治疗　术前放疗可降低癌细胞活力、缩小癌肿体积及减少淋巴结转移,提高手术切除率与生存率;术后放疗适于晚期癌肿、手术无法根治或局部复发者,可降低复发率。

4. 其他治疗

(1) 局部治疗:对不能手术切除且发生肠管缩窄的大肠癌病人,可局部安置金属支架扩张肠腔,对直肠癌病人也可用电灼,激光烧灼和液氮冷冻等治疗,以改善临床症状。

(2) 中医药治疗:中医称直肠癌为锁肛痔,因病至后期,肿瘤阻塞,肛门狭窄,排便困难,犹如锁住肛门一样,故称为锁肛痔。《外科大成》中对本病的症状和预后做了详细的描述,说:"锁肛痔,肛门内外如竹节锁紧,形如海蜇,里急后重,便粪细而带扁,时流臭水……"湿热下注,火毒内蕴,气滞血瘀,结而为肿是本病之标;正气不足,脾肾两亏,乃本病之本。本病一经诊断,应及早采取根治性手术治疗。中医辨证论治具有重要的治疗作用,尤其是放、化疗及术后、中晚期病人采用中医药治疗,能有效提高 5 年生存率,降低放、化疗毒副作用,增强机体抗病能力,改善生活质量,提高临床远期疗效。常以清热利湿、行气活血、益气养阴、清热解毒的中药制剂内服,外治疗法有灌肠疗法与敷药法等。

(3) 基因、生物免疫治疗。

【护理评估】

(一) 术前评估

1. 相关健康史　了解病人的一般资料,如年龄、性别、饮食习惯、生活习惯及有无吸烟、饮酒等不良嗜好等;是否合并高血压、糖尿病等慢性疾病;既往是否有溃疡性结肠炎、克罗恩病、结肠血吸虫性肉芽肿及大肠腺瘤等疾病史或手术史;有无家族性息肉,家族中有无大肠癌或其他肿瘤病人。病人如需行肠造口,还需了解病人的职业、视力及手的灵活性。

2. 身体状况

(1) 局部:病人有无排便习惯改变;有无粪便表面带血、黏液和脓液等情况;是否出现腹泻、便秘、腹痛、腹胀等肠梗阻症状;腹部有无扪及肿块,肿块的部位、大小、硬度、活动度及有无局部压痛等。

(2) 全身:有无消瘦、贫血、乏力、低热等恶病质表现;有无水、电解质和酸碱失衡;有无远处器官转移的相应症状,如出现肝大、黄疸等肝转移征象。

(3) 辅助检查:了解大便隐血试验、肿瘤标志物测定、内镜检查和影像学检查有无异常发现,重要器官功能检查结果及肿瘤转移情况等。

3. 心理 - 社会状况　评估病人对疾病诊断的心理反应,焦虑、恐惧的程度及心理承受能力;病人和亲属对疾病相关知识的认知程度;家庭对病人手术及进一步治疗的经济承受能力。

(二) 术后评估

1. 术中情况　了解麻醉方式、手术类型、手术进程及术中出血、输血、补液及引流管安置情况等,以判断手术对机体的影响及疾病预后。

2. 术后情况　评估意识状况、生命体征及腹部体征;营养状况是否良好;引流是否通畅及切口愈合情况;是否出现切口感染、吻合口瘘、造口坏死和狭窄等并发症;病人有无焦虑、恐惧等不良心理反应;病人和亲属对手术治疗的期望程度和对术后康复计划的认知程度。

【主要护理诊断 / 问题】

1. 焦虑 / 恐惧　与对癌症、手术的畏惧及担心结肠造口影响工作和生活有关。

2. 营养失调:低于机体需要量　与肿瘤消耗、不能正常摄取饮食、化疗或放疗反应等有关。

3. 体像紊乱　与人工结肠造口后排便方式改变有关。

4. 知识缺乏　缺乏术前准备、术后结肠造口护理的相关知识。

5. 潜在并发症：切口感染、吻合口瘘、造口坏死和狭窄等。

【护理措施】

(一) 术前护理

1. 心理护理　肿瘤的诊断、对手术的畏惧、经济负担及检查时的难堪等都可能使病人产生不良的心理反应。护士应关心体贴病人，真实而技巧性地回答病人的问题，尽量满足其提出的合理要求。指导病人和亲属通过各种途径了解大肠癌的治疗、护理及预后的相关知识，帮助他们树立战胜疾病的勇气和信心，提高应对能力。

2. 营养支持　大肠癌病人由于长期食欲低下、癌肿消耗及腹泻等，易导致营养不良、低蛋白血症。术前应改善病人的营养状况，给予高热量、高蛋白、高维生素、易消化、营养丰富的少渣饮食；必要时，遵医嘱少量多次输血或白蛋白等，以纠正贫血和低蛋白血症；出现明显脱水或急性肠梗阻者，应及时纠正水、电解质及酸碱失衡，提高对手术的耐受力。

3. 肠道准备　目的是清洁肠道，减少术中污染，防止术后腹胀和切口感染，有利于吻合口愈合。

(1) 饮食控制：传统饮食准备法包括术前 3 日进少渣半流质饮食，术前 1 日起进流质饮食或禁食、补液。有肠道梗阻症状者，应禁食，给予静脉补充营养。近年来，有学者提出病人术前 3 日起给予口服全营养制剂，每天 4~6 次，至术前 12 小时，可满足机体营养需求，减少肠腔粪便形成，还可保护肠黏膜。

(2) 口服肠道抗生素：多采用新霉素、甲硝唑、庆大霉素等。因肠道菌群被抑制，使维生素 K 的合成及吸收减少，因此，可给予肌内注射维生素 K。

(3) 清洁肠道：一般于术前一日进行肠道清洁。

1) 导泻法：包括高渗性导泻法和等渗性导泻法。高渗性导泻法常用制剂有硫酸镁和甘露醇，口服后可吸收肠壁水分，促进肠道蠕动，起到清洁肠道的效果。对年老体弱，心、肾功能不全者禁用。等渗性导泻法常口服复方聚乙二醇电解质溶液，通过其分子中氢键与水分子结合，增加粪便含水量及灌洗液的渗透浓度，促进肠道蠕动，以达到清洁肠道的作用，目前临床较常用。具体方法为：成人用量 2 包，每包以 1 000ml 水稀释，在 1~1.5 小时内口服完毕。一般 4 小时后即可达到满意的肠道准备效果。

2) 灌肠法：可用 0.1%~0.2% 肥皂水、磷酸钠灌肠剂、甘油灌肠剂及等渗盐水等灌肠。直肠癌肠腔狭窄者，灌肠时应选用适宜管径的肛管，在直肠指诊引导下进行，动作轻柔。高位直肠癌应避免采用高压灌肠，以防癌细胞扩散。

4. 肠造口定位　由医师或造口治疗师在术前选择造口位置。造口位置应符合以下特点：①病人在不同体位均可看清造口，便于自己护理。②造口位于腹直肌处，以减少造口旁疝的发生。③造口周围皮肤平整、健康。④造口位置不影响穿衣。

5. 放置胃管和导尿管　有梗阻症状的病人应及早放置胃管，减轻腹胀；留置导尿管可维持膀胱排空，预防手术时损伤，并且预防因直肠切除后膀胱后倾或骶骨神经损伤所致的尿潴留。

6. 其他　女性病人若肿瘤已侵犯阴道后壁，术前 3 天起进行阴道冲洗。教会病人深呼吸，有效咳嗽、翻身和肢体运动方法。做好术前备皮、备血等常规准备工作。

(二) 术后护理

1. 一般护理

(1) 卧位与镇痛：全身麻醉未清醒者采取平卧位，头偏向一侧，麻醉清醒，血压平稳后取半卧位,以利于腹腔引流,改善呼吸和循环功能;切口疼痛者,遵医嘱适当应用镇痛剂。

(2) 营养支持:术后禁食、胃肠减压期间,应静脉补充水、电解质及各种营养素,准确记录24小时出入水量;必要时遵医嘱输注血浆或人体白蛋白制剂,以提高机体抵抗力,促进早日康复。

(3) 防治感染:遵医嘱应用甲硝唑、庆大霉素或卡那霉素等抗生素,预防和控制感染。

(4) 饮食护理:肛门排气或结肠造口开放后,即可进流质饮食,术后1周可进少渣饮食,2周左右可进普食,宜选择高热量、高蛋白、高维生素及营养丰富的少渣食物。

(5) 早期活动:鼓励病人在床上多翻身、活动四肢;2~3日后,在病情允许的情况下,协助病人下床活动,以促进肠蠕动恢复,减轻腹胀,避免肠粘连。活动时应注意保护伤口,避免牵拉。

2. 病情观察

(1) 监测生命体征:术后每30分钟测量体温、脉搏、呼吸、血压一次,病情平稳后可适当延长测量的间隔时间。

(2) 切口护理:保持腹部和会阴部敷料清洁、干燥;观察切口有无渗血、渗液等情况,若切口敷料被污染,应立即更换;切口正常愈合,术后6~7日拆线。

(3) 引流管的护理:密切观察并记录各种引流管引流液的颜色、性状和量,保持引流管通畅,避免扭曲、受压、堵塞,及时更换引流袋(或引流装置)。①胃肠减压管:一般留置48~72小时,至肛门排气或结肠造口开放后拔管。②导尿管:一般留置1~2周拔除,拔管前要先夹管,以训练膀胱舒缩功能,避免排尿功能障碍。③骶骨前腹腔引流管:一般引流5~7日,根据引流情况,引流量少、色清方可拔除。引流管周围敷料湿透时,应及时更换。

> **思政元素**
>
> ### 护理的是造口　温暖的是人心
>
> 有统计数据显示,目前我国肠造口病人总数已超过100万,这一数字还在以每年10万人次的速度增长。对部分罹患肠道肿瘤等消化道疾病的病人来说,造口能够挽救、延续生命。由于过去缺乏相关医疗护理知识和合适的器具,造口病人不仅要承受疾病的打击、护理不当造成的疼痛溃烂,还可能在公众场合因异味遭遇尴尬和心理压力,生活质量非常低,造口护理的意义不仅在于延续生命,还在于让病人更有尊严地生活。
>
> 爱护和尊重病人是医德的基本体现,作为医护工作者应尽的义务。爱伤观念在中医古籍中就有体现。如中医讲"以人为本"的思想。《素问·宝命全形论》中记载:"天覆地载,万物悉备,莫贵于人。"就是说,天地间万物之中,人是最为宝贵的。树立全心全意"以病人为中心"的爱伤观念,是医德的一种表现。《大医精诚》中亦有记载:"夫一人向隅,满堂不乐,而况病人苦楚,不离斯须。"同学们在学习肠癌术后护理知识和学会护理病人造口的同时,需用仁心仁术的职业素养,增强对病人的同理心、友善和关爱。在帮助病人护理造口的过程中,要全身心有感情地投入,要对病人有发自内心的关爱。比如查体时手法轻柔,给予病人隐私保护,对造口病人排便方式改变、特殊的造口气味应充分的理解,尊重病人。能从病人角度体会不良情绪对病人心理的危害,帮助病人恢复自信,减轻自卑感和减少负性情绪,促使病人以积极乐观的心态提高生活质量。在护士这个平凡的岗位上,护理造口病人,治愈伤口,怀着深沉的爱,同时抚慰着病人心灵上的伤痛。

3. 结肠造口的护理

(1) 心理护理：结肠造口的病人会感到自我形象受损，对生活、工作失去信心，护理人员应做好安慰解释工作，告知结肠造口对治疗的必要性和重要性，并教会病人和亲属进行结肠造口护理的相关知识。

(2) 饮食指导：结肠造口开放后进流质饮食，逐渐改为高热量、高蛋白、高维生素、营养丰富、少渣易消化的食物，促使大便干燥成形；避免食用刺激性气味、产气性、引起便秘或腹泻的食物，如豆类、大蒜、洋葱、山芋、坚果、玉米、油炸类食物等，以免频繁更换肛门袋影响日常生活和工作；注意饮食卫生，防止因饮食不洁导致食物中毒或细菌性肠炎等引起腹泻。

(3) 造口周围皮肤护理：观察造口周围皮肤有无红、肿、破溃等现象，并准确记录。造口周围皮肤应及时清洗消毒，先用中性皂液或 0.5% 氯己定(洗必泰)溶液清洁，再涂上氧化锌软膏，防止皮肤受损引起皮炎、皮肤糜烂。

(4) 保护腹部切口：结肠造口一般于术后 2~3 日开放，用塑料薄膜将腹壁切口与造口隔开，以防造口内流出稀薄的粪便污染腹壁切口，并发感染；密切观察腹部切口有无充血、水肿、疼痛及溃烂等。

(5) 正确使用人工肛门袋：指导病人选择合适的造口袋。造口袋分为一件式和两件式，一件式造口袋背面有胶质贴面，可直接贴在皮肤上；两件式造口袋是先将底盘粘贴于皮肤上，再套上便袋。正确测量造口大小，再将造口袋开口剪至合适大小。除去肛门袋背面/底盘外的粘纸，袋口对准造口贴紧周围皮肤，袋囊朝下。当造口袋内充满 1/3 排泄物，须及时更换。告知病人应备有 3~4 个造口袋用于更换，使用过的造口袋可用清水和中性洗涤剂洗净，或用 1:1 000 氯己定(洗必泰)溶液浸泡 30 分钟，擦干、晾干备用。

(6) 扩张造口：为了避免造口狭窄，在造口拆线愈合后，每周 2 次用示指、中指套上涂有液状石蜡的指套，沿肠腔方向扩张造口 5~10 分钟，持续 3 个月；观察病人有无恶心、呕吐、腹痛、腹胀、停止排气排便等肠梗阻症状。

4. 并发症的观察与护理

(1) 切口感染：密切观察病人体温、切口情况。有肠造口者，术后 2~3 日内取造口侧卧位，腹壁切口与造瘘口间用塑料薄膜隔开，避免造口内排泄物污染腹壁切口；若切口渗出较多时，应及时更换渗湿的敷料，防止感染的发生；注意观察切口有无充血、水肿、剧烈疼痛等；会阴部切口，可于术后 4~7 日用 1:5 000 高锰酸钾温水坐浴，每日 2 次；若发生感染，则开放伤口，彻底清创；术后遵医嘱常规应用抗生素。

(2) 吻合口瘘：直肠癌 Dixon 术或结肠癌根治术后可能出现吻合口瘘，常发生于术后 7 日左右。主要原因有局部血供不良、肠道准备不充分及低蛋白血症等。术后注意观察病人有无腹膜炎、盆腔脓肿等表现，切口处或引流管有无粪样物流出。术后 7~10 日禁忌灌肠，以免影响吻合口的愈合；一旦发生吻合口瘘，应行盆腔持续滴注、吸引，保持引流通畅，同时给予禁食、胃肠减压及肠外营养支持等；若瘘口大、伴有腹膜炎或盆腔脓肿，则应再次行手术治疗，清理腹腔，同时行瘘口肠段外置。

(3) 其他：造口及其周围常见并发症，如造口出血、感染、水肿、狭窄及回缩等，术后应加强造口护理，严密观察造口的血运情况，一旦出现腹痛、腹胀、造口色泽变暗或发黑等异常情况，应立即通知医生，并积极配合处理。

【健康教育】

1. 社区宣教　定期进行健康体检，积极预防和治疗大肠的各种慢性炎症及癌前病变，如结直肠息肉、腺瘤、溃疡性结肠炎、结肠克罗恩病等；注意个人卫生、饮食卫生，防治血吸虫病；避免高脂肪、高蛋白、低纤维饮食。凡 40 岁以上有以下任一表现者应列为高危人群：① I

级亲属有结直肠癌史。②有癌症史或肠道腺瘤或息肉史。③大便潜血试验阳性。④以下 5 种表现中 2 项以上者,黏液血便、慢性腹泻、慢性便秘、慢性阑尾炎史及精神创伤史。对高危人群,应行筛选性及诊断性检查。

2. 饮食与运动　合理安排饮食,注意饮食卫生,宜进易消化的饮食,避免进食产气或刺激性食物。参加适量活动,劳逸结合,避免腹内压增高引起造口的结肠黏膜脱出。

3. 工作与社交　保持心情舒畅,平时可融入正常人的生活和社交,可加入造口病人协会,学习交流彼此的经验和体会。

4. 定期随访　一般在术后 3~6 个月复查一次;化疗、放疗者,应定期复查血常规,观察白细胞和血小板计数的变化;若出现异常情况,应及时就诊。

三、痔

痔(hemorrhoid)是直肠下段黏膜下和肛管皮肤下的静脉丛淤血、扩张和迂曲所形成的静脉团。痔是外科的常见病、多发病,男女老幼均可发病,随年龄增长,发病率也呈上升趋势。

【病因与发病机制】

痔的形成与肛周感染、营养不良、长期饮酒或进食刺激性食物等因素有关。其发病机制尚未完全明确,目前公认的学说有 2 种。

1. 肛垫下移学说　肛垫是位于直肠末端,由结缔组织、平滑肌纤维及静脉丛构成的一个复合体组织垫,在肛管的左侧、右前、右后三个区域,突向肛管内。肛垫有协调肛管括约肌,完善肛门闭合的作用。若存在长期便秘、妊娠等引起腹内压增高的因素,则肛垫中的纤维间隔逐渐松弛并向远侧移位,伴有静脉丛充血、扩张及融合,从而形成痔。

2. 静脉曲张学说　直肠静脉是门静脉系统的属支,其解剖特点是管壁薄、位置表浅、无静脉瓣,末端直肠黏膜下组织松弛。任何引起腹内压增高的因素,如妊娠、用力排便、久坐、久站、腹水及盆腔巨大肿瘤等均可致直肠静脉回流受阻、血液淤滞、静脉扩张而形成痔。

【病理生理与分类】

临床上以齿状线为界,根据痔所发生的部位,分为内痔、外痔和混合痔(图19-26)。

1. 内痔　由齿状线以上的直肠上静脉丛形成,表面覆盖直肠黏膜。痔的位置多位于直肠下端、直肠上动脉分支处(即截石位 3、7、11 点),基底较宽。

2. 外痔　由齿状线以下的直肠下静脉丛形成,表面覆盖肛管皮肤,肛管皮下可见 1 至数个椭圆形突出。根据病理可分为三类:①血栓性外痔:最常见,由肛缘皮下静脉丛破裂、血块凝结为血栓、吸收后所遗留的纤维性皮赘。②结缔组织性外痔:由肛缘皮肤结缔组织增生而形成。③静脉曲张性外痔:由痔外静脉丛出现淤血、曲张而成。

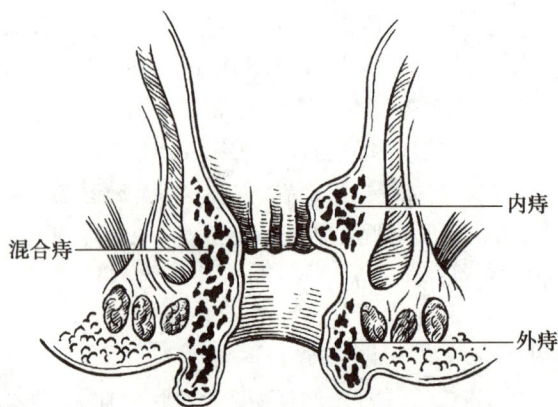

图 19-26　痔的分类

3. 混合痔　由齿状线上、下静脉丛互相吻合并扩张而成,表面被直肠黏膜和肛管皮肤覆盖。内痔发展到Ⅱ度以上时多表现为混合痔。

【临床表现】

1. 内痔　主要表现为便血和痔块脱出。其便血特点是无痛性、间歇性便后出鲜血。便血较轻时表现为粪便表面附血或便纸带血,严重时则可出现喷射状出血,长期出血者可发生贫血。若发生感染、血栓及嵌顿,可伴有肛门剧痛。根据内痔发展可分为四度:①Ⅰ度:排便时出血,便后出血自行停止,无痔块脱出。②Ⅱ度:常有便血,排便时痔块脱出肛门,排便后可自行回纳。③Ⅲ度:偶有便血,排便时痔块脱出肛门,无法自行回纳,需用手辅助。④Ⅳ度:偶见便血,痔块平时就脱出于肛门,无法回纳或回纳后又立即脱出。

2. 外痔　主要表现为肛门不适感,常有黏液分泌物流出,有时伴局部瘙痒。若形成血栓性外痔,则疼痛剧烈,排便、咳嗽时加剧,数日后可减轻,在肛周可见红色或暗红色椭圆形硬结,压痛明显。

3. 混合痔　兼有内痔及外痔的表现。严重时可呈环状脱出肛门,在肛周呈梅花状,又称环状痔,痔脱出时若发生嵌顿,可引起充血、水肿甚至坏死。

【辅助检查】

肛门检查可明确诊断,不仅可见到肛管齿状线附近突出的痔,还可观察直肠黏膜有无充血、水肿、溃疡、肿块等。

【治疗原则】

痔的治疗应遵循三个原则:①无症状的痔无需治疗;②有症状的痔旨在减轻、消除症状而非根治;③首选非手术治疗,无效或不宜保守治疗时才考虑行手术治疗。

1. 非手术治疗

(1) 一般治疗:适用于初期及无症状痔。主要措施包括:①调整饮食结构,增加膳食纤维的摄入,多饮水,忌酒及刺激性食物,改变不良排便习惯,保持大便通畅。②便后温水坐浴,以改善局部血液循环。③肛管内注入抗生素油膏或栓剂,以润滑肛管、促进炎症吸收和减轻疼痛。④血栓性外痔可先予以局部热敷、外敷消炎止痛药物,若疼痛不缓解再行手术治疗。⑤嵌顿痔初期,应及早行手法复位,将痔块还纳肛门内。

(2) 注射疗法:适用于治疗Ⅰ度、Ⅱ度出血性内痔,效果较好。方法是将硬化剂(5% 鱼肝油酸钠或 5% 苯酸植物油)溶液,注射于痔基底部的黏膜下层,使痔与其周围组织产生无菌性炎症反应,黏膜下组织纤维化、静脉闭塞而使痔块萎缩。

(3) 胶圈套扎疗法(图 19-27):可用于Ⅰ、Ⅱ、Ⅲ度内痔的治疗,是将特制的胶圈套入内痔根部,利用胶圈的弹性阻断痔的血供,致使痔缺血、坏死、脱落而治愈。

(4) 多普勒超声引导下痔动脉结扎术:适用于Ⅱ~Ⅳ度内痔。采用带有多普勒超声探头的直肠镜,于齿状线上方 2~3cm 探测痔上方的动脉并结扎,通过阻断痔的血液供应以达到缓解症状的目的。

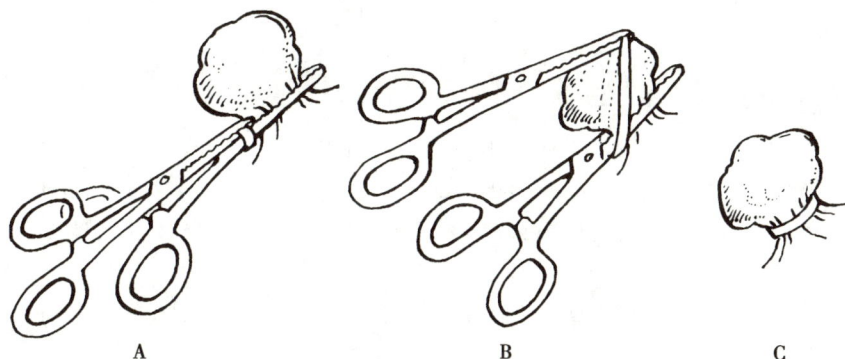

A　　　　　　B　　　　　　C

图 19-27　内痔胶圈套扎术

2. 手术治疗

（1）手术适应证：主要适用于Ⅱ、Ⅲ、Ⅳ度内痔合并血栓、嵌顿等并发症的痔及以外痔为主的混合痔等。

（2）手术方法：①痔切除术：主要用于Ⅱ~Ⅲ度内痔和混合痔的治疗。②吻合器痔上黏膜环切术（procedure for prolapse and hemorrhoids，PPH）：主要用于Ⅲ、Ⅳ度内痔、环状痔和部分Ⅱ度大出血内痔。③激光切除痔核。④血栓性外痔剥离术：用于血栓性外痔的治疗。

3. 中医治疗

《外科正宗》曰："不论老幼男妇皆然，盖有生于肛门之内，又有突出于肛门之傍。"《素问·生气通天论》载"因而饱食，筋脉横解，肠澼为痔"。中医学认为，本病的发生多因脏腑本虚，兼因久坐久立，负重远行，或长期便秘，或泻痢日久，或临厕久蹲，或饮食不节，过食辛辣醇酒厚味，都可导致脏腑功能失调，风湿燥热下迫大肠，瘀阻魄门，瘀血浊气结滞不散，筋脉懈纵而成痔。日久气虚，中气下陷，不能摄纳则痔核脱出。对于不宜手术治疗者，中医常用中药内服、中药熏洗、中药外敷、挑治法、枯痔法等进行治疗；手术治疗者，中医采用中药熏洗、中药外敷等清热解毒，除腐生肌的治疗方式。

【主要护理诊断/问题】

1. 急性疼痛 与血栓形成、痔块嵌顿或手术创伤等有关。

2. 便秘 与肛周疼痛或术后惧怕排大便等有关。

3. 知识缺乏：缺乏相关疾病治疗及手术后痔的预防及康复的相关知识。

4. 潜在并发症：创面出血、尿潴留、切口感染、肛门狭窄等。

【护理措施】

（一）非手术治疗的护理/术前护理

1. 饮食与活动 嘱病人多饮水，多吃新鲜果蔬和粗粮，少饮酒，少吃辛辣刺激食物，以保证肠道内有足够水分和粗纤维对肠壁刺激而引起排便反射，减少对肠道的不良刺激和腹胀；保持心情愉快和规律的生活起居，养成定时排便的习惯。适当增加运动量，以促进肠蠕动，避免久坐、久站、久蹲。

2. 温水坐浴 便后及时清洗肛门，保持局部清洁舒适，必要时用 1:5 000 高锰酸钾溶液 3 000ml 坐浴，温度控制在 43~46℃，每日 2~3 次，每次 20~30 分钟，以改善局部血液循环，预防病情进展及并发症。

3. 痔块回纳 痔块脱出时应及时用手轻轻将脱出的痔块推回肛内，阻止其脱出。嵌顿性痔应尽早行手法回纳，注意动作轻柔，避免损伤。

4. 疼痛护理 肛管内注入抗生素栓剂或油膏，润滑肛管、促进炎症吸收、减轻疼痛。血栓性外痔病人，可局部热敷、外敷消炎镇痛药后，多数病人疼痛可缓解。

5. 术前准备 关心体贴病人，缓解病人的紧张情绪；指导病人进少渣食物，术前排空粪便，必要时行全肠道灌洗；做好会阴部皮肤准备及药敏试验，及时纠正贫血。

（二）术后护理

1. 饮食与活动 术后 1~2 日应以无渣或少渣流食、半流食为主。术后 24 小时内，病人可在床上适当活动四肢、翻身等；24 小时后可适当下床活动，逐渐延长活动时间，并指导病人进行轻体力活动。伤口愈合后可以恢复正常工作、学习和劳动，但应避免久站、久坐、久蹲。

2. 病情观察 术后 12 小时内应注意观察体温、脉搏、呼吸、血压及切口渗血、渗液情况，警惕内出血的发生。

3. 疼痛护理 大多数肛肠术后病人伤口疼痛剧烈，是由于肛周末梢神经丰富，或因肛管括约肌痉挛或肛管内填塞敷料过紧而引起切口剧烈疼痛,可遵医嘱应用镇痛剂,必要时放松填塞物,并注意防止伤口受压。

4. 控制排便　术后 48 小时内服用阿片酊,以减少肠蠕动,控制排便;术后 3 日内尽可能不解大便,避免污染手术切口;此后应保持大便通畅,避免用力排便,崩裂伤口。若有便秘,可口服液体石蜡或其他缓泻剂,但禁止灌肠。

5. 并发症的护理

(1) 尿潴留:术后 24 小时内,嘱病人每 4~6 小时排尿一次,避免因手术、麻醉和疼痛等因素引起的尿潴留;若术后 8 小时仍未排尿并感下腹胀满、隆起时,可行诱导排尿、针刺或无菌导尿等。

(2) 出血:由于肛管直肠的静脉丛丰富,术后容易因为止血不彻底、剧烈咳嗽、用力排便等导致出血。通常术后 7 日内粪便表面会有少量出血,若病人术后出现面色苍白、恶心呕吐、四肢湿冷、肛门坠胀感及急迫排便感进行性加重,敷料渗血较多,应立即通知医生,并积极配合处理。

(3) 切口感染:直肠肛管部位由于易受粪便、尿液等污染,术后易发生切口感染。应注意术前改善病人的营养状况,完善术前肠道准备;术后 2 日内控制好排便;保持肛门周围皮肤清洁,每次排便后或换药前均应用 1∶5 000 高锰酸钾溶液温水坐浴;切口定时换药,充分引流。

(4) 肛门狭窄:术后应观察病人有无排便困难、大便变细等现象,以排除肛门狭窄。如发生肛门狭窄,应在手术切口愈合后及早行扩肛治疗。

【健康教育】

1. 饮食与运动　注意饮食调节,多饮水,多吃新鲜果蔬,少吃辛辣刺激性食物,忌饮酒;适当增加运动量,促进肠蠕动,避免久坐、久站、久蹲,适量活动。

2. 生活指导　减少对肠道的不良刺激和腹胀;保持心情愉快及规律的生活起居,养成定时排便习惯。

3. 就诊指导　出院后近期坚持坐浴,有利于创面愈合;一旦出现排便困难、大便变细、出血、便血、红肿、疼痛等异常情况,应及时就诊。

四、直肠肛管周围脓肿

直肠肛管周围脓肿(perianorectal abscess)是指直肠肛管周围软组织或其周围间隙的急性化脓性感染,并发展成为脓肿。大多数脓肿在穿破或切开后形成肛瘘,是一种常见的直肠肛管疾病,以青壮年多见。

【病因与病理】

肛腺感染是引起直肠肛管周围脓肿最常见的原因,也可继发于肛窦炎、外伤、肛裂或痔疮药物注射治疗等。肛窦呈袋状开口向上,底部有肛腺的开口,当硬便损伤或粪便存积于肛窦时,可引起肛窦水肿、感染从而累及肛腺。直肠肛管周围间隙为疏松的脂肪、结缔组织,肛腺感染后极易向上、下、外扩散到直肠肛管周围间隙,形成不同部位的脓肿(图 19-28)。

【临床表现】

1. 肛周脓肿　以肛门周围皮下脓肿最多见,占 40%~48%,位置多表浅,以局部症状为主,全身感染症状不明显。多表现为肛周持续性跳动性疼痛,可因排便、局部受压、摩擦或咳嗽而疼痛加重,病人坐卧不安,行动不便。早期局部皮肤红肿、发硬,压痛明显,脓肿形成后有波动感,若自行穿破皮肤,则脓液排出。

2. 坐骨肛管间隙脓肿　又称坐骨肛门窝脓肿,较为多见,占 20%~25%。因该间隙较大,

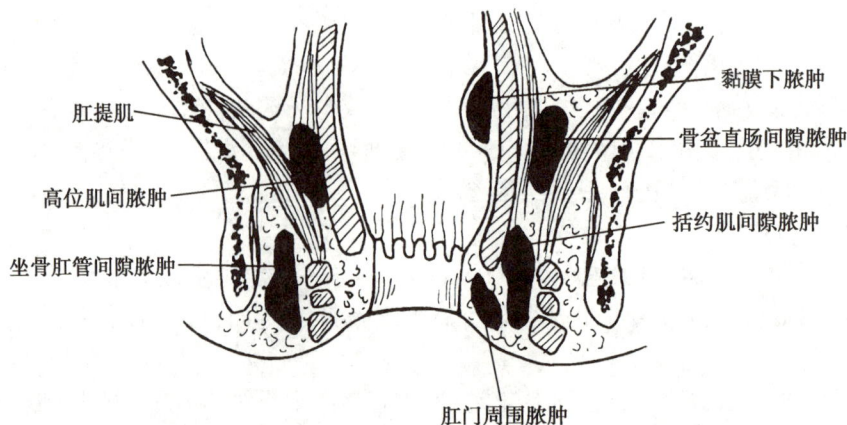

图 19-28 直肠肛管周围脓肿

形成的脓肿较大且深,全身感染症状重。病人在发病初期就可出现寒战、高热、纳差、恶心及乏力等全身表现。局部从持续性胀痛逐渐加重为显著性跳痛,排便时疼痛加重,里急后重或排尿困难。感染初期无明显局部体征,随病情发展可出现患处红肿,直肠指诊可扪及肿块、有深压痛或波动感。较大脓肿可穿入肛管周围间隙,并穿破皮肤,形成肛瘘。

3. 骨盆直肠间隙脓肿 又称骨盆直肠窝脓肿,较少见。因该处位置深、空隙大,故全身感染症状严重而无明显局部表现。早期即可出现持续高热、寒战、脉快、出汗及全身乏力等,严重者有脓毒症表现。局部症状为会阴和直肠坠胀感,便意不尽等,常伴有排尿困难。直肠指诊患侧深部可扪及肿块隆起,有深压痛及波动感。

【辅助检查】

1. 局部穿刺抽脓 有诊断价值,可将抽出的脓液做细菌培养检查。

2. 实验室检查 有全身感染症状者,血常规可见白细胞计数和中性粒细胞比值增高;严重者,可出现中毒颗粒及核左移。

3. 肛管超声、CT 检查 必要时行肛管超声或 CT 检查证实。

【治疗原则】

1. 非手术治疗

(1) 控制感染:脓肿未形成时,可应用抗生素治疗,以控制炎症。

(2) 物理治疗:局部热敷、理疗或温水坐浴,以促进炎症消退。

(3) 减轻疼痛:口服缓泻剂或液状石蜡,以减轻病人排便困难及疼痛。

(4) 中医药治疗:低位脓肿如肛门周围脓肿、坐骨肛管间隙脓肿等,用金黄膏、黄连膏局部外敷;高位脓肿如骨盆直肠间隙脓肿等,可将金黄散改汤煎水灌肠治疗。

2. 手术治疗 脓肿形成后应尽早手术切开引流。近年来,文献报道采用脓肿切开引流加挂线术,可避免肛瘘的形成,方法是:脓肿切开找到内口,切开皮肤后挂线,致使脓肿完全敞开,引流更通畅,且避免二次肛瘘手术治疗。

【主要护理诊断/问题】

1. 急性疼痛 与肛周脓肿形成及手术有关。

2. 便秘 与疼痛惧怕排便有关。

3. 体温升高 与脓肿继发全身性感染有关。

4. 潜在并发症:肛瘘等。

【护理措施】

1. 饮食护理 嘱病人多饮水,多吃水果、蔬菜、蜂蜜等有助于排便的食物,并鼓励其定时排便,防止便秘;忌食辛辣刺激食物。

2. 皮肤护理　保持肛周皮肤清洁,嘱病人局部皮肤瘙痒时不可用指甲抓,避免皮肤损伤感染。

3. 体位　协助病人采取舒适体位,避免局部受压,加重疼痛。

4. 控制感染　遵医嘱及时、合理地应用抗生素控制感染,有条件时穿刺抽取脓液,并根据药物敏感试验结果选择合适的抗生素治疗。

5. 脓肿切开引流护理　行脓肿切开引流者,应密切观察并记录引流液的颜色、性状和量;予以甲硝唑或中成药等定时冲洗脓腔;当脓液变稀,引流量小于 50ml/d 时,可考虑拔管。

6. 其他　高热病人给予物理降温或药物降温,并监测体温变化。

【健康教育】

1. 生活指导　指导病人养成良好的饮食习惯、卫生习惯,防止腹泻与便秘。

2. 坐浴指导　教会病人坐浴的方法,并告知坚持坐浴对疾病治疗的重要性。

五、肛瘘

肛瘘(anal fistula)是肛管或直肠与肛周皮肤相通的肉芽肿性管道,由内口、瘘管、外口三部分组成,是常见的直肠肛管疾病之一,多见于青壮年男性。

【病因与病理】

大多数肛瘘由直肠肛管周围脓肿发展而来。肛瘘由内口、瘘管及外口组成。内口常位于肛窦,外口为脓肿破溃处或手术切开的肛周皮肤上,内口、外口之间是脓腔周围增生的纤维组织包绕的管道即瘘管,近管腔处为炎性肉芽组织。由于致病菌不断由内口进入,而瘘管迂曲,少数存在分支,常引流不畅,且外口皮肤生长速度较快,常发生假性愈合并形成脓肿。脓肿可从原外口破溃,也可从他处穿出形成新的外口,反复发作,发展为有多个瘘管和外口的复杂性肛瘘。

【分类】

1. 根据瘘管所在位置　分为:①高位肛瘘:瘘管位于肛门外括约肌深部以上,又可分为高位单纯性肛瘘和高位复杂性肛瘘。②低位肛瘘:瘘管位于肛门外括约肌深部以下,又可分为低位单纯性肛瘘和低位复杂性肛瘘。

2. 根据瘘口与瘘管的数目　分为:①单纯性肛瘘:仅有一个内口、一个外口和一个瘘管。②复杂性肛瘘:有多个瘘口和瘘管,甚至有分支。

3. 按瘘管与括约肌的关系划分　分为:①肛管括约肌间型:最常见一种,约占肛瘘的70%,多为肛管周围脓肿引起的低位肛瘘。②经肛管括约肌型:约占肛瘘的 25%,多因坐骨肛管间隙脓肿引起,为低位或高位肛瘘。③肛管括约肌上型:不常见,约占肛瘘的 4%,瘘管在括约肌间向上延伸,越过耻骨直肠肌,向下经直肠间隙穿透肛周皮肤,为高位肛瘘。④肛管括约肌外型:最少见,仅占 0.5%,多为骨盆直肠间隙脓肿合并坐骨肛管间隙脓肿引起,这类多因外伤、肠道恶性肿瘤、克罗恩病引起,治疗较为困难。

【临床表现】

1. 症状　肛门周围的外口不断有少量脓性或血性分泌物流出,刺激肛周皮肤引起瘙痒不适,严重时出现湿疹。较大的高位肛瘘外口可排出粪便或气体,臭味大。当外口因假性愈合而暂时封闭时,可再次形成脓肿,出现直肠肛管周围脓肿症状;脓肿破溃后脓液排出,则症状缓解。上述症状反复发作是肛瘘的特点。

2. 体征　肛门周围可见有 1 个或数个外口,呈红色乳头状隆起,瘘管内有肉芽组织增生,压之可有少量脓液或脓血性分泌物排出;直肠指诊在内口处有轻度压痛,可扪及硬结样内口和条索样瘘管。

【辅助检查】

1. 内镜检查　肛门镜检查有时可发现内口。

2. 影像学检查　碘油瘘管造影检查,可明确瘘管分布;MRI 检查可显示瘘管位置与肛门括约肌之间的关系。

3. 亚甲蓝检查　用于判断内口位置。将白色纱布条填入肛管及直肠下端,并从外口注入亚甲蓝溶液,观察纱布染色的部位。

【治疗原则】

肛瘘不能自行愈合,治疗以手术切开或切除为主,手术以保护肛门功能为第一原则,手术成败关键是正确找到内口。

1. 非手术治疗

(1) 堵塞法:此方法采用于单纯性肛瘘,无创伤无痛苦,治愈率较低。一般用 0.5% 甲硝唑、生理盐水冲洗瘘管后,用生物蛋白胶自外口注入,最近有用动物源生物条带填充在瘘管内,疗效尚待观察。

(2) 挂线疗法:适用于高位单纯性肛瘘或作为复杂性肛瘘切开、切除的辅助治疗(图 19-29)。是利用橡皮筋或有腐蚀作用的药线的机械性压迫作用,使结扎处组织发生血运障碍而坏死,以缓慢切开肛瘘。此法可有效避免术后肛门失禁。

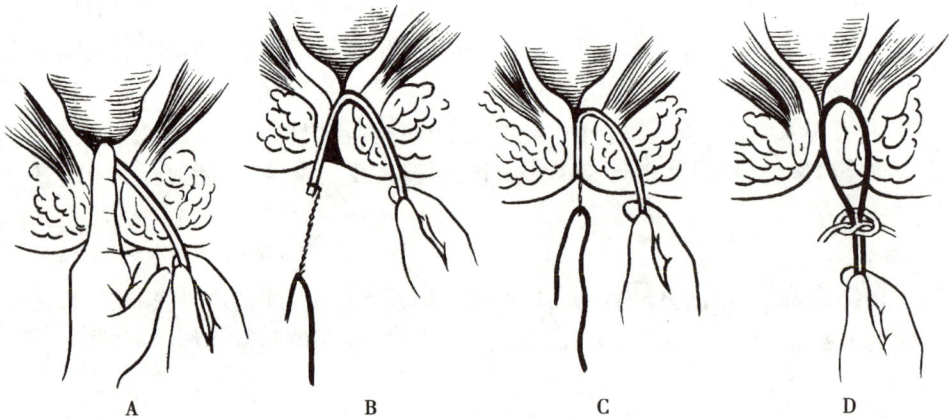

图 19-29　肛瘘挂线疗法

2. 手术治疗　原则是切开瘘管,敞开创面,促进愈合。

(1) 肛瘘切开术:适用于低位肛瘘。瘘管全部切开,并去除切口两侧边缘的瘢痕组织,靠肉芽组织生长使伤口愈合。

(2) 肛瘘切除术:适用于低位单纯性肛瘘。切开瘘管并将瘘管壁全部切除至健康组织,敞开创面,使其逐渐愈合。

【主要护理诊断 / 问题】

1. 皮肤完整性受损　与肛周皮肤瘙痒有关。

2. 便秘　与疼痛惧怕排便有关。

3. 潜在并发症:肛门失禁、肛门狭窄、伤口感染等。

【护理措施】

(一) 术前护理

1. 心理护理　肛瘘病人因反复发作带来的疼痛及流脓、产生的异味、比较隐私的患病部位等因素严重影响正常生活及社交活动,承受着较大的心理压力。护理人员应以真诚、细腻的情感贴近每位病人,与病人接触和沟通中了解病人的苦衷与难处,根据每个人的心理特点进行心理疏导及做好肛瘘有关知识的耐心讲解。所有护理活动中保护病人的隐私。

2. 术前饮食　注意调整饮食,保持大便通畅。手术前 2 天可进半流食,术晨禁食。对单纯性肛瘘病人术前 1 天可进普通饮食,手术当天进流质或半流质少渣饮食为宜。对复杂性肛瘘病人要求术前 1 天进流质,以保证术后第 1 天停止大便的排出。

3. 皮肤准备　预防手术切开感染,首先对术区进行备皮,用肥皂水清洗肛周皮肤,便后用温开水洗净肛门及会阴。

4. 肠道准备　为了防止麻醉后括约肌松弛而导致大便失禁,污染手术切口,增加感染机会,术晨用温生理盐水灌肠,排空肠道大便。

(二)术后护理

1. 病情观察　术后严密观察生命体征的变化,创面敷料有无渗血及渗液、带肛管病人注意观察有无活动性新鲜血液。如肛瘘挂线术后要每天检查结扎橡皮筋(线)是否松弛及挂线的切口有无粘连。

2. 体位与活动　回到病房后最好给病人取去枕平卧位,术后早期根据病人的身体情况适当卧床休息,从而减少肛门刺激疼痛出血和避免直立性虚脱。

3. 疼痛护理　因肛门、肛管周围神经丰富,痛觉敏感,尤其是过大的手术创面,挂线太紧,敷料填塞过多过紧,导致病人术后疼痛加剧,应采取积极的干预措施,包括:①协助病人取合理的舒适卧位姿势,请勿挤压伤口。②倾听病人疼痛的主诉,通过交流与沟通,关心、安慰病人,看电视或听音乐等方法分散对疼痛的注意力。③对疼痛剧烈者,可遵医嘱适当地用镇痛药如布桂嗪或哌替啶、曲马多等。

4. 排尿护理　尿潴留是肛瘘术后常发生的并发症之一。由于麻醉及切口疼痛、肛管内填塞敷料,术后肛门膀胱括约肌痉挛等因素的影响可引起尿潴留。给病人营造一个舒适的排尿环境,指导病人早期下床排尿。如果病人有排尿困难时,可采取下列措施:①先给予膀胱区热敷,用按摩尿道的方法缓解括约肌痉挛。②并以"嘘"声、流水声等刺激其尿意,诱导排尿。③适当松解过紧敷料,减轻压迫。④针刺双侧三阴交、阴陵泉、足三里等穴,或用艾灸气海、关元、中极等穴。⑤在上述处理无效时,可遵医嘱肌注新斯的明 0.5~1.0mg。若仍未解除尿潴留,则遵医嘱给予导尿。

5. 预防便秘　术后 24 小时内避免排便,以免刺激伤口。为预防便秘,禁食刺激性食物、多食新鲜水果和蔬菜,多喝水,保持大便通畅。

6. 肛周护理　由于局部解剖位置的特殊性,创面易受大便污染,易引起术区感染,应注意预防术区感染。①保持肛周皮肤清洁干燥:避免因搔抓引起皮肤的损伤和感染。②温水坐浴:手术后第 2 天开始,每天早晚及便后用 1∶5 000 高锰酸钾溶液坐浴,浴后擦干,局部涂以抗生素软膏。③挂线后护理:行挂线治疗后嘱病人不要拖拉留在肛管外的橡皮筋,以免引起疼痛和断裂,同时鼓励病人适当活动,以便引流和加速瘘管剖开,直至药线脱落后局部涂生肌散或抗生素软膏,促进伤口愈合。

7. 预防术后并发症　防止肛门狭窄,术后 5~10 日可用示指扩肛,每天 1 次。肛门括约肌松弛者、轻度失禁者术后 3 日起指导病人进行提肛运动的肛门保健操,以促进肛门正常功能的恢复,严重失禁者,行肛门成形术。

【健康教育】

1. 排便指导　术后病人因惧怕疼痛,常拒绝排便,应向其解释术后排便的意义,在有便意时应及时排便;可口服缓泻剂,必要时给予镇痛剂,以减轻或缓解疼痛。

2. 养成良好的卫生习惯 告知病人保持会阴部清洁,经常更换内裤,按时坐浴。

3. 就诊指导 出院后定期复诊;若出现异常情况,应及时就诊。

六、肛裂

肛裂(anal fissure)是指齿状线以下肛管皮肤全层裂伤,并形成经久不愈的小溃疡,方向与肛管纵轴平行,多见于中、青年人,女性多于男性。

【病因】

肛裂的确切病因尚不清楚,可能与下述因素有关。长期便秘、粪便干结、排便时机械性创伤是肛裂形成的直接原因。肛管外括约肌浅部在肛管后方形成的肛尾韧带伸缩性差、较为坚硬,肛管与直肠成直角相接,用力排便时,肛管后壁承受压力最大,故后正中线易被撕裂。

【病理生理】

肛裂可分为急性肛裂和慢性肛裂。

1. 急性肛裂 边缘整齐、底浅、呈红色、有弹性。

2. 慢性肛裂 因反复发作、感染出现基底深、边缘不整齐,基底及边缘纤维化,质硬,肉芽呈灰白色。裂口上端的肛门瓣和肛乳头水肿,形成肥大乳头;下端肛门缘皮肤炎性反应、水肿、形成外观似外痔的袋状皮垂向下突出于肛门外,称“前哨痔”。肛裂、前哨痔、肛乳头肥大常同时存在,称肛裂“三联症”(图 19-30)。

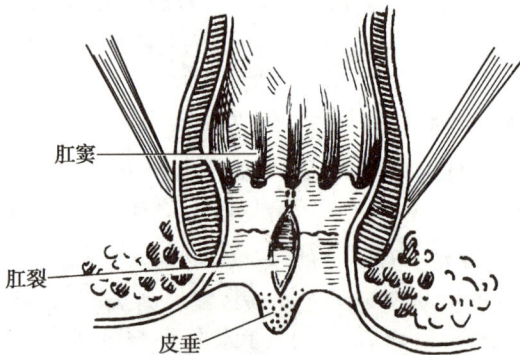

图 19-30 肛裂

【临床表现】

1. 症状 肛裂病人常有便秘史,典型症状为疼痛、便秘和出血。

(1)疼痛:为主要症状,有典型的周期性。表现为排便时和排便后肛门出现烧灼样或刀割样剧烈疼痛,系排便时干硬粪便直接挤擦溃疡创面和撑开肛管撕拉裂口及排便后肛门括约肌出现反射性痉挛而引起,常持续几分钟至数小时,直到括约肌疲劳、松弛后,疼痛缓解。

(2)便秘:形成肛裂后病人因疼痛惧怕排便,故而更加重便秘,粪便更加干结,形成恶性循环。

(3)出血:排便时擦伤溃疡面或撑开肛管撕拉裂口常有少量出血。鲜血可见于粪便表面、便纸上或排便时滴出,大量出血少见。

2. 体征 肛门检查可见局部梭形的裂口和肛裂“三联症”,即可明确诊断。已确诊肛裂时,一般不宜行直肠指诊检查,以免增加病人痛苦。

【辅助检查】

肛裂已确诊者不宜行肛门镜检查,如有必要时需在局麻下进行。

【治疗原则】

止血、通便、促使局部愈合是肛裂治疗原则。

1. 非手术治疗 原则是软化大便,保持大便通畅,解除肛门括约肌痉挛,缓解疼痛,促进局部愈合。

(1)保持大便通畅:改变膳食结构,增加膳食中新鲜蔬菜、水果及粗纤维食物的摄入,少食或忌食辛辣刺激的食物,多饮水,以促进胃肠蠕动;口服缓泻剂或液状石蜡,润肠通便,以纠正便秘;疼痛剧烈者,应给予镇痛剂。

(2) 局部处理:排便后用 1 : 5 000 高锰酸钾溶液温水坐浴,保持局部清洁,促进裂口愈合;早期肛裂者,可用 10% 硝酸银溶液涂抹创面,每日 1 次,2~3 日后局部敷以生肌散。

(3) 扩肛疗法:在局部麻醉下,先用示指扩肛,再用两指循序渐进、持续扩张肛管 5 分钟。扩张后可解除肛门括约肌痉挛,扩大创面,促进溃疡愈合。

2. 手术治疗　适用于经久不愈或经非手术治疗无效,且症状较重的陈旧性肛裂者。

(1) 肛裂切除术:切除肛裂边缘及其周围纤维化的组织、前哨痔及肥大的肛乳头,术后敞开创面,保持引流通畅,更换敷料直至创面愈合。目前此法已较少使用。

(2) 肛管内括约肌切断术:垂直切断部分内括约肌,同时切除肥大的肛乳头和前哨痔,肛裂在数周后可自行愈合。

【主要护理诊断 / 问题】

1. 急性疼痛　与粪便刺激溃疡面神经末梢及肛管括约肌痉挛有关。

2. 便秘　与惧怕疼痛不愿排便有关。

3. 潜在并发症:排便失禁、切口出血、尿潴留等。

【护理措施】

(一) 非手术治疗的护理 / 术前护理

1. 保持大便通畅　鼓励病人多喝水,多食新鲜蔬菜、水果、粗纤维食物,养成良好的排便习惯及便后清洗习惯,如有便秘时服用轻泻药,防治便秘。

2. 坐浴　每次排便后坐浴,清洁溃疡面或创面,减少污染,促进创面愈合。

3. 疼痛护理　必要时遵医嘱应用镇痛药、外用栓剂纳肛等。

4. 肠道准备　术前 3 天开始少渣饮食,术前 1 天流质饮食,术前晚灌肠。

(二) 术后护理

1. 饮食护理　术后第 1 日进流质饮食,2~3 日后改进无渣或少渣饮食,逐渐恢复到正常饮食。

2. 排便护理　尽量避免术后 3 日内排便,以利于切口愈合。之后嘱病人多饮水,多食新鲜蔬菜、水果及粗纤维食物,防止便秘;养成定时排便的习惯,服用缓泻剂,如液状石蜡、果导片等,也可选用中药大黄、番泻叶等泡茶饮用,以润肠通便。

3. 切口护理　用凡士林纱布覆盖创面,保持局部干燥清洁,每日更换敷料至切口愈合。

4. 并发症的护理

(1) 排便失禁:多因术中不慎切断肛管直肠环所致。术后应密切观察病人每日排便的次数、性状和量;大便完全失禁者,应做好臀部皮肤护理,保持局部清洁干燥;肛门括约肌松弛者,可在术后 3 日开始做提肛运动。

(2) 切口出血:多发于术后 1~7 日。常因术后便秘、剧烈咳嗽等导致创面裂开、出血。术后应保持大便通畅,防止便秘;注意保暖,预防感冒,避免腹内压增高的各种因素。同时,应密切观察切口情况,一旦发现切口出血,应及时通知医生,并积极配合处理。

(3) 尿潴留:多由于术后早期神经反射引起。应鼓励病人术后尽早自行排尿,若有排尿困难,可采用诱导排尿措施,如听流水声、温水冲洗会阴部等,必要时可行无菌导尿。

【健康教育】

1. 养成良好的排便习惯　指导病人养成每日定时排便的习惯,并强调排便的意义和注意事项;教会病人润肠通便的措施,防止便秘。

2. 扩肛指导　向病人解释术后进行扩肛治疗的重要性,提高遵医行为,防止肛门狭窄。

3. 就诊指导　出院后定期复诊;一旦出现异常情况,应及时就诊。

第七节 腹外疝病人的护理

学习目标

1. 简述腹外疝的病因、病理,陈述其常用辅助检查。
2. 理解并比较常见腹外疝的临床特点,说明其治疗原则。
3. 运用相关知识为腹外疝病人实施整体护理。

一、概述

体内的某个脏器或组织离开其正常解剖部位,通过先天或后天形成的薄弱点、缺损或孔隙进入另一部位,称为疝(hernia)。多发生于腹部,分为腹内疝和腹外疝(abdominal external hernia),临床以腹外疝较为多见。腹外疝是腹腔内的脏器或组织连同壁层腹膜,经腹壁薄弱点或孔隙,向体表突出而致,是常见的外科疾病之一。

【病因】

腹壁强度降低和腹内压力增高是腹外疝发生的两个主要原因。

1. 腹壁强度降低 常见因素有某些组织穿过腹壁的部位,如精索或子宫圆韧带穿过腹股沟管、股动静脉穿过股管、脐血管穿过脐环等处;腹白线因发育不全也可成为腹壁的薄弱点;手术切口愈合不良、外伤、感染、腹壁神经损伤、老年、久病、肥胖所致肌萎缩等也常是腹壁强度降低的原因。

2. 腹内压力增高 慢性咳嗽、慢性便秘、排尿困难(如包茎、良性前列腺增生、膀胱结石)、搬运重物、举重、腹水、妊娠、婴儿经常啼哭等是引起腹内压力增高的常见原因。正常人虽时有腹内压增高的情况,但如腹壁强度正常,则不致发生疝。

【病理解剖】

典型的腹外疝由疝环、疝囊、疝内容物和疝外被盖四部分组成(图 19-31)。

1. 疝环 是腹腔内脏器或组织向体表突出时通过的腹壁薄弱区或缺损处,如腹股沟管的内环、股管的股环等。临床常以疝环作为各种腹外疝命名的依据,如腹股沟疝、股疝、脐疝、切口疝等。

2. 疝囊 为腹腔内脏器或组织向体表凸出时推移壁腹膜形成的囊袋,分颈、体、底 3 部分。疝囊颈是疝囊与腹腔相通的狭窄部分,相当于疝环。

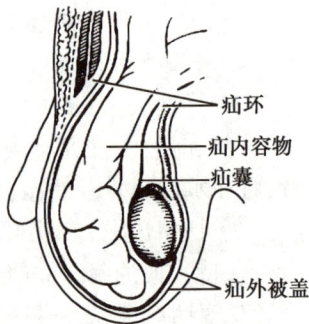

图 19-31 腹外疝的构成

3. 疝内容物 指进入疝囊的腹腔内脏器或组织,以小肠、大网膜最为多见,盲肠、阑尾、乙状结肠、横结肠、膀胱等亦可作为疝内容物进入疝囊,但较少见。

4. 疝外被盖 指疝囊以外的各层组织。自外向内,包括皮肤、皮下组织、肌肉和筋膜。

【临床类型】

腹外疝按病理变化和临床表现,分易复性疝、难复性疝、嵌顿性疝和绞窄性疝 4 种类型。

400

1. 易复性疝（reducible hernia） 疝内容物很容易回纳入腹腔的疝,称易复性疝。

2. 难复性疝（irreducible hernia） 疝内容物不能回纳或不能完全回纳入腹腔内但不引起严重症状者,称难复性疝。

3. 嵌顿性疝（incarcerated hernia） 疝环较小而腹内压突然增高时,疝内容物可强行扩张疝囊颈而进入疝囊,随后因疝囊颈的弹性回缩,疝内容物被卡住而使其不能回纳,这种情况称嵌顿性疝。

4. 绞窄性疝（strangulated hernia） 疝内容物不能回纳,合并有严重的血液循环障碍,称绞窄性疝,是嵌顿性疝病理过程的延续。嵌顿如不及时解除,肠管及其系膜受压程度继续加重,可使动脉血流减少,直至最后完全阻断并出现变黑坏死。儿童疝,因疝环组织较柔软,嵌顿后很少发生绞窄。

二、腹股沟疝

发生在腹股沟区的腹外疝,统称为腹股沟疝（inguinal hernia）。腹股沟疝分为腹股沟斜疝和直疝 2 种,其中斜疝最多见,约占全部腹外疝的 90% 左右。疝囊经过腹壁下动脉外侧的腹股沟管深环（内环）突出,向内、向下、向前斜行经过腹股沟管,再穿出腹股沟管浅环（皮下环）,可进入阴囊,称为腹股沟斜疝（indirect inguinal hernia）。男性多见,男女发病率之比约为 15:1,以婴儿和老年人发病率最高。疝囊经腹壁下动脉内侧的直疝三角区直接由后向前突出而形成的疝,称为腹股沟直疝（direct inguinal hernia）,以老年男性多见。

【解剖概要】

1. 腹股沟区 是位于下腹部前外侧壁、左右各一的三角形区域。其内界为腹直肌外侧缘,上界为髂前上棘至腹直肌外侧缘的水平线,下界为腹股沟韧带。腹股沟区的解剖层次由浅至深有:皮肤、皮下组织、浅筋膜、腹外斜肌、腹内斜肌、腹横肌、腹横筋膜、腹膜外脂肪和壁腹膜层。在腹股沟内侧 1/2 部分,腹壁强度较为薄弱,因为该部位在腹内斜肌和腹横肌的弓状下缘与腹股沟韧带之间有一空隙,这就是腹外疝好发于腹股沟区的重要原因。

2. 腹股沟管 腹股沟管位于腹前壁、腹股沟韧带内上方,相当于腹内斜肌、腹横肌弓状下缘与腹股沟韧带之间空隙,走向由外后上方向内前下方斜行。成年人腹股沟管的长度为 4~5cm,女性腹股沟管内有子宫圆韧带通过,男性则有精索通过。

（1）腹股沟管两口:内口即深环,是腹横筋膜中的卵圆形裂隙;外口即浅环,是腹外斜肌腱膜下方的三角形裂隙。

（2）腹股沟管四壁:前壁有皮肤、皮下组织和腹外斜肌腱膜,但外侧 1/3 部分尚有腹内斜肌覆盖;后壁为腹横筋膜和腹膜,其内侧 1/3 尚有腹股沟镰;上壁为腹内斜肌、腹横肌的弓状下缘;下壁为腹股沟韧带和腔隙韧带（图 19-32,图 19-33）。

3. 直疝三角（Hesselbach triangle） 又称海氏三角。其外侧边是腹壁下动脉,内侧边为腹直肌外侧缘,底边为腹股沟韧带（图 19-34）。腹股沟直疝即在此由后向前突出。直疝三角与腹股沟管深环之间有腹壁下动脉和凹间韧带相隔。

【病因与发病机制】

由于腹外斜肌在腹股沟区移行为较薄的腱膜;腹内斜肌和腹横肌的下缘达不到腹股沟韧带的内侧部,内侧无肌遮盖;精索和子宫圆韧带通过腹股沟管时形成潜在性裂隙而较为薄弱。且人在站立时腹股沟所承受的腹内压力比平卧时增加三倍,故腹外疝多发生于此区。

1. 腹股沟斜疝

（1）先天性因素:在胚胎早期,睾丸位于腹膜后第 2~3 腰椎旁,以后逐渐下降。随着睾丸下降,带动内环处腹膜下移,形成腹膜鞘状突。在婴儿出生后,若鞘突不闭锁或闭锁不完全,

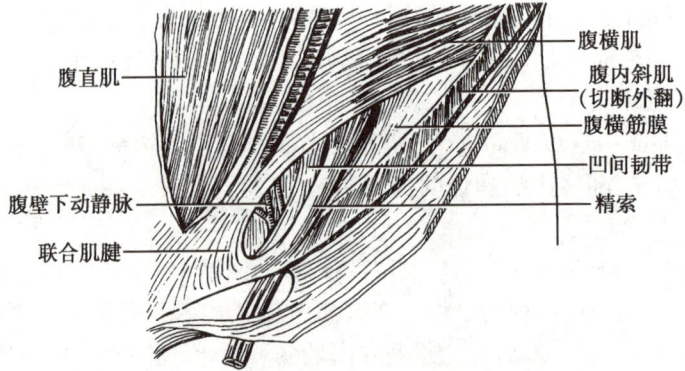

图 19-32　左腹股沟区解剖层次（前面观）

图 19-33 左腹股沟区解剖层次（后面观）

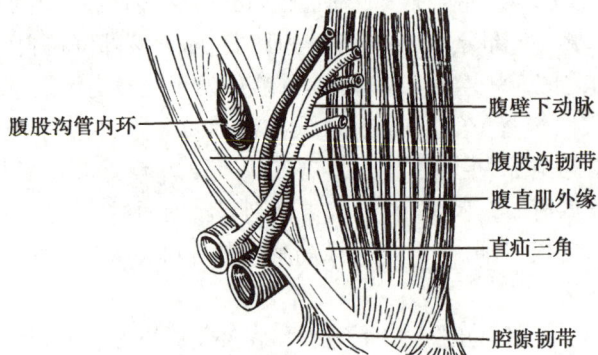

图 19-34　直疝三角（后面观）

就成为先天性斜疝的疝囊。因右侧睾丸下降比左侧稍晚,鞘突闭锁也较迟,故右侧腹股沟疝较多。

（2）后天性因素:当腹股沟区解剖缺损、腹壁肌或筋膜发育不全以及腹内压增高时,内环处的腹膜自腹壁薄弱处向外突出而形成疝囊,腹腔内脏器、组织便随之进入疝囊。

2. 腹股沟直疝

直疝三角处腹壁缺乏完整的腹肌覆盖,又由于腹横筋膜比周围部分薄,则易产生疝。老年人因肌组织发生退行改变而使肌组织更趋薄弱,故双侧较多见。

【临床表现】

1. 局部表现

（1）腹股沟斜疝:腹股沟区有一突出的肿块。开始时肿块较小,仅仅通过深环刚进入腹股沟管，疝环处仅有轻度坠胀感，此时诊断较为困难；一旦肿块明显，并穿过浅环甚或进入阴囊，诊断就较容易。

1）易复性斜疝：除腹股沟区有肿块和偶有胀痛外，并无其他症状。肿块常在站立、行走、咳嗽或劳动时出现，多呈带蒂柄的梨形，并可降至阴囊或大阴唇。用手按肿块并嘱病人咳嗽，可有膨胀性冲击感。如病人平卧休息或用手将肿块向腹腔推送，肿块可向腹腔回纳而消失。回纳后，以手指通过阴囊皮肤伸入浅环，可感浅环扩大、腹壁软弱；此时如嘱病人咳嗽，指尖有冲击感。用手指紧压腹股沟管深环，让病人起立并咳嗽，斜疝疝块并不出现；但一旦移去手指，则可见疝块由外上向内下鼓出。疝内容物如为肠祥，则肿块柔软、光滑、叩之呈鼓音。回纳时常先有阻力，一旦回纳，肿块即较快消失，并常在肠祥进入腹腔时发出咕噜声。若疝内容物为大网膜，则肿块坚韧，叩之呈浊音，回纳缓慢。

2）难复性斜疝：除胀痛稍重外，其主要特点是疝块不能完全回纳。滑动性斜疝多见于右侧，左、右发病率之比约为1∶6。除疝块不能完全回纳外，尚有消化不良和便秘等症状。滑动疝虽不多见，但滑入疝囊的盲肠或乙状结肠可能在疝修补手术时被误认为疝囊的一部分而被切开，应特别注意。

3）嵌顿性疝：嵌顿性疝常发生于斜疝，重体力劳动或排便等引起腹内压骤增是其主要原因。表现为疝块突然增大，并伴有明显疼痛。平卧或用手推送不能使疝块回纳。肿块紧张发硬，并有明显触痛。嵌顿内容物如为大网膜，局部疼痛常较轻微；如为肠祥，不但局部疼痛明显，还可伴有腹部绞痛、恶心、呕吐、停止排便排气、腹胀等机械性肠梗阻的临床表现。疝一旦嵌顿，自行回纳的机会较少，多数病人的症状会逐步加重。如不及时处理，将会发展成为绞窄性疝。

4）绞窄性疝：症状多较严重。但在肠祥坏死、穿孔时，疼痛可因疝块压力骤降而有暂时的缓解。因此，疼痛减轻而肿块仍存在者，不可认为是病情好转。绞窄时间较长者，由于疝内容物发生感染，可引起疝外被盖组织的急性炎症。严重者还可发生脓毒症。

（2）腹股沟直疝：常见于老年体弱者。表现为当病人直立时，在腹股沟内侧端、耻骨结节上外方出现一半球形肿块，无疼痛或其他症状。因直疝疝囊颈宽大，疝内容物又直接从后向前突出，故平卧后疝块多能自行消失。直疝绝不进入阴囊，极少发生嵌顿。疝内容物常为小肠或大网膜。膀胱有时可进入疝囊，成为滑动性直疝，此时膀胱即成为疝囊的一部分。

腹股沟疝的诊断一般不难，但确定是腹股沟斜疝还是直疝，有时并不容易。斜疝和直疝的鉴别列表如下（表19-3）。

表 19-3　斜疝和直疝的区别

鉴别要点	斜疝	直疝
发病年龄	多见于儿童及青壮年	多见于老年
突出途径	经腹股沟管突出，可进阴囊	由直疝三角突出，不进阴囊
疝块外形	椭圆或梨形，上部呈蒂柄状	半球形，基底较宽
回纳疝块后压住深环	疝块不再突出	疝块仍可突出
精索与疝囊的关系	精索在疝囊后方	精索在疝囊前外方
疝囊颈与腹壁下动脉的关系	疝囊颈在腹壁下动脉外侧	疝囊颈在腹壁下动脉内侧
嵌顿机会	较多	极少

2. 全身表现　病人因疝发生嵌顿或绞窄引起肠梗阻，可出现缺水或电解质紊乱的表现，如皮肤弹性下降、乏力等；感染中毒症状，如畏寒、发热、或血压下降等。

【辅助检查】

1. 透光试验 腹股沟斜疝透光试验为阴性,此试验可与鞘膜积液相鉴别,鞘膜积液多为透光试验阳性。

2. 实验室检查 疝内容物继发感染时,血常规常提示白细胞计数和中性粒细胞比例升高;粪便检查显示隐血试验阳性或见白细胞。

3. 影像学检查 嵌顿疝或绞窄疝时,腹部 X 线检查可见肠梗阻征象。

【治疗原则】

腹股沟疝如不及时处理,疝块可逐渐增大,最终将加重腹壁的损坏而影响劳动力;斜疝又常可发生嵌顿或绞窄而威胁病人的生命。因此,除少数特殊情况外,腹股沟疝一般均应尽早施行手术治疗。

1. 非手术治疗

(1) 棉线束带和医用疝带法:1 岁以下婴幼儿可暂不手术,一般采用棉线束带或绷带压住腹股沟管深环,防止疝块突出,并给发育中的腹肌以加强腹壁的机会;年老体弱或伴有其他严重疾病而禁忌手术者,白天可在回纳疝内容物后,将医用疝带一端的软压垫对着疝环顶住,阻止疝块突出。长期使用疝带可使疝囊颈经常受到摩擦变得肥厚坚韧而增加疝嵌顿的发病率,并有促使疝囊与疝内容物发生粘连的可能。

(2) 手法复位

1) 适应证:嵌顿性疝具备下列情况者可先试行手法复位:①嵌顿时间在 3~4 小时之内,局部压痛不明显,无腹部压痛或腹肌紧张等腹膜刺激征者;②年老体弱或伴有其他较严重疾病且估计肠祥尚未绞窄坏死者。

2) 复位方法:让病人取头低足高卧位,注射吗啡或哌替啶以止痛和镇静,并松弛腹肌。然后托起阴囊,持续缓慢地将疝块推向腹腔,同时左手轻轻按摩浅环和深环以协助疝内容物回纳。手法必须轻柔,切忌粗暴。复位后需严密观察腹部情况,一旦出现腹膜炎或肠梗阻征象,应尽早手术探查。

2. 手术治疗 治疗腹股沟疝最有效的方法是手术修补。手术前应先处理慢性咳嗽、严重便秘等致腹内压力增高的因素,以避免和减少术后复发。常用的手术方法有:

(1) 传统疝修补术:手术基本原则是疝囊高位结扎、加强或修补腹股沟管管壁。

1) 疝囊高位结扎术:显露疝囊颈,予以高位结扎,然后切去疝囊。婴幼儿单纯疝囊高位结扎常能获得满意疗效,不需做修补术。绞窄性斜疝因肠坏死而局部有严重感染,通常也采取单纯疝囊高位结扎,避免做修补术。因感染常使修补失败,腹壁缺损应另行择期手术。

2) 加强或修补腹股沟管管壁:成年腹股沟疝病人在疝囊高位结扎后,都需要加强或修补薄弱的腹股沟管前壁或后壁,才有可能得到彻底治疗。常用方法:①加强或修补腹股沟管前壁,以 Ferguson 法最常用;②加强或修补腹股沟管后壁,临床应用最广泛的是 Bassini 法。

(2) 无张力疝修补术(tension-free hernioplasty):在无张力的情况下进行疝的缝合修补,它克服了传统手术方式的弊端,具有组织创伤小,术后疼痛轻,恢复快,无局部牵扯感,而且远期复发率低等优点,病人舒适感增加,尤其适合于老年病人、巨大型疝及复发疝。

(3) 经腹腔镜疝修补术:其基本原理是从内部用合成纤维网片加强腹壁缺损处或用钉(缝线)使内环缩小,用于较小且较轻的斜疝。

【护理评估】

(一) 术前评估

1. 相关健康史 了解病人年龄、饮食习惯、营养状况、生活环境、发病过程,病程长短;了解病人是否存在腹壁肌肉薄弱或先天性缺损;评估既往有无腹部损伤或腹部手术史及切口愈合情况；重点评估病人是否存在慢性咳嗽、慢性便秘、排尿困难、腹水、妊娠、肥胖、婴儿经常啼哭等导致腹内压增高的因素。

2. 身体状况

（1）局部：了解局部有无肿块及疼痛；了解疝块的位置、大小、外形、质地及能否完全回纳；了解突出途径、精索与疝囊的关系、疝囊颈与腹壁下动脉的关系等情况。

（2）全身：了解病人有无因疝发生嵌顿或绞窄引起肠梗阻而出现缺水或电解质紊乱的迹象，如皮肤弹性下降、乏力等；有无感染中毒症状，如畏寒、发热、或血压下降等。

（3）辅助检查：了解实验室、X 线及透光试验检查结果。

3. 心理 - 社会状况 了解病人及亲属对疾病的心理反应、认知程度；了解亲属对本病及治疗、预后的认知程度及心理承受能力；尤其是婴幼儿腹股沟疝，患儿亲属因不了解疾病相关知识，会产生担心、焦虑、惊慌情绪。部分疾病时间长或多次复发，表现可能更为突出，甚至可能对治疗缺乏信心；了解家庭经济支持状况。

（二）术后评估

1. 术中情况 了解手术、麻醉方式、术中出血、补液、输血、生命体征情况，以及术后诊断。

2. 术后情况 评估病人意识、生命体征、切口、引流情况；了解病人术后有无并发症情况；评估病人对术后康复保健相关知识了解程度。

【主要护理诊断 / 问题】

1. 焦虑 / 恐惧 与环境改变、担心手术及预后等有关。

2. 急性疼痛 与疝块突出、嵌顿或绞窄及术后切口张力大有关。

3. 体液不足 与嵌顿疝或绞窄疝引起的肠梗阻有关。

4. 知识缺乏：缺乏腹外疝疾病的相关知识。

5. 潜在并发症：术后阴囊水肿、切口感染等。

【护理措施】

（一）非手术治疗的护理 / 术前护理

1. 消除导致腹内压升高的因素 择期手术病人术前应先处理导致腹内压升高的因素，如咳嗽、严重便秘、排尿困难或腹水等，以免术后影响修补部位的愈合，致使手术失败。

2. 活动与休息 疝块较大者减少活动，多卧床休息；离床活动时，佩戴疝带压住疝环口，以免腹腔内容物脱出而造成疝嵌顿。

3. 病情观察 观察病人腹部情况，如出现明显腹痛，伴疝块突然增大、紧张发硬且触痛明显、不能回纳腹腔，应高度警惕嵌顿性疝发生的可能。

4. 心理护理 向病人讲解腹外疝的预防和治疗方法及手术治疗的必要性，以减轻病人的焦虑和对手术的恐惧心理，增强对治疗的信心。

5. 做好术前准备 便秘者术前晚灌肠，清除肠内积粪，防止术后腹胀及排便困难。病人进入手术室前，嘱其排空小便或留置导尿管，避免术中误伤膀胱。

6. 急症手术病人的术前准备 除一般护理外，应予禁食、胃肠减压、抗感染，纠正水、电解质及酸碱平衡失调，备皮、配血等。

（二）术后护理

1. 体位与活动 取平卧位，膝下垫一软枕，使髋关节微屈，以松弛腹股沟切口处的张力和降低腹腔内压力，有利于切口愈合和减轻切口疼痛。休息 3~5 日后可考虑下床活动，行无张力疝修补术的病人可以早期离床活动。年老体弱、绞窄性疝、巨大疝的病人应适当延迟下床活动时间。

2. 病情观察 严密观察病人生命体征的变化,观察伤口渗血情况,并记录出血量。

3. 饮食 如无恶心、呕吐,一般在术后 6~12 小时可进水及流质饮食,次日可进半流质、软食或普食;行肠切除吻合术者术后应禁食,待肠道功能恢复后,方可逐步恢复饮食。

4. 切口护理

(1) 保持切口敷料清洁干燥:避免大小便污染。若发现敷料污染或脱落,应及时更换。

(2) 观察切口愈合情况:防止腹压升高,如剧烈咳嗽和用力排大、小便等均可引起腹压升高,不利于切口愈合。

5. 预防阴囊水肿 阴囊比较松弛、位置较低,渗血、渗液容易积聚于阴囊。为防止阴囊内积血、积液和促进淋巴回流,术后可用沙袋压迫手术部位及用丁字带将阴囊托起,并密切观察阴囊肿胀情况。

6. 预防切口感染 切口感染是疝复发的主要原因之一。绞窄性疝行肠切除、肠吻合术后,易发生切口感染。术后须严格无菌操作,应用抗生素。注意观察体温和脉搏的变化及切口有无红肿疼痛,一旦发现切口感染,应尽早处理。

【健康教育】

1. 活动指导 出院后逐渐增加活动量,3 个月内应避免重体力劳动或提举重物。

2. 避免腹内压升高的因素 应注意保暖,防止受凉引起咳嗽;指导病人在咳嗽时用手掌按压切口部位,以免缝线撕脱;保持排便通畅,便秘者应用通便药物,嘱病人避免用力排便。

3. 坚持治疗与随访 告知病人随访时间,嘱其定期门诊复查,若疝复发,应及时就诊。

三、股疝

疝囊通过股环、经股管向卵圆窝突出而形成的疝,称为股疝(femoral hernia)。股疝的发病率约占腹外疝的 5%,多见于 40 岁以上的妇女。

【病因】

女性骨盆较宽大、联合肌腱和腔隙韧带较薄弱,致股管上口宽大松弛而易发病。妊娠是腹内压增高的主要原因。

【病理生理】

股管是一狭长的漏斗形间隙,内含脂肪、疏松结缔组织及淋巴结。股管有上下两个口:上口即股环,直径为 1.5cm,有股环隔膜覆盖;下口即卵圆窝,是股部深筋膜(阔筋膜)上的一个薄弱部分,覆有一层薄膜,称为筛状板,卵圆窝位于腹股沟韧带内侧端的下方。

腹内压增高时,朝向股管上口的腹膜,被下坠的腹内脏器推向下方,由股环向股管突出形成股疝。疝内容物常为大网膜或小肠。因股管几乎垂直,疝块在卵圆窝处向前转折时形成一锐角,且股环本身较小,周围又多为坚韧的韧带,故股疝容易嵌顿。股疝为各类腹外疝中嵌顿最多者,高达 60%。且一旦嵌顿,可迅速发展为绞窄性疝。

【临床表现】

疝块常在腹股沟韧带下方卵圆窝处呈一半球形的突起,往往不大,多偶然发现。因疝囊外有很多脂肪堆积,有时平卧回纳内容物后疝块不能完全消失。由于疝囊颈较小,咳嗽冲击感也不明显。易复性股疝的症状较轻,常不被病人注意,肥胖者尤其容易疏忽。部分病人在久站或咳嗽时可感到患处胀痛,并有可复性肿块。股疝如果发生嵌顿,局部疼痛,常伴较明显的急性机械性肠梗阻,重者甚至可以掩盖股疝的局部症状。

【辅助检查】

1. 实验室检查 疝内容物继发感染时,血常规常提示白细胞计数和中性粒细胞比例升高;粪便检查显示隐血试验阳性或见白细胞。

2. X线检查 嵌顿性疝或绞窄性疝时,X线检查可见肠梗阻征象。

【治疗原则】

因股疝容易嵌顿,嵌顿后又可迅速发展为绞窄性,故确诊后应及时手术治疗,目的是封闭股管、阻断腹内器官向股管坠入的通道。嵌顿性或绞窄性股疝时,更应紧急手术。

四、脐疝

疝囊通过脐环突出形成的疝称为脐疝(umbilical hernia)。脐疝有小儿脐疝和成人脐疝之分,两者的发病原因及处理原则不尽相同。

【病因】

小儿脐疝的发病是因脐环闭锁不全或脐部瘢痕组织不够坚强,在腹内压增加的情况下发生。小儿经常啼哭和便秘是导致其腹内压增高的主要原因。成人脐疝在临床上较为少见,为后天性疝,多发生于中年经产妇女。

【病理生理】

腹内压增高时,对着脐环的腹膜,被腹内脏器推挤,由脐环突出形成脐疝。疝内容物常为大网膜或小肠。

【临床表现】

小儿脐疝多为易复性疝,表现为啼哭时脐疝脱出,安静时肿块消失。疝囊颈一般不大,但极少发生嵌顿和绞窄。小儿脐疝覆盖组织有时可以穿破,尤其是在受到外伤后。成人脐疝因疝环狭小,发生嵌顿或绞窄者较多。孕妇或肝硬化腹水者如伴发脐疝,有时会发生自发性或外伤性穿破。

【治疗原则】

未闭锁的脐环至2岁时多能自行闭锁。因此,除嵌顿或穿破等紧急情况外,小儿2岁之前可采取非手术疗法。满2岁后,如果脐环直径仍大于1.5cm,则可手术治疗。5岁以上儿童的脐疝原则上均应手术治疗。成人脐疝应采取手术疗法。

1. 非手术治疗 回纳疝块后,用一个大于脐环的、外包纱布的硬币或小木片抵住脐环,然后用胶布或绷带进行固定。6个月以内的婴儿采用此法治疗,疗效较好。

2. 手术治疗 切除疝囊,缝合疝环。手术治疗时应注意保留脐眼,避免对病人(特别是小儿)产生心理上的影响。

五、切口疝

切口疝(incisional hernia)是发生在腹壁手术切口处的疝。临床上发病居腹外疝的第三位。腹部手术切口愈合不良者发病率更高。最常发生切口疝的是经腹直肌切口,下腹部因腹直肌后鞘不完整而更多见。

【病因】

1. 手术及切口因素 取腹部纵行切口时切断了除腹直肌外的腹壁各层组织的纤维,且腹部切口过长时,肋间神经可被切断,腹直肌的强度亦因此而降低;切口感染引起的腹部切口疝占50%左右;其他手术因素如引流物留置过久,切口过长,腹壁切口缝合不严密,手术中因麻醉效果不佳、缝合时强行拉拢创缘而致组织撕裂等情况均可导致切口疝的发生。

2. 腹内压骤然增高 手术后腹部明显胀气或肺部并发症导致剧烈咳嗽而致腹内压骤增,也可使切口内层撕裂而发生切口疝。

【病理生理】

腹内压增高时,腹内脏器经由薄弱的手术切口突出形成切口疝。疝内容物常为大网膜或小肠,可与腹膜外腹壁组织粘连,疝环宽大,较少发生嵌顿。

【临床表现】

主要症状是腹壁切口处逐渐膨隆,出现肿块,常在站立或用力时更为明显。较大的切口疝有腹部牵拉感,伴食欲减退、恶心、便秘、腹部隐痛等表现。多数切口疝无完整疝囊,疝内容物常可与腹膜外腹壁组织粘连而成为难复性疝,有时还伴有不完全性肠梗阻。切口瘢痕处可见肿块,疝内容物达皮下时常可见到肠型和肠蠕动波,并可闻及肠鸣音。肿块复位后,多数能扪到腹肌裂开所形成的疝环边缘。腹壁肋间神经损伤后腹肌薄弱所致切口疝,有局部膨隆,但无边缘清楚的肿块,也无明确疝环可扪及。

【治疗原则】

原则上手术治疗为主,切除原手术切口处瘢痕组织,较大的切口疝可以采用人工高分子修补材料或自体筋膜组织进行修补来加强腹壁缺损区。

📖 知识链接

单孔技术在腹外疝治疗中的应用

经自然腔道内镜手术(natural orifice translumenalendoscpic surgery,NOTES)出现于2007年,是利用内镜通过人体自然腔道(胃、大肠、阴道及膀胱)的内部切口进入腹腔进行手术操作。现阶段单一切口腹腔镜手术(single incision laparoscopicsurgery,SILS)已作为 NOTES 的一个改良版得到了更广泛的应用。由于脐是胚胎时期的自然孔道,也是人体固有的瘢痕,经脐手术既能够达到隐藏腹部瘢痕的效果,又避免了经胃、阴道或直肠的污染。在腹股沟疝,相对于传统多通道腹腔镜腹疝技术,SILS 减少了腹壁创伤,减轻了疼痛,减少瘢痕,满足了病人的心理需求和快速康复的理念。

第八节 肝疾病病人的护理

🏹 学习目标

1. 简述肝脓肿和肝癌的病因、病理,陈述其常用辅助检查。
2. 理解肝脓肿和肝癌的的临床表现,说明其治疗原则。
3. 运用相关知识对肝疾病病人实施整体护理。

一、概述

【解剖生理概要】

肝是人体最大的实质性器官,呈不规则楔形,大部分位于右上腹部的膈下和季肋深面,小部分横过腹中线而达左季肋部。肝可随呼吸上下移动,上界相当于右锁骨中线第 5~6 肋间,下界与右肋缘平行。正常肝不能在右肋缘下触及,在剑突下可扪及左下缘,但一般在腹中线处不超过剑突与脐连线的中点。肝分为膈面和脏面(图19-35),膈面光滑隆凸,与横膈相贴附;脏面有肝胃韧带和肝十二指肠韧带,后者包含有门静脉、肝动脉、胆总管、淋巴管、淋巴结和神经,又称肝蒂。门静脉、肝动脉和肝总管在肝脏面横沟各自分出左、右侧支进入肝实质内,称第一肝门。三条主要的肝静脉在肝后上方的静脉窝注入下腔静脉,称第二肝门。肝还有小部分血液经数支肝短静脉流入肝后方的下腔静脉,称第三肝门。

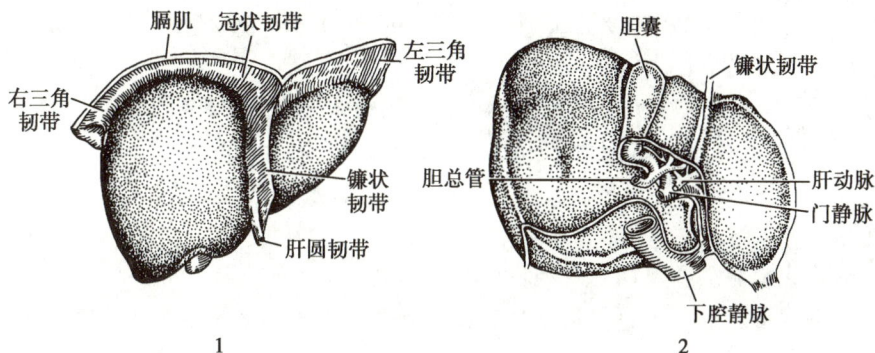

图 19-35　肝外观
1.膈面；2.脏面

　　肝以正中裂为界,分成左、右两半;左右半肝又以叶间裂为界,分成左外叶、左内叶、右前叶、右后叶和尾状叶,其中左外叶和右后叶又分为上、下段,尾状叶又分为左、右段(图19-36)。每一段均有单独的管道系统,可作为一个外科切除单位。

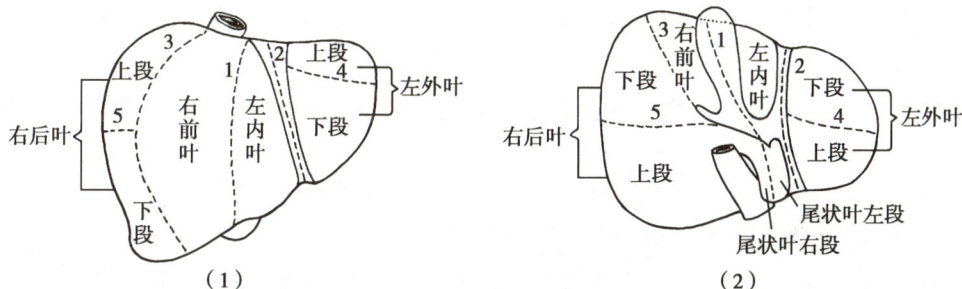

图 19-36　肝脏的分叶分段
(1)膈面；(2)脏面
1.正中裂；2.左叶间裂；3.右叶间裂；4.左段间裂；5.右段间裂

　　肝的血液供应 70%~75% 来自门静脉,25%~30% 来自肝动脉。肝动脉压力大且血液含氧量高,其给肝供氧占 40%~60%。门静脉汇集来自肠道的血液,供给肝营养。
　　肝的生理功能重要且复杂,主要包括:分泌胆汁、代谢、解毒、凝血、免疫及储备与再生等功能。由于肝的储备和再生能力十分强大,故当肝有局限性病变时,可施行肝段、半肝乃至更大范围(如右三叶)肝切除术。但肝细胞对缺氧非常敏感,在常温下阻断注入肝的血流超过一定时限将可导致肝细胞不可逆的缺氧、坏死。因此,正常肝可耐受常温下持续肝门阻断约 60 分钟,但伴有肝硬化病人不宜超过 15~20 分钟。此外,肝间接参与造血并有储血功能,急性失血时有调节血液循环的作用。

二、肝脓肿

案例分析

陈先生,50岁,工程师,因右上腹疼痛伴发热一周,未予重视。近日疼痛加剧伴寒战来院就诊,有恶心、呕吐等症状。发病后病人食欲不振,夜寐欠安。病人既往有肝胆管结石病史3年,行非手术中西药物治疗。无药物过敏史。

体格检查:T 39℃,P 90次/min,R 20次/min,BP 124/82mmHg;右上腹压痛,剑突下3指扪及肝脏,肝区有叩击痛。

辅助检查:白细胞$20×10^9$/L,中性粒细胞91%,碱性磷酸酶200U/L,总胆红素26μmol/L。超声下可见肝内胆管结石数枚,左肝内见3cm×5cm无回声暗区。

在超声引导下经皮肝穿刺抽出脓性液体15ml,留置一根引流管,妥善固定。

请问:

1. 该病人现存的护理问题及相应的护理措施是什么?

2. 该病人肝脓肿穿刺后引流管的观察要点及护理措施有哪些?

　　肝脓肿(liver abscess)多为继发感染性疾病,为肝受感染后形成的脓肿。常见的有细菌性肝脓肿和阿米巴性肝脓肿,临床上以前者较多见。本节主要介绍细菌性肝脓肿。

　　细菌性肝脓肿(bacterial liver abscess)指化脓性细菌引起的肝内化脓性感染。以男性多见,中年病人约占70%。主要致病菌为大肠埃希菌和金黄色葡萄球菌,其次为厌氧链球菌、类杆菌属等。

【病因】

　　肝有双重血液供应,且通过胆道与肠道相通,因此受细菌感染的机会多。常见的途径有:

　　1. 胆道　良性或恶性病变导致胆道梗阻并发生化脓性胆管炎时,细菌沿胆管上行侵入肝,是细菌性肝脓肿的主要原因。以左外叶最多见。

　　2. 肝动脉　体内任何部位的化脓性病变,如化脓性骨髓炎、肺炎、痈等并发菌血症时,病原菌均可经肝动脉侵入肝形成多发性肝脓肿。

　　3. 门静脉　坏疽性阑尾炎、痔核感染、细菌性痢疾等可引起门静脉属支的血栓性静脉炎及脓毒栓子脱落经门静脉侵入肝,临床较少见。

　　4. 淋巴系统　肝毗邻部位的感染,如膈下脓肿或肾周脓肿,细菌可由淋巴系统侵入肝。

　　5. 肝开放性损伤　细菌直接从伤口侵入肝。

　　6. 隐源性感染　由于抗生素的广泛应用和耐药,隐源性肝脓肿的发病率呈上升趋势,此类病人常伴有免疫功能低下或全身性代谢疾病。

【病理生理】

　　单个肝脓肿容积有时可以很大,多个肝脓肿的直径则可在数毫米至数厘米之间,数个脓肿也可融合成一个大脓肿。由于肝血供丰富,一旦脓肿形成后,大量毒素被吸收入血,临床出现严重的毒血症状。当脓肿转为慢性,脓肿内壁肉芽组织生成及纤维化形成,临床症状可减轻或消失。此外,肝脓肿若未能得到控制,可向膈下、胸腔、腹腔穿破。因胆道感染而引起的肝脓肿还可伴有胆道出血。

【临床表现】

1. 症状

(1) 寒战和高热：是最常见的早期症状，体温可高达 39~40℃，一般为稽留热或弛张热，伴脉率增快，多汗等。

(2) 肝区疼痛：由于肝大、肝包膜急性膨胀和炎性渗出物的局部刺激，多数病人出现肝区持续性胀痛或钝痛，有时可伴有右肩牵涉痛或胸痛。

(3) 消化道及全身症状：由于细菌毒素作用，病人可出现乏力、食欲减退、恶心、呕吐等；少数病人还可有腹泻、腹胀及难以止住的呃逆等症状，病人在短期内出现重病消耗病容。

2. 体征 肝区压痛和肝大最为常见，右下胸部和肝区有叩击痛。如脓肿位于右肝前缘比较表浅部位，可伴有右上腹肌紧张和局部明显触痛。巨大的脓肿可见右季肋部或上腹部饱满，甚至可见局限性隆起，皮肤出现红肿，皮温升高。严重者或并发胆道梗阻可出现黄疸。

3. 并发症 脓肿破入腹腔可引起急性化脓性腹膜炎；右肝脓肿向上穿破可形成膈下脓肿，也可向右胸穿破形成脓胸。左肝脓肿可穿破心包，发生心包积液，严重者导致心脏压塞。少数肝脓肿可穿破血管和胆管壁表现为上消化道出血。

【辅助检查】

1. 实验室检查 白细胞计数和中性粒细胞比值明显升高。血清转氨酶升高。

2. 影像学检查

(1) 超声检查：应首选，可确定有无脓肿及脓肿的大小、位置等，能分辨肝内直径 1~2cm 的液性病灶。

(2) X 线检查：可见肝阴影增大，右膈肌抬高，局限性隆起和活动受限。

(3) 其他：放射性核素扫描、CT、MRI 和肝动脉造影对肝脓肿定性和定位有很大的诊断价值。

3. 诊断性肝穿刺 必要时可在超声定位下行诊断性穿刺，抽出脓液即可证实，脓液行细菌培养。

【治疗原则】

早诊断，积极治疗，包括处理原发病、防治并发症。

1. 非手术治疗 适用于急性期尚未局限的肝脓肿或多发性小脓肿。

(1) 应用抗生素：大剂量、联合应用抗生素。在未明确致病菌前，可选用对大肠埃希菌或金黄色葡萄球菌敏感的抗生素如青霉素、氨苄西林加氨基糖苷类抗生素或甲硝唑等。待细菌培养及药物敏感试验结果明确后再选择针对性的抗生素。

(2) 全身支持治疗：给予肠内、外营养支持；纠正水、电解质、酸碱失衡；必要时反复多次输血或血浆纠正低蛋白血症；改善肝功能和增强机体抵抗力。

(3) 中医药治疗：以清热解毒为主，可根据病情选用柴胡解毒汤或五味消毒饮，多与抗生素和手术治疗配合应用。

2. 手术治疗

(1) 经皮肝穿刺脓肿置管引流术：适用于单个较大的脓肿，直径在 3~5cm 的，在超声引导下穿刺抽脓，抽脓后可向脓腔内注入抗生素或行脓腔置管引流术。

(2) 脓肿切开引流术：适用于较大的脓肿，估计有穿破可能或已并发腹膜炎、脓胸以及胆源性胰腺炎者或慢性肝脓肿者。常用的手术经腹腔镜切开引流术。如果脓肿已向胸腔、腹腔穿破或由胆道感染引起的肝脓肿，应同时行胸腔、腹腔引流和胆道引流。

(3) 肝叶切除术：适用于慢性局限性厚壁肝脓肿切开引流术后长期不愈或肝内胆管结石合并左外叶多发性肝脓肿且该肝叶功能丧失者。

【护理评估】

(一) 术前评估

1. 相关健康史　了解病人有无细菌性肠炎、胆道感染及体内化脓病史、基础疾病如糖尿病等。

2. 身体状况

(1) 局部:评估病人肝区有无疼痛,疼痛的性质、持续时间、范围等,有无牵涉痛。有无恶心、呕吐等消化道症状。

(2) 全身:评估病人全身皮肤情况,有无腹膜炎,膈下脓肿等并发症。

(3) 辅助检查:了解超声、X线摄片、CT、MRI和肝动脉造影、诊断性肝穿刺结果以及实验室检查的异常值。

3. 心理 - 社会状况　评估病人及亲属对本病的心理反应、认知程度;对所采取的治疗和护理的认知情况及能否配合治疗和护理;了解家庭支持状况。

(二) 术后评估

1. 术中情况　了解手术及麻醉方式、效果、病灶切除情况、术中出血、补液、输血情况、生命体征。

2. 术后情况　了解生命体征恢复情况,局部切口情况;引流管是否通畅,引流液的量、色、性状;注意有无呼吸困难、胸痛等症状的发生;评估病人对康复保健和疾病相关知识的了解和掌握情况。

【主要护理诊断 / 问题】

1. 体温过高　与感染及坏死组织吸收有关。

2. 营养失调:低于机体需要量　与进食减少、感染引起分解代谢增加有关。

3. 疼痛　与肝脓肿至肝包膜张力增加有关。

4. 潜在并发症:腹膜炎、膈下脓肿、胸腔内感染、休克等。

【护理措施】

(一) 非手术治疗的护理 / 术前护理

1. 病情观察　观察生命体征和腹部体征,及早发现腹膜炎、膈下脓肿、胸腔内感染、休克等并发症。如继发脓毒症、急性化脓性胆管炎或出现感染性休克,应立即抢救。

2. 营养支持　鼓励病人多食高蛋白、高热量、高维生素、低脂、易消化食物,保证足够的液体摄入量;必要时经静脉输注血制品或肠内、外营养支持。

3. 高热护理

(1) 保持温湿度适宜:保持室内空气新鲜,定时通风,维持室温为 18~22℃,湿度为 50%~60%。

(2) 增加饮水量:高热病人每日至少摄入 2 000ml 液体;除需要控制入水量者。口服不足者需要静脉输液补充。

(3) 观察体温:加强对体温的动态观察,采用适当物理或药物降温,降温过程中注意保暖,观察出汗情况。病人有无因大量出汗而引起虚脱或高热惊厥等并发症。病人衣着适量,及时更换汗湿的衣裤和床单。

4. 疼痛护理　使用疼痛评估工具,正确评估疼痛的部位、性质、持续的时间,根据病情应用止痛药物或适宜的止痛措施。

5. 用药护理　遵医嘱应用抗菌药并注意观察药物的副作用。对长期应用抗生素者应警惕假膜性肠炎及继发二重感染,必要时做咽拭子、大小便等真菌培养。

6. 心理护理　了解病人的心理状态,减轻病人的焦虑或恐惧心理,使其树立战胜疾病的信心,积极配合治疗和护理。

(二) 术后护理

1. 体位　清醒且血压稳定后,改为半卧位。经皮肝穿刺抽脓或脓肿置管引流术者应取半卧位以利引流和呼吸。

2. 饮食　禁食,做好口腔护理。待肠蠕动恢复后逐步给予流质、半流质以及普食。鼓励病人进富含蛋白、热量、维生素和膳食纤维的食物。

3. 病情观察　严密监测生命体征,腹痛与腹部体征,注意观察有无脓液流入腹腔和出血;位置高的肝脓肿穿刺后注意呼吸,胸痛和胸部体征,以防发生气胸;观察疼痛及症状改善情况。

4. 引流管护理　做好标记,妥善固定,防止滑脱,严格无菌操作,保持通畅,定期更换;每日用生理盐水或甲硝唑多次或持续冲洗脓腔,观察和记录脓腔引流液的色、质和量;当脓腔引流液少于 10ml/d 时,可拔除引流管,改为凡士林纱布条引流,适时换药直至脓腔闭合。

5. 并发症的观察与护理　密切观察病情,注意有无腹腔创面出血、胆汁漏;右肝后叶、膈顶部脓肿引流者,应观察有无损伤膈肌或误入胸腔。术后早期一般不冲洗,以免脓液流入腹腔,术后 1 周左右开始冲洗脓腔。

【健康教育】

1. 用药与复诊　指导病人遵医嘱正确合理使用药物,不要擅自停药,若出现肝区疼痛、发热及时就诊。

2. 营养与活动　指导病人多进高热量、高蛋白、富含维生素的食物,多饮水。参加适宜的体育锻炼,提高机体免疫力。

知识链接

细菌性肝脓肿与阿米巴性肝脓肿的鉴别

	细菌性肝脓肿	阿米巴性肝脓肿
病史	继发于胆道或其他感染	继发于阿米巴痢疾
症状	病情急骤严重,全身症状明显,有寒战、高热	起病较缓慢,病程较长,症状较轻,不典型,可有高热或不规则发热、盗汗
血液检查及细菌培养	白细胞及中性粒细胞计数可明显增加。血液细菌培养可阳性	白细胞计数可增加,嗜酸性粒细胞明显增加。血清学阿米巴抗体检测阳性。血液细菌培养阴性
粪便检查	无异常	可找到阿米巴滋养体
脓液	多为黄白色脓液,涂片和培养可发现细菌	大多为棕褐色或咖啡色脓液,无臭味,镜检有时可找到阿米巴滋养体
脓肿	较小,常为多发性	较大,多为单发,多见于肝右叶
诊断性治疗	抗阿米巴治疗无效	抗阿米巴治疗有好转
非手术治疗	大剂量、联合应用抗生素	主要为抗阿米巴药物(依米丁、氯喹甲硝唑)治疗

三、肝癌

案例分析

李先生,52 岁,工人,因中上腹持续疼痛 3 月余,工作劳累后加重,伴有发热,抗生素治疗无效,来院就诊。近期食欲不振,体重下降,夜间难以入寐,胃部时有疼痛、恶心、呕吐。既往有乙肝病史 10 年,未规律服药。无过敏史。

体格检查:T 37.6℃,P 80 次 /min,R 16 次 /min,BP 122/84mmHg;剑突下扪及肿大肝脏并可触及边缘不规则结节,随呼吸上下移动。

辅助检查:HBsAg 阳性,AFP 460μg/L,超声下可见右肝区有一约 3cm×4cm 近圆形低回声结节,边界清楚。CT 检查可见右肝后叶占位,肝硬化。

请问:

1. 肝癌病人如何做到早发现,早诊断,早治疗?
2. 该病人围手术期如何进行护理评估并落实护理措施?

肝癌分为原发性肝癌和继发性肝癌。原发性肝癌(primary liver cancer)是指发生于肝细胞和肝内胆管上皮细胞的癌肿,简称肝癌。肝癌是我国常见的恶性肿瘤之一,高发于我国东南沿海地区,好发于 40~50 岁年龄段,男性多于女性。近年来,肝癌发病率有增高趋势,年死亡率位居我国恶性肿瘤的第二位。本节重点介绍原发性肝癌病人的护理。

【病因】

原发性肝癌的病因尚未明确。目前认为与病毒性肝炎、肝硬化、某些化学致癌物质(黄曲霉素及亚硝胺等)和水土等因素有关。

1. 病毒性肝炎　肝癌病人血清 HBsAg 及其他乙型肝炎标志的阳性率可达 90%,明显高于健康人群。近年来,研究发现乙型肝炎(HBV)、丙型肝炎(HCV)和丁型肝炎(HDV)病毒感染与肝癌发病有较大的关系。

2. 肝硬化　临床上病人常有肝炎到肝硬化再到肝癌的病程。原发性肝癌常合并肝硬化,其中肝细胞癌合并肝硬化最多,占 64.1%~94%,而胆管细胞癌很少合并肝硬化。

3. 化学致癌物质　动物实验证明,黄曲霉菌污染的玉米、大米和花生能致肝癌,与其代谢产物黄曲霉毒素 B_1 有强的致癌作用有关。亚硝胺类化合物中有不少种类可导致肝癌。

4. 饮水污染　肝癌与不洁饮水有关,各种饮水类型与肝癌发病的依次关系为:宅沟水(塘水)>泯沟水(灌溉水)>河水 > 井水。污水中已发现有数百种致癌或促癌物质,如六氯苯、氯仿、氯乙烯和苯并芘等。

5. 其他　烟酒、肥胖等可能与肝癌发病有关。肝癌还有明显的家族聚集性。

思政元素

大医精诚——吴孟超

吴孟超毕业于同济大学,师从有"中国外科之父"之誉的名医裘法祖。他不仅是一位优秀的肝脏科临床医生,更是一位杰出的医学研究者,我国肝脏外科医学奠基人。1956 年吴孟超开始专注于肝胆外科。肝脏内有数不清的血管、胆管、淋巴管,手术稍有不慎就会出现大出血,导致病人死亡。那时候吴孟超和同事就想,一定要把肝脏的血管分布情况弄清楚。经历了数次失败,终于受到乒乓球赛的启发,他尝试着把液态的乒乓球材料赛璐珞加入红、蓝、白、黄几种不同颜色后,分别从肝动脉、肝静脉、门静脉和胆管注入,使得肝脏内部纵横交错的粗细血管全部充满。等待凝固后,再用盐酸腐蚀肝表面组织,最后用刻刀一点点镂空,剔除干净。肝脏血管构架清楚地呈现出来,由粗到细,各个颜色的"枝杈"像美丽的珊瑚般向外延伸开来。经过四个多月的艰苦努力,我国第一具结构完整的人体肝脏血管模型终于灌注出来。吴孟超在第七届全国外科学术会议上正式提出:"以中国人肝脏大小数据及其规律,正常人的肝脏解剖按内部血管走向可分为五叶六段,在外科临床上则分为五叶四段。"该理论不仅为肝脏手术提供关键性的解剖标识,而且提出肝脏内部存在静脉吻合支,尾状叶的血管解剖特点,肝脏手术中血管、胆管的准确处理方法和原理,为肝脏手术提供了明晰且安全的理论指导。

【病理生理】

1. 病理分型

(1) 按大体病理形态分 3 型:①结节型最常见,多伴有肝硬化;②巨块型易出血、坏死,肝硬化程度轻微;③弥漫型最少见,病情发展迅速,预后极差。

(2) 按肿瘤大小分 4 种:①微小肝癌(直径≤2cm);②小肝癌(>2cm,≤5cm);③大肝癌(>5cm,≤10cm);④巨大肝癌(>10cm)。

(3) 按组织学分 3 型:①肝细胞型(hepatocellular carcinoma,HCC),约占 91.5%;②肝内胆管细胞型(intrahepatic cholangiocarcinoma,ICC),约占 5.5%;③二者同时出现的混合型肝癌,约占 3.0%。我国绝大多数原发性肝癌属肝细胞型。

2. 转移途径　早期转移是原发性肝癌的预后较其他癌症差的其中一个重要原因。通常先出现肝内播散,然后再发生肝外转移。

(1) 肝内播散:原发性肝癌极易侵犯门静脉分支,癌栓经门静脉系统形成肝内播散,甚至阻塞门静脉主干引起门静脉高压。

(2) 肝外转移:肝外血行转移出现最早,最多见于肺,其次为骨、脑等。

(3) 淋巴转移:相对少见。主要转移至肝门淋巴结,其次为胰周、腹膜后、主动脉旁和左锁骨上淋巴结。

(4) 直接浸润转移:肝癌直接蔓延到横膈及附近器官也不少见。

(5) 腹腔种植性转移:肝癌细胞可脱落入腹腔引起腹腔转移和血性腹水。

【临床表现】

早期缺乏特异性表现,晚期可有局部和全身症状。

1. 症状

(1) 肝区疼痛:是最常见和最主要症状,多呈持续性钝痛、胀痛或刺痛。主要是由于肿瘤迅速生长,使肝包膜张力增加引起,左侧卧位明显,夜间或劳累时加重。当位于肝右叶顶部的癌肿累及横膈时,疼痛可牵涉至右肩背部;左肝癌表现为胃区疼痛。

(2) 发热:多为不明原因的持续性低热或不规则发热,37.5~38℃,抗生素治疗无效。

(3) 消化道症状:主要有食欲减退、腹胀、恶心、呕吐或腹泻等,早期不明显,易被忽视。

(4) 癌旁综合征(paraneoplastic syndrome):癌肿本身代谢异常产生的一些物质进入血液并作用于远处组织,影响机体而出现的一组综合征。表现如低血糖、红细胞增多症、高胆固醇血症和高血钙等。

2. 体征

(1) 肝大：肝癌中、晚期的最主要体征。肝呈进行性肿大，质地较硬，表面有明显结节或肿块、边缘不规则。癌肿位于肝右叶顶部者可使膈肌抬高，肝浊音界上移，膈肌固定或活动受限，甚至出现胸腔积液。

(2) 黄疸：多见于弥漫型肝癌或胆管细胞癌。因癌肿侵犯肝内主要胆管，引起胆管出血、胆绞痛、黄疸等。

(3) 腹水：呈黄色或血性。腹膜受浸润、门静脉受压、门静脉或肝静脉内的癌栓形成合并肝硬化等。

【辅助检查】

1. 实验室检查

(1) 血清甲胎蛋白（AFP）测定：对诊断原发性肝细胞癌有相对专一性，是目前最常用、最重要的方法。放射免疫法测定 AFP≥400μg/L 且持续 4 周或 AFP≥200μg/L 且持续 8 周，并排除妊娠、活动性肝病、生殖腺胚胎源性肿瘤等，应考虑为肝细胞癌。临床上约有 30% 的肝癌病人 AFP 为阴性，此时应检测 AFP 异质体，如为阳性，则有助于诊断。

(2) 血清酶学：常用的有血清碱性磷酸酶（ALP）、γ- 谷氨酰转酞酶（γ-GT 或 GGT）、乳酸脱氢酶同工酶等可高于正常。但对原发性肝癌的诊断缺乏专一性和特异性，只能作为辅助指标，与 AFP 及 AFP 异质体等联合检测，结合 AFP 分析可提高诊断价值。

(3) 肝功能及乙肝抗体系统检查：肝功能异常及乙肝标志物阳性常提示有原发性肝癌的肝病基础，结合其他参数加以综合分析，有助于肝癌的定性诊断。

2. 影像学检查

(1) 超声：能发现直径为 2~3cm 或更小的病变，可显示肿瘤的部位、大小、形态及肝静脉或门静脉有无栓塞等，诊断正确率约达 90%，是目前肝癌定位检查中首选的方法，并可做为高发人群的普查工具。

(2) X 线：腹部平片可见肝阴影扩大。肝右叶的癌肿常可见右侧膈肌升高或局限性凸起；位于肝左叶或巨大的肝癌，X 线钡餐检查可见胃和横结肠被推压现象。

(3) CT、MRI：CT 可检出直径 1cm 左右的微小癌灶，具有较高的分辨率，对肝癌的诊断符合率可达 90% 以上。MRI 诊断价值与 CT 相仿，对恶性肝内占位病变，特别与血管瘤的鉴别优于 CT。

(4) 放射性核素：应用 ^{99m}Tc、^{198}Au 等进行肝扫描，肝癌诊断的阳性率为 85%~90%，但直径 <3cm 的肿瘤在扫描图上表现不出来。

(5) 肝动脉造影：诊断肝癌准确率达 95% 左右，对血管丰富的癌肿，其分辨率低限约 0.5cm。因为是侵入性创伤性检查，只在必要时考虑采用。

3. 肝穿刺活组织检查　目前多采用在超声引导下行细针穿刺活检发现癌细胞有确定诊断的意义。如不能排除肝血管瘤应禁止采用。适用于诊断困难或不适宜手术而需指导下一步治疗的病人。

4. 腹腔镜探查　上述各种检查不能确诊又高度怀疑肝癌者，必要时还可行腹腔镜检查或剖腹探查。

【治疗原则】

早诊断，早治疗，多学科团队合作，是提高疗效的关键。早期手术切除仍是目前首选的、最有效的治疗方法。

1. 非手术治疗

(1) 介入治疗：①局部消融治疗：超声引导下经皮穿刺肿瘤内注射无水乙醇、射频治疗、微波加热以及体外高能超声聚焦疗法等,适用于瘤体较小而又不能或不宜手术切除者,特别是肝切除术后早期肿瘤复发者。具有对全身及肝功能影响小,安全、简便、创伤小,多数病人可耐受的优点。②肝动脉化疗栓塞(transcatheter arterial chemoembolization,TACE):经剖腹探查发现癌肿不能切除或作为肿瘤姑息切除的后续治疗,可采用肝动脉和/或门静脉置泵(皮下埋藏式灌注装置)做区域化疗或化疗栓塞;对未经手术而估计不能切除者,也可行放射介入治疗,即经股动脉做超选择性插管至肝动脉,注入栓塞剂(常用如碘化油)和抗癌药行化疗栓塞,治疗后肿瘤缩小,可使部分病人获得手术切除的机会。

(2)中医药治疗:不同病情采取辨证施治、攻补兼施的方法,常与其他疗法配合应用,以提高机体抵抗力,改善全身症状和体征,减轻化疗、放射治疗、靶向治疗的不良反应等。中药制剂可用于手术切除术后的辅助治疗。

2. 手术治疗

(1)肝切除术:是目前治疗肝癌首选的和最有效的方法。肝切除手术一般至少要保留30%的正常肝组织。大部分采用传统的开腹手术,如果技术条件允许也可选择性采用腹腔镜肝切除术。

(2)肝移植:由于同时切除肿瘤和硬化的肝脏,可以获得较好的长期治疗效果,但鉴于供肝的匮乏和治疗费用昂贵,原则上选择肝功能C级或长期为B级的小肝癌病例行肝移植。

(3)根治性手术后复发肝癌的手术:肝癌根治性手术后的复发率较高,在病灶局限,病人尚能耐受手术的情况下,可再次施行手术治疗。

【护理评估】

(一)术前评估

1. 相关健康史　了解病人以下状况:

(1)一般情况:年龄、性别、职业等;是否居住于肝癌高发区。

(2)疼痛情况:评估疼痛发生的部位、持续时间、性质、诱因、程度、有无牵涉痛。是否伴随消化道症状。

(3)既往史:其他部位肿瘤病史或手术史;有无肝炎、肝硬化及其他系统伴随疾病;有无进食含黄曲霉菌食品、亚硝胺类致癌物的接触史等;有无用药史、有无过敏史等。

2. 身体状况

(1)局部:有无肝大、肝区压痛、上腹部肿块等。评估肿块的大小、部位、质、表面是否光滑;有无肝浊音界上移;有无腹水、脾大等肝硬化的表现。

(2)全身:有无肝病面容、贫血、黄疸、水肿等体征;有无消瘦、乏力、食欲减退及恶病质表现;有无肝性脑病、上消化道出血、癌肿破裂出血、肝肾综合征及各种感染等。

(3)辅助检查:了解病人AFP水平、血清酶学、肝功能及乙肝抗体系统等检查结果,以及超声、CT等定位检查证实有无肝占位,了解肝功能及其他重要脏器损害程度。

3. 心理-社会状况　了解病人对疾病的心理反应、认知程度;了解亲属尤其是配偶对本病及治疗、预后的认知程度及心理承受能力;了解家庭支持状况。

(二)术后评估

1. 术中情况　了解手术及麻醉方式、效果、病灶切除情况、引流管安置情况、术中出血、补液、输血情况、生命体征。

2. 术后情况　评估生命体征、意识状态、尿量、肝功能情况;切口情况;各引流管是否通畅,引流液的量、色、性状;正确评估疼痛部位、时间、性质、程度和诱因。

3. 心理-社会状况　了解病人是否紧张焦虑;早期活动康复训练是否配合;对病情与治疗是否知晓。

【主要护理诊断/问题】

1. 焦虑 与担忧疾病预后和生存期限有关。

2. 疼痛 与肿瘤迅速生长导致肝包膜张力增加或手术、放疗、化疗后的不适有关。

3. 营养失调:低于机体需要量 与手术创伤、食欲减退、化学治疗引起的胃肠道反应及肿瘤消耗有关。

4. 潜在并发症:出血、各种感染、肝性脑病、膈下积液等。

【护理措施】

(一) 术前护理

1. 心理护理 护理人员应关心体贴病人,耐心倾听病人的诉说,了解病人及亲属的心理变化,让病人逐渐接受现实;尽可能消除不良的心理反应,鼓励病人树立战胜疾病的信心和勇气,积极接受与配合治疗。

2. 疼痛护理 运用评估工具正确评估疼痛发生的时间、部位、性质、诱因与程度。遵医嘱按三级止痛原则给予镇痛药物并观察疗效及副作用,指导病人控制疼痛和使用非药物的方法缓解疼痛。

3. 营养支持 鼓励病人进食高蛋白、高热量、高维生素饮食,少量多餐。必要时可经静脉输注适量的白蛋白或输血,以纠正低蛋白血症,提高病人手术的耐受力。

4. 预防出血 术前需测定凝血时间、凝血酶原时间和血小板计数等,术前 3 日补充维生素 K_1,以改善凝血功能,预防术中、术后出血。应用 H_2 受体拮抗剂,预防应激性溃疡出血;加强腹部观察,若病人突发腹痛伴腹膜刺激征,应高度怀疑肝癌破裂出血,及时通知医生,积极配合抢救,做好急症手术的各项准备;对不能手术的晚期病人,可采用补液、输血、应用止血剂、支持治疗等综合方法处理。

5. 其他 根据肝切除手术大小备足血液和血浆,并做好术中物品准备,如化疗药物、预防性抗生素、皮下埋藏式灌注装置、特殊治疗设备等。

(二) 术后护理

1. 体位与活动 血压平稳者可取半卧位,术后应卧床休息 3~5 日并行床上活动。不鼓励早期下床活动。

2. 营养支持 术后禁食、胃肠减压,待肠蠕动恢复后逐步给予流质、半流质,直至正常饮食。术后肝功能受影响,易发生低血糖,禁食期间应静脉输入葡萄糖液或营养支持。术后两周内适量补充血清蛋白和血浆,以提高机体抵抗力。

3. 病情观察 密切观察生命体征变化,观察腹部切口渗血、渗液情况,同时动态监测肝、肾功能及水、电解质、酸碱平衡等情况。

4. 吸氧 可提高血氧浓度,增加肝细胞的供氧量,促进肝功能的代偿和肝细胞再生修复。一般给予氧气吸入 1~3 日,半肝以上切除者,需吸氧 3~5 日。

5. 引流管护理 肝叶或肝局部切除术后常规放置双腔引流管,做好标记,妥善固定,保持引流通畅;观察引流液色、质、量并正确记录。

6. 维持体液平衡 肝功能不良伴腹水者,应严格控制水和钠盐的摄入量,准确记录 24 小时出入水量。每日观察、记录体重及腹围变化。

7. 疼痛护理 术后疼痛剧烈者,应给予有效的镇痛,如止痛泵、分散注意力、取半卧位以降低切口张力等。

8. 并发症预防和护理

(1) 出血:是肝切除术后常见的并发症。

1) 原因:凝血机制障碍、腹内压力增高及止血不完善。

2) 护理:①病情观察:术后 48 小时内应有专人护理,动态观察病人生命体征的变化,一般术后当日可从肝旁引流管引流出血性液体 100~300ml,若血性液体增多,应警惕腹腔内出血。②手术后血压平稳者可取半卧位,术后 1~2 日卧床休息,避免剧烈咳嗽、用力排便等致腹内压骤升等因素,以免引起出血。③遵医嘱给予止血药物、输血,纠正低蛋白血症,短期内或持续引流较大量的血性液体,应做好再次手术止血的准备。

(2) 膈下积液及脓肿:肝切除术后一种严重的并发症,多发生在术后 7 日左右。

1) 原因:术后引流不畅或引流管拔出过早,使残肝旁积液、积血,肝断面坏死组织及渗漏的胆汁积聚造成膈下积液,如继发感染则形成膈下脓肿。

2) 护理:①病人的体温术后正常后再度升高或持续不降,同时伴有上腹部或右季肋区胀痛、呃逆、脉快、血白细胞增多、中性粒细胞达 90% 以上等,应疑有膈下积液或脓肿。②做好引流管护理,保持引流管通畅。引流量在逐日减少的情况下,术后 3~5 天后可拔出引流管。③若已形成膈下脓肿,必要时在超声引导下穿刺抽脓,置入引流管加强冲洗和吸引护理。

(3) 胆汁漏

1) 原因:肝断面小胆管渗漏或胆管结扎线脱落、胆管损伤。

2) 护理:①病人出现腹痛,腹腔引流液呈有胆汁样,立即通知医生,保持引流通畅。②如发生胆汁性腹膜炎,应尽早手术。

(4) 肝性脑病

1) 原因:肝解毒功能降低及手术创伤。

2) 护理:①若出现性格行为变化,如欣快感、表情淡漠或扑翼样震颤等前驱症状时,应及时通知医生。②避免诱因,如上消化道出血、高蛋白饮食、便秘、感染、应用麻醉剂、镇静催眠药等。③口服新霉素或卡那霉素,以抑制肠道细菌繁殖,有效减少氨的产生。④使用降血氨药物,如谷氨酸钾或谷氨酸钠静脉滴注。⑤给予富含支链氨基酸的制剂或溶液,以纠正支链/芳香族氨基酸的比例失调。⑥限制蛋白质摄入,以减少血氨的来源。⑦保持大便通畅,促使肠道内氨的排出,便秘者可口服乳果糖,禁用肥皂水灌肠。

(三) 介入治疗的护理

1. 治疗前护理　①向病人解释介入治疗方法,肝动脉插管化学治疗的目的及注意事项。②指导病人练习床上排便。③做造影剂过敏试验,了解血常规、出凝血时间、肝肾功能、心电图等相关检查。④穿刺处皮肤准备。⑤术前禁食 4 小时、禁水 2 小时,测量生命体征。

2. 治疗后护理

(1) 饮食:术后当日多饮水,可进流食之后逐渐过渡到半流质再到普食。

(2) 预防出血:术后平卧位,穿刺侧肢体制动 24 小时,穿刺处沙袋加压 6~8 小时,密切观察穿刺部位有无出血、渗血,注意观察两侧腘窝及足背动脉搏动和皮肤颜色、温度。

(3) 导管护理:妥善固定导管并保持导管畅通,严格无菌,每次注药前消毒导管,注药后用无菌纱布包扎,防止细菌逆行感染。每次注药后用肝素稀释液冲洗导管以防导管堵塞。

(4) 上消化道出血:密切观察生命体征及大便和呕吐物的颜色,及时发现。配合医生做好止血、扩容、降低门静脉压力等治疗。

(5) 栓塞后综合征:肝动脉栓塞化疗术后多数病人出现发热、肝区疼痛、恶心、呕吐、心悸、白细胞下降等表现。嘱病人多饮水,以减轻化疗药物对肾脏的毒副作用,并观察尿量。

(6) 拔管:化疗完毕拔管后应压迫穿刺点 15 分钟,卧床休息 24 小时,防止针孔出血形成血肿。

📖 知识链接

肝细胞癌癌前病变的筛查

　　早期发现 HCC 癌前病变,是阻断 HCC 发生和获得根治可能的关键。筛查有助于 HCC 癌前病变的早发现、早诊断和早治疗,对提高整体疗效将起到积极的作用。对 HCC 风险人群包括慢性乙型、丙型肝炎病人及病毒携带者,40 岁以上男性或 50 岁以上女性,有长期酗酒和糖尿病伴有肝硬化者,有 HCC 家族史者,应根据不同的风险,采用不同的筛查手段。初筛后人群可采用较为经济易行的方法。如无肝内结节及病灶,腹部彩色超声定期半年筛查;对发现肝内结节或病灶的病人再行超声造影及肝胆特异性对比剂 - 钆塞酸二钠(gadolinium ethoxybenzyl diethylenetriaminepentaacetic acid,Gd-EOB-DTPA)增强 MRI;对无法确定病变性质,但高度怀疑肝癌病人,可考虑行肝穿刺活组织学检查进一步明确诊断;对于再生结节(regenerative nodule,RN)和低度异型增生结节(low-gradedysplastic-nodules,LGDN)的病人建议筛查时间为 3~6 个月。目的是监测其大小的变化和影像学特征的改变且 6 个月左右应做一次 EOB-MRI 检查。

【健康教育】

　　1. 疾病指导　防治肝炎,不吃霉变食物,慎用损害肝脏的药物。有 HBV 感染、肝硬化表现和肝癌高发区人群应定期检查。坚持后续治疗。

　　2. 饮食指导　多吃高热量、优质蛋白、富含维生素与纤维素的食物。以清淡、易消化为宜。若有腹水、水肿,应控制食盐的摄入量。

　　3. 复诊随访　治疗后第一年每 2~3 个月复查 AFP、胸片和超声,以便早期发现临床复发或转移迹象。观察有无水肿、体重减轻、出血倾向、黄疸和疲倦等症状,必要时及时就诊。

　　4. 心理护理　帮助病人及家属消除紧张焦虑情绪,积极主动配合治疗。

　　5. 运动指导　简单运动如散步、打太极拳,每次活动不宜超过 30 分钟。

第九节　门静脉高压症病人的护理

✏️ 学习目标

　　1. 简述门静脉高压症的分类与病因、病理,陈述其常用辅助检查。

　　2. 理解门静脉高压症的临床表现,说明其治疗原则。

　　3. 综合运用相关知识为门静脉高压症病人实施整体护理。

🩺 案例分析

　　张先生,56 岁,工人,有肝炎病史 10 余年。2 小时前与朋友聚餐后,出现恶心、呕吐,呕出咖啡色液体约 1 500ml,伴头晕、心慌,急诊收住院。

　　体格检查:T 36.5℃,P 110 次 /min,R 20 次 /min,BP 85/60mmHg。急性痛苦面容,面色苍白,胸前可见 3 个蜘蛛痣,腹壁可见静脉曲张,腹部平软,肝肋下未及,脾肋下

2.5cm,移动性浊音阳性,四肢厥冷。

辅助检查:Child-Pugh 肝功能分级为 C 级。腹部超声显示肝硬化、脾大,轻度腹水。

请问:

1. 该病人目前主要的护理诊断/问题有哪些?

2. 针对该病人的护理诊断/问题,护士应采取哪些措施?

门静脉高压症(portal hypertension)是指门静脉血流受阻、血液淤滞,门静脉及其分支压力增大(>25cmH$_2$O),继而导致脾大伴脾功能亢进、食管-胃底静脉曲张及破裂出血、腹水等一系列临床表现的疾病。

【解剖生理概要】

门静脉主干由肠系膜上、下静脉和脾静脉汇合而成,门静脉血流占全肝血流量的60%~80%。门静脉在肝门处分为左、右两支,分别入左、右半肝,其小分支和肝动脉小分支的血流汇合于肝小叶内的肝窦(肝的毛细血管网),然后汇入肝小叶的中央静脉,再汇入小叶下静脉、肝静脉,最后汇入下腔静脉。所以,门静脉系统位于两个毛细血管网之间,一端是胃、肠、脾、胰的毛细血管网,另一端是肝小叶的肝窦。门静脉和肝动脉的小分支还在肝小叶间汇管区借着无数动静脉间的小交通支相互流通,这种动静脉间的交通支一般仅在肝内血流受阻或增加时才开放。

门静脉正常压力约为 13~24cmH$_2$O,平均为 18cmH$_2$O 左右,比肝静脉压力高。门静脉无瓣膜,其压力通过流入的血量和流出的阻力形成并维持。门静脉血流阻力增加,常是门静脉高压症的始动因素。门静脉高压症时,门静脉压力可持续升高至 25~50cmH$_2$O,当肝静脉压力梯度小于 16cmH$_2$O 时,食管-胃底曲张静脉很少破裂出血。

门静脉系统和腔静脉系统之间存在四组交通支(图 19-37),在正常情况下这些交通支都很细小,血流量很少,当门静脉高压症时这些交通支往往开放。

1. 胃底、食管下段交通支　临床上最重要。门静脉血流经胃冠状静脉、胃短静脉,通过食管-胃底静脉与奇静脉、半奇静脉的分支吻合,流入上腔静脉。

2. 直肠下端、肛管交通支　门静脉血流经肠系膜下静脉、直肠上静脉与直肠下静脉、肛管静脉吻合,流入下腔静脉。

3. 前腹壁交通支　门静脉(左支)的血流经脐旁静脉与腹上、腹下深静脉吻合,分别流入上、下腔静脉。

4. 腹膜后交通支　在腹膜后有许多肠系膜上、下静脉的分支与下腔静脉的分支在腹膜后相互吻合。

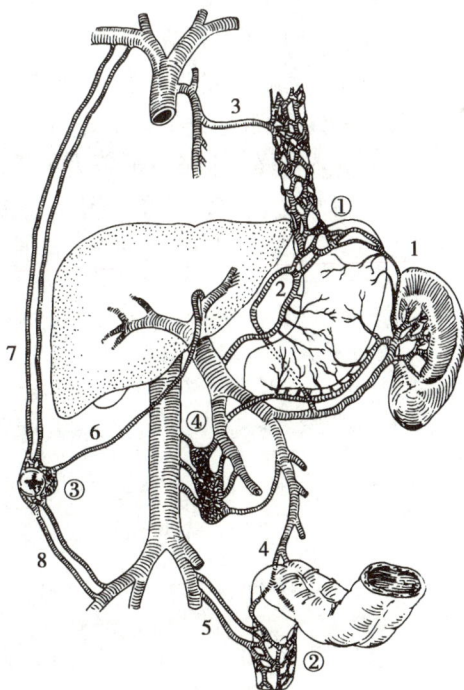

图 19-37　门静脉与腔静脉之间的交通支

1. 胃短静脉;2. 胃冠状静脉;3. 奇静脉;4. 直肠上静脉;5. 直肠下静脉、肛管静脉;6. 脐旁静脉;7. 腹上深静脉;8. 腹下深静脉

①胃底、食管下段交通支;②直肠下端、肛管交通支;③前腹壁交通支;④腹膜后交通支

笔记栏

【分类与病因】

根据门静脉血流受阻的部位,门静脉高压症可分为肝前型、肝内型和肝后型。

1. 肝前型门静脉高压症 是指发生于门静脉主干及其主要属支的血栓形成或其他原因所致的血流受阻。常见病因有:①肝外门静脉血栓形成,可由感染如急性阑尾炎、胰腺炎、脐炎等引起,也可由创伤或肿瘤引起。②小儿门静脉主干的先天性畸形,如闭锁、狭窄或海绵性变性。③上腹部肿瘤对门静脉或脾静脉的浸润、压迫。

2. 肝内型门静脉高压症 我国最常见,占95%以上。根据血流受阻部位可分为窦前型、窦型和窦后型。窦前型阻塞常见的病因为血吸虫病肝硬化。窦型和窦后型门静脉高压症是门静脉高压症最常见的类型,在我国常为肝炎后肝硬化所引起,西方国家常为慢性酒精中毒所致肝硬化所引起。此外,儿童先天性肝纤维化,以及各种肝病如脂肪肝,急、慢性肝炎,暴发性肝炎,重症肝炎等,均可引起肝细胞肿胀、脂肪变性、坏死等压迫肝窦,引起门静脉压力增高。

3. 肝后型门静脉高压症 发生于肝静脉流出道的阻塞,包括肝静脉、下腔静脉、右心的阻塞,如肝静脉阻塞综合征、缩窄性心包炎、严重右心衰竭等。肝静脉阻塞综合征即巴德-吉亚利综合征,也称布-加综合征(Budd-Chiari syndrome),是指由肝静脉或其开口以上的下腔静脉阻塞引起的以门静脉高压或合并下腔静脉高压为特征的一组疾病,有学者称其为肝腔静脉综合征。

【病理生理】

门静脉血流阻力增加,往往是门静脉高压症的始动因素。不同病因所引的门静脉高压症其病理生理各异。肝炎后肝硬化引起的门静脉高压症,肝小叶内纤维组织增生和肝细胞再生,挤压肝小叶内的肝窦,使其变窄或闭塞,从而使门静脉的血流受阻,门静脉压力增高;位于肝小叶间汇管区的肝动脉小分支和门静脉小分支之间有许多动静脉交通支,平时不开放,而在肝窦受压和阻塞时即大量开放,以致压力高8~10倍的肝动脉血直接反注入压力较低的门静脉小分支,使门静脉压力更趋增高(图19-38)。血吸虫性肝硬化导致门静脉高压症是由于血吸虫虫卵栓子顺门静脉血流到达肝小叶间汇管区的门静脉小分支,造成门静脉肝内小分支阻塞,使管腔变窄、周围发生肉芽肿性反应,致血流受阻,门静脉压力随之增加。

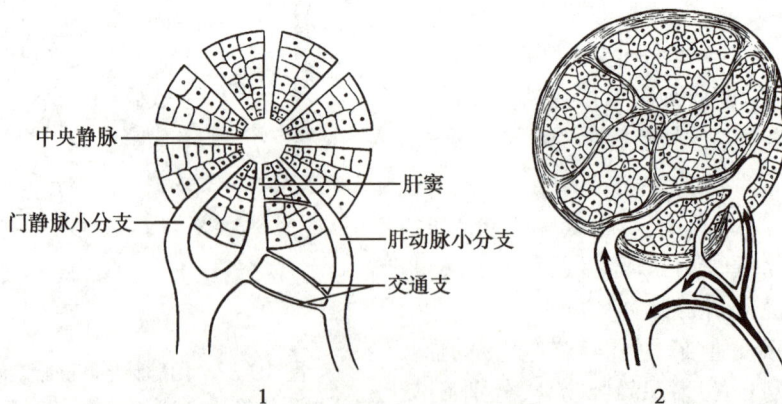

中央静脉

门静脉小分支

肝窦

肝动脉小分支

交通支

1

2

图 19-38 门静脉、肝动脉小分支之间的交通支在门静脉高压症发病中的作用

1. 正常时,门静脉、肝动脉小分支分别流入肝窦,它们之间的交通支细而不开放;2. 肝硬变时,交通支开放,压力高的肝动脉血流注入压力低的门静脉,从而使门静脉压力更趋增高

门静脉高压症形成之后,可发生以下病理变化:

1. 脾大(splenomegaly)和脾功能亢进(hypersplenism)　是首先出现的病理变化。门静脉高压症形成之后,脾充血肿大,脾窦长期充血使脾内纤维组织和脾髓组织增生,发生脾功能亢进,使血液中红细胞、白细胞和血小板均减少。长期的充血还可引起脾周围炎,发生脾与膈肌间的广泛粘连和侧支血管形成。

2. 静脉交通支的扩张　门静脉高压时,门静脉系统和腔静脉系统之间的交通支逐渐扩张,形成静脉曲张。其中,食管、胃底黏膜下静脉离门静脉主干和腔静脉最近,压力差最大,门静脉高压时其受影响最大、最早,易发生静脉曲张。食管下段和胃底黏膜下层发生静脉曲张后,其表面的黏膜因静脉曲张而变薄,当病人进食质地较硬的粗糙食物或刺激性较强的食物,以及剧烈咳嗽、呕吐或用力排便等使腹腔内压力骤然升高的诱因存在时,易致曲张静脉破裂,导致上消化道急性大出血。此外,直肠上、下静脉丛扩张可引起继发性痔;脐旁静脉与腹上、腹下深静脉交通支扩张,可引起前腹壁静脉曲张甚至出现"海蛇头"体征等;腹膜后静脉丛也明显扩张、充血。

3. 腹水(ascites)　门静脉压力升高使门静脉系统毛细血管床的滤过压增加,以致大量淋巴液自肝表面漏入腹腔、组织液回吸收减少而引起腹水。肝功能减退使血浆清蛋白的合成障碍、水平降低,引起血浆胶体渗透压降低。肝功能不全时,肾上腺皮质分泌醛固酮和垂体后叶分泌血管升压素继发性增多,促进肾小管对钠和水的重吸收,引起水钠潴留。肝功能损害发展到一定程度,有效循环血容量与肾血流量降低,致使肾小球滤过率下降,加剧腹水形成。

【临床表现】

本病病情发展缓慢,症状因不同病因也有所不同。主要的临床表现有脾大和脾功能亢进、呕血和黑便、腹水。

1. 脾大、脾功能亢进　主要是脾大,可在左肋缘下触及,甚至可达脐下。巨型脾多见于血吸虫病性肝硬化病人。早期,肿大的脾质软、活动;晚期,由于脾内纤维组织增生粘连而活动度减少,质地较硬。脾大均伴发程度不同的脾功能亢进,全血细胞减少,表现为容易发生感染,感染后较难控制,黏膜及皮下出血,可出现贫血。

2. 呕血和黑便　食管-胃底曲张静脉破裂出血是门静脉高压症病人常见的危及生命的并发症,一次出血量可达 1 000~2 000ml,出血部位多在食管下 1/3 和胃底。病人发生急性出血时,呕吐鲜红色血液,伴有柏油样黑便。由于肝功能损害使凝血酶原合成发生障碍和脾功能亢进使血小板减少,一旦发生出血,常难以自止且易复发。约 50% 病人在第一次大出血时即可因大量失血引起严重休克,或因肝组织严重缺血、缺氧而引起肝衰竭死亡。

3. 腹水　约 1/3 病人会出现腹水,伴有腹胀、气急、食欲减退、下肢水肿,腹部叩诊可有移动性浊音,大出血后常引起或加剧腹水的形成。

4. 其他　部分病人会出现肝大、黄疸、蜘蛛痣、肝掌、男性乳腺增生、消瘦乏力、腹部膨隆、腹壁静脉怒张等。

【辅助检查】

1. 实验室检查

(1) 血常规:脾功能亢进时,血常规提示全血细胞计数减少,白细胞计数降至 3×10^9/L 以下,血小板计数减少至 $(70\text{~}80) \times 10^9$/L 以下,血红蛋白和血细胞比容下降。

(2) 肝功能检查:有肝功能损害表现和酶谱变化,出现低蛋白血症,白/球蛋白比例倒置,凝血酶原时间延长,血清胆红素增高等。国外 Pugh 提出的 Child-Pugh 肝功能分级标准(表19-4)有助于临床判断,总分 5~6 分者肝功能良好(A 级),7~9 分者肝功能中等(B 级),10 分以上肝功能差(C 级)。

笔记栏

表 19-4　Child-Pugh 肝功能分级

项目	异常程度得分		
	1	2	3
胆红素（µmol/L）	<34.2	34.2~51.3	>51.3
血浆清蛋白（g/L）	>35	28~35	<28
凝血酶原延长时间（s）	1~3	4~6	>6
凝血酶原比率	30%	30%~50%	<30%
腹水	无	轻度	中度
肝性脑病分级	无	轻度	中度以上

2. 影像学检查　食管吞钡 X 线的阳性率为 70%~80%，食管被钡剂充盈时，曲张的静脉使食管的轮廓呈虫蚀状改变；排空时，曲张的静脉表现为蚯蚓样或串珠状负影。超声检查了解有无肝硬化、腹水，脾大小，还可测定脾、门静脉的直径与走向，脾门部静脉直径大于 1cm 者可肯定诊断。CT、CT 血管造影或磁共振门静脉血管成像可以了解肝硬化程度包括肝体积、肝动脉和脾动脉直径、门静脉和脾静脉直径、入肝血流，以及了解侧支血管的部位、大小及其范围，有助于指导手术方式的选择。

3. 内镜检查　是诊断食管静脉曲张的重要手段，可以直接观察食管、胃底部有无静脉曲张，阳性率高于食管吞钡 X 线检查。急诊内镜检查有助于明确呕血者的出血部位和原因，并可进行治疗。

4. 静脉压力测定　主要用于预测食管静脉曲张出血以及估计药物治疗和硬化剂治疗的疗效。方法有术中测压、脐静脉插管测压、经皮肝穿刺门静脉测压和食管曲张静脉测压。

【治疗原则】

外科治疗门静脉高压症的主要目的是预防和控制食管胃底曲张静脉破裂引起的上消化道出血，解除或改善脾大、脾功能亢进，治疗顽固性腹水。

1. 食管胃底曲张静脉破裂出血的治疗

（1）非手术治疗：对于有黄疸、大量腹水、肝功能严重受损（C 级）的病人发生食管胃底曲张静脉破裂出血时，原则上应首先采取非手术治疗，积极补充血容量、制止出血。

1）补充血容量：建立有效的静脉通路，立即输液、输血，先快速输注晶体液扩充血容量，再输血，最好用新鲜血。若估计失血量已达 800ml 以上，即应快速输血。

2）止血药物治疗：垂体后叶素通过收缩血管、减少门静脉的回血量、降低门静脉压力而产生止血作用，常用剂量为 5~10U 加入 10% 葡萄糖溶液 20~40ml 缓慢静脉注射，或 20U 加入 5% 葡萄糖溶液 200ml，于 20 分钟静脉滴注完毕。生长抑素和奥曲肽，可收缩内脏血管而减少门静脉血流，能有效控制出血。常用药物为奥曲肽，方法为首次剂量 50µg 静脉滴注，以后 25~50µg/h 静脉滴注。此外还可采用普萘洛尔、维生素 K_1、6- 氨基己酸等预防和控制出血。

3）三腔二囊管压迫止血：通过充气囊机械性压迫胃底和食管下端的曲张静脉而起到止血作用。该管有三腔，一通圆形气囊，可充气 150~200ml 后压迫胃底；一通长椭圆形气囊，可充气 100~150ml 后压迫食管下段；一通胃腔，经此腔可行吸引、冲洗和注入药物（图 19-39）。

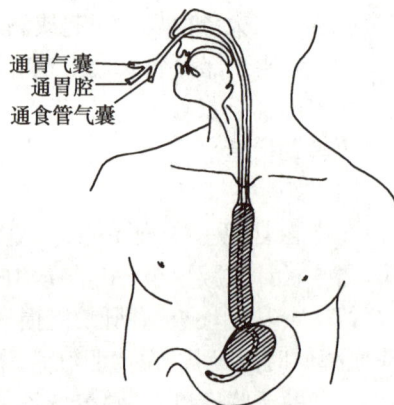

通胃气囊
通胃腔
通食管气囊

图 19-39　三腔管压迫止血法

牵引重量约为 0.5kg,此方法止血成功率在 44%~90%,但易复发,仅作为一种暂时性措施。

4)内镜治疗:利用纤维内镜将硬化剂直接注入到曲张静脉腔内,使曲张静脉闭塞,黏膜下组织硬化而止血。常用药物有鱼肝油酸钠、1.5% 四羟基硫酸钠等。早期的并发症有胸骨后疼痛、吞咽不适和发热,多持续 1 日左右消失;晚期的并发症是食管黏膜溃疡和食管狭窄。也可采用经内镜食管曲张静脉套扎术,方法是经内镜将要结扎的曲张静脉吸入到结扎器中,用橡皮圈套扎在曲张静脉基底部而止血。此方法较硬化治疗简单而且安全,是公认的控制急性出血的首选方法。此外,还可经内镜下行高频电凝、激光凝固、微波凝固止血等。

5)经颈静脉肝内门体分流术(transjugular intrahepatic portosystemic shunt,TIPS):是采用介入放射方法,经颈内静脉插管,在肝内肝静脉与门静脉主要分支间建立通道,置入支架,从而形成肝内门腔静脉分流,可明显降低门静脉的压力,对控制出血,特别对腹水的消失有较好的治疗效果。适用于药物和内镜治疗无效、肝功能差的曲张静脉破裂出血病人以及等待行肝移植的病人。应注意的是支撑管可发生进行性狭窄和有并发肝功能衰竭(5%~10%)、肝性脑病(20%~40%)的可能。

(2)手术治疗:对于无黄疸,无明显腹水,肝功能 A~B 级及并发大出血的病人,应争取尽早手术。常用手术方式有门体分流术和断流术。

1)门体分流术(portosystemic shunts):用手术吻合血管的方法,将门静脉和腔静脉系统连接起来,使压力较高的门静脉系统血液直接分流到腔静脉中去。对控制出血的近期及远期效果满意。缺点是术后门静脉向肝血流减少,甚至形成离肝血流;术后病人肝功能受不同程度的影响,肠道内产生的氨被吸收后不再经肝解毒而直接进入腔静脉和全身循环,导致肝性脑病的发生率较高。适用于无活动性肝病变及肝功能代偿良好者。手术可分为非选择性分流和选择性分流两类(图 19-40)。

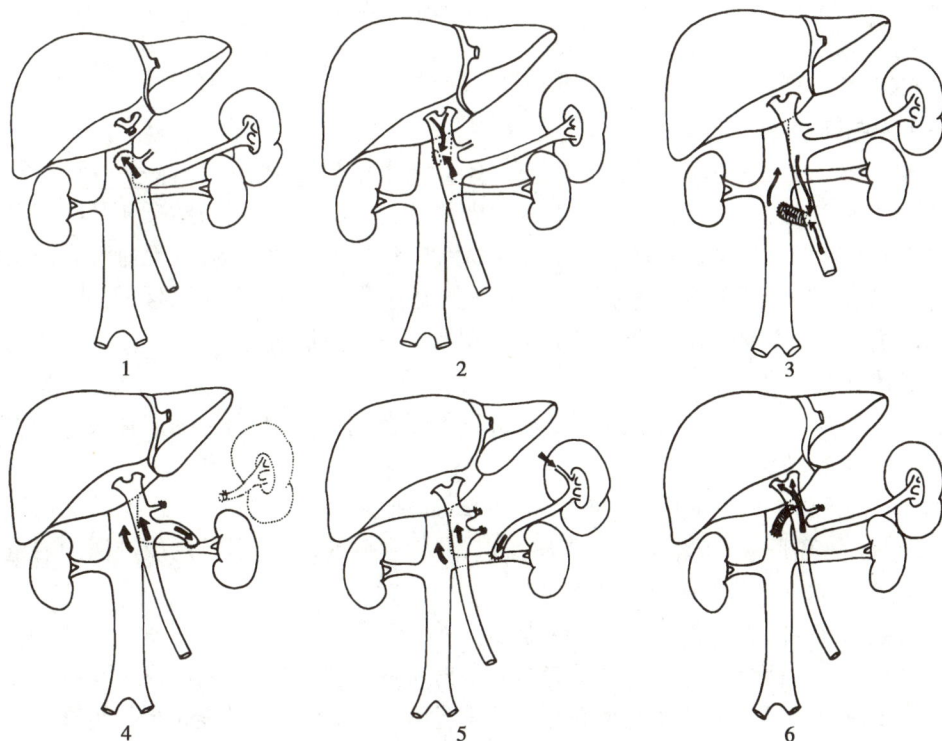

图 19-40　分流术

1.门 - 腔静脉端侧分流术;2.门 - 腔静脉侧侧分流术;3.肠系膜上 - 下腔静脉"桥式"分流术;4.中心性脾 - 肾静脉分流术;5.远端脾 - 肾静脉分流术;6.限制性门 - 腔静脉"桥式"分流术

2）断流术：通过阻断门 - 奇静脉间反常血流，从而防止曲张静脉破裂出血，又能保持门静脉的入肝血流，有利于维护术后肝功能。缺点是食管胃底的静脉易再次曲张，术后再出血率明显高于分流术后；对于伴有腹水的病人，术后腹水往往加重且难以控制；病人术后胃黏膜病变发生率高，这可能是导致断流术后再出血的重要原因之一。手术方式较多，其中最常用的是脾切除加贲门周围血管离断术（splenectomy with periesophagogastric devascularization）（图 19-41），包括结扎、切断贲门周围的冠状、胃后、胃短和左膈下四组静脉，同时结扎伴行的同名动脉，从而阻断门 - 奇静脉间的反常血流。

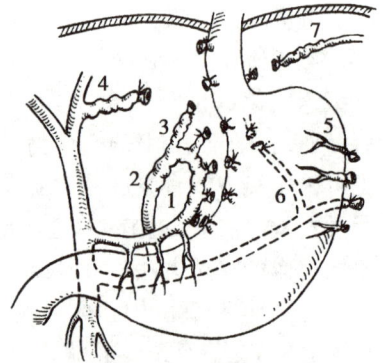

图 19-41　贲门周围血管离断术
1. 胃支；2. 食管支；3. 高位血管支；4. 异位高位血管支；5. 胃短静脉；6. 胃后静脉；7. 左膈下静脉

3）复合手术：即分流加断流的联合术式。联合术式既能保持一定的门静脉压力及门静脉向肝血供，又能疏通门静脉系统的高血液状态，是一种较理想的治疗门静脉高压症的手术方法，但手术创伤和技术难度较大，且对病人的肝功能要求高。

2. 脾大合并脾功能亢进的治疗　严重脾大合并脾功能亢进如晚期血吸虫病、脾静脉栓塞者应作脾切除术。

3. 顽固性腹水的治疗　顽固性腹水病人可采用 TIPS 技术治疗，也可应用带单向阀门的微型转流装置行腹腔 - 颈静脉转流术，利用压力差，使腹水随呼吸运动节律性地流入上腔静脉。转流术后若出现弥散性血管内凝血、食管胃底曲张破裂出血或肝功能衰竭则应停止转流。

4. 中医中药治疗　门静脉高压症在中医中涉及"癥瘕""积聚""鼓胀""黄疸""血证"等范畴，治疗上应根据病情的不同发展阶段，分别给予疏肝理气、除湿健脾、活血化瘀、行气利水等中药治疗。

【护理评估】

（一）术前评估

1. 相关健康史　评估病人的一般状况，有无慢性肝炎、血吸虫病，有无大量饮酒史，是否进食粗硬、刺激性食物；是否有腹腔内压力骤然升高的因素，如剧烈咳嗽、呕吐、打喷嚏或用力排便等。有无消化系统疾病如食管异常、慢性胃炎、消化性溃疡；有无血液系统疾病如白血病、血友病、血小板减少性紫癜；其他疾病如血管瘤、尿毒症等；近期有无外伤、精神应激、手术、肾上腺皮质激素治疗，抗凝治疗等情况。药物的过敏史等。

2. 身体状况

（1）局部：腹围大小，有无腹壁静脉怒张，有无腹水、下肢水肿；有无肝、脾大及肿大的程度与质地，有无移动性浊音等。

（2）全身：评估生命体征、意识、面色、皮肤温度、弹性及色泽、尿量的变化，有无肝性脑病的征象；有无黄疸、肝掌、蜘蛛痣及皮下出血点；有无呕血或黑便，呕吐物或排泄物的量、色、泽，有无出血性休克。此外还要评估出血与出血原因的关系。

（3）辅助检查：包括血常规、肝功能和影像学检查等结果。

3. 心理 - 支持社会状况　病人对突然大量出血是否感到紧张、恐惧，有否因长时间、反复发病，工作和生活受到影响而感到焦虑不安和悲观失望；家庭成员能否提供足够的心理和经济支持；病人及家属对门脉高压症的治疗、预防再出血的知识的了解程度。

（二）术后评估

1. 术中评估　评估麻醉、手术方式，术中出血、输血、输液及引流管放置情况。

2. 术后评估 评估生命体征变化,有无出血和肝性脑病的征象;24 小时输入液量与胃肠减压引流液、腹腔引流液和尿量是否平衡;胃肠减压管、腹腔引流管是否通畅,引流液的颜色、性状和量有何变化。评估病人因对疾病和术后各种不适的心理反应;家人及家属对术后康复过程及出院健康教育知识的掌握程度。

【主要护理诊断 / 问题】

1. 恐惧 与突然大量呕血、便血、病情危重有关。

2. 组织灌注量不足 与食管胃底曲张静脉破裂出血有关。

3. 体液过多 与肝功能损害致低蛋白血症、血浆胶体渗透压降低及醛固酮分泌增加有关。

4. 营养失调:低于机体需要量 与肝功能损害、营养摄入不足、消化吸收障碍有关。

5. 潜在并发症:出血、肝性脑病、感染和静脉血栓形成。

【护理措施】

(一) 非手术治疗的护理 / 术前护理

1. 心理护理 门静脉高压症病人由于长期患病,对治疗悲观失望,甚至丧失信心。当合并上消化道出血时,病人会极度紧张、恐惧,护士应沉着冷静,积极配合医生抢救,避免在床边讨论病情,遵医嘱给予镇静剂,稳定病人情绪,帮助病人树立战胜疾病的信心。

2. 病情观察 密切观察病人的血压、脉搏、呼吸等,监测中心静脉压和尿量;观察并记录出血的情况,呕血和大便的颜色、性状、量。

3. 预防上消化道出血

(1) 休息与活动:注意休息,适当活动,避免劳累,一旦出现头晕、心慌等不适,立即卧床休息。

(2) 饮食:禁烟、酒,少喝浓茶和咖啡;饮食不宜过热;避免进食粗糙、干硬、带骨、带刺的食物及油炸、辛辣食物,以免诱发上消化道出血。

(3) 避免腹内压升高:如剧烈咳嗽、喷嚏、便秘、用力排便等,以免引起腹内压升高诱发曲张静脉破裂出血。

4. 腹水的护理

(1) 体位:病情允许尽量取平卧位,以增加肝、肾血流灌注。若下肢水肿,可抬高患肢。

(2) 限制液体和钠的摄入:每日进液量控制在 1 000ml 左右;给予低盐饮食,每日钠摄入量限制在 500~800mg(氯化钠 1.2~2.0g)内,少食含钠高的食物等。

(3) 腹围和体重的监测:每日测腹围一次,每周测体重一次。标记腹围测量部位,每次在同一时间、同一体位和同一部位测量。

(4) 按医嘱使用利尿剂:如氨苯蝶啶等,记录 24 小时出入液量,并注意观察有无低钾、低钠血症。

5. 保护肝功能

(1) 改善营养状况:肝功能损害较轻者给予高热量、优质高蛋白(50~70g)、丰富维生素饮食;肝功能严重受损者限制蛋白质摄入。静脉输注全血、人血白蛋白和维生素,以纠正贫血或低蛋白血症,纠正营养不良;凝血功能障碍者可输新鲜血和应用维生素 K_1,改善凝血功能。

(2) 应用药物:遵医嘱给予三磷酸腺苷、乙酰辅酶 A、肌苷等护肝药物,避免使用大环内酯类、巴比妥类等对肝脏有损害的药物。

6. 急性大出血的护理

(1) 一般护理:绝对卧床休息,减轻病人的焦虑、恐惧,稳定其情绪,必要时给予镇静剂,以免因情绪激动而加重出血;给予吸氧,改善组织缺氧;及时清理血迹和呕吐物,保持口腔清洁。

（2）恢复血容量：迅速建立静脉通路，在代偿期，及时输液、输血，恢复血容量，保证对心、脑、肝、肾等重要内脏器官的血液灌注，避免发生不可逆性休克而危及生命。

（3）止血：用冰盐水或冰盐水加血管收缩剂作胃内灌洗，直至回抽液清澈。低温灌洗液可使胃黏膜血管收缩，减少血流，降低胃分泌及运动，达到止血的目的；根据医嘱按时应用止血药，注意药物疗效和不良反应。

（4）密切观察病情：定时测量血压、脉搏、呼吸，监测中心静脉压和尿量，注意有无水电解质及酸碱平衡失调。准确观察和记录呕血和黑便的颜色、质、量。

（5）三腔二囊管的护理：参见《内科护理学》相关章节内容。

（6）预防肝性脑病：口服硫酸镁溶液导泻或酸性溶液灌肠，减少氨的吸收；也可服用新霉素等肠道不吸收的抗生素，减少肠道菌群，防止肠道内积血在细菌作用下分解产生氨。对肝硬化者宜用新鲜血，因其含氨量低、凝血因子多，有利于止血和预防肝性脑病。

（7）急症手术准备：出现手术指征，立即做好急症手术的各项常规准备工作。

7. 做好术前准备　除了做好常规的术前准备和上述护理措施之外，术前 2~3 日口服肠道不吸收的抗生素，以减少肠道氨的产生，预防术后肝性脑病；术前 1 日晚作清洁灌肠，避免术后因肠胀气而致血管吻合口受压；脾 - 肾静脉分流术前要明确肾功能是否正常。

（二）术后护理

1. 休息与活动　分流术后为使血管吻合口保持通畅，需卧床 1 周，取平卧位或 15° 低坡半卧位，1 周后逐步下床活动。

2. 饮食护理　术后 24~48 小时肠蠕动恢复后可开始进食，指导病人合理营养，从流质逐步过渡到正常饮食，保证摄入足够的热量；分流术后应限制蛋白质的摄入，每日不超过 30g 为宜，避免诱发或加重肝性脑病；补充丰富的维生素；如病人有贫血或低蛋白血症可予以输全血及清蛋白，纠正贫血。

3. 病情观察　密切监测病人神志和生命体征变化，观察胃肠减压引流液和腹腔引流液的性状与量，若引流出较多的新鲜血液，应考虑发生内出血。观察病人是否出现性格异常、定向力减退、嗜睡或躁动，黄疸是否加深，有无发热、厌食、肝臭等肝功能衰竭的表现。

4. 保护肝功能　术后给予氧气吸入，因缺氧可加重肝功能损害；继续使用保肝药物；禁用吗啡、盐酸氯丙嗪等对肝脏有损害的药物。

5. 引流管护理　膈下置管引流者应注意保持负压引流系统的无菌、通畅，观察并记录引流液的量、色、性状，当引流量减少到每日 10ml，色清淡时，可拔管。

6. 加强基础护理　有黄疸者加强皮肤护理；卧床期间应注意防止压疮的发生；禁食期间就注意口腔护理；鼓励病人深呼吸、有效咳嗽咳痰，给予超声雾化吸入，防止肺部并发症的发生。

7. 并发症的观察与预防

（1）肝性脑病：分流术后部分含血氨较高的门静脉血未经肝脏解毒而直接进入体循环，加之术前不同程度的肝功能损害和手术应激等，极易诱发肝性脑病。应限制蛋白摄入，以减少血氨来源；忌用肥皂水灌肠，减少氨的吸收；定时测定肝功能并动态监测血氨浓度，对症使用谷氨酸钾、谷氨酸钠，降低血氨水平；为减少肠道细菌量，分流术后应用非肠道吸收的抗菌药；用缓泻剂刺激排便或生理盐水灌肠；保持大便通畅，促进氨由肠道排出。若病人出现神志淡漠、嗜睡、谵妄时，应高度怀疑出现肝性脑病，需及时处理。

（2）静脉血栓形成：脾切除后血小板可迅速升高，易诱发静脉血栓形成，故术后 2 周内应每日或隔日复查血小板计数并密切观察有无肠系膜血栓形成的征象如腹痛、腹胀和便血，若

血小板 > 600×10^9/L,须立即告知医生,采取抗凝治疗,动态监测凝血酶原时间变化。

8. 其他 分流术取自体静脉者应观察局部静脉血液回流情况,取自颈内静脉者就观察有无头痛、呕吐等颅内压增高表现,必要时根据医嘱快速滴注甘露醇。

【健康教育】

1. 日常生活指导 指导病人注意休息,逐步增加活动量,避免劳累。保持乐观、稳定的心理状态,避免精神紧张、抑郁等不良情绪。避免重体力活动和引起腹内压增高的因素,如咳嗽、打喷嚏、用力排便等,以免损伤食管和胃的黏膜,诱发出血。

2. 饮食指导 注意饮食调理,禁烟酒,避免粗糙、干硬、过热、刺激性强的食物,根据病情、病程调整饮食结构,肝功能损害较轻者可酌情摄取优质蛋白饮食,肝功能严重受损及分流术后病人应限制蛋白的摄入,有腹水者就限制水和钠的摄入。少量多餐,养成规律进食的习惯。

3. 注意自我防护 用软毛牙刷刷牙,避免牙龈出血;防止外伤;指导病人认识并避免使用对肝脏有毒性的药物;指导病人及家属掌握出血先兆的基本观察方法和主要急救措施,以及紧急就诊的途径和方法。

4. 定期复查 指导病人及家属掌握出血先兆和主要急救措施,熟悉紧急就诊的途径与方法,定期复查肝功能。

第十节 胆道疾病病人的护理

学习目标

1. 简述胆道系统的解剖要点、胆管和胆囊的生理功能,胆石病的病因及结石的分类,陈述其常用辅助检查。

2. 理解并比较胆石病、胆囊炎和急性梗阻性化脓性胆管炎的临床表现,说明其治疗原则。

3. 运用相关知识为胆石病、胆囊炎和急性梗阻性化脓性胆管炎病人实施整体护理。

一、概述

【解剖生理概要】

胆道系统分肝内和肝外两大系统,起自肝内毛细胆管,终末端与胰管汇合,开口于十二指肠乳头,外有Oddi括约肌包绕。

1. 肝内系统 起自肝内毛细胆管,逐级汇集成小叶间胆管、肝段胆管、肝叶胆管和肝内左右肝管,与肝内门静脉和肝动脉分支伴行,共同被结缔组织鞘包裹,又称为Glisson系统。

2. 肝外系统 由肝外左、右肝管及肝总管、胆囊、胆囊管以及胆总管等组成(图19-42)。

(1) 肝外左、右肝管和肝总管:肝外左、右肝管于肝门下方汇合形成肝总管。左肝管较细,长约

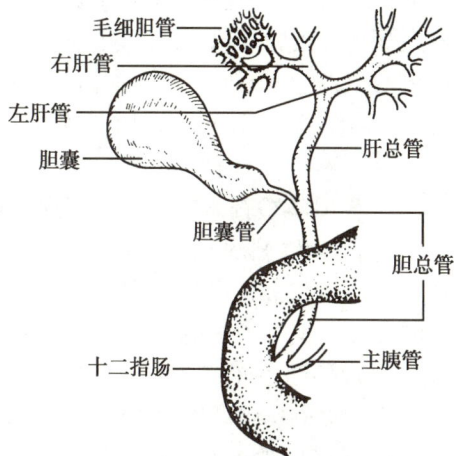

图 19-42 胆道系统解剖

2.5~4.0cm;右肝管较粗,长约 1.0~3.0cm。此解剖结构是造成肝左叶胆管结石及残余结石较多的原因之一。肝总管长约 3.0cm,直径约 0.4~0.6cm,沿肝十二指肠韧带右前下行与胆囊管汇合形成胆总管。

(2) 胆囊和胆囊管:胆囊呈梨形,为囊性器官,位于肝脏面的胆囊窝内,长 5.0~8.0cm,宽 3.0~5.0cm,容积约 30~60ml,分底、体、颈三部分。底部圆钝,为盲端;体部向前上弯曲变窄形成胆囊颈;颈上部呈袋状膨大,称为 Hartmann 袋,胆囊结石常滞留于此。胆囊管由胆囊颈延伸而成。肝总管、胆囊管和肝脏下缘所构成的三角区称为胆囊三角(Calot 三角),胆囊动脉、肝右动脉和副右肝管常在此区穿过,是胆道手术易误伤的部位。

(3) 胆总管:长 7.0~9.0cm,直径 0.6~0.8cm。胆总管分为四段:十二指肠上段、十二指肠后段、胰腺段、十二指肠内段。胆总管进入十二指肠前膨大形成 Vater 壶腹,是胆总管下段梗阻的常见部位,壶腹部癌也发生于此处。壶腹周围有 Oddi 括约肌包绕,Oddi 括约肌具有控制和调节胆汁及胰液排放,以及防止十二脂肠内容物反流的作用。

胆管的主要生理功能是输送胆汁至胆囊和十二指肠,胆囊则具有浓缩和储存胆汁、分泌和排出胆汁的功能。

【胆道疾病的特殊检查及护理】

1. 超声检查　胆道疾病常用的超声检查方法有超声检查和超声内镜(endoscopic ultrasonography,EUS)检查。

(1) 超声:是普查和诊断胆道疾病的首选方法。它既可以了解肝内、外胆管及胆囊的病变部位和形态,引导肝胆管穿刺、引流、取石,又可以根据胆管有无扩张、扩张部位及程度,对黄疸原因进行定位和定性诊断。适用于胆囊结石、胆囊炎、胆道肿瘤、胆道蛔虫和胆道畸形等胆道系统疾病的诊断。

护理措施:检查前常规禁食 8 小时以上。肠道气体过多者可先口服缓泻剂以促进通便,以减少气体干扰。超声检查应安排在其他内镜和钡餐造影检查前或钡餐检查 3 日后、胆道系统造影 2 日后进行。检查中协助病人多取仰卧位,以减少腹腔脏器重叠效应;胆囊颈及肝外胆管病变可取左侧卧位;胆囊位置较高者可取坐位或站位。

(2) 超声内镜:EUS 是一种直视性的腔内超声技术,可同时进行电子内镜和超声检查。利用 EUS 对胆总管下段和壶腹部行近距离超声检查,可不受胃肠道气体的影响,准确率高,并可进行活检。适用于胆总管结石、胆总管中下段肿瘤、胆囊微小结石等胆道疾病的诊断。

护理措施:检查前 4~6 小时禁食,如有活动性义齿应取下。检查时取左侧屈膝卧位,嘱病人深吸气咬紧牙垫,保持头放低稍后仰位,以增大咽喉部的间隙,利于插入内镜和分泌物流出。出现恶心、呕吐或呛咳时,保持呼吸道通畅,防止发生误吸或窒息。检查后禁食 2 小时,待喉部麻醉药或镇静药作用消失后方可进食。行细针穿刺活检者需禁食 4~6 小时。密切观察生命体征、腹部体征和有无出血等情况。

2. 放射学检查　用于诊断胆道疾病的放射学检查方法很多,其中腹部 X 线平片法、口服胆道造影及静脉胆道造影等检查方法因对胆道疾病的诊断价值有限,已不作为临床的常规检查。CT、MRI 虽具有成像无重叠、分辨率高等特点,但是在胆道疾病的诊断方面不具有特异性。正电子发射计算机断层显像(position emission computed tomography,PECT,通称 PET-CT)可用于诊断胆道系统肿瘤,由于价格昂贵,多用于肿瘤病人的全身检查或术后复查。目前诊断胆道疾病常用的放射学检查方法有经皮肝穿刺胆管造影(percutaneous transhepatic cholangiography,PTC)、内镜逆行胰胆管造影(endoscopic retrograde cholangiopancreatography,ERCP)、磁共振胰胆管造影(MRCP)等。

（1）PTC：是在 X 线或超声引导下，用穿刺针经皮肤穿入肝内胆管，再将造影剂直接注入胆道使整个胆道系统迅速显影的一种顺行性胆道造影方法，同时可置管引流胆汁。禁忌证：心肺功能不全、凝血时间异常、急性胆道感染及碘过敏者。

护理措施：①检查前准备：检测凝血酶原时间及血小板计数；碘过敏试验，必要时行普鲁卡因过敏试验；术前 1 日晚口服缓泻剂或灌肠，术日晨禁食。②检查中护理：指导病人放松，保持呼吸平稳，避免屏气或剧烈呼吸。依据穿刺部位不同，指导病人采用相应的体位，经肋间穿刺时取仰卧位，经腹膜外穿刺时取俯卧位。③检查后护理：术后平卧，严密观察腹部体征，注意穿刺点有无出血；置管引流者应维持有效引流，注意观察引流液的量、颜色及性质；遵医嘱应用抗生素及止血药。

（2）ERCP：是在纤维十二指肠镜直视下通过十二指肠乳头将导管插入胆管和 / 或胰管内进行造影的方法。禁忌证：急性胰腺炎、碘过敏者。

护理措施：①检查前准备：基本同其他内镜检查前的准备；②检查中护理：插内镜时指导病人进行深呼吸并放松，造影过程中若发现特殊情况应及时终止操作，观察病人情况并做相应的处理；③检查后护理：造影后 3 小时内及第 2 日晨各检测血清淀粉酶 1 次，根据病情逐步恢复饮食，注意观察病人的体温和腹部情况，发现异常及时处理，遵医嘱应用抗生素。

（3）MRCP：具有成像无重叠、分辨率高等优点，能更好地显示肝内、外胆管扩张及梗阻的情况。禁忌证：安置有心脏起搏器、神经刺激器、人工心脏瓣膜、心脏血管支架、动脉瘤夹及金属节育环及眼球异物等病人。

护理措施：①检查前准备：嘱病人取下义齿、发夹、戒指、耳环、钥匙、手表、硬币等一切金属物品及手机、磁卡等，以免形成金属伪影而影响成像质量；指导病人进行吸气——呼气——屏气的呼吸方法，减少扫描中因腹部呼吸运动造成的伪影；告知病人检查中梯度场启动会产生噪声，使病人有心理准备。②检查中护理：指导病人取平卧位，保持制动状态，采用正确的呼吸方法配合完成检查。

（4）胆管造影：手术中可经胆囊管插管、胆总管穿刺或置管做胆道造影。术后拔除 T 管前，常规经 T 管做胆道造影，了解胆道有无残余结石、异物及通畅情况，以及胆总管与肠吻合口是否通畅。

护理措施：①检查前准备：向病人说明检查的目的，以取得合作；T 管造影检查一般于术后 2 周进行，检查前嘱病人排便，必要时给予灌肠。②检查中护理：病人取仰卧位，将 T 管的体外部分常规消毒并排除其内空气后，将抽好造影剂的注射器连接 T 管，将造影剂注入胆道，造影剂注入后立即摄片。③检查后护理：造影完毕，立即将 T 管连接引流袋，开放引流 24 小时以上，以排出造影剂，必要时遵医嘱使用抗生素。

3. 胆道镜检查

（1）术中胆道镜（intraoperative choledochoscopy，IOC）：通过胆总管切口或胆囊切口经胆囊管插入胆道镜进行检查和治疗。

适应证：①疑有胆管内肿瘤；②疑有胆管内残留结石；③胆总管下段及肝内主要胆管分支开口处有狭窄；④经胆囊造瘘或腹腔镜胆囊取石术后疑有残余结石者。

护理措施：操作过程中随时协助吸净溢出的胆汁和腹腔内渗出物，防止发生并发症。

（2）术后胆道镜（postoperative choledochoscope，POC）：经 T 管窦道或皮下空肠盲袢插入纤维胆道镜进行检查和治疗。

适应证：①胆道术后残余结石、胆道蛔虫、狭窄、出血等；②胆道冲洗或灌注药物。禁忌证：严重心功能不全、胆道感染或有出血倾向者。

护理措施：①检查前准备：术后单纯胆道镜检查应于术后4周，胆道镜取石术后6周方可进行；②检查中护理：病人取仰卧位，T管拔除后从窦道插入胆道镜，检查时注意观察病人反应；③检查后护理：观察病人有无发热、恶心、呕吐、腹泻和胆道出血表现，观察病人腹部情况，注意有无腹膜炎的症状和体征，以及时发现和处理。

【常见的胆道疾病】

1. 胆石症（cholelithiasis） 指发生在胆囊和胆管的结石，是胆道系统的常见病。近年来随着生活水平的提高，人们的饮食结构发生变化，胆石症的总患病率呈上升趋势，并随年龄增长而升高。我国胆囊结石的发病率明显高于胆管结石，比例约为7.35∶1。

（1）病因：胆石的病因十分复杂，是多因素综合作用的结果。

1）胆道感染：胆汁淤滞、细菌或寄生虫入侵等引起胆道感染时，细菌产生的β葡萄糖醛酸酶和磷脂酶能水解胆汁中的脂质，使可溶性的结合性胆红素水解为游离胆红素，后者与钙盐结合，成为胆红素结石的起源。

2）胆道异物：虫卵、手术缝线和反流入胆道的食物残渣等均可成为胆石的核心。

3）胆道梗阻：胆道梗阻引起胆汁滞留，胆汁中的胆色素在细菌作用下分解为非结合胆红素，形成胆色素结石。

4）代谢因素：主要与脂类代谢有关，脂类代谢异常可引起胆汁的成分和理化性质发生变化，使胆汁中的胆固醇呈过饱和状态并析出、沉淀、结晶而形成结石。

5）胆囊功能异常：胆囊收缩功能减退，胆囊内胆汁淤滞亦有利于结石形成。

6）致石基因及其他因素：近年来的研究表明，胆囊结石的发生可由多种未确定的基因及环境因素相互作用而致，如在胆固醇结石易感基因（Lith基因）作用下缩胆囊素受体表达被抑制甚至错误，使胆囊动力受损导致胆囊排空障碍。肥胖、妊娠期、高脂血症、克罗恩病、肝硬化及糖尿病等均为结石的危险因素。此外，雌激素的水平及其作用可能与胆囊结石形成有关。

（2）胆石的分类

1）按化学成分分类：①胆固醇结石：以胆固醇为主要成分，其中80%位于胆囊内。外观呈白黄、灰黄或黄色，质硬，形状和大小不一，呈多面体、圆形或椭圆形，表面多光滑，剖面呈放射状排列的条纹。X线检查多不显影。②胆色素结石：含胆色素为主，其中75%发生于胆管内。外观呈棕黑色或棕褐色，大小不一，形状可呈粒状或长条状，质地松软、易碎似泥沙，又称泥沙样结石。X线检查多不显影。③混合型结石：60%的混合型结石发生于胆囊内。主要由胆红素、胆固醇、钙盐等混合而成，根据所含成分比例不同，呈现不同的形状和颜色。剖面呈层状，或中心呈放射状，外周呈层状。X线检查常显影（图19-43）。

2）按结石所在部位分类：可分为：①胆囊结石；②肝外胆管结石；③肝内胆管结石。

2. 胆道感染 是指胆囊壁和/或胆管壁受到细菌的侵袭而发生炎症反应。胆道感染与胆石症常互为因果关系，胆石症可引起胆道梗阻，梗阻可造成胆汁淤滞、细菌繁殖而致胆道感染；胆道反复感染又是胆石形成的致病因素。

二、胆囊结石

胆囊结石（cholecystolithiasis）为发生在胆囊内的结石，主要为胆固醇结石或以胆固醇为主的混合型结石，常与急性胆囊炎并存。多见于成年人，男女比例约为1∶3。

【病因与分类】

胆囊结石是综合性因素作用的结果，胆汁中胆固醇过饱和、胆固醇成核过程异常及胆囊功能异常等因素引起胆汁的成分和理化性质发生变化，使胆汁中的胆固醇呈过饱和状态，沉

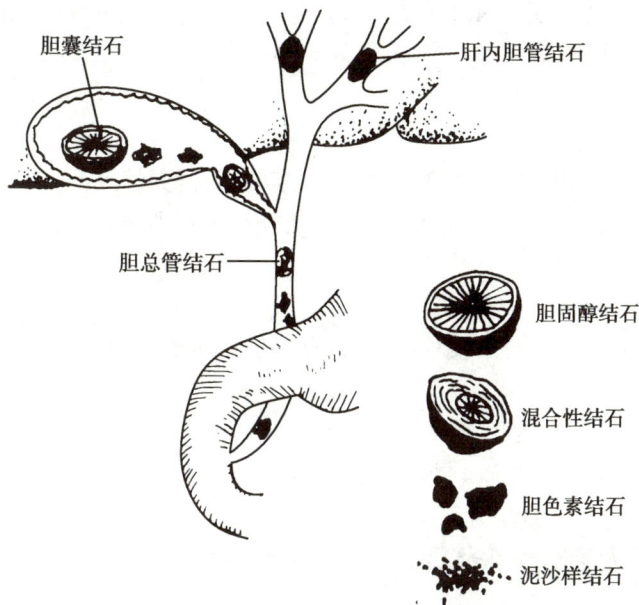

图 19-43　胆石的类型

淀析出、结晶而形成结石。

【病理生理】

饱餐及进食油腻食物后引起胆囊收缩,或体位改变引起结石移位并嵌顿于胆囊颈部而导致胆汁排出受阻,胆囊强烈收缩而发生胆绞痛。因解剖学变异,胆囊管与胆总管伴行过长或胆囊管与肝总管汇合位置过低,较大的结石持续嵌顿和压迫胆囊壶腹部或颈部,可引起肝总管狭窄或胆囊胆管瘘,出现反复发作的胆囊炎、胆管炎或梗阻性黄疸(Mirizzi 综合征);较小的结石可经过胆囊管排入胆总管形成继发性胆总管结石。若胆囊结石长期嵌顿而未合并感染,胆囊内可出现白胆汁积液。此外,结石及炎症反复刺激胆囊黏膜可能诱发胆囊癌。

【临床表现】

1. 局部表现　胆绞痛是胆囊结石的典型的症状。表现为突发性右上腹阵发性剧烈的绞痛,可向右肩胛部或背部放射,常发生于饱餐、进食油腻食物后或睡眠体位改变时。出现恶心、呕吐、厌食、腹胀等非特异性的消化道症状。可在右上腹部触及肿大的胆囊,可有右上腹部压痛,继发感染者墨菲征(Murphy 征)阳性。

2. 全身表现　部分病人出现黄疸;合并感染时有发热等中毒症状。

【辅助检查】

首选超声检查,可显示胆囊内结石,其诊断胆囊结石的准确率接近 100%。CT 及 MRI 检查亦能显示结石,但不作为常规检查。

【治疗原则】

1. 手术治疗　对无症状的胆囊结石,一般无需立即手术切除胆囊,只需观察和随访。胆囊切除术是治疗胆囊结石的首选方法。适应证:①胆囊造影时胆囊不显影;②结石直径超过 2cm;③胆囊萎缩或瓷样胆囊;④超声提示胆囊局限性增厚;⑤病程超过 5 年,年龄在 50 岁以上的女性病人;⑥结石嵌顿于胆囊颈部。手术方式包括腹腔镜胆囊切除术(laparoscopic cholecystectomy,LC)、开腹胆囊切除术(open cholecystectomy,OC)、小切口胆囊切除术(open minicholecystectomy,OM)等,首选 LC 治疗。

笔记栏

2. 非手术治疗 对合并严重心血管疾病不能耐受手术的老年病人,可采取体外震波碎石(ESWL)、溶石或中西医结合排石疗法,但效果不肯定。

【护理评估】

(一) 术前评估

1. 相关健康史 了解病人的年龄、性别、工作环境、营养情况及日常饮食中是否含过量的脂肪和胆固醇;平时生活工作习惯;评估病人既往有无类似发作;此次发病的诱因,如进食油腻食物或过度劳累等。

2. 身体状况

(1) 局部:评估病人是否有突发性腹痛及腹痛的部位、性质、诱因;有无恶心呕吐;有无右上腹部压痛。

(2) 全身:有无黄疸、发热等全身表现。

(3) 辅助检查:了解超声检查、胆囊造影、CT 及 MRI 检查结果。

3. 心理-社会状况 了解病人及亲属对胆囊结石病情的发展、治疗及护理措施的认知程度、心理承受能力及家庭经济承受能力。

(二) 术后评估

1. 术中情况 了解手术方式、麻醉方式、手术效果、引流情况及各引流管位置及目的。

2. 术后情况 了解病人生命体征,引流管是否通畅,引流液的量、颜色和性状等,手术切口愈合情况,有无并发症发生。了解病人和亲属对疾病相关知识的了解和掌握情况,是否担心并发症及预后等。

【主要护理诊断/问题】

1. 急性疼痛 与胆囊结石突然嵌顿、胆汁排空受阻致胆囊强烈收缩有关。

2. 知识缺乏:缺乏胆石症和腹腔镜手术的相关知识。

3. 潜在并发症:术后胆瘘、术后出血。

【护理措施】

(一) 术前护理

1. 病情观察 观察腹痛的程度、性质,发作的时间、诱因及缓解的相关因素,以及疼痛与饮食、体位、睡眠的关系;腹膜刺激征及 Murphy 征是否阳性等,为进一步治疗和护理提供依据。

2. 疼痛护理 对诊断明确的剧烈疼痛者,可遵医嘱通过口服、注射等方式给予消炎利胆、解痉或止痛药,以缓解疼痛。

3. 体位护理 协助病人采取舒适体位如右侧卧位,放松腹壁,指导深呼吸,减轻疼痛。

4. 饮食护理 根据病情指导病人清淡饮食,忌油腻食物;病情严重者予以禁食、胃肠减压,以减轻腹胀和腹痛。

5. 心理护理 介绍疾病的发生发展、手术的适应证、术前准备、手术的基本过程等,让病人了解相关知识,消除恐惧心理,更好地配合治疗和护理。

(二) 术后护理

1. 一般护理 术后禁食、胃肠减压、麻醉清醒后嘱病人取半卧位,以利引流,同时遵医嘱行抗炎、止痛、补液、止血、营养支持等治疗。

2. 病情观察 包括生命体征、腹部体征及引流液情况,若病人术后出现发热、腹胀、腹痛或引流管引流出胆汁样液体等情况,应警惕胆瘘的可能。

3. 引流管护理 妥善固定引流管,保持引流管通畅,观察并记录引流液情况,预防感染。

4. 胆瘘处理　一旦发现胆瘘的征象,应及时报告医生并配合进行相应的处理。

【健康教育】

1. 合理饮食　少量多餐,进食低脂、高维生素、富含膳食纤维饮食;少吃含脂肪多的食物,如花生、核桃等。

2. 疾病指导　告知病人胆囊切除术后,出现消化不良、脂肪性腹泻等情况的原因,解除其焦虑情绪;出院后如果出现黄疸、陶土样大便等情况应及时就诊。

3. 定期复查　中年以上未行手术治疗的胆囊结石病人应定期复查必要时尽早手术治疗,以防结石及炎症的长期刺激诱发胆囊癌。

三、胆管结石

胆管结石(choledocholithiasis)为发生在肝内、外胆管的结石。

【病因与分类】

根据结石所在的部位,肝管分叉部以下为肝外胆管结石,分叉部以上为肝内胆管结石。

1. 肝外胆管结石　分为继发性和原发性结石。继发性结石主要是由胆囊结石排入胆总管内引起,也可因肝内胆管结石排入胆总管引起。原发性结石的成因与胆汁淤滞、胆道感染、胆道异物(包括虫卵等)、胆管解剖变异等因素有关。

2. 肝内胆管结石　病因复杂,主要与胆道感染、胆道寄生虫(蛔虫)、胆汁淤滞、胆道解剖变异、营养不良等有关。肝内胆管结石常呈肝段、肝叶分布,由于胆管解剖位置的原因,左侧结石比右侧多见,左侧最常见的部位为左外叶,右侧为右后叶,可双侧同时存在,也可多肝段、肝叶分布。结石多见于肝左外叶及右后叶。肝内胆管结石易进入胆总管,成为继发的肝外胆管结石。

【病理生理】

胆管结石所致的病理生理改变与结石的部位、大小及病史的长短有关。胆管结石可引起胆管不同程度的梗阻,梗阻可使近端胆管扩张、管壁增厚、胆汁滞留在胆管内,胆管壁的充血、水肿进一步加重梗阻,出现梗阻性黄疸;胆管的完全性梗阻可继发化脓性感染,引起急性梗阻性化脓性胆管炎。

【临床表现】

1. 肝外胆管结石　平时无症状或仅有上腹不适,当结石阻塞胆道并继发感染时,可表现为典型的 Charcot 三联症,即腹痛、寒战与高热、黄疸。

(1)腹痛:发生在剑突下或右上腹部,呈阵发性绞痛或持续性疼痛阵发性加剧,可向右肩部放射,常伴恶心、呕吐。

(2)寒战与高热:胆管梗阻并继发感染后可引起寒战、高热等全身中毒症状。多发生于剧烈腹痛之后,体温可高达 39~40℃,呈弛张热。

(3)黄疸:因胆管梗阻后胆红素逆流入血引起。黄疸的程度取决于梗阻的程度、部位及是否继发感染,呈间歇性或波动性的特点。病人可同时有尿色加深、大便颜色变浅、皮肤瘙痒等表现。

2. 肝内胆管结石　肝内胆管结石常与肝外胆管结石并存,其临床表现与肝外胆管结石相似。部分病人可有肝区疼痛和叩痛等症状、体征。

【辅助检查】

1. 实验室检查　血常规检查可见白细胞计数及中性粒细胞比例明显升高;血生化检查血清胆红素、转氨酶和碱性磷酸酶升高;尿液检查显示尿胆红素升高,尿胆原降低甚至消失;粪便检查显示粪中尿胆原减少。

2. 影像学检查 超声检查可显示胆管内结石影,近端胆管扩张;PTC、ERCP 或 MRCP 等检查可显示梗阻部位、程度、结石大小和数量等。

【治疗原则】

以手术治疗为主。原则为尽量取尽结石,解除胆道梗阻,去除感染病灶,通畅引流胆汁,预防结石复发。

1. 手术治疗

(1) 胆总管切开取石、T 管引流术:为首选方法,可保留正常的 Oddi 括约肌功能。适用于单纯胆管结石,胆管上、下端通畅,无狭窄或其他病变者。可采用开腹或经腹腔镜手术,术中尽量取尽结石后放置 T 形引流管(简称 T 管)(图 19-44)。

(2) 胆肠吻合术:又称胆肠内引流术。适用于:胆总管扩张≥2.0cm,胆管下端梗阻性病变且难以手术方法解除者;胆管内泥沙样结石且不易手术取尽者。常用的术式有:胆总管空肠 Roux-en-Y 吻合术、间置空肠胆管十二指肠吻合术等。

(3) 经内镜 Oddi 括约肌切开取石术:适用于胆石嵌顿在壶腹部或胆总管下端良性狭窄及 Oddi 括约肌功能障碍者,尤其是已行胆囊切除的病人。

图 19-44 T 形管引流

(4) 肝部分切除术:肝内胆管结石反复并发感染、引起局限性纤维化或萎缩者,可行病变肝叶切除术。

2. 非手术治疗

(1) 中西医结合治疗:在手术解除梗阻、去除病灶及通畅引流的基础上,可配合针灸及服用消炎利胆类中药,对控制炎症、排出结石有一定的作用。

(2) 经胆道镜取除残余结石:术后发现胆道残留结石时,可经 T 管窦道插入胆道镜,用取石钳、网篮等直视下取石。

【护理评估】

(一) 术前评估

1. 相关健康史 了解病人的年龄、性别、饮食习惯、营养情况、工作环境、平时生活工作习惯及劳动强度等。

2. 身体状况

(1) 局部:了解病人是否有腹痛及腹痛的诱因、部位、性质及有无肩背部放射痛等;有无肝大、肝区压痛和叩痛等,是否触及肿大的胆囊,有无腹膜刺激征。

(2) 全身:有无神志淡漠、烦躁、谵妄、昏迷等;有无食欲减退、恶心呕吐、贫血、黄疸、寒战高热、腹水等症状。

(3) 辅助检查:了解血常规、血生化、尿、粪、超声、PTC、ERCP、MRCP 等检查结果。

3. 心理 - 社会状况 了解病人及亲属对疾病的发展、治疗及护理措施的认知程度,心理反应及家庭经济承受能力。

(二) 术后评估

1. 术中情况 了解手术方式、麻醉方式、手术效果、术中梗阻解除情况、引流情况及各引流管放置的位置及目的。

2. 术后情况 了解病人生命体征,引流管是否通畅,引流液的量、颜色和性状等,手术

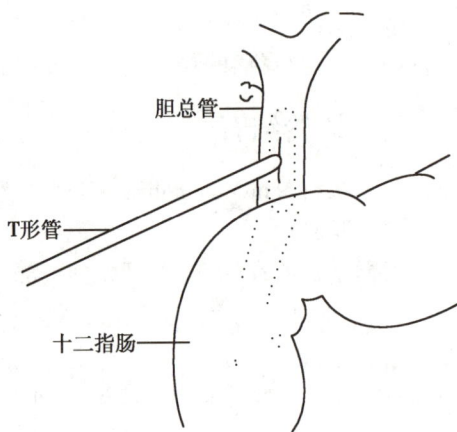

切口愈合情况,有无并发症发生。了解病人和亲属对康复保健和疾病相关知识的了解和掌握情况,是否担心并发症及预后等。

【主要护理诊断/问题】

1. 急性疼痛　与炎症刺激、结石嵌顿、胆道梗阻及 Oddi 括约肌痉挛有关。

2. 体温过高　与胆道感染有关。

3. 营养失调:低于机体需要量　与营养摄入不足、消耗增加有关。

4. 皮肤完整性受损　与胆管梗阻、胆盐沉积致皮肤黄疸、瘙痒及术后胆汁渗漏有关。

5. 潜在并发症:出血、胆瘘及感染等。

【护理措施】

(一) 术前护理

1. 一般护理　卧床休息;剧烈疼痛病人,可遵医嘱给予消炎利胆、解痉或止痛药,禁用吗啡,以免引起 Oddi 括约肌痉挛;指导补充足够的热量、氨基酸、维生素、水、电解质等,以维持良好的营养状态。

2. 体温护理　根据病人的体温情况,采取物理降温和/或药物降温的方法尽快降低病人的体温。

3. 皮肤护理　胆道结石病人常因胆道梗阻而致胆汁淤滞,胆盐沉积而引起皮肤瘙痒等。告知病人相关知识,不可用手抓挠,防止抓破皮肤。

4. 心理护理　对有恐惧焦虑心理的病人,应积极鼓励,消除顾虑,使其配合治疗。

(二) 术后护理

1. 一般护理　密切观察病人生命体征、腹部体征及引流情况,评估有无出血及胆汁渗漏,对术前有黄疸的病人,观察和记录大便颜色并监测血清胆红素变化。术后禁食、胃肠减压期间通过肠外营养途径补充足够的热量、维生素、水、电解质等,维持良好的营养状态。

2. T 管引流的护理　放置 T 管的目的:①引流胆汁和减压,防止因胆汁排出受阻导致胆总管内压力增高、胆汁外漏而引起胆汁性腹膜炎;②支撑胆道,防止胆管切口瘢痕狭窄、管腔变小,避免胆道发生粘连;③引流残余结石,如泥沙样结石;④经 T 管溶石或造影等。

(1) 妥善固定:术后除常规缝线将 T 管固定于腹壁外,还要用胶布将其固定于腹壁皮肤上或别针固定在腹带上,以防止脱出。对术后躁动不安及不合作的病人应由专人守护或适当加以约束,防止病人自行将 T 管拔除。

(2) 保持引流通畅:避免腹腔引流管或 T 管扭曲、折叠及受压,以保持引流通畅。平卧时引流袋应低于腋中线,站立或活动时应低于腹部切口,以防止胆液逆流引发感染。若术后 1 周发现 T 管阻塞,可用细硅胶管插入管内行负压吸引,并用生理盐水严格无菌冲洗。

(3) 观察记录:观察并记录引流液的量、颜色及性状。正常成人胆汁分泌量约为 800~1 200ml/d,呈黄绿色、清亮、无沉渣、有一定黏性;术后引流量为 300~500ml/d,常呈淡红色或深褐色,有时含有少量细小结石;恢复进食后,引流量可有 600~700ml/d,呈淡黄色,逐渐加深呈金黄色、清亮,以后随胆道末端通畅而逐渐减少。突发胆汁引流量增多或减少或引流液性状改变时,应及时查找原因并通知医生采取相应的处理措施。

(4) 预防感染:长期置管者,每周更换无菌引流袋 1~2 次,更换时应严格无菌操作。引流管周围皮肤每日用 75% 酒精消毒,管周垫无菌纱布,防止胆汁腐蚀皮肤引起损伤。并注意及时更换被污染的纱布,保持皮肤干燥。T 管造影后,应立即连接引流袋。病人翻身或下地活动时,引流管和引流袋应低于腹部切口高度,避免胆汁逆流引起感染。

(5) 拔管护理:①拔管指征:若 T 管引流出的胆汁色泽正常,且引流量逐渐减少至 200ml/d,可在术后 10 日左右,试行夹管 1~2 日。夹管期间应注意观察病人反应,病人若无发热、腹痛、黄疸等症状,可经 T 管做胆道造影。如造影无异常发现,在持续开放 T 管 24 小时以充分引流造影剂后,再次夹管 2~3 日,病人无不适即可拔管。若造影发现仍有结石残留,则需继续保留 T 管。②拔管后护理:拔管后局部伤口以凡士林纱布堵塞,1~2 日后可自行封闭。拔管 1 周内,观察病人体温、有无黄疸及腹部症状,警惕胆汁外漏甚至胆汁性腹膜炎的发生。

3. 并发症的预防和护理

(1) 出血:多发生于术后 24~48 小时内,与术中结扎线松脱、肝断面渗血及凝血功能障碍等因素有关。护理措施:①肝部分切除术后应卧床 3~5 日,以防过早活动致肝断面出血;②遵医嘱予以维生素 K_1 纠正凝血机制障碍;③加强观察:若术后出现大量血性引流液,或病人出现腹胀伴面色苍白、脉搏细速、血压下降等表现时,提示病人可能有腹腔内出血,应立即报告医生,进行相应的急救和护理。

(2) 胆瘘:因胆管损伤、胆总管下端梗阻或 T 管脱出等引起。护理措施:①妥善固定并保持 T 管或引流管通畅;②加强观察:术后病人若出现发热、腹胀和腹痛等腹膜炎的表现,或病人腹腔引流液呈黄绿色胆汁样,常提示病人发生胆瘘。应及时与医生联系,并配合进行相应的处理。

【健康教育】

1. 饮食指导　指导病人选择低脂、高蛋白、高维生素易消化饮食、避免暴饮暴食;肥胖者适当减肥;养成良好的生活习惯,饮食规律,避免劳累和精神疲劳。

2. T 管注意事项　对带 T 管出院者,解释说明 T 管引流的重要性,并告知出院后注意事项:①穿宽松柔软的衣服,防止管道扭曲或受压;②避免举重物或过度活动,以防引流管脱出或胆汁逆流;③淋浴洗浴并用塑料薄膜覆盖引流管伤口处,防浸湿敷料;④出现引流异常或 T 管脱出时,及时就诊。

四、胆囊炎

胆囊炎(cholecystitis)是指发生在胆囊的细菌性和 / 或化学性炎症。根据发病的缓急和病程的长短分为急性胆囊炎(acute cholecystitis)和慢性胆囊炎(chronic cholecystitis)。约 95% 的急性胆囊炎病人合并胆囊结石,称为急性结石性胆囊炎;未合并胆囊结石者,称为急性非结石性胆囊炎。

【病因与分类】

1. 急性胆囊炎

(1) 胆囊管梗阻:由于结石阻塞、嵌顿于胆囊管或胆囊颈,导致胆汁排出受阻,胆汁淤积,胆汁中的胆汁酸刺激胆囊黏膜而引起水肿、炎症,甚至坏死。另外,结石亦可直接损伤受压部位的胆囊黏膜引起炎症。

(2) 细菌感染:细菌多来源于胃肠道,致病菌通过胆道逆行、直接蔓延或经血液循环和淋巴途径入侵胆囊。革兰阴性杆菌为主要致病菌,常合并厌氧菌感染。

(3) 其他:如严重创伤、化学刺激、肿瘤压迫等,亦可由结石以外的梗阻原因引起,如蛔虫、胆囊管扭曲等。

2. 慢性胆囊炎　大多继发于急性胆囊炎,是急性胆囊炎反复发作的结果。

【病理生理】

1. 急性胆囊炎

(1) 急性结石性胆囊炎:当结石致胆囊管梗阻时,胆汁淤积,胆囊内压力升高,胆囊肿大,黏膜充血、水肿,渗出增多,称为急性单纯性胆囊炎;若病情继续发展,胆囊壁充血,水肿加重,出现淤斑或脓苔,部分黏膜坏死脱落,成为急性化脓性胆囊炎;若梗阻仍未解除,胆囊内压力继续升高,血管受压导致血液循环障碍时,胆囊呈片状缺血坏死,即为急性坏疽性胆囊炎;若胆囊炎症继续加重,在胆囊壁形成穿孔,可引起胆汁性腹膜炎。

(2) 急性非结石性胆囊炎:病理过程与急性结石性胆囊炎基本相同,但急性非结石性胆囊炎更容易发生胆囊坏疽和穿孔。

2. 慢性胆囊炎　由于胆囊受炎症和结石的反复刺激,胆囊壁炎性细胞浸润和纤维组织增生,胆囊壁增厚,可与周围组织粘连,甚至出现胆囊萎缩,导致胆囊失去收缩及浓缩胆汁的功能。

【临床表现】

1. 急性胆囊炎

(1) 腹痛:右上腹阵发性绞痛,常在饱餐、进食油腻食物后或夜间发作,疼痛可放射至右肩及右肩胛下。可有不同程度的腹膜刺激征,Murphy 征阳性是急性胆囊炎的典型体征。

(2) 消化道症状:病人腹痛发作时常伴有恶心、呕吐、厌食等症状。

(3) 发热或中毒症状:根据胆囊炎症反应程度的不同,病人可出现不同程度的体温升高和脉搏加速。

(4) 黄疸:胆囊炎症反复发作,合并 Mirizzi 综合征的病人可出现轻度黄疸。

2. 慢性胆囊炎　症状常不典型,主要表现为上腹部饱胀不适、厌食油腻和嗳气等消化不良的症状,以及右上腹和肩背部隐痛,多数病人曾有典型的胆绞痛病史。

【辅助检查】

1. 实验室检查　血常规检查可见白细胞计数及中性粒细胞比例升高,部分病人可有血清胆红素、转氨酶、碱性磷酸酶及淀粉酶升高。

2. 影像学检查　超声检查可见胆囊增大、胆囊壁增厚及胆囊内结石光团。

【治疗原则】

1. 非手术治疗

(1) 适应证:诊断明确、病情较轻的急性胆囊炎病人;老年人或伴有严重心血管疾病不能耐受手术的病人,待病人一般情况好转后再考虑择期手术治疗;作为手术前准备的一部分。

(2) 治疗措施:包括禁食、胃肠减压;纠正水、电解质和酸碱平衡紊乱,控制感染及全身支持;解痉止痛、消炎利胆;其他:中草药、针刺疗法。大部分病人经非手术治疗后病情可缓解,若病情加重或出现胆囊坏疽、穿孔等并发症,应及时手术治疗。

2. 手术治疗

(1) 适应证:发病在 48~72 小时以内,经非手术治疗无效且病情持续加重者;合并胆囊穿孔、弥漫性腹膜炎、急性梗阻性化脓性胆管炎、急性坏死性胰腺炎等严重并发症者。

(2) 手术方式:①胆囊切除术:可行开腹切除或腹腔镜行胆囊切除。若病人有黄疸病史、胆总管内扪及结石或术前超声提示肝总管和胆总管结石者、胆总管扩张,直径大于 1cm 者、胆总管内抽出脓性胆汁或有胆色素沉淀者应同时做胆总管切开探查加 T 管引流;②胆囊造口术:目的是降低胆囊内压和引流胆汁,适用于年老体弱,合并严重心、肺、肾等器官功能障碍且不能耐受手术的病人;③经皮经肝胆囊穿刺引流术:降低胆囊内压,常在超声或 CT 引导下实施,适用于病情危重又不宜手术的化脓性胆囊炎病人。

【护理评估】

(一) 术前评估

1. 相关健康史　了解病人的年龄、性别、职业、居住地及饮食习惯;腹痛发生的时间,是否与饱餐、进食油腻食物及夜间睡眠改变体位有关;既往有无胆石症、胆囊炎、胆道蛔虫史;有无消化性溃疡及类似疼痛发作史;有无腹部手术史等。

2. 身体状况

（1）局部：了解病人是否有腹痛，了解腹痛的诱因、部位、性质及有无肩背部放射痛等；有无肝大、肝区压痛和叩痛等；是否触及肿大的胆囊；有无腹膜刺激征等；是否伴有恶心、呕吐、厌食等消化道症状。

（2）全身：有无体温升高和脉搏加速等症状。

（3）辅助检查：了解血常规、超声检查结果。

3. 心理 - 社会状况　了解病人及其亲属对本病的认知、家庭经济情况、心理承受程度及对治疗的期望等。

（二）术后评估

1. 术中情况　了解手术的方式和手术范围；术中有无行胆总管探查；术中出血量及输血、补液情况；有无留置引流管及其位置和目的。

2. 术后情况　术后生命体征及手术切口愈合情况；T 管及其他引流管引流情况，包括引流液的量、颜色和性质等；对老年病人尤其要评估呼吸及循环功能状况；了解病人及其亲属对手术和术后康复的认知及期望。

【主要护理诊断 / 问题】

1. 疼痛　与结石突然嵌顿、胆汁排空受阻致胆囊强烈收缩或继发胆囊感染有关。

2. 有体液不足的危险　与不能进食和手术前后需要禁食有关。

3. 潜在并发症：胆囊穿孔。

【护理措施】

（一）术前护理

1. 饮食与休息　指导病人清淡饮食，忌油腻食物；处于禁食期间的病人，根据医嘱经静脉补充足够的水、电解质及维持酸碱平衡；协助病人采取舒适体位，指导其进行有节律的深呼吸，达到放松和减轻疼痛的目的。

2. 对症护理　对诊断明确的剧烈腹痛病人，可遵医嘱通过口服、注射等方式给予消炎利胆、解痉或止痛药；遵医嘱及时合理应用抗生素以控制感染。

3. 病情观察　严密监测病人生命体征及腹痛程度、性质和腹部体征变化。若腹痛进行性加重，且范围扩大，出现压痛、反跳痛、肌紧张等，同时伴有寒战、高热的症状，提示胆囊穿孔或病情加重。

（二）术后护理

参见本节胆囊结石病人的术后护理。

【健康教育】

1. 饮食指导　低脂饮食，忌油腻食物，宜少量多餐，避免过饱。尤其是年老体弱不能耐受手术的慢性胆囊炎病人，应严格限制油腻饮食。

2. 生活指导　合理安排作息时间，劳逸结合，避免过度劳累及精神高度紧张。

3. 用药指导　非手术治疗及行胆囊造口术的病人，遵医嘱服用消炎利胆及解痉药物。

4. 复诊指导　定期到医院检查，确定是否需要手术治疗及手术时机。若出现腹痛、发热和黄疸等症状时，应及时就诊。

五、急性梗阻性化脓性胆管炎

案例分析

张先生，42 岁，工人，一日前出现上腹疼痛，疼痛逐渐加剧不能忍受，同时伴发热、恶心、呕吐，呕吐物为胃内容物，无咖啡色。今日感觉乏力，精神恍惚，皮肤与巩膜黄染。2 年前曾因急性胆囊炎入院行保守治疗。

体格检查：T 39.7℃，P 120 次 /min，R 28 次 /min，BP 90/65mmHg。神志尚清，表情淡漠，巩膜与皮肤黄染，腹平坦，右上腹肌紧张，有明显压痛及反跳痛。肝右肋下 3cm，Murphy 征 (−)，移动性浊音 (−)，肠鸣音减弱。

辅助检查：血常规 WBC 25×10^9/L，N86%，TBI 56μmol/L，DBI 41μmol/L。超声显示肝和胆囊肿大，肝、内外胆管扩张及胆管内结石光团。

请问：

1. 该病人目前主要的护理诊断 / 问题有哪些？

2. 就病人目前的主要护理问题，应采取哪些护理措施？

急性梗阻性化脓性胆管炎（acute obstructive suppurative cholangitis，AOSC）又称急性重症胆管炎（acute cholangitis of severe type，ACST），是在胆管梗阻的基础上并发的急性化脓性细菌感染。急性胆管炎和急性梗阻性化脓性胆管炎是同一疾病的不同发展阶段。

【病因】

最常见的病因为胆道结石性梗阻。胆道发生梗阻时，胆盐不能进入肠道，易造成细菌移位。此外，胆道蛔虫、胆管狭窄、胆管及壶腹部肿瘤等亦可引起胆道梗阻而导致急性化脓性炎症。另外，胆道内来自胃肠道的细菌，可经十二指肠逆行进入胆道，或小肠炎症时细菌经门静脉系统入肝到达胆道引起感染。

【病理生理】

急性梗阻性化脓性胆管炎的基本病理改变是肝实质及胆道系统胆汁淤滞和化脓性感染。胆管梗阻及随之而来的胆道感染造成梗阻以上胆管扩张、胆管壁黏膜肿胀，使梗阻进一步加重并趋向完全性。胆管内压力升高，胆管壁充血、水肿、炎性细胞浸润及溃疡形成，管腔内逐渐充满脓性胆汁或脓液。当胆管内压力超过 40cmH₂O 时，肝细胞停止分泌胆汁，胆管内脓性胆汁及细菌逆流，引起肝内胆管及肝细胞化脓性感染。若感染进一步加重，可使肝细胞发生大片坏死，大量细菌和毒素还可经肝静脉进入体循环引起全身化脓性感染和多器官功能损害，甚至引起全身脓毒症或感染性休克，严重者可导致多器官功能障碍综合征（MODS）。

【临床表现】

本病发病急骤，病情进展迅速。多数病人有反复胆道感染病史和 / 或胆道手术史。除了具有急性胆管炎的 Charcot 三联症外，还有休克及中枢神经系统受抑制的表现，称为 Reynolds 五联症。

1. 局部表现　病人常表现为突发的剑突下或右上腹持续性疼痛，可阵发性加重，并向右肩胛下及腰背部放射；腹部可有不同程度腹膜刺激征，可有肝大及肝区叩痛，可扪及肿大的胆囊；多数病人伴恶心、呕吐。

2. 全身表现　寒战、高热：体温可持续 39~40℃ 或更高，呈弛张热；多数病人可出现不同程度的黄疸，若仅为一侧胆管梗阻可不出现黄疸；出现神志改变，表现为神志淡漠、烦躁、谵妄或嗜睡、神志不清、甚至昏迷；严重者出现休克表现，呼吸急促、出冷汗、脉搏细速，可达 120 次 /min 以上，血压在短时间内迅速下降，可出现全身发绀或皮下淤斑。

【辅助检查】

1. 实验室检查　血常规显示白细胞计数升高，可超过 20×10^9/L，中性粒细胞比例明显升高;血生化检查可见肝功能损害、电解质紊乱和尿素氮增高,凝血酶原时间延长等;血气分析检查可提示血氧分压降低和代谢性酸中毒;尿常规检查可发现蛋白及颗粒管型。

2. 影像学检查 超声可显示肝或胆囊肿大,肝、内外胆管扩张及胆管内结石光团。必要时行 CT、ERCP、MRCP、PTC 等检查,了解梗阻部位、程度、结石大小和数量等。

【治疗原则】

1. 非手术治疗 既是治疗手段,又是手术前准备。应在严密观察病情的同时予以实施。

(1) 禁食、持续胃肠减压及解痉止痛。

(2) 抗休克治疗:补液扩容,恢复有效循环血量;及时应用肾上腺皮质激素,必要时使用血管活性药物;纠正水、电解质及酸碱平衡紊乱。

(3) 抗感染治疗:联合应用足量、有效、广谱,且对肝、肾毒性小的抗生素。

(4) 对症治疗:对凝血机制障碍的病人,遵医嘱予以维生素 K_1 肌内注射。

2. 手术治疗 其目的是解除梗阻、胆道减压,挽救生命。多采用胆总管切开减压加 T 管引流术。也可根据病情采用经内镜鼻胆管引流术(endoscopic nasobiliary drainage,ENBD)或经皮肝穿刺胆管引流术(percutaneous transhepatic cholangial drainage,PTCD)。

3. 后续治疗 急诊胆管减压引流一般不能完全去除病因,如不作后续治疗,可能会反复发作。如病人一般情况恢复,宜在 1~3 个月后根据病因选择彻底的手术治疗。

【护理评估】

(一) 术前评估

1. 相关健康史 了解病人的年龄,有无起病急、症状重、进展快等特点;有无肝内、外胆管结石或胆管炎反复发作史,有无类似疼痛史;有无神经、精神症状,是否在短期内即出现感染性休克的表现;既往有无过敏史、胆道手术史及其他腹部手术史等。

2. 身体状况

(1) 局部:了解病人是否有腹痛,了解腹痛的诱因、部位、性质及有无肩背部放射痛等。

(2) 全身:有无寒战、高热等;是否伴有黄疸;是否有烦躁、谵妄等神志改变或呼吸急促、出冷汗、脉搏细速等表现。

(3) 辅助检查:了解病人血常规、血生化、血气分析、超声、CT、ERCP、MRCP、PTC 等检查结果。

3. 心理 - 社会状况 了解病人及其亲属对本病的认知、家庭经济情况、心理承受程度及对治疗的期望等。

(二) 术后评估

1. 术中情况 了解术中胆总管探查及解除梗阻、胆道减压、胆汁引流情况;术中病人生命体征是否平稳;肝内、外胆管结石清除及引流的情况;有无多发性肝脓肿及处理情况;各引流管放置的位置及目的等。

2. 术后情况 生命体征是否平稳;T 管及其他引流管是否通畅及引流液的情况。

【主要护理诊断 / 问题】

1. 体液不足 与呕吐、禁食、胃肠减压和感染性休克等有关。

2. 体温过高 与胆管梗阻并继发感染有关。

3. 急性疼痛 与感染有关。

4. 营养失调:低于机体需要量 与胆道疾病致长时间发热、肝功能损害及禁食有关。

5. 潜在并发症:胆道出血、胆瘘、多器官功能障碍。

【护理措施】

（一）术前护理

1. 病情观察　严密监测病人生命体征、腹痛程度、性质和腹部体征变化及神志改变等表现。

2. 营养支持　不能进食或禁食及胃肠减压的病人,可行肠外营养,补充能量、氨基酸、维生素、水及电解质,以改善营养状况。

3. 维持体液平衡　严密监护病人的生命体征,及时纠正水、电解质及酸碱失衡。对于休克病人应迅速建立静脉输液通路,补液扩容,尽快恢复血容量;遵医嘱及时给予肾上腺皮质激素,必要时应用血管活性药物,以改善和保证组织器官的血流灌注及供氧。

4. 降低体温　根据病人体温升高的程度,采用温水擦浴、冰敷等物理方法进行降温;同时可根据病情遵医嘱通过口服、注射或其他途径给予药物降温。

5. 有效呼吸　了解病人的呼吸功能状况,保持气道通畅,协助病人采取合适体位,以减少耗氧量。定期进行动脉血气分析检查,根据结果选择给氧方式和氧气流量或浓度,以维持病人正常的血氧饱和度及动脉血氧分压,改善缺氧症状,保证组织器官的氧气供给。

6. 心理护理　针对病人的恐惧、焦虑心理,应予以理解,耐心倾听病人诉说,帮助减轻其痛苦和恐惧心理。

（二）术后护理

1. 加强观察　包括神志、生命体征、每小时尿量、腹部体征及引流液的量、颜色和性质,还应注意血常规、电解质、血气分析和心电图等检测结果的变化。同时密切观察 T 管引流液性状、病人神志状态及尿量等,发现问题应及时报告医生,并协助处理。

2. 加强腹壁切口、腹腔引流管和 T 管护理。

3. 饮食护理　鼓励病人进食高蛋白、高维生素、低脂易消化饮食,防止因胆汁丢失影响消化吸收而造成营养障碍。

【健康教育】

1. 合理饮食　指导病人选择低脂肪、高蛋白、高维生素易消化的食物,避免肥胖;定时进餐可减少胆汁在胆囊中贮存的时间并促进胆汁酸循环,预防结石的形成。

2. 自我监测　出现腹痛、发热、黄疸时及时到医院诊治。

3. T 管护理　对带 T 管出院者,解释说明 T 管引流的重要性,并告知出院后注意事项。

第十一节　胰腺疾病病人的护理

学习目标

1. 复述急性胰腺炎、胰腺癌的概念,简述急性胰腺炎、胰腺癌的病因、临床表现和辅助检查。

2. 解释急性胰腺炎的病理生理,归纳急性胰腺炎、胰腺癌的处理原则。

3. 运用相关知识对急性胰腺炎和胰腺癌的病人实施整体护理。

胰腺是人体内仅次于肝脏的第二大腺体,常见的胰腺疾病有急性胰腺炎、慢性胰腺炎、胰腺癌。

笔记栏

【解剖生理概要】

胰腺(pancreas)位于腹膜后,从右向左横过第1、2腰椎体前面,分头、颈、体、尾四部分,各部分无明显的解剖界限。胰头较为膨大,嵌入十二指肠 C 区,因其紧贴十二指肠壁,故胰头部肿瘤可压迫十二指肠而引起梗阻。胰颈位于幽门部的后下方,较狭窄。胰体较长,后方紧贴腰椎体,当上腹部发生钝挫伤时,受挤压的机会最大。胰尾向左上方毗邻脾门,重要解剖标志是其后方有腹膜包绕,在脾切除时如胰尾受损伤而易导致胰瘘。

主胰管(Wirsung 管)是胰液的主要输出管道,横贯胰腺全长,沿途接纳小叶间导管的胰液,约85% 的主胰管与胆总管汇合形成"共同通路"(胰腺疾病和胆道疾病互相关联的解剖学基础),其膨大部分称 Vater 壶腹,开口于十二指肠乳头。壶腹周围有 Oddi 括约肌,调节胰液和胆汁的排放,并防止十二指肠内容物反流。部分人胰头部主胰管上方有副胰管(Santorini 管),引流胰头前上部的胰液,通常与主胰管相连,开口于十二指肠副乳头(图 19-45)。

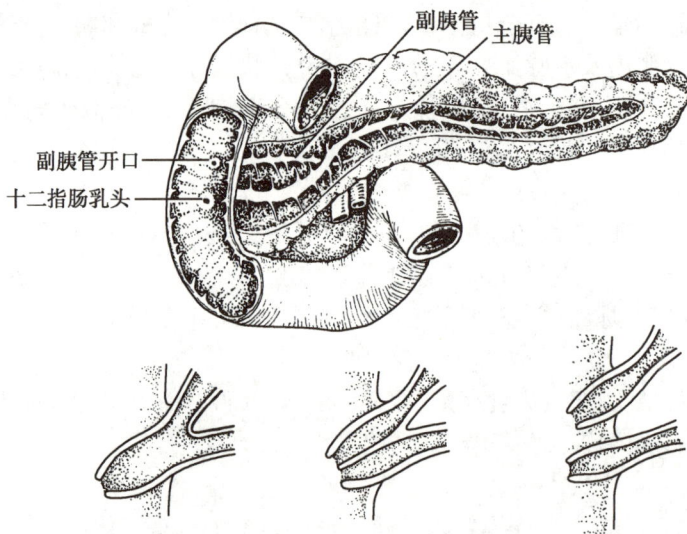

图 19-45　胰管解剖及胆胰管开口关系

胰腺具有外分泌和内分泌两种功能。胰腺外分泌胰液,由腺泡细胞分泌的各种消化酶和由导管细胞分泌的水和碳酸氢盐组成,每日分泌约750~1 500ml,PH 为 7.4~8.4。胰消化酶主要包括胰蛋白酶、糜蛋白酶、弹性蛋白酶、胰淀粉酶、胰脂肪酶、胰磷脂酶等。生理状态下,腺泡细胞合成的部分消化酶(胰蛋白酶、糜蛋白酶、弹性蛋白酶等)是以酶原形式存储在细胞内,释放到十二指肠腔内时可被肠激酶激活,起消化蛋白的作用。胰腺的内分泌来源于胰岛(散布于腺泡之间的大小不等、性状不定的细胞团),胰体尾胰岛细胞的密度高于胰头,分泌的胰岛素和胰高血糖素主要参与糖的代谢。

一、急性胰腺炎

案例分析

王先生,46 岁,自由职业者,饮酒后上腹部剧烈疼痛伴恶心、呕吐 4 小时入院。病人 8 小时前与朋友饮酒多量,32 度白酒约 350ml。4 小时前出现持续性上腹胀痛,伴恶心、呕吐,呕吐物为胃内容物,无血性。呕吐后疼痛不可缓解,持续加重,难以忍受,影响睡眠,自行服用镇痛药,效果不好。

　　体格检查:T 38℃,P 120 次 /min,R 21 次 /min,BP 85/64mmHg。全腹肌紧张、左上腹压痛、反跳痛明显。

　　辅助检查:WBC 20×10^9/L,血清淀粉酶 1 800U/L。MRI 显示胰腺体积增大且局部低密度阴影,其周围大量渗出液。

　　请问:

　　1. 该病人的医学诊断及诊断依据是什么?

　　2. 该病人主要的护理问题和护理措施有哪些?

　　急性胰腺炎(acute pancreatitis,AP)是消化系统常见的危重疾病,发病率逐年升高,其总体病死率约为 5%,重症急性胰腺炎病死率仍然较高,已成为严重危及我国人民健康和生命的重大疾病之一。

【病因】

　　急性胰腺炎发病机制尚未完全阐明,一般认为该病是由胰腺分泌的胰酶在胰腺内被异常激活,对胰腺组织自身的"消化"所引起的急性化学性炎症。

　　1. 胆道疾病　我国急性胰腺炎的主要病因,占 50% 以上,称胆源性胰腺炎。

　　2. 酒精因素　其致病率仅次于胆石症,称酒精性急性胰腺炎。

　　3. 高三酰甘油血症　随着我国人民生活水平的提高和饮食结构的改变,高三酰甘油血症性急性胰腺炎(hypertriglyceridemic pancreatitis,HTGP)日渐增多(血清三酰甘油≥11.2mmol/L 时极易发生),且呈年轻化、重症化态势,有超越酒精性急性胰腺炎成为第二大病因的趋势。

　　4. 医源性因素　ERCP 是急性胰腺炎最常见的医源性病因,其发生率为 2%~10%。

　　5. 其他　其他病因包括 Oddi 括约肌功能障碍、胰腺肿瘤、药物和毒物、胰腺外伤、高钙血症等。经临床与影像、生物化学等检查,不能确定病因者称为特发性胰腺炎(idiopathic pancreatitis)。

知识链接

急性胆源性胰腺炎

　　急性胆源性胰腺炎(acute biliary pancreatitis,ABP)是指由胆道系统病因(如胆石症、胆道感染、胆道蛔虫等)诱发的急性胰腺炎,约占我国急性胰腺炎总数的 58.7%,其中以胆道结石导致的急性胆源性胰腺炎最为常见。该病病情进展快、病死率高(有统计高达 20%~35%),是临床处理较为棘手的急腹症。重症医学综合治疗措施和消化内镜技术在胆源性胰腺炎的治疗中取得了很大的进步,但外科手段在胰腺局部并发症和胆道原发疾病的处理中仍有不可替代的作用。近年来,随着微创技术的发展和治疗理念的普及,胆源性胰腺炎的外科治疗向微创化、阶段化及多学科方向转变,既综合考虑多方面因素,又遵循个体化原则,在兼顾胰腺局部情况与原发胆道疾病的情况下,尤其应注意胆道微结石,进一步提升病人预后。

【病理生理】

　　1. 急性水肿性胰腺炎　病变轻,多局限于体尾部。胰腺变硬、肿胀、充血、被膜紧张,胰周有积液。腹腔内的脂肪组织,特别是大网膜可见斑块状的黄白色皂化斑(脂肪酸钙),腹水呈淡黄色,有时可见局限性脂肪坏死。

2. 急性出血坏死性胰腺炎　病变以胰腺实质出血、坏死为特征,胰腺肿胀呈暗紫色,坏死灶呈灰黑色,严重者整个胰腺呈黑色。腹腔内可见皂化斑和脂肪坏死灶,腹膜后可见广泛组织坏死。腹腔渗液可呈现咖啡色或暗红色血性、混浊状。胰液经由坏死破损的胰管溢出,在胰腺周围积聚,被纤维组织包裹形成假性囊肿。胰液的消化和感染的腐蚀可使胃肠道壁坏死、穿孔而形成瘘,常见于结肠和十二指肠,有时也会导致腹腔或腹膜后大出血。坏死组织合并感染可形成胰腺或胰周脓肿。大量胰酶被吸收入血使血淀粉酶和脂肪酶升高,导致心、脑、肺、肝、肾等多器官功能障碍综合征(MODS)。

【临床表现】

1. 腹痛　主要和首发症状,伴随恶心和/或呕吐,多为急性发作,呈持续性,少数无腹痛。典型的腹痛位于上腹或左上腹,可放射至背部、胸部和左侧腹部,多为钝痛或锐痛,但腹痛的程度、部位与病情严重度缺乏相关性。

2. 腹胀　与腹痛同时存在,是腹腔神经丛受刺激引起肠麻痹的结果,早期为反射性,继发感染后则由腹膜后的炎症刺激所致。腹膜后炎症越严重,腹胀越明显,胸腔积液时可加重腹胀,病人排便、排气停止。腹内压进行性急剧增高可导致腹腔间隔室综合征(abdominal compartment syndrome,ACS),病人表现为高度腹胀、腹痛伴恶心呕吐、少尿或无尿、气短,需持续监测腹腔内压力,给予胃肠减压、腹内减压(引流腹腔积液)、改善腹壁的顺应性、适量补液以控制循环血量、改善肠道功能,如果腹内压力仍>20mmHg,病人同时存在其他器官功能障碍和衰竭风险,应及时进行手术处理。

3. 腹膜刺激征　轻症多局限于上腹部,常无明显肌紧张。重症者压痛、反跳痛、肌紧张明显,范围较广甚至延及全腹。伴有移动性浊音阳性,肠鸣音减弱或消失。

4. 皮下出血　见于部分重症急性胰腺炎。胰液外溢经腹膜后途径渗至皮下,溶解皮下脂肪使毛细血管破裂出血。在一侧或双侧腰部、季肋部和下腹部,皮肤出现大片青紫色淤斑,称格雷·特纳征(Grey-Turner征);若出现在脐周,称卡伦征(Cullen征)。

5. 其他　轻症急性胰腺炎可轻度发热或不发热,合并胆道感染时常伴有寒战和高热,如胰腺坏死伴感染时,持续性高热是其主要症状之一。如有胆道结石嵌顿或肿大胰头压迫胆总管可出现黄疸。重症急性胰腺炎可有休克,早期是由低血容量所致,后期继发感染使休克原因复杂化,此时休克难以纠正。血钙降低时,可出现手足抽搐。重症者可有DIC表现及中枢神经系统症状,如感觉迟钝、意识模糊、甚至昏迷。

【辅助检查】

1. 实验室检查

(1) 血清酶学:血清淀粉酶和/或脂肪酶升高3倍以上时需考虑急性胰腺炎。与淀粉酶相比,脂肪酶升高出现更早并且持续更久。血清淀粉酶一般在疾病发作后6~12小时内升高,3~5日恢复正常;血清脂肪酶一般在疾病发作后4~8小时内升高,24小时达到峰值,8~14日恢复正常。但要注意,二者的活性高低与疾病严重程度不呈相关性。

(2) 血清标志物:血清C反应蛋白(CRP)是反映全身炎症反应综合征或感染的重要指标,发病72小时后血清CRP≥150mg/L提示急性胰腺炎病情较重。持续升高的尿素氮、血细胞比容、肌酐也是病情重症化的指标。血钙降低通常提示胰腺坏死严重,降钙素原水平的升高也可以作为有无继发局部或全身感染的参考指标。

2. 影像学检查

(1) CT:最具诊断价值的影像学检查,尤其有助于在起病初期明确诊断,增强CT可精确判断胰腺坏死和渗出的范围,通常建议发病 5~7 天后进行,同时判断是否有胰腺外并发症。

(2)MRI:检测胰腺水肿比增强 CT 敏感,也能判断局部并发症。

(3)磁共振胰胆管成像(MRCP):能清晰显示胆管及胰管,对诊断胆道结石、胆胰管解剖异常等引起的胰腺炎有重要作用。

【病情严重程度分级】

急性胰腺炎根据临床表现和预后的不同,可分为三级:

1. 轻症急性胰腺炎(mild acute pancreatitis,MAP) 具有急性胰腺炎的临床表现和生物化学改变,不伴有器官功能衰竭及局部或全身并发症,通常在 1~2 周内恢复,不需反复的胰腺影像学检查,病死率极低。

2. 中症急性胰腺炎(moderately severe acute pancreatitis,MSAP) 具有急性胰腺炎的临床表现和生物化学改变,伴有一过性的器官功能衰竭(48 小时内可以恢复),或伴有局部或全身并发症。对于有重症倾向的病人,要监测各项生命体征并持续评估。

3. 重症急性胰腺炎(severe acute pancreatitis,SAP) 具有急性胰腺炎的临床表现和生物化学改变,必须伴有持续(超过 48 小时)的器官功能衰竭,如后期合并休克则病死率很高。

【治疗原则】

1. 轻症急性胰腺炎 以禁食、胃肠减压、应用抑制胰腺外分泌和胰酶的抑制剂、补液治疗为主,一般不需要进行肠内营养,补液只要补充每天的生理需要量即可。伴有胆囊结石的病人,应尽早行胆囊切除术。

2. 中症急性胰腺炎和重症急性胰腺炎 需要采取器官功能维护、应用抑制胰腺外分泌和胰酶的抑制剂、早期肠内营养、合理使用抗菌药物、处理局部及全身并发症、镇痛等措施。急性胰周液体积聚可待胰腺假性囊肿形成后(一般 >6 周)、有症状时行进阶式微创引流或清除术。胰周液体积聚、感染性坏死伴感染,可在 CT、超声引导下行经皮置管引流术,也可在超声内镜引导下行胃、十二指肠引流术,在这些基础上再行内镜直视下坏死组织清除术或以外科腹腔镜为基础的视频辅助腹腔镜下清创术等。

3. 中医中药治疗 作为急性胰腺炎的治疗方法之一,有良好的疗效。单味中药,如生大黄口服或灌肠、芒硝外敷等可以缓解腹痛、腹胀、全身炎症反应;复方制剂,如清胰汤、大承气汤、柴芍承气汤有抗炎、缓解肠麻痹、保护肠黏膜屏障等作用。

【护理评估】

(一)术前评估

1. 相关健康史 了解病人饮食习惯,发病前有无酗酒或暴饮暴食,既往有无胆道疾病和慢性胰腺炎病史等。

2. 身体状况

(1)局部:了解腹痛性质、程度、时间、部位等。了解呕吐的次数、呕吐物的性状及量,以及腹膜刺激征、移动性浊音及肠鸣音的情况。评估有无局部并发症,如急性液体积聚、急性坏死物积聚、胰腺假性囊肿、包裹性坏死、感染性胰腺坏死。

(2)全身:评估生命体征、有无呼吸改变、发绀情况、意识状态、皮肤黏膜色泽、尿量、有无休克及其程度。评估有无全身并发症,如全身炎症反应综合征、器官功能衰竭(呼吸、循环和肾脏衰竭)、脓毒症、腹腔内高压(腹腔内压力持续或反复 >12mmHg 或 16cmH$_2$O)或腹腔间隔室综合征、胰性脑病(多发生于急性胰腺炎早期)。

(3)辅助检查:评估各种胰酶测定结果、血常规、血生化以及影像学检查。

3. 心理 - 社会状况 评估病人及亲属对疾病的了解程度、对疾病的反应、有无焦虑、恐惧等不良情绪。由于本病病程较长,治疗期间病情反复,花费较大,需了解病人家庭经济承受能力及亲属的配合情况。

(二) 术后评估

1. 术中情况 了解手术及麻醉方式、病灶切除情况、术中出血、补液、输血情况、腹腔内引流管放置的位置。

2. 术后情况 评估腹部症状和体征、切口疼痛的程度、有无切口渗血、渗液;各种引流是否有效;引流液是否正常;全身营养状况是否得以维持;辅助检查结果是否恢复正常;是否继发术后并发症,如感染、出血、胰瘘、肠瘘等。

【主要护理诊断 / 问题】

1. 急性疼痛 与胰腺及其周围组织炎症、胆道梗阻有关。

2. 有体液不足的危险 与渗出、出血、呕吐、禁食等有关。

3. 营养失调:低于机体需要量 与呕吐、禁食、胃肠减压和大量消耗有关。

【护理措施】

(一) 非手术治疗的护理 / 术前护理

1. 疼痛护理

(1) 禁食、胃肠减压,以减少促胰液素、缩胆囊素及促胰酶素的分泌,从而减少胰酶和胰液的分泌,减轻对胰腺及周围组织的刺激,使胰腺得到休息。

(2) 遵医嘱给予抗胰酶药物和抑制胰液分泌的药物,如生长抑素及其类似物(奥曲肽)、蛋白酶抑制剂(乌司他丁、加贝酯);根据病情选择止痛药物,可在严密观察病情下遵医嘱给予布桂嗪、哌替啶等,由于吗啡类药物会导致 Oddis 括约肌收缩、胆碱能受体拮抗剂(阿托品、山莨菪碱)会诱发或加重肠麻痹,所以止痛时,不选择应用吗啡类药物或胆碱能受体拮抗剂;常规药物止痛欠佳时,可以遵医嘱使用麻醉类镇痛药,如右旋美托咪啶、芬太尼、咪达唑仑等。

(3) 协助病人变换体位,膝盖弯曲,靠近胸部,以缓解疼痛。按摩背部,增加舒适感。

2. 观察病情变化 密切观察病人生命体征、意识状态、腹部体征变化及排便情况,观察肠鸣音的变化。监测电解质和酸碱平衡的情况,准确记录 24 小时出入量,每隔 4~6 小时评估液体需求,避免补液过度,保证循环血量;早期液体复苏包括快速扩容和调整体内液体分布两个阶段,必要时遵医嘱使用血管活性药物(如去甲肾上腺素或多巴胺)维持血压;补液量包括基础需要量和流入组织间隙的液体量,输液种类包括胶体物质(新鲜血浆、人血白蛋白)、生理盐水和平衡液(乳酸林格液)。重症病人易发生低钾、低钙血症,注意观察病人有无出血、手足抽搐、电解质紊乱等征象,注意纠正。

3. 营养支持

(1) 轻症病人在可耐受的情况下应尽早开放饮食。根据病情给予流质(低脂或正常脂含量),软食或普食,但要注意由于疼痛、呕吐、肠梗阻等原因,限制了部分病人的早期进食。

(2) 中度重症或重症病人,经常无法耐受经口饮食,要放置胃肠道营养管输注要素营养物质,如能量不足,可同时给予肠外营养。肠内营养的时机视病情的严重程度和胃肠道功能的恢复情况而定,只要病人胃肠动力能够耐受,应尽早实行肠内营养,但应注意病人的腹痛、肠麻痹、腹部压痛等症状和体征是否加重,并定期复查血常规、肝肾功能、电解质、血脂、血糖等水平,以评价机体代谢状况,调整肠内营养的剂量与剂型。肠内营养以鼻空肠管为主要途径,在可以耐受、无胃流出道梗阻的情况下可采用鼻胃管营养或经口进食,但鼻胃管营养有误吸的风险,应注意监测有无胃潴留。

4. **降温护理**　高热病人给予物理降温,必要时药物降温。遵医嘱先给予广谱抗菌药物抗感染,再根据穿刺液培养结果选择针对性抗菌药物。

5. **心理护理**　由于重症急性胰腺炎发病突然、发展迅速、病情凶险,病人常常产生恐惧心理。由于病程长、病情反复及治疗费用等问题,病人易产生悲观消极情绪。医务人员要了解病人的感受,安慰、鼓励并讲解治疗和康复的知识,为其提供安全、舒适的环境,让病人以良好的心态促进康复。

(二) 术后护理

1. **引流管的护理**　术后引流管可包括鼻肠管(或胃管)、腹腔双套管、胰周引流管、胃造瘘管、空肠造瘘管、导尿管等,首先应明确每根导管的名称、部位和作用,贴上标签,妥善固定。保持各引流管的通畅,定期更换引流装置,严格无菌操作,分别观察、记录各引流管引流液的颜色、性质和引流量。

(1) 腹腔双套管灌洗引流的护理

1) 目的:冲洗脱落坏死组织、黏稠的脓液或血凝块。

2) 冲洗液:常用生理盐水加抗菌药,现配现用,维持速度 20~30 滴 /min。

3) 保持通畅:持续一定的负压,但吸引力不宜过大,以免损伤内脏组织和血管。准确记录冲洗液量和引流液量,维持出入液量平衡。如有脱落坏死组织、稠厚脓液或血块堵塞管腔,可用 20ml 生理盐水缓慢冲洗,冲洗不畅,需无菌条件下更换内套管。

4) 观察引流液的颜色、性质和量:引流液开始为暗红色浑浊液体,内含血块及坏死组织,约 2~3 日后颜色渐淡、清亮,动态监测引流液的胰淀粉酶值并做细菌培养。

5) 拔管护理:病人体温正常并稳定 10 日左右,白细胞计数正常,腹腔引流液少于 5ml/d,引流液淀粉酶正常后方可考虑拔管。拔管后,保持局部敷料的清洁与干燥。

(2) 空肠造瘘管护理

术后可通过空肠造瘘行肠内营养支持,将管道妥善固定于腹壁,注意防止脱出。营养液滴注前后使用生理盐水或温水冲洗管道,持续输注时 4 小时冲管 1 次,出现滴注不畅或管道堵塞时,可用生理盐水行压力冲洗或负压抽吸,注意力度。营养液要遵循肠内营养液配制和保存的原则。

2. 并发症的观察与护理

(1) 出血:重症急性胰腺炎可引起应激性溃疡出血,注意观察胃肠减压引流液及排泄物情况。如腹腔引流液呈血性,并伴有脉速、血压下降,应警惕大血管受腐蚀破裂出血,及时通知医生。胰腺感染坏死也可引起胃肠道穿孔出血。遵医嘱给予止血药物及相应治疗,并做好急症手术止血的准备。

(2) 胰瘘:由胰管损伤或破裂所致。表现为病人出现腹痛、持续腹胀、发热、腹壁渗出或腹腔引流管引流出无色透明、清亮的液体。嘱其半卧位,保持引流通畅。根据胰瘘程度,施行禁食、胃肠减压、静脉泵入生长抑素等。必要时做腹腔灌洗引流,保护腹壁瘘口周围皮肤。

(3) 肠瘘:由胰液的消化或感染坏死病灶的腐蚀所致。若腹部出现明显的腹膜刺激征,且引流出粪汁样或输入的肠内营养样液体时,则考虑。给予持续灌洗,低负压吸引,纠正水电解质紊乱,加强营养支持。指导病人正确使用造口袋,保护瘘口周围皮肤。

【健康教育】

1. 帮助病人及亲属了解胰腺炎的相关知识,强调预防复发的重要性。出院后 4~6 周,避免举重物和过度疲劳。避免情绪激动,保持良好的精神状态。

2. 胰腺炎与暴饮暴食、嗜酒有直接关系。应养成良好的饮食习惯,规律饮食,摄入低脂、清淡饮食,忌食刺激、辛辣及油腻食物,戒酒。高脂血症者应长期服降脂药。

3. 因胰腺内分泌功能不足而表现为糖尿病的病人,应遵医嘱服用降糖药物。要定时监测血糖和尿糖,注意适度锻炼。

4. 加强自我观察,定期随访。胰腺炎渗出物往往需要 3~6 个月才能完全被吸收,在此期间,可能会出现胰腺假性囊肿、胰腺脓肿、胰瘘等并发症。如有腹部肿块并不断增大,同时出现腹痛、腹胀、呕吐等症状,及时就医。

二、胰腺癌

胰腺癌(cancer of pancreas)是消化系统较常见的恶性肿瘤,发病隐匿,进展迅速,治疗效果和预后极差,诊断后 5 年生存率不足 10%。近年来我国发病率有明显增高的趋势。男性比女性多见,好发年龄为 40 岁以上。胰腺癌中,胰头癌是最常见的一种,约占胰腺癌的 70%~80%,其次为胰腺体、尾部癌。

【病因】

病因尚不完全清楚。在胰腺癌致癌因素中,吸烟是公认的危险因素,其次还可能与嗜酒、肥胖、高蛋白或高脂饮食、糖尿病、慢性胰腺炎、苯胺及苯类化合物接触史有关,约 5%~10% 的胰腺癌病人具有遗传背景。

【病理生理】

胰腺癌的组织类型以导管细胞腺癌多见,约占 90%,比较少见的类型有黏液性囊腺癌、腺泡细胞癌和胰母细胞癌、腺鳞癌等。导管细胞腺癌浸润性强,与周围胰腺组织无明显界限,致密而坚硬,常伴有纤维化增生和炎症反应。

【临床表现】

1. 上腹疼痛、饱胀不适 是常见的首发症状,疼痛是绝大多数胰腺癌病人就诊时的主要症状。早期由于肿块压迫胰管,使胰管不同程度的梗阻,压力增高,出现上腹不适,或隐痛、钝痛、胀痛。中晚期累及腹腔神经丛,则出现持续剧烈疼痛,向腰背部放射,屈膝卧位可稍有缓解,严重影响睡眠和饮食。

2. 黄疸 是胰头癌最主要的表现,呈进行性加重,多数由胰头癌压迫或浸润胆总管所致。黄疸出现的早晚与肿瘤的位置相关,癌肿距离胆总管越近,黄疸出现越早。多数病人出现黄疸时已是中晚期,皮肤瘙痒,深茶色尿,大便呈白陶土色,久之可有出血倾向。肝大,多数病人可触及肿大的胆囊。壶腹周围癌早期就出现黄疸,但随部分肿瘤组织坏死脱落,呈现波动性,是区别胰头癌的一个重要特征。

3. 消化道症状 如食欲缺乏、消化不良、腹泻或便秘等。后期可有恶心、呕吐、呕血和黑便。当肿瘤阻塞胆总管下端和胰腺导管时,胆汁和胰液不能进入十二指肠,所以常出现消化不良症状。胰腺外分泌功能损伤可导致腹泻。晚期癌肿累及十二指肠可出现上消化道梗阻或出血。

4. 消瘦和乏力 是主要临床表现之一。80%~90% 的病人在疾病初期即可出现明显的消瘦和乏力,体重减轻,同时可伴有贫血、低蛋白血症等营养不良症状。

5. 其他 胰头癌导致的胆道梗阻一般无胆道感染。少数病人有轻度糖尿病的表现。部分病人可有抑郁、焦虑、性格狂躁等精神障碍,其中以抑郁最常见。也可出现持续或间歇发热、胰腺炎发作、脾功能亢进及血栓性静脉炎等。

【辅助检查】

1. 实验室检查

(1) 血生化检查:早期无特异性改变,胆道梗阻时,血清总胆红素、胆汁酸、碱性磷酸酶、转氨酶等升高。血、尿淀粉酶可有一过性升高。血糖变化也与胰腺癌发病或发展有关,空腹或餐后血糖可升高。肿瘤晚期,伴随恶病质,可出现电解质紊乱以及低蛋白血症。

(2) 血清学标志物:大多数胰腺癌血清标志物可升高,如血清癌胚抗原(CEA)、糖类抗原125(CA125)及糖类抗原 19-9(CA19-9)等。其中 CA19-9 是目前最常用的辅助诊断、疗效监测和术后复发监测指标。

2. 影像学检查　是胰头癌定位和定性诊断的重要手段,根据病情,选择恰当的影像学技术是诊断胰腺占位病变的前提。

(1) 腹部超声:可见占位性病变,是胰腺癌诊断的重要检查方法,在评价肿瘤微血管灌注和引导介入治疗方面具有优势。

(2) 超声内镜(EUS):可发现小于 1cm 的肿瘤,对小胰癌诊断价值极高,特别是 EUS 引导细针穿刺活组织检查,成为目前胰腺癌定位和定性诊断最准确的方法。EUS 是目前对胰头癌 TNM 分期最敏感的检查手段,可作为评估肿瘤能否切除的可靠依据。

(3) CT:目前为胰腺肿瘤病人首选的影像学检查手段,主要用于胰腺癌的诊断、鉴别诊断和分期。近年来 CT 灌注成像技术日趋成熟,可以通过量化的方式反映肿瘤内部的血流特点和血管特性,以期鉴别肿瘤的良恶性、评价肿瘤疗效、预测肿瘤恶性程度以及转归等。

(4) MRI 和 MRCP:MRI 检测胰腺水肿比增强 CT 敏感,也能判断局部并发症。MRCP 可以判断胆总管有无结石存在,有助于诊断胆源性急性胰腺炎。

3. 细胞学检查　超声引导或 CT 引导下经皮细针穿刺活组织检查,都是很有价值的诊断方法。近年来,相比 CT 引导,超声引导下细针穿刺,诊断准确率及安全性更高,同时发生腹膜转移的风险也更低。

【治疗原则】

胰腺癌的手术目标包括原发肿瘤切除及周围淋巴结的清扫。手术切除是目前治愈胰腺癌的唯一可能的治疗方法,然而 80% 以上的病人诊断为胰腺癌时已无法手术切除。

1. 手术治疗

(1) 胰头癌:行胰十二指肠切除术(Whipple 手术),是腹外科最复杂的手术之一,切除范围包括胰头、远端胃、十二指肠、下段胆总管及部分空肠,同时清除周围淋巴结,再将胰、胆管和胃与空肠吻合,重建消化道(图 19-46)。

(2) 胰体和胰尾部的肿瘤:行远端胰腺切除术联合全脾脏切除术,此类手术不主张保留脾脏。

图 19-46　胰头十二指肠切除术(Whipple 手术)
1. 胰头肿瘤;2. Whipple 手术胰肠、胆肠、胃肠重建

（3）局部进展期胰腺癌：可先在超声引导下细针穿刺，如果活组织检查仍未确定病理性质，可行手术探查，获取病理组织，明确诊断。合并胆道或消化道梗阻的病人，可行支架置入或姑息手术，解除梗阻。

2. 辅助治疗　全身系统化疗应用于胰腺癌病人疾病进程中的各个阶段，为胰腺肿瘤切除后首选。放射治疗也是胰腺癌的重要治疗手段，放疗的目的是消除围绕血管边缘的肿瘤，提高切缘阴性的可能性，术后是否放疗应该由多学科团队评估后决定。姑息和支持治疗，目的在于保证胰腺癌病人最佳生活质量的同时，预防和减轻其痛苦。中医药治疗有助于促进胰腺癌术后机体功能恢复，减少放疗、化疗及靶向药物治疗的毒性反应，可作为胰腺癌治疗的重要手段之一，可单独应用或与其他抗肿瘤药物联合应用。

知识链接

壶腹周围癌

壶腹周围癌（periampullary adenocarcinoma）是发生于距十二指肠乳头 2cm 以内的肿瘤，是生长在壶腹部、十二指肠乳头、胆总管下端的癌肿总称。发病年龄多在 40~70 岁，男性居多，以腺癌多见。其共同特点是在癌肿较小时即可引起胆总管和主胰管的梗阻，因此病人黄疸出现早。主要表现为黄疸、上腹痛、发热、体重减轻、肝大、胆囊肿大等，黄疸可呈波动性。十二指肠镜可见十二指肠乳头隆起的菜花样肿物。由于黄疸症状出现早，病人可早期就医，手术切除是壶腹周围癌的首选治疗方法，远期效果较好，5 年生存率可达 40%~60%，手术切除率和生存率都显著高于胰头癌。

【护理评估】

（一）术前评估

1. 相关健康史　了解病人的饮食习惯，是否长期高蛋白、高脂肪饮食；有无吸烟史；是否长期大量饮酒；有无糖尿病、慢性胰腺炎等病史；有无家族史；是否长期接触污染环境和有毒物质。

2. 身体状况

（1）局部：了解腹痛的部位、特点、影响因素及药物镇痛的效果，是否伴有恶心、呕吐或腹胀。腹部有无肿块、压痛，是否触及肿大的肝脏和胆囊，有无移动性浊音。

（2）全身：评估病人有无发热，有无黄疸及黄疸出现的时间、程度。是否伴有皮肤瘙痒；有无消化道异常症状，如食欲减退、上腹饱胀等；评估大便的次数、颜色和性状。

（3）辅助检查：评估各项检查结果，了解病变的性质及病人对手术的耐受力。

3. 心理-社会状况　评估病人有无焦虑、恐惧、悲观等不良心理反应。评估病人及亲属对疾病的认识的程度、家庭经济承受能力。是否了解术前及术后配合治疗和护理的相关知识。

（二）术后评估

1. 术中情况　了解麻醉方式和手术类型、手术切除的范围，术中出血量、补液量及引流管安置情况。

2. 术后情况　评估术后病人生命体征是否稳定，疼痛的程度及睡眠情况。评估引流管的引流情况及手术切口愈合情况。有无术后并发症，如出血、胰瘘等。评估病人及亲属对术后康复过程及出院健康教育指导知识的掌握程度。

【主要护理诊断 / 问题 】

1. 焦虑 / 恐惧　与对癌症的诊断、治疗过程及预后的担忧有关。

2. 疼痛　与胰胆管梗阻、癌肿侵犯腹膜后神经丛及手术创伤有关。

3. 营养失调：低于机体需要量　与食欲下降、呕吐及癌肿消耗有关。

【护理措施 】

（一）术前护理

1. 心理护理　大多数病人是 40 岁以上的中年人,家庭负担较重,很难接受诊断,常会出现否认、悲观、畏惧和愤怒等不良情绪,加之大多就诊晚,手术机会小,预后差,故病人对治疗缺乏信心。护理人员应予以理解,多与病人沟通,有针对性地介绍与疾病和手术相关的知识,使病人能配合治疗与护理,促进疾病的康复。

2. 疼痛护理　疼痛治疗以镇痛药物治疗为基础,常需要联合运用手术、介入、神经阻滞、心理等多学科合作和多方式联合,选择最佳的镇痛治疗方法。镇痛药物遵循 WHO "三阶梯"止痛原则,遵医嘱按时、足量应用镇痛药,并评价镇痛效果,保证良好的睡眠和休息。注意及时处理口服止痛药物的不良反应,如恶心、呕吐、便秘、头晕、头痛等。

3. 营养支持　对胰腺癌病人需要进行常规营养筛查及评估,如果有营养风险或营养不良,应该给予积极的营养支持治疗,指导病人高蛋白、高热量、高维生素、低脂饮食,必要时可给予肠内、外营养,以预防或迟滞癌症恶病质的发生发展。当病人伴有厌食或消化不良时,可以应用甲羟孕酮或甲地孕酮及胰酶片等药物,以改善食欲,促进消化。开腹大手术病人,无论其营养状况如何,均推荐手术前使用免疫营养 5~7d,并持续到手术后 7d 或病人经口摄食 >60% 需要量时为止。

4. 改善肝功能　遵医嘱给予保肝药物、复合维生素 B 等。静脉输注高渗葡萄糖加胰岛素和钾盐,以增加肝糖原储备。有黄疸者,补充维生素 K_1 改善凝血功能。

5. 肠道准备　术前 3 日口服抑制肠道细菌的抗菌药,预防术后感染。术前 2 日给予流质饮食,术前晚清洁灌肠或全肠道灌洗,术前 12 小时禁食,4~6 小时禁水,减少术后腹胀及并发症的发生。

6. 皮肤护理　黄疸伴有皮肤瘙痒者,指导病人修剪指甲,勿搔抓皮肤,防止破损;保持皮肤清洁,用温水擦浴,勿使用碱性清洁剂,以免瘙痒加重。指导病人穿宽松纯棉质衣裤。镇静药和抗组胺药可缓解病人的瘙痒,剧烈者可外用炉甘石洗剂。

7. 其他　有胆道梗阻并发感染者,遵医嘱给予抗生素。血糖异常者,通过调节饮食和使用胰岛素控制血糖。

（二）术后护理

1. 病情观察　密切观察生命体征、腹部体征、切口及引流情况,准确记录 24 小时出入量,必要时监测 CVP 和尿量。

2. 营养支持　术后早期禁食期间给予肠外营养支持,必要时输注血清蛋白,维持水、电解质的平衡。胃管拔除后根据病情从流质饮食、半流质饮食,逐渐过渡到正常饮食。术后由于胰腺外分泌功能减退,病人容易发生消化不良、腹泻等,应根据情况给予胰酶制剂或止泻药物。

3. 并发症的观察和护理

（1）术后出血:发生于术后 24 小时以内的为急性出血,超过 24 小时的为延时出血。主要包括腹腔出血和消化道出血。

1）腹腔出血:主要是由于术中止血不完善,术中低血压状态下出血点停止的假象或结扎线脱落、电凝痂脱落,凝血机制障碍所致。主要预防措施包括,手术中严密止血,关腹前仔细检查重要血管的缝扎,术前纠正凝血功能等。少量腹腔出血可用药物、输血等保守治疗,短时间大量失血,导致失血性休克时,应尽快手术止血。

2) 消化道出血:属于应激性溃疡出血,多发生在术后 3 日以上,主要通过术前纠正病人营养状况,减轻病人对手术和麻醉的应激状态来预防。其治疗先以保守治疗为主,遵医嘱应用止血药物、生长抑素、质子泵抑制剂等。留置胃肠减压,经胃管注入含有去甲肾上腺素的冰盐水,也可协助医生经胃镜止血、血管造影栓塞。如经保守无效,做好手术止血的准备。

(2) 胰瘘:胰瘘是胰十二指肠切除术后最常见的并发症和死亡的主要原因。术后 3 日或以后引流液的淀粉酶数值达正常值上限的 3 倍以上,病人突发剧烈腹痛、发热、腹膜刺激征等临床表现,则提示胰瘘;胰瘘病人适当禁食,有效且充分引流、控制感染、营养支持、抑酸、抑酶等。对于引流不畅、伴有严重腹腔感染或发生大出血的病人,应做好术前准备行手术治疗。

(3) 胃瘫:多见于保留幽门的胰十二指肠切除术后,又称胃排空延迟,术后因非机械性梗阻因素引起的以胃排空障碍为主要表现的胃动力紊乱综合征,表现为病人手术 10 日后仍不能规律进食,胃液 >800ml/d。该类病人应充分胃肠减压,加强营养、心理治疗或心理暗示治疗,遵医嘱应用胃肠道动力药物。传统中医药治疗对促进胃肠道功能恢复,缩短胃瘫恢复时间也具有良好效果。

(4) 感染:术后以腹腔内局部细菌感染最常见,如病人免疫力低下,则可合并全身感染。术后应合理使用抗生素,加强全身支持治疗,严密观察病人有无高热、腹痛和腹胀、白细胞计数升高等情况。及时更换切口敷料,注意无菌操作。形成腹腔脓肿者,可在超声引导下行脓肿穿刺置管引流术。

(5) 胆瘘:多发生于术后 5~7 日,表现为腹腔引流管流出大量胆汁,每日数百毫升至 1 000ml 不等。

【健康教育】

1. 年龄在 40 岁以上,短期内出现持续性上腹部疼痛、腹胀、食欲减退、消瘦等症状时,应注意对胰腺做进一步检查。

2. 饮食宜少量多餐,以均衡饮食为主,给予高蛋白、高碳水化合物、低脂肪饮食。勿暴饮暴食,禁止进食辣椒、浓茶、咖啡及高脂肪食物。定期监测血糖、尿糖、给予药物治疗和饮食控制。

3. 放、化疗期间应定期复查血常规、肝功能等。

4. 术后第 1 年,每 3 个月复查一次,第 2~3 年每 3~6 个月随访一次,之后每 6 个月随访一次。随访项目包括:血常规、生化、CA19-9、CA125、CEA 等血清肿瘤标志物,超声、X 线、胸部 CT,上腹部增强 CT 等。若出现进行性消瘦、贫血、乏力、发热等症状,及时到医院复诊。

(郭 妍 沙凯辉 高擎擎 胡晓晴 冷 羽
王彩星 李文娟 刘 芳 刘 梨 刘金凤)

复习思考题

1. 针对急性化脓性腹膜炎病人的术前护理措施有哪些?

2. 对于腹部损伤非手术治疗的病人,如何进行病情观察?

3. 胃大部切除术治疗溃疡病的理论依据是什么?

4. 胃大部切除术后,为什么会出现倾倒综合征?如何护理?

5. 单纯性肠梗阻和绞窄性肠梗阻的临床特点有什么不同?

6. 简述急性阑尾炎病人的腹痛特点及其原因。

7. 直肠癌病人主要护理诊断有哪些？相对应的护理措施是什么？

8. 肝癌病人术后最常见的并发症是什么？其原因及预防措施有哪些？

9. 门体分流术为何容易并发肝性脑病？应如何护理？

10. T 管引流的目的和护理措施有哪些？

笔记栏

扫一扫，
测一测

第二十章

周围血管疾病病人的护理

学习目标

1. 简述原发性下肢静脉曲张、血栓闭塞性脉管炎和深静脉血栓形成的病因、病理，陈述其常用辅助检查。

2. 理解原发性下肢静脉曲张、血栓闭塞性脉管炎和深静脉血栓形成的临床表现，说明其治疗原则。

3. 综合运用相关知识为常见周围血管疾病病人提供专科护理及预防保健知识。

第一节　原发性下肢静脉曲张病人的护理

案例分析

周先生,49岁,司机,10年前无明显诱因下出现长时间站立后右下肢血管隆起,无肿胀。近半年来病人逐渐出现右下肢肿胀,右小腿出现大隐静脉明显迂曲扩张,行走及久站后明显,休息可好转。足靴区重度色素沉着,右足内踝可见3cm×5cm大小溃疡面,无脓性分泌物,无间歇性跛行及皮温改变。

辅助检查:常规心电图、X线胸片、三大常规及血液实验室检查正常。下肢静脉造影结果提示:右下肢静脉曲张、交通支瓣膜功能不全。

请问:

1. 该病人目前主要的护理诊断/问题有哪些?

2. 该病人拟行"右下肢大隐静脉高位结扎+点状剥脱术",护士如何对其进行术后评估?

原发性下肢静脉曲张(primary lower extremity varicose veins)指仅涉及下肢隐静脉,浅静脉迂曲、扩张、伸长而呈曲张状态的一种疾病。本病大多发生在大隐静脉,少数合并小隐静脉或单独发生在小隐静脉,是外科常见的一种疾病,占周围血管疾病的90%以上,多发生于从事持久站立工作、体力活动强度高、久坐少动的人。

【解剖生理概要】

1. 下肢静脉

(1)浅静脉:有大、小隐静脉两条主干。小隐静脉起自足背静脉网外侧,于外踝后方上行,逐渐转至小腿屈侧中线并穿入深筋膜,注入腘静脉,可有一上行支注入大隐静脉。大隐静脉起自足背静脉网内侧,于内踝前方沿小腿和大腿内侧上行,上行过程分为股外侧静脉、股内侧静脉、阴部外静脉、腹壁浅静脉、旋髂浅静脉五个分支,在腹股沟韧带下穿过卵圆窝注入股总静脉。大隐静脉在膝平面下,由前外侧和后内侧分支与小隐静脉交通。

(2) 深静脉:由胫前、胫后和腓静脉汇合成腘静脉,上行为股浅静脉,至小粗隆平面与股深静脉汇合为股总静脉,于腹股沟韧带下缘移行为髂外静脉。

(3) 交通静脉:连接深、浅静脉的静脉。小腿内侧的交通静脉以踝交通静脉最重要,小腿外侧的交通静脉多位于小腿中部,大腿内侧的交通静脉大多位于大腿中下 1/3 处。

(4) 小腿肌静脉:包括腓肠肌静脉和比目鱼肌静脉,汇入深静脉。

2. 下肢静脉瓣膜　下肢静脉内有很多向心单向开放的瓣膜,以保证血液自下而上、由浅入深的单向回流,阻止静脉血逆流。

3. 静脉壁结构　包括外膜、中膜和内膜。外膜主要为结缔组织,对维持静脉壁强度起重要作用;中膜主要为平滑肌细胞和结缔组织网,与静脉壁的强弱及收缩功能相关;内膜由内皮细胞及内膜下层组成。静脉壁结构异常主要为胶原纤维减少、断裂、扭曲,使静脉壁失去应有的强度而扩张。

下肢静脉血流能对抗重力向心回流主要依赖于静脉瓣膜向心单向开放功能、肌关节泵的动力功能、胸腔内负压和心脏的搏动。

【病因】

静脉壁薄弱、静脉瓣膜缺陷以及浅静脉内压力持续增高是引起浅静脉曲张的主要原因。

1. 先天性因素　静脉瓣膜缺陷与静脉壁薄弱,是全身支持组织薄弱的一种表现,与遗传因素有关。部分病人下肢静脉瓣膜稀少甚至缺如,造成静脉血逆流。

2. 后天性因素　长期站立、重体力劳动、慢性咳嗽、习惯性便秘、妊娠等增加血柱重力的因素均可造成下肢静脉内压力持续增高,使瓣膜承受过高的压力而逐渐松弛,瓣膜正常关闭功能受到破坏。

【病理生理】

原发性下肢静脉曲张的血流动力学改变主要表现为主干静脉和毛细血管压力增高。前者引起浅静脉扩张,而后者则造成皮肤微循环障碍,引起毛细血管扩大、毛细血管周围炎及通透性增加,从而使纤维蛋白原、红细胞等渗入组织间隙及毛细血管内微血栓形成。由于纤溶活性的降低,渗出的纤维蛋白积聚并沉积于毛细血管周围,形成了皮肤和皮下组织摄取其他营养物质的阻碍屏障,造成局部代谢障碍,导致皮肤色素沉着、纤维化、皮下脂质硬化及皮肤萎缩而并发皮炎、湿疹,最终形成静脉性溃疡。同时,由于血清蛋白渗出和毛细血管周围纤维组织沉积,引起再吸收障碍和淋巴超负荷,从而导致下肢水肿。小腿下内侧区域的深静脉血柱重力最大,肌泵收缩时该区域所承受的反向压力也最高,易发生瓣膜关闭不全,故静脉性溃疡特征性地出现在该区。

在原发性下肢静脉曲张形成的过程中,静脉瓣膜与静脉壁的强度和静脉压力的高低,起着相互影响的作用。静脉瓣膜和静脉壁离心愈远强度愈低,而静脉压力却是离心愈远则愈高,故下肢静脉曲张的远期进展要比开始阶段迅速,而迂曲扩张的浅静脉在小腿部远比大腿部明显。

【临床表现】

原发性下肢静脉曲张主要见于大隐静脉,单纯累及小隐静脉较少见。以左下肢多见,双下肢可先后发病。

1. 早期　轻度下肢静脉曲张,可无明显症状。

2. 后期　患肢浅静脉隆起、迂曲、扩张,甚至卷曲成团,一般小腿和足踝部明显,下肢沉重、乏力感。可出现踝部轻度肿胀,足靴区皮肤色素沉着、皮炎、湿疹、皮下脂质硬化和溃疡形成等。静脉曲张因溃疡侵蚀或外伤致破裂,而发生急性出血。

3. 并发症　单纯性下肢静脉曲张,病变较重且长期未经治疗者,可发生并发症。

(1) 血栓性浅静脉炎:表现为局部疼痛,静脉表面皮肤潮红、肿胀,静脉呈索条状,压痛,范围较大者可发热。血栓机化及钙化后,可形成静脉石。

(2) 湿疹:多位于足靴区皮肤,严重瘙痒,局部渗液,易继发感染。

(3) 溃疡:为最常见的并发症。多发生在小腿下端前内侧和足踝部,溃疡肉芽苍白水肿,表面可见稀薄分泌物,周围皮肤色素沉着,有皮炎和湿疹样变化。

(4) 曲张静脉破裂出血:主要是由于皮下淤血,局部血管压力过大或皮肤溃疡出血,出血很难自行停止,必须紧急处理。

【辅助检查】

1. 特殊检查　下列特殊体格检查可进一步了解浅静脉瓣膜功能、下肢深静脉回流和交通静脉瓣膜功能。

(1) 大隐静脉瓣膜功能试验(Trendelenburg test):病人仰卧,抬高患肢使曲张静脉空虚,在大腿上 1/3 处扎一根止血带以阻断大隐静脉血流,然后让病人站立,松开止血带后 10 秒钟内,若大隐静脉立即自上而下充盈,提示大隐静脉瓣膜功能不全;若在松开止血带前,大隐静脉即有充盈,提示说明大隐静脉与深静脉间交通支瓣膜功能不全(图 20-1)。

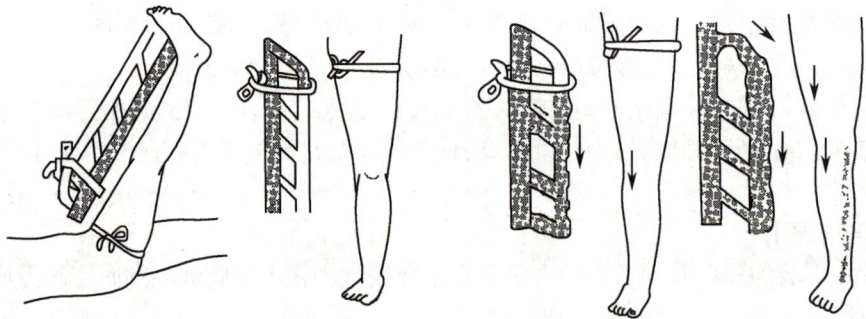

图 20-1　Trendelenburg test

(2) 深静脉通畅试验(Perthes test):病人站立,在患侧大腿上 1/3 处扎止血带以阻断大隐静脉向心回流,嘱病人交替伸屈膝关节 10~20 次以促进下肢血液从深静脉系统回流,若曲张的浅静脉明显减轻或消失,表示深静脉通畅;若曲张静脉不减轻,甚至加重,说明深静脉阻塞(图 20-2)。

(3) 交通支静脉瓣膜功能试验(Pratt test):病人仰卧,患肢抬高,用弹力绷带自足趾裹缠使浅静脉血液排空,在大腿根部扎止血带,然后从止血带处向下,缠绕第二根弹力绷带,让病人站立,一边向下解开第一根弹力绷带,一边向下继续缠绕第二根弹力绷带,在两根绷带之间的间隙出现任何曲张静脉即提示该处有功能不全的交通静脉(图 20-3)。

2. 影像学检查　超声多普勒血流仪可确定静脉反流的部位、程度和范围,超声多普勒显像仪可观察瓣膜关闭活动及有无逆向血流。下肢静脉造影有顺行性与逆行性两种造影方法,可了解病变的性质、范围和程度,可排除髂静脉压迫综合征等对诊断与鉴别有重要价值。

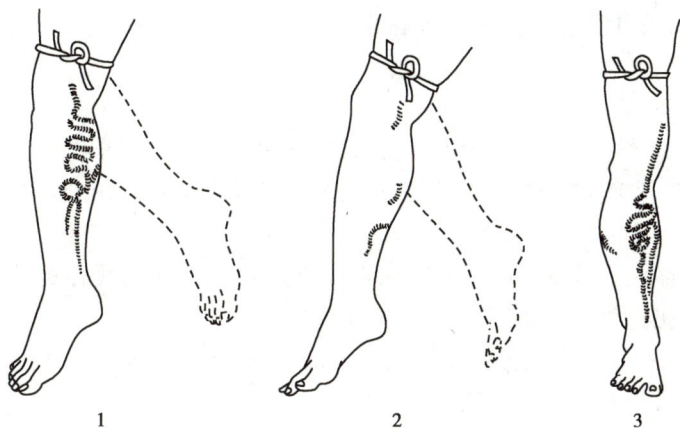

图 20-2　Perthes test

1. 病人站立,在患侧大腿上 1/3 处扎止血带;2. 嘱病人交替伸屈膝关
节 10~20 次,曲张的浅静脉明显减轻或消失;3. 浅静脉曲张加重

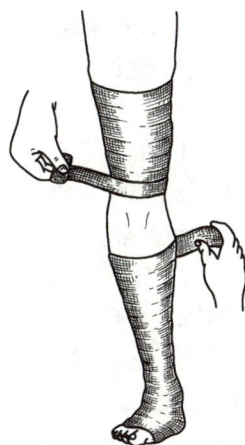

图 20-3　Pratt test

【治疗原则】

1. 非手术治疗

(1) 支持疗法:适用于病变局限、症状轻者;妊娠期妇女;全身情况差,重要器官有器质性
病变而不能耐受手术者。主要措施包括:患肢用弹力绷带包扎或穿弹力袜;适当卧床休息,
抬高患肢;避免久站、久坐。

(2) 硬化剂注射疗法:适用于局限性静脉曲张而瓣膜功能健全及术后残留或复发的曲张
静脉。将硬化剂注入曲张的浅静脉内,静脉内膜发生无菌性炎症反应,使血管腔粘连闭塞,
曲张静脉纤维硬化。常用的硬化剂有 5% 鱼肝油酸钠、酚甘油溶液及 50% 葡萄糖等。

2. 手术治疗　是治疗的根本方法,凡是有明显症状又无手术禁忌证者均可行手术
治疗。

(1) 传统手术:有大(小)隐静脉高位结扎术、交通支结扎术和大(小)隐静脉剥脱术,其
中大(小)隐静脉剥脱术临床最为常用。

(2) 微创疗法:近年来随着激光医学和超声技术的飞速发展,出现了静脉腔内激光治疗、
内镜筋膜下交通静脉结扎术、旋切刀治疗以及静脉内超声消融治疗等微创疗法。其特点是
创伤小,恢复快。

3. 并发症的处理

(1) 血栓性静脉炎:抬高患肢,局部热敷或理疗;穿弹力袜,全身使用抗生素;若发现血栓
扩展,有蔓延趋向,应施行高位结扎术。待炎症消退后,再行手术。

(2) 湿疹:保持局部清洁和干燥,可用 1:5 000 高锰酸钾溶液冲洗;局部避免药物刺激,
敷料只能用盐水、凡士林油纱布或干纱布;应用广谱抗生素控制感染;同时用弹力绷带或穿
弹力袜控制静脉高压。

(3) 溃疡:控制感染和改善静脉高压。用等渗盐水或 3% 硼酸溶液湿敷,抬高患肢,小腿
用弹力绷带或穿弹力袜;局部应用高压氧,急性炎症加用抗生素,促进溃疡面缩小或愈合。
若溃疡病程长,面积大,瘢痕多且溃疡难以愈合,应手术切除溃疡,植皮,并结扎和切断功能
不全的交通支。待创面愈合后行手术治疗。

(4) 曲张静脉破裂出血:因出血很难自行停止,故需紧急处理。抬高患肢,加压止血,如

有明显的静脉破裂,可予缝扎止血,待并发症改善后择期手术治疗。

【护理评估】

(一) 术前评估

1. 相关健康史　了解病人年龄、性别、职业及特点,是否长期从事站立工作或重体力劳动,是否有下肢静脉曲张家族史,有无慢性咳嗽、习惯性便秘、妊娠等使下肢静脉内压力持续增高的因素。

2. 身体状况　了解病人是否存在下肢静脉曲张的临床表现及其程度,局部有无血栓性静脉炎、湿疹、溃疡、曲张静脉破裂出血等。

3. 心理 - 社会状况　了解病人的心理反应,是否了解本病的基本常识,能否正常地生活和工作。家庭经济状况,家庭其他成员对本病的认识等。

(二) 术后评估

1. 术中情况　了解术式、麻醉方式、术中情况,观察切口局部状况和患肢血液循环状况。

2. 术后情况　评估病人意识、生命体征、伤口及皮下渗血情况,患肢远端皮肤温度、色泽、动脉搏动及感觉有无异常,评估病人是否了解本病术后治疗和护理的相关知识,病人与家属对本病健康教育内容的掌握程度和出院前的心理状态。

【主要护理诊断/问题】

1. 活动无耐力　与静脉曲张致血液淤滞有关。

2. 皮肤完整性受损　与皮肤营养状况差有关。

3. 知识缺乏:缺乏原发性下肢静脉曲张的防治知识。

4. 潜在并发症:血栓性静脉炎、湿疹、溃疡、曲张静脉破裂出血。

【护理措施】

(一) 非手术治疗的护理/术前护理

1. 一般护理

(1) 休息与活动:嘱病人避免长时间站立或行走。患肢肿胀时,宜卧床休息,抬高患肢30°~40°。坐时双膝勿交叉过久或盘腿,活动时应注意保护下肢皮肤薄弱处,以免受损。告诉病人活动时应穿弹力袜或使用弹力绷带。

(2) 皮肤护理:每日用温水泡洗患肢 1~2 次。做好手术区皮肤准备,范围包括整个患肢、会阴部及腹股沟区。术前 1 日用龙胆紫或记号笔画曲张静脉的行径。

(3) 其他:避免引起腹内压和静脉压增高的因素,指导病人养成良好的排便习惯,保持大、小便通畅,避免长时间站立,肥胖者宜有计划地减轻体重。

2. 正确使用弹力绷带或弹力袜　穿弹力袜时,应平卧并抬高患肢,排空静脉内血液后再穿,注意弹力袜的长短、压力及薄厚应符合病人的腿部情况。弹力绷带自下而上包扎,不妨碍关节活动,并注意保持合适的松紧度,以能扪及足背动脉搏动及保持足部正常皮肤温度为宜。

3. 心理护理　下肢静脉曲张的手术虽不大,但仍可能使部分病人产生不同程度的心理障碍,从而影响对手术的耐受力和机体免疫功能。护理人员应运用护理心理学的理论和方法消除其顾虑。

4. 并发症护理

(1) 血栓性静脉炎:局部热敷、理疗,抗凝治疗,应用抗生素,局部禁按摩。

(2) 小腿溃疡和湿疹:平卧时抬高患肢以利回流,保持局部清洁卫生,可用等渗盐水或1 : 5 000 的呋喃西林液创面湿敷,全身使用抗生素。

（3）出血：抬高患肢，局部加压包扎，必要时手术止血。

（二）术后护理

1. 体位　去枕平卧 4~6 小时，抬高患肢 30°，以促进下肢静脉回流。

2. 早期活动　卧床期间指导病人做足背伸屈运动，术后 24~48 小时如无异常情况，鼓励病人早期下床活动，避免静坐或静立不动，防止深静脉血栓形成。

3. 伤口护理　保持伤口敷料清洁、干燥，如有切口渗血或感染征象，应及时报告医生并积极配合处理。

4. 使用弹力袜或弹力绷带　术后弹力绷带加压包扎 2 周，松紧度应合适。

【健康教育】

1. 保持良好的生活习惯　休息时患肢抬高；避免同一姿势久站，坐时双膝勿交叉过久；肥胖者应有计划地减肥，不穿过紧的腰带、衣物等；保持大便通畅，避免腹内压增高。

2. 使用弹力袜或弹力绷带　术后继续使用 1~3 个月。经常站立位工作的病人，应用弹力绷带或穿弹力袜。

3. 功能锻炼　可适当进行平地行走锻炼，促进静脉侧支循环的建立。

第二节　血栓闭塞性脉管炎病人的护理

血栓闭塞性脉管炎（thromboangitis obliterans，TAO）又称 Buerger 病，是一种主要累及四肢中、小动静脉的炎症性、节段性和周期性反复发作的慢性闭塞性疾病，以下肢为主。本病好发于男性青壮年，常伴有患肢游走性血栓性浅静脉炎和雷诺综合征。中医学中，本病属"脱疽"范畴。

【病因】

至今尚不清楚。吸烟、寒冷和潮湿的生活环境、性激素异常、免疫功能紊乱及遗传因素被认为是本病的主要发病因素，其中主动或被动吸烟与发病的关系尤为密切。此外，慢性损伤和感染可引起血管痉挛和血管内皮损伤，可能是本病的相关因素之一。

【病理生理】

病变常始于动脉，然后累及静脉，由远端向近端进展，呈节段性分布，两段之间血管可正常。活动期血管全层呈非化脓性炎症，早期血管内膜增厚、内皮细胞和纤维细胞增生，淋巴细胞浸润；中层纤维组织增生；外层广泛性纤维细胞增生，管腔被血栓堵塞。后期炎症消退，血栓机化，新生毛细血管形成，血管壁及血管周围广泛纤维化，使伴行静脉和神经包围其中，形成一硬索条。虽有侧支循环逐渐建立，但不足以代偿，因而神经、肌肉、骨骼等组织均可出现缺血性改变。

【临床表现】

本病起病隐匿，进展缓慢，周期性反复发作，往往需经数年后才趋于严重。根据肢体缺血的程度和表现分为三期。

1. 局部缺血期　主要因动脉痉挛和狭窄所致，以功能性变化为主。患肢有麻木、发凉、怕冷、酸胀、易疲劳、沉重和轻度间歇性跛行。其中间歇性跛行是本期典型症状，即当病人行走一段距离后小腿或足部肌肉出现胀痛或抽搐而被迫停下来，休息后疼痛立即缓解，如果继续行走，则疼痛加重，再行走后症状又出现。患肢皮肤温度降低，色泽较苍白，足背或（和）胫后动脉搏动减弱。部分病人伴游走性血栓性静脉炎，表现为浅表静脉发热、发红、呈条索状，有压痛。

2. 营养障碍期　动脉完全闭塞，仅靠侧支循环维持肢体的血液供应，以器质性变化为主。患肢麻木、怕冷、酸胀等症状加重，间歇性跛行日益明显，行走距离缩短，休息时间延长，疼痛转为持续性静息痛，即在休息时，患肢也出现持续性疼痛，夜间尤甚。患肢皮肤温度明显降低，色泽明显苍白或出现发绀、皮肤干燥、潮红、汗毛脱落，趾(指)甲增厚变形，小腿肌肉萎缩，足背或(和)胫后动脉搏动消失，但尚未出现溃疡或坏疽。

3. 组织坏死期　动脉完全闭塞，侧支循环不足以维持肢体的血液供应。除上述症状继续加重外，患肢严重缺血，出现持续性剧烈疼痛，经久不息，病人日夜屈膝抱足而坐，彻夜不眠。肢体远端坏死，患趾(指)端皮肤呈暗红或黑褐色，产生溃疡或坏疽。大多为干性坏疽，趾(指)端干枯发黑，可向近端延伸。坏死组织脱落后，形成经久不愈的溃疡。若继发感染，则转为湿性坏疽。病程长者伴消瘦、贫血。

以上分期不是一成不变的。若病变发展，症状可加重，如治疗及时，侧支循环建立，局部血液供应得到改善，则症状可以缓解，其分期也会发生改变。

【辅助检查】

1. 一般检查

(1) 皮肤温度测定：检查肢体不同部位的皮肤温度，两侧肢体对照，有助于了解动脉闭塞的部位和缺血的程度。若患肢皮温较健侧低 2℃以上即表示血液供应不足。

(2) 肢体抬高试验(Buerger test)：平卧患肢抬高 45°~90°，3 分钟后观察足部皮肤色泽变化；再让病人坐起，下肢垂于床旁，观察肤色变化。若抬高后足趾和足底皮肤呈苍白或蜡黄色，下垂后足部皮肤潮红或出现斑块状发绀即为 Buerger 征阳性，提示有动脉供血不足。

(3) 远端动脉搏动情况：若搏动减弱或不能扪及，提示血流减少。

2. 影像学检查

(1) 多普勒超声：可以显示病变动脉的形态、血管的直径和血液的流速等。

(2) X 线：病肢中、小动脉多节段狭窄或闭塞是本病的典型 X 线征象。

(3) 动脉造影：可清楚显示动脉病变的部位、程度和范围，以及侧支循环情况。本病动脉造影显示病变侧血管呈节段性闭塞，病变近、远侧血管壁光滑。但动脉造影可致血管痉挛、加重肢体缺血及损伤血管等不良后果，不宜常规应用，一般在作血管重建性手术前才考虑。

(4) 血流图：应用血流图测定仪，以测定组织的阻抗，来了解血液供应状况和血管弹性。

(5) CT 血管造影(CTA)：可整体上显示患肢动、静脉的病变节段和狭窄程度。

(6) 数字减影血管造影(DSA)：主要显示肢体远端动脉的节段性受累情况，也可显示周围有无侧支循环，可与动脉栓塞鉴别。

知识链接

动脉硬化性闭塞症

动脉硬化性闭塞症(arteriosclerosis obliterans, ASO)是全身性疾患，多见于 45 岁以上中老年男性，以腹主动脉远端及髂 - 股 - 胭等大动脉、中动脉最易受累。本病与高脂血症密切相关，糖尿病、吸烟、肥胖、家族史等也是危险因素。病程按 Fontaine 法分为 4 期。Ⅰ期(症状轻微期)无明显表现，但可出现患肢麻木、发凉，行走易疲劳，颜色苍白，脚趾有针刺样感。Ⅱ期(间歇性跛行期)间歇性跛行是动脉硬化性闭塞症的特征性表现。Ⅲ期(静息痛期)因组织缺血或缺血性神经炎将出现持续剧烈性的疼痛，夜间更甚，疼痛时使病人屈膝护足而坐，使病人无法入睡，即使肢体处于休息状态时疼痛仍不止，称为静息痛。Ⅳ期(溃疡和坏死期)脚趾颜色开始变成暗红色，脚趾发黑、干瘪、溃疡和坏死。

　　非手术治疗关键是降低血脂、控制血压,具体包括严格戒烟、控制糖尿病、适当步行锻炼、改善高凝状态、促进侧支循环建立、避免损伤足部等。手术治疗目的在于通过手术或血管腔内治疗方法,重建动脉通路。常见有经皮腔内血管成形术(percutaneous transluminal angioplasty,PTA)、内膜剥脱术、旁路转流术、腰交感神经节切除术、大网膜移植术等。

【治疗原则】

　　主要是解除痉挛,促进侧支循环,重建血流,改进肢体血供,减轻或消除疼痛,促进溃疡愈合及防止感染,尽可能保存肢体,减少伤残。一般采用多种方法综合治疗。

　　1. 非手术治疗

　　(1)一般处理:绝对戒烟,防止潮湿、外伤等,注意保暖但不宜热敷或热疗,以免组织需氧量增加而加重缺氧。为促进侧支循环建立,可进行 Buerger 运动。疼痛剧烈者,可用止痛或镇静剂,慎用易成瘾的药物。

　　(2)药物疗法:使用扩张血管和抑制血小板聚集的药物,促进侧支循环建立,改善血液循环;根据辨证施治原则,服用活血化瘀、消炎止痛类药物;有合并感染者,选用有效的抗生素控制感染。

　　(3)高压氧疗法:可提高血氧含量,对减轻疼痛和促进伤口愈合有一定作用。

　　(4)创面处理:干性坏疽保持创面干燥,消毒后用无菌纱布包扎创面,预防继发感染。湿性坏疽去除坏死组织,积极控制感染,用有效的抗生素溶液湿敷或金蝎膏、玉红膏外敷。当坏疽创面界限清楚,感染局限,可进行清创术或截趾(指)术。

　　2. 手术治疗　目的是增加肢体血供和重建动脉血流通道,改善缺血。可根据病情选择,如旁路转流术、腰交感神经节切除术、大网膜移植术、动静脉转流术等。

【护理评估】

(一) 术前评估

　　1. 健康史　了解病人年龄、性别,是否有吸烟史、外伤史;是否长期居住在寒冷、潮湿环境;家族中有无同类病人。

　　2. 身体状况　了解病人皮肤温度、色泽、感觉及动脉搏动情况;了解患肢疼痛的程度、性质、持续时间,有无相应的止痛措施及止痛效果。患肢有无坏疽、溃疡与感染;通过辅助检查了解动脉闭塞的部位、范围、程度、性质及侧支循环等情况。

　　3. 心理 - 社会状况　评估病人是否了解本病的基本常识、病人对疾病、肢端坏死及感染等所产生的心理反应;了解家庭其他成员对本病的认识及支持情况。

(二) 术后评估

　　1. 术中情况　了解麻醉方式、手术方式,术中输液情况。

　　2. 术后情况　评估切口局部状况和患肢血液循环状况,病人是否了解本病术后治疗和护理的相关知识,病人与家属对本病健康教育内容的掌握程度和出院前的心理状态;评估术侧肢体功能锻炼和康复状况,是否了解本病的预防保健及康复知识。

【主要护理诊断 / 问题】

　　1. 疼痛　与患肢缺血、组织坏死有关。

　　2. 皮肤完整性受损　与患肢血供差有关。

　　3. 知识缺乏:缺乏预防及锻炼患肢方法的知识。

　　4. 焦虑　与患肢疼痛、经久不愈有关。

5. 潜在并发症:溃疡、坏疽等。

【护理措施】

(一) 非手术治疗的护理 / 术前护理

1. 一般护理

(1) 患肢保暖:保持环境温度适宜,避免肢体受凉,以免引起动脉收缩或痉挛,但不能局部加温。

(2) 保护患肢:避免患肢动脉受压,如穿紧身衣物、膝部交叉坐位、过度屈膝等;防止外伤;有水疱、溃疡出现,应保持清洁,积极治疗。已出现干性坏疽的部位,应保持干燥、消毒、包扎,每日换药;继发感染者,遵医嘱选用有效抗生素。

(3) 戒烟:告诉病人吸烟的危害,绝对戒烟。

(4) 体位:病人在休息或睡眠时采取头高脚低位,以利于下肢血液灌注。避免长时间保持同一姿势不变。

2. 疼痛护理　疼痛是本病最典型的症状,严重影响病人睡眠和情绪。早期应用扩张血管、抑制血小板聚集、中药等药物;中、晚期遵医嘱应用镇痛药物,必要时可给予神经阻滞麻醉止痛,同时辅以非药物性止痛疗法,如放松、诱导及生物反馈等方法,可加强止痛药物的效果并减少其用量和使用频率,避免成瘾。

3. 心理护理　护理人员及时了解病人的心理状态,鼓励安慰病人,给病人以心理支持,帮助其树立战胜疾病的信心,积极配合治疗和护理。

4. 休息与活动　采用 Buerger 练习和适当的行走锻炼等促进侧支循环的建立,改善周围循环。方法:病人平卧,患肢抬高 45°,维持 2~3 分钟,然后坐起,双下肢下垂床边 2~3 分钟,并做足部旋转、伸屈和脚趾运动,再将患肢放平休息 2~3 分钟。每次重复练习 5 遍,每日练习 3~4 次。

5. 术前准备　根据手术方式和麻醉方法进行常规术前准备,目的是改善周围循环,避免血管痉挛和保护患肢。如需植皮,做好供皮区皮肤准备。

(二) 术后护理

1. 体位与活动　静脉重建术者卧床制动 1 周,且患肢抬高 30°,以利于静脉血液的回流。动脉重建术者卧床制动 2 周,患肢平放。对自体血管移植愈合较好的,卧床制动的时间可适当缩短。在制动期间,鼓励病人经常做足背伸屈活动,以利于小腿深静脉的回流。

2. 病情观察　密切观察生命体征、伤口有无渗血及感染,观察患肢的皮温、肤色、动脉搏动的强弱及有无感觉异常,并做好记录。如患肢出现肢体肿胀、苍白、皮温下降、动脉搏动减弱或消失,应考虑有动脉血栓形成的可能,应立即通知医生及时处理。

3. 防治感染　术后遵医嘱应用抗生素,如发现伤口有红、肿、热、痛,应及早理疗,或遵医嘱行其他处理。

【健康教育】

1. 绝对戒烟　消除烟对血管的毒性作用。

2. 肢体功能锻炼　指导病人进行 Buerger 运动,促进侧支循环的建立。

3. 饮食指导　规律饮食,多吃新鲜蔬菜、水果,保持排便通畅。

4. 日常保健　保护肢体,适当保暖;选用合适的鞋、袜、衣裤,防寒防冷;避免外伤,预防感染。

第三节　深静脉血栓形成病人的护理

深静脉血栓形成（deep venous thrombosis, DVT）是指血液在深静脉腔内不正常地凝结，阻塞静脉管腔，导致静脉回流障碍。全身主干静脉均可发病，尤以下肢多见，男性略多于女性。本病如未及时治疗，急性期可并发肺栓塞，后期则因血栓形成后综合征而影响生活和工作，严重者可致残。

知识链接

深静脉血栓风险评估

正确评估深静脉血栓发生的危险因素，并采取积极有效的预防和护理措施，对保障病人安全至关重要。通过评估工具对深静脉血栓形成的相关因素进行量化，预测发生深静脉血栓形成的危险性，筛选出高危人群，实施重点预防护理，能够有效降低深静脉血栓发生率。当前深静脉血栓风险评估量表较多，Caprini血栓风险评估量表和Autar深静脉血栓形成风险评估表是常见的评估工具之一。其中，Caprini血栓风险评估量表包含了病史、实验室检查和手术3类，包括40个不同的危险因素，基本涵盖了住院病人可能发生血栓的所有危险因素。每个危险因素根据危险程度的不同赋予1~5分不同的分数，最后根据得到的累积分数将病人的血栓发生风险分为低危（0~1分）、中危（2分）、高危（3~4分）、极高危（≥5分）4个等级，根据不同的风险等级推荐不同的预防措施。

【病因】

静脉壁损伤、血流缓慢和血液高凝状态是造成深静脉血栓形成的三大因素。这三大因素中，任何一个单一因素不足以致病，往往是两个或三个因素的综合作用造成，其中血液高凝状态是最重要的因素。

1. 静脉壁损伤　静脉因外伤如创伤、手术、感染等使内膜遭到破坏，使内膜下的胶原裸露，导致血小板黏附、聚集，并且进一步释放生物活性物质。这些生物活性物质可启动内源性凝血系统，同时静脉壁电荷改变，导致血小板聚集、黏附，形成血栓。

2. 静脉血流缓慢　长期卧床、肢体固定、术中或术后等制动状态及久坐不动等造成血流缓慢。静脉血流缓慢，增加了激活的血小板和凝血因子与静脉壁的接触时间，易引起血栓形成。而静脉瓣膜的瓣窝内血流缓慢，易产生涡流，是产生血栓的主要部位。

3. 血液高凝状态　多见于妊娠、产后或术后、创伤、长期服用避孕药、肿瘤组织裂解产物等，使血小板数和凝血因子含量增加而抗凝血因子活性降低，导致血管内异常凝结形成血栓。

【病理生理】

典型的血栓头部为白血栓，颈部为混合血栓，尾部为红血栓。血栓形成后可向主干静脉的近端和远端滋长蔓延，随后在纤维蛋白溶解酶的作用下，血栓可溶解消散，血栓脱落或裂解的碎片成为栓子，随血流进入肺动脉引起肺栓塞。但血栓形成后常激发静脉壁和静脉周围组织的炎症反应，使血栓与静脉壁粘连并逐渐纤维机化，最终形成边缘毛糙、管径粗细不一的再通静脉。同时,静脉瓣膜被破坏,导致继发性下肢深静脉瓣膜功能不全,即深静脉血栓形成后综合征。

【临床表现】

深静脉是血液回流的主要通路,一旦因血栓形成而阻塞管腔,必然引起远端静脉血液回流障碍的症状。根据血栓形成的部位不同,主要临床表现也不同。

1. 上肢深静脉血栓形成　局限于腋静脉者主要表现为前臂和手部肿胀、胀痛。发生在腋-锁骨下静脉者主要表现为整个上肢肿胀,患侧肩部、锁骨上和前胸壁浅静脉扩张。上肢下垂时,肿胀和胀痛加重,抬高后症状减轻。

2. 上、下腔静脉血栓形成

(1) 上腔静脉血栓形成:大多数起因于纵隔器官或肺的恶性肿瘤。除了有上肢静脉回流障碍的临床表现外,还有面颈部和眼睑肿胀,球结膜充血水肿;颈部、前胸壁以及肩部浅静脉扩张,往往呈广泛性并向对侧延伸;胸壁的扩张静脉血流方向向下,常伴有头痛、头胀及其他神经系统症状和原发疾病的症状。

(2) 下腔静脉血栓形成:多系下肢深静脉血栓向上蔓延所致。其临床特征为双下肢深静脉回流障碍和躯干的浅静脉扩张,血流方向向头端。当血栓累及下腔静脉肝段而影响肝静脉回流时,则有巴德-吉亚利综合征(Budd-Chiari syndrome)的临床表现。

3. 下肢深静脉血栓形成　最为常见,其临床分型不同,临床表现也不同。

(1) 根据急性期血栓形成的解剖部位分型:①中央型(图20-4)即髂-股静脉血栓形成。起病急骤,全下肢明显肿胀,患侧髂窝、股三角区疼痛和压痛,浅静脉扩张,伴发热,患肢皮温升高。左侧较多见。②周围型(图20-5)即小腿深静脉丛血栓形成。为手术后深静脉血栓形成的好发部位。局限于股静脉的血栓形成,主要表现为大腿肿痛,由于髂-股静脉通畅,故下肢肿胀往往并不严重。局限在小腿部的深静脉血栓形成,主要表现为突然出现小腿疼痛剧烈,患足不能着地踏平,行走时症状加重,小腿肿胀并伴有深压痛,作踝关节过度背屈试验可致小腿剧痛(Homan's征阳性)。③混合型(图20-6)即全下肢深静脉血栓形成,临床上最常见。临床表现可为前两者表现的相加,可见全下肢明显肿胀、剧痛,股三角区、腘窝、小腿肌层均可有压痛,皮下小静脉扩张呈网状,常伴有体温升高和脉率加速,动脉持续性痉挛,皮肤苍白(股白肿)。如病程继续进展,肢体极度肿胀,对下肢动脉造成压迫以及动脉痉挛,导致下肢动脉血供障碍,出现足背动脉和胫后动脉搏动消失,小腿和足背往往出现水疱,进而发生高度循环障碍,皮肤温度明显降低并呈青紫色(股青肿),如不及时处理,可发生休克及静脉性坏疽。

图20-4　中央型　　　　图20-5　周围型　　　　图20-6　混合型

（2）根据临床病程演变分型：下肢深静脉血栓形成后，随着病变的发展，从急性期逐渐进入慢性期，可分为：①闭塞型。疾病早期，深静脉腔内阻塞，以下肢明显肿胀和胀痛为特点并伴有广泛的浅静脉扩张，一般无小腿营养障碍性改变。②部分再通型。病程中期，深静脉部分再通，表现为肢体肿胀与胀痛减轻，但浅静脉扩张更明显，或曲张，小腿远端可出现色素沉着。③再通型。病程后期，深静脉大部分或完全再通，表现为下肢肿胀减轻但在活动后加重，明显的浅静脉曲张，小腿出现广泛色素沉着和慢性复发性溃疡。④再发型。在已再通的深静脉腔内，再次发生急性深静脉血栓形成。

【辅助检查】

1. 超声多普勒　采用超声多普勒检测仪，利用压力袖阻断肢体静脉，放开后记录静脉最大流出率，可以判断下肢主干静脉是否有阻塞，但对小静脉的血栓敏感性不高。双功彩色多普勒超声可显示静脉腔内强回声、静脉不能压缩或无血流等血栓形成的征象。

2. 下肢静脉顺行造影　能显示静脉形态作出确定诊断，深静脉血栓形成主要征象有闭塞或中断、充盈缺损、再通和侧支循环形成。

【治疗原则】

手术、制动、血液高凝状态是发病的高危因素，给予抗凝、祛聚药物，鼓励病人作四肢的主动运动和早期离床活动，是主要的预防措施。治疗方法可分为非手术和手术治疗两类，应根据病变类型和实际病期而定。

1. 非手术治疗　适用于周围型及超过 3 日以上的中央型和混合型。

（1）一般处理：卧床休息 1~2 周，抬高患肢，禁忌热敷、按摩，避免活动和用力排便，以免引起血栓脱落；适当使用利尿剂以减轻肢体肿胀；病情允许可下床活动时，需穿医用弹力袜或弹力绷带。

（2）溶栓治疗（thrombolysis）：常用的有链激酶（streptokinase，SK）、尿激酶（urokinase，UK）、组织型纤溶酶原激活剂（tissue-type plasminogen activate，t-PA）等，可激活血浆中的纤溶酶原成为纤溶酶，使血栓中的纤维蛋白裂解，达到溶解血栓的目的。可经外周静脉滴注，或经插至血栓头端的静脉导管直接给药。

（3）抗凝治疗（anticoagulant therapy）：抗凝药物具有降低机体血凝功能，预防血栓形成或是有利于血栓形成的静脉再通。常用的有肝素和香豆素类衍生物。

（4）祛聚药物：临床常用低分子右旋糖酐、阿司匹林、潘生丁、丹参等，扩充血容量、降低血黏度，防治血小板聚集，常作为辅助治疗。

2. 手术疗法

（1）取栓术（thrombectomy）：适用于病程在 3~5 日以内的中央型和混合型者。可切开静脉壁直接取栓，对于病情继续加重或已出现股青肿，即使病期较长者，也应行手术取栓以挽救肢体。现多采用 Fogarty 导管取栓术（图 20-7），术后辅以抗凝、祛聚疗法 2 个月，防止再发。

（2）经导管直接溶栓术：适用于急性期中央型和混合型血栓形成。在超声或静脉造影监视引导下穿刺相应静脉，顺行或逆行将溶栓导管置入血栓内注入溶栓药物，使溶栓效果更好且降低出血并发症的发生率，较经周围静脉给药系统溶栓更安全。

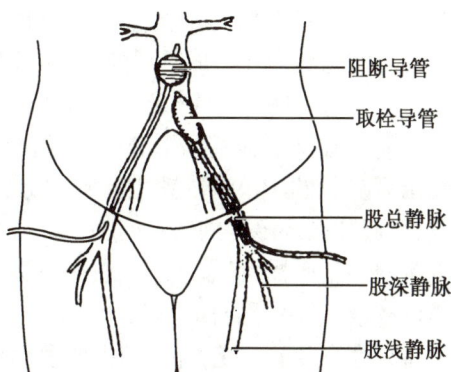

阻断导管
取栓导管

股总静脉

股深静脉

股浅静脉

图 20-7　Fogarty 导管取栓术

【护理评估】

(一) 术前评估

1. 健康史 询问病人有无外伤、手术、感染、妊娠分娩史,有无长期卧床,制动等,有无出血性疾病。

2. 身体状况

(1) 局部:下肢发生胀痛的时间和部位,下肢肿胀和浅静脉扩张的程度;足背动脉搏动有无减弱或消失,小腿皮肤温度和色泽有无改变。

(2) 全身:非手术治疗期间有无出血倾向及治疗效果。

(3) 辅助检查:了解深静脉血栓形成的部位、范围和形态等。

3. 心理-社会状况 观察病人情绪变化,是否了解本病的基本常识,能否正常的生活和工作。家庭其他成员对本病的认识。

(二) 术后评估

1. 术中情况 了解术式和麻醉方式。

2. 术后情况 评估局部包扎固定、切口状况、患肢远端血液循环情况,局部有无感染征象。评估病人肢体功能锻炼和康复状况,病人与家属对本病健康内容的掌握程度和出院前的心理状态。

【主要护理诊断/问题】

1. 疼痛 与静脉血栓形成致血流不畅有关。

2. 焦虑 与担心手术及预后有关。

3. 知识缺乏:缺乏静脉曲张的防治知识。

4. 潜在并发症:术前肺栓塞、深静脉血栓形成后综合征、出血;术后出血、血栓再形成。

【护理措施】

(一) 非手术治疗的护理/术前护理

1. 心理护理 向病人讲解本病相关的知识,消除病人的焦虑或恐惧情绪。

2. 体位与活动 急性发病后 10~14 天内绝对卧床休息,包括在床上大小便,患肢禁止热敷、按摩,以防血栓脱落。卧床时患肢抬高,高于心脏水平 20~30cm,膝关节微屈。进行足背伸屈运动,每日数十次,每次 3~5 分钟,以促进静脉血液回流。下床活动时,穿医用弹力袜或弹力绷带,使用时间因栓塞部位而异,周围型血栓形成使用 1~2 周,中央型血栓形成可用 3~6 个月。

3. 肢体护理 每日定时定位测量肢体周径,一般选膝关节上下各 10cm 处测量并记录。膝关节以下的肿胀提示血栓累及腘静脉或股浅静脉,整个下肢肿胀则提示髂-股静脉血栓形成。深静脉血栓形成后,肿胀可持续数周或数月,甚至终身不消退。

4. 病情观察 严密观察肢体有无股青肿、股白肿出现,一旦发生,及时报告医生并行术前准备。肺动脉栓塞是下肢深静脉血栓形成最严重的并发症,发生率为 20%~40%,约 11% 在出现症状的 1 小时内死亡。肺动脉栓塞是由于血栓脱落所致,较大的血栓脱落进入肺动脉,引起肺循环障碍的一系列临床综合征,严重者甚至威胁病人的生命。病人如果出现呼吸困难、胸痛、心悸、咯血、咳嗽、血压下降、脉快等症状应考虑并发肺栓塞,立即给予平卧,避免作深呼吸、咳嗽、翻身等剧烈活动,给予持续心电监护,高浓度氧气吸入,密切观察生命体征及血氧饱和度的变化,并立即报告医生积极配合抢救。

5. 药物护理 遵医嘱应用抗凝、溶栓、祛聚等药物对症治疗。出血是抗凝、溶栓治疗的严重并发症,且剂量的个体差异很大。治疗期间,应严密观察病人有无牙龈出血、鼻出血、皮肤紫癜、血尿、血便等情况,若出血是由于抗凝剂过量所致,应暂停或减量使用药物,必要时给予鱼精蛋白拮抗。每周定时监测凝血功能,如凝血酶原时间、部分激活凝血酶时间及国际标准化比值等。长期静脉输液或给药者,应避免在同一部位、同一条静脉反复穿刺,尤其是使用对静脉有刺激性的药物时,应注意静脉的保护。输液完毕,穿刺点按压 15 分钟。

6. 疼痛护理 急性期嘱病人绝对卧床休息,抬高患肢以促进静脉血液回流,遵医嘱使用利尿剂和激素,以减轻疼痛。疼痛时禁止按摩和热敷患肢,给予心理支持,必要时给予镇痛药物。

7. 避免腹内压和静脉压增高的因素 多摄入低脂粗纤维的饮食,保持大便通畅;避免长时间站立,肥胖者应有计划地减轻体重。

8. 术前准备 按常规作好术前准备。

(二) 术后护理

1. 体位 抬高患肢高于心脏水平 20~30cm,膝关节略微屈曲,做足背伸屈运动,避免屈膝、屈髋或穿过紧衣物影响静脉回流。

2. 病情观察 心电监护,监测生命体征变化。观察切口敷料有无出血、渗血。观察患肢远端皮肤的温度、色泽、感觉及动脉搏动以了解术后血管的通畅程度及肿胀情况等。

3. 药物护理 继续应用抗凝、溶栓、祛聚、抗感染等药物对症治疗,药物治疗期间避免碰撞及摔倒,用软毛刷刷牙,观察有无出血倾向。

4. 康复护理 行压力仪治疗,以促进静脉回流,防止新的深静脉血栓形成;鼓励恢复期病人逐渐增加活动量,如增加行走距离和锻炼下肢肌肉的活动量以促进下肢深静脉再通和建立侧支循环。

5. 饮食护理 术后 6 小时进食,宜多食含粗纤维的食物。

6. 并发症的观察与护理

(1) 出血:由于术中或术后使用抗凝或溶栓治疗,导致机体处于低凝状态容易引起出血,术后出血多以渗血为主。发现切口渗血或大片皮下淤血,切口迅速肿胀时,应立即报告医生处理。出血控制后,可继续使用抗凝剂和溶栓剂治疗。

(2) 血栓再形成:术后血栓再形成的发生率较高,应予以密切观察和预防。①加强抗凝措施,保证抗凝药物及时、准确地输入。抗凝治疗应不少于 6 个月;②做好患肢护理,指导病人正确使用弹性绷带及弹力袜,促进下肢浅静脉血流入深静脉,使下肢深静脉血流增多、增快。使用时间 3 个月以上;③加强功能锻炼,卧床期间教会病人慢节奏用力行足背伸屈运动,每日数 10 次,每次 3~5 分钟,促进下肢静脉血的回流。

【健康教育】

1. 养成良好的生活习惯 告诫病人要绝对戒烟,指导病人正确使用弹力袜或弹力绷带;避免长距离行走及久站,当患肢肿胀不适时应卧床休息,并抬高患肢;根据患肢情况,逐步恢复正常生活和工作。

2. 患肢保暖 冬季需特别注意患肢保暖并保持室内一定温度,以免在缺血状态下增加组织的耗氧量。

3. 饮食指导 清淡、低脂、多纤维素、少盐饮食,多食新鲜蔬菜瓜果及黑木耳等降低血液黏滞度的食物,多饮水,保持大便通畅,防止血栓形成。

4. 用药指导 严格遵医嘱服用抗凝药物,用药期间观察皮肤黏膜及大小便颜色情况,每周复查一次血常规及出凝血时间。

5. 康复指导 鼓励每日适量运动,原则上每日至少有 10 分钟连续运动,出现疼痛即刻休息,疼痛减轻再继续活动直到预定目标,鼓励逐日增加活动量,避免长时间保持同一个姿势。

笔记栏

扫一扫，
测一测

6. 随访　出院后 3~6 个月门诊复查,告知病人本病有发生静脉瓣膜功能不全的可能;若出现下肢肿胀,平卧或抬高患肢仍无明显消退时应及时就诊。

（刘　芳）

复习思考题

1. 原发性下肢静脉曲张常见的并发症有哪些? 如何防治?
2. 根据血栓闭塞性脉管炎的病因,如何对高危人群进行生活指导?
3. 简述深静脉血栓形成非手术治疗病人正确的体位与活动。

第二十一章

泌尿、男性生殖系统疾病病人的护理

第一节 概 述

> **学习目标**
>
> 1. 描述泌尿、男性生殖系统疾病的主要症状。
> 2. 理解泌尿、男性生殖系统疾病的常用检查方法及注意事项。
> 3. 运用所学知识,对泌尿、男性生殖系统疾病需行检查的病人实施相应护理。

泌尿外科是一门研究和防治泌尿系统、男性生殖系统以及肾上腺疾病的专门学科,自古以来就在临床医学的发展中占有重要的地位。临床症状往往是发现泌尿外科疾病的最初线索,而各种辅助检查则是泌尿外科疾病重要的诊断依据。充分认识泌尿外科疾病常见症状,透彻了解泌尿外科常用各种检查的方法和原理,是对泌尿外科病人实施整体护理的基础。

【解剖生理概要】

泌尿系统由肾、输尿管、膀胱和尿道组成。

1. **肾** 为实质性器官,左右各一,位于脊柱两侧、腹膜后间隙内,属腹膜外位器官。因受肝脏的影响,右肾较左肾略低 1~2cm。肾门为肾的血管、神经、淋巴管及肾盂出入的门户,其在体表的投影点位于腰背部竖脊肌外缘与第 12 肋的夹角处,称为肾区。进入肾门的各结构被结缔组织包裹,称为肾蒂。肾实质由位于表层的肾皮质和深层的肾髓质组成。肾皮质由肾小体和肾小管组成,肾髓质由 15~20 个肾锥体构成。在肾单位和集合管生成的尿液先进入肾小盏,再进入肾大盏和肾盂,最后经输尿管进入膀胱。肾动脉来源于腹主动脉,在肾内呈节段性分布,每支肾动脉分布到一定区域的肾实质称为肾段,每侧肾分为 5 个肾段。肾脏主要的生理功能是产生尿液,排泄人体新陈代谢产物、过剩盐类、有毒物质和药物。肾脏同时还有调节水、电解质、酸碱平衡的功能,从而维持机体内环境的相对稳定。肾脏还是一个内分泌器官,可合成和释放肾素,参与调节动脉血压;调节骨髓红细胞的生成;调节钙的吸收和血清钙水平。

2. **输尿管** 为位于腹膜外位的肌性管道,起自肾盂末端,终于膀胱,全长 20~30cm,由输尿管腹部、输尿管盆部和输尿管壁内部 3 部分组成。输尿管有 3 处狭窄:上狭窄,位于输尿管移行处;中狭窄,位于骨盆上口、输尿管跨越髂血管处;下狭窄,位于输尿管的壁内部。以上狭窄也是结石易发生嵌顿的部位。输尿管的生理功能是通过平滑肌的蠕动和尿液的重力作用,将尿液由肾脏输送至膀胱。

3. **膀胱** 是贮存尿液的肌性囊状器官,成人正常容量为 350~500ml。膀胱空虚状态时呈三棱锥体形,分尖、体、底、颈 4 个部分。膀胱底内面有个三角形区域,位于左右输尿管口和尿道内口之间,称为膀胱三角,是疾病的好发部位。膀胱主要的生理功能是贮存和排泄尿液。

4. 尿道　是将尿液从膀胱排出体外的管道。男、女性的尿道有很大的差异。成年男性尿道长 18~22cm,分为前列腺部、膜部和海绵体部 3 个部分。男性尿道粗细不一,有 3 处生理狭窄,即尿道内口、尿道膜部和尿道外口,尿道结石容易嵌顿于这些狭窄部位。男性尿道还有 2 个弯曲,即耻骨下弯和耻骨前弯,后者可随阴茎向上提起而消失。男性尿道还与生殖系统有着密切的联系。女性尿道较男性尿道短、直、粗,长约 3~5cm,富有扩张性。女性尿道外口与阴道、肛门相邻,易发生尿路感染。

【泌尿、男性生殖系统疾病的主要症状】

泌尿、男性生殖系统疾病引起的主要症状包括疼痛、下尿路症状、尿液异常、尿道分泌物、性功能障碍等。

1. 疼痛　为泌尿系统疾病常见的重要症状,多由于实质性脏器炎症或空腔脏器梗阻使器官肿胀、包膜受到牵张引起。

(1) 肾和输尿管疼痛:肾脏病变引起肾包膜扩张、炎症或者收集系统扩张时,可致肾和输尿管疼痛。疼痛常位于肋脊角、腰部和上腹部,常为持续性钝痛。输尿管痛一般为急性发作,多由尿结石或血块阻塞上尿路引起。肾盂输尿管连接处或输尿管急性完全性梗阻时,可引起剧烈难忍的肾绞痛,疼痛为阵发性,持续几分钟至几十分钟,病人辗转不安、大汗、伴恶心呕吐,疼痛可沿输尿管放射至下腹部、膀胱区、外阴或大腿内侧,间歇期可无任何症状。

(2) 膀胱疼痛:急性尿潴留致膀胱高度扩张时,疼痛常位于耻骨上区域。慢性尿潴留常不出现疼痛或仅有轻微不适。膀胱感染表现为间歇性耻骨上区不适,膀胱充盈时疼痛加重,排尿后疼痛可明显减轻,疼痛常呈锐痛,有烧灼感,往往伴有膀胱刺激症状。

(3) 前列腺痛:前列腺炎时因组织水肿和被膜牵张,可引起会阴、直肠、腰骶部疼痛,有时牵涉到耻骨上区、腹股沟区及睾丸,并伴尿频或尿痛。

(4) 阴囊痛:一般由睾丸或附睾病变引起,包括外伤、精索扭转、睾丸或附睾附属物扭转以及感染。睾丸扭转和急性附睾炎时,可引起睾丸水肿和剧烈疼痛。

(5) 阴茎痛:非勃起状态时发生于膀胱或尿道炎症(如淋病),尿道口可有放射痛。勃起状态时多由包皮嵌顿引起,因阴茎远端包皮和阴茎头血液回流障碍,局部水肿、瘀血所致。

2. 下尿路症状(lower urinary tract symptoms,LUTS)　是所有排尿障碍症状的总称,包括储尿期症状和排尿期症状。前者以刺激症状为主,后者以梗阻症状为主。

(1) 刺激症状

1) 尿频(frequency):指病人感到有尿意的次数明显增加,但每次尿量减少。正常人排尿次数可因年龄、饮水量、气候和个人习惯而不同,一般每天排尿 5~6 次,每次尿量约 300~400ml。引起尿频的原因常有:①泌尿、生殖道炎症;②各种原因引起的膀胱容量减少;③下尿路梗阻所致之残余尿使膀胱的有效容量缩小;④精神因素。正常人夜间排尿次数不超过 2 次,夜间尿频又称夜尿症,常因膀胱出口梗阻和 / 或膀胱顺应性下降引起。良性前列腺增生最常见的早期症状是尿频,以夜尿更明显。

2) 尿急(urgency):指一种突发的、强烈的排尿欲望,且很难被主观抑制而延迟排尿,常与尿频同时存在。以尿急为特征,伴有尿频和夜尿,可伴有或不伴有急迫性尿失禁,称为膀胱过度活动症(overactive bladder,OAB),可见于各种原因引起的膀胱出口梗阻、神经源性排尿功能障碍、泌尿生殖系统感染等。

3) 尿痛(dysuria):排尿时感到尿道疼痛,可发生于排尿的初、中、末期或排尿后。疼痛呈烧灼感,多与膀胱、尿道或前列腺感染有关。尿痛常与尿频、尿急同时存在,合称为膀胱刺激征(urinary irritative symptoms)。

(2) 梗阻症状

1) 排尿困难(difficulty of urination):指尿液不能通畅地排出,包含排尿踌躇、费力、不尽感、尿线无力、分叉、变细、滴沥等。多见于膀胱以下尿路梗阻,如良性前列腺增生。

2) 尿流中断(interruption of urinary stream):指不自主地出现排尿时尿流中断,然后又可以继续排尿,如此反复出现的症状。常伴疼痛,可放射至远端尿道,多见于膀胱结石阻塞膀胱颈部阻断排尿过程而引起,也可见于良性前列腺增生。

3) 尿潴留(urinary retention):指尿液潴留于膀胱内不能排出,分急性与慢性两类。急性尿潴留常由于膀胱颈部以下突然梗阻或腹部、会阴部手术后不敢用力排尿,造成膀胱过度充盈后逼尿肌发生弹性疲劳,暂时失去逼尿功能引起。慢性尿潴留是由于膀胱出口以下尿路不完全性梗阻或神经源性膀胱所致,起病缓慢,不引起疼痛或仅感轻微不适,严重时可伴有充溢性尿失禁。

(3) 尿失禁(incontinence of urine):指尿液不受自主控制而流出。主要分为以下四种类型:

1) 持续性尿失禁:又称真性尿失禁,指尿液持续地昼夜从膀胱或泌尿道瘘中流出,几乎没有正常排尿,膀胱呈空虚状态。常见原因为外伤、手术或先天性疾病引起的膀胱颈和尿道括约肌损伤。

2) 充溢性尿失禁:也称假性尿失禁,是指膀胱功能完全失代偿,膀胱呈慢性扩张,且从未完全排空,当膀胱过度充盈后,尿液不断溢出。夜间多见。见于各种原因如良性前列腺增生等所致的慢性尿潴留。

3) 急迫性尿失禁:指严重尿频、尿急时膀胱不受意识控制就开始排尿,常继发于膀胱炎、神经源性膀胱以及重度膀胱出口梗阻。

4) 压力性尿失禁:指当腹内压突然增高(如咳嗽、喷嚏、大笑、运动等)时,尿液不随意地流出。常见于多次分娩或绝经后的妇女,因阴道前壁和盆底支持组织张力减弱或缺失所致。根治性前列腺切除术因可能会损伤尿道外括约肌,当病人于直立体位时可出现压力性尿失禁。

(4) 遗尿(enuresis):是指除正常自主排尿外,睡眠中出现无意识的排尿。新生儿及婴幼儿为生理性,3岁以后除功能性外,可因神经源性膀胱、感染、后尿道瓣膜等病理性因素引起。6岁以上的儿童遗尿者应行泌尿系统检查。

3. 尿液异常

(1) 尿量异常:正常成人24小时的尿量为1 000~2 000ml。尿量异常包括减少和增多。

1) 尿量减少:24小时尿量少于400ml为少尿,少于100ml为无尿,完全性无尿为尿闭。常见病因有:①肾前性少尿:见于各种原因所致的休克、心衰、缺水等;②肾性少尿:见于各种肾实质性病变;③肾后性少尿:见于因尿路结石、肿瘤压迫所致的尿路梗阻;④假性少尿:见于因前列腺肥大或神经源性膀胱所致的排尿功能障碍。

2) 尿量增多:24小时尿量超过2 500ml称为多尿。常见于大量饮水、输液或运用利尿药物等所致的暂时性多尿;垂体抗利尿激素(ADH)分泌不足或肾小管对ADH反应性降低所致的低比重多尿;糖尿病尿糖过多引起的溶质性利尿。

(2) 血尿(hematuria):指尿液中含有红细胞,可分为肉眼血尿和镜下血尿。肉眼血尿(gross hematuria)指肉眼能见到血色的尿,通常1 000ml尿液中含1ml血液即呈肉眼血尿。镜下血尿(microscopic hematuria)指通过显微镜见到尿中有红细胞者,新鲜尿离心后尿沉渣镜检每高倍镜视野红细胞若超过3个,即有病理意义。根据血尿在排尿过程中出现时间的不同,血尿可分为：①初始血尿：排尿之初有血尿，随后为正常尿液。提示病变位于尿道，一般继发于炎症。②终末血尿：排尿到终末时才有血尿。提示病变位于膀胱颈部或尿道前列腺部，多为炎症引起。③全程血尿：排尿的全过程均为血尿。提示病变位于膀胱或上尿路，以肿瘤的可能性大。

血尿是泌尿系统疾病的重要症状之一，常由肾结核、泌尿系统肿瘤、急性膀胱炎、急性前列腺炎、膀胱结石或损伤等引起，但血尿程度与疾病的严重性并无肯定的相关性。血尿同时伴随的症状、体征，血尿与活动的关系，血尿色泽及血块的形状、大小等情况对病因分析有较大的帮助。如间歇性、无痛性血尿应考虑泌尿系统肿瘤；血尿伴尿频、尿急、尿痛者，考虑结核或非特异性感染；活动后血尿或伴有肾绞痛时，考虑上尿路结石；来自膀胱的血尿可伴有大小不等的血块；来自肾、输尿管的血尿可伴有蚯蚓状血块。

尿液的颜色可受某些药物或食物的影响，如大黄、酚酞、利福平、酚红、嘌呤类药物等能使尿液呈红色、橙色或褐色，并非血尿。有些药物可以引起血尿，如环磷酰胺、别嘌呤醇、肝素、双香豆素等。严重创伤、溶血时因大量红细胞或组织破坏，可导致血红蛋白或肌红蛋白尿。前尿道病变出血或邻近器官出血滴入尿液，也并非血尿。

(3) 混浊尿：尿液呈混浊状，常见有晶体尿、磷酸盐尿、脓尿、乳糜尿等。①晶体尿(crystalluria)：指尿液中盐类呈过饱和状态，其中有机或无机物沉淀、结晶，排出时尿液澄清，静置后有白色沉淀物。②磷酸盐尿(phosphaturia)：是由于磷酸盐在碱性尿液中沉淀而形成，见于餐后或大量饮用牛奶后，可间歇发生。③脓尿(pyuria)：是指新鲜尿离心后尿沉渣镜检每高倍镜视野白细胞 >5 个，提示泌尿系统感染。④乳糜尿(chyluria)：是由于尿液中混有淋巴液或大量蛋白，尿液呈乳白色。若同时含有血液，尿液呈红褐色，为乳糜血尿，常见于丝虫病。

4. 尿道分泌物 大量色黄、黏稠的脓性分泌物是淋菌性尿道炎的典型症状。少量无色或白色、稀薄的分泌物见于支原体、衣原体所致的非淋菌性尿道炎。慢性前列腺炎病人在晨起排尿前或大便后尿道口可出现少量乳白色、黏稠的分泌物。血性分泌物常提示尿道肿瘤的可能。

5. 性功能障碍 男性性功能障碍主要表现为性欲低下、勃起功能障碍(erectile dysfunction，ED)、射精障碍(早泄、不射精和逆行射精)等。其中勃起功能障碍和早泄最常见。

【泌尿、男性生殖系统疾病常用辅助检查及护理】

1. 实验室检查

(1) 尿液检查

1) 尿常规检查：是诊断泌尿系统疾病最基本的检查项目，以新鲜的中段尿为宜。男性如包皮过长，应翻开包皮后收集。女性应清洁外阴，分开阴唇，月经期则不宜收集尿液送检。正常尿液呈淡黄色、透明、弱酸性、中性或碱性，尿糖阴性，含极微量蛋白。

2) 尿沉渣检查：新鲜尿离心后用显微镜技术分析尿沉渣，每高倍镜视野红细胞 >3 个为镜下血尿，白细胞 >5 个为脓尿。同时还可检查有无晶体、管型、细菌、酵母菌、寄生虫等。

3) 尿三杯试验：可初步判断镜下血尿和脓尿的来源和病变部位。在尿流连续不断的情况下，取排尿最初 5~10ml 为第一杯，最后 5~10ml 为第三杯，中间部分为第二杯。如第一杯尿液异常，提示病变在尿道；第三杯尿液异常，提示病变在膀胱颈部或后尿道；三杯尿液均异常，提示病变在膀胱或上尿路。

4) 尿细菌学检查：Gram 染色尿沉渣涂片检查：可初步判断细菌种类；尿结核菌检查：收集12小时或24小时尿液，尿沉渣经抗酸染色做涂片检查或结核菌培养；尿培养及菌落计数：男性取清洁中段尿，女性可经导尿获取标本，以耻骨上膀胱穿刺留取标本最为准确。若菌落

数 $>10^5$/ml，提示为尿路感染。耻骨上膀胱穿刺取尿或有尿路症状的病人，致病菌菌落数 $>10^2$/ml 时就有意义。

5）尿细胞学检查：取新鲜尿沉渣涂片检查，阳性结果提示泌尿道任何部位存在尿路上皮肿瘤的可能，其中膀胱癌阳性率较高。可用于肿瘤的初步筛查或术后随访。

6）肿瘤标志物测定：膀胱肿瘤抗原（bladder tumor antigen，BTA）检测方法简单，对膀胱癌的诊断正确率较高。其他如核基质蛋白（NMP22）、尿纤维蛋白降解产物（FDP）、ABO（H）血型抗原、端粒酶活性、癌胚抗原（CEA）以及荧光原位杂交（FISH）等，均具有一定的临床意义。

（2）肾功能检查

1）尿比重：反映肾脏的浓缩功能和排泄废物的功能。正常尿比重为 1.010~1.030，清晨时最高。尿比重固定或接近于 1.010，提示肾浓缩功能受损严重。尿中多种物质如葡萄糖、蛋白质及其他大分子物质均可使尿比重增高。

2）血尿素氮和血肌酐：二者均为蛋白质代谢产物，主要经肾小球滤过排出。当肾实质损害时，体内蛋白质产物潴留，血肌酐和血尿素氮均升高，且增高程度与损害程度成正比，可用于判断病情严重程度与预后。因血尿素氮易受分解代谢、饮食和消化道出血等多种因素的影响，故血肌酐的测定更为精确。

3）内生肌酐清除率：指在单位时间内肾将若干毫升血浆中的内生肌酐全部清除出体外的比率，接近于用菊糖测定的肾小球滤过率，正常值为 90~110ml/min。

4）酚红排泄试验：94% 的酚红（PSP）由肾小管排泄，所以特定时间内尿中酚红的排出量能反映肾小管的排泄功能。

（3）血清前列腺特异性抗原（prostate specific antigen，PSA）检测：为目前常用的前列腺癌的生物学指标，可用于前列腺癌的筛选、早期诊断、分期、疗效评价和随访。正常值范围为 0~4ng/ml，如 >10ng/ml 应高度怀疑前列腺癌。

（4）前列腺液检查：可经直肠指诊前列腺按摩、再收集尿道口滴出的前列腺液进行检查。正常前列腺液呈淡乳白色，较稀薄，涂片镜检可见多量卵磷脂小体，白细胞 <10 个/高倍视野。如有大量成簇的白细胞出现提示前列腺炎。

（5）精液分析：采用手淫、性交体外排精或取精器获得精液，采集后 1 小时内送检。常规精液分析包括颜色、量、pH、稠度、精子状况及精浆生化测定。检查前 5 天应无性交或手淫，两次采样间隔应大于 7 日。

2. 影像学检查

（1）超声检查：超声检查方便、无创，不需要造影剂，不影响肾功能，被广泛运用于各种泌尿外科疾病的筛选、诊断和随访。临床常用于确定肾肿块性质、结石和肾积水、测定残余尿量、测定前列腺体积等。特殊的探头经直肠及膀胱内做 360° 旋转检查，有助于膀胱癌、前列腺肿瘤的诊断和分期。多普勒超声仪可显示血管内血流情况，确定动、静脉走向，有助于诊断肾血管疾病、睾丸扭转、肾移植排异反应等。在超声的引导下，还可进行穿刺、引流及活检等。

（2）X 线检查

1）尿路平片（plain film of kidney-ureter-bladder，KUB）：是泌尿系统疾病常用的初查方法。可显示肾轮廓、位置、大小及腰大肌阴影，还能显示不透光阴影以及骨性改变如脊柱侧弯、脊柱裂、肿瘤骨转移等。腰大肌阴影消失，提示腹膜后炎症或肾周围感染。侧位片有助于判断不透光阴影如结石的来源。检查前 1 日晚服缓泻剂以清除肠道内的气体和粪便，以确保拍片清晰。

2）静脉尿路造影（intravenous urography，IVU）：即排泄性尿路造影（excretory urography），通过静脉注射有机碘造影剂，注射后 5、15、30、45 分钟分别摄片。肾功能良好者 5 分钟即显影,10分钟后显示双侧肾、输尿管和部分充盈的膀胱。常用于诊断上尿路疾病,同时还可了解分侧肾功能。造影前需做碘过敏试验及肠道准备,禁食、禁水6~12小时,以使尿液浓缩,增加尿路造影剂浓度,使显影更加清晰。

3) 逆行肾盂造影(retrograde pyelography,RP):方法为经膀胱尿道镜行输尿管插管注入有机碘造影剂来显示输尿管和肾集合系统,是IVU的补充性检查手段,主要用于IVU显影不良或碘过敏的病人,同时可引流肾盂尿行细菌学或细胞学检查。体外冲击波碎石术(ESWL)时,输尿管插管注入造影剂可帮助输尿管结石定位和碎石。造影前需行肠道准备,操作中注意动作轻柔,避免损伤。

4) 经皮肾穿刺顺行肾盂造影(antegrade pyelography,AP):是在超声引导下经皮穿刺入肾盂后注入造影剂以显示上尿路形态的一种检查方法。主要用于诊断IVU和RP均不能明确诊断的上尿路病变。也可保留穿刺通道进行经皮肾盂造瘘。

5) 膀胱造影(cystography):将导尿管插入膀胱后注入造影剂,可显示膀胱形态及其病变如损伤、畸形、瘘管、神经源性膀胱及膀胱肿瘤等,是诊断膀胱和尿道外伤、尿道狭窄等下尿路疾病的重要检查方法。严重尿道狭窄不能置入导尿管者,可采用经耻骨上膀胱穿刺注入造影剂的方法进行排泄性膀胱尿道造影,可显示膀胱输尿管回流情况及尿道病变。

6) 血管造影(angiography):方法有直接穿刺、经皮动脉穿刺插管、选择性肾动脉、静脉造影以及数字减影血管造影(DSA)等,适用于肾血管疾病、肾损伤、肾实质肿瘤等。DSA能清晰显示包括直径1mm的血管,可发现肾实质内小动脉瘤及动静脉畸形、瘘等血管异常,并即刻进行栓塞治疗,也可对晚期肾肿瘤进行栓塞治疗。造影前需做碘过敏试验,造影后穿刺点局部加压包扎,平卧24小时,注意观察足背动脉搏动、皮肤温度及颜色、感觉和运动情况。鼓励病人多饮水以加速造影剂的排出,必要时可静脉输液500~1 000ml。

(3) CT:有平扫和增强两种检查方法,主要的诊断依据是器官和病灶的形态组织密度以及增强前后的组织密度变化,适用于鉴别肾囊肿和肾实质性病变,确定肾损伤的范围和程度,肾、膀胱、前列腺及肾上腺肿瘤的诊断和分期,能显示腹部、盆腔转移的淋巴结。CT尿路成像(CT urography,CTU)是在静脉内注射对比剂前后,通过多层螺旋CT对肾盏、肾盂、输尿管及膀胱进行连续扫描,从而获得整个泌尿系统立体图像的成像技术,是一种快速、简单、全面的尿路检查方式,可提供明显优于静脉尿路造影的图像。

(4) 磁共振成像(MRI):能显示被检查器官组织的结构和功能,并可显示脏器血液灌注情况,对分辨肾肿瘤的良恶性、判定膀胱肿瘤浸润膀胱壁的深度、前列腺癌分期、确诊偶然发现的肾上腺肿块等,可提供较CT更为可靠的依据。磁共振血管成像(MRA)是一种无创的血管三维成像技术,适用于肾动脉瘤、肾动静脉瘘、肾动脉狭窄、肾静脉血栓形成的诊断;肾癌分期,特别是了解侵犯肾血管的情况以及肾移植术后血管通畅情况。磁共振尿路成像(MRU)是一种磁共振水成像,它不依赖于肾功能,无需造影剂和插管而显示肾盏、肾盂、输尿管的形态和结构,是了解上尿路梗阻的无创检查。

(5) 放射性核素检查(radionuclide imaging):是通过体内器官对放射性示踪剂的吸收、分泌和排泄过程而显示其形态和功能,其特点为核素用量小,几乎无放射性损害,不影响机体正常生理过程。肾图、动静态肾显影等对判断肾功能、诊断尿路梗阻有一定价值。骨显像可显示全身骨骼系统有无肿瘤转移,如肾癌、前列腺癌骨转移。

3. 器械检查

(1) 常用器械检查

1) 导尿:主要用于收集尿标本,常用于尿液细菌培养试验;协助诊断,通过测定膀胱容量、压力、残余尿并可注入造影剂以确定膀胱有无损伤、尿道有无狭窄、梗阻或损伤;用于治疗如解除尿潴留、膀胱内灌注药物、危重病人进行病情监测等。导尿管的种类包括普通导尿管,用于一般的导尿;气囊导尿管(Foley 导尿管),用于保留导尿及前列腺摘除术后;蕈状导尿管,用于膀胱或肾盂造瘘时。不同规格导尿管以法制(F)表示周径大小,其直径为号数的1/3(mm)。成人导尿通常选择 16~18F 导尿管为宜。禁忌证为急性尿道炎。

2)尿道探条:为一组粗细、型号不同的金属杆形探条。主要用于探测尿道有无狭窄或确定狭窄的部位及程度;确定尿道或膀胱内有无结石;施行尿道扩张术,以预防或治疗因损伤、感染、手术引起的尿道狭窄。操作时首选 18~21F 的探条,动作应轻柔,不能用暴力推进,以免引起后尿道破裂。两次尿道扩张的间隔时间不少于 3 日。有时还需使用线形探条和跟随器导引经尿道进入膀胱。禁忌证为急性尿道炎。

3)膀胱尿道镜:在表面麻醉或骶麻下,经尿道将膀胱镜插入膀胱内,是泌尿外科最重要的内镜诊疗方法。分硬镜和软镜两种,各有其优点。其适应证为:①直接窥查尿道及膀胱有无病变,并通过膀胱镜取活体组织进行病理学检查、钳取异物、破碎结石等;②经双侧输尿管口插入输尿管导管,分别收集两侧肾盂尿进行检查或做逆行肾盂造影;③放置输尿管支架行内引流术或输尿管套石术;④电切镜可施行尿道、膀胱、前列腺等较复杂的手术。禁忌证为尿道狭窄、急性膀胱炎、膀胱容量小于 50ml 者。

4)输尿管镜和肾镜:在椎管麻醉下,将输尿管镜经尿道、膀胱置入输尿管及肾盂。肾镜通过经皮肾造瘘进入肾盂、肾盏。主要用于:直接观察输尿管或肾盂内有无病变;诊断上尿路梗阻、输尿管喷血的原因;取活体组织进行病理学检查;直视下取石、碎石、切除或电灼肿瘤。禁忌证为未纠正的全身出血性疾病、严重的心肺功能不全、未控制的泌尿道感染、病变以下输尿管梗阻及其他膀胱镜检查禁忌者等。

5)尿流动力学(urodynamics)测定:借助流体力学及电生理学的方法,研究和测定尿路输送、储存、排出尿液的功能,为分析排尿障碍的原因、选择治疗方式及评定疗效提供客观依据。目前主要用于下尿路梗阻性疾病(如良性前列腺增生)、神经源性排尿功能异常、尿失禁及遗尿症等的诊断。

6)前列腺细针穿刺活检(needle biopsy of the prostate):是诊断前列腺癌最可靠的检查,有经直肠和经会阴两种途径,采用经直肠超声进行定位引导。穿刺应在 PSA 和磁共振成像检查之后进行,适用于经直肠指诊发现前列腺结节或 PSA 异常的病人。

(2)器械检查病人的护理

1)心理护理:器械检查均属有创检查,术前应充分做好病人及亲属的解释工作。

2)膀胱准备:检查前协助病人清洗会阴,根据检查目的嘱病人排空膀胱或憋尿。

3)严格无菌操作:操作中严格遵守无菌原则,术后常规服用抗生素 2~3 日以预防感染。必要时遵医嘱预防性使用抗生素。

4)避免损伤:操作时动作宜轻柔,忌暴力,尽量减轻病人痛苦并避免医源性损伤。

5)鼓励饮水:金属探条检查及膀胱镜检查后可有肉眼血尿,应鼓励病人多饮水以增加尿量,起到内冲洗作用,2~3 日后常消失。

6)并发症的观察及护理:操作后如出现损伤、出血、感染者,应积极处理,必要时行留置导尿或膀胱造瘘。

【各种留置导尿管及护理】

泌尿外科常见的留置导尿管包括:尿道内留置导尿管、肾造瘘管和耻骨上膀胱造瘘管。

1. 适应证

(1)尿道内留置导尿:常用于危重、截瘫、尿潴留、盆腔手术等病人,以观察、引流尿液。泌尿系统疾病术后可用于持续引流、冲洗和治疗。

(2) 肾造瘘(永久性或暂时性):经手术或经皮穿刺肾造瘘适用于肾积水、肾积脓、肾盂和输尿管手术后。

(3) 耻骨上膀胱造瘘(永久性或暂时性):适用于梗阻性或神经源性膀胱排空障碍所致的尿潴留、尿道外伤、尿道手术或不能经尿道插管引流尿液的病人。

2. 护理措施

(1) 妥善固定:固定好各种导尿管及集尿袋,防止牵拉和滑脱。尿道内置 Foley 尿管者,气囊注水 10~20ml 可起到固定作用。肾、膀胱造瘘管于术后 2 周内需严防脱落,否则尿液外渗到周围组织间隙可引起感染,造成手术失败。

(2) 定时观察:定时观察尿液的颜色、性状,分别记录经造瘘管及尿道排出的尿量及 24 小时总尿量,以判断双侧肾功能。

(3) 保持引流通畅:引流管长度适中,勿使导管扭曲、受压或堵塞。对急性尿潴留、膀胱高度膨胀的病人,一般先放出 500ml 尿液,其余部分在几小时内逐渐放出,并采用间歇性引流。危重病人或肾功能不良者,采用持续引流。若引流不畅,先挤压引流管,必要时用生理盐水冲洗。肾造瘘管不做常规冲洗,必须冲洗时每次冲洗的液量不超过 10ml,病人感觉腰痛时,即停止冲洗。

(4) 防止逆行感染:①无菌集尿袋应低于尿路引流部位,防止尿液反流。②保持造瘘口周围清洁干燥,及时更换潮湿的敷料。尿道内留置导尿管者,每日用 0.5% 碘伏棉球消毒尿道口及外阴 2 次,除去分泌物及血痂。③定时放出集尿袋中的尿液,定期更换连接管及集尿袋。④长期置管者应定时换管。肾、膀胱造瘘管首次换管时间一般为术后 3~4 周,之后可根据情况每 4~6 周更换 1 次。尿道内导尿管每周更换 1 次,蕈形导尿管每 2 周更换 1 次,拔管后间隔 4 小时再安置。⑤尽量不拆卸接口处以减少感染机会,冲洗及换管时严格无菌操作。⑥每周做尿常规和尿细菌培养 1 次,以便及时发现感染。⑦鼓励病人多饮水,以保证足够的尿量,增加内冲洗作用。

(5) 拔管

1) 尿道内留置导尿管的拔除时间根据病种而定。肾损伤病情稳定后即可拔除;膀胱破裂修补术后 8~10 日拔除;前尿道吻合术后 2~3 周、后尿道会师复位术后 3~4 周拔除。

2) 肾造瘘管需在手术 12 日以后拔除。拔管前先试行夹管 2~3 日,若无患侧腰痛、漏尿、发热等不良反应,或经肾造瘘管注入造影剂,证明尿液自肾盂至膀胱排出通畅,即可拔除。拔管后嘱病人取健侧卧位以免漏尿,瘘口通常 1 周后愈合。

3) 膀胱造瘘管一般留置 10 日左右拔除。长期留置膀胱造瘘管的病人,可采取适时夹管、间歇引流的方式以训练膀胱排尿、储尿功能,避免发生膀胱肌无力。拔管前应先行夹管试验,待试行排尿通畅 2~3 小时后才可拔除。拔管后用纱布堵塞并覆盖造瘘口。

第二节　泌尿系统损伤病人的护理

学习目标

1. 简述肾、膀胱、尿道损伤的病因。
2. 理解并比较肾、膀胱、尿道损伤的临床特点及处理原则。
3. 运用相关知识为泌尿系统损伤病人实施整体护理。

案例分析

　　陈先生,41 岁,建筑工人,因会阴部受伤后疼痛伴排尿困难、尿道口滴血 2 小时急诊入院。病人 2 小时前在工地劳动时不慎双腿骑跨于金属栏杆上,伤后立即出现会阴部疼痛,伴排尿困难,用力排尿时疼痛加重,并向阴茎头部放射,尿道口有少量鲜血滴出,遂来院就诊。无明显发热、腹痛、腰痛等不适,精神状态可,肛门排气正常。既往体健,无特殊病史,无烟、酒等不良嗜好。

　　体格检查:T 36.8℃,P 82 次 /min,R 20 次 /min,BP 118/74mmHg。神志清楚,查体合作。腹平软,无压痛、反跳痛及肌紧张。双肾未扪及,双肾肾区无叩击痛。双侧输尿管走行区无压痛,膀胱区膨隆,伴有压痛。阴茎、阴囊、会阴部肿胀淤血,压痛明显。直肠指诊:前列腺不大,未扪及包块,指套无染血。

　　辅助检查:尿 RBC(++);腹部超声提示尿潴留;骨盆前后位 X 线摄片正常;诊断性导尿失败。

　　请问:

　　1. 该病人目前主要的护理诊断 / 问题有哪些?

　　2. 该病人若行手术治疗,术后主要的护理措施有哪些?

　　3. 该病人手术顺利,出院前对病人进行健康教育的主要内容有哪些?

　　泌尿系统损伤是指在外力作用下造成的泌尿系统脏器解剖结构被破坏,继而引起一系列的临床表现,以男性尿道损伤最为多见,肾、膀胱损伤次之,输尿管损伤最为少见。泌尿系统损伤常是胸、腹、腰或骨盆等部位严重损伤的合并伤,因此当有上述部位损伤时,应注意有无合并泌尿系统损伤;确诊泌尿系统损伤时,也要注意有无合并其他脏器损伤。泌尿系统损伤主要的临床表现是尿外渗和出血,膀胱、尿道损伤还可出现排尿困难。

一、肾损伤

　　肾深埋于肾窝,受到肋骨、腰肌、脊柱和腹壁、腹腔内脏器、膈肌的保护,较不易发生损伤。肾损伤(injury of kidney)常是严重多发性损伤的一部分,常与胸、腹部损伤合并存在。多见于成年男性。

【病因】

　　1. 开放性损伤　因刀刃、弹片等锐器直接贯穿致伤,常伴有胸、腹部其他脏器损伤,伤情往往复杂而严重。

　　2. 闭合性损伤　直接暴力如腰、腹部受到撞击、跌打、挤压等使肾损伤或肋骨、椎骨横突骨折片刺伤肾。间接暴力如高处坠跌时发生的对冲伤、突然暴力扭转所致的肾或肾蒂损伤。

　　此外,肾脏本身有病变时,如肾积水、肾肿瘤、肾结核或肾囊性疾病等更易受到损伤,有时极轻微的外力,也可造成严重的"自发性"肾破裂。经皮肾穿刺活检、肾造瘘、经皮肾镜碎石术、体外冲击波碎石等医疗操作也有可能造成不同程度的肾损伤。

【病理与分类】

　　临床以闭合性肾损伤最为常见。根据肾损伤的严重程度,可分为以下病理类型(图 21-1)。

　　1. 肾挫伤　部分肾实质轻微受损,形成肾淤斑和 / 或包膜下血肿,肾包膜及肾盂黏膜完

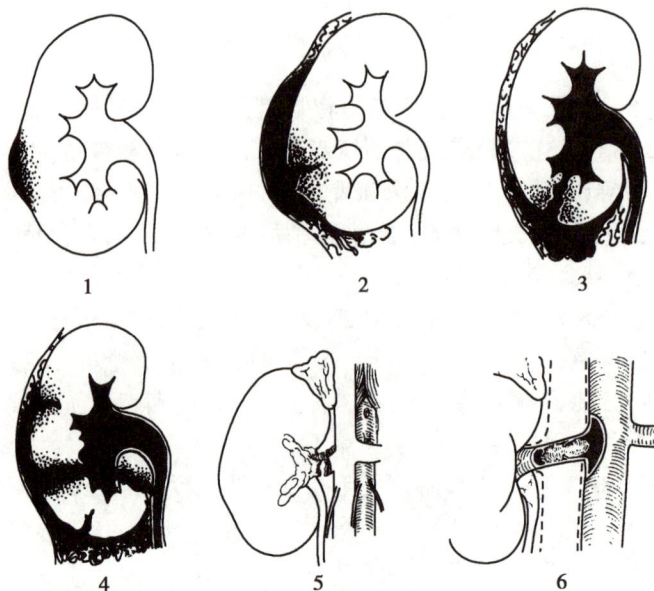

图 21-1　肾损伤的类型

1.肾淤斑及包膜下血肿;2.表浅肾皮质裂伤及肾周围血肿;3.肾实质全层裂伤、血肿及尿外渗;4.肾横断、肾碎裂;5.肾蒂血管断裂;6.肾动脉内膜断裂及血栓形成

整。症状轻微,常可自愈,临床最为多见。

2. 肾部分裂伤　部分肾实质裂伤伴有肾包膜破裂或肾盂肾盏黏膜破裂,形成肾周围血肿或出现明显血尿。

3. 肾全层裂伤　肾实质深度裂伤,外及肾包膜,内达肾盂肾盏黏膜,引起广泛的肾周围血肿、严重血尿和尿外渗。肾横断或碎裂时,可导致部分肾组织缺血。

4. 肾蒂血管损伤　较少见。肾蒂血管部分或全部撕裂可引起严重大出血,常来不及诊治即已死亡。突然的减速运动,如车祸、高处坠落等,可引起肾急剧移位,肾动脉突然被牵拉,致血管内膜断裂,形成血栓,可致肾动脉闭塞、肾功能完全丧失。

知识链接

肾损伤的临床分类

国内一般将肾挫伤及肾部分裂伤归为轻度肾损伤,其他为重度肾损伤。1996 年美国创伤外科协会器官损伤定级委员会(AAST)将肾损伤的严重程度分为 5 级,其中 Ⅰ 级为肾挫伤或不伴有肾实质损伤的肾包膜下血肿;Ⅱ 级为局限于腹膜后肾区的肾周血肿,或肾实质裂伤深度不超过 1.0cm,无尿外渗;Ⅲ 级为肾实质裂伤深度超过 1.0cm,无集合系统破裂或尿外渗;Ⅳ 级为肾损伤贯穿肾皮质、髓质和集合系统,或肾动脉、静脉主要分支损伤伴出血;Ⅴ 级为肾脏碎裂或肾门血管撕裂、离断伴肾脏无血供。需注意的是,如双侧肾均出现Ⅲ级损伤,则应评为Ⅳ级。该肾损伤分级方法与治疗密切相关,目前已被大多数医疗机构所采用。

【临床表现】

1. 症状

(1) 血尿：是肾损伤的主要症状，但其严重程度与损伤程度并不完全一致。肾挫伤时血尿轻微，严重肾裂伤则表现为大量肉眼血尿。如血块堵塞输尿管、肾盂或输尿管断裂、肾蒂血管断裂、肾动脉血栓形成时，血尿则不明显，甚至无血尿。

(2) 疼痛：因肾包膜下血肿、肾周围软组织损伤、出血或尿外渗等原因常引起患侧腰、腹部疼痛。血块堵塞输尿管时可引起肾绞痛。血液或尿液漏入腹腔或合并腹内脏器损伤时，可出现全腹疼痛和腹膜刺激症状。

(3) 休克：严重肾裂伤、肾蒂血管损伤或合并其他脏器损伤时，因创伤和失血常发生休克，可危及生命。

(4) 感染：血肿及尿外渗吸收可致低热，如继发感染形成肾周围脓肿或引起继发性腹膜炎，则出现寒战、高热等全身中毒症状，严重者可发生感染性休克。

2. 体征　可触及腰腹部肿块，为肾周围血肿和尿外渗形成，有明显触痛和肌紧张。开放性肾损伤时应注意伤口的位置及深度。

【辅助检查】

1. 实验室检查　尿常规检查可见大量红细胞。血常规检查时，有活动性出血时血红蛋白与血细胞比容持续降低；继发感染时白细胞计数及中性粒细胞比例升高。

2. 影像学检查

(1) 超声：能提示肾损伤的部位、程度，有无包膜下和肾周血肿、尿外渗，其他器官损伤及对侧肾等情况。

(2) CT、MRI：CT 平扫及增强可清晰显示肾实质裂伤程度、尿外渗和血肿范围，以及肾组织有无活力，并可了解与其他脏器的关系，肾损伤时可作为首选检查。MRI 诊断肾损伤的作用与 CT 类似，但对血肿的显示比 CT 更具有特征性。

(3) 其他检查：传统的静脉尿路造影、肾动脉造影等也可发现肾有无损伤及肾损伤的范围、程度，但临床一般不作为首选。

【治疗原则】

1. 紧急处理　伴大出血、休克者，应迅速给予补液、输血等抗休克措施。尽快明确肾损伤的范围、程度，是否合并其他脏器损伤。做好急症手术探查的准备。

2. 非手术治疗　适用于肾挫伤、轻型肾裂伤及无其他脏器合并损伤的病人。主要措施包括：绝对卧床休息 2~4 周；密切观察生命体征、血尿颜色和腰腹部肿块的变化；积极补充血容量和能量，维持水、电解质平衡，保持足够尿量；早期足量合理使用抗生素预防感染；合理应用止痛、镇静、止血药物。

3. 手术治疗

(1) 开放性肾损伤：此类病人大多需施行手术探查，特别是枪伤或从腹壁进入的锐器伤，需经腹部切口进行手术，包括清创、缝合及引流，并探查腹腔脏器有无损伤。

(2) 闭合性肾损伤：严重肾裂伤、肾蒂损伤者，应尽早手术。非手术治疗期间若发生以下情况也需手术治疗：①积极抗休克治疗后生命体征未见改善，提示有活动性内出血；②血尿进行性加重，血红蛋白和血细胞比容继续降低；③腰、腹部肿块明显增大；④怀疑合并腹腔其他脏器损伤。手术方式包括肾修补、肾部分切除或全肾切除术。肾动脉损伤性血栓者，一旦确诊，尽快行手术取栓或血管置换术。血、尿外渗引起肾周围脓肿时行肾周围引流术。

【护理评估】

(一) 术前评估

1. 相关健康史　重点了解受伤史,如受伤的原因、时间、部位、暴力的性质及强度、受伤至就诊期间的病情变化、已采取的急救措施等。

2. 身体状况

(1) 局部:有无腰、腹部疼痛、肿块和血尿等,有无腹膜炎的症状及体征。

(2) 全身:密切观察病人生命体征及尿色的变化情况,注意有无休克、感染等征象。

(3) 辅助检查:了解血、尿常规检查及影像学检查的结果。

3. 心理 - 社会状况　肾损伤多因意外突然发生,病人焦虑、恐惧心理常较严重,疼痛剧烈、血尿严重或合并胸腹联合伤时,反应更甚。同时应了解病人及亲属对治疗方案、疾病预后的认知程度及经济承受能力。

(二) 术后评估

1. 术中情况　了解麻醉类型及手术方式,术中出血、补液、输血及引流管放置等情况。

2. 术后情况　评估术后生命体征是否平稳;观察伤口愈合情况,引流管、导尿管是否通畅;有无出血、感染等并发症;评估病人是否担心手术预后,能否配合术后治疗及护理。

【主要护理诊断 / 问题】

1. 焦虑 / 恐惧　与肾损伤、血尿、疼痛、害怕手术、担心预后有关。

2. 外周组织灌注无效　与创伤、失血、失液有关。

3. 潜在并发症:休克、感染等。

【护理措施】

(一) 非手术治疗的护理 / 术前护理

1. 心理护理　关心、安慰病人及其亲属,加强沟通、交流,耐心解释肾损伤的病情发展、主要的治疗和护理措施,鼓励病人及亲属积极配合各项治疗及护理工作。

2. 卧床休息　绝对卧床休息2~4周,待病情稳定、血尿消失1周后方能下床活动。过早、过多下床活动有可能造成继发性出血。

3. 病情观察　定时测量生命体征直至平稳;密切观察血尿颜色变化,定期送检尿标本;准确测量并记录腰腹部肿块的大小、观察腹膜刺激征的轻重,以判断血、尿外渗情况;动态检测血红蛋白及血细胞比容,以了解出血情况;注意观察体温和血白细胞计数,以判断有无继发感染。

4. 对症护理　输液或输血以维持体液平衡,保证组织有效灌注量。高热者给予物理或药物降温。腰腹部疼痛明显者,酌情给予止痛、镇静药物。

5. 完善术前准备　有手术指征者,紧急做好各项术前准备。尽量减少搬动,以免加重损伤和休克。

(二) 术后护理

1. 体位与活动　麻醉作用消失、血压平稳者取半卧位以利于引流和呼吸。肾切除术后需卧床2~3日,肾修补术或肾盂切开术后需卧床1周,肾周引流术后需卧床2周。

2. 病情观察　密切观察生命体征、尿液的颜色和量;定期检测血、尿常规和肾功能情况。一侧肾切除者,应注意输液速度不宜过快。

3. 伤口及引流的护理　保持手术切口清洁干燥,下腹壁或会阴部切开引流处敷料如有渗湿应及时更换,以免污染手术切口。肾周围引流管及导尿管均应妥善固定,保持引流通畅,并做好记录。一般于术后3~4日、引流量减少时拔除。若出现感染或尿瘘,应适当延长拔管时间。

【健康教育】

1. 预防出血　为避免继发出血,出院后 2~3 个月内不宜参加体力劳动或竞技运动。

2. 用药指导　一侧肾脏切除的病人应注意保护对侧肾脏,避免服用对肾脏有损害的药物。

二、膀胱损伤

膀胱损伤(injury of bladder)是指膀胱壁在受到外力作用时发生膀胱浆膜层、肌层、黏膜层的破裂,引起膀胱腔的完整性被破坏、血尿外渗。多发生于膀胱充盈时,因其充盈时壁薄且伸展至下腹部,在外力作用下易发生损伤。儿童的骨盆浅,膀胱稍有充盈即可突出至下腹部,也较易受到损伤。

【病因】

1. 开放性损伤　膀胱损伤处与体表相通,多因锐器贯通所致,常合并其他脏器损伤。

2. 闭合性损伤　下腹部直接遭受暴力撞击或挤压,也可因骨盆骨折片刺破膀胱壁引起。产程过长,膀胱壁被压在胎头与耻骨联合之间引起缺血性坏死,可致膀胱阴道瘘。

3. 医源性损伤　见于膀胱镜检查或治疗,如膀胱颈部、前列腺、膀胱癌等电切术以及盆腔手术、腹股沟疝修补术、阴道手术等有时可能伤及膀胱。

4. 自发性破裂　有病变的膀胱(如膀胱结核、膀胱肿瘤晚期、长期接受放射治疗的膀胱)过度膨胀,发生破裂,称为自发性破裂。

【病理与分类】

1. 膀胱挫伤　仅伤及膀胱黏膜或浅肌层,膀胱壁未穿破,无尿外渗,可发生血尿。

2. 膀胱破裂(bladder rupture)　分腹膜外型和腹膜内型两类(图 21-2)。

(1) 腹膜外型:单纯膀胱壁破裂,但腹膜仍完整,尿液外渗到膀胱周围组织及耻骨后间隙,沿骨盆筋膜到盆底,或沿输尿管周围疏松组织蔓延到肾区,引起腹膜外盆腔炎或脓肿。大多由膀胱前壁破裂引起,常伴有骨盆骨折。

(2) 腹膜内型:膀胱壁与覆盖的腹膜一并破裂,裂口与腹腔相通,尿液流入腹腔,引起急性腹膜炎。多见于膀胱顶部和后壁损伤。

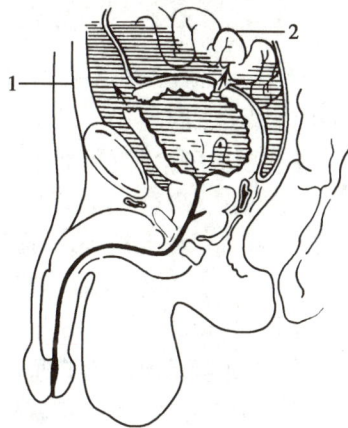

图 21-2　膀胱破裂
1. 腹膜外型;2. 腹膜内型

【临床表现】

膀胱壁轻度挫伤可仅表现为少量血尿,或伴有下腹部轻微疼痛。膀胱壁全层破裂时症状明显,腹膜外型和腹膜内型表现各异。

1. 症状

(1) 腹痛:腹膜内型损伤时,全腹压痛、反跳痛及肌紧张明显。腹膜外型损伤时表现为下腹部疼痛,压痛及肌紧张也仅局限于下腹部。

(2) 血尿和排尿困难:因膀胱破裂后尿液流入腹腔或膀胱周围,故病人虽有尿意,但不能排尿或仅排出少量血尿。

(3) 休克:骨盆骨折所致的剧痛、大出血及膀胱破裂所致的尿外渗或腹膜炎常可引起休克。

(4) 尿瘘:膀胱破裂与体表、直肠或阴道相通时,可表现为伤口漏尿、膀胱直肠瘘或膀胱阴道瘘。

2. 体征　闭合性损伤时,体表皮肤常有皮肤肿胀、血肿和淤斑。腹膜内型膀胱破裂、腹腔尿液较多时移动性浊音阳性。腹膜外型膀胱破裂时直肠指检有触痛及直肠前壁饱满感。

【辅助检查】

1. 导尿试验　膀胱破裂时,导尿管虽可顺利插入膀胱,但仅引流出少量血尿或无尿引出。经导尿管注入生理盐水 200~300ml,片刻后再引出,若抽出量与注入量差异大,则提示膀胱破裂。

2. 影像学检查　腹部 X 线检查可显示骨盆骨折。膀胱造影时如见造影剂外漏,提示膀胱破裂。

【治疗原则】

膀胱破裂的治疗原则为尿流改道、充分引流外渗的尿液、尽早闭合膀胱壁的缺损。

1. 紧急处理　积极进行抗休克治疗如输液、输血、止痛等,尽早应用广谱抗生素预防感染。

2. 非手术治疗　膀胱挫伤或早期较小的膀胱破裂,经膀胱造影显示仅有少量尿外渗且症状较轻者,可经尿道插入导尿管持续引流尿液 7~10 日,并保持通畅,同时应用抗生素预防感染,裂口常可自愈。

3. 手术治疗　膀胱破裂伴有出血和尿外渗且病情严重者,须尽早进行手术治疗。如为腹膜外膀胱破裂,手术清除外渗尿液、修补膀胱裂口;如为腹膜内膀胱破裂,应行剖腹探查,了解其他脏器有无损伤,并做相应处理。也可行腹腔镜膀胱修补术,创伤较小,利用孔道即可观察上腹部其他脏器有无损伤。膀胱修补术后应留置 Foley 导尿管或耻骨上膀胱造瘘,持续引流尿液 2 周。

【主要护理诊断 / 问题】

1. 焦虑 / 恐惧　与膀胱损伤、血尿、排尿困难、担心预后等有关。

2. 疼痛　与膀胱损伤、尿外渗有关。

3. 潜在并发症:休克、感染、尿瘘等。

【护理措施】

(一) 非手术治疗的护理 / 术前护理

1. 病情观察　密切观察病人的生命体征、尿量、腹痛及腹膜刺激征的范围及程度。

2. 留置导尿　其护理参见本章第一节相关内容。

3. 术前准备　有手术指征者,尽快完善各项术前准备工作。尽量减少搬动。

(二) 术后护理

1. 体位与活动　麻醉清醒、血压平稳后取半坐卧位。鼓励病人早期下床活动,以防止肠粘连发生。

2. 饮食　根据手术方式不同选择相应的饮食指导。膀胱造瘘术后6小时可进流质饮食,膀胱破裂修补术后应在肠蠕动恢复后开始进食。

3. 切口的观察及护理　保持手术切口清洁干燥,保证引流通畅,注意观察体温、血液白细胞计数的变化,及早发现感染征象,合理使用抗生素预防感染。

4. 耻骨上膀胱造瘘的护理　参见本章第一节相关内容。

【健康教育】

向病人及家属介绍留置导尿及耻骨上膀胱造瘘的意义及注意事项,教会长期置管病人及亲属自我护理的方法。遵医嘱服药,按时复查。

三、尿道损伤

尿道损伤(urethral injury)在泌尿系统损伤中最为常见,多见于男性。男性尿道在解剖上以尿生殖膈为界,分为前、后两段。前尿道包括球部和阴茎部,后尿道包括前列腺部和膜部。尿道损伤早期处理不当可引起尿道狭窄、尿瘘等并发症。

【病因与分类】

1. 按尿道损伤的部位　前尿道损伤:多发生于球部,因此段尿道固定在会阴部。会阴部骑跨伤时,将尿道挤向耻骨联合下方,易引起尿道球部损伤。反复插导尿管、进行膀胱镜检查也可引起前尿道损伤。后尿道损伤:多发生于膜部。膜部尿道穿过尿生殖膈,当骨盆骨折时,附着于耻骨下支的尿生殖膈突然移位,产生剪切样暴力,使薄弱的膜部尿道撕裂,甚至在前列腺尖处撕断。

2. 按致伤原因分类　开放性损伤:因弹片、锐器伤所致,常伴有阴茎、阴囊、会阴部贯通伤;闭合性损伤:临床多见,常因外来暴力作用于会阴部所致。

【病理】

1. 尿道挫伤　仅尿道内层损伤,阴茎和筋膜完整。水肿和出血程度较轻,常可自愈,愈合后一般不发生尿道狭窄。

2. 尿道裂伤　尚有部分尿道壁完整,可致尿道周围血肿和尿外渗,愈合后可引起瘢痕性尿道狭窄。

3. 尿道断裂　尿道完全离断,断端退缩、分离,血肿和尿外渗明显,可发生尿潴留,用力排尿则发生尿外渗。

【临床表现】

1. 症状

(1) 疼痛:前尿道损伤时表现为伤处疼痛,排尿时疼痛加重并向尿道外口放射。后尿道损伤表现为下腹部疼痛及压痛、肌紧张。伴骨盆骨折者,移动时疼痛加剧。

(2) 尿道出血:前尿道损伤时有尿道口滴血表现,后尿道损伤时表现为初始血尿或终末血尿。如尿道完全断裂,可无血尿出现。

(3) 排尿困难:尿道挫裂伤后因局部水肿或疼痛性尿道括约肌痉挛,可引起排尿困难。尿道完全断裂时,则可发生急性尿潴留。

(4) 休克:骨盆骨折所致的后尿道损伤,常因疼痛、出血而致休克。

(5) 血肿及尿外渗:依损伤部位及程度不同而有不同范围的血肿及尿外渗。尿道球部损伤时,血液及尿液渗入会阴浅筋膜包绕的会阴浅袋,使会阴、阴茎、阴囊和下腹壁肿胀、淤血(图 21-3);骨盆骨折致尿道膜部断裂时,尿液沿前列腺尖而外渗至耻骨后间隙和膀胱周围(图 21-4)。

2. 体征　后尿道断裂时,可触及直肠前方有柔软、压痛的血肿,前列腺向上移位,有浮球感。

【辅助检查】

1. 诊断性导尿　严格无菌操作下轻缓插入导尿管试行导尿。若能顺利进入膀胱,提示尿道损伤不严重,应保留导尿管引流尿液并支撑尿道。如一次插入困难,说明可能有尿道裂伤或断裂,不应勉强反复试插,以免加重局部损伤和导致感染。

2. 影像学检查　骨盆前后位 X 线摄片可显示是否存在骨盆骨折。必要时行逆行尿道造影以确诊损伤部位和程度。尿道挫伤无造影剂外溢,如有外溢则提示部分裂伤;若造影剂未进入后尿道而大量外溢,提示尿道有严重裂伤或断裂。

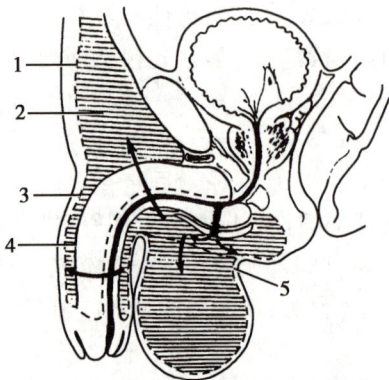

图 21-3　尿道球部损伤的尿外渗范围
1. 前腹壁浅筋膜；2. 外渗尿液；3. 阴茎浅
筋膜；4. 阴茎筋膜；5. 会阴浅筋膜

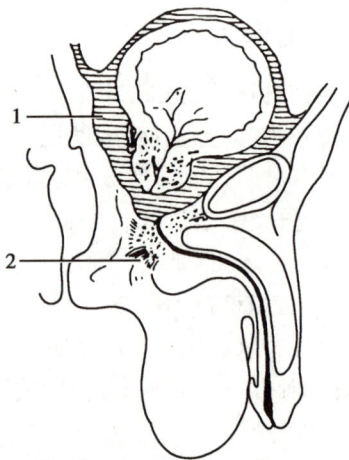

图 21-4　尿道膜部损伤的尿外渗范围
1. 尿液外渗；2. 尿生殖膈

【治疗原则】

局部处理的原则为恢复尿道连续性、解除尿潴留、尿外渗部位切开引流、损伤修复后定期做尿道扩张术以预防尿道狭窄。

1. 紧急处理　损伤严重伴休克者,应及时补液、输血。骨盆骨折病人须平卧,勿随意搬动。尿潴留不宜导尿或未能立即手术者,可先行耻骨上膀胱穿刺抽出膀胱内尿液。

2. 非手术治疗　如能自行排尿则无需导尿,排尿困难但插入导尿管成功者需留置导尿1~2 周。鼓励病人多饮水以保持排尿通畅。应用抗生素预防感染。

3. 手术治疗

(1) 前尿道裂伤导尿失败或尿道断裂:立即行经会阴尿道修补或断端吻合术,并留置导尿管 2~3 周。会阴或阴囊形成大血肿或严重尿外渗者,先行耻骨上膀胱造瘘,3 个月后再修补尿道。尿外渗区域作多个皮肤切口深至浅筋膜下,彻底引流外渗尿液,以预防组织坏死和继发感染。

(2) 骨盆骨折致后尿道损伤:经抗休克治疗病情稳定后行耻骨上高位膀胱造瘘术。尿道不完全断裂者,通常在术后 3 周可恢复自行排尿。病情严重者,留置造瘘 3 个月后再行二期尿道吻合手术。对部分病情不严重、骨盆环稳定的病人,可早期即行尿道会师复位术,术后留置导尿管 3~4 周,以避免二期尿道吻合术。

4. 并发症处理　尿道损伤后常并发尿道狭窄。狭窄轻者术后定期进行尿道扩张即可。如狭窄严重引起排尿困难、尿流变细,可行内镜下尿道内冷刀切开,对瘢痕严重者再辅以电切、激光等手术治疗。如狭窄严重引起尿道闭锁,经会阴切除狭窄段行尿道端端吻合术常可取得满意疗效。

【护理评估】

(一) 术前评估

1. 相关健康史　了解病人受伤的经过,如时间、姿势、暴力性质、强度及作用部位,初步判断有无骨盆骨折同时存在。

2. 身体状况

(1) 局部:评估疼痛的部位及程度,有无放射痛;有无尿道口出血及血尿;有无排尿困难及程度;有无尿潴留等。

(2) 全身:观察病人生命体征,注意有无休克的早期表现;判断有无尿外渗及尿外渗的部位、程度。

(3) 辅助检查:通过导尿试验判断尿道是否连续、完整;了解影像学检查的结果。

3. 心理 - 社会状况　病人多因疼痛、排尿困难、担心预后等出现不同程度的焦虑和恐惧。评估病人及亲属的心理状态,对疾病及预后的认知。

(二) 术后评估

1. 术中情况　包括麻醉及手术方式、术中情况、术后生命体征、切口和引流情况等。

2. 术后情况　如伤口愈合情况、引流管是否通畅、是否合并感染等。后期重点了解是否并发尿道狭窄。

【主要护理诊断 / 问题】

1. 疼痛　与损伤后局部肿胀、尿外渗、手术切口有关。

2. 焦虑 / 恐惧　与尿道损伤、排尿困难、担心尿道狭窄等并发症有关。

3. 排尿障碍　与排尿困难、尿潴留、尿道狭窄有关。

4. 潜在并发症:感染、休克、尿道狭窄等。

【护理措施】

(一) 非手术治疗的护理 / 术前护理

1. 心理护理　尿道损伤多见于男性青壮年,且常因合并骨盆骨折、大出血导致休克,往往病情较重,病人及亲属精神负担大,焦虑、恐惧心理严重。护士应主动关心病人,稳定病人及亲属情绪,鼓励病人及亲属配合治疗。

2. 病情观察　密切观察病人的生命体征、尿量以及疼痛、血肿或尿外渗的范围及程度。

3. 留置导尿的护理　试插导尿管成功者需做好留置导尿的护理。如导尿失败,嘱病人勿用力排尿,以免加重尿外渗。

4. 骨盆骨折的护理　病人应睡硬板床,卧床期间注意预防压疮。

5. 术前准备　需行手术治疗者应在积极抗休克的同时做好充分的术前准备,协助医生行耻骨上膀胱造瘘。

(二) 术后护理

1. 饮食　前尿道损伤术后 6 小时无麻醉反应即可正常饮食,后尿道损伤术后待肠蠕动恢复后开始进食。

2. 伤口及引流的护理　尿外渗行多处切开引流者,应注意观察伤口及引流情况,保持引流通畅。妥善固定导尿管,以防脱出。

3. 留置导尿的护理　尿道修补术或吻合术后需留置导尿 2~3 周,尿道会师复位术后需行尿管牵引,以促进分离的尿道断面愈合。为避免阴茎、阴囊交界处尿道发生压迫性坏死,需掌握牵引的角度和力度。牵引角度以尿管与体轴呈 45° 为宜,尿管固定于大腿内侧,牵引力度以 0.5kg 为宜。牵引时间维持 1~2 周,解除牵引后继续留置尿管 1~2 周,创伤严重者可酌情延长。

4. 耻骨上膀胱造瘘的护理　参见本章第一节概述相关内容。

【健康教育】

1. 预防骑跨伤　日常生活及生产中注意安全,避免发生骑跨伤。

2. 预防尿道狭窄　定期尿道扩张是防止尿道狭窄、解除排尿困难的有效措施,其间隔时间取决于排尿困难的程度。应向病人及亲属解释尿道扩张的意义,鼓励病人坚持定期扩张尿道。

3. 康复指导　部分病人可能发生阴茎勃起功能障碍,可指导其进行心理性勃起训练及采取辅助性治疗。

第三节　泌尿系统结石病人的护理

学习目标

1. 陈述泌尿系统结石的病因,列举泌尿系统结石常用的辅助检查。
2. 解释泌尿系统结石的临床表现,理解其治疗原则。
3. 运用相关知识为泌尿系统结石病人实施整体护理。

案例分析

李先生,38 岁,公务员,因突发左腰部疼痛 2 小时急诊入院。病人 2 小时前无明显诱因突发左腰背部疼痛,疼痛剧烈,呈阵发性绞痛,向下腹部放射,伴恶心、呕吐、出冷汗。发病后解尿 1 次,量不多,呈淡红色。既往体健,无特殊病史。

体格检查:T 37.2℃,P 96 次 /min,R 24 次 /min,BP 128/84mmHg。一般情况可,心肺无异常。腹部紧张,左侧压痛明显,肝脾肋下未及,未扪及腹部包块,无移动性浊音,肠鸣音正常,左侧肾区明显叩击痛,左侧输尿管上段压痛。

辅助检查:急查尿红细胞(+++),白细胞(++);超声检查提示左肾轻度积水,左输尿管上段扩张,下段显示不清晰。

请问:

1. 该病人目前主要的护理诊断 / 问题有哪些?
2. 该病人非手术治疗期间主要的护理措施有哪些?
3. 病人病情稳定后将行体外冲击波碎石治疗,针对该治疗应采取哪些护理措施?

泌尿系统结石(urolithiasis)又称尿石症,是肾、输尿管、膀胱及尿道等部位结石的统称,是最常见的泌尿外科疾病之一。流行病学资料显示,5%~10% 的人在其一生中至少发生过一次尿路结石。我国尿路结石的总发病率为 1%~5%,南方地区高达 5%~10%,男:女为3:1。

一、概述

尿路结石可分为上尿路结石和下尿路结石,前者指肾结石和输尿管结石,后者指膀胱结石和尿道结石,上尿路结石的发病率明显高于下尿路结石。

【病因】

尿路结石的形成机制尚未完全清楚,年龄、性别、种族、遗传、环境因素、饮食习惯、职业等对结石的形成影响很大。身体代谢异常、尿路的梗阻、感染、异物和药物的使用是结石形成的常见病因。重视和解决这些问题,能减少结石的形成和复发。

1. 代谢因素

（1）形成尿结石的物质增加：如尿液中钙、尿酸或草酸排出量增加。长期卧床骨质脱钙、甲状旁腺功能亢进、特发性高尿钙症、肠道吸收钙增多或肾性高尿钙症及肾小管酸中毒等，均使尿钙排出增加；痛风、慢性腹泻及使用抗结核药物和抗肿瘤药物者，尿酸排出增加；内源性合成草酸增加或肠道吸收草酸增加，可引起高草酸尿症；胱氨酸排出量增加常见于家族性胱氨酸尿症病人。

（2）尿 pH 改变：磷酸钙及磷酸镁铵结石易在碱性尿中形成；尿酸结石和胱氨酸结石易在酸性尿中形成。

（3）尿中抑制晶体形成和聚集的物质不足：尿液中的枸橼酸、焦磷酸盐、酸性黏多糖、镁等可抑制晶体的形成和聚集，如含量减少则可促使结石形成。

（4）尿液浓缩：尿量减少致尿液浓缩时，尿中盐类和有机物质的浓度相对增高，易使结石形成。

2. 局部因素

（1）尿路梗阻：可致晶体或基质在引流较差的部位沉积，尿液滞留可继发尿路感染。

（2）尿路感染：泌尿系统感染时，细菌、坏死组织及脓块等均可成为结石的核心，尤其与磷酸镁铵和磷酸钙结石的形成有关。

（3）尿路异物：如长期留置的导尿管、尿路内存在的不可吸收缝线的线头等，均可促使尿液中基质和晶体黏附，还易继发感染而诱发结石形成。

3. 药物相关因素　药物引起的肾结石占 1%~2%。相关的药物有两类：①尿液的浓度高而溶解度比较低的药物，如氨苯蝶啶、治疗 HIV 感染的药物（如茚地那韦）、硅酸镁和磺胺类药物等，这些药物本身就是结石的成分。②能诱发结石形成的药物，如乙酰唑胺、维生素 D、维生素 C 和皮质激素等，这些药物在代谢过程中可引起其他成分结石的形成。

【尿石成分及特性】

通常尿路结石以多种盐类混合而成，草酸钙结石最为常见，磷酸盐、尿酸盐、碳酸盐结石次之，胱氨酸结石罕见。草酸钙结石质硬，不易碎，粗糙，不规则，呈桑葚样，棕褐色，尿路平片易显影；磷酸钙、磷酸镁铵结石与尿路感染和梗阻相关，易碎，表面粗糙，不规则，常呈鹿角形，灰白色、黄色或棕色，尿路平片可见分层现象；尿酸结石与尿酸代谢异常有关，质硬，光滑，多呈颗粒状，黄色或红棕色，纯尿酸结石不被尿路平片所显影；胱氨酸结石质坚，光滑，呈蜡样，淡黄至黄棕色，在 X 光平片下不显影。

【病理生理】

尿路结石通常在肾和膀胱内形成，在排出过程中停留于输尿管和尿道。尿路结石可直接损伤泌尿系统，并继发引起梗阻、感染和恶变，这些病理改变与结石的部位、大小、数目、继发炎症和梗阻程度有关。

肾结石常最先发生于肾盏，增大后向肾盂延伸。结石可造成肾盏颈部梗阻，引起肾盏积液或积脓，进一步可造成肾实质萎缩、瘢痕形成，甚至发展为肾周脓肿。如肾盏结石进入肾盂或输尿管，结石可自然排出，或停留在尿路较狭窄处如肾盂输尿管连接处、输尿管或尿道，可引起急性完全性尿路梗阻或慢性不完全性尿路梗阻。前者在及时解除梗阻后，不影响肾功能；后者可导致渐进性肾积水，使肾实质逐渐受损，出现肾功能不全。结石在肾盏内慢慢长大，充满肾盂及部分或全部肾盏，形成鹿角形结石。结石可合并感染，感染与梗阻又促使结石迅速长大或再形成结石。肾盂和膀胱黏膜可因结石的长期慢性刺激而发生恶变。

二、上尿路结石

肾和输尿管结石(renal and ureteral calculi)称为上尿路结石,以单侧多见,好发年龄为20~50岁。肾结石常位于肾盂和肾盏中,输尿管结石则易停留或嵌顿于生理狭窄处,以输尿管下1/3处最为多见。

【临床表现】

上尿路结石主要的临床表现是与活动有关的疼痛和血尿。其程度与结石的部位、大小、活动度及有无损伤、感染、梗阻等有关。极少数病人可长期无自觉症状。

1. 症状

(1)疼痛:结石大、活动度小的肾盂、肾盏结石,可无明显临床症状,或活动后出现上腹和腰部钝痛。较小的结石在活动或引起输尿管完全性梗阻时,因输尿管平滑肌强烈痉挛,可出现典型的肾绞痛(renal colic)或输尿管绞痛。其特点为:疼痛位于腰部或上腹部,呈阵发性绞痛,剧烈难忍,并沿输尿管行径向同侧腹股沟处放射,还可放射到同侧睾丸或阴唇。疼痛多在深夜至凌晨发作,持续数分钟至数小时不等。发作时病人面色苍白、辗转不安,伴出汗、恶心、呕吐,严重者可出现脉搏细速、血压下降等表现。结石位于输尿管膀胱壁段和输尿管口处或结石伴感染时,可有膀胱刺激症状,男性病人可有尿道和阴茎头部放射痛。

(2)血尿:活动或绞痛后出现肉眼或镜下血尿,以后者多见。有时活动后镜下血尿是上尿路结石唯一的临床表现。血尿的多少与结石对黏膜损伤的程度有关。如结石引起上尿路完全性梗阻或固定不动(如肾盏小结石),则可能没有血尿。

(3)感染和梗阻:继发急性肾盂肾炎或肾积脓时,可出现畏寒、发热等全身症状。小儿上尿路结石以尿路感染为重要的表现,应予以注意。双侧上尿路完全性梗阻时可导致无尿。

(4)排石:少数病人可随尿液排出细小结石,是尿石症的有力证据。

2. 体征　疼痛发作时常有肾区叩击痛。结石引起严重的肾积水时,可触及增大的肾脏。

【辅助检查】

1. 实验室检查

(1)尿液分析:可有肉眼或镜下血尿,伴感染时有脓尿。感染性尿路结石应行尿液细菌及真菌培养。还应测定尿液 pH、钙、磷、尿酸、草酸、胱氨酸等的水平,以进一步确定结石的成因。

(2)血液检查:酌情测定肾功能、钙、磷、肌酐、尿酸等。

(3)结石成分分析:可确定结石性质,也是制定结石预防措施和选用溶石疗法的重要依据。结石分析方法包括物理方法和化学方法两种,物理分析法首选红外光谱分析或 X 射线衍射分析,也可用偏振光显微镜分析结石成分。化学分析法目前少用。

2. 影像学检查

(1)超声:属无创检查,适用于所有的病人包括孕妇、儿童、肾功能不全和对造影剂过敏者,应作为影像学检查首选。能发现 X 线平片不能显示的小结石和透 X 线的结石,还能显示有无肾脏结构改变、肾积水和肾实质萎缩等情况。

(2)X 线:①尿路平片:是诊断尿路结石的重要方法,90% 以上的尿路结石可在 X 线平片上显影。结石过小或钙化程度不高、纯尿酸结石及胱氨酸结石,则不显示。②静脉尿路造影:可评价结石所致的肾结构和功能改变,有无引起结石的尿路异常如先天性畸形等。③逆行或经皮肾穿刺造影:属有创检查,通常不作为首选,可在其他方法不能确定结石部位或结石以下尿路系统病情不明时采用。

(3)CT:平扫 CT 可以发现较小的输尿管中、下段结石,有助于鉴别不透光的结石、肿瘤、血凝块等，以及了解有无肾脏畸形。增强 CT 能显示肾积水的程度和肾实质的厚度，从而反映肾功能的改变情况。

（4）磁共振水成像（MRU）：不能显示尿路结石，一般不用于结石的检查，但能了解结石梗阻后肾输尿管积水的情况，而且不需要造影剂即可获得与静脉尿路造影相似的影像，不受肾功能改变的影响，特别适用于不适合做静脉尿路造影的病人（如造影剂过敏、严重肾功能损害、儿童及孕妇等）。

（5）放射性核素肾显像：不能直接显示尿路结石，主要用于确定分侧肾功能，评价治疗前肾功能受损的情况和治疗后肾功能恢复的情况。

3. 内镜检查　包括经皮肾镜、输尿管肾镜（软镜或硬镜）和膀胱镜的检查，适用于其他方法不能确诊或需同时进行治疗的上尿路结石。

【治疗原则】

尿路结石复杂多变，结石的性质、形态、大小、部位各异，再加上病人的个体差异，因此必须实施个体化治疗，有时需综合各种治疗方法。

1. 病因治疗　少数能找到明确病因的病人，如甲状旁腺功能亢进（主要是甲状旁腺瘤），只有切除腺瘤才能防止结石复发。尿路梗阻者，只有解除梗阻，才能避免结石复发。

2. 非手术治疗　适用于直径 <0.6cm、表面光滑、无尿路梗阻或感染的纯尿酸或胱氨酸结石的病人。

（1）水化疗法：大量饮水配合适当运动可促进较小结石自行排出，降低成石物质的尿饱和度以阻止结石继续生长，还可减少尿路感染的机会，是防治各种成分尿路结石简单而有效的方法。要求每日饮水量达到 2 500~3 000ml，保持每日尿量在 2 000ml 以上。

（2）药物治疗：通过对已排出或经手术取出的结石进行结石成分分析，以确定药物治疗的方案。

1）药物溶石：用于非钙结石。①调节尿 pH：口服枸橼酸钾、碳酸氢钠等药物可碱化尿液，有利于尿酸结石和胱氨酸结石的溶解和消失；口服氯化铵使尿液酸化，有利于防止感染性结石的生长。②调节代谢：别嘌醇可降低血、尿的尿酸含量，可用于治疗尿酸结石；卡托普利有预防胱氨酸结石形成的作用；α- 巯丙酰甘氨酸（α-MPG）、乙酰半胱氨酸有溶石作用。

2）控制感染：感染性结石需控制感染，可根据尿细菌培养及药敏试验结果选择有效抗生素。对严重感染者，应用脲酶抑制剂（如乙酰羟肟酸、羟基脲等），有控制结石长大的作用。

3）解痉止痛：主要用于治疗肾绞痛。常用药物包括非甾体类镇痛抗炎药物如双氯芬酸钠、吲哚美辛及阿片类镇痛药如哌替啶、曲马多等，解痉药如 M 型胆碱受体阻断剂、钙离子通道阻滞剂、黄体酮等。

4）中医药治疗：治疗以清热利湿、通淋排石为主，佐以理气活血、软坚散结。常用中药有金钱草、车前子等，常用成药有尿石通等。也可针刺肾俞、膀胱俞、三阴交、阿是穴等，有解痉、止痛，促进小结石排出的作用。

3. 手术治疗

（1）体外冲击波碎石（extracorporeal shock wave lithotripsy，ESWL）：在 X 线或超声定位下，将高能冲击波聚焦后作用于结石使之粉碎，随后经尿液排出体外。该方法无创、安全、治愈率高，已成为上尿路结石首选的治疗方法。适用于直径 ≤2cm 的肾结石及输尿管上段结石。必要时可重复治疗，但间隔时间以 10~14 天以上为宜，推荐治疗次数不超过 3~5 次。常见的并发症有出血、肾绞痛、"石街"形成、高血压等。禁忌证为结石远端尿路梗阻、妊娠、出血性疾病、严重心血管疾病、主动脉或肾动脉瘤、尚未控制的泌尿系统感染等。过于肥胖、肾位置过高、骨关节严重畸形、结石定位不清等也不适宜采用此法。

(2) 内镜取石或碎石术

1) 经皮肾镜碎石取石术（percutaneous nephrolithotomy，PCNL）：在 X 线或超声定位下，经腰背部皮肤细针穿刺到达肾盂或肾盏，扩张并建立皮肤至肾内的通道，插入肾镜，于直视下取石或碎石。适用于所有需手术干预的肾结石，包括完全性和不完全性鹿角结石、直径≥2cm 的肾结石、有症状的肾盏或憩室内结石、体外冲击波难以粉碎及治疗失败的结石，以及部分 L_4 以上较大的输尿管上段结石，也可与 ESWL 联合应用治疗复杂性肾结石。术中术后出血是 PCNL 最常见和最危险的并发症。凝血机制障碍、过于肥胖穿刺针不能到达肾、脊柱畸形者不宜采用此法。

2) 输尿管镜碎石取石术（ureteroscopic lithotripsy，URL）：经尿道置入输尿管镜，在膀胱内找到输尿管口，直视下套石或取石。若结石较大，可采用超声、激光或气压弹道等方法碎石。适用于因肥胖、结石坚硬、停留时间长而不能采用 ESWL 的中、下段输尿管结石，也可用于处理 ESWL 治疗后所致的"石街"。常见的并发症有感染、黏膜下损伤、假道、穿孔、撕裂等，其中输尿管撕脱或断裂是最严重的并发症。输尿管严重狭窄或扭曲、合并全身出血性疾病、未控制的尿路感染等不宜采用此法。

3) 腹腔镜输尿管切开取石（laparoscopic ureterolithotomy，LUL）：适用于直径 >2cm 的输尿管结石，或经 ESWL、输尿管镜手术失败者，一般不作为首选方案。手术入路有经腹腔和经腹膜后两种，后者只适用于输尿管上段结石。

(3) 开放手术：由于腔镜泌尿外科及 ESWL 技术的普遍开展，仅少数病人需用此法，如结石远端存在梗阻、结石嵌顿紧密及非手术治疗失败、肾积水感染严重或患侧肾无功能等。手术方式有输尿管切开取石术、肾盂切开或肾实质切开取石术、肾部分和全肾切除术等。

【护理评估】

(一) 术前评估

1. 相关健康史 了解病人的一般情况、饮食饮水习惯、生活环境等因素，评估病人有无结石形成的流行病学因素；询问病人既往有无泌尿系统梗阻、感染病史及异物史；了解有无其他可促使结石形成的因素存在，如长期卧床、痛风、甲状旁腺功能亢进等。

2. 身体状况

(1) 局部：评估疼痛的部位、性质和程度，肾绞痛的发作情况，血尿的特点及排尿情况，有无尿石排出。

(2) 全身：了解病人的营养状况，有无继发感染征象。

(3) 辅助检查：通过实验室检查分析是否存在利于结石形成的代谢异常、肾功能是否正常；评估影像学检查有无异常发现。

3. 心理 - 社会状况 急性期病人常因剧烈疼痛而出现焦虑、恐惧心理。疗效不佳、病情反复或后期发展至肾功能减退甚至尿毒症时，病人及亲属常感到忧虑、无助。评估病人及亲属对疾病和预防、治疗等相关知识的认知程度。

(二) 术后评估

1. 术中情况 了解手术及麻醉方式、术中出血、补液等情况，是否放置引流。

2. 术后情况 了解结石排出情况、肾功能恢复情况、切口愈合情况。ESWL 术后要注意是否出现"石街"等并发症。

【主要护理诊断 / 问题】

1. 疼痛 与结石刺激引起炎症、损伤及平滑肌痉挛有关。

2. 知识缺乏：缺乏结石病因、治疗及预防复发等相关知识。

3. 潜在并发症：感染、出血、"石街"形成等。

【护理措施】

(一) 非手术治疗的护理

1. **缓解疼痛**　肾绞痛发作期间应卧床休息,指导病人进行深呼吸、放松以减轻疼痛。遵医嘱使用解痉镇痛药物,观察疼痛情况有无缓解。

2. **饮水及活动**　鼓励多饮水,适当运动,促进结石排出。

3. **病情观察**　定期进行尿常规及尿培养检查,及时发现血尿、尿路感染等情况。每次排尿后应过滤尿液,注意有无结石排出。如有排出应保留结石进行成分分析,以指导结石治疗及预防。

(二) 体外冲击波碎石(ESWL)的护理

1. **术前护理**　向病人介绍 ESWL 具有简单、安全、有效且可重复治疗等优点,解除病人顾虑。交代术前 3 日禁食易产气食物,术前 1 日口服缓泻剂,术日晨禁食、禁饮。告知病人术中不能随意移动体位。

2. **术后护理**

(1) 一般护理:卧床休息 6 小时。若无药物反应,如头晕、恶心、呕吐等即可正常进食,鼓励多饮水。

(2) 体位:无明显全身反应及疼痛者,可适当活动并经常变换体位,以促进碎石排出。指导病人采取正确的排石体位:肾结石碎石后,一般取健侧卧位,同时叩击患侧肾区,以利于碎石由肾盏排入肾盂、输尿管;结石位于中肾盏、肾盂、输尿管上段者,碎石后取头高脚低位;结石位于肾下盏者,取头低位;巨大肾结石碎石后为避免短时间内大量碎石突然充填输尿管而发生堵塞,引起"石街"和继发感染,应采取患侧卧位,以利结石随尿液逐渐排出。

(3) 病情观察:严密观察和记录碎石后的排尿及排石情况,收集结石碎渣进行成分分析,定期拍摄尿路平片观察结石排出情况。

(4) 并发症的观察与护理:①血尿:通常无需特殊处理,可自行消失。严重血尿按医嘱服用止血药。②发热:感染性结石或结石合并感染者,因结石内细菌播散可引起尿路感染,病人常有发热表现。可遵医嘱应用抗生素,高热者采取必要的降温措施。③疼痛:结石碎片或颗粒排出时可引起肾绞痛,可给予解痉、镇痛等处理。④"石街"形成:是 ESWL 治疗后较严重的并发症之一,病人出现腰痛或不适,可继发感染和脏器受损,必要时需经输尿管镜取石或碎石。

(三) 其他手术治疗的护理

1. **术前护理**　向病人及亲属解释内镜碎石术的方法与优点、术中的配合要求及注意事项。除常规术前检查外,需特别注意病人的凝血功能是否正常。术中病人需取截石位或俯卧位,可指导病人于术前进行体位练习,特别是俯卧位练习,以提高对术中体位的耐受性。术前 1 日配血,术前晚行肠道清洁。

2. **术后护理**

(1) 病情观察:观察病人生命体征、尿液颜色及性状。

(2) 引流管的护理:①肾造瘘管:经皮肾镜取石术后常规留置肾造瘘管,目的是引流尿液及残余结石。具体护理措施可参见本章第一节相关内容。②双 J 管:碎石术后于输尿管内放置双 J 管,可起到内引流、内支架的作用,还可扩张输尿管,有助于小结石的排出,防止输尿管内"石街"形成。术后鼓励病人尽早取半卧位,多饮水、勤排尿,避免因活动不当如剧烈活动、过度弯腰、突然下蹲等引起双 J 管滑脱或移位。双 J 管一般留置 4~6 周,经超声或腹部摄片确定无结石残留后,可于膀胱镜下取出。

(3) 并发症的观察与护理:①出血:PCNL 术后早期,肾造瘘管引流液常为血性。若术后短时间内引流出大量鲜红色血性液体,须警惕大出血。此时应嘱病人卧床休息,及时报告医生进行处理,夹闭造瘘管1~3小时,使肾盂内压力增高,达到压迫止血的目的。待出血停止、生命体征平稳后再重新开放造瘘管。②感染:术后密切观察体温变化,遵医嘱应用抗生素,保持引流通畅。

【健康教育】

1. 尿石症的预防　尿石症的发病率和复发率很高,适宜的预防措施可减少或延迟结石的复发。具体措施如下:

(1) 大量饮水:对任何类型的结石都是重要的一项预防措施。成人应保持每日饮水量>2 000ml,尤其是睡前及半夜饮水,效果更好。

(2) 饮食指导:通过调整饮食结构降低结石的复发。含钙结石者应合理摄入钙量;草酸盐结石者应重点限制摄入含草酸多的食物,如菠菜、甜菜、浓茶、巧克力、草莓、麦麸和各种坚果等;尿酸结石者宜低嘌呤饮食,忌食动物内脏,限食各种肉类、鱼、虾等富含嘌呤的高蛋白食物;胱氨酸结石应限食含蛋氨酸的食物,如蛋、奶、肉、花生和小麦等。

(3) 药物预防:草酸盐结石:口服维生素 B_6 可减少草酸盐的排出,口服氧化镁可增加尿中草酸盐的溶解度,减少草酸盐结石的形成。磷酸盐结石:宜选择低磷低钙饮食。口服氯化铵酸化尿液,有利于磷酸盐的溶解,减少磷酸盐结石的形成。尿酸盐结石:口服枸橼酸合剂或碳酸氢钠碱化尿液,可预防尿酸盐结石的形成。

(4) 其他预防措施:尽早解除尿路梗阻、感染、异物等因素,可减少结石形成。积极处理甲状旁腺功能亢进,指导长期卧床者功能锻炼,减少骨脱钙。

知识链接

含钙尿路结石病人饮食钙的摄入指导

饮食调节是含钙尿路结石重要的预防措施。传统观念认为,应对含钙尿路结石病人的饮食钙进行限制,强调低钙饮食。但现有研究发现,低钙饮食虽能降低尿钙的排泄,但可能会导致骨质疏松和增加尿液草酸的排泄,导致尿草酸钙过饱和。摄入正常钙质含量的饮食,限制动物蛋白和钠盐的摄入比传统的低钙饮食具有更好地预防结石复发的作用。正常范围或适当程度的高钙饮食对于预防含钙尿路结石的复发具有临床治疗的价值。因此,除吸收性高钙尿症病人需摄入低钙饮食外,不推荐其他病人摄入限钙饮食。鼓励多食用乳制品(牛奶、干酪、酸乳酪等)、豆腐、小鱼等食品,保证成人每天钙摄入量达到1~1.2g。但是,饮食含钙以外的补钙对于结石的预防可能不利,通过药物补钙来预防含钙结石的复发仅适用于肠源性高草酸尿症。

---

2. 定期复诊　定期行尿液检查及X线或超声检查,观察有无残余结石及结石复发。出现腰痛、血尿等症状时,及时就诊。部分碎石术后病人若带双J管出院,嘱其术后4周回院复查并拔除双J管。

三、下尿路结石

膀胱结石(vesical calculi)和尿道结石(urethral calculi)合称为下尿路结石。原发性膀胱结石好发于10岁以下男童,与营养不良和低蛋白饮食有关,目前临床少见。继发性膀胱结石多见于良性前列腺增生、膀胱憩室、神经源性膀胱、膀胱异物、或由肾及输尿管结石排入膀胱所致。尿道结石常见于男性,多位于前尿道,绝大多数来自肾和膀胱,有尿道狭窄、尿道憩室及异物存在时亦可致尿道结石。

【临床表现】

1. 膀胱结石　典型症状为排尿突然中断并感到疼痛,疼痛常放射至阴茎头部和远端尿道,伴膀胱刺激症状。小儿常用手搓拉阴茎,变换排尿姿势或跑跳后能使疼痛缓解,继续排尿。因结石损伤膀胱黏膜,常伴有终末血尿,合并感染时可出现脓尿。直肠指诊可扪及较大结石。

2. 尿道结石　典型症状为排尿困难、点滴状排尿及尿痛,甚至造成急性尿潴留。前尿道结石可沿尿道扪及,后尿道结石经直肠指检可触及。

【辅助检查】

1. 超声　能发现膀胱及后尿道强光团及声影,还可同时发现膀胱憩室、良性前列腺增生等。

2. X线　能显示绝大多数结石。怀疑有上尿路结石可能时,还需做尿路平片及排泄性尿路造影。

3. 膀胱尿道镜　可直接观察结石的大小、形状和数目,并可发现膀胱及尿道其他病变。

【治疗原则】

1. 膀胱结石　小的结石通过多饮水及配合药物排石,常能自行排出。较大结石可经膀胱尿道镜取石或碎石。结石过大、过硬或有膀胱憩室时,宜采用耻骨上膀胱切开取石。合并严重膀胱感染时,积极应用抗生素治疗,并做耻骨上膀胱造瘘,以加强尿液引流。

2. 尿道结石

(1) 前尿道结石:可在局麻下压迫结石近端尿道以阻止结石后退,向尿道内注入无菌液状石蜡油,轻轻向尿道远端推挤,然后将结石钩出或取出。取出有困难者,可选择内镜下碎石后取出。动作忌粗暴,尽量不做尿道切开取石。

(2) 后尿道结石:可用尿道探条将结石轻轻推入膀胱,再按膀胱结石处理。

主要护理诊断/问题、护理措施、健康教育参见本节上尿路结石相关内容。

第四节　肾结核病人的护理

学习目标

1. 复述肾结核的临床表现。
2. 理解肾结核的病因及病理。
3. 运用相关知识对肾结核病人实施整体护理。

泌尿、男性生殖系统结核是全身结核病的一部分,以肾结核最为常见。肾结核是由结核杆菌引起的慢性、进行性、破坏性病变,好发于 20~40 岁的青壮年,男性较女性多见。儿童和老人发病较少,儿童发病多在 10 岁以上。

【病因与病理】

肾结核的原发病灶多为肺结核,其次为骨关节及消化道结核。结核杆菌自原发病灶经血行播散至肾脏而致肾结核。结核杆菌进入肾后,主要在双侧肾皮质的肾小球周围毛细血管丛内形成多发性微小结核病灶。如病人免疫状况良好、感染细菌的数量少或毒力较小,这种早期微小结核病变可自行愈合,临床上常不出现症状,称为病理性肾结核。如病人免疫能力低下、细菌数量大或毒力较强,结核杆菌经肾小管到达髓质的肾小管袢处,由于该处血流缓慢,血液循环差,易发展为肾髓质结核。病变继续发展穿破肾乳头到达肾盏、肾盂,发生结核性肾盂肾炎,出现临床症状及影像学改变,称为临床肾结核。

肾结核主要的病理改变有结核结节、溃疡、干酪样坏死、空洞及纤维化等,绝大多数为单侧病变。继续发展至输尿管结核时,其管壁纤维化、增粗变硬,管腔呈节段性狭窄,致使尿流下行受阻,引起肾积水甚至发展成为结核性脓肾。输尿管完全闭塞时,因含有结核杆菌的尿液不能流入膀胱,膀胱刺激症状常逐渐缓解甚至消失,这种现象称之为"肾自截"。膀胱结核时膀胱壁广泛纤维化和瘢痕收缩失去伸张能力,膀胱容量显著减少,称为挛缩膀胱。膀胱结核病变及挛缩膀胱常可致输尿管口狭窄或闭合不全,膀胱内压升高,导致肾盂尿液梗阻或膀胱尿液反流,引起肾积水。挛缩膀胱和肾积水都是肾结核晚期常见的并发症。

【临床表现】

临床表现取决于肾脏病变范围及输尿管、膀胱继发结核病变的严重程度。早期多无明显表现,以后随病情进展可出现下列临床表现。

1. 症状

(1) 膀胱刺激症状:为含有结核杆菌的脓尿刺激膀胱黏膜引起,是肾结核的典型症状。尿频往往最早出现,常是病人就诊的主要原因。病变累及膀胱壁发生结核性膀胱炎及溃疡时,尿频加剧,并伴有尿急、尿痛。晚期膀胱挛缩导致容量显著缩小,尿频更加严重,每日排尿次数多达数十次,甚至出现尿失禁现象。

(2) 血尿:是肾结核的重要症状,常为终末血尿。引起血尿的主要原因是结核性膀胱炎及溃疡,在排尿终末膀胱收缩时出血所致。少数肾结核因病变侵及血管,也可出现全程肉眼血尿。血尿通常在膀胱刺激症状发生以后出现,但也有以血尿为初发症状者。

(3) 脓尿:肾结核病人均有不同程度的脓尿。严重者尿如洗米水样,内含干酪样碎屑或絮状物,显微镜下可见大量脓细胞。普通细菌培养结果一般为阴性,称为"无菌性脓尿"。

(4) 腰痛:少数肾结核病变严重时可发生结核性脓肾或继发肾周感染,或输尿管被血块、干酪样物质堵塞时,可引起腰部钝痛或绞痛。

(5) 全身症状:常不明显。晚期肾结核或合并其他器官活动性结核时,可有发热、盗汗、消瘦、贫血、虚弱、食欲缺乏等典型结核症状。严重双肾结核或肾结核对侧肾积水时,可有贫血、水肿、恶心、呕吐、少尿等慢性肾衰的症状,甚至突发无尿。

2. 体征

(1) 肿块:较大肾积脓或对侧巨大肾积水时,腰部可触及肿块。

(2) 硬块、"串珠"样改变:大部分肾结核病人合并生殖系统结核,临床表现最明显的是附睾结核,可触及不规则硬块。输精管结核病变时,输精管变粗变硬呈"串珠"样改变。

【辅助检查】

1. 尿液检查　尿呈酸性,尿蛋白阳性,有较多红细胞和白细胞。尿沉淀涂片抗酸染色约50%~70% 的病例可找到抗酸杆菌,以清晨第一次尿液检查阳性率最高,应至少连续检查3 次。尿结核杆菌培养时间较长(4~8 周)但结果可靠,阳性率可达90%,对肾结核的诊断有决定性意义。

2. 影像学检查　如超声、X 线、CT、MRI 等,对确诊肾结核、判断病变严重程度、决定治疗方案有重要意义。

3. 膀胱镜检查　可见膀胱黏膜充血、水肿、浅黄色结核结节、结核性溃疡、肉芽肿及瘢痕等病变,以膀胱三角区和患侧输尿管口周围较为明显,必要时取活组织检查以明确诊断。如膀胱挛缩容量 <50ml 或有急性膀胱炎时,不宜做膀胱镜检查。

【治疗原则】

肾结核是全身结核病的一部分,应根据病人全身和病肾情况,合理选择药物治疗或手术治疗。其中抗结核药物治疗是基本治疗手段,手术治疗必须在药物治疗的基础上进行。

1. 药物治疗　适用于早期肾结核。目前多采用 6 个月的短程疗法,首选吡嗪酰胺、异烟肼、利福平和链霉素等杀菌药物,其他如乙胺丁醇、环丝氨酸、乙硫异烟胺等抑菌药物为二线药物。应选择 3 种药物联合服用,并且药量要充分,疗程要足够长。治疗中需每月检查尿常规和尿找抗酸杆菌,必要时行静脉尿路造影,以观察治疗效果。

2. 手术治疗　凡药物治疗 6~9 个月无效、肾结核破坏严重者,应在药物治疗的配合下行手术治疗。术前抗结核药物治疗不应少于 2 周。

(1) 肾切除术:肾结核破坏严重,而对侧肾正常,可切除患肾。双侧肾结核一侧广泛破坏呈"无功能"状态,另一侧病变较轻,在抗结核药物治疗一段时间后,择期切除严重的一侧患肾。肾结核对侧肾积水且肾功能代偿不良者,应先引流肾积水,保护肾功能,待肾功能好转后再切除无功能的患肾。

(2) 解除输尿管狭窄的手术:输尿管结核病变致使管腔狭窄引起肾积水。如肾结核病变较轻、功能良好、狭窄较局限、狭窄位于中上段者,可切除狭窄段,行输尿管端端吻合术;狭窄靠近膀胱者,则施行狭窄段切除、输尿管膀胱吻合术,术后放置双 J 形输尿管支架引流管,术后 1~2 个月拔除。

(3) 挛缩膀胱的手术治疗:对侧肾正常、无结核性尿道狭窄的病人,可在患肾切除及抗结核药物治疗 3~6 个月、待膀胱结核完全愈合后行膀胱扩大术。

【主要护理诊断 / 问题】

1. 焦虑 / 恐惧　与结核病病程长,需长期服药或行手术治疗有关。

2. 排尿异常　与结核性膀胱炎、膀胱挛缩有关。

3. 知识缺乏:缺乏疾病治疗相关知识。

4. 潜在并发症:出血、感染、尿漏、肾衰、肝功能受损等。

【护理措施】

(一) 非手术治疗的护理 / 术前护理

1. 心理护理　讲解抗结核药物治疗的长期性和必要性,使病人树立信心,配合治疗。

2. 一般护理　加强营养以增强机体抵抗力,多饮水以减轻结核性脓尿对膀胱的刺激作用。注意休息,避免劳累。

3. 抗结核药物治疗的护理　指导病人按时、足量、足疗程服药。治疗期间注意观察药物的治疗效果及不良反应。因抗结核药物多数有肝毒性,服药期间应同时服用保肝药物,并定期检查肝功能。链霉素对第Ⅷ对脑神经有损害,影响听力,一旦发现应立即停药。勿用和慎用对肾脏有毒性的药物,如氨基糖苷类、磺胺类药物等,尤其是双肾结核、孤立肾结核、肾结核双肾积水的病人。

4. 完善术前准备　完成术前各项常规检查,术前晚清洁灌肠。肾积水病人需经皮留置引流管处理肾积水,等肾积水好转后再行手术治疗。引流期间应做好引流管及皮肤护理。

(二) 术后护理

1. 病情观察　密切观察病人生命体征,及早发现出血迹象。如出现大量血尿、切口内血性引流液 24 小时不见减少或每小时引流量超过 100ml 等情况,应及时报告医生处理。一侧肾切除术后需特别注意健侧肾功能情况,如观察第一次排尿的时间、尿量、颜色等,准确记录24小时尿量。如术后6小时仍无排尿或24小时尿量较少,说明可能存在健侧肾功能障碍,应通知医生处理。

2. 体位与活动　肾切除术病人血压平稳后可取半卧位,鼓励早期适量活动。肾部分切除病人应卧床3~7日,减少活动,避免剧烈咳嗽、用力大便等,以免发生继发出血。

3. 切口与引流管护理　观察切口愈合情况,保持各引流管通畅,做好拔管护理。

4. 并发症的观察与护理

(1) 感染:密切观察体温、白细胞计数、手术切口及敷料情况,保持切口敷料清洁、干燥,遵医嘱使用抗生素。

(2) 尿漏:保持肾窝引流管、双J引流管及导尿管等引流通畅,指导病人避免憋尿及减少腹部用力。若出现肾窝引流管和导尿管的引流量减少、切口疼痛、渗尿、触及皮下有波动感等情况,提示可能发生尿漏,应及时报告医生并配合处理。

【健康教育】

1. 用药指导　强调抗结核药物治疗的长期性和重要性,坚持联合、规律、全程用药,不随意减量或停药,以免结核复发。注意观察服药期间有无恶心、呕吐、耳鸣、听力下降等症状,如有及时复诊。

2. 定期复查　治疗期间应定期进行尿液检查和泌尿系统造影以判断治疗效果。连续半年尿中未找到结核杆菌为稳定阴转,5年不复发即可认为治愈。如有明显膀胱结核或伴有其他器官结核,随诊时间需延长至10~20年或更长。

3. 康复指导　加强营养,注意休息,适当活动,避免劳累。

第五节　良性前列腺增生病人的护理

学习目标

1. 陈述良性前列腺增生的病因及临床表现,列举常用辅助检查。
2. 解释良性前列腺增生的病理特点。
3. 运用相关知识对良性前列腺增生病人实施整体护理。

案例分析

姜先生,71岁,退休干部,因尿频、尿急伴进行性排尿困难6年,加重1年入院。病人自6年前开始出现尿频、尿急、夜尿增多以及排尿无力、尿线细、尿不尽感等症状,期间未规律就医诊治,曾自服中药(具体不详),效果不佳。近1年来症状明显加重,夜尿3~4次/夜。既往健康状况良好,无特殊病史,有烟、酒嗜好,喜食辛辣。自发病以来精神、睡眠较差,大便正常。

体格检查:T 36.3℃,P 78次/min,R 20次/min,BP 128/84mmHg。神志清楚,查体合作,营养状况良好。心肺无异常。腹平软,无压痛。直肠指诊前列腺增大Ⅱ度,中央沟消失,质韧,光滑,无结节。

辅助检查:尿常规正常;PSA 3.5ng/ml;尿流率检查示尿量150ml,最大尿流率8.1ml/s;前列腺超声示前列腺体积73.4ml,中叶略突入膀胱,残余尿量45ml。

请问：

1. 该病人目前主要的护理诊断/问题有哪些？

2. 该病人行经尿道前列腺电切术(TURP)，术后主要的护理措施有哪些？

3. 对病人进行健康教育的主要内容有哪些？

良性前列腺增生(benign prostatic hyperplasia，BPH)也称前列腺增生，俗称前列腺肥大，是引起男性老年人排尿障碍原因中最为常见的一种良性疾病。前列腺增生的发病率随年龄增长而增加，男性自45岁以后，前列腺即可有不同程度的增生，但通常在50岁以后出现临床症状。

【病因】

尚不完全清楚。目前公认老龄和有功能的睾丸是发病的两个重要因素，二者缺一不可。受性激素的调控，前列腺间质细胞和腺上皮细胞相互影响，各种生长因子的作用，随着年龄增长体内性激素平衡失调以及雌、雄激素的协同效应等，可能是前列腺增生的重要病因。

【病理生理】

前列腺腺体由移行带、中央带和外周带三部分组成。良性前列腺增生起源于围绕尿道精阜部的腺体(移行带)，增生的前列腺可将外周的腺体压扁形成假包膜(外科包膜)，并突向尿道，使尿道前列腺部弯曲、伸长、受压，同时前列腺内尤其是围绕膀胱颈增生的平滑肌收缩，可明显增加排尿阻力，引起排尿困难。为了克服排尿阻力，膀胱逼尿肌收缩力增强，出现代偿性肥大，加之长期膀胱内高压，膀胱壁黏膜面出现小梁、小室或假性憩室。膀胱逼尿肌代偿性肥大可发生逼尿肌不稳定收缩，出现尿频、尿急、尿失禁等症状。若发展至逼尿肌失代偿，可导致膀胱不能排空而出现残余尿，严重时可出现充盈性尿失禁。长期排尿困难使膀胱高度扩张或膀胱内高压，尿液反流可引起上尿路积水和肾功能损害。梗阻引起的膀胱尿潴留，还易继发感染和结石。

【临床表现】

前列腺增生的临床表现取决于梗阻的程度、病变发展的速度及是否合并感染等，与前列腺体积大小不完全成比例。

1. 症状

(1) 尿频：是前列腺增生最常见的早期症状，尤以夜间更为明显。其原因早期为前列腺充血刺激引起，随梗阻加重，残余尿量增多，膀胱有效容量减少，后期尿频则更加明显。若合并感染或结石，可有尿频、尿急、尿痛等膀胱刺激症状。

(2) 排尿困难：进行性排尿困难是前列腺增生最重要的症状。病情发展缓慢，早期易忽视。轻度梗阻时表现为排尿迟缓、断续、尿后滴沥等；梗阻严重时表现为排尿费力、射程缩短、尿线细而无力，终呈滴沥状，常需要用力并增加腹压以帮助排尿，排尿终末常有尿不尽感。

(3) 尿潴留、尿失禁：梗阻严重、膀胱残余尿量增多者，长期可导致膀胱收缩无力，发生慢性尿潴留，并可出现充溢性尿失禁。在前列腺增生的基础上，受凉、劳累、饮酒等因素可使前列腺突然充血、水肿，发生急性尿潴留。

(4) 并发症表现：①前列腺增生时因局部充血可发生无痛性血尿。若并发感染或结石，可有尿急、尿痛等膀胱刺激症状。②少数病人晚期可出现肾积水和肾功能不全表现。③部分病人因长期排尿困难导致腹内压增高，可引起腹股沟疝、脱肛或内痔等。

2. 体征　直肠指诊可触及增大的前列腺，质地可硬可软，表面光滑，有弹性，边缘清楚，中间沟变浅或消失。两侧增大可不对称，一般无结节性改变。

【辅助检查】

1. 超声检查　采用经腹壁或直肠途径进行,可观察前列腺的形态、结构、轮廓、是否突入膀胱,测量前列腺体积及膀胱残余尿量。经直肠超声检查对前列腺内部结构显示更为清晰。

2. 尿流率检查　可判断梗阻程度,还可鉴别神经源性膀胱功能障碍、逼尿肌和尿道括约肌功能失调以及不稳定膀胱逼尿肌引起的排尿困难。一般认为排尿量在 150~400ml 时,如最大尿流率 <15ml/s 提示排尿不畅;如 <10ml/s 提示梗阻严重,常为手术指征之一。如需进一步评估逼尿肌功能,应行尿流动力学检查。

3. PSA 测定　前列腺体积较大、有结节或质地较硬时,应测定血清 PSA,以排除合并前列腺癌的可能性。

【治疗原则】

1. 非手术治疗

(1) 观察等待:症状较轻、不影响工作与睡眠者,可暂不治疗。但应密切随访,一旦症状加重,即应开始治疗。

(2) 药物治疗:适用于梗阻症状轻、残余尿量 <50ml 者。常用药物有 α_1 受体阻滞剂、5α 还原酶抑制剂以及植物药等。①α_1 受体阻滞剂:能有效降低膀胱颈及前列腺的平滑肌张力,减小尿道阻力,改善排尿功能。常用药物有特拉唑嗪、阿夫唑嗪、多沙唑嗪、坦索罗辛等。②$5\alpha$ 还原酶抑制剂:是通过在前列腺内阻止睾酮转变为有活性的双氢睾酮,进而使前列腺的体积部分缩小,改善排尿症状。一般服药 3 个月左右见效,但停药后症状易复发,需长期服药,对体积较大的前列腺效果较明显,与 α 受体阻滞剂联用治疗效果更佳。常用药物有非那雄胺和度他雄胺。

2. 手术治疗　对症状严重、存在明显梗阻或有并发症者,应及早行手术治疗。经尿道前列腺切除术(transurethral resection of prostate,TURP)适用于大多数良性前列腺增生病人,是目前最常用的手术方式。近几年来,经尿道前列腺剜除手术和经尿道前列腺激光手术也得到越来越多的应用。开放手术,如耻骨上经膀胱前列腺切除术或耻骨后前列腺切除术,仅在巨大的前列腺或有合并巨大膀胱结石时选用,手术疗效肯定,但有一定痛苦和并发症。如有尿路感染、残余尿量较多或肾积水、肾功能不全时,宜先留置导尿管或膀胱造瘘管引流尿液并加强抗感染治疗,待上述情况明显改善后再行择期手术治疗。

3. 其他治疗方法　经尿道球囊扩张术、前列腺尿道支架以及经直肠高强度聚集超声(HIFU)等对缓解前列腺增生引起的梗阻症状均有一定疗效,适用于不能耐受手术治疗的病人。

【护理评估】

(一) 术前评估

1. 相关健康史　了解病人的年龄、生活习惯、饮食习惯、排尿习惯、烟酒嗜好等;了解既往健康状况,有无其他伴随疾病,如心血管疾病、糖尿病等;询问近期有无服用性激素类药物或可能影响膀胱出口功能或导致下尿路症状的药物。

2. 身体状况

(1) 局部:了解病人排尿困难的程度、排尿次数,有无血尿、膀胱刺激症状等;

(2) 全身:了解病人的营养状况、重要脏器功能状况,对手术的耐受性。

(3) 辅助检查:了解超声检查的结果,如前列腺的大小、残余尿量;了解尿流率检查结果,可提示尿路梗阻程度。有无肾积水及程度、肾功能情况。

3. 心理 - 社会状况　评估疾病是否给病人带来极大的精神压力;病人及亲属是否了解

疾病治疗及护理的相关知识。

（二）术后评估

1. 术中情况　了解手术方式，术中放置引流情况。

2. 术后情况　评估膀胱引流管是否通畅，膀胱冲洗液的颜色、血尿程度及持续时间；是否出现膀胱痉挛；有无出血、尿失禁、TUR 综合征等并发症。

📖 知识链接

国际前列腺症状（IPSS）评分

国际前列腺症状评分（International Prostate Symptom Score, IPSS）是量化前列腺增生病人下尿路症状的方法，是国际公认的判断前列腺增生病人下尿路症状严重程度的主观反映，与最大尿流率、残余尿量以及前列腺体积无明显相关性。生活质量评分主要了解良性前列腺增生所致的下尿路症状对病人生活质量的影响程度。

国际前列腺症状（IPSS）评分表

在最近一个月,您是否有以下症状?	无	在五次中					症状评分
		少于1次	少于半数	大约半数	多于半数	几乎每次	
1. 是否经常有尿不尽感?	0	1	2	3	4	5	
2. 两次排尿间隔是否经常少于两小时?	0	1	2	3	4	5	
3. 是否曾经有间断性排尿?	0	1	2	3	4	5	
4. 是否有排尿不能等待现象?	0	1	2	3	4	5	
5. 是否有尿线变细现象?	0	1	2	3	4	5	
6. 是否需要用力及使劲才能开始排尿?	0	1	2	3	4	5	
7. 从入睡到早起一般需要起来排尿几次?	没有	1次	2次	3次	4次	5次	
	0	1	2	3	4	5	

症状总评分 =0~35 分

轻度症状 0~7 分；中度症状 8~19 分；重度症状 20~35 分。

生活质量指数（QOL）评分表

	高兴	满意	大数满意	还可以	不太满意	苦恼	很糟
8. 如果在您今后的生活中始终伴有现在的排尿症状,您认为如何?	0	1	2	3	4	5	6

QOL 评分（0~6 分）是病人受下尿路症状困扰程度及容忍程度。

【主要护理诊断 / 问题】

1. 焦虑 / 恐惧　与病程长、疾病影响生活、担心手术及预后有关。

2. 排尿障碍　与尿频、排尿困难、留置导尿和手术刺激等有关。

3. 疼痛　与手术、导管刺激引起的膀胱痉挛有关。

4. 潜在并发症:TUR 综合征、出血、尿失禁、尿道狭窄等。

【护理措施】

(一)非手术治疗的护理/术前护理

1. 心理护理 向病人介绍留置导尿的意义、各种手术方法的特点、术后膀胱冲洗的重要性等相关知识,减轻病人焦虑,更好地配合各项治疗及护理。

2. 一般护理 前列腺增生以老年人较为多见,应为病人提供安静、舒适、便利的治疗环境,协助做好生活护理,如搀扶病人如厕、帮助递送便器、整理衣裤等。

3. 用药护理 熟悉治疗前列腺增生常用的药物,观察记录用药后症状改善的情况,如排尿次数、每次尿量等及药物的副作用,如头晕、头痛、恶心等。

4. 预防尿潴留 主要的预防措施有:①避免诱因:如着凉、劳累、便秘等不良刺激可诱使增生的前列腺突然充血、水肿而发生急性尿潴留,应注意避免。②饮食指导:禁饮酒,忌食辛辣刺激性食物。应多食含纤维丰富的食物,以保持排便通畅。避免短时间内大量饮水或饮用有利尿作用的饮料如咖啡、茶等,以免膀胱急剧扩张导致张力失调。③排尿指导:指导病人有尿意时及时排尿,勿憋尿,以防止膀胱高度扩张。

5. 各种导尿管的护理 病情较重或出现尿潴留者,常需施行导尿术。如导尿失败,可行耻骨上膀胱穿刺或膀胱造瘘。长期尿潴留病人膀胱内炎症较重,术前应留置导尿管,必要时进行膀胱冲洗,以减轻膀胱炎症,预防感染。

6. 术前准备 完善术前各项检查,改善病人全身状况,提高对手术的耐受性。拟行经尿道前列腺电切术者,术前需协助医生扩张尿道,以保证手术时顺利插入电切镜。

(二)术后护理

1. 病情观察 老年人多伴有心、肺等慢性疾病,术后应严密观察病人的意识状态及生命体征,及早发现麻醉及手术刺激引起的并发症。

2. 体位与活动 麻醉作用消失、病情平稳后给予半卧位。术后 24 小时内常规牵拉气囊导尿管固定于病人大腿内侧,其目的是使气囊压迫于前列腺窝内而起到预防出血的作用。嘱病人保持牵引侧下肢处于伸直状态,坐起或肢体活动时防止气囊移位而导致出血。术后 1 周逐渐离床活动。

3. 饮食 术后 6 小时无恶心、呕吐,即可进流质。鼓励多饮水,1~2 日后无腹胀则恢复正常饮食。避免腹内压增高及便秘,禁止灌肠或肛管排气,以免造成前列腺窝出血。

4. 膀胱冲洗的护理 前列腺术后创面易出血,为防止血块形成造成导尿管阻塞,需用生理盐水持续膀胱冲洗 3~7 日。冲洗时应注意:①冲洗液温度以 25~30℃为宜(膀胱内出血时可用 4℃冷冲洗液)。②冲洗速度应根据尿色而定,色深则快、色浅则慢。若尿色深红或逐渐加深,说明有活动性出血,应及时通知医生处理。③保持膀胱冲洗系统通畅,如发现引流不畅,应及时查找并解除原因,以免造成膀胱充盈、膀胱痉挛而加重出血。如为血块阻塞,可采取挤捏尿管、加快冲洗速度、施行高压冲洗、调整导管位置等措施。如无效,可用注射器吸取无菌生理盐水进行反复抽吸冲洗,直至引流通畅。④严格执行无菌操作原则,流出液不可回流至膀胱,以免引起逆行感染。⑤准确记录冲洗量和排出量,计算尿量=排出量-冲洗量。⑥注意观察病人反应,如病人感剧痛、有鲜血和排出量少于冲洗量等情况应停止冲洗,及时与医生联系。

5. 膀胱痉挛的护理 膀胱痉挛可引起阵发性剧痛并诱发出血,多因逼尿肌不稳定、导管刺激、血块堵塞冲洗管等原因引起。应及时安慰病人,注意膀胱冲洗液温度适宜,保持尿管引流通畅,必要时遵医嘱给予镇静、止痛、解痉药物。

6. 预防感染及其他并发症 因留置导尿加之手术所致的免疫力低下,易发生尿路感染和精道感染。术后应加强留置导尿的护理,每日用 0.5% 碘伏棉球擦拭尿道外口 2 次,及时清除导尿管前端周围和会阴部分泌物。加强老年人的基础护理及生活护理,防止压疮发生,预防心肺并发症。

7. 不同手术方式的特殊护理

(1) 经尿道前列腺切除术:因术中应用大量冲洗液进行膀胱冲洗,冲洗液被吸收后可使血容量急剧增加,形成稀释性低钠血症,称为 TUR 综合征。病人可在几小时内出现烦躁、恶心、呕吐、抽搐、昏迷等表现,严重者还可出现肺水肿、脑水肿、心力衰竭等。术后应密切观察病人有无 TUR 综合征的各项表现,如发现异常,立即报告医生,减慢输液速度,吸氧,遵医嘱给予利尿剂、脱水剂及各项对症处理措施。

(2) 开放性手术:耻骨后引流管于术后 3~4 日、待引流量很少时拔除。导尿管留置时间的长短与手术方式有关,耻骨上前列腺切除术后 7~10 日、耻骨后前列腺切除术后 3~4 日拔除导尿管。部分病人可于拔管后出现暂时性尿频或尿失禁现象,应指导病人于术后 2~3 日进行肛提肌训练或辅以针灸、理疗等措施,一般在 2 周后可逐渐恢复。

【健康教育】

1. 日常生活指导　采用药物或其他非手术治疗者,应注意避免因受凉、劳累、饮酒、便秘而引起急性尿潴留。鼓励多饮水,饮食以易消化、纤维丰富的食物为宜,预防便秘。戒烟酒,禁辛辣刺激食物。术后 2 个月内避免剧烈活动,如跑步、骑自行车、久坐、提重物等,防止前列腺窝创面继发性出血。

2. 康复指导　术后前列腺窝的修复需 3~6 个月,因此术后可能仍会有排尿异常现象。如有溢尿现象,指导病人经常进行肛提肌训练,其方法是吸气时缩肛,呼气时放松肛门括约肌,可促进尿道括约肌功能恢复。

3. 性生活指导　前列腺经尿道切除术后 1 个月、经膀胱切除术后 2 个月可恢复性生活。前列腺术后常会出现逆行射精,并不影响性交。少数病人可出现阳痿,应查明原因后做针对性治疗,同时加强心理护理。

4. 定期复查　定期做尿流动力学、前列腺超声检查,复查尿流率及残余尿量。TURP 术后可能发生尿道狭窄,术后若尿线逐渐变细,甚至出现排尿困难者,应及时到医院检查和处理。

第六节　泌尿、男性生殖系统肿瘤病人的护理

学习目标

1. 复述肾细胞癌、膀胱癌、前列腺癌的病因。
2. 理解肾细胞癌、膀胱癌、前列腺癌的临床特点及治疗原则。
3. 运用相关知识对泌尿、男性生殖系统肿瘤病人实施整体护理。

案例分析

程先生,56 岁,制鞋厂工人,因间歇性无痛肉眼血尿 1 个月就诊。病人自 1 个月前无明显诱因反复出现全程无痛肉眼血尿,排尿终末血尿加重,可见少许团块状血凝块,无明显尿频、尿急、尿痛及夜尿增多表现,无明显发热、腰痛、腹痛等不适。自发病以来

精神、食欲、睡眠可，无明显消瘦，大便正常。既往体健，无特殊病史。有 30 余年抽烟史，每天约 25 支。无饮酒嗜好。

体格检查：T 36.8℃，P 78 次/min，R 20 次/min，BP 118/76mmHg。一般情况可，营养良好。皮肤巩膜未见明显黄染，浅表淋巴结未触及。心肺无异常。腹平软，无压痛，未扪及腹部包块。直肠指诊前列腺体积稍增大，质地中等，无压痛及结节，中央沟存在。双合诊未触及病灶。

辅助检查：尿常规示 RBC(++)，WBC(+)；尿道膀胱镜检查见膀胱右侧壁有一 2.8cm×2.0cm×2.5cm 大小的乳头状新生物，组织活检示膀胱低级别乳头状尿路上皮癌。

请问：

1. 该病人目前主要的护理诊断/问题有哪些？

2. 该病人拟行膀胱部分切除术，术前、术后主要的护理措施有哪些？

3. 病人术后恢复良好，准备出院，对其进行健康教育的内容有哪些？

泌尿及男性生殖系统各部位均可发生肿瘤，大多数为恶性。我国最常见的是膀胱癌，其次是肾细胞癌、前列腺癌。欧美国家则以前列腺癌最为常见。

一、肾细胞癌

肾细胞癌（renal cell carcinoma，RCC）又称肾腺癌，简称肾癌，为起源于肾实质肾小管上皮系统的恶性肿瘤，占肾脏恶性肿瘤的 80%~90%，高发年龄为 50~70 岁，男女发病比例约为 (2~3)：1。

【病因】

病因尚未完全明了，可能与吸烟、肥胖、高血压、饮食、职业接触（如芳香族类化合物）、遗传因素（如 VHL 抑癌基因突变或缺失）等有密切关系。

【病理】

肾细胞癌起源于肾小管上皮细胞，以透明细胞癌较为常见，常累及一侧肾脏，多单发。肾癌穿透包膜后可直接侵入周围筋膜及邻近器官，也可直接扩展至肾静脉、下腔静脉形成癌栓，经血液和淋巴途径转移。淋巴转移的首站为肾蒂淋巴结，血行转移常至肺、脑、骨、肝等。

【临床表现】

1. 症状

(1) 肾癌"三联症"：即血尿、肿块和疼痛，但三大症状均出现时已属晚期。①血尿：常为就诊的首发症状，其特点为无诱因的间歇性、无痛性、全程肉眼血尿。②肿块：肿瘤较大时可在腹部或腰部发现肿块，质坚硬，表面不平，活动度差。③疼痛：晚期由于肿瘤压迫肾包膜或牵拉肾蒂而引起腰部钝痛或隐痛，偶可因血块堵塞输尿管引起肾绞痛。由于超声、CT 等检查手段的普及，早期肾癌的检出率明显升高，肾癌病人出现典型"三联症"者目前临床较为少见。早期肾癌常无明显症状，约有半数病人在体检时或 CT 偶然发现，称为"偶发肾癌"或"无症状肾癌"。

(2) 副瘤综合征：约有 10%~20% 的肾癌病人出现副瘤综合征，常见表现有低热、高血压、红细胞沉降率增快、消瘦、贫血、体重减轻等。

(3) 转移症状：约 30% 的病人因远处转移而出现转移部位相应表现，如病理性骨折、咯血等。

2. 体征　早期肾癌体征不明显。体积巨大的肾癌可出现腹部肿块;有淋巴转移者可出现左侧锁骨上淋巴结肿大;有下腔静脉癌栓严重阻塞静脉回流者可出现双下肢水肿;左肾肿瘤肾静脉癌栓者可出现不受体位改变而变化的左侧精索静脉曲张。

【辅助检查】

1. 超声　无创伤,简便易行,可检出直径 >1cm 的肿瘤,可作为肾癌的常规筛查。典型的表现为不均质的中低回声实性肿块。

2. X线　尿路平片可见肾外形增大、边缘不规则,偶有钙化影。静脉肾盂造影或逆行性肾盂造影可见肾盏、肾盂有不规则变形、狭窄、拉长或充盈缺损。

3. CT、MRI　CT 可发现 0.5cm 以上的病变,是目前诊断肾癌最可靠的影像学方法,有助于早期诊断和鉴别肾实质内肿瘤的性质、判断分期及指导选择手术方式。MRI 对肾癌诊断的准确性与 CT 相仿,但在了解邻近器官有无侵犯、肾静脉或下腔静脉有无癌栓等方面优于 CT。

4. 肾动脉造影　可显示肾癌引起的血管病理改变,也可同时进行肾动脉栓塞治疗,减轻术中出血,降低手术难度。

【治疗原则】

应根据临床分期制定治疗方案,采取以手术为主的综合治疗。

1. 手术治疗　肾癌一经确认,应尽早行手术治疗。主要的手术方式有根治性肾切除术(radical nephrectomy,RN)和保留肾单位手术(nephron sparing surgery,NSS)。根治性肾切除术的切除范围包括病侧肾周筋膜、肾周脂肪、病肾、同侧肾上腺、从膈肌脚到腹主动脉分叉处腹主动脉或下腔静脉旁淋巴结及髂血管分叉处以上的输尿管,如合并肾静脉或下腔静脉内癌栓应同时取出。保留肾单位手术范围为完整切除肿瘤及肿瘤周围肾周脂肪组织。近 10 年来,肾癌手术已由开放性手术向微创(腹腔镜、机器人辅助腹腔镜)手术转变。除以上两种手术治疗外,肾癌也可选择射频消融、冷冻消融、高能聚焦超声、肾动脉栓塞等治疗方法。

2. 放射治疗　术前应用可减小肿瘤体积,术后放疗可减少局部复发。晚期肾癌不能切除时,放疗可减轻疼痛、血尿、肿瘤毒性等症状。

3. 化学药物治疗　对肾癌的治疗效果不理想。

4. 生物及免疫治疗　干扰素 -α(INF-α)、白细胞介素 -2(IL-2)对缓解病情、预防复发有一定作用。目前临床适用于肾癌的靶向治疗药物包括舒尼替尼等酪氨酸激酶抑制剂(TKI)和替西罗莫司等 mTOR 抑制剂两大类,可显著延长晚期病人的总体生存期。

【护理评估】

(一) 术前评估

1. 相关健康史　了解病人年龄、性别、生活及职业环境等基本资料,询问病人有无烟酒嗜好、既往有无肾结石病史及家族史。

2. 身体状况

(1) 局部表现:了解病人有无血尿、腰痛、肿块等表现;评估腰痛的性质;腹部或腰部能否触及肿块。

(2) 全身:了解病人有无消瘦、贫血、体重减轻等恶病质表现;了解有无肾外表现或远处转移表现。

(3) 辅助检查:了解超声、X 线平片、CT、MRI 等各项辅助检查结果,判断病情严重程度及分期。

3. 心理 - 社会状况　病人及亲属往往一时难以接受现实,因担心手术、预后等而出现悲伤、焦虑、恐惧心理反应。评估病人及亲属对疾病及治疗的认知程度。

（二）术后评估

1. 术中情况　了解麻醉及手术方式；术中失血、补液情况；引流管放置情况。

2. 术后情况　观察病人生命体征、切口及引流情况；有无出血、感染等并发症表现。

【主要护理诊断 / 问题】

1. 焦虑 / 恐惧　与担心手术及疾病预后有关。

2. 知识缺乏：缺乏疾病诊断、治疗、康复等方面的知识。

3. 潜在并发症：术后出血、肾功能不全、感染等。

【护理措施】

（一）术前护理

1. 心理护理　主动与病人沟通，稳定病人情绪，积极配合治疗。

2. 改善营养状况　指导病人进食营养丰富、易消化的食物，必要时给予营养支持。贫血严重者少量多次输血，以提高免疫能力。

（二）术后护理

1. 病情观察　密切监测生命体征、24 小时尿量等，及早发现并发症。

2. 体位与活动　根治性肾切除术后 6 小时取半卧位，鼓励病人适量早期活动。肾部分切除术病人应卧床 10~14 日，以免过早活动引起出血及肾下垂。

3. 饮食　胃肠道功能恢复后开始进食，必要时行静脉营养支持。

4. 引流管的护理　妥善固定各种引流管，保持通畅并记录引流情况，若无引流液排出，可于 2~3 日拔管。

5. 肾动脉栓塞病人的护理　肾动脉栓塞术后应注意观察足背动脉搏动、皮肤温度、色泽等，以了解血运情况。穿刺点应加压包扎并制动 24 小时。如有栓塞侧腰痛、发热等栓塞后表现，给予积极对症处理。术后及时补液，同时应用利尿剂，观察记录尿量，防止发生急性肾衰竭。

6. 其他治疗方法的护理　介绍生物及免疫治疗的必要性及用药方法，观察药物的副作用，如发热、恶心呕吐、倦怠、呼吸困难等，定期检查血常规及肝、肾功能。化学治疗时注意保护血管，观察药物不良反应，定期检测血常规及肝、肾功能。放射治疗时注意保护照射区域皮肤，定期检测血常规。

【健康教育】

1. 日常生活指导　保证休息，适量运动，加强营养，调整情绪，注意保护健侧肾脏。

2. 用药指导　严格遵医嘱用药，用药期间若出现明显的药物不良反应，应及时就医。

3. 定期复查　肾癌复发率较高，应定期复查超声、胸腹部 X 片、CT 等，及时发现复发或转移病灶。如再次出现血尿、疼痛及腹部包块，应及早就诊。

二、膀胱癌

膀胱癌（tumor of bladder）是泌尿系统最为常见的恶性肿瘤，高发年龄为 50~70 岁，男女发病比例约为 4：1。

【病因】

1. 吸烟　是膀胱癌最重要的致癌因素，可能与烟草中含有多种芳香胺衍生致癌物有关。吸烟量越大，吸烟史越长，发生膀胱癌的危险性也越高。

2. 环境与职业　研究发现从事染料、橡胶、塑料、油漆等职业或生活中长期接触苯胺类化学物质的人群，发生膀胱癌的危险性显著增大。现已肯定的主要致癌物质有联苯胺、β-萘胺、4-氨基双联苯等。

3. 膀胱慢性感染和异物长期刺激　如膀胱结石、膀胱憩室、血吸虫病感染、长期留置导尿管等,容易诱发膀胱癌。

4. 其他　色氨酸和烟酸代谢异常、长期大量服用镇痛药非那西丁等可诱发膀胱癌。宫颈癌行盆腔放疗可明显增加膀胱移行细胞癌的发生概率。多数膀胱癌是由于癌基因的激活和抑癌基因的失活导致的,这些基因的改变不仅增加了膀胱癌的患病风险,且与膀胱癌侵袭力及预后密切相关。

【病理】

1. 组织学类型　90% 以上为尿路上皮癌;其次为鳞状细胞癌,约占 3%~7%;腺癌更为少见,占膀胱癌的比例 <2%。

2. 组织学分级　1973 年,世界卫生组织(WHO)根据膀胱肿瘤细胞的分化程度将其分为乳头状瘤;尿路上皮癌Ⅰ级,分化良好;尿路上皮癌Ⅱ级,中度分化;尿路上皮癌Ⅲ级,分化不良。为了更好地反映肿瘤的危险倾向,2004 年 WHO 将膀胱等尿路上皮肿瘤分为乳头状瘤、低度恶性潜能的乳头状尿路上皮肿瘤、低级别乳头状尿路上皮癌和高级别乳头状尿路上皮癌。目前以上两种分级标准均在使用。

3. 生长方式　分为原位癌、乳头状癌及浸润性癌。原位癌局限在黏膜内,无乳头亦无浸润基底膜现象,但与肌层浸润性直接相关。尿路上皮癌多为乳头状,高级别者常有浸润。不同生长方式可单独或同时存在。

4. 浸润深度　是肿瘤临床和病理分期的依据,也是判断预后最有价值的指标之一。目前普遍采用的是国际抗癌联盟(UICC)2009 年制定的 TNM 分期标准(表 21-1)。临床上将 T_{is}、T_a 和 T_1 期肿瘤称为非肌层浸润性膀胱癌(non-muscle-invasive bladder cancer,NMIBC),T_2 及以上则称为肌层浸润性膀胱癌(muscle-invasive bladder cancer,MIBC)。原位癌属于非肌层浸润性膀胱癌,但一般分化不良,高度恶性,易向肌层浸润性进展(图 21-5)。

5. 复发、进展与转移　膀胱癌易复发,非肌层浸润性膀胱癌的复发率可高达 50%~70%,少部分病人复发后可进展为肌层浸润性膀胱癌。肿瘤的扩散主要向膀胱壁浸润,并可突破浆膜层侵及邻近器官。淋巴转移是最主要的转移途径,主要转移至闭孔及髂血管等处盆腔淋巴结。血行转移多在晚期,可转移到肝、肺、肾上腺等。种植转移可见于尿道上皮、腹部切口、切除的前列腺窝和腹腔。

【临床表现】

1. 症状

(1) 血尿:是膀胱癌最早和最常见的症状。约 85% 的病人表现为间歇性无痛全程肉眼血尿,可自行减轻或停止,容易造成"好转"或"治愈"的错觉。有时也可仅为镜下血尿。出血量多少与肿瘤大小、数目及恶性程度并不一致。非上皮性肿瘤血尿一般较轻。

(2) 膀胱刺激症状:常因肿瘤瘤体较大或侵入肌层较深所致。肿瘤坏死、溃疡和合并感染时更明显,属晚期表现。有时尿内混有"腐肉样"坏死组织排出。

(3) 排尿困难和尿潴留:发生于肿瘤较大或堵塞膀胱出口时。

2. 体征　多数病人无明显体征。晚期有贫血、浮肿、体重下降等表现。有转移时出现转移部位相应表现,如发生肝或淋巴结转移时,可扪及肿大的肝脏或淋巴结。

【辅助检查】

1. 尿液检查　尿常规检查如反复出现尿沉渣中红细胞计数 >5 个 / 高倍镜视野应警惕膀胱癌可能;在新鲜尿液中易发现脱落的肿瘤细胞,是膀胱癌诊断和术后随诊的主要方法之一,也可用于肿瘤治疗效果的评价;近几年来采用的尿液膀胱肿瘤抗原(BTA)、ImmunoCyt、核基质蛋白(NMP22)以及尿液荧光原位杂交(FISH)检查等也有助于膀胱癌的早期诊断。

表 21-1　膀胱癌 TNM 分期标准（UICC，2009）

分类		标准
T（原发肿瘤）		
	T_x	原发肿瘤无法评估
	T_0	无原发肿瘤证据
	T_a	非浸润性乳头状癌
	Tis	原位癌（扁平癌）
	T_1	肿瘤侵及上皮下结缔组织
	T_2	肿瘤侵犯肌层
	T_{2a}	肿瘤侵犯浅肌层（内 1/2）
	T_{2b}	肿瘤侵犯深肌层（外 1/2）
	T_3	肿瘤侵犯膀胱周围组织
	T_{3a}	显微镜下发现肿瘤侵犯膀胱周围组织
	T_{3b}	肉眼可见肿瘤侵犯膀胱周围组织（膀胱外肿块）
	T_4	肿瘤侵犯以下任一器官或组织：前列腺、精囊、子宫、阴道、盆壁和腹壁
	T_{4a}	肿瘤侵犯前列腺、精囊、子宫、阴道
	T_{4b}	肿瘤侵犯盆壁或腹壁
N（区域淋巴结）		
	N_x	区域淋巴结无法评估
	N_0	无区域淋巴结转移
	N_1	真骨盆区（髂内、闭孔、髂外、骶前）单个淋巴结转移
	N_2	真骨盆区（髂内、闭孔、髂外、骶前）多个淋巴结转移
	N_3	髂总淋巴结转移
M（远处转移）		
	M_x	远处转移无法评估
	M_0	无远处转移
	M_1	远处转移

2. 影像学检查

（1）超声：在膀胱充盈状态下可发现直径 0.5cm 以上的肿瘤，可用于初步筛选。经尿道超声扫描可了解肿瘤浸润范围及深度。

（2）X 线：静脉肾盂造影对较大的肿瘤可显示为充盈缺损，并可了解肾盂、输尿管有无肿瘤以及膀胱肿瘤对上尿路的影响，如有肾积水或显影不良，常提示肿瘤浸润同侧输尿管口。

（3）CT、MRI：可了解肿瘤浸润深度、淋巴结及内脏转移的情况。

3. 膀胱镜检查　能直接观察肿瘤的部位、大小、数目、形态，初步估计浸润程度等，并可取活组织进行检

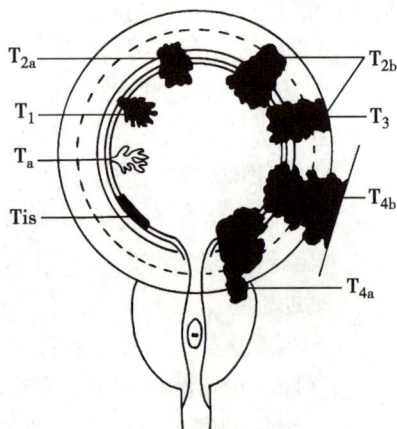

图 21-5　膀胱癌局部浸润深度

查,是诊断膀胱癌最直接、最重要的方法。窄带光谱膀胱镜等新技术的应用有助于提高膀胱癌的诊断率。

【治疗原则】

以手术治疗为主,结合膀胱内灌注化疗药物、放射治疗等方法进行综合治疗。

1. **手术治疗**　根据肿瘤的分化程度、临床分期,同时结合病人的全身情况,选择合适的手术方式。

(1) 经尿道膀胱肿瘤电切术(transurethral resection of bladder tumor,TURBT):TURBT 既是膀胱癌重要的诊断方法,也是主要的治疗手段,适用于非肌层浸润性膀胱癌(Tis、Ta、T_1),要求将肿瘤完全切除至正常的膀胱壁肌层。

(2) 膀胱部分切除术:适用于 T_2 期分化良好、局限的膀胱肿瘤。切除范围包括距肿瘤边缘 2cm 以内的全层膀胱壁。如肿瘤累及输尿管口,切除后需做输尿管膀胱吻合术。

(3) 根治性膀胱切除术:根治性膀胱切除术联合盆腔淋巴清扫术是肌层浸润性膀胱癌的标准治疗方式,能减少局部复发和远处转移,提高生存率。手术范围包括膀胱及周围脂肪组织、输尿管远端,男性应包括前列腺、精囊(必要时全尿道),女性应包括子宫、附件及阴道前壁,以及盆腔淋巴结清扫。术后需行尿流改道和重建术,常用的方式是原位新膀胱术、回肠通道术、输尿管皮肤造口术和利用肛门控尿术等。目前越来越多的根治性膀胱切除术通过腹腔镜或机器人辅助腹腔镜来完成。

📖 知识链接

原位新膀胱术

原位新膀胱术(orthotopic neobladder)是指膀胱全切后,截取一段肠管(末段回肠或乙状结肠),制成低压储尿囊,双侧输尿管运用各种抗反流的方法与储尿囊相吻合,然后将储尿囊与尿道残端吻合,以重建下尿路储尿、控尿、排尿等正常生理功能。原位新膀胱术由于不需要腹壁造口,保持了生活质量和自身形象,已逐渐被临床作为根治性膀胱全切除术后尿流改道的主要手术方式之一。缺点是术后可能出现尿失禁和排尿困难,部分病人需要长期导尿或间歇性自我导尿。保留神经血管束的膀胱切除方式可改善术后尿控。另一缺点是存在尿道肿瘤复发的风险,如膀胱内存在多发原位癌或侵犯前列腺尿道则复发率高达 35%。采用原位新膀胱作为尿液改道方式应满足以下条件:尿道完整无损和外括约肌功能良好;术中尿道切缘肿瘤阴性;肾脏功能良好可保证电解质平衡及废物排泄;肠道无明显病变。在严格掌握适应证前提下,原位新膀胱术不影响肿瘤治疗效果。

---

2. **非手术治疗**

(1) 化学药物治疗:分全身化疗和膀胱灌注化疗两种。全身化疗多用于有转移的晚期病人,常用药物有甲氨蝶呤、长春新碱、阿霉素、顺铂及 5- 氟尿嘧啶等。为预防复发,保留膀胱的病人术后采用膀胱内灌注化疗药物,常用药物有丝裂霉素、表柔比星、吉西他滨等。

(2) 免疫治疗:可全身应用或膀胱内灌注卡介苗(BCG),对预防肿瘤术后复发有较好作用,一般在术后 2 周使用。

(3) 放射治疗:对肿瘤切除后预防复发及晚期控制病情有一定帮助。

(4) 其他:如激光、射频等治疗方法,但疗效不肯定。

【护理评估】

（一）术前评估

1. 相关健康史　收集病人一般资料如年龄、性别、职业、饮食习惯等；询问病人是否长期吸烟或接触苯胺类化学物质；有无从事印染、皮革、橡胶等职业的经历；了解既往健康状况及家族史。

2. 身体状况

（1）局部：询问发现血尿的时间及性质，是间歇性还是持续性，有无血块；有无排尿困难、膀胱刺激症状；有无耻骨后疼痛、腰痛等表现。

（2）全身：评估病人有无消瘦、贫血等营养不良的表现；重要脏器的功能状况；有无转移的表现。

（3）辅助检查：了解病人膀胱镜下所见肿瘤的位置、大小、数量，组织病理学检查结果等。

3. 心理 - 社会状况　了解病人及亲属对采取的手术方式及尿流改道后所带来的排尿模式的改变的认知与接受程度；了解家庭的经济状况及对病人的支持情况。

（二）术后评估

1. 术中情况　了解麻醉及手术方式，是否进行尿流改道；术中是否进行膀胱灌注化疗；术中放置引流管的情况。

2. 术后情况　评估病人的生命体征是否平稳，手术切口及引流的情况是否正常；有无发生出血、感染等并发症；是否有灌注化疗后的副反应等。

【主要护理诊断 / 问题】

1. 焦虑 / 恐惧　与担心手术及预后有关。

2. 体像紊乱　与膀胱全切除术后尿流改道有关。

3. 疼痛　与手术、导尿管刺激、血块阻塞引起膀胱痉挛有关。

4. 知识缺乏：缺乏疾病诊断、治疗、康复等相关知识。

5. 潜在并发症：术后出血、感染等。

【护理措施】

（一）术前护理

1. 心理护理　耐心向病人解释病情与治疗方法，尤其是需行尿流改道的病人，心理压力较大，护理人员应耐心解释尿流改道的方法和必要性，鼓励病人接受现实，配合治疗。

2. 病情观察　观察病人血尿、膀胱刺激征、排尿困难等表现的严重程度。

3. 营养支持　给予易消化、营养丰富的食物，严重贫血的病人可少量多次输血。

4. 不同手术特殊的术前准备

（1）经尿道膀胱肿瘤电切除术：术前协助医生扩张尿道，以便术中能顺利插入电切镜。

（2）膀胱部分切除术：术日晨嘱病人不排尿，使膀胱充盈以利于术中识别，防止误伤。

（3）膀胱全切、腹部皮肤造口术：术前由造口师进行定位，彻底清洁腹部皮肤。

（4）膀胱全切、肠道代膀胱术：按肠道手术要求进行肠道准备。

（二）术后护理

1. 一般护理　密切观察生命体征、意识及尿量的变化。血压平稳后取半卧位，以利于切口及尿液引流。

2. 引流管护理　膀胱全切除、尿流改道术后留置的引流管较多，应分别做好标记。包括：①输尿管支架管：术后双侧输尿管放置支架的目的是支撑输尿管，引流尿液。护理时应妥善固定，保持引流袋位置低于膀胱以防止尿液反流，定时挤压引流管以保持引流通畅。注意观察引流尿液的颜色、量及性状，发现异常及时通知医生进行处理。输尿管支架管通常于术后 10~14 日拔除。②代膀胱造瘘管：原位新膀胱术后留置代膀胱造瘘管的目的为引流尿液及进行代新膀胱冲洗。术后 2~3 周经造影确认新膀胱无尿瘘及吻合口狭窄，即可拔除。③导尿管：原位新膀胱术后常规留置导尿管，目的包括引流尿液、代膀胱冲洗和训练新膀胱容量。为避免血块及黏液堵塞管道，应经常挤压以保持通畅。待新膀胱容量达 150ml 以上可拔除。④盆腔引流管：目的是引流盆腔的积血、积液，也是观察术后有无活动性出血及尿瘘的重要途径。一般于术后 3~5 日拔除。

3. 代膀胱冲洗的护理　为预防代膀胱的肠黏液过多引起管道阻塞，一般于术后第 3 日开始行代膀胱冲洗，每日 1~2 次，黏液过多者可适当增加冲洗次数。方法：病人取平卧位，以 36℃左右的生理盐水或 5% 碳酸氢钠溶液作为冲洗液，每次用注射器抽取 30~50ml 溶液，连接代膀胱造瘘管注入冲洗液，低压缓慢冲洗，并开放导尿管引出冲洗液。如此反复多次，直至冲洗液澄清为止。

4. 造口护理　及时清理造口及周围皮肤黏液，使尿液顺利流出。术后造口周围皮肤表面常可见白色粉末状结晶物，系由细菌分解尿酸而成，可先用白醋清洗，后再用清水清洗。

5. 并发症的观察与护理

（1）出血：膀胱全切除术创伤大，术后易发生出血。术后应注意观察病人生命体征及引流情况，如出现血压下降，脉搏加快，引流管内引出鲜血，若 >100ml/ 小时且易凝固，提示有活动性出血，应及时通知医生处理。

（2）感染：监测体温变化，做好手术切口及各引流管的护理，遵医嘱使用抗生素。若病人出现体温升高、手术切口疼痛、引流液有脓性分泌物等表现，并伴有血白细胞计数升高、中性粒细胞比例升高、尿常规示有白细胞时，提示感染，应及时通知医生处理。

（3）尿瘘：术后代膀胱若分泌黏液过多造成导尿管堵塞，可导致储尿囊压力增大，易发生尿瘘。手术操作不慎或腹内压增高也可造成尿瘘。尿瘘好发的部位为输尿管与新膀胱吻合处、储尿囊、新膀胱与后尿道吻合处。主要表现为盆腔引流管引流出尿液、切口部位渗出尿液、导尿管引流量减少，同时出现体温升高、腹痛、白细胞计数升高等感染征象。处理措施：嘱病人取半卧位，保持各引流管通畅，盆腔引流管可作低负压吸引，遵医嘱使用抗生素。大部分尿瘘在采取以上措施后可自愈，必要时考虑手术处理。

6. 膀胱灌注化疗的护理　嘱保留膀胱的病人灌注前 4 小时禁饮水，排空膀胱。常规消毒外阴及尿道口，置入导尿管，将化疗药物或 BCG 溶于 50~60ml 生理盐水，经导尿管注入膀胱，再用 10ml 空气冲注管内残留药液，然后钳夹尿管或拔出。药物需保留在膀胱内 0.5~2 小时，期间协助病人每 15~30 分钟变换 1 次体位，分别取俯、仰、左侧、右侧卧位。灌注后嘱病人多饮水达到每日 2 500~3 000ml，以起到生理性膀胱冲洗的作用，减少化疗药物对尿道黏膜的刺激。术后早期每周灌注 1 次，8 次后改为每月灌注 1 次，共持续 1~2 年。

【健康教育】

1. 日常生活指导　充分保证休息和睡眠，适当锻炼，加强营养。禁止吸烟，对密切接触致癌物质者加强劳动保护。

2. 自我护理指导　指导非可控术后的病人更换尿袋时动作要快，以减少尿液外流，并准备好足够的纸巾吸收尿液。睡觉时可调整尿袋方向与身体纵轴垂直，并将尿液引流至床旁的容器中，避免尿液压迫腹部影响睡眠。可控膀胱术后病人自我导尿时应注意清洁双手及导尿管，间隔 3~4 小时导尿 1 次，外出或夜间睡觉时为避免尿失禁，可携带尿袋。教会病人自我护理，包括正确使用造口产品、更换尿袋的注意事项、保护造口周围皮肤等内容。

3. 原位新膀胱功能训练　新膀胱造瘘口愈合后指导病人进行新膀胱训练,包括:①储尿功能:夹闭导尿管,定时放尿,开始每 30 分钟放尿 1 次,逐渐延长至 1~2 小时。放尿前收缩会阴,轻压下腹,逐渐形成新膀胱充盈感。②控尿功能:收缩会阴及肛门括约肌 10~20 次 /d,每次维持 10 秒。③排尿功能:定时排尿,一般日间每 2~3 小时排尿 1 次,夜间 2 次,减少尿失禁。

4. 定期复查　膀胱癌复发率较高,再次出现无痛性血尿常是复发的危险信号。定期膀胱镜检查是诊断复发的重要依据。保留膀胱术后每 3 个月进行 1 次膀胱镜检查,2 年无复发者改为每半年 1 次。根治性膀胱术后终生随访,进行血生化、腹部 B 超、上尿路造影等检查。

三、前列腺癌

前列腺癌(carcinoma of prostate)是男性生殖系统最常见的恶性肿瘤,多见于 65 岁以上男性,其发病率有明显的地区差异,欧美地区较高,亚洲地区则相对少见。但近年来各地区发病率均有所增加。

【病因】

尚不完全清楚,可能与种族、遗传、环境、生活习惯、日光照射、饮食、性激素等有关。长期摄入高热量、高动物脂肪饮食对前列腺癌的发生、发展有一定的促进作用。大多数前列腺癌为激素依赖型,与雄激素的调控关系密切。

【病理】

腺癌最为常见。有直接浸润、血行、淋巴扩散 3 种转移方式。最常见的转移部位是淋巴结和骨骼,其他转移部位有肺、肝、膀胱和肾上腺等。

1. 组织学分级　是根据腺体分化程度和肿瘤生长形态来评估其恶性程度的工具,目前应用最普遍的方法为 Gleason 分级系统,且与肿瘤的治疗预后相关性最佳。该系统采用 5 级 10 分制的方法,根据不同形态结构的肿瘤成分占比多少,将肿瘤分为主要分级区和次要分级区,每个类型分为 5 级计 5 分,最后分级的评分为两者之和,范围为 2~10 分。根据 Gleason 评分≤6、7、≥8 将病人分为低危、中危、高危组,评分越高,预后越差。

2. TNM 分期　该系统是病情评估的有效工具,对治疗方案的选择提供重要依据。目前多采用 2009 年 AJCC 分期标准(表 21-2)。

【临床表现】

早期常无明显症状。进展期或晚期癌肿体积增大挤压尿道或直接浸润膀胱颈部、三角区时,可出现下尿路梗阻症状,如尿频、尿急、尿流缓慢、尿流中断、排尿不尽,甚至尿潴留或尿失禁,血尿少见。部分病人以骨转移症状就诊,表现为腰背痛、坐骨神经痛等。其他晚期症状还有消瘦、贫血、下肢水肿等。

【辅助检查】

1. 直肠指诊　直肠指检可发现质地坚硬的前列腺结节,在前列腺癌的早期诊断中极为重要。

2. 实验室检查　前列腺特异性抗原(PSA)在前列腺癌的诊断中被广泛使用,可作为前列腺癌的筛选检查方法。正常情况下,血清 PSA<4ng/ml,前列腺癌常有血清 PSA 的升高。有淋巴结或骨转移者,血清 PSA 增高显著。

3. 影像学检查　经直肠超声检查能对前列腺癌进行较可靠的分期,了解前列腺周围组织癌浸润的情况,还可为前列腺穿刺活检进行精确定位。CT、MRI 可帮助了解肿瘤有无扩展至包膜外及精囊,有无盆腔淋巴结转移,对前列腺癌的诊断和分期有参考价值。IVU 可发现

表 21-2　前列腺癌 TNM 分期标准（AJCC,2009 年）

分类	标准
T（原发肿瘤）	
T_x	原发肿瘤不能评价
T_0	无原发肿瘤证据
T_1	不能被扪及和影像学检查难以发现的临床隐匿肿瘤
T_{1a}	偶发肿瘤体积＜所切除组织体积的 5%
T_{1b}	偶发肿瘤体积＞所切除组织体积的 5%
T_{1c}	穿刺活检发现的肿瘤（如由于 PSA 升高）
T_2	局限于前列腺内的肿瘤
T_{2a}	肿瘤限于单叶的 1/2
T_{2b}	肿瘤超过单叶的 1/2 但限于该单叶
T_{2c}	肿瘤侵犯两叶
T_3	肿瘤突破前列腺包膜 *
T_{3a}	肿瘤侵犯包膜外（单侧或双侧）
T_{3b}	肿瘤侵犯精囊
T_4	肿瘤固定或侵犯除精囊外的其他临近组织结构,如尿道外括约肌、直肠、肛提肌和 / 或盆壁
N（区域淋巴结）	
N_x	区域淋巴结不能评价
N_0	无区域淋巴结转移
N_1	区域淋巴结转移
M（远处转移） **	
M_x	远处转移无法评估
M_0	无远处转移
M_1	
M_{1a}	有区域淋巴结以外的淋巴结转移
M_{1b}	骨转移
M_{1c}	其他器官组织转移

*:侵犯前列腺尖部或前列腺包膜但未突破前列腺包膜的定为 T_2,而非 T_3;**:当转移多于一处,为最晚的分期。

晚期前列腺癌浸润膀胱、压迫输尿管引起的肾积水。X 线片可显示骨转移。

4. 前列腺穿刺活检　经直肠针吸细胞学检查或超声引导下经会阴前列腺穿刺活组织检查可确诊。

【治疗原则】

根据病人年龄、全身状况、临床分期及病理分级等因素综合考虑治疗方案。

1. 手术治疗　根治性前列腺切除术是治疗前列腺癌的最佳方法,适用于局限在前列腺包膜以内（T_{1b}、T_2 期）、年龄较轻、能耐受手术者。要求切除前列腺和精囊,而后进行排尿通路重建,并根据病人危险分层和淋巴转移情况决定是否行淋巴结清扫。手术可通过传统开放手术、腹腔镜、机器人腹腔镜等进行。

2. 去势治疗　T_3、T_4 期癌以去势治疗为主。可行手术去势（如双侧睾丸切除手术）或药物去势,即使用人工合成的促黄体生成素释放激素类似物(LHRH-A)或雄激素受体阻滞剂,如环丙孕酮(CPA)、尼鲁米特、比卡鲁胺等以提高生存率。

3. 放射治疗　分根治性放疗和姑息性放疗。对局限性肿瘤,根治性放疗能达到近似治愈的效果,其5~10年的无瘤存活率与根治性前列腺切除术相似。姑息性放疗主要用于前列腺癌骨转移病灶的治疗,可缓解疼痛症状。

4. 其他治疗　冷冻治疗、高聚能超声等新兴物理能量治疗对前列腺癌病灶有一定的控制效果;化疗、免疫治疗、靶向药物治疗等在晚期前列腺癌的治疗中有一定价值;晚期前列腺癌压迫尿道引起的排尿梗阻,以及侵犯输尿管开口引起的肾脏积水可通过经尿道前列腺电切术得以缓解。

【主要护理诊断/问题】

1. 焦虑/恐惧　与担心手术及预后有关。

2. 知识缺乏:缺乏疾病诊断、治疗、康复等相关知识。

3. 潜在并发症:术后出血、感染、尿失禁、勃起功能障碍等。

【护理措施】

(一) 术前护理

1. 心理护理　向病人解释前列腺癌恶性程度中等,5年生存率较高,稳定病人情绪。

2. 营养支持　鼓励病人加强营养,多食富含维生素食物。必要时给予肠内外营养支持。

3. 肠道准备　为避免术中损伤直肠,需做肠道准备。

(二) 术后护理

1. 一般护理　术后密切观察生命体征及引流情况。如引流液色红且引流量 >100ml/h,提示继发出血,应及时通知医生处理。病人术后卧床3~4日即可下床活动。肛门排气后可进食流质,逐渐过渡到普食。

2. 并发症的观察与护理

(1) 尿失禁:为术后常见的并发症,大部分病人可在1年内改善,部分病人可在1年后仍存在不同程度的尿失禁。可通过坚持盆底肌肉训练及电刺、生物反馈治疗等措施进行改善。

(2) 感染:注意保持切口清洁及引流管通畅,应用广谱抗生素预防感染。发现感染征象及时报告医生处理。

(3) 勃起功能障碍:使用西地那非(万艾可)治疗期间,应观察有无心血管并发症。

3. 去势治疗的护理　去势治疗后病人常因性欲低下、勃起功能障碍、乳房增大等情况导致情绪低落,特别是年轻病人。应充分尊重与理解病人,并争取亲属的支持。去势治疗还可引起潮热、心血管并发症、高脂血症、肝功能损害、骨质疏松、贫血等不良反应,用药后需定期观察,并遵医嘱使用药物进行对症处理。

【健康教育】

1. 生活指导　加强营养,避免高脂饮食,多食谷物、新鲜蔬菜水果、饮绿茶等对预防本病有一定作用。保证休息,适当锻炼。

2. 定期复查　前列腺癌有一定的复发率,应定期随诊复查。PSA可作为判断预后及复发的重要指标。

(孙　蓉)

复习思考题

1. 血尿是泌尿外科疾病的常见症状,请结合泌尿系统常见疾病,叙述如何对血尿进行护理评估?

2. 闭合性肾损伤病人非手术治疗期间病情观察的主要内容有哪些?

3. 如何对泌尿系统草酸钙结石的病人进行饮食指导?

4. 良性前列腺增生病人行 TURP 术后主要的护理措施有哪些?

5. 膀胱癌术后膀胱内灌注化疗的护理措施有哪些?

第二十二章

骨与关节疾病病人的护理

第一节 概　述

学习目标

1. 简述牵引术和石膏绷带固定术的分类、适应证、禁忌证,叙述骨折的病因、愈合过程和并发症。
2. 解释周围神经系统检查、特殊检查的作用及意义,比较肌力的差别;理解牵引、石膏绷带固定术术后的护理措施及并发症,以及骨折的临床表现、治疗原则、功能锻炼方法。
3. 运用相关知识为骨关节疾病病人实施整体护理。

一、运动系统常用检查

运动系统主要由骨、关节、肌肉、肌腱、筋膜、滑膜、神经、血管、淋巴等组织和器官组成,主要是运动功能,还有支持、维持体姿和保护脏器的功能。运动系统的检查需根据病史,将理学检查与其他特殊辅助检查相结合,进行综合分析,以明确诊断,制定治疗与护理的整体方案。

【理学检查】

（一）检查原则

1. 用具齐备　除一般体格检查及神经检查用具外,还包括卷尺、各部位关节量角器、前臂旋转测量器、骨盆倾斜度测量器、枕骨粗隆垂线、足度量器等。

2. 检查体位　一般取卧位,上肢及颈部检查取坐位,下肢和腰背部检查取下蹲位,其他特殊检查取相应体位。根据检查需要充分暴露检查部位,同时显露健侧以做双侧对比。

3. 检查顺序　按视、触、叩、听、动、量顺序检查,先全身后局部;先健侧后患侧;先病变远处后病变近处。若遇到危重病人应先进行抢救,避免做不必要的检查和处理。

4. 检查手法　检查时动作规范、轻巧,尽量不给病人增加痛苦;每一次主动、被动或对抗运动都应重复几次,以明确症状有无加重或减轻;检查关节活动范围时,主动或被动活动都应达到最大限度,检查肌力时,肌肉收缩至少保持 5 秒钟,以确定有无肌力减弱。

（二）检查方法及内容

1. 视诊（inspection）　脊柱有无侧弯;肢体有无畸形、短缩,患肢与健肢的相应部位是否对称;局部皮肤是否完整,开放性损伤的范围、程度和污染情况;有无局部神经、血管或脊髓损伤等合并伤;观察姿势、步态与活动有无异常。

2. 触诊（palpation）　检查骨性标志有无异常，有无异常活动及骨擦感；局部有无包块及其大小、硬度、活动度；皮肤感觉及温度有无异常；局部有无压痛及其程度和疼痛性质等。

3. 叩诊（percussion）　检查有无叩击痛，包括轴向叩痛、棘突叩痛、脊柱间接叩痛等。

4. 听诊（auscultation）　借助听诊器可检查骨传导音和肢体有无血流杂音；检查有无骨擦音、弹响，是否伴有相应临床症状。

5. 动诊（mobility）　检查关节的活动及肌肉收缩力；被动运动和异常活动情况；诱发疼痛时的体位与姿势；有无活动范围变化及假关节活动等。

6. 量诊（measurement）　测量肢体长度、周径、轴线、角度、关节活动度、肌力、深浅感觉、反射检查等。

(1) 肢体长度测量（measurement of limb length）：以骨性标记为基点，患肢和健肢放于对称的位置，对比测量。①上肢长度：从肩峰至桡骨茎突（或中指尖）；②上臂长度：从肩峰至肱骨外上髁；③前臂长度：肱骨外上髁至桡骨茎突，或尺骨鹰嘴至尺骨茎突；④下肢长度：从髂前上棘至内踝下缘或大转子至外踝下缘；⑤大腿长度：从大转子至膝关节外侧间隙；⑥小腿长度：从膝关节内侧间隙至内踝下缘，或腓骨头至外踝下缘。

(2) 肢体周径测量（measurement of limb circumference）：两肢体取相应的同一水平测量，测量肿胀时取最肿处，测量肌萎缩时取肌腹部。测量方法如下：①上肢周径：通常在双侧肩峰下 10cm 或 15cm 处，测量两侧肱二头肌周径；②大腿周径：通常在髌上 10cm 或 15cm 处测量；③小腿周径：通常双侧胫骨结节下 10cm 或 15cm 处测量，测量腓肠肌腹周径。通过肢体周径的测量，可了解其肿胀程度或有无肌肉萎缩。

(3) 躯体轴线测量：直立位，双下肢自然并拢，此时正常的躯干背面轴线是枕骨粗隆和颈、胸、腰、骶椎的棘突以及两下肢间中缝在一条垂线上；前臂伸肘、旋前位，上肢呈一直线；下肢伸直时髂前上棘与第 1、2 趾间连线经过髌骨中心前方。

(4) 关节活动范围测量（measurement of joint motion）：以中立位为 0°，用量角器测量关节各方向活动的范围。人体各主要关节正常活动范围是：①肩关节前屈 70°~90°、后伸 40°、外展 80°~90°、内收 20°~40°、内旋 45°~70°、外旋 45°~60°；②肘关节屈收 135°~150°、后伸 10°；③髋关节屈曲 130°~140°、后伸 10°、外展 30°~45°、内收 20°~30°；④膝关节屈曲 130°~140°、伸展 5°~10°；⑤脊柱颈椎前曲、后伸均为 35°~45°，左、右侧屈 45°。

7. 神经系统检查（examination of nervous system）

(1) 肌力检查（examination of the myodynamia）：肌力是指肌肉主动收缩时产生的力量、幅度和速度。嘱病人做肢体伸缩动作，同时检查者从相反方向给予阻力，测试病人肢体对阻力的克服力量。测试时注意健肢、患肢两侧比较。肌力通常分为以 6 级。

0 级　肌肉无收缩，关节无活动。

1 级　肌肉有轻微收缩，关节无活动。

2 级　肢体能在床上平行移动，但不能对抗自身重力，即不能抬离床面。

3 级　肢体可以对抗地球引力，能抬离床面，但不能抗拒阻力。

4 级　肢体能对抗中度阻力，有完全关节运动幅度，但肌力较弱。

5 级　肌力正常。

(2) 感觉异常区检查（examination of paresthesia area）：一般只检查触觉、痛觉，必要时检查温觉、位置觉及两点辨别觉等深、浅感觉，并用不同的标记描绘出人体感觉异常的区域。常用棉花测触觉；用注射器针头测痛觉；用分别盛有冷热水的试管测温觉。

(3) 反射检查（examination of reflex）：嘱病人放松肌肉和关节。检查生理反射及病理反射。生理反射检查浅反射和深反射。浅反射包括腹壁反射、提睾反射、肛门反射及跖反射等。深反射包括膝腱反射、跟腱反射、肱二头肌反射、肱三头肌反射及桡骨骨膜反射等。常用的病理性反射检查有霍夫曼征（Hoffmann sign）、巴宾斯基征（Babinski sign）、髌阵挛（patellar clonus）和踝阵挛（ankle clonus）。

【周围神经检查】

1. 桡神经（radial nerve）　发自臂丛后束，在肘关节水平分为深支和浅支。常由 4 个部位损伤而引起。①桡骨茎突损伤时仅为浅支损伤，可引起拇指背侧及手桡侧感觉障碍；②肘部损伤时仅损伤深支，引起所有掌指关节及拇指的指间关节不能伸，拇指不能外展，前臂旋后障碍，无垂腕畸形；③上臂损伤时除①、②的表现外，尚可发生垂腕畸形（drop-wrist deformity），手背"虎口"区皮肤麻木和肱桡肌瘫痪；④腋部损伤时，除①、②、③表现外，还有肱三头肌瘫痪（图 22-1）。

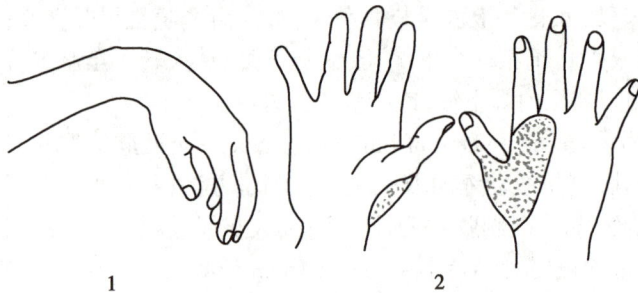

图 22-1　桡神经损伤
1. 腕下垂；拇指不能外展和背伸；2. 感觉障碍区

2. 正中神经（median nerve）　由臂丛内侧束和外侧束组成。正中神经损伤后，其运动功能障碍表现为拇外展、对掌功能及拇、示指捏取精细物品功能丧失；感觉障碍位于手掌桡侧半，拇、示、中指和环指桡侧半，拇指指间关节和示、中指及环指桡侧半近侧指间关节以远的背面。（图 22-2）。

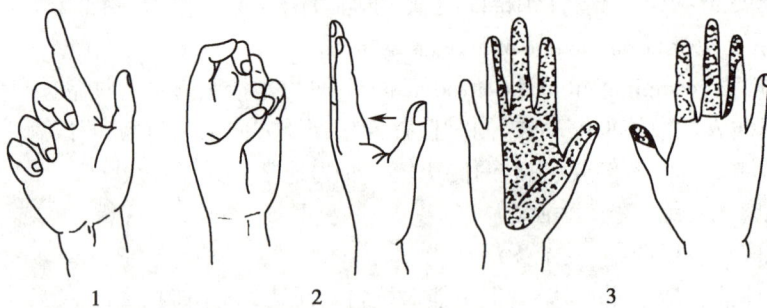

图 22-2　正中神经损伤
1. 拇指、示指不能屈曲；2. 拇指不能对掌；3. 感觉障碍区

3. 尺神经（ulnar nerve）　发自臂丛内侧束，在肘关节以下发出分支，支配尺侧腕屈肌和指深屈肌尺侧半。损伤时上述肌力减弱，骨间肌明显萎缩，各手指不能内收、外展，拇内收肌瘫痪，夹纸试验显示无力。小指与环指掌指关节过伸，指间关节屈曲，呈"爪形手"畸形；小指全部和环指尺侧感觉丧失（图 22-3）。

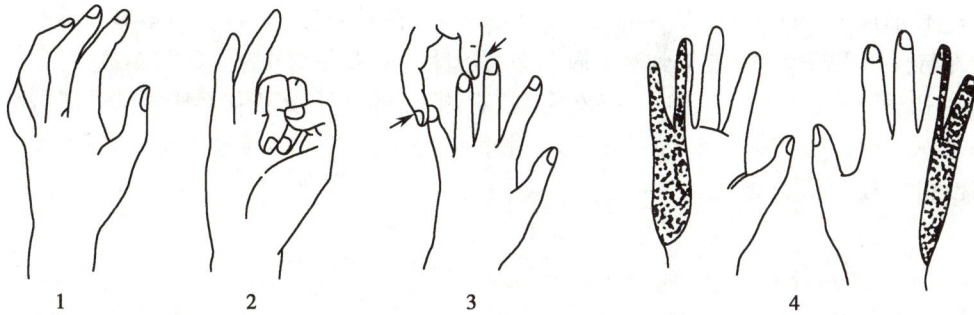

图 22-3　尺神经损伤

1. 爪形手；2. 小指、环指不能伸屈不全；3. 小指、环指不能外展；内收；4. 感觉障碍区

4. 腓总神经（commom peroneal nerve）　起自坐骨神经，绕过腓骨小头后面下行至足背。在腓骨小头处位置表浅，容易受伤，损伤后出现患侧足背下垂内翻，小腿外侧和足背感觉丧失（图 22-4）。

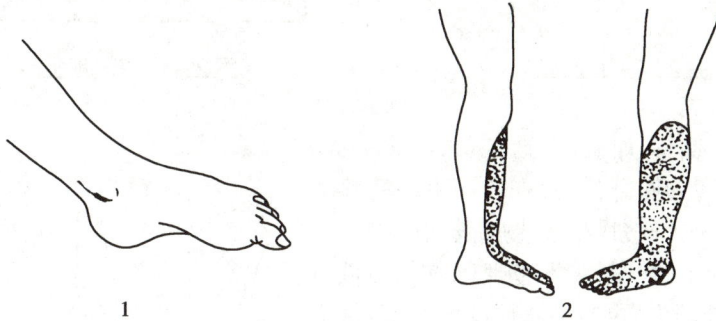

图 22-4　腓总神经损伤

1. 足下垂；2. 感觉障碍区

【特殊检查】

1. 压头试验（Spurling sign）　病人端坐，头后仰并偏向患侧，检查者手掌置于病人头顶加压，病人可出现颈部疼痛并向患侧手部放射即为阳性。见于神经根型颈椎病（图 22-5）。

2. 上肢牵拉试验（Eaton sign）　检查者立于病人患侧，一手握患侧的腕部，另一手推头部向健侧，向相反方向牵拉，患肢出现麻木或放射痛即为阳性。多见于颈椎病（图 22-6）。

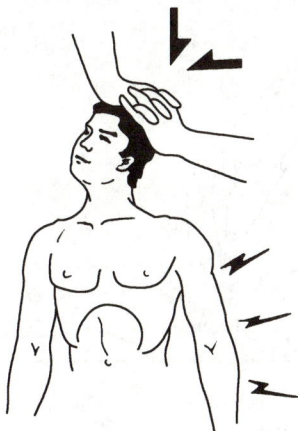

图 22-5　压头试验

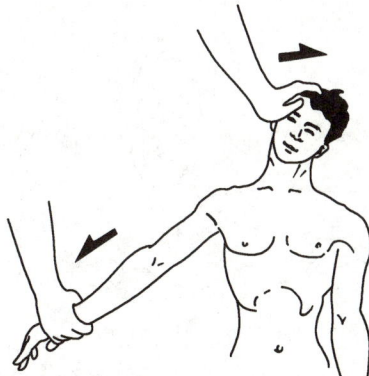

图 22-6　上肢牵拉试验

3. 杜加征(Dugas sign)　病人肘关节屈曲,若手搭在对侧肩上则肘关节不能与胸壁相贴,若肘部与胸部相贴则手不能搭到对侧肩上即为阳性。见于肩关节脱位(图 22-7)。

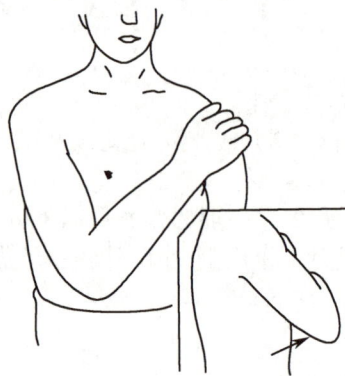

4. 托马斯征(Thomas sign)　病人仰卧位,患侧下肢伸直与床面接触则腰部前凸,若屈曲健侧髋、膝关节,迫使腰部与床面相贴则患侧下肢被迫抬起,不能接触床面即为阳性。多见于腰椎和髋关节疾病(图 22-8)。

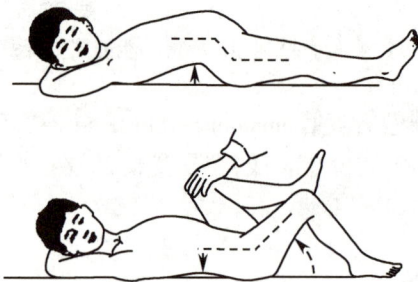

图 22-7　杜加征　　　　　　　　图 22-8　托马斯征

5. 直腿抬高及加强试验(Lasegue sign and Bragaed sign)　病人仰卧位,检查者一手保持膝关节伸直,一手托足跟,缓慢抬起患肢,若小于 60° 病人出现放射痛为阳性。若在此基础上,缓慢放低患肢高度至放射痛消失,再被动背屈踝关节,若再度出现放射痛则称加强试验阳性。多见于腰椎间盘突出症(图 22-9)。

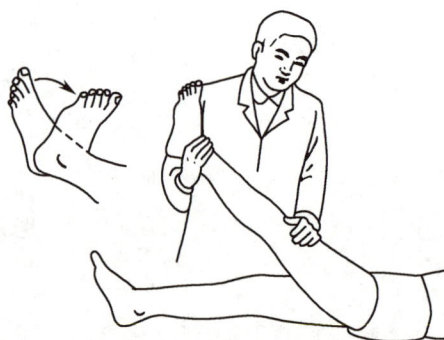

6. 骨盆挤压及分离试验　病人仰卧,双下肢伸直,检查者双手从双侧髂前上棘适当用力向中心或向外下方推压骨盆,若出现疼痛者为阳性(图 22-10)。常见于骨盆骨折。

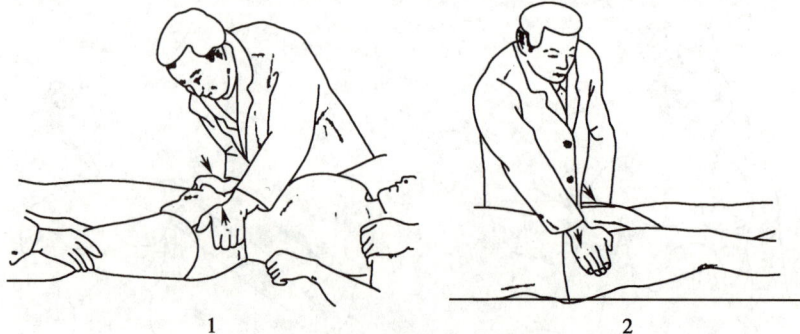

图 22-9　直腿抬高及加强试验

7. 浮髌试验(floating patella test)　病人仰卧位,伸膝,放松股四头肌,检查者一手置于髌骨近侧,将膝关节内液体挤入髌骨下关节腔,另一手急速下压髌骨后快速放开,若觉察到髌骨浮起,为阳性,提示膝关节积液(图 22-11)。

1　　　　　　　　　　　　　　2

图 22-10　骨盆挤压及分离试验
1.骨盆挤压试验; 2.骨盆分离试验

【影像学检查】

1. X 线　是骨科最常用的检查,对骨科疾病诊断具有十分重要的作用。根据伤情的不同,常需拍摄包括一个关节在内的正位、侧位片甚至斜位、轴位片等。X 线平片检查有助于了解骨折的部位、类型和移位等,对骨折治疗具有重要指导意义。

2. CT　可显示人体横断面图像,发现结构复杂的骨折和其他组织的损伤,适应于椎体骨折、颅骨骨折、脱位、结核、炎症、椎间盘突出、脊柱及四肢肿瘤等疾病的诊断。

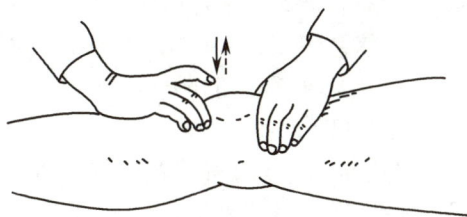

图 22-11　浮髌试验

3. MRI　可呈现横断面、矢状面、冠状面等不同断面图像,能清晰显示软组织层次。对椎体和脊髓损伤、椎管内出血、关节病变及韧带损伤、骨质疏松、肿瘤等有诊断价值,还可发现 X 线平片及 CT 未能发现的隐匿性骨折,并确定骨挫伤的范围。

4. 造影　将造影剂注入腔隙或组织间隙,可显示其改变,分为 X 线、CT、MRI 造影。骨科常见的造影有关节造影、椎管造影、动静脉造影、窦道造影等,利于关节病变、颈椎病、椎间盘突出症、椎管狭窄、椎管内肿瘤等疾病诊断。

5. 核素骨扫描　将亲骨性核素注入人体,能显示骨骼与关节形态,反映局部代谢和血供状况,明确病变部位,早期发现骨关节疾病。对原发性骨肿瘤、骨转移瘤、骨关节炎症、急性血源性骨髓炎等有早期诊断价值。

二、牵引术

牵引术(traction)是利用牵引力和反牵引力作用于骨折部位,达到复位和维持复位固定的治疗方法。在骨科治疗中应用广泛。

【分类】

牵引分为皮牵引、骨牵引和兜带牵引 3 种。

(一) 皮牵引

皮牵引是将宽胶布条或海绵条粘贴在皮肤上或用尼龙泡沫套于患肢,利用其与皮肤的摩擦力,通过滑轮装置及肌肉在骨骼上的附着点,将牵引力传到骨骼,又称间接牵引。优点是操作简便,无创,病人痛苦少。缺点是牵引力不大,重量一般不超过 5kg,同时胶布黏附不持久且对局部皮肤致敏等。多用于小儿及老弱病人的四肢牵引。

1. 适应证　骨折需要持续牵引疗法,但又不需要强力牵引或不适于骨牵引、布带牵引者。如小儿股骨干骨折、小儿轻度关节挛缩症、老年股骨转子间骨折及肱骨髁上骨折因肿胀严重或有水疱不能即刻复位者。

2. 禁忌证　皮肤对胶布过敏者;皮肤有损伤或炎症者;肢体有血循环障碍者,如静脉曲张、慢性溃疡、血管硬化及栓塞等;骨折严重错位需要强力牵引方能矫正移位者。

(二) 骨牵引

骨牵引是将无菌的不锈钢针穿入骨骼的坚硬部位,通过螺旋或滑车装置牵引钢针直接牵引骨骼,又称直接牵引。优点是牵引力大,持续时间长,常用于颈椎骨折、脱位,肢体开放性骨折及肌肉丰富处的骨折。缺点是有创,有可能发生感染,且操作不当可损伤关节囊或神经血管。

1. 适应证　成人肌力较强部位的骨折;不稳定性骨折、开放性骨折;骨盆骨折、髋臼骨折及髋关节中心脱位;学龄儿童股骨不稳定性骨折;颈椎骨折与脱位;无法实施皮肤牵引的短小管状骨骨折,如掌骨、指(趾)骨骨折;手术前准备,如人工股骨头置换术等;关节挛缩畸形者;其他需要牵引治疗而又不适于皮肤牵引者。

2. 禁忌证 牵引处有炎症或开放创伤污染严重者;牵引局部骨骼有病变及严重骨质疏松者;牵引局部需要切开复位者。

(三) 兜带牵引

兜带牵引是利用布带或海绵兜带兜住身体的凸出部位施加牵引力。包括枕颌带牵引、骨盆水平牵引、骨盆悬吊牵引。

1. 枕颌带牵引适应证 无截瘫的颈椎骨折脱位、颈椎间盘突出症及颈椎病等。

2. 骨盆水平牵引适应证 腰椎间盘突出症、腰椎小关节紊乱症、急性腰扭伤等。

3. 骨盆悬吊牵引适应证 耻骨联合分离、骨盆环骨折分离、髂骨翼骨折向外移位、骶髂关节分离等。

【主要护理诊断 / 问题】

1. 躯体活动障碍 与牵引术后肢体活动受限有关。

2. 有外周神经血管功能障碍的危险 与牵引操作不当损伤神经、血管有关。

3. 潜在并发症:牵引针眼感染、关节僵硬等。

【护理措施】

(一) 操作前准备

向病人及亲属解释牵引术的目的及意义,以配合治疗和护理。

1. 皮肤准备 牵引肢体局部皮肤用肥皂水和清水擦洗干净,必要时剃毛。行颅骨牵引时,剃除全部头发。

2. 用物准备 ①皮牵引:备扩张板、纱布绷带、海绵牵引带、胶布、安息香酸酊等;②骨牵引:备切开包、骨牵引器械包、牵引弓、牵引支架(图 22-12)、牵引绳、重锤、牵引床等;③兜带牵引:根据部位备兜带如枕颌带、骨盆兜带等,相应牵引装置。

3. 体位准备 牵引前遵医嘱摆好病人体位,协助医生完成牵引术。

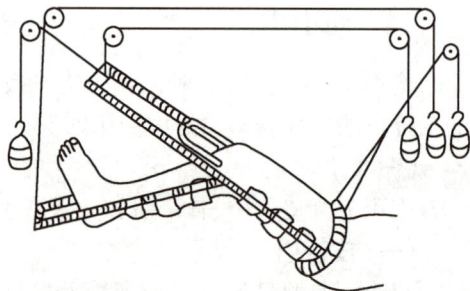

图 22-12 Thomas 牵引支架

知识链接

托马斯支架的发明者——休·欧文·托马斯

休·欧文·托马斯(Hugh Owen Thomas,1834—1891),托马斯支架的发明者,被誉为"英国骨科之父"。出生于英国安格尔西岛的民间骨科世家。祖传的骨科医术使休·欧文·托马斯的父亲 Evan Thomas 成了利物浦的传奇。休·欧文·托马斯秉承家传,于 1857年取得行医资格后,在利物浦的贫民区独立开了一家诊所。当时,他被称为勤奋的、单纯的、爱吸烟的"怪人",他工作了 32 年只休过 6 天假。他发明的托马斯支架在第一次世界大战中救了许多人的生命。其侄子 Robert Jones 跟随他在利物浦工作了很多年,后来 Robert Jones 成为当时以英语为母语的国家中最有名的骨科大夫,并被授予爵士头衔。世界骨科经典著作《骨折和关节损伤》的作者 Watson Jones 在给休·欧文·托马斯和 Robert Jones 的赠言中写道:"他们的工作永无止境,他们的影响源远流长,他们的信徒生生不息并为人类奉献着智慧,这一切都将永垂不朽。"休·欧文·托马斯家族一门三代,为世界骨科医学的发展做出了重要贡献。

（二）操作中配合

1. 皮牵引　多用于四肢牵引。无创、简单易行，但牵引重量小，一般不超过 5kg，牵引时间为 2~4 周。

（1）胶布牵引：局部皮肤涂安息香酸酊（婴幼儿除外），以增加黏合力，减少对胶布过敏。在骨隆突部位放衬垫防止牵引装置压迫局部。根据肢体的粗细及粘贴部位选择适当宽度的胶布，沿肢体纵轴线将胶布粘贴于肢体的两侧，抚平，使胶布与皮肤贴紧。用外用绷带缠绕在胶布上，防止松脱。借牵引绳通过滑轮进行皮牵引（图 22-13）。

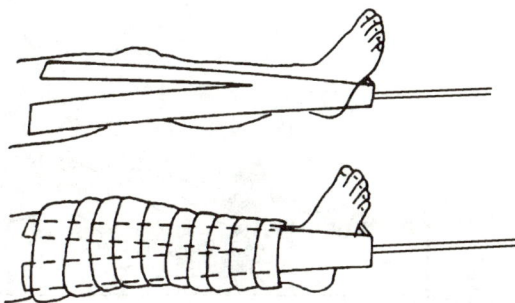

图 22-13　下肢皮牵引

（2）海绵带牵引：将海绵平铺在床上，用大毛巾包裹需牵引的肢体，骨突处垫棉花或纱布，将肢体包好，扣上尼龙搭扣，拴好牵引绳，进行牵引。下肢皮牵引时注意牵引装置不能压迫腓骨头，以免压迫腓总神经，导致肢体麻木。

2. 骨牵引　常应用于颈椎骨折或脱位、肢体开放骨折及肌肉丰富的骨折。牵引力量大、持续时间长，可达 2~3 个月。骨牵引属有创牵引方式，故可能发生感染。

（1）进针方法：①四肢牵引：协助医生作皮肤小切口，用手摇钻将牵引针钻入并穿过骨质直达对侧皮肤外。针孔处皮肤用 75% 的酒精无菌纱布覆盖，牵引针的两端需套上软木塞或有胶皮盖的小瓶，以免牵引针刺伤皮肤或划破被褥（图 22-14）。②颅骨牵引：用安全钻头钻穿骨外板，将牵引弓两侧的钉尖插入此孔，旋紧固定螺丝，扭紧固定，以防滑脱（图 22-15）。

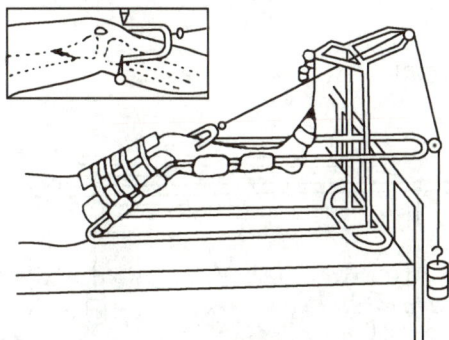

图 22-14　胫骨结节牵引

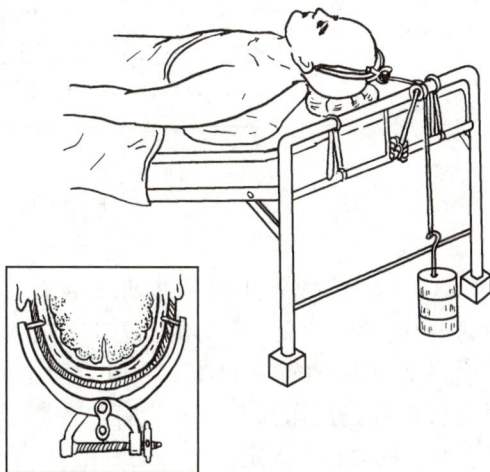

图 22-15　颅骨牵引

（2）牵引方法：系上牵引绳，通过滑轮，加上所需重量进行牵引。根据病情、牵引部位和病人体重确定牵引重量，下肢牵引重量一般为体重的 1/10~1/7。颅骨牵引重量一般为 6~8kg，不超过 15kg。

3. 兜带牵引

（1）枕颌带牵引：取坐位或卧位，用枕颌带托住下颌和枕骨粗隆部，向头顶方向牵引（图 22-16），坐位牵引重量自 6kg 开始，可逐渐增加至 15kg；卧床牵引重量一般为 2.5~3kg。每日牵引 1~2 次，每次 30 分钟。牵引时避免枕颌带压迫两耳及头面部两侧。常用于颈椎骨折、脱位及颈椎间盘突出症。

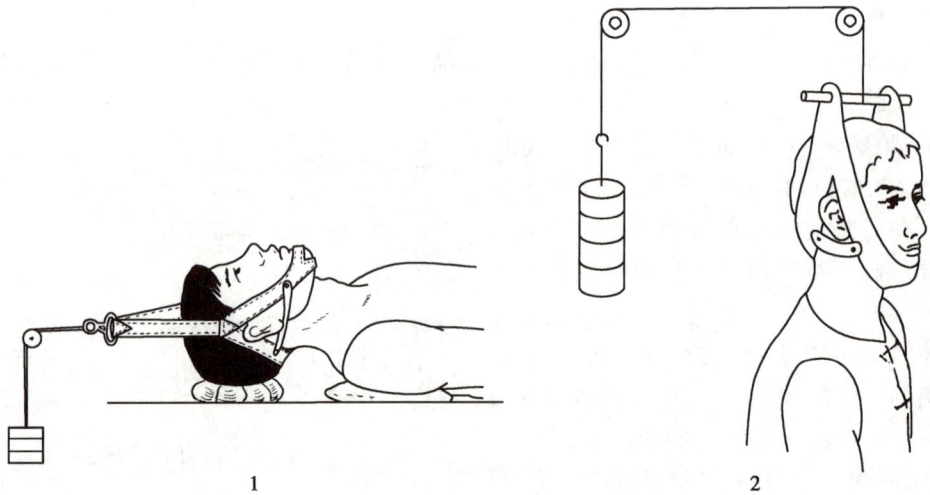

图 22-16　枕颌带牵引
1.卧位；2.坐位

（2）骨盆水平牵引：将骨盆用骨盆兜带包托，两侧各一个牵引带，施加上适当的重量牵引（图 22-17）。一侧牵引重量一般不应超过 10kg，以病人感觉舒适为宜，将床尾抬高 20~25cm 行反牵引，可定时间歇牵引，也可将特制胸部固定在床架上行反牵引。常用于腰椎间盘突出症。

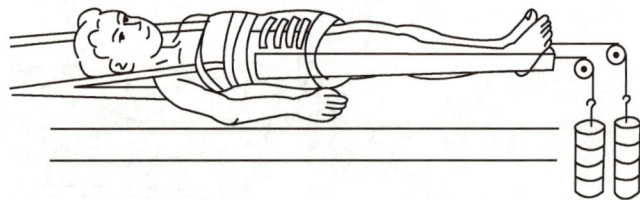

图 22-17　骨盆水平牵引

（3）骨盆悬吊牵引：用骨盆兜带包托于骨盆，两侧牵引带交叉至对侧上方的滑轮及牵引支架所进行的牵引（图 22-18）。牵引重量以将臀部抬离床面 2~3cm 为宜。常用于骨盆骨折的复位与固定。

（三）操作后护理

凡新做牵引的病人，应列入交接班项目。

1. 生活护理　持续牵引的病人活动受限，应协助病人洗头、擦浴，教会病人使用床上拉手、床上便盆等，以满足正常生理需要。

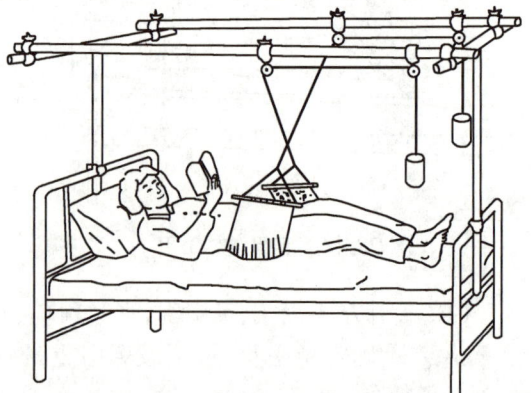

图 22-18　骨盆悬吊牵引

2. 保持有效牵引　牵引重锤保持悬空是保证有效牵引的基础。应特别交代亲属，不随意增减重量，不随意放松牵引绳。牵引方向与肢体长轴应成直线；告知病人及亲属牵引期间，应使躯体保持正确的牵引体位，不要随意变换姿势。保持对抗牵引力量：颅骨牵引时应抬高床头；下肢牵引时，抬高床尾 15~30cm。

注意观察病人的躯体是否移位,避免躯体抵住床头或床尾,以免失去反牵引力。皮牵引应保证扩张板位置无移位,如出现移位,及时调整。保证胶布、绷带、海绵无松脱。颅骨牵引者每班须检查牵引弓,拧紧螺母,严防牵引弓松脱。病人需翻身时,应三人合作完成,一人固定并牵引头部;另二人托住肩部和臀部,协调动作翻身,防扭曲造成或加重脊髓损伤。避免过度牵引,每日测量被牵引的肢体长度,并与健侧进行对比;也可以通过 X 线检查了解骨折对位情况,及时调整牵引重量。

3. 皮肤护理　持续牵引的病人需长期卧床,骨突部位受压,胶布牵引部位可能对胶布过敏,可使局部皮肤出现压疮或皮炎。因此,应保持床单位清洁、干燥、平整,在骨突部位放置水垫、棉圈,定时翻身,或使用气垫床;观察皮肤受压情况,观察胶布牵引的病人有无水疱或皮炎,如果有水疱,用无菌注射器抽吸水疱内液体,并换药;如果水疱较大,立即去除胶布,暂停牵引或换用其他牵引方法。

4. 观察肢端血液循环　牵引时包扎过紧,牵引重量过大可导致患肢血液循环障碍。应观察患肢有无肿胀、疼痛、麻木、皮温下降,皮肤色泽有无苍白、青紫变化,动脉搏动是否减弱,有无运动障碍等。若有异常应详细检查、分析原因,及时报告医生,进行有效处理。

5. 并发症的预防

(1) 血管、神经损伤:骨牵引穿刺时判断不准确、手法欠熟练、反复穿刺等可能损伤局部血管、神经。颅骨牵引者还可因牵引针钻太深引起颅内出血;因牵引过度损伤舌下神经、臂丛神经等,病人表现吞咽困难、伸舌时舌尖偏向患侧、一侧上肢麻木等。牵引后应密切观察患肢末梢血液循环及运动情况。

(2) 关节僵硬:足下垂最常见,由腓总神经受压及患肢缺乏功能锻炼所致。下肢水平牵引时,关节缺乏活动,会导致跟腱挛缩和足下垂。长期持续牵引的部分病人还可能出现膝关节屈曲畸形、髋关节屈曲畸形、肩内收畸形等。下肢水平牵引时,可用垂足板将踝关节置于功能位,在膝关节外侧垫棉垫,防止压迫腓总神经。病情许可,指导病人做小腿关节及其他部位的关节活动和肌力锻炼。

(3) 牵引针、弓脱落:多系牵引针打入太浅、螺母未拧紧或术后未定期拧紧引起。护理中应定时检查、及时拧紧螺母。

(4) 牵引针眼感染:操作时未严格执行无菌操作技术、反复穿刺、未及时清除针眼处积血及分泌物或牵引针滑动均可引起。护理中应注意预防:在骨牵引针两端套上软木塞或胶盖小瓶;针眼处每日滴 75% 酒精 2 次;及时擦去针眼处的分泌物或痂皮;牵引针若向一侧偏移,消毒后调整。发生感染者充分引流,严重时需拔去钢针,改变牵引位置。

(5) 其他:持续牵引需长期卧床,应注意坠积性肺炎、便秘、下肢深静脉血栓、泌尿道感染、压疮等并发症。枕颌带牵引时,应注意避免牵引带压迫气管导致的呼吸困难或窒息。

6. 加强康复训练　配合治疗指导病人进行康复训练,促进功能恢复,防止失用性改变。

三、石膏绷带固定术

石膏绷带(plaster bandage)是常用的外固定材料之一,适用于骨关节损伤及术后的固定。传统的石膏绷带卷是将熟石膏的细粉撒在特制的稀孔纱布绷带上,用木板刮匀,卷制而成。熟石膏是天然生石膏($CaSO_4 \cdot 2H_2O$)经加热脱水而成,当熟石膏遇到水分时,可重新结晶硬化。因此,石膏绷带经温水浸泡后,包在需要固定的肢体上,5~10 分钟即可成型,并逐渐干燥坚固,对患体起到有效固定作用。其缺点是较沉、透气性差及 X 射线透光性差。近年来黏胶石膏绷带的使用较为广泛,是将胶质黏合剂与石膏粉完全混合后牢靠地黏附在支撑纱布上制成,使石膏绷带的处理更为清洁、舒适。

【分类】

常见类型有:按照形状可分为石膏托(plaster support)、石膏夹板、石膏管型(plaster cast)、石膏围领、髋人字石膏等;按照固定部位可分为躯干石膏、四肢石膏及特殊类型石膏等(图22-19)。

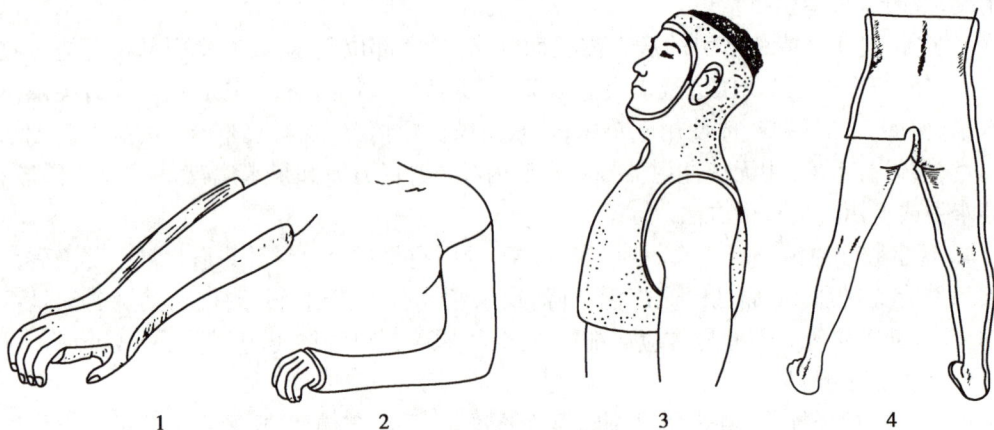

图 22-19 常用石膏绷带固定类型
1. 上肢石膏托;2. 上肢管型;3. 头颈胸石膏;4. 髋人字石膏

【适应证】

包括骨折复位后固定;关节损伤和关节脱位复位后的固定;畸形矫正术后矫形位置的维持和固定;周围神经、血管、软组织损伤手术修复后的制动;急慢性骨、关节炎症的局部制动。

【禁忌证】

包括全身情况差,如心、肺、肾等器官功能不全者;孕妇禁忌躯干部大型石膏固定;年龄过大、新生儿、婴幼儿及身体衰弱者不宜行大型石膏固定;伤口发生或疑有厌氧菌感染者等。

【主要护理诊断/问题】

1. 躯体活动障碍 与石膏固定后肢体活动受限有关。
2. 有废用综合征的危险 与石膏固定肢体长期缺乏功能锻炼有关。
3. 潜在并发症:骨筋膜室综合征、石膏综合征、压疮等。

【护理措施】

(一)操作前护理

1. 做好解释 解释石膏固定的目的、意义、步骤、注意事项,让病人了解石膏散热属于正常现象;告知肢体关节需固定的功能位或特殊体位的目的,固定时不随意变动体位。
2. X线摄片 以备术后对照。
3. 皮肤准备 石膏固定处的皮肤,用肥皂水及清水清洁并擦干;如有伤口应更换敷料;若局部皮肤异常,应及时报告医生并处理。
4. 用物准备 根据损伤部位备好适合的石膏绷带、水盆或桶(内盛 35~45℃温水)、石膏刀、剪刀、衬垫、支撑木棍、卷尺和有色铅笔等。

(二)操作中配合

1. 体位 取关节功能位,特殊情况根据需要摆放,由专人扶持保护。
2. 放置衬垫 在石膏固定处的皮肤表面覆盖一层衬垫,可用棉织筒套、棉垫或绵纸,以防局部受压(图22-20)。

3. 制作石膏

（1）石膏托制作：首先制作石膏条，根据肢体长度选择石膏型号，将石膏平铺于平台面上并来回折叠，通常上肢需10~12 层，下肢 12~15 层，随后，从两头向中间折叠，轻轻平放入水内，浸泡充分后，向中间挤压，去除多余水分后，铺于平台面上，推抹压平，置于患肢背面。然后用普通绷带缠绕附有石膏条的肢体即可。

（2）石膏管型制作：若制作石膏管型，则将石膏卷平放入水桶中并完全浸没，至石膏卷停止冒气泡时双手持石膏卷两头取出，挤去多余水分。石膏卷贴着躯体从肢体近侧向远侧推动，使绷带粘贴缠绕，每一圈绷带覆盖上一圈的 1/3。缠绕过程中用手掌均匀抚摸绷带，以使各层贴合紧密、平整无褶，曲线明显、粗细不均处要拉回"褶裥"，不可包得过紧或过松；层次均匀，一般包 5~7 层，绷带边缘、关节部及骨折部多包 2~3 层；石膏绑带的厚度上下一致，以不断裂为标准，不可任意加厚。注意固定范围一般须超过骨折部的上、下关节。

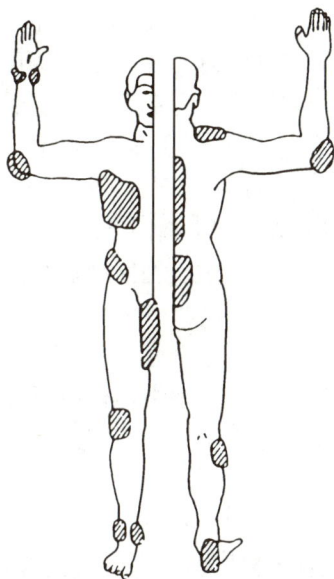

图 22-20　放置衬垫的部位

四肢绷带要应露出手指或足趾，以便观察肢体末端血液循环、感觉和运动，也便于功能锻炼。

4. 捏塑　石膏未定型前，根据局部解剖特点适当捏塑及整理患肢石膏，促使石膏在干固过程中稳固定型不移位，捏塑的重点在关节部位。

5. 包边　适当拉出石膏内衬垫，包住石膏边缘。在石膏表面涂上石膏糊以抚平表面。

6. 标记　用记号笔在石膏表面标记石膏固定的日期、预定拆除石膏的时间。

7. 开窗　为便于检查局部伤口、血运或伤口引流、更换敷料，石膏未干前，在相应部位的石膏上开窗。用石膏刀沿事先确定好的开窗范围标记线向内侧斜切开。为防止开窗处的软组织向外突出，已开窗的石膏处用棉花填塞包好，或将石膏复原后用绷带加压包紧。

📖 **知识链接**

新型石膏的制作方法

目前新型石膏绷带多为高分子材料，如粘胶、树脂、SK 聚氨酯等，具有强度高、重量轻、厚度薄、透气性好、透光性强、不怕水、不引起皮肤过敏反应等优点，但价格较贵。新型石膏的制作方法与传统石膏相似，如石膏管型的制作方法为：患处清洁后固定于需要的体位；皮肤予石膏袜套或棉垫保护；将石膏绷带浸于温水 2~3 秒并挤压 2~3 次；取出后挤去多余水分；缠绕于患肢；整理、包边、捏塑；做好标记。通常新型石膏的硬化时间需 3~5 分钟，通过调节浸泡石膏绷带的水温可调节石膏的硬化时间，水温高，则硬化时间短；反之，硬化时间延长。

（三）操作后护理

1. 石膏干固前护理

（1）体位：石膏未完全干固前容易折断、变形，故病人需卧硬板床，用软枕妥善垫好石膏肢体，以维持石膏固定的位置直至石膏完全干固。病人在石膏固定后 8 小时内勿翻身，8~10 小时后协助翻身。四肢包扎石膏抬高患肢，适当支托以防肢体肿胀及出血；行石膏背心及人字石膏固定者,勿在头及肩下垫枕,避免胸腹部受压;下肢石膏应防足下垂及足外旋。

(2) 加快干固:在常温下,石膏自然风干,从硬固到完全干固需 24~72 小时;天气湿冷时,可以适当提高室温、红外线照射、热风机吹干等方法加快石膏干固,但注意石膏传热,温度不宜过高,且经常移动仪器位置,避免灼伤。

(3) 石膏干固前搬运方法:搬运及翻身时,搬运者用手掌平托石膏固定的肢体,切忌抓捏,以免留下指凹点,干故后形成局部压迫。注意维持肢体的固定位置,避免石膏折断。

(4) 保暖:在寒冷季节注意保暖。石膏未干固前,床上置支架托,其上覆盖毛毯,给患肢保温。

2. 石膏干固后护理

(1) 一般护理:保持石膏的清洁干燥。髋人字石膏及石膏背心固定者,大小便后及时清洁臀部及会阴,防污染及弄湿石膏。若石膏被污染,可用布蘸少量洗涤剂擦拭,清洁后立即擦干。

(2) 保持有效固定的护理:石膏管型固定者,肢体肿胀消退后或肌肉萎缩可导致石膏管径与肢体周径不匹配,使石膏管型失去固定作用。因此,应注意检查石膏干固后的松紧度,断裂、变形和严重污染的石膏应及时更换。

(四) 并发症的观察与护理

1. 骨筋膜室综合征(osteofascial compartment syndrome)　骨筋膜室是由骨、骨间膜、肌间隔和深筋膜构成的一个腔隙。当创伤、血液循环不足各种病理因素致骨筋膜室内压力增高时,导致室内的肌肉和神经急性缺血而产生一系列早期综合征。多见于前臂掌侧和小腿。

(1) 骨筋膜室内压力增高的因素:①内部因素:骨折端周围的血肿和组织水肿使骨筋膜室内的内容物体积增加;②外部因素:骨折固定时包扎过紧、局部压迫使骨筋膜室内容积减小。当骨筋膜室压力增高至一定程度时(前臂 65mmHg,小腿 55mmHg),供应肌肉血液的小动脉关闭,形成缺血 - 水肿 - 缺血的恶性循环。

(2) 护理措施:应密切观察石膏固定肢体的末梢血液循环。特别注意观察有无 "5P" 征,即肌肉在主动屈曲时出现疼痛(pain)、皮肤苍白(pallor)、感觉异常(paresthesia)、麻痹(paralysis)、脉搏消失(pulseless)。此外,病人常并发肌红蛋白尿。如果病人患肢出现上述血液循环受阻或神经受压的征象,应立即放平肢体,及时通知医生,全层切开患肢石膏,严重者拆除石膏,如果骨筋膜室压力 >30mmHg,应及时行筋膜室切开减压术。

2. 石膏综合征　部分行躯干石膏固定的病人如果出现下列表现即为石膏综合征:反复腹胀、呕吐、腹痛甚至呼吸窘迫、面色苍白、发绀、血压下降等。

(1) 常见原因:躯干石膏包裹过紧,影响病人呼吸及进食后胃的扩张;环境温度过低,过度寒冷、潮湿,致胃肠功能紊乱;手术刺激神经及后腹膜致神经反射性急性胃扩张。

(2) 护理措施:轻度石膏综合征者,密切观察,嘱病人应少量多餐,避免过快过饱,避免进食产气多的食物;在缠绕石膏绷带时不能过紧,上腹部应充分开窗;严重者,应立即拆除石膏,并禁食、胃肠减压,静脉补液;保持室温在 25℃左右,湿度为 50%~60%。

3. 化脓性皮炎　如果石膏塑形不好,石膏未干固时搬运或放置不当致石膏凹凸不平,部分病人可能将异物伸入石膏内搔抓石膏下皮肤,导致局部皮肤受损。主要表现为局部持续性疼痛、溃疡形成、有恶臭及脓液流出或渗出石膏,应及时开窗检查及处理。

4. 废用综合征(risk for disuse syndrome)　肢体需长期石膏固定的部分病人,缺乏功能锻炼,导致肌肉萎缩。同时,骨折后大量钙盐逸出骨骼,导致骨质疏松。关节内纤维粘连致关节僵硬。故石膏固定期间,应加强肢体功能锻炼。

5. 出血　手术切口或创面出血时,血液或渗出液可能渗出石膏外,标记好范围、日期,并详细记录。如果发现血迹边界不断扩大，应立即报告医生，必要时协助医生开窗检查。

6. 其他　石膏固定病人多需长期卧床，容易发生骨突部位的压疮、坠积性肺炎、便秘、泌尿道感染等并发症。应保持床单位清洁干燥，定时翻身，避免剪切力、摩擦力等损伤。保暖，预防感冒，指导病人排痰、腹部按摩、进食易消化富含纤维素的食物。

(五) 石膏拆除护理

向病人解释拆除石膏的过程和注意事项，避免因使用石膏锯产生的震动、压迫及热感导致病人紧张、恐惧或不配合。石膏拆除后，病人一般会有肢体减负的感觉，由于长时间肢体固定不动，肢体有关节僵硬感或肢体肿胀，应指导病人功能锻炼，必要时用弹性绷带包扎患肢，并逐步放松，可缓解不适症状。石膏刚拆除后，肢体皮肤表面有一层黄褐色的痂皮或死皮、油脂等，其下的新生皮肤较为敏感。嘱病人避免搔抓，用温水清洗后，涂润肤霜保护皮肤，每日行局部按摩。

四、小夹板固定术

夹板固定是利用具有一定弹性的木板、竹板或塑料板制成的长、宽合适的小夹板，在适当的部位加固定垫，用束带绑扎于骨折部位外表，以固定骨折，有效地防止骨折端移位(图22-21)。这是目前骨折治疗常用的方法。其操作简单方便，固定可靠，利于及早功能锻炼。

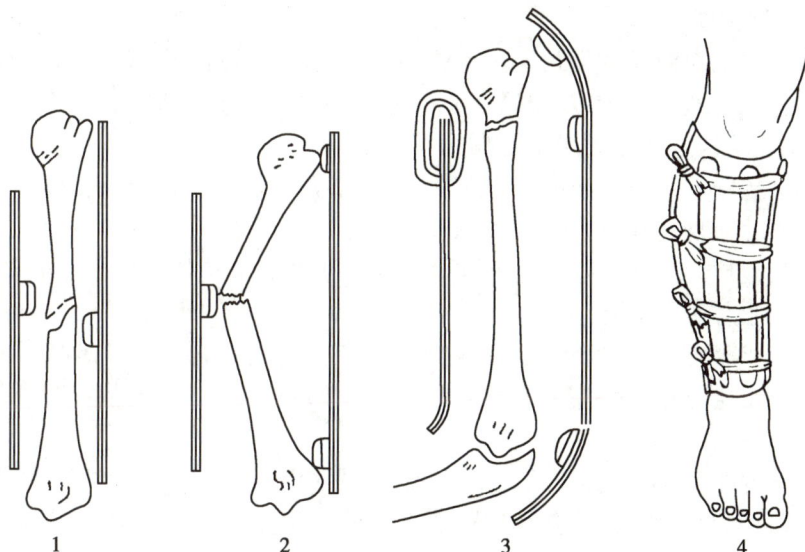

图 22-21　小夹板固定
1. 两垫固定法；2. 三垫固定法；3. 四垫固定法；4. 胫腓骨骨折小夹板固定

【适应证】

包括四肢闭合性、无移位、稳定性骨折；创面小或经处置后创口已愈合的开放性骨折；适合手法复位的陈旧性骨折等。

【禁忌证】

包括较严重的开放性骨折；难以复位的关节内骨折；不易固定部位的骨折，如髌骨、锁骨、股骨颈等；患肢肿胀严重且有水疱或远端血液循环不良者等。

【主要护理诊断 / 问题】

1. 疼痛　与骨折所致的神经损伤、软组织损伤、肌肉痉挛和水肿有关。

2. 躯体活动障碍　与骨折夹板固定后肢体活动受限有关。

3. 有外周神经血管功能障碍的危险　与骨和软组织损伤、夹板固定不当操作损伤神经血管有关。

【护理措施】

（一）操作前准备

1. 做好解释　向病人及亲属解释夹板固定的目的、意义及注意事项,使其配合治疗和护理。

2. 皮肤准备　用肥皂水和清水擦洗患肢皮肤。若有损伤及水疱应先行处理并换药。

3. 用物准备　夹板(3~4cm厚,四边抛光,棱角修圆)、固定垫(外套布套)、纸垫、棉垫、束带、胶布、剪刀等。

（二）操作中配合

摆好患肢正确位置,患肢套上衬垫物。根据骨折部位、解剖特点、移位方向及程度,选择合适大小的纸垫,并放在加压点上,胶布固定以防移位。根据骨折部位、类型及移位情况选择合适的夹板,放置夹板,放稳妥后应扶持。临近关节部位骨折用超关节夹板固定。将束带两头对齐,两手均匀用力拉紧,先扎中间再扎远端,最后扎近端。每道绕两周,在外侧夹板上打结。捆扎应松紧适宜,能上下移动各 1cm 为度。扎带与夹板垂直,间距相等,有力均匀,应随时调整。

（三）操作后护理

1. 观察患肢的血液循环变化　注意肢端的皮肤颜色、皮温、感觉、肿胀程度及活动情况。如见颜色青紫、疼痛加重、皮肤温度下降或肿胀严重,说明夹板捆扎过紧,应稍松扎带,发现异常及时报告医生处理,防止发生缺血坏死。

2. 调整夹板松紧度　一般骨折复位固定 3~5 日后,肢体肿胀逐渐消退,夹板固定会有所松动,应在原束带捆扎基础上再扎紧些,注意捆扎时不要同时打开所有束带。

3. 保持功能位　注意维持患肢于功能位,如上肢骨折者应用三角巾悬吊于胸前,适当抬高患肢,以利肢体肿胀消退。

4. 指导功能锻炼　可进行等长收缩运动、未固定关节的屈伸运动等,防止肌肉萎缩。

5. 预防并发症　夹板固定后可发生肿胀、骨筋膜室综合征、骨折端移位及压疮,应注意观察及防护。

6. 观察骨折愈合　通过 X 线拍片了解骨折线的演变。固定之初 1 周内可 X 线检查 2 次,若有移位应及时调整,以后每周检查 1 次,直至骨折临床愈合。

五、其他外固定术

1. 外展架或支具固定　用铅丝夹板、铝板或木板等制成固定或可调节的外展架用石膏绷带或粘胶带固定于病人胸廓侧方,可将肩、肘、腕关节固定于功能位。外展架使患肢处于抬高、外展位,可促进肿胀消退、缓解疼痛,防止骨折端分离移位。用于肩关节及其周围骨折、肱骨骨折及臂丛神经损伤(图 22-22,图 22-23)。

2. 外固定器固定　骨折复位后将钢针穿过远离骨折处的骨骼,利用夹头在钢管上的移动和旋转矫正骨折移位,再用金属外固定器固定(图 22-24)。具有固定可靠、伤口易于处理、不限制关节活动、可早期功能锻炼等优点。主要用于开放性骨折或闭合性骨折伴局部软组织损伤不适合做石膏固定者、骨折合并感染、截骨矫形或关节融合术后的病人。

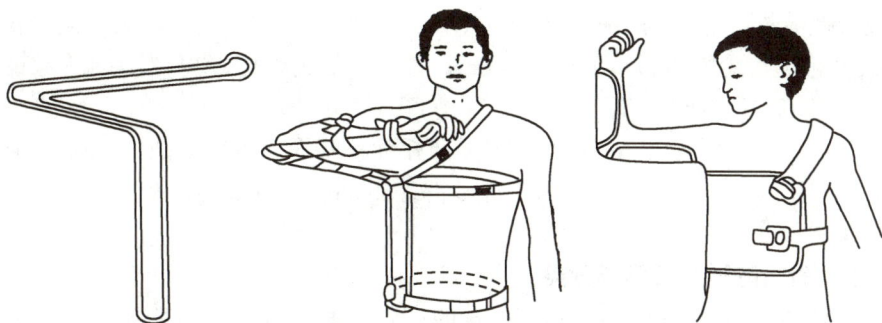

图 22-22　外展架固定

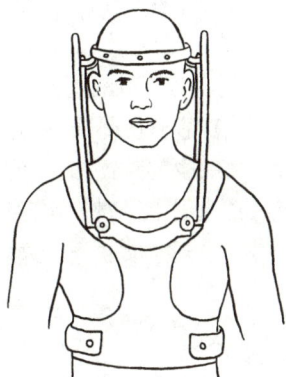

图 22-23　支具固定

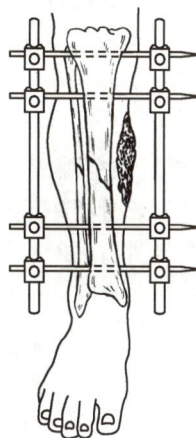

图 22-24　外固定器固定

六、骨折概论

骨的完整性破坏或连续性中断称为骨折(fracture)。

【骨折的病因】

骨折可由创伤和骨骼疾病所致。创伤性骨折(如交通事故、坠落或跌倒等)多见。

1. 直接暴力　暴力直接作用于局部骨骼使受伤部位发生骨折,常伴有不同程度的的软组织损伤。例如小腿被重物直接撞击后,胫腓骨干在被撞击的部位发生骨折(图 22-25)。

2. 间接暴力　暴力通过传导、杠杆、旋转和肌肉收缩等方式使肢体受力点的远处发生骨折(图 22-26)。如上肢骨折病人常因跌倒时手掌撑地,暴力向上传导致桡骨远端骨折或肱骨髁上骨折;下肢骨折病人常因在跌倒时骤然跪倒,使股四头肌猛烈收缩,导致髌骨骨折。

图 22-25　直接暴力所致的骨折

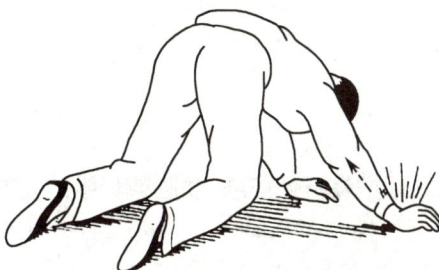

图 22-26　间接暴力所致的骨折

3. 疲劳性劳损　骨骼的某一点在长期、反复、轻微的直接或间接外力的集中作用下发生的骨折，又称为应力性骨折（stress fracture）。骨折一般无移位，愈合慢。如频繁的远距离行军或长跑运动后导致第2、3跖骨骨折。

4. 骨骼疾病　骨髓炎、骨肿瘤、严重骨质疏松症等疾病导致骨质破坏，使病变骨骼部位在轻微外力作用下即发生断裂，称为病理性骨折（pathologic fracture）。

【骨折的分类】

（一）根据骨折的程度和形态分类

1. 不完全骨折（incomplete fracture）　骨的完整性和连续性部分中断。按其形态又可分为：①裂缝骨折：骨折处的裂隙像瓷器上的裂纹，无移位，多见于颅骨、肩胛骨、髂骨等处；②青枝骨折：多见于儿童，骨皮质劈裂处与被折断的青嫩的树枝的形状相似。

2. 完全骨折（complete fracture）　骨的完整性和连续性全部破坏或中断，多发生在管状骨（图22-27）。按X线片骨折线的方向及形态分为：①横形骨折：骨折两端呈横线平行，并且几乎与骨干纵轴垂直；②斜形骨折：骨折线斜形，并与骨干纵轴线呈不同的角度；③螺旋形骨折：骨折线呈螺旋状；④粉碎性骨折：骨质碎裂成3块以上；⑤嵌插骨折：多见于长骨干骺端的骨折。骨折端或骨折片相互嵌插，密质骨嵌插入骨骺端的松质骨内；⑥压缩骨折：多见于松质骨骨折，如脊椎骨和跟骨，骨质因压缩而变形；⑦骨骺分离：多见于骨骺未闭的青少年，又称骨骺滑脱，骨折经过骨骺，骨骺的断面有数量不等的骨组织等。

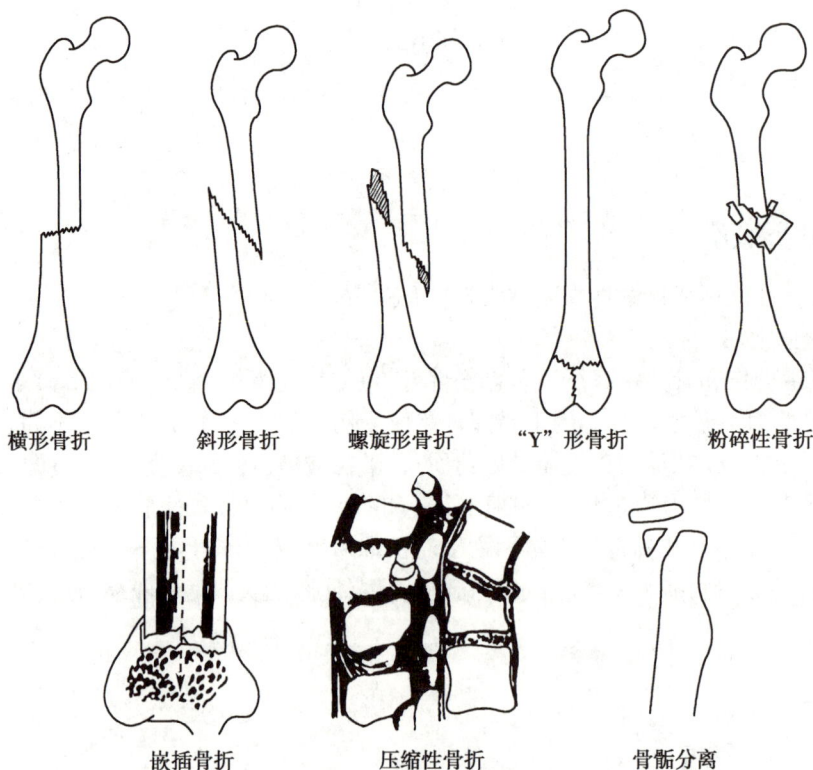

图22-27　完全骨折

（二）根据骨折处皮肤、筋膜或骨膜的完整性分类

1. 开放性骨折（open fracture）　骨折处皮肤或黏膜破裂，骨折端与外界相通。骨折处创口可由刀、枪伤等由外向内形成，亦可由骨折端刺破皮肤或黏膜从内向外所致。如胫骨骨折的骨折端刺破皮肤，耻骨骨折导致膀胱或尿道破裂，尾骨骨折致直肠破裂等。

532

2. 闭合性骨折（closed fracture） 骨折处局部软组织及骨膜仍然完整,骨折端未突出至体表外。

（三）根据骨折端的稳定程度分类

1. 稳定性骨折（stable fracture） 在外力作用下,骨折端不易移位或复位后经适当的外固定不易再发生移位的骨折,如裂缝骨折、青枝骨折、横形骨折、嵌插骨折等。

2. 不稳定性骨折（unstable fracture） 骨折端易发生移位或复位后经适当的外固定仍然容易再移位的骨折,如粉碎性骨折、斜形骨折、螺旋形骨折等。

【骨折端的移位】

骨折后,由于暴力作用、肌肉牵拉、骨折远侧端肢体重量的牵拉以及不恰当的搬运或治疗等,大多数骨折均有不同程度的移位,常见的移位有以下 5 种(图 22-28)。

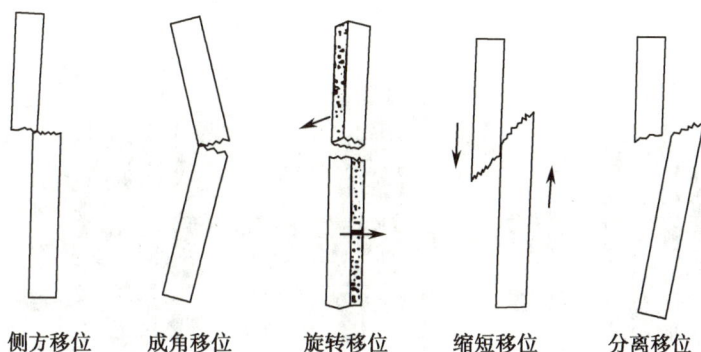

侧方移位　成角移位　旋转移位　缩短移位　分离移位

图 22-28　骨折移位

1. 成角移位 两骨折段的纵轴线交叉形成顶角向前、后、内、外的成角。
2. 侧方移位 以近侧骨折段为准,远侧骨折端向前、后、内、外方向侧方移位。
3. 缩短移位 两骨折段因相互重叠或嵌插,使其缩短。
4. 分离移位 两骨折段在纵轴上相互分离移位,形成间隙。
5. 旋转移位 远侧骨折段绕骨之纵轴旋转。

【骨折的愈合】

（一）骨折愈合过程

常伴随着复杂的组织学和细胞学的改变,依次经过血肿炎症机化期、原始骨痂形成期、骨痂改造塑形期三个阶段(图 22-29),并相互交织,逐渐演进。

1. 血肿炎症机化期 ①血肿机化,纤维连接的形成:骨折时骨髓腔、骨膜下和周围软组织的血管破裂出血,骨折端形成血肿。伤后 6~8 小时,凝血系统被激活,血肿凝结成血块。在 2 周内,骨折局部合成和分泌大量胶原纤维,并逐渐转化为纤维结缔组织连接骨折两端,形成纤维连接。②骨内膜、骨外膜的改变:在骨折后不久,骨外膜、骨内膜的成骨细胞即活跃增生,1 周后开始形成骨样组织,并逐渐向骨折处延伸、增厚。

2. 原始骨痂形成期 ①内骨痂和外骨痂的形成:骨样组织逐渐钙化,由骨内、外膜紧贴骨皮质内、外形成的新生骨(内骨痂和外骨痂),将血肿机化形成的纤维组织夹在中间;②桥梁骨痂的形成:纤维组织逐渐钙化为软骨组织,软骨组织逐渐钙化,形成软骨内成骨,即为连接骨痂,连接骨痂与内、外骨痂相连,形成桥梁骨痂,标志着原始骨痂形成。原始骨痂不断钙化,逐渐达到足以抵抗肌收缩及剪力和旋转力时,则骨折达到临床愈合。此过程成人约需12~24 周。

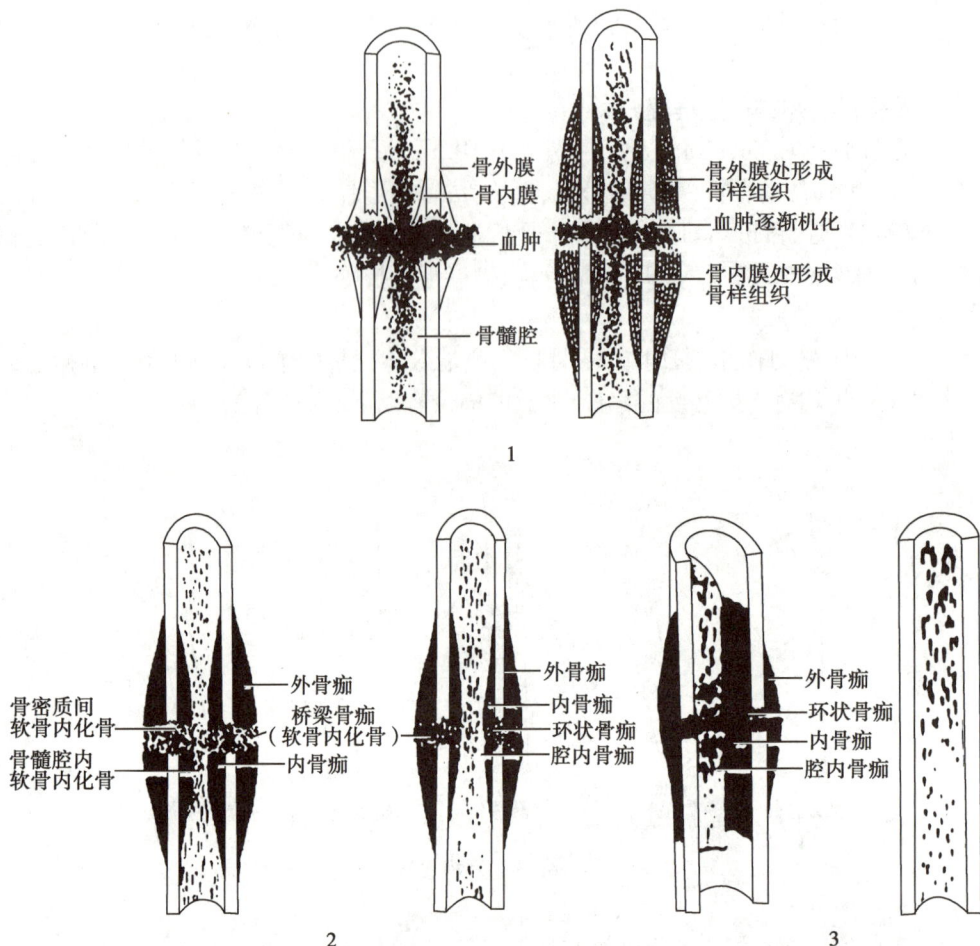

图 22-29 骨折愈合过程
1. 血肿炎症机化期;2. 原始骨痂形成期;3. 骨痂改造塑形期

3. **骨痂改造塑形期** 原始骨痂中新生骨小梁逐渐增粗,排列规则、致密。骨折端死骨被清除,新骨形成,原始骨痂被板层骨所替代,骨折部位形成坚强的骨性连接。此过程约需 1~2 年。随着肢体负重,应力线上骨痂得到加强,其余骨痂被清除,骨髓腔再通,骨原型恢复。

骨折愈合过程分为一期愈合(直接愈合)和二期愈合(间接愈合)两种形式。一期愈合是指骨折复位和坚强内固定后,骨折断端可通过哈佛系统重建直接发生连接,X 线检查无明显外骨痂形成,而骨折线逐渐消失。二期愈合是膜内化骨与软骨内化骨 2 种成骨方式的结合,有骨痂形成。临床上以二期愈合多见。

(二) 临床愈合标准

临床愈合是骨折愈合的重要阶段,其标准为:局部无压痛及纵向叩击痛;局部无反常活动;X 线平片显示骨折处有连续性骨痂,骨折线模糊。病人达到临床愈合后,可拆除外固定,进行功能锻炼逐渐恢复患肢功能。

(三) 影响骨折愈合的因素

1. **全身因素**

(1) 年龄:不同年龄的骨折愈合的时间差异较大,以股骨骨折的愈合过程为例,新生儿只需 2 周即可达坚固愈合,而成人一般需 3 个月左右,老人所需时间则更长。

(2) 健康状况:营养不良、糖尿病、恶性肿瘤、钙磷代谢紊乱等健康状况欠佳者,骨折愈合时间明显延长。

2. 局部因素

（1）骨折的类型：骨折断面接触面大的骨折（如螺旋形骨折、斜形骨折）愈合较快，骨折断面接触面小的骨折（如横形骨折）愈合较慢。多发性骨折或一骨多段骨折愈合较慢。

（2）骨折部位血液供应：是影响骨折愈合的重要因素。骨折部位的解剖血供状况、骨折后局部组织血管的破坏情况均会影响骨折的愈合。例如股骨颈囊内骨折，导致股骨头血液供应几乎完全中断，易发生骨折不愈合。

（3）软组织嵌入：如果骨折端之间嵌入肌肉、肌腱等软组织，会阻碍骨折端的对合及接触，将导致骨折难愈合甚至不愈合。

（4）软组织损伤的程度及感染：例如开放性骨折，损伤骨折端周围的肌肉、血管和骨膜，不仅影响骨折段的血液供应，还易导致骨折局部感染，甚至引起化脓性骨髓炎，严重影响骨折愈合。

（5）治疗方法：如反复手法复位致软组织和骨外膜损伤；切开复位时，软组织和骨膜剥离过多，影响骨折端血液供应；石膏绷带固定干固前不正确的搬运方法致固定不牢固，骨折仍可能发生移位，干扰骨痂生长；过早和不恰当的功能锻炼等均有可能导致骨折延期愈合、畸形愈合甚至不愈合。

（四）骨折延迟愈合、不愈合和畸形愈合

骨折经过治疗，超过一般愈合所需要的时间，骨折断端仍未出现骨折连接，称为骨折延迟愈合（delayed union）。骨折经过治疗，超过一般愈合时间（9个月），且经再度延长治疗时间（3个月）仍达不到骨性愈合，称为骨折不愈合（nonunion）。骨折愈合的位置未达到功能复位的要求，存在成角、旋转或重叠畸形，称为畸形愈合（malunion）。

【骨折的临床表现】

（一）全身表现

严重骨折和多发性骨折可导致全身反应。

1. 休克　骨折后休克的主要原因是出血。特别是骨盆骨折、股骨骨折和多发性骨折，出血量大者可超过 2 000ml（图 22-30）。严重的开放性骨折或并发重要器官损伤时也可导致休克甚至死亡。

2. 发热　一般骨折病人的体温正常。当股骨头下骨折、股骨干骨折、骨盆骨折等导致大量出血时，病人可因血肿吸收而出现低热，但一般不会超过 38℃。开放性骨折的病人可能因感染而导致高热。

（二）局部表现

包括骨折的一般表现和特有体征。

1. 一般表现

（1）疼痛和压痛：骨折局部常出现剧烈疼痛，特别是移动患肢时疼痛加剧，伴明显压痛。由骨长轴远端向近端叩击和冲击时可诱发骨折部位的疼痛，为纵向叩击痛。

（2）肿胀和淤斑：由于骨折所致的软组织损伤使得局部水肿，导致患肢严重肿胀、张力性水疱；因骨折导致骨髓、骨膜及周围组织的血管破裂，使局部形成血肿；组织损伤所致的血红

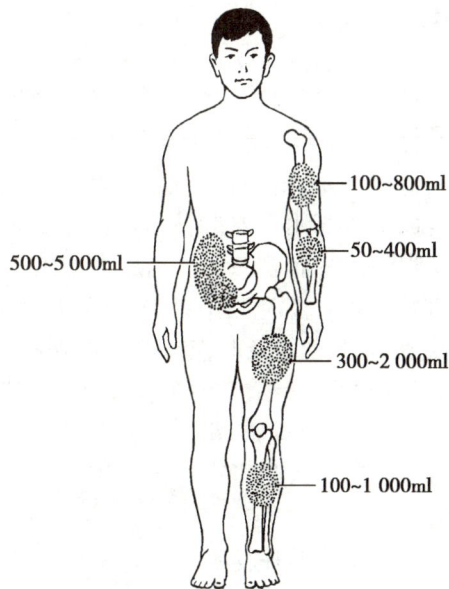

100~800ml

50~400ml

500~5 000ml

300~2 000ml

100~1 000ml

图 22-30　各部位骨折的失血量（ml）

蛋白分解,在局部形成紫色、青色或黄色淤斑。

(3) 功能障碍:骨折后的疼痛、肿胀或神经损伤使患肢出现不同程度的活动障碍。

2. 特有体征

(1) 畸形:骨折端的缩短、成角或旋转移位改变了患肢的正常解剖外形。

(2) 反常活动:骨折后肢体非关节部位出现类似关节的活动。

(3) 骨擦音或骨擦感:骨折后,两骨折端相互摩擦时,可产生骨擦音或骨擦感。

具有以上特征之一即可诊断为骨折。但是裂缝骨折、嵌插骨折、脊柱骨折及骨盆骨折即便没有上述三个体征,也不能排除骨折,应做影像学检查确诊。

【骨折的并发症】

(一) 早期并发症

1. 休克 病人发生严重创伤时,骨折引起的大出血或重要脏器损伤可致休克。

2. 重要内脏器官损伤 ①肝、脾破裂:下胸部的肋骨骨折不仅可能导致胸壁损伤,还可能致使肝、脾破裂大出血,导致病人失血性休克;②肺损伤:肋骨骨折损伤肋间血管或肺组织,导致病人气胸、血胸或血气胸;③膀胱和尿道损伤:骨盆骨折有可能损伤膀胱或尿道,导致病人下腹部、会阴疼痛、肿胀,尿液外渗、血尿、排尿困难;④直肠等损伤:骶骨骨折导致直肠破裂,出现下腹部疼痛和直肠内出血。

3. 局部周围组织损伤 脊柱骨折和脱位伴有脊髓损伤,甚至导致脊髓损伤平面以下的截瘫;股骨髁上骨折的骨折远侧段导致腘动脉损伤;肱骨骨折导致肱动脉损伤(图 22-31);肱骨中、下 1/3 交界处骨折极易损伤桡神经。

4. 脂肪栓塞综合征(fat embolism syndrome) 是由于骨折部位的骨髓组织被破坏,血肿张力过大,使脂肪滴经破裂的静脉窦进入血液循环,引起肺、脑、肾等部位脂肪栓塞所致。脂肪栓塞综合征多见于成人,多发生在股骨干骨折、肱骨骨折等粗大的骨干骨折。通常发生在骨折后 48 小时内。典型表现有进行性呼吸困难、发绀,胸部 X 线片呈现多变的、进行性加重的肺实质病变阴影。由于动脉低血氧导致病人烦躁不安、嗜睡,甚至昏迷或死亡。

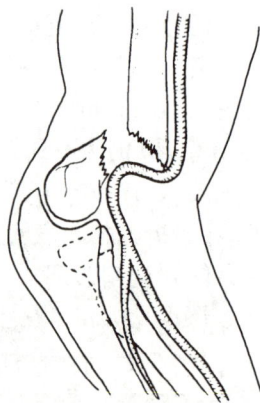

图 22-31 肱骨下段骨折致肱动脉损伤

5. 骨筋膜室综合征 引起骨筋膜室压力增高的因素包括骨折的血肿和组织水肿使室内内容物体积增加,或包扎过紧、局部压迫使室内容积减少。当压力达到一定程度,供血肌肉血液的小动脉关闭,可形成缺血 - 水肿 - 缺血的恶性循环。根据缺血程度不同可导致以下不同结果:①濒临缺血性肌挛缩:缺血早期,若能及时恢复血液供应,不会发生或仅发生极小量肌肉坏死,不影响患肢功能。②缺血性肌挛缩:较短时间或较重程度的不完全缺血,导致大部分肌肉坏死,形成挛缩畸形,严重影响患肢功能。③坏疽:当广泛、长时间的完全缺血,导致大量肌肉坏疽,常需截肢。若有大量毒素进入血液循环,可并发休克、感染、心律不齐或急性肾衰竭导致病人死亡。

(二) 晚期并发症

1. 坠积性肺炎 多见于因骨折长期卧床不起的病人,特别是老年、体弱和伴有慢性病的病人多见,有时甚至危及病人生命。应鼓励功能锻炼,及时下床活动。

2. 关节僵硬 是骨折晚期最常见的并发症。骨折后由于患肢长期制动,使得静脉和淋巴回流不畅,关节周围组织中浆液纤维性渗出和纤维蛋白沉积,导致关节发生纤维粘连,关节囊及周围肌肉挛缩,关节僵硬、活动障碍。

3. **缺血性肌挛缩**　是骨折晚期最严重的并发症之一。常见原因有骨折和软组织损伤、骨筋膜室综合征处理不及时或处理方法不正确、骨折治疗时外固定过紧等。缺血性肌挛缩治疗难度大，常致爪形手或爪形足畸形，患肢严重残疾（图22-32）。

图22-32　前臂缺血性肌挛缩后典型畸形-爪形手

4. **缺血性骨坏死**　骨折使某一断端的血液供应被破坏，导致该骨折段缺血性坏死。如腕舟状骨骨折后近侧骨折段或股骨颈骨折后股骨头部位。

5. **急性骨萎缩**　又称反射性交感神经性骨营养不良综合征。好发于手、足骨折后。典型症状是患肢剧烈的烧灼样疼痛，皮肤苍白、光亮、萎缩，易脱皮，皮温升高或降低，汗毛和指甲生长加快，多汗、汗毛脱落，手或足部肿胀、僵硬、寒冷、略呈青紫达数月之久。

6. **损伤性骨化**　又称骨化性肌炎。当关节扭伤、脱位或关节附近骨折时，骨膜剥离形成骨膜下血肿，若血肿较大或处理不当，使得血肿扩大，血肿机化并在关节附近的软组织内广泛骨化，造成严重关节功能障碍。肘关节周围损伤所致的损伤性骨化最常见，如肱骨髁上骨折，反复暴力复位，或骨折后肘关节伸屈活动受限而进行的强力反复牵拉均易发生损伤性骨化。

7. **创伤性关节炎**　关节内骨折，关节面被损伤，若未能准确复位，致使骨折愈合后关节面不平整，此后长期磨损易引起创伤性关节炎，活动时关节疼痛。多见于膝关节、踝关节等负重关节。

8. **压疮**　股骨颈、脊柱骨折后需长期卧床制动，身体骨突部长时间受压易形成压疮。常见部位有骶骨部、髋部、足跟部。特别是截瘫病人，由于肢体失去神经支配，缺乏感觉，局部血液循环更差，不仅更易发生压疮，而且发生后难以治愈，成为全身感染的来源。

9. **下肢深静脉血栓形成**（deep vein thrombosis, DVT）　多见于骨盆骨折或下肢骨折的病人。因下肢长时间制动，静脉血液回流缓慢，加之创伤后的血液高凝状态，易导致下肢静脉血栓形成。若血栓脱落阻塞肺动脉及其分支可引起肺栓塞（pulmonary embolism, PE）。深静脉血栓形成和肺栓塞合称为静脉血栓栓塞症（venous thromboembolism, VTE）。

10. **感染**　开放性骨折因骨折断端与外界相通，存在感染的风险。特别是污染较重或伴有严重的软组织损伤者，清创不彻底，可发生感染，并可发生化脓性骨髓炎。

【**辅助检查**】

（一）**影像学检查**

1. **X线**　可了解骨折的部位、类型和移位等，以确诊骨折并指导骨折治疗。

2. **CT和MRI**　可发现X线平片不易发现的骨折或结构复杂的骨折，以及其他软组织损伤等。

（二）**实验室检查**

1. **血常规检查**　血红蛋白和血细胞比容降低，见于骨折所致大量出血。

2. **血钙、血磷检查**　骨折愈合期阶段，血钙和血磷值常升高。

3. **尿常规检查**　脂肪栓塞综合征病人的尿液可检出脂肪球。

【**治疗原则**】

（一）**现场急救**

用最简单有效的方法抢救生命、保护病肢、迅速转运，以便尽快妥善处理。常用现场急救技术有心肺复苏、止血、包扎、固定和搬运等，具体参见第九章损伤病人的护理相关内容。

（二）**骨折的治疗**

包括复位、固定、药物治疗及功能锻炼。

1. 复位　是将移位的骨折段恢复至正常或接近正常的解剖关系,重建骨的支架作用,是骨折固定和康复治疗的基础。临床可根据对位(两骨折端的接触面)和对线(两骨折段在纵轴上的关系)是否良好衡量复位程度。

(1) 复位标准:解剖复位指骨折段对位和对线完全良好,恢复正常的解剖关系;功能复位指两骨折段未恢复正常的解剖关系,但不影响骨折愈合后肢体功能。

(2) 复位方法:①手法复位:又称闭合复位,适用于大多数骨折。包括解除疼痛、松弛肌肉、对准方向和拔伸牵引4个步骤。复位时应尽量达到解剖复位,如不易达到则功能复位即可。不能为了追求解剖复位而反复进行多次复位,以免加重软组织损伤,影响骨折愈合。②牵引复位:牵引既有复位作用,也是外固定。持续牵引的方法和牵引重量应根据病人的年龄、性别、肌肉情况、软组织损伤情况和骨折的部位选择。③切开复位:为手术切开骨折部位的软组织,暴露骨折段,在直视下将骨折复位。可使手法不能复位的骨折达到解剖复位,并做有效内固定,可使病人提前下床活动,减少并发症,方便护理。但是切开复位本身可加重局部组织损伤,影响血液供应,若无菌操作不当可造成感染。

2. 固定　是将骨折断端维持在复位后的位置直至骨折愈合,是骨折愈合的关键。

(1) 外固定:包括小夹板、石膏绷带、持续牵引、外展架、外固定器等方法。详细内容参见本节二～五的相关内容。

(2) 内固定:切开组织,在直视下复位后,用克氏针、螺纹钉、接骨板、髓内钉、加压钢板、假体、自体或异体植骨片等内固定物,固定骨折段于解剖复位的位置。切开复位内固定比手法复位外固定的固定作用更直接、更可靠,所需的卧床制动时间相对较短,可早期活动,预防长期卧床引起的诸多并发症。内固定尤其适合老年骨折病人。

3. 功能锻炼　是骨科重要的治疗方法,是促进肢体功能恢复、预防并发症的重要保证。功能锻炼应遵循动静结合、主动运动与被动运动相结合、循序渐进的原则。

(1) 初期:术后1~2周。此期主要是促进肢体血液循环,消除肿胀,防止废用综合征。病人由于疼痛、肿胀导致患肢活动受限,功能锻炼应以肌肉的等长舒缩运动为主,但骨折部上下关节则不活动或轻微活动。例如前臂骨折时,可做抓空握拳及手指伸屈活动,上臂仅做肌肉舒缩活动,而腕、肘关节不活动。下肢骨折时可做股四头肌舒缩及踝部伸屈活动等。健肢及身体其他各部关节也应进行活动。锻炼时以健肢带动患肢,次数由少到多,时间由短到长,活动幅度由小到大,以患处不痛为原则,切忌任何粗暴的被动活动。

(2) 中期:术后2周以后,此期主要是加强去淤生新、和营续骨能力,防止局部筋肉萎缩、关节僵硬以及全身的并发症。从手术切口愈合、拆线到解除牵引或外固定支具,局部疼痛逐渐消失,但血淤未尽去,新骨始生,骨折部日趋稳定。锻炼的形式除继续进行患肢肌肉的舒缩活动外,指导病人逐步活动骨折部上下关节。动作应缓慢,活动范围应由小到大,至接近临床愈合时应增加活动次数,加大运动幅度和力量。例如股骨干骨折,在夹板固定及持续牵引的情况下,可进行撑臂抬臀,举屈蹬腿,伸屈髋、膝等活动;胸腰椎骨折做飞燕点水、五点支撑等活动。

(3) 后期:应尽快恢复患肢关节功能和肌力,达到筋骨强劲、关节滑利。由于骨折已临床愈合,外固定已解除,但筋骨未坚,肢体功能未完全恢复。锻炼时病人取坐位或立位,以加强患肢各关节的活动为重点,上肢着重各种动作的练习,下肢着重于行走负重训练。在锻炼期间可同时进行热敷、熏洗等。部分病人功能恢复有困难时,或已有关节僵硬者可配合按摩推拿手法,以达到活血舒筋的目的。

📖 **知识链接**

熏洗、湿敷法

1. 熏洗法　古称"淋拓""淋渫""淋洗"或"淋浴",是将药物置于锅或盆中加水煮沸后熏洗患处的一种方法。先用热气熏蒸患处,待水温稍减后用药水浸洗患处。冬季气温低,可在患处加盖棉垫,以保持热度持久。1 日 2 次,1 次 15~30 分钟,1 帖药可熏洗数次。药水因蒸发而减少时,可酌加适量水再煮沸熏洗。具有舒松关节筋络、疏导腠理、流通气血、活血止痛的作用。适用于关节强直拘挛、酸痛麻木或损伤兼夹风湿者。多用于四肢关节、腰背部的伤患,如散瘀和伤汤、海桐皮汤、八仙逍遥汤、上肢损伤洗方、下肢损伤洗方等。

2. 湿敷法　古称"溻渍""洗伤",在《外科精义》中有"其在四肢者溻渍之,其在腰腹背者淋射之,其在下部者浴渍之"的记载。多用于创伤,使用方法是"以净帛或新棉蘸药水","渍其患处"。现临床上把药制成水溶液,供创伤伤口湿敷洗涤用。如金银花煎水、野菊花煎水、2%~20% 黄柏溶液,以及蒲公英等鲜药煎汁等。

4. 中医药治疗　从整体观念出发,对严重骨折伴组织损伤者,可在骨折愈合初、中、后三期配合予以中医药治疗。

(1) 初期:伤后 1~2 周内,体内气滞血瘀,治以活血化瘀、消肿止痛。

(2) 中期:伤后 3~6 周期间,瘀阻去而未尽,疼痛减而未止,治以活血化瘀、和营生新、接骨续筋。

(3) 后期治法:损伤 7~8 周以后,瘀肿已消,但筋骨尚未坚实,功能尚未恢复,治以补气养血、补益肝肾、补养脾胃,筋肌拘挛,风寒湿痹,关节屈伸不利者予以温经散寒、舒筋活络。

上述各期治则为一般规律,临床对于特殊病人须仔细辨证、正确施治,不可机械套用。

【护理评估】

(一) 术前评估

1. 相关健康史

(1) 一般情况:除了一般人口学特征外,重点关注年龄、运动习惯、饮食嗜好、嗜烟酗酒等情况。

(2) 受伤过程:了解病人受伤的时间、部位、原因、受伤时的最初体位、暴力类型及方向,特别注意询问病人伤后躯体功能障碍及伤情的进展情况、躯体移动情况、处理方法,有无昏迷史和其他部位复合伤等。

(3) 既往史:重点了解病人有无骨折史、骨质疏松、骨肿瘤病史或手术史。

(4) 家族史:重点了解家族中是否有患骨科疾病的病人。

2. 身体状况

(1) 全身:是首要评估的内容,重点评估病人的意识和生命体征,评估病人有无严重的合并伤及并发症;观察有无低血容量性休克、心力衰竭、呼吸衰竭的表现。

(2) 局部:理学检查评估骨折部位活动及关节活动范围,有无神经、血管损伤,肌力大小等;有无骨折局部的特有特征和一般表现,判断骨折的类型、损伤范围及程度,有无污染存在;有无伴发伤及并发症;石膏、夹板或牵引固定是否有效。

(3) 辅助检查:评估病人的影像学、实验室检查结果,以及其他有关手术耐受性检查(如心电图、肺功能检查)等,以帮助判断病情和预后。

3. 心理 - 社会状况 评估病人和亲属的认知程度,对治疗方案和疾病预后有何顾虑和思想负担,以及家庭经济状况和社会支持程度。若骨折损伤大及病情重者,如脊柱骨折脊髓损伤有可能导致瘫痪者,髋关节粉碎性骨折需手术治疗或较长时间的卧床者,均会显著增加家庭成员照顾的压力及家庭经济负担。

(二) 术后评估

1. 术中情况 了解病人手术、麻醉方式与效果、骨折修复情况、术中出血、补液、输血情况和术后诊断。

2. 术后情况 评估石膏、小夹板或牵引固定是否维持于有效状态;功能恢复情况;是否出现与手术有关或骨折有关的并发症。评估术后是否出现骨折并发症及石膏、牵引并发症;了解病人是否按计划进行功能锻炼,功能恢复情况及有无活动障碍等并发症。评估病人有无焦虑、抑郁等负性情绪;是否配合康复训练和早期活动,是否了解出院后的治疗、康复计划。

【主要护理诊断 / 问题】

1. 急性疼痛 与骨折所致的神经损伤、软组织损伤、肌肉痉挛和水肿有关。

2. 躯体活动障碍 与骨折、石膏或牵引固定有关。

3. 有外周神经血管功能障碍的危险 与骨和软组织损伤、外固定不当、骨牵引操作损伤神经血管有关。

4. 潜在并发症:休克、脂肪栓塞综合征、骨筋膜室综合征、静脉血栓栓塞症、关节僵硬、石膏综合征、废用综合征等。

【护理措施】

(一) 现场急救

1. 抢救休克 评估生命体征,检查病人全身情况,首先处理休克、昏迷、呼吸困难、窒息或大出血等可能威胁病人生命的紧急情况。保持呼吸道通畅、吸氧,维持有效呼吸;及时输液、输血维持有效血液循环;注意为病人保温。

2. 止血、包扎、固定

(1) 止血:①指压止血法:适用于中等以上动脉出血,如颞浅动脉、面动脉、枕动脉、颈总动脉、锁骨下动脉、肱动脉、尺动脉、桡动脉、股动脉、腘动脉、胫前动脉、胫后动脉等。用手指或手掌紧压伤口近心端血管,使血流中断以达止血目的。②止血带止血法:在肢体包绕衬垫后再捆扎止血带,上肢扎于上臂中上 1/3 处,下肢扎于大腿中下 1/3 处,松紧度应以出血停止、远端摸不到脉搏为宜。止血带应每 40~60 分钟放松 1 次,放松时间以局部血液恢复、组织略有新鲜渗血为宜。注意记录绑扎时间、压力及做好交班。

(2) 包扎:伤口应及时包扎,防止加重污染。注意开放性骨折的骨折端不可回纳伤口内,应记录和交班,待清创时处理,若包扎时骨折端自行滑入伤口内,应做好记录,以便入院后清创时进一步处理。

(3) 固定:就地取材,行初步固定,防止搬运中骨折移位,加重血管、神经及内脏等重要组织的损伤,减轻痛苦,并便于搬运。凡疑有骨折者均应按骨折处理。对闭合性骨折者在急救时不必脱去患肢的衣裤和鞋袜,患肢肿胀严重时可用剪刀将衣服和裤脚剪开。骨折有明显畸形,并有穿破组织或损伤附近重要血管、神经危险时,可适当牵引患肢,使之变直后再行固定。固定物可以为特制的夹板,或就地取材的木板、木棍或树枝等。若无任何可利用的材料,可将骨折的上肢固定于胸部,骨折的下肢与对侧健肢捆绑固定。

3. 迅速转运 病人经初步处理后,应尽快地转运至就近的医院进行治疗。

(二) 术前护理

1. **心理护理**　骨折创伤常导致病人及其亲属身心应激反应,尤其创伤后工作、生活能力改变及经济压力增加,易产生焦虑或抑郁情绪。应关心体贴、安慰病人;向病人及其亲属解释骨折的愈合过程及固定、牵引的目的及注意事项,使其配合治疗。

2. **疼痛护理**

(1) 疼痛观察:观察疼痛的性质、程度、规律并记录。一般术后伤口 1~3 日疼痛较剧烈,其后会逐日缓解;感染性疼痛常发生在开放性骨折后 2~4 日内,疼痛呈进行性加重;缺血性疼痛常表现为受压组织或肢体远端剧烈疼痛,皮肤苍白、麻木,皮肤温度低;缺血范围较大或较严重者可表现为被动伸指(趾)时疼痛加剧,而皮肤组织坏死后,疼痛可缓解。

(2) 减轻疼痛:去除疼痛原因:现场急救骨折初步固定可减轻转运中的疼痛;闭合性骨折及时复位、固定、消肿可明显减轻疼痛;开放性骨折及时清创、复位、固定、引流、换药、抗感染可减轻感染性疼痛;对缺血性疼痛者应及时解除压迫,松解外固定物,如骨筋膜室综合征需及时切开减压。对疼痛严重而诊断明确者,遵医嘱给予哌替啶、布桂嗪等药物镇痛。护理操作要轻柔、准确,防止加重疼痛;移动病人时应做好解释并取得病人配合,在移动中需对损伤部位托扶保护。运用视觉或触觉分散法,转移对疼痛的注意力。

3. **患肢缺血护理**　骨折局部内出血、包扎过紧、不正确使用止血带或患肢严重肿胀等原因均可导致患肢血液障碍。应严密观察肢端有无剧痛、麻木、皮温降低、皮肤苍白或青紫、脉搏减弱消失等血液灌注不足表现。一旦出现应对因对症处理,如调整外固定松紧度,定时放松止血带等。若出现骨筋膜室综合征应及时切开减压,严禁局部按摩、热敷、理疗或使患肢高于心脏水平,以免加重组织缺血和损伤。

4. **外固定护理**　行牵引或石膏外固定病人的护理参见本章二、三节相关内容。

5. **预防并发症**　监测生命体征,防止休克;严重骨折伴大面积软组织创伤者,应观察病人有无进行性呼吸困难、发绀,烦躁不安,嗜睡、昏迷等表现,及时发现脂肪栓塞综合征;监测患肢远端感觉、运动和末梢血液循环情况,检查和调整外固定器松紧度,观察牵引、石膏固定的有效性,防止骨筋膜室综合征;长期卧床病人应定时翻身、叩背,鼓励咳嗽、咳痰,练习深呼吸,防止压疮及坠积性肺炎;指导病人功能锻炼,预防深静脉血栓、急性骨萎缩和关节僵硬等。

6. **生活护理**　协助和指导病人在制动治疗期间的饮食、排便和翻身等护理。对长期卧床制动的病人,应鼓励其多饮水,防止尿路感染。

7. **饮食与营养**　饮食易清淡、易消化且营养丰富。进食高蛋白、高维生素、高热量、高钙、高铁食物,如蔬菜、水果、蛋类、奶制品、豆制品、瘦肉等;强壮筋骨应进食甲鱼、黄鳝、乌鱼、乳鸽汤等食物,以促进骨折愈合。

(三) 术后护理

严重骨折病人需做开放复位内固定术,根据骨折部位、手术方式实施相应的护理。参见本章第二至六节相关内容。

(四) 指导功能锻炼

在不影响固定的状态下,应循序渐进尽早进行患肢肌肉、肌腱、韧带、关节等软组织的功能锻炼,防止肌萎缩、骨质疏松和关节僵硬等并发症的发生。配合理疗、按摩等方法,促进患肢血液循环,促进血肿吸收和骨痂生长,利于骨折愈合及促进患肢功能康复。

知识链接

下肢练功法

1. 举屈蹬腿　仰卧,将下肢直腿徐徐举起,然后尽量屈髋屈膝背伸踝,再向前上方伸腿蹬出,反复多次。

2. 股肌舒缩　又称股四头肌舒缩活动。病人卧位,膝部伸直,做股四头肌收缩与放松练习,当股四头肌用力收缩时,髌骨向上提拉,股四头肌放松时,髌骨恢复原位,反复多次。

3. 旋转摇膝　两足并拢站立,两膝稍屈曲成半蹲状,两手分别放在膝上,膝关节作顺、逆时针方向旋转活动,反复多次。

4. 踝部伸屈　卧位或坐位,足部背伸至最大限度,然后跖屈到最大限度,反复多次。

5. 足踝旋转　卧位或坐位,足按顺、逆时针方向旋转,互相交替,反复多次。

6. 搓滚舒筋　坐位,患足蹬踏圆棒,做前后滚动,使膝及踝关节做伸屈活动,反复多次(图 22-33)。

7. 蹬车活动　坐在特制的练功车上,用足练习踏车,使下肢肌肉及各个关节均得到锻炼,反复多次(图 22-34)。

图 22-33　搓滚舒筋

图 22-34　蹬车活动

【健康教育】

1. 安全教育　针对骨折发生的原因,讲解注意身体安全的重要性。注意在运动及出行时防止跌倒、碰撞及交通事故的发生。指导病人安全使用步行辅助器械或轮椅。步行练习需有人陪伴,以防跌倒。

2. 坚持功能锻炼　教会病人及亲属后续功能锻炼的方法,交代注意事项,如使用步行辅助器械或轮椅、行走练习需有人陪伴。

3. 定期复查　交代病人出院后的注意事项及复诊时间,以评估骨折愈合及功能恢复情况。若骨折处夹板、石膏或外固定器有松动等,应立即到医院复诊。

4. 饮食指导　注意调整饮食结构,保证充足营养,促进骨折愈合。

第二节　四肢骨折病人的护理

学习目标

1. 简述四肢骨折的病因和分类,陈述其常用辅助检查。
2. 理解并比较常见四肢骨折疾病的临床特点,阐述其治疗原则。
3. 运用护理程序为四肢骨折疾病病人实施整体护理。

案例分析

张先生,50岁,工人。因外伤致右前臂肿痛、畸形、功能受限1小时入院。1小时前从2米高处摔下,右手触地,当即感右前臂疼痛,不能屈伸活动,不能持物,右前臂旋转受限,急来院就诊。发病以来精神欠佳,食欲下降,其余无不适。平素体健,无重大外伤手术史。

体格检查:T 38.8℃,P 92次/min,R 21次/min,BP 87/58mmHg。神清,急性痛苦貌。右前臂明显肿胀,皮下淤斑,局部隆起畸形、压痛(+),纵向叩击痛(+),有异常活动、骨擦音,右手感觉、手指末端末梢循环血运、运动均好。

辅助检查:右尺桡骨正侧位(包括肘关节)X片示:右尺桡骨中段斜形骨折,断端向内上移位约3cm。

请问:

1. 该病人目前最可能的并发症是什么?
2. 首要的紧急处理方法是什么?
3. 该病人目前主要护理问题有哪些?针对并发症的主要护理措施是什么?

四肢骨折包括上肢骨折和下肢骨折。常见的上肢骨折包括肱骨干骨折、肱骨髁上骨折、前臂双骨折、桡骨远端骨折;下肢骨折包括股骨颈骨折、股骨干骨折和胫腓骨骨折。

一、肱骨干骨折

肱骨干骨折(fracture of the shaft of the humerus)是指肱骨外科颈下1~2cm至肱骨髁上2cm段内的骨折。常见于青年和中年人,男性多于女性。年轻病人多为交通事故、高处坠落、运动等导致骨折,60岁以上的老年病人多因跌倒等导致骨折。

【解剖特点与骨折】

肱骨干有多块肌肉附着在骨干上,由于骨折后肌肉的牵拉方向不同,骨折端会发生移位。骨折的移位方向与暴力的作用方向、大小和肌肉牵拉有关。在三角肌止点以上、胸大肌止点以下的骨折,近折端受胸大肌、背阔肌、大圆肌的牵拉而向内、向前移位,远折端因三角肌、喙肱肌、肱二头肌、肱三头肌的牵拉而向外、向近端移位。当骨折线位于三角肌止点以下时,近折端由于三角肌的牵拉而向前、外移位;远折端因肱二头肌、肱三头肌的牵拉而向近端移位。无论骨折发生在哪一段,在体弱病人,由于肢体的重力作用或不恰当的外固定物的重量,可引起骨折端分离移位或旋转畸形。肱骨干中下段有一滋养孔,肱骨滋养动脉由此穿过,当肱骨下 1/3 骨折时易致该血管损伤,使骨折段血液供应不良,发生骨愈合不良甚至不愈合。肱骨干中下 1/3 段后外侧有桡神经沟,桡神经由此进入前臂,此段骨折易发生桡神经损伤。

【病因】

肱骨干骨折的暴力源有直接暴力和间接暴力。直接暴力常见于外侧打击肱骨干中部,致横形或粉碎性骨折。间接暴力常见于手部或肘部着地,外力向上传导,加上身体倾倒所产生的剪式应力,多导致肱骨中下 1/3 处骨折。另一种暴力形式为投掷运动或"掰腕"导致中下 1/3 骨折,多为斜形或螺旋形骨折。

【临床表现】

1. 症状　患侧上臂表现为疼痛、肿胀、皮下淤斑,上肢活动障碍。

2. 体征　患侧上臂可见畸形,反常活动,有骨摩擦感或骨擦音。若合并桡神经损伤,患肢出现垂腕畸形。患肢活动障碍:前臂旋后障碍,拇指不能伸直,各手指掌关节不能背伸。感觉障碍:手背桡侧皮肤感觉减退或消失。

【辅助检查】

X 线正侧位片可明确骨折的部位、类型和移位情况。

【治疗原则】

1. 手法复位外固定　在局麻或臂丛神经阻滞下、持续牵引和病人肌肉放松的情况下复位。复位后比较稳定的骨折,用 U 形石膏固定。中下段长斜形或长螺旋形骨折,手法复位后仍不稳定可采用上肢悬垂石膏固定,并且石膏选材应为轻质石膏,以免由于石膏过重导致骨折端分离。选择小夹板固定者可在屈肘 90° 位用三角巾悬吊。通常成人固定 6~8 周,儿童固定 4~6 周(图 22-35)。

2. 切开复位内固定

(1) 适应证:①8~12 小时以内的污染不严重的开放性骨折;②骨折有分离移位,或骨折端有软组织嵌入;③骨折合并血管、神经损伤者;④同一肢体的多发性骨折;⑤手法复位失败,骨折端对位对线不良;⑥陈旧性骨折不愈合或影响功能的畸形愈合者。

图 22-35　肱骨干骨折夹板固定

(2) 方法:切开局部组织,在直视下尽可能达到解剖复位后用外固定支架或加压钢板螺钉内固定、带锁髓内针固定,也可用锁定钢板微创手术固定,可减少对血供的影响,降低骨折不愈合的发生率。内固定物常在半年后取出,若无不适也可不取。对于有桡神经损伤者,术中探查神经,若完全断裂,可一期修复桡神经。若为挫伤则切开神经外膜,减轻神经继发性病理改变。术后可不用外固定,早期进行功能锻炼。

【主要护理诊断/问题】

1. 急性疼痛　与骨折、软组织损伤、肌痉挛和水肿有关。

2. 潜在并发症:肌萎缩、关节僵硬。

【护理措施】

1. 减轻疼痛　及时评估病人疼痛程度,遵医嘱必要时给予镇痛药。

2. 心理护理　肱骨干骨折伴桡神经损伤时,患肢伸腕、伸指功能障碍,皮肤感觉减退,致使病人产生焦躁、悲观情绪。应向病人解释神经损伤修复的特殊性,康复周期长,使病人有充分的思想准备。

3. 外固定护理

（1）正确安放小夹板：夹板长度视骨折部位而定，肱骨上1/3骨折要超肩关节，下1/3骨折要超肘关节，中1/3骨折则不超过上、下关节，应注意前夹板下端不能压迫肘窝。

（2）妥善安放固定垫：夹板固定时，如果移位已完全纠正，可在骨折部的前、后方各放一长方形大固定垫，将上、下骨折端紧密包围。但应注意固定垫厚度宜适中，防止皮肤压疮。在桡神经沟部位不要放固定垫，以防桡神经受压而麻痹。

（3）正确安置患肢体位：固定后肘关节屈曲90°，以木托板将前臂置于中立位，用吊带或三角巾将患肢托起，悬吊在胸前，以促进静脉回流，减轻肢体肿胀程度。

（4）维持固定：固定时间成人6~8周，儿童4~6周。肱骨中1/3处骨折是迟缓愈合和不愈合的好发部位，固定时间应适当延长。经X线复查见有足够骨痂生长才能解除固定。

4. 指导功能锻炼

（1）复位固定后：即开始手指、掌屈伸活动。指导病人进行上臂肌肉的主动舒缩运动，以加强两骨折端在纵轴上的挤压力，但禁止做上臂旋转运动。2~3周后开始主动的腕、肘关节屈伸活动和肩关节的外展、内收活动，逐渐增加活动量和活动频率。6~8周后逐渐加大活动量，可做肩关节旋转活动，以防肩关节僵硬、肌萎缩。

（2）解除外固定后：即行全面练习肩关节活动，如画圆圈：向前弯腰，使上臂自然下垂，顺时针在水平面画圆圈。活动上肢：将患侧手置于背后，用健侧手托扶患侧手去触摸健侧肩胛骨；举臂摸头后部；反臂摸腰，即用患侧手指背侧触摸腰部（肩外展、内旋、后伸）；患侧手横过面部触摸健侧耳朵；划船动作（肩内收、外展、内旋、外旋、前伸、后伸、上举）。在锻炼过程中，可配合理疗、体疗、中药治疗等。

【健康教育】

在锻炼过程中，要随时检查骨折对位、对线及愈合情况。告知病人及亲属保持患肢正确姿势、遵医嘱定期来院复查骨折愈合状况，指导观察患肢远端血液循环、活动情况的方法，发现异常，应及时就诊。

二、肱骨髁上骨折

肱骨髁上骨折（supracondylar fracture of humerus）是发生在肱骨干与肱骨髁交界处的骨折，多发生于10岁以下儿童，占小儿骨折的30%~40%。

【解剖特点与骨折】

正常屈肘90°，肱骨内上髁、肱骨外上髁与尺骨鹰嘴突三点连线呈等边三角形，即肘后三角；伸肘时，此三点在一条横线上。肘关节在伸肘位时，肱骨干轴线与前臂轴线形成的交角为5°~15°提携角，肘部骨折时可引起提携角的改变。肱骨干轴线与肱骨髁轴线之间有个30°~50°的前倾角，此处骨质较扁薄，为易发生肱骨髁上骨折的解剖因素。在肱骨髁内、前方有肱动脉和正中神经经过。肱骨髁的内侧和外侧分别有尺神经和桡神经，当肱骨髁上骨折发生侧方移位时均易受到损伤。骨折端向前下移位，极易损伤肱动脉。在儿童期，肱骨下端有骨骺，若骨折线穿过骨骺板，可影响骨骺发育，导致患儿出现肘内翻或外翻畸形。

【病因与分类】

肱骨髁上骨折多为间接暴力所致。根据暴力类型和骨折移位方向，可分2种类型。

1. 伸直型　占肱骨髁上骨折85.4%。跌倒时手掌着地，肘关节呈半屈位或伸直位，暴力经前臂向上传递，同时身体前倾，由上向下产生剪式应力，加上尺骨鹰嘴向前施加的杠杆力，使肱骨干与肱骨髁交界处骨折。骨折近端向前下方移位，远折端向后上方移位（图22-36）。按骨折的侧方移位情况，又可分为伸展尺偏型和伸展桡偏型骨折，其中伸展尺偏型骨折易引

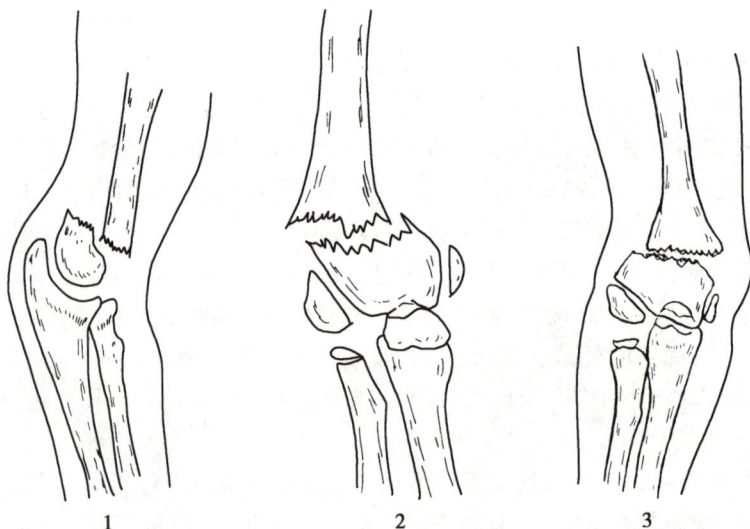

图 22-36　伸直型肱骨髁上骨折移位

1.典型移位；2.骨折远端向尺侧移位；3.骨折远端向桡侧移位

起肘内翻畸形。

2. 屈曲型　跌倒时肘后方着地，肘关节呈屈曲位，暴力传导致肱骨下端骨折。骨折近端向后下方移位，远端向前上方移位。骨折线呈由前上斜向后下的斜形骨折（图 22-37）。

【临床表现】

1. 症状　受伤后肘部疼痛、肿胀、皮下淤斑和功能障碍。

2. 体征　局部明显压痛和肿胀，有骨摩擦音和反常活动。

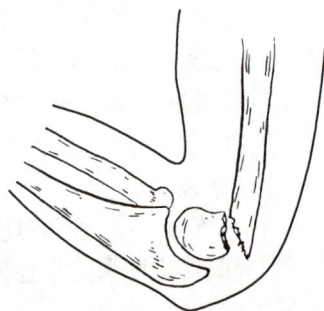

图 22-37　屈曲型肱骨髁上骨折移位

（1）伸直型：肘部向后突出呈半屈位，皮下淤斑，肘前方部可扪到骨折断端，肘后三角关系正常。由于近折端向前下移位，极易压迫肱动脉或刺破肱动脉，加之损伤后局部肿胀严重，会影响肢体血循环，易导致骨筋膜室综合征，甚至并发前臂缺血性肌挛缩导致"爪形手"。若正中神经、尺神经或桡神经受损，可有手臂感觉异常和运动功能障碍。

（2）屈曲型：肘后凸起，皮下淤斑，肘上方压痛、后方可扪及骨折端，肘后三角关系消失。由于肘后方软组织较少，骨折断端锐利，骨折端可刺破皮肤形成开放骨折，但较少合并神经和血管损伤。

【辅助检查】

肘部正、侧位 X 线照片能够确定骨折的存在并判断骨折移位情况。

【治疗原则】

1. 手法复位外固定

（1）伸直型：适用于受伤时间短，局部肿胀轻，没有血液循环障碍者。麻醉后，屈肘 50°位、前臂中立位牵引、复位。复位时应注意恢复肱骨下端的前倾角和提携角。手法复位后，用后侧石膏托屈肘位固定 4~5 周后 X 线照片证实骨折愈合良好，可拆除石膏，逐渐开始肘关节主动活动。若伤后时间较长且局部肿胀严重时，不能立即行手法复位，应卧床休息，抬高患肢，或用尺骨鹰嘴悬吊牵引（图 22-38），牵引重量可为 1~2kg，同时加强手指活动，待 3~5日肿胀消退后方可进行手法复位。

（2）屈曲型：适应于没有移位或移位程度很小的骨折，部分骨皮质的连续性还存在，或虽然为完全性骨折，骨折断面仍有部分接触者。手法复位方向与伸直型相反，采用伸肘位缓慢牵引手法复位。复位后患肢伸肘位用石膏绷带固定 7~10 日后，改为肘关节屈曲 40° 左右外固定。4~6 周后开始主动练习肘关节屈伸活动。

2. 切开复位内固定

（1）伸直型：适应于手法复位失败者；骨折伴有神经、血管损伤者。在切开直视下，将骨折端准确对位、对线后，用交叉克氏针做内固定。若尺神经或桡神经损伤，在进行骨折复位时，应仔细检查神经，进行松解或修复手术。

（2）屈曲型：适应于完全性骨折，移位明显者，手法复位不成功，或复位后难以稳定者，骨折端插入肱三头肌内，手法复位不能消除肌肉嵌入者。在切开复位时应尽量达到解剖复位，如果达不到解剖复位，可采用切开复位克氏针固定。

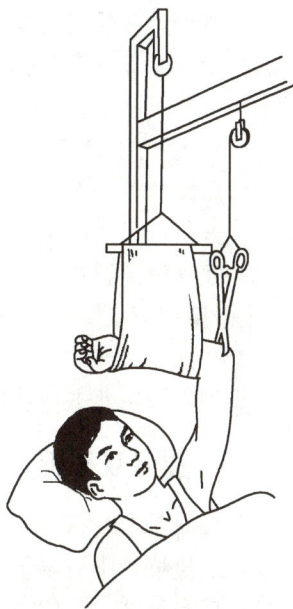

【主要护理诊断/问题】

1. 急性疼痛　与骨折创伤、手术有关。

2. 有外周神经血管功能障碍的危险　与骨和软组织损伤、外固定不当有关。

3. 不依从行为　与患儿年龄小、缺乏对骨折治疗认识有关。

4. 潜在并发症：骨筋膜室综合征、缺血性肌痉挛、感染等。

图 22-38　尺骨鹰嘴悬吊牵引

【护理措施】

1. 心理护理　肱骨髁上骨折儿童多见。患儿常啼哭不止，不能配合治疗，医生、护士应以亲切的语言、和蔼的态度安抚患儿；同时注意与家长的沟通，讲解有关治疗、护理措施的必要性，稳定其情绪，以取得配合；必要时遵医嘱给予镇痛剂，缓解疼痛。

2. 术前护理　按骨科常规备皮，完成血常规、出凝血时间等检查。了解患肢皮肤有无水疱、压伤及感染。对于患肢肿胀者，给予活血化瘀药物治疗，术前让患儿尽量平卧，抬高患肢；指导患儿做握拳伸指活动，促进患肢血液回流，减轻患肢肿胀。

3. 术后护理　①观察患肢的血液循环状况及手的感觉、运动等情况，若皮肤青紫、发冷、毛细血管充盈迟缓，桡动脉搏动异常，及时通知医生；②观察伤口渗血情况，出血多时应立即通知医生；③用气垫或软枕将患肢垫高，使患肢高于心脏水平，促进肿胀消退；④患儿对疼痛的耐受力差，正确评估疼痛程度，遵医嘱使用镇痛药；⑤摄入高蛋白、高维生素、高热量、易消化的饮食，促进骨折的愈合。

4. 预防并发症

（1）骨筋膜室综合征：对于伸直型骨折应特别注意观察前臂肿胀程度及手的感觉、运动功能，观察石膏绷带或夹板固定的松紧度，以免神经、血管受压，影响有效组织灌流。如果患肢出现高张力肿胀、手指发凉、感觉异常、张力肿胀，手指发凉，感觉异常，手指主动活动障碍，被动伸指剧痛，桡动脉搏动减弱或消失等表现，须立即通知医生紧急手术，切开前臂掌、背侧深筋膜，充分减压，辅以脱水剂、扩张血管药等治疗。出现 5P 征即使手术也难以避免缺血性肌挛缩，从而遗留"爪形手"畸形。

（2）神经损伤：观察患肢有无桡神经、尺神经、正中神经损伤的表现，如垂腕畸形、"爪形手"畸形、猿手畸形等。

（3）畸形：观察儿童骨折的桡侧或尺侧移位是否得到纠正，是否合并肱骨骨骺损伤，否则将导致骨折愈合后肘内翻或外翻畸形。不严重的畸形可在儿童生长发育过程中逐渐得到纠正。若随着生长发育，畸形有加重的趋势且有功能障碍者，可在 12~14 岁时做肱骨下端截骨矫正术。

5. 指导功能锻炼　复位固定后，适当抬高患肢，尽早开始手指及腕关节屈伸活动，并进行上臂肌肉的主动舒缩运动，有利于减轻水肿。4~6 周后外固定解除，开始肘关节屈伸活动。手术切开复位且内固定稳定的病人，术后 2 周即可开始肘关节活动。若病人为小儿，应耐心向患儿及其家属解释功能锻炼的重要性，指导锻炼的方法，使家属能协助进行功能锻炼。

【健康教育】

交代病人或亲属若体温增高，伤口红、肿、热、痛或有液体渗出，应及时就诊。指导家长有计划地安排患儿进行功能锻炼，给予营养饮食，促进骨折愈合。

三、前臂双骨折

尺桡骨干双骨折（fracture of the radius and ulna）较多见，占各类骨折的 6% 左右，多见于青少年。尺桡骨干有多组肌肉附着，起、止部位分布分散。当骨折时，由于肌肉的牵拉，常导致骨折后有复杂的移位，使手法复位困难，易发生骨筋膜室综合征。

【解剖特点与骨折】

前臂骨由尺骨、桡骨组成。尺、桡骨均有一定的弯曲度使两骨之间的宽度不一致，尺、桡骨之间由坚韧的骨间膜相连，对桡、尺骨起稳定作用；在处理尺桡骨干双骨折时，为了保持前臂的旋转功能，应尽可能在骨折复位后将前臂固定在中立位。前臂有屈肌群、伸肌群、旋前肌和旋后肌等肌群，骨折后常出现成角、旋转、重叠及侧方移位。

【病因】

1. 直接暴力　常由机器或车轮的直接压轧、重物直接打击或刀砍伤引起。特征为两骨同一平面的横形或粉碎性骨折，同时伴有不同程度的神经、血管损伤，肌肉、肌腱断裂。整复对位不稳定。

2. 间接暴力　跌倒时手掌着地，由于桡骨负重较多，暴力作用向上传导后最先使桡骨骨折，然后残余暴力通过骨间膜向内下方传导，造成低位尺骨斜形骨折。

3. 扭转暴力　跌倒时手掌着地，同时前臂发生旋转，造成不同平面的尺桡骨斜形骨折或螺旋形骨折，尺骨的骨折线多高于桡骨的骨折线（图 22-39）。

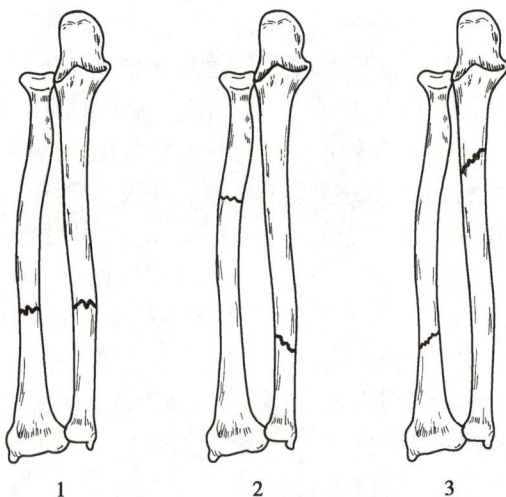

图 22-39　尺桡骨双骨折类型

1. 直接暴力导致的骨折；2. 间接暴力导致的骨折；3. 扭转暴力导致的骨折

【临床表现】

1. 症状　骨折后患侧前臂伴有肿胀、疼痛、畸形、功能障碍。

2. 体征　可出现假关节活动、骨摩擦音或骨摩擦感。尺骨上 1/3 骨干骨折可合并桡骨小头脱位，称孟氏（Monteggia）骨折。桡骨干下 1/3 骨折合并尺骨小头脱位，称盖氏（Galeazzi）骨折。

3. 并发症　因骨折及骨折周围组织创伤，导致骨间膜水肿、骨筋膜室压增高可致骨筋膜室综合征、缺血性肌痉挛、感染、关节僵硬等。

【辅助检查】

X线照片检查应包括肘关节或腕关节,可发现骨折部位、类型、移位方向以及是否合并有桡骨头脱位或尺骨小头脱位。

【治疗原则】

1. 手法复位加外固定 复位要达到良好的对位、对线,注意防止畸形和旋转。复位成功后可采用上肢前、后石膏夹板固定,待肿胀消退后改为上肢管型石膏固定,一般8~12周可达到骨性愈合。或采用小夹板固定,即在前臂掌侧、背侧、尺侧、桡侧分别放4块小夹板并捆扎,将前臂放在防旋板上固定,屈肘90°,用三角巾悬吊患肢,前臂置于中立位。

2. 切开复位内固定 适应于手法复位失败;受伤时间较短、伤口污染不重的开放性骨折;合并神经、血管、肌腱损伤;同侧肢体有多发性损伤;陈旧骨折畸形愈合。在骨折部位选择切口,在直视下准确对位,用加压钢板螺钉固定或髓内钉固定。

【主要护理诊断/问题】

1. 有外周神经血管功能障碍的危险 与骨和软组织损伤、外固定不当有关。

2. 潜在并发症:肌萎缩、关节僵硬。

【护理措施】

1. 局部制动 维持患肢复位后的体位,防止腕关节旋前或旋后。

2. 指导功能锻炼 复位固定后应尽早开始手指屈伸和用力握拳活动,并进行上臂和前臂肌肉的主动舒缩运动;2周后局部肿胀消退,开始练习腕关节屈伸活动;4周以后开始练习肘关节和肩关节活动;8~10周后拍片证实骨折已愈合,才可以进行前臂旋转活动。

3. 预防并发症 骨筋膜室综合征的护理参见肱骨髁上骨折护理措施。

【健康教育】

告知病人在固定期间,应使前臂维持在固定体位,同时应避免患肢前臂的任何旋转活动,以防骨折再移位。

四、桡骨远端骨折

桡骨远端骨折(fracture of the distal radius)是指距桡骨远端关节面3cm以内的骨折。此处是松质骨与密质骨的交界面,为解剖薄弱处,一旦遭受外力,易发生骨折。桡骨远端关节面呈由背侧向掌侧、由桡侧向尺侧的凹面,分别形成掌倾角(10°~15°)和尺倾角(20°~25°)。本病常见于有骨质疏松的中老年女性。

【病因与分类】

多为间接暴力引起。跌倒时,手部着地,暴力向上传导,躯干向下的重力与地面向上的反作用力交集于桡骨远端而发生桡骨远端骨折。根据受伤姿势和骨折移位的不同,分为2种类型的骨折。

1. 伸直型(Colles骨折) 多由跌倒后手掌着地,腕关节背伸,前臂旋前而受伤。其发生率占全身骨折的4.6%。

2. 屈曲型(Smith骨折) 常由跌倒后手背着地,腕关节屈曲而受伤。也可由腕背部受到直接暴力打击发生,较伸直型骨折少见。

【临床表现】

1. 症状 受伤后腕关节局部疼痛、皮下淤斑、肿胀、功能障碍。

2. 体征 患侧腕部明显压痛、腕关节活动受限及畸形姿势。伸直型骨折腕部从侧面看腕关节呈"餐叉样"畸形,从正面看呈"刺刀样"畸形(图22-40)。屈曲型骨折伤后腕部出现下垂畸形。

【辅助检查】

X线照片可见典型移位。伸直型可见骨折远端向背侧和桡侧移位,骨折近端向掌侧移位(图 22-41)。屈曲型可见远折端向掌侧、桡侧移位,近折端向背侧移位(图 22-42)。屈曲型骨折与伸直型骨折移位方向相反,也称为反 Colles 或 Smith 骨折。骨折还可合并下尺桡关节损伤、尺骨茎突骨折和三角纤维软骨损伤。

图 22-40 伸直型桡骨远端骨折典型畸形
1. "餐叉样"畸形;2. "刺刀样"畸形

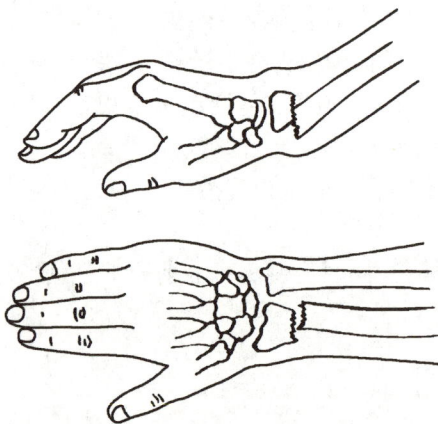

【治疗原则】

1. 手法复位外固定 伸直型骨折在手法复位后,在旋前、屈腕、尺偏位用超腕关节石膏绷带或小夹板固定前臂 2 周。水肿消退后,可在腕关节中立位更换石膏托或前臂管型石膏绷带固定。屈曲型骨折的处理与伸直型骨折基本相同,只是复位手法相反。

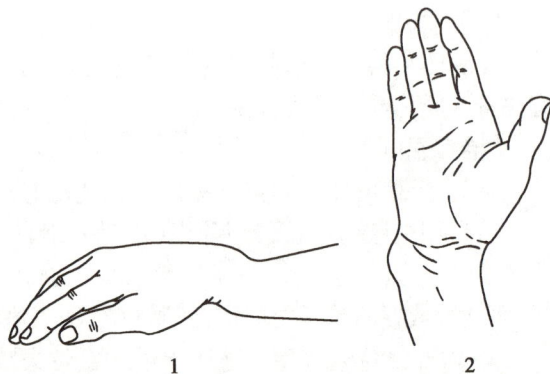

图 22-41 伸直型桡骨远端骨折典型移位

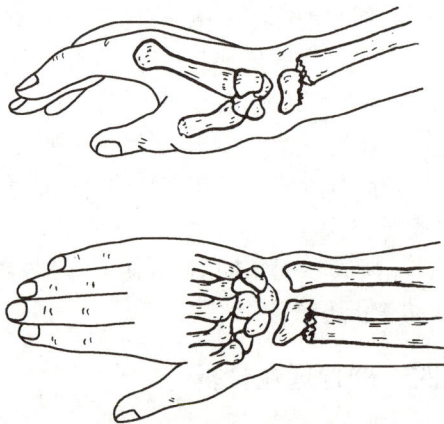

图 22-42 屈曲型桡骨远端骨折典型移位

2. 切开复位内固定 适应于严重粉碎性骨折移位明显,桡骨远端关节面破坏;手法复位失败或复位成功后外固定不能维持复位者。切开直视下复位,用松质骨螺钉、T 形钢板固定。若骨折块破裂,有骨缺损,经牵引复位后,用克氏针固定及外固定支架维持复位和固定,6~8 周后可撤除外固定支架。

【主要护理诊断 / 问题】

有外周神经血管功能障碍的危险 与骨和软组织损伤外固定不当有关。

【护理措施】

1. 患肢体位 注意将患肢保持在旋后 15° 或中立位,纠正骨折再移位倾向。伸直型骨折应限制患肢腕部的桡偏和背伸活动;屈曲型骨折应限制桡偏和掌屈活动。用吊带或三角巾将患肢托起,悬吊在胸前,以促进静脉回流,减轻肢体肿胀,保持固定 4~5 周。

2. 指导功能锻炼 复位固定后应尽早开始手指伸屈和用力握拳活动,进行上臂和前臂肌肉的主动舒缩运动。约 2 周后,局部肿胀消退则进行腕关节运动。4 周后可进行肘关节和肩关节活动。8~10 周后拍片复查证实骨折愈合,才可做前臂旋转运动。

【健康教育】

对伸直型骨折者应解释在固定期间限制患肢腕部的桡偏和背伸活动的意义,同样向屈曲型骨折者解释限制桡偏和掌屈活动的意义。

五、股骨颈骨折

案例分析

赵女士,71 岁,退休干部。因外伤致右大腿疼痛、肿胀、畸形伴活动受限 2 小时入院。2 小时前在家中卫生间洗澡时不慎滑倒,臀部着地。即感右大腿根部疼痛严重,肿胀、畸形伴功能障碍,无法自行站立行走,被家人紧急送至医院。发病以来精神不振,食欲下降、大小便尚可,睡眠欠佳。

体格检查:T 37.4℃,P 86 次 /min,R 21 次 /min,BP 138/86mmHg。病人平车推入病房,表情痛苦,神志清晰,查体合作。右下肢短缩约 2cm,外旋向内畸形,局部压痛明显,可触及骨折端,闻及骨擦音,有异常活动,不能主动活动,被动活动疼痛加剧。平卧位测量 Bryant 三角底边右侧较左侧缩短;侧卧位半屈髋测量大转子超过 Nélaton 线之上。右足背动脉搏动尚可,右足感觉正常,末梢血运可。

辅助检查:X 线片示右股骨颈骨折,骨折线清晰,骨折块移位明显。

入院后经过术前抗炎、消肿等对症治疗,积极完善术前检查,行人工髋关节置换术。

请问:

1. 股骨颈粉碎性骨折病人主要的临床表现有哪些?

2. 股骨颈骨折病人主要的护理问题有哪些?

3. 人工髋关节置换术后如何指导病人功能锻炼?

股骨颈骨折(fracture of the femoral neck)是指由股骨头至股骨颈基底部之间的骨折,多发生在中老年人,以女性多见,占成人骨折的 3.6%。常出现骨折不愈合(约 15%)和股骨头缺血性坏死(20%~30%)。随着我国步入老龄化社会,股骨颈骨折的发生率呈逐年增加的趋势。

【解剖特点与骨折】

股骨颈长轴线与股骨干纵轴线间形成颈干角(正常平均值约 127°),股骨颈骨折后若颈干角大于正常值,患肢出现髋外翻,若小于正常值则出现髋内翻(图 22-43)。矢状面观股骨颈长轴线与股骨干的纵轴线不在一平面,股骨颈有向前的角称前倾角(成人约 12°~15°),在股骨颈骨折复位及人工髋关节置换时,须注意保持正常前倾角(图 22-44),否则会遗留髋关节畸形,影响髋关节的功能。成人股骨头、颈部的血供来自三个途径,其中旋股内、外侧动脉的分支是股骨头、颈的重要营养动脉,旋股内侧动脉的分支骺外侧动脉供应股骨头 2/3~4/5 的血液循环。因此,旋股内侧动脉损伤是导致股骨头缺血坏死的主要原因。

【病因与分类】

老年人股骨颈骨折与骨质疏松导致的骨质量下降有关。股骨颈部处于疏松骨质和致密骨质交界处,负重量大;老年人肝肾功能不足,筋骨衰弱,骨质疏松骨量下降,当遭受轻微的扭转暴力时即发生骨折,病人多在走路时滑倒,身体发生扭转倒地,间接暴力传导致股骨颈发生骨折。青少年股骨颈骨折较少,常需较大暴力引起,不稳定型多见。

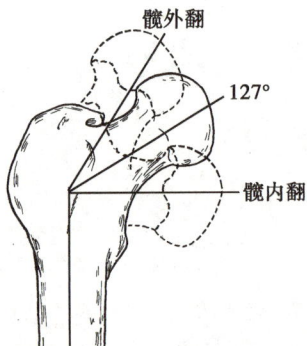

图 22-43　股骨的颈干角

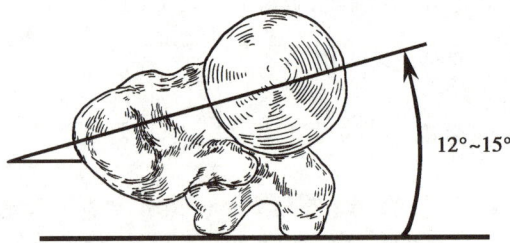

图 22-44　股骨的前倾角

股骨颈骨折可按骨折线部位、X 线表现和移位程度进行分类。

1. 按骨折线部位分类(图 22-45)

(1) 股骨头下骨折:属于关节囊内骨折。骨折线位于股骨头下,股骨头仅有小凹动脉很少量的供血,此类骨折致使股骨头供血不足,很易发生股骨头缺血坏死。

(2) 经股骨颈骨折:属于关节囊内骨折。骨折线位于股骨颈中部,股骨头亦有明显供血不足,易发生缺血坏死或骨折不愈合。

(3) 股骨颈基底骨折:骨折线位于股骨颈与大、小转子间连线处。由于有旋股内、外侧动脉分支吻合成的动脉环提供血液循环,对骨折部血液供应的影响较小,骨折较易愈合。

2. 按骨折线方向分类(图 22-46)

(1) 内收骨折:远端骨折线与两侧髂嵴连线的夹角(Pauwels 角)大于 50°。由于此类骨折面接触较少,容易再移位,故属于不稳定性骨折。Pauwels 角越大,骨折端所遭受的剪切力越大,骨折越不稳定。

(2) 外展骨折:Pauwels 角小于 30°。由于骨折面接触多,不易再移位,故属于稳定性骨折。但如果处理不当(例如过度牵引、外旋、内收,或过早负重等),亦可发生移位,成为不稳定性骨折。

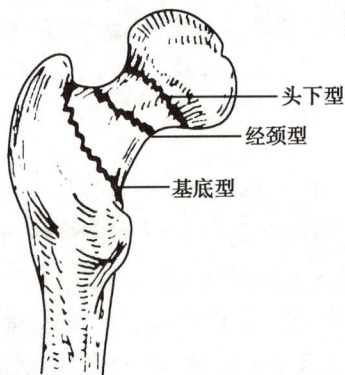

图 22-45　股骨颈骨折按骨折部位分类

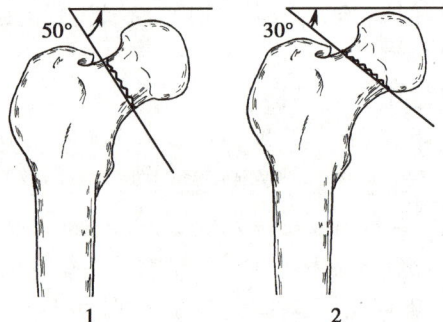

图 22-46　股骨颈骨折按骨折线方向分类
1. 内收骨折;2. 外展骨折

3. 按移位程度分类(图 22-47)　常采用 Garden 分型:根据股骨近端正位 X 线平片上骨折移位的程度分为 4 型。Ⅰ型:不完全骨折,骨的完整性部分中断,占股骨颈骨折的 2.7%。Ⅱ型:完全性骨折但不移位或嵌插移位,占股骨颈骨折的 21.8%。Ⅲ型:完全骨折,部分移位且股骨头与股骨颈有接触。Ⅳ型:完全移位的骨折,Ⅲ型与Ⅳ型占股骨颈骨折的 78.2%。

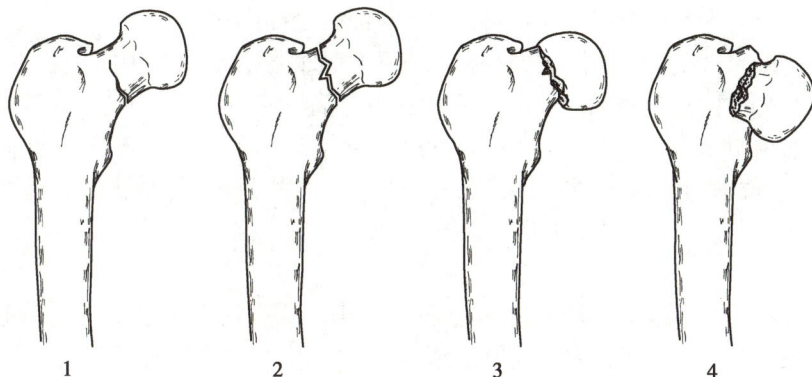

图 22-47　股骨颈骨折 Garden 分型

1. Ⅰ型：不完全骨折；2. Ⅱ型：完全骨折，无移位；3. Ⅲ型：完全骨折，部位移位；4. Ⅳ型：
完全骨折，完全移位

【临床表现】

1. 症状　中老年人有摔倒受伤史，伤后感髋部疼痛，下肢活动受限，不能站立和行走。
但嵌插骨折受伤后仍能行走，但数日后髋部疼痛逐渐加重，活动后更痛，甚至完全不能行走，
提示可能由受伤时的稳定骨折发展为不稳定骨折。

2. 体征　肢体测量可发现患肢缩短。在平卧位，由髂前上棘向水平画垂线，再由大转子
与髂前上棘的垂线画水平线，构成 Bryant 三角，股骨颈骨折时，此三角底边较健侧缩短。在
侧卧并半屈髋，由髂前上棘与坐骨结节之间画线，为 Nélaton 线，正常情况下，大转子在此线
上，若大转子超过此线之上，说明大转子有向上移位。患肢出现外旋畸形，一般在 45°~60°
之间（图 22-48）。如果外旋畸形达 90° 应怀疑转子间骨折。患肢局部压痛和轴向叩击痛，较
少出现髋部肿胀和淤斑。

【辅助检查】

髋部正侧位 X 线照片可明确骨折的部位、类型、移位情况，是治疗方法选择的依据。

【治疗原则】

1. 非手术治疗　适用于：①无明显移位的骨折；②外展型或嵌插型等稳定性骨折；③年
龄过大、全身情况差或合并有严重心、肺、肾、肝等功能障碍者。

（1）牵引复位：病人可穿防旋鞋（丁字鞋）（图 22-49），下肢 30° 外展中立位持续皮肤牵引、
骨牵引或石膏固定等达到复位和固定的目的，卧硬板床 6~8 周。

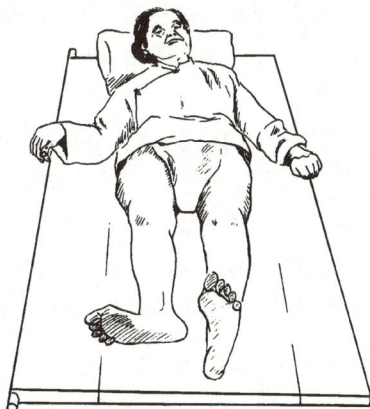

图 22-48　股骨颈骨折患肢的外旋畸形　　　　　图 22-49　丁字鞋

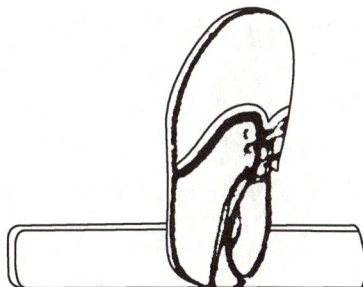

553

（2）手法复位：先做皮牵引或骨牵引，并尽早在 X 线下手法复位。

2. 手术治疗 适用于：①内收型骨折和有移位的骨折；②难以用手法复位或牵引复位的骨折；③65 岁以上老年人的股骨颈头下型骨折；④青壮年的股骨颈骨折；⑤股骨颈陈旧骨折不愈合及影响功能的畸形愈合等。手术方式主要有 3 种。

（1）闭合复位内固定：对所有类型股骨颈骨折病人均可进行闭合复位内固定术。在硬膜外麻醉及 X 线下，在手法复位成功后，在股骨外侧打入空心拉力螺纹钉内固定或动力髋螺纹钉内固定。

（2）切开复位内固定：对手法复位失败、固定不牢靠或青壮年的陈旧骨折不愈合，宜采用切开复位内固定。经切口在直视下复位，经大转子打入空心拉力螺纹钉内固定（图 22-50）。

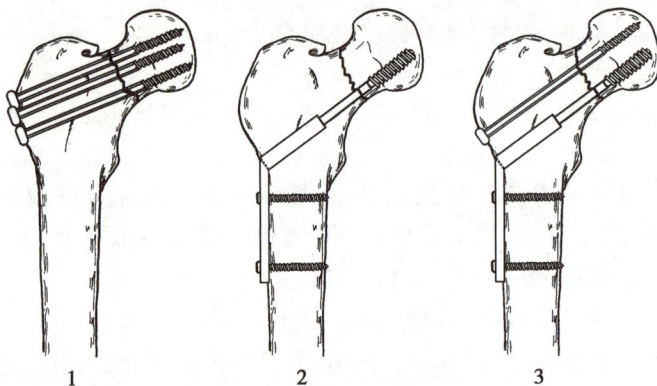

图 22-50 股骨颈骨折螺纹钉内固定
1. 空心拉力螺纹钉内固定；2. 动力髋螺纹钉内固定；3. 空心拉力螺纹钉内固定 + 动力髋螺纹钉内固定

（3）人工股骨头或全髋关节置换术：适应于股骨头下型骨折且全身情况尚好的高龄病人；严重的髋关节炎或股骨头坏死者等。可选择单纯人工股骨头置换术或全髋关节置换术。

📖 **知识链接**

人工关节置换术的发展史

19 世纪末，德国柏林 Themistocles Gluck 医生首先采用象牙制成的膝关节假体用于膝关节结核病人的关节治疗。1938 年，英国伦敦 Philp Wiles 医生用不锈钢制造的髋臼和股骨假体置换 6 例 Still 病病人的髋臼和股骨头。1962 年，英国 John Charnley 医生提出了低摩擦人工髋关节置换理论。Charnley 医生设计了头直径为 22.5mm 的不锈钢股骨假体，经过多次实践最终采用耐磨的高分子聚乙烯制成髋臼，并使用聚甲基丙烯酸甲酯（即骨水泥）固定假体，这三项革新奠定了低摩擦人工关节置换术的基础。至今 Charnley 型人工髋关节置换术仍是衡量其他髋关节置换术的金标准。因此，Sir John Charnley 也被誉为"人工关节之父"。到 21 世纪，随着医用生物材料的改进、外科手术技术的进步、医学工程技术的介入，人工关节置换术已成为骨科关节疾病治疗领域的常规治疗手段。

【主要护理诊断 / 问题】

1. 急性疼痛　与骨折创伤及手术有关。

2. 躯体活动障碍　与骨折、牵引和石膏固定有关。

3. 有废用综合征的危险　与骨折、软组织损伤或长期卧床有关。

4. 焦虑 / 抑郁　与骨折创伤、骨折后躯体活动障碍、长期卧床生活不能自理有关。

5. 知识缺乏：缺乏骨折后康复知识；缺乏关节置换术后康复知识。

6. 潜在并发症：失血性休克、股骨头缺血坏死、骨折不愈合、关节脱位、关节感染、下肢深静脉血栓、肺部感染、压疮、便秘等。

【护理措施】

1. 抢救休克　股骨头下骨折和股骨颈骨折，常可能合并局部重要血管的破裂，导致大出血而危及病人生命，如果合并其他组织和器官的损伤或病人年龄大，则病情更为严重。因此，应首先检查病人全身情况，迅速明确病人有无大出血及合并伤。先处理休克、昏迷、呼吸困难、窒息、气胸、大出血等可能威胁病人生命的紧急情况。及时输液、输血，保持呼吸道通畅，维持正常生命体征。

2. 心理护理及缓解疼痛　股骨颈骨折大部分为完全性骨折，骨折端有部分移位，导致患肢局部疼痛、功能障碍。加之伤后需长期卧床制动，生活不能自理，病人易产生恐惧、焦虑 / 抑郁情绪。因此应细心抚慰、体贴病人，鼓励其表达想法，及时提供生活支持；解释骨折愈合过程，并交代注意事项。护理操作应轻柔准确，不可触碰骨折处，以免引起疼痛。认识制动的重要性，其既能防止骨折断端移位，又可有效减轻疼痛，但疼痛严重者应给予镇痛药。

3. 搬运和移动　尽量避免搬运或移动病人。搬运时将髋关节与患肢整个托起，防止关节脱位或骨折断端移位造成新的损伤。在病情允许的情况下，指导病人借助吊架和床栏更换体位、坐起、转移到轮椅上，并教会病人使用助行器及拐杖行走的方法。

4. 关节并发症的护理　如病人关节持续肿胀疼痛，皮肤发红，局部皮温增高，伤口有异常液体流出，应警惕关节感染，关节感染虽然少见，但是最严重的并发症；如人工关节置换多年后出现活动时关节疼痛，可能为关节松动或磨损；如病人摔倒或髋关节扭伤后髋关节疼痛不能活动，可能是关节脱位，出现上述情况时，尽快到医院就诊。

【健康教育】

1. 非手术治疗　卧床期间患肢置于外展、膝关节轻度屈曲、足中立位。即平卧时两腿分开 30°，腿间放一枕头以防内收，脚尖向上或穿防旋鞋（丁字鞋）。在固定期间，为防止骨折移位，应嘱咐病人做到"三不"：不交叉盘腿，不侧卧，不下地负重。翻身过程应由护士或亲属协助，使患肢在上且始终保持外展中立位，然后在两大腿之间放一个枕头防止内收。

一般 8 周后复查 X 线片，若无异常可去除牵引后在床上坐起；3 个月后骨折基本愈合，可先扶双拐患肢不负重活动，后逐渐换单拐部分负重活动；6 个月后复查 X 线检查显示骨折愈合牢固后，可完全负重行走。

2. 人工股骨头置换术后康复锻炼　①抬高患肢，术后第 2 日，主动屈伸踝、膝关节，股四头肌、臀大肌和臀中肌等长收缩，以促进下肢血液回流，保持肌力，防止肌肉萎缩。②3 日后可做主动髋、膝关节屈伸运动或用持续被动活动仪，早期进行持续被动运动，从 30°~40°起，3 日后逐渐增至 60°~120°，循序渐进，根据病因和个体差异而定。还可指导病人做患侧下肢抬高练习，要求足跟离床 20cm，坚持 5~10 秒再放下。如此反复，次数根据病人状况逐渐增加。③术后 1 周开始练习起坐、坐直，可移至床边或座椅上。根据病情，在医生指导下使用双拐或步行器行走。④术后 6 周内，术侧肢体不宜内收或与对侧肢体交叉，避免坐矮凳。术后 6 周，可完全负重行走。

3. 全髋关节置换术后康复锻炼　①术后第2日开始主动进行屈伸双踝关节,股四头肌、臀大肌和臀中肌等长收缩。如无特殊情况,可同时做膝关节屈伸,髋关节旋转、伸直及股四头肌等张练习。同时应注意上肢肌力练习以恢复上肢力量,使病人较好地使用拐杖。②术后4~5日病情平稳后,由他人协助抬起上身,使患侧腿离床并使脚着地,再扶拐站起进行离床功能训练,患肢始终保持外展30°但不负重,扶双拐行走,逐渐增加训练时间及强度。③3周内屈髋<45°,逐渐增加屈髋度数但不宜>90°。不宜将患肢架在另一条腿上或盘腿,站立时患肢不宜外展。④3个月内避免侧卧,6个月内患肢避免内收及内旋动作。

4. 术后3个月注意事项　指导病人不可下蹲、坐矮凳、跪姿、盘腿、跷二郎腿或过度弯腰拾物。接受人工关节置换术者尽量不做或少做爬山、爬梯和跑步等有损人工关节的活动。手术后定期复查。避免在负重状态下反复做髋关节伸屈动作,或做剧烈跳跃和急停急转运动。此间排便时应使用坐便器,可以坐高椅、散步、骑车、跳舞和游泳等,上楼时健肢先上,下楼时患肢先下。

六、股骨干骨折

股骨干骨折(fracture of the shaft of the femur)是指股骨转子以下、股骨髁以上部分的骨折。占全身骨折的4%~6%,多见于青壮年。

【解剖特点与骨折】

股骨干是人体最粗、最长、承受应力最大的管状骨,需遭受强大的暴力才致骨折,骨折愈合与重塑所需的时间延长。骨干血液循环丰富,一旦骨折,不仅营养血管破裂出血,周围肌肉也常被撕裂出血,病人常出现失血性休克。股部肌肉是膝关节屈伸活动的重要结构,股骨干骨折可使股部肌肉损伤而发生功能障碍,导致膝关节活动受限。

【病因与分类】

多由强大的直接或间接暴力造成。直接暴力常致使股骨干横形或粉碎性骨折,同时有广泛软组织损伤。间接暴力常致股骨干斜形或螺旋形骨折,但周围软组织损伤较轻。根据骨折发生的部位分3种(图22-51)。

1. 股骨干上1/3骨折　由于髂腰肌、臀小肌、臀中肌和外旋肌的牵拉,致使骨折的近折端向前、外及外旋方向移位,远折端则因内收肌的牵拉继而向内、后方向移位,同时因股四头肌、阔筋膜张肌及内收肌的共同作用远折端而向近端移位,并有缩短畸形。

2. 股骨中1/3骨折　由于内收肌群的牵拉,导致骨折向外成角畸形。

3. 股骨下1/3骨折　远折端因腓肠肌的牵拉和肢体的重力作用而向后方移位,压迫或损伤腘静脉、腘动脉、胫神经或腓总神经;又由于股外、内、前的肌肉牵拉的合力,致使近折端往前上移位,造成短缩畸形。

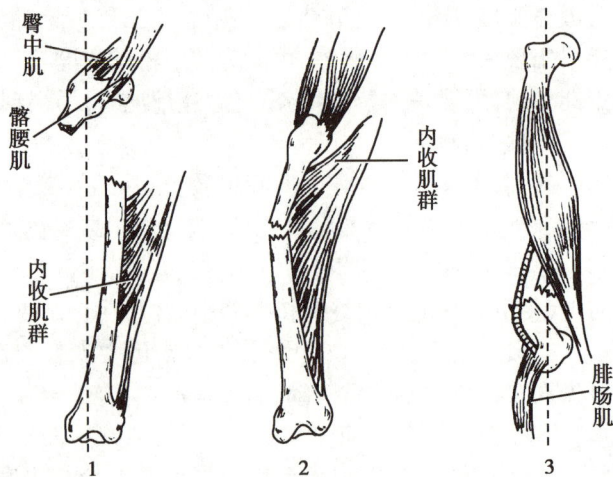

图22-51　股骨干不同部位骨折的移位方向
1.股骨干上1/3骨折及移位;2.股骨干中1/3骨折及移位;3.股骨干下1/3骨折及移位

【临床表现】

1. 症状 受伤后患肢疼痛、肿胀,远端肢体异常扭曲,不能站立或行走。

2. 体征 患肢明显畸形,可出现反常活动、骨擦音。股骨干下 1/3 骨折有可能损伤腘动脉、腘静脉、胫神经或腓总神经,可出现远端肢体的血液循环、感觉和运动功能障碍。单一股骨干骨折失血量较多者,可能出现休克前期表现;若合并多处骨折,或双侧股骨干骨折,则发生休克的可能性很大。

【辅助检查】

X 线正、侧位照片可明确骨折的准确部位、类型和移位情况。

【治疗原则】

1. 非手术治疗

(1) 牵引:包括皮牵引和骨牵引 2 种方式。

1) 皮牵引:儿童股骨干骨折多采用手法复位、小夹板固定、皮肤牵引治疗。3 岁以下儿童则采用垂直悬吊皮肤牵引,牵引重量 1~2kg,应使臀部离开床面有患儿 1 拳头大小的距离,利用体重做对抗牵引(图 22-52),一般牵引 3~4 周。若牵引力过大,导致过度牵引,骨折端出现间隙,将会发生骨折延迟愈合或不愈合。

2) 骨牵引:先行胫骨结节或股骨髁上骨牵引,待纠正短缩畸形后,用手法复位,减轻牵引重量继续牵引。经 X 线证实骨折端对位对线良好后,用四块夹板固定大腿,同时继续用维持重量牵引。成人股骨干骨折闭合复位后,可采用 Braun 架固定维持牵引(图 22-53),或 Thomas 架平衡维持牵引,一般需持续牵引 8~10 周。

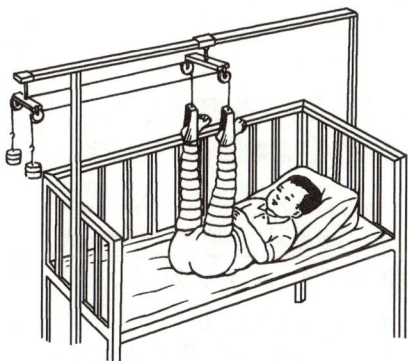

图 22-52 垂直悬吊皮肤

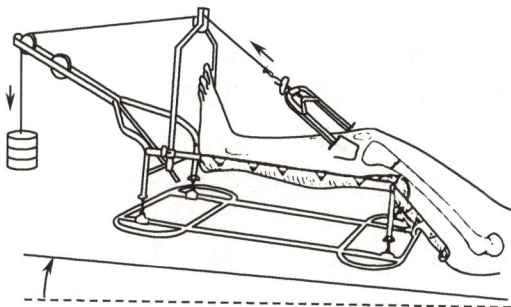

图 22-53 Braun 架固定维持

(2) 手法复位:横行骨折有侧方移位可行端提和挤按手法,以矫正侧方移位;粉碎性骨折可用四面挤按手法,使碎片互相接近,斜形骨折可用回旋手法整复。

2. 手术治疗 适用于:手法复位失败、严重开放性骨折者;合并有神经血管损伤者;骨折断端间嵌夹有软组织者;老年人的骨折不宜长期卧床者。成人股骨干骨折多采用切开复位后用加压钢板、带锁髓内钉(图 22-54)或外固定架外固定;儿童股骨干骨折多采用弹性钉内固定。

【主要护理诊断 / 问题】

1. 急性疼痛 与骨折创伤及手术有关。

2. 躯体活动障碍 与骨折或牵引有关。

3. 焦虑 / 抑郁 与骨折创伤、骨折后躯体活动障碍有关。

4. 潜在并发症:低血容量性休克、血管神经损伤。

【护理措施】

1. 病情观察　股骨干骨折可损伤下肢重要神经或血管,因此应严密观察病人有无脉搏增快、皮肤湿冷、血压下降等低血容量性休克表现;观察患肢的血液供应,如足背动脉搏动和毛细血管充盈情况,并与健肢比较;观察患肢是否出现感觉和运动功能障碍。观察有无坐骨神经损伤和腘动脉损伤的症状和体征,有无压疮、坠积性肺炎、尿路感染等并发症。

2. 指导功能锻炼　患肢复位固定后,较大儿童、成人病人复位后 2 周内进行功能锻炼,在维持牵引条件下练习股四头肌舒缩及踝关节、跖趾关节屈伸活动,2 周后进行膝关节屈伸活动,5~6 周后可扶拐下地不负重行走;如小腿及足出现肿胀可适当按摩,并活动足部、踝关节和小腿。在 X 线摄片证实有牢固的骨折愈合后,才能取消牵引,进行较大范围的运动。解除固定后,股骨干上 1/3 骨折加用外展夹板,以防止内收成角。当骨折端有连续性骨痂时,可循序渐进地增加负重活动。经 X 线观察证实骨折端稳定,可改用单拐,1~2 周后才弃拐行走。此时再进行 X 线检查,若骨折没有移位且愈合好,可解除夹板固定。

其他护理措施及健康教育参见本章第一节中的骨折概论。

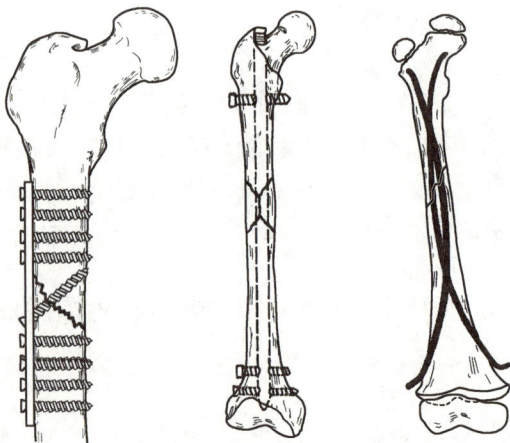

图 22-54　股骨干骨折的内固定方法

七、胫腓骨干骨折

胫腓骨干骨折(fracture of the tibia and fibula)是指胫骨平台以下至踝以上的骨干发生的骨折,是四肢最常见的骨折,约占全身各类骨折的 13%~17%。以儿童和青壮年居多。

【解剖特点与骨折】

胫骨是重要的承重骨骼,胫骨中下 1/3 交界处是骨折的好发部位。腓骨承受 1/6 的负重,其上、下端分别与胫骨构成胫腓上、下联合关节。小腿的肌筋膜与胫骨、腓骨和胫腓骨间膜一起构成四个筋膜室,骨折后由于骨髓腔或肌肉损伤出血、血管损伤出血,可引起骨筋膜室综合征。腓骨颈骨折并移位时可引起腓总神经损伤。胫骨中、下 1/3 骨折易致营养动脉损伤,供应胫骨下 1/3 段的血液循环显著减少,同时下 1/3 段胫骨几乎无肌肉附着,由胫骨远端获得的血液循环很少,因此,胫骨下 1/3 的骨折愈合较慢,易发生延迟愈合或不愈合。

【病因与分类】

1. 直接暴力　如重物撞击、车轮碾轧等所致的损伤,可致胫腓骨同一平面的横形、短斜形或粉碎性骨折,因胫骨前内侧及腓骨下段处于皮下表浅部位,常为开放性骨折。

2. 间接暴力　多由高处坠落后足着地,身体发生扭转所致。可引起胫骨、腓骨螺旋形或斜形骨折,若为双骨折,则腓骨的骨折线常高于胫骨骨折线。有时胫骨下 1/3 的斜形骨折,经力传导可致腓骨颈骨折。儿童多为青枝骨折或无移位骨折。

胫腓骨干骨折可分为三种类型:①胫腓骨干双骨折;②单纯胫骨干骨折;③单纯腓骨干骨折。临床上多以胫腓骨干双骨折为最常见,胫腓骨干双骨折由于所受暴力大,骨和软组织损伤重,并发症多。单纯胫骨干骨折、单纯腓骨干骨折少见,预后较好。

【临床表现】

1. 症状　患肢局部疼痛、肿胀,不敢站立和行走。无移位的胫骨平台骨折症状较轻。

2. 体征　小儿青枝骨折表现为不敢负重和局部压痛。胫腓骨双骨折后患肢可有反常活动和明显畸形。胫腓骨骨折常合并软组织损伤,可见骨折端外露。胫骨上 1/3 骨折可致胫后动脉损伤,引起下肢严重缺血甚至坏死。胫骨中 1/3 骨折可引起骨筋膜室压力升高,胫前区和腓肠肌区的张力增加。胫骨下 1/3 段骨折由于血运差,软组织覆盖少,容易发生延迟愈合或不愈合。腓骨颈有移位的骨折可损伤腓总神经,可出现相应感觉和运动障碍。骨折后期,若骨折对位对线不良,使关节面失去平行,易发生创伤性关节炎。

【辅助检查】

X 线检查应包括膝关节和踝关节,确定骨折的部位、类型和移位情况。MRI 可发现隐匿骨折、半月板及交叉韧带损伤。

【治疗原则】

治疗目的是矫正成角、旋转畸形,恢复胫骨上、下关节面的平行关系,恢复肢体长度。

1. 非手术治疗

(1) 手法复位外固定:①无移位的胫腓骨干骨折采用小夹板或石膏固定,6~8 周可扶拐负重行走。单纯胫骨干骨折由于有完整腓骨的支撑,石膏固定 10~12 周后可下地活动。单纯腓骨干骨折若不伴有胫腓上、下关节分离,也无需特殊治疗。为减少下地活动时疼痛,用石膏固定 3~4 周。②有移位的胫腓骨干横形或短斜骨折可在手法复位后用小夹板或石膏固定。定期性 X 线检查,10~12 周可挂拐下地部分负重行走。

(2) 牵引复位:不稳定的胫腓骨干双骨折采用跟骨结节牵引,纠正短缩畸形后再行手法复位,小夹板固定。6 周后撤除牵引,改用小腿功能支架固定或行石膏固定,10~12 周可挂双拐下地部分负重行走。

2. 手术治疗　对于手法复位失败、严重粉碎性骨折或双段骨折、污染不重或受伤时间较短的开放性骨折应行切开复位内固定。切开局部,在直视下复位后,选择钢板螺钉或髓内针固定。若固定牢固,手术 4~6 周后可挂双拐下地部分负重行走。

【主要护理诊断 / 问题】

1. 急性疼痛　与骨折创伤及手术有关。

2. 躯体活动障碍　与骨折或牵引有关。

3. 有外周神经血管功能障碍的危险　与骨和软组织损伤、外固定不当有关。

4. 潜在并发症:骨筋膜室综合征、骨折延期愈合或不愈合、腓总神经损伤、肌萎缩、关节僵硬。

【护理措施】

指导功能锻炼,复位固定后尽早行趾间和足部关节的屈伸活动,做股四头肌等长舒缩运动以及髌骨的被动运动。夹板外固定者在行踝关节和膝关节活动时,应禁止在膝关节伸直情况下旋转大腿。①稳定性骨折:从第 2 周开始进行抬腿及屈膝关节活动,在第 4 周开始挂双拐作不负重步行锻炼。②不稳定性骨折:在解除牵引后仍需在床上继续功能锻炼 5~7 日,才可挂双拐做不负重步行锻炼,注意足底要放平,不要用足尖着地,以免致远折段受力引起骨折旋转或成角移位。③锻炼后骨折部若仍无疼痛,自觉有力,即可改用单拐逐渐负重锻炼,在 3~5 周内为维持小腿生理弧度和避免骨折段向前成角,卧床休息时可用两枕法。④若解除跟骨牵引后,胫骨有轻度向内成角者,可使病人屈膝 90°、髋屈曲外旋,将患足放于健肢的小腿上,呈盘腿姿势,利用肢体本身的重力来恢复胫骨的生理弧度。

其他护理措施及健康教育参见本章第一节中的骨折概论。

第三节 脊柱骨折、脊髓损伤病人的护理

学习目标

1. 简述脊柱骨折的病理、分类、临床表现，陈述脊柱骨折、脊髓损伤病人的健康教育、功能锻炼方法。

2. 理解脊柱骨折、脊髓损伤病人的护理措施。

3. 运用正确的急救搬运方法搬运脊柱骨折病人，使用有效的翻身方法给脊髓损伤病人翻身。

一、脊柱骨折

案例分析

李先生，45岁，货车司机，车祸后2小时，送入急诊科。主诉：腰部疼痛，双下肢活动不利。

体格检查：T 37.6℃，P 92次/min，R 20次/min，BP 130/85mmHg。腰部压痛、局部肿胀，L_2平面以下感觉、运动功能消失，小便失控。

请问：

1. 该病人最可能的医疗诊断是什么？

2. 该病人目前治疗的基本原则是什么？

3. 目前宜采取的主要护理措施有哪些？

脊柱骨折（fracture of the spine）包括颈椎、胸椎、胸腰段、腰椎的骨折，约占全身骨折的5%~6%，其中胸腰段骨折较多见。脊柱骨折可并发脊髓或马尾神经损伤，特别是颈椎骨折-脱位合并脊髓损伤，严重时可致残甚至丧失生命。

【病因】

1. 暴力因素

（1）间接暴力：绝大多数脊柱骨折由间接暴力引起，如从高空坠落，头、肩、臀部或足跟着地，地面对身体的阻挡使脊柱猛烈过度屈曲，发生颈、胸、腰椎体压缩骨折；弯腰工作时，重物下落打击头、肩、背部，脊柱屈曲，造成椎体压缩骨折。

（2）直接暴力：少数脊柱骨折由直接暴力引起，如战伤、爆炸伤、直接撞击伤等。

2. 疾病因素 椎体肿瘤、感染、骨质疏松等疾病也可引起椎体骨折。

【解剖与分类】

脊柱由33块椎骨（颈椎7块，胸椎12块，腰椎5块，骶骨、尾骨共9块）借助韧带、关节突关节及椎间盘连接而成。椎骨分为两部分，椎体和附件。从解剖结构和功能上可将整个脊柱分成前、中、后三柱（图22-55）。椎管由中柱和后柱组成，内有脊髓和马尾神经，损伤此处可以累及神经系统，特别是中柱的损伤，碎骨片和髓核组织可以从前方突入椎管，损伤脊

髓或马尾神经,因此对每个脊柱骨折病人都必须了解有无中柱损伤。胸腰段脊柱(T_{10}~L_2)位于胸腰椎生理弧度的交汇部,是应力集中处,该处容易发生骨折。

1. 颈椎骨折分类　颈椎骨折按照病人受伤时颈椎所处的位置(前屈、直立和后伸)分为以下四种:

(1) 屈曲型损伤:颈椎在屈曲位时受来自头侧的暴力所致,表现为前柱压缩、后柱牵张损伤。临床上常见的有:

1) 压缩型骨折:较为多见。X 线侧位片为椎体前缘骨皮质嵌插成角,或为椎体上终板破裂压缩,多见于骨质疏松者。除有椎体骨折,还有不同程度后方韧带结构损伤。

2) 骨折 - 脱位:因过度屈曲导致后纵韧带断裂,暴力使脱位椎体的下关节突移行于下位椎体上关节突的前方,称之为关节突交锁。单

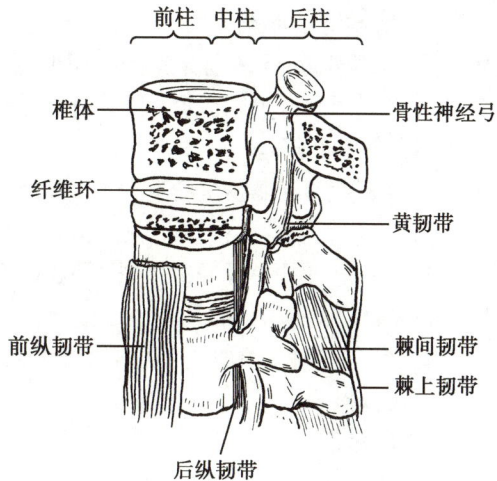

图 22-55　胸腰椎的解剖结构及 3 柱划分
前柱:椎体的前 2/3- 纤维环前半部 - 前纵韧带;
中柱:椎体的后 1/3- 纤维环后半部 - 后纵韧带;
后柱:后关节囊 - 黄韧带 - 骨神经根弓 - 棘上韧带 - 棘间韧带 - 关节突

侧交锁时,椎体脱位程度不超过椎体前后径的 1/4 ;双侧交锁时,椎体脱位程度超过椎体前后径的 1/2。该类病例大部分有颈脊髓损伤,部分病例可有小关节突骨折。

(2) 垂直压缩型损伤:多数发生在高空坠落或高台跳水者。

1) Jefferson 骨折:第一颈椎前、后弓双侧骨折。X 线平片上很难发现骨折线,CT 检查可以清晰地显示骨折部位、数量及移位情况,MRI 检查能显示脊髓受损情况,还能判断横韧带是否断裂。

2) 爆裂型骨折:颈椎($C_{3~7}$)椎体粉碎骨折,多见于 C_5、C_6 椎体。破碎的骨折片可凸向椎管内,四肢瘫痪发生率高达 80%。

(3) 过伸损伤

1) 无骨折 - 脱位的过伸损伤:前纵韧带破裂,椎间盘水平状破裂,上一节椎体前下缘撕脱骨折和后纵韧带断裂。损伤的结果使颈椎向后移动,使脊髓夹于皱缩的黄韧带和椎板之间造成脊髓中央管周围损伤,严重可致脊髓完全损伤。常因病人跌倒时额面部着地,颈部过伸所致;也可发生于高速驾驶时,急刹车或撞车,惯性作用,头部撞于前方物品,使头部过度仰伸,接着又过度屈曲,颈椎发生严重损伤。

2) 枢椎椎弓骨折:损伤性暴力来自颏部,使颈椎过度仰伸,在枢椎的后半部形成强大的剪切力量,致枢椎椎弓垂直状骨折。以往多见于被缢死者,故名缢死者骨折。目前多见于高速公路的交通事故。

(4) 齿状突骨折:损伤机制不清,暴力可能来自水平方向,从前向后经颅骨至齿状突。

2. 胸腰椎骨折的分类

(1) 依据骨折稳定性分类

1) 稳定性骨折:轻度和中度压缩骨折,脊柱的后柱完整。单纯横突、棘突和椎板的骨折也属于稳定性骨折。

2) 不稳定性骨折:①三柱中有两柱骨折;②爆裂骨折:中柱骨折后椎体后部骨折块突入椎管,有神经损伤的可能性;③累及前、中、后三柱的骨折 - 脱位,常伴有神经损伤症状。

(2) 依据骨折形态分类

1) 压缩骨折:椎体前方受压缩楔形变。压缩程度以 X 线侧位片上椎体前缘高度占后缘高度的比值计算,一般为稳定性骨折。骨质疏松症病人,轻微外伤即发生胸腰椎压缩骨折,一般不合并神经损伤。

2) 爆裂骨折:椎体呈粉碎骨折,骨折块向四周移位,向后移位可压迫脊髓、神经。X 线平片和 CT 片上表现为椎体前后径和横径均增加,两侧椎弓根距离加宽,椎体高度减小。

3) Chance 骨折:可经椎体、椎弓及棘突的横向骨折,也可以是前后纵韧带 - 椎间盘 - 后柱韧带复合体的损伤。

4) 骨折 - 脱位:脊柱的三柱骨折,可以是椎体向前或向后或横向移位。可伴有关节突关节脱位或骨折。

【临床表现】

1. 症状

(1) 疼痛:颈椎骨折的病人可有头、颈部疼痛;胸腰椎骨折的病人腰背部肌痉挛、疼痛。

(2) 活动困难:颈椎骨折的病人头、颈部不能活动,胸腰椎骨折的病人无法站立或腰背部无力。

(3) 腹胀、腹痛:由于腹腔神经受到腹膜后血肿的刺激,肠蠕动减慢,出现腹痛、腹胀等症状。

(4) 瘫痪:四肢或双下肢感觉、运动障碍。

(5) 合并症:可合并有颅脑、胸、腹和盆腔脏器的损伤。

2. 体征　体格检查时,脊柱和四肢必须充分显露,但要注意保暖。

(1) 体位:能否站立行走,是否为强迫体位。

(2) 压痛:从上至下逐个按压或叩击棘突,如发现位于中线部位的局部肿胀和明显的局部压痛,提示后柱已有损伤。

(3) 畸形:胸腰段脊柱骨折常可看见或扪及后凸畸形。

(4) 感觉:检查躯干和四肢的痛觉、触觉、温度觉,是否减退、消失或过敏。注意检查会阴部感觉。

(5) 肌力:分为 6 级,即 0~5 级。

(6) 反射:膝、踝反射,病理反射,肛门反射和球海绵体反射等。

【辅助检查】

1. X 线　包括压痛区域的正、侧位片,必要时加摄斜位片或张口位片,能显示椎体损伤情况,如压缩、粉碎及移位;椎间孔变小,关节突骨折或交锁;棘突间隙增宽及附件骨折等。

2. CT　压痛区域的 CT 及三维重建,必要时拍摄脊柱全长 CT 三维重建。

3. MRI　可显示脊髓受损情况。

4. 其他　电生理检查四肢神经情况;超声检查腹膜后血肿情况。

【治疗原则】

1. 急救处理　脊柱损伤病人伴有颅脑、胸、腹腔脏器损伤或并发休克时首先抢救生命。

2. 卧硬板床　仰卧于硬板床上,骨折部位垫厚枕,使脊柱过伸。

3. 复位固定　稳定性颈椎骨折脱位、压缩或移位较轻者应卧床休息,并采用枕颌带卧位牵引复位,颅骨牵引或 Halo 头胸固定架牵引等方法固定;X 线证实已复位,可改用头颈胸石膏或支具固定,固定牢固后可起床活动。对损伤严重的病人,如有神经症状、骨折块挤入椎管内以及不稳定性骨折等,应切开复位内固定。

4. 腰背肌锻炼　利用背伸肌肌力和背伸姿势使脊柱过伸,借助椎体前方的前纵韧带和椎间盘纤维环的张力,使压缩椎体自行复位,恢复原状。单纯压缩骨折病人卧床 3 日后开始。

【护理评估】

（一）术前评估

1. 相关健康史　了解病人外伤史,如从高处坠落、重物打击、车祸等。评估病人既往有无骨骼疾病史。

2. 身体状况

（1）局部:评估胸腰椎损伤后局部疼痛、站立及翻身困难的程度;损伤部位肿胀、血肿、畸形、棘突间隙加宽的程度;局部是否有触痛、压痛和叩击痛;是否有肠蠕动减慢,出现腹痛、腹胀,甚至肠麻痹症状等腹膜后血肿刺激腹腔神经节的表现。

（2）全身:评估脊髓损伤的症状和体征,检查四肢的感觉、运动、肌张力和腱反射有无异常,询问病人大、小便能否自行控制等。伴有颅脑、胸腹腔脏器及四肢损伤的多发伤病人,应评估神志及生命体征改变。

（3）辅助检查:通过 X 线检查、CT 检查结果了解椎体损伤情况;MRI 检查结果可显示脊髓受损情况。

3. 心理 - 社会状况　评估病人和亲属对疾病的认识、心理承受能力及家庭支持程度。

（二）术后评估

病人躯体感觉、运动和各项生理功能恢复情况。病人有无压疮、脊髓神经损伤、感染等发生。病人是否按计划进行功能锻炼,有无活动障碍引起的并发症。

【主要护理诊断 / 问题】

1. 自理缺陷　与疼痛及神经损伤有关。

2. 急性疼痛　与脊柱骨折、软组织损伤及手术有关。

3. 知识缺乏:缺乏功能锻炼的相关知识。

4. 潜在并发症:脊髓损伤、皮肤完整性受损的危险、有肺部感染的危险、有泌尿系统感染的危险、下肢静脉血栓形成。

5. 恐惧　与担心疾病预后,可能致残有关。

【护理措施】

（一）非手术治疗的护理 / 术前护理

1. 急救搬运

（1）脊柱骨折伴有休克者:不宜立即搬动,应就地抢救,待休克纠正后再搬运。

（2）搬运方法:采用硬板担架、木板或门板作为搬运工具,搬动中必须保持脊柱伸直位。先将病人两上肢贴于躯干两侧,两下肢伸直并拢,担架放病人一侧,三人同时平托病人,或沿纵轴方向使病人躯干及四肢成一整体滚动,移至担架上。严禁一人抱搂或一人抬头侧、一人抬足侧的方法,这样会增加脊柱弯曲度,加重脊柱骨折和脊髓损伤的程度。

（3）疑有颈椎损伤者:搬运时需有一人保护头颈部,沿纵轴向上略加牵引,使头、颈部随躯干一起缓慢搬动。移至木板上后,用颈托、沙袋或衣物固定头部。勿扭曲或旋转病人的头颈,以免损伤神经引起呼吸肌麻痹而死亡。

2. 观察病情变化　包括生命体征、肢体活动及躯体麻痹平面的变化。

3. 翻身　由护士及亲属协助完成,注意必须使肩部和骨盆同时翻,不可扭曲脊柱。

4. 备好急救药品和器械　如呼吸兴奋药、强心药、吸引器、气管切口包、人工呼吸器、心电监护仪等。

5. 术前准备　除协助完成各项检查,做好术区备皮、备血及药物过敏试验外,还需根据手术方式做适应性训练。

（1）行颈椎前路手术者：术前需指导协助病人行气管推移训练，以适应术中牵拉气管、食管操作。方法：用2~4指在颈部外插入拟做切开一侧的内脏鞘与血管神经鞘间隙处，持续地向非手术侧推移。开始每日3次，每次10~20分钟，每次间隔2~3小时；以后逐渐增至每日4次，每次30~60分钟，气管推过中线。

（2）行颈后路手术者：应练习俯卧位，以适应术中体位；开始每次30~40分钟，逐渐增加至3~4小时。

（二）术后护理

1. 体位与搬动　①颈椎手术后，颈部应保持中立位，平卧2小时；腰椎手术后，平卧8小时，以压迫止血，防伤口积血压迫脊髓。②颈椎手术后，应保护颈部，防止旋转及屈伸，减少搬动对内固定的影响；翻身时要保持头颅、躯干在同一直线上；腰椎手术后，应保持肩、髋在同一平面上。

2. 观察呼吸　颈椎手术后，要警惕窒息。喉头水肿时会出现声音嘶哑、呼吸表浅，甚至窒息表现，需严密观察并妥善处理。血肿压迫气管时会出现呼吸困难、口唇发绀及鼻翼扇动，伴颈部肿胀，应立即配合医生剪开缝线，清除积血。不伴颈部肿胀的呼吸困难，多系喉头水肿所致，应准备行气管插管或气管切开。

3. 观察运动、感觉功能　当出现瘫痪平面上升、肢体麻木、肌力减退或不能活动时，应报告医生判断是血肿压迫还是手术损伤，并及时处理。

4. 腰背肌功能锻炼　早期即开始锻炼，其方法有2种（图22-56）。

（1）仰卧挺腹锻炼：①五点支撑法：病人用头、双肘及双足作为支撑点，使背部、腰臀部向上抬起，悬空后伸。②三点支撑法：病人双臂放于胸前，用头及双足支撑，使全身呈弓形撑起。③四点支撑法：病人用双手及双足支撑，使全身腾空后伸呈拱桥形。

图 22-56　腰背肌功能锻炼

1.头部及肘部支撑法；2.头臀部支撑法；3.五点支撑法；4.三点支撑法；5.弓形支撑法；
6.头、上肢及背部后伸法；7.下肢及腰部后伸法；8.飞燕点水法

（2）俯卧背伸锻练：第一步：病人俯卧于床上，两上肢向背后伸，抬头挺胸，使头、胸及两上肢离开床面。第二步：两腿伸直向上抬起，离开床面，可交替进行抬起，然后同时后伸抬起。第三步：头、颈、胸及双下肢同时抬起，两上肢后伸，仅使腹部着床，身体呈弓形。

【健康教育】

1. 功能锻炼　卧硬板床，第1个月主要在床上进行四肢活动和腰背肌锻炼，2~3月后逐渐下床步行及适度的弯腰活动。

2. 定期复查　了解内固定有无移位及骨折愈合情况。

二、脊髓损伤

脊髓损伤（spinal cord injury）是脊柱骨折的严重并发症，由于椎体的移位或碎骨片凸入椎管内，使脊髓或马尾神经产生不同程度的损伤。胸腰段损伤后使下肢的感觉与运动出现障碍，称为截瘫；而颈段脊髓损伤后，双上肢也有神经功能障碍，称为四肢瘫痪。

【病理生理】

1. 脊髓震荡　与脑震荡相似，脊髓遭受强烈震荡后立即发生弛缓性瘫痪，病理无明显器质性变化，显微镜下仅有少许水肿，神经细胞和神经纤维结构完整。脊髓伤后仅为暂时性功能抑制，数分钟或数小时后即可恢复，是最轻微的脊髓损伤。

2. 不完全性脊髓损伤　伤后3小时灰质内出血较少，白质无改变；伤后6~10小时，出血灶扩大，神经组织水肿，24~48小时以后逐渐消退。由于不完全脊髓损伤程度有轻、重差别，轻者仅仅有中心小坏死灶，保留大部分神经纤维；重者脊髓中心可出现坏死软化灶，并由胶质或瘢痕代替，只保留小部分神经纤维。

3. 完全性脊髓损伤　伤后3小时脊髓灰质内多灶性出血，白质正常；6小时后灰质内出血增多，白质水肿；12小时后白质内出现出血灶，神经轴索开始退变；48小时灰质中心软化，白质退变。总之，完全性脊髓损伤，脊髓内的病变呈进行性加重，从中心出血至全脊髓出血水肿，从中心坏死到大范围脊髓坏死，可长达2~3cm。晚期脊髓为胶质组织代替，也可为脊髓完全断裂。

【临床表现】

各种较重的脊髓损伤后均可立即发生损伤平面以下弛缓性瘫痪，是脊髓失去高级中枢控制的一种病理生理现象，称之为脊髓休克（spinal shock）。脊髓损伤可因损伤部位和程度不同而表现不同。

1. 脊髓震荡　临床上表现为损伤平面以下感觉、运动及反射完全消失或大部分消失。一般经过数小时至数天，感觉和运动开始恢复，不留任何神经系统后遗症。

2. 完全性脊髓损伤　脊髓实质完全性横贯性损害，损伤平面以下的最低位骶段感觉、运动功能完全丧失，包括肛门周围的感觉和肛门括约肌的收缩运动丧失，为脊髓休克期。2~4周后逐渐演变成痉挛性瘫痪，表现为肌张力增高，腱反射亢进，并出现病理性锥体束征。胸段脊髓损伤表现为截瘫，颈段脊髓损伤则表现为四肢瘫。上颈椎损伤的四肢瘫痪均为痉挛性瘫痪，下颈椎损伤的四肢瘫由于脊髓颈膨大部位和神经根的毁损，上肢表现为迟缓性瘫痪，下肢仍为痉挛性瘫痪。

3. 不完全性脊髓损伤　损伤平面以下保留部分感觉和运动功能，为不完全性脊髓损伤，有四种类型。

（1）前脊髓综合征：为颈脊髓前方受压严重，有时可引起脊髓前中央动脉闭塞，出现四肢瘫痪，且下肢瘫痪重于上肢瘫痪，但下肢和会阴部仍保持位置觉和深感觉，有时甚至还保留有浅感觉。

（2）后脊髓综合征：脊髓受损平面以下运动功能和痛温觉、触觉存在，但深部感觉全部或部分消失。

（3）脊髓中央管周围综合征：多数为发生于颈椎过伸性损伤者。颈椎管因颈椎过伸而发生急剧容积变化，脊髓受皱褶黄韧带、椎间盘或骨刺的前后挤压，使脊髓中央管周围的传导束受到损伤，表现为损伤平面以下的四肢瘫痪，上肢重于下肢，没有感觉分离，预后差。

（4）脊髓半切综合征：为损伤平面以下同侧肢体的运动及深感觉消失，对侧肢体痛觉和温度觉消失。

4. 脊髓圆锥损伤　第12胸椎和第1腰椎骨折可发生脊髓圆锥损伤，表现为会阴部皮肤感觉缺失，括约肌功能丧失致大小便不能控制和性功能障碍，两下肢的感觉和运动仍保留正常。

5. 马尾神经损伤　马尾神经起自第2腰椎的骶脊髓，一般终止与第1骶椎下缘。表现为损伤平面以下弛缓性瘫痪，有感觉、运动功能障碍及括约肌功能丧失，肌张力降低，腱反射消失，没有病理性椎体束征。

【辅助检查】

1. X线检查　正、侧位片了解骨折情况。

2. CT检查　显示出椎体的骨折情况及显示出有无碎骨片凸入椎管内，并可计算出椎管的前后径与横径是否正常。

3. MRI检查　了解脊髓损伤情况。了解脊髓受压程度，脊髓信号强度，脊髓信号改变的范围和脊髓萎缩情况等。

4. 电生理检查　体感诱发电位检查（somatosensory evoked potential，SEP）和运动诱发电位检查（motor evoked potential，MEP）可了解脊髓的功能状况。体感诱发电位检查代表脊髓感觉通道的功能，运动诱发电位检查代表椎体束运动通道的功能，二者不能引出者为完全性截瘫。

【治疗原则】

脊髓损伤的基本治疗原则是在稳定病人生命体征的基础上，应用多种方法整复脊柱骨折脱位，解除脊髓压迫，预防及减轻脊髓功能丧失，最大限度地尽快恢复残余功能。脊髓损伤后6小时内是关键时期，24小时内为急性期，应给予正确处理。

1. 非手术治疗

（1）抢救生命：脊髓损伤伴有休克时，应立即抢救休克，建立静脉通路，输血输液维持有效循环，保持气道通畅和有效通气，给予吸氧，备好气管插管和气管切开包等抢救物品，必要时气管切开。

（2）固定：给予颈托、四头带牵引、颅骨牵引等固定牵引，防移位致脊髓再损伤。

（3）减轻脊髓水肿和继发性损害

1）激素治疗：地塞米松10~20mg加入20%甘露醇250ml中静脉滴注或8小时内尽早静脉使用大剂量甲泼尼龙。

2）高压氧疗法：伤后4~6小时即可应用，每次1.5小时，每日2~3次，10次为1个疗程。可增加脊髓组织内含氧量，改善局部组织缺氧，促进脊髓功能恢复。

（4）中医药治疗：配合热敏灸、熏洗、针灸等中医中药疗法治疗，降低并发症的发生。

2. 手术治疗　其目的是解除对脊髓和神经的压迫，恢复脊柱的稳定结构，为损伤脊髓的功能恢复创造条件，减少并发症。手术方式为复位、减压、植骨融合及内固定术。手术指征包括有以下四个：

（1）脊柱骨折-脱位有关节突交锁者。

(2) 脊柱骨折复位不满意,或仍有脊柱不稳定因素存在者。

(3) 影像学显示有碎骨片突入椎管内压迫脊髓者。

(4) 截瘫平面不断上升,提示椎管内有活动性出血者。

【护理评估】

(一)术前评估

1. 相关健康史

(1) 受伤史:多数病人有严重外伤史,如高空坠落、腰背部重物撞击、因塌方而被泥土、矿石掩埋等。应详细了解病人受伤的时间、原因和部位,受伤时的体位、症状和体征,搬运方式、现场及急诊室急救情况,有无昏迷史和其他部位复合伤等。

(2) 既往史与服药史:评估病人既往有无脊柱受伤或手术史,近期是否因其他疾病而服用激素类药物,以及应用的剂量、时间和疗程。

2. 身体状况

(1) 局部:①了解受伤部位有无皮肤组织破损,肤色和皮温改变,活动性出血及其他复合型损伤的迹象。②了解有无腹胀和麻痹性肠梗阻征象。③了解有无尿潴留或充盈性尿失禁,尿液颜色、量和比重变化及有无便秘或大便失禁。④了解脊髓功能丧失程度:用截瘫指数来表示。"0"代表功能完全正常或接近正常;"1"代表功能部分丧失;"2"代表功能完全丧失或接近完全丧失。一般记录肢体自主运动、感觉及两便的功能情况,相加后即为该病人的截瘫指数,范围在 0~6 之间。截瘫指数可以大致反映脊髓损伤的程度、发展情况,便于记录,还可比较治疗效果。

(2) 全身:①评估病人的意识、呼吸、血压、脉搏、体温情况。②评估躯体痛觉、温度觉、触觉及位置觉的丧失平面及程度,了解肢体运动、反射和括约肌功能损伤情况。

(3) 辅助检查:评估影像学等检查结果,以判断病情和预后。

3. 心理 - 社会状况 评估病人和亲属对疾病的心理、经济承受能力,以及对相关康复知识的认知和需求程度。

(二)术后评估

1. 术中情况 了解麻醉类型、手术方式、复位固定情况;了解术中出血、补液、输血及生命体征状况;创口有无出血、疼痛等。

2. 术后情况 评估生命体征是否平稳,意识是否清醒。了解躯体感觉、运动功能恢复情况;有无呼吸、泌尿系统功能障碍及压疮等并发症。了解病人有无不良负面情绪;康复训练和早期活动是否配合;对出院后的继续治疗是否了解。

【主要护理诊断 / 问题】

1. 低效性呼吸型态 与呼吸肌神经损伤及活动受限有关。

2. 体温过低或过高 与自主神经功能紊乱有关。

3. 如厕自理缺陷 与截瘫、四肢瘫痪后活动或功能受限有关。

4. 潜在并发症:压疮、呼吸道感染、泌尿系感染或下肢深静脉血栓形成等。

【护理措施】

(一)非手术治疗的护理 / 术前护理

1. 心理护理 与病人及亲属多交流,共同参与制定护理计划,给予安慰,减轻悲观情绪,以配合治疗与护理。

2. 体位与活动 脊髓损伤的病人需长期卧床,以平卧位为主。变换体位应用轴线翻身法,保持头、颈、腰在同一轴线上,防止颈椎或腰椎扭曲。床上置便器可用同法,使病人由平卧转侧卧,置便器于臀部后,再转为仰卧位。瘫痪肢体保持关节处于功能位,防止关节屈曲、过伸或过展。为防止足下垂,可用矫正鞋或支足板固定足部。每日对瘫痪肢体做被动的全范围关节活动和肌肉按摩。

3. 术前准备　参见脊柱骨折相关内容。

4. 并发症的护理

(1) 呼吸衰竭和呼吸道感染:腹式呼吸主要依靠膈肌运动,而支配膈肌的膈神经由 $C_3 \sim C_5$ 节段组成,其中 C_4 是主要成分。损伤越接近 C_4,因膈神经麻痹引起膈肌运动障碍,从而导致呼吸衰竭的危险越大。$C_1 \sim C_2$ 损伤时病人往往当场死亡。$C_3 \sim C_4$ 损伤时病人常因呼吸衰竭而死亡。即使是 $C_4 \sim C_5$ 以下的损伤,也会因伤后脊髓水肿的蔓延,波及呼吸中枢而产生呼吸功能障碍。因此,任何阻碍膈肌活动和呼吸道通畅的原因均可导致呼吸衰竭,如脊髓水肿继续上升至 C_4 节段、痰液阻塞气管、肠胀气和便秘等。

呼吸道感染是晚期死亡常见原因。病人常因为呼吸道感染难以控制或痰液堵塞气管窒息死亡。应保证有效的气体交换,防止呼吸道感染,具体护理措施如下:

1) 观察呼吸:评估病人的呼吸型态、频率、深浅,听诊肺部呼吸音,以了解有无呼吸困难及呼吸道梗阻;并备齐各种急救药品和器械于床旁。

2) 有效呼吸:督促并指导病人定时深呼吸及有效咳嗽训练,每 2 小时协助翻身拍背 1 次,以利于肺部膨胀和排痰;对于肋间肌麻痹的病人,应采用腹式呼吸。必要时遵医嘱给予雾化吸入。

3) 氧气吸入:病人鼻翼扇动、嘴唇发绀、呼吸 >22 次 /min,立即氧气吸入,寻找和解除原因,改善病人缺氧状态。

4) 辅助呼吸:呼吸机辅助呼吸,应监测动脉血气分析,以作为调整各项参数的依据。

5) 气管切开或气管插管:高位颈髓损伤的病人,行气管切开或气管插管以减少呼吸道梗阻和防止肺部感染,按气管切开术后常规护理。

6) 肺部感染:注意保暖,预防交叉感染的发生,已发生肺部感染者应遵医嘱选用合适的抗生素。

7) 减轻脊髓水肿:遵医嘱给予地塞米松、甘露醇、甲泼尼龙等治疗,避免脊髓进一步损伤而抑制呼吸功能。

(2) 体温过高或过低:颈脊髓损伤后,自主神经系统功能紊乱,受伤平面以下毛细血管网舒张,无法收缩,皮肤不能出汗,对气温的变化丧失了调节和适应能力。室温 >32℃时,闭汗使病人容易出现高热(>40℃);若大量散热,也可以使病人出现低热(<35℃),都是病情危险的征兆。

体温过高,以物理降温为主,冰敷、温水擦浴或者中药灌肠等。必要时遵医嘱药物治疗。体温过低病人以物理复温为主,可提高室内温度,使用热水袋等逐渐复温,注意防止烫伤。

(3) 泌尿系统感染和结石:脊髓圆锥内 $S_2 \sim S_4$ 有排尿的脊髓反射中枢。圆锥以上脊髓损伤者,由于尿道外括约肌不能自主放松,可出现尿潴留;圆锥损伤者,尿道外括约肌放松,可出现尿失禁。由于病人长期留置导尿管,容易发生泌尿系统感染与结石,男性病人会出现附睾炎。主要护理措施包括:

1) 留置导尿或间歇导尿:在脊髓休克期留置导尿,持续引流尿液并记录尿量、颜色、性状,2~3 周后改为每 4~6 小时开放一次尿管,或者白天每 4 小时开放尿管一次,晚间每 6 小时开放尿管一次,以防止膀胱过度膨胀或过度萎缩。

2) 排尿训练:根据脊髓损伤部位和程度不同,3 周后部分病人排尿功能可逐渐恢复,但脊髓完全性损伤者需要进行排尿功能训练。当膀胱胀满时,鼓励病人增加腹压,由外向内按摩下腹部,待膀胱收缩成球状,将膀胱向前下方挤压,然后双手重叠按压收缩膀胱,将尿液挤压流出,将尿排尽,以训练膀胱自主排尿。

3)预防感染:鼓励病人每日饮水3 000ml以上,以稀释尿液;每日温水清洗会阴部;根据需要及时更换导尿管和尿袋;遵医嘱定期尿常规和中段尿培养检查,必要时膀胱冲洗。病情需要可遵循无菌操作原则下尝试间歇导尿,以减少泌尿系统感染。

(4)便秘:脊髓受伤后,副交感神经中枢失控,肠蠕动减慢;另外病人行动不便,活动减少,也是肠蠕动减慢,便秘的原因。指导病人饮食,多食膳食纤维食物、新鲜水果,多饮水。按摩腹部,沿大肠走向,从右到左按摩,刺激肠蠕动。必要时灌肠或用缓泻剂。耳穴压豆辨证施穴;选择足三里、三阴交、天枢、大肠俞、脾俞等穴位中药穴位贴敷治疗;选择天枢、足三里、三阴交与关元等针灸穴位治疗。

(5)压疮:好发于骶尾部、髂嵴、足跟等骨突部位。要加强皮肤护理,勤更衣,勤翻身,营养饮食。可选用气垫床或气圈,预防压疮。

(二)术后护理

1. 病情观察　脊髓损伤病人易出现呼吸型态改变,有呼吸困难、窒息的可能,术后应实时监测生命体征,及时发现病人呼吸异常,颈部肿胀、伤口渗出多且伴有发绀、呼吸表浅者,提示局部血肿压迫气管,需立即报告医生,以迅速清除血肿,解除呼吸道梗阻。

2. 管道护理

(1)尿管:①留置尿管应妥善固定,防脱出、受压、扭曲、打折。②注意无菌操作,尿道口及会阴部每日消毒2次。③日饮水量应达2 000~3 000ml,促进排尿,保持尿管通畅。④观察量、尿色及性状,有无浑浊及絮状物,应行膀胱冲洗,防尿管堵塞。

(2)引流管:观察引流液的量、颜色、性状,保持管道通畅,防止积血压迫脊髓。

【健康教育】

1. 功能锻炼指导　保护受伤局部,妥善固定,防止加重损伤。正确搬运,正确制动。截瘫病人易发生肌肉萎缩、关节强直或屈曲挛缩等。术后病人应做肌肉按摩、关节的被动活动及健侧肢体的主动锻炼,按脊柱骨折的训练方法做颈部活动、上肢各关节活动、腰背肌功能锻炼;上肢及腰背肌力量锻炼,可利用牵引床拉手,定期引体上升;把握康复原则,锻炼时间、次数、运动量以病人不感到疲劳为宜,防冒进加重损伤。

2. 加强安全防护　截瘫病人需有人陪伴、照护;防感觉丧失而烫伤、冻伤,防行动不便而跌伤、碰伤;防悲观情绪导致自伤、自杀。

3. 饮食指导　多食蔬菜、水果,防便秘;食材新鲜、卫生,防腹泻。

第四节　骨盆骨折病人的护理

学习目标

1. 简述骨盆骨折的病因、分类、辅助检查。
2. 理解骨盆骨折的临床特点,说明其治疗原则。
3. 运用专业知识为骨盆骨折病人实施整体护理。

骨盆骨折(fracture of the pelvic)是指发生于髂骨、耻骨、坐骨、骶骨、尾骨等处的骨折。其发病率仅次于脊柱骨折。大多数病人伴有并发症和多发损伤。

【病因】

骨盆骨折多由直接暴力挤压或撞击骨盆所导致。年轻人骨盆骨折多数因车祸、高处坠落引起,老年人骨盆骨折常因意外跌倒引起。

【分类】

分类的目的是指导临床,数十年来共有超过40余种骨盆骨折分类系统,可见其复杂性。

1. 按骨折的位置与数量分类　Letoumel和Judet于1980年提出的按解剖位置的分类方法,为早期骨盆外科手术奠定了基础。

(1) 骨盆边缘撕脱性骨折:因肌肉剧烈收缩致骨盆边缘肌肉附着处发生撕脱性骨折,骨盆环不受影响。常见于髂前上棘、髂前下棘和坐骨结节撕脱性骨折。

(2) 髂骨翼骨折:多为侧方挤压暴力所致,移位多不明显,可为粉碎性。单纯的髂骨翼骨折不影响骨盆环的稳定。

(3) 骶尾骨骨折:包括骶骨骨折和尾骨骨折。

(4) 骨盆环骨折:骨盆环的单处骨折较为少见,多为双处骨折,包括:①双侧耻骨上、下支骨折;②一侧耻骨上、下支骨折合并耻骨联合分离;③耻骨上、下支骨折合并骶髂关节脱位;④耻骨上、下支骨折合并髂骨骨折;⑤髂骨骨折合并骶髂关节脱位;⑥耻骨联合分离合并骶髂关节脱位。骶髂关节脱位以后脱位常见,偶见前脱位,即髂骨脱位至骶骨前方,多见于儿童。多为高能量暴力所致,如交通伤、高坠伤,常伴骨盆变形,并发症多见。

2. 依据骨盆环稳定性分类　基于稳定性的AO分类。

(1) 稳定性骨折:后环完整,前环骨折如耻骨支骨折,髂前上棘撕脱骨折等均不破坏骨盆的稳定性,为稳定性骨折。

(2) 部分稳定性骨折:旋转不稳定,但垂直稳定;后环不完全性损伤。

(3) 不稳定性骨折:后环骶髂关节及其两侧的骨折脱位和耻骨联合分离,都破坏了骨盆的稳定性,为不稳定性骨折。

3. 按暴力作用的方向分类　Young和Burgess基于损伤机制将骨盆骨折分为四型(图22-57)。

(1) 侧方暴力骨折(lateral compression,LC骨折):侧方的挤压力量可使骨盆的前后部结构及骨盆底部韧带发生一系列损伤,可分为3型。①LC-Ⅰ型:耻骨支横形骨折,同侧骶骨翼部压缩性骨折。②LC-Ⅱ型:耻骨支横形骨折,同侧骶骨翼部压缩性骨折及髂骨骨折。③LC-Ⅲ型骨折:耻骨支横形骨折,同侧骶骨翼部压缩性骨折;髂骨骨折,对侧耻骨骨折,骶结节和骶棘韧带断裂及对侧骶髂关节轻度分离。

(2) 前后方暴力骨折(antero-posterior compression,APC骨折):可分3型。①APC-Ⅰ型:耻骨联合分离。②APC-Ⅱ型:耻骨联合分离,骶结节和骶棘韧带断裂,骶髂关节间隙增宽,轻度分离。③APC-Ⅲ型:耻骨联合分离,骶结节和骶棘韧带断裂,骶髂关节前、后方韧带均断裂,骶髂关节分离,但半个骨盆很少向上回缩。

(3) 垂直暴力骨折(vertical shear,VS骨折):前方发生耻骨联合分离或耻骨支垂直形骨折,骶结节和骶棘韧带都断裂,骶髂关节完全性脱位,一般还带有骶骨或髂骨的骨折块,半个骨盆可以向前上方或后上方移位。

(4) 混合方向暴力骨折(combined mechanical,CM骨折):通常是骨盆的混合性骨折。

以上各种类型骨折,以APC-Ⅲ型骨折与VS骨折最为严重,其并发症也多见,下述内容主要针对这两型骨折。

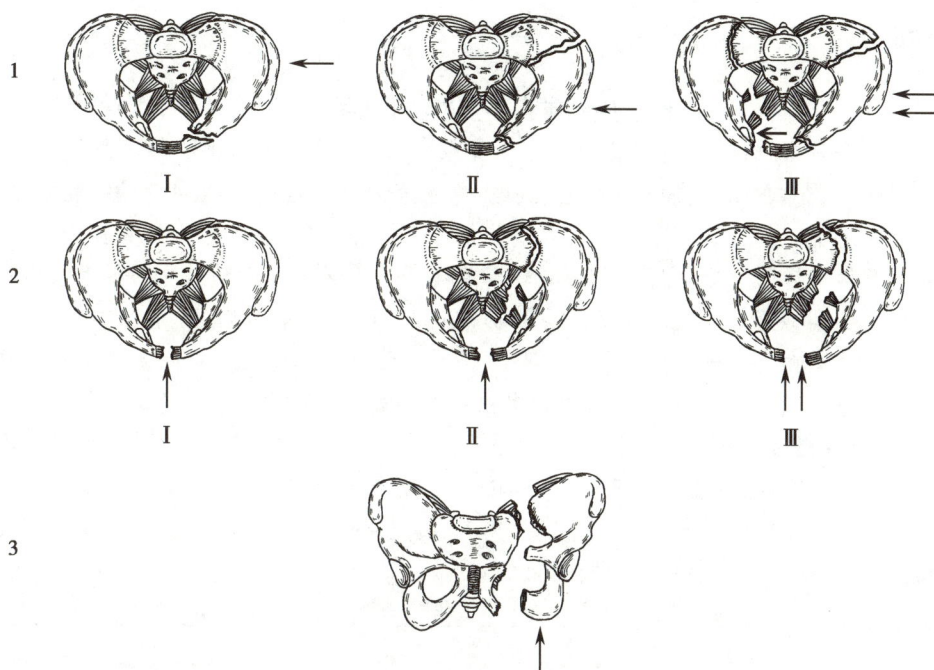

图 22-57　骨盆骨折的分类

1. LC 骨折（分为Ⅰ、Ⅱ、Ⅲ 3 个亚型）；2. APC 骨折（分为Ⅰ、Ⅱ、Ⅲ 3 个亚型）；3. VS 骨折（箭头指示受力部位）

【临床表现】

1. 症状　病人髋部肿胀、疼痛，不敢坐起或站立。有大出血或严重内脏损伤者，可有面色苍白、出冷汗、脉搏细数、烦躁不安等低血压和休克早期表现。

2. 体征　骨盆分离试验与挤压试验阳性；肢体长度不对称；在会阴部、耻骨联合处可见皮下淤斑，是耻骨和坐骨骨折的特有体征。

【辅助检查】

X 线和 CT 检查能直接显示骨盆骨折类型及骨折块移位情况。

【治疗原则】

应根据全身情况，首先对休克及各种危及生命的合并症进行处理，再处理骨折。

1. 休克与合并伤的处理　骨盆骨折本身、骨松质出血及损伤静脉丛引起的血管出血均可导致休克的发生，应建立双静脉通路，给予输血输液，补充血容量，改善循环，抢救休克，对于危及生命的合并伤应首先处理，无论是腹腔脏器出血还是空腔脏器破裂，均应在抗休克的基础上及早进行手术探查治疗。

2. 非手术治疗

（1）卧床休息：骨盆边缘性骨折、骶尾骨骨折和骨盆环单处骨折时无移位，以卧床休息为主，卧床 3~4 周或至症状缓解即可。骨盆环单处骨折者用多头带做骨盆环形固定。

（2）牵引：骨盆兜带悬吊固定牵引适用于单纯性耻骨联合分离且较轻者。

3. 手术治疗　对骨盆环双处骨折伴骨盆变形者，行手术复位及内、外固定。

知识链接

"伤害控制学说"与骨盆损伤手术治疗

近十余年来,有学者将在腹部枪击伤处理中行之有效的"伤害控制学说"引入创伤骨科领域。该学说认为高能量骨盆损伤在急性期内仅进行简单的初步稳定性手术,如骨盆外固定支架手术等。这类手术在创伤抢救室内即可完成,不要求达到良好复位,目的只是提供暂时的稳定,控制出血,减轻疼痛便于病人运送。活动性出血的血管若没有累及肢体血供仅予结扎;肠腔管或会阴部破裂时,可行简单清创,若出血难以控制,只要不累及肢体血供,甚至可先不予清创,直接用大量纱布填塞,24h 和 / 或 48h 后更换纱布时再予逐步清创。初步手术目的是提供力学与血流动力学的稳定,减少并发症的发生率,为终局性手术创造条件。终局性手术时机为创伤后 4~14 日,此时段病人情况已比较稳定,严重多发创伤病人需要多部位多系统多次手术,宜争取在此时段内分期完成全部手术,且尽可能把手术做得较为完美,如需要将上述临时骨盆外固定支架转换成内固定,以达到终局性手术的长期目的。

【护理评估】

(一)术前评估

1. 相关健康史　了解病人骨盆外伤史,包括受伤的时间、原因和部位,受伤时体位、症状及体征,急救治疗的经过等。了解病人既往有无骨骼疾病等。

2. 身体状况

(1)局部:是否有剧烈疼痛且活动下肢或坐位时加重;有无局部肿胀;会阴部、耻骨联合处有无皮下淤斑及明显压痛。骨盆挤压分离试验是否阳性;有无患侧肢体缩短。

(2)全身:有无合并腹膜后血肿和腹内器官损伤;有无膀胱和尿道损伤的血尿;有无腹内器官损伤后急腹症和休克症状等。

(3)辅助检查:了解骨盆骨折类型及骨折块移位情况。

3. 心理 - 社会状况　评估病人及亲属对疾病认识、心理反应及经济承受能力。

(二)术后评估

1. 术中情况　了解麻醉类型、手术复位固定情况,术中补液、输血及生命体征状况。

2. 术后情况　了解病人的生命体征是否平稳、创口有无出血、疼痛及感染;了解肢体远端血运是否正常、有无感觉和运动异常;了解各种引流是否有效,内外固定有无移位;了解有无术后并发症,如压疮、泌尿系统感染等。

【主要护理诊断 / 问题】

1. 急性疼痛　与骨盆骨折、软组织损伤及手术有关。

2. 躯体活动障碍　与骨盆骨折、疼痛有关。

3. 排尿和排便异常　与膀胱、尿道、腹内脏器或直肠损伤有关。

4. 潜在并发症:髋关节感染、压疮、肺部或泌尿系感染、下肢静脉血栓形成等。

【护理措施】

1. 预防休克　骨盆骨折或合并其他脏器损伤时,应迅速输血和补液,纠正血容量不足。及时止血及处理脏器官损伤。密切观察生命体征、意识、皮肤黏膜等变化。

2. 促进排尿排便　观察病人有无排尿困难、腹胀及便秘。尿道损伤者可行膀胱造瘘,促进尿液排出。鼓励病人多食水果及蔬菜,以利大便通畅。

3. 骨盆悬吊牵引的护理　定期检查牵引装置,注意抬臀部离床面 5cm,保持牵引有效性。兜带内垫衬垫,局部皮肤尽早按摩,以促进血液循环,预防皮肤压疮及肌萎缩;并做好会阴部清洁护理。

4. 指导功能锻炼　根据病人骨折的稳定性和治疗方案制定适宜的锻炼计划,把握运动由被动逐渐到主动,范围由小到大、先易后难、循序渐进、逐步适应的原则。长期卧床病人需进行深呼吸、肌肉等长舒缩训练及上下关节活动,每日多次,每次 5~20 分钟。牵引病人 12 周以后方可下床,在助行器或拐杖帮助下逐渐进行负重锻炼。

【健康教育】

1. 功能锻炼　指导及鼓励病人尽早做抗阻力肌肉锻炼,神经损伤伴有足下垂者应注意维持踝关节功能位。

2. 预防并发症　注意感染、便秘、压疮的预防。

3. 复诊　定时复诊,检查功能恢复情况。

第五节　关节脱位病人的护理

学习目标

1. 简述关节脱位的临床表现和治疗原则。
2. 运用相关知识为关节脱位病人实施护理。

一、概述

骨与骨之间借助纤维组织、软骨、骨形成的连接称为关节或骨连接。最常见的关节为滑膜关节,其基本结构包括关节面、关节囊和关节腔三部分。

关节脱位(dislocation),又称脱臼,是组成关节的骨面间失去正常的对合关系,使关节稳定结构受到损伤。失去部分正常对合关系称半脱位。

【病因与分类】

1. 按脱位原因分　①创伤性脱位:因暴力作用所致,临床上最常见。②先天性脱位:因胚胎发育异常或胎儿在母体内受到某些因素影响而致,如先天性髋关节脱位。③病理性脱位:因关节病变所引起,如关节结核。④习惯性脱位:创伤性脱位后没有得到良好的修复,轻微伤或不当动作即可再次发生脱位,以肩关节脱位多见。

2. 按脱位时间分　①新鲜脱位:脱位时间在 3 周以内;②陈旧性脱位:脱位时间超过 3 周仍未复位。

3. 按脱位程度分　①完全脱位:组成关节的各骨端关节面完全脱出,互不接触;②不完全脱位(即半脱位):组成关节的各骨端关节部分脱出,部分仍互相接触。

4. 按脱位后关节腔是否与外界相通分　①闭合性脱位;②开放性脱位。

【病理生理】

创伤性关节脱位时出现构成关节的固端移位外,还伴有关节囊不同程度的损伤,关节腔内外可积血。3 周左右血肿机化后形成肉芽组织,继之成为纤维组织与关节周围组织粘连。脱位同时可伴有关节附近韧带、肌肉和肌腱损伤或撕脱性骨折及周围血管、神经的损伤。

【临床表现】

1. 一般症状 关节疼痛、肿胀、局部压痛及关节活动障碍。

2. 特有体征

(1) 畸形:关节脱位后出现明显的畸形,如局部异常隆起、关节变粗大、肢体缩短或增长、旋转、内收或外展等。

(2) 弹性固定:脱位后由于关节囊周围韧带和肌肉的牵拉,将患肢固定在异常位置,被动活动时感到有弹性阻力,除去弹性阻力后,关节又回复到原来的正常位置。

(3) 关节盂空虚:脱位后,关节头脱出关节盂,可在体表摸到关节所在的部位空虚。如肩关节脱位出现方肩畸形,触诊可摸到关节盂处空虚,邻近可触及脱位的关节端。

【辅助检查】

X 线检查对明确脱位的部位、方向、程度、有无合并骨折等有重要作用,必要时做 CT 或 MRI 检查等明确是否有关节周围神经、血管及其他软组织损伤。

【治疗原则】

1. 复位 以手法复位为主,伤后应尽早进行,有利于复位及功能恢复。复位成功的标志包括被动活动恢复正常,骨性标志复原,X 线检查证实已经复位。脱位时间较长时,关节周围组织粘连,空虚的关节腔被纤维组织充填,手法复位常难以成功。对合并关节内骨折、有软组织嵌入和陈旧性脱位等经手法复位失败者,应进行手术切开复位。

2. 固定 复位后将关节固定在稳定的位置,使受伤的关节囊、韧带、肌肉等组织得到良好的愈合,保证关节有一个稳定的正常结构。固定时间一般 2~3 周。固定时间过短是发生习惯性脱位的重要原因。

3. 功能锻炼 鼓励早期活动,在固定期间经常进行关节周围肌肉的收缩练习和患肢其他关节的主动或被动活动,防止肌肉萎缩及关节僵硬。固定解除后,逐步扩大患部关节的活动范围,并辅以理疗、中药熏洗等治疗,逐步恢复关节功能。功能锻炼过程中切忌粗暴的被动活动,以免加重损伤。

【护理评估】

1. 相关健康史 了解受伤的经过、受伤后的表现、疼痛的特点及处理等;了解日常运动的量和强度,既往有无习惯性关节脱位及脱位后的治疗情况等。

2. 身体状况

(1) 局部:了解患肢疼痛程度,肿胀、淤血情况,伴随骨折、合并多发损伤者有无皮肤受损、血管及神经受压的表现。

(2) 全身:了解生命体征、躯体活动能力等。

(3) 辅助检查:X 线检查了解脱位情况及有无并发症等。

3. 心理-社会状况 了解病人的心理状态以及脱位对工作、生活的影响;了解病人及亲属对疾病的认识程度、康复期望。

【主要护理诊断/问题】

1. 急性疼痛 与关节脱位引起局部组织损伤和神经受压有关。

2. 躯体活动障碍 与关节脱位、疼痛、制动有关。

3. 有皮肤完整性受损的危险 与外固定压迫局部皮肤有关。

4. 知识缺乏:缺乏脱位后治疗与功能锻炼等相关知识。

5. 潜在并发症:血管、神经受损等。

【护理措施】

1. 体位 抬高患肢并保持患肢于功能位,以利静脉回流,减轻肿胀。

2. 疼痛的护理

(1) 局部冷热敷:脱位 24 小时内局部冷敷,以消肿止痛,24 小时后局部热敷,以减轻肌肉痉挛引起的疼痛。

(2) 避免加重疼痛的因素:移动病人时需托扶患肢,动作轻柔,避免加重疼痛。

(3) 镇痛:保持病室安静、及时给病人以精神安慰,减轻病人紧张心理,查明原因,用心理暗示、转移注意力等方法缓解疼痛,必要时遵医嘱给予镇痛剂。

3. 病情观察 移位的骨端压迫邻近血管和神经,可引起患肢缺血及感觉运动障碍。定时观察患肢远端血运、皮肤颜色、温度、感觉和活动情况。如出现患肢肿胀、苍白、皮温下降、疼痛加剧、感觉麻木等,必须及时报告医生,并配合处理。

4. 保持皮肤完整性 使用石膏固定或牵引的病人,避免因固定物压迫而损伤皮肤。注意观察有无张力性水疱发生,如有根据皮肤具体情况对症处理。髋关节脱位病人若需要长期卧床,应注意预防压疮。

5. 心理护理 针对性给予病人精神安慰,讲解有关疾病的知识、治疗方法和术后康复计划,减少病人顾虑和担忧。

6. 给药护理 中药汤剂宜温服,服药后观察药后疗效及反应。应用镇痛类药物,观察有无胃肠道不适症状。

7. 饮食护理 辨证施膳。多食富含蛋白质、钙磷的食物,及新鲜的果蔬;长期卧床者多食具有润肠通便、富含膳食纤维的食物,以保持大便通畅。

8. 并发症的护理

(1) 骨折:并发骨折者,应及时发现,及时处理。

(2) 血管神经损伤:肩关节脱位可合并腋神经损伤,肘关节损伤可引起尺神经损伤、桡动脉受压等,应加强护理。

(3) 骨化性肌炎:多见于肘关节和髋关节脱位后,应及时发现,及时处理。

(4) 缺血性坏死:髋关节脱位后可引起股骨头缺血性坏死,但多在受伤 1~2 月后才能从 X 线片上显示,因此,注意伤后 3 个月内患肢不要负重。

【健康教育】

1. 指导功能锻炼 向病人及亲属讲解关节脱位的康复知识;教会病人外固定及功能锻炼方法。复位固定后即开始功能锻炼,以防关节僵硬和肌肉萎缩。固定期间需行固定关节肌肉的主动舒缩运动;解除固定后,逐渐增加肌肉活动力量和关节活动范围。

2. 复诊指导 交代病人出现并发症相应表现应及时复诊。日常生活应注意安全,防止外伤造成关节脱位。

二、肩关节脱位

肩关节运动涉及肱盂关节、肩锁关节、胸锁关节及肩胸关节,以肱盂关节的活动最为重要。习惯上将肱盂关节脱位称为肩关节脱位(dislocation of shoulder joint)。肩关节是人体活动范围最大而又最灵活的关节,可做屈、伸、收、展及旋转运动。肩关节脱位发生率占全身关节脱位的首位,这与肩关节的解剖和生理特点有关,肱骨头大,关节盂浅而小,关节囊松弛,其前下方组织薄弱,关节活动范围大,遭受外力的机会多等,故受伤后易发生脱位。肩关节脱位常多见于青壮年,且男性多于女性。

【病因与分类】

1. 病因 间接暴力是主要原因。当上肢处于外展位,跌倒或受到撞击时,暴力经过肱骨传导到肩关节,使肱骨头突破关节囊而发生脱位。若上肢处于后伸位跌倒,或肱骨后上方

笔记栏

直接撞击在硬物上,也可以发生肩关节脱位。

2. 分类　根据肩关节脱位的方向可分为前脱位、后脱位、上脱位和下脱位 4 种类型,其中以前脱位最常见。由于暴力的大小、力作用的方向以及肌肉的牵拉,前脱位又可分为盂下脱位、喙突下脱位和锁骨下脱位。喙突下脱位是最常见的肩关节前脱位(图 22-58)。

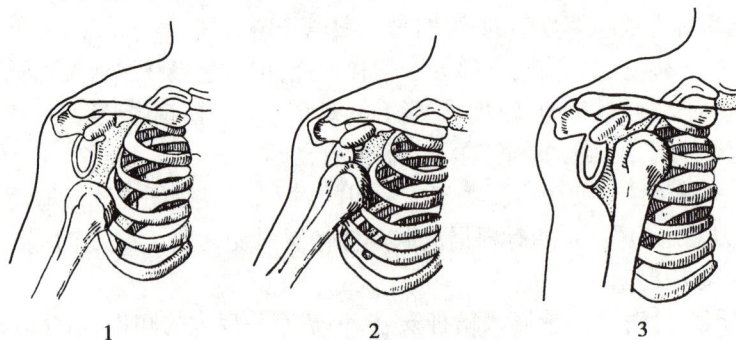

图 22-58　肩关节前脱位的三种类型
1.盂下脱位;2.喙突下脱位;3.锁骨下脱位

【临床表现】

1. 症状　肩部疼痛、肿胀及肩关节活动受限,病人常用健侧手托住患侧前臂,头和躯干向患侧倾斜。

2. 体征　关节盂空虚,肩峰明显突出,肩部失去饱满圆钝的外形,呈"方肩"畸形(图 22-59)。患肢呈轻度外展内旋位,肘关节微屈。搭肩试验(Dugas 征)阳性,即将患侧肘部紧贴胸壁时,其手掌不能触及健侧肩部,或其手掌搭在健侧肩部时,患侧肘部则无法贴近胸壁。

【治疗原则】

1. 复位

(1) 手法复位:脱位后应尽快复位,在臂丛神经阻滞麻醉下进行手法复位,多数可获得成功复位。常用手牵足蹬法(Hippocrates 法)(图 22-60)。病人取仰卧位,术者站在患侧床边,腋窝放棉垫,以同侧足跟置于病人腋下靠胸壁处,双手握住患肢于外展位作徒手牵引,以足跟顶住腋部作为反牵引力。左肩脱位时术者用左足,右肩脱位时则用右足。牵引需持续,用力需均匀,牵引一段时间后肩部肌肉逐渐松弛,此时内收、内旋上肢,肱骨头便会经前方关节囊的破口滑入肩胛盂内,可感到有弹跳及听到响声,提示复位成功。

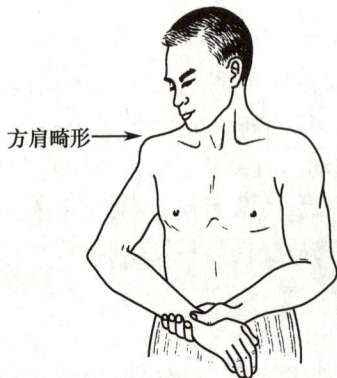

方肩畸形 →

图 22-59　肩关节前脱位方肩畸形　　　　图 22-60　肩关节前脱位 Hippocrates 法

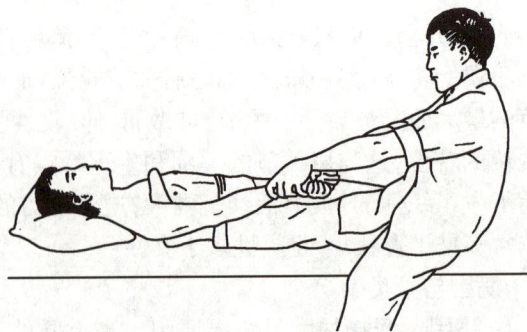

（2）切开复位：适用于脱位合并大结节骨折、肩胛盂骨折移位及软组织嵌入等情况。对于陈旧性肩关节脱位影响上肢功能者，也可选择切开复位，修复关节囊及韧带。

2. 固定　复位后腋窝垫棉垫，将患肢肘关节屈曲 90°，保持在胸前内收内旋位，用三角巾悬吊上肢，固定于胸前 3~4 周。有肩关节半脱位者，宜用搭肩胸肱绷带固定。将患肢手掌搭在对侧肩部，肘部贴近胸壁，用绷带将上臂固定在胸壁，并托住肘部以纠正肩关节半脱位（图 22-61）。

3. 功能锻炼　经复位固定后即可开始在胸前固定位主动活动手指及腕部，疼痛缓解后可用健侧缓慢推动患肢行外展与内收

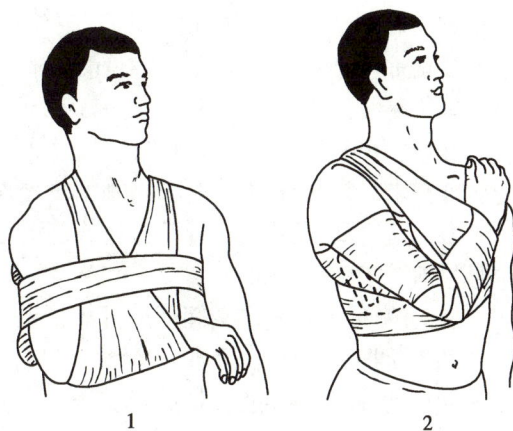

图 22-61　肩关节前脱位复位固定
1. 三角巾吊肘固定；2. 搭肩胸肱绷带固定

活动。解除固定后，主动进行肩关节向各个方向的活动，从弯腰垂臂、甩臂锻炼，逐步增加关节活动度，如爬墙、摸头、摸对侧肩等活动。配合推拿、理疗等可预防肩关节周围组织粘连，加快肩关节功能的恢复。

三、肘关节脱位

肘关节由肱骨下端、尺骨鹰嘴窝、桡骨头、关节囊和韧带构成，主要完成屈伸活动及轻度的尺偏、桡偏活动。肘关节脱位（dislocation of elbow joint）的发生率仅次于肩关节脱位。好发于 10~20 岁青少年，多为运动损伤。小儿桡骨头半脱位是幼儿常见的肘部损伤。

【病因与分类】

多由间接暴力引起，暴力的传导和杠杆作用引起肘关节脱位。其分为 3 种。

1. 肘关节后脱位　最常见。由于肘关节后部关节囊及韧带较薄弱，当肘关节处于完全伸展位跌倒时，手掌着地，前臂呈旋后位，由于人体重力和地面反作用力引起肘关节过度后伸，尺骨鹰嘴突撞击在肱骨下端的鹰嘴窝，产生杠杆作用使肘关节囊前壁撕裂，肱骨下端前移，尺骨鹰嘴向后脱出，发生肘关节后脱位。

2. 肘关节侧方脱位　当肘关节处于内翻或外翻位时，肘部遭受到传导暴力，导致肘关节侧副韧带和关节囊撕裂，肱骨下端可向桡侧或尺侧脱位。常伴有肱骨内、外髁骨折。

3. 肘关节前脱位　较少见。肘后直接外力打击或肘部在屈曲位撞击地面时，可导致尺骨鹰嘴骨折和尺骨近端向前脱位。常合并尺骨鹰嘴骨折。

小儿肘关节脱位以后外侧脱位为主，多见于手或肘关节伸直位跌倒，杠杆作用使鹰嘴自滑车脱出而致脱位。

【临床表现】

1. 症状　肘关节局部疼痛、肿胀、功能受限。

2. 体征　肘后突畸形；肘后三角关系发生改变，鹰嘴突高出肱骨内、外髁，可触及肱骨下端。局部肿胀明显时可出现正中神经或尺神经损伤，致手部感觉、运动功能受限。

【治疗原则】

1. 复位

（1）手法复位：临床上常用。方法：术者站在病人前面，将患肢提起，使肘关节处于半屈曲位置，以一手握住病人腕部，沿前臂纵轴方向牵引，另一手拇指压在尺骨鹰嘴突上，沿前臂

纵轴方向做持续推挤动作直至复位。复位成功的标志为肘关节恢复正常活动,肘后三点关系恢复正常。小儿肘关节脱位须在镇静、止痛甚至采用局部或全身麻醉后,才能进行闭合复位。手法复位失败时,不可强行复位,应采取切开复位。

(2) 切开复位:肘关节如屈曲位超过30°有明显肘关节不稳或脱位趋势时,应手术重建肘关节韧带。合并有神经损伤时,手术时先探查神经,在保护神经的前提下进行手术复位。

2. 固定 复位后用长臂石膏托或超关节夹板固定肘关节于屈肘90°功能位,再用三角巾悬吊前臂于胸前3周。

3. 功能锻炼 固定期间即应开始活动手指和腕部,可做伸掌、握拳、手指屈伸等活动,并做肱二头肌等长收缩运动。解除固定后做肘关节屈伸和前臂旋转活动,避免肘关节的过度被动活动,以防发生骨化性肌炎。

🔍 知识链接

小儿桡骨头半脱位

小儿桡骨头半脱位,多发生于5岁以下幼儿,1~3岁发病率最高,是临床常见的肘部损伤。多因患儿肘关节在伸直时,腕部受到纵向牵拉所致,牵拉造成肱桡关节间隙加大,关节内负压骤增,关节囊和环状韧带卡在肱桡间隙,阻碍桡骨头回复。患儿因疼痛而啼哭,并拒绝使用患肢,亦怕别人触动。肘关节呈半屈曲位,不肯屈肘、举臂;前臂旋前,不敢旋后。桡骨头处有压痛,局部无明显肿胀,X线检查无异常发现。一般复位手法均能成功。复位后,一般不需要制动,可用颈腕吊带或三角巾悬吊前臂2~3日。嘱家长避免用力牵拉伤臂,为小儿穿脱衣服时多加注意,以防反复发生而形成习惯性脱位。

四、髋关节脱位

髋关节是人体最大的关节,是连接躯干与下肢的典型杵臼关节。构成髋关节的髋臼与股骨头形态上紧密结合,周围有坚强的关节囊、韧带和强壮的肌肉,结构相当稳定,一般不易发生脱位。只有强大暴力的作用才导致髋关节脱位(dislocation of hip joint),约50%的髋关节脱位同时合并有骨折。

【病因与分类】

严重车祸或高空坠落等产生的强大暴力可引起脱位。常见于男性青壮年。按股骨头脱位后的所处位置分为3种类型的脱位(图22-62)。

1. 髋关节后脱位 最常见,约占全部髋关节脱位的85%~90%。大部分髋关节后脱位发生于交通事故。当病人处于屈膝及髋关节屈曲内收时,外力作用于膝关节前部,沿股骨干向上传导,或外力作用于骨盆,由后向前,均可使股骨头从髋关节囊的后下部薄弱区脱出。后脱位常合并股骨头骨折。

2. 髋关节前脱位 髋关节处于过度外伸外旋位时,遭到外展暴力使大转子顶端与髋臼上缘相撞击,迫使股骨头离开髋臼,向前穿破关节囊,脱出于闭孔处,称闭孔前脱位;股骨头向前上方移位至耻骨处,称耻骨脱位。

3. 髋关节中心脱位 当暴力作用于股骨大转子外侧,使股骨头冲击髋臼底部,引起髋臼底部骨折,如外力继续作用,股骨头连同髋臼骨折片进入盆腔,形成股骨头中心脱位。很少见。

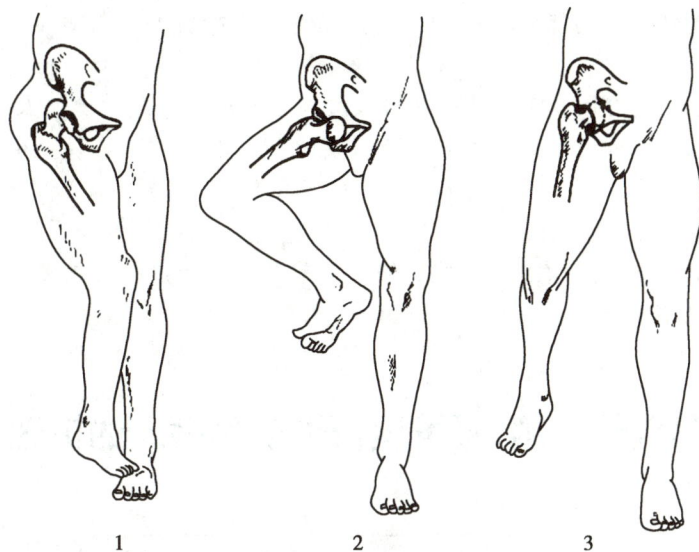

图 22-62　髋关节脱位典型畸形
1. 后脱位；2. 前脱位；3. 中心脱位

【临床表现】

髋关节疼痛、肿胀、主动活动功能丧失，被动活动时引起剧烈疼痛。三种类型脱位的体征表现如下：

1. 症状　患侧髋关节疼痛，主动活动功能丧失，被动活动时可出现剧烈疼痛。

2. 体征　因脱位类型不同而有所不同。

（1）髋关节后脱位：髋关节呈屈曲、内收、内旋及短缩畸形。可在臀部触及脱出的股骨头。可合并坐骨神经损伤，多表现为以腓总神经损伤为主的体征，出现足下垂、趾背伸无力和足背外侧感觉障碍等。

（2）髋关节前脱位：患肢呈明显的外展、外旋和屈曲畸形。耻骨部脱位，可在腹股沟区触及股骨头；会阴部脱位，可在会阴部触及股骨头。

（3）髋关节中心脱位：畸形常不显著，脱位严重者可有肢体缩短畸形。

【治疗原则】

1. 复位　髋关节后脱位无合并骨折，常选择在全麻或椎管内麻醉下手法复位。复位应尽可能在脱位后 24 小时内完成，以减少股骨头缺血坏死的可能性。手法复位不成功或脱位合并骨折时，则行手术切开复位。常用的复位方法有 2 种。

（1）Allis 法（图 22-63）：即提拉法。病人取仰卧位，助手双手按住髂嵴以固定骨盆，术者面对病人，使病人髋关节及膝关节各屈曲至 90°，双手握住病人的腘窝作为持续的牵引，向上提拉牵引小腿，并内旋、外旋活动股骨，当出现明显的弹跳与响声，局部畸形消失、关节活动恢复，提示复位成功。复位后患肢伸直无畸形，被动活动髋关节无障碍。此法操作简便、安全可靠，最为常用。

（2）Stimson 法：病人俯卧于检查床上，患侧下肢悬空。髋及膝各屈曲 90°，助手固定

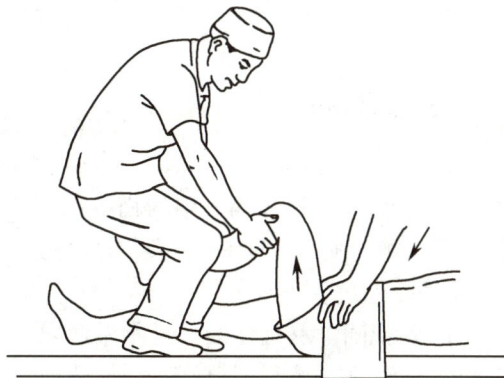

图 22-63　Allis 法

骨盆,术者一手握住病人的踝部,另一手置于小腿近侧,靠近腘窝部,沿股骨纵轴向下牵拉,即可复位。

2. 固定 复位成功后常规X线摄片证实复位确实成功。用单侧髋人字石膏固定4~5周,或患肢保持在轻度外展中立位做皮肤牵引或穿丁字鞋2~3周,以保持患肢处于伸直、外展位。

3. 功能锻炼 卧床期间鼓励病人行股四头肌主动收缩及其余未固定关节的活动。去除外固定后,扶双拐下地活动,3个月内患肢不负重,3个月后进行X线检查,显示无股骨头坏死时才可完全负重活动。

第六节 颈、腰椎退行性疾病病人的护理

学习目标

1. 简述颈、腰椎退行性疾病的病因,陈述其常用辅助检查。
2. 理解并比较常见颈、腰椎退行性疾病的临床特点,阐述其治疗原则。
3. 运用护理程序为颈、腰椎退行性疾病病人实施整体护理。

案例分析

李先生,33岁,公司职员,因腰腿痛1年、加重5日入院。病人于1年前劳累后出现腰腿痛,疼痛向臀部及左下肢放射,经过保守治疗后症状好转,期间偶有间断性发作,无明显外伤史。5日前抱小孩时症状再次加重,伴有左下肢麻木,无法行走。

体格检查:脊柱无畸形,生理弯曲存在,活动受限,L_{3-5}压痛,双下肢直腿抬高实验阳性。会阴部感觉正常,四肢关节无畸形,双下肢无浮肿。

辅助检查:CT显示L_4~L_5椎间盘突出。

请问:

1. 该病人目前主要的护理问题有哪些?
2. 该病人最有效的治疗方法是什么?
3. 如何指导该病人进行功能锻炼?

一、颈椎病

颈椎病(cervical spondylosis)是指颈椎间盘退行性改变及其继发性改变致邻近脊髓、神经、血管受刺激与压迫而产生的相应症状和体征。好发部位依次为C_{5-6}、C_{4-5}、C_{6-7},且单侧损害多于双侧。颈椎病是中、老年人的常见病,但目前发病呈年轻化趋势。

【病因】

1. 颈椎间盘退行性变 是颈椎病发生和发展最基本的原因。由于椎间盘退行性变使椎间隙狭窄,关节囊、韧带松弛,脊柱活动时稳定性下降,引起椎体、周围关节及韧带变性、增生、钙化,最后导致相邻的脊髓、神经、血管受刺激或压迫。

2. 损伤　急性损伤可加重已退变的颈椎、椎间盘和椎间关节的损害而诱发颈椎病;慢性损伤则加速颈椎的退行性变过程,如长久伏案工作等,可提前出现症状。

3. 先天性颈椎管狭窄　由于椎管发育异常如椎弓根过短,使椎管矢状内径小于正常时,即使退行性变较轻,也可有临床症状和体征。

【病理与分型】

根据受累组织不同,临床上将颈椎病分为4种类型。

1. 神经根型颈椎病　因椎间盘向后外侧突出,钩椎关节或椎间关节增生、肥大,刺激或压迫单侧或双侧神经根所导致。该型在颈椎病中发病率最高,约占50%~60%。

2. 脊髓型颈椎病　由于髓核的后突、椎体后缘的骨赘、增厚的黄韧带及钙化的后纵韧带等压迫脊髓所致。此型约占颈椎病的10%~15%。

3. 椎动脉型颈椎病　由于颈椎横突孔增生狭窄,上关节突增生和颈椎失稳等直接刺激牵拉或压迫椎动脉所致。

4. 交感神经型颈椎病　由于颈椎结构病变刺激或压迫颈椎旁交感神经节后纤维所致。

【临床表现】

1. 神经根型颈椎病　主要表现为颈肩痛,并向上肢放射,颈部僵硬、上肢麻木。体格检查常有颈部肌痉挛,颈肩部压痛,颈肩关节活动受限,受累神经根支配区皮肤感觉异常,上肢肌力下降、手指动作不灵活,头偏向患侧,肩部上耸,病程长者上肢可有肌萎缩。上肢牵拉试验及压头试验阳性。

2. 脊髓型颈椎病　为最严重的类型,早期颈痛不明显,侧束、锥体束损害表现突出。表现为上肢手部麻木、活动不灵、精细活动失调,握力减退;下肢麻木、行走不稳,有踩棉花感,足尖拖地;躯干有束胸感。病情加重后可发生自下而上的上运动神经元性瘫痪,即行走和大小便困难,肌力下降,病理反射出现。

3. 椎动脉型颈椎病　主要症状为眩晕,可呈旋转性、浮动性或摇晃性眩晕,头部活动时可诱发或加重;椎基底动脉供血不足、侧支循环血管代偿性扩张可导致头痛,多为发作性胀痛,主要为枕部、顶枕部痛,可放射到颞部,常伴自主神经功能紊乱症状;还可有视觉障碍、猝倒、精神症状、不同程度运动及感觉障碍。

4. 交感神经型颈椎病　主要表现为交感神经兴奋或抑制症状。前者包括头痛、头晕、有时伴有恶心、呕吐;视物模糊、眼球胀痛;心律不齐、心前区疼痛和血压升高;耳鸣、听力下降等。后者主要为头昏、眼花、流泪、血压下降等。

【辅助检查】

1. X线　神经根型、交感神经型和脊髓型颈椎病X线平片示颈椎退行性改变征象。

2. CT、MRI　神经根型、交感神经型颈椎病可见椎间盘突出、椎管及神经根管狭窄及脊神经受压情况;脊髓型颈椎病可显示脊髓受压情况。

3. 椎动脉造影　可见椎动脉局部受压、梗阻、血流不畅。

【治疗原则】

1. 非手术治疗

(1) 枕颌带牵引:适用于脊髓型以外的各型颈椎病。坐位、卧位均可进行牵引,头前屈10°左右,牵引重量2~6kg。牵引时间以颈背部肌能耐受为限,每日2次,每次1小时。无不适者可行持续牵引,每日6~8小时,2周为1个疗程。

(2) 颈托和围领:主要用以限制颈椎过度活动,而病人行动不受影响。如充气型颈托,除固定颈椎外,还有一定撑开牵张作用(图22-64)。

(3) 推拿按摩:对脊髓型以外的早期颈椎病有减轻肌肉痉挛,改善局部血液循环的作用。

应由专业人员操作,手法需轻柔,次数不宜过多。

(4) 理疗:具有加速炎性水肿消退和松弛肌肉的作用。

(5) 自我保健疗法:工作中定时改变姿势,做颈部轻柔活动及上肢运动;睡眠宜用平板床,枕头高度适当,不让头部过伸或过屈。

(6) 药物治疗:目前尚无颈椎病的特效药物,所用药物均为对症治疗,如非甾体抗炎药、肌松弛剂及镇静剂等。

2. 手术治疗　诊断明确的颈椎病经非手术治疗无效,或反复发作者,或脊髓型颈椎病诊断明确后适于手术治疗。常用的手术方式为颈椎前路减压融合术和后路减压术。通过手术可稳定颈椎或使脊髓和神经得到充分减压。

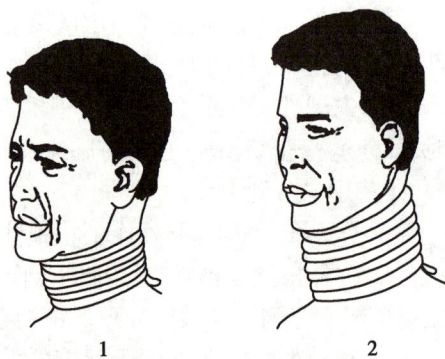

图 22-64　充气式颈托
1. 充气前;2. 充气后

【护理评估】

（一）术前评估

1. 相关健康史　了解病人的年龄、职业,发病的诱因和症状;有无颈椎的先天畸形及急、慢性损伤史;有无高血压、心脏病、糖尿病等病史。

2. 身体状况

(1) 局部:评估疼痛的部位、性质,诱发和加重疼痛的因素,缓解疼痛的措施及效果。四肢有无感觉、活动、肌力、反射的异常,躯干部有无紧束感。

(2) 全身:评估病人的意识和生命体征、生活自理的能力、有无大小便失控或失禁现象。

(3) 辅助检查:了解影像学检查结果。

3. 心理-社会状况　了解病人、亲属对疾病的认识程度、心理反应及家庭的支持程度。

（二）术后评估

1. 术中情况　了解麻醉方式、手术入路、手术方式及用药情况。

2. 术后情况　了解病人的生命体征,尤其是呼吸情况;了解引流情况及手术切口有无出血、肿胀;了解肢体感觉、活动和大小便恢复情况。了解病人、亲属对康复知识的掌握程度及对康复的心理预期。

【主要护理诊断/问题】

1. 低效性呼吸型态　与颈髓水肿、移植骨块脱落或术后颈部水肿有关。

2. 躯体活动障碍　与神经根受压、牵引或手术有关。

3. 潜在并发症:出血、呼吸困难等。

【护理措施】

（一）非手术治疗的护理/术前护理

1. 心理护理　消除病人悲观情绪,增强治疗信心。

2. 适应性训练　指导病人进行呼吸训练、床上大小便的适应性训练;对拟经颈前路手术的病人进行推移气管和食管训练,对拟经后路手术的病人则应进行俯卧训练。

3. 功能锻炼　督促病人缓慢进行颈部前屈、后伸、侧屈和侧转等活动,活动时注意与呼吸的配合。

（二）术后护理

1. 颈部制动　前路手术者行植骨固定椎体融合,制动非常重要。术后搬运病人时,应用颈托固定颈部,并由专人护送。回病房后采取平卧位,维持颈部稍前屈位,用沙袋固定颈肩部两侧,制动头颈部。术后 1 周以颈托固定颈部,摇高床头坐起,也可行头颈胸石膏或支架固定,以后逐渐下床活动。病人咳嗽、打喷嚏时用手轻按颈前部。

2. 伤口出血的观察及处理　经前路手术因骨面渗血或术中止血不彻底而易发生术后出血,当出血量大或引流不畅时,可形成血肿压迫气管而危及生命。术后常规床旁放置气管切开包以备急需。同时加强观察,如病人确有颈部肿胀、呼吸困难、面部青紫,应迅速拆除缝线,清除血肿;拆线后若呼吸仍无改善,须立即行气管切开以挽救生命。

3. 呼吸的观察与护理　呼吸困难是前路手术最危急和严重的并发症,多发生于术后 1~3 日内,其常见原因有:切口内出血压迫气管;喉头水肿;术中损伤脊髓或移植骨块松动、脱落后压迫气管等。一旦发现病人呼吸困难,面部青紫应立即通知医生,并做好气管切开的准备;植骨滑脱者还应做好再送手术室的准备。术前加强训练,术中牵拉适度,术后指导病人有效咳嗽,避免受凉,同时密切观察呼吸可有效防止意外发生。

【健康教育】

1. 颈椎病的恢复是一个慢性过程,病人要有心理准备并建立恢复的信心。

2. 加强颈部保护,避免颈部过度活动;循序渐进地进行功能锻炼以增强颈椎的稳定性,预防颈椎病的发生。

3. 指导病人选择适当的枕头,应中间低、两端高,有良好的透气性,长度超过肩宽 10~16cm,高度以头颈部压下后一拳头高为佳,保持睡眠时颈、胸、腰部的生理曲度,髋、膝部以略屈曲为佳。

二、颈椎间盘突出症

颈椎间盘突出症(cervical disc herniation)是在颈椎间盘退变的基础上,因轻微外力或无明确诱因导致的椎间盘突出导致脊髓和神经根受压,引起相应的症状和体征。颈椎间盘突出症多发生于 40~50 岁,突出部位以 $C_{5~6}$、$C_{4~5}$ 为最多。

【病因与病理】

当颈椎间盘退变时,后侧纤维环部分损伤或断裂,在轻微外力下使颈椎过伸或过屈运动,前者致近侧椎骨向后移位,后者致近侧椎骨向前移位,使椎间盘纤维环突然承受较大的牵张力,导致其完全断裂,髓核组织从纤维环破裂处经后纵韧带突入椎管,压迫脊髓和神经根而产生相应症状和体征。

【临床表现】

1. 病人既往有颈项疼痛病史或无症状,依据颈椎间盘组织突出程度及部位出现相应的颈髓或颈神经根症状,临床上以压迫神经根者为多,压迫脊髓或兼有神经根者较少。

2. 病人在轻微外力作用或无明确诱因下出现颈肩痛或上肢痛,或者肢体不同程度的感觉、运动障碍。

3. 突出的椎间盘组织压迫颈神经根时,病人有颈项痛、颈肩痛或上肢放射痛,疼痛较重,向神经根分布范围放射,病程较久者以麻木感为主。压迫严重时表现为突然短期内不能抬举上肢或手部无力。

4. 检查时病人颈部处于强迫体位或者颈部僵硬,活动受限,类似"落枕",$C_2~T_1$ 神经支配区可有相应部位的感觉障碍,患肢肌力下降,腱反射减弱或消失,Hoffmann 征阴性或阳性。

5. 当颈椎间盘组织压迫脊髓时,病人表现为四肢不同程度的感觉、运动障碍或括约肌功能障碍,也可表现为截瘫、四肢瘫或 Brown-Sequard 综合征等。

【辅助检查】

1. X 线　常规应摄取颈椎正侧位片、双斜位片,以观察颈椎序列、各椎间隙高度变化、椎间孔形态的改变以及骨赘形成情况等退行性改变。

2. CT 可以显示椎间盘突出的类型、骨赘形成与否,是否合并后纵韧带和黄韧带肥厚、钙化或骨化,关节突关节的增生肥大程度,椎管形态的改变。

3. MRI 可以显示颈椎的解剖学形态,是颈椎间盘突出症的重要诊断依据。T_1 和 T_2 加权像可显示椎间盘突出的形态和脊髓受压的情况,以及脊髓变性、水肿、囊变和萎缩等病理形态。

【治疗原则】

1. 非手术治疗 对于神经根压迫症状为主者,先采取非手术治疗。包括适当休息、卧床、颈部牵引或理疗,应用脱水药、止痛药和神经营养药等。

2. 手术治疗 若非手术治疗无效,疼痛加重,甚至出现肌肉瘫痪等症状时,应及时行颈椎手术治疗,椎间盘切除、解除神经根及脊髓的压迫。

主要护理诊断/问题、护理措施及健康教育参见本节颈椎病的相关内容。

三、腰椎间盘突出症

腰椎间盘突出症(herniation of lumbar intervertebral disk)是由于椎间盘变性、纤维环破裂、髓核突出刺激和压迫神经根或马尾神经所表现的一种综合征,是最常见的腰腿痛原因之一。腰椎间盘突出以 $L_{4~5}$、$L_5~S_1$ 间隙发病率最高,约占 90%~96%,多个间隙同时发病者仅占 5%~22%。多见于中年人,男性多于女性。

【病因】

病人多有弯腰劳动或长期坐位工作史,首次发病常是在半弯腰持重或突然作扭腰动作过程中。常见的原因有:

1. 椎间盘退行性变 是腰椎间盘突出症的基本因素。

2. 损伤 是椎间盘突出的重要因素。反复弯腰、扭转动作最容易引起椎间盘损伤。

3. 遗传因素 有色人种发病率较低,我国 20 岁以下病人有较明显的家族史。

4. 妊娠 妊娠期盆腔、下腰部充血,结构相对松弛,腰骶部较非孕时承受更大压力,增加了椎间盘损伤的机会。

【病理与分型】

1. 膨隆型 纤维环部分破裂、表层完整,髓核压向椎管局限性隆起,但表面光滑。

2. 突出型 纤维环完全破裂,髓核突向椎管,后纵韧带或纤维膜表面高低不平。

3. 脱垂游离型 破裂突出的椎间盘组织或碎块入椎管内或完全游离,出现神经根症状。

4. Schmorl 结节及经骨突出型 前者是指髓核经上、下软骨板的裂隙突入椎体松质骨内;后者是髓核沿椎体软骨终板和椎体之间的血管通道向前纵韧带方向突出,形成椎体前缘的游离骨块。

【临床表现】

1. 症状

(1) 腰痛:发生率约 91%,是大多数病人最先出现的症状,为下腰部感应痛,有时亦影响到臀部。

(2) 坐骨神经痛:发生率达 97% 左右,典型表现是从下腰部向臀部、大腿后方、小腿外侧直到足部的放射痛。约 60% 病人在喷嚏或咳嗽时由于增加腹压而使疼痛加剧。早期为痛觉过敏,病情较重者出现感觉迟钝或麻木。少数病人可有双侧坐骨神经痛。

(3) 马尾神经受压:发生率约占 0.8%~24.4%,向正后方突出的髓核或脱垂、游离的椎间盘组织可压迫马尾神经,可出现大、小便障碍,鞍区感觉异常。

2. 体征

(1) 腰椎侧凸:是一种为减轻疼痛而出现的姿势性代偿畸形,具有辅助诊断价值(图 22-65)。

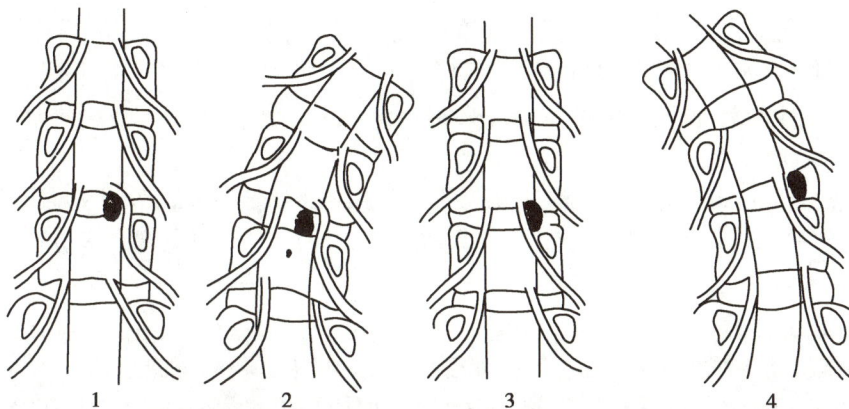

图 22-65　姿势性脊柱侧凸与缓解神经根受压的关系
1. 椎间盘突出在神经根内侧时;2. 神经根所受压力可因脊柱凸向健侧而缓解;3. 椎间盘突出在神经根外侧时;4. 神经根所受压力可因脊柱凸向患侧而缓解

(2) 腰部活动受限:几乎所有病人都有不同程度的腰部活动受限,以前屈受限最明显。

(3) 压痛及骶棘肌痉挛。

(4) 直腿抬高试验及加强试验:病人仰卧、伸膝,被动抬高患肢,抬高在 60° 以内即出现坐骨神经痛,称为直腿抬高试验阳性。直腿抬高试验阳性时,缓慢降低患肢高度,待放射痛消失,再被动背屈患肢踝关节,如又出现放射痛则称为加强试验阳性。

(5) 神经系统表现:感觉异常、肌力下降及反射异常。

【辅助检查】

1. X 线　单纯 X 线平片不能直接反映是否存在椎间盘突出,但有重要鉴别诊断意义。

2. CT　对本病有较大诊断价值,目前已普遍采用。

3. MRI　可全面地观察各腰椎间盘是否有病变、了解髓核突出的程度和位置,对腰椎间盘突出的诊断有极大帮助。

4. 造影检查　有的存在较重并发症,应慎用。

5. 电生理检查　电生理检查(肌电图、神经传导速度及诱发电位)可协助确定神经损害的范围及程度,主要用于观察治疗效果。

【治疗原则】

1. 非手术治疗　多数腰椎间盘突出症病人可经非手术疗法缓解或治愈。主要适用于年轻、初次发作或病程较短者;休息后症状可自行缓解者;X 线检查无椎管狭窄者。

(1) 绝对卧床休息:症状初次发作时立即卧床休息,强调大、小便均不应下床或坐起。卧床 3 周后戴腰围起床活动,3 个月内不做弯腰持物动作。

(2) 持续牵引:骨盆牵引重量根据个体差异在 7~15kg 之间,抬高床尾作反牵引,共 2 周。也可行间断牵引,每日 2 次,每次 1~2 小时,但效果不如前者。孕妇、高血压和心脏病病人禁用。目前有多种电脑控制的牵引床,操作简便,适应不同情况的病人。

(3) 推拿和按摩治疗:其治疗作用可使髓核回纳,改变突出物与神经根的位置关系,从而减轻或消除对神经根的压迫。但应注意手法治疗有加重腰椎间盘突出的风险。

（4）皮质激素硬膜外注射：常用长效皮质类固醇制剂加 2% 利多卡因行硬膜外注射。

（5）针灸治疗：适用于所有病人，可取肾俞、腰眼、委中等穴，行补泻法或平补平泻，或加艾灸，或拔火罐。耳针法：取腰骶椎、肾、神门等穴，或用揿针埋藏或用王不留行籽贴压。穴位注射法：取阿是穴做穴位注射。

（6）中药治疗：①血瘀证：活血止痛，舒筋活血汤加减。②寒湿证：祛寒化湿，麻桂温经汤加减。③湿热证：清热化湿，通络止痛，三妙汤合四物汤加减。④肝肾亏损证：补肝益肾。偏阳虚可用右归饮加减，偏阴虚可用左归饮加减。

2. 手术治疗

（1）适应证：①腰腿痛症状严重，反复发作，经半年以上非手术治疗无效，且病情逐渐加重，影响工作和生活者；②中央型突出有马尾神经综合征，括约肌功能障碍者，应按急诊进行手术；③有明显的神经受累表现者。

（2）手术方法

1）全椎板切除髓核摘除术：适合椎间盘突出合并有椎管狭窄、椎间盘向两侧突出、中央型巨大突出以及游离椎间盘突出。切除病变部位两侧椎板和黄韧带，必要时切除关节突的一部分，探查切除突出之髓核和纤维环，充分减压神经根。

2）半椎板切除髓核摘除术：适合于单纯椎间盘向一侧突出者。术中切除椎间盘突出侧的椎板和黄韧带。

3）显微外科腰椎间盘摘除术：适合于单纯腰椎间盘突出。损伤较小，手术操作在手术显微镜和显微外科器械下进行，经椎板间隙摘除椎间盘。

4）经皮腰椎间盘切除术：适用于单纯腰椎间盘突出。术前准确定位，术中经皮穿刺置入工作通道，在显示器影像的监视下切除突出之椎间盘。

5）人工椎间盘置换术：是近年来临床开展的术式，其手术适应证尚存在争论。选择此手术须谨慎。

【护理评估】

（一）术前评估

1. 相关健康史　了解病人的年龄、身高、职业和运动喜好；了解病人有无腰部损伤史，并详细询问受伤时病人的体位、暴力作用点、受伤后的症状、致腰痛加重或减轻的因素、接受过哪些处理，既往有无类似外伤史、腰部疾病史等；是否用过麻醉性止痛剂、激素及肌松弛剂、兴奋剂等。

2. 身体状况

（1）局部：了解有无下述症状：①下腰部感应痛，有时亦影响到臀部；②坐骨神经痛；③马尾神经受压的表现，可出现大、小便障碍，鞍区感觉异常。了解体征有无：①腰椎侧凸；②以前屈受限最明显的腰部活动受限；③压痛及骶棘肌痉挛；④直腿抬高试验及加强试验阳性；⑤感觉异常、肌力下降及反射异常。

（2）全身：病人的生命体征、下肢感觉、运动和反射情况；行走姿势、步态；生活自理能力和程度；有无大小便失控或失禁现象。

（3）辅助检查：了解影像学检查和电生理检查结果。

3. 心理 - 社会状况　病人及亲属对该病的认识及其心理状态，家庭的支持程度。

（二）术后评估

1. 全身情况　监测病人的生命体征以及有无头疼、恶心和呕吐等症状。

2. 手术及引流　了解病人手术范围和术中情况，观察切口有无肿胀、渗出，渗出物的量与色泽;引流管是否通畅,引流液的色泽和量。

3. 肢体的感觉和运动情况　对比评估下肢的感觉和运动情况与对侧及术前有无差异。

4. 括约肌功能　评估病人有无排尿困难和尿潴留,有无便秘。

【主要护理诊断/问题】

1. 疼痛　与椎间盘突出、髓核受压水肿、神经根受压和肌肉痉挛有关。

2. 躯体活动障碍　与椎间盘突出、牵引治疗或手术有关。

3. 便秘　与马尾神经受压或长期卧床有关。

4. 潜在并发症:脑脊液漏、尿潴留、感染。

【护理措施】

(一) 非手术治疗的护理/术前护理

1. 绝对卧硬板床休息　椎间盘承受的压力在卧位时可比立位时减少 50%,因此,卧位可减轻对神经的压迫,缓解疼痛。卧位时抬高床头 20°~30°、膝关节屈曲、放松背部肌肉,以增加舒适感。卧床休息 3 周后,可戴腰围下床活动。

2. 骨盆牵引的护理　病人平卧,保持有效牵引,注意病人体位、牵引重量和力线的保持,维持反牵引;牵引间隙帮助病人翻身和取侧卧位,侧卧位时用枕头支撑于两腿之间,防止发生压疮。

3. 活动和功能锻炼　指导病人进行未固定关节的全范围活动及腰背肌的锻炼,以主动活动为主,辅以按摩;避免弯腰、长期站立或上举重物,以免引起腰肌痉挛。教会病人正确地坐起、下床,坐起前先抬高床头,再将病人两腿放到床边,使其上身竖直;行走时应有人在旁,直到病人无眩晕和感觉体力可承受后,方可独立行走。

4. 术前准备　常规术前准备及训练病人正确翻身、床上排便及术后功能锻炼。

(二) 术后护理

1. 一般护理

(1) 搬运:采用三人搬运法。托起病人肩背部、腰臀部和下肢,保持身体轴线平直,平稳同步行动。

(2) 体位与休息:术后持续卧床休息 1~3 周。术后 24 小时内平卧、禁止翻身,以压迫止血;24 小时后定期轴线翻身,采取两人翻身法。

(3) 生活护理:指导术后病人摄入富含膳食纤维的易消化饮食、多饮水以保持排便通畅;协助排尿困难者床上排尿,诱导排尿不成功者及时导尿,必要时留置尿管,并加强护理防止继发感染。

2. 病情观察

(1) 观察并记录生命体征、下肢皮肤的颜色、温度、感觉和活动。

(2) 切口和引流:观察记录手术切口部位有无膨出或血肿,敷料有无渗湿;引流管是否通畅,引流液的颜色、性质和量。如果发现引流出淡黄色的液体,同时病人出现头痛、恶心和呕吐等症状,则可能发生了脑脊液漏,应立即停止引流,将病人置于平卧位,同时适当抬高床尾,并报告医生予以进一步处理。

3. 功能锻炼

(1) 卧床期间坚持定时活动四肢关节以防关节僵硬。

(2) 术后第一日即可开始进行股四头肌的舒缩以及直腿抬高练习,每分钟 2 次,抬放时间等长,逐渐增加活动幅度,预防神经根粘连。

(3) 腰背肌锻炼:除腰椎有破坏性改变、感染性疾患、植入内固定物、年老体弱和心肺功能障碍病人外,一般手术后 1 周开始进行腰背肌锻炼以预防肌肉萎缩,增加腰背肌力量和增强脊柱稳定性。先用飞燕式,然后采用五点支撑法,1~2 周后改成三点支撑法。每日 3~4 次,每次 50 个,循序渐进,逐步增加次数。

(4) 行走训练:制定活动计划,指导病人按时下床活动。

【健康教育】

1. 避免腰部脊柱屈曲和旋转扭曲,穿平跟鞋;卧硬板床,仰卧时,垫小枕使膝关节屈曲 45°;避免长时间坐或站立;必须搬运重物时应采取适当的姿势。

2. 超重或肥胖者必要时应控制饮食量和减轻体重。

3. 制定康复计划和锻炼项目,坚持有规律地做医疗体操,以增加腰背肌的力量。

第七节　骨与关节感染病人的护理

学习目标

1. 简述骨与关节感染的病因,陈述其常用辅助检查。
2. 理解并比较常见骨与关节感染的临床特点,阐述其治疗原则。
3. 运用护理程序为骨与关节感染病人实施整体护理。

一、化脓性骨髓炎

化脓性骨髓炎(suppurative osteomyelitis)是化脓性细菌引起的骨膜、骨皮质、骨松质和骨髓组织的炎症。多见于儿童和少年,好发于长骨的干骺端。

【病因与分类】

1. 根据感染途径分类

(1) 血源性骨髓炎:由身体其他部位感染性病灶中的细菌经血液循环播散至骨骼。

(2) 外来性骨髓炎:由邻近软组织感染直接蔓延至骨骼。

(3) 创伤后骨髓炎:由开放性骨折并发感染或骨折手术后引起的骨髓感染。

2. 根据病程长短分类

(1) 急性血源性骨髓炎:多为身体其他部位的感染灶或外伤史引起。最常见致病菌是溶血性金黄色葡萄球菌,其次为乙型溶血性链球菌,其他还有大肠埃希菌、铜绿假单胞菌、肺炎双球菌和白色葡萄球菌等。

(2) 慢性血源性骨髓炎:多因急性骨髓炎治疗不及时、感染反复发作而成;少数为低毒性细菌感染,在发病时即出现慢性骨髓炎表现。

【病理生理】

1. 急性血源性骨髓炎　早期以骨质破坏和坏死为主,晚期以新生骨增生为主,成为骨性包壳。大量菌栓进入长骨的干骺端,阻塞小血管,迅速导致骨坏死,形成局限性骨脓肿。髓腔内脓液压力增高,脓液可沿哈佛管蔓延至骨膜下间隙,将骨膜掀起成为骨膜下脓肿。骨膜的掀起阻碍了外层骨密质的血供而使之缺血坏死。脓液也可穿破骨膜沿筋膜间隙流注而成为深部脓肿;或穿破皮肤,排出体外,形成窦道;脓液进入骨髓腔,破坏骨髓组织、骨松质及内层骨密质的血液供应,形成大片死骨。同时,病灶周围的骨膜因炎症和脓液的刺激而生成新骨,包绕在骨干外层,形成骨性包壳。

2. 慢性血源性骨髓炎　病灶区域内有死骨、死腔和窦道是慢性骨髓炎的基本病理改变化。若骨质感染、破坏和吸收,局部形成死腔,内有死骨、脓液、坏死组织和炎性肉芽组织;外有骨性包壳,使感染呈慢性过程。小的死骨经窦道排出后,窦道可暂时闭合;但由于死腔的存在,炎症难以被彻底控制;当病人抵抗力降低时,炎症又出现急性发作。由于炎症反复发作和分泌物的刺激,窦道周围皮肤出现色素沉着、瘢痕、甚至发生恶变。

【临床表现】

1. 急性血源性骨髓炎　早期为患部剧痛,患肢有局限性深压痛,局部皮肤温度增高。当脓肿穿破骨膜形成软组织深部脓肿时,疼痛反而减轻,但局部红、肿、热和压痛更明显;若整个骨干均受破坏,有发生病理性骨折的可能性。

起病急骤,全身中毒症状明显,高热达 39℃以上,伴有寒战、脉快、头痛、无力、呕吐、烦躁不安、意识改变等,严重者出现昏迷或感染性休克。

2. 慢性血源性骨髓炎　在病变静止阶段可无症状,患肢增粗变形,邻近关节畸形。幼年发病者,肢体可有缩短或内外翻畸形。常有多处瘢痕和窦道长久不愈,有臭味脓液和小的死骨排出,周围皮肤有色素沉着或湿疹样皮炎。可有贫血、消瘦等症状。

【辅助检查】

1. 实验室检查　白细胞计数及中性粒细胞比例升高,血沉加快,血细菌培养可为阳性。

2. 局部分层穿刺　在脓肿部位穿刺,逐层深入,边抽边吸,抽出脓液或涂片中发现脓细胞或细菌即可明确诊断,并可进行细菌学检查,指导抗生素的应用。

3. 影像学检查

(1) X 线:急性血源性骨髓炎早期无异常表现,发病 2 周后才出现骨质破坏、死骨形成等改变。慢性血源性骨髓炎虫蛀样骨破坏、骨膜掀起有新生骨形成,骨质硬化,轮廓不规律,髓腔变窄甚至消失。有骨质破坏吸收的透亮区,有浓白致密的死骨,死骨边缘不整齐,周围有空隙。

(2) CT:急性血源性骨髓炎可较早发现骨膜下脓肿。慢性血源性骨髓炎可显示脓腔与小片死骨。

(3) 核素骨显像:急性血源性骨髓炎发病 48 小时后即可出现阳性结果。

【治疗原则】

1. 非手术治疗　急性血源性骨髓炎一旦确诊,应积极控制感染,防止炎症扩散和发展为慢性血源性骨髓炎。

(1) 抗生素治疗:早期、联合、大剂量应用抗生素。可先应用针对革兰阳性球菌的抗生素并联合广谱抗生素,获得细菌培养和药物敏感试验结果后,选择敏感的抗生素。持续应用至症状消失后 3 周左右,以巩固疗效。

(2) 支持治疗:高热者给予降温和补液,维持水电解质及酸碱平衡;增加营养摄入,必要时给予外科营养支持;少量多次输注新鲜血液或注射免疫球蛋白等,以增强全身抵抗力。

(3) 患肢制动:患肢用皮肤牵引或石膏托固定于功能位,可减轻疼痛,防止畸形和病理性骨折。

2. 手术治疗

(1) 急性血源性骨髓炎:手术切开引流脓液、减压和减轻脓毒症全身反应,防止急性骨髓炎转为慢性骨髓炎。若经非手术治疗 2~3 日仍不能控制感染,即应尽早局部行钻孔引流或开窗减压术。

(2) 慢性血源性骨髓炎:手术清除死骨和炎性肉芽组织,消灭死腔。

🔍 知识链接

慢性骨髓炎消灭死腔的方法

　　慢性骨髓炎有死骨、死腔及窦道流脓者，均需手术治疗，其消灭死腔的手术方式有：①蝶形手术：在清除病灶后，用凡士林纱布填平切口，外用管形石膏，每4~6周更换一次，待肉芽组织逐渐填平切口而消灭死腔；②带蒂肌瓣填塞：将骨腔边缘略作修整后，用附近肌作带蒂肌瓣填塞；③闭式灌洗：在清除病灶后，伤口内留置灌注管和吸引管各一根，术后经灌注管滴入抗生素溶液，此法适合于小儿；④庆大霉素-骨水泥珠链填塞和二期植骨：将庆大霉素粉剂放入骨水泥中，制成直径7mm左右的小球，用不锈钢丝穿成珠链，填塞入骨腔，留一粒小珠露于皮肤外，大型的死腔可在拔除珠链后再次手术植骨。

【护理评估】

　1. 相关健康史　了解病人有无其他部位感染和受伤史，了解发病的时间、病程长短，治疗的经过，疾病有无反复；采取过哪些治疗措施，效果如何；有无药物过敏史和手术史等。

　2. 身体状况

　（1）局部：了解患部有无红、肿、热和压痛，有无病理性骨折；有无患肢增粗变形，邻近关节畸形；幼年发病者，肢体有无缩短或内外翻畸形；有无多处瘢痕和长久不愈的窦道，脓液有无臭味和小死骨排出，患部周围皮肤有无色素沉着或湿疹样皮炎。

　（2）全身：了解有无高热、寒战、脉快、头痛、无力、呕吐、烦躁不安、意识改变等全身中毒症状。慢性血源性骨髓炎有无贫血、消瘦等症状。

　（3）辅助检查：了解实验室检查、局部分层穿刺、X线、CT及核素骨显像等检查结果。

　3. 心理-社会状况　评估病人及家人有无因担心疾病预后而表现出紧张、焦虑等心理反应。

【主要护理诊断/问题】

　1. 疼痛　与炎性物质刺激、手术创伤等有关。

　2. 体温过高　与化脓性感染、毒素吸收有关。

　3. 组织完整性受损　与化脓性感染和骨质破坏有关。

　4. 焦虑　与担心疾病预后等有关。

【护理措施】

（一）非手术治疗的护理/术前护理

　1. 一般护理

　（1）饮食与休息：鼓励病人进食高热量、高蛋白、高维生素、易消化的饮食，多饮水，必要时遵医嘱行肠内或肠外营养，输注全血、血浆或白蛋白等，以增强身体抵抗力。急性期卧床休息，以减少消耗。

　（2）对症护理：寒战、高热者，要及时给予物理或药物降温及保暖。疼痛剧烈者可给予镇痛药物。

　（3）心理护理：对有恐惧、焦虑心理的病人，分散其注意力，减轻心理压力，要鼓励其积极配合治疗，打消顾虑。

　2. 观察病情变化　定时测体温、脉搏、呼吸和意识，应警惕感染性休克；了解白细胞计数及血沉、细菌培养等变化；必要时做血或脓液细菌培养及药物敏感试验，以评估病情有无好转或加重。

3. 用药护理　遵医嘱使用有效抗生素,以控制感染,合理安排用药次序,注意药物浓度、滴入速度,观察用药效果和不良反应。一般在感染症状完全消失后 3 周左右停药。

4. 制动　抬高患肢,制动,维持肢体于功能位,可促进静脉回流、解除肌肉痉挛和缓解疼痛,还可预防畸形和病理性骨折。移动患侧肢体时,在有效地支撑或支托下轻稳地进行,避免患处产生应力。

(二) 术后护理

1. 加强切口护理

(1) 及时更换敷料:保持切口清洁和干燥,促进切口的愈合。

(2) 保持引流通畅:观察引流液的量、颜色和性质并做好记录。

(3) 灌洗护理:骨腔灌洗(图 22-66) 者,冲洗管置于高处,接的输液瓶应高于患肢 60~70cm,妥善接好冲洗管和引流管,防止管道受压或扭折;引流袋应低于患肢切口 50cm,以防引流液逆流;保持进水管通畅、出水管处接负压吸引器;伤口冲洗量一般每日 1 500~2 000ml,根据引流液的性质调节灌注的速度;若连续冲洗时间达到 3 周或经冲洗后体温恢复正常、引出液清亮、连续 3 次细菌培养结果阴性,应做好拔管准备。

2. 功能锻炼　指导病人练习踝关节距屈、背伸和旋转运动,股四头肌等长收缩运动。

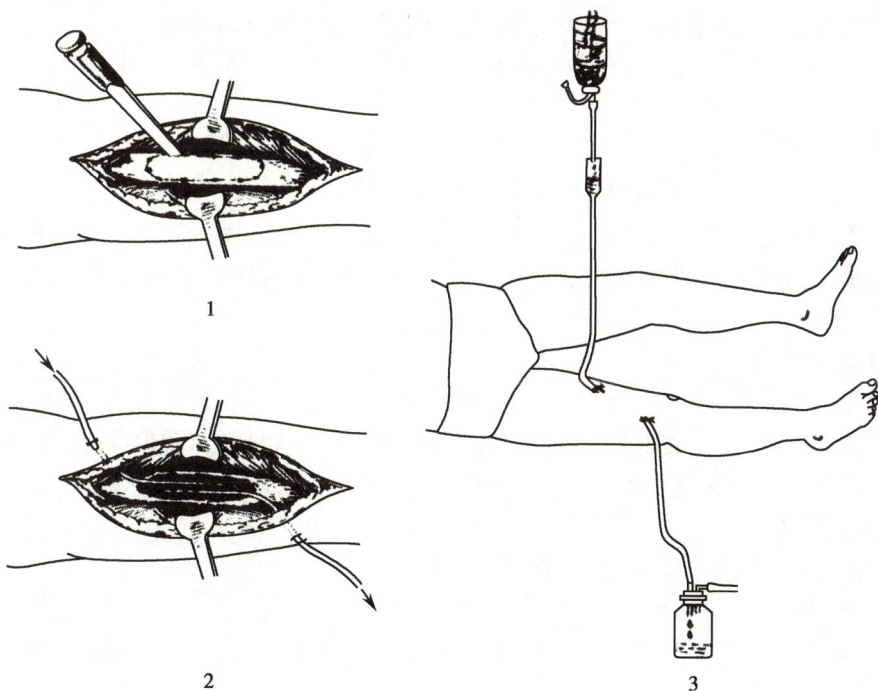

图 22-66　闭式冲洗及负压引流
1. 骨开窗;2. 骨髓腔置管;3. 术后密闭冲洗接负压吸引管

【健康教育】

1. 普及疾病防治知识　合理饮食,强身健体,宣传普及疾病防治知识。

2. 康复指导　指导病人和亲属出院后继续高营养饮食,以增强机体的免疫力;有计划地进行功能锻炼,注意减轻患肢负重,预防意外伤害,以防发生病理性骨折。

二、化脓性关节炎

化脓性关节炎(suppurative arthritis)是化脓性细菌引起的关节内急性炎症。血源性感染者在儿童发生较多,受累的多为单一的肢体大关节,如髋关节、膝关节及肘关节等。属于中医学"关节流注"和"骨痈疽"范畴。

【病因】

急性化脓性关节炎的致病菌多为金黄色葡萄球菌,其次为白色葡萄球菌、淋病双球菌、肺炎球菌和肠道杆菌等。细菌侵入关节的途径以血源性感染较多见,也可为关节开放性损伤,或医源性传播如关节穿刺继发感染,或从周围软组织感染蔓延而来。

【病理生理】

关节受感染后,首先引起滑膜炎,有滑膜水肿、充血,产生渗液。病情发展后,积液由浆液性转为浆液纤维素性,最后则为脓性。关节化脓后,可穿破关节囊及皮肤流出,形成窦道,或蔓延至邻近骨质,引起化脓性骨髓炎。此外,由于关节囊的松弛及肌肉痉挛,亦可引起病理性脱臼,关节呈畸形,丧失功能。

【临床表现】

1. 局部表现　浅表关节如膝、肘关节感染时,局部红、肿、热、痛,压痛明显,活动受限,多处于半屈曲位。深部关节如髋关节感染时,局部肿胀、疼痛,但红热不明显。由于疼痛,关节常处于屈曲、外展、外旋位,为避免疼痛,病人拒绝做相关关节的检查。

2. 全身表现　起病急骤,全身中毒症状明显,有寒战、发热、脉快、头痛、无力、烦躁不安、意识改变等,小儿多见惊厥。

【辅助检查】

1. 实验室检查　白细胞计数及中性粒细胞比例升高,血沉加快。

2. 关节腔穿刺　关节穿刺和关节液检查是确定诊断和选择治疗方法的重要依据。依病变不同阶段,关节液可为浆液性、纤维素性或脓性,镜下可见大量脓细胞,抽出液细菌培养可明确致病菌。

3. 影像学检查

(1) X线:关节周围软组织肿胀、关节间隙增宽;后期关节间隙变窄或消失,关节面毛糙,可见骨质破坏或增生、关节畸形或骨性强直、骨骺滑脱或病理性关节脱位等。

(2) CT:较X线摄片更为敏感,可及早发现关节腔渗液等。

【治疗原则】

早期诊断、早期治疗,避免遗留严重并发症。

1. 非手术治疗

(1) 抗生素治疗:应早期、联合、大剂量使用抗生素。可根据关节液细菌培养及药物敏感试验结果选择和调整敏感的抗生素。

(2) 支持治疗:高热者给予降温和补液,维持水电解质及酸碱平衡;增加营养摄入,必要时给予外科营养支持;少量多次输注新鲜血液或注射免疫球蛋白等,以增强全身抵抗力。

(3) 患肢制动:抬高患肢与制动,用皮肤牵引或石膏托固定于功能位,可减轻疼痛。

(4) 局部治疗

1) 关节腔内注射抗生素:关节穿刺、抽出积液后注入抗生素,每日1次,至关节积液消失、体温正常。

2) 关节腔灌洗:适用于表浅的大关节,在关节部位取两个不同点进行穿刺,经穿刺套管置入灌注管和引流管。每日经灌注管滴入含抗生素的溶液2 000~3 000ml,直至引流液清澈、细菌培养阴性后停止灌流;继续引流数日至无引流液吸出、局部症状和体征消退即可拔管。

(5)中医治疗:根据病变的早、中、晚三期分别应用清热解毒、托里排毒和补虚壮骨的治则,选用五味消毒饮、托里排毒汤和阳和汤,注意辨证进行加减。

2. 手术治疗

(1)关节切开引流:适用于难以行关节腔灌洗的较深大的关节化脓者。手术时彻底清除关节腔内的坏死组织、纤维素性沉积物并用生理盐水冲洗后,在关节腔内置入硅胶管,进行持续性灌洗。

(2)关节矫形术:适用于关节功能严重障碍者,常用手术为大关节融合术或截骨术。

【护理评估】

1. 相关健康史 了解病人有无其他部位感染和受伤史,了解发病的时间、病程长短,治疗的经过,疾病有无反复;采取过哪些治疗措施,效果如何。有无药物过敏史和手术史等。

2. 身体状况

(1)局部:病变关节处有无红、肿、热、痛,压痛,活动受限。

(2)全身:有无发热、寒战、脉快、头痛、无力、烦躁不安、意识改变等全身中毒症状,小儿有无惊厥。

(3)辅助检查:了解实验室检查、关节腔穿刺、X线摄片及CT检查的结果。

3. 心理-社会状况 病人及家人因担心疾病预后,常表现出紧张、焦虑等心理反应。

【主要护理诊断/问题】

1. 疼痛 与炎性物质刺激、手术创伤等有关。

2. 体温过高 与关节化脓性感染、毒素吸收有关。

3. 有废用综合征的危险 与活动受限、关节功能严重障碍有关。

4. 焦虑 与担心疾病预后等有关。

【护理措施】

(一)非手术治疗的护理/术前护理

1. 一般护理

(1)饮食与休息:鼓励病人进食高热量、高蛋白、高维生素、易消化的饮食,多饮水,必要时遵医嘱行肠内或肠外营养,输注全血、血浆或白蛋白等,以增强身体抵抗力。急性期卧床休息,以减少消耗。

(2)对症护理:寒战、高热者,要及时给予物理降温或药物及保暖。疼痛剧烈可给予镇痛药物。

(3)心理护理:对有恐惧、焦虑心理的病人,分散注意力,减轻心理压力,要鼓励积极配合治疗,打消顾虑。

2. 观察病情变化 定时测体温、脉搏、呼吸和意识,应警惕感染性休克;了解白细胞计数及血沉结果;必要时做血或脓液细菌培养及药敏试验,以评估病情有无好转或加重。

3. 用药护理 遵医嘱正确使用抗菌药,以控制关节腔的感染。

4. 制动 抬高患肢,制动,维持肢体于功能位,可促进局部血液回流、减轻肿胀和缓解疼痛,预防畸形和病理性脱位。

(二)术后护理

1. 加强切口护理 及时更换敷料:保持创面清洁和干燥,促进愈合。保持引流通畅,避免因引流管阻塞导致关节腔内积脓,感染难以控制,观察引流液的量、颜色和性状,并做好记录。

2. 功能锻炼 做持续性关节被动活动,预防关节粘连。急性炎症消退3周后,可鼓励病人做关节主动活动。

【健康教育】

1. 普及疾病防治知识　合理饮食,强身健体,宣传普及疾病防治知识。

2. 指导功能锻炼　有计划地进行功能锻炼,注意减轻患肢负重,预防意外伤害。为防止长期制动导致的肌萎缩或减轻关节粘连,急性期病人可做患肢骨骼肌的等长收缩和舒张运动。待炎症消退后,关节未明显破坏者可进行关节伸屈功能锻炼。

三、骨与关节结核

骨与关节结核(tuberculosis bone and joint)是继发性结核病,好发于儿童与青少年。近年来其发病率有所上升。骨与关节结核可发生于任何骨和关节,其中脊柱结核约占50%,其次是膝关节、髋关节和肘关节结核。

【病因】

多为继发性结核病,原发病灶常为肺结核或消化道结核。骨与关节结核可发生于原发性结核的活动期,也可出现在原发病灶静止、甚至痊愈多年后。在原发病灶活动期,结核杆菌经血循环到达骨或关节部位,不一定立刻发病,在骨关节内潜伏多年,待机体抵抗力下降,如外伤、营养不良、过度劳累等诱发因素时,可促使潜伏的结核杆菌活跃起来而出现临床症状。

【病理生理】

骨与关节结核的最初病变仅局限于滑膜组织或骨组织,形成单纯滑膜结核或单纯骨结核,以后者多见。早期,关节软骨面完好,若结核病能得到有效控制,病愈后关节功能不受影响。若病变进一步发展,结核病灶可破坏关节腔,使关节软骨面受到不同程度损害,称为全关节结核。若仍未得到控制,发生继发感染,甚至破溃产生瘘管或窦道,关节完全毁损,将遗留各种关节功能障碍。

【临床表现】

1. 局部表现

(1) 脊柱结核:发病率在全身骨与关节结核中最高,在整个脊柱结核中,以腰椎最多见,胸椎次之,颈椎和骶尾椎少见。①疼痛:出现较早,多为轻微钝痛,劳累、咳嗽、打喷嚏或持重物时可加重,受累椎体棘突处有压痛和叩击痛。②脊柱畸形和活动受限:椎旁肌痉挛,导致病人姿势异常,胸椎结核病人可出现脊柱后凸或侧凸畸形,腰椎结核病人弯腰动作受限,若要拾起物品,需挺腰、屈膝、屈髋、下蹲才能完成,称为拾物试验阳性。③寒性脓肿和窦道:脓肿破溃至皮肤后,可见窦道及干酪样分泌物。④截瘫:是脊柱结核最严重的并发症。脓液、死骨和坏死的椎间盘以及脊柱畸形压迫、损伤脊髓,造成部分或完全截瘫,出现肢体感觉、运动和括约肌功能部分或完全障碍。

(2) 髋关节结核:常见于儿童和青壮年,以单侧性病变多见。①疼痛:早期为髋部疼痛,劳累后加重,疼痛放射至膝部,故儿童常有同侧膝部疼痛,小儿表现为夜啼。病灶内脓液突然溃破向关节腔而产生急性症状,疼痛剧烈,出现跛行。②畸形和活动受限:髋关节屈曲、内收、内旋畸形和患肢短缩等。"4"字试验检查髋关节的屈曲、外展和外旋运动,方法:病人仰卧,患侧下肢屈曲,使外踝搭在对侧髌骨上方,检查者下压患侧膝部,因疼痛致膝部不能接触床面者为阳性(图22-67)。托马斯征判断髋关节有无屈曲畸形,方法:病人仰卧,检查者将其健侧髋、膝关节屈曲,使膝部尽可能贴近胸前,患侧下肢不能伸直为阳性(图22-8)。③寒性脓肿和窦道:脓肿破溃出现在同侧腹股沟和臀部,溃至皮肤后,可见窦道及干酪样分泌物。④关节脱位:结核病变造成全髋关节破坏时,可发生病理性脱位。

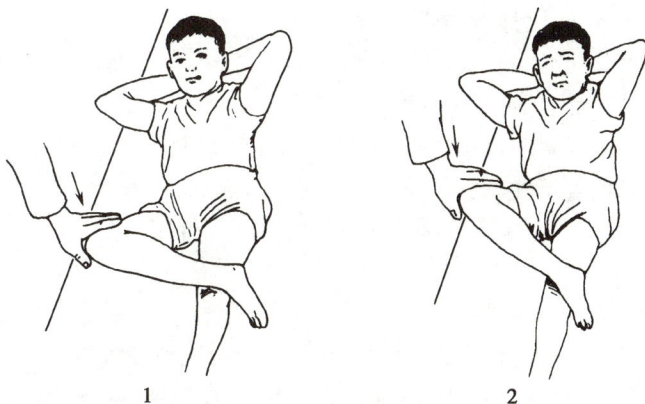

图 22-67　"4"字试验
1. 阴性；2. 阳性

（3）膝关节结核：以儿童和青少年居多。①肿胀疼痛：膝关节呈梭形肿胀，局部压痛，皮温升高，小儿表现为夜啼。关节积液时，可出现浮髌征阳性。②畸形和活动受限：膝关节活动受限或功能障碍。关节屈曲畸形、半脱位、膝外翻畸形或患肢短缩畸形。③寒性脓肿和窦道：寒性脓肿常见于腘窝和膝关节两侧，破溃后形成慢性窦道，经久不愈。

2. 全身表现　起病缓慢，可有低热、乏力、盗汗、食欲缺乏、消瘦、贫血等慢性中毒症状。极少数（多为小儿）起病急骤，表现出高热及脓毒症等症状。

【辅助检查】

1. 实验室检查　①血细胞比容和血红蛋白降低。②白细胞计数一般正常，有混合感染时增高。③红细胞沉降率（ESR）在结核活动期明显增快，是检测病变是否静止和有无复发的重要指标。④C 反应蛋白（CRP）的高低与疾病的炎症反应程度关系密切，可用于结核活动性及临床治疗疗效的判定。⑤结核菌素试验（PPD）在感染早期或机体免疫力严重低下时可为阴性。骨关节结核病人，结核菌素试验常为阴性。仅供临床诊断时参考。强阳性者对成年人有助于支持结核病的诊断，对儿童特别是 1 岁以下幼儿可作为结核诊断的依据。⑥脓液或关节液涂片查找抗酸杆菌和结核分枝杆菌培养阳性是结核病诊断的重要指标，对诊断具有重要意义，有条件应同时进行药敏试验。⑦血清抗结核抗体检测是结核的快速辅助诊断手段，但其敏感性不高。⑧结核分枝杆菌 DNA 检测，采用聚合酶链反应（PCR）技术检测结核分枝杆菌 DNA，具有敏感性高、特异性强、快速的特点，是结核病原学诊断的重要参考。

2. 病理检查　病变部位穿刺活检以及手术后病理组织学是确诊的重要方法，病理学检查见到典型结核性肉芽肿，且通过抗酸染色或其他细菌学检查证据证明为结核分枝杆菌感染是确诊的依据。

3. 影像学检查

（1）X线：起病6~8周后可见关节周围软组织肿胀、间隙增宽；后期关节间隙变窄或消失，关节面毛糙，可见骨质破坏或增生；甚至出现关节畸形或骨性强直。①脊柱结核 X 线平片表现以骨质破坏和椎间隙狭窄为主。②局限性的骨质疏松通常是髋关节结核最早的放射学表现，如有关节间隙轻度狭窄更应引起注意。③膝关节结核早期处于滑膜结核阶段，X 线平片上仅见髌上囊肿胀与局限性骨质疏松。病程较长者可见到进行性关节间隙变窄和边缘性骨侵蚀。

（2）CT：较 X 线照片更为敏感，可及早发现普通 X 线片不能发现的病灶，特别是能较好显示病灶周围的寒性脓肿、死骨和病骨。

(3) MRI：可以在炎性浸润阶段时显示出异常信号，具有早期诊断的价值。脊柱结核的MRI片还可以观察脊髓受损情况。

(4) 核素骨显像：可以早期显示病灶，但不能做定性诊断。

(5) 超声检查：可探查寒性脓肿的位置和大小。

4. 关节镜检查及滑膜活检　对诊断滑膜结核有一定价值。

【治疗原则】

1. 非手术治疗

(1) 支持治疗：保证充分的休息；给予高能量、高蛋白质和高维生素饮食，严重贫血、低蛋白血症者，适当输血或补充血液成分；环境整洁卫生、阳光充足、空气清新。

(2) 抗生素治疗：混合感染者，急性期应给予敏感抗生素治疗。

(3) 抗结核治疗：遵循早期、联合、适量、规律及全程应用的原则。第一线抗结核药物包括异烟肼、利福平和乙胺丁醇。以异烟肼与利福平为首选药物。为了提高疗效和防止长期单味抗结核药物所产生的耐药性，主张异烟肼 + 利福平，或异烟肼 + 乙胺丁醇联合用药。严重病人可以三种药物同时应用：①异烟肼：成人剂量每日 300mg，早晨一次顿服或分 3 次口服。②利福平：成人剂量每日 450mg，早晨一次顿服。利福平对肝脏有毒性作用，用药 3 个月后应检查肝功能，根据肝功能情况决定是否继续使用利福平。③乙胺丁醇：成人剂量每日 750mg，早晨一次顿服。乙胺丁醇渗透至病灶，抑菌作用能力强，偶见有视神经损害。

抗结核治疗满 2 年，达到以下标准时可停药：①全身情况良好，体温正常；②局部症状消失，无疼痛，窦道闭合；③X 线显示脓肿消失或已经钙化；无死骨，病灶边缘轮廓清晰；④测 3 次血沉，结果均正常；⑤起床活动已 1 年，仍能保持上述 4 项指标者。

(4) 局部治疗

1) 局部制动：可用支架、腰围、头、胸石膏或石膏背心固定，卧硬板床。

2) 石膏、支架固定：目的为保证病变部位得到充分休息和减轻疼痛。固定时间要足够，一般小关节结核固定 1 个月，大关节结核固定 3 个月。

3) 牵引：主要用于解除肌痉挛，减轻疼痛，防止病理性骨折和脱位，并可预防和纠正关节畸形。骨牵引主要用于纠正成人重度关节畸形。

4) 局部注射抗结核药物：常用药物为异烟肼。适用于单纯性滑膜结核，优点是用药量小、局部药物浓度高、全身反应小。避免对寒性脓肿反复抽脓和注入抗结核药物，因多次操作会增加混合性感染的机会和穿刺针孔处形成窦道。

2. 手术治疗

(1) 切开排脓：适用于寒性脓肿有混合感染、中毒症状明显者、全身状况差、不能耐受病灶清除术者。切开排脓后易形成慢性窦道，为以后的病灶清除术带来困难。

(2) 病灶清除术：通过手术切口，直接进入骨关节结核病灶，将脓液、死骨、结核性肉芽组织和干酪样坏死物质彻底清除，并局部施用抗结核药物。在全身性抗结核药物治疗下作病灶清除术疗效好、疗程短。病灶清除术后有可能造成结核杆菌的血源性播散，如急性粟粒性肺结核，术前应使用抗结核药物 2~4 周以提高手术的安全性。

(3) 关节融合术：用于关节不稳定者。

(4) 截骨术：用以矫正畸形。

(5) 关节成形术：用以改善关节功能。

【主要护理诊断/问题】

1. 疼痛　与局部肿胀、炎性物质刺激、手术创伤等有关。

2. 营养失调:低于机体需要量　与长期慢性消耗有关。

3. 活动无耐力　与消瘦、功能障碍、治疗限制等有关。

4. 知识缺乏:缺乏治疗与康复的有关知识。

5. 潜在并发症:截瘫、关节脱位、畸形。

【护理措施】

(一)非手术治疗的护理/术前护理

1. 一般护理

(1)饮食与休息:病房整洁安静、阳光充足、空气清新,保证充分的休息。给予高热量、高蛋白质、高维生素饮食,多饮水。必要时遵医嘱行肠内或肠外营养,严重贫血、低蛋白血症者,适当输血、输血浆,以增强身体抵抗力。

(2)生活护理:卧床病人做好皮肤护理,防止压疮;形成的窦道应定时换药,注意保护周围皮肤,防止脓液浸渍造成皮肤损害。

(3)心理护理:对有恐惧、焦虑心理的病人,分散其注意力,减轻心理压力,要鼓励积极配合治疗,打消顾虑。

2. 观察病情变化　定时测体温、脉搏、呼吸和意识,肢端温度,皮肤弹性,毛细血管充盈时间等,若出现意识改变、尿量减少、肢体发凉、皮肤苍白、毛细血管充盈时间延长,提示循环血容量不足,及时通知医生并协助处理。胸椎结核术后,病人出现胸闷、术侧呼吸音减低且叩诊呈鼓音,警惕胸膜破损引起气胸,立即报告医生,必要时行胸膜腔闭式引流术。

3. 用药护理　遵医嘱应用抗结核药物,指导病人按时、按量、按疗程用药,警惕药物的毒副作用,如利福平可导致肝功能损害、异烟肼可引起多发性神经炎、链霉素能造成肾功能和听神经损害等,应及早采取相应的防治措施,必要时更换其他药物。

4. 局部制动　卧硬板床,石膏背心、石膏托、牵引等固定得当,松紧适宜;确保制动效果,以减轻疼痛,预防脱位和病理性骨折。脊柱结核病人翻身时,要注意保持头、颈、躯干在一条轴线上,应三人同时进行轴式翻身。

(二)术后护理

1. 加强创面护理　及时更换敷料,保持创面清洁和干燥,促进愈合。

2. 指导功能锻炼　有计划地进行功能锻炼,遵循"循序渐进、持之以恒"的原则。腰椎结核手术后第2日可进行直腿抬高练习,同时被动活动、按摩下肢各关节,以防止肌肉萎缩、关节粘连。合并截瘫或脊柱不稳者,做抬头、扩胸、深呼吸和上肢活动,同时被动活动、按摩下肢各关节。

【健康教育】

1. 普及疾病防治知识　合理饮食,强身健体,提高机体的免疫力。

2. 指导用药　因病情有复发可能,必须坚持长期用药,不可随意停药、更换药物或增减剂量,一般需要坚持用药至少2年。教会病人及亲属自我观察抗结核药物的毒副反应,用药期间应每3个月来医院复查一次。

3. 坚持功能锻炼,注意复诊。

第八节 骨肿瘤病人的护理

学习目标

1. 简述骨肿瘤的病因,陈述其常用辅助检查。
2. 理解并比较常见骨肿瘤的临床特点,阐述其治疗原则。
3. 运用护理程序为骨肿瘤病人实施整体护理。

案例分析

史姓患儿,女,11岁,因左大腿酸痛1月余入院。患儿1月余前出现左大腿持续性隐痛不适,夜间疼痛加剧。发现左大腿中段稍肿大,无红肿。

体格检查:髋关节和膝关节活动正常。左大腿中段可触及4cm肿块,无静脉曲张。有压痛阳性。左下肢感觉正常,左足趾感觉正常。

辅助检查:X线检查示左股骨中段有骨破坏病灶,局部骨皮质增厚。骨膜反应日光样表现,软组织肿大。

请问:

1. 该病人的护理评估重点是哪些?
2. 该病人目前主要的护理问题有哪些?
3. 该病人最有效的治疗方法是什么?

骨肿瘤是指骨组织(骨膜、骨和软骨)及骨附属组织(骨的血管、神经、脂肪、纤维组织等)所发生的肿瘤。

一、概述

【病因】

发病原因尚不十分清楚,目前认为可能与局部慢性病变、免疫状况、遗传因素、环境污染及不良的生活方式等有关。骨肿瘤的发生与病人的年龄和解剖部位有关,如骨肉瘤好发于青少年;骨巨细胞瘤主要发生于成人;许多肿瘤好发于长骨生长活跃的部位即干骺端,如股骨下端、胫骨上端、肱骨上端,而骨骺则很少发生。

【病理】

1. 病理分类 根据骨肿瘤的细胞分化和原发部位的不同进行分类。

(1) 根据骨肿瘤细胞的分化程度及所产生的细胞间质类型分类:分为良性、交界性和恶性三类。良性肿瘤以骨软骨瘤和软骨瘤多见,交界性肿瘤以骨巨细胞瘤多见,恶性肿瘤以骨肉瘤和软骨肉瘤多见。

(2) 根据骨肿瘤的原发部位分类:分为原发性和继发性两类。原发性骨肿瘤是由骨组织及其附属组织本身所发生的肿瘤;继发性骨肿瘤是由其他器官或组织发生的恶性肿瘤经血液、淋巴液等途径转移至骨组织及其附属组织而发生的肿瘤。

2. 临床分期　通过外科分期系统,指导临床骨肿瘤治疗及预后判断。外科分期系统(G-T-M):①外科分级(grade,G):表示病理分级,反映肿瘤的生长速度和侵袭性,可分为三级:G_0良性、G_1低度恶性、G_2高度恶性;②肿瘤解剖定位(territory,T):指肿瘤侵袭范围,以肿瘤囊和间室为界,可分为T_0囊内、T_1间室内和T_2间室外肿瘤;③转移(metastasis,M):包括肿瘤区域局部淋巴结转移和远处发现转移病灶,分为M_0无转移、M_1转移。临床上根据该系统,可将良性、恶性肿瘤做出临床分期。

(1) 良性肿瘤分期:用阿拉伯数字1、2、3表示。

1级(G_0,T_0,M_0)静止性肿瘤,有完整的包囊。

2级(G_0,T_1,M_0)生长活跃,仍位于囊内或为自然屏障所阻挡。

3级(G_0,T_2,M_0)具有侵袭性,可穿破皮质或间隔。

(2) 恶性肿瘤分期:用罗马数字Ⅰ、Ⅱ、Ⅲ表示,每期又分A(室间内)和B(室间外)两组。

$Ⅰ_A(G_1,T_1,M_0)$低度恶性,间室内病变,无转移。

$Ⅰ_B(G_1,T_2,M_0)$低度恶性,间室外病变,无转移。

$Ⅱ_A(G_2,T_1,M_0)$高度恶性,间室内病变,无转移。

$Ⅱ_B(G_2,T_2,M_0)$高度恶性,间室外病变,无转移。

$Ⅲ_A(G_{1\sim2},T_1,M_1)$间室内病变,有转移。

$Ⅲ_B(G_{1\sim2},T_2,M_1)$间室外病变,有转移。

【临床表现】

1. 疼痛　疼痛是生长迅速的肿瘤最明显的症状。良性肿瘤多无疼痛,但少数良性肿瘤,如骨样骨瘤可因反应骨的生长而产生剧痛。良性肿瘤恶变或合并病理骨折,疼痛可突然加重。恶性肿瘤几乎均有疼痛,开始为间歇、轻度疼痛,以后发展为持续性剧痛、夜间痛,并有局部压痛。

2. 局部肿块和肿胀　良性肿瘤常表现为质硬、无压痛、生长缓慢的骨性肿块。肿胀迅速多为恶性肿瘤的表现。局部血管怒张反映肿瘤的血运丰富,多为恶性。

3. 功能障碍和压迫症状　邻近关节的肿瘤,如发生于长骨干骺端的骨肿瘤,由于疼痛、肿胀和畸形,可使关节活动功能障碍。脊柱肿瘤不论良、恶性都可压迫脊髓引起相应症状,甚至出现截瘫。骨盆肿瘤可出现消化道和泌尿道机械性梗阻症状。

4. 病理性骨折　肿瘤生长可破坏骨质,轻微外伤引起病理性骨折是某些骨肿瘤的首发症状,也是恶性骨肿瘤和骨转移癌的常见并发症。

5. 转移和复发　晚期恶性骨肿瘤远处转移多为血行转移,偶见淋巴转移。良性肿瘤复发后,有恶变的可能;恶性肿瘤易复发。

【辅助检查】

1. 实验室检查　骨质有迅速破坏时,血钙升高;血清碱性磷酸酶反映成骨活动,成骨性肿瘤如骨肉瘤有明显升高;尿本周蛋白(Bence-Jones蛋白)阳性可提示浆细胞骨髓瘤。

2. 影像学检查

(1) X线检查:能反映骨与软组织的基本病变,对骨肿瘤诊断有重要价值。良性骨肿瘤多呈现膨胀性或外生性生长,具有界限清楚、密度均匀的特点,周围可有硬化反应骨,通常无骨膜反应。恶性骨肿瘤的病灶多不规则,密度不均,界限不清,可见软组织阴影和骨膜反应。

(2) CT、MRI、ECT和同位素骨扫描检查:可以协助诊断,帮助制定手术方案和评估治疗效果。

(3) 数字减影血管造影:可显示肿瘤的血供,以利于血管介入手术做选择性血管栓塞和注入化疗药物;化疗前后对比检查可了解新生肿瘤性血管的改变,监测化疗的效果。

3. 病理学检查　确诊骨肿瘤的可靠检查。按照标本采集方法分为切开活检和穿刺活检两种。

4. 现代生物技术检测　免疫组化、流式细胞等现代生物技术的运用有助于提高骨肿瘤的诊断水平。遗传学研究发现一些骨肿瘤存在常染色体异常，有助于肿瘤的分类和诊断，还可以更精确地预测肿瘤的行为。通过反转录聚合酶链反应（RT-PCR）技术可从瘤细胞中检测到融合基因的表达，用于评估切除后残存病变的范围和监测转移。

【治疗原则】

骨肿瘤的治疗应以外科分期为指导，选择合适的治疗方法，尽量达到既切除肿瘤，又可保全肢体的目的。良性肿瘤以手术治疗为主，手术方式有刮除植骨术和外生性骨肿瘤的切除术（表 22-1）。恶性肿瘤采用手术治疗（包括保肢治疗和截肢术）、化疗、放疗、栓塞治疗和免疫治疗等综合治疗方法（表 22-2）。

表 22-1　良性肿瘤的治疗依据

分期	分级	部位	转移	治疗要求
1	G_0	T_0	M_0	囊内手术
2	G_0	T_1	M_0	边缘或囊内手术 + 有效辅助治疗
3	G_0	T_2	M_0	广泛或边缘手术 + 有效辅助治疗

表 22-2　恶性肿瘤的治疗依据

分期	分级	部位	转移	治疗要求
I_A	G_1	T_1	M_0	广泛手术：广泛局部切除
I_B	G_1	T_2	M_0	广泛手术：截肢
II_A	G_2	T_1	M_0	根治手术：根治性整块切除加其他治疗
II_B	G_2	T_2	M_0	根治手术：根治性截肢加其他治疗
III_A	$G_{1\sim2}$	T_1	M_1	肺转移灶切除，根治性切除或姑息手术加其他治疗
III_B	$G_{1\sim2}$	T_2	M_1	肺转移灶切除，根治性解脱或姑息手术加其他治疗

1. 良性骨肿瘤的外科治疗

（1）刮除植骨术：适用于良性骨肿瘤及瘤样病变。术中彻底刮除病灶，用药物或理化方法杀死残留瘤细胞后置入充填物。填充材料中以自体骨移植愈合较好，但来源少、愈合较慢、疗程长；临床常用同种异体骨或人工骨等生物活性骨修复材料填充。

（2）外生性骨肿瘤的切除：以骨软骨瘤切除术为例，手术的关键是完整切除肿瘤骨质、软骨帽及软骨外膜，预防复发。

2. 恶性骨肿瘤的外科治疗

（1）保肢治疗：临床实践证明，化疗加保肢治疗与截肢治疗的生存率和复发率相同，局部复发率为 5%~10%。手术的关键是采用合理外科边界完整切除肿瘤，广泛切除的范围应包括瘤体、包膜、反应区及其周围的部分正常组织，即在正常组织中完整切除肿瘤，截骨平面应在肿瘤边缘 3~5cm，软组织切除范围为反应区外 1~5cm。

保肢手术适应证：①肢体发育成熟；②II_A 期或化疗敏感的 II_B 期肿瘤；③血管神经束未受累，肿瘤能够完整切除；④术后局部复发率和转移率不高于截肢，术后肢体功能优于义肢；⑤病人要求保肢。保肢手术禁忌证：①肿瘤周围主要神经、血管受侵犯；②在根治术前或术前化疗期间发生病理性骨折，瘤组织和细胞突破间室屏障，随血肿广泛污染邻近正常组织；

③肿瘤周围软组织条件不好,如主要动力肌群被切除,或因放疗、反复手术而瘢痕化,或皮肤软组织有感染者;④不正确的切开活检,污染周围正常组织或使切口周围皮肤瘢痕化,弹性差,血运不好。

保肢手术后的重建方法有:①瘤骨骨壳灭活再植术:将截下的标本去除瘤组织,经灭活处理再植回原位,恢复骨与关节的连续性,由于灭活后蛋白引起机体较强免疫排斥反应,并发症高,而逐渐废弃不用。②异体骨半关节移植术:取骨库超低温冻存的同种异体骨,移植到切除肿瘤的部位,再行内固定。③人工假体置换术;多为肿瘤型定制假体以及可延长假体等,和普通关节假体置换不同。④异体骨假体复合体(allograft and prosthesis composite,APC):结合异体骨和人工假体复合重建功能。

(2) 截肢术:对于就诊较晚,破坏广泛和对其他辅助治疗无效的恶性骨肿瘤(II_B 期)。为解除病人痛苦,截肢术仍是一种重要有效的治疗方法,但对于截肢术的选择须持慎重态度,严格掌握手术适应证,同时也应考虑术后假肢的制作与安装。

3. 化学治疗　化疗特别是新辅助化疗的应用,显著提高了恶性骨肿瘤病人的生存率和保肢率。对于骨肉瘤等恶性肿瘤,围术期的新辅助化疗已经是标准的治疗模式。病检时评估术前化疗疗效,可指导术后化疗和判断预后。化疗敏感者表现为:临床疼痛症状减轻或消失,肿物体积变小,关节活动改善或恢复正常,升高的碱性磷酸酶下降或降至正常;影像学上瘤体变小,肿瘤轮廓边界变清晰,病灶钙化或骨化增加,肿瘤性新生血管减少或消失。

4. 放射疗法　有效影响恶性肿瘤细胞的繁殖能力。对于某些肿瘤术前术后配合放疗可控制病变和缓解疼痛,减少局部复发率,病变广泛不能手术者可单独放疗。骨肉瘤对放疗不敏感。

5. 其他治疗　①血管栓塞治疗是应用血管造影技术,施行选择性或超选择性血管栓塞达到治疗目的,可用于:栓塞血管丰富肿瘤的主要血管,减少术中出血;通过姑息性栓塞治疗为不能切除的恶性肿瘤的手术切除创造条件。局部动脉内插管化疗辅以栓塞疗法或栓塞后辅以放疗,疗效更好。②恶性骨肿瘤的温热-化学疗法可以起到热疗与化疗的叠加作用。③免疫治疗尚没有明确的结果,但此领域的研究非常活跃。④合并病理性骨折可按骨折的治疗原则处理。

二、骨肉瘤

骨肉瘤(osteosarcoma)是最常见的原发性恶性骨肿瘤,好发于青少年。恶性程度高,预后差。好发部位为长管状骨干骺端,如股骨远端、胫骨和肱骨近端。转移瘤可发生于许多部位,以肺转移最为常见,其次是骨骼,约80%的病人在肿瘤发现前肺内可能就已存在骨肉瘤的微小转移灶。

【临床表现】

最早出现的症状为疼痛,起初为间断性隐痛,渐转为持续性剧痛,尤以夜间和活动后为甚。患部可见肿块,局部有压痛和静脉怒张,可有病理性骨折。多数病人发生肺转移。

【辅助检查】

X线表现为骨质致密度不一,骨质表现为硬化型、溶骨型或混合型破坏,表面模糊,界限不清,病变多起于骺端,因肿瘤生长及骨膜反应可见三角状新骨,称 Codman 三角,或与骨干垂直呈放射状排列,称日光射线现象(图 22-68)。

【治疗原则】

属于 $G_2T_{1\text{-}2}M_0$ 者,采用综合治疗。术前大剂量化疗,然后根据肿瘤浸润范围做根治性瘤段切除、植入假体的保肢手术或截肢术,术后仍做大剂量化疗。骨肉瘤肺转移的发生率极高,属于 $G_2T_{1\text{-}2}M_1$ 者,除上述治疗外,还可行手术切除转移灶。近年来由于早诊断和化疗的快速

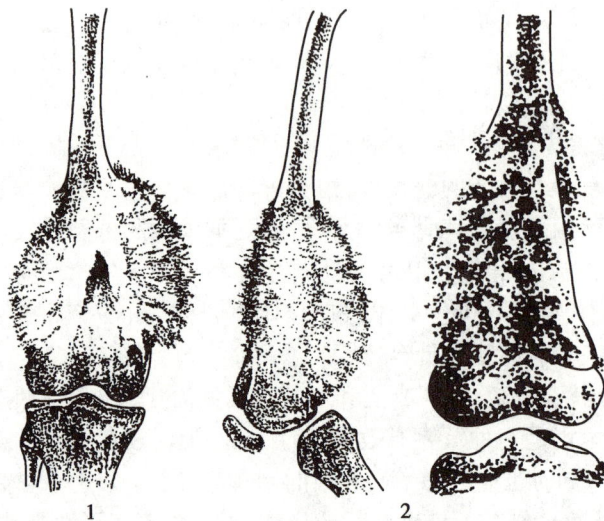

图 22-68　股骨下段骨肉瘤
1. 日光放射状阴影；2. 骨破坏和骨膜增生

发展，骨肉瘤的 5 年存活率提高至 50% 以上。

【护理评估】

（一）术前评估

1. 相关健康史　了解病人的年龄、性别、职业、工作环境（有无化学致癌物、放射线接触史）和生活习惯，既往身体状况，如有无外伤和骨折史等。既往有无其他部位肿瘤史，家族中有无类似肿瘤者。

2. 身体状况

（1）局部：评估疼痛的部位、性质和进展情况，肢体有无肿胀、肿块和表面静脉怒张，局部有无压痛和皮温升高，有无因肿块压迫和转移引起的局部体征，了解畸形的部位和活动受限的原因。

（2）全身：了解病人的一般健康状况、营养状态和重要脏器功能是否正常；能否耐受手术治疗和化疗，是否有远处转移征象。

（3）辅助检查：了解实验室检查、影像学检查和病理学检查的结果。血钙、血清碱性磷酸酶是否升高；尿液球蛋白检查是否异常；X 线检查结果有无骨质破坏、骨膜反应；病理学检查有无异常。

3. 心理 - 社会状况　骨肉瘤病人多为青少年，对截肢术后身体外形改变，往往缺乏心理承受能力。评估病人和家属对骨肉瘤的接受程度。

（二）术后评估

1. 术中情况　了解手术及麻醉方式、效果、病灶切除情况、术中出血、补液、输血情况、生命体征。

2. 术后情况　评估病人的生命体征，主要了解残端创口有无出血、水肿及感染。肢体远端血运是否正常，有无感觉和运动异常。各种引流是否有效，外固定位置是否正确。评估病人对截肢术后身体外形改变的接受情况。应了解病人及亲属的心理状态，特别是对术后康复的认识，家庭成员是否能为病人长期提供术后照顾及经济支持。

【主要护理诊断 / 问题】

1. 恐惧　与肢体功能丧失和预后有关。

2. 疼痛　与肿瘤浸润或压迫周围组织、病理性骨折、手术创伤、术后幻肢痛有关。

3. 躯体活动障碍　与疼痛、肢体功能受损、关节功能受限及制动有关。

4. 知识缺乏：缺乏疾病诊疗与康复的相关知识。

5. 体像紊乱　与手术和化疗引起的自我形象改变有关。

6. 潜在并发症：病理性骨折。

【护理措施】

(一) 术前护理

1. 心理护理　及时了解病人的心理变化，给予安慰和疏导，解释手术治疗对挽救生命、防止复发和转移的重要性，鼓励其积极配合治疗。

2. 疼痛护理　指导病人采取缓解疼痛的有效措施，避免诱发或加重疼痛。如选择舒适体位，指导病人做松弛肌肉活动，转移注意力等。对于疼痛剧烈或经采取上述措施无效需长期使用镇痛剂者，应按"三级止痛"方案使用镇痛药物(参见第十一章肿瘤病人的护理)。

3. 做好术前准备　严格备皮，预防感染，做好术中体位训练。下肢骨肉瘤的病人术前下地活动时，避免负重，以免发生病理性骨折和脱位。

(二) 术后护理

1. 促进患肢功能恢复　术后患肢制动、抬高，预防肿胀，注意保持肢体功能位，预防关节畸形。根据病人情况制定康复计划，指导病人进行功能锻炼。术后早期卧床休息，避免过度活动，以后可根据康复状况开始床上、床旁活动，需要时辅助理疗、利用器械进行活动。教会病人正确使用拐杖、轮椅，提高病人的自理能力。

2. 截肢术后护理

(1) 体位：术后 24~48 小时应抬高患肢，预防肿胀。下肢截肢者，每 3~4 小时俯卧 20~30 分钟，并将残肢以枕头支托，压迫向下；仰卧位时，不可抬高患肢，以免造成膝关节的屈曲挛缩。

(2) 防止肢体残端出血：注意术后肢体残端的渗血情况和引流液的量、色、性状。渗血较多者，可用棉垫加弹性绷带加压包扎；若创口大出血，应立即扎止血带止血，并告知医生，协助处理。

(3) 合理使用抗生素：创面大、抵抗力低者，应预防性使用抗生素防止感染。

(4) 幻肢痛：指病人在术后很长时间感到已经切除的肢体仍有疼痛或其他异常感觉。多为持续性疼痛，尤以夜间为甚，由于病人还未消除肢体存在的主观感觉所致。消除幻肢痛的方法有：引导病人接受截肢的事实并鼓励其正确面对，运用放松疗法等心理治疗手段转移其注意力，加强肢体的功能锻炼等。病人在截肢或关节离断术后往往出现某些精神失常症状或幻肢痛，所以要防止其发生意外。

(5) 指导残肢功能锻炼：为了增加肌力，保持关节活动范围，应鼓励病人早期进行功能锻炼；每日用弹力绷带反复包扎，均匀压迫残端；残端按摩、拍打及蹬踩，增加残端的负重能力；指导病人正确使用助行器及临时义肢，反复进行肌肉强度和平衡锻炼，促进残端成熟，为安装长期义肢做好准备。

3. 预防病理性骨折　对于术后骨缺损大、人工假体置换术或异体骨移植术后病人，要注意保护患肢。功能锻炼要循序渐进，不要急于下地行走，病人开始站立或练习行走时应在旁保护，防止跌倒。

【健康教育】

1. 心理指导　宣教骨肉瘤的相关知识，促进身心健康。

2. 自我护理指导　坚持后续治疗,按治疗计划完成出院后的放、化疗,合理应用镇痛剂。

3. 康复指导　坚持功能锻炼,最大限度提高病人的生活自理能力。

4. 复诊指导　术后 1 年内每个月复查 1 次患肢正侧位片和胸部 X 线,术后 1~2 年每 2 个月复查 1 次,以后每 3 个月复查 1 次,发现异常及时就诊,对需要继续放射治疗、化学治疗者,不要轻易中止疗程。

三、骨软骨瘤

骨软骨瘤(osteochondroma)是常见的良性骨肿瘤之一,好发于青少年,多见于股骨、肱骨和胫骨,其次是手足骨、髂骨和肩胛骨。

【临床表现】

病初表现为局部有生长缓慢、逐渐增大的硬性无痛性骨性肿块,本身无症状,多因肿瘤生长刺激周围组织,引起疼痛和关节功能受限而就医。多发性骨软骨瘤可妨碍正常长骨生长发育,以致患肢有短缩、弯曲畸形或身材矮小。

【辅助检查】

X 线可见长骨干骺端突出,由骨皮质和骨松质组成,基底部可有蒂或无蒂(图 22-69)。

【治疗原则】

一般无需治疗。若肿瘤过大,生长过快,出现疼痛、压迫症状,或肿瘤自身发生骨折,或有恶变可能者应行切除术。为避免复发,切除从肿瘤基底四周正常骨组织开始,包括纤维膜或滑囊、软骨帽等。

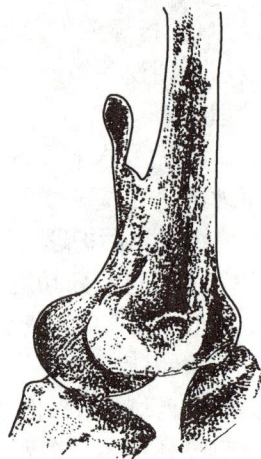

图 22-69　股骨下端骨软骨瘤

【主要护理诊断 / 问题】

1. 疼痛　与肿瘤生长压迫周围组织、手术创伤等有关。

2. 躯体活动障碍　与疼痛、关节功能受限等有关。

护理措施及健康教育参见本节骨肉瘤的相关内容。

四、骨巨细胞瘤

骨巨细胞瘤(giant cell tumor of bone)是较常见的原发性骨肿瘤之一,一般认为起始于骨髓内间叶组织,是一种潜在恶性或介于良、恶性之间的溶骨性肿瘤。发病年龄多在 20~40 岁,无明显性别差异,多侵犯长骨,好发部位为股骨下端和胫骨上端。2% 的骨巨细胞瘤病人可出现肺转移,平均在原发瘤诊断后的 3~4 年内发生。

【临床表现】

主要症状为疼痛、局部肿胀、压痛和病变关节运动受限。瘤内出血或病理骨折时常伴有严重疼痛。发生于躯干骨时可出现相应的症状,如骶前肿块可压迫骶丛引起剧痛。

【辅助检查】

X 线表现为长骨干骺处偏心性溶骨性破坏,无骨膜反应。病变部位骨皮质变薄,呈"肥皂泡"样改变(图 22-70),常伴有病理性骨折。

【治疗原则】

手术治疗为主,配合药物治疗。以外科分期为指导,选择手术界限和方法。采用切除术加灭活处理,再用自体或异体骨或骨水泥植入,但术后易复发。对于复发者,行阶段切除术或假体植入术。对不易行手术治疗者可采用放疗,但放疗后易肉瘤变。

【主要护理诊断/问题】

1. 疼痛　与肿瘤生长压迫周围组织、手术创伤等有关。

2. 躯体活动障碍　与疼痛、关节功能受限等有关。

【护理措施】

参见本节骨肉瘤的护理措施。

【健康教育】

1. 坚持治疗　告知病人放射治疗的注意事项,治疗期间积极预防和处理放射性皮炎、骨髓抑制等并发症。

2. 复诊指导　遵医嘱定期门诊复查,出现不适及时就诊。

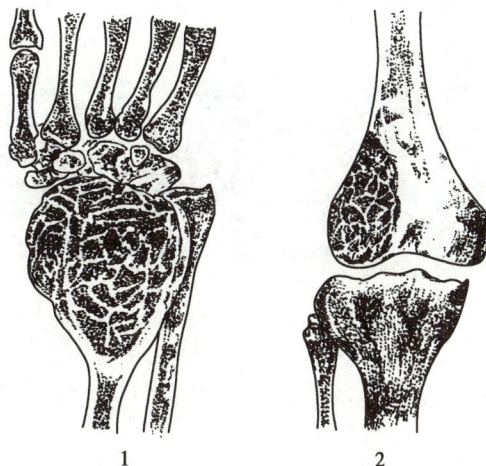

图 22-70　骨巨细胞瘤

1.桡骨远端骨巨细胞瘤;2.股骨下段骨巨细胞瘤

(郑桃云　王　旭　胡晓晴　刘　梨　康　华)

复习思考题

1. 骨折病人牵引期间可能发生哪些并发症?如何护理?如何预防?

2. 石膏绷带固定术后如何观察患肢末梢循环情况?

3. 如何指导骨折病人进行功能锻炼?

4. 桡骨远端骨折主要的护理措施有哪些?

5. 随着我国步入老龄化社会,股骨颈骨折的发生率呈逐年增加的趋势。对于股骨颈骨折非手术治疗的病人,应如何进行健康教育?

6. 脊柱骨折病人应该如何搬运?

7. 骨盆骨折合并其他脏器损伤时的治疗原则和首要护理措施是什么?

8. 颈椎病病人行前路手术后,出现呼吸困难的原因是什么?

9. 腰椎间盘突出症的主要症状有哪些?如何预防此疾病?

10. 骨巨细胞瘤与骨肉瘤其 X 线表现各自的特点是什么?

扫一扫,测一测

◇◇◇ 中英文名词对照索引 ◇◇◇

D

E

F

G

H

J

K

L

M

N

R

S

Z

主要参考书目

1. 陈孝平,汪建平,赵继宗.外科学[M].9版.北京:人民卫生出版社,2018.
2. 彭晓玲.外科护理学[M].2版.北京:人民卫生出版社,2016.
3. 陈红风.中医外科学[M].10版.北京:中国中医药出版社,2016.
4. 高兴莲,田莳.手术室专科护士培训与考核[M].北京:人民卫生出版社,2018.
5. 黄桂成,王拥军.中医骨伤科学[M].10版.北京:中国中医药出版社,2016.
6. 李乐之,路潜.外科护理学[M].6版.北京:人民卫生出版社,2017.
7. 刘均娥,范旻.临床营养护理学[M].2版.北京:北京大学医学出版社,2018.
8. 陆静波,蔡恩丽.外科护理学[M].3版.北京:中国中医药出版社,2016.
9. 魏于全,张清媛.肿瘤学概论[M].2版.北京:人民卫生出版社,2017.
10. 杨月欣,葛可佑.中国营养科学全书[M].2版.北京:人民卫生出版社,2019.
11. 张毅,潘铁成,魏翔.胸腹腔镜联合食管癌根治手术图谱[M].武汉:华中科技大学出版社,2013.
12. 赵玉沛,梁廷波,白雪莉.加速康复外科理论与实践[M].北京:人民卫生出版社,2018.
13. 郭莉.手术室护理实践指南:2020年版[M].北京:人民卫生出版社,2020.
14. 赵玉沛,陈孝平.外科学[M].3版.北京:人民卫生出版社,2015.

复习思考题
答案要点

模拟试卷